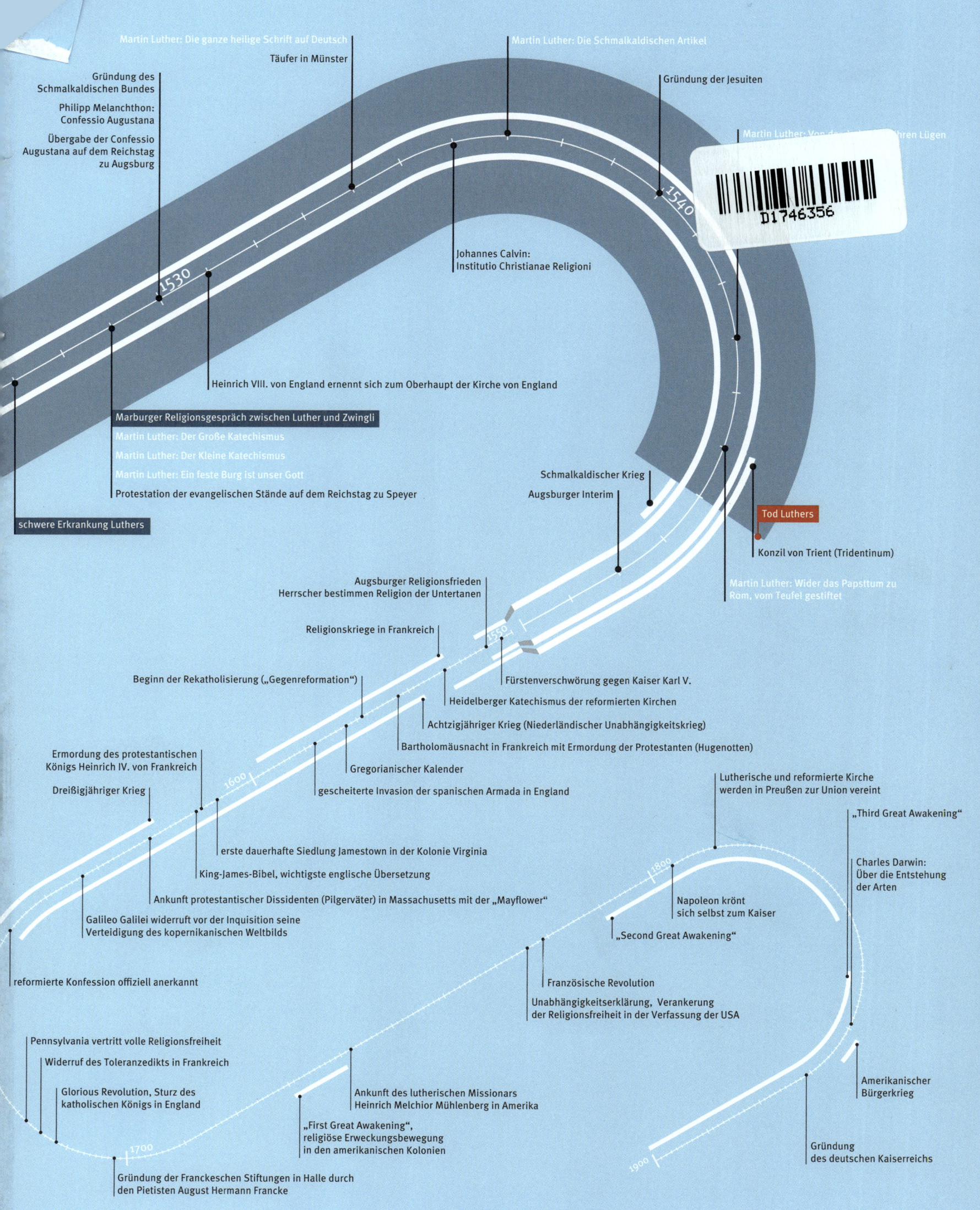

Martin Luther
Aufbruch in eine neue Welt

Landesamt für Denkmalpflege
und Archäologie Sachsen-Anhalt –
Landesmuseum für Vorgeschichte
Stiftung Luthergedenkstätten in Sachsen-Anhalt
Stiftung Deutsches Historisches Museum
Stiftung Schloss Friedenstein Gotha
Minneapolis Institute of Art
The Morgan Library & Museum

Martin Luther

AUFBRUCH IN EINE NEUE WELT

Sandstein Verlag

Wir danken unseren Unterstützern und Förderern

Das Ausstellungsprojekt wurde gefördert von

Die Restaurierung des Gothaer Tafelaltars wurde ermöglicht durch

Das Ausstellungsprojekt »Here I stand…« steht unter der Schirmherrschaft von Bundesaußenminister Dr. Frank-Walter Steinmeier. Die Verwirklichung des Projektes wurde ermöglicht durch die Unterstützung des Auswärtigen Amtes der Bundesrepublik Deutschland im Rahmen der Lutherdekade

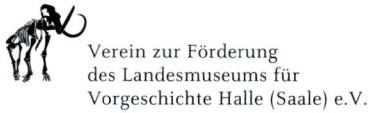

KULTUR STIFTUNG · DER LÄNDER

Die Restaurierung der Lutherkanzel Eisleben wurde ermöglicht durch

Die Ausstellung »Martin Luther: Art and the Reformation« im Minneapolis Institute of Art wird präsentiert durch

Lead Sponsors:

John and Nancy Lindahl

The Hognander Foundation

K.A.H.R. Foundation

The Bradbury and Janet Anderson Family Foundation

Jim and Carmen Campbell

Major Sponsors:

Die Ausstellung »Word and Image: Martin Luther's Reformation« in The Morgan Library & Museum, New York

wurde mit großzügiger Unterstützung

der **Johansson Family Foundation**

und **Kurt F. Viermetz, München**

sowie mit Unterstützung der

Arnhold Foundation und

des **Auswärtigen Amtes der Bundesrepublik Deutschland**

verwirklicht.

Die Ausstellung »Law and Grace: Martin Luther, Lucas Cranach and the Promise of Salvation« in der Pitts Theology Library der Candler School of Theology an der Emory University, Atlanta,

wurde unterstützt durch

Inhalt

Grußworte

8 Grußwort
Frank-Walter Steinmeier
Bundesminister des Auswärtigen

10 Grußwort
Harald Meller, Martin Eberle,
Ulrike Kretzschmar und Stefan Rhein

14 Grußwort
Kaywin Feldman

16 Grußwort
Colin B. Bailey

I

Der Vorabend der Reformation

LUISE SCHORN-SCHÜTTE
20 Europa und die Welt um 1500

28 ☐ Die Welt um 1500

PHILIPP ROBINSON RÖSSNER
30 Ökonomie und Religion im Spätmittelalter und in der Reformationszeit

38 ☐ Geldgeschichten

HANSJÖRG KÜSTER
39 Landschaftsnutzung im Mansfelder Land

46 ☐ Bekannte und unbekannte Lutherorte

MICHAEL FESSNER
48 Das Montanwesen in der Grafschaft Mansfeld zur Zeit Martin Luthers

HARALD MELLER
56 Warum Lutherarchäologie?

ANDREAS STAHL / BJÖRN SCHLENKER
57 Luther in Mansfeld. Ausgrabungen und begleitende Bauforschungen am Elternhaus Martin Luthers

II

Der Aufbruch der Reformation

NATALIE KRENTZ
74 Die Breitenwirkung der Reformation

MARTIN EBERLE
83 Die sächsische Dynastie und das ernestinische Wittenberg

84 ☐ Heiratspolitik während der Reformationszeit

VOLKER LEPPIN
86 Das Werden eines Reformators

MARTIN TREU
92 Luthers Thesenanschlag. Viel Lärm um Nichts?

MARTIN TREU
98 Disputationen und reformatorische Hauptschriften

HEINZ SCHILLING
99 Die gefangene Majestät. Des Kaisers »Hier stehe ich. Ich kann nicht anders ...«

106 ☐ Mönch gegen Kaiser

JOHN T. MCQUILLEN
108 Pierpont Morgan und Martin Luthers Brief von 1521 an Kaiser Karl V.

ANDREW PETTEGREE
115 Die Reformation als Medienereignis

GÜNTER SCHUCHARDT
122 Luther auf der Wartburg

123 ☐ Luthers Worte

HANS-JOACHIM SOLMS
124 Luther und die deutsche Sprache

III

Die reformatorische Bewegung

STEFAN MICHEL
134 Warum Wittenberg? Voraussetzungen für die Entwicklung einer kursächsischen Landstadt zum reformatorischen Zentrum

142 ☐ Wittenberg

JOHANNA REETZ / HOLGER RODE
144 Frühneuzeitliche Wohn- und Tischkultur in Wittenberg im Spiegel repräsentativer Fundobjekte

154 ☐ Die reformatorische Bewegung

CHRISTOPHER SPEHR
155 Martin Luther und der evangelische Gottesdienst

SUSANNE KIMMIG-VÖLKNER
164 Von flüchtenden Nonnen und rückläufiger Seelsorge. Die Reformation und die Klöster

MIRKO GUTJAHR
165 Das erste evangelische Pfarrhaus? Lutherhaus und Haushalt des Reformators im archäologischen Befund

TOMOKO EMMERLING
173 Darum Lutherarchäologie!

SUSAN C. KARANT-NUNN
174 Martin Luther und die Frauen

FRANZISKA KUSCHEL
183 Die Ehe ist eine stetige Auseinandersetzung. Das lutherische Ehe- und Familienverständnis – eine Stichprobe

190 ☐ Netzwerke der Reformation

STEFAN RHEIN
192 Von Freunden und Kollegen. Martin Luther und die Wittenberger Mitreformatoren

PETER BLICKLE
199 Die Republik der Reformatoren Huldrych Zwingli, Christoph Schappeler, Johannes Calvin

206 ☐ Im Strudel der Konflikte

IV

Kulturelle Folgen der Reformation

KATRIN HERBST
210 Lutherana tragoedia artis? Die Auswirkungen der Reformation auf die Kunst

221 ☐ Bildersturm

ANDREAS TACKE
222 Hier liege ich ... Perspektivwechsel für die bildende Kunst der Reformationszeit

SUSANNE KIMMIG-VÖLKNER
230 Die Heiligen im Spätmittelalter und nach der Reformation Wittenberger Prägung

TIMO TRÜMPER
231 Die Kunst Cranachs im Dienst von Politik und Reformation

240 ☐ Das Gemälde »Gesetz und Gnade«

JOHANNES SCHILLING
242 Martin Luther und die Musik

ANDREW SPICER
250 Martin Luther und die materielle Kultur des Gottesdienstes

SUSANNE KIMMIG-VÖLKNER
261 Luther, Maria und die Heiligen. Altgläubige Bilder als Schlüssel zum evangelischen Heilsverständnis

INGRID DETTMANN
270 Der heilige Martin? Das Bildnis des Reformators zwischen Heiligenikonografie und konfessioneller Identität im 16. Jahrhundert

ANJA TIETZ
277 Martin Luther und die Veränderungen im deutschen Begräbniswesen des 16. Jahrhunderts

AUSTRA REINIS
284 Martin Luther und die Kunst des Sterbens

LOUIS D. NEBELSICK
290 »es sey hieuor etwo ein sepulcrum gewesen«. Martin Luther und die Anfänge archäologischer Forschung in Mitteleuropa und Skandinavien im 16. Jahrhundert

V

Polemik und Konflikte

ANNE-SIMONE ROUS
304 Krisenmanagement bei den konfessionellen Auseinandersetzungen infolge der Reformation

INGRID DETTMANN
314 Luthers Gegner

BENJAMIN HASSELHORN
315 Luther und die Politik

ROBERT KLUTH
322 Luthers Zwei-Reiche-Lehre

PETER VON DER OSTEN-SACKEN
323 Martin Luthers Stellung zu Juden und Judentum

DEAN PHILLIP BELL
331 Martin Luther, die Juden und das Judentum. Theologie und Politik im Kontext

THOMAS KAUFMANN
340 Luther und die Türken

348 ☐ Christentum und Protestanten

ROBERT KOLB
350 Die lutherischen Bekenntnisschriften. Ein neues Genre definiert die Kirche

CHRISTIANE ANDERSSON
359 Polemische Druckgrafik und die Bildzensur in der Reformationszeit

VI

Luther in den Vereinigten Staaten von Amerika

HARTMUT LEHMANN
370 Die wechselvolle Karriere Martin Luthers in der Neuen Welt

MARY JANE HAEMIG
378 Luther und Reformationsgedenken in Nordamerika. Minnesota 1917 als Fallbeispiel

385 ☐ Protestanten in Übersee

MICHAEL HOCHGESCHWENDER
386 Der Protestantismus in den USA

HERMANN WELLENREUTHER
394 Martin Luther, Heinrich Melchior Mühlenberg und die lutherische Kirche in Nordamerika

ROBERT KLUTH
403 Die Kirchenorganisation in den USA

ROBERT KLUTH
404 Wandernde Symbole. Zur Rezeption Martin Luthers in den USA und Martin Luther Kings in der DDR (1983–1989)

410 ☐ Martin Luther und Martin Luther King

JOANNA REILING LINDELL
412 Druckwerke aus der Reformationszeit in US-amerikanischen Sammlungen. Ein Leitfaden für Forscher zur Orientierung

ANNE-SIMONE ROUS
419 Reiseberichte und Briefe von Auswanderern

THOMAS E. RASSIEUR
420 Protestantische Gemälde in Amerika

VII

Mythos Luther

DOROTHEA WENDEBOURG
432 Reformationsjubiläen und Lutherbilder

439 ☐ 95 Thesen

STEFAN LAUBE
440 Gemütliche Verwegenheit. Luther-Erinnerung zwischen Heldenverehrung und Idyllenzauber

450 ☐ Ein lebendes Denkmal

JAN SCHEUNEMANN
451 Luther in den deutschen Diktaturen des 20. Jahrhunderts

BRAD S. GREGORY
459 Wo soll man stehen? Die ungewollte Reformation Martin Luthers

Anhang

466 Glossar
472 Personenregister
476 Kurzbiografien
478 Autoren
480 Abkürzungen
481 Abbildungsnachweis
485 Quellennachweis zu Grafiken und Karten
488 Übersetzungen
489 Leihgeber der Lutherausstellungen in den USA 2016
490 Impressum

Grußwort

»Hier stehe ich und kann nicht anders …«, soll Martin Luther gesagt haben, als er seine frühen Schriften vor dem Kaiser in Worms widerrufen sollte. Aus Gewissensgründen und weil er vom Wort Gottes in der Heiligen Schrift überzeugt war, widersetzte er sich dem Druck der Autoritäten. Mit seiner Kritik an der römisch-katholischen Kirche, dem Ablasshandel und an der päpstlichen Prachtentfaltung setzte er nicht nur der geistlichen Macht Grenzen, sondern auch der weltlichen. Heute, 500 Jahre später, blicken wir zurück auf diesen mutigen Mann an der Schwelle zur Neuzeit, der so viel beigetragen hat zur Entwicklung einer modernen Gesellschaft.

Wir verdanken Luther und den anderen Reformatoren die entscheidenden Impulse für unser heutiges Verständnis von Freiheit, Bildung und gesellschaftliches Zusammenleben. Dies beinhaltet auch das Recht auf Irrtum, auch in Bezug auf Luther selbst. Manche seiner Äußerungen über die Juden, die Bauern oder die Frauen können für uns nicht beispielgebend sein. Insbesondere von Luthers judenfeindlichen Äußerungen, die im Nationalsozialismus instrumentalisiert wurden, um einem staatlichen Antisemitismus Vorschub zu leisten, distanzieren wir uns heute.

Die von den Reformatoren, allen voran Martin Luther, ausgelöste Bewegung hat nicht nur Gesellschaften in Deutschland und Europa nachhaltig geprägt. Besonders mit den Vereinigten Staaten verbinden uns die Aufklärung und der Freiheitsgedanke.

Dies war einer der Gründe, die Ausstellung »Here I stand …« in unterschiedlicher Form gleichzeitig in Minneapolis, New York und Atlanta zu zeigen. Die Gründungsgeschichte und das Selbstverständnis der Vereinigten Staaten basieren auf reformatorischen Einsichten. Dazu gehören die Trennung von Staat und Kirche, religiöse Toleranz und Religionsfreiheit sowie der Mayflower Compact der Pilgerväter (und -mütter), das erste demokratische Regelwerk auf amerikanischem Boden.

Mit diesem Essayband wird der Katalog zu den »Here I stand …«-Ausstellungen um Hintergrundinformationen und Reflexionen aus verschiedenen Blickwinkeln ergänzt. Er vereint rund fünfzig Aufsätze deutscher und englischsprachiger Wissenschaftler zur Person und Lehre Martin Luthers ebenso wie zur Geschichte der Reformation. Ein zentrales Kapitel widmet sich dem Protestantismus in den Vereinigten Staaten. Damit stellt dieser Band eine hervorragende Ergänzung zu den Ausstellungen dar.

Das Auswärtige Amt fördert diese Ausstellungen und ich freue mich sehr, die Schirmherrschaft zu übernehmen.

Ich wünsche Ihnen eine anregende und inspirierende Lektüre.

Bundesminister des Auswärtigen

Grußwort

Im Jahr 2017 jährt sich die Veröffentlichung der 95 Thesen Martin Luthers gegen den Ablass zum 500. Mal. Dieses Ereignis gilt heute als Beginn der Reformation und Geburtsstunde einer Entwicklung, die den Lauf der Weltgeschichte beeinflusste. In Deutschland, dem Geburtsland der Reformation, sind die authentischen Wirkungsstätten Luthers noch heute erhalten und stehen Besuchern aus aller Welt offen. Zudem wird 2017 deutschlandweit mit drei großen Nationalen Sonderausstellungen in Lutherstadt Wittenberg, Berlin und auf der Wartburg, aber auch zahllosen weiteren Ausstellungen und Veranstaltungen, an den Beginn der Reformation erinnert und ihrer Geschichte sowie ihren weltweiten Wirkungen bis in die Gegenwart nachgegangen.

Das Jubiläum war der Anlass, ein Ausstellungsprojekt ganz besonderen Formates zu konzipieren, und wir freuen uns, es dank der Unterstützung des Auswärtigen Amtes unter dem Titel »Here I stand …« verwirklichen zu können. So wird von Oktober 2016 bis Januar 2017 an drei unterschiedlichen Orten der USA – einem sehr stark durch lutherische und allgemein protestantische Traditionen geprägten Land – auf das Reformationsjubiläum aufmerksam gemacht. Hierzu werden im Rahmen des Ausstellungsprojektes »Here I stand …« insgesamt drei Ausstellungen zu Martin Luthers Leben und Werk verwirklicht, die etwa zeitgleich stattfinden, unterschiedliche Zielgruppen ansprechen und verschiedene inhaltliche Schwerpunkte setzen. Wir schätzen uns überaus glücklich, dabei mit Partnerinstitutionen zusammenarbeiten zu können, die für eine Ausstellung anlässlich des Reformationsjubiläums geradezu prädestiniert sind: *The Morgan Library & Museum* in New York, das *Minneapolis Institute of Art* (Minneapolis, Minnesota) sowie die *Pitts Theology Library* der *Emory University* in Atlanta (Georgia).

Neben der Realisierung der drei Ausstellungen verband uns mit unseren amerikanischen Kolleginnen und Kollegen stets das Ziel, die wissenschaftlichen Grundlagen unserer gemeinsamen Ausstellungen und unserer fruchtbaren Zusammenarbeit mit einer umfassenden Publikation einer breiteren Öffentlichkeit zugänglich zu machen. So entstand zum einen ein Gesamtkatalog aller im Rahmen der Ausstellungen in Minneapolis, New York und Atlanta gezeigten Exponate aus dem Geburtsland der Reformation, der diese drei besonderen und einmaligen Präsentationen dokumentiert. Zum anderen freuen wir uns, den vorliegenden wissenschaftlichen Begleitband präsentieren zu können. Dem Facettenreichtum der im Rahmen unseres Projektes realisierten Ausstellungen entsprechend vereint er die Forschungen namhafter Historiker und Kirchenhistoriker, von Vertretern der Kunst-, Kultur- und Mentalitätsgeschichte, der Archäologie, der Wirtschafts- und Sozialgeschichte. Die Aufsätze decken ein großartiges Themenspektrum ab, das von der sowohl geografischen als auch geistigen Herkunft Luthers über die wichtigsten Ereignisse und Aspekte der Reformationsgeschichte und ihrem kunst- und kulturgeschichtlichen Kontext bis hin zum Luthertum in Nordamerika reicht und zusammenfassend den aktuellen Kenntnisstand repräsentiert. Den Autorinnen und Autoren, die zur Entstehung dieses reichhaltigen Bandes beigetragen haben, gilt unser herzlicher Dank.

Die Verwirklichung des Ausstellungsprojektes »Here I stand …«, das den Rahmen für das Erscheinen der vorliegenden Publikation darstellt, wurde durch die finanzielle Unterstützung des Auswärtigen Amtes der Bundesrepublik Deutschland ermöglicht, ohne die an die Durchführung des Projektes nicht zu denken gewesen wäre. Dem Auswärtigen Amt sowie insbesondere dem Schirmherrn des Projektes, Bundesaußenminister Dr. Frank-Walter Steinmeier, sind wir daher zu besonders tiefem Dank verpflichtet.

Daneben danken wir unseren Kollegen an den amerikanischen Partnerinstitutionen für die fruchtbare und vertrauensvolle Zusammenarbeit, deren außergewöhnliches Ergebnis auch im vorliegenden Band dokumentiert wird. Stellvertretend möchten wir hier die Direktoren Dr. Kaywin Feldman (Minneapolis Institute of Art) und Dr. Colin B. Bailey (The Morgan Library & Museum) erwähnen. Zusammen mit ihren Teams haben sie sich mit größtem Engagement für die Entstehung nicht nur unserer gemeinsamen Ausstellungen, sondern auch der Begleitpublikationen eingesetzt, als deren Mitherausgeber sie fungieren. Direktor Prof. Dr. M. Patrick Graham (Pitts Theology Library) und seine Kollegen unterstützten das Vorhaben einer Luther-Ausstellung in Atlanta von Beginn an und demonstrierten, wie auch die Kollegen in Minneapolis und New York, wahre kollegiale Kooperation. Die Ausstellung an der *Pitts Theology Library* in Atlanta wird mit der großzügigen Unterstützung der Halle Foundation, Atlanta realisiert, wofür stellvertretend dem Vorsitzenden Herrn Dr. Eike Jordan sowie dem Administrator der Halle Foundation, Herrn W. Marshall Sanders, herzlich gedankt sei.

Der einzigartige Facettenreichtum der Luther-Ausstellungen in den USA wäre nicht möglich gewesen ohne die Unterstützung unserer Leihgeber, die dem Ausstellungsprojekt im wahrsten Sinne des Wortes ihre Schatzkammern öffneten. Auch diesen Institutionen sei herzlich für ihre großzügige Unterstützung gedankt.

Zuletzt gilt unser Dank den zahlreichen Kolleginnen und Kollegen, die vor und hinter den Kulissen an der Verwirklichung der verschiedenen Bestandteile des Projektes gearbeitet haben. Hier ist an erster Stelle das Projektteam »Here I stand…« unter der Leitung von Frau Dr. Tomoko Emmerling zu nennen. Dr. Ingrid Dettmann, Susanne Kimmig-Völkner M. A., Robert Kluth M. A., Franziska Kuschel M. A. und Prof. Dr. Louis D. Nebelsick haben sich ihrer Aufgabe mit größtem Engagement und viel Herzblut gewidmet. Über die Realisierung der Ausstellungen hinaus galt ihre Energie aber auch dem Entstehen dieser Publikation, des Katalogbandes sowie der Webseite www.here-i-stand.com mit der digitalen und downloadbaren Ausstellung #HereIstand. An dieser Stelle sei insbesondere die Leistung der mit der Redaktion der Begleitpublikationen betrauten Kolleginnen und Kollegen Dr. Katrin Herbst, Dr. Ralf Kluttig-Altmann, Robert Noack M. A. und Dr. habil. Anne-Simone Rous dankend hervorgehoben. Die Verwirklichung der verschiedenen Projektbestandteile wäre allerdings auch nicht möglich gewesen ohne den Einsatz zahlreicher weiterer Kollegen aus den verschiedensten Bereichen unserer Häuser. Auch ihnen soll ausdrücklich für ihre wertvolle Arbeit Dank gesagt werden.

Harald Meller
Direktor des Landesamtes für Denkmalpflege und Archäologie Sachsen-Anhalt und des Landesmuseums für Vorgeschichte

Martin Eberle
Direktor der Stiftung Schloss Friedenstein Gotha

Ulrike Kretzschmar
Präsidentin a. i. der Stiftung Deutsches Historisches Museum

Stefan Rhein
Vorstand und Direktor der Stiftung Luthergedenkstätten in Sachsen-Anhalt

Grußwort

Das *Minneapolis Institute of Art* betrachtet es als große Ehre, dass wir aus Anlass des 500. Jahrestags der Veröffentlichung der 95 Thesen mit »Martin Luther: Art and the Reformation« eine in dieser Art bisher einmalige Sonderausstellung präsentieren dürfen. Die Reformation war ein Ereignis, welches Europa in seinen Grundfesten erschütterte, und sie gebar religiöse Überzeugungen, die heute nicht nur von Millionen von Menschen in Minnesota geteilt werden, sondern von rund 800 Millionen Protestanten auf der ganzen Welt. Luthers Denken und Handeln rief eine Vielzahl radikaler Veränderungen hervor, welche die geistige und politische Landkarte Europas völlig neu definieren sollten. Noch fünf Jahrhunderte später gelingen Wissenschaftlern immer wieder überraschende Entdeckungen zu Luther und seiner Zeit. Nach wie vor erarbeiten sie sich dabei neue Erkenntnisse zu bereits bekannten Ereignissen. Und die meisten dieser Resultate weisen eine erstaunliche Aktualität auf, da viele der brennenden Fragen aus Luthers Zeit uns noch heute beschäftigen.

Wir leben heute in einer Ära der medialen Revolutionen, die geprägt wird von Konflikten im wirtschaftlichen, politischen und militärischen Bereich, von religiösen Auseinandersetzungen und der Hinterfragung traditioneller Geschlechterrollen. Das gewichtige und umfassende Werk, welches wir Ihnen hier präsentieren, erforscht all diese Themen und darüber hinaus viele weitere Aspekte. Zu den beitragenden Wissenschaftlern zählen nicht nur die etablierten Experten dieses Forschungsgebietes, sondern auch eine Reihe neuer Stimmen, und all diesen Kolleginnen und Kollegen danken wir für ihre Arbeit und die Bereitstellung ihrer Erkenntnisse. Beflügelt durch das Gedenkjahr und den Dreiklang der Sonderausstellungen in Minneapolis, New York und Atlanta erlaubt uns diese Sammlung wissenschaftlicher Aufsätze ein vertieftes Verständnis der außergewöhnlichen Objekte, die uns in so großzügiger Weise von rund 25 Institutionen in Deutschland ausgeliehen wurden. Wir sind deshalb voller Zuversicht, dass diesem Band eine bleibende Wirkung als Nachschlagewerk beschert sein wird.

Wir sind all unseren großartigen und großzügigen Partnern zutiefst dankbar, die mit dem *Minneapolis Institute of Art* in diesem Unterfangen unmittelbar zusammengearbeitet haben, angefangen mit den Organisatoren des Projekts am *Landesmuseum für Vorgeschichte in Halle an der Saale*, die das Vorhaben gemeinsam mit der *Stiftung Luthergedenkstätten in Sachsen-Anhalt* (Lutherstadt Wittenberg), *dem Deutschen Historischen Museum in Berlin* und der *Stiftung Schloss Friedenstein* in Gotha verwirklicht haben. Es ist mir dabei eine besondere Freude, auf die visionäre Führungsrolle von Herrn Prof. Dr. Harald Meller hinzuweisen, des Direktors des Landesmuseums für Vorgeschichte in Halle an der Saale, der uns als Erster die Möglichkeit eröffnete, eine so reiche Auswahl künstlerischer, kultureller und religiöser Kleinode nach Minneapolis zu bringen. Ich bin ebenso dankbar für die herausragende Leistung von Frau Dr. Tomoko Emmerling, welche es im kuratorischen wie organisatorischen Bereich stets verstand, dieses komplexe Projekt auf der richtigen Spur zu halten. Gleichzeitig möchte ich meinen Dank auch dem gesamten Team in Halle aussprechen, dessen Mitarbeiter daran beteiligt waren, die Ausstellung vorzubereiten und durchzuführen sowie die zugehörigen Publikationen zu erstellen. In Minneapolis möchte ich besonders Tom Rassieur, unserem *John E. Andrus III Curator of Prints and Drawings,* für seine mehrjährige hingebungsvolle Arbeit an diesem so bedeutenden Projekt danken.

Sehr dankbar bin ich auch der Chefredakteurin Anne-Simone Rous und ihrem Team, welche die komplexen Schritte bei der Auswahl der Autoren koordinierten, die Texte redaktionell bearbeiteten und jeweils von und ins Englische und Deutsche übersetzten. Ohne die großzügige Unterstützung, die uns das Auswärtige Amt der Bundesrepublik Deutschland im Rahmen der Lutherdekade gewährt hat, hätte sich das Projekt schwerlich realisieren lassen. Besonders dankbar sind wir Thrivent Financial, dem Hauptsponsor der Sonderausstellung »Martin Luther: *Art and the Reformation«* in Minneapolis. Unser Dank gilt daneben John und Nancy Lindahl, Joe Hognander/The Hognander Foundation, Jeannine Rivet und Warren Herreid/K.A.H.R. Foundation, The Bradbury and Janet Anderson Family Foundation, Jim und Carmen Campbell/Campbell Foundation, Thomson Reuters, Delta Air Lines, und der National Endowment for the Arts für Ihre Unterstützung, diese einmalige Ausstellung nach Minnesota zu bringen. Im Namen aller Kollegen am *Minneapolis Institute of Art* möchte ich hier noch einmal unseren zutiefst empfundenen Dank an all jene aussprechen, die dieses epochale Projekt ermöglicht haben.

Kaywin Feldman
*Duncan and Nivin MacMillan Director and President
of the Minneapolis Institute of Art*

Grußwort

The Morgan Library & Museum ist stolz darauf, an diesem bedeutenden deutsch-amerikanischen Ausstellungsprojekt mitzuwirken, welches im Jahr 2016 Martin Luther und die Geburt der Reformation zum Gegenstand hat. Schon der Gründer unseres im Herzen Manhattans gelegenen Hauses hatte vor mehr als hundert Jahren seine eigene bedeutsame Begegnung mit der Reformation und der deutschen Geschichte.

John Pierpont Morgan (1837–1913) war nicht nur ein international wirkender Finanzier, sondern auch ein begeisterter Kunstsammler. Er wurde in Hartford in Connecticut geboren, aber einen wichtigen Teil seiner Erziehung erhielt er in der Schweiz und an der Universität Göttingen. Morgan verbrachte seine Sommer in Deutschland auf eine Art, wie sie zu dieser Zeit nur wenigen Amerikanern möglich war: mit Reisen zu historischen Stätten und dem Besuch bedeutender Kunstsammlungen. Diese Erfahrungen hatten nicht nur großen Einfluss auf seine Wahrnehmung der Geschichte, sie prägten auch sein Verlangen, eine eigene Sammlung künstlerischer und literarischer Meisterwerke anzulegen. Eine einmalige Gelegenheit, dieser Leidenschaft nachzugehen, bot sich ihm im Mai 1911, als der außerordentliche Brief, in dem Martin Luther einst dem Kaiser Karl V. seine unbeirrbaren religiösen Überzeugungen kundgetan hatte, in Leipzig zur Versteigerung anstand. Die Gebote überschlugen sich, und der Zuschlag betrug schließlich das Zwanzigfache des Schätzpreises – aber am Ende konnte Morgan dieses Kleinod der deutschen Geschichte nach Hause tragen. Das berühmte Schriftstück verblieb jedoch nicht in seinem Besitz: Nur zwei Monate später überreichte er es als Geschenk an jene Nation, die er so hoch achtete, dem deutschen Kaiser Wilhelm II., dem er in Freundschaft und gemeinsamer Segelleidenschaft verbunden war.

Obwohl Morgan in seiner Jugend bereits einige Autographen gesammelt hatte, begann er doch erst in den 1890er Jahren damit, auch Kunst und Bücher gezielt zu erwerben. Für diese persönliche Sammlung suchte er in der Folge stets nach herausragenden Zeugnissen der abendländischen Kultur. Dazu gehörte auch ein herausragender Bestand an Werken des deutschsprachigen Kulturraums, welcher unter anderem das aus dem 9. Jahrhundert stammende Lindauer Evangeliar (mit seinen mit Gold und Edelsteinen verzierten Einbanddeckeln), drei Exemplare der Gutenberg-Bibel sowie

Werke von Martin Luther und Zeichnungen Albrecht Dürers umfasste. Um seiner Sammlung einen würdigen Rahmen zu geben, ließ Morgan durch die führenden amerikanischen Architekten dieser Zeit, McKim, Mead & White, ein eigenes Gebäude entwerfen. So kam es, dass mitten in New York ein beeindruckender Renaissance-Palazzo errichtet wurde. Heute bietet dieses Haus mit der Sammlung Morgans einen rund 6 000 Jahre umspannenden Überblick über das literarische und künstlerische Schaffen vom 4. Jahrtausend v. Chr. bis in die Gegenwart. Mit dieser Symbiose von Wort und Bild spiegelt *The Morgan Library & Museum* gleichsam den erfolgreichen gemeinsamen Einsatz textlicher und visueller Medien, der schon für die Epoche der Reformation charakteristisch war. Auch die Aufsätze in diesem Band weisen eine ähnlich vielfältige Betrachtungsweise auf, welche den durchaus komplexen Aspekten der Person Martin Luthers und der Reformation Rechnung trägt. Neu ist dabei die verstärkte Berücksichtigung des Einflusses der Lutherischen Bewegung auf die heutige Gesellschaft, die sich in der aktuellen Relevanz historischer Objekte und Ereignisse zeigt.

Wir möchten uns an dieser Stelle ausdrücklich für die Unterstützung bedanken, die uns das Auswärtige Amt der Bundesrepublik Deutschland im Rahmen der Lutherdekade gewährt hat. Die Stiftung Luthergedenkstätten in Sachsen-Anhalt, das Deutsche Historische Museum in Berlin und die Stiftung Schloss Friedenstein in Gotha unter der federführenden Leitung des Landesmuseums für Vorgeschichte in Halle haben uns maßgeblich dabei unterstützt, dieses einmalige Ausstellungsprojekt der amerikanischen Öffentlichkeit zugänglich zu machen. Unser Dank gilt weiterhin dem *Metropolitan Museum of Art* in New York für seine freundliche Bereitstellung von Leihgaben für die Ausstellung. Die Ausstellung in New York wurde überdies in großzügiger Weise durch die *Johansson Family Foundation* und Kurt F. Viermetz (München) sowie die *Arnhold Foundation* und das Auswärtige Amt der Bundesrepublik Deutschland unterstützt.

Colin B. Bailey
Direktor
The Morgan Library & Museum

I

Der Vorabend
der Reformation

LUISE SCHORN-SCHÜTTE

Europa und die Welt um 1500

Das Jahr 1500 war das Geburtsjahr Kaiser Karls V., jenes Kaisers also, in dessen Reich die Sonne nie unterging: So jedenfalls haben die Zeitgenossen seine Machtfülle beschrieben. Karl V. stand für die Kontinuität der *monarchia universalis*, des mittelalterlichen Herrschaftskonzeptes, das ganz Europa umfasste. Auch deshalb hielt er so eisern an der Einheit der Christenheit fest und wandte sich in aller Schärfe gegen die reformatorische Bewegung Luthers im Heiligen Römischen Reich Deutscher Nation. Ihm gegenüber standen die Reformer des Reiches: die vier weltlichen und drei geistlichen Kurfürsten (der Pfalzgraf bei Rhein, der Herzog von Sachsen, der Markgraf von Brandenburg, der König von Böhmen und die Erzbischöfe von Mainz, Köln und Trier) einerseits, die Reformer der Kirche andererseits: Martin Luther, Huldrych Zwingli und Johannes Calvin. Waren dies die Wegbereiter jener neuen Zeit, von der in Literatur und Geschichtsschreibung stets die Rede ist, wenn vom Beginn des 16. Jahrhunderts gesprochen wird?

Anders als die Reformer des 20. und 21. Jahrhunderts beriefen sich die zeitgenössischen Politiker und Theologen nicht auf das unbestimmt Neue, sondern auf die Kraft der Tradition. Das, was vergangen war, war gut; in seiner Wiederherstellung lag reformerische, ja reformatorische Kraft. Doch auch diese Vorstellung hatte große Sprengkraft, denn die Wiederherstellung der als gut befundenen alten Ordnung konnte das Vorhandene erheblich ins Wanken bringen.

Ein Großteil der gebildeten Zeitgenossen nahm die Wende zum 16. Jahrhundert als eine Umbruchszeit wahr. Das lag einerseits am wirtschaftlich-sozialen Wandel: Der wirtschaftliche Niedergang des ausgehenden 15. Jahrhunderts fand ein Ende, das neue Jahrhundert brachte für einige Generationen bescheidenen Wohlstand in allen sozialen Schichten. Andererseits hatte dies seine Ursache auch in der religiösen Aufbruchsstimmung, die, vorbereitet durch den europaweiten Humanismus, mit Luthers reformatorischer Bewegung einen starken Schub erhielt, selbst wenn sie keineswegs alle europäischen Regionen erreichte.

Was waren die wirtschaftlichen, rechtlichen, sozialen und religiösen Grundlagen europäischen Lebens zu Beginn des 16. Jahrhunderts? Was überhaupt bedeutete Europa für die Zeitgenossen, was zählte in geografischer Perspektive dazu? Und schließlich: Hält die zeitgenössische Wahrnehmung einer veränderten Zeit dem Urteil der Historiker stand?

Zeit und Raum

Zu Beginn des 16. Jahrhunderts drehte sich die Erde mit der gleichen Geschwindigkeit um die Sonne wie heute – aber die Menschen nahmen Zeit anders wahr. Für die überwiegende Mehrzahl der Zeitgenossen richtete sich der Alltag nach dem natürlichen Tagesablauf zwischen Sonnenauf- und -untergang, denn damit war das Vorhandensein von Licht verbunden. Alle anderen Lichtquellen (Öl, Kerzen) waren teuer und wurden sparsam eingesetzt. Ebenso selbstverständlich waren die Menschen eingebunden in den Jahresrhythmus einer überwiegend agrarisch geprägten Gesellschaft. Er formte auch den Arbeitstag in Stadt und Land: Im Sommer waren die Tage lang, der Arbeitsanfall groß, und dementsprechend viel wurde gearbeitet. Im Winter mit seinen kurzen Tagen verkürzten sich folglich auch die Arbeitstage. Eine grobe zeitliche Orientierung für den Tag erhielt die ländliche Bevölkerung durch einfache Sonnenuhren; zugleich fungierten Glocken als »akustische Zeitgeber«:[1] Sie riefen zu Versammlungen, waren Notzeichen und begleiteten den letzten Gang zum Friedhof. Darüber hinaus erfüllten sie Aufgaben der innerstädtischen Ordnung; so gab es vielerorts (vor allem in den größeren europäischen Städten) eine Bann- oder Stadtglocke, die am lautesten tönte.[2]

Zeit

In den Städten waren diese nur wenig präzisen Zeitmessungen durch den Einsatz der um 1300 erfundenen mechanischen Uhr ergänzt worden. Angesichts der wachsenden Notwendigkeit zu differenzierter und genauer Zeitangabe im Ablauf von Handels- und Handwerksgeschäften erwies sich das als erheblicher Fortschritt; seit dem ausgehenden 15. Jahrhundert gehörte eine öffentliche städtische Uhr nun auch zum selbstverständlichen Inventar aller kleineren Städte.[3] Die historische Technikforschung hat die Bedeutung dieser Erfindung mit derjenigen des Buchdrucks gleichgesetzt. Seit dem 16. Jahrhundert zeigten die Uhren Stunden und Minuten an, besaßen also zwei Zeiger. Da diese Instrumente jedoch nur mit erheblichem technischem Aufwand und großen Kosten herzustellen waren, befanden sie sich zunächst ausschließlich in fürstlichem oder städtischem Eigentum, als Rathaus-, Turm- oder Schlossuhren, als Inventar repräsentativer Bauten. Erst als es technisch möglich wurde, kleinere tragbare Uhren zu konstruieren, gab es auch private Besitzer; in Deutschland wurden solche federgetriebenen Uhren von dem Nürnberger Uhrmacher Peter Henlein in der ersten Hälfte des 16. Jahrhunderts gebaut (Abb. 1).

Abb. 1 Hals- oder Sackuhr (auch als »Nürnberger Eierlein« bezeichnet), Deutschland oder Schweiz, wohl 16. Jh.

Mit der Existenz solcher präzisen Zeitmessgeräte veränderten sich die Zeitrhythmen der frühneuzeitlichen Gesellschaften in Europa. Hatten sie sich bis zum Beginn des 16. Jahrhunderts noch fast ausschließlich an den Regelmäßigkeiten der Natur orientiert, setzte sich nun, wenn auch langsam, der Rhythmus der mechanischen Uhren durch. In allen Lebenssphären begegnete einem der Stundentakt der Uhren, sichtbar unter anderem in den großen Gesetzgebungswerken wie Schul-, Kirchen-, Gerichts- oder Polizeiordnungen, in denen präzise zeitliche Regeln formuliert waren. Die Uhr lässt sich seit dem 16. Jahrhundert als Symbol bezeichnen, das die geregelte Ordnung von Himmel und Erde als Abbild der Schöpfungsordnung charakterisierte. Dementsprechend wurde die Uhr zum Modell für kleinere soziale Einheiten, für Haus und Familie; der evangelische Theologe Johann Heinrich Alsted verglich hiernach das »ganze Haus« des europäischen 16./17. Jahrhunderts mit einem Uhrwerk.[4]

Ein Charakteristikum der Frühen Neuzeit ist die Mangelverwaltung. Das gilt nicht nur für die begrenzten Möglichkeiten, eine wachsende Bevölkerung ausreichend zu ernähren, es gilt auch für den Faktor Zeit. Zeit war für die Menschen der Frühen Neuzeit ein knappes Gut; die Lebenszeit betrug im Schnitt 40 Jahre weniger als für den Europäer heute. Deshalb war die Erfahrung von Zeit bis in die Mitte des 17. Jahrhunderts eingebunden in die Vorstellung von Transzendenz, Teil der immer bewussten Gefährdung des Lebens.[5] Die hohe Wahrscheinlichkeit, dass auch das eigene Leben abrupt enden konnte, sensibilisierte die Zeitgenossen für die Nichtigkeit und Vergänglichkeit irdischer Werte. Diese wurden verglichen mit dem rasch vorüberziehenden Tag oder dem Ablauf der Jahreszeiten. Daneben gab es vor allem im städtischen Bürgertum der Frühen Neuzeit die Vorstellung einer Lebenstreppe; danach vollzog sich das Leben geschlechtsspezifisch in zehn Stufen zu je zehn Jahren, womit ein schon in der Antike gebräuchliches Zeitschema von zehn mal zehn oder sieben mal sieben Jahren weiterverwendet wurde. Alle Reflexionen über den zeitlichen Verlauf menschlichen Lebens waren religiös fundiert, Transzendenz war Teil all dieser Betrachtungen. Die irdische Zeit, die dem Menschen zugemessen war, blieb an Zielen ausgerichtet, deren Erreichen erst in einem besseren Jenseits erwartet wurde.[6]

1 Paul Münch: Lebensformen in der Frühen Neuzeit 1500–1800, Frankfurt am Main 1992, S. 180. **2** Ebd., S. 182. **3** Zum Folgenden vgl. ebd., S. 184 f.; zudem Andrew Pettegree: Europe in the 16th Century, 2. Aufl., Oxford 2005, S. 7 f. **4** Siehe dazu Münch, Lebensformen (wie Anm. 1). **5** Vgl. dazu mit Blick auch auf außereuropäische Ordnungen Wolfgang Reinhard: Lebensformen Europas. Eine historische Kulturanthropologie, 2. Aufl., München 2006, S. 582–585. **6** Vgl. Münch, Lebensformen (wie Anm. 1), S. 169.

Der Vorabend der Reformation

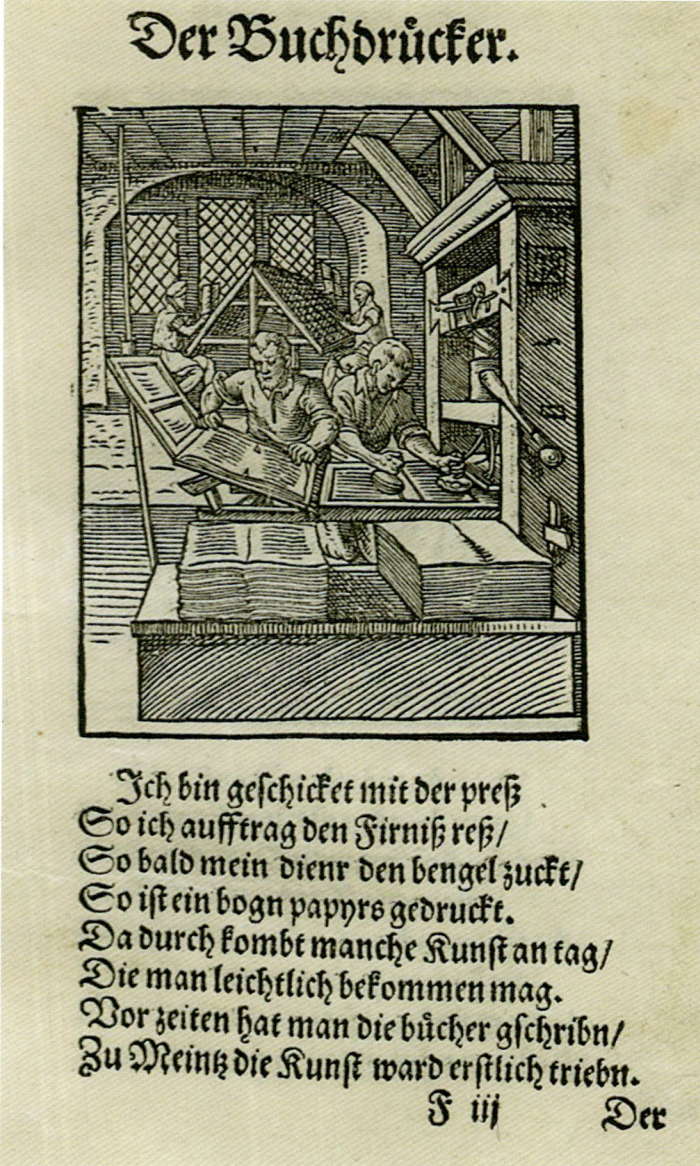

Abb. 2 Jost Ammann, Der Buchdrucker, aus: Hans Sachs, Eygentliche Beschreibung Aller Stände auff Erden, Frankfurt am Main 1568

Raum

Zu Beginn des 16. Jahrhunderts erschloss sich der europäische Horizont neue geografische Räume, das Weltbild wurde weiter und differenzierter. Aber die Welt der meisten Menschen blieb kleinräumig geordnet, auf die Familie, das Dorf beziehungsweise die Stadt und deren unmittelbare Umgebung bezogen. Alltägliche Informationen und Nachrichten wurden nur im engen geografischen Raum ausgetauscht, und Kontakte über diesen hinaus fanden fast nur durch Pilgerreisen, wandernde Gesellen oder fahrendes Volk statt.

Für die Führungsschicht Europas hingegen gab es auch am Beginn des 16. Jahrhunderts bereits weiterreichende Kommunikationsmöglichkeiten. Das hing nicht zuletzt mit der Lesefähigkeit dieser Gruppen zusammen. Technische Innovationen, allen voran die Erfindung des Buchdrucks, eröffneten neue Nachrichtenformen und Medien (Abb. 2). Politisch-geografische Bezeichnungen und ihr Wandel verdeutlichen die frühneuzeitlichen Raumerfahrungen. Anschaulich wird dies am Begriff *patria*, der um 1500 sowohl die engere Nachbarschaft als auch bereits größere Einheiten bezeichnen konnte. Eine konsequente Organisation des Raumes hat es im Europa der Frühen Neuzeit nicht gegeben, da jeder Herrschaftsbereich seine eigenen Grenzen hatte – die Grundherrschaft andere als die Kirchengemeinde, der Wehrbezirk andere als der Bezirk der Steuererhebung – und diese bis zum Ende des 18. Jahrhunderts zumeist behielt.[7]

Räume waren geprägt durch die geografischen Gegebenheiten und/oder die politischen Vorgaben. Die Mehrheit der Bevölkerung im Europa der Frühen Neuzeit war in jene begrenzten Lebensräume eingebunden, immer aber gab es auch Wanderungen, Bevölkerungsbewegungen und Reisen; mit der Konfessionsmigration seit der Mitte des 16. Jahrhunderts kam noch eine ganz neue Raumerfahrung hinzu. Für die Ausübung von Herrschaft und Handel war das Reisen seit dem Mittelalter ein stets wichtiges Instrument gewesen. Die wohlhabenden Kaufleute der großen europäischen Handelsstädte aber reduzierten seit Beginn des 16. Jahrhunderts ihre Reisetätigkeit, indem sie ein Netz auswärtiger Handelsbeziehungen aufzubauen begannen. Diese Form der wirtschaftlichen Ausdehnung setzte sich in den folgenden Jahrzehnten auch in den politisch geprägten Räumen durch. Die persönliche Anwesenheit eines Herrschers wurde abgelöst durch die Anwesenheit seiner Vertreter, der Amtsträger.

Gab es eine Vorstellung vom Raum Europa unter den Eliten zu Beginn des 16. Jahrhunderts? Lässt sich ein geografisch identifizierbares Europabild benennen oder war Europa vielmehr eine Idee, ein Mythos? In seinen geografischen Konturen wurde Europa von den Zeitgenossen als Raum genau benannt; als Charakteristikum galten die Dominanz des Festlandes, die Existenz zahlreicher Inseln und die vielfältig gestalteten Küsten. Im Vergleich mit anderen Erdteilen wurde Europa eine herausragende Rolle zugemessen: In der zweiten Auflage der *Cosmographia universalis* des Kartografen Sebastian Münster von 1588, gedruckt in Basel, erscheint der europäische Kontinent als Königin, Afrika und Asien hingegen sind als kleine Erdteile in die Ecken gepresst (Abb. 3).

Diese traditionelle Vorstellung von einem weiblichen Europa als Mittelpunkt und Beherrscherin der Welt änderte sich während der gesamten Frühen Neuzeit nicht.[8] In territorialen Kartenwerken wurden die Grenzen regionaler Einheiten allmählich deutlicher und präziser; ob dies als Entstehung nationaler Räume gedeutet werden kann, ist unter den Historikern jedoch umstritten.[9] Ebenso umstritten ist es deshalb, ob zu Beginn des 16. Jahrhunderts von »nationalen« Vorurteilen gesprochen werden kann.

---

[7] Zum Ganzen siehe ausführlich Reinhard, Lebensformen (wie Anm. 5), S. 417. Als Herrschaftsformen werden in diesem Beitrag verstanden: Herrschaft auf lokaler, regionaler und zentraler »staatlicher« Ebene. In der Frühen Neuzeit bilden sich diese Formen erst aus, deshalb ist es nicht korrekt, für das 16. bis 18. Jahrhundert von »Staat« im Sinne des 19. Jahrhunderts zu sprechen. [8] Vgl. Günter Vogler: Europas Aufbruch in die Neuzeit. 1500–1650 (= Handbuch der Geschichte Europas. 5), Stuttgart 2003, S. 20. [9] Vgl. ebd.

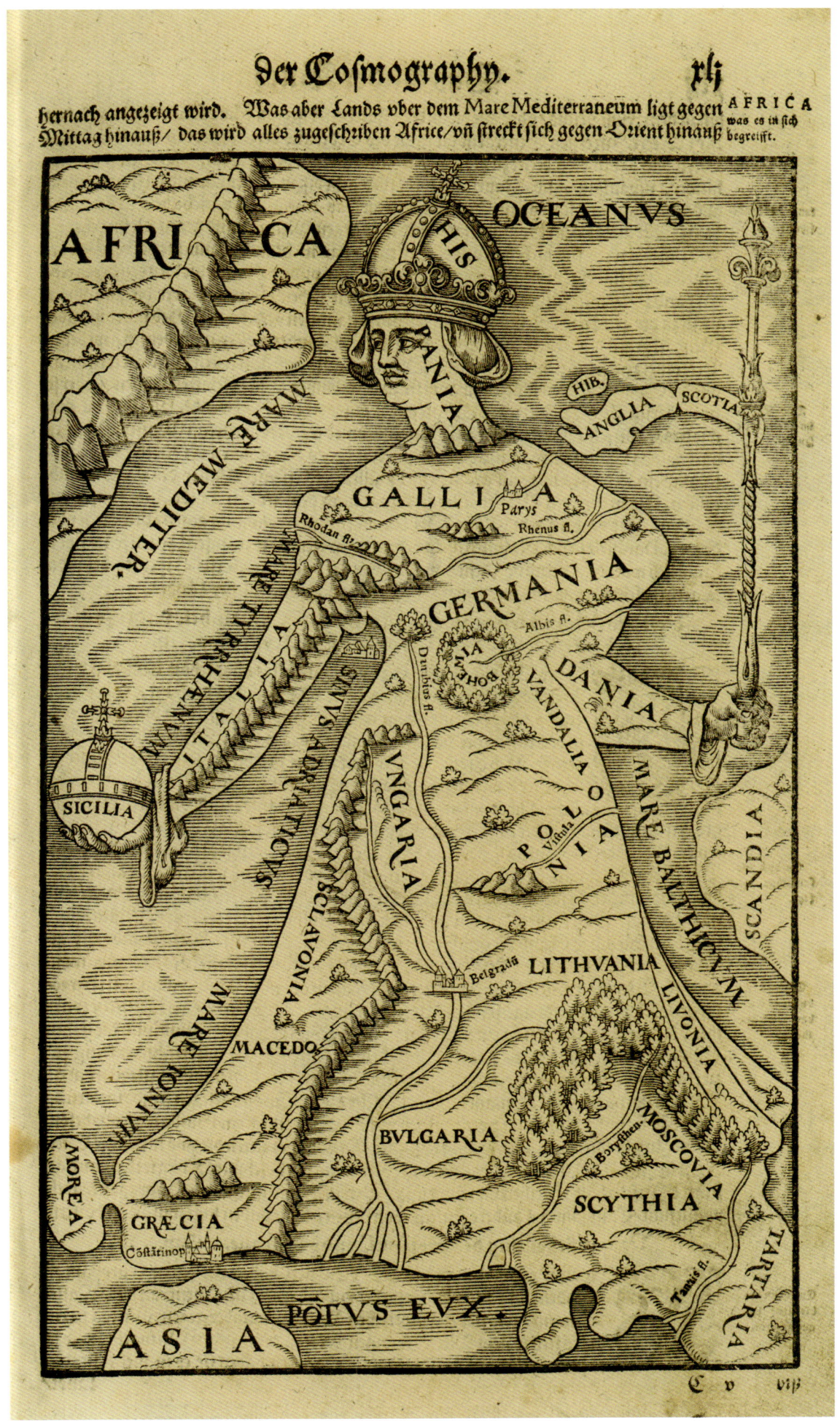

Abb. 3
Europa Regina,
aus: Sebastian Münster,
Cosmographia, Basel 1588

Für die Historiker ist die politische Einheit dieses geografisch existenten Raumes mithilfe spezifisch historisch-politischer Faktoren benennbar.[10] Sie lassen sich seit Antike und Mittelalter identifizieren, seit dem Beginn des 16. Jahrhunderts verdichteten sich ihre Konturen. Hierzu zählt zuerst das Christentum; es hat die Kultur Europas nachdrücklich und unverwechselbar geformt. Das geschah auch und gerade aufgrund der konfessionellen Spaltung seit der Reformation (1517), die zwar neue, regional bezogene Grenzen etablierte, in der wechselseitigen Abgrenzung aber eine konfessionsspezifische Verdichtung ermöglichte. Der universale Geltungsanspruch der katholischen Kirche mit dem Papst an ihrer Spitze blieb jedoch bestehen. Mit der Berufung auf die Weltgeltung des biblischen Missionsauftrages wurde nicht zuletzt die Legitimität europäischer Expansion begründet. Trotz der seit der Mitte des 16. Jahrhunderts wachsenden Spaltung blieb die Einheit der Christenheit für die Zeitgenossen im Begriff der *christianitas* oder *res publica christiana* gewahrt. Mit diesen Vokabeln bezeichneten sie den politischen Raum Europa. In der Absetzung gegen »despotische Großreiche« wie die Türkei fanden sich, so die Betrachtung des Machiavelli, die christlichen Herrscher und Republiken Europas zusammen, die einen Begriff von politischer Freiheit ohne Tyrannei für sich beanspruchten. Das konfessionell gespaltene Europa verstand sich in diesem politisierten Sinne des Wortes also als eine Einheit nach außen. In der Mitte des 16. Jahrhunderts wurde der Begriff Europa von allen Konfessionen parallel zur Bezeichnung *christianitas* verwendet. Er fand sich in der Publizistik, der Literatur, schließlich in der Umgangssprache der Kaufleute und hatte sich bis zum Ende des 16. Jahrhunderts durchgesetzt.[11]

Zum Zweiten zu nennen ist die Existenz von Herrschaftsbeziehungen, die auf der Verteilung von Grund und Boden beruhten und daran wechselseitige Pflichten und Rechte der Regierenden und der Regierten banden. Das Lehnswesen war ein unverwechselbares Element jenes historisch-politischen Europas. Damit war der Gegensatz zwischen Freiheit und Unfreiheit, der auf der Unterscheidung von Eigentumsrechten beruhte, als Grundnorm aller herrschaftlichen Ordnungen festgeschrieben. Wirtschaftliche und ethische Normen verbanden sich in ihrer Funktion für die Herrschaftsstrukturen. Denn der Schutz, zu dem der Herr den Untertanen gegenüber verpflichtet war, fand seine Entsprechung in deren Zusage, Rat und Hilfe zu leisten; beides mündete in den Gehorsam gegenüber einem gerechten Herrn.

Diese Norm für die Beziehungen zwischen den an Herrschaft beteiligten und den von Herrschaft betroffenen ständischen Gruppen blieb stets in der Diskussion. Für das Europa des beginnenden 16. Jahrhunderts war die Konkurrenz zweier Rechtsansprüche charakteristisch: zum einen der Anspruch und das Recht adliger, geistlicher, bürgerlicher und in manchen Regionen (zum Beispiel Tirol, Ostfriesland, Schweizerische Eidgenossenschaft) auch bäuerlicher Stände auf Teilhabe an Herrschaft, zum anderen der Anspruch, Herrschaft in der Hand hochadliger Familien zu konzentrieren, um so gerade jenen Teilhabeanspruch zurückzudrängen. Dieser Konflikt um die Formen der Herrschaft erhielt seit den 1530er Jahren im Zuge der Konfessionsspaltung neuerliche Dynamik, denn die konfessionelle Zugehörigkeit verlieh den je eigenen politischen Argumenten zusätzliche Legitimität. Nicht Entflechtung von Religion und Politik war das Ergebnis dieser Entwicklung, sondern eine abermalige, konfessionsspezifische Verzahnung.

Wieweit die Zeitgenossen des beginnenden 16. Jahrhunderts diese politisch-historischen Elemente europäischer Einheit reflektierten, ist schwer feststellbar. Die Historiker des ausgehenden 20. Jahrhunderts haben sie als »europäische Weltanschauung« zu charakterisieren versucht.[12] Die aktuelle Forschung verwendet zwar andere Vokabeln, bestreitet aber ein derartiges Zusammengehörigkeitsbewusstsein nicht.

Wirtschaft, Recht und Religion

Wirtschaftliche, soziale, rechtliche und religiöse Gemeinsamkeiten gaben dem Europa des beginnenden 16. Jahrhunderts seine feste Form. Diese Feststellung trifft zu auch und gerade unter Anerkennung der vielfältigen regionalen Unterschiede, durch die jenes Europa zugleich geprägt war. Heutzutage betonen Historiker die verbindenden Linien, die zwischen Ost-, Mittel- und Westeuropa bestanden haben; auch deshalb verstummen die Reden von europäischen Sonderwegen allmählich.

Wirtschaft

Die europäische Wirtschaft um 1500 war, wie diejenige des Mittelalters, überwiegend agrarisch geprägt; höchstens zehn Prozent der Bevölkerung wohnten in den Städten. Auf dem Land lebten neben der in sich stark gegliederten bäuerlichen Bevölkerung auch der niedere und der hohe Adel; letzterer häufig am Hof hochadliger Herren oder aber auf den eigenen Rittersitzen. Wer in der Stadt wohnte und das Bürgerrecht besaß, das Pflichten und Rechte umfasste, gehörte zum Bürgertum, eine ebenfalls für Gesamteuropa stark zu differenzierende Gruppe. Die Stadtbürger lebten im Unterschied zu Adel und Bauern nicht zuerst von der Landwirtschaft, sondern betrieben Handwerk und Handel. Als Handwerker und Kaufleute organisierten sie sich in Gilden, Zünften, Innungen und Ähnlichem. Diese Zusammenschlüsse waren keineswegs nur Berufsverbände, sondern stellten alle Lebensräume umfassende, das Alltagsleben ebenso wie die Produktion kontrollierende und sozial sichernde Institutionen dar.

Zu Beginn des 16. Jahrhunderts befand sich die europäische Wirtschaft in einem lang anhaltenden Aufschwung. Das lässt sich anhand des demografischen Wandels ebenso feststellen wie im Blick auf das Wachstum des europäischen Handels, der sich zu einem Welthandel zu entfalten begann. Da der wirtschaftliche Aufschwung in den letzten Jahrzehnten des 15. Jahrhunderts einsetzte und bis in die ersten Jahre des 17. Jahrhunderts anhielt, wird das 16. Jahrhundert unter Historikern auch als das »lange Jahrhundert« bezeichnet. Die durch Seuchen verursachte Abnahme der Bevölkerungszahlen am Ende des 15. Jahrhunderts konnte durch neuerliches Wachstum seit dem Beginn des 16. Jahrhunderts langsam wieder ausgeglichen werden. Dem lagen demografische Mechanismen zugrunde, die für die Mangelgesellschaften der Frühen Neuzeit auf einem Wechselspiel von Bevölkerungswachstum und Hungersnöten beruhten. In dieser Gesellschaft war nur ein bestimmter Nahrungsspielraum vorhanden, eine Steigerung der Lebensmittelproduktion nur begrenzt möglich. Die seit dem Beginn des 16. Jahrhunderts wieder wachsende Bevölkerung ließ die Nachfrage steigen, was die Preise für besonders nachgefragte Güter wie Fleisch und Getreide in die Höhe trieb. Und da die Bevölkerung wieder zunahm, war innerhalb eines gewissen Zeitraums der Bedarf an Arbeitskräften gesättigt, und die Löhne sanken. Beides zusammen führte unweigerlich in die nächste Mangelkrise der Frühen Neuzeit. Die Statistik zeigt sie für die Mitte des 17. Jahrhunderts.

Zu Beginn des 16. Jahrhunderts aber erlebte die Agrarwirtschaft zunächst wieder eine Konjunktur. Zudem nahm die gewerbliche Produktion in den Städten zu, und auch der Fernhandel expandierte. Der Mittelmeerraum dominierte als Handelszentrum; in ihm kreuzten sich die wichtigen Handelswege Europas, die die großen Handelsstädte miteinander ebenso verbanden wie den Norden und den Süden des Kontinents. Von Venedig und Florenz über Augsburg und Nürnberg im Süden, über Köln nach Hamburg, Lübeck und Danzig im Nordosten zogen sich die Verkehrswege, über die der Austausch zwischen agrarisch orientiertem Nordosten und gewerblich ausgerichtetem Südwesten verlief. Die Ostsee bildete zu dieser Zeit einen zweiten, ernst zu nehmenden Handelsraum. Bis in die ersten Jahrzehnte des 16. Jahrhunderts hinein dominierte hier der Hanseverbund der Kaufleute von Ost- und Nordsee.

Recht

Die große Mehrheit der europäischen Bevölkerung lebte in sozialen Ordnungen, die durch Adel und Bauern, die ländlichen Bevölkerungsgruppen also, geprägt waren; sie zusammen machten 90 Prozent der Gesamtbevölkerung aus. Deshalb auch war die Rechtsbeziehung zwischen Adel und Bauern in der Form der Grundherrschaft eine dominierende Institution. Sie formte das wirtschaftliche, soziale, politische und schließlich auch religiöse Miteinander der Mehrheit der Bevölkerung.

Was heißt Grundherrschaft? – Entstanden war sie im Frühmittelalter als wirtschaftlicher, politischer und sozialer Verband zwischen kirchlichen oder adligen Grundherren einerseits und den das Land bearbeitenden Bauern (Grundholde oder Hintersassen) andererseits. Grundherrschaft beruhte auf hierarchisch-herrschaftlichen Strukturen; sie war kein freier Verband. Der Herr hatte Schutz und Schirm für seine Hintersassen zu sichern, dafür leisteten ihm diese Abgaben aus dem Ertrag der Landnutzung. Die Hintersassen waren zudem von Kriegsdiensten befreit. Seit dem Ausgang des 15. Jahrhunderts ist eine Entpersonalisierung der grundherrschaftlichen Beziehungen von Treue und Leistung zu beobachten, sodass sich die politisch-wirtschaftlichen Freiheiten der Bauern auszudehnen schienen. Aufgrund des skizzierten Strukturwandels (Agrarkonjunktur, Bevölkerungsanstieg) endete diese kurze Phase am Beginn des 16. Jahrhunderts jedoch bereits wieder. Hier begann die Spaltung Europas entlang der Elbelinie: Während sich in Westeuropa die Grundherrschaft trotz des wirtschaftlichen Wandels mit Freiräumen für die Bauern erhalten konnte, verschärfte sie sich in Osteuropa in Gestalt wachsender Abhängigkeit der Hintersassen in der Gutsherrschaft. Diese Entwicklung wird in der Forschung als »Refeudalisierung« beschrieben. Es muss aber unterstrichen werden, dass es sich dabei nicht einfach um einen »Weg zurück in der Geschichte« handelte, sondern um eine neue Form der Arbeitsteilung: Der Osten Europas lieferte Vieh und Getreide an die großen Verbrauchszentren in Westeuropa (unter anderem die Niederlande und das rheinische Städtegebiet). Lieferregionen in diesem Sinne waren neben der Mark Brandenburg und Polen auch Litauen, Russland, die Ukraine und Ungarn. Als gewichtiger Ausfuhrhafen erlebte Danzig seit dieser Zeit seinen wirtschaftlichen Aufschwung. Im Gegenzug lieferte der Westen Luxusgüter und Fertigprodukte für die Landwirtschaft und den Handel.

Die soziale Gliederung der europäischen Bevölkerung war seit dem frühen Mittelalter auch rechtlich festgeschrieben: Jeder Mensch gehörte durch Geburt einer bestimmten sozialen Gruppe an, die er im Regelfall nicht verlassen konnte. Alle sozialen Ordnungen galten als dreigeteilt: Die einen beteten, die anderen kämpften und wieder andere arbeiteten.[13] Daraus entwickelte sich bis ins Spätmittelalter eine charakteristische Zuordnung: Der Adel galt als *status politicus / bellatores*, die Geistlichkeit als *status ecclesiasticus / oratores*, die Bauern (und seit dem ausgehenden 15. Jahrhundert auch die Bürger) als *status oeconomicus / laboratores*. Jedem Stand war damit eine eigene, für das Funktionieren der Gesellschaft unverzichtbare Aufgabe zugewiesen. Diese Vorstellung blieb vom 11. bis zum 17. Jahrhundert vorherrschend, hier war alteuropäische Kontinuität gegeben. Mit dem Beginn des 16. Jahrhunderts aber zeichneten sich erste Veränderungen ab, ohne jedoch die Existenz ständischer Ordnungen im Kern infrage zu stellen: innerständische Mobilität zum einen und Abgrenzung der Stände untereinander zum anderen.

Ständische Ordnung um 1500 war soziale und politische Gliederung. Die alteuropäischen Sozialgruppen bildeten zugleich politische Vertretungen auf den Ständetagen der europäischen Regionen und dokumentierten damit die europaspezifische Teilhabe der regionalen Kräfte an Herrschaft. Zu Beginn des 16. Jahrhunderts waren Geistlichkeit, Adel und Bürgertum, in einigen wenigen Regionen auch die Bauern (Tirol, Schweiz, Ostfriesland), auf solchen Ständetagen vertreten.

Religion

Als Folge der reformatorischen Bewegung veränderte sich diese Zusammensetzung seit der Mitte des 16. Jahrhunderts jedoch grundlegend; denn die Entflechtung von Religion und Politik, die ein zentrales Anliegen der Reformatoren war, äußerte sich zuerst in der Aufhebung der geistlichen Kurien der Ständetage in den protestantischen Regionen Europas.

---

10 Zum Folgenden vgl. ebd., S. 22–24, sowie Peter Blickle: Das Alte Europa. Vom Hochmittelalter zur Moderne, München 2008, S. 15–17. **11** Siehe dazu mit Belegen Winfried Schulze: Europa in der Frühen Neuzeit – Begriffsgeschichtliche Befunde, in: Heinz Duchhardt u. a. (Hrsg.), »Europäische Geschichte« als historiographisches Problem, Mainz 1997, S. 35–65, hier S. 64 f. **12** Geoffrey Barraclough: Die Einheit Europas als Gedanke und Tat, Göttingen 1967, S. 26.
13 So die früheste Formulierung durch Adalbert v. Laon 1025; siehe dazu Münch, Lebensformen (wie Anm. 1).

Entfesselt hatte die reformatorische Bewegung 1517 der Wittenberger Theologieprofessor und Augustinermönch Martin Luther mit der Publikation seiner 95 Thesen. Mit diesem Ereignis brach eine schon lange schwelende Kritik an der politischen Funktion der Kirche und der Verweltlichung des Klerus hervor. Reformbewegungen hatte es im Lauf des 15. Jahrhunderts immer wieder gegeben, unter anderem diejenige, der sich der spätere Kaiser Karl V. in seinen Jugendjahren verpflichtet fühlte, die *Devotio moderna*, das heißt die spätmittelalterliche neue Frömmigkeitsbewegung. Die Eigendynamik, die die lutherische Reformbewegung gewann, führte bereits in den zwei Jahrzehnten nach 1520, dem Jahr der Publikation von drei großen Reformschriften Luthers, zum Ende der Einheit der Christenheit; dies war tatsächlich eine Epochenzäsur. Die Krise der Kirche aber war, so hat die Forschung der letzten Jahrzehnte nachdrücklich herausgestellt, keine Krise der Frömmigkeit um 1500; stattdessen kann geradezu von einer Intensivierung der Glaubenspraxis, der Rituale und Prozessionen und von einer Zunahme der frommen Stiftungen gesprochen werden. Die Menschen des ausgehenden Mittelalters waren zutiefst in die christliche Frömmigkeit als eine Erlösungstheologie eingebunden, die Zuspruch im Blick auf eine bessere Welt nach dem Ende des menschlichen Jammertals versprach. An diese Frömmigkeit, die sich an der Jahrhundertwende in guten Werken und großer Spendenfreudigkeit im Interesse der eigenen Erlösung äußerte, knüpfte Luthers reformatorische Theologie an und kritisierte zugleich ihre Verweltlichung. Nicht die Intensität der Frömmigkeit sollte sich ändern, sondern ihre Richtung: Die göttliche Erlösungszusage für jeden einzelnen Gläubigen machte, so eine von Luthers zentralen Thesen, das Loskaufen von den Sünden, die Werkgerechtigkeit, überflüssig.

Die Europäisierung der Welt: Anfänge europäischer Kolonialbildungen

Die Frühe Neuzeit ist die Epoche, in der sich Europa aus seinem eigenen Schatten herausbegibt und beginnt, in die Welt hineinzuwirken. Damit setzte im 16. Jahrhundert eine Entwicklung ein, die weltgeschichtliche Folgen haben sollte. Die europäischen Eliten verstanden es sehr rasch, die Erweiterung ihrer Handlungsmöglichkeiten als Erweiterung ihres wirtschaftlichen Aktionsradius zu nutzen und verbanden dies zugleich mit einer politischen Horizonterweiterung. Es ist verständlich, dass die Europäer ihre eigene Perspektive in den Mittelpunkt stellten. Die Öffnung Europas für die Welt war in charakteristischer Wechselwirkung zugleich auch eine Europäisierung der Welt. Dieser Blick war für die frühneuzeitlichen Jahrhunderte selbstverständlich und wichtig, er wies der europäischen Politik eine durchaus neue Richtung. Der häufig formulierte Vorwurf, die wissenschaftliche Betrachtung der Expansion als Bewegung der europäischen Geschichte sei eurozentrisch, ist eine Reduzierung ihrer Komplexität und verkennt die Wechselwirkungen zwischen europäischer und außereuropäischer Realität.[14]

Die europäische Expansion war keine einheitliche, zielgerichtete Bewegung, kein alternativloser, unabwendbarer Vorgang.[15] Zwischen 1500 und 1650 gerieten große Teile der Räume und Völker der Erde unter die Kontrolle der Europäer. Dieses Phänomen wird als Kolonialismus bezeichnet. Das ist einerseits die überseeische Siedlungskolonisation, als deren klassischer Fall in der Frühen Neuzeit die englische und französische Besiedlung Nordamerikas gelten kann. Das sind andererseits die »reichsbildenden Eroberungskriege«, die dadurch charakterisiert sind, dass ein imperiales Zentrum als Quelle von Machtmitteln und Legitimität erhalten bleibt, aus dem sich die (auch militärische) Expansion speist. Solch eine Reichsbildung erfolgt in der Regel durch Eroberung und Unterordnung bestehender Institutionen. Beispiele hierfür sind die Koloniebildungen durch Portugal und Spanien.

Aus diesen Expansionsformen entstehen charakteristische Kolonietypen: die Siedlungskolonie und die Beherrschungskolonie. Die europäische Expansion begann mit den Entdeckungsreisen der Spanier und Portugiesen in der Mitte des 15. Jahrhunderts. Die frühneuzeitlichen Entwicklungen knüpften also an spätmittelalterliche Strukturen an, ein umwälzender Neubeginn war damit nicht verbunden.

Die Motive für diese keineswegs gefahrlosen Expeditionen waren in erster Linie wirtschaftlicher Natur. So suchte man nach einem Seeweg nach Indien, um den durch die türkische Eroberung Konstantinopels seit 1453 weitgehend versperrten Landweg für die Versorgung mit Gewürzen, Baumwolle, Seide, Farbstoffen und anderem ersetzen zu können. Darüber hinaus ging es um die Ausweitung des Sklavenhandels und die Intensivierung des Zuckerhandels. Nicht zuletzt war man aber auch darauf bedacht, strategische Bündnispartner im Kampf gegen die Osmanen zu gewinnen. Diese Hoffnungen konnten im 15. Jahrhundert am besten in Asien erfüllt werden. Entscheidend auf Expeditionen war vor allem, dass die Erfahrung der Seeleute und die technischen Kenntnisse eine Orientierung auf hoher See ermöglichten. Die Karavelle etwa konnte als ein wendiges Schiff auf offenem Meer gut manövriert werden. Darüber hinaus wurden die nautischen Instrumente wie Kompass und Jakobsstab, Quadrant, Sonnenuhr und Seekarten, die als solche schon lange bekannt waren, für die Expeditionen unverzichtbare Hilfsmittel.

Die Konkurrenz, in der Portugal und Spanien bei der Erschließung der afrikanischen Westküste, an der der Weg nach Asien vorbeiführte, standen, beschleunigte den Erkundungsprozess erheblich. Um die ökonomischen Interessensphären abzugrenzen, einigte man sich mithilfe des Papstes 1479 im Vertrag von Alcáçovas und erneut 1494 in Tordesillas auf feste Grenzziehungen. Hierdurch wurde den Spaniern der Westen der Welt, den Portugiesen der Osten zugewiesen. Jedem der beiden Vertragspartner stand in seinem Teil das Monopol der Seefahrt, des Handels und der Eroberung zu.

Seit August 1492 erkundete Christoph Kolumbus im Auftrag des spanischen Königs den Seeweg nach Indien, erreichte aber bekanntermaßen nicht Indien, sondern am 12. Oktober 1492 die karibischen Inseln (Abb. 4). Diesen »originellste[n] Irrtum der ganzen Entdeckungsgeschichte«[16] akzeptierte Kolumbus selbst nie; bis zu seinem Tod war er überzeugt, den Seeweg zur Ostküste Asiens gefunden zu haben.

In portugiesischem Auftrag umsegelte 1497 Vasco da Gama das Kap der Guten Hoffnung und erreichte im Mai 1498 nördlich von Calicut die indische Küste. Der Weg zu den indischen Gewürzen war für die Portugiesen gefunden. Anfang des 16. Jahrhunderts segelte

Abb. 4 Martin Waldseemüller, Universalis cosmographia secundum Ptholomaei traditionem et Americi Vespucii alioru[m]que lustrationes, Saint-Dié-des-Vosges 1507. Erste Karte, auf der die Landmassen des im Westen entdeckten Kontinents mit »America« – nach Amerigo Vespucci – bezeichnet sind

der gebürtige Portugiese Fernando Magellan unter spanischer Krone in Richtung Amerika, um die Absicht des Kolumbus, Asien auf dem Seeweg nach Westen zu entdecken, zu verwirklichen. 1521 erreichte er die Philippinen, kam aber dort ums Leben. Juan Sebastián de Elcano setzte die Weltumsegelung fort. Der Verkauf der Gewürze, die er 1522 bei seiner Rückkehr mitbrachte, erzielte einen so hohen Ertrag, dass die Kosten für die Expedition mühelos gedeckt werden konnten. Dennoch verzichteten die Spanier im Folgenden auf einen Teil ihres Einflussgebietes (Vertrag von Zaragoza 1529 mit neuer Machtlinie zwischen den Kolonialmächten), da die Kosten des Asienhandels noch zu hoch erschienen. Vielversprechender war es in ihren Augen, die Schätze Amerikas zu erschließen. Seit Beginn des 16. Jahrhunderts erkundeten sie die Karibik, die Inseln und die Küsten des amerikanischen Festlandes im Süden und im Westen. Von Panama und vom mexikanischen Festland aus startete zudem eine Reihe von Expeditionen in das Innere des Kontinents. Eine davon war diejenige des Hernán Cortés im Jahr 1521, der sich als Nachfolger der Azteken-Herrscher etablierte.

Von Panama aus vollzog sich auch die Eroberung des südlichen Kontinents. Von hier aus brach Francisco Pizarro in Richtung Peru auf und zerstörte zwischen 1531 und 1534 das Reich der Inkas. 1571 erklärten die Spanier Manila zur Hauptstadt ihres ostasiatischen Kolonialreichs in der Hoffnung, von hier aus den Gewürzhandel betreiben zu können und sich den Zugang nach China zu sichern. Im Vertrag von Tordesillas hatten sich die beiden iberischen Herrschaften aber auch zur Verbreitung des Christentums verpflichtet. Diese Zusage blieb weiterhin ein wichtiges Motiv spanisch-portugiesischer Kolonialpolitik. Der Drang über Europa hinaus hatte neben wirtschaftlichen eben auch soziale, wissenschaftliche und religiöse Motive. Hier liegt ein Grund, warum diese Expansion, die wahrhaft neue Welten erschloss und schon nach kurzer Zeit machtpolitische Züge annahm, den Kontinent in den Vordergrund rückte. Dieser Umstand erstaunt umsomehr, als die technischen und wissenschaftlichen Voraussetzungen, die die Europäisierung der Welt erst ermöglichten, in außereuropäischen Regionen wie China oder Ägypten schon lange vor dem 16. Jahrhundert bekannt gewesen waren.

Die Wahrnehmung der Zeitgenossen, im Wandel der Ordnungen zu leben, ist eine Wahrnehmung der Eliten gewesen; von den Historikern als den Nachgeborenen wird dieser Eindruck bestätigt. Entscheidend aber bleibt, dass diese Wahrnehmung von den Zeitgenossen nie als revolutionär charakterisiert wurde – diese Kategorie war dem Zeitalter fremd. Vielmehr wurde die Veränderung immer wieder als *reformatio*, als Rückkehr also zu einem Zustand beschrieben, der als ursprünglich gut angesehen worden war.

14 Siehe dazu Reinhard Wendt: Vom Kolonialismus zur Globalisierung. Europa und die Welt seit 1500, Paderborn 2007, S. 18. **15** Vgl. ebd., S. 19. **16** Zit. nach Vogler, Europas Aufbruch (wie Anm. 8), S. 280, Anm. 11.

DIE WELT UM 1500

Zur Zeitenwende besaß Europa bei weitem nicht die größten Metropolen und war nicht der Mittelpunkt der Welt.

In Asien, Afrika sowie Mittel- und Südamerika hatten sich Großreiche etabliert. Sie wiesen organisierte Gesellschafts- und Verwaltungsstrukturen, eine reiche Kultur und eine teilweise sehr fortschrittliche Technik auf.

China war Vorreiter in der Wissenschaft und führte Expeditionen mit riesigen Schatzschiffen durch. Die Große Mauer wurde gegen die Mongolen gebaut. Verschiedene Rohstoffe boten in den Weltregionen die Basis für rege Wirtschaftsbeziehungen und sogar Hochseehandel.

Die Spuren der Architektur aus jener Zeit zeugen noch heute von der kulturellen Vielfalt.

- ● Metropolen
- unbewohnt
- Jäger und Sammler
- Hirtennomaden
- einfache Bauerngesellschaften
- fortschrittliche Bauerngesellschaften/ Stammesfürstentümer
- Gesellschaften mit Verwaltungsstrukturen
- Reiche, umfassen mehrere Gesellschaften

PUEBLOBAUERN

INKA-REICH
Hauptstadt: Cuzco
Einwohner: 70.000

AZTEKEN-REICH
Hauptstadt: Tenochtitlan
Einwohner: 200.000

MAYA STADTSTAATEN
Hauptstadt: Iximché
Einwohner: 10.000

Warum wurde Europa zur Führungsmacht?

Um 1500 gab es Reiche, die in verschiedenen Bereichen (Technik, Wissenschaft, Kultur oder Wirtschaft) auf einem ähnlichen oder sogar höheren Niveau waren als die Europäer. Dass sich Europa langfristig als „Global Player" durchsetzte, lag zunächst an der vielgestaltigen Geographie. Sie bietet keine riesigen Ebenen, die wie in Asien von Reitervölkern beherrscht werden konnten. Dafür hat Europa viele schiffbare Flüsse und ist stark durch Gebirgszüge und große Wälder mit entsprechend unterschiedlichem Klima gegliedert. Es ist von Meeren umgeben und deshalb schwer einzunehmen. Aufgrund dieser geographischen Voraussetzungen entwickelte sich keine Zentralregierung. Stattdessen existierte auf dem Kontinent eine Rivalität mehrerer Territorialherren. Die verschiedenen Güter regten einen florierenden Handel an, die Konkurrenz belebte den technischen und wissenschaftlichen Fortschritt. Diese Faktoren ließen Europa zur weltweiten Führungsmacht werden.

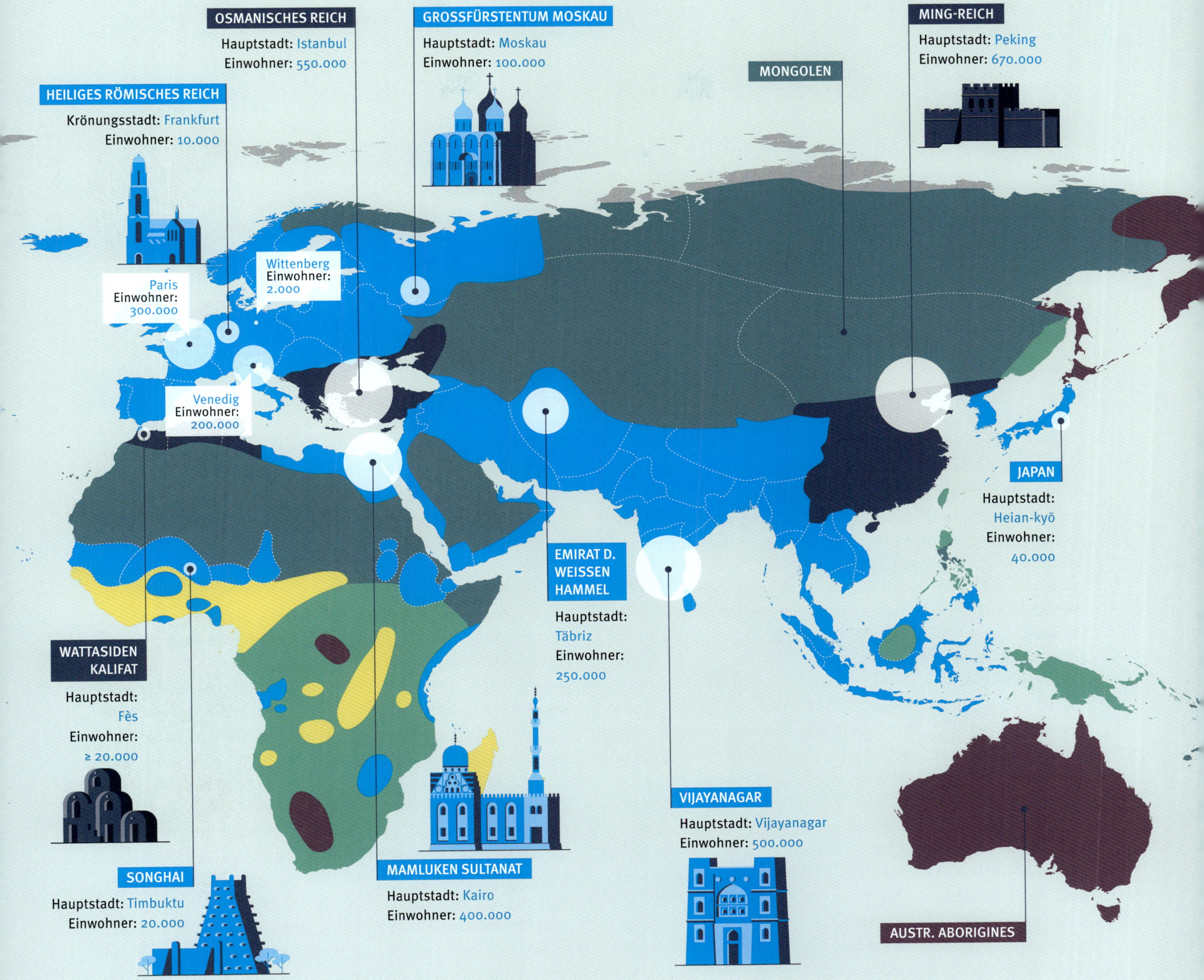

HEILIGES RÖMISCHES REICH
Krönungsstadt: Frankfurt
Einwohner: 10.000

OSMANISCHES REICH
Hauptstadt: Istanbul
Einwohner: 550.000

GROSSFÜRSTENTUM MOSKAU
Hauptstadt: Moskau
Einwohner: 100.000

MONGOLEN

MING-REICH
Hauptstadt: Peking
Einwohner: 670.000

Paris
Einwohner: 300.000

Wittenberg
Einwohner: 2.000

Venedig
Einwohner: 200.000

JAPAN
Hauptstadt: Heian-kyō
Einwohner: 40.000

WATTASIDEN KALIFAT
Hauptstadt: Fès
Einwohner: ≥ 20.000

EMIRAT D. WEISSEN HAMMEL
Hauptstadt: Täbriz
Einwohner: 250.000

SONGHAI
Hauptstadt: Timbuktu
Einwohner: 20.000

MAMLUKEN SULTANAT
Hauptstadt: Kairo
Einwohner: 400.000

VIJAYANAGAR
Hauptstadt: Vijayanagar
Einwohner: 500.000

AUSTR. ABORIGINES

TRUPPENSTÄRKE UM 1550

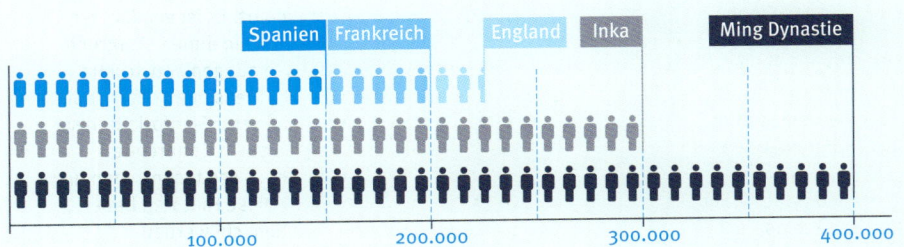

Spanien | Frankreich | England | Inka | Ming Dynastie
100.000 — 200.000 — 300.000 — 400.000

SCHIFFSBAU

„Santa Maria" (1480–1492)		Schatzschiff „Baochuan" (1405–1433)
Christoph Columbus	Kapitän	Admiral Zheng He
23 m	Länge	130 m
7 m	Weite	48 m

PHILIPP ROBINSON RÖSSNER

Ökonomie und Religion im Spätmittelalter und in der Reformationszeit

Die Frömmigkeitspraxis des Mittelalters

Mit der religiösen Reform- und Erneuerungsbewegung, die heute als Luthers Reformation bekannt ist, schuf Luther eine Trennung zwischen weltlicher und sakraler Welt.[1] Die Reformation entmystifizierte die in den Jahrhunderten zuvor weit verbreiteten und unterschiedlichste Formen annehmenden Glaubens- und Frömmigkeitspraktiken, in denen sich vieles um Rituale, visuelle Elemente und das physische und gleichsam ursprüngliche Erleben von Religion und Spiritualität gedreht hatte. Luthers Reformation entkleidete das neue, also nach 1517 in den entstehenden protestantischen oder reformierten Kirchen praktizierte Ritual im Gottesdienst aller Formen der überladenen Materialität und Haptik, welche die Kirche seit Jahrhunderten gepflegt hatte und die von den Menschen dankbar angenommen worden waren. Obgleich die wirtschaftlichen Ursprünge, Begleitumstände und Konsequenzen von Martin Luthers Reformation seit den letzten drei Jahrzehnten immer weiter aus dem Blickpunkt der Forschung gelangt sind, so lassen sich doch wichtige Parallelen und Verbindungen zwischen Religion und Ökonomie aufzeigen, die maßgebend für Ursprung, Verlauf und Wirkung nicht nur der Reformation Martin Luthers gewesen sind, sondern auch anderer Reformbewegungen nach ihm, einschließlich der Gegenreformation und der diversen Reformation(en) der katholischen Kirche seit dem 16. Jahrhundert.

Die Reformation hatte maßgebliche ökonomische Ursprünge und auch Konsequenzen.[2] Und dass man heute gemeinhin, sowohl im akademischen als auch alltäglichen Empfinden und Handeln oft Religion und Ökonomie zu trennen weiß, rührt nicht daher, dass die beiden nichts miteinander zu tun haben, sondern eher daraus, dass man das Ökonomische tendenziell in den Hintergrund rückt, vor allem im Alltag der Menschen, ihrem spirituellen Empfinden und ihren allgemeinen Gefühlen. Dabei kann man weder Martin Luther noch die Entwicklungen im Verlaufe seiner Reformation 1517 annähernd verstehen und in ihrem historischen Kontext würdigen, ohne den ökonomischen Gegebenheiten des angehenden 16. Jahrhunderts gebührend Aufmerksamkeit zu widmen; noch kann man ökonomische Prozesse verstehen, ohne etwas über die grundsätzlichen religiösen und kulturellen Begleiterscheinungen zu wissen. Der Mensch beziehungsweise sein Handeln und seine Werte (Mentalität, Spiritualität, politische Haltung, Weltsicht …) lassen sich kaum in bestimmte Segmente oder Sphären zerteilen. Am Beispiel Martin Luthers wird dies sehr schön anschaulich.

Die Frömmigkeitspraktiken des Mittelalters beziehungsweise der Jahrhunderte vor der Reformation hatten keine strikte Trennung zwischen kirchlichen und weltlichen Gegebenheiten gekannt. Das Göttlich-Mystische des Glaubens reichte stets weit in das weltliche Leben hinein. Eine derartige Trennung zwischen Kirche und Staat, zwischen weltlichem Leben und Erfahren auf der einen, religiöser Praxis und Empfinden auf der anderen Seite, wie sie die Anhänger Luthers und der verschiedenen Formen des protestantischen Bekenntnisses später betonten, war der mittelalterlichen Kirche weitgehend unbekannt. Mit etwas Übertreibung könnte man sagen: Die protestantischen Theologen nach 1517, in ihrer Rückbesinnung auf innere Orientierung und ständige Selbstreflexion, nahmen den Menschen geradezu die Freude an Wunderglauben, Heiligenverehrung und Hexenzauber und hielten sie stattdessen zur inneren Einkehr und Selbstreflexion an. Bestimmte Varianten des protestantischen Bekenntnisses, etwa der schottische Presbyterianismus des 17. Jahrhunderts oder der Calvinismus in den Städten der Schweiz, waren in mehrfacher Hinsicht viel weltabgewandter und lustverneinender als die traditionell katholischen Formen religiöser Praxis. Die Welt der alten Kirche war voller Wunder als Ausdruck göttlichen Willens und Wirkens gewesen. Man verehrte Heiligenbilder und sterbliche Überreste von Märtyrern – Letztere gaben einer beachtlichen Kommerzialisierung dieser Praktiken insofern Raum, als dass Heiligenreliquien eine wertvolle Handelsware darstellten. Hohe Preise wurden dafür gezahlt, denn ein Ort, an dem eine Reliquie verehrt wurde, zog normalerweise auch zahlreiche Pilger an. Je prominenter der Heilige, desto attraktiver der jeweilige Wallfahrtsort. Dass diese Gebräuche auch unseriöse Geschäftspraktiken erlaubten und im

---

1 Zur Reformation, ihren Vorbedingungen, ihrer Entfaltung und auch Nachwirkung vgl. grundlegend Euan Cameron: The European Reformation, 2. Aufl., Oxford/New York, 2012; Diarmaid MacCulloch: Reformation. Europe's House Divided 1490–1700, London u. a., 2003; Ulinka Rublack: Reformation Europe, Cambridge/New York, 2005; Thomas Kaufmann: Geschichte der Reformation, Frankfurt am Main/Leipzig 2009; Stefan Ehrenpreis/Ute Lotz-Heumann: Reformation und konfessionelles Zeitalter, 2. Aufl., Darmstadt 2008. **2** Zuletzt Philipp Robinson Rössner: Martin Luther on Commerce and Usury,

Abb. 1 Ablasstruhe, Anfang 16. Jh. Der Überlieferung nach soll die Truhe dem Dominikanermönch und bekannten Ablassprediger Johann Tetzel zur Verwahrung der Einnahmen aus dem Ablassverkauf gedient haben.

Spätmittelalter dann auch weitaus mehr körperliche Reliquien im abendländischen Raum zirkulierten, als es Heilige gab, spricht nicht nur für die kriminelle Energie der Fälscher und Hehler, sondern auch für die Stärke der Nachfrage nach solchen Heiltumsangeboten: Der Markt war schier nicht zu sättigen.

Die Menschen einte die Angst vor der ewigen Verdammnis. Viele begaben sich auf Wallfahrten und man verehrte Ikonen. Prachtvolle Kruzifixe und Monstranzen in den Kathedralen und Klosterkirchen gehörten genauso in das tägliche Leben und Erfahren des christlichen Glaubens wie der Erwerb von Ablässen (Abb. 1). Dieser erfolgte in Form kleiner schriftlicher Noten oder Ablasszettel, welche dem Gläubigen eine Form der Erlösung über eine Verminderung der im Fegefeuer abzusitzenden Zeit versprachen.[3] Man konnte Ablässe sogar für bereits Verstorbene erwerben, etwa Verwandte, die es nicht rechtzeitig oder nicht in ausreichendem Maße geschafft hatten oder zu unachtsam gewesen waren, sich diese Verminderung der Pein im Fegefeuer selbst zu verschaffen. Vom Ansammeln solcher Reliquien und ihrer öffentlichen Zurschaustellung, etwa im Rahmen einer Wallfahrtskapelle für einkommende Gläubige, versprach man sich großen Nutzen. Dieser war nicht nur religiös bedingt: Das Pilgerwesen war einer der größten Wertschöpfungsbereiche der Zeit und wichtige Einnahmequelle für die Städte und Fürsten, das heißt der Eigentümer und Anbieter der jeweiligen Heiligenbilder und Reliquien. Heute würde man von religiösem Tourismus sprechen. Die Ausgaben für Nahrung, Verpflegung und Beherbergung der einfahrenden und ausfahrenden Pilger aus allen Ecken und Winkeln Deutschlands finanzierten die umliegenden regionalen Ökonomien und erzeugten eine nicht unwichtige Nachfrage nach Gütern des täg-

London/New York 2015; Ders.: Burying Money? The Monetary Origins of Luther's Reformation, History of Political Economy, in: History of Political Economy (2016) (im Druck); Ders.: Luther – Ein tüchtiger Ökonom? Über die monetären Ursprünge der Deutschen Reformation, in: Zeitschrift für Historische Forschung 42,1 (2015), S. 37–74. **3** Ders., Martin Luther on Commerce (wie Anm. 2).

Abb. 2 Georg Spalatin/Lucas Cranach d. Ä. (Holzschnitte), Dye zaigung des hochlobwirdigen hailigthums der Stifftkirchen aller hailigen zu wittenburg (*Wittenberger Heiltumsbuch*), Wittenberg 1509.
Das *Wittenberger Heiltumsbuch* ließ Kurfürst Friedrich der Weise erstellen. Es bildet die Masse an Reliquiaren des von ihm zusammengetragenen Reliquienschatzes ab.

lichen Bedarfs wie Nahrung, Kleidung, Beherbergung, die weit über die in der jeweiligen Region üblichen Mengen hinausgingen. Kurfürst Friedrich der Weise, Zeitgenosse und Protektor Luthers, der zeit seines Lebens sein altkirchliches Bekenntnis zwar nicht ablegte, doch große Stücke auf seinen Kirchenmann aus Wittenberg – wo sich eine der jüngsten und aufstrebendsten Universitäten des Reiches befand – hielt und von der politischen und religiösen Schlagkraft des Mönches stets überzeugt war, hütete selbst in der Schlosskirche seiner Wittenberger Residenz einen der größten Schätze seiner Zeit (Abb. 2). Die Sammlung zählte Tausende präzise dokumentierte Reliquien. Ebenso hoch waren die zur Unterhaltung dieser Ressource nötigen Aufwendungen, etwa für Wachskerzen. Diese waren teuer, aber unabdingbar im kirchlichen Ritual und in der Liturgie. In den großen Bergstädten der Zeit, wo die Silberquellen gleichsam sprudelten, war eine Vielzahl ortsfremder Häuer und Bergleute tätig, die ebenfalls in Gebet und Gottesdienst betreut werden mussten. Wo und in welchem Umfang auf sächsischem Fürstengebiet eine Wallfahrt oder Reliquienverehrung entstand, griff eng in die Befugnisse und Erfordernisse fürstlicher Landespolitik ein und bestimmte auch über das wirtschaftliche Geschehen und den Wohlstand eines Landes.

Die Kritik der Reformatoren an Ablässen und kirchlichem Leben

Die Periodisierung und die Zäsur um 1500 sind in der historischen Forschung umstritten, da es kaum gravierende historische Umbrüche oder Wendungen gegeben hat, die es gerechtfertigt erscheinen lassen, gerade jetzt vom Anbruch einer »neuen Zeit« zu sprechen. Es ist zweifelhaft, Zeiten des Wandels und des Umbruchs dort zu suchen, wo das Leben der Menschen und ihr Alltag meist so weiterliefen wie Jahre und Jahrhunderte zuvor. Und doch schuf Luther mit seiner Reformation, vor allem den Thesen vom Ablass 1517, etwas grundsätzlich Neues. Er reformierte die Praxis mittelalterlicher Frömmigkeit. Er schuf aber auch langfristig in der Ökonomie neue Strukturen und Tendenzen, welche es in dieser Form noch nicht gegeben hatte und welche die Ausbildung und das Wachstum moderner Staaten und moderner Marktwirtschaften entscheidend begünstigte.[4] Diese waren insbesondere in der Trennung von Kirche und Staat und in der Entsakralisierung des alltäglichen Lebens begründet.

Die Reformatoren lehnten kaum etwas mehr ab als die Überfrachtung des zeitgenössischen Rituals mit Materialität. Der Einsatz von Weihrauch, luxuriösen Kelchen, Lüstern und Monstranzen, mit Juwelen verzierten Kruzifixen und prunkvollen Tuchen verschwand weitgehend aus den protestantischen Kirchen nach 1517 (Abb. 3). Wallfahrten wurden in den reformierten Gegenden unüblich, da sie als nicht der Erlösung dienlich, ja manchmal sogar als ein Werk des Teufels gesehen wurden. Im Zentrum des lutherisch-protestantischen Bekenntnisses und der Glaubenspraxis stand das Wort.[5] Einziger Zugang zum Wort Gottes – und damit der Erlösung – waren die Bibel (*sola scriptura*) und das rein persönliche Verhältnis zwischen Individuum und Gott (*sola fide*). Vor Gott waren alle gleich. Luther kritisierte besonders die Ablasspraxis. Das Fegefeuer (*purgatorium*) war eine seit dem 13. Jahrhundert von der päpstlichen Kurie entwickelte Innovation, gewissermaßen eine Zwischenwelt zwischen Himmel und Hölle, in welche die armen Seelen der Sünder nach dem Tod gelangten.[6] Nach diesem reinigenden Feuer fuhren die Seelen der Menschen entsprechend ihrer Lebensführung entweder zum Himmel auf oder zur Hölle hinab, so die damalige Vorstellung. Die Zeit im Fegefeuer konnte man sich durch die genannten frommen Werke und den dadurch erlangten Ablass verkürzen. Der Ablasszettel wurde von dem jeweiligen Kloster, der Kirche oder Abtei ausgeteilt. Das meist vom Papst ausgestellte Ablassprivileg oder die Urkunde besagte, dass an diesem Ort eine bestimmte Anzahl von Tagen oder Jahren im Fegefeuer erlassen werden konnte. Für die Wei-

---

4 Neuerdings Brad S. Gregory: The Unintended Reformation: How a Religious Revolution Secularized Society, Cambridge/Mass. 2012. **5** Hans-Martin Barth: Die Theologie Martin Luthers. Eine kritische Würdigung, Gütersloh 2009; Albrecht Beutel (Hrsg.): Luther-Handbuch, 2. Aufl., Tübingen 2010. **6** Jacques Le Goff: Wucherzins und Höllenqualen. Ökonomie und Religion im Mittelalter, Stuttgart 1988. **7** Bernd Moeller: Die letzten Ablaßkampagnen: Der Widerspruch Luthers gegen den Ablaß in seinem geschichtlichen Zusammenhang, in: Hartmut Boockmann (Hrsg.): Lebenslehren und Weltentwürfe im Übergang

Abb. 3 Hostienmonstranz aus dem Halberstädter Domschatz, Deutschland, 2. Viertel 15. Jh.

tergabe dieser Ablassgnade an die Ablassnehmer wurde dann eine Art Verwaltungsgebühr fällig, meist eine kleine Summe, die den Gläubigen nicht übermäßig belasten sollte.[7]

Diese Praxis gab den Anstoß für die Reformation. Die meisten Theologen des ausgehenden Mittelalters wussten sehr klar zwischen den zeitlichen Sündenstrafen der Menschen und den Ablässen zu unterscheiden. Sünden vergeben konnte nur Gott. Wohl aber reduzierten die Ablässe die neben der Reue zusätzlich abzuleistenden begleitenden Bußleistungen. Zudem waren sie nicht monetär fixiert, sondern nach »Sozialtarif« gestaffelt.[8] In der Theorie konnte sich also jeder einen Ablass leisten. Das mag die Popularität des Ablasses erklären, die um 1500 wohl ungekannte Höhen erreichte.

Doch hatte sich spätestens mit der päpstlichen Verkündung des Jubilarablasses von 1475 in der Öffentlichkeit de facto eine etwas abweichende Interpretation durchgesetzt, welche der wissenschaftlichen theologischen Interpretation deutlich zuwiderlief. Sie wurde aber von der Kirche billigend in Kauf genommen, da auch hier ein großer Bedarf an finanziellen Mitteln durchaus eine Rolle spielte, denn die Kirche war der größte multinationale Konzern ihrer Zeit. Die Verkündigung der Ablasskampagne von 1475 galt sowohl für Lebende als auch bereits Verstorbene. Quer durch Europa strömten die Legaten und päpstlichen Agenten aus, um die neue Heilsquelle dieses Jubilarablasses anzupreisen.[9] 1516 warb Johann Tetzel, der bekannte »Ablasskrämer« des Mainzer Erzbischofs und Bischofs von Magdeburg und Halberstadt, Kardinal Albrecht, dann im Mitteldeutschen mit dem Reim »Sobald der Gülden im Becken klingt im huy die Seel im Himmel springt«.[10] Dies stellte eine gravierende Erweiterung des ursprünglichen theologischen Konzepts der Indulgenzen oder Ablässe dar. Denn Tetzel suggerierte nichts anderes, als dass Erlösung direkt käuflich war: Man konnte auf die guten Werke der Reumütigkeit, die eigentlich im Zentrum standen, einfach verzichten. Es reichte nunmehr aus, eine bestimmte Anzahl von Ablassjahren per Ablassbrief zu erwerben. Große Mengen Geldes flossen auf diese Weise in die mit Ablassprivileg ausgestatteten Klöster, Kirchen und Abteien. Angefeuert und geschürt durch die großen und europaweiten Ablasskampagnen setzte sich in breiten Volksschichten die Meinung durch, dass Seelenheil käuflich war. Diejenigen, welche von den Ablässen profitierten, taten nichts, um diese schiefe Interpretation der Ablasstheorie zu korrigieren. Kardinal Albrecht, der sich seine Kurwürde als Erzbischof von Mainz und damit wichtigster Kaiserwähler durch einen Teil der unter seiner Ägide einkommenden Ablassgelder quasi erkauft hatte, besaß keinen Grund zu handeln, denn schließlich war er einer der Profiteure. Die breite Masse der Menschen auf dem Dorf und in den Städten hingegen ging ohnehin selten der Bet- und Beichtpraxis nach und war kaum in der Bibel und den komplizierten kirchlichen Lehren bewandert. Man glaubte an Hexen, Zauberer und Magie oder war schlicht gar nicht am christlichen Leben und christlicher Glaubenspraxis interessiert. Es gibt genug Belege, dass weite Teile der Bevölkerung aus heutiger Sicht funktionale Atheisten waren; Gren-

vom Mittelalter zur Neuzeit: Politik – Bildung – Naturkunde – Theologie. Bericht über Kolloquien der Kommission zur Erforschung der Kultur des Spätmittelalters 1983 bis 1987, Göttingen 1989, S. 539–567. **8** Vgl. ebd. **9** Götz-Rüdiger Tewes: Die römische Kurie und die deutschen Länder am Vorabend der Reformation, Tübingen 2001. **10** Dieser Absatz folgt teilweise textlich eng Rössner, Ökonom (wie Anm. 2).

zen zwischen Aberglauben, dem, was wir heute als Atheismus bezeichnen würden und dem, was uns aus den Quellen als kirchliche Praxis und christlicher Glauben aufscheint, waren vielleicht genauso fließend und unbestimmbar wie heute. Da es aber einen letzten Rest Unsicherheit gab, was nach dem Tod mit einem passieren würde, nahm die zeitgenössische Kirche eine so wichtige und zentrale Rolle im gesellschaftlichen Leben ein, wie man sich das im heutigen Nordwesteuropa kaum vorstellen kann.[11] Empfänglich für eine Vereinfachung der unangenehmen Praktiken der Selbstreflexion und der Befolgung der Grundgebote eines christlichen kirchlichen Lebens waren die Menschen zu allen Zeiten.

An diesen Praktiken nahm Luther Anstoß, aber zunächst nicht grundsätzlich am Prinzip des Ablasses, denn dieses gab er erst um 1530 vollständig auf. Seine Lehre gründete darauf, dass der Ablass, so wie er seiner Zeit praktiziert wurde, falsch sei. Es ging ihm zunächst um die Perversion der Bezahlung für das Seelenheil – die Verquickung von Religion und Ökonomie.

Wirtschaftliche Hintergründe für Luthers Denken

Luther kam entgegen seiner späteren Selbststilisierung nicht aus einem bäuerlichen Haushalt. Sein Vater war als Bergunternehmer im Mansfelder Kupferschieferbergbau zu Wohlstand gekommen; er hinterließ ein Vermögen in Form von Gütern im Wert von 1 250 Rheinischen Gulden. Auf das Schlüsselerlebnis des Blitzeinschlags folgten der Klostereintritt 1505 und später die Tätigkeit als Theologe. Im Erfurter Augustinerkloster erlebte Luther neben dem harschen Alltag eines Mönchs auch die finanzielle Kaufkraft eines durch Ablässe, Schenkungen, Seelenmessen und ähnliche Stiftungen auf beachtliche Größe angewachsenen Klosterschatzes. Als Bettelmönch war ihm die spätere Praxis des Geldeintreibens wohlbekannt. Seine Romreise von 1510/11 verdeutlichte ihm den Reichtum, der aus Mitteleuropa gen Süden in die Heilige Stadt floss. Den fast mechanisch anmutenden Andachtsrhythmus, der in der stetigen Repetition von Gebeten durchaus zwanghafte Züge angenommen hatte, empfand Luther als kalt, seelenleer und nicht dem Seelenheil dienlich.[12] In Wittenberg, Luthers Wirkungskreis nach 1512, wo Kurfürst Friedrich der Weise in der Schlosskirche mit knapp 19 000 Stücken eine der beachtlichsten Reliquiensammlungen seiner Zeit angehäuft hatte, wurden allein im Jahr 1512 knapp 41 000 Kerzen für liturgische Zwecke abgebrannt. Dies waren 66 Zentner Wachs zu 1 112 Rheinischen Gulden, eine beachtliche Summe, mit der man durchaus vier bis fünf repräsentative Hofstellen auf dem Land hätte erwerben können. Hier lernte Luther die materielle Überfrachtung des zeitgenössischen Rituals kennen, die er später so stark ablehnen sollte.

Seine Kindheit und Jugend hatte Luther in der Grafschaft Mansfeld in der sächsisch-thüringischen Montanregion verbracht.[13] Als Reformator wirkte er später in Wittenberg. Die Stadt lag in einer Region, die – wie die meisten anderen Regionen des Reiches – durch und durch agrarisch geprägt war. Luther kannte also beide Seiten des Wirtschaftslebens seiner Zeit: die vorherrschende rurale Ökonomie, aber auch die Strukturwandlungs- und Kommerzialisierungsprozesse, welche mit der sozialen und ökonomischen Umstrukturierung der sächsisch-thüringischen Montanregion seit 1470 einhergingen. In Montanregionen waren überdurchschnittlich viele Bevölkerungsteile auf Zufuhr von Nahrungsmitteln angewiesen. Orte wie Falkenstein in Tirol oder Annaberg im sächsischen Erzgebirge wuchsen während des Silberbooms der 1470er und 1480er Jahre fast über Nacht von Dörfern zu Großstädten an. Annaberg explodierte förmlich zwischen 1470 und 1490 von wenigen Hundert auf bis zu 9 000 Einwohner und entwickelte sich damit schlagartig zur größten sächsischen Stadt, größer noch als das alte kommerzielle Zentrum Leipzig oder Residenzen wie Dresden, Torgau und Wittenberg. 1525 passierten alleine die Geleitsstelle in Borna (bei Leipzig) etwa 3 500 Wagen, beladen mit etwa 8 000 Kilogramm Getreide, gezogen von rund 14 000 Pferden.[14] Diese Ladungen dienten zur Versorgung der im erzgebirgischen Bergbau tätigen Menschen. Das Getreide kam vor allem aus den agrarisch geprägten Regionen Sachsens wie dem Kurkreis Wittenberg. Diese Getreidemengen hätten ausgereicht, eine nichtlandwirtschaftliche Erwerbsbevölkerung von mindestens 40 000 Personen zu ernähren, das heißt vier oder fünf sächsische Großstädte jener Zeit. Die gesamtwirtschaftliche Arbeitsteilung war hier sehr weit vorangeschritten. 1525 war aufgrund der Bauernkriege und der Depression im Silberbergbau zudem ein Krisenjahr. In den Zeiten der höchsten Produktivität des Silberbergbaus und der Silberverhüttung werden die genannten Größenordnungen noch beachtlicher gewesen sein.

Allerdings unterlagen die geförderten Silbermengen gravierenden jährlichen Schwankungen. Die Silberförderung im sächsischen Erzgebirge stieg allein zwischen 1470 und 1475 von knapp sieben auf fast 19 Tonnen Rohsilber (also um 170 Prozent). Sie fiel 1480 wieder auf zwölf Tonnen und in den 1490er Jahren auf ein dürftiges Niveau von durchschnittlich einer Tonne im Jahr. In Fünfjahresdurchschnitten gemessen reduzierte sich die geförderte Silbermenge zwischen 1470 und 1500 demnach um mehr als die Hälfte. Erst nach 1535 wurden die alten Spitzenwerte mit knapp 19 Tonnen pro Jahr wieder erreicht. Temporären Ausgleich lieferten die seit der beginnenden Krise um 1480 zahlreichen Neugründungen der Saigerhütten im Thüringer Wald. Beim Saigerverfahren wurden aus silberhaltigem Rohkupfer unter Zugabe von Blei reines Kupfer oder Garkupfer und

---

11 In dieser Hinsicht stellt Mittel- und Nordwesteuropa eine sonderbare Region dar; nirgendwo anders auf der Welt haben sich nach 1950 atheistische Werthaltungen in vergleichbarer Breite manifestiert, die das alltägliche und politische Leben und Handeln der Menschen grundsätzlich bestimmen – man denke etwa an die in vielen Staaten per Grundgesetz oder Verfassung garantierte Religionsfreiheit im öffentlichen Raum. Einige Forscher – etwa Gregory, Unintended Reformation (wie Anm. 4) – führen gerade diese Entsakralisierung auf die Reformation Martin Luthers zurück. Durch die Trennung von Kirche und Staat und die Zwei-Reiche-Lehre lieferte Luther – Ironie der Geschichte? – gerade die intellektuell-wissenschaftliche Steilvorlage für diese Entwicklungen; etwas, das der große Reformator in dieser Form sicher nie beabsichtigt hatte. **12** Martin Brecht: Martin Luther, Bd. 1: Sein Weg zur Reformation: 1483–1521, 3. Aufl., Stuttgart 2013, S. 71 f. **13** Grundlegend zum sozialen und ökonomischen Kontext Luthers: Ekkehard Westermann: Der wirtschaftliche Konzentrationsprozeß im Mansfelder Revier und seine Auswirkungen auf Martin Luther, seine Verwandte und Freunde, in: Rosemarie Knape (Hrsg.): Martin Luther und der Bergbau im Mansfelder Land. Aufsätze, Lutherstadt Eisleben 2000, S. 63–92. **14** Manfred Straube: Nahrungsmittelbedarf, Nahrungsmittelproduktion und

Silber gewonnen. Das notwendige Blei wurde vor allem aus England und Polen importiert. Das Produktionspotenzial der Saigerhütten belief sich zu ihrer Hochzeit 1525/1530 auf etwa fünf Tonnen pro Jahr, lag also weit unter den vormals im erzgebirgischen Bergbau erzielten Spitzenwerten.¹⁵

Die Saigerindustrie konnte die abnehmenden Fördermengen im Silberbergbau (Erzgebirge, Tirol) während der Krise von etwa 1490 bis 1530 also nicht komplett abfedern. Während im Bergbau der einzelne Häuer selbst mit eigenem und vergleichsweise primitivem Werkzeug in den Berg stieg, ruhte die Saigerindustrie auf viel größeren Unternehmenseinheiten. Benötigt wurde mehr Kapital zur Finanzierung der Arbeitslöhne, der Brennstoffe und der Anlage und Wartung der einzelnen Saigerherde. Die so gewonnenen Kupfer- und Silbermengen ließen sich gewinnbringend auf den Märkten in Afrika (Kupfer) und im Indischen Ozean (Silber zum Ankauf von Gewürzen) absetzen. Der Investitionsbedarf überstieg die Reserven der heimischen Unternehmerkräfte. Das Fremdkapital kam aus Nürnberg oder Augsburg, später auch zunehmend aus Mitteldeutschland. In China war Silber, gemessen in Einheiten Gold (eine unter Wirtschaftshistorikern übliche Vergleichsgröße für globale Silberpreisdifferenziale), doppelt so viel wert wie in Mittel- und Nordwesteuropa.¹⁶ Allein die Verschiffung des Silbers nach Asien brachte den Kaufmannsgesellschaften also in der Regel einen Arbitragegewinn von mindestens 100 Prozent! Hinzu kamen die Gewinne aus den im Gegenzug erworbenen und auf den europäischen Märkten abgesetzten Gewürzen. Diskurse über die oberdeutschen Großhandelsgesellschaften und ihre als unrechtmäßig empfundenen Gewinnspannen und Praktiken beherrschten dann auch die Reichstagsdebatten der frühen 1520er Jahre – parallel zur *causa Lutheri*. Die mitteldeutsche Montanregion war fest in die Strukturen der beginnenden Weltwirtschaft oder Frühglobalisierung des 16. Jahrhunderts eingebunden.

Luther war in diese Strukturwandlungsprozesse im Revier involviert und mit den zeitgenössischen Monopol- und Kartellbestrebungen innerhalb der »Industrie« gut vertraut. Seit Mitte der 1530er Jahre wurden die Mansfelder Hüttenfeuer und Bergwerke zunehmend in die Eigenregie der Mansfelder Grafen überführt. Letztere waren Eigentümer auch der meisten Kupferschiefermine und der ihnen nachgelagerten Hüttenfeuer. Sie trieben im Verbund mit den großen Saigerhandelskonsortien wirtschaftliche Konzentrationsprozesse auf dem Kupfermarkt voran. Das ging einher mit Kartellbildungsversuchen seit den späten 1520er Jahren. Diese Bemühungen sind als Reaktion auf die sich verschlechternde Lage der Saigerindustrie auf dem globalen Kupfer- und Silbermarkt zu verstehen. Zunehmend strömte das amerikanische Silber ein, welches die Rentabilität der zentraleuropäischen Silberindustrie deutlich verminderte. In den 1530er und 1540er Jahren wurde Martin Luther wiederholt persönlich als Gutachter in diese Restrukturierungsprozesse eingebunden. Seine Stellungnahmen erforderten die öffentliche Figur eines Reformers, der eine gewisse Prominenz genoss, sich in juristischen und ökonomischen Fragestellungen gut auskannte und aufgrund seiner Herkunft und Familie zudem eng mit den wirtschaftlichen Strukturen des Mansfelder Montanwesens vertraut war.¹⁷

Aufgrund seines vierwöchigen Studiums der Rechte im Jahr 1505 und der Theologie war er mit allen wichtigen ökonomischen Autoren seiner Zeit umfassend vertraut, denn ökonomische Abhandlungen wurden zu der Zeit in der Regel fast ausschließlich von Theologen und Juristen verfasst. Darüber hinaus besaß er Kenntnisse des Mansfelder Bergbaus und der Restrukturierungsprozesse der 1530er Jahre. Somit wird man also eine in der traditionellen Forschung oft vertretene Vermutung von Unkenntnis und Desinteresse Luthers an ökonomischen Fragestellungen ruhigen Gewissens in den Bereich des Mythos verweisen können. Vielmehr wandte sich Luther ökonomischen Fragen direkt zu.¹⁸ Und es lassen sich, wie im Folgenden gezeigt wird, auch gewisse Verbindungen zwischen Ökonomie und seiner Neuauslegung der Heiligen Schrift nachweisen, die für die Ausformung und Verbreitung der Reformation von größter Wichtigkeit gewesen sind.

Wirtschafts- und Sozialgeschichte der Reformation

Zunächst veränderte die Reformation die religiöse Einstellung der Gläubigen nur langsam. Die Menschen nach 1517 waren wohl kaum weniger fromm oder abergläubisch als ihre Vorfahren. Die spätmittelalterliche Kirche befand sich auch nicht in einer Krise, wie insbesondere in der älteren Forschung oft behauptet und vor allem von der protestantischen Geschichtsschreibung betont wurde. Vielmehr gab es um 1500 eine regelrechte Stärkung in der Volksfrömmigkeit. Die traditionelle Kirche und ihre Heilsangebote waren attraktiver denn je für die Menschen. Luthers Ablasskritik folgte gewissermaßen einer Minderheitenmeinung. Es gibt viele mögliche Verbindungslinien zwischen seinem »neuen« Denken (welches gar nicht so neu war, denn Ablasskritik hatte es seit dem 14. Jahrhundert gegeben) und den wirtschaftlichen Gegebenheiten seiner Zeit, die insbesondere zu erklären vermögen, warum seine Lehre von der Schrift nach 1517 immer mehr Zuspruch bei den Menschen fand.

Möglicherweise ist das Aufwallen der Volks- und Ablassfrömmigkeit durch den Bedeutungszuwachs des zentraleuropäischen Silberbergbaus zwischen 1470 und 1490/1500 begünstigt worden. Gegen Ende des 15. Jahrhunderts lieferten die Silberminen in Tirol,

---

Nahrungsmittelhandel im thüringisch-sächsischen Raum zu Beginn des 16. Jahrhunderts, in: Herwig Ebner (Hrsg.): Festschrift Othmar Pickl zum 60. Geburtstag, Graz/Wien 1987, S. 579–588; Ders.: Notwendigkeiten, Umfang und Herkunft von Nahrungsmittellieferungen in das sächsische Erzgebirge zu Beginn des 16. Jahrhunderts, in: Ekkehard Westermann (Hrsg.): Bergbaureviere als Verbrauchszentren im vorindustriellen Europa. Fallstudien zu Beschaffung und Verbrauch von Lebensmitteln sowie Roh- und Hilfsstoffen (13.–18. Jahrhundert), Stuttgart 1997, S. 203–221. **15** Die aktuellsten Zahlen befinden sich in Ian Blanchard: The International Economy in the »Age of the Discoveries«, 1470–1570. Antwerp and the English Merchants' World, Stuttgart 2009, Kap. 1 und umfangreiche Tabellen in John Munro: The Monetary Origins of the ›Price Revolution‹, in: Dennis O. Flynn/Arturo Giráldez/Richard von Glahn (Hrsg.): Global Connections and Monetary History, 1470–1800, Aldershot/Burlington 2003, S. 1–34. **16** Dennis O. Flynn/Arturo Giráldez: Conceptualizing Global Economic History: The Role of Silver, in: Rainer Gömmel/Markus A. Denzel (Hrsg.): Weltwirtschaft und Wirtschaftsordnung. Festschrift für Jürgen Schneider zum 65. Geburtstag, Stuttgart 2002, S. 101–114. **17** Rössner, Martin Luther on Commerce (wie Anm. 2), Einleitung. **18** Vgl. die in Anm. 2 aufgeführte Literatur.

Abb. 4 Doppelter Guldengroschen auf die Generalstatthalterwürde Friedrichs des Weisen, 1512, Nürnberg

im sächsisch-böhmischen Erzgebirge und in Oberungarn (heutige Slowakei) mehr denn je. Entsprechend kam das in Umlauf kommende Geld in der Form von Silbermünzen auf die Märkte (Abb. 4). Die eingeführten Münzen (Taler) gaben dem Dollar seinen Namen.[19] Nach 1490/1500 nahmen die geförderten Silbermengen ab. Münzen – insbesondere die Pfennige und Groschen des sogenannten kleinen Mannes – erlebten wiederholt eine Wertverschlechterung. Große Teile der Silbermengen und Münzen wurden aus Mitteldeutschland in die Ferne exportiert, oft bis nach Indien oder China. Die wachsende Bevölkerung wird mithin immer weniger Spielraum für zusätzliche Geldausgaben gehabt haben. Aus der Zeit sind vielfältige Beschwerden über Silber- und Geldknappheit bekannt, da weite Bevölkerungskreise durch schlechtes Geld in einen ökonomischen Nachteil gerieten.[20] Luther selbst schrieb über die großen Frankfurter Fernhandelsmessen, sie seien das »Silber- und Goldloch«, aus dem alles »kreucht und fleucht«.[21] Mehrfach thematisierte er in seinen Schriften die Praxis des Wuchers, der Zinsnahme auf Kredite zu Zinsraten von bis zu 40 Prozent und mehr. An der Stelle in seinem großen Wirtschaftstext *Von Kauffshandlung vnd Wucher* (1524), in welchem er über die großen Messen von Frankfurt, dem erstrangigen Finanz-, Geld- und Güterumschlagplatz seiner Zeit, schreibt, berichtet er auch darüber, wie das Geld im Lande knapp sei und »alle Städte ausgewuchert« seien.[22] In Briefen an seine Frau Katharina schrieb er etwa 1540: »Wir haben zu hofe nicht einen pfennig klein müntze / mugen haben so wenig als yhr zu Wittemberg habt.« Das Fehlen von werthaltigem Kleingeld ist als soziales und ökonomisches Problem der Zeit gut bekannt. Münzkonflikte, also Streit über den Tauschwert kleiner Münzen, beherrschen die Debatten und Auseinandersetzungen der spätmittelalterlichen Unruhen in den Städten und auf dem Land – bis hin zum großen deutschen Bauernkrieg von 1524/25 und darüber hinaus bis ins 19. Jahrhundert. Der Wirtschaft Mitteldeutschlands ging es in den Jahrzehnten um 1517 in vielerlei Hinsicht alles andere als gut, obgleich man nicht im gleichen Maße wie heute von volkswirtschaftlichen Zusammenhängen sprechen kann.

Die letzten großen Ablasskampagnen (1503–1514) strapazierten den Geldbeutel der Bürger und Bauern ärger als zuvor und sind vom wirtschaftlichen Standpunkt aus kritisch zu sehen, so sehr sie von der Forschung bisweilen als »Fegefeuerversicherung« interpretiert worden sind und in einem Zeitalter der Angst das Gewissen auch erleichtert haben mögen und damit psychologisch gesehen vielleicht eine wichtige Beruhigungsfunktion einnahmen. Und hier traf Luther mit seiner neuen Lehre sicher einen Nerv der Zeit.

Wirtschaftliche Folgen der Reformation

Es wäre vermessen, von einer ökonomischen Knappheitssituation auf einen direkten Einfluss auf die religiösen Lehren Luthers zu schließen. Sicher war seine Neuauslegung der Heiligen Schrift und der Praxis eines Christenmenschen nicht (oder nicht ausschließlich) von ökonomischen Gesichtspunkten angetrieben. Letztere mögen sogar ganz im Hintergrund gestanden haben. Festzuhalten ist jedoch, dass es diese ökonomischen Probleme gab und viele Menschen der Zeit Knappheitssituationen am eigenen Leibe erfuhren. Wichtig ist also, auf welchen Boden Luthers neue Lehren fielen. Luther und die zeitgenössischen Reformatoren waren darauf angewiesen, möglichst viele Menschen für ihre neuen Theorien und Lehren zu gewinnen. Die Rahmenbedingungen bewirkten, dass immer mehr Menschen Luthers Lehre als richtig und den Umständen der Zeit gemäß besser angepasst empfanden als traditionelle Praktiken.[23] Luthers Lehre von der Freiheit eines Christenmenschen etwa traf bei den leibeigenen Bauern auf offene Ohren. Die Lehre von der Falschheit und Korruption des Papsttums fiel auf fruchtbaren Boden in den großen freien Reichsstädten wie Nürnberg, die von einer aufstrebenden Bürgerschicht und breiten Schichten von marktorientierten Handwerkern geprägt waren. Hier produzierte man für und konsumierte über den Absatzmarkt. Solche Schichten waren auch am ehesten empfänglich für die Ansicht, dass man Klöster auflassen und die alten Kirchenschätze säkularisieren, das heißt in die Hand der Obrigkeit und damit gewissermaßen in »Staatseigentum« überführen müsse. Manche

19 Zu den geldpolitischen Dimensionen der Reformation Philipp Robinson Rössner: Deflation – Devaluation – Rebellion. Geld im Zeitalter der Reformation, Stuttgart 2012. **20** Ebd., Kap. IV. **21** Ders., Martin Luther on Commerce (wie Anm. 2). **22** Ebd. **23** Dies ist nicht ungewöhnlich. Heute würde sich vermutlich kaum ein evangelischer oder lutherischer Christ Formen des Bekenntnisses wie etwa der »Deutschen Christen« unter dem Nationalsozialismus (1933–1945) zuordnen wollen. Man muss zwischen Praktiken und Bekenntnis einerseits und dem religiösen Glauben an sich unterscheiden. Und wenn Religion und Ökono-

Abb. 5 Der Naumburger Münzschatz: 498 Münzen, geprägt zwischen 1470/71 und 1562. Grabung Naumburg, Kleine Jakobsgasse

Obrigkeiten, etwa der Rat der Stadt Konstanz, sanierten im Zuge der Einführung reformatorischer Strukturen während der 1520er und 1530er Jahre die städtischen Finanzen mit den Schätzen aus den aufgelassenen Klöstern und Konventen innerhalb der Stadtmauern. Die Landesherren verwandten die Einnahmen, die ihnen aus dem Verkauf der Kelche und Monstranzen zugeflossen waren, zur Besoldung der Pfarrer, der Finanzierung von Soldaten und anderen öffentlichen Aufgaben, die ihnen in ihrer nunmehr von Luther und den Reformatoren neu definierten Rolle als Wahrer der öffentlichen (mithin göttlichen) Ordnung zugefallen waren.[24]

Indem Luther und die Reformatoren religiöses Kapital (Erlösung, etwa durch Ablässe) und ökonomisches beziehungsweise finanzielles Kapital voneinander trennten, schufen sie neue wirtschaftliche Spielräume. In den Gebieten, in denen die Reformation eingeführt war, benötigten die Klöster, Kirchen und Abteien ihre Gold- und Silberbecher, Kreuze und Monstranzen nicht mehr. Indem der gemeine Mann nicht noch zusätzlich zu all seinen anderen täglichen Aufwendungen umfangreiche Geldsummen für Ablässe und andere Ritualformen im Rahmen seines aktiv praktizierten Christenlebens zahlen musste, war wieder zusätzlich Geld im Wirtschaftskreislauf frei geworden. Auch wenn es sich im Einzelfall um keine Unsummen handelte, machte die Menge der Einzelfälle einen Unterschied aus. Dies ist vor allem eine quantitative Gesetzmäßigkeit. In einer Welt mit niedrigen Einkommen, niedriger Lebenserwartung, praktisch nicht vorhandenen Wachstumschancen und einem deprimierend niedrigen Investitionsniveau, welches in guten Zeiten genug finanziellen Spielraum für eine Wiederbeschaffung der aufgezehrten Produktionsmittel liefert, aber nicht für nachhaltige Investitionen sorgt, welche die Abschreibungen (also die Abnutzung der im Wirtschaftsprozess eingesetzten Mittel) übersteigen, machen sich auch kleine Geldsummen, die plötzlich zur Verfügung stehen, langfristig bemerkbar. Dort, wo die Mehrheit der Menschen nichts hat, oft von Armut, Hunger und bitterer Not bedroht ist und gerade einmal die nötigsten Aufwendungen zum alltäglichen Leben decken kann, oft aus eigenen Mitteln, dort sollte man die Wirkung auch kleiner Beträge, die zur Verfügung gestellt werden, nicht unterschätzen.

Luthers neue Lehre vom Ablass, von der Abstellung der Wallfahrten und Heiligenverehrung machte solche kleinen Summen frei, welche in der langfristigen Dauer ungekannte Größenordnungen einnahmen. Die Menschen mussten nach der Lehre Luthers und der Reformatoren nun nicht mehr für ihr Seelenheil mit Geld bezahlen. Das, was sie sich dafür oft vom Munde abgespart hatten, konnten sie nun für ökonomische Zwecke verwenden (Abb. 5). Luther hätte vielleicht eine Freude an den Ideen des großen britischen Ökonomen John Maynard Keynes gehabt, dessen Lehren bis heute eine gewisse Relevanz für wirtschaftliches Handeln genießen, insbesondere in Krisenzeiten. Sicher war dies einer der attraktivsten Inhalte von Luthers neuer Lehre. Hier fand er breites Gehör; im Übrigen auch bei der alten katholischen Kirche, welche den Verkauf von Ablässen 1570 schließlich verbot.

Luthers Auffassungen waren also nicht neu; es hatte Reformatoren vor ihm gegeben, mit ähnlichen Ansichten zum Papsttum und Ablasswesen (etwa den um 1400 wirkenden Jan Hus). Seine Ansichten trugen aber einer ökonomischen Knappheitssituation der Zeit Rechnung. Die Folge war ein religiös-kultureller Wandel, der sich auf einer gewandelten konfessionellen Praxis begründete und direkt auf Luthers Reformation zurückzuführen war. Und obgleich weite Teile des Reiches und Europa beim hergebrachten Glauben blieben, so nahmen auch die katholischen Gebiete nach 1517 einige wichtige Elemente von Luthers neuer Lehre auf. Auch die katholischen Kirchen wurden später reformiert, vor allem gegen Ende des 16. und während des 17. Jahrhunderts. Auch sie gaben nach 1560 die Praxis der Bezahlung für den Ablass auf. Religion als konfessionelle und kulturelle Praxis und Ökonomie haben viel miteinander zu tun. Hier hat Luther einen wichtigen Beitrag zur Entstehung auch der modernen Welten und des modernen Kapitalismus geleistet. Dies geschah sicher unbeabsichtigt, aber mit nicht von der Hand zu weisenden Konsequenzen.

mie an sich kaum Gemeinsamkeiten oder gegenseitige Einflussbereiche aufweisen (das eine hat mit dem anderen pro forma und prima facie rein gar nichts zu tun), so ist dies anders bei den spezifischen Formen und Praktiken religiösen Bekennens: Diese können durchaus »tagespolitisch« oder ökonomisch motiviert oder in irgendeiner Form mit »alltäglichen« Gegebenheiten vermengt, d. h. gegenseitig beeinflusst sein. **24** Für Konstanz etwa Diethelm Heuschen: Reformation, Schmalkaldischer Bund und Österreich in ihrer Bedeutung für die Finanzen der Stadt Konstanz 1499–1648, Tübingen/Basel 1969, S. 55–59.

GELDGESCHICHTEN

Nach der Entdeckung Amerikas beflügelten Edelmetallimporte aus den von den Spaniern eroberten Gebieten den Handel. Im Heiligen Römischen Reich gab es um 1500 etwa 500 Münzstätten. Börsen und Kreditbanken bildeten sich heraus. Die Fugger mit ihrem Vermögen von fünf Mio. Talern organisierten den päpstlichen Geldfluss aus den europäischen Bistümern nach Rom, gaben Kredite und sponserten die Schweizer Garde.

Missernten, Inflation und Preissteigerung führten zu sozialen Verwerfungen. Die Not beförderte in der Bevölkerung eine Endzeiterwartung, das Ablasswesen florierte. Die Gelder des Ablasses wurden unter anderem zum Bau des Petersdoms in Rom verwendet. Ablässe zu Gunsten von Bauten waren nichts Neues, auch Spitäler und Kirchen wurden bereits so finanziert.

DER ABLASSHANDEL UNTER KARDINAL ALBRECHT VON BRANDENBURG

VERBINDLICHKEITEN

I. Kreditgeschäft
Albrecht von Brandenburg leiht sich mehrere Zehntausend Gulden von den Fuggern, einem Bankunternehmen.

II. Übereinkunft
Gegen Bezahlung erlaubt der Papst Albrecht von Brandenburg über mehrere Bistümer zu regieren. Der Papst gewährt Albrecht die Organisation einer Ablasskampagne in seinen Territorien.

III. Schuldbegleichung
Mit den Einnahmen aus dem Ablasshandel begleicht Albrecht von Brandenburg seine Schulden bei den Fuggern.

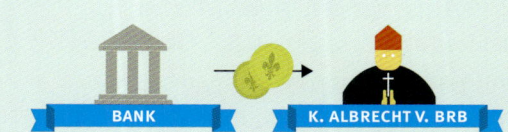

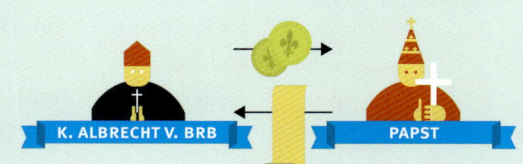

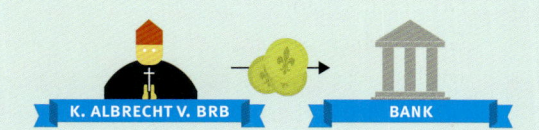

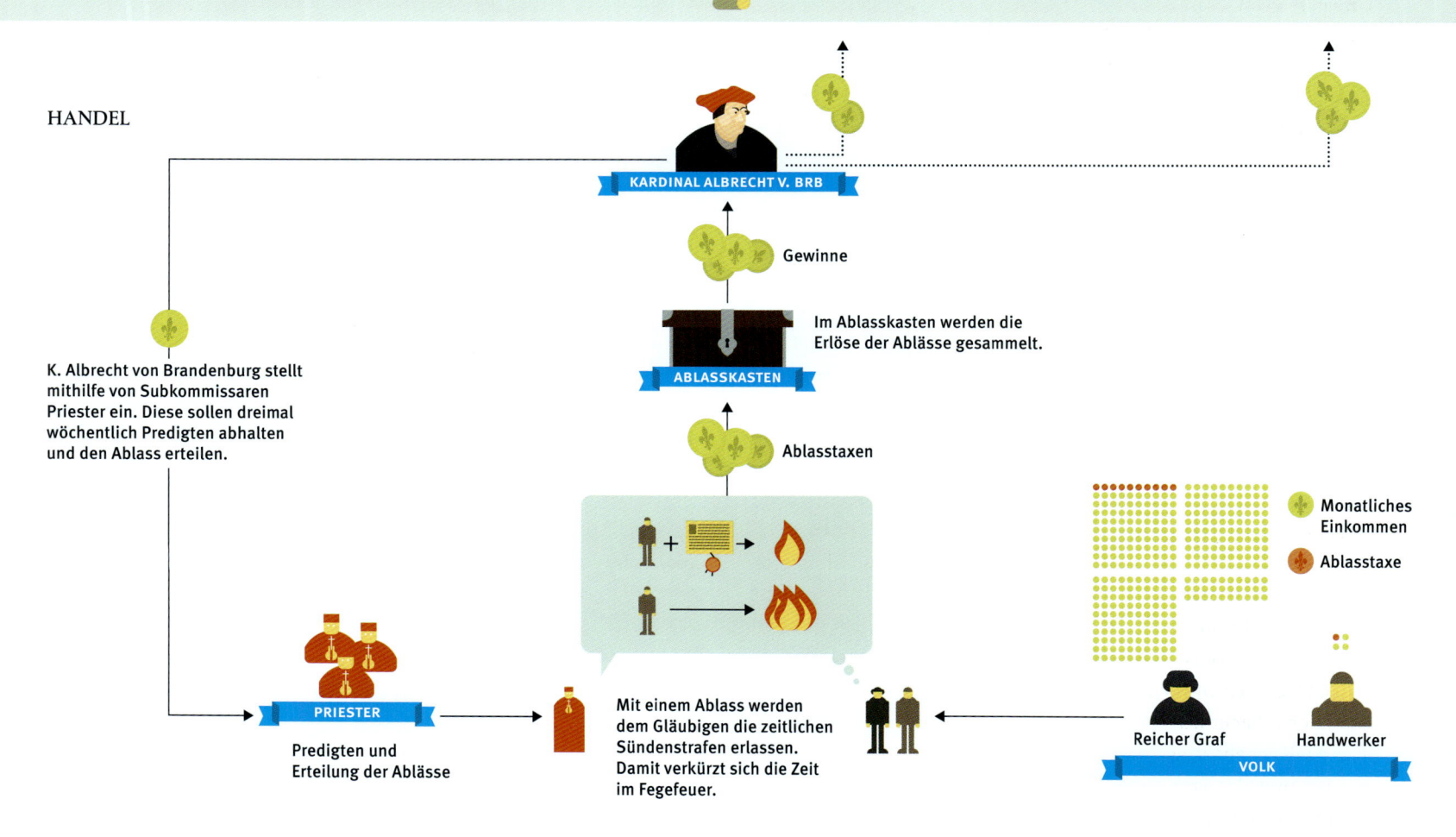

BANK → K. ALBRECHT V. BRB

K. ALBRECHT V. BRB ↔ PAPST

K. ALBRECHT V. BRB → BANK

HANDEL

K. Albrecht von Brandenburg stellt mithilfe von Subkommissaren Priester ein. Diese sollen dreimal wöchentlich Predigten abhalten und den Ablass erteilen.

KARDINAL ALBRECHT V. BRB

Gewinne

Im Ablasskasten werden die Erlöse der Ablässe gesammelt.

ABLASSKASTEN

Ablasstaxen

PRIESTER
Predigten und Erteilung der Ablässe

Mit einem Ablass werden dem Gläubigen die zeitlichen Sündenstrafen erlassen. Damit verkürzt sich die Zeit im Fegefeuer.

Reicher Graf — Handwerker
VOLK

Monatliches Einkommen
Ablasstaxe

HANSJÖRG KÜSTER

Landschaftsnutzung im Mansfelder Land

Das Mansfelder Land: eine geografische Ortsbestimmung

Das Mansfelder Land, in dem Martin Luther 1483 geboren wurde, liegt am Rand des Harzes, einem ausgedehnten deutschen Mittelgebirge (Abb. 1 und 2). Dessen höchster Gipfel, der Brocken, ist mit einer Höhe von 1141 Metern der am weitesten aufragende Berg Norddeutschlands. Der Harz besteht zu großen Teilen aus altem Grundgebirgsgestein, das von zahlreichen Erzadern durchzogen wird; sie werden seit Jahrhunderten, an manchen Orten sogar schon seit Jahrtausenden abgebaut. Zeitweise gehörten der Harz und sein Umland – gemeinsam mit dem Erzgebirge – zu den wichtigsten Bergbauregionen der Erde. Am Rand des Harzes, etwa zwischen dem Gebirge und dem Mansfelder Land, bestehen erhebliche landschaftliche Gegensätze. Der hohe Harz gehört zu den regenreichsten Gebieten Mitteleuropas, während das Gebiet unmittelbar östlich des Gebirges eine der trockensten Regionen weit und breit ist. Dieses »Mitteldeutsche Trockengebiet«, zu dem auch das Mansfelder Land gehört, liegt im Regenschatten des Harzes.

Die Böden im Harz sind steinig und wenig fruchtbar; Landwirtschaft lässt sich nur an wenigen Stellen betreiben. Dagegen gehören die Regionen rings um den Harz zu den fruchtbarsten Gebieten Mitteleuropas. Denn im Eiszeitalter gelangte eine große Menge an Löss dorthin. Dieser feine Staub wurde aus den Gletschervorfeldern ausgeblasen und sowohl am Rand der Mittelgebirge als auch zwischen den Bergzügen wieder abgelagert. Die Lössgebiete am Nordrand der Mittelgebirge werden als Bördelandschaften bezeichnet: An den Harz grenzen die Hildesheimer und die Magdeburger Börde. Lössgebiete zwischen den Gebirgen bezeichnen Geografen vor allem in Süddeutschland als »Gäu« oder »Gau«. Aber auch in Norddeutschland tritt dieser Landschaftsname auf; ein Beispiel ist der »Ambergau« rings um Bockenem, am Westrand des Harzes. Die Lössablagerungen in Senken zwischen Bergzügen nennt man »intramontanen Löss«. Eigentlich wurde der feine Staub auch auf den Gebirgshöhen deponiert, aber er wurde in den Jahrtausenden nach der Eiszeit vom Regen wieder abgetragen. In den Bächen wurde er talabwärts transportiert und als sogenannter Schwemmlöss dort deponiert, wo die Strömung so weit nachließ, dass sie die feinen Lösspartikel nicht mehr weiter verlagern konnte. Auch an Talhängen in den Hügelländern wurde der Löss vielerorts abgetragen, als sich im Verlauf der letzten Jahrtausende Bäche weiter in den Untergrund einschnitten und die Täler vertieften.

Das Mansfelder Land gehört zu den Lössregionen am Rand des Harzes, es grenzt im Norden an die Magdeburger Börde. Der Löss, auf dem sich mächtige Schwarzerdeböden entwickelten, enthält zahlreiche Mineralstoffe, die Pflanzen zum Wachstum benötigen. Löss lässt sich sehr gut mit Hacken, Pflügen und anderem Agrargerät bearbeiten, weil er keine Steine enthält. Die Voraussetzungen für die Landwirtschaft sind im Mansfelder Land und in anderen Randgebieten des Harzes daher seit Jahrtausenden exzellent. Wegen der intensiven agrarischen Nutzung sind die Lössregionen weitgehend entwaldet, während der Harz und viele andere Mittelgebirge in seiner Umgebung von Wäldern bedeckt sind. Dadurch wird der Eindruck des landschaftlichen Gegensatzes zwischen dem Harz und seinem Umland besonders akzentuiert.

Der Gang der Bewirtschaftungsgeschichte

Bereits in der frühen Jungsteinzeit, im 6. Jahrtausend vor Christi, wurden die Lössböden im Umkreis des Harzes bäuerlich genutzt, aber nicht auf Dauer. Immer wieder andere Wälder wurden gerodet. Ihr Holz benötigte man zum Bau von Häusern, als Werk- und Brennstoff. Auf den entwaldeten Flächen konnten Felder für den Anbau von Kulturpflanzen angelegt werden. Die Bauern mussten im Sommer ihre Felder, in den anderen Jahreszeiten ihre Vorräte bewachen. Daher war es notwendig, dass ihre Siedlungen Bestand hatten und in der Nähe der Felder lagen. Man errichtete sie in der Regel am Rand von Flächen, auf denen der Löss liegen geblieben war, an den sogenannten Lössplatten zwischen den Bachtälern. Man kann die Lage sehr vieler vorgeschichtlicher und mittelalterlicher Siedlungen auch anders beschreiben: am Rand der Täler. Oberhalb der Siedlungen dehnten sich die Felder auf den steinfreien Lössböden aus, unterhalb der Gehöfte ließ man das Vieh weiden: Es kam an das Wasser der Bäche heran, und man konnte es von oben her beaufsichtigen.[1]

---

[1] Hansjörg Küster: Geschichte der Landschaft in Mitteleuropa. Von der Eiszeit bis zur Gegenwart, 6. Aufl., München 2013.

Die Archäologen, die Überreste solcher Siedlungen finden, stellen immer wieder fest, dass diese nach Jahrzehnten oder allenfalls Jahrhunderten wieder aufgegeben und dann mutmaßlich verlagert wurden. Sie lassen sich nämlich immer einer einzelnen oder aber wenigen aufeinander folgenden Epochen der Urgeschichte zuordnen. Der Grund für die Aufgabe und Verlagerung von Siedlungen ist nicht leicht zu finden; es muss auf jeden Fall eine Voraussetzung für deren Weiterbestand nicht mehr gegeben gewesen sein. Es könnten die Erträge der Agrarflächen nachgelassen haben, aber das ist wegen der enormen Bodenfruchtbarkeit der Lössböden wenig wahrscheinlich. Möglicherweise war aber in der Umgebung der Siedlungen nach einigen Jahrzehnten kein Bauholz mehr vorhanden, das man zur Ausbesserung oder zum Neubau von Hütten benötigte. Weil in den Holzhütten offene Feuer betrieben wurden, konnte es immer wieder geschehen, dass Bauten niederbrannten. Brauchte man frisches Holz, konnte man es entweder aus immer größerer Entfernung herbei transportieren, oder man baute dort eine neue Siedlung, wo es noch reichlich Bauholz gab.[2] Auf den verlassenen Siedlungs- und Agrarflächen wuchsen anschließend erneut Wälder in die Höhe.

Diese Siedlungs- und Wirtschaftsweise herrschte in weiten Teilen Europas jahrtausendelang vor. Erst im frühen Mittelalter erlangten Siedlungen größere Beständigkeit, und das bedeutete auch, dass verschiedene Formen von Landnutzung stets an den identischen Stellen betrieben wurden: Ackerbau, Viehhaltung und Waldnutzung. Flächen, auf denen Holz genutzt wurde und das Vieh weidete, waren nicht klar voneinander getrennt. Sie umgaben die Kernfluren mit den Äckern als Allmenden, die von jedermann genutzt werden konnten. Dort hüteten Hirten ihr Vieh, und dort holte man nach Bedarf sein Bau-, Brenn- und Werkholz. Die Nutzungen widersprachen sich, denn viele Gehölze trieben nach der Nutzung zwar wieder aus; die frischen Triebe wurden aber häufig von den weidenden Tieren abgebissen, sodass sich die Gehölze nur sehr langsam oder gar nicht regenerierten.

Das Landnutzungssystem, in dessen Rahmen Siedlungen immer wieder verlagert wurden, und ein im Mittelalter aufkommendes neues System mit beständigen Siedlungen waren nicht miteinander kompatibel. Nur eines der beiden Landnutzungssysteme konnte in einer Region betrieben werden. Sowohl administrative als auch kirchliche Verwaltungen drängten auf die Durchsetzung einer ortsfesten Siedelweise. Beide Instanzen erreichten damit die Durchsetzung einer komplett neuen Landnutzungsstrategie.

Mangelte es nun an Bauholz, Korn oder anderen lebensnotwendigen Gütern, musste ein Wirtschaftsnetz zur Verfügung stehen, in dessen Rahmen die an einem bestimmten Ort fehlenden Waren geliefert werden konnten. Straßen mussten also ausgebaut werden, und sie mussten mit Burgen gesichert werden. Und man musste mehr und mehr darauf bedacht sein, dass man Überschüsse an lebensnotwendigen Gütern erzielte, um sie in den Handel einzuspeisen. Nur dann konnte man hoffen, in Zeiten des Mangels selbst an wichtige Güter heranzukommen.

Immer mehr Siedlungen wurden urkundlich genannt; in der Regel blieben sie in der Folgezeit als ortsfeste Siedlungen bestehen. Sie bestanden mutmaßlich bereits zuvor und traten durch ihre schriftliche Erwähnung in das Licht der Geschichte. Dabei kam es

Abb. 1 Historischer Eingang von Luthers Geburtshaus in der Lutherstadt Eisleben, Mansfelder Land

zu einem typischen Ablauf von ersten Nennungen und Neugründungen von Siedlungen, den man wie in anderen Regionen auch im Mansfelder Land sehr gut verfolgen kann.[3] Die meisten frühen Siedlungen waren ländliche, von Bauern besiedelte Orte, in denen Landwirtschaft betrieben wurde. Danach folgten große Dörfer, die möglicherweise durch den Zusammenschluss kleinerer Siedlungen entstanden, und Städte, die sich zu Mittelpunktsorten entwickelten. Schließlich kamen Ausbausiedlungen hinzu; dies waren im Mansfelder Land vor allem Orte, von denen aus Bergbau betrieben wurde.

Ländliche und städtische Siedlungen

Zu den ältesten Siedlungen des Mansfelder Landes, die bereits im frühen Mittelalter bestanden und damals erstmals urkundlich erwähnt wurden, gehören vor allem Orte, die bis heute eher klein geblieben sind: Es gibt Nachricht über Osterhausen aus dem 7. Jahrhundert sowie über Greifenhagen und Polleben aus dem 8. Jahrhundert. Für die gleiche Zeit ist auch die Existenz erster Burgen belegt; die Seeburg am Süßen See, östlich von Eisleben gelegen, ist aus dem Jahr 743 erstmals schriftlich bezeugt. Aus dem 9. Jahrhundert stammen die ersten Urkunden, in denen die Orte Volkstedt, Hornburg, Aseleben, Röblingen, Amsdorf und Wansleben aus dem Dunkel der

Der Vorabend der Reformation

Vorzeit in das Licht der Geschichte traten. Beesenstedt wurde ebenfalls im 9. Jahrhundert erstmals genannt, ist aber wohl erheblich älter. Wormsleben taucht in einer Urkunde von 948 auf, Helfta ist als Königsgut seit 969 bekannt, eine Urkunde von 973 nennt Klostermansfeld als Vorgängersiedlung von Mansfeld sowie Vatterode und Thondorf. Gerbstedt, 985 erstmals genannt, war zunächst eine rein bäuerliche Siedlung; zu einem größeren Ort wurde es erst durch den späteren Bergbau. Neben zahlreichen weiteren Orten, deren Existenz seit dem 10. Jahrhundert belegt ist, sei hier noch auf das sogenannte Alte Dorf Eisleben hingewiesen, das sich vor den Mauern der späteren Stadt befand. Alle diese ursprünglich rein ländlichen Siedlungen konnten weitgehend autark existieren. Von ihnen aus mussten nur wenige Menschen in Städten und Burgen mit Nahrungsmitteln versorgt werden, denn im Mansfelder Land gab es im frühen Mittelalter noch überhaupt keine größeren städtischen Siedlungen, und fast alle Menschen hatten ihre eigenen landwirtschaftlichen Nutzflächen, von deren Erträgen sie sich selbst ernähren konnten.

Die Fernwege des frühen Mittelalters verliefen meist über die Höhen der Hügel- und Bergländer und berührten die Siedlungen nicht unmittelbar. Dort aber waren die Transporte sicherer durchzuführen, denn man überblickte von den Wegen aus das umliegende Land, und es war nicht möglich, sie von oben her – wie in einem Tal – zu überfallen. Und man konnte die Wege so legen, dass sie ungefähr auf den Wasserscheiden verliefen. Bei einer solchen Wegführung entstanden nur geringe Steigungen. Solche Straßen verliefen mindestens seit karolingischer Zeit auch über den Harz.

Größere Dörfer aus späterer Zeit, die möglicherweise durch den Zusammenschluss von kleineren Orten entstanden, sind Höhnstedt, 1121 genannt, und das Haufendorf Rothenschirmbach, das seit 1140 bekannt ist. Die durch Zusammenschluss entstandenen Dörfer sind wirtschaftlich oft besonders erfolgreich gewesen. Bezeichnenderweise hielt der Mansfelder Chronist Johann Albert Biering im Jahr 1734 Höhnstedt für eines der besten und größten Dörfer der Grafschaft Mansfeld: »Hier herum sind die reichsten Bauern und das beste Weizenland«,[4] notierte er. Weitere derartige Dörfer entstanden in späterer Zeit, etwa Holdenstedt, ebenfalls ein großes Haufendorf, das 1271 erstmals urkundlich genannt wurde. In unmittelbarer Nähe gibt es die wüst gefallene Siedlung Barwelle; möglicherweise standen das Wüstwerden von Barwelle und die Neugründung von Holdenstedt in einem Zusammenhang.

Zur etwa gleichen Zeit setzte die Gründung von Städten ein. Sie hatten eine andere Topografie als ländliche Siedlungen, denn sie entstanden unmittelbar an Bächen und Flüssen, die die Räder von Wassermühlen antrieben. Dafür wurden in einigen Fällen ältere Siedlungen am Talrand aufgegeben und durch Städte im Talgrund ersetzt. Mansfeld entstand durch die teilweise Verlegung des Ortes von Klostermansfeld aus. Die wohl seit dem 11. Jahrhundert bekannte Stadt lag unmittelbar am Fluss Wipper. Am gleichen Fluss entstand Hettstedt, das etwa gleichzeitig erstmals urkundlich genannt wurde, nämlich 1046.

Eisleben in seiner heutigen Lage entstand Ende des 12. Jahrhunderts als Nachfolgesiedlung des »Alten Dorfes« am wasserreichen Bach »Böse Sieben«, dessen seltsamen Namen man bisher nicht eindeutig klären konnte. Um 1500 wurden das Petriviertel *trans aquam*

Abb. 2 St. Petri-Pauli-Kirche, Lutherstadt Eisleben. Taufkirche Martin Luthers, von 1447 bis 1513 errichtet

(jenseits der »Bösen Sieben«), das Gelände von »Altem« und »Neuem« Dorf sowie die alte Friesensiedlung um St. Nicolai mit einer Stadtmauer umgeben. Mühlen entwickelten sich gewissermaßen zu Dienstleistungszentren, in denen das Korn aus zahlreichen Dörfern in der Umgebung der Städte zu Mehl gemahlen werden konnte. Dies geschah gegen Bezahlung oder durch die Lieferung von Naturalien. Oft wurde auch ein Teil des Mehls einbehalten, das dann zur Versorgung der Stadtbevölkerung herangezogen wurde. Wenn es Mühlen innerhalb der Mauern einer Stadt gab, konnte jederzeit Mehl produziert werden, auch zu den Zeiten, in denen eine Stadt belagert wurde.

Auch viele Klöster – sieht man einmal von Helfta bei Eisleben ab – wurden nicht gleich zu Beginn des Mittelalters gegründet, sondern erst in späterer Zeit. Im Mansfelder Land entstand Kloster Sittichenbach 1141, das Prämonstratenserkloster Klosterode bei Blankenheim bald nach 1150.

2 Ders.: Geschichte des Waldes. Von der Urzeit bis zur Gegenwart, 4. Aufl., München 2013. **3** Zur Darstellung der Siedlungsgeschichte des Mansfelder Landes vgl. Erich Neuß/Dietrich Zühlke (Bearb.): Mansfelder Land. Ergebnisse der heimatkundlichen Bestandsaufnahme im Gebiet um Leimbach, Hettstedt, Dederstedt, Holdenstedt, Hornburg und Seeburg (= Werte unserer Heimat. 38), Berlin 1982. **4** Ebd., S. 151.

Der Vorabend der Reformation

Abb. 3
Blick auf die vom Altbergbau
geprägte Pingenlandschaft
bei Wimmelburg
im Mansfelder Land

Wirtschaftsbeziehungen zwischen Land und Stadt

Im Lauf des Mittelalters mussten immer mehr Menschen mit Nahrung versorgt werden, die sich nicht selbst mit Landwirtschaft beschäftigten. Sie lebten in Städten und Klöstern. Ihren Lebensunterhalt erhielten sie über das Abgabensystem, das immer weiter verfeinert wurde. Mit immer größerer Konsequenz wurde darauf geachtet, dass die Bauern eine Dreifelderwirtschaft betrieben: Die gesamte Flur bestand aus drei Feldern, die in schmale, lang gestreckte Äcker aufgeteilt waren. Sie gehörten unterschiedlichen Bauern. Jeder Bauer musste in jedem Feld Äcker besitzen. Auf allen Äckern eines Feldes wurden die gleichen Kulturpflanzen angebaut. Dies wurde durch den Flurzwang bestimmt. Auf dem ersten Feld stand in einem Jahr beispielsweise Roggen, der als Wintergetreide im Herbst gesät und im folgenden Sommer geerntet wurde. Zwischen den schmalen Äckern konnten keine Wege angelegt werden, daher musste Acker nach Acker bestellt und geerntet werden, wobei man sich vorstellen muss, dass der Erntewagen auch einmal auf dem bereits abgeernteten Acker des Nachbarn abgestellt wurde. Dies war der Grund dafür, den Flurzwang durchzusetzen. Im folgenden Jahr kam es zu einem Fruchtwechsel. Auf dem früheren Roggenfeld bauten nun alle Bauern ein Sommerkorn an, beispielsweise Gerste. Sie wurde erst im Frühjahr gesät und im folgenden Sommer bereits geerntet. Im dritten Jahr lag das Feld brach und wurde eventuell vom Vieh beweidet. Es kam zu einer Bodenerholung; das Vieh trug düngende Mineralstoffe ein. Außer diesem einen Feld wurden noch zwei weitere Felder bewirtschaftet, auf denen der Fruchtwechsel jahresweise versetzt stattfand. Insgesamt hatte jedes Dorf auf diese Weise in jedem Jahr ein Feld für Wintergetreide, ein zweites für Sommergetreide, und ein drittes lag brach. Auf diesen drei Feldern kam es zu einer Rotation des Anbaus.

Weil der Transport von Nahrungsmitteln aus den ländlichen Siedlungen in die aufkommenden Städte zunahm, wurden neue Verkehrswege gebraucht, die ländliche und städtische Siedlungen miteinander verbanden. Auch zwischen den Städten wurden nach und nach weitere Verkehrswege angelegt, die die älteren, über die Höhen führenden ersetzten. Die Verkehrswege waren nicht befestigt. Daher gruben sich die Räder von Frachtwagen vor allem bei Regen und zur Schneeschmelze tief in den Untergrund ein. In den Fahrspuren blieb Wasser stehen. Wenn dann erneut ein Frachtgespann den Weg nutzte, musste der Fuhrmann einen neuen Weg für seinen Wagen suchen, der neben der alten, bereits ausgefahrenen Spur lag. Wenn die Verkehrsdichte zunahm, wurde der Weg immer breiter: Immer neue Wagenspuren entstanden. Die Fuhrleute nahmen beim Finden zusätzlicher Fahrspuren keine Rücksicht auf die Landwirte. Sie überfuhren rücksichtslos auch Ackerflächen, auf denen das Korn heranwuchs. Wurde ein Feldstück nur einmal im Jahr von einem Fuhrwerk überfahren, war der gesamte Ertrag verloren.[5] Mehr Korn wurde aber dringend gebraucht, weil die Bevölkerung wuchs und von den Dörfern aus immer mehr Stadtbewohner mit Nahrung versorgt werden mussten, die keine eigenen Felder besaßen. Die Abhängigkeit der Bewohner ländlicher Siedlungen von den städtischen Zentren nahm zu. Aber es muss immer klar sein: Ländliche Siedlungen konnten autark bestehen, auch wenn sie in einer Mangelsituation eventuell verlagert wurden. Städtische Siedlungen waren dagegen niemals autark; sie mussten aus einem ländlichen Umfeld heraus versorgt werden.

Bergbau und Übernutzung des Landes

Die prekäre Situation der Landnutzung spitzte sich besonders rings um den Harz und am Rand des Erzgebirges weiter zu. Nicht nur im Mansfelder Land, sondern auch im Westharz und im Erzgebirge kam es gegen Ende des Mittelalters zu einer enormen Ausweitung des Bergbaus. Dieser hatte bereits zuvor eine Rolle gespielt: Auf dem Kupferberg bei Hettstedt stand seit 1199 eine Kapelle für die Bergleute, die dort Kupfer gewannen. Um die Wende vom 12. zum 13. Jahrhundert wuchs die Bedeutung von Hettstedt erheblich an:

Der Vorabend der Reformation

Abb. 4
Im Luftbild sichtbare Pingen zwischen Benndorf und Klostermansfeld

Mehr Bergleute fanden in den Kupfergruben Arbeit und siedelten sich dort an. Im 14. und 15. Jahrhundert kamen weitere Bergwerksorte hinzu: Wolferode wurde 1336 als »Berg- und Hüttenleutedorf« urkundlich erwähnt. Seit 1432 bestand eine Schmelzhütte am Bach Schlenze im nordöstlichen Mansfelder Land. Dort nutzte man die Wasserkraft wohl zum Antrieb für die Blasebälge, mit denen Sauerstoff zu den Schmelzöfen gedrückt wurde. Vor allem in den Jahren zwischen 1450 und 1470, also nur wenige Jahre vor Martin Luthers Geburt, stieg die Kupferproduktion erheblich. Viele Menschen siedelten sich vor allem in den Städten neu an, sodass diese erweitert werden mussten. In Eisleben entstand um 1500 ein ganz neuer Stadtteil für Bergleute, die Neustadt. In vielen Orten, vor allem in den Städten, baute man nicht nur neue Häuser, sondern auch neue Kirchen in spätgotischem Stil und stattete sie prächtig aus. Auch viele Bürgerhäuser wurden neu gebaut, das Schloss in Mansfeld wurde erneuert. Auch neue Rathäuser wurden gebaut. Der Bauboom erfasst vor allem Eisleben, Mansfeld und Hettstedt. Der Wohlstand dieser Siedlungen kam aus dem Grubenbetrieb: 1536 bestanden im Umkreis der drei genannten Orte 110 Hütten. In der ersten Hälfte des 16. Jahrhunderts wurden im gesamten Mansfelder Revier bis zu 40 000 Zentner Kupfer pro Jahr gefördert, eine gewaltige Menge: Vor dem Beginn der umfangreichen Ausbeutung von Kupferminen in der Neuen Welt gehörte das Mansfelder Land also zu den wichtigsten Regionen des Kupferbergbaus überhaupt. Daneben wurden auch Salz und Braunkohle abgebaut.

Zu den vielen Menschen, die vom Bergbauboom angezogen wurden, gehörten auch die Eltern von Martin Luther. Sein Vater Hans stammte aus dem Dorf Möhra in Thüringen, südlich von Eisenach gelegen.[6] Er war der älteste von vier Söhnen, die auf einem Bauernhof aufwuchsen. Nur der jüngste war erbberechtigt. Auf diese Weise blieb der Hof ungeteilt erhalten und hatte in jeder Generation die gleiche Größe. Martin Luthers Vater hätte auf dem Hof seines Bruders als Knecht arbeiten können, oder er begann mit einem anderen Gewerbe. Er entschied sich für Letzteres und zog gemeinsam mit seiner Frau Margarethe unmittelbar vor der Geburt des Sohnes Martin nach Eisleben (Abb. 1 und 2). Martin Luthers Vater pachtete gemeinsam mit einem Partner die Rechte, die man benötigte, um Bergbau betreiben zu können; von da an war er erfolgreich unternehmerisch tätig.

Mit dem Bergbau verdienten vor allem die Landesherren, die Grafen von Mansfeld und die wettinisch-sächsischen Fürsten, viel Geld. Die Sachsen gewannen immer mehr Einfluss über das Mansfelder Land. Auch die Unternehmer wurden durch den Bergbau reich. Um die Wende vom 15. zum 16. Jahrhundert bestand ein sehr gut funktionierendes Handelsnetz zwischen den norditalienischen Städten, süddeutschen Familienunternehmern, allen voran der Fugger aus Augsburg, den Bergbauregionen im Harz und Erzgebirge sowie den Küstenregionen von Nord- und Ostsee.

Viele weitere Menschen waren auf der Suche nach Lebensunterhalt in den Bergbauregionen. Sie profitierten von dem Boom in weit geringerem Maße, weil sie schlecht bezahlt wurden; es entstand ein Heer von armen Leuten, die um ihre nackte Existenz fürchteten.

Die sozialen Probleme verschärften sich aus mehreren Gründen weiter, und es kam zu immer mehr Krisen wie dem Bauernkrieg von 1525. Zu Lebzeiten Luthers waren viele Bergwerksstollen bis zum Grundwasserspiegel abgeteuft. Man wusste zunächst noch nicht, wie man Wasser aus Bergwerken pumpte; die dazu notwendigen Wasserkünste waren noch nicht erfunden. Also kam der Bergbau in solchen Stollen zum Erliegen, in denen das Wasser stand. Sehr bald nach der Entdeckung Amerikas kamen Metalle von dort auf den europäischen Markt. Diese Produkte waren oft billiger; daher lohnte sich der europäische Bergbau an vielen Stellen nicht mehr. Die Bergknappen waren dadurch um ihren Verdienst gebracht, eine Alternative, ihren Lebensunterhalt zu verdienen, hatten sie nicht.

5 Küster, Landschaft (wie Anm. 1). **6** Biografische Angaben nach: Heinz Schilling: Martin Luther. Rebell in einer Zeit des Umbruchs, München 2012.

Abb. 5 Lucas Cranach d. J., Epitaph für Paul Eber Der Weinberg des Herrn, 1573/74, Stadt- und Pfarrkirche St. Marien, Wittenberg

Ökologische Probleme kamen hinzu. Im Umkreis der Bergwerke wuchsen Halden empor, die mit giftigen Schwermetallen belastet waren. Von den Halden aus gelangten Schwermetalle in die Fließgewässer und vergifteten sie. Auf Böden, die Kupfer und andere Schwermetalle wie Blei und Zink enthielten, gediehen die meisten Pflanzen nicht und Vieh konnte sich vergiften, das von Pflanzen der Halden fraß.

Viel schwerer wog jedoch, dass die Ressourcen zur Versorgung der Menschen und der Bergwerksanlagen mit ihren Schmelzen nicht ausreichten. Man brauchte Nahrung für immer mehr Menschen und konnte die Flächen für die Landwirtschaft nicht ausweiten. Die Erträge stiegen nicht. Durch die Anlage von Bergwerken, Schmelzanlagen und neuen Wohngebieten nahm die Agrarfläche sogar ab. Vor allem schränkte die Zunahme des Verkehrs den Ackerbau ein: Tausende Zentner Kupfer wurden über Land transportiert. Die Fuhrleute kamen mit ihren Lasten nur dann ans Ziel, wenn sie immer wieder neue Fahrspuren quer durch das Ackerland legten. Da konnten die Böden noch so fruchtbar sein: Nach der einmaligen Zerstörung der Saat kamen keine neuen Pflanzen mehr in die Höhe.

Besonders erheblich war der Druck auf die Wälder. Sie hatten bereits das ganze Mittelalter über sehr gelitten, weil man Holzgewinnungsflächen gegenüber Weideflächen nicht abgegrenzt hatte. Unter den Bäumen waren die Möglichkeiten der Viehhaltung eingeschränkt und wo Vieh weidete, ließen sich keine neuen Bäume in die Höhe bringen. Nun brauchte man immer mehr Holz für gewerbliche Zwecke: Stollen mussten mit Grubenholz stabilisiert werden. Vor allem war Holz oder Holzkohle aber der einzige Brennstoff, der zum Schmelzen der großen Erzmengen verwendet werden konnte. In den Schmelzen nutzte man die unterschiedlichen Schmelzpunkte der einzelnen Metalle aus, um sie voneinander zu trennen. Im Mansfelder Land waren die Holzvorräte bald erschöpft. Man brachte nun über den bereits im frühen Mittelalter bestehenden Königsweg Holzkohle aus dem Harz ins Mansfeldische. Die Holzkohle wurde in den abgeholzten Wäldern des Harzes hergestellt und dann anstelle des frischen Holzes transportiert; Holzkohle ist erheblich leichter als Holz. Doch das Mansfelder Land war nicht die einzige Bergbauregion rings um den Harz. Auch andernorts brauchte man Holzkohle zum Erzschmelzen, sodass es bei der Holzkohlegewinnung zu Engpässen kam.

Die Reformation und andere Reformen als Auswege aus der Krise

Insgesamt wurde seit dem Ende des Mittelalters immer deutlicher, dass viele Gegenden von menschlicher Übernutzung geprägt waren (Abb. 3 und 4). Vor allem die arme Bevölkerung litt immer häufiger Hunger, und das nicht nur nach Missernten. Auch in normalen Jahren reichte die Menge der erzeugten Lebensmittel oft nicht aus. Es mangelte an Rohstoffen, vor allem an Holz, oder man hatte Angst vor einem Mangel an diesem Rohstoff. Man hatte offenbar noch keine Ideen, wie man diesen Mangelsituationen effizient begegnen konnte. Daher entstand ein gesellschaftliches Klima, in dem man sich Reformen herbeiwünschte.

Als eine derartige Reform kann die Reformation bezeichnet werden. Man hoffte wohl, dass sich damit nicht nur der Glauben, sondern die gesamten Lebensverhältnisse erneuerten. Dies ist eine wichtige Botschaft des Bildes *Der Weinberg des Herrn* von Lucas Cranach dem Jüngeren auf dem 1569 entstandenen Epitaph für Paul Eber in der Stadt- und Pfarrkirche St. Marien in Wittenberg (Abb. 5). Auf der linken Seite übernutzen und verwüsten Katholiken das Land; man kann sie mit Menschen gleichsetzen, die in damals üblicher Weise das Land ausplünderten. Auf der rechten Seite kultivieren die Reformatoren das Land und bauen es neu an. Natürlich hat dieses Bild in erster Linie eine theologische Bedeutung. Aber man kann es auch ökologisch deuten: Man hielt für möglich, dass es eine Alternative zur ressourcenverbrauchenden Landnutzung gab.

Die Entwicklung einer schonenderen Form von Landnutzung wurde zu einem beherrschenden Thema von mehrere Jahrhunderte währenden Diskussionen. Zunächst wurde sie unter anderem in der Hausväterliteratur geführt, deren Beginn sich zu Martin Luther und der Reformation in Beziehung setzen lässt.[7]

Die übermäßige Nutzung von Wäldern war ein weiteres drängendes Thema, das man zu Luthers Lebzeiten wahrnahm. Man hatte Tacitus und seine *Germania* als erste schriftliche Quelle über Deutschland wieder entdeckt und begann, sie in vielfältiger Weise zu deuten.[8] Eines der wichtigen Motive war dabei, auf die ausgedehnten Wälder zu verweisen, die Tacitus als für Germanien typisch beschrieben hatte; sie wollte man wiederherstellen. In diesem Zusammenhang ist die von Heinz Schilling geäußerte Ansicht zu Hans Holbeins dem Jüngeren Holzschnitt *Luther als Hercules Germanicus* interessant: Er sieht die Darstellung als Ausdruck des »Freiheitskampfes der Deutschen gegen romanische Überfremdung und Ausbeutung durch die Kurie«; Luther macht auf dem Holzschnitt »mit einer in den germanischen Wäldern geschnittenen Holzkeule dem Kölner Dominikaner und päpstlichen Inquisitor Jakob von Hochstraten […] den Garaus« (Abb. 6).[9]

Man mag dies und vielleicht auch den Bezug zu den lange währenden Debatten über die richtige Behandlung von Wäldern in Deutschland für Überinterpretationen halten. Es ist aber klar, dass man seit dem Zeitalter der Reformation nach weiteren Reformen suchte, die den Zustand des Landes, der Ernährung und der Ressourcenversorgung verbessern sollten. Erreicht wurden sie letztlich durch Ideen des 18. Jahrhunderts: die Einführung neuer Kulturpflanzen wie der Kartoffel, die Neueinteilung von Agrarland über die Verkoppelung

Abb. 6 Hans Holbein d. J., Luther als Hercules Germanicus, 1522

und die Gemeinheitsteilungen, die damit verbundene Abschaffung der Allmende, die klare Trennung von Wald und Weideland, die Einführung der nachhaltigen Waldwirtschaft, in deren Rahmen einem Waldstück niemals mehr Holz entnommen werden durfte, als das, was zur gleichen Zeit nachwuchs usw. Diese Ideen beschäftigten nicht nur die Protestanten, sondern auch die Katholiken. Letztlich resultierte daraus die Landschaft des 19. Jahrhunderts, die vielen vor Augen steht, wenn sie heute an eine »gute alte Zeit« denken. Die Ideen, die zu ihrer Gestaltung führten, haben zahlreiche Wurzeln in den Gedanken der Reformation und besonders in der sehr problematischen Umweltsituation im Mansfelder Land sowie auch in anderen Bergbauregionen des späten Mittelalters und der Frühen Neuzeit in Mitteleuropa.

7 Gotthardt Frühsorge: Luthers Kleiner Katechismus und die »Hausväterliteratur«, in: Pastoraltheologie 73 (1984), S. 380–393; Maike-Franziska van Haag: Hausväterliteratur. Der »Oeconomus Prudens et Legalis« von Franz Philipp Florin im Kontext seiner Zeit, Berlin 2014. **8** Hansjörg Küster: Das folgenreiche Missverständnis des Tacitus: Auch der Wald hat seine Geschichte. Natürliche und kulturelle Bedingungen der Bewaldung Mitteleuropas (= Der Bürger im Staat. 51,1. Spezialheft »Der deutsche Wald«), Stuttgart 2001, S. 10–16. **9** Schilling, Martin Luther (wie Anm. 6), S. 47.

Bekannte und unbekannte Lutherorte

Zu Luthers Zeiten regierte in Sachsen das Adelsgeschlecht der Wettiner. Seit 1485 waren sie in zwei Linien geteilt: die Ernestiner und die Albertiner. Luthers Bewegungsradius umfasste, wie die Verteilung der Lutherstätten zeigt, im Wesentlichen das Territorium Mitteldeutschlands. Nach seinem Tod wurden durch Legendenbildung auch Orte mit Luther in Verbindung gebracht, an denen er nie war.

FRANKFURT A.M
BRÜSSEL
LONDON
BERLIN
WITTENBERG
KRAKAU
PARIS
MÜNCHEN
PRAG
ROM
MADRID

Wirkungsorte

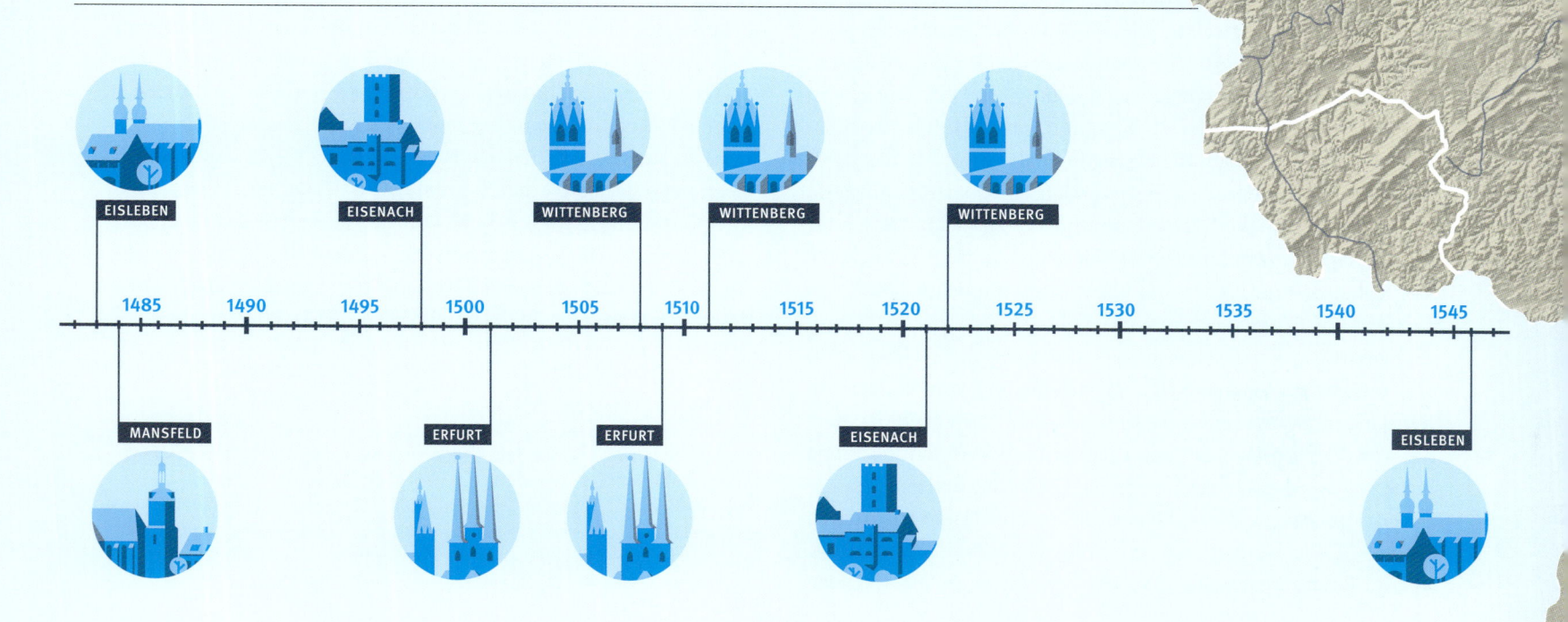

EISLEBEN — EISENACH — WITTENBERG — WITTENBERG — WITTENBERG

1485 1490 1495 1500 1505 1510 1515 1520 1525 1530 1535 1540 1545

MANSFELD — ERFURT — ERFURT — EISENACH — EISLEBEN

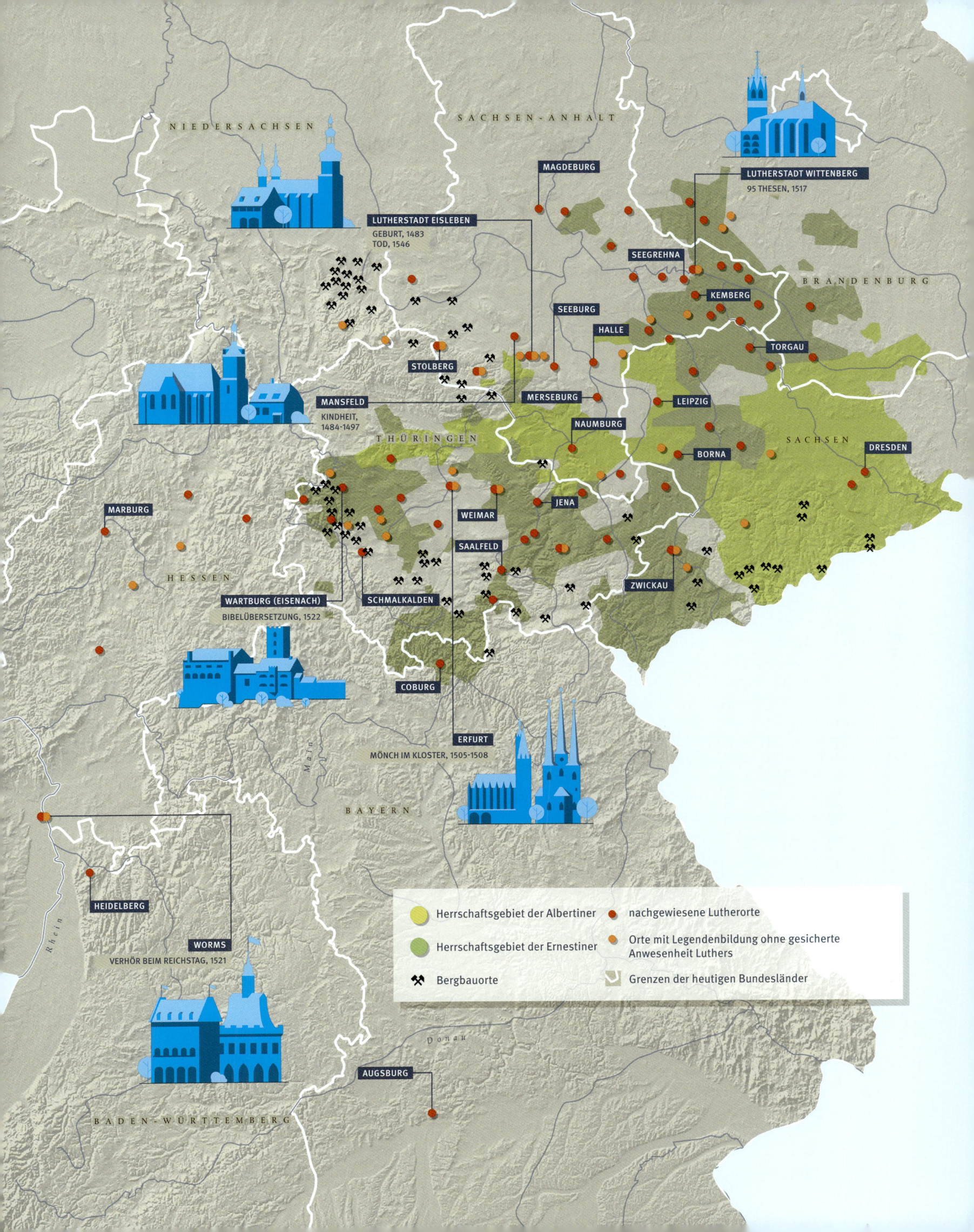

Lutherorte in Deutschland

NIEDERSACHSEN

SACHSEN-ANHALT

LUTHERSTADT WITTENBERG
95 THESEN, 1517

MAGDEBURG

LUTHERSTADT EISLEBEN
GEBURT, 1483
TOD, 1546

SEEGREHNA

KEMBERG

BRANDENBURG

SEEBURG

STOLBERG

HALLE

TORGAU

MANSFELD
KINDHEIT, 1484–1497

MERSEBURG

LEIPZIG

THÜRINGEN

NAUMBURG

MARBURG

BORNA

SACHSEN

DRESDEN

HESSEN

WEIMAR

JENA

WARTBURG (EISENACH)
BIBELÜBERSETZUNG, 1522

SAALFELD

SCHMALKALDEN

ZWICKAU

COBURG

ERFURT
MÖNCH IM KLOSTER, 1505–1508

BAYERN

HEIDELBERG

WORMS
VERHÖR BEIM REICHSTAG, 1521

- 🟡 Herrschaftsgebiet der Albertiner
- 🟢 Herrschaftsgebiet der Ernestiner
- ⛏ Bergbauorte
- 🔴 nachgewiesene Lutherorte
- 🟠 Orte mit Legendenbildung ohne gesicherte Anwesenheit Luthers
- Grenzen der heutigen Bundesländer

AUGSBURG

BADEN-WÜRTTEMBERG

MICHAEL FESSNER

Das Montanwesen in der Grafschaft Mansfeld zur Zeit Martin Luthers

Die Grafschaft Mansfeld stieg neben Neusohl in Niederungarn und Schwaz in Tirol nach 1470 zum wichtigsten kontinentaleuropäischen Schwarzkupferproduzenten auf. Diese drei Reviere produzierten am Ende des 15. Jahrhunderts etwa 80 bis 90 Prozent des europäischen Kupfers. Die beiden Historiker Ian Blanchard und Karl-Heinrich Kaufhold bezeichneten diese Hochkonjunktur des Montanwesens im ausgehenden Mittelalter und in der Frühen Neuzeit als das »Zeitalter des Saigerprozesses«, womit sie zum Ausdruck brachten, dass der auslösende Faktor zum Anstieg der Silber-, Kupfer- und Bleiproduktion in Europa im Zeitraum von 1460 bis 1560 auf der Verbreitung des Saigerverfahrens beruhte. Der Saigerprozess ermöglichte es, das Silber mithilfe von Blei in mehreren Verhüttungsstufen aus dem Kupfer zu gewinnen.

Es entstanden in rascher Reihenfolge Saigerhütten in Nürnberg 1453, in Schleusingen 1461, in Gräfenthal und Hohenkirchen 1462, in Steinach 1464, in Enzendorf 1466, in Arnstedt 1467, in Brixlegg bei Rattenberg 1467/68, in Mogila bei Krakau 1468, in Chemnitz 1471, in Schwarza 1472, in Mansfeld 1472, in Eisfeld 1479, in Fuggerau bei Arnoldstein in Kärnten 1494, in Neusohl 1495 und in Moštenica (Niederungarn/Slowakei) 1497, die das in den Kupferrevieren erzeugte silberhaltige Schwarzkupfer weiter zu Garkupfer und Silber verarbeiteten. Die Saigerhütten bildeten zumeist den Nukleus weiterer Betriebe, die eine vertikale Produktionskette aufwiesen. So umfasste das Hüttenwerk der Fugger bei Arnoldstein im Endausbau neben der Saigerhütte ein Hammerwerk, eine Messinggießerei und eine Kanonen- und Büchsenfabrik.[1]

Der Beginn des Kupferschieferbergbaus in der Grafschaft Mansfeld

Der Ursprung des Kupferschieferbergbaus in der Grafschaft Mansfeld reicht bis um das Jahr 1200 zurück. Als Heinrich der Löwe während seiner Auseinandersetzung mit Kaiser Friedrich I. Barbarossa im Jahr 1180/81 die Hütten und Bergwerke am Rammelsberg bei Goslar zerstört hatte, zogen zahlreiche Berg- und Hüttenleute in das Erzgebirge, wo in der Gegend um das heutige Freiberg im Jahr 1168 reichhaltige Silbervorkommen entdeckt worden waren. Zwei aus Goslar ins Erzgebirge wandernde Berghauer – Nappian und Neucke – sollen am Kupferberg bei Hettstedt die dortigen Kupferschiefervorkommen um das Jahr 1200 entdeckt haben, wie der Mansfelder Chronist Cyriacus Spangenberg in seiner *Mansfelder Chronik* ausführte.

Spangenberg berichtet weiter, dass der Erzfund viele auswärtige Bergleute angezogen habe und aus dem wüst liegenden Dorf Hettstedt ein ansehnlicher Marktflecken geworden sei, den die Grafen zu Arnstein mit etlichen Privilegien ausstatteten. Eine Urkunde des Grafen Albrecht von Arnstein aus dem Jahr 1223 liefert die bisher früheste schriftliche Erwähnung der Kupferschiefervorkommen am Kupferberg bei Hettstedt. Der Beginn des Kupferbergbaus in und um Eisleben ist quellenmäßig nicht genau zu datieren. Eine Verleihungsurkunde für das Zisterzienserkloster Neu-Helfta bei Eisleben erwähnt im Jahr 1376 Schmelzhütten im Zusammenhang mit einer Ortsbeschreibung von Mühlenstandorten. Der Kupferschieferbergbau wurde um die Stadt Mansfeld erst mit dem durch die Invention der Saigerhüttentechnik ausgelösten »Kupferboom« ab 1470 großflächig aufgenommen.[2]

Die bergrechtlichen Grundlagen

Die rechtliche Grundlage für das Mansfelder Berg- und Hüttenwesen war die landesherrschaftliche Konzession zum Betrieb einer Kupferschmelzhütte, womit gleichzeitig die Berechtigung zur Aufnahme von Kupferschieferbergwerken vergeben wurde. Es hat einen vom Hüttenbetrieb unabhängigen Bergbaubetrieb im Mansfeldischen – von ganz vereinzelten Ausnahmen abgesehen – nicht gegeben.

Das Mansfelder Grafenhaus reagierte umgehend auf den rapiden wirtschaftlichen Aufschwung seit den 1470er Jahren und erließ in den folgenden Jahrzehnten sechs Berg- und Hüttenordnungen (1477, 1484, 1487, 1497, 1504 und 1508), in denen es für die drei Berge (Bergreviere) Hettstedt, Eisleben und Mansfeld die rechtlichen Rahmenbedingungen niederlegte. Diese Berg- und Hüttenordnungen waren eine landesherrschaftliche Reaktion auf bereits vorherrschende Verhältnisse. Jene rasche Modifikation zeigte die Dynamik in der Fortentwicklung des Montanwesens auf, die eine fortwährende Anpassung der bestehenden Berg- und Hüttenordnungen erforderte. Diese legten aber zugleich mit ihren rechtlichen Normen die Linien für die weitere Entwicklung des Montansektors fest. Diese Verordnungen regelten vor allem das Verhältnis der Hüttenbetreiber untereinander, als diese infolge des enormen Aufschwungs sich gegenseitig und zum Teil mit unlauteren Methoden Bergleute, Hüt-

Abb. 1
Basilius Weffringer, Fördern und Rösten der Kupferschiefer, aus: Georg Agricola, De re metallica libri XII, Basel 1556.
A: Der Erzhaufen; B: Der entzündete Erzhaufen; C: Bergmann, der Schiefer auf das Strauchwerk schafft

tenleute sowie Fuhrleute abwarben und sich beim Kohlenkauf gegenseitig überboten. Die Berg- und Hüttenordnungen griffen regulierend in diesen konfliktreichen Raum ein. Das Grafenhaus erließ schließlich 1521 eine umfassende Bergordnung (*Reformation*) für die Grafschaft Mansfeld, in der es die bisherigen rechtlichen Erfahrungssätze einheitlich zusammenfasste. Diese Bergordnung stellte einen Endpunkt in der Entwicklung dar und markierte zugleich auch einen Paradigmenwechsel. Das rechtliche Verhältnis der Hüttenbetreiber zu den Saigerhandelsgesellschaften rückte immer mehr in den Vordergrund. Die Ordnungen vor allem nach 1521 legten einen immer stärkeren Einfluss der Landesherrschaft auf die Organisation und Leitung des Berg- und Hüttenwesens mit dem Anwachsen der Zahl und Aufgaben der Berg- und Hüttenbeamten fest, um die landesherrschaftlichen fiskalischen Ansprüche zu sichern.[3]

Die Hüttenmeister

Der rasche wirtschaftliche Aufschwung des Kupferschieferbergbaus mit seinen drei Bergrevieren Hettstedt, Eisleben und Mansfeld führte ab den 1470er Jahren zu einem sozialen Wandel im gesellschaftlichen Gefüge der Grafschaft Mansfeld. Es entstand die Schicht der Hütten-meister, die die Schlüsselposition in der Rohkupferproduktion einnahm. Diese Schicht der Hüttenmeister unterteilte sich in zwei Kategorien: in die Inhaber der Erbfeuer und die der Herrenfeuer. Die Erbfeuer befanden sich in Besitz von alteingesessenen Hettstedter, Mansfelder und Eisleber Hüttenmeisterfamilien und wurden an die nächste Generation vererbt. Die Erben mussten beim Mansfelder Grafenhaus um eine formelle Bestätigung ihrer Rechte nachsuchen, die ihnen die Grafen in der Regel auch gewährten. Das Mansfelder Grafenhaus behielt von diesen Erbfeuern den zehnten Teil der Rohkupferproduktion als berg- beziehungsweise hüttensteuerliche Abgabe ein (Abb. 1).

1 Michael Fessner: I. Die Voraussetzung für eine neue Hochphase, in: Klaus Tenfeld/Stefan Berger/Hans-Christoph Seidel (Hrsg.): Geschichte des deutschen Bergbaus, Bd. 1: Christoph Bartels/Rainer Slotta (Hrsg.): Der alteuropäische Bergbau. Von den Anfängen bis zur Mitte des 18. Jahrhunderts, Münster 2012, S. 317–330, 317 f. **2** Ders.: Der Kupferschieferbergbau in der Grafschaft Mansfeld bis zum Dreißigjährigen Krieg, in: Günther Jankowski: Mansfelder Schächte und Stollen (= Forschungsberichte des Landesamtes für Vorgeschichte. 6), Halle (Saale) 2015, S. 11–43, hier S. 15–19. **3** Ders.: Das Montanwesen in der Grafschaft Mansfeld vom ausgehenden 15. bis zur zweiten Hälfte des 16. Jahrhunderts, in: Angelika Westermann (Hrsg.): Montanregion als Sozialregion, Husum 2012, S. 293–320, hier S. 295–301.

Der Vorabend der Reformation

Abb. 2 Basilius Weffringer, Verschmelzen der gerösteten Kupferschiefer, aus: Georg Agricola, De re metallica libri XII, Basel 1556

Neben diesen Erbfeuern haben wahrscheinlich bis in die 1480er Jahre noch gräfliche Hütten bestanden, die von landesherrschaftlichen Hüttenbeamten geleitet wurden. Die Mansfelder Grafen gaben aber den Eigenbetrieb der Bergwerke und Schmelzfeuer gegen Ende des 15. Jahrhunderts auf, da er aus ihrer Sicht unwirtschaftlich war, und führten die sogenannten Herrenfeuer ein. Aus heutiger Sicht würde dieser Vorgang bedeuten, dass sie unprofitable Staatsbetriebe privatisiert hatten. Wahrscheinlich boten sie ihren Hüttenbeamten an, die Hütten beziehungsweise die dort vorhandenen »Feuer«, also Öfen, in eigener Regie und wirtschaftlicher Verantwortung zu führen. Aus landesherrschaftlichen Hüttenbeamten wurden private Hüttenbetreiber, die nun auf eigene Rechnung die Feuer betrieben und das unternehmerische Risiko trugen, wohingegen das Mansfelder Grafenhaus die sicheren Einnahmen aus den Verpachtungsverträgen erhielt. Das Mansfelder Grafenhaus verpachtete ebenso die Hütten beziehungsweise die dort befindlichen Schmelzöfen für einen bestimmten Zeitraum an erfahrene Hüttenmeister gegen eine jährliche Geldsumme.

So gab es im ältesten Kupferrevier Hettstedt nur Erbfeuer, im kurze Zeit später aufgenommenen Bergrevier um Eisleben zunächst nur Erb- und dann später, von den 1470er/1480er Jahren an, auch Herrenfeuer und in dem zuletzt um 1470 aufgenommenen Revier Mansfeld nur Herrenfeuer. Das Mansfelder Grafenhaus privilegierte in den 1470er Jahren die Herrenfeuerbetreiber gegenüber den Erbfeuerbesitzern. Diese zahlten nur eine jährliche fixe Pachtsumme, die nicht an die Höhe des erzeugten Rohkupfers gekoppelt war, wohingegen die Erbfeuerbetreiber traditionell den zehnten Teil der Rohkupferproduktion an die Mansfelder Grafen abführen mussten. Allerdings waren die Höhe der Pachtsumme und die Dauer des Pachtvertrages für die Herrenfeuer nicht einheitlich, sondern wurden zumeist individuell zwischen den Betreibern und dem Grafenhaus ausgehandelt. Auch entband das Grafenhaus neue Hüttenmeister mit der zeitweisen Befreiung beziehungsweise Reduzierung von ihren bergrechtlichen Abgaben. Diese Privilegierung der Herrenfeuerbetreiber kann als eine wirtschaftspolitische Maßnahme zur Belebung des Bergwerks- und Hüttenwesens verstanden werden, um vor allem auswärtigen Investoren – wie zum Beispiel Hans Luder – einen ökonomischen Anreiz zur Aufnahme neuer Bergwerke und Hütten zu bieten. Dieses wirtschaftspolitische Förderprogramm lief jedoch im Jahr 1515/16 aus, als die wirtschaftliche Konjunktur für Kupfer einen Höhepunkt erreicht hatte: Das Grafenhaus forderte nun auch von Herrenfeuerbetreibern anstelle des Pachtzinses den zehnten Teil der Rohkupferproduktion als Steuer ein, sodass die Herrenfeuerbetreiber von nun an hinsichtlich der Abgaben mit den Erbfeuerbetreibern gleichgestellt waren (Abb. 2).

Als am Ende des 15. und zu Beginn des 16. Jahrhunderts der Bergwerksbetrieb durch die Anlage tieferer Schächte und den Einsatz von Wasserhaltungsanlagen (Wasserkünsten) immer umfangreicher wurde, stellten die Hüttenmeister sogenannte Dinghauer ein, denen sie die direkte Leitung des Bergwerksbetriebes übertrugen, während sie sich selbst auf den technisch aufwändigeren Betrieb der Hütten beschränkten. Die Dinghauer bildeten auf dem Berg eine Art Zwischeninstanz zwischen den Hüttenmeistern und den einfachen Lohnknechten, sie agierten als Subunternehmer der Hüttenmeister und organisierten in deren Auftrag mit ihren eigenen Lohnknechten den Abbau der Kupferschiefer.

Die Hüttenmeister verkauften das erzeugte Rohkupfer an die in Nürnberg und Leipzig ansässigen Saigerhandelsgesellschaften, da die kapitalaufwändige Saigerung ihre finanziellen Möglichkeiten in aller Regel überstieg. Nur ganz wenige Mansfelder Hüttenmeister beziehungsweise Hüttenmeisterfamilien – wie die Drachstedts oder Reinickes[4] – verfügten über das notwendige Vermögen, um sich an den Saigerhandelsgesellschaften zu beteiligen. Erfahrene Hüttenmeister gelangten rasch zu wirtschaftlichem Wohlstand. Etliche Hüttenmeister hatten jedoch weniger unternehmerisches Glück und mussten ihren Bergwerks- und Hüttenbetrieb wieder einstellen beziehungsweise an andere Hüttenmeister – wie zum Beispiel an Hans Luder – verkaufen oder an die Saigerhandelsgesellschaften abtreten (Abb. 3).[5]

Abb. 3
Basilius Weffringer, Rösten des Kupfersteins, Holzschnitt aus Georg Agricolas De re metallica libri XII, Basel 1556.
A: Der Stadel; B: Das Holz; C: Der Kupferstein

Hans Luder in der Grafschaft Mansfeld

Der Vater von Martin Luther, Hans Luder, stammte aus einer wohlhabenden bäuerlichen Familie, die zur ländlich-dörflichen Oberschicht im thüringischen Möhra und Umgebung zählte. Er war bereits im Raum Möhra im Bergwerks- und Hüttenwesen unternehmerisch tätig. Seine Frau Margarethe kam aus der angesehenen bürgerlichen Familie Lindemann in Eisenach, deren Nachfahren in bedeutsame akademische Positionen aufstiegen. Die Heirat zwischen einem begüterten Mann aus der bäuerlichen Oberschicht und einer städtischen Bürgertochter passte sehr gut in das noch ländlich-städtisch geprägte soziale und gesellschaftliche Gefüge des ausgehenden Mittelalters und der Frühen Neuzeit.

Als Hans und Margarethe Luder 1483 in die Grafschaft Mansfeld übersiedelten, herrschte dort eine wirtschaftliche Aufbruchsstimmung. Der Abbau und die Verhüttung der silberhaltigen Kupferschiefervorkommen in Hettstedt, Eisleben und Mansfeld boten vor allem auswärtigen Investoren ein breites Feld für profitable geschäftliche Aktivitäten. Da im ausgehenden Mittelalter erfahrene Berg- und Hüttenleute begehrte Fachleute waren, dürfte Hans Luder mit seinen beruflichen Erfahrungen ein gesuchter Experte gewesen sein. Seine Übersiedlung in die Grafschaft Mansfeld geschah sicherlich auf Anraten des Onkels seiner Frau Margarethe, Antonius Lindemann.

4 Kerstin Bullerjahn: Zwei Familiendynastien des Mansfelder Kupferschieferbergbaus in Abhängigkeit zum Grafenhaus im 16. Jahrhundert, in: Harald Meller (Hrsg.): Mansfeld – Luther(s)stadt. Interdisziplinäre Forschungen zur Heimat Martin Luthers (= Forschungsberichte des Landesmuseums für Vorgeschichte Halle. 8), Halle (Saale) 2015, S. 9–37, hier S. 26–33. **5** Michael Fessner: Das Mansfelder Revier, in: Christoph Bartels/Rainer Slotta (Hrsg.): Der alteuropäische Bergbau. Von den Anfängen bis zur Mitte des 18. Jahrhunderts (= Geschichte des deutschen Bergbaus. 1), Münster 2012, S. 340–352, hier S. 345–348.

Der Vorabend der Reformation

Dieser war nicht nur der oberste Bergverwalter in der Grafschaft Mansfeld, sondern betrieb auch selbst eine Schmelzhütte im Teufelsthal. Er verfügte somit über hervorragende Kenntnisse zur wirtschaftlichen Situation und vermittelte Hans Luder die notwendigen geschäftlichen Kontakte zu Eisleber und Mansfelder Hüttenmeisterfamilien. Hans Lüttich, der aus einer alteingesessenen Eisleber Hüttenmeisterfamilie stammte, übertrug Hans Luder zunächst die Leitung seiner Schmelzhütten.

Hans Luder ließ sich im Revier Mansfeld im Frühjahr 1485 nieder und pachtete dort eigene Herrenfeuer, die er in der Folgezeit sehr erfolgreich betrieb. Er gelangte rasch zu wirtschaftlichem Wohlstand und zu gesellschaftlichem Ansehen mit der Integration in die Führungskreise der Stadt Mansfeld. Eine der wenigen erhaltenen Urkunden aus der frühen Zeit der Stadt Mansfeld führt ihn 1491 als einen der »Vieren von der Gemeinde« Mansfeld auf. Er war 1502 erneut oder immer noch Mitglied dieses Gemeinderats. Die Hüttenmeisterfamilien stellten in Mansfeld die städtische Mittel- und Oberschicht und sie besetzten unter sich die städtischen Verwaltungspositionen. Hans Luder zählte zu Anfang des 16. Jahrhunderts zum Kreis der angesehenen Hüttenmeister in der Grafschaft Mansfeld. Spätestens seit 1508 übte er bis zu seinem Tod 1530 die nicht unbedeutende Funktion eines höheren gräflichen Bergbeamten (Schauherr) in den Revieren Lerchenfeld, Steudenberg, Rödichen und Pfaffental aus. Die Heirat seiner Kinder in weitere Hüttenmeisterfamilien stärkte seine Einbettung in die Führungsschicht der Mansfelder und Eisleber Gesellschaft. So heiratete eine seiner Töchter in die alteingesessene Eisleber Erbhüttenmeisterfamilie Mackenrodt ein, die dem ratsfähigen Bürgertum der Stadt Eisleben angehörte und die mit Hans Mackenrodt 1512 ein Ratsmitglied stellte.[6]

Die Saigerhandelsgesellschaften und die Hüttenmeister

Die Hüttenmeister konnten zu Beginn des 16. Jahrhunderts noch erhebliche Gewinne erzielen. Der Abbau und die Verhüttung der Kupferschiefer erforderten jedoch ausreichende finanzielle Mittel, deren Höhe – wie in fast allen Montanrevieren zu beobachten war – mit zunehmender Dauer des Montanbetriebs stetig anstieg. Der Bergbau in Eisleben und vor allem in Mansfeld wurde in den 1480er und beginnenden 1490er Jahren noch recht oberflächennah betrieben. Spätestens am Ende der 1490er Jahre waren jedoch die oberflächennahen Kupferschiefervorkommen abgebaut und der Bergbau drang immer mehr in die Tiefe vor; in einer Tiefe von rund 30 Metern wurde der Grundwasserspiegel erreicht. Der finanzielle Aufwand für das Abteufen tieferer Schächte und die Entwässerung der Gruben durch Pumpenanlagen (Wasserkünste) und Stollen stieg erheblich an.

So hielt das Bergamt im Oktober 1508 diejenigen Hüttenmeister, die am Sandtberge Bergwerke betrieben, an, die Arbeit an einem Stollen zur Wasserabführung wieder aufzunehmen, einen Schacht zur Aufnahme einer Pumpenanlage (Kunstschacht) darauf niederzubringen und eine Pumpenanlage (Wasserkunst) einzubauen. Diese Kombination von einem Wasserlösungsstollen und einer Wasserkunst belegt in aller Deutlichkeit, dass der Eisleber und Mansfelder Bergbau zu Beginn des 16. Jahrhunderts bereits in erhebliche Teufen großflächig unterhalb des Grundwasserspiegels vorgedrungen und der Abbau infolge der Errichtung und Unterhaltung der Anlagen zur Entwässerung der Gruben (Wasserhaltungsanlagen) recht kostspielig geworden waren. Der Einsatz von Pferden zum Antrieb der Pumpenanlagen verursachte vor allem die hohen Geldausgaben. So waren im Mansfelder und Eisleber Revier in den 1520er über 300, in den 1540er Jahren über 400 Pferde im Einsatz, deren Unterhalt mit rund 13 900 Gulden im Jahr zu veranschlagen war. Die Hüttenmeister als Betreiber der Bergwerke mussten diese Betriebskosten gemeinsam in einem Umlageverfahren aufbringen. Das Bergamt verhängte Strafen, wenn Hüttenmeister ihren Zahlungsverpflichtungen nicht nachkamen.

Ebenso nahmen die Kosten zur Verhüttung der geförderten Kupferschiefer infolge der gestiegenen Holz- und Holzkohlepreise und weiterer Betriebsmaterialien stetig zu. Die Bergordnungen von 1477, 1487 und 1497 und weitere Quellen geben hinreichend Auskunft über die Preissteigerungen für den unabdingbaren Holzkohlebezug. Der Preis für einen Fuder Kohlen blieb in diesen drei Bergordnungen mit einem Rheinischen Gulden nominell gleich, jedoch verringerte sich das Volumen des Fuders kontinuierlich. Im Eislebener Revier hielt das Fuder Kohlen 1477 noch zwölf Kübel, 1487 zehn Kübel und im Jahr 1497 lag er nur noch bei neun Kübeln. Diese Reduzierung des Fuders um drei Kübel von 1477 bis 1497 verbarg eine versteckte Preiserhöhung um 25 Prozent für einen Fuder Kohlen. Die Hüttenmeister erhielten für einen Rheinischen Gulden 1497 nur noch 75 Prozent der Kohlenmenge von 1477.

Die Preiserhöhung fiel im Mansfelder Revier nicht ganz so dramatisch aus. Das Fuder Kohlen lag 1477 ebenfalls bei zwölf Kübeln; 1497 zählte das Fuder Kohlen nur noch zehn Kübel. Diese Volumenreduzierung des Fuder Kohlens um 18 Prozent bedeute, dass die Hüttenmeister für einen Rheinischen Gulden 18 Prozent weniger Kohlen als im Jahr 1477 bekamen. Der Preisanstieg der Holzkohlen hielt weiter an. Bereits 1508 bezogen die Hüttenmeister für einen Rheinischen Gulden nur noch einen Fuder mit acht Kübeln Kohlen in Eisleben und mit neun Kübeln in Mansfeld. Die Preissteigerung gegenüber 1477 machte in Eisleben nun 33 und in Mansfeld 25 Prozent aus (Abb. 4).

Die in Bergordnungen festgelegten Holzkohlepreise stellen einen landesherrschaftlichen Eingriff in das freie Wirtschaftsspiel von Angebot und Nachfrage dar, um mittels einer Höchstpreisfestsetzung den ruinösen Wettbewerb der einzelnen Hüttenmeister untereinander um diesen notwendigen Zuschlagstoff in geordnete Bahnen zu lenken. Es kann jedoch davon ausgegangen werden, dass der Holzkohlepreis in der Praxis noch weit über diesem festgelegten Höchstpreis lag und die Bergverwaltung nur noch versuchte, mäßigend auf die Preisentwicklung einzuwirken.

Da die verfügbaren Geldmittel in der Grafschaft Mansfeld zur Deckung dieser stetig ansteigenden Betriebskosten immer weniger ausreichten, waren die Hüttenmeister spätestens seit den 1510er Jahren auf den Zufluss auswärtigen Kapitals angewiesen. Insbesondere Kaufleute und Saigerhandelsgesellschaften aus Nürnberg und Leipzig schossen das notwendige Kapital (Verlag) vor und erwarben als Gegenleistung das erzeugte Rohkupfer (Schwarzkupfer). Die Höhe der gezahlten Verlagsgelder spiegelte

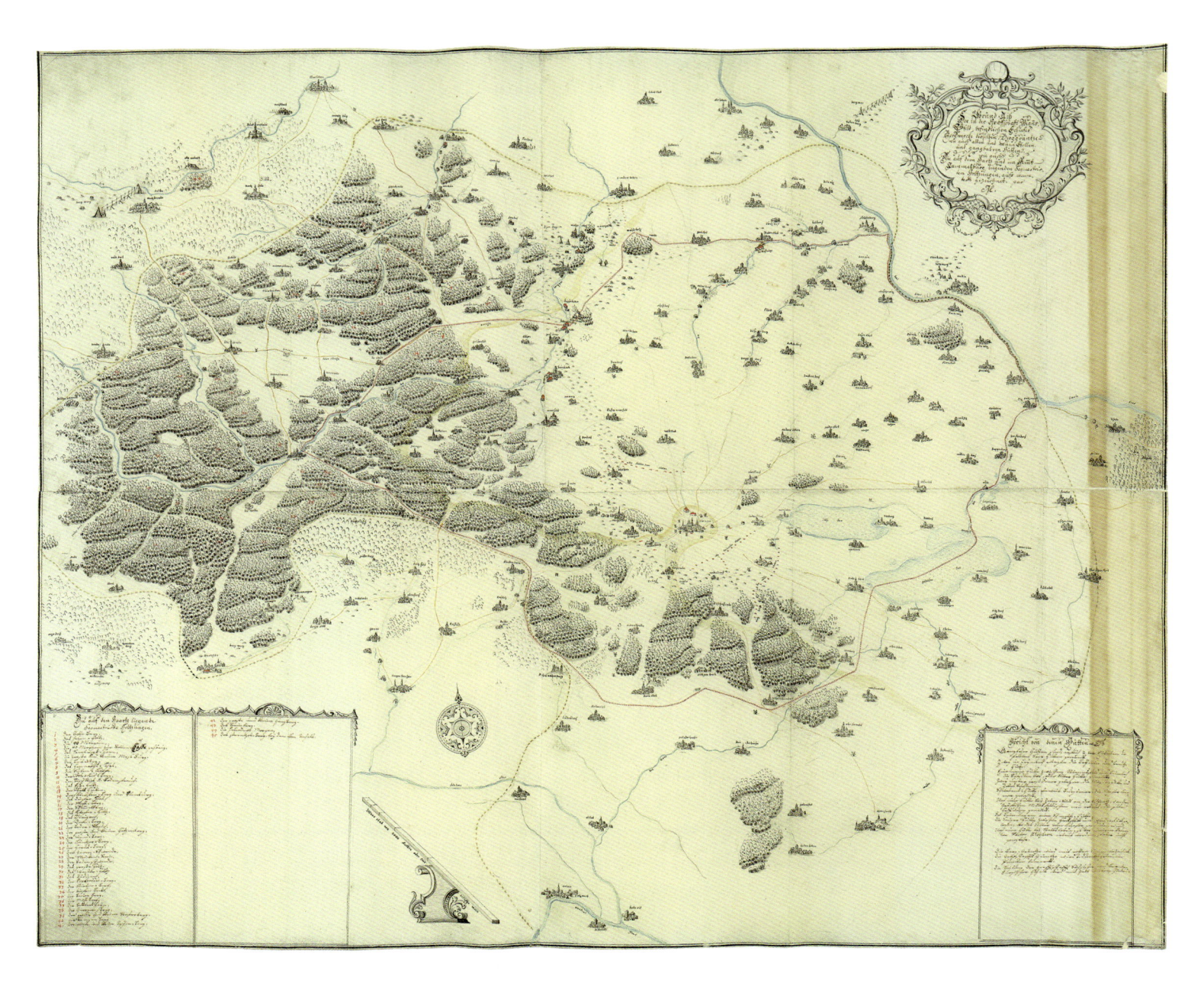

Abb. 4 Ausschnitt aus dem Grundriss der Schieferbergwerke in der Grafschaft Mansfeld, der gangbaren Hütten und der sequestrierten Holzungen (rote Zahlen) auf dem Harz sowie der Kohlenstraße (ocker) vom Harz in die Grafschaft Mansfeld

den Produktionskostenanstieg im Berg- und Hüttenwesen deutlich wider: Die Saigerhandelsgesellschaften verlegten vor 1500 in der Regel 500 Gulden pro Feuer und Jahr, um 1510 lag dieser Wert bei 700 Gulden, bis er zu Beginn der 1520er Jahre auf 1 000 Gulden anstieg und gegen Ende der 1520er beziehungsweise zu Beginn der 1530er Jahre eine Höhe von 1 500 Gulden erreichte, in einigen Fällen auch 2 000 Gulden betragen konnte. Die Produktionskosten für einen Zentner Rohkupfer (Schwarzkupfer) müssen nach diesen Zahlen innerhalb von gut 25 Jahren um das Dreifache angestiegen sein.

Es stand aber den gestiegenen Betriebsaufwendungen keine adäquate Erhöhung der Ankaufspreise des Rohkupfers gegenüber. Die Folge war eine stetig steigende Abhängigkeit und eine fortwährende finanzielle Verschuldung der Hüttenmeister bei den Saigerhandelsgesellschaften, sodass etliche Hüttenmeister gezwungen waren, nicht nur ihre Schmelzhütten, sondern auch ihr Privatvermögen zur Deckung der Schulden den Handelsgesellschaften zu überlassen. So lagen um 1536 von den 88 betriebenen Feuern mindestens 16 ganz in der Hand der Saigerhandelsgesellschaften.

Die Saigerhandelsgesellschaften ließen das Rohkupfer in ihren Saigerhütten in Thüringen zu Silber und Garkupfer weiter verarbeiten. Sie erzielten mit der weltweiten Vermarktung des Garkupfers überaus gute Profite. Das Kupfer ging über Antwerpen und Lissabon bis nach Südostasien, und im Gegenzug gelangten die in Europa so begehrten und wertvollen Gewürze wie Pfeffer oder Nelken nach

6 Ders.: Die Familie Luder und das Bergwerks- und Hüttenwesen in der Grafschaft Mansfeld, in: Rosemarie Knape (Hrsg.): Martin Luther und Eisleben (= Schriften der Stiftung Luthergedenkstätten in Sachsen-Anhalt. 8), Leipzig 2007, S. 11–31, hier S. 17–21.

Der Vorabend der Reformation

Abb. 5 Paul Pfinzing, Die Saigerhütte zu Ludwigsstadt 1588, um 1594, kolorierte Federzeichnung aus dem Pfinzingatlas.
Die Saigerhütte ging 1559 in den Besitz von Graf Hans-Georg I. von Mansfeld-Vorderort über.

Portugal. Niederländische Kaufleute traten als Zwischenhändler für den europäischen Gewürzhandel auf. Sie kauften die asiatischen Gewürze in Portugal und vertrieben sie weiter nach Nordeuropa, wobei die holländischen Häfen als Drehscheiben im Handel zwischen Nord- und Südeuropa fungierten. Die Grafschaft Mansfeld wurde somit zum finanziellen Spielball der auswärtigen Saigerhandelsgesellschaften. Die schwankenden Konjunkturzyklen der internationalen Garkupfervermarktung schlugen voll auf die ökonomische Gesamtlage der Grafschaft Mansfeld durch, die im Endeffekt jeden einzelnen Erb- und Herrenfeuerbetreiber als letztes Glied einer weltweiten Verwertungskette traf.[7]

Hans Luder und die Schwarzaer Gesellschaft

Auch Hans Luder geriet in diesen Teufelskreis. Nach einer für ihn gewinnbringenden Phase bis zu Beginn des 16. Jahrhunderts, in der er zeitweise bis zu sieben Herrenfeuer betrieb, geriet er ab den 1520er Jahren – wie viele andere Hüttenmeister – immer mehr in die finanzielle Abhängigkeit einer Saigerhandelsgesellschaft. Er musste der Schwarzaer Gesellschaft als Sicherheit für seine Schulden seine Berg- und Hüttenwerke als Pfand verschreiben. Diese Schuldverschreibung liegt bislang weder im Original noch als Abschrift vor. Parallele Schuldverschreibungen anderer Hüttenmeister geben aber hinreichend Auskunft über diese geschäftliche Praxis der Saigerhandelsgesellschaften. Die beiden Hüttenmeister Facius Bethem und Titzel Müller schuldeten 1531 der Ludwigsstädter Gesellschaft 5 835 Gulden. Sie mussten den Gewinn von ihren beiden Feuern in Mansfeld an die Saigerhandelsgesellschaft abführen und erhielten von dieser nur noch ein jährliches Gehalt in Höhe von jeweils 60 Gulden. Die Schwarzaer Saigerhandelsgesellschaft stellte Hans Luder einen Betriebsleiter (Faktor) zur Seite, der die gesamten Einkünfte aus dem Hüttenhandel und Bergwerksbetrieb verwaltete. Hans Luder arbeitete in seinen letzten Lebensjahren gewissermaßen nur noch als Angestellter auf seinen eigenen Hütten und bekam einen Jahreslohn von 50 Gulden (Abb. 5).

Hans Luder verstarb 1530 ungeachtet seiner Verschuldung bei der Schwarzaer Gesellschaft als relativ wohlhabender Mann, da es ihm – im Gegensatz zu den meisten anderen Hüttenmeistern – gelungen war, sein Betriebskapital von seinem Privatbesitz getrennt zu halten. Zudem beruhte sein wirtschaftliches Fundament neben dem Bergwerks- und Hüttenbetrieb auf drei weiteren Aspekten: seinem Landbesitz, seinen Geldverleihgeschäften und seinen Einkünften als gräflicher Bergbeamter. Diese weiteren Einkünfte sicherten der Familie Luder eine vom Berg- und Hüttenwesen unabhängige Einnahmequelle. Hans Luder hinterließ bei seinem Tod Güter im Wert von 1 250 Gulden. Sein Hütten- und Bergwerksbesitz muss hingegen zur Tilgung der Verlagsschulden auf die Saigerhandelsgesellschaft übergegangen sein, da sein Sohn Jacob Luder nicht die Hütten und Bergwerke seines Vaters übernahm und nur seine eigenen betrieb.[8]

Ausblick

Nach Hans Luders Tod führte sein Sohn Jacob die Hüttenmeistertradition fort. Er fiel aber der geänderten Wirtschaftpolitik der frühneuzeitlichen Landesherren zum Opfer: Diese strebten im Rahmen der Herausbildung des modernen Territorialstaats mit einer langfristigen Konsolidierung der Staatsfinanzen an, ihre Macht zu festigen und zu stärken. Das Berg- und Hüttenwesen geriet mit seinen guten Gewinnmöglichkeiten immer mehr in den Blickwinkel ihrer Wirtschafts- und Finanzpolitik. Die Leidtragenden waren die privaten Unternehmer, die die Landesherren vom Markt drängten, um die Leitung des Bergwerks- und Hüttenwesens sowie die Vermarktung der Produkte in eigener Regie zu übernehmen.

Jacob Luder verlor zunächst seine Herrenfeuer in der Grafschaft Mansfeld in den 1550er Jahren an das dortige Grafenhaus, dann die mit seinem Sohn Fabian gemeinsam betriebene Schmelzhütte am Rammelsberg bei Goslar im Herzogtum Braunschweig-Wolfenbüttel an den dortigen Landesherrn im Jahr 1563/64. Auch die weiteren Nachkommen der ehemals selbstständigen Hüttenmeisterfamilie Luder konnten ihren sozialen Status nicht weiter aufrechterhalten. Sie waren in der dritten und vierten Generation nur noch als Lohnabhängige im Mansfelder Bergbau beschäftigt.[9]

7 Ders., Kupferschieferbergbau (wie Anm. 2), S. 32 – 35. **8** Vgl. Ders., Familie Luder (wie Anm. 6), S. 23 – 24. **9** Ders.: Die Familie Luder und das Berg- und Hüttenwesen, in: Harald Meller/Stefan Rhein/Hans-Georg Stephan (Hrsg.): Luthers Lebenswelten (= Tagungen des Landesmuseums für Vorgeschichte Halle. 1), Landesmuseum für Denkmalpflege und Archäologie Sachsen-Anhalt. Landesmuseum für Vorgeschichte, Halle (Saale) 2008, S. 235 – 243, hier S. 241.

HARALD MELLER

Warum Lutherarchäologie?

Die Bedeutung der Archäologie für die Erforschung schriftloser Epochen ist unbestritten. Sobald jedoch schriftliche Quellen zur Verfügung stehen, meint man häufig, dass diese die historischen Ereignisse besser darstellen. Dieser Eindruck täuscht allerdings bisweilen, da das Geschriebene allzu oft je nach Einstellungen und Intentionen des Autors gefärbt oder gar absichtlich verzerrt ist. Zudem verschweigen die Schriftquellen Aspekte des alltäglichen Lebens weitgehend, da sie den Zeitgenossen nicht relevant erschienen.

Genau an diesen Stellen gewinnt die archäologische Forschung eine hohe Bedeutung, da sie auf Quellen zurückgreift, die nicht im Hinblick auf ihre spätere Wirkung in den Boden gelangten und überdies vor allem die täglichen Lebensverhältnisse beleuchten. Diese Fragmente der einstigen Lebenswelt liefern uns, fachgerecht interpretiert, regelrechte Indizienbeweise, die im Vergleich mit den Schriftquellen frühere Ansichten revidieren können.

Lange Zeit war man der Meinung, fast alles Relevante über den Reformator Martin Luther aus seinen eigenen Schriften und denen seiner Mitstreiter zu wissen. Durch großes Glück wurde im Jahr 2003 bei Ausgrabungen an seinem Elternhaus in Mansfeld eine große Abfallgrube mit umfangreichem Hausrat entdeckt, die unmittelbar mit dem kindlichen und jugendlichen Martin Luther zu verknüpfende Sachzeugnisse enthielt. Durch diese Untersuchungen war es letztlich möglich, Martin Luthers eigene Darstellung eher ärmlicher familiärer Verhältnisse entscheidend zugunsten einer Kindheit in einem wohlhabenden Haushalt zu korrigieren. Darauf aufbauend erbrachten weitere archäologische und bauhistorische Forschungen zu seinem Elternhaus in Mansfeld, seinem Geburtshaus in Eisleben und seinem Professorenhaus in Wittenberg zahlreiche Einblicke in Luthers alltägliche Lebensumstände. Wohnen, Essen, Kleiden, Zeitvertreib und Arbeit waren selbstverständlich auch im Leben eines bedeutenden Theologen essenzielle und prägende Aspekte. Diese neu gewonnenen materiellen Quellen ermöglichen es, alte Vorstellungen zu erweitern und zu einer wirklichkeitsnäheren Einschätzung der bedeutenden historischen Persönlichkeit Luther, aber gleichzeitig auch zu neuen Fragen zu gelangen.

Derartige weitreichende Ergebnisse, die gleichsam die schriftlichen Quellen kalibrieren, demonstrieren eindrucksvoll, weshalb eine Archäologie der Neuzeit, darunter die Lutherarchäologie, außerordentlich sinnvoll und wertvoll ist.

ANDREAS STAHL / BJÖRN SCHLENKER

Luther in Mansfeld. Ausgrabungen und begleitende Bauforschungen am Elternhaus Martin Luthers

Historische Quellen

Das lutherische Anwesen in Mansfeld kann mithilfe der historischen Topografie und der archivalischen Überlieferungen eindeutig auf den Grundstücken der heutigen Lutherstraße 24, 25 und 26 lokalisiert werden.[1] Ab wann die Familie des Reformators tatsächlich hier lebte und wohnte, ist nicht mehr belegbar. Sowohl die Umstände und Dauer des Aufenthalts in Eisleben mit der Geburt Martin Luthers 1483 als auch eine Verortung als Untermieter am Stufenberg in Mansfeld erwiesen sich als historische Konstrukte der Luther-Rezeption des 19. Jahrhunderts. Familiär im thüringischen Möhra vorgeprägt, wanderte Hans Luder als »Metallicus« ein. Um in den Bergbau des Mansfelder Reviers einzusteigen, musste Hans Luder eine Hütte zu Lehen nehmen und eine hohe Investitionssumme für deren Pacht und betrieblichen Unterhalt mitbringen. Dank der Pfarreiurkunden der St.-Georg-Kirche zu Mansfeld ist bekannt, dass er am 24. Juni 1491 bereits die Position eines Vierherrn[2] innehatte, als er eine Altarstiftung bezeugte. Es wird zwar nicht angegeben, welches Mansfelder Stadtviertel er vertrat, doch seine Nennung an erster Stelle macht es wahrscheinlich, dass er im Innenstadtviertel wohnte und zu den Honoratioren des Ortes gehörte.

Hierzu und zur Frage nach der Lage des lutherschen Hauses gibt es ein signifikantes Indiz: Als sich Martin Luther 1544 an den Sehnsuchtsort seiner Kindheit erinnerte, widmete er seinem Jugendfreund Nikolaus Oemler einen Bibeldruck mit den Worten, jener habe ihn als Kind nicht selten auf seinen Armen »ynn vnd aus der schulen getragen«. Diese Schule, die Martin von 1488 an besuchte, befand sich nördlich gegenüber der Stadtkirche St. Georg, und das Haus der Familie des vermögenden Hüttenmeisters Oemler lag drei Grundstücke bergan von der heutigen Hausnummer Lutherstraße 26. Es sprechen gute Gründe dafür, dass die Familie Luther 1491, als der Vater als Vierherr in Erscheinung trat, längst dort sesshaft geworden war, wo sie sich im 16. Jahrhundert zweifelsfrei nachweisen lässt, und dass Hans Luder bereits der einflussreichen Klientel der lokalen Hüttenmeister angehörte. Martin Luther verbrachte also in diesem sozialen Umfeld bis 1498 seine Kindheit; später waren er und seine Kinder hier zu Besuch (Abb. 1).

Abb. 1 Mansfeld, Lutherstraße von Osten. Im Vordergrund der erhaltene Teil von Luthers Elternhaus, 2007

1 Grundlegend für den gesamten Aufsatz vgl. Andreas Stahl: Historische Bauforschung an Luthers Elternhaus in Mansfeld. Archivalische Voruntersuchungen und erste Baubeobachtungen, in: Harald Meller (Hrsg.): Luther in Mansfeld. Forschungen am Elternhaus des Reformators (= Archäologie in Sachsen-Anhalt. Sonderband 6), Halle (Saale) 2007, S. 113–138. **2** Der Vierherr war der gewählte Bürgervorsteher eines Viertels, teilweise mit exekutiven Befugnissen (Polizei, Verteidigung usw.).

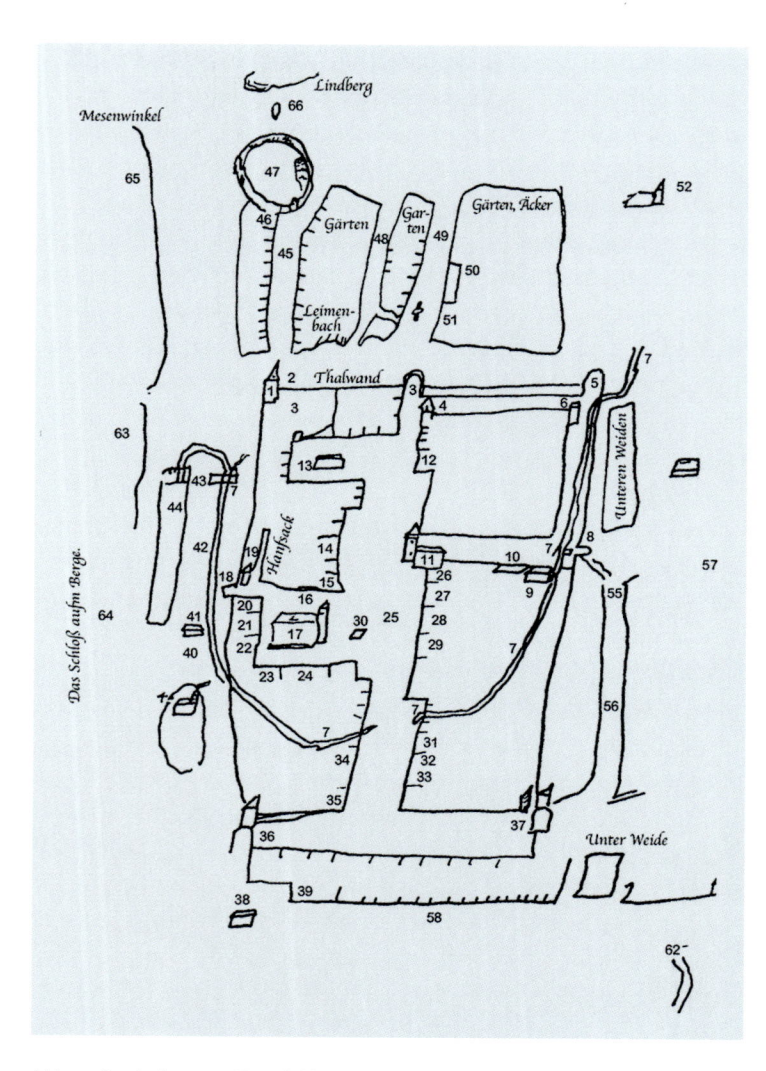

Abb. 2 Stadtplan von Mansfeld aus der Mansfeldisch Chronica des Cyriacus Spangenberg, u. a. mit den Hüttenmeisterhäusern 26 (Kaufmann), 28 (Reinicke), 29 (Oemler) und 33 (Luther), vor 1571 (Nachdruck)

Ein ganz selten vorkommender detaillierter Stadtplan von Mansfeld mit Legende ist der entscheidende anschauliche Beleg hierfür. Vor 1571 wurde von Cyriacus Spangenberg als unmittelbarem Zeitzeugen diese bekannte Stadtskizze angefertigt (Abb. 2). In der beigefügten Legende steht im Wiener Original bei Nr. 33: »Jacob Luthern Schultheißen, Doctor Martin Luthers Brudern Behausung so von ihrer beider Vatern Hans Luthern enfenglich erbauet«. Erstmals schriftlich bezeugt wird ein solches Haus der Familie 1507 im Handelsbuch der Stadt Mansfeld, als die Erben des Andres Kelner 100 Gulden bei Hans Luder einforderten und erhielten. Es handelte sich um die restliche Rate einer Kaufsumme unbekannter Höhe, die Hans Luder für das Haus, in dem er wohnte, Kelner bezahlt hatte, solange dieser noch lebte. Es ist wahrscheinlicher, dass das 1507 vollständig abgegoltene Haus jenes war, das die Familie spätestens 1484 bezogen hatte, als dass sich die Quelle auf einen späteren Zukauf bezieht.

Wie passt dazu die bereits im 19. Jahrhundert postulierte These von »zweien ins eins gebrachte Haus«? Nach 1510 erfuhr dieses Haus offenbar eine bauliche Erweiterung: Während Vater Hans am Sankt-Martins-Tag 1510 als jährlichen Erbzins an die Pfarrei Vatterode noch zwei Hühner für sein Wohnhaus entrichtete, belief sich der Erbzins seines Sohnes und Erben Jacob im Jahr 1542 auf drei alte Pfennige und drei Hühner, und zwar ausdrücklich für zwei Häuser. Auch wenn die Überlieferung der jährlichen Abgabe große Lücken aufweist, lässt sich sagen, dass das zweite Haus nicht von Jacob, sondern schon von dessen Vater Hans erworben und so umgestaltet wurde, dass es mit dem älteren zu einem Anwesen vereint werden konnte. Die Nachricht, dass das lutherische Anwesen in der Vergangenheit durch Zukauf eines Wohnhauses vergrößert worden war, erscheint erneut in einem Erbzinsverzeichnis aus dem Jahr 1570. Erst 1885 ist dieses Lehen erloschen. Hier lebten nachweislich also die Eltern des Reformators, Hans und Margarethe, sowie sein Bruder Jacob, der das Anwesen 1534 erbte. Dessen Sohn Veit konnte es bis 1578 im Familienbesitz halten.

Ergebnisse der Bauforschung

Zusammen mit heute abgegangenen Wirtschaftsbauten bildete das Anwesen ursprünglich eine vierseitige Hofbebauung, dazu gehörte ein rückwärtiger Garten. Von einem Stallgebäude, das den Hof an der östlichen Seite flankierte, sind noch Teile erhalten, die heute als Garage dienen. Ein gemeinsamer Gewölbegang, der die Gebäude Lutherstraße 24 und 26 heute noch verbindet, beweist, dass dieses Wohnhaus, das sich in privater Nutzung befindet, das westliche Drittel des ehemaligen Vorderhauses der Familie Luther darstellt. Das fehlende Teilstück besaß mit Sicherheit eine Tordurchfahrt. Sowohl die noch sichtbare östlich verlaufende Stadtmauer mit dem inneren Rabentor (heute Lutherstraße 27) als auch die heute mit einem Museum geschlossene Baulücke des südlich gegenüber gelegenen alten Gasthofes sind auf dem Spangenberg-Plan nachvollziehbar; ebenso bauliche Befunde von »des Canzlers Georgen Lauterbecks Behausung« auf dem westlichen Nachbargrundstück (die Nr. 22). Hier springt heute das lutherische Anwesen mit genanntem Stallflügel hervor. Ältere archäologische Befunde wiesen neben dem lutherischen Grundstück am nordöstlichen Rand der Innenstadt die alte Straßenführung zu den Stadttoren entlang der Stadtmauer nach. Gleichzeitig markierte der abknickende, noch klar erkennbare Verlauf der Stadtmauer auch die Abgrenzung des Hofareals nach Norden und Osten. Die markante südliche Straßenfront war mit einem zusammengefügten Vorderhaus geschlossen, von dem heute die beiden durch einem Zwischenraum getrennten Gebäude Lutherstraße 24 und 26 überliefert sind.

Am eingeschossigen Haus Nr. 26, traufseitig auf etwa quadratischem Grundriss von 9,65 mal 10,38 Metern an der Hauptstraße stehend, ist entgegen einiger Überlieferungen noch klar aufgehendes Mauerwerk der Lutherzeit erkennbar. Wegen des nach Osten abfallenden Geländes hat die Unterkellerung des Hauses, die aus zwei parallel zur Straße verlaufenden, später eingebrachten Tonnengewölben besteht, einen Zugang von der Straße, der in der Mittelachse durch ein rundbogig überfangenes Portal erfolgte, über dem die Inschrift »Lutherhaus« angebracht wurde. Der hofseitige Keller bekam später einen separaten Zugang, daneben befindet sich als Hauseingang das nunmehrige Hauptportal mit Sitznischen und Stabwerkprofilierung, also steinernen Unterteilungen wie bei den Maßwerkfenstern. Beim genauen Hinschauen erkennt man in der

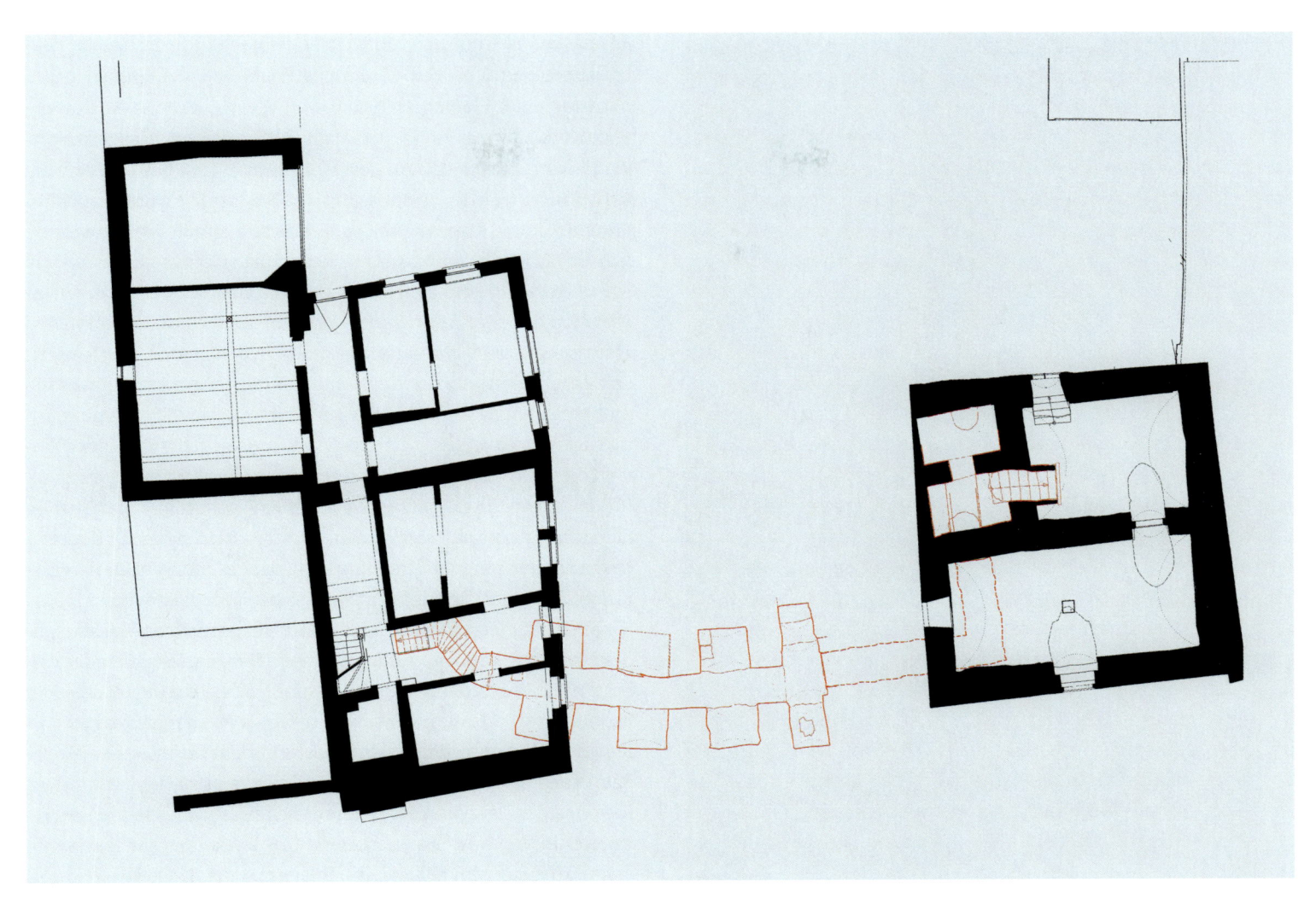

Abb. 3 Verformungsgerechtes Aufmaß der Grundrisse Lutherstraße Nr. 24 (links) und 26 (rechts: Luthers Elternhaus) mit kellerartigem Gewölbegang (rot, Mitte), der beide verbindet

Nordostecke der Hoffassade zur anstoßenden inneren Stadtmauer hin eine schmale rundbogige Türöffnung des Vorgängerbaus. Noch 1885 bis 1887 wurde mit dem Umbau zur Memorialstätte gravierend in die lutherzeitliche Bausubstanz eingegriffen, insbesondere zur Einbringung neuer Fenster. Diese rechteckigen Fenster mit waagerechten Sohlbänken sind an der Laibungskante durch eine Kehle mit eingelegtem Stabwerk profiliert. Es sind je zwei auf jeder frei stehenden Seite. Das Mauerwerk des massiven Erdgeschosses besteht aus weitgehend lagerecht gesetzten Bruchsteinen, Fenster und Türen sind werksteingefasst, Fensterstürze werden von einem gemauerten Segmentbogen überfangen. Spätere Eingriffe sind im unverputzten Mauerwerk gut zu erkennen. Spätestens 1807 um ein Geschoss reduziert, hat das Gebäude mit frei einsehbarer westlicher Giebelseite ein hohes, ziegelgedecktes Satteldach[3] mit kurzem Walm. Auf beiden Traufseiten[4] ragen nun zwei sattelgedeckte Fenstergauben hervor.

Maßgeblich für die Rekonstruktion der mittelalterlichen und frühneuzeitlichen Bauphasenabfolge sind Entdeckung und Aufmaß eines kellerartigen Gewölbeganges, der größtenteils, beginnend ab Lutherstraße 24, in der Baulücke zur Lutherstraße 26 liegt (Abb. 3). Nachweislich gibt es diese Kellerform zeitgenössisch auch in Eisleben (so am Petrikirchplatz). Die bestehenden Kellerhälse sind sekundär, der ursprüngliche Zugang erfolgte über den Hof. Die Lage des Kellers und die Einbeziehung der Stadtmauer als östliche Giebelwand deuten darauf hin, dass es sich bei der heutigen Einheit Lutherstraße 26 um eine Bauverlängerung handelt. Jüngeren archäologischen Sondierungen zufolge gab es zwischen Hof und innerer Stadtmauer aus fortifikatorischen Gründen eine unbebaute Lücke.

Das heute noch bewohnte Haus Nr. 24 konnte angesichts der dicken Putzschale nicht genau kartiert werden; dennoch ist auch hier, wie an der westlichen Giebelseite zum Nachbargrundstück, lutherzeitliches Mauerwerk zu vermuten. Zur napoleonischen Zeit des Königreichs Westphalen wurde 1807 auch dieser Gebäudeflügel nachhaltig verändert. Eine Wärmethermografie enthüllte, dass in der Straßenfassade unter anderem eine rundbogige Portalöffnung steckt.

3 Das Satteldach ist eine Dachform von zwei gegen einen gemeinsamen First ansteigenden Flächen, die an den Schmalseiten durch Giebel, an den Längsseiten durch Traufen geschlossen ist. **4** Die Traufseiten sind die parallel zum First verlaufende untere waagerechte Begrenzung eines Daches (meist Längsseite eines Hauses).

Der Vorabend der Reformation

Abb. 4 Mansfeld, Lutherstraße Nr. 26 mit Portal an der Hofseite vor der Einhausung, vor 1983

Der ursprünglich kleinere Hof des Anwesens war flankiert von Stall- und Wirtschaftsgebäuden, nördlich abgeschlossen von einer Fachwerkscheune, hinter der sich bis und entlang des Abhangs zur Stadtmauer ein großer Hausgarten befand. Die Scheune selbst wurde auch 1807 abgerissen und/oder teilweise mit einer frühklassizistischen *Mairie* (französisches Bürgermeisterhaus) überbaut; der ehemalige Hausgarten dahinter wurde spätbarock in einen Lustgarten umstrukturiert. Dies alles gehört heute zum signifikanten Grundstück Nr. 25. Um das aus der Straßenflucht zurückgesetzte Gebäude zu erreichen, wurde das spätmittelalterliche Lutherhaus in der Mitte, wo sich die Tordurchfahrt befand, über die Länge der heutigen Baulücke abgerissen. Die verbliebenen Hausteile dienten als Kopfpavillons eines Ehrenhofs, ihre offenen Flanken wurden verschlossen, im Falle des Lutherhauses durch eine Bruchsteinwand mit großem Fenster für die Stube und Eckquaderung sowie durch einen Fachwerkgiebel mit Krüppelwalm. 1811 erwarb der amtierende Bürgermeister Rosentreter den östlichen Teil des Komplexes, während die heutige Lutherstraße 24 vermutlich beim Stadtrichter Honigmann verblieb.

Nur das Haus Nr. 26 wurde zum Ort des lokalen Luthergedenkens. Für die Erhaltung des östlichen Hausdrittels nach dem Durchbruch von 1807 war der Bauinspektor des Mansfelder Baukreises, Georg Franke, ein Schwiegersohn Rosentreters, verantwortlich. Er betrieb von 1816 bis 1853 sein Büro in dem Gebäude und sorgte 1840 für dessen Eintrag in eine preußische Denkmalliste. Die dortige Einrichtung einer Diakonissenstation und einer kleinen, Luther gewidmeten Memorialstätte im Dachgeschoss geht auf einen Bürgerverein zurück, der sich im Jahr von Luthers 400. Geburtstag 1883 konstituierte. Bisher wurde dieses straßenseitige Wohnhaus Nr. 26 unter der kolportierten Vita des väterlichen armen Berghauers isoliert betrachtet. Es ist nicht, wie scheinbar am Hofportal ablesbar, ein Anbau von 1530 oder gar ein Wirtschaftsgebäude, denn dem widersprechen mehrere Argumente. Die Bauuntersuchungen erbrachten Hinweise auf einen Vorgängerbau, einschließlich mehrerer Bauphasen. Zudem handelte es sich um ein funktionales, ursprünglich wohl zweigeschossiges Wohnhaus mit Kellern, Küche, Stuben und Kammern sowie separatem (!) Eingang. Mit westlich angrenzender Toreinfahrt war es ursprünglich unter einem gemeinsamen Dach Teil des Vorderhauses. Angesichts der Spangenberg-Topografie und einer im 18. Jahrhundert glaubhaft genannten Überlieferung eines Hauszeichens für 1530 mit Initialen drängt sich hier die These auf, dass es sich um das Altenteil für Hans und Margarethe Luder handelte.

Bisher datierte das heutige Portal in der hofseitigen Nordfassade der Nr. 26 deren Bauabschluss (Abb. 4). Dies muss quellenkritisch hinterfragt werden. Nach archivalischen Überlieferungen aus dem 19. Jahrhundert stammt es vom 1807 abgerissenen Vorderhaus. Es wurde geborgen und erst um 1836 von dem preußischen Kreisbauinspektor Franke an der jetzigen Stelle eingefügt. Über dem rundbogigen Abschluss ist der breite Schlussstein nach oben ausgezogen, um Platz für eine erhabene Banderole mit der Jahreszahl »1530« zu bieten. Im Scheitel des Bogens verdeckt ein tartschenförmiges Wappenschild die umlaufende Profilierung; es ist vertikal geteilt, mit Rose, Armbrust und den Initialen »J. L.«. Über dem Bogenstein befindet sich ein Hauszeichen mit zwei gekreuzten Bergmannsschlägen. Es besteht ein offenkundiger Widerspruch in der Heraldik beider Bauplastiken, dem Wappen mit Rose und Armbrustbügel mit Initialen des Jacob Luder sowie der Jahreszahl 1530 und dem semiotisch älteren Hauszeichen des Vaters darüber. Restauratorisch festgestellt ist, sekundiert von Schriftquellen, Folgendes: Original sind nur die beiden seitlichen Bogensteine des Portals. Im Rahmen der Instandsetzung des Lutherhauses wurden 1886 ein aus alten Werksteinen gefertigter Bogenstein mit Wappen und Inschrift sowie das bergmännische Hauszeichen neu angefertigt und eingesetzt. Letzteres war inzwischen verrottet, auch die zur Jahreszahl 1530 ursprünglich gehörigen Initialen des Hans Luder. Eine irrtümliche Umdeutung des späten 19. Jahrhunderts wurde quasi einzementiert, als man dieses Haus zum baulichen Faksimile der tiefgestapelten Vita Hans Luders umbaute. Dieses Portal ist also eine nachträglich eingebrachte, signifikant überarbeitete Spolie und kann deshalb nicht zur Datierung des Elternhauses herangezogen werden.

Als spektakulär sollte sich die Auswertung eines 2007 erstmals verformungsgerecht angefertigten Aufmaßes erweisen. Die Grundrisse und Schnitte offenbarten unbekannte Bauzusammenhänge der beiden bisher isoliert betrachteten Gebäude an der Straßenfront (Abb. 5). Eine horizontale Angleichung über dem Erdgeschoss und in etwa gleiche Giebelbreiten ließen schon durchaus auf ein gemeinsames Ober- beziehungsweise Dachgeschoss schließen. Überraschend

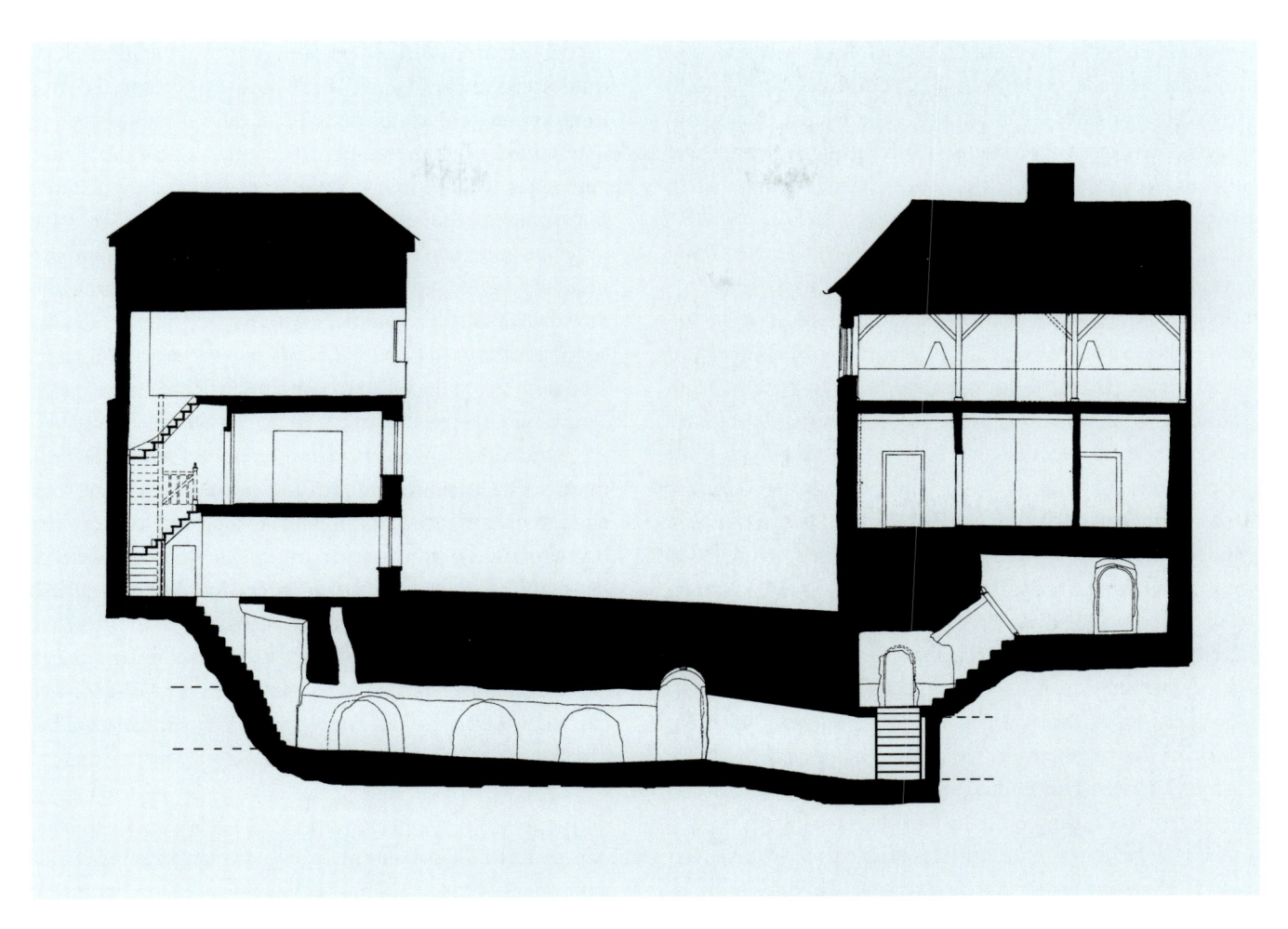

Abb. 5 Verformungsgerechter Längsschnitt Lutherstraße Nr. 24 (links) und 26 (rechts) mit Nivellements der Geschosshöhen und Keller

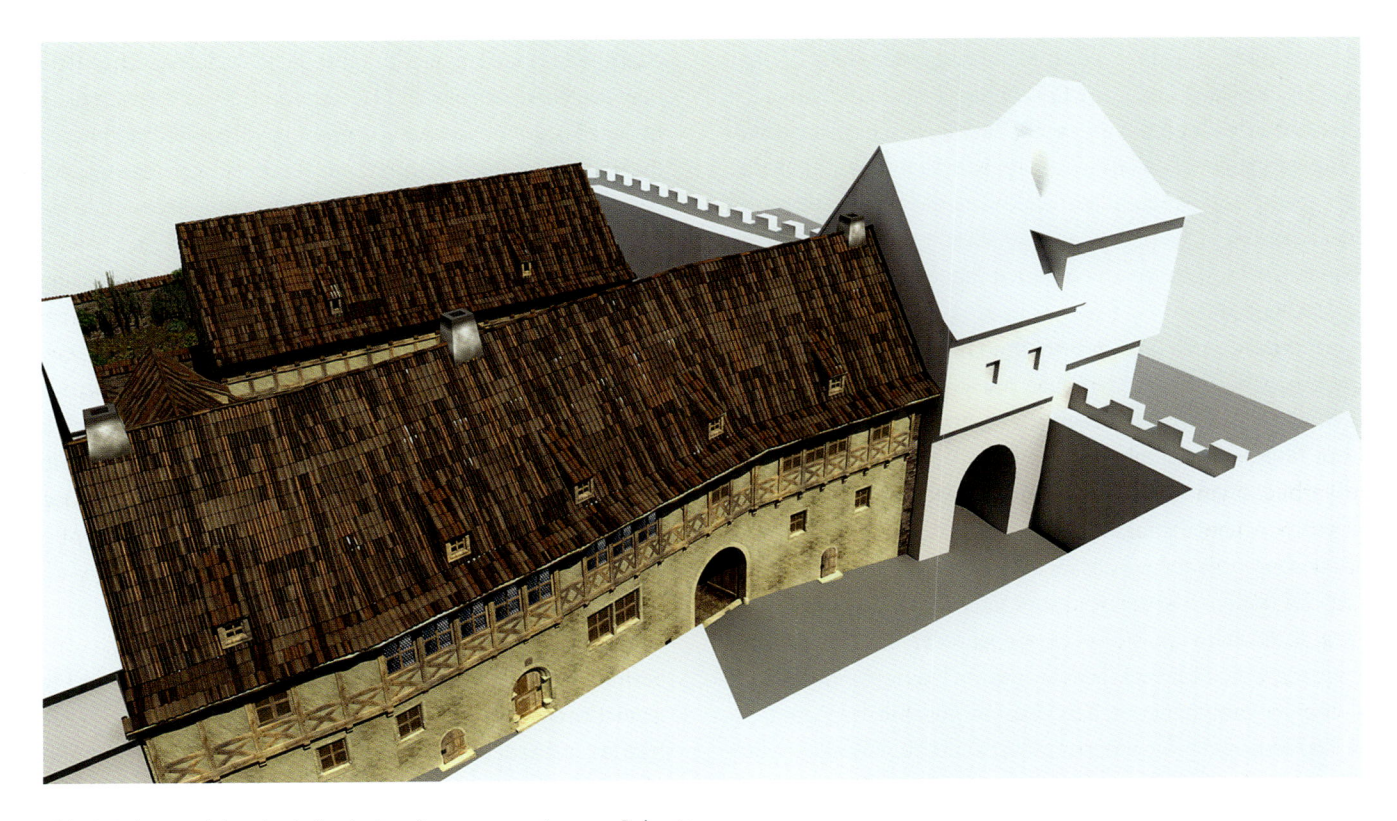

Abb. 6 Rekonstruktion des lutherischen Anwesens am Inneren Rabentor um 1530. Digitale Archäologie/Freiburg Brsg.

Der Vorabend der Reformation

waren jedoch die Befunde zum bislang kaum bekannten Gewölbegang unter den Häusern Nr. 24 und Nr. 26. Das Aufmaß lokalisierte in großer Tiefe Keller von zwei separaten Vorgängerbauten an der Straßenfront, die sich in den Grundrissen deutlich außerhalb der darüber liegenden Umfassungsmauern befinden. Sie waren aber dennoch in die später neu darüber errichteten Häuser eingebunden.

Letztlich sind dies eindeutige Bestätigungen für die These von »zweien ins eins gebrachte Haus« und bestätigen die straßenseitige Ausdehnung des lutherischen Anwesens. Zugleich belegen die Befunde mehrere Bauphasen. Wahrscheinlich wurden noch unter Hans Luder beide Häuser erworben und zusammengefügt; wie wir nun wissen, nicht nur unter einem gemeinsamen (Obergeschoss und) Dach, sondern auch im Kellerbereich. Es wurde nicht nur kurz vor dem Tod Hans Luders im Jahr 1530 am Vorderhaus umgebaut und/oder erweitert, sondern auch zu Lebzeiten Jacobs. Dies ist aber aus naheliegenden Gründen lediglich am unbewohnten Haus Nr. 26 durch nachträglich eingesetzte Tonnengewölbe und Sandsteingewände in den Kellern nachgewiesen. Auch jüngst geborgenes Verfüllmaterial datiert archäologisch bemerkenswerte Funde in das zweite Drittel des 16. Jahrhunderts, wie später noch zu zeigen sein wird.

Die Zusammenführung zweier Vorgängerbauten zu einem traufständigen Gebäude mit großer Hofanlage war unter den vermögenden mansfeldischen Hüttenmeistern nicht ungewöhnlich. So wurde in Eisleben das repräsentative Haus des Dr. Philipp Drachstedt am Markt 56 schon von dessen Schwiegervater Thile Rinck, ebenfalls ein Hüttenmeister, vor 1517 zu einem Gebäude zusammengefasst.[5] Philipp Drachstedt war nicht nur Geschäftspartner von Hans Luder und Vorbild für die von ihm gewünschte juristische Laufbahn seines Sohnes. In seinem Haus am Markt starb auch Martin Luther im Jahr 1546. Der daneben zum Eisleber Andreaskirchplatz hin liegende, langgestreckte Bau war ebenfalls aus mehreren Häusern entstanden; darunter die von Hüttenmeister Hans Lüttich, für dessen Kinder Hans Luder die Erbanteile verwaltete. Einige der Mansfelder Grafen richteten später nicht zufällig in diesen repräsentativen Häusern ihre Stadtschlösser und Kanzleien ein, die heute stadtbildprägend sind. Auch in Mansfeld sind die im urbanen Zentrum an der Lutherstraße liegenden traufständigen Hüttenmeisterhäuser von Reinicke, Kaufmann oder Oemler gegenwärtig noch im Straßenbild ablesbar.

Das lutherische Anwesen entsprach in Kubatur und Aussehen dem damals gegenüber gelegenen Gasthof »Goldener Ring« – dem Straßengefälle angepasst mit Souterrain und tief unterkellert, traufständig mit hohem Satteldach und sicherlich zweigeschossig mit Fachwerkaufsatz. Phasenweise Umbauten waren anhand asynchron angeordneter Fenster verschiedener Größe und an den rundbogigen Portalen ablesbar, wovon das künstlerisch am reichsten ausgestaltete stets in repräsentative Räume des Hauses führte. Im wohl vorhandenen niedrigen Fachwerkobergeschoss befanden sich die Bohlenstuben, wie man die holzverkleideten und beheizten, behaglichen Wohnräume der Familie nennt. Zur Hofseite lag eine der Personenzahl und Reputation des lutherischen Haushalts angemessene, vielleicht teilweise offene Küche. Definitiv hatte das Vorderhaus auch eine Torchurchfahrt zur Hofanlage (Abb. 6).

Es gab nachweislich im väterlichen Anwesen des Reformators mindestens drei lutherzeitliche Bauphasen, die letztlich optisch und funktional zwei Häuser vereinigten. Nach dem Tod von Hans Luder bewohnte es bis zu seinem Ableben 1571 Jacob Luther, ebenfalls angesehener Hüttenmeister und dazu noch Schultheiß, der hier das Bürgermeisteramt innehatte. Auch als es dessen Nachfahren 1578/79 im Zuge von Schuldentilgungen verloren, war es repräsentativ genug, um angesehene Personen wie den Eisleber Ratsherrn Tobias Stoßnack oder den Major Heinrich von Bülow zu beherbergen, bevor es allmählich im 18. Jahrhundert verfiel. Noch heute prägend sind der Abriss der Mittelachse im Jahr 1807 und der Ausbau der Nr. 26 zur Luthergedenkstätte in den Jahren 1885 bis 1897.

Mit Methoden der historischen Bauforschung konnten bisher unbekannte Erkenntnisse zum Elternhaus des Reformators erbracht werden. Der inzwischen in der montan- und lokalgeschichtlichen Forschung korrigierte soziale Status des Vaters spiegelt sich baulich dabei in einer großen Hofanlage wider, in der noch signifikante Bausubstanz der Lutherzeit vorhanden ist, die zu den authentischsten Zeugnissen der Alltagsgeschichte der Familie Luther gehört. Die nachfolgend vorgestellten archäologischen Funde in Mansfeld waren ein besonderer Glücksfall, um uns dies ins Bewusstsein zu bringen.

Archäologische Ausgrabungen

Auslöser für die baugeschichtlichen Untersuchungen waren eben jene Ausgrabungen auf besagtem Grundstück, die im Herbst 2003 stattfanden. Auf den archäologischen Befund selbst wird an dieser Stelle nicht eingegangen. Tatsächlich stammen die Funde aus einem in den Lösslehm eingestochenen Treppenschacht, der in die Baugrube des bereits erwähnten Kellergangs führte.[6] Nach Fertigstellung des Kellers verfüllte man den Aufgang mit häuslichem Abfall, der von einer zentralen Deponie auf dem Grundstück stammen muss. Als besonderer Glücksfall muss der Umstand gelten, dass im Jahr 2008 eine weitere Ausgrabung durchgeführt werden konnte. Im Hochkeller des traditionell als »Luthers Elternhaus« bezeichneten Gebäudes konnte ein bis dato unbekannter ausgemauerter Kellerraum freigelegt werden, der – ähnlich wie der 2003 ergrabene Treppenschacht – nach und nach mit häuslichem Abfall zugeschüttet worden war. Ein Vergleich dieser beiden Befunde bietet sich daher zwingend an. Wie sich zeigen wird, ist dessen Ergebnis von großem historischen Interesse. Es zeigt eindrücklich, wie weitreichend die Informationen sind, die bei sorgfältiger Auswertung aus einem reichhaltigen Fundmaterial abgeleitet werden können. Sie ermöglichen nun ungeahnte Einblicke in das Privatleben der Familie Martin Luthers.

Das Fundmaterial der Grabung 2003

Die Auswertung von über 7 000 Tierknochen[7] ergab mit den nachgewiesenen Haustieren Rind, Schwein und Schaf/Ziege das für Mittelalter und Frühe Neuzeit übliche Artenspektrum. Von Interesse ist allerdings die prozentuale Gewichtung der Arten. Offensichtlich war im Hause Luther das Hausschwein mit 60 Prozent der belieb-

Abb. 7 Lockpfeifen aus Gänseknochen und Abfallstücke aus deren Herstellung, um 1500, aus der Grabung am Elternhaus Martin Luthers

hering und in getrocknetem Zustand, also als Stockfisch, nach Mansfeld. Von Interesse sind die nachgewiesenen Fischarten nicht zuletzt deshalb, weil sie zwar als Delikatesse galten, gleichzeitig jedoch auch einen gewichtigen Teil der Fastenspeise darstellten. Das kirchliche Verbot des Verzehrs von Fleisch galt an weit über 100 Tagen des katholischen Kirchenjahrs, womit die Bedeutung von Fisch, der davon ausgenommen war, deutlich wird.

Als Befund von größter Seltenheit kann auch der Verzehr von Singvögeln belegt werden. Nachgewiesen sind die Arten Singdrossel, Dorngrasmücke und Goldammer, häufiger sind Rotkehlchen und Buchfink vorhanden. Das Verspeisen von Kleinvögeln war bis weit in das 19. Jahrhundert auch in Deutschland eine Selbstverständlichkeit und darf in der Zeit um 1500 nicht im Mindesten verwundern. Es kann aber sogar der Beweis geführt werden, dass diese Vögel von Mitgliedern des lutherischen Haushalts selbst gefangen wurden: Unter den Funden waren auch kleine, aus Gänseknochen gefertigte Pfeifen (Abb. 7),[8] wie man sie – in vollkommen identischer Ausführung – bis in das 20. Jahrhundert hinein beim Fang von Vögeln als Lockinstrumente einsetzte. Spektakulär ist weiterhin der Nachweis, dass diese Pfeifen selbst vor Ort hergestellt worden sind. Unter den vielen Gänseknochen befinden sich mehrere gezielt abgetrennte Gelenkenden von Langknochen, die bei der Gewinnung der für die Pfeifen benötigten Knochenröhren angefallen sind.

Auch die durchgeführten botanischen Untersuchungen waren von großem Aussagewert. Neben Nachweisen der Getreidearten Roggen, Nacktweizen und Gerste liegen auch solche für diverse Sammel- (Holunder, Pflaume, Schlehe, Haselnuss, Himbeere) und Heilpflanzen (Schlafmohn, Johanniskraut, Bilsenkraut) vor. Auch Weintrauben und Feigen wurden im lutherischen Haushalt verzehrt.

Die Auswertung der Keramik ist von besonderem Interesse, da die Irdenware der Frühen Neuzeit in Mitteldeutschland bisher kaum aufgearbeitet worden ist. So war es auch während der Grabung selbst kaum möglich, die Ware annähernd zufriedenstellend zu datieren. Nach den nun vorliegenden Untersuchungen[9] ist die Küchenkeramik von einer zweckdienlich-einfachen Form und stammt aus den Jahren unmittelbar um 1500. Der Grapen – ein Dreibeintopf, der direkt in die Glut des Herdfeuers gestellt werden kann – überwiegt bei Weitem. Für diese Töpfe liegt auch eine größere Zahl unglasierter Deckel vor. Anhand zweier Bruchstücke kann belegt werden, dass die Luthers zudem im Besitz metallener Grapen gewesen sind. Solche Stücke waren immerhin so wertvoll, dass sie regelmäßig in den Testamenten jener Zeit Erwähnung finden.

teste Fleischlieferant. Die Knochen stammen zumeist von jungen, gerade erwachsenen Tieren, die zum einen ein wirtschaftlich akzeptables Schlachtgewicht besaßen, zum anderen ein Fleisch von hoher geschmacklicher Qualität lieferten, das bekanntlich Martin Luther noch in späteren Jahren überaus schätzte. An zweiter Stelle liegen mit 30 Prozent die Knochen von Schafen oder Ziegen (nur wenige Knochen des Skeletts erlauben eine Unterscheidung der beiden Arten). Die wenigsten Knochen stammen vom Rind (zehn Prozent). Von überragender Bedeutung war im Hause Luther der Verzehr von Hausgeflügel, das durch 2 000 Knochen repräsentiert wird. Die Wertschätzung hochwertiger Speisen zeigt sich auch hier in aller Deutlichkeit. Mit weitem Abstand am häufigsten verzehrte man Gänse, daneben oftmals junge Hühner, gelegentlich Enten und Tauben.

Das in Mansfeld konsequent erfolgte Durchsieben des Aushubs ermöglichte auch das Auffinden zahlloser Fischknochen. Neben den nachgewiesenen – damals als hochwertiger geltenden – Süßwasserfischen Karpfen, Brassen, Plötze, Rapfen, Hecht, Zander, Flussbarsch und Aal konnten auch die Importfische Hering, Dorsch und Scholle identifiziert werden. Diese Salzwasserfische gelangten als Salz-

---

5 Vgl. Andreas Stahl: Die Lutherstadt Eisleben als Residenzstadt der Mansfelder Grafen, in: Burgen und Schlösser in Sachsen-Anhalt 24 (2015), S. 316–347.
6 Björn Schlenker: Archäologie am Elternhaus Martin Luthers, in: Meller, Luther in Mansfeld (wie Anm. 1), S. 17–112, hier S. 22 ff. 7 Hans-Jürgen Döhle: Schwein, Geflügel und Fisch – bei Luthers zu Tisch. Tierreste aus einer Abfallgrube der Familie Hans Luther, in: Meller, Luther in Mansfeld (wie Anm. 1), S. 169–186.
8 Schlenker, Archäologie (wie Anm. 6), S. 79 f. Das gesamte Fundmaterial der Ausgrabung wurde in dieser Publikation ausführlich beschrieben. Dieser ist auch die weiterführende Literatur zu entnehmen. 9 Hans-Georg Stephan: Keramische Funde aus Luthers Elternhaus, in: Meller, Luther in Mansfeld (wie Anm. 1), S. 139–158.

Abb. 8   Verzierte Tafelmesser, um 1500,
          aus der Grabung am Elternhaus Martin Luthers

Der Vorabend der Reformation

Die Keramik der Tafel ist verhältnismäßig schwach vertreten. Hier liegt der Verdacht nahe, dass auch noch andernorts Haushaltsabfälle deponiert worden sind. Immerhin belegen einige Scherben von Waldenburger Steinzeug – Waldenburg war ein bedeutender Töpferort in Sachsen – das Vorhandensein verschiedener Formen von Tischkeramik. Besondere Erwähnung verdienen Bruchstücke eines sogenannten Igelgefäßes. Bei solchen handelt es sich um Repräsentations- oder Scherzgefäße von größter Seltenheit, die bei festlichen Anlässen die Tafel zierten. Zwei große, gelb glasierte Teller können als Auftrageteller zum Tischgeschirr gerechnet werden. Eine grün glasierte Randscherbe stammt von einem jener pokalartigen Gefäße, die gemeinhin als Salznäpfe zu deuten sind.

Nachweise gläserner Behältnisse liegen in einer recht geringen Zahl vor, die kaum repräsentativ sein dürfte. Immerhin lassen sich nach genauerer Untersuchung Stangengläser, Noppengläser und Rippenbecher belegen.[10] Stangengläser dienten dem Biergenuss, aus den beiden anderen Glasformen trank man eher Wein.

Neben Tierknochen, botanischen Großresten und der Küchenkeramik geben auch weitere, zunächst unscheinbare Funde Aufschluss über das Geschehen in der Küche der Familie Luther. Unter den Funden spielen Gegenstände aus Eisen eine besondere Rolle. Auffallend sind besonders die Nägel, von denen im Befund nahezu 1 600 Stück geborgen werden konnten. Die Deutung einer solchen Menge bereitet naturgemäß Schwierigkeiten. Allerdings dürfte anzunehmen sein, dass die Nägel noch in Verbindung mit Holz zur Deponierung gelangt sind. Wie viele Quellen berichten, war Feuerholz in Mansfeld – wie in allen Bergbaugebieten – ein kostbares Gut. Es ist daher gut vorstellbar, dass man gern auf unbrauchbar gewordenes Bauholz zurückgriff, das gegebenenfalls mit Nägeln geradezu gespickt war. So sind beispielsweise auf Gemälden jener Zeit des Öfteren mit Nägeln beschlagene Fensterläden zu erkennen. Wurden solche verbrannt, konnten schnell einige Hundert Nägel mit der Asche auf den Abfall gelangen.[11]

In unmittelbarem Zusammenhang mit der Herdasche fanden sich große Mengen von Bruchstücken der Kupferschlacke.[12] Glühende Kupferschlacke diente den Hüttenarbeitern des Mansfelder Landes noch in den 1920er Jahren als Heizmaterial. In der Mitte des 19. Jahrhunderts wurde in Hettstedt (heute Landkreis Mansfeld-Südharz) für einige Jahre der Badebetrieb aufgenommen: Mit glühender Schlacke erhitztes Badewasser sollte bei Gicht, Rheumatismus und ähnlichen Beschwerden Linderung bringen. Die älteste Quelle hierzu stammt wiederum aus dem 16. Jahrhundert. Mit Bezug auf ein Ereignis im Jahr 1484 wird ohne erkennbares Erstaunen von einem Schlackebad berichtet. Es liegt daher fast auf der Hand, dass auch im Haushalt des Hüttenmeisters Hans Luder auf die rund 1 000 Grad heiße Schlacke zurückgegriffen wurde, um kostengünstig zu heizen oder Wasser zu erhitzen.

Auffällig ist die Vielfalt der erhaltenen Bruchstücke von Messern.[13] Zum überwiegenden Teil handelt es sich um Fragmente recht kleiner, oft reich verzierter Tafelmesser (Abb. 8). Mehrere Griffe weisen eine Beschalung aus Knochen auf, andere besaßen Griffschalen aus Holz. Von besonderem Reiz sind Zierelemente aus Messing, wie sie bei mehreren Stücken vorkommen. Allein diese aufwändi-

Abb. 9 Tönerne Murmeln, um 1500, aus der Grabung am Elternhaus Martin Luthers

gen, zumeist zierlichen Exemplare zeigen, dass im Hause Luther ein gewisser Wohlstand herrschte, den man bei Tisch auch entsprechend zeigte.

Eine Anzahl von Funden lässt sich treffend der Handarbeit, also vornehmlich den weiblichen Mitgliedern des Haushalts zuordnen.[14] Hierzu gehören neben einem perfekt erhaltenen Fingerhut auch ein Spinnwirtel, wie eine Handspindel in der Archäologie genannt wird, sowie eine Schere, eine Näh- und eine Stecknadel. Der Spinnwirtel wirkt in diesem Ensemble eher befremdlich, da kaum davon auszugehen ist, dass im Haus zur Herstellung von Garnen im größeren Rahmen gesponnen worden ist. Die übrigen Gegenstände jedoch repräsentieren den üblichen Satz jener Gerätschaften, die man zur Reparatur oder auch zum Schneidern von Textilien benötigte.

Von speziellem Reiz ist der Nachweis von Spielzeug. Besonders zu erwähnen ist ein Pfeifvogel, den man mit Wasser füllte, um so trillernde Laute zu erzeugen.[15] Daneben liegen sieben tönerne Murmeln vor (Abb. 9). Diese machen aufgrund ihrer unterschiedlichen Größen und unregelmäßigen Formen den Eindruck, die Kinder des Hauses hätten sie sogar selbst angefertigt und im Küchenfeuer der Mutter gebrannt.[16] Zwei weitere Teile von Spielzeugen sind bedeutend schwerer zu deuten. Bei einem handelt es sich um den Fingerknochen eines Rindes, der im Bereich seiner breiteren Gelenkfläche eine Bohrung aufweist.[17] Derartig überarbeitete Knochen waren Teil eines Kegelspiels. In das Loch füllte man flüssiges Blei, wodurch die Knochen eine gewisse Standfestigkeit erhielten. Mehrere solcher Kegel wurden in eine Reihe gestellt,

10 Schlenker, Archäologie (wie Anm. 6), S. 81 ff. **11** Ebd., S. 94. **12** Ebd., S. 92 f. **13** Ebd., S. 85 ff. **14** Ebd., S. 70 ff. **15** Ebd., S. 74 f. **16** Ebd., S. 72. **17** Ebd., S. 72 ff.

Der Vorabend der Reformation

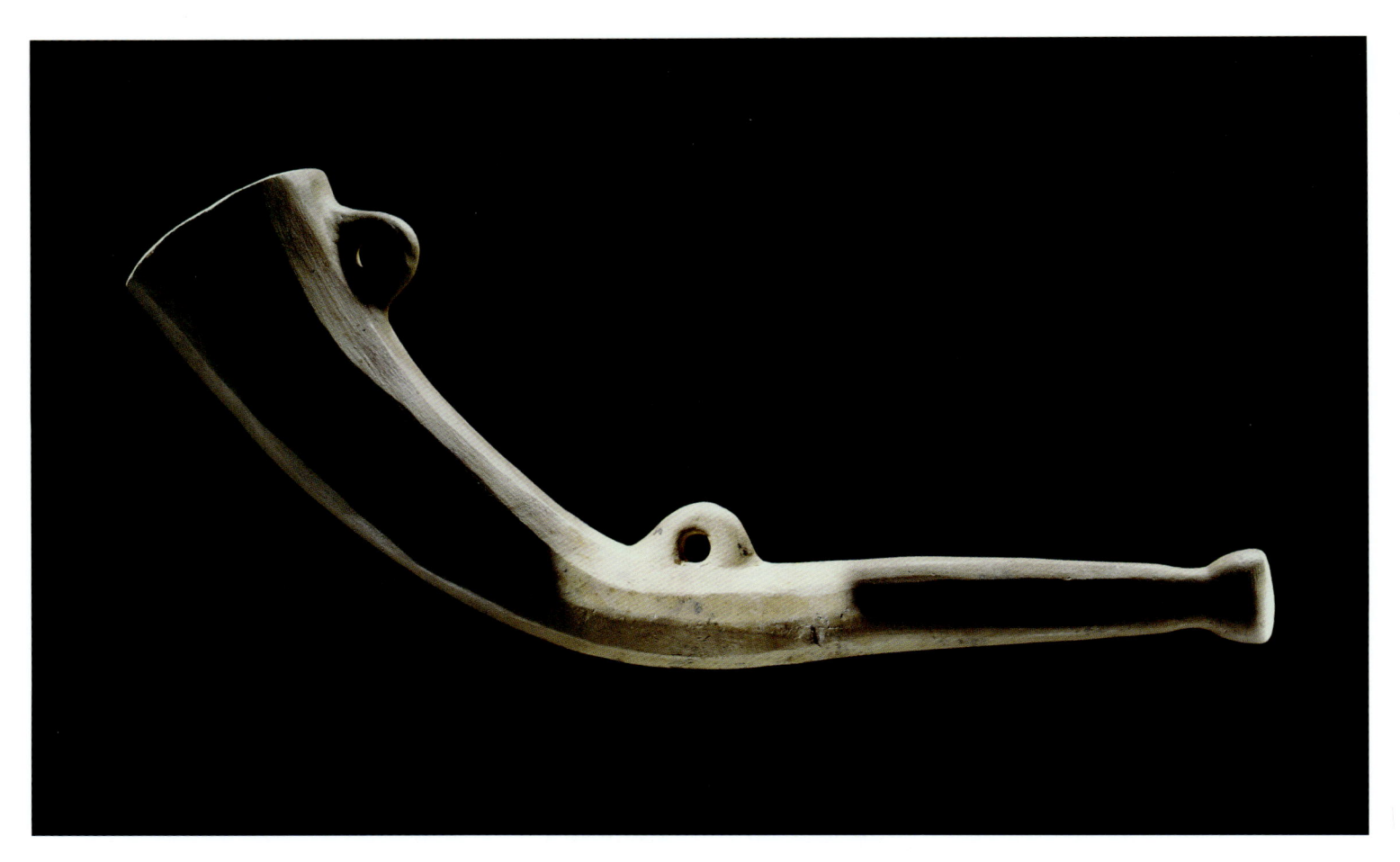

Abb. 10 Pilgerhorn aus Aachen (Aachhorn), ein typisches Souvenir von der Pilgerfahrt nach Aachen und ein Hinweis auf die gelebte Frömmigkeit im Hause Luther, um 1500, aus der Grabung am Elternhaus Martin Luthers

um sie dann mit einem weiteren Knochen gezielt umzuwerfen. Eine solche Szene ist treffend auf dem bekannten Gemälde *Die Kinderspiele* von Pieter Brueghel dem Älteren dargestellt. Obwohl sich besagte Szene im Hintergrund des Bildes befindet, ist selbst die Form der Kegelknochen noch exakt zu erkennen.

Ein kleiner, in seiner größten Ausdehnung nur 17 Millimeter messender Gegenstand aus Knochen besitzt zwei gegenläufig angelegte, unterschiedlich große Bohrungen, die ihn als technischen Gegenstand charakterisieren.[18] Bei genauer Betrachtung erweist sich der Fund als Miniaturausführung einer Armbrustnuss, also dem entscheidenden Teil des Abzugs einer mittelalterlichen Armbrustwaffe. Die Nuss einer Jagd- oder Kriegsarmbrust bestand im Mittelalter aus Geweih. Mittels einer metallenen Achse war sie im Schaft – der Säule – der Armbrust fixiert. Auf der Oberseite befand sich eine Rast zur Aufnahme der Sehne, während der Abzugsbügel an der Unterseite der Nuss ansetzte und es ermöglichte, den Schuss auszulösen. Wegen der geringen Größe des Fundes liegt es auf der Hand, dass es sich hier um das Fragment einer Spielzeugarmbrust handelt. Entsprechende Nachweise sind von allergrößter Seltenheit; lediglich in der Malerei oder auf Stichen sind gelegentlich spielende Kinder mit Armbrüsten dargestellt.

Einige Funde gewähren einen Blick auf das Sicherheitsbedürfnis gerade der wohlhabenderen Bevölkerung der damaligen Zeit. Aufgrund verschiedener schriftlicher Quellen sind wir über die Geschehnisse in Mansfeld überdurchschnittlich gut informiert.[19] Zeitgenössische Gerichtsbücher der Stadt geben Aufschluss über Straftaten. Da es den Bergleuten nicht untersagt war, Waffen zu tragen, kamen solche schon bei geringfügigsten Anlässen zum Einsatz – oft mit tödlichem Ausgang. Außerdem waren Einbrüche, Diebstähle und Raubvergehen nach Aussage der genannten Quellen geradezu an der Tagesordnung. So nimmt es nicht Wunder, dass sich auch im Fundmaterial des lutherischen Anwesens diverse Gegenstände diesem Themenbereich – im weitesten Sinne – zuordnen lassen. Besonders augenfällig wird der Zusammenhang an einem Fund, bei dem es sich auf den ersten Blick um den Griff eines schweren Messers mit auffallendem Knauf handelt.[20] Wie sowohl vollständige Exemplare in diversen Sammlungen als auch bildliche Darstellungen aus der ersten Hälfte des 16. Jahrhunderts zeigen, ist das in Mansfeld ausgegrabene Fragment tatsächlich der Griff einer Hauswehr, einer einschneidigen Blankwaffe der damaligen Zeit. Somit ist davon auszugehen, dass nicht nur der Bergmann, sondern auch der Hüttenmeister im Besitz einer Waffe war. Gerade die wohlhabenden Bürger der Stadt dürften das Bedürfnis gehabt haben, ihren Besitz hinreichend zu sichern. Hiervon zeugen auch zwei Schlüssel, von denen der größere als Haustürschlüssel zu betrachten ist. Eiserne Vorhängeschlösser stellen als Bodenfunde eine regelrechte Rarität dar.[21] Zwei derartige Schlösser mit rechteckigem Kasten belegen, dass man auch im Hause Luther bemüht war, Eigentum vor unberechtigtem Zugriff zu schützen.

Der Vorabend der Reformation

Neben den erwähnten Eisenfunden stammen aus dem Befund zahlreiche weitere Gegenstände aus diesem Material, die kulturhistorisch hohen Stellenwert besitzen.[22] Von besonderem Reiz sind hier ein vollständig erhaltener Spatenschuh sowie einige merkwürdig erscheinende Gegenstände mit Stollen, die als Schuheisen interpretiert werden, ohne dass entsprechende Stücke in der Literatur belegt werden konnten. Es ist gut vorstellbar, dass die Bergleute Sicherheitsschuhe aus Holz trugen, die mit derartigen Eisen beschlagen waren, um ein Ausgleiten auf unsicherem Untergrund zu verhindern.

Von außerordentlichem Interesse ist ein zunächst vollkommen unscheinbarer Fund aus unglasiertem gebranntem Ton. Aufgrund der Facettierung seiner Oberfläche sowie des erkennbaren Ansatzes einer ausgebrochenen Öse kann das Fragment treffend als Bruchstück eines Aachhorns (Pilgerhorns) interpretiert werden (Abb. 10).[23] Diese gelten in der Forschung als Signet einer Wallfahrt nach Aachen. Außerdem verdichten sich Hinweise auf eine Nutzung im Rahmen abergläubischer Handlungen. Dies zeigt sich treffend in einem Zitat aus dem 17. Jahrhundert aus den Predigten des Konrad Dietrich von Ulm: »An vielen Orten hat man Wetterhörner gehabt, welche man zu Ach in Brabant geweihet und man daher Achhörner genennet.« Hiermit ist zum einen der Bezug zu den Wallfahrten nach Aachen hergestellt, zum anderen verweist der Begriff »Wetterhorn« aber auch auf den Bereich des Aberglaubens, handelt es sich doch bei einem solchen um ein Mittel zur Abwehr von Blitz und Donner. Aachen war in Mittelalter und Früher Neuzeit eines der bedeutendsten christlichen Zentren Mitteleuropas. So gewährte Papst Leo X. im Jahr 1515 für eine Wallfahrt nach Aachen denselben Ablass wie für eine Pilgerreise nach Rom und Jerusalem. Im Zentrum der Verehrung standen dort vier bedeutende Reliquien, die man seit 1349 in einem siebenjährigen Turnus (so beispielsweise 1496, 1503 und 1510) den Gläubigen vorwies. Von außerordentlicher Eindringlichkeit ist die Beschreibung einer solchen Weisung aus dem Jahr 1510: »Wenn man sie [die Reliquien] zeigt und entfaltet, fangt das Volk an, auf den Hörnern zu blasen, so dass man den lieben Gott nicht hatte donnern hören [...] und es ist niemand da, dem nicht die Haare zu Berge stehen und Tränen in die Augen treten. Dazu ertönt der Schall von Trompeten und zahllosen Hörnern. In Aachens Umgegend wurden nämlich kleine Hörner aus Thon gebacken«. Demnach wurden in der Gegend um Aachen tatsächlich derartige Pilgerhörner produziert, wofür auch entsprechende archäologische Quellen bekannt sind. Der Fund vom Lutherhaus eröffnet so eine völlig neue Sichtweise auf die Religiosität der Familie Martin Luthers, der sich in späteren Jahren bekanntermaßen als vehementer Gegner des Wallfahrtswesens äußerte.

Während die bisher beschriebenen Gegenstände recht zwanglos als normaler Hausabfall betrachtet werden können, handelt es sich bei den nun zu erwähnenden Trachtbestandteilen und Münzen um Dinge, die bei ihrer Entsorgung noch einen erheblichen Wert besaßen. Da beide Gruppen zudem in einer durchaus stattlichen Zahl vorkommen, ist zu hinterfragen, wie und vor allem warum man diese Dinge entsorgte.

Besonders spektakulär ist der Fund von über 300 Gegenständen aus Messing.[24] Zu einem überwiegenden Teil handelt es sich um Elemente, die in unmittelbarem Zusammenhang mit der Festtagstracht

Abb. 11 Endbeschlag eines Gürtels in Form des Initialbuchstabens »D«, um 1500, aus der Grabung am Elternhaus Martin Luthers

einer Frau stehen. Besonders stechen unter diesen Funden die Beschläge hervor. Am häufigsten sind florale, blütenförmige Motive, doch kommen auch kreuz- und schildförmige Applikationen vor. Seltener sind gestreckte und abstrakte Formen. Viele der Beschläge weisen Niete auf, die in der Regel über eine Länge von drei Millimetern verfügen. Somit ist klar, dass sie auf ein Material geheftet waren, das eben jene Dicke aufwies. Hier ist besonders an Lederwaren (Gürtelriemen, Taschen, …) zu denken.

Von größter Bedeutung und Seltenheit ist ein nahezu 18 Zentimeter langer Beschlag aus Messingblech, dessen Lederunterlage noch gut erhalten ist.[25] Er zierte das Ende eines breiten Riemens und besteht streng genommen aus mehreren Teilen. Den Hauptteil bildet ein in Blech gestanzter Buchstabe, genauer ein Minuskel-»d«. Demgegenüber stellen ein halbmondförmiger Abschluss sowie eine erhaltene Rosette ergänzenden Zierrat dar. Offensichtlich handelt es sich bei diesem Fund um den Endbeschlag eines prächtigen Gürtels (Abb. 11). Natürlich stellt sich die Frage, welche Bedeutung der Buchstabe »D« haben könnte. Eine Interpretation als Initiale erscheint hier

18 Ebd., S. 75 ff. **19** Hier ist vor allem die Chronik des Cyriacus Spangenberg zu erwähnen, der im ausgehenden 16. Jahrhundert Pfarrer zu Mansfeld war und Geschehnisse aus Vergangenheit und Gegenwart notierte. **20** Schlenker, Archäologie (wie Anm. 6), S. 94 ff. **21** Ebd., S. 101 f. **22** Ebd., S. 103 ff. **23** Ebd., S. 96 ff. **24** Ebd., S. 34 ff. **25** Ebd., S. 62 ff.

Der Vorabend der Reformation

naheliegend. Tatsächlich war es in der Zeit um 1500 ein beliebter Brauch, die Tracht in Form von Schmuckstücken oder Stickereien mit Initialen zu ergänzen. Besonders häufig ist diese Sitte auf Porträts zu erkennen, die anlässlich einer Hochzeit angefertigt wurden. Berühmt ist in diesem Zusammenhang Dürers Bildnis der Elsbeth Tucher, die auf dem Brusttuch eine Spange mit den Initialen ihres Bräutigams Niklas Tucher trägt. Die Person, die im Elternhaus Luthers für den Anfangsbuchstaben »D« infrage kommt, ist schnell gefunden: Die Kernfamilie bestand nach bisherigem Erkenntnisstand aus den Eltern Hans und Margarethe Luther (eigentlich Luder), zwei Söhnen (Martin und Jacob) und drei Töchtern, von denen eine Dorothea hieß. Somit liegt es im Rahmen des Denkbaren, dass der Endbeschlag und zumindest ein Teil der übrigen Messingbeschläge von einem Gürtel stammen, der einer Schwester Martin Luthers gehörte.

Riemenschnallen liegen in verschiedensten Ausführungen vor.[26] Neben den aus Messing bestehenden Stücken konnten auch sechs Exemplare aus Eisen geborgen werden. Herausragend ist eine gut vier Zentimeter lange Schnalle, deren Riemenbeschlag mit Blumendarstellungen versehen ist. Während Blüten verhältnismäßig häufig als Ornament vorkommen, ist die Darstellung ganzer Blumen – also mit Stängel und Blättern – von größter Seltenheit.

Mit 60 Exemplaren, darunter 26 vollständige Stücke, bilden die Heftel eine repräsentative Fundgruppe.[27] Hierbei handelt es sich um zumeist mehrere Zentimeter lange Nadeln, die mit einem kugelförmigen Kopf versehen sind. Sie dienen im wahrsten Sinne des Wortes als Heftnadeln, mit deren Hilfe Hauben gesteckt und Kleidung in Form gebracht wurde. Vielfach raffte man die Falten der Kleidung, indem man sie aufwändig von Hand legte und mittels besagter Nadeln fixierte. Dieser Aufwand wurde selbstredend nicht bei der Alltagskleidung betrieben, sondern war allein der Festtagsgewandung vorbehalten.

Mit 75 vollständigen Exemplaren und über 70 Fragmenten fällt die Anzahl der Nestelhülsen,[28] die zum Befestigen von Schnurenden dienten, noch stattlicher aus. Die Funktion dieser Gegenstände ist auf den ersten Blick nur schwer zu erschließen. Streng genommen handelt es sich lediglich um durchschnittlich zwei Zentimeter lange Röhrchen, die man aus dünnem Messingblech fertigte. Ihre Deutung ergab sich erst, nachdem in einigen Stücken pflanzliche Fasern festgestellt werden konnten. Einmal auf ihre Spur gekommen, sind auf vielen Gemälden der Zeit – besonders auf solchen von Pieter Brueghel dem Älteren – entsprechende Gegenstände zu erkennen. Nestelhülsen sind Versteifungen, die an Enden von Riemen angebracht wurden, nicht zuletzt auch, um das Ausfransen dieser Enden zu vermeiden. Sie besitzen damit dieselbe Funktion wie die Kunststoffhülsen an den Enden moderner Schnürsenkel. Riemen spielten in der Tracht der Jahre um 1500 eine nicht zu unterschätzende Rolle. Da man Knöpfe nur selten verwendete, wurden Kleidungsstücke häufig mithilfe von Riemen verschlossen. Diese Funktion übernahmen natürlich auch metallene Haken und Ösen, die ebenfalls im Fundmaterial vertreten sind.

Waren schon die metallenen Trachtbestandteile eine große Überraschung, so wurde diese durch insgesamt über 250 Silbermünzen noch übertroffen. Die ersten Stücke konnten bereits an der Oberkante des Befundes sichergestellt werden. Insgesamt streuten die Pfennige über den gesamten Befund, das letzte Stück wurde an der tiefsten Stelle geborgen. Nach der wissenschaftlichen Bearbeitung handelt es sich bei den Münzen bis auf wenige Ausnahmen um Eisleber Hohlpfennige, also Kleingeldprägungen aus dünnem Blech.[29] Die Mansfelder Grafen ließen die nur einseitig gestempelten Münzen aus Silberblech bereits in der ersten Hälfte des 15. Jahrhunderts prägen. Da sie dazu neigten, den Silbergehalt dieser Währung illegal immer weiter zu vermindern, wurde ihnen das Fertigen der Gepräge im Jahr 1526 verboten. Somit sind die Münzen kaum geeignet, das vorliegende Fundensemble genauer zu datieren. Hohlpfennige stellten die kleinste Einheit des Münzspiegels dar, waren aber immerhin aus Silber und somit sicher zu kostbar, um sie einfach im Abfall zu entsorgen.

Die Zusammensetzung des Fundmaterials in Mansfeld ist höchst ungewöhnlich und aus archäologischer Sicht kaum nachvollziehbar. Wie gezeigt werden konnte, handelt es sich ganz offensichtlich um Küchen- und Hausabfall, zu dem neben den Tierknochen und der Keramik auch ein Großteil der Eisennägel und die Kupferschlacke gerechnet werden können. Eindeutig aus dem üblichen Rahmen fallen die zahlreichen Silbermünzen sowie die metallenen Trachtbestandteile. Gerade die zuletzt genannten Funde – Münzen und Trachtapplikationen – sind von besonderem Interesse, da solche bei Ausgrabungen in mittelalterlichen Städten gewöhnlich nur selten und – abgesehen von Schatzfunden – vor allem vereinzelt zutage treten. Warum gelangten nun Münzen und Ziergegenstände in den Abfall? Das archäologische Fundmaterial selbst gibt hierzu keine weiteren Hinweise. Dennoch existieren Quellen, die bei der Deutung des Befundes weiterhelfen könnten:[30] »Do ich erstlich ein Monch wardt, do wollte mein Vater auch tolle werden, War ubel zufrieden und wolt mirs nicht gestatten, unnd ich wolts gleichwol auch mit seinem wissen und willen thun. Do ichs ihm schriebe, antwort er mir schriefftlich widder und hies mich Du. Zuvor hies er mich Ir, weil ich Magister war, und sagte mir allen gonst und Veterlichen willen gar abe. Do kam ein Pestilentz, das ime zwen Söne sturben, und kriegt potschaft, ich sollt auch gestorben sein, Lebe aber noch, so lang als Got will«. Bei dem in dieser Form 1548 von Valentinus Bavarus überlieferten Zitat soll es sich um eine Überlieferung zu Luthers Predigt vom 20. Januar 1544 handeln. Wer dieser Bavarus (»ein Bürger zu Naumburg«) war, liegt trotz einiger Recherchen im Dunkeln, doch ist es wahrscheinlich, dass es sich um einen Schüler und Kostgänger Luthers handelte, der dieses Zitat – wie üblicherweise auch bei den *Tischreden* geschehen – notierte.[31] Das Zitat wird – nur in der Formulierung von Bavarus abweichend – durchaus in der Werkausgabe erwähnt, wird aber hier von Georg Rörer, einem tatsächlichen Schüler und Vertrauten Luthers, nach dem Passus »und hies mich ›Du‹, prius ›vos‹, Et sagt mir veterlich trewe ab« mit den Worten »et ab aliis admonitus etc.« abgekürzt. Der Rest des Zitates erschien ihm offensichtlich nicht überlieferswert; viel interessanter war hier das Motiv des zürnenden Vaters.

Offenbar haben also mindestens zwei Personen die Ausführungen Luthers mit eigenen Worten notiert. Die Echtheit dieses Zitats rückt somit in den Bereich des Wahrscheinlichen. So wird der Tod zweier Brüder Martin Luthers auch von Martin Brecht, dem Verfasser einer bedeutenden Luther-Biografie, vollkommen selbstverständlich übernommen. Aufschlussreich ist an diesem Zitat auch, dass Hans Luder berichtet worden sein soll, auch sein Sohn Martin – gerade im Erfurter Kloster ansässig – sei an der Pest gestorben. Tatsächlich ist überliefert, dass im Jahr 1505, also dem Eintrittsjahr Luthers in den Orden der Augustinereremiten, in Erfurt die Pest grassierte und zahlreiche Opfer forderte. Ein letztes Indiz in der Beweiskette liefert Cyriacus Spangenberg in seinem ersten, 1572 in Eisleben erschienenen Buch der *Mansfelder Chronik*: »1505: War ein nasser Sommer/daruber kam die Seuche/so etliche Jahr lang albereid gewert/noch heftiger unter das Viehe«. Die Pest hatte demnach bald auch Mansfeld heimgesucht. Dieses lag zur damaligen Zeit an einer der wichtigsten Verkehrsachsen zwischen den Hansestädten im Norden und den Handelszentren im Süden. Das Mansfelder Anwesen der Familie Luther befand sich nahe dem unteren Stadttor an der Hauptverkehrsader der Stadt und zudem gegenüber einem stark frequentierten Gasthaus. So ist es nicht weiter verwunderlich, dass auch die Luthers von der Krankheit nicht verschont blieben.

Mit den aufgeführten Argumenten erscheint es statthaft anzunehmen, dass der Tod zweier Brüder Luthers im Mansfelder Elternhaus eine historische Tatsache ist. Nun regt ein derartiges Katastrophenszenario zur Überlegung an, ob die Pest der Auslöser für die Deponierung der Ausnahmefunde gewesen sein kann. Die Ursachen der Pest – beziehungsweise der Krankheiten, die man unter diesem Begriff subsumierte – waren dem damaligen Menschen nicht bekannt. Immerhin war es durchaus gebräuchlich, Kleidung, Wäsche, Bettzeug, Bettstroh, das mit der Pest infizierte Kranke in Gebrauch hatten, zu verbrennen.

Man hatte also das Totenzimmer der beiden verstorbenen Brüder Luthers beräumt und alle darin verwahrten Gegenstände beseitigt. In der Not überantwortete man auch die reich verzierten Kleidungsstücke und Lederwaren dem Feuer. Für diese Annahme spricht auch ein kleines verkohltes Textilfragment in Leinwandbindung, das sich ebenfalls im Abfall gefunden hat. Selbst eine am Gürtel befestigte Geldbörse fand keine Beachtung und wurde mit verbrannt. Verbliebene Asche und die durch die Hitze angelaufenen Kleingegenstände warf man anschließend auf den Misthaufen im Hofgelände, wo üblicherweise die Küchenabfälle lagerten.

Das Fundmaterial der Grabung 2008

In aller Kürze sollen nun Funde vorgestellt werden, die bei einer weiteren Ausgrabung im Jahr 2008 im Keller des Lutherhauses geborgen werden konnten.[32] Sie stammen aus einem in den Lehmboden eingetieften, rund vier Quadratmeter großen und 1,30 Meter tiefen Keller. Seine Wände bestanden aus plattigen Felssteinen, der Boden aus Lehm. Als der Keller nicht mehr benötigt wurde, verfüllte man ihn auf ähnliche Weise wie den bereits beschriebenen Kellerschacht. Auch hier spielen Kupferschlacke, mit der man Wasser erhitzte, und Herdasche eine bedeutende Rolle. Die Funde sind hier durchweg bescheidener, aber von erheblicher Bedeutung, da sie etwa 30 bis 40 Jahre jünger sind als die Funde von 2003.

Die Keramik stammt auch in diesem Fall hauptsächlich aus dem Küchenbereich.[33] Es handelt sich ebenfalls vor allem um dreibeinige Kochtöpfe, die zu dieser Zeit überwiegend gelb glasiert waren. Auch in diesem Befund sind nur wenige Scherben dem Tafelgeschirr zuzurechnen. Die Scherben von Trinkgläsern entsprechen annähernd den älteren Funden. Bemerkenswert ist aber, dass jetzt nur noch die Überreste von Biergläsern vorliegen, während die klassischen Weinbecher vollständig fehlen.[34]

Von besonderem Reiz ist der Umstand, dass auch in diesem Befund Murmeln zutage gekommen sind.[35] Wieder handelt es sich um selbst hergestellte, auffällig unregelmäßige Exemplare, daneben kommen aber auch einige Stücke aus handwerklicher, das heißt professioneller Herstellung vor. Ebenso verdient das Halbfabrikat eines knöchernen Spielwürfels Erwähnung. Da er eben nicht fertiggestellt ist, darf angenommen werden, dass er von einem Familienmitglied oder einem Bediensteten angefertigt wurde.[36]

Aus dem Kellerbefund des Lutherhauses stammen zwei Bruchstücke von Pfeifentonfiguren, von denen eine in Zusammenhang mit der Familie Martin Luthers durchaus von Bedeutung sein könnte.[37] Es handelt sich hier um eine Frauenfigur mit bodenlangem Kleid, Schulterbereich und Kopf fehlen. Das Fragment ist bis zu einer Höhe von 6,2 Zentimetern erhalten. Die vor dem Bauch ruhenden Hände fassen einen Rosenkranz, an dem Reste einer offenbar rötlich-braunen Bemalung zu erkennen sind. Die Art der Darstellung legt den Verdacht nahe, dass es sich hier um eine Heilige handeln könnte. In der zeitgenössischen Kunst werden nur zwei weibliche Heilige mit dem Rosenkranz als Attribut dargestellt, zum einen die Gottesmutter, zum anderen die Heilige Monika, die Mutter des Heiligen Augustinus. Dieser war der Stammvater des Augustinerordens, welchem auch Martin Luther angehörte. Die Mutter des Gründers wurde von den Ordensbrüdern besonders verehrt, sodass es ein reizvoller Gedanke wäre, ob nicht dieses Figürchen aus dem Erfurter Kloster stammen könnte. In einer Flugschrift des 16. Jahrhunderts ist sogar von »gebacken heiligen zu Erffurdt« die Rede, sodass diese Idee gar nicht abwegig erscheint. Aber auch eine Deutung als Marienfigur wäre mit den zu Familie Luther existierenden Quellen gut in Einklang zu bringen. So ist bekannt, dass Hans Luder bereits vor 1505 Mitglied der Mansfelder Marienbruderschaft war. Daher wäre es durchaus vorstellbar, dass das überlieferte Figürchen einst im Hause Luder der privaten Andacht diente.

---

26 Ebd., S. 85 ff. **27** Ebd., S. 53 f. **28** Ebd., S. 49 ff. **29** Ulf Dräger: Die Münzen – Eine verlorene Haushaltskasse?, in: Meller, Luther in Mansfeld (wie Anm. 1), S. 159–168. **30** Andreas Stahl/Björn Schlenker: Lutherarchäologie in Mansfeld. Ausgrabungen und begleitende Bauforschungen am Elternhaus Martin Luthers, in: Harald Meller (Hrsg.): Fundsache Luther – Archäologen auf den Spuren des Reformators, Begleitband zur Landesausstellung »Fundsache Luther – Archäologen auf den Spuren des Reformators« im Landesmuseum für Vorgeschichte Halle (Saale) vom 31. Oktober 2008 bis 26. April 2009, Stuttgart 2008, S. 120–131, hier S. 129 f. **31** Warum es scheinbar keinen Eingang in die Kritische Gesamtausgabe der Werke Martin Luthers fand, konnte erst nach einer Rückfrage bei Herrn Hammer, einem der Neubearbeiter der Kritischen Gesamtausgabe, ermittelt werden. **32** Björn Schlenker: Ein bemerkenswerter Kellerbefund im Elternhaus Martin Luthers. Befunde und Funde der Frühen Neuzeit aus Mansfeld, in: Harald Meller (Hrsg.): Mansfeld–Luther(s)stadt. Interdisziplinäre Forschungen zur Heimat Martin Luthers (= Forschungsberichte des Landesmuseums für Vorgeschichte Halle 8), Halle (Saale) 2015, S. 263–320; hier auch weiterführende Literatur. **33** Ebd. **34** Ebd., S. 282 ff. **35** Ebd., S. 284. **36** Ebd., S. 286. **37** Ebd., S. 287 ff.

Abb. 12
Knochen von Salzfischen (Salzheringen), um 1500, aus der Grabung am Elternhaus Martin Luthers

Auch Münzen und Ziergegenstände aus Messing konnten erneut geborgen werden, nun aber in deutlich geringerer Zahl. Es dürfte sich hier tatsächlich um verloren gegangene Gegenstände handeln. Bemerkenswert ist allerdings der Fund eines großen, reich verzierten Gürtelfragments.[38] Dieses besteht aus mehreren Einzelteilen, die zusammen eine Länge von etwa 50 Zentimetern aufweisen. Die gesamte Oberfläche des Riemens ist mit metallenen Beschlägen besetzt. Neben kleinen Messingnieten sind vor allem Zierelemente in Form naturalistisch gestalteter Eicheln zu nennen. Diese hängen auf den ersten Blick an kleinen Ästchen, erst bei genauerem Hinsehen wird klar, dass es sich tatsächlich um Knochen handelt! Da Eicheln gewöhnlich als Symbol für Fruchtbarkeit und Leben, Knochen hingegen für Tod und Vergänglichkeit gelten, dürfte es sich bei der Kombination beider Elemente um ein Motiv im Sinne eines *Memento mori* handeln. Die Form spricht eindeutig für den Ziergürtel einer Frau, und es bleibt zu hinterfragen, ob die tiefe Symbolik des wertvollen Stückes seiner Besitzerin überhaupt bewusst war. Es soll an dieser Stelle auch nicht verschwiegen werden, dass sich unter den zahlreichen Funden aus dem Keller auch die Fragmente eines zeitgenössischen Männerschuhs befinden.

Ergebnisse der archäologischen Untersuchungen

Zwei archäologische Befunde, die mit guten Argumenten einer bestimmten Familie zugeordnet werden können und einen Zeitrahmen von etwa 40 Jahren abdecken, bieten die Möglichkeit, die Gepflogenheiten dieser Familie über eben diese Zeit zu verfolgen und zu überprüfen, inwieweit sich der Speiseplan der Familie im Laufe der Zeit verändert hat. Für die Ermittlung familiärer Vorlieben ist nichts so gut geeignet wie die Küche. Wie anhand der nachgewiesenen Tierarten und mittels einer höchst sorgfältigen Auswertung des Fundmaterials gezeigt werden kann, legte man in der Zeit um 1500 im Hause Luther großen Wert auf eine reichhaltige und qualitätvolle Ernährung, in der offenbar Fleisch einen hohen Stellenwert besaß. Der Vogelfang dürfte hierbei eine eher unwesentliche Rolle gespielt haben und dem jagdlichen Zeitvertreib gedient haben.

Wie sah es in der Küche der Familie Luder einige Jahrzehnte später aus? Unter den Haussäugetieren überwog weiterhin mit deutlichem Abstand das Schwein. An zweiter Stelle stand nun allerdings das Rind, dicht gefolgt von Schafen oder Ziegen. Geflügel kam weiterhin häufig auf den Tisch, allerdings verzehrte man offenbar mehr Hühner als Gänse. Dies kann verschiedene Ursachen haben, doch mag der Grund hierfür auch mit verschlechterten Haltungsbedingungen für Gänse zusammenhängen. Immerhin benötigen diese neben Grünland auch eine ausreichende Wasserversorgung. Vielleicht aß man auch einfach mehr Enten, die in dem Kellerbefund häufiger nachzuweisen sind als Tauben. Der Vogelfang wurde auch in jener Zeit weiter betrieben. Neben einer Lockpfeife konnten die Knochen von nicht näher bestimmbaren Drosseln, Singdrosseln, Wacholderdrosseln, Sperlingsvögeln und vereinzelt Rotkehlchen bestimmt werden.

Dass der Verzehr von Fischen nicht zwangsweise mit deren Bedeutung als Fastenspeise zusammenhängt, zeigt eine eindrucksvolle Liste zumeist sehr schmackhafter Arten. An Süßwasserfischen, die wohl aus heimischen Gewässern stammen, können Hecht und Karpfen, Brachsen, Aal, Flussbarsch sowie Plötze nachgewiesen werden. Auch Salzwasserfische waren in Form von Heringen (Salzhering), Plattfischen und Dorsch (Stockfisch) weiterhin beliebt (Abb. 12).

Wie die höchst aussagekräftigen Analysen der beiden Tierknochenensembles zeigen, scheinen sich in der Küche der Familie gewisse Vorlieben gehalten zu haben. Man aß am liebsten Schweinefleisch, vielleicht aus eigener Haltung, offenbar kam in der Zeit um 1540 häufiger auch Rindfleisch auf den Tisch. Der Verzehr von Schaffleisch scheint gleichbleibend beliebt gewesen zu sein. Geflügel spielt in beiden Befunden eine gewichtige Rolle, im Laufe der Zeit zog man das Huhn der Gans vor, allerdings gönnte man sich dafür häufiger eine Ente. Gleichermaßen wurde gern Fisch gegessen. Mit dem doppelten Nachweis von Vogelfang zeigt sich eher eine vererbte Jagdleidenschaft als ein anhaltender Nahrungserwerb.

Insgesamt wird man davon ausgehen können, dass Familie Luther vor allem in Bezug auf ihre Ernährung gewisse Vorlieben, ja einen gewissen Hang zur Opulenz zeigt, der sich über einen Zeitraum von vielleicht 30 bis 50 Jahren gut nachvollziehen lässt.

Fazit

Martin Luther war bis heute eine Persönlichkeit, deren Facetten uns überwiegend durch das Schrifttum überliefert sind. Seine eigenen Werke füllen Regale, die Vielfalt der Schriften über ihn sprengt alle Vorstellungen. Umso überraschender erscheint es, wie dürftig die Informationen zur eigenen Familie, zur Kindheit oder zur sozialen Herkunft des Reformators sind. Als berühmteste Selbstzeugnisse sind zwei Zitate aus den Tischreden von Bedeutung, nach denen der Vater Hans Luder aus einem Bauerngeschlecht stammte und als armer Häuer, also einfacher Bergmann, nach Mansfeld gezogen sei.

Wie die nun vorliegenden Untersuchungen zu den archäologischen Hinterlassenschaften, zur Baugeschichte des elterlichen Anwesens und zu den archivalischen Überlieferungen zeigen, entsprechen die Aussagen Luthers nicht den tatsächlichen Gegebenheiten. Ob Martin Luther selbst in Bezug auf seine Jugend und Herkunft ein klassisches »Understatement«, eine Tiefstapelei, betrieb oder ob die Mitschriften seiner Tischgenossen nicht exakt seinen Aussagen entsprechen, lässt sich heute nicht mehr klären. Tatsache ist, dass schon die thüringische Kernfamilie wohlhabend war und dass Hans Luder, als er im Berg- und Hüttenwesen der Grafschaft Mansfeld tätig wurde, bereits Vorkenntnisse besessen haben muss. Die gehobene soziale Stellung in Mansfeld fußte auf verschiedenen, voneinander weitgehend unabhängigen, aber miteinander verbundenen wirtschaftlichen Standbeinen. Die archäologischen Funde vom Elternhaus wurden von den Erkenntnissen der daraufhin erfolgten bauhistorischen und archivalischen Forschungen bestätigt. Martin Luther stammte aus einem Elternhaus, in dem vielleicht kein übermäßiger Reichtum herrschte, das aber durchaus als wohlhabend zu bezeichnen ist. Sein Vater war als Hüttenmeister, Vierherr und Schauherr – also gräflich bestallter Bergbeamter – des Grafenhauses eng mit der Administration der Stadt Mansfeld und der Grafschaft verbunden.

Man darf gespannt sein, inwieweit diese neuen Erkenntnisse künftig in der Reformationsforschung Beachtung finden. Immerhin sind seit langem Äußerungen Martin Luthers bekannt, die nach der bisher gängigen Einschätzung seiner sozialen Herkunft vollkommen überzogen wirkten. Besonders trifft dies auf seine Parteinahme im Bauernkrieg zu. In der Schrift *Wider die räuberischen und mörderischen Rotten der Bauern* (1525) werden die Führer des Reichsheeres aufgerufen, mit aller Härte und dem Segen Gottes gegen die Bauern vorzugehen: »Drumb lieben herren, loset hie, rettet hie, helfft hie. Erbarmet euch der armen leute, Steche, schlahe, würge hie, wer da kan, bleybstu drüber tod, wol dyr, seliglichern tod kanstu nymer mehr uberkomen, Denn du stirbst ynn gehorsam göttlichs worts und befelhs Ro. am 13. [Römer 13,4 ff.] und ym dienst der liebe, deynen nehisten zurretten aus der hellen und teuffels banden.«[39]

Anhand der nun vorliegenden Ergebnisse von Archäologie und Bauforschung tut sich hier ein noch nicht diskutierter Widerspruch auf: Ist man bis heute davon ausgegangen, der Sohn eines armen Bauern, der sich vom Bergmann zum Hüttenmeister hochgearbeitet hatte, hätte diese Worte verfasst, wissen wir nun, dass Martin Luther mit den Aufständischen des Bauernkriegs tatsächlich nur wenig gemein hatte. Er stammte aus einer sozialen Schicht, die bei einem Sieg des radikalen Gedankenguts eines Thomas Müntzer nur hätte verlieren können.

38 Ebd., S. 289. **39** WA 18, 361.

Der Aufbruch der Reformation

NATALIE KRENTZ

Die Breitenwirkung der Reformation

Anfangs war die Reformation eine eher trockene, akademische Veranstaltung. In lateinischen Schriften, universitären Disputationen und langen Reihen von Thesen wurden komplexe theologische Fragen erörtert, die für die Mehrzahl der Menschen vermutlich kaum verständlich waren. Sehr bald wurde jedoch die hohe Relevanz dieser Themen für Politik, Kirche und viele andere Bereiche des religiösen und alltäglichen Lebens deutlich. Martin Luthers zunächst lateinisch verfasste Thesen von 1517 wurden bald auch in deutscher Sprache gedruckt und verbreitet, 1520 folgten seine drei großen Reformschriften und mit dem Wormser Reichstag 1521 war seine Lehre auf der höchsten politischen Ebene des Reiches angekommen.

Schnell erreichte die Reformation auch breite Bevölkerungsschichten: Um 1520 begannen Pfarrer, reformatorisch zu predigen, Mönche verließen ihre Klöster und wurden zu Wanderpredigern der neuen Lehre. Flugschriften und illustrierte Flugblätter mit theologischen Traktaten, aber auch leichter verständlichen Texten wie etwa gedruckten Predigten, Karikaturen und Gedichten verbreiteten die reformatorischen Ideen schnell und machten sich zugleich in humorvoller, satirischer und ironischer Weise über Würdenträger und Bräuche der alten Kirche lustig. Da viele Menschen die Flugschriften selbst nicht lesen konnten, wurden diese oft vorgelesen, im Wirtshaus diskutiert, auf dem Markt schauspielerisch in Szene gesetzt und in Volksliedern aufgegriffen.[1] Auf diese Weise verbreiteten sich die Lehren der Reformatoren in rasantem Tempo durch eine Vielzahl von Medien, es entstand eine »reformatorische Öffentlichkeit«, mit einem lebendigen und vielfältigen Diskussionsprozess, an dem gerade in dieser frühen Phase etwa auch Laien oder Frauen aktiv beteiligt waren.[2]

Es blieb jedoch nicht bei Diskussionen, denn die Menschen forderten bald, die Reform der Kirche auch in die Tat umzusetzen und nahmen dies auch selbst in die Hand. Besonders in den Städten kam es Anfang der 1520er Jahre so zu zahlreichen »reformatorischen Bewegungen«.[3] In einer Vielfalt symbolischer Aktionsformen wie Umzügen und Spottprozessionen, Störungen der traditionellen Messen und anderer kirchlicher Rituale, in Angriffen auf Priester und Mönche, in spöttischen Liedern und Gedichten und schließlich auch in der als »Bildersturm« bezeichneten Entfernung und Zerstörung kirchlicher Kunstwerke äußerten die Menschen ihren Unmut über die bestehenden kirchlichen Verhältnisse und forderten deren Veränderung.

Die neuere Forschung hat überzeugend herausgestellt, dass dieser Prozess nicht einseitig »von oben nach unten«, also von den gelehrten Theologen zum »gemeinen Mann«, verlief.[4] Denn die Menschen auf den Straßen und Marktplätzen setzten zwar mit ihren Aktionen die Inhalte der Predigten und Flugschriften oft in die Tat um, doch stellten sie darüber hinaus auch eigenständige Forderungen und boten kreative Interpretationen, die ihrerseits in theologischen Schriften und Predigten aufgegriffen wurden. Beteiligt war an diesen Aktionen auch keineswegs nur ein »Mob« sozialer Unterschichten, sondern, wie die Forschung zeigen konnte, sogar besonders häufig Handwerksmeister und andere Angehörige der städtischen Oberschicht.[5] In vielen Städten und Territorien wurden Forderungen der »reformatorischen Bewegungen« anschließend in Kirchen- und Stadtordnungen umgesetzt. Besonders erfolgreich war die Reformation in Städten, insbesondere in Reichsstädten wie etwa Nürnberg, Basel, Straßburg, Konstanz und Ulm, weshalb Historiker auch von der Reformation als einem »städtischen Ereignis« (A. G.

---

1 Vgl. Robert W. Scribner: Flugblatt und Analphabetentum. Wie kam der gemeine Mann zu reformatorischen Ideen?, in: Hans-Joachim Köhler (Hrsg.): Flugschriften als Massenmedium der Reformationszeit, Stuttgart 1981, S. 65–76. **2** Rainer Wohlfeil: »Reformatorische Öffentlichkeit«, in: Lutger Grenzmann/Karl Stackmann (Hrsg.): Literatur und Laienbildung im Spätmittelalter und der Reformationszeit, Stuttgart 1984, S. 41–52. **3** Robert W. Scribner: The Reformation as a Social Movement, in: Wolfgang J. Mommsen/Peter Alter/Robert W. Scribner (Hrsg.): Stadtbürgertum und Adel in der Reformation. Studien zur Sozialgeschichte der Reformation in England und Deutschland, Stuttgart 1979, S. 49–79, hier S. 53–55. **4** Ders., Flugblatt (wie Anm. 1). **5** Ders., Reformation (wie Anm. 3), hier S. 63–79. **6** Zu den Rahmenbedingungen vgl. ausführlicher Ulinka Rublack: Die Reformation in Europa, 2. Auflage, Frankfurt am Main 2006, S. 32–40; Natalie Krentz: Ritualwandel und Deutungshoheit. Die frühe Reformation in der Residenzstadt Wittenberg (= Spätmittelalter, Humanismus, Reformation – Studies in the Late Middle Ages, Humanism and the Reformation. 74), Tübingen 2014, S. 25–33. **7** Andrew Pettegree: Brand Luther. How an Unher-

Dickens) sprechen. Doch auch in kleineren Städten und auf dem Land breiteten sich im Laufe der 1520er Jahre reformatorische Ideen aus und regten Diskussionsprozesse mit vielfältigen und regional sehr unterschiedlichen Folgen bis hin zum Bauernkrieg und zum Münsteraner Täuferreich an. Die Thesen der Reformatoren trafen dabei jeweils auf bereits vorhandene Diskussionen und Konfliktfelder, die je nach Stadt, Territorium, politischer, sozialer und kirchlicher Situation sehr unterschiedlich waren.

Dies gilt auch für die Stadt Wittenberg, die als Ausgangspunkt und Zentrum der Reformation gilt (Abb. 1). Als Residenzstadt des Luther zugeneigten sächsischen Kurfürsten mit einer jungen Universität und einem schon zuvor weitgehend entmachteten Bischof bot sie der aufkommenden Reformation besonders geeignete Rahmenbedingungen. Anfang des 16. Jahrhunderts wurde Wittenberg innerhalb weniger Jahre erst mit der überregional bekannten Reliquiensammlung Kurfürst Friedrichs des Weisen zu einem Zentrum spätmittelalterlicher Religiosität und kurze Zeit später zum Zentralort der Reformation. Durch kurze Wege und ein enges personelles Beziehungsnetz wurde die neue Theologie schnell aus der Universität heraus in die Stadt getragen, denn mehrere Professoren, wie auch Luther selbst, wirkten als Prediger an Schloss- und Pfarrkirche und wurden gern vom Rat der Stadt und vom kurfürstlichen Hof als theologische Berater herangezogen.[6]

Die Druckerwerkstatt Melchior Lotters ermöglichte eine schnelle Verbreitung der reformatorischen Diskussion über Wittenberg hinaus.[7] Durch die Druckerpresse konnten die Wittenberger Reformatoren schon bald Berichte über ihre eigenen Taten verbreiten und kommentieren, was nicht selten zu einer Mythenbildung führte, die unsere Sichtweise bis heute beeinflusst.[8] Als erste Stadt erlebte Wittenberg bereits 1521/22 eine »reformatorische Bewegung«, führte schon Anfang 1522 eine erste reformatorische Stadtordnung mit noch zurückhaltenden Reformen ein und vollendete die Reformation schrittweise bis 1525. Als Stadt Luthers wurde sie schnell zum Vorbild für Reformationen in anderen Städten und bald auch zum Symbol für die Reformation insgesamt. An ihrem Beispiel wird im Folgenden unter dem Stichwort der »Breitenwirkung der Reformation« der Weg von spätmittelalterlicher Frömmigkeit zur Einführung der Reformation nachgezeichnet. Beginnend mit den vielfältigen öffentlichen Ausdrucksformen spätmittelalterlicher Frömmigkeit zu Beginn des 16. Jahrhunderts werden anschließend deren Veränderungen mit der kurfürstlichen Residenzbildung betrachtet. Wie stellten sich Religion und Kirche den Wittenbergern zu Beginn des 16. Jahrhunderts dar und wie reagierten die Menschen auf die Veränderungen der beginnenden Reformation? Auf dieser Grundlage wird abschließend der Beginn der Reformation dargestellt.

Von der Vielfalt zur Vereinheitlichung: Frömmigkeit in Wittenberg vor der Reformation

Das religiöse Leben in Wittenberg war zu Beginn des 16. Jahrhunderts bunt und vielfältig. Tag und Nacht wurden in der Pfarrkirche und der Schlosskirche gestiftete Messen gelesen und gesungen, es gab zahlreiche Gottesdienste und religiöse Feste, die von den Klöstern und Kirchen gleichzeitig und teilweise auch in Konkurrenz zueinander gefeiert wurden. Mit den Franziskanern, den Augustinereremiten und den Antonitern waren drei unterschiedliche Orden in der Stadt aktiv. Mönche und Priester prägten das Stadtbild mit ihrer schwarzen oder braunen Ordenskleidung, auch viele Studenten gehörten dem geistlichen Stand an.

Im täglichen Zusammenleben bargen diese Konstellationen jedoch zahlreiche Konflikte. Geistliche und Studenten beanspruchten gegenüber den Bürgern der Stadt Privilegien. Universität und Bischof hatten eine eigene Gerichtshoheit inne, sodass ihre Mitglieder nicht vor das Ratsgericht gestellt werden konnten. Auch die Zuständigkeit in religiösen Fragen war schon vor der Reformation äußerst unklar: Der für Wittenberg verantwortliche brandenburgische Bischof versuchte, seine geistliche Macht zu demonstrieren und belegte die Stadt schon vor der Reformation mehrfach mit dem Bann, wovon sich die Wittenberger jedoch nur bedingt beeindruckt zeigten.[9] Bischof, Klöster, Pfarrkirche und Schlosskirche konkurrierten als geistliche Institutionen. Für die Menschen brachte das eine Vielfalt an Möglichkeiten, zugleich aber auch eine Zerstreuung der Gemeinde, einen Mangel an gemeinsamer Identität und möglicherweise auch eine Überforderung, eine Situation, die für spätmittelalterliche Städte typisch war.[10]

Doch bereits kurz vor und zunächst völlig unabhängig von der Reformation war es in Wittenberg zu entscheidenden kirchlichen und religiösen Veränderungen gekommen. Der sächsische Kurfürst Friedrich der Weise begann 1492, sich in Wittenberg ein Schloss zu bauen und die Stadt zu einer seiner beiden dauerhaften Residenzen zu machen. Wittenberg wuchs und gewann an Ansehen und Bedeutung. Darüber hinaus gründete der Kurfürst 1502 eine Universität, die schnell über Sachsen hinaus Gelehrte und Studenten anzog. Die neu gebaute Schlosskirche machte er mit zahlreichen neuen Reliquien und Ablässen, dem sogenannten *Wittenberger Heiltum*, zu einem überregional bekannten Pilgerort. Der Kurfürst bemühte sich gemeinsam mit dem Rat, auch innerhalb der Stadt das religiöse Leben zu vereinheitlichen und auf seine Schlosskirche hin auszurichten. So wurde 1508 in einer neuen Gottesdienstordnung geregelt, dass für jeden Feiertag jeweils nur noch eine Kirche oder ein Kloster zuständig sein sollte, wobei Schloss- und Pfarrkirche deutlich den Hauptteil der Feste erhielten.[11]

---

alded Monk Turned His Small Town into a Center of Publishing, Made Himself the Most Famous Man in Europe and Started the Protestant Reformation, New York 2015. **8** Vgl. zu dieser These ausführlicher Natalie Krentz: The Early Roots of Confessional Memory. Martin Luther Burns the Papal Bull on 10 December 1520, in: David Luebke/Elizabeth Plummer/Carina Johnson (Hrsg.): Reformations Lost and Found: Confessional Histories after the Reformation, Oxford 2016 [im Druck]. **9** Vgl. Dies., Ritualwandel und Deutungshoheit (wie Anm. 6). **10** Vgl. zu einer solchen »spätmittelalterlichen Komplexitätskrise« am Beispiel der Reichsstadt Nürnberg Berndt Hamm: Normative Zentrierung städtischer Religiosität zwischen 1450 und 1550, in: Max Safely (Hrsg.): Ad historiam humanam. Aufsätze für Hans Christoph Rublack, Epfendorf 2005, S. 63–80. **11** »Ordnung der Stifftkyrchenn zw Wittenbergk«, Thüringisches Hauptstaatsarchiv Weimar (ThHStA Weimar), Ernestinisches Gesamtarchiv (EGA), Reg. O 159, Bl. 105r–115v, gedruckt in: Hermann Barge: Andreas Bodenstein von Karlstadt, Bd. II: Karlstadt als Vorkämpfer des laienchristlichen Puritanismus, Leipzig 1905, S. 525–529.

Vom Marktplatz in die Kirche: die Rituale der Karwoche im Wandel

Ein anschauliches Beispiel, sowohl für die Vielfalt der religiösen Ausdrucksformen als auch für die Tendenzen zur Vereinheitlichung und Ausrichtung auf Kurfürsten und Schlosskirche, bieten die Feierlichkeiten der Karwoche in Wittenberg. Diese besondere Zeit vor Ostern wurde auch auf den Gassen und dem Marktplatz mit Ritualen und populären Passionsspielen begangen. So wissen wir, dass in Wittenberg um 1500 jährlich auf dem Marktplatz sogenannte »Höllenfahrten« aufgeführt wurden.[12] Solche Spiele des sogenannten *descensus ad inferos* waren eine im Spätmittelalter beliebte volkstümliche Erweiterung der Osterliturgie, die auf den im apokryphen Nikodemusevangelium überlieferten Abstieg Jesu in die Hölle vor seiner Auferstehung Bezug nimmt.[13] Bei dem Schauspiel traten Repräsentanten verschiedener Gruppen der städtischen Gesellschaft auf, denen jeweils ihre Sünden vorgehalten wurden, um sie anschließend von als Teufeln verkleideten Darstellern in eine »Hölle« führen zu lassen. Solche Spiele waren in spätmittelalterlichen Städten beliebt und dienten der Unterhaltung und Ermahnung der Menschen und ebenso dem Zusammenhalt der städtischen Gesellschaft, denn sie stellten alle Gruppen als gleichermaßen sündhaft und besserungswürdig dar. In Wittenberg wurden diese Spiele aufwändig gestaltet, der Rat ließ jährlich mehrere Paläste als Kulissen aufbauen und Kostüme für die Darsteller fertigen. Es traten die Teufel Luzifer und Satanas samt Gefolge auf, auch andere Figuren wie ein Judas oder ein Bauer lassen auf vielfältige Szenen und Darstellungsformen schließen.[14]

Während auf diese Weise zu Beginn des 16. Jahrhunderts eine Vielfalt liturgisch-kirchlicher und volkstümlich-städtischer Rituale noch mit- und nebeneinander existierte, ist auch hier in den folgenden Jahren eine starke Vereinheitlichung zu beobachten. Die Rituale wurden von der Straße in die Pfarr- und Schlosskirche verlegt. Die »Höllenfahrten« wurden in den 1510er Jahren eingestellt,[15] stattdessen wurden in der Karwoche ab 1517 in der Schlosskirche sogenannte »Kreuzesabnahmespiele« veranstaltet, die ebenfalls im Spätmittelalter sehr beliebt waren.[16] Auch hier wurde die ganze Stadt mit einbezogen, doch war das Zentrum des Geschehens klar der Hof: Vertreter der Stadt, der Universität und des Hofes wählten 14 bedürftige Männer aus, welche die Hauptrollen spielten. Am Dienstag vor Ostern erhielten alle Bedürftigen der ganzen Stadt im Schloss einen Hering, ein Brot und einen Pfennig. Die 14 Männer erhielten am Gründonnerstag neue Kleidung und besuchten das Badehaus. Anschließend beichteten und beteten sie in der Kirche. Am Abend des Gründonnerstags stellten sie gemeinsam ein großes Holzkreuz mit einer Christusfigur am Kreuzesaltar der Schlosskirche auf. Am Karfreitag wurde die Figur in einer feierlichen Zeremonie vom Kreuz abgenommen, in Leintücher gewickelt und auf einer Bahre durch die Kirche getragen. Anschließend wurde sie gemeinsam mit einer geweihten Hostie in ein Grab gelegt. Die 14 Armen blieben bis zum Ostersonntag betend und mit Lichtern in der Kirche.

Im Vergleich zu anderen Orten war diese Zeremonie eher schlicht gehalten, denn man verzichtete auf zahlreiche sonst oft übliche Rituale wie etwa das Herunterreißen von Tüchern vom Kreuz oder das Waschen des Altars mit Wasser und Wein. Der Schwerpunkt lag in Wittenberg auf dem Geschehen des Karfreitags und der Passionsfrömmigkeit. Das Geschehen des Karfreitags wurde damit von der Straße in die kurfürstliche Schlosskirche geholt und strenger reglementiert. Die lauten, bunten und volkstümlichen Spiele der »Höllenfahrten«, an denen sich alle städtischen Gruppen beteiligen konnten, wurden durch eine ernstere, enger an die kirchliche Liturgie angelehnte Kreuzesabnahme ersetzt. Auch der egalitäre Charakter der Spiele und die selbstironische Darstellung der Sündhaftigkeit aller städtischen Gruppen fielen nun weg. Im Mittelpunkt stand nun vielmehr der Kurfürst als Stifter und Wohltäter für die Stadt.

Reliquien und Ablass: das *Wittenberger Heiltum*

Ebenso wie Kurfürst Friedrich der Weise das religiöse Leben in Wittenberg vereinheitlichte und auf die Schlosskirche ausrichtete, so machte er die Stadt innerhalb seines Landes mit Reliquien und Ablässen zu einem Zentrum der vorreformatorischen Frömmigkeit. Für seine Reliquiensammlung scheute der Kurfürst weder Kosten noch Mühen und vergrößerte sie Anfang des 16. Jahrhunderts um ein Vielfaches. Die erste Bestandsaufnahme im Jahr 1506 verzeichnete erst 80 Reliquien, die letzte im Jahr 1520 bereits 18 970 Reliquien und Partikel, die insgesamt einen Ablass von 1 902 202 Jahren, 270 Tagen und 1 915 983 *Quadragenen* versprachen.[17]

Ihren hohen sakralen Wert erhielten die Reliquien durch päpstliche Ablassprivilegien, die den Pilgern an zwei besonderen Tagen im Jahr einen umfassenden Ablass gewährten, nämlich am dritten Montag nach Ostern und am Allerheiligentag, dem 1. November. Diese Tage wurden jeweils mit hohem zeremoniellem Aufwand begangen und lockten viele Pilger in die Stadt. Man spielte Musik, trug die päpstlichen Ablassbullen herum und las sie laut vor. Der Ablass, der für die Anwesenheit bei der Präsentation der Reliquien erlangt werden konnte, wurde laut ausgerufen. Dann trugen die höchsten Priester vorsichtig die einzelnen Reliquien, die in kunstvolle Behälter eingefasst waren, aus der Schlosskirche heraus und zeigten sie in feierlichen Zeremonien dem Volk. Dabei wurde ihre

---

12 Die Spiele sind nur in den Rechnungsbüchern des Wittenberger Rates überliefert: Stadtarchiv Wittenberg, Kämmereirechnungen (StAW KR). Eine ausführliche Aufstellung der Ausgaben findet sich dazu unter dem Titel »Ausgaben uff die passio und ander spile« in der Rechnung von 1502, Bl. 246v; auch in den Rechnungen der folgenden Jahre finden sich unter der Rubrik »gemeine ausgaben« teilweise ähnliche Posten, z. B. StAW, KR 1503/04, Bl. 443v – 444r; vgl. auch Krentz, Ritualwandel und Deutungshoheit (wie Anm. 6), S. 86 – 88. **13** Eine neuere Zusammenfassung bietet Nikolaus Henkel: Der »Descensus ad inferos« im geistlichen »Drama« des Mittelalters, in: Markwart Herzog (Hrsg.): Höllen-Fahrten. Geschichte und Aktualität eines Mythos, Stuttgart 2006, S. 87 – 108. **14** StAW, Kämmereirechnung 1502, Bl. 246v, vgl. auch Krentz, Ritualwandel und Deutungshoheit (wie Anm. 6), S. 87. **15** Die Ausgaben für diese Passionsspiele, die schon in den Anfangsjahren des 16. Jahrhunderts nur unregelmäßig verzeichnet wurden, erscheinen ab 1509 nicht mehr in den Rechnungsbüchern. **16** Eingeführt wurden sie durch eine Stiftung des Kurfürsten: »Die Stifftung der abnemung des bildnus unsers liebn hern und Seligmachers vom Creutz und wie die besuchung des grabs von den viertzcehn

Abb. 1 Die Stadt Wittenberg von der Elbe gesehen. Zeichnung aus dem Reisealbum des Pfalzgrafen Ottheinrich, 1536

Herkunft und Bedeutung erläutert. Auch den Wittenbergern wurde auf diese Weise die Bedeutung von Reliquien und Ablass immer wieder neu vor Augen geführt.

Diese Höhepunkte von Ablass und Reliquienverehrung waren aber nicht, wie es zunächst scheinen mag, Überreste einer überkommenen mittelalterlichen Frömmigkeit, sondern zu Beginn des 16. Jahrhunderts sogar ganz neu.[18] Zwar hatte es bereits im 14. Jahrhundert unter den Askanierfürsten in Wittenberg eine Schlosskapelle mit einigen Ablassprivilegien gegeben. Doch verloren die Askanier schon bald das Interesse an der Burg und auch an dem Heiltum, sodass während des gesamten 15. Jahrhunderts keine Pilger nach Wittenberg kamen. Friedrich der Weise baute so nicht nur seine Reliquiensammlung, sondern auch den Gnadenschatz an Ablässen zu Beginn des 16. Jahrhunderts vollständig neu auf, indem er die alten, längst vergessenen Ablassprivilegien vom Papst neu bestätigen ließ und zusätzlich neue erwarb.

Auch für das neue religiöse Großereignis der Heiltumsweisung ließ der Kurfürst regelrecht Werbung machen: 1510 wies er seine Amtsleute und Adlige an, Heiltumsschau und Ablass in der Bevölkerung bekannt zu machen und durch die benachbarten Bischöfe dafür sorgen zu lassen, dass dies auch in den angrenzenden Territorien von den Kanzeln verkündet wurde.[19] Eine Druckschrift, die neue Studenten für die Wittenberger Universität anlocken sollte, pries neben den berühmten Gelehrten und guten Studienbedingungen besonders das *Wittenberger Heiltum*, da man auch als Student »zuerst nach dem Reich Gottes schauen« sollte.[20] Offensichtlich waren diese Werbemaßnahmen erfolgreich, denn die Schlosskirche vermerkte drei Jahre später, dass die Heiltumsschau großen Zuspruch bei auswärtigen Gästen finde. Die Landstraßen nach Wittenberg wurden in dieser Zeit bewacht, um die An- und Abreise sicher zu gestalten, und 1517 pilgerten offensichtlich so viele Menschen nach Wittenberg, dass der Bischof sich beschwerte, dass Heilsangebote an anderen Orten darunter litten.[21] Auswärtige Besucher, die in dieser Zeit nach Wittenberg kamen, wie der bayerische Adlige Hans Herzheimer im Februar 1519, zeigten sich beeindruckt von der Pracht und Bedeutung des Reliquienschatzes.[22]

manssspersonen ztu wittenberg in aller heyligen kirchen bescheen soll 1517«, ThHStA Weimar, EGA, Reg. O 158, Bl. 24r–31v. **17** Paul Kalkoff: Ablass und Reliquienverehrung in der Schlosskirche zu Wittenberg, Gotha 1907, S. 64–66. Eine *Quadragene* umfasst einen Zeitraum von 40 Tagen und war neben Tagen und Jahren eine gebräuchliche Einheit zur Bemessung von Ablässen. Ihr Ursprung liegt im 40-tägigen Fasten Christi. **18** Vgl. auch für das Folgende Krentz, Ritualwandel und Deutungshoheit (wie Anm. 6), S. 69–83. **19** Ausschreiben Friedrichs des Weisen an Adelige und Amtsleute, ThHStA Weimar, EGA, Reg. Q 126a. **20** Vgl. Andreas Meinhardi: »Dialogus illustrate ac augustissime urbis Albiorene vulgo Wittenberg dicte […]«, Leipzig 1508, übers. von Martin Treu unter dem Titel: Andreas Meinhard: Über die Lage, die Schönheit und den Ruhm der hochberühmten Stadt Alboris, gemeinhin Wittenberg genannt, Leipzig 1986, S. 142. **21** Vgl. Krentz, Ritualwandel und Deutungshoheit (wie Anm. 6), S. 80. **22** Der Reisebericht ist Teil einer 300 Folioseiten umfassenden Chronik Hans Herzheimers der Jahre 1514 bis 1519 und liegt handschriftlich in der Kunstblättersammlung des Museum für angewandte Kunst in Wien vor (ohne Signatur), Bl. 271r–292v.

Der Aufbruch der Reformation

Wittenberg wurde so schon vor der Reformation zu einem weit über Sachsen hinaus bekannten Ort von Religion und Frömmigkeit. Diesen Stellenwert behielt die Stadt auch in der Zeit der Reformation: Waren es zuvor die Reliquien, die die Menschen in Scharen in die Stadt holten, so waren es nun Predigten und Universitätsvorlesungen, kurz »das Wort« der Reformatoren, das Gelehrte und Ungelehrte weiterhin in Scharen in die Stadt kommen ließ. Wittenberg konnte so eine Stadt des Heils bleiben, wenn auch unter vollständig anderen Vorzeichen.

Karneval und Spiele als Wegbereiter der Reformation

Während vor der Schlosskirche Ablass und Reliquienverehrung noch um 1520 ihren Höhepunkt fanden und der Kurfürst gerade 1517 mit den Kreuzesabnahmespielen sogar noch neue Stiftungen hinzugefügt hatte, wurde diese Praxis an der Universität bereits heftig diskutiert und kritisiert. Als »gute Werke« einer falsch verstandenen Frömmigkeit, die sich auf eigene Taten und Verdienste anstatt auf den Glauben und die Gnade Gottes verließen und die Menschen damit in einer falschen Sicherheit wiegten, hatten Luther und seine Kollegen besonders das Ablasswesen, aber auch alle anderen Werke der Frömmigkeit wie gestiftete Messen, zahlreiche Gebete und inhaltsleere Rituale insgesamt kritisiert.[23] In der Stadt selbst hatte dies jedoch bislang kaum Auswirkungen. Hier dominierten zu diesem Zeitpunkt andere Probleme. So kam es etwa 1520 zu Ausschreitungen bei Konflikten zwischen Studenten und Bürgern um das Tragen von Waffen, um nächtliche Ruhestörungen, zu hohe Mieten und andere kleinere Probleme, deren Auswirkungen aber so gravierend waren, dass der Kurfürst seine Truppen schicken musste, um die Lage zu beruhigen.[24]

Da wir inzwischen davon ausgehen müssen, dass Luther seine 95 Thesen nicht an die Tür der Schlosskirche angeschlagen, sondern nur in einem Brief an seine Bischöfe verschickt hat,[25] kann als erstes öffentliches Ereignis der Reformation die Verbrennung der päpstlichen Bannandrohungsbulle vor dem Wittenberger Elstertor am 10. Dezember 1520 bezeichnet werden (Abb. 2). Der Bruch mit der päpstlichen Kirche und ihrer Ordnung wurde hier erstmals für die Menschen in Wittenberg sichtbar. Die Reformation wirkte zum ersten Mal von der Universität in die Stadt und wurde dort durch die Menschen auf den Straßen aufgenommen und kreativ weiterentwickelt.

Mit der Zustellung der päpstlichen Bulle am 10. September 1520 in Wittenberg erhielten Luther und seine Anhänger eine Frist von drei Monaten, um ihre Schriften zu widerrufen. Andernfalls drohte ihnen der Kirchenbann, der nicht nur sie selbst, sondern auch alle, die ihnen Schutz gewährten, aus der Kirche ausschließen sollte. Bekanntlich entschied sich Luther, nicht zu widerrufen. Stattdessen wurden am Morgen des 10. Dezember 1520 die Wittenberger Professoren und Studenten durch einen Aushang an der Pfarrkirche vor das Elstertor gerufen, wo der Magister Johann Agricola mehrere Ausgaben des kanonischen Rechtes und weitere Bücher der Gegner der Wittenberger Theologen verbrannte.[26] Luther selbst warf anschließend ein Exemplar der päpstlichen Bulle ins Feuer und sprach dabei einige Worte in lateinischer Sprache, woraufhin die Umstehenden mit »Amen« antworteten. Die Entscheidung der Wittenberger Professoren, der Bulle nicht zu gehorchen, sondern sie im Gegenteil öffentlich zu verbrennen, gilt als ein entscheidender Wendepunkt der frühen Reformation, denn sie steht für Luthers endgültigen und öffentlichen Bruch mit dem Papst und der gesamten römischen Kirche. All dies geschah zunächst jedoch in den frühen Morgenstunden an einem etwas abgeschiedenen Ort außerhalb der Stadtmauern und wäre vermutlich kaum beachtet worden. Auch Luther selbst schenkte der Aktion vermutlich erst im Nachhinein größere Beachtung.[27]

Doch während die Professoren den Ort des Geschehens bald wieder verließen, zogen die Studenten mit einem Bauernwagen durch die Stadt, auf dem an einer langen Stange eine Papstbulle befestigt war, die wie ein Segel im Wind flatterte.[28] Die Bürger wurden durch das Trompetenspiel eines Studenten angelockt und folgten dem Zug durch die Stadt, zurück vor das Elstertor. Dort verbrannte man noch mehr Bücher unliebsamer Theologen und veranstaltete dabei zahlreiche Spottrituale: Die Studenten spielten eine Totenmesse für die verbrannten Bücher, sangen ironisch Begräbnislieder und volkstümliche Spottlieder.[29] Durch diese Umtriebe der Studenten wurden das Ereignis der Verbrennung, und möglicherweise auch die Bannandrohungsbulle selbst, in der Stadt überhaupt erst bekannt. Bürger und Studenten beteiligten sich aktiv an den symbolischen Aktionen gegen das Papsttum und formierten sich damit als Gemeinschaft gegen die päpstliche Kirche. Mit der Ablehnung und Verspottung des Papstes, seiner Symbole und des kirchlichen Rechtes vollzogen sie einen Bruch mit der bisherigen kirchlichen Ordnung, der in dieser Radikalität neu war. Doch knüpften sowohl die Kirchenkritik als auch die Rituale der Studenten und Bürger an bereits Bekanntes an: Städtische Unruhen und auch Widerstand gegen kirchliche Autoritäten, wie den Bischof und die Klöster, hatte es in Wittenberg immer wieder gegeben, sodass die Wendung gegen den Papst nun nur ein weiterer, jedoch entscheidender Schritt war. Die Studenten bedienten sich dabei traditioneller kirchlicher Rituale, die sie spöttisch verkehrten und damit zugleich delegitimierten. Ein solch spöttischer, auch ironisch verkehrender Umgang mit traditionellen kirchlichen Ritualen ist typisch für die »reformatorische Bewegung« und vielfach auch in anderen Städten zu beobachten.[30]

---

23 Vgl. etwa Martin Luther: Ein Sermon von den guten Werken (1520), WA 6, 206–276; Martin Luther: Ein Sermon von dem Neuen Testament, das ist von der heiligen Messe (1520), S. 353–378. **24** Krentz, Ritualwandel und Deutungshoheit (wie Anm. 6), S. 103–124. **25** Vgl. Joachim Ott/Martin Treu (Hrsg.): Luthers Thesenanschlag – Faktum oder Fiktion, Leipzig 2008. Vergleiche hierzu auch den Beitrag von Martin Treu in diesem Band. **26** Für zwei unterschiedliche Interpretationen des Geschehens vgl. Anselm Schubert: Das Lachen der Ketzer. Zur Selbstinszenierung der frühen Reformation, in: Zeitschrift für Theologie und Kirche 108 (2011), 4, S. 405–430; Krentz, Ritualwandel und Deutungshoheit (wie Anm. 6), S. 128–140. **27** Diese These habe ich näher ausgeführt in: Krentz, Roots (wie Anm. 8). **28** Die studentischen Aktionen sind allein aus einer Flugschrift eines anonymen Studenten bekannt: »Exustionis Antichristianorum decretalium acta«, in: WA 7, 184–186, hier S. 185. Vgl. zum Schauspiel der Studenten auch Jens-Martin Kruse: Universitätstheologie und

Abb. 2 Paul Thumann, Martin Luther verbrennt 1520 die Bannandrohungsbulle vor dem Wittenberger Elstertor, 1872/73

Ebenfalls typisch ist die Anlehnung an Fastnachtsbräuche, an die der Umzug mit Verkleidungen, Gesang und Musik erinnert. Man nutzte die fastnächtliche Narrenfreiheit, um die Verkehrung von Normen auszuprobieren.[31] Ebenso wie die Wittenberger »Höllenfahrten« dienten auch diese Bräuche der Auseinandersetzung mit der städtischen und kirchlichen Ordnung und boten einen anerkannten Rahmen, um Kritik zu äußern.

So kam es nicht zufällig gerade in der Fastnachtszeit 1521, wenige Wochen später, erneut zu einem kirchenkritischen Spiel im städtischen Raum. Die Studenten führten einen als Papst verkleideten Darsteller mit einem Gefolge aus Kardinälen, Bischöfen und Dienerschaft zunächst »mit großem Pomp« herum, jagten ihn anschließend durch die Stadt und versuchten, ihn in den städtischen Abwasserfluss zu werfen.[32] Ebenso wie die Verbrennung der Bannandrohungsbulle trugen auch diese spielerischen Rituale der Bürger und Studenten dazu bei, symbolisch den Bruch mit der alten Ordnung der Kirche zu vollziehen, indem sie ihre Würdenträger der Lächerlichkeit preisgaben.

Kirchenreform. Die Anfänge der Reformation in Wittenberg 1516–1522, Mainz 2002, S. 269; Rublack, Reformation (wie Anm. 6), S. 26. **29** Vgl. den Bericht des anonymen Studenten »Exustionis Antichristianorum decretalium acta«, in: WA 7, 184–186, hier S. 186. **30** Robert W. Scribner: Reformation, Karneval und »verkehrte Welt«, in: Richard van Dülmen/Norbert Schindler (Hrsg.): Volkskultur. Zur Wiederentdeckung des vergessenen Alltags (16.–20. Jahrhundert), Frankfurt am Main 1984, S. 117–152. **31** Vgl. Klaus Ridder: Fastnachtstheater. Städtische Ordnung und fastnächtliche Verkehrung, in: Ders. (Hrsg.): Fastnachtspiele. Weltliches Schauspiel in literarischen und kulturellen Kontexten, Tübingen 2009, S. 65–82. **32** Davon berichtete Luther an Spalatin, 17. Februar 1521, in: WA.BR 2, S. 265f., vgl. Krentz, Ritualwandel und Deutungshoheit (wie Anm. 6), S. 138.

Der Aufbruch der Reformation

Messestörung und Bildersturm als Bruch mit der alten Kirche

In den folgenden Monaten kam es immer wieder zu ähnlichen Aktionen von Studenten auf den Straßen, während gleichzeitig die Diskussion an der Universität vorangetrieben wurde. Luther war in dieser Zeit nicht in Wittenberg, er hielt sich seit Anfang Mai 1521 auf der Wartburg versteckt. Besonders die traditionellen Messen, die in allen Wittenberger Kirchen ununterbrochen gelesen und gesungen wurden, wurden immer stärker kritisiert.[33] Über Predigten wurde diese Kritik schnell in der Stadt bekannt, denn mehrere Theologieprofessoren waren zugleich Prediger.

Die nun folgenden Aktionen im Herbst 1521 zeigen eine gewisse Rezeption dieser neuen theologischen Kritik, bewegten sich jedoch zugleich stets im Rahmen alter städtischer Konflikte, die ganz unabhängig von der Reformation bestanden. Der erste bekannte Vorfall nach Fastnacht ereignete sich Anfang Oktober 1521, als zwei Antonitermönche in die Stadt kamen, um dort nach alter Gewohnheit Spenden für ihren Orden zu sammeln.[34] Schon bei ihrer Ankunft wurden ihre Diener mit Kot und Steinen beworfen, die Messe des Antoniterpräzeptors wurde am nächsten Morgen so gestört, dass er sie kürzen musste. Als er am Kollegienhaus der Universität Wasser weihen wollte, stießen Studenten den Eimer um. Am 3. Dezember 1521 wurde die Frühmesse in der Pfarrkirche von Studenten gestört, die sich vor den Altar drängten, den Priestern die Messbücher entwendeten und sie damit am Lesen der Messe hinderten.[35] Zwei Tage später versammelte sich eine Gruppe vor dem Franziskanerkloster, welche die Mönche bedrohte und beschimpfte. Auf Bitten der Franziskaner ließ der Rat das Kloster über Nacht bewachen und tatsächlich sollen 40 Studenten und »Edelleute« nachts mit Pauken und Trompeten durch die Stadt gezogen sein.[36] Erneut gestört wurde die Messe am Heiligen Abend, zunächst in der Pfarrkirche, auf deren Kirchhof die Täter anschließend »wie Wölfe heulten«, und schließlich in der Schlosskirche, von deren Empore aus sie die Priester verspotteten.[37]

Alle diese Aktionen entsprachen einerseits in ihrer Zielrichtung gegen die Messe der neuen theologischen Diskussion an der Universität. Andererseits waren solche Unruhen von Studenten nicht neu, gerade die nächtlichen Ruhestörungen auf den Straßen und unangemessenes Verhalten auf dem Kirchhof beklagte die Stadt schon seit Gründung der Universität. Besonders mit »Edelleuten«, also adligen Studenten, die Waffen tragen durften, war es in der Vergangenheit immer wieder zu Streitigkeiten gekommen.

Ebenso waren die Antonitermönche der Stadt schon seit langer Zeit ein Ärgernis, denn sie trugen das Geld aus der Stadt und bildeten eine Konkurrenz zu den lokalen Geistlichen.[38] Bereits in der Kirchenordnung von 1508 hatte man ihre Zuständigkeit daher auf zwei Feiertage im Jahr begrenzt.[39] So hatten hier bekannte Konflikte in den neuen reformatorischen Forderungen nach Abschaffung der Messe und der Kritik am Klosterleben nur neue Gegenstände gefunden.

Im Gegensatz zu den vorherigen Jahren war der Verlauf der Unruhen, die hauptsächlich studentische Unruhen waren, sogar moderat und wurde entsprechend auch vom Kurfürsten, der noch 1520 seine Truppen geschickt hatte, kaum weiter beachtet. Selbst der heute in der Literatur häufig genannte »Wittenberger Bildersturm«, dem im Februar 1522 zahlreiche Kunstwerke zum Opfer gefallen sein sollen, erscheint bei genauerer Betrachtung der Quellen kaum nennenswert (Abb. 3).[40] Das einzige Zeugnis, das wir haben, ist eine Rechnungsnotiz über die Bestrafung eines einzelnen Täters, der in der Pfarrkirche Bilder beschädigt hatte.[41] In der theologischen Diskussion spielte die Frage, ob man Bilder in den Kirchen dulden wollte, jedoch seit Januar 1522 zunehmend eine Rolle. Andreas Karlstadt veröffentlichte sein Pamphlet *Von Abtuung der Bilder*, in dem er theologische Argumente gegen die Bilder in den Kirchen anführte, und der Rat ließ Ende Januar die Bilder aus den Kirchen entfernen. Ein regelrechter Bildersturm fand nur am 10. Januar 1522 im Augustinerkloster statt: Die Mönche machten im Hof ein Feuer und verbrannten darin Inventar aus der Klosterkirche, wie hölzerne Altäre, geschnitzte Bilder, Fahnen, Kerzen und Leuchter.[42] Außerdem schlugen sie steinernen Heiligenstatuen die Köpfe ab und verwüsteten Gemälde in der Klosterkirche. All dies fand jedoch hinter den Klostermauern und unter Ausschluss der Öffentlichkeit statt, die Augustiner schlossen hier rituell mit ihrer eigenen Vergangenheit ab.

Die Einführung der Reformation

Auf die Kritik an der alten Ordnung folgten nun bald die ersten Versuche, eine neue Ordnung zu errichten. Den ersten öffentlichen Akt unternahm am Weihnachtstag 1521 der Reformator Andreas Karlstadt, indem er die erste öffentliche »evangelische Messe« in der Wittenberger Schlosskirche feierte.[43] Karlstadt trug dabei ein Laiengewand und machte die Predigt zum Mittelpunkt des Gottesdienstes. Bei der Abendmahlsfeier sprach er die Einsetzungsworte laut und in deutscher Sprache, verzichtete auf die Elevation der Hostie und gab den Kommunikanten Hostien und den Kelch selbst in die Hand, wäh-

---

33 Vgl. Wolfgang Simon: Die Messopfertheologie Martin Luthers. Voraussetzungen, Genese, Gestalt und Rezeption, Tübingen 2003, S. 419–472. **34** Es sind zwei Briefe als Quellen für diesen Vorfall überliefert: Brief des kurfürstlichen Kanzlers Gregor Brück an Kurfürst Friedrich von Sachsen, 8. Oktober 1521, in: Nikolaus Müller (Hrsg.): Die Wittenberger Bewegung 1521 und 1522. Die Vorgänge in und um Wittenberg während Luthers Wartburgaufenthalt. Briefe, Akten und dgl. und Personalien, 2. Auflage, Leipzig 1911, S. 19–21. Wolfgang Reißenbusch an Friedrich den Weisen, 7. Oktober 1521, ThHStA Weimar, EGA, Reg. Kk 781, Bl. 7r+v. Vgl. auch zum Folgenden Krentz, Ritualwandel und Deutungshoheit (wie Anm. 6), S. 144–150. **35** Brief des Rates der Stadt Wittenberg an Friedrich den Weisen, 5. Dezember 1521, in: Müller, Wittenberger Bewegung (wie Anm. 34), S. 77f. **36** Quelle ist hier ein Brief des Studenten Herrmann Mühlpfort an den gleichnamigen Bürgermeister von Zwickau, in: Mitteilungen des Altertumsvereins für Zwickau und Umgebung 11 (1914), S. 26–28, hier S. 27. **37** Vgl. Brief der Stiftskanoniker der Schlosskirche an Friedrich den Weisen vom 29. Dezember 1521, in: Müller, Wittenberger Bewegung (wie Anm. 34), S. 133 f. **38** Vgl. Christoph Ocker: »Rechte Armut« und »Bettler Orden«. Eine neue Sicht der Armut und die Delegitimierung der Bettelmönche, in: Bernhard Jussen/Craig Koslofsky (Hrsg.): Kulturelle Reformation. Sinnformationen im Umbruch 1400–1600, Göttingen 1999, S. 129–157. **39** »Ordnung der Stifftkyrchenn zw Wittenbergk« (wie Anm. 11). **40** Zu dieser traditionellen Sicht von »Wittenberger Unruhen« und »Wittenberger Bildersturm« vgl. Norbert Schnitzler: Wittenberg 1522 – Reforma-

Abb. 3 Martin Luther unterbindet den Bildersturm in Wittenberg, 1847, aus:
Gustav König, Dr. Martin Luther, der deutsche Reformator.
In bildlichen Darstellungen von Gustav König, Stuttgart 1857

tion am Scheideweg?, in: Cécile Dupeux/Peter Jetzler/Jean Wirth (Hrsg.), Bildersturm: Wahnsinn oder Gottes Wille?, 2. Auflage, Zürich 2002, S. 68–74, hier S. 73; Carlos Eire: War Against the Idols. The Reformation of Workship from Erasmus to Calvin, New York 1986, S. 64; Ernst Ullmann: Die Wittenberger Unruhen. Andreas Bodenstein von Karlstadt und die Bilderstürme in Deutschland, in: International Committee on the History of Art (Hrsg.): L'art et les révolutions, Bd. 4: Les iconoclasmes, Straßburg 1992, S. 117–126, hier S. 120; Ulrich Bubenheimer: Scandalum et ius divinum. Theologische und rechtstheologische Probleme der ersten reformatorischen Innovationen in Wittenberg 1521–1522, in: Zeitschrift der Savigny-Stiftung für Rechtsgeschichte, Kanonistische Abteilung 90 (1973), S. 263–342, hier S. 217. **41** Vgl. Krentz, Ritualwandel und Deutungshoheit (wie Anm. 6), S. 204. **42** Bubenheimer, Scandalum et ius divinum (wie Anm. 40); vgl. allgemein auch Norbert Schnitzler: Ikonoklasmus – Bildersturm. Theologischer Bilderstreit und ikonoklastisches Handeln während des 15. und 16. Jahrhunderts, München 1996. **43** Vgl. Barge, Andreas Bodenstein von Karlstadt (wie Anm. 11), S. 358–360; Simon, Messopfertheologie (wie Anm. 33), S. 496–500; Thomas Kaufmann: Abendmahl und Gruppenidentität in der frühen Reformation, in: Martin Ebner (Hrsg.): Herrenmahl und Gruppenidentität, Freiburg/Basel/Wien 2007, S. 194–210; Krentz, Ritualwandel und Deutungshoheit (wie Anm. 6), S. 145–168.

rend der Kelch zuvor den Priestern vorbehalten gewesen war. Damit zeigte er eine neue Aufwertung der Laien, ein neues Verständnis der Messe und des Abendmahlssakraments. Auf die Teile der traditionellen Messliturgie, welche auf das in der theologischen Diskussion viel kritisierte »Messopfer« verwiesen, verzichtete er hingegen ganz. Während sich die Wittenberger Bürger zuvor nur vereinzelt an den Aktionen der Studenten beteiligt hatten, war die Teilnehmerzahl nun überwältigend. Es war, so heißt es in den Quellen, fast die ganze Stadt anwesend.[44] Und so beschreiben die Augenzeugenberichte auch einen regelrechten Ansturm der Laien auf das Sakrament. Karlstadt selbst berichtete später von einer »inbrünstigen Hitz und unmäßigen Begierd« der Wittenberger. Die Einführung des »Laienkelches« wurde in den folgenden Jahren an vielen Orten zum Symbol für die Einführung der Reformation. In Wittenberg wurde das Abendmahl unter beiderlei Gestalt von Weihnachten 1521 an in der Pfarr- und Schlosskirche gefeiert. Im Januar 1522 erließ der Rat eine neue Stadtordnung, welche die teilweise schon bestehenden Veränderungen offiziell einführte: Messen ohne Gemeindebeteiligung wurden abgeschafft, die Gemeindemesse hingegen zunächst im Wesentlichen in ihrer alten liturgischen Form belassen. Das Abendmahl unter beiderlei Gestalt wurde jedoch ausdrücklich erlaubt und die Elemente der Liturgie gestrichen, die auf die Messe als Opfer hinwiesen. Ebenfalls wurde beschlossen, die Bilder aus der Pfarrkirche zu entfernen. Der weitaus größte Teil der Ordnung beschäftigte sich jedoch mit sozialpolitischen Maßnahmen. Das Betteln wurde verboten, dafür der »gemeine Kasten« zur Armenfürsorge weiter ausgebaut, der unter anderem aus umgewidmeten Stiftungen für Messen finanziert werden sollte. Witwen, Waisen und in Not geratene Handwerker sollten unterstützt werden.

Während die sozialpolitischen Maßnahmen unstrittig waren, führte der Artikel über die Messe zu Diskussionen, da besonders das altgläubige Stiftskapitel der Schlosskirche hier Widerstand leistete. Unter Federführung der kurfürstlichen Beamten wurde im Februar 1522 ein Kompromiss ausgehandelt, der besonders die gestifteten Messen ohne Gemeinde in eingeschränktem Maße wieder erlaubte und damit den Priestern zunächst ihr Auskommen sicherte. Martin Luther erwirkte nach der Rückkehr von der Wartburg im März 1522 erneut einige geringfügige Änderungen an der Liturgie und kritisierte in seinen bekannten *Invokavitpredigten*, dass die Reformation zu hastig und ohne Rücksicht auf die Schwachen im Glauben eingeführt worden sei.[45] Insgesamt waren jedoch die Reformen zunächst moderat, die Messe blieb lateinisch, mit bis auf das Abendmahl nur wenigen, für den Laien kaum wahrnehmbaren Veränderungen, und selbst das *Heiltum* wurde noch 1522 mit den üblichen Messen und Zeremonien auswärtigen Besuchern gezeigt.

Die Reformen wurden in den folgenden Jahren schrittweise weitergeführt, bis Ende 1525 eine »deutsche Messe« eingeführt und die gestifteten Messen und andere Zeremonien ebenso wie das *Heiltum* selbst endgültig abgeschafft worden waren. Als begünstigend erwies sich dabei die Tatsache, dass der Kurfürst das Kirchenwesen in Wittenberg schon vor der Reformation stark vereinheitlicht hatte, und sowohl die Klöster als auch der Bischof dabei an Einfluss verloren hatten. Mit der Gründung der Universität hatte sich hingegen eine enge Zusammenarbeit zwischen Rat, Universität und kurfürstlichem Hof etabliert, die zunächst 1522 und in den folgenden Jahren eine gemeinsame Einführung der Reformation ermöglichte.

44 Dies schrieb der Stiftspropst Justus Jonas an Johann Lang, 8. Januar 1522, in: Müller, Wittenberger Bewegung (wie Anm. 34), S. 165. **45** »Acht Sermone D. M. Luthers von ym geprediget zu Wittenberg in der Fasten«, in: WA 10, 3, S. 1–64, vgl. Krentz, Ritualwandel und Deutungshoheit (wie Anm. 6), S. 220–242.

MARTIN EBERLE

Die sächsische Dynastie und das ernestinische Wittenberg

Das Haus Wettin, dem einige politische Akteure der Reformation entstammten, gehört zu den ältesten Geschlechtern des europäischen Hochadels. Die Dynastie stellte seit 1089 die Markgrafen von Meißen, Landgrafen von Thüringen sowie Herzöge und Kurfürsten von Sachsen. In der Neuzeit gingen aus dem Haus sogar mehrere Monarchen von Sachsen, Polen, Belgien, Portugal, Bulgarien und Großbritannien hervor, sodass dem bis heute bestehenden Haus europäische Geltung zukommt. Sein Name leitet sich dabei von der nahe bei Halle (Saale) gelegenen Burg Wettin ab.

Wie in den deutschen Häusern üblich, kam es auch in dieser Familie immer wieder zu Teilungen des Herrschaftsgebietes. In der Geschichte der Wettiner stellte die Leipziger Teilung von 1485 eine besondere Zäsur dar, da sie die Dynastie dauerhaft in zwei Linien aufspaltete. Der Begründer der ernestinischen Linie, Kurfürst Ernst, erhielt die Landgrafschaft Thüringen einschließlich des Herzogtums Sachsen-Wittenberg, während sein jüngerer Bruder, Herzog Albrecht, die Markgrafschaft Meißen bekam und Stammvater der albertinischen Linie wurde. Trotz der Teilung gab es dabei zunächst auch einigende Kräfte, die sich vor allem wirtschaftlich in der gemeinsamen Nutzung der sächsischen Silberbergwerke und dem gemeinsamen Schlagen von Münzen äußerten.

Während die Albertiner die Stadt Dresden zu ihrer Hauptresidenz wählten und mit Leipzig über eine Universität verfügten, konnten die Ernestiner durch ihre Kurwürde die Residenzen in Torgau und Wittenberg zu glanzvollen Hofhaltungen ausbauen, die ihresgleichen im Reich suchten und Künstlerpersönlichkeiten wie Lucas Cranach den Älteren anzogen. Wegen seines großen Einflusses war Friedrich der Weise 1519 als Kandidat für die Wahl des Königs des Heiligen Römischen Reiches im Gespräch, bevorzugte es aber, den Habsburger zu unterstützen, den späteren Karl V. Der Bruder Friedrichs des Weisen, Johann der Beständige, bekannte sich – im Gegensatz zu seinem Bruder – öffentlich zu den religiösen Zielen der Reformation. Mit der Gründung der evangelisch-lutherischen Landeskirche 1527 wurde der Kurfürst deren erster Landesbischof. Dabei war Johann der Beständige aber sehr darum bemüht, den politischen Konflikt mit Kaiser Karl V. zu vermeiden.

Anders sein Sohn und Nachfolger, Johann Friedrich der Großmütige, in dessen Regierungszeit es zu Spannungen mit Kaiser Karl V. kam. Der Hauptgrund bestand darin, dass der Kurfürst dem 1531 gegründeten Schmalkaldischen Bund vorstand, einem Zusammenschluss protestantischer Fürsten und Städte gegen die Religionspolitik Kaiser Karls V. Nachdem der Kaiser den Bund im Schmalkaldischen Krieg zerschlagen hatte, musste der unterlegene und gefangene Kurfürst seinem albertinischen Vetter Moritz, der auf Seiten des Kaisers gekämpft hatte, die Kurwürde überlassen. Johann Friedrich durfte sich nur noch als »geborener Kurfürst« bezeichnen, stilisierte sich und seine Nachfolger jedoch zu »Verteidigern des wahren Glaubens«.

Während die Albertiner, gestärkt durch das Prinzip der Primogenitur, unaufhaltsam aufstiegen und 1697 bis 1763 sogar in Personalunion das Königreich Polen regierten, war der ernestinische Zweig in Thüringen durch zahlreiche Erbteilungen zersplittert. Erst im 19. Jahrhundert errang die Linie dank einer geschickten Heiratspolitik wieder Weltrang. Die so entstandene Vielzahl von Residenzen und Hofhaltungen in Thüringen und das glanzvolle Hofleben in Sachsen prägen bis heute die reiche und vielfältige Kulturlandschaft in Thüringen, die ihresgleichen in Europa sucht.

HEIRATSPOLITIK WÄHREND DER REFORMATIONSZEIT

Die Adelsdynastien Europas waren zum Teil sehr eng miteinander verwandt. Die Herrscherfamilien von Sachsen und Hessen brachten die Reformation durch ihre intensive Heiratspolitik besonders voran. Über Generationen war diese Heiratspolitik ein Zeichen der Verbundenheit. In den oft kinderreichen Familien wählte man sich die Partner in geeigneten Familien unter den Mitgliedern der europäischen Adelshäuser aus. Wichtig waren bei der Wahl die gleiche Konfession und politische Erwägungen. Zusätzlich musste auch auf ein Über- oder Unterangebot an männlichen oder weiblichen heiratsfähigen Nachkommen reagiert werden. Nicht zuletzt kamen finanzielle Aspekte ins Spiel, wenn es um die Mitgift und perspektivische Erbschaften ging. Nicht standesgemäße Ehen waren noch nicht so verpönt wie zu späterer Zeit.

Bei den Reformationsfürsten waren eindeutige Präferenzen sichtbar, da man vorrangig mit den Familien in Beziehungen trat, die gleichfalls der Reformation anhingen. Im Zuge der Reformation bildeten sich so ein protestantischer und ein katholischer Heiratsmarkt heraus. Gemischtkonfessionelle Ehen waren selten. Eine Adelslinie konnte sich nur infolge eines Glaubenswechsels dauerhaft auf dem anderen Heiratsmarkt etablieren.

Das sächsisch-hessische Familiennetzwerk

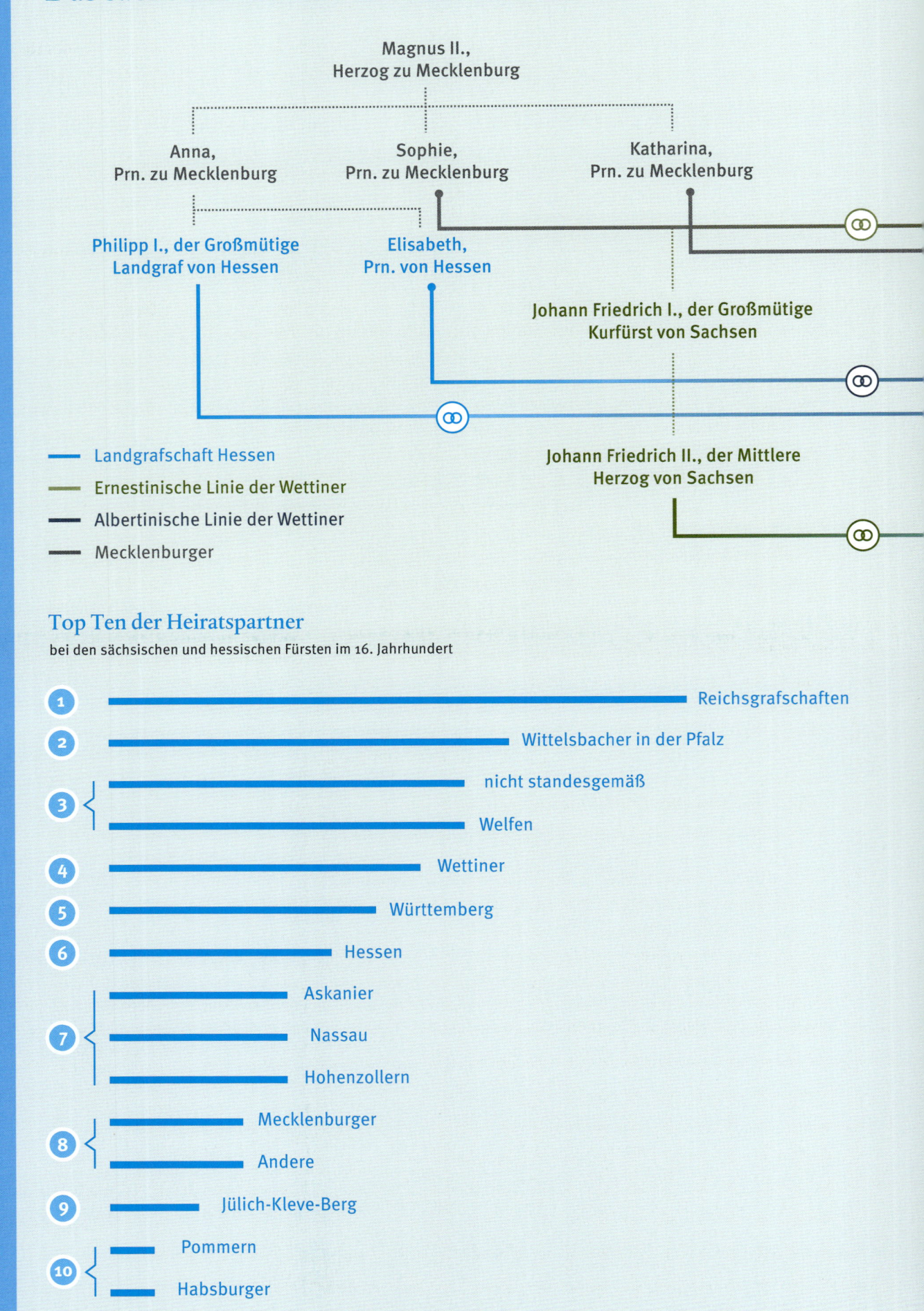

Magnus II., Herzog zu Mecklenburg

- Anna, Prn. zu Mecklenburg
- Sophie, Prn. zu Mecklenburg
- Katharina, Prn. zu Mecklenburg

Philipp I., der Großmütige Landgraf von Hessen

Elisabeth, Prn. von Hessen

Johann Friedrich I., der Großmütige Kurfürst von Sachsen

Johann Friedrich II., der Mittlere Herzog von Sachsen

— Landgrafschaft Hessen
— Ernestinische Linie der Wettiner
— Albertinische Linie der Wettiner
— Mecklenburger

Top Ten der Heiratspartner
bei den sächsischen und hessischen Fürsten im 16. Jahrhundert

1. Reichsgrafschaften
2. Wittelsbacher in der Pfalz
3. nicht standesgemäß / Welfen
4. Wettiner
5. Württemberg
6. Hessen
7. Askanier / Nassau / Hohenzollern
8. Mecklenburger / Andere
9. Jülich-Kleve-Berg
10. Pommern / Habsburger

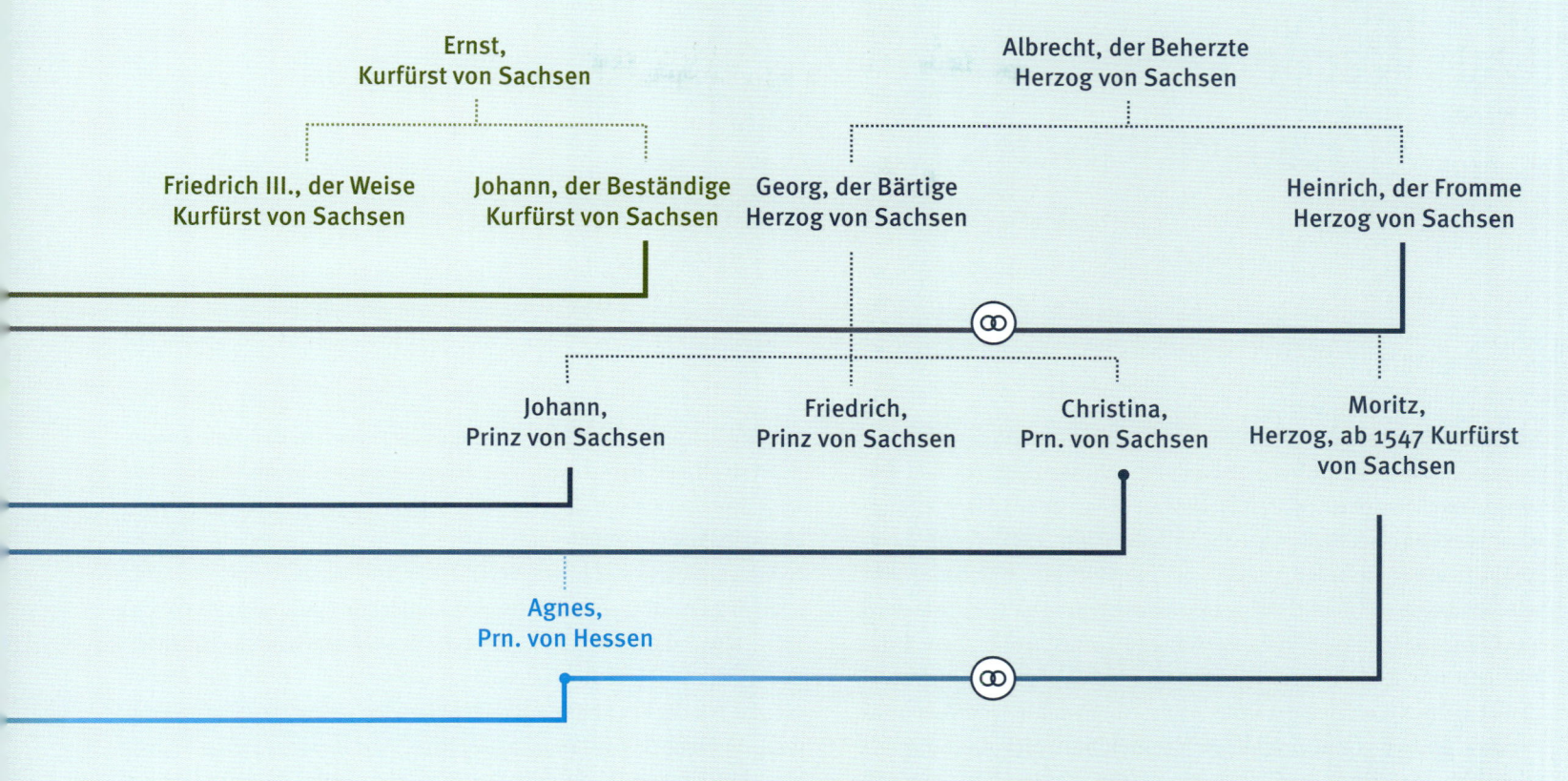

Ernst,
Kurfürst von Sachsen

Albrecht, der Beherzte
Herzog von Sachsen

Friedrich III., der Weise
Kurfürst von Sachsen

Johann, der Beständige
Kurfürst von Sachsen

Georg, der Bärtige
Herzog von Sachsen

Heinrich, der Fromme
Herzog von Sachsen

Johann,
Prinz von Sachsen

Friedrich,
Prinz von Sachsen

Christina,
Prn. von Sachsen

Moritz,
Herzog, ab 1547 Kurfürst
von Sachsen

Agnes,
Prn. von Hessen

Verwandtschaft der Reformationsfürsten
Anzahl der Heiraten in das jeweilige Haus

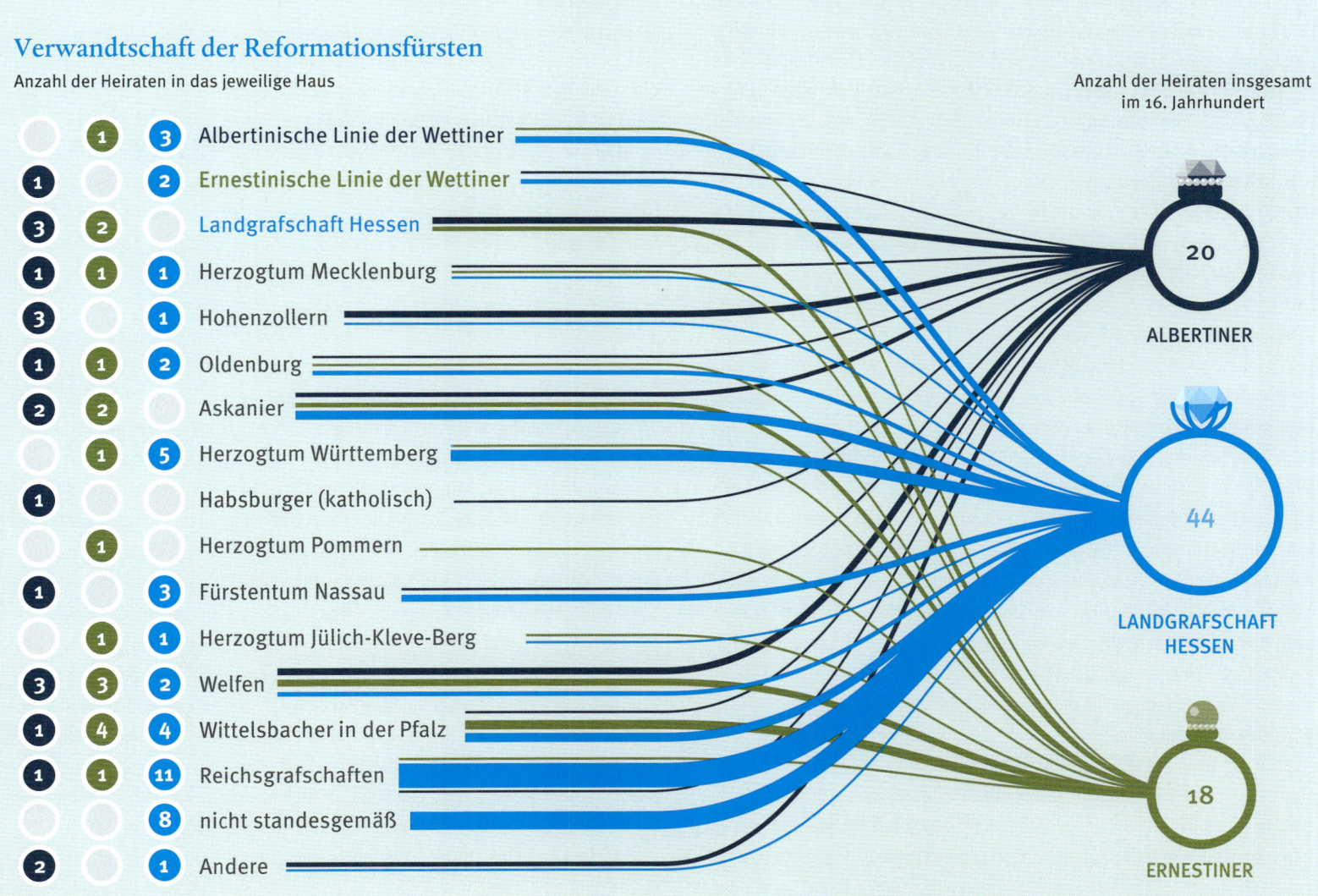

Anzahl der Heiraten insgesamt
im 16. Jahrhundert

	1	3	Albertinische Linie der Wettiner
1		2	Ernestinische Linie der Wettiner
3	2		Landgrafschaft Hessen
1	1	1	Herzogtum Mecklenburg
3		1	Hohenzollern
1	1	2	Oldenburg
2	2		Askanier
	1	5	Herzogtum Württemberg
1			Habsburger (katholisch)
	1		Herzogtum Pommern
1		3	Fürstentum Nassau
	1	1	Herzogtum Jülich-Kleve-Berg
3	3	2	Welfen
1	4	4	Wittelsbacher in der Pfalz
1	1	11	Reichsgrafschaften
		8	nicht standesgemäß
2		1	Andere

20 ALBERTINER

44 LANDGRAFSCHAFT HESSEN

18 ERNESTINER

VOLKER LEPPIN

Das Werden eines Reformators

Martin Luther wurde nicht von einem Tag auf den anderen zum Reformator – auch wenn seine eigenen Erzählungen gelegentlich diesen Eindruck machen: Spät, 1545, erzählt er, wie er um das Verständnis einer Stelle bei Paulus gerungen habe (Röm 1,17): »Denn darin wird offenbart die Gerechtigkeit, die vor Gott gilt, welche kommt aus Glauben in Glauben; wie geschrieben steht: ›Der Gerechte wird aus Glauben leben.‹«[1] Er habe, so schreibt Luther, früher Gerechtigkeit stets nur als die sogenannte distributive Gerechtigkeit verstanden: Auf ihrer Grundlage werden nach seinem damaligen Verständnis die Guten belohnt und die Schlechten bestraft – und folglich muss man sich abmühen, selbst so gerecht zu sein, dass man sich den Lohn verdient. Sich von diesem Verständnis zu lösen, das machte für den alt gewordenen Luther den Kern seiner reformatorischen Erkenntnis aus. Die Vorstellung von der distributiven, aktiven Gerechtigkeit habe er hinter sich gelassen und erkannt, dass die Gerechtigkeit Gottes eigentlich darin besteht, dass Gott dem Menschen seine Gerechtigkeit schenkt, ohne dass dieser selbst etwas dafür tun kann oder muss: Dies nannte er die »passive Gerechtigkeit«.

Dass diese plötzliche Einsicht dem Gelehrten nach seinem eigenen Bericht beim gründlichen Studium der Schrift kam, rief bei den Luther-Forschern des 19. und 20. Jahrhunderts vertraute Bilder hervor: Da hatte man den Schreibtischgelehrten, den typischen Professor vor sich, den gründliche intellektuelle Arbeit zu neuen Erkenntnissen bringt. Mit viel Aufwand hat man versucht, die von Luther beschriebene Erkenntnis in dessen frühen Vorlesungen wiederzufinden. Man vollzog den exegetischen Weg nach und suchte in seinem Werk den Umschlagpunkt vom Mittelalter zur Reformation, vom alten Gerechtigkeitsverständnis zur neuen reformatorischen Lehre von der Rechtfertigung. Und man stellte sich ihn dabei in seiner Studierstube vor, von deren Lage man sogar eine recht genaue Vorstellung hatte: Verschiedentlich wird in den berühmten *Tischreden* Luthers ein Turm erwähnt, in dem die Erkenntnis stattgefunden habe. Welch großartige Vorstellung: Ein Moment, ein Mann, ein Ort – auf diese Weise meinte man genau den Moment beschreiben zu können, in dem das Mittelalter verging und die Reformation begann.

Doch diese große Erzählung ist unsicher geworden. Das beginnt schon mit dem Turm. Wie fest das »Turmerlebnis« im kulturellen Gedächtnis verankert ist, zeigt das vor wenigen Jahren erregte große Aufsehen, als man auf dem Areal des Lutherhauses in Wittenberg eine Toilette entdeckte (Abb. 1). Sie interessierte Luther, den Reformator nicht so sehr als hygienische Installation, sondern als spiritueller Ort: »auff diser cloaca auff dem thurm«[2] habe er das neue Verständnis der Gerechtigkeit gewonnen – folgt man den Aufzeichnungen eines Tischredenschreibers von Luthers Bericht. Mit der Toilette meinte man also auch den Ort der reformatorischen Entdeckung gefunden zu haben. Freilich war die genaue Lokalisierung des Geschehens noch strittig: Die moderne Forschung rätselte, ob Luther nun, wie Martin Brecht meinte, mit der Erwähnung der »cloaca« sagen wollte, dass er im Stockwerk oberhalb des Aborts gesessen habe[3] – oder, wie es Heiko Augustinus Oberman fröhlich ausmalte, ob es nicht vielmehr einen tieferen Sinn ergebe, dass der Reformator ganz wörtlich auf der Toilette sitzend seine Erkenntnis gewonnen habe: Der Teufel hatte seit jeher mit Exkrementen zu tun. Ihn zusammen mit diesen auszuscheiden,[4] konnte daher durchaus einen sinnvollen Zusammenhang ergeben.

Den wenig appetitlichen Streit hätten sich die Reformationshistoriker freilich sparen können. Denn die Ortsangabe ist bei Weitem nicht so klar, wie sie meinten. Das hängt mit der Schwierigkeit der Überlieferung zu den *Tischreden* zusammen. Sechs Bände füllen sie in der großen Ausgabe der Werke Luthers, und das sind beileibe noch nicht alle, die erhalten sind. Einzelne Tischreden sind in unterschiedlichen Varianten überliefert, zeigen Bearbeitungsspuren, Versuche, seine originalen Reden nicht nur wortwörtlich zu erhalten, sondern auch in eine Form zu bringen, die man mit dem Andenken an den ehrwürdigen Mann verbinden konnte. Blickt man nun genauer in die Tischredenüberlieferung, zeigt sich, dass die ältesten Fassungen der Erzählung vom reformatorischen Durchbruch noch ganz ohne Erwähnung eines Turms auskamen. Der Mitschreiber Johann Schlaginhaufen notierte 1532, Luther habe gesagt: »Diese kunst hatt mir der Spiritus Sanctus auf diss Cloaca eingeben.«[5]

Und wie wenig gefestigt die Überzeugung von einem Erlebnis im Turm in Wittenberg war, zeigt der Umstand, dass Georg Rörer, einer der engsten Vertrauten Luthers, als er wenige Jahre nach dem Tod des Reformators Schlaginhaufens Notizen abschrieb, zur fraglichen Stelle ergänzte: »in horto«,[6] »im Garten«. Das war nun eine theologisch außerordentliche subtile Zufügung, denn als gebildeter Mensch wusste man, dass der Garten ein bestens bewährter Ort für theologische Durchbrüche war: Der Kirchenvater Augustin, Patron von Luthers Orden, hatte in seinen *Confessiones* die berühmte Gartenszene geschildert. In einem Garten habe er eine Stimme gehört, von der er nicht genau sagen konnte, woher sie kam. Sie rief ihm das sprichwörtlich gewordene: »Nimm und lies!«[7] zu, und Augustin griff zu den Briefen des Apostels Paulus und fühlte sich von der Bibelstelle, die er las, unmittelbar berührt und gewandelt. Es hätte also durchaus in diese Tradition gepasst, wenn auch Luther das neue Verständnis der Gerechtigkeit im Garten gefunden hätte. Nur eben: Dass Rörer hier den Garten hinzusetzte, zeigt auch und vor allem, dass er noch um 1550 von einem Turmerlebnis nicht das Geringste wusste. Das lässt aber nur einen sinnvollen Schluss zu: Wenn denn Luther von seiner reformatorischen Erkenntnis sprach, so lokalisierte er es vielleicht »auff diser cloaca«, nicht aber »auff dem thurm«. Die Rede von einem solchen Turm geht auf seine treuen Schüler zurück, die wohl wussten, dass es einen Turm mit einer Toilette gab. Womöglich dachten sie an jene wieder freigelegte Toilette in Wittenberg, wenn sie diese Angabe hinzusetzten. Doch es bleibt: Die Rede vom Turm stammt nicht von Luther selbst, sondern von seinen Erben und Adepten.

Löst man sich erst einmal von der Vorstellung eines festen Ortes in Garten oder Turm, nimmt auch die »cloaca« selbst eine ganz andere, zugleich harmlosere und gewichtigere Bedeutung an, als man es bis zu der erwähnten Debatte zwischen Brecht und Oberman meinte. Die Lösung nämlich liegt näher als man dachte: In einer anderen Tischrede erklärte Luther zum Lobe der Musik: »So unser Her Gott in diesem leben in das scheißhaus solche edle gaben gegeben hat, was wirdt in jhenem ewigen leben geschehen, ubi omnia erunt perfectissima et iucundissima (wo alles ganz vollkommen und ergötzlich sein wird)?«[8] Das derbe deutsche Wort »scheißhaus«, das der lateinischen »cloaca« entspricht, bedeutet hier offenkundig nichts anderes als das Elend der sündigen Erde. Es ist nicht mehr als eine Metapher, eine grobe zwar, aber eben doch eine Metapher. Dieser Ort liegt nicht in einem Turm und nicht in einem Garten: Was der Reformator ausdrücken will, ist das gewaltige Wunder, dass Gott ihm mitten im sündigen Leben das Geschenk neuer Erkenntnis gewährt hat.

Es sind aber nicht immer wie in diesem Falle die Epigonen Luthers, die für eine Verzerrung der Berichte verantwortlich sind – er selbst hat gerade im Blick auf die entscheidenden Momente seiner Entwicklung unterschiedliche Hinweise hinterlassen. Dabei entstehen Fehler oder Verschiebungen nicht aus bösem Willen, sondern sie gehören zu unserem Erinnerungsprozess hinzu. Wer einmal versucht hat, seine eigenen Erinnerungen an ein Geschehnis vor 30 Jahren mit denen seiner Freunde oder Geschwister abzugleichen, macht rasch die Erfahrung: Erinnerung formt sich – und meist formt sie sich eben gerade so, wie es dem Erinnernden recht ist. Sie wächst oder wird schlanker, sie ändert Farben von Kleidern und Worte von Beteiligten. Da mag der Hochzeitstag sonniger werden, als er tatsächlich war, und mancher ist sich zumindest im Nachhinein ganz sicher, immer schon gewusst zu haben, was passieren würde. Was noch heute, in einer Welt, in der vieles durch Gedrucktes, durch Fotografien oder Videos dokumentiert ist, möglich ist, geschah in der Welt des 16. Jahrhunderts nicht anders. Und es lässt sich auch bei Luther nachvollziehen.

Abb. 1 Wittenberg, Lutherhaus. Latrine im Untergeschoss des Südanbaus, 2006

Man kann die Arbeit seines Gedächtnisses sogar im Einzelnen nachvollziehen. Die erwähnte Erinnerung an den reformatorischen Durchbruch aus dem Jahr 1545 nämlich steht nicht allein, sondern es gibt einen ganz ähnlichen Rückblick, der freilich viel näher am Geschehen ist. 1518 beschrieb der Reformator seinem Beichtvater Johann von Staupitz ein ähnliches Ringen um ein Wort wie 1545 (Abb. 2).[9] In beiden Berichten klagt er über das frühere Leiden an diesem einen Wort – und jubelt darüber, dass es nun »süß« geworden sei. Beide Male stellt er das Geschehen in große, geradezu kosmische Dimensionen: 1518 hörte er seinen Beichtvater »wie vom Himmel« zu ihm sprechen, 1545 fühlte er sich vor die geöffneten Tore des Paradieses versetzt. Und beide Male führte ihn das neue Verständnis

1 WA 54, 185 f. **2** WA.TR 3, 228 (Nr. 3232b). **3** Martin Brecht: Martin Luther, Bd. 1, Stuttgart 1981, S. 220. **4** Heiko Augustinus Oberman: Luther. Mensch zwischen Gott und Teufel, Berlin 1981, S. 163–166. **5** WA.TR 2, 177 (Nr. 1681). **6** Ebd., Anm. 1. **7** Augustinus: Confessiones, hrsg. von Luc Verheijen (= Corpus Christianorum. Series Latina 27, 131), Tournhout 1981, VIII, 12, 29. **8** WA.TR 4, 191, 31–33 (Nr. 4192). **9** WA 1, 525–527.

Abb. 2 Unbekannter Maler, Johann von Staupitz, um 1520.
Staupitz war bis 1520 Generalvikar der deutschen Observanten-Kongregation des Augustinerordens.

des einen neuen Wortes zur Einsicht in die gesamte Schrift beziehungsweise wurde durch deren Lektüre bestätigt. Man könnte meinen, dass Luther beide Male von demselben Vorgang berichtete, wenn es nicht einen kleinen, aber doch entscheidenden Unterschied gäbe: Das Wort, das ihm 1518 Beschwer machte, war nicht wie 1545 »Gerechtigkeit«, sondern »Buße«.

Der Unterschied erklärt sich leicht: Tatsächlich war das Thema, das Luther 1518 bewegte und bewegen musste, das der Buße, denn es galt, seine Thesen gegen den Ablass zu erklären, in welchen es um genau dieses eine Thema gegangen war – beginnend mit dem Fanal in der ersten These: »Unser Herr und Meister Jesus Christus wollte, als er sprach: ›Tut Buße‹ [...], dass das ganze Leben der Gläubigen Buße sei.«[10] Als er aber 1545 schrieb, da hatte sich seine Theologie weiterentwickelt und ausgeformt. Nun war es klar, dass in ihrem Zentrum die Lehre von der Rechtfertigung stand.

Beschreibt man den Sachverhalt auf diese Weise, so wird deutlich, dass mindestens der Rückblick von 1545 eine massive Rückprojektion darstellt. Historisch kann er neben dem zeitlich viel Näheren von 1518 keinen Bestand haben. Lässt man sich auf diese lange Zeit von der Forschung übersehene Perspektive ein, gewinnt man tatsächlich einen neuen Blick auf Luthers frühe Entwicklung. In deren Zentrum stand dann nach seiner Beschreibung die Erkenntnis, dass Buße von der Liebe zu Gott und zur Gerechtigkeit ausgehe, also nicht von einer negativen, angstvollen, gequälten Haltung, sondern von der Bereitschaft, sich ganz von Gott her bestimmen zu lassen

– so wie er es in der zitierten These gegen den Ablass ausdrückte. Nach dem Bericht, den Luther von dieser Erkenntnis gibt, standen am Beginn seiner bußtheologischen Neuorientierung die Worte von Staupitz selbst. Zeitlich weisen seine Bemerkungen auf die Zeit um 1515/16 hin. Sie verbinden sich damit einerseits mit der Zeit seiner Auslegung des Römerbriefs, andererseits aber mit der Phase seines Lebens, in welcher er intensiv die Schriften des spätmittelalterlichen Mystikers Johannes Tauler las. Dass Luther die ebenfalls dem 14. Jahrhundert entstammende *Theologia Deutsch* einem Freund mit den Worten empfahl: »Schmecke also und sieh, wie süß der Herr ist«,[11] lässt nun allerdings angesichts des Beschriebenen aufhorchen: »Süß« sollten Luther die Worte werden – eine in mystischem Kontext verbreitete Begrifflichkeit, die ihn offenbar eng mit Tauler verband.

Alles spricht somit dafür, dass das, was gemeinhin als »reformatorische« Entdeckung gilt, zunächst einmal eine mystische war. Luther studierte die Predigten Johannes Taulers eifrig. Als er dort den Hinweis fand, dass der Sünder mit seiner Reue zunächst vor Gott treten solle und darüber notfalls auch den Gang zum Beichtvater vergessen dürfe, notierte er an den Rand: »Merk dir das«.[12] An einer anderen Stelle zog er aus seiner Lektüre des Mystikers die Folgerung: »Also besteht das ganze Heil, wie er hier lehrt, in der Aufgabe des Willens in allen Dingen, seien sie geistlich oder weltlich. Und im nackten Glauben an Gott«.[13] Was sich hier formt, ist die Einsicht, dass der Mensch ganz und gar auf Gott angewiesen ist. Dass er passiv das ganze Heil von Gott empfängt. Später hat Luther dies in der Terminologie der Rechtfertigungslehre gefasst. So entstand dann der Gedanke einer passiven Gerechtigkeit. Der Sache nach ist er schon hier, in der Lektüre Taulers, präsent – und, das ist das Bemerkenswerte an dieser Beobachtung, nicht im Gegensatz zum Mittelalter, sondern als Fortführung einer bestimmten Form mittelalterlicher Frömmigkeit.

Die Taulerlektüre war dabei Teil und wichtigster Impuls einer Entwicklung, in deren Verlauf der junge Mönch und Theologieprofessor noch weitere Anregungen aufsog (Abb. 3). Wie schon seine Erinnerung von 1518 zeigt, war dabei von besonderer Bedeutung das Gespräch mit seinem Beichtvater Johann von Staupitz. Der hat ihn wohl nicht nur auf ein neues Bußverständnis – und möglicherweise auf die Lektüre Taulers – gestoßen, sondern auch und vor allem auf Christus. Wohl im Jahr 1516 muss sich zugetragen haben, was Luther später berichtete: »Ich klagte einmal meinem Staupitz über die Feinheit der Prädestination. Er antwortet mir: in den Wunden Christi wird die Prädestination verstanden und gefunden, nirgends anders, weil geschrieben steht: Diesen hört! Der Vater ist zu hoch. Aber der Vater hat gesagt: ›Ich werde einen Weg geben, zu mir zu kommen, nämlich Christus.‹ Geht, glaubt, hengt euch an den Christum, so wirts sichs wol finden, wer ich bin, zu seiner Zeit. Das thun wir nicht, daher ist Gott für uns unverständlich, undenkbar; er wirt nicht begriffen, er will ungefast sein außerhalb von Christus.«[14]

Das Problem, das Luther vor seinen Beichtvater gebracht hatte, ergab sich aus einer zentralen Lehre ihres gemeinsamen Ordenspatrons Augustin. Der hatte in Auslegung des Apostels Paulus den Gedanken entwickelt, dass eigentlich die gesamte Menschheit infolge der Sünde ihrer Ureltern dem Verderben preisgegeben wäre, Gott aber einige unter den Menschen dennoch zum Heil bestimmt, prädestiniert habe. Dass hier allein Gottes Gnade wirksam war, be-

Abb. 3 Lucas Cranach d. Ä.,
Luther als Mönch, 1520

Abb. 4 Lucas Cranach d. Ä.,
Schmerzensmann, nach 1515

tonte er durch den Verweis darauf, dass es für diese Entscheidung Gottes keinen nachvollziehbaren Grund in den erwählten Menschen gab, sondern allein in Gott selbst. Das machte Gottes Gnade wunderbar, konnte sie aber auch erschreckend aussehen lassen. Genau mit dieser dunklen Seite rang der junge Luther offenbar – und wurde von Staupitz fort von diesen Grübeleien zu jenem leidenden Heiland verwiesen, den zeitgleich Lucas Cranach ins Bild setzte: den Schmerzensmann mit seinen Wunden (Abb. 4). Sich ganz auf Christus zu verlassen, das sollte Vertrauen schaffen. So formte sich im Gespräch zwischen Beichtendem und Beichtvater das, was die spätere reformatorische Theologie in die Formel des *solus Christus*, Christus allein gefasst hat. Sie ist genuines Erbe der mittelalterlichen Theologie, so wie Luther auch bereits in diesen Jahren 1515/16 das *sola gratia*, allein aus Gnade entwickelte: den Gedanken, den Augustin unter anderem in die Prädestinationslehre gefasst hatte und den Luther in seinen Paulusstudien wiederfand: dass alles Heil des Menschen allein aus der Gnade Gottes kommt und aus keiner wie immer gearteten Leistung des Menschen. Dies zu behaupten, war eine mögliche Position in der mittelalterlichen Theologie, freilich eine strittige. Als solche präsentierte er sie in aka-

demischen Disputationen der universitären Öffentlichkeit. Einen ersten vorsichtigen Anlauf machte er mit der Disputation über die Kräfte des Menschen ohne Gnade im Jahr 1516.[15]

Was hier noch relativ ruhig daherkam, spitzte sich mehr und mehr zu einem Gegensatz zu, den Luther an theologischen Denkformen festmachte. Die Betonung der Gnade, vor allem die damit verbundene massive Skepsis gegenüber den Fähigkeiten des Menschen stand für ihn im Widerspruch zu der Lehre vom Menschen, die er in der Scholastik wahrnahm. Genau genommen kannte er diese Gestalt mittelalterlicher Theologie nur sehr ausschnitthaft: In seinem Studium in Erfurt war für ihn Gabriel Biel, der im ausgehenden 15. Jahrhundert ein gewichtiges Lehrbuch geschrieben hatte, zum Repräsentanten der Scholastik schlechthin geworden. Bei ihm fand er nun tatsächlich einen Gedanken, den er in seiner ersten Vorlesung über die Psalmen noch teilte, in der Römerbriefvorlesung aber schon scharf abwies: dass Gott dem Menschen, der tue, was in

10 WA 1, 233, 10 f. **11** WA.B 1, 79, 63 (Nr. 30). **12** WA 9, 104, 11. **13** WA 9, 102, 24–26. **14** WA.TR 2, 112, 9–16 (Nr. 1490). **15** WA 1, 142–151.

Der Aufbruch der Reformation

Abb. 5 Eyn Deutsch Theologia, Wittenberg 1518.
Unter diesem Titel wurde die mystische Schrift aus dem 14. Jh. zum ersten Mal von Luther als Druck veröffentlicht.

ihm ist, die Gnade nicht verweigern werde. Dieses Vertrauen auf eine Vorleistung des Menschen schien ihm mit fortschreitender Pauluslektüre biblisch unangemessen. Und er kannte auch einen Verantwortlichen für das, was er als Irrweg ansah: Aristoteles, der in der akademischen Theologie zur wichtigsten Autorität für alle Fragen der Philosophie geworden war und eben hierdurch auch die Scholastik mitgeprägt hatte. Luthers erste Reformanstrengungen galten somit einer erneuerten Theologie. Schon im Mai 1517 konnte er einem Freund triumphierend schreiben: »Unter Gottes Beistand machen unsere Theologie und Sankt Augustin gute Fortschritte und herrschen an unserer Universität. Aristoteles steigt nach und nach herab und neigt sich zum nahe gerückten ewigen Untergang. Auf erstaunliche Weise werden die Vorlesungen über die Sentenzen verschmäht, sodass niemand auf Hörer hoffen kann, der nicht über diese Theologie, d. h. über die Bibel, über Sankt Augustin oder über einen anderen Lehrer von kirchlicher Autorität lesen will.«[16]

Augustin gegen Aristoteles, das war die Alternative, nicht Reformation gegen Mittelalter. Der Kampf war ein innermittelalterlicher Streit um Autoritäten – auch noch, als Luther am 4. September 1517 eine Disputation gegen die scholastische Theologie abhalten ließ, die alle Zeichen der beschriebenen Engführung aufwies und sich der Sache nach vor allem gegen Gabriel Biel wandte. Ihr Hauptziel aber war eine Ehrenrettung des wichtigsten Kirchenvaters: »Zu sagen, dass Augustin gegen die Häretiker überzogen habe, bedeutet zu sagen, dass er fast überall gelogen habe. Gegen einen Gemeinplatz«,[17] lautete die erste These.

So wie die Konfrontation der Autoritäten Aristoteles und Augustin in diese Disputation mündete, fassten die nicht einmal zwei Monate später vorgetragenen Thesen gegen den Ablass Luthers bußtheologische Entwicklung zusammen: Wenn Buße tatsächlich ganzheitlich zu verstehen war, wie er es in Auseinandersetzung mit Tauler gelernt hatte, dann konnte das System des Ablasses, wie er sich im späten Mittelalter an das Bußsakrament angelagert hatte, in der gegebenen Form nicht bestehen bleiben. Das war ein weitreichender Angriff – und doch einer, über den Luther selbst wenige Wochen später sagen konnte: »Freilich bin ich der Theologie Taulers und jenes Büchleins [der *Theologia Deutsch*; der Verf.] gefolgt, das du neulich unserem Christian Goldschmied in den Druck gegeben hast« (Abb. 5).[18] So frappierend es im Vorfeld des großen Reformationsjubiläums erscheinen mag: Was am 31. Oktober 1517 geschah, war in Luthers eigenen Augen nicht mehr als die Konsequenz aus der spätmittelalterlichen mystischen Theologie.

Erst nach und nach entwickelten sich die Dinge zu einer grundlegenden Konfrontation weiter, teils aus seinem eigenen Antrieb, teils in Auseinandersetzung mit seinen Gegnern. Im Lauf des Frühjahrs 1518 wurde Luther deutlich, dass der augustinische Gedanke, wonach der Mensch sein Heil allein und ausschließlich der Gnade Gottes verdankt, zur unausweichlichen Konsequenz haben musste, dass auf Seiten des Menschen nichts anderes erforderlich sei als der Glaube allein. Was er schon in seinen Randbemerkungen zu Tauler angedeutet hatte, wurde nun Programm: Allein durch den Glauben, *sola fide*, kommt dem Menschen das Heil zugute. Der Reformator konnte nun, im *Sermo de triplici iustitia*, erklären, dass ein Mensch, der glaube, nicht vergehen werde – selbst wenn er sündige.[19] Das musste provozieren – und erschrecken: Die Frage lag zumindest nahe, wie denn in einem solchen Denkrahmen Menschen dazu angeleitet werden könnten, recht zu handeln, wenn doch ihr jenseitiges Ergehen ganz unabhängig von ihrem Verhalten war.

Noch markanter aber war die Differenz, die sich an einer anderen Stelle auftat: im Autoritätengefüge der Christenheit. Luthers Gegner bemerkten schon früh, dass seine Auffassungen die Stellung des Papstes gefährden konnten. Dessen Hoftheologe Silvester Prierias, der mit einem Gutachten in der Sache Luther beauftragt war, hielt Luther entgegen: »Wer sich nicht an die Lehre der römischen Kirche und des Papstes hält als die unfehlbare Glaubensregel, von der auch die Heilige Schrift ihre Kraft und ihre Autorität bezieht, ist ein Häretiker.«[20] Das war keineswegs die offizielle, allgemein verbindliche Lehrmeinung – aber es war die Position, die mit Macht vertreten wurde und Luther entgegenschlug. Wider Willen musste dieser sich nun mit der Papstfrage auseinandersetzen und kam rasch zu der Erkenntnis, dass es die Kirche sehr wohl auch ohne Papst gegeben habe und geben könne, dass dessen Stellung also zwar in menschlichem, aber nicht im gottgegebenen Recht

Abb. 6
Die reformatorischen Hauptschriften Martin Luthers (Wittenberg 1520):
De captivitate Babylonica ecclesiae praeludium, An den christlichen Adel deutscher Nation, Von der Freiheit eines Christenmenschen

begründet war. Mit diesen Aussagen bewegte er sich auf gefährlichem Terrain, und das machte ihm einer seiner scharfsinnigsten Gegner deutlich: Johannes Eck, der Luther und seinen Kollegen Karlstadt zur Disputation forderte. 1519 fand das Wortgefecht in Leipzig statt – und Eck hatte mit seiner Strategie Erfolg: Luther konnte, von seinem Gegner bedrängt und vorgeführt, gar nicht anders, als sich zu Aussagen über das Amt des Papstes zu bekennen, die mehr als 100 Jahre zuvor auf dem Konzil von Konstanz verurteilt worden waren.

Für Eck war damit klar, dass Luther ein notorischer Ketzer war. Dieser wiederum erfuhr durch den Disput einen wichtigen Erkenntnisfortschritt: Offenbar konnte nicht nur, wie er schon lange und zum Teil unter Berufung auf das mittelalterliche Kirchenrecht behauptete, der Papst irren, sondern auch ein Konzil. Das hieß aber in der Konsequenz: Es gab keine kirchliche, innerweltliche Instanz, die die christliche Wahrheit garantieren konnte (Abb. 6). Übrig blieb: allein die Schrift, *sola scriptura*. Diese Konsequenz zog der Reformator freilich nicht allein und vor allem nicht als erster. Es war Philipp Melanchthon, der im Rahmen einer theologischen Prüfung, die er zu absolvieren hatte, formulierte: »Für einen Katholiken ist es nicht notwendig, über die Dinge hinaus, die ihm durch die Schrift bezeugt werden, noch weitere zu glauben«.[21] Luther freute sich darüber: »Ganz schön frech, aber überaus zutreffend« seien diese Thesen Philipp Melanchthons.[22]

Fazit

So war im September 1519 das Arsenal reformatorischer Theologie beisammen, das die spätere lutherische Theologie als die Exklusivpartikel, in Gestalt von Prinzipien formalisiert hat: *solus Christus, sola gratia, sola fide* und *sola scriptura*. Sie waren nicht allein durch einen Mann entstanden – er hatte Berater und Freunde, die ihn anleiteten, unterstützten und auch weiter zogen. Entsprechend wird man nicht nur einen Ort auf dieser sündigen Erde benennen können, an welchem die Erkenntnis durchbrach, sondern es gab hier und dort Entwicklungen und Sprünge, die zum Gesamten beitrugen. Schon gar nicht waren die Gedanken in einem Moment aufgekommen. Vielmehr lässt sich ein jahrelanger Entwicklungsprozess nachvollziehen, in welchem die reformatorische Theologie immer deutlicher und schärfer konturiert wurde, ohne dass man von einem Moment auf den anderen einen Bruch mit dem Mittelalter feststellen könnte. Überhaupt trifft die Vorstellung von einem Bruch kaum das Geschehen. Eher handelte es sich um allmähliche, vielfach sehr vorsichtige Transformationen jener Theologie und Frömmigkeit, mit welcher Luther aufgewachsen war. Die reformatorische Theologie brach nicht mit dem Mittelalter, sondern wuchs aus ihm hervor.

16 WA.B 1, 99 (Nr. 41, 8–13). **17** WA 1, 224, 7 f. **18** WA.B 1, 160, 8 f. **19** WA 2, 45, 5–10. **20** Dokumente zur Causa Lutheri (1517–1521), hrsg. von Peter Fabisch und Erwin Iserloh, Bd. 1, Münster 1988, S. 55. **21** Melanchthons Werke, hrsg. von Robert Stupperich. Bd. 1: Reformatorische Schriften, Gütersloh 1951, 24, 29 f. **22** WA.B 1, 514, 33 f. (Nr. 202).

MARTIN TREU

Luthers Thesenanschlag. Viel Lärm um Nichts?

Jedes große historische Narrativ benötigt einen distinkten Ausgangspunkt. Was wäre die Französische Revolution ohne die Erstürmung der Bastille? Wie würde der amerikanische Freiheitskrieg in der öffentlichen Memorie haften ohne die Boston Tea Party? Zwar ist historisch belegt, dass die Bastille nicht erstürmt, sondern übergeben wurde und der materielle Schaden in Boston sich in Grenzen hielt. Das alles ändert nichts daran, dass ein bestimmter Vorgang in der Geschichte als Beginn einer welthistorischen Entwicklung wahrgenommen wurde und wird.

Ähnliches gilt für den Anschlag der 95 Thesen gegen den Missbrauch des Ablasses am 31. Oktober 1517 in Wittenberg.[1] Luther selbst verweist auf dieses Datum als Beginn seiner öffentlichen Wirksamkeit in einem Brief an seinen Freund Nikolaus von Amsdorf vom 1. November 1527, wenn er das zehnjährige Jubiläum der Bekämpfung des Ablasses in einer Nachschrift als Datierung verwendet.[2] Von einem Thesenanschlag ist dort aber ebenso wenig die Rede wie in allen anderen überlieferten Werken Luthers. Die bis heute im öffentlichen Bewusstsein lebende Version des Geschehens lieferte Philipp Melanchthon in der Vorrede zum zweiten Band der lateinischen Werke Luthers 1546: »Und diese [Thesen; der Verf.] schlug er [Luther; der Verf.] öffentlich an der Kirche neben dem Schloss an am Vorabend des Festes Allerheiligen im Jahr 1517.«[3] Melanchthon war kein Augenzeuge dieses Vorgangs. Er kam erst im August 1518 nach Wittenberg. Als er den Text verfasste, war Luther bereits tot.

Aus diesen beiden Tatsachen formte Erwin Iserloh seine Hypothese, dass der Thesenanschlag durch Luther nicht stattgefunden habe.[4] Diese Behauptung bewegt die wissenschaftliche Öffentlichkeit bis in die jüngste Zeit.[5] Dabei stützte sich der katholische Kirchenhistoriker auf zwei Briefe Luthers aus dem Jahr 1518. Sowohl gegenüber Papst Leo X. im Mai dieses Jahres wie auch Kurfürst Friedrich dem Weisen am 21. November erklärte Luther, dass er die Thesen erst nach einer Reaktion des zuständigen Erzbischofs Albrecht von Mainz hatte an die Öffentlichkeit bringen wollen.[6] Unstrittig bleibt, dass der Wittenberger Professor die Thesen am 31. Oktober an den Erzbischof übersandte. Will man an einem Thesenanschlag festhalten, so Iserloh, würde man unterstellen, dass Luther seinem Vorgesetzten eine unwahre Angabe gemacht habe. Nach Erinnerungen von Konrad Repgen war er es, der Iserloh überhaupt erst auf die Idee gebracht hatte, der Thesenanschlag könne nicht stattgefunden haben.[7] Iserlohs später mehrfach bekräftigte These löste in der deutschen Forschung eine heftige Diskussion aus, die anders als die meisten Historikerkontroversen auch ihren Weg in die Öffentlichkeit fand.[8] Dabei spielte es kaum eine Rolle, dass Iserlohs Argumente durchweg negativer Art waren. Helmar Junghans hat in einer seiner letzten Untersuchungen Iserlohs Argumente widerlegt, dass Luther Erzbischof Albrecht getäuscht haben könnte und gezeigt, dass trotzdem Raum für den Thesenanschlag blieb.[9]

Der vorliegende Beitrag hat es sich zur Aufgabe gemacht, anhand einer in der älteren Diskussion unbeachteten Quelle die Tatsache des Thesenanschlags zu plausibilisieren und gleichzeitig nach der materiellen Form der ursprünglichen Thesen zu fragen. Abschließend soll es um die Bewertung des Vorgangs in seiner historischen Entwicklung gehen.

Die Wiederauffindung der in Rede stehenden Quelle verlief auf einem gewundenen Weg. 1746 gab der Bibliothekar Johann Christian Mylius den ersten gedruckten Katalog der Universitätsbibliothek Jena heraus.[10] Wie der Titel sagt, enthält der Katalog auch eine ausführliche Beschreibung der in Jena vorhandenen Manuskripte und nennt auch einen der wichtigsten Urheber, Georg Rörer. Ein Glanzstück der Sammlung stellt ein Exemplar von Luthers Übersetzung des Neuen Testaments von 1540 dar.[11] Es enthält eigenhändige Einträge Luthers. Zu diesen zählt nach Mylius auch die folgende kleine Notiz:

---

1 Der Text findet sich WA 1, 228, 233–238. **2** WA.B 4, 275, 25–27. **3** Corpus Reformatorum, Philipp Melanchthon, Opera quae super sunt Omnia, hrsg. von Karl Gottlieb Brettschneider und Heinrich Ernst Bindseil, Halle 1834f., S. 156: »Et has (sc. Propositiones) publice Templo, quod arci Witebergensi contiguum est affixit pridie festi omnium Sanctorum anno 1517.« **4** Erwin Iserloh: Luthers Thesenanschlag – Tatsache oder Legende, in: Trierer Theologische Zeitschrift 70 (1961), S. 303–312. **5** Zuletzt Uwe Wolf: Iserloh. Der Thesenanschlag fand nicht statt (= Studia oecumenica friburgensia. 61), hrsg. von Beate Hallensleben. Mit einem Geleitwort von Friedrich Weber und einem Forschungsbericht von Volker Leppin, Basel 2014. **6** WA 1, 528f. an den Papst, WA.B 1, 236–246, hier 245, 358–365 an den Kurfürsten. **7** Konrad Repgen: Ein profangeschichtlicher Rückblick auf die Iserloh-Debatte, in: Joachim Ott/Martin Treu (Hrsg.): Luthers Thesenanschlag – Faktum oder Fiktion, Leipzig 2008, S. 99–110, hier S. 101. **8** So etwa im Nachrichtenmagazin DER SPIEGEL 20 (1966), Nr. 1–2 vom 3. Januar 1966, S. 32–34. **9** Helmar Junghans: Martin Luther, kirchliche Magnaten und Thesenanschlag. Zur Vorgeschichte von Luthers Widmungsbrief zu den »Reso-

»Anno do[m]ini 1517 in profesto o[mn]iumSanctoru[m] pr(aefixit?) Wite[m]berge in valvis temploru[m] propositiones de Indulgentiis a D[octore]Mart[ino] Luth[ero]«. Übersetzt: »Am Vorabend des Allerheiligenfestes im Jahre des Herren 1517 sind von Doktor Martin Luther Thesen über den Ablass an die Türen der Wittenberger Kirchen angeschlagen worden.«[12]

Hätte Mylius Recht mit seiner Auffassung, dass es sich um eine eigenhändige Notiz Luthers handelt, wäre die Diskussion um den Thesenanschlag erledigt. In der deutschen Forschung wurde diese Notiz weitgehend ignoriert, nicht aber von dem viel gelesenen amerikanischen Luther-Forscher Ernest G. Schwiebert. Der brachte von einem Studienaufenthalt in Jena 1936 eine Fotokopie des Katalogs von Mylius mit, die er aber erst 1995 auswertete. In seinem zu dieser Zeit erschienenen Buch *The Reformation* heißt es vollmundig: »This remarkable discovery by Mylius is no longer known to scholars today. Mylius' findings should remove all doubts about Luther's nailing the Ninetyfive Theses on the door of the Castle Church on October 31, 1517.«[13]

Eine Autopsie des Neuen Testaments in der Thüringer Universitäts- und Landesbibliothek (ThULB) Jena ergab, dass sich dort tatsächlich eine große Menge Randbemerkungen Luthers und auch wenige von Philipp Melanchthon finden lassen, der wichtigste Beiträger und auch Verfasser der umstrittenen Notiz aber Georg Rörer ist (Abb. 1).[14] Zwar ähneln sich die Handschriften Luthers und Rörers auf den ersten Blick, aber direkt nebeneinander gestellt sind sie nicht zu verwechseln. Das löst auch die Frage, warum Luther über sich in der dritten Person geschrieben haben sollte. Dass diese Bestände heute in Jena zu finden sind, ist dem Schmalkaldischen Krieg geschuldet, in dessen Ergebnis der Ernestiner Johann Friedrich bekanntlich die Kurwürde und die Residenz Wittenberg verlor. Da er die Wittenberger Universitätsbibliothek als sein Privateigentum betrachtete, wurden die Bücher zuerst nach Weimar verfrachtet, um von dort aus als Grundstock der Bibliothek der neu gegründeten Universität in Jena zu dienen.

Dieses Neue Testament ist der Forschung wohlbekannt. Es handelt sich um das Revisionsexemplar, das 1545 zur Bibelausgabe letzter Hand führen sollte. In regelmäßigen Abständen kamen die Reformatoren zusammen, um über die Verbesserung des Textes zu beraten, der Wort für Wort durchgegangen wurde. Die jeweils erzielte Einigung hielt man als Marginalie auf dem Rand fest. Diese Marginalien verfassten Luther und Rörer, der als eine Art wissenschaftlicher Sekretär der Gruppe diente, abwechselnd, wobei sich eine Systematik der Eintragungen nicht erkennen lässt. Für die Entstehung der *Luther-Bibel* hat dieser Band also eine besondere Bedeutung, weswegen diese Marginalien schon 1923 durch Otto Reichert

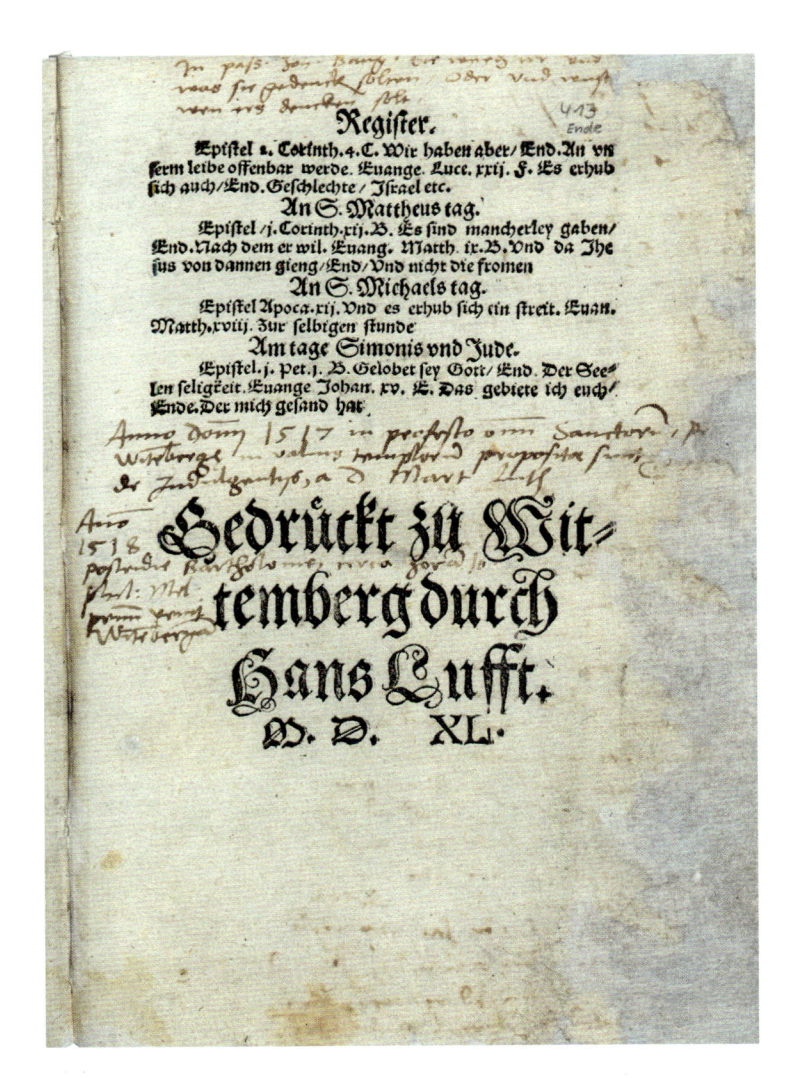

Abb. 1 Registerseite mit Anmerkung Georg Rörers zum Thesenanschlag, aus: Martin Luther, Das Newe Testament, Wittenberg 1540

ediert wurden.[15] Allerdings nahm Reichert die Notiz Rörers in die Edition nicht mit auf, da sie sich außerhalb des Textkorpus auf dem letzten Blatt des Registers befindet.

Tatsächlich gedruckt wurde die Notiz von Hans Volz, der in der Debatte um den Thesenanschlag eine einflussreiche Rolle spielte.[16] Volz hatte dafür plädiert, das Datum des Thesenanschlags auf den 1. November festzulegen.[17] Wenn Konrad Repgens Erinnerungen nicht trügen, lieferte dieses Buch den unmittelbaren Anlass für Iserlohs Hypothesen.[18] Unbegreiflicherweise erklärte Volz aber bei seiner Edition die Notiz von Rörer für wertlos, da sie von Melanchthons Darstellung abhängig sei.

lutiones disputationum de indulgentiarum virtute« an Papst Leo X., in: Ott/Treu, Thesenanschlag (wie Anm. 7), S. 33–46. **10** Memorabilia Bibliotheca Academiae Jenensis Sive Designation Manuscriptorum in illa Bibliotheca et Librorum Impressorum Plerumque Roriorum Concinnata POTISSIMUM ad USUS Suorum in Collegiis Litteraturus Auditorum, a Joh. Christoph Mylio. Venundatantur Jenae et Weissenfelsae apud Joh. Christoph Crocerum. MDCC XXXXVI. **11** Gedruckt von Hans Lufft in Wittenberg, VD 16 B 4429, Jenaer Signatur Ms App. 24. **12** Memorabilia (wie Anm. 10), S. 289: »… haec leguntur b. Lutheri manuscripta.«

13 Ernest G. Schwiebert: The Reformation, Minneapolis 1995, S. 360 f. Zu Schwiebert und seinem interessanten Lebenslauf vgl. Robert Kolb: Nachruf, in: Lutherjahrbuch 67 (2000), S. 19–21. **14** Über Rörers Leben und Werke vgl. Stefan Michel/Christian Speer (Hrsg.): Georg Rörer (1492–1557). Der Chronist der Wittenberger Reformation, Leipzig 2012. **15** WA.DB 4, 279–418. **16** Revisionsnachtrag zu WA 48, 1972, 116 mit Anm. 3. **17** Hans Volz: Martin Luthers Thesenanschlag und dessen Vorgeschichte, Weimar 1959. **18** Vgl. Repgen, Rückblick (wie Anm. 7), S. 101.

Der Aufbruch der Reformation

Abb. 2
Detail der Registerseite mit Anmerkung Georg Rörers zum Thesenanschlag, aus: Martin Luther, Das Newe Testament, Wittenberg 1540

Aus chronologischen wie inhaltlichen Gründen ist dies nachweisbar nicht der Fall. Die Revision der Übersetzung des Neuen Testaments, wie sie im Jenaer Exemplar dokumentiert ist, dauerte von 1541 bis zum 19. Dezember 1544.[19] Da sich der Band bis zu Rörers Tod in seinem Besitz befand, ist nicht völlig auszuschließen, dass er die Eintragung noch später vorgenommen hat. Aber viel wahrscheinlicher ist doch, dass die Notiz auf dem letzten Blatt des Bandes, die zwischen das Kolophon, also die Nachschrift, gekritzelt ist, kurz vor dem 19. Dezember 1544 entstand. Dafür spricht auch, dass sich direkt anschließend eine zweite Bemerkung findet: »Anno 1518/Postridie Bartholomei circa hora 10//Phil. Mel.//Primum venit Wittebergae.«[20] Übersetzt: »Am 25. August 1518 vormittags gegen 10 Uhr kam Philipp Melanchthon das erste Mal nach Wittenberg« (Abb. 2). Die Uhrzeit der Ankunft findet sich in der Überlieferung nur hier und dürfte auf eine Auskunft von Melanchthon selbst zurückgehen. Beiden Notizen eignete das gleiche Thema, der Beginn der Reformation durch die beiden bedeutendsten Wittenberger Universitätslehrer. Gerade das eigentlich nicht relevante Detail der Uhrzeit belegt Rörers Interesse an einer akribischen Geschichtsschreibung. Auch die physische Form der Quelle verstärkt die Wahrscheinlichkeit ihrer adäquaten Wiedergabe der Realität. Hätte Volz eine Abbildung gekannt, wäre er wohl zurückhaltender im Urteil gewesen.

Wenn dies so zutrifft, stellt Rörers chronikalische Notiz den ältesten Beleg für den Thesenanschlag Luthers am 31. Oktober 1517 dar, wobei festzuhalten bleibt, dass sich Rörer zu diesem Zeitpunkt noch nicht in Wittenberg aufhielt, er also kein Augenzeuge war. Auch inhaltlich unterscheidet sich Rörers Darstellung von der späteren Melanchthons. Formal handelt es sich, wie der Augenschein belegt, um eine acht- und formlos hingeschriebene Notiz, während Melanchthon im Vorwort zum zweiten Band der Luther-Ausgabe eine durchstilisierte Abhandlung gemäß den Regeln der antiken Geschichtsschreibung vorlegt. Inhaltlich findet sich eine kleine, aber überaus bedeutsame Abweichung. Während Melanchthon ausdrücklich die Tür der Schlosskirche als alleinigen Ereignisort nennt, spricht Rörer pauschal von den Türen der Wittenberger Kirchen im Plural. Genau dies entspricht den Festlegungen schon der ersten Wittenberger Universitätsstatuten von 1508, wonach es die Aufgabe der Pedelle war, »Termine von akademischen Feierlichkeiten, Disputationen, Promotionen in der Universität bekannt zu geben und an den Türen der Kirchen zu veröffentlichen.«[21] Diese Vorgabe schließt nicht aus, dass Martin Luther die Thesen eigenhändig angeschlagen hat, denn ein Monopol der Pedelle auf diese Aufgabe ist nirgends zu erkennen. Aber die Wahrscheinlichkeit ist doch größer, dass der Mönch und Professor die Arbeit den dazu Berufenen überlassen hat. Die Praxis, sämtliche Kirchentüren Wittenbergs als »Schwarze Bretter« der Universität zu benutzen, war so weit verbreitet, dass Ausnahmen davon ausdrücklich festgehalten wurden; so etwa am 30. Dezember 1509, als der Rektor einem kriminellen Studenten durch einen Aushang nur an den Türen der Stadtkirche befahl, sich zu stellen.[22]

An dieser Stelle ist ein methodischer Zwischenschritt einzuschalten. Schon Otto Reichert formulierte in seiner Einleitung zur Edition von Luthers und Rörers Marginalien in der Vorbereitung der Neuausgabe des Neuen Testaments: »Die Urkunde muss immer stärker sein als die Reflexion.«[23] Das bedeutet, Quellen, die sich scheinbar dem eigenen Deutungsmuster entgegen stellen, besonders intensiv, aber auch kritisch zu würdigen. Der Thesenanschlag als Problem

19 Georg Buchwald: Luther-Kalendarium, Leipzig 1929, S. 153. **20** Ms. App 24 (wie Anm. 11), Bl. 413r. **21** Walter Friedensburg (Hrsg.): Urkunden der Universität Wittenberg, Bd. 1, Magdeburg 1926, S. 30: »festa, dispucationes, promotiones in scholis publicare et ecclesiarum valvis intimare…«. **22** Ebd., S. 61: »… per edictum publicum in valvis parochialis ecclesie Wittenbergensis…«. Der Grund für die Ausnahme war nicht zu ermitteln. **23** WA.DB 4, XLVI. **24** Vgl. dazu auch die Überlegungen Konrad Repgens: Repgen, Rückblick (wie Anm. 7), S. 100. **25** Zu den beiden Klöstern vgl. Germania Sacra, 1. Abteilung, 3. Bd. Das Bistum Brandenburg, bearb. von Fritz Bünger und Gottfried Wentz, Berlin 1941, S. 372–397 und S. 440–499. **26** Die ebenso ingeniösen wie fruchtlosen Spekulationen bei Klemens Honselmann: Urfassung und Drucke der Ablassthesen Martin Luthers und ihre Veröffentlichung, Paderborn 1966 können getrost übergangen werden. **27** Der Text findet sich WA 1, 224–228. Vgl. Bernd Moeller: Thesenanschläge, in: Ott/Treu, Thesenanschlag (wie Anm. 7), S. 9–31, hier S. 13. **28** Zur Bedeutung des Wittenberger Frühdruckes vgl. Martin Treu: Das geistige Klima an der Universität Wittenberg vor der Ankunft Melanchthons, in: Matthias

Der Aufbruch der Reformation

der Ereignisgeschichte entzieht sich letztlich einer klaren Entscheidung nach dem *sic-et-non*-Prinzip.[24] Der Bericht eines unmittelbaren Augenzeugen oder die Widerspiegelung in einem amtlichen Dokument ist auch für die Zukunft kaum zu erwarten. Dafür gibt es zwei Gründe. Zum einen war die Veröffentlichung von Thesen als Grundlage für eine Disputation ein Routinevorgang, auch wenn im speziellen Fall die erwartete Disputation nicht stattfand. Zum anderen war keinem Beteiligten bewusst, dass dieser Anschlag den Beginn einer welthistorischen Entwicklung bedeutete. Auch Luther brauchte ja geraume Weile, um ihn so zu bewerten. Jedoch scheint es methodisch kaum verantwortbar, aus dem Schweigen der Quellen nun auf die Nichtigkeit des Vorgangs selbst schließen zu wollen. Genau dagegen steht Rörers scheinbar absichtslose Notiz.

Wenn Luther sich an die Statuten der Universität gehalten hat, und davon ist auszugehen, benötigte er mehrere Exemplare der Thesen für die verschiedenen Kirchen. Wie viele genau, bleibt offen, da nicht klar ist, ob neben der Stadt- und der Schlosskirche auch die beiden Klosterkapellen der Franziskaner und Augustiner einbezogen wurden, vielleicht sogar die Kapelle im Bettelbezirk der Antoniter und die Fronleichnamskapelle auf dem Wittenberger Friedhof an der Stadtkirche.[25] Sicher ist jedenfalls, dass die Thesen am 31. Oktober 1517 in gedruckter Form vorgelegen haben müssen, da Luther mindestens noch zwei zusätzliche Exemplare als Beilage für den erhaltenen Brief an den Erzbischof Albrecht und den verlorenen Brief an den Brandenburger Bischof Hieronymus Scultetus brauchte.[26]

Allerdings ist bis heute kein Wittenberger Druck der Thesen bekannt geworden. Das muss nicht überraschen, da Plakatdrucke aufgrund ihres Formats nicht immer den Weg in Bibliotheken gefunden haben. So konnte ein Unikat der Disputationsthesen zur Promotion zum *Bakkalaureus biblicus* für Franz Günther vom 4. September 1517, die Luther ebenfalls verfasst hatte und in der Forschung als *Contra scholasticam theologiam* firmieren, erst 1983 in der Herzog August Bibliothek in Wolfenbüttel aufgefunden werden.[27] Solche Funde sind also auch für die Zukunft kaum auszuschließen.

Als Drucker in Wittenberg käme dann nur Johannes Rhau-Grunenberg infrage, der seit 1508 der Universität dauerhaft diente, nachdem vorher einige humanistische Wanderdrucker nur kurze Gastspiele geliefert hatten.[28] Einige seiner Drucke firmieren *Apud Augustinos*, was darauf hindeutet, dass er seine erste Werkstatt auf dem Gelände des Schwarzen Klosters gehabt haben dürfte. Deren Leistungsfähigkeit wird man sich allerdings als begrenzt vorstellen müssen.[29] Schon 1513 beklagte sich der Schösser Anton Niemegk, der die Steuern eintrieb, beim Kurfürsten über die mangelnden Druckleistungen. Eine ähnliche Klage findet sich im Frühjahr 1516.[30] Deswegen ließ Martin Pollich von Mellerstedt, der Gründungsrektor der Wittenberger Universität, für Vorlesungszwecke 1512 eine thomistische Logik und 1514 eine Physik in Leipzig herstellen. Drucker war in beiden Fällen Jacob Thanner, der dort als Universitätsdrucker diente. Zwischen 1501 und 1519 lasteten die Bedürfnisse der Hochschule 82 Prozent der Kapazität seiner Offizin aus.[31] Von Rhau-Grunenberg sind für das Jahr 1517 dagegen nur fünf Drucke nachgewiesen, die zweitniedrigste Anzahl für den in Rede stehenden Zeitraum.

Damit erhebt sich die Frage, ob die Thesen zum ersten Mal außerhalb Wittenbergs gedruckt wurden. In der Forschung sind drei Drucke noch aus dem Jahr 1517 bekannt. Der Baseler Druck von Adam Petri scheidet schon wegen seines Formats aus, der Nürnberger durch Hieronymus Höltzel dürfte wegen der Entfernung zu Wittenberg nicht infrage kommen. Anders liegen die Dinge beim Leipziger Druck durch Jacob Thanner.[32] Wie gezeigt, hatte Thanner mehrfach auch für Wittenberg gedruckt. Auf einem der wenigen erhaltenen Exemplare seines Thesendrucks findet sich eine flüchtige Notiz Luthers: »Anno 1517 ultimo Octobris vigilie Omnium sanctorum indulgentie primum impugnante.« Übersetzt: »Am 31. Oktober, dem Vorabend des Allerheiligenfestes, wurden die Ablässe erstmals bekämpft« (Abb. 3).[33] Wie in Luthers Brief an Amsdorf ist von einem Thesenanschlag nicht die Rede, wohl aber von einer Festlegung des Anfangs der Reformation auf ein bestimmtes Datum. Zu fragen ist nun aber, warum Luther für seine Notiz einen Leipziger Druck nimmt. Letztlich ergibt sich keine schlüssige Antwort, wohl aber ein verdichteter Hinweis auf Thanner als Urheber des Erstdrucks.

Abschließend ist nun noch zu bedenken, in welcher Weise der Thesenanschlag als Beginn der Reformation zu verstehen ist. Man wird sich schnell darauf verständigen können, wie vom Thesenanschlag nicht zu sprechen ist: »Es gibt keinen herrlicheren Tag in der deutschen Geschichte als den 31. Oktober 1517. Licht, Sonne, ein neuer Frühling war dem deutschen Volk aufgegangen: Licht aus der Höhe, zu suchen und zu erkennen die Wahrheit; einen Weg zu finden und zu ergreifen die Freiheit des Glaubens! Dichter haben diesen Tag besungen, Forscher und Gelehrte ihn als den Tag der Erlösung für Deutschlands Entwicklung gefeiert. Halten wir fest darum an diesem Tag, treten wir hin an ihm von neuem vor unseren Gott, an dem er uns einst unsere Wiedergeburt, die Reformation der deutschen Kirche und des deutschen Glaubens schenkte.«[34] Von der wild gewordenen Schulmeisterpoesie abgesehen, die den Frühling im Oktober beginnen lässt, stellt dies ein Paradebeispiel unter unzähligen anderen dar, wie vom Thesenanschlag eben nicht zu reden ist.

Mit Blick auf die Ereignisgeschichte ist vielmehr festzuhalten, dass die Reaktionen auf Luthers Thesen eher verhalten ausfielen. »Zunächst scheint erstaunlicherweise alles ruhig geblieben zu sein.«[35] Diese Formulierung kann nur jemand wählen, der den Thesenan-

---

Asche u. a. (Hrsg.): Die Leucorea zur Zeit des späten Melanchthons. Institutionen und Formen gelehrter Bildung um 1550, Leipzig 2015, S. 83. **29** Noch immer grundlegend ist Maria Grossmann: Wittenberger Drucke. 1502 bis 1517. Ein bibliographischer Beitrag zur Geschichte des Humanismus in Deutschland, Wien 1971. Zur Kritik an Grossmanns Beurteilungen vgl. Treu, Klima (wie Anm. 28). **30** Urkundenbuch (wie Anm. 21), S. 71, Nr. 49 und S. 80, Nr. 49. **31** Thomas Döring: Der Leipziger Buchdruck vor der Reformation, in: Enno Bünz (Hrsg.): Bücher, Drucker, Bibliotheken in Mitteldeutschland. Neue Forschungen zur Kommunikations- und Mediengeschichte um 1500, Leipzig 2006, S. 87–98, hier S. 92. **32** Lutherbibliographie: Verzeichnis der gedruckten Schriften Martin Luthers bis zu dessen Tod, bearb. von Josef Benzing/Helmut Claus, Bd. 1, 2. Auflage, Baden-Baden 1989, S. 16, Nr. 87–89. **33** Das Exemplar befindet sich im Berliner Geheimen Staatsarchiv – Preußischer Kulturbesitz, Geheimer Rat Rep. 13, Nr. 4f. **34** Otto Schulze: Doktor Martinus. Ein Buch für das deutsche Volk zum Reformationsjubelfest 1917, Gotha 1917, S. 43. **35** Martin Brecht: Martin Luther. Sein Weg zur Reformation. Berlin 1986, S. 198.

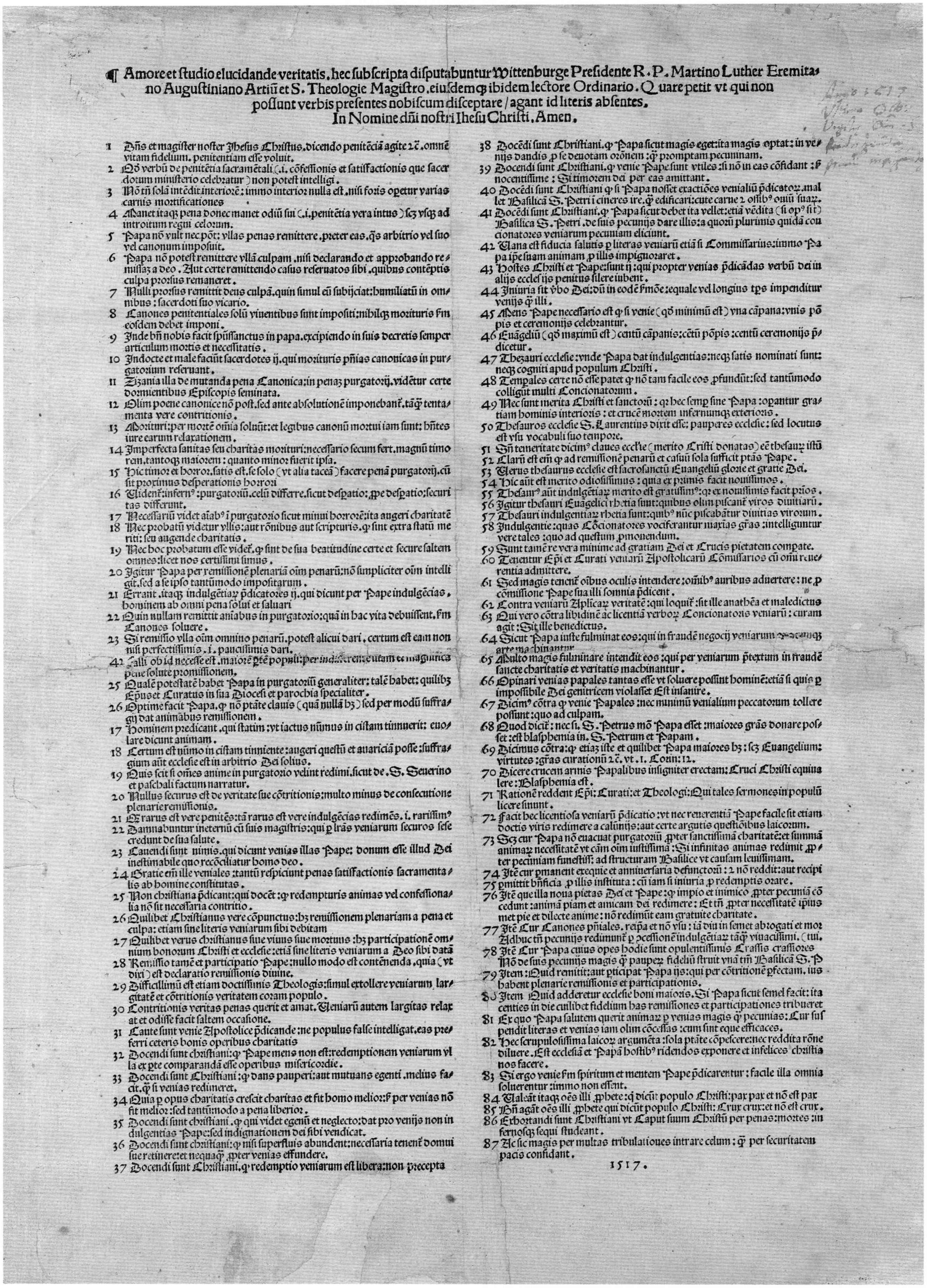

Amore et studio elucidande veritatis. hec subscripta disputabuntur Wittenburge Presidente R. P. Martino Luther Eremitano Augustiniano Artiū et S. Theologie Magistro. eiusdemq; ibidem lectore Ordinario. Quare petit vt qui non possunt verbis presentes nobiscum disceptare / agant id literis absentes.
In Nomine dñi nostri Ihesu Christi. Amen.

1 Dñs et magister noster Jhesus Christus. dicendo penitēciā agite 2c̃. omnē vitam fidelium. penitentiam esse voluit.
2 Qd̄ verbū de penitētia sacramētali (.i. cōfessionis et satisfactionis que sacerdotum ministerio celebratur) non potest intelligi.
3 Nō tñ solā intēdit interiorē: immo interior nulla est. nisi foris operetur varias carnis mortificationes.
4 Manet itaq; pena donec manet odiū sui (.i. penitētia vera intus) scz vsq; ad introitum regni celorum.
5 Papa nō vult nec pōt: vllas penas remittere. preter eas. q̄s arbitrio vel suo vel canonum imposuit.
6 Papa nō potest remittere vllā culpam. nisi declarando et approbando remissaz a deo. Aut certe remittendo casus reseruatos sibi. quibus contēptis culpa prorsus remaneret.
7 Nulli prorsus remittit deus culpā. quin simul eū subijciat: humiliatū in omnibus: sacerdoti suo vicario.
8 Canones penitentiales solū viuentibus sunt impositi: nihilq; morituris ſm eosdem debet imponi.
9 Inde bñ nobis facit spūssanctus in papa. excipiendo in suis decretis semper articulum mortis et necessitatis.
10 Indocte et male faciūt sacerdotes ij. qui morituris pñias canonicas in purgatorium reseruant.
11 Zizania illa de mutanda pena Canonica: in penaz purgatorij. vidētur certe dormientibus Episcopis seminata.
12 Olim poene canonice nō post. sed ante absolutionē imponebant̃. tāq̄ tentamenta vere contritionis.
13 Morituri: per mortē oīa soluūt: et legibus canonū mortui iam sunt: hñtes iure earum relaxationem.
14 Imperfecta sanitas seu charitas morituri: necessario secum fert. magnū timorem. tantoq; maiorem: quanto minor fuerit ipsa.
15 Hic timor et horror. satis est. se solo (vt alia taceā) facere penā purgatorij. cū sit proximus desperationis horrori
16 Videnẗ: infern⁹: purgatoriū. celū differre. sicut desperatio: ppe desperatio: securitas differunt.
17 Necessariū videt aīab⁹ i purgatorio sicut minui horrorē: ita augeri charitatē
18 Nec probatū videtur vllis: aut rōnibus aut scripturis. q̄ sint extra statū meriti: seu augende charitatis.
19 Nec hoc probatum esse videt̃. q̄ sint de sua beatitudine certe et secure saltem omnes: licet nos certissimi simus.
20 Igitur Papa per remissionē plenariā oīm penarū: nō simpliciter oīm intelligit. sed a seipso tantūmodo impositarum.
21 Errant. itaq; indulgētiaz pdicatores ij. qui dicunt per Pape indulgēcias. hominem ab omni pena solui et saluari
22 Quin nullam remittit aīabus in purgatorio: quā in hac vita debuissent. ſm Canones soluere.
23 Si remissio vlla oīm omnino penarū. potest alicui dari. certum est eam non nisi perfectissimis. i. paucissimis dari.
42 Falli ob id necesse est. maiorē ptē populi: per indifferentē illam et magnificam pene solute promissionem.
25 Qualē potestatē habet Papa in purgatoriū generaliter: talē habet: quilibz Epus et Curatus in sua Diocesi et parochia specialiter.
26 Optime facit Papa. q̄ nō ptāte clauis (quā nullā hz) sed per modū suffragij dat animabus remissionem.
17 Hominem predicant. qui statim: vt iactus nūmus in cistam tinnuerit: euolare dicunt animam.
18 Certum est nūmo in cistam tinniente: augeri questū et auariciā posse: suffragium aūt ecclesie est in arbitrio Dei solius.
19 Quis scit si oēs anime in purgatorio velint redimi. sicut de. S. Seuerino et paschali factum narratur.
20 Nullus securus est de veritate sue cōtritionis: multo minus de consecutione plenarie remissionis.
21 Q̄ rarus est vere penitēs: tā rarus est vere indulgēcias redimēs. i. rarissim⁹
22 Damnabuntur ineternū cū suis magistris: qui p lrās veniarum securos sese credunt de sua salute.
23 Cauendi sunt nimis. qui dicunt venias illas Pape: donum esse illud Dei inestimabile quo recōciliatur homo deo.
24 Gratie enī ille veniales: tantū respiciunt penas satisfactionis sacramentalis ab homine constitutas.
25 Non christiana pdicant: qui docēt: q̄ redempturis animas vel confessionalia nō sit necessaria contritio.
26 Quilibet Christianus vere cōpunctus: hz remissionem plenariam a pena et culpa: etiam sine literis veniarum sibi debitam
27 Quilibet verus christianus siue viuus siue mortuus: hz participationē omnium bonorum Christi et ecclesie: etiā sine literis veniarum a Deo sibi datā
28 Remissio tamē et participatio Pape: nullo modo est contēnenda. quia (vt dixi) est declaratio remissionis diuine.
29 Difficillimū est etiam doctissimis Theologis: simul extollere veniarum largitatē et cōtritionis veritatem coram populo.
30 Contritionis veritas penas querit et amat. Veniarū autem largitas relaxat et odisse facit saltem occasione.
31 Caute sunt venie Apostolice pdicande: ne populus false intelligat. eas preferri ceteris bonis operibus charitatis
32 Docendi sunt christiani: q̄ Pape mens non est: redemptionem veniarum vlla ex pte comparandā esse operibus misericordie.
33 Docendi sunt Christiani: q̄ dans pauperi: aut mutuans egenti. melius facit. q̄ si venias redimeret.
34 Quia p opus charitatis crescit charitas et fit homo melior: ſ per venias nō fit melior: sed tantūmodo a pena liberior.
35 Docendi sunt christiani. q̄ qui videt egenū et neglecto: dat pro venijs non indulgentias Pape: sed indignationem dei sibi vendicat.
36 Docendi sunt christiani: q̄ nisi superfluis abundent: necessaria tenent̃ domui sue retinere: et nequaq̄ pter venias effundere.
37 Docendi sunt Christiani. q̄ redemptio veniarum est libera: non precepta
38 Docēdi sunt Christiani. q̄ Papa sicut magis eget: ita magis optat: in venijs dandis p se deuotam orōnem: q̄ promptam pecuniam.
39 Docendi sunt Christiani. q̄ venie Pape sunt vtiles: si nō in eas cōfidant: ſ nocentissime: Si timorem dei per eas amittant.
40 Docēdi sunt Christiani q̄ si Papa nosset exactiōes venialiū pdicatoz. mallet Basilicā S. Petri i cineres ire. q̄ edificari: cute carne 2 ossib⁹ ouiū suaz.
41 Docēdi sunt Christiani. q̄ Papa sicut debet ita vellet: etiā vēdita (si op⁹ sit) Basilica S. Petri. de suis pecunijs dare illis: a quorū plurimis quidā concionatores veniarum pecuniam eliciunt.
42 Vana est fiducia salutis p literas veniarū etiā si Commissarius: immo Papa ipse suam animam p illis impignoraret.
43 Hostes Christi et Pape: sunt ij: qui propter venias pdicādas verbū dei in alijs ecclesijs penitus silere iubent.
44 Iniuria fit vbo Dei: dū in eodē ſmōe: equale vel longius tps impenditur venijs q̄ illi.
45 Mens Pape necessario est q̄ si venie (qd̄ minimū est) vna cāpana: vnis pōpis et ceremonijs celebrantur.
46 Euāgeliū (qd̄ maximū est) centū cāpanis: cētū pōpis: centū ceremonijs pdicetur.
47 Thezauri ecclesie: vnde Papa dat indulgentias: neq; satis nominati sunt: neq; cogniti apud populum Christi.
48 Tempales certe nō esse patet q̄ nō tam facile eos pfundūt: sed tantūmodo colligūt multi Concionatorum.
49 Nec sunt merita Christi et sanctorū: q2 hec semp sine Papa: opantur gratiam hominis interioris: et crucē mortem infernumq; exterioris.
50 Thesauros ecclesie S. Laurentius dixit esse: pauperes ecclesie: sed locutus est vsu vocabuli suo tempore.
51 Sñ temeritate dicim⁹ claues eccl'ie (merito Cristi donatas) eē thesauz istū
52 Clarū est enī q̄ ad remissionē penarū et casuū sola sufficit ptās Pape.
53 Verus thesaurus ecclesie est sacrosanctū Euangeliū glorie et gratie Dei.
54 Hic aūt est merito odiosissimus: quia ex primis facit nouissimos.
55 Thesaur⁹ aūt indulgētiaz merito est gratissim⁹: q2 ex nouissimis facit pmos.
56 Igitur thesauri Euāgelici rhetia sunt: quibus olim piscant̃ viros diuitiarū.
57 Thesauri indulgentiaz rhetia sunt: quib⁹ nūc piscabātur diuitias virorum.
58 Indulgentie: quas Cōcionatores vociferantur maxias grās: intelliguntur vere tales: quo ad questum pmouendum.
59 Sunt tamē re vera minime ad gratiam Dei et Crucis pietatem compate.
60 Tenentur Epi et Curati veniarū Apostolicarū Cōmissarios cū oīi reuerentia admittere.
61 Sed magis tenent̃ oībus oculis intendere: oīb⁹ auribus aduertere: ne p cōmissione Pape sua illi somnia pdicent.
62 Contra veniarū Aplicaz veritatē: qui loquit̃: sit ille anathēa et maledictus
63 Qui vero cōtra libidinē ac licentiā verboz Concionatoris veniarū: curam agit: Sit ille benedictus.
64 Sicut Papa iuste fulminat eos: qui in fraudē negocij veniarum quacumq; arte machinantur
65 Multo magis fulminare intendūt eos: qui per veniarum ptextum in fraudē sancte charitatis et veritatis machinantur.
66 Opinari venias papales tantas esse vt soluere possint hominē: etiā si quis p impossibile Dei genitricem violasset Est insanire.
67 Dicim⁹ cōtra q̄ venie Papales: nec minimū venialium peccatorum tollere possunt: quo ad culpam.
68 Quod dicit̃: nec si. S. Petrus mō Papa esset: maiores grās donare posset: est blasphemia in. S. Petrum et Papam.
69 Dicimus cōtra: q̄ etiaz iste et quilibet Papa maiores hz: scz Euangelium: virtutes: grās curationū 2c̃. vt. 1. Corin: 12.
70 Dicere crucem armis Papalibus insigniter erectam: Cruci Christi equiualere: Blasphemia est.
71 Rationē reddent Epi: Curati: et Theologi: Qui tales sermones in populū licere sinunt.
72 Facit hec licentiosa veniarū pdicatio: vt nec reuerentiā Pape facile sit etiam doctis viris redimere a calūnijs: aut certe argutis questiōibus laicorum.
73 Scz cur Papa nō euacuat purgatoriū pter sanctissimā charitatē: et summā animaz necessitatē vt cām oīm iustissimā: Si infinitas animas redimit pter peciniam funestiss: ad structuram Basilice vt causam leuissimam.
74 Itē cur pmanent exequie et anniuersaria defunctorū: 2 nō reddit: aut recipi
75 pmittit bñficia p illis instituta: cū iam si iniuria p redemptis orare.
76 Itē que illa noua pietas Dei et Pape: q̄ impio et inimico pter pecuniā cōcedunt: animā piam et amicam dei redimere: Et tñ pter necessitatē ipsius met pie et dilecte anime: nō redimūt eam gratuite charitate.
77 Itē Cur Canones pñiales. reipa et nō vsu: iā diu in semet abrogati et mortui. Adhuc tñ pecunijs redimunt̃ p cessionē indulgētiaz tāq̄ viuacissimi.
78 Itē Cur Papa cuius opes hodie sunt opulentissimis Crassis crassiores Nō de suis pecunijs magis q̄ paupez fideliū struit vnā tm̄ Basilicā S. P
79 Item: Quid remitit: aut pticipat Papa ijs: qui per cōtritionē pfectam. ius habent plenarie remissionis et participationis.
80 Item Quid adderetur ecclesie boni maioris. Si Papa sicut semel facit: ita centies in die cuilibet fidelium has remissiones et participationes tribueret
81 Ex quo Papa salutem querit animaz p venias magis q̄ pecunias: Cur suspendit literas et venias iam olim cōcessas: cum sint eque efficaces.
82 Hec scrupulosissima laicoz argumēta: sola ptāte cōpescere: nec reddita rōne diluere. Est ecclesiā et Papā hostib⁹ ridendos exponere et infelices christianos facere.
83 Si ergo venie ſm spiritum et mentem Pape pdicarentur: facile illa omnia soluerentur: immo non essent.
84 Valeāt itaq; oēs illi pphete: q̄ dicūt populo Christi: pax pax et nō est pax
85 Bñ agāt oēs illi pphete qui dicūt populo Christi: Crux crux: et nō est crux.
86 Exhortandi sunt Christiani vt Caput suum Christū per penas: mortes: infernosq; sequi studeant.
87 Ac sic magis per multas tribulationes intrare celum: q̄ per securitatem pacis confidant.

1517.

Abb. 3 Plakatdruck der 95 Thesen zum Ablass aus der Leipziger Druckerei Jacob Thanners mit eigenhändigem Vermerk Martin Luthers, 1517

schlag als außerordentliches Ereignis, sozusagen in einer Retrospektive sieht. Luther hat schon zu Lebzeiten zu dieser Stilisierung beigetragen, wenn er von der schnellen Verbreitung der Thesen spricht, »als ob die Engel Botenläufer gewesen« wären.[36] In Wirklichkeit hatte der spätere Reformator seine Kommunikationsebene verfehlt. Die Frage des Ablasses war kein akademisches Thema, sondern betraf die Laienfrömmigkeit, diese aber radikal. Zusammengefasst: Wissenschaftler kauften in der Regel keine Ablassbriefe, Laien konnten Luthers Ausführungen nicht verstehen.

Insofern ist es nur folgerichtig, dass der Durchbruch Luthers in eine breite deutschsprachige Öffentlichkeit erst mit dem *Sermon von Ablass und Gnade* im März 1518 erfolgte. Es handelte sich dabei nicht um eine Übersetzung der 95 Thesen, die auch in der deutschen Fassung eine nicht fachkundige Leserschaft überfordert hätte, sondern um eine eigenständige Schrift zum Thema, die dem Interesse der Laien angepasst war. In einer auf den Sprechakt bezogenen Drucksprache, die schon im Titel die Mündlichkeit betonte und sich zum Vorlesen besonders eignete, brachte Luther auf nur vier Blatt seine gegenüber den Thesen deutlich abgeschwächte Kritik am Ablass vor.[37] Der geringe Umfang bedingte einen günstigen Preis, die Durchnummerierung brachte eine klare Gliederung der Argumente.

Das sollte sein Durchbruch in der deutschsprachigen Öffentlichkeit werden, die sich gerade auch unter seinem Einfluss erst formierte. Während bei den drei Drucken der 95 Thesen nur mit wenigen Hundert Exemplaren zu rechnen ist, erschien der *Sermon* bis 1520 in 23 Ausgaben.[38] Dazu kamen Übersetzungen ins Holländische, Tschechische und Dänische sowie eine Rückübersetzung in Latein. Nimmt man die für Flugschriften üblichen Auflagehöhen an, so überschwemmte Luther mit mehr als 25 000 Exemplaren förmlich den Markt. Dies war der erste Schritt auf einem Weg, an dessen Ende Luther als »der erfolgreichste Publizist der Geschichte« bezeichnet worden ist, was sich zumindest für die Jahre zwischen 1518 und 1525 auch numerisch belegen lässt.[39]

Damit war das Fundament gelegt für den Erfolg der Reformation im lutherischen Sinn. So wichtig die Akzeptanz in wissenschaftlichen Kreisen für den werdenden Reformator blieb, entscheidend wurde sein Rückhalt in der deutschen Öffentlichkeit. Auch die Lutherschutzpolitik des sächsischen Kurfürsten Friedrich III., genannt der Weise, dürfte von dieser Tatsache nicht unbeeinflusst gewesen sein. Beim Reichstag zu Worms von 1521 war die Furcht vor einem Aufstand des »gemeinen Mannes«, sollte Luther etwas passieren, immer präsent.

Am Ende ist auf die Frage des Beginns zurückzukommen, warum die »Depotenzierung einer historischen Legende«[40] eine so breite Reaktion in der Öffentlichkeit verursacht hat. Allerdings muss dies auf die deutschsprachige Rezeption beschränkt werden. Noch 2003 konnte der Regisseur Eric Till seinen Luther in einem gleichnamigen Spielfilm bedenkenlos hämmern lassen. Betrachtet man die bildliche Rezeption des Ereignisses, so fällt auf, dass der Thesenanschlag nicht zum Urkanon der Bilder aus Luthers Leben gehört, wie er sich etwa bei Ludwig Rabus im *Märtyrerbuch* von 1557 findet. Abgebildet sind dort das Verhör vor Cajetan, die Leipziger Disputation, Luthers Auftritt in Worms, das Marburger Religionsgespräch und sein Begräbnis. Ein Thesenanschlag fehlt. Er findet sich erstmals kurz vor 1700 in einem Kupferstich.[41] Die Thesenanschläge, an die man sich heute öffentlich erinnert, sind Kinder des langen 19. Jahrhunderts. Dessen Nachwirkung auf das heutige Lutherbild zu untersuchen, würde den Rahmen dieses Aufsatzes sprengen. Aber die Vermutung gilt, dass sie immer noch stärker ist, als man sich normalerweise bewusst macht.

Das heißt aber nun nicht, dass man die Existenz von Quellen wie die hier behandelte Rörer-Notiz einfach ignorieren kann. Noch 2015 findet sich in einem wissenschaftlichen Katalog die Behauptung, dass niemand außer Melanchthon im 16. Jahrhundert von einem Thesenanschlag gesprochen habe. So richtig es ist, das Medium der Flugschriften in seiner Bedeutung für die Ausbreitung der Reformation herauszustellen, so wenig kann dies als Legitimation dienen, vorhandene Quellen für einen Thesenanschlag nicht zur Kenntnis zu nehmen.[42] Dieses Problem hat letztlich schon Shakespeare in dem Stück, dem dieser Aufsatz seinen Titel verdankt, thematisiert: »Habt Ihr nicht Mut zu glauben, was Ihr seht, so bekennt auch nicht, was Ihr wisst.«[43]

36 WA 51, 540, 19–24. **37** WA 1, 239, 243–246. **38** Lutherbibliographie (wie Anm. 32), Nr. 90–114. **39** Johannes Burkhardt: Das Reformationsjahrhundert. Deutsche Geschichte zwischen Medienrevolution und Institutionenbildung. 1517–1617, Stuttgart 2002, S. 53. Wie allerdings Burkhardt aus diesem Erfolg schließen kann, dass deswegen der Thesenanschlag nicht stattgefunden haben kann (S. 32), bleibt unerfindlich. **40** Reinhard Brandt: »Reformator ohne Hammer«. Zur öffentlichen Aufmerksamkeit für die Bestreitung des Thesenanschlags, in: Ott/Treu, Thesenanschlag (wie Anm. 7), S. 127–140, hier S. 139 mit der ausdrücklichen Einschränkung, dass die Nutzung des Begriffs Legende nichts über die Faktizität des Thesenanschlags aussagt. **41** Vgl. Henrike Holsing: Luthers Thesenanschlag im Bild, in: Ott/Treu, Thesenanschlag (wie Anm. 7), S. 141–172, hier S. 142. **42** So Johannes Burkhardt: Reformation und Konfessionsbildung. Von oben oder von unten? Katalogband zur Ausstellung Luther und die Fürsten. Selbstdarstellung und Selbstverständnis des Herrschers im Zeitalter der Reformation, Dresden 2015, S. 41. **43** Viel Lärm um Nichts, III, 2. Zit. nach William Shakespeare, Komödien, Berlin 1988, S. 552.

MARTIN TREU

Disputationen und reformatorische Hauptschriften

Neben den heute noch üblichen Vorlesungen fanden an den spätmittelalterlichen Universitäten regelmäßig wissenschaftliche Streitgespräche, die sogenannten Disputationen statt. Dabei wurden strittige Fragen nach den Regeln der formalen Aussagelogik in pro und contra erörtert und einer Lösung zugeführt. Die Teilnahme war für die Studenten verpflichtend, höhere Semester mussten auch als *Respondenten*, also Verteidiger der Thesen, aktiv eingreifen. Von diesen ordentlichen, in der Zielstellung den heutigen Seminaren vergleichbaren Disputationen sind die außerordentlichen zu unterscheiden, die sich in gewisser Weise zu einer Spezialität der Wittenberger Universität entwickelten. Luther hatte schon 1516 Neuland beschritten, indem er Thesen zu Fragen der christlichen Anthropologien in einer Disputation erörtern ließ. Nachdem ihm klar geworden war, dass es eine kirchenrechtlich verbindliche Festlegung zum Verständnis des Ablasses nicht gab – sie wurde erst im Sommer 1518 in Rom erlassen –, wählte er 1517 abermals das Mittel der Disputation und stellte ihm geeignet scheinende Thesen auf. Das Streitgespräch kam bekanntlich nicht zustande, die Veröffentlichung der Thesen aber löste die Reformation aus.

1520 war ein äußerst produktives Jahr für Martin Luther. In kurzer Folge erschienen zahlreiche Schriften von ihm, von denen vier wegen ihres grundsätzlichen Inhalts, aber auch wegen ihrer weiten Verbreitung in späterer Zeit als »Hauptschriften« verstanden wurden. Im Juni 1520 kam als erstes sein *Sermon von den guten Werken* auf den Markt, der sich mit dem Verhältnis von Glauben und Werken befasste und somit auf knappem Raum eine umfassende Ethik bot. Es folgte unmittelbar darauf die Schrift *An den christlichen Adel deutscher Nation*. Der Titel ist missverständlich, weil Luther sich an die politische Obrigkeit im weitesten Sinne wandte, von der er, da die Kirche versagte, umfangreiche Reformen forderte. Die Vorschläge waren durchweg nicht neu und betrafen die Gesellschaft als Ganzes. An die europäische Öffentlichkeit wandte sich Luther im Oktober des Jahres mit seinem lateinischen Traktat *De captivitate Babylonica (Von der babylonischen Gefangenschaft der Kirche)*, den er bald danach auch auf Deutsch erscheinen ließ. In dieser Schrift bestritt Luther mit biblischen Argumenten die Vorrangstellung des Papstes, die wesensmäßige Unterscheidung von Klerikern und Laien und die Siebenzahl der Sakramente. Es handelte sich um die bis dahin radikalste Kirchenkritik Luthers, die manchen reformwilligen Anhänger seiner Lehre verprellte. Denn hier wurde klar, dass Luther nicht Veränderungen der bestehenden Kirche, sondern eine ganz andere wollte. Den Abschluss bildete sein Traktat *Von der Freiheit eines Christenmenschen*, der ganz unpolemisch den Christen im Glauben als Herrn und in der Nächstenliebe als Knecht darstellte. Ironischerweise hatte Luther dieser Schrift einen offenen Brief an Papst Leo X. vorangestellt, um seine Loyalität als Mitglied der Kirche zu belegen. Allerdings mussten die vier Hauptschriften einen Bruch mit Rom als unausweichlich erscheinen lassen.

HEINZ SCHILLING

Die gefangene Majestät.
Des Kaisers »Hier stehe ich. Ich kann nicht anders…«

Für den Augustinermönch Martin Luther war der Weg zum Reichstag nach Worms nicht leicht. Die Reise wurde zum Triumphzug, aber auch zur seelischen und körperlichen Belastung – unerträglich die Verdauungsstörungen, die den Mönch seit Längerem heimsuchten, ihn nun aber, je näher er Worms kam, »in einer […] bis dahin unbekannten Weise« plagten.[1] Auf dem Reichstag zu Worms wurde Reichspolitik verhandelt. Alle Glieder des Reiches waren versammelt: erstens die Kurfürsten, die das Recht hatten, den Kaiser zu wählen, und sich auch nach der Wahl in besonderer Weise für das Reich mitverantwortlich fühlen konnten, zweitens die weltlichen und geistlichen Fürsten, also Herzöge, Reichsgrafen, Reichsbischöfe, Reichsäbte und so weiter, und drittens die Freien und Reichsstädte. Die Reichstage waren gleichermaßen symbolische Repräsentanz des Reiches wie dessen höchste Entscheidungsebene. Nach dem öffentlichen Aufsehen, das die Kirchenkritik des Wittenberger Augustinermönchs in Deutschland und weit darüber hinaus erregt hatte, war 1521 auf dem Wormser Reichstag die *causa Lutheri* der wichtigste Verhandlungsgegenstand – wichtig für Kaiser und Reichsstände, für die Kirchenhierarchie in Deutschland und in Rom, aber auch für all die vielen Christenmenschen, die in Deutschland und Europa von der reformatorischen Botschaft des Wittenbergers Befreiung von ihren Seelenqualen und Ängsten erfahren hatten und hofften, dass sich Reich und Kirche diese evangelische Lehre zu eigen machen würden. Papst Leo X. hatte Kardinal Aleander als *legatus a latere*, als persönlichen Sonderbotschafter entsandt, um Kaiser und Reichsstände zur Verurteilung Luthers als Häretiker und zur Verhängung der Reichsacht über ihn zu bewegen. Denn nur so meinte Rom, der protestantischen Bewegung noch Herr werden zu können – hatte Aleander doch entsetzt nach Rom gemeldet: »Ganz Deutschland ist in hellem Aufruhr. Neun Zehntel erheben das Feldgeschrei ›Luther‹, und für das übrige Zehntel, falls ihm Luther gleichgültig ist, lautet die Losung wenigstens ›Tod dem römischen Hof‹«.[2]

Als Karl V., mit 21 Jahren ein Jüngling im Vergleich zu dem inzwischen 37-jährigen Luther, 1521 in Worms seinen ersten, wegen der *causa Lutheri* sogleich weltgeschichtlichen Reichstag abhielt, war Deutschland im Aufbruch. Folgenschwere Entscheidungen waren vor allem in der Verfassungsfrage und der eng damit verbundenen Kirchenfrage zu treffen. Kirchenkritik gab es zwar seit langem, brisant machte sie aber erst der unerhört neue Glaubensbegriff, den der Augustinermönch im fernen, jenseits der traditionellen römisch-romanischen Kulturzonen gelegenen Wittenberg soeben formuliert hatte.[3] Nach längerem, zermürbendem Warten in der Herberge wurde Luther endlich am 17. April 1521 vor den Reichstag geführt. Der für den Kaiser sprechende Orator, ein hoher Reichsfürst, legte ihm die von ihm verfassten Schriften vor. Darunter waren die drei großen, die Christenheit und die Nation aufwühlenden Reformschriften von 1520: *Von der babylonischen Gefangenschaft der Kirche, Von der Freiheit eines Christenmenschen, An den christlichen Adel deutscher Nation*. Die Frage, ob diese von ihm stammen würden, bejahte Luther, »mit niderer stimm«.[4] Als er aufgerufen wurde, seine Thesen zu widerrufen, erbat er sich jedoch Bedenkzeit. Der Widerruf betreffe »gottes wort, das das allerhohste ding im himmel und auf erden sei«.[5] Der Kaiser gewährte die Bedenkzeit auf dem Weg der Gnade, denn verfahrensrechtlich hätte man dem Angeklagten den Willen nicht erfüllen müssen. Anders, als es der protestantische Mythos bald als heroische Geste in die Welt hinaus verkünden sollte, hatte der Mönch bei diesem ersten Auftritt vor dem Reichstag ganz und gar keinen überzeugenden Eindruck gemacht. Sogar sein Landes- und Schutzherr, der sächsische Kurfürst Friedrich der Weise, war enttäuscht.

Es muss eine schwere Nacht für den Augustinermönch gewesen sein. In ihr entstand eine Art Spickzettel, auf dem er versuchte, seinen Standpunkt zu klären (Abb. 1). Er wolle nicht aus »unvorsicht« über Dinge sprechen, die das heilige Wort Gottes und den Glauben beträ-

---

1 WA.B 2, 396, 298. – Näheres zu seiner Krankheit bei Heinz Schilling: Martin Luther. Rebell in einer Zeit des Umbruchs, 3. Aufl., München 2014, S. 212–215. **2** Theodor Brieger: Aleander und Luther. Die vervollständigten Aleander-Depeschen über den Wormser Reichstag, Bd. 1, Gotha 1884, S. 47 f. **3** Ausführlich dazu Schilling, Rebell (wie Anm. 1) und in »globalgeschichtlicher« Perspektive: Ders., 1517. Ein weltgeschichtliches Epochejahr wird besichtigt, Mün- chen (im Druck). – Der vorliegende Katalogbeitrag führt die Gedanken weiter aus, die ich in meiner Rede während der offiziellen Gedenkveranstaltung des spanischen Hofes am 5. Oktober 2000 in der Kathedrale von Toledo vorgetragen habe. **4** Deutsche Reichstagsakten (RTA), Jüngere Reihe: Deutsche Reichstagsakten unter Kaiser Karl V., Bd. II, bearb. von Adolf Wrede, Nr. 194. **5** Ebd., S. 582.

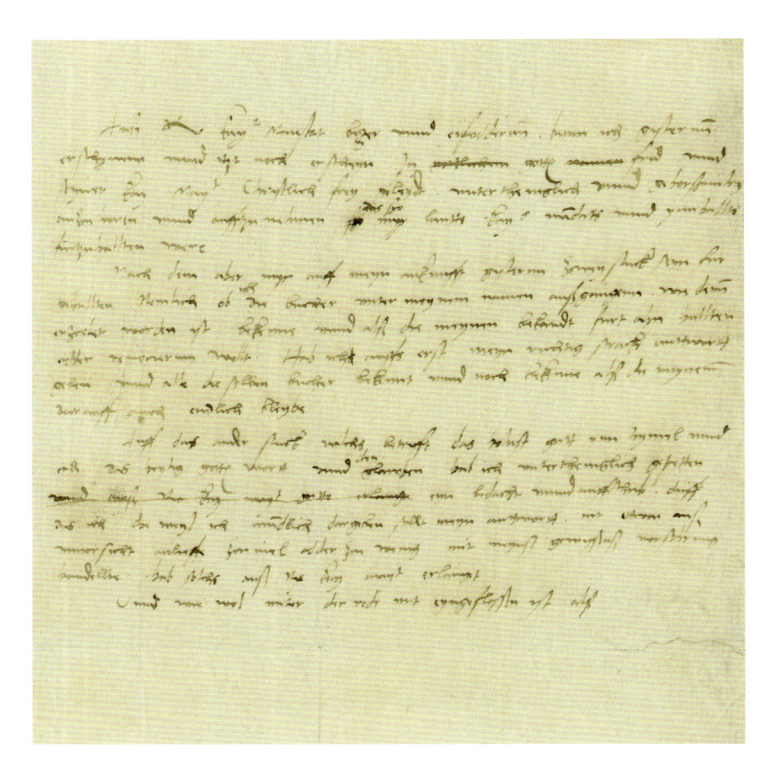

Abb. 1 Beginn eines Redemanuskripts Martin Luthers vor der zweiten Anhörung auf dem Reichstag zu Worms, 17./18. April 1521. Das Dokument wurde 2015 ins UNESCO-Dokumentenerbe »Memory of the World« aufgenommen.

fen.⁶ Der Text bricht mitten im Satz ab. Luther trug seine Stellungnahme am kommenden Tag mündlich vor, und zwar jetzt mit fester, unbeirrbarer Stimme. Alle Zweifel waren verloren, und in der Folge auch jede Hemmung vor den Großen der Welt. Auf die nochmalige Aufforderung, seine Schriften zu widerrufen, antwortete er mit den bald berühmten Worten, nur aus der Bibel lasse er sich widerlegen, denn Päpste wie Konzilien hätten nachweislich geirrt. Er selbst sei »überwunden durch die schriften, so von gefurt [von ihm angeführt, also die von ihm zitierten Bibelstellen; der Verf.] und gefangen im gewissen an dem wort gottes, derhalben ich nicht mag noch will widerrufen, weil wider das gewissen zu handeln beschwerlich, unheilsam und ferlich ist. Gott helf mir! Amen.«⁷ Nicht aufgeklärte Gewissensfreiheit, wie sie sich in Europa ausgangs des 18. Jahrhunderts formulieren sollte, ist also 1521 Luthers weltumstürzende Haltung, sondern die religiöse Freiheit in Christus, die dem Menschen Freiheit gibt und ihn zugleich bindet – nämlich an das Wort Gottes.

Das bis heute als protestantischer Mythos fortwirkende »Hier stehe ich, ich kann nicht anders« wurde Luther erst bei der Veröffentlichung seiner Verteidigungsrede angedichtet, spitzt jedoch den Standpunkt des Reformators genial zu. Sein Gewissen und Gott hielten ihn in seiner Aussage gefangen, sodass er nicht anders könne, als auf seiner theologischen Überzeugung zu beharren.

Für Kaiser Karl V. war die vielfältig miteinander verwobene Reichsverfassungs- und Kirchenfrage eines der Schlüsselprobleme seiner Regierung.⁸ Er war nicht das »edle deutsche Blut«⁹, als das ihn die Anhänger der Reformation im Reich anfangs feierten. Aufgewachsen war er im niederländisch-burgundischen Kulturkreis. Seine größten Erfolge feierte er als König von Spanien, und seine Macht war militärisch wie fiskalisch in Kastilien verankert. Über seine Lebensleistung aber wurde nirgendwo anders als in Deutschland entschieden. Denn dort lag der Schlüssel zum Erfolg seines universellen Kaiser- und Christenheitskonzeptes und damit seiner »Europapolitik«.¹⁰ Die Verfassungsfrage ergab sich dadurch, dass das Reich als mittelalterlicher Lehnsverband zu reformieren war, sollte es in der eben aufziehenden Welt der neuzeitlichen Staaten nicht untergehen. Zu entscheiden war, ob die Neuordnung im Sinne der Fürsten eine Föderation von mehr oder weniger souveränen Territorialstaaten hervorbringen oder im Sinne der Habsburger einen Reichsstaat unter einem souveränen Regiment des deutschen Königs bilden sollte. Für Karl stand 1521 fest, dass seine Herrschaft von der Neuen Welt über Spanien und Burgund bis auf den Balkan nur auf dem Boden der römischen Universalkirche glücken konnte. Hierfür strebte er eine Kirchenreform an, um das Kaiseramt und das Reich zu stärken. Karls Konzept sollte die ursprüngliche Einheit wieder herstellen, die durch den Aufstieg der frühneuzeitlichen Nationen zerrüttet war.

Für den jungen Kaiser galt genauso wie für den Reformator das »Hier stehe ich, ich kann nicht anders«. Und ähnlich wie dieser fertigte er in der Nacht nach dem zweiten Verhörtag einen »Bekenntnis-Zettel« an. Auch der Habsburgerkaiser folgte seinem Gewissen. Sein eigenhändig formuliertes persönliches Glaubensbekenntnis ließ er am nächsten Morgen vor den Reichsständen verlesen. Als Grundlage seines Glaubens führte er die erhabene Reihe seiner Vorfahren ins Feld: Die allerchristlichsten Kaiser, die katholischen Könige Spaniens, die Erzherzöge und Herzöge von Österreich und Burgund, die sich immer verstanden hätten als »Verteidiger des katholischen Glaubens, der heiligen Zeremonien, Gesetze, Anweisungen und der heiligen Gebräuche – zu Ehren Gottes, Mehrung des Glaubens und zum Heil der Seelen.« Er sei bereit, »zu leben und zu sterben nach ihrem Beispiel. […] Denn es ist gewiß, dass ein einzelner Ordensbruder irrt mit seiner Meinung, die gegen die ganze Christenheit ist sowohl während der vergangenen tausend und mehr Jahre als auch in der Gegenwart; dieser Ansicht nach wäre die ganze genannte Christenheit immer im Irrtum gewesen und würde es heute noch sein.« Er selbst sei ebenso wie die Reichsstände, »die edle und gerühmte deutsche Nation […] durch Privileg und einzigartiges Prestige berufen zu Verteidigern und Schutzherren des katholischen Glaubens«. Daher bekenne er, dass es ihn reut, »so lange gezögert zu haben, gegen den genannten Luther und seine falsche Lehre vorzugehen; und ich bin fest entschlossen, ihn ferner nicht mehr zu hören, […] [sondern] gegen ihn zu verfahren wie gegen einen notorischen Häretiker.«¹¹

---

6 Beginn eines Redemanuskripts in deutscher Sprache vor der zweiten Anhörung auf dem Reichstag zu Worms, 17./18. April 1521, Thüringisches Hauptstaatsarchiv Weimar (ThHStAW), Ernestinisches Gesamtarchiv, Reg. E 81, Bl. 1. **7** RTA II (wie Anm. 4), S. 582. **8** Folgendes ist ausführlicher und mit umfassenden Quellen- und Literaturbelegen entwickelt bei Heinz Schilling: Karl V. und die Religion, in: Hugo Soly (Hrsg.): Karl V. 1500–1558, Antwerpen 1999, deutsche Ausgabe Köln 1999, S. 285–364. **9** So der Schlüsselbegriff in der national ausgerichteten Propaganda der Habsburger Partei zur Kaiserwahl 1519. **10** Anlässlich des 500-jährigen Gedenkens an Karls Geburt im Jahr 2000 sind zahlreiche Publikationen zu Karl V. erschienen. Verwiesen sei insbesondere auf das in zahlreichen Sprachen veröffent-

Luther hatte sich auf sein subjektives, von Gott gerechtfertigtes Gewissen bezogen. Diese fortan nie mehr prinzipiell infrage gestellte Bastion des »ewigen Heils« und religiöser Selbstvergewisserung stand gegen die Argumentation des selbstbewussten jungen Habsburgers. Er führte die objektive Ebene der Institutionen und der Tradition seines Hauses an und setzte sie mit der Geschichte der Christenheit und ihrer Selbstbehauptung an den Brennpunkten äußerer wie innerer Gefährdung gleich. Sowohl für Luther als auch für Karl stand unverrückbar fest, dass Gott auf der jeweils eigenen Seite stehen würde. Der Kaiser hatte volles Gottesvertrauen auch und vor allem im Kampf gegen die deutsche Häresie oder *Pestis Germaniae*, wie diese bald in seiner spanischen Umgebung genannt wurde.[12] Luthers Rede gilt zu Recht als »Schlüsseltext des Protestantismus« (Bernd Moeller), denn bis heute schließt er die kollektive Identität der Protestanten auf. Das Bekenntnis des Kaisers ist heute weitgehend unbekannt. Die Habsburgerdynastie begründete keine eigene Konfession. Für eine kollektive Identität kann das Bekenntnis also nicht in Anspruch genommen werden. Karls Worte bieten eine Innensicht seiner Person und seiner Politik. Seine persönliche *majestas*, die Verwurzelung im Kaiseramt und die Tradition seiner Dynastie waren die ganz persönliche Religiosität des Habsburgers. Sie war nicht richtungsweisend für die innerkirchlichen Reformen der Papstkirche. Dieser Unterschied trug dazu bei, dass die Worte des Reformators um die Welt gingen, während diejenigen des Kaisers vergessen sind. Die zahlreichen Flugschriften, die nach dem Verhör Verbreitung fanden, erwähnten die Kaiserrede kaum.[13] Wenn sie von Historikern angeführt wird, dann meist als Beleg für einen angeblich oberflächlichen Traditionalismus Karls und seines Hofes in Fragen der Religion und Kirchenpolitik.

Wer unvoreingenommen auf die Ereignisse in Worms von 1521 blickt, erkennt, dass Karl als Kaiser wie als Christenmensch ebenso seinem Gewissen folgte wie der Wittenberger Mönch. Auch für Karl galt »Hier stehe ich, ich kann nicht anders, Gott helfe mir, Amen.« Das Gewissen des Kaisers war aber anderer Art als dasjenige des Mönchs Luther. Nicht subjektiv auf sich selbst und Gott bezogen, sondern kollektiv auf seine Vorfahren und die gleichzeitig mit und vor ihm lebenden Christen. Die Wurzeln von Karls persönlicher Religiosität lagen nicht im Bibelstudium, sondern bei Erasmus und der niederländischen *Devotio moderna*, jener spätmittelalterlichen Frömmigkeitsbewegung, die die persönliche Laienfrömmigkeit im Sinne der »Nachfolge Christi« förderte.[14] Hinzu kam die Adelsfrömmigkeit mit ihrer Idee des *Miles Christianus*, der Vorstellung des ritterlichen Kämpfers für den Sieg des Christentums und die von Häresie reine Lehre. Diese Idee wurde in den spätmittelalterlichen Ritterorden gepflegt, beispielsweise im Kapitel vom Goldenen Vlies im Herzogtum Burgund und im spanischen Orden vom Heiligen Georg (Abb. 2).

Aufgewachsen war Karl in Burgund, jenem Nachfolgereich einer untergegangenen Ära. Er lebte am Hof seiner Tante und Taufpatin

Abb. 2 Karl V. im Gebet, mit der Ordenskette vom Goldenen Vlies, begleitet von einem Engel. Miniatur aus dem Gebetbuch Kaiser Karls V., 1516

---

lichte internationale Sammelwerk führender Kenner des Zeitalters: Soly, Karl V. (wie Anm. 8) sowie auf die Monografie Alfred Kohler: Karl V. Eine Biographie, München 1999, jeweils mit ausführlichen Quellen- und Literaturangaben. **11** Übersetzung aus dem französischen Original vom Autor. – Detailliert und mit Belegen Schilling, Religion (wie Anm. 8). **12** Schlüsselbegriff der antiprotestantischen Flugschriftenpropaganda der spanisch-habsburgischen Partei. **13** Immerhin ist die Kaiserrede in einer kürzlich wiederentdeckten, 1521 entlegen im Tiroler Erzbaugebiet erschienenen Flugschrift knapp referiert: Gisela Möncke: Editionsnachtrag zu einer Flugschrift über Luther in Worms, in: Archiv für Reformationsgeschichte 103 (2012), S. 273–280. **14** Vgl. Thomas von Kempen: Imitatio Christi, Köln um 1486.

Abb. 3 Tizian, Die Anbetung der Heiligen Dreifaltigkeit (»La Gloria«), 1551/54

Margarete von Österreich in Mechelen. Margarete war eine tiefreligiöse Frau, wie die zahlreichen religiösen Kunstwerke beweisen, die sie sammelte und die von einer intensiven Marienverehrung zeugen. Ihr besonders wichtige Stücke bewahrte die Regentin sogar in ihrem Schlafzimmerschrank auf.[15] Hinzu kam die *Devotio moderna*. Sie spielte eine große Rolle bei der fürstlichen Erziehung Karls am Burgunderhof durch den Kleriker Adriaan von Utrecht, den späteren, glücklosen Reformpapst Hadrian VI. Er vermittelte Karl wohl den maßvollen Umgang mit zeitlichen Gütern und die Suche nach der jeweils persönlichen Frömmigkeit.

Karl sollte den Kampf um die Verfassungsfrage nicht gewinnen. Nach langem Ringen, das Karl V. noch 1547/48 im Schmalkaldischen Krieg die Oberhand gebracht hatte, fiel die endgültige Entscheidung schließlich im Jahr 1555 zugunsten der Fürsten und der Territorialstaaten. Jedoch war das Reichsoberhaupt nicht ganz unterlegen. Denn das gegen Ende seiner Regierungszeit auf dem Augsburger Reichstag von 1555 ausgearbeitete Reichsgrundgesetz, der Augsburger Religionsfrieden, hat das Reich nicht zu Grabe getragen. Vielmehr eröffnete er ihm den Weg in eine Teilmodernisierung.

Auf dieser Basis hat das Reich als politische Ordnung in der Mitte Europas bis 1806 überlebt. Etwa 100 Jahre nach dem Augsburger Religionsfrieden wurde der politische Kompromiss vom Westfälischen Frieden neu befestigt. Es war kein Staat, wie er sich damals in West- und Nordeuropa entwickelte, wohl aber ein frühmodernes politisches System, das seine Funktion als Rechts-, Kultur- und Verteidigungseinheit erfüllte. Zudem war es eine – wenn auch nicht immer erfolgreiche – Institution des friedlichen Interessenausgleiches in Deutschland und Europa.[16] Insofern hat dieses unter Karl neu formierte Reich, das vor- und überstaatliche Ordnung des Ausgleiches war sowie der Rechts- und Friedenssicherung zwischen den einzelnen Mitgliedsstaaten diente, nichts mit dem deutschen Reichsmythos des 19. und 20. Jahrhunderts zu tun. Heute sorgt dieser Mythos in der gegenwärtigen Europadiskussion gelegentlich für Verwirrung. Durch die Mitschöpfung einer komplexen Verfassungs- und Ausgleichsstruktur verdient Karl V. aus Sicht der Geschichtswissenschaft durchaus einen Platz in der Ahnengalerie eines Vereinten Europa.

Ungleich schwerer als die Niederlage in der Verfassungsfrage hat den Kaiser am Ende seines Lebens die Einsicht getroffen, dass die Einheit der Christenheit nicht mehr zu erreichen war. Mehrere Fürsten schlossen sich dem sächsischen Kurfürsten Moritz an, als dieser 1552 gegen den Kaiser eine Fürstenrebellion organisierte und Karl V. in so große Bedrängnis brachte, dass er Innsbruck verlassen musste und nach Villach floh. In dieser Abgeschiedenheit hat ihm kein anderer als sein Bruder Ferdinand die für ihn bittere Wahrheit übermittelt, dass nur eine unbefristete Tolerierung der Protestanten dem Reich und Europa die dringend benötigte Ruhe bringen werde. Der altersgebeugte Kaiser widersetzte sich nicht mehr, weigerte sich aber, diese Lösung auf sein Gewissen zu nehmen. Den Augsburger Religionsfrieden von 1555, den wir getrost einen Meilenstein auf dem Weg zum rechtlich geregelten Nebeneinander der Religionen nennen können, auch wenn er die Glaubensfreiheit noch nicht den Individuen, sondern den Territorien gewährte, musste Ferdinand I. allein verantworten.[17]

Kaiser Karl V. ist wegen seiner Kompromisslosigkeit und Härte gegenüber der Reformation von seinen protestantischen Gegnern als »Metzger von Flandern« und »Bluthund des Papstes« beschimpft worden.[18] Um den deutschen Heros und Glaubenshelden Martin Luther strahlender hervortreten zu lassen, stilisierte die protestantisch bestimmte Geschichtswissenschaft des 19. Jahrhunderts den Kaiser zum Anti-Helden und düster verschlossenen Machtmenschen. Der 500. Jahrestag seiner Geburt am 24. Februar 2000 war Anlass genug, dieses Bild von Grund auf zu revidieren.

Karl war, bei aller Streitbarkeit für den katholischen Glauben seiner Vorfahren, weder mittelalterlicher Ketzerjäger noch bereits neuzeitlicher Konfessionalist. Das zeigt jenes große Gemälde Tizians, das Karl 1550 in Auftrag gab, von Brüssel nach St. Yuste mitnahm und in seinem Testament dem Hochaltar der Klosterkirche vermachte: Auf diesem *Gloria* oder das *Jüngste Gericht* betitelten Großgemälde, dessen Programm sicherlich in engster Absprache mit Karl, wenn nicht gar direkt von diesem selbst festgelegt wurde, ist Karl vor dem Thron der Dreifaltigkeit dargestellt – kniend im Toten- oder Büßerhemd (Abb. 3). An seiner Seite sind die beiden bereits verstorbenen Frauen dargestellt, die ihm am nächsten standen – die Kaiserin Isabella, seine Ehefrau, und seine Tante und Erzieherin Margarete von Österreich. Auch in dieser letzten Vision, die Karl in Spanien bis zu seinem Tode alltäglich vor Augen hatte, kommt der Übergangscharakter seiner Frömmigkeit und seiner religiösen Selbstvergewisserung zum Ausdruck: Das ist nicht ein Bild für einen »Mann der tiefsten mittelalterlichen Frömmigkeit«, wie ihn noch der große Biograf Karl Brandi ganz selbstverständlich kategorisierte.[19] Und es ist auch kein Vorläufer jener gewaltigen Apotheosen des Barockzeitalters, in denen sich die katholisch konfessionalisierten Fürsten des ausgehenden 16. und des 17. Jahrhunderts verherrlichen ließen. Es ist ein Dialog des Menschen Don Carlos mit seinem Gott als Ausdruck der letzten Gewissenserforschung, allerdings in strenger, an die Gesetze der katholischen Kirche seiner Vorfahren gebundener Form. Diese Bindung nimmt nichts weg von der ganz persönlichen Innerlichkeit der religiösen Empfindung als Christ, die dieses Bild ausstrahlt. Und so richtig es ist, dass Karl kein Humanist im strengen

---

15 Dagmar Eichberger: Leben mit Kunst – Wirken durch Kunst. Sammelwesen und Hofkunst unter Margarete von Österreich, Regentin der Niederlande, Turnhout 2002, S. 191. **16** Zur Forschungsdiskussion über die Bewertung des Heiligen Römischen Reiches vgl. Matthias Schnettger (Hrsg.): Imperium Romanum – Irregulare Corpus – Teutscher Reichs-Staat, Mainz 2002. **17** Heinz Schilling/Heribert Smolinsky (Hrsg.): Der Augsburger Religionsfrieden 1555, Gütersloh 2007; Axel Gotthard: Der Augsburger Religionsfrieden, Münster 2004. **18** So in der antikaiserlichen Flugschriftenpropaganda während des Schmalkaldischen Krieges, abgedruckt in den Quellen zur Geschichte Karls V., hrsg. von Alfred Kohler, Darmstadt 1990, S. 337–343. Auch in den Niederlanden nannte man zu dieser Zeit in Oppositionskreisen die Bluturteile der Inquisition »Metzgerwerk«. Allgemein zur Propaganda im Schmalkaldischen Krieg Günter Vogler: Kurfürst Johann Friedrich und Herzog Moritz: Polemik in Liedern und Flugschriften während des Schmalkaldischen Krieges 1546/47, in: Archiv für Reformationsgeschichte 89 (1998), S. 178–206. **19** Karl Brandi, Karl V., 7. Aufl., München 1964, S. 537.

Abb. 4 Bernard van Orley, Fenster im Nordquerhaus der Brüsseler Kathedrale St. Michael und St. Gudula mit der Darstellung Karls V. und Isabellas von Portugal sowie deren Namenspatronen Karl der Große und Elisabeth von Thüringen, 1537

Sinne und auch kein demütiger Devot war,[20] so möchte man doch gerade in der von ihm inspirierten und geliebten *Gloria* des Tizian einen Kreis sich schließen sehen, der am Ende des Lebens zurückkehrt zu den Grundzügen der Frömmigkeitserziehung in der Jugend durch Adriaan von Utrecht am Mechelener Hof seiner Tante Margarete. Natürlich ist es nicht jene Devotenfrömmigkeit bürgerlicher Bescheidenheit, wie sie sich im 15. Jahrhundert in den großen und kleinen Städten Niederburgunds entwickelt hatte. Es ist die über alle Standesgrenzen hinweg auf den ganz persönlichen, individuellen Lebenskern eines jeden Christen, also auch des Kaisers, abzielende Devotenfrömmigkeit, zu der sich Karl nun bekennen kann, nachdem er Krone, Zepter und die Gewänder irdischer Macht abgelegt hat und darauf wartet, als Mensch im einfachen Totenhemd vor das Antlitz seines Richters zu treten.

Die Stellung Karls und seines Tizianhimmels zwischen Mittelalter und barockem Heiligenhimmel wird noch durch eine weitere ikonografische Besonderheit der *Gloria* unterstrichen, auf die bereits nachdrücklich hingewiesen wurde: »Anders als Dutzende ähnlicher Darstellungen vor ihm und noch viele danach, zeigt der Himmel Tizians keine Märtyrer und Heiligen, keine Jungfrauen und Ordensgründer, auch keine Päpste und Kaiser, außer Karl, seiner Frau und seiner Tante, das alles vermutlich in Vorwegnahme eines zeitlichen wie persönlichen Jüngsten Gerichts. Da sind nur die Patriarchen und Propheten des Alten Bundes mit der kaiserlichen Familie vereint. Wie ihm seine Hofpanegyriker mit der Berufung auf uralte und ewig neue Kaiserprophetien immer wieder versichert hatten, wird Karl den größten Figuren des auserwählten Volkes gleichgestellt: Moses und Abraham, Noah, David, Saul. Da ist er zugleich in einem Kreise, wie ihn Augustinus um 400 eben noch vor aller mittelalterlichen Tradition vor Augen hatte. Der Himmel, in den Karl im Totenhemd da eingereiht wurde, ist mithin gar nicht der katholische Kirchenhimmel. Karl kniet mit seiner Familie sozusagen in einem reformierten Himmel, ohne die römisch-katholische Heiligenherrlichkeit. Luther und Calvin hätten gemeinsam mit Karl in einem solchen Himmel ihr Hosianna singen können!«[21]

Ganz Ähnliches lässt sich von der wirklichen Sterbeszene des Kaisers sagen, die sich am 21. September 1558 in Yuste vollzog. Man darf das Geschehen allerdings nicht mit den dichotomisierenden Augen des Konfessionalismus – hier Protestanten, dort Katholiken – sehen. Der Konfessionalismus zog zwar in eben jenen Jahren auch in der unmittelbaren Umgebung des Kaisers auf, seine eigene vorkonfessionalistische Religiosität konnte das aber nicht mehr wesentlich beeinflussen. Es war diese vorkonfessionalistische Frömmigkeit, in der sich Karl am 21. September 1558 für den Übergang in jene andere Welt rüstete, die ihm in der *Gloria* alltäglich vor Augen gestanden hatte. Er nahm Zuflucht bei einem schlichten Kruzifix, das schon seiner innig geliebten Gemahlin Isabella das Sterben erleichtert hatte (Abb. 4). Für die konfessionalistischen Lehr- und Sittenwächter am spanischen Hof lag das so nahe an Luthers *solus-Christus*-Theologie, dass sie sogleich den Erzbischof von Toledo, Don Bartolomé Carranza, der dem Kaiser das Kruzifix gereicht hatte, unter Häresieverdacht stellten (Abb. 5). Einen Moment lang drohte sogar der kaiserlichen Leiche die Gefahr eines Häresieprozesses.

Heute erkennen wir, was schon Karls Sterbebegleiter nicht mehr verstanden. Wir sehen diese Szene eher im Licht jener vorkonfessionalistischen Christusfrömmigkeit im Umkreis der *Devotio moderna*, die zu Beginn des Jahrhunderts am Hof zu Mechelen verbreitet war, die Frömmigkeitserziehung des heranwachsenden Burgunderprinzen Karl bestimmt und auch die Spiritualität des Studenten und Mönchs Martin Luther mitgeprägt hatte. Schon deshalb war Karl V. in der Kirchenpolitik – im rechten Licht gesehen – alles andere als ein Papstknecht. Das Gegenteil ist der Fall. Der Kaiser hat den widerstrebenden Päpsten die Reformpolitik geradezu abgerungen. Nicht zu Unrecht hat man ihn daher den »eigentlichen Vater des Trienter Konzils« genannt.[22] Der neuzeitliche, konfessionalisierte Katholizismus hat dem Kaiser viel zu verdanken. Max Weber irrt, wenn er die Entstehung der modernen Welt ausschließlich auf Luther und die Protestanten zurückführt. Auch Kaiser Karl V. und der durch das tridentinische Konzil zu einer neuen, neuzeitlichen Konfessionskirche erneuerte Katholizismus gaben Anstöße für die Neuzeit und die Moderne. Das sollte beim Luther- und Reformationsgedenken 2017 wieder in Erinnerung gebracht werden – um der historischen Gerechtigkeit willen, aber auch, um dem ökumenischen Willen auf beiden Seiten neuen Schwung zu geben.

20 Das stellt Ferdinand Seibt: Karl V. Der Kaiser und die Reformation, Berlin 1990, wiederholt heraus, etwa S. 29, 219. **21** Ebd., S. 212. **22** So das Urteil von Ernst Schulin: Kaiser Karl V. Geschichte eines übergroßen Wirkungsbereiches, Stuttgart 1999.

MÖNCH GEGEN KAISER

Mit seinen 95 Thesen von 1517 kritisierte der Augustinermönch Martin Luther die Ablasspraxis der Kirche. Luthers Ansichten radikalisierten sich im Konflikt mit der Kirche. 1520 machte er seinen Bruch mit der Kirche öffentlich. Er verbrannte die Bannandrohungsbulle und die Schriften zum Kirchenrecht. Daraufhin wurde 1521 Luther schließlich exkommuniziert. Kurfürst Friedrich der Weise war Luthers Landesherr. Er setzte durch, dass der Reformator nicht nach Rom ausgeliefert wurde. Darum verhörte man Luther 1521 beim Reichstag zu Worms auf deutschem Boden. Vor Kaiser und Reich verteidigte der Mönch seine Thesen und widerrief sie nicht.

Das berühmte „Hier stehe ich, ich kann nicht anders" wurde nach dem Verhör in Flugschriften verbreitet. Allerdings gibt es keinerlei Beleg dafür, dass Luther diese Worte auch wirklich so gesagt hat.

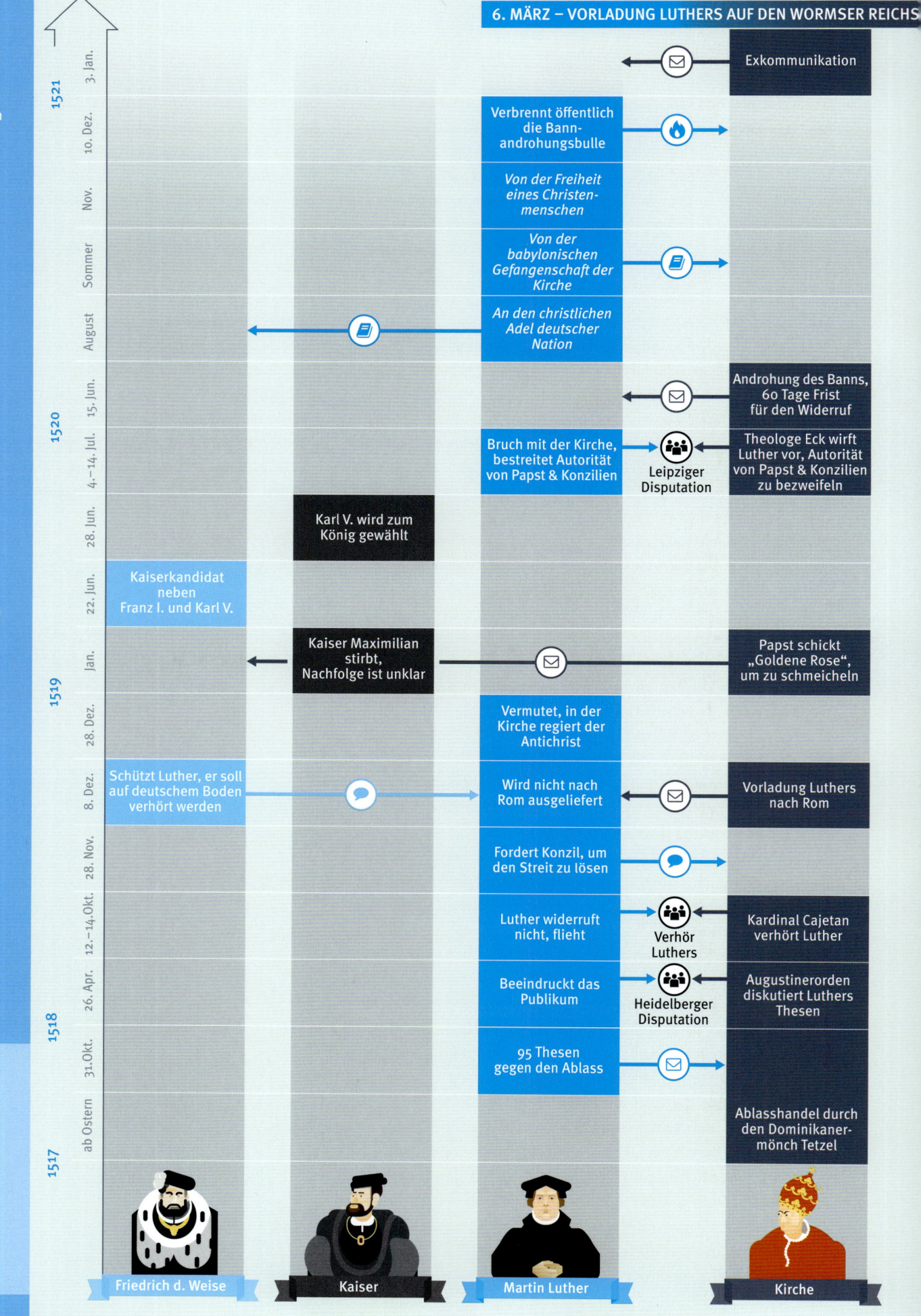

Legende:
- Schriftverkehr
- Rede
- Veröffentlichungen
- Versammlungen
- Verbrennung

6. MÄRZ – VORLADUNG LUTHERS AUF DEN WORMSER REICHSTAG

Zeitleiste

1521
- 3. Jan.: Exkommunikation
- 10. Dez.: Verbrennt öffentlich die Bannandrohungsbulle
- Nov.: Von der Freiheit eines Christenmenschen
- Sommer: Von der babylonischen Gefangenschaft der Kirche
- August: An den christlichen Adel deutscher Nation

1520
- 15. Jun.: Androhung des Banns, 60 Tage Frist für den Widerruf
- 4.–14. Jul.: Bruch mit der Kirche, bestreitet Autorität von Papst & Konzilien / Leipziger Disputation / Theologe Eck wirft Luther vor, Autorität von Papst & Konzilien zu bezweifeln
- 28. Jun.: Karl V. wird zum König gewählt
- 22. Jun.: Kaiserkandidat neben Franz I. und Karl V.
- Jan.: Kaiser Maximilian stirbt, Nachfolge ist unklar / Papst schickt „Goldene Rose", um zu schmeicheln

1519
- 28. Dez.: Vermutet, in der Kirche regiert der Antichrist
- 8. Dez.: Schützt Luther, er soll auf deutschem Boden verhört werden / Wird nicht nach Rom ausgeliefert / Vorladung Luthers nach Rom
- 28. Nov.: Fordert Konzil, um den Streit zu lösen
- 12.–14. Okt.: Luther widerruft nicht, flieht / Verhör Luthers / Kardinal Cajetan verhört Luther
- 26. Apr.: Beeindruckt das Publikum / Heidelberger Disputation / Augustinerorden diskutiert Luthers Thesen

1518
- 31. Okt.: 95 Thesen gegen den Ablass

1517
- ab Ostern: Ablasshandel durch den Dominikanermönch Tetzel

Akteure: Friedrich d. Weise | Kaiser | Martin Luther | Kirche

17. APRIL 1521, REICHSTAG ZU WORMS

STAMMEN DIESE SCHRIFTEN VON EUCH?

JA

BEHARRT IHR AUF DEN DORT GEMACHTEN THESEN ODER WIDERRUFT IHR SIE?

ICH BRAUCHE BEDENKZEIT.

ZURÜCK IN SEINEM QUARTIER IM JOHANNITERHOF ...

AM NÄCHSTEN TAG ...

PÄPSTE UND KONZILIEN HABEN IN DER VERGANGENHEIT GEIRRT. DARUM KANN ICH MEINE THESEN NICHT WIDERRUFEN, WENN ICH NICHT DURCH DIE HEILIGE SCHRIFT WIDERLEGT WERDE. ICH BIN GEFANGEN IM GEWISSEN DURCH DAS WORT GOTTES. DARUM WIDERRUFE ICH NICHT, WEIL WIDER DAS GEWISSEN ZU HANDELN IST BESCHWERLICH, UNHEILSAM UND GEFÄHRLICH. GOTT HELFE MIR! AMEN!

WENN DIESER EINZELNE ORDENSBRUDER RECHT HÄTTE, WÄRE DIE GANZE CHRISTENHEIT IMMER IM IRRTUM GEWESEN UND WÜRDE ES HEUTE NOCH SEIN. WIR SIND BERUFEN ZU VERTEIDIGERN UND SCHUTZHERREN DES KATHOLISCHEN GLAUBENS. ICH BEREUE SO LANGE GEZÖGERT ZU HABEN, GEGEN DEN GENANNTEN LUTHER UND SEINE FALSCHE LEHRE VORZUGEHEN. ICH BIN FEST ENTSCHLOSSEN, IHN FERNER NICHT MEHR ZU HÖREN, SONDERN GEGEN IHN ZU VERFAHREN WIE GEGEN EINEN NOTORISCHEN HÄRETIKER.

KURZE ZEIT SPÄTER ERSCHIEN IN EINER FLUGSCHRIFT ...

Hier stehe ich, Gott helfe mir. Amen.

JOHN T. McQUILLEN

Pierpont Morgan und Martin Luthers Brief von 1521 an Kaiser Karl V.

Verkauft! Wie ein Blitz schlug am 3. Mai 1911 die Nachricht im Auktionshaus C. G. Boerner in Leipzig ein: Gerade hatte der wichtigste Brief, den Martin Luther je geschrieben hatte, einen Rekord für die Versteigerung eines handgeschriebenen Briefes gebrochen (Abb. 1).[1] Nicht nur, dass er den unerhörten Preis von 102 000 Deutschen Mark erzielte, dieses außerordentliche Zeugnis deutscher Geschichte ging auch noch an einen Amerikaner: an Pierpont Morgan, internationaler Finanzier und einer der reichsten Männer der Welt. Der Luther-Brief hatte aufgrund seines Inhalts historische Bedeutung. Nachdem er vom Reichstag zu Worms, wo er der Legende nach den Ausspruch »Hier stehe ich …« getan hatte, abgereist war, schrieb Luther an Kaiser Karl V. und dankte ihm für das freie Geleit, das ihm ermöglicht hatte, ohne Furcht vor einer Gefangensetzung an dem Reichstag teilzunehmen. Zugleich wiederholte er seinen Standpunkt, dass er keine seiner Schriften widerrufen könne, es sei denn, ihm werde anhand der Heiligen Schrift nachgewiesen, in welcher Weise er genau geirrt habe.[2] Unmittelbar nach Abfassung dieses Briefes sowie eines ähnlichen an das Kolleg der deutschen Kurfürsten wurde Luther von seinen Anhängern entführt und inkognito auf die Wartburg gebracht.[3] Der Brief jedoch erreichte nie seinen vorgesehenen Adressaten, sondern wurde stattdessen in einer Offizin in Hagenau gedruckt.[4] Der Originalbrief gelangte schließlich in die Sammlung von Dr. Carl Geibel, einem Leipziger Verleger, dessen Erben seine Autografensammlung zur Versteigerung anboten.[5]

Pierpont Morgan hatte eine ansehnliche Sammlung an Buchgrafik, mittelalterlichen und literarischen Handschriften und Drucken erworben, die in seiner prachtvollen, im italienischen Stil gehaltenen Bibliothek neben seinem Wohnhaus an der Madison Avenue in New York City ihren repräsentativen Platz erhalten sollte.[6] In seiner umfangreichen und schnell anwachsenden Kunst- und Büchersammlung hatte Morgan, ein glühender Anglikaner, bereits eine bedeutende Kollektion handschriftlicher und gedruckter Materialien zu den deutschen und englischen Reformationsbewegungen. Darunter befanden sich auch ein Brief Luthers vom 30. Oktober 1520, in dem er Herzog Johann Friedrich von Sachsen für dessen Unterstützung dankt,[7] Dutzende gedruckter Flugblätter und Bücher von Luther selbst, von seinen Unterstützern, aber auch seinen päpstlichen Kritikern, sowie das sogenannte *Goldene Evangelienbuch* Heinrichs VIII., eine ottonische Handschrift des 10. Jahrhunderts, die Papst Leo X. König Heinrich VIII. von England 1521 geschenkt haben soll, als er ihm den Titel *Fidei Defensor*, »Verteidiger des Glaubens«, verlieh.[8]

Dass ein so wichtiger Gegenstand deutschen Kulturerbes von einem Ausländer erworben worden war und demnächst die Reise nach New York antreten sollte, stieß in Deutschland sofort auf nachdrückliche Ablehnung. Dazu kam es allerdings nicht, denn keine zwei Monate nach dem Kauf übergab Morgan den historischen Brief Kaiser Wilhelm II. für das deutsche Volk; seither hat er seinen Platz im Lutherhaus (damals »Lutherhalle«) in Wittenberg. Im vorliegenden Aufsatz sollen zwei unterschiedliche Aspekte der Geschichte von Luthers Brief aus dem Jahr 1521 an Karl V. erörtert werden: Zum Ersten die historische Einordnung des Briefes in Bezug auf die politischen Auseinandersetzungen der frühen Reformationszeit und Luthers spezielle Nutzung des Buchdrucks, um in diesen Auseinandersetzungen seine Vorstellungen zu verbreiten, und zum Zweiten das Narrativ des Erwerbs und der Schenkung des Briefes durch Pierpont Morgan im Jahr 1911.

---

1 Carl Gustav Boerner: Autographen Sammlungen Dr. Carl Geibel, Leipzig und Carl Herz von Hertenried, Wien, 3.–6. Mai 1911, Erste Abteilung, Leipzig 1911, Los 109. **2** WA 4, 2, 306–310; LW, Bd. 48, S. 203–209; Stefan Laube: Lutherbrief an den Kaiser, Kaiserbrief an die Lutherhalle, in: Ders./Karl-Heinz Fix (Hrsg.): Lutherinszenierung und Reformationserinnerung (= Schriften der Stiftung Luthergedenkstätten in Sachsen-Anhalt. 2), Leipzig 2002, S. 265 f.; Stefan Rhein: … das entscheidendste und inhaltsschwerste, was des Reformators Feder je geschrieben – Luthers Brief an Kaiser Karl V. (28. April 1521), in: Irene Dingel/Henning P. Jürgens (Hrsg.): Meilensteine der Reformation: Schlüsseldokumente der frühen Wirksamkeit Martin Luthers, Gütersloh 2014, S. 145–158, hier S. 153–155. **3** Die Nachricht von Luthers Entführung verbreitete sich schnell, aber wenige kannten ihre tatsächliche Bewandtnis. Auf einer Reise durch die Niederlande vermerkte der Künstler Albrecht Dürer in seinem Tagebuch das Ereignis und seine Befürchtung, dass Luther tatsächlich tot sei, vgl. Albrecht Dürer: Dürer's Record of journeys to Venice and the Low Countries, hrsg. von Roger Eliot Fry, New York 1995, S. 83 f. **4** Josef Benzing: Lutherbibliographie. Verzeichnis der gedruckten Schriften Martin Luthers bis zu dessen Tod, Baden-Baden 1965, Nr. 1027. **5** Zur Provenienz des Briefes vgl. Rhein, Brief (wie Anm. 2), S. 154. **6** Pierpont Morgan Library: In August Company. The Collections of the Pierpont Morgan Library, New York 1993, bes. S. 13–22 und Jean Strouse: Morgan: American Financier, New York 1999, S. 485–508; Dies.: Pierpont Morgan: Financier and Collector, in: Metropolitan Museum of Art Bulletin, Winter 2000. **7** Morgan Library, MA 376.24. WA 4, 2, 204–206; LW, Bd. 48, S. 181–183. **8** Morgan Library, MS M.23. James Carley

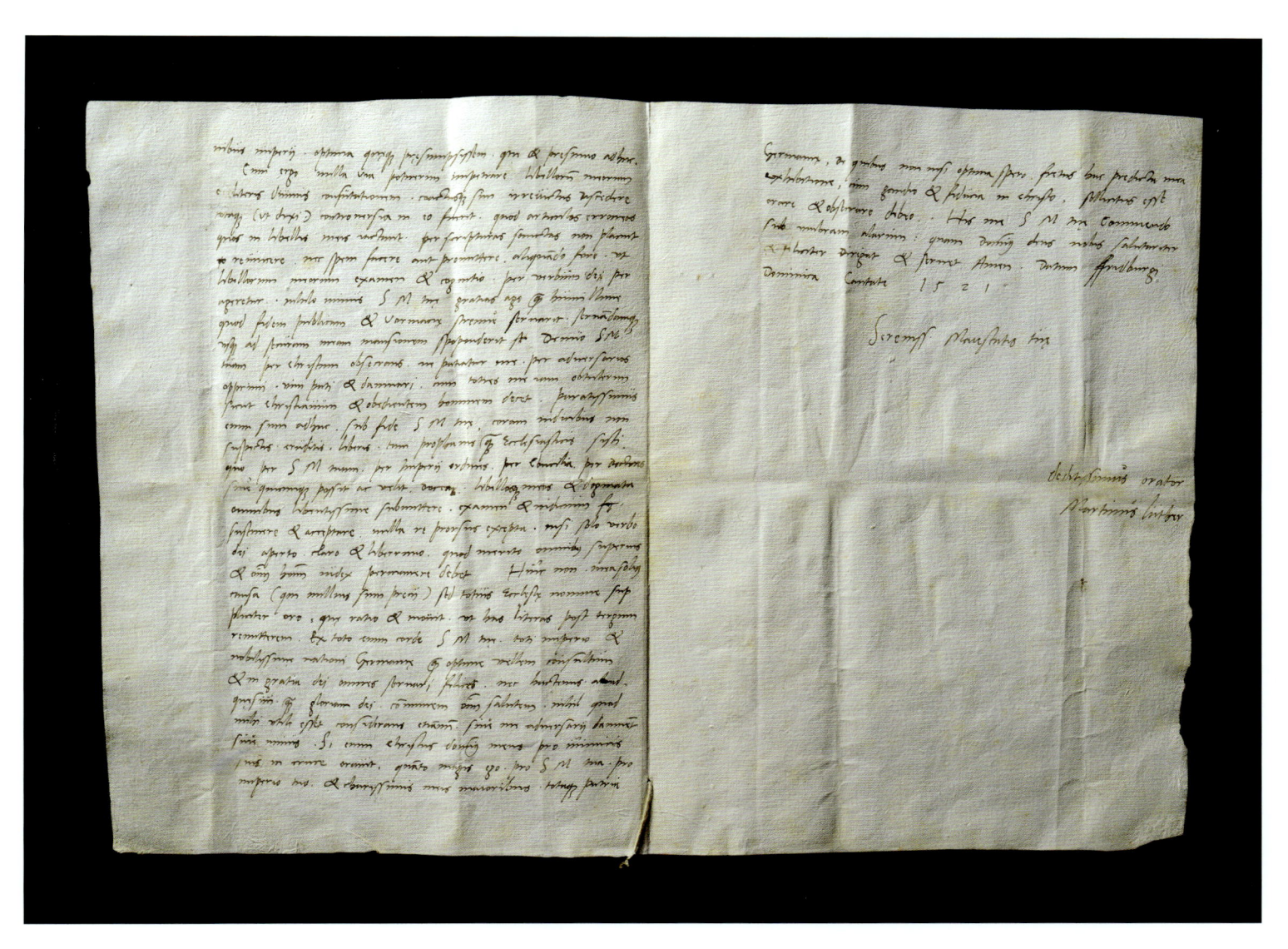

Abb. 1 Martin Luther, Brief an Kaiser Karl V., 28. April 1521. Das Dokument wurde 2015 ins UNESCO-Dokumentenerbe »Memory of the World« aufgenommen.

Der Reformationshistoriker Bernd Moeller prägte den eindeutigen Ausspruch »Ohne Bücher keine Reformation«, um damit den unbestreitbaren Einfluss des Buchdrucks auf die Ausbreitung der Reformation zu kennzeichnen. Zwar trifft es grundsätzlich zu, dass sich Luthers Kritik und seine Reformideen mündlich verbreiteten, doch die Druckerpresse war das Instrument par excellence für die Reformation.[9] Luthers Universitätsvorlesungen über die Bibel wurden gedruckt; Luthers Predigten wurden gedruckt; Luthers Bildnis war eigenständig in Form von Holzschnitten und Stichen im Umlauf; sogar seine 95 Thesen, eine für eine Universitätsdisputation vorgesehene Liste von Argumenten gegen die Wirksamkeit von Ablässen, wurden gedruckt, und zwar in einem kleinen Format für Flugschriften (Quartformat) und mindestens zwei verschiedenen Einblattdrucken.[10] Die schnelle und weite Verbreitung von Druckerzeugnissen war ein Grundprinzip des Druckhandwerks.[11] Eine einzelne Stadt oder Region konnte die Gesamtmenge gedruckter Bücher, die auch

vermutet, dass die Handschrift erst nach 1541 in die Sammlung von Heinrich VIII. gelangte und sich schon lange vor dem 16. Jahrhundert in England befand. Vgl. James Carley: The Provenance of the Morgan Golden Gospels (Morgan Library, MS M.23): A New Hypothesis, in: Kathleen Doyle/Scot McKendrick (Hrsg.): 1000 Years of Royal Books and Manuscripts, London 2013, S. 54–68. **9** Bernd Moeller: Stadt und Buch. Bemerkungen zur Struktur der reformierten Bewegung in Deutschland, in: Wolfgang J. Mommsen (Hrsg.): Stadtbürgertum und Adel in der Reformation. Studien zur Sozialgeschichte der Reformation in England und Deutschland, Stuttgart 1979, S. 25–39; Wolfgang Schmitz: Reformation und Gegenreformation in der Entwicklung von Druck und Buchhandel, in: Barbara Tiemann (Hrsg.): Die Buchkultur im 15. und 16. Jahrhundert, Bd. 2, Hamburg 1999, S. 253–338. **10** Klemens Honselmann: Urfassung und Drucke der Ablaßthesen Martin Luthers und ihre Veröffentlichung, Paderborn 1966, S. 11–17. Siehe auch Bernd Moeller: Thesenanschläge, in: Joachim Ott/Martin Treu (Hrsg.): Luthers Thesenanschlag – Faktum oder Fiktion (= Schriften der Stiftung Luthergedenkstätten in Sachsen-Anhalt. 9), Leipzig 2008, S. 16–22. **11** Zu Vorstellungen von Verbreitung im Druck vgl. Elizabeth L. Eisenstein: The Printing Press as an Agent of Change: Communications and Cultural Transformations in Early-Modern Europe, Cambridge 1979, S. 71–80; John L. Flood: The Book in Reformation Germany, in: Jean François Gilmont: The Reformation and the Book, übers. von Karin Maag, Aldershot, U.K. 1998, S. 21–104, bes. S. 25–27; Andrew Pettegree: Reformation and the Culture of Persuasion, Cambridge 2005, S. 156–170.

Der Aufbruch der Reformation

nur eine Druckerei produzierte, nicht aufnehmen, Drucker mussten also ihre Produkte in einem größeren Gebiet verkaufen, wenn das Unternehmen ein finanzieller Erfolg werden sollte.[12] Luther nannte das Druckhandwerk »Gottes höchsten Gnadenakt«, und vielleicht hatte niemand vor ihm diese Technologie so gut zu nutzen gewusst wie er.[13] Die Druckerpresse ermöglichte eine Reichweite und Verbreitung von Luthers Worten und Gedanken, mit der keine Predigt mithalten konnte. Man sollte daher vielleicht den leicht präzisierten Begriff »Ohne Buchdruck keine Reformation« in Betracht ziehen, um so die ganze Vielfalt an Druckmedien zu erfassen, die von der lutherischen Bewegung verwendet wurde und die eine bedeutende Rolle bei den Ereignissen rund um den Reichstag zu Worms spielte.

Am 6. März 1521 wurde Luther von Kaiser Karl V. vor den Reichstag befohlen, um sich vor der Versammlung der deutschen Kurfürsten, Adligen und Kirchenfürsten wegen des Vorwurfs der Ketzerei zu verantworten.[14] Abgesehen von dem ursprünglichen Ansatzpunkt, der Infragestellung der geistlichen Wirksamkeit von Ablässen im Jahr 1517, und zahlreichen Veröffentlichungen in den darauf folgenden Jahren, welche die altgläubige kirchliche Lehre zurückwiesen, hatte Luther 1520 drei wichtige Schriften veröffentlicht, in denen er seine Haltung gegen die Missstände der Kirche ausführlich erläuterte: *An den christlichen Adel deutscher Nation,*[15] *Von der babylonischen Gefangenschaft der Kirche*[16] und *Von der Freiheit eines Christenmenschen.*[17] Diese drei Bücher liefern eine klare Darlegung vieler Reformgedanken Luthers, in denen er einige übliche Kirchenpraktiken kritisierte, da sie jeglicher Grundlage in der Heiligen Schrift entbehren.

So wurde – ein Beispiel für die rasante Verbreitung lutherischen Gedankenguts im Druck – allein im Jahr 1520 *An den christlichen Adel deutscher Nation* von Druckereien in sechs verschiedenen deutschen Städten in ungefähr zehn Auflagen gedruckt; *Von der babylonischen Gefangenschaft der Kirche* kam in vier Städten und fünf Auflagen heraus, dazu eine deutschsprachige Ausgabe in vier Auflagen an zwei verschiedenen Drucklegungsorten; *Von der Freiheit eines Christenmenschen* schließlich wurde auf Deutsch in 21 Auflagen in acht Städten gedruckt, in der lateinischen Ausgabe aber nur in zehn Auflagen in sechs Städten. Somit wurden diese drei »kleinen Bücher«, wie Luther sie nannte, innerhalb eines einzigen Jahres in 60 Auflagen gedruckt.[18] Die erste Auflage der Schrift *An den christlichen Adel deutscher Nation* wurde in 4 000 Exemplaren gedruckt – einer bemerkenswerten Druckauflage für eine Veröffentlichung im frühen 16. Jahrhundert. Die Ausgabe war in nur fünf Tagen ausverkauft und wurde in noch größerer Stückzahl nachgedruckt.[19] Luthers Wirkung auf Buchmarkt und Lesepublikum war unverkennbar, und so überrascht es keineswegs, dass sowohl der Kaiser als auch der Papst nicht nur über Luthers Gedankengut beunruhigt waren, sondern auch über dessen rasante Verbreitung.

Diese drei kleinen Bücher gehörten zu den Schriften, mit denen Luther am 17. April 1521 in Worms konfrontiert wurde, als er zu Autorschaft und Inhalt seiner Veröffentlichungen verhört wurde.[20] Die Versammlung war darauf eingestellt, dass Luther seine Schriften widerrufen und zurückziehen würde, dieser jedoch verteidigte seine Publikationen mit großem Nachdruck. Zunächst in lateinischer Sprache, dann auf Deutsch erklärte er, dass er nur widerrufen werde, wenn ihm anhand der Heiligen Schrift oder durch Vernunftgründe nachgewiesen werde, in welcher Weise er geirrt habe. Gegenüber Karl V. war er nun in eine völlige Pattsituation geraten, und nicht einmal eine Delegation der Kurfürsten konnte ihn durch Vernunftgründe davon überzeugen, zur altgläubigen Lehre zurückzukehren. Mit Zustimmung des Kaisers reiste Luther am 26. April von Worms ab, noch immer unter kaiserlichem freiem Geleit, doch war ihm für die nächsten 21 Tage jegliches Predigen oder Schreiben untersagt. Vielleicht hofften die kaiserlichen Parteien, etwaige lutherische Veröffentlichungen so lange zu verhindern, bis sie ihre eigene Darstellung des Verfahrens vorlegen konnten, und Karl forcierte auch bereits das offizielle kaiserliche Edikt gegen Luther und seine Anhänger.

Luther war mit seiner Reisegesellschaft am 28. April in Friedberg (nördlich von Frankfurt am Main) angelangt, als er den Brief an Karl V. niederschrieb. Nach dem Dank an den Kaiser für das freie Geleit, das ihm ermöglicht hatte, ohne Furcht vor einer Gefangensetzung nach Worms zu kommen,[21] fasst Luther die Ereignisse auf dem Reichstag sowie seine Bereitschaft zusammen, nur dann zu widerrufen, wenn ihm sein Irrtum »auf der Grundlage göttlicher, das heißt evangelischer und prophetischer Schrift« aufgezeigt werde. Da er seine Schriften mit »klaren und verständlichen Stellen der Heiligen Schrift« untermauert habe, könne er nichts widerrufen, ohne zugleich Gottes Wort zu leugnen. Luther wähnte sich zweifellos auf sehr sicherem Grund, wenn er seine Verteidigung allein auf die Heilige Schrift zurückführte, anstatt sie in Einklang mit der Kirchenlehre zu bringen, die aus seiner Sicht Menschen- und nicht Gotteswerk war. Wiederholt führt der Brief die Bibel zur Verteidigung seiner Schriften an, eine Bedingung, die während des Reichstags nie erfüllt wurde: »Der gesamte Streit beruht, wie ich erwähnt habe, auf

---

12 John L. Flood: Volentes sibi comparare infrascriptos libros impressos …: Printed Books as a Commercial Commodity in the Fifteenth Century, in: Kristian Jensen (Hrsg.): Incunabula and their Readers: Printing, Selling, and Using Books in the Fifteenth Century, London 2003, S. 139–151. **13** WA 2, 2, 650. Zu Luthers Verwendung von Druckmedien vgl. die kürzlich erschienenen Übersichten von Willem Heijting: The Media in Reformation Historiography, in: Ulrike Hascher-Burger/August den Hollander/Wim Janse (Hrsg.): Between Lay Piety and Academic Theology: Studies Presented to Christoph Burger on the Occasion of his 65th Birthday, Leiden 2010, S. 421–425; Allysonn F. Creasman: Censorship and Civic Order in Reformation Germany, 1517–1648, ›Printed Poison & Evil Talk‹, Farnham, U.K. 2012, S. 4–9. **14** WA 4, 2, 278–281. **15** WA 4, 6, 381–469; LW, Bd. 44, S. 115–217. **16** WA 1, 6, 484–573; LW, Bd. 36, S. 3–126. Die deutsche Übersetzung wurde von Thomas Murner, einem Franziskaner und vehementen Gegner Luthers erstellt, der glaubte, Luthers bissige Attacke würde viele gegen ihn aufbringen; stattdessen trug die Übersetzung nur weiter zur Verbreitung von Luthers antipäpstlicher Botschaft auch bei nicht-lateinkundigen Lesern bei; siehe auch Mark U. Edwards Jr.: Printing, Propaganda, and Martin Luther, Minneapolis 1994, S. 72–76. **17** WA 1, 7, 12–73; LW, Bd. 31, S. 327–377. **18** 1520 war mit mehr als 300 gedruckten Werken eines der ergiebigeren Jahre für Luther-Drucke, vgl. Edwards Jr., Printing (wie Anm. 16), S. 17–28. Die Alphabetisierungsrate in der Allgemeinbevölkerung war im frühen 16. Jahrhundert noch recht niedrig, und die meisten Informationen wurden mündlich weitergegeben. Vgl. Robert W. Scribner: Oral Culture and the Transmission of Reformation Ideas, in: Helga Robinson-Hammerstein (Hrsg.): The Transmission of Ideas in the Lutheran Reformation, Dublin 1989, S. 83–104. **19** Luther erwähnte Melchior Lotters »unsäglichen Gewinn« aus dem Druck solch riesiger Auflagen von Luthers Werken. Vgl. WA 2, 2, 58; LW, Bd. 54, S. 141. **20** WA 1, 7, S. 840; LW, Bd. 32, S. 106 und 131, und WA 2, 5, 65–74; Martin Brecht: Martin Luther: His

der Tatsache, dass niemand bereit war, auf der Grundlage der Heiligen Schrift etwaige irrige Artikel, die in meinen kleinen Büchern enthalten sein sollen, zu widerlegen.« Sollte der Kaiser je irgendwelche Zweifel bezüglich Luthers Bereitschaft, sich einer kritischen Überprüfung zu stellen, oder bezüglich seiner Bedingungen für eine solche Überprüfung gehegt haben, so hätte der Brief diese mit Sicherheit ausgeräumt.

Dieser Brief wurde dem Reichsherold Caspar Sturm, der als Garant für das sichere Geleit mitreiste, zusammen mit einem Brief an Georg Spalatin, den noch in Worms gebliebenen Sekretär des Kurfürsten Friedrich von Sachsen, ausgehändigt und der Herold damit entlassen.[22] Eine Notiz in Spalatins Handschrift auf dem Brief an Karl V. hält fest, dass dieser dem Kaiser nie übergeben wurde, da niemand den Mut hatte, ihn zuzustellen.[23] Ob aus diesem Grund oder da es ohnehin eher Luthers Absichten entsprach, jedenfalls waren sowohl der Brief an den Kaiser als auch einer an die Kurfürsten schon bald in gedruckter Form erhältlich (Abb. 2).[24] Obwohl am 25. Mai 1521 das Edikt von Worms erging, das Luther offiziell zum Ketzer erklärte, waren diese beiden Briefe sowie zahlreiche weitere Publikationen, in denen die Ereignisse von Worms zusammengefasst waren, weiterhin im Umlauf, um Luthers Sache zu unterstützen, und führten damit das Versagen der kaiserlichen und kirchlichen Delegationen beim Versuch einer angemessenen Widerlegung seiner Werke deutlich vor Augen.[25] Der Brief an Karl V. wurde ausschließlich in einer einzigen lateinischen Auflage gedruckt, der deutschsprachige Brief an die deutschen Kurfürsten hingegen erschien in 15 Auflagen, alle im Jahr 1521. Beide Briefe sind von herausragender Bedeutung für Luthers Erklärung seiner Haltung in Worms.[26] Aber seine Verteidigung auf Deutsch erwies sich für das deutsche Publikum als der weitaus besser zu vermarktende Text.

Dies war nicht der erste Brief Luthers an den Kaiser, der letztendlich in gedruckter Form zirkulierte, und es könnte durchaus von Anfang an geplant gewesen sein, den Brief zu veröffentlichen.[27] Luther schrieb häufig eigens zur Veröffentlichung bestimmte Briefe, sowohl solche, die auf seine Widersacher abzielende Verteidigungen darstellten, als auch offene Briefe an seine Vorgesetzten, zum Beispiel sein als Versöhnungsversuch gedachter Brief an Papst Leo X. von 1520, *Sendbrief an den Papst Leo X.*[28] Luther hatte auch schon vorher, Ende August 1520, an Karl V. geschrieben, um sich gegen die Angriffe seiner Feinde zu verteidigen, und hatte rechtliches Gehör

Abb. 2 Martin Luther, Ad DN. Carolum V. Austrium Imp. Cęs. Aug. doctoris Martini Lutheri Augustiniani epistola post abitionem ex conventa Imperiali Wormaciæ, Hagenau 1521

vorgeschlagen; dieser Brief wurde in einer einzigen Auflage gedruckt.[29] Diese Briefe an Leo X. und Karl V. erschienen inmitten wachsender Spannungen, ausgelöst durch die Schriften *An den christlichen Adel deutscher Nation* und *Von der babylonischen Gefangenschaft*

Road to Reformation, 1483–1521, übers. von James L. Schaff, Philadelphia 1985, S. 452–460. **21** Luther fürchtete sicherlich, dasselbe Schicksal wie der böhmische Reformator Jan Hus zu erleiden, der anlässlich des Konzils von Konstanz 1414 bis 1415 als Ketzer verurteilt und hingerichtet worden war, nachdem er gegen Zusicherung eines kaiserlichen freien Geleits an dem Konzil teilgenommen hatte. **22** Möglicherweise schrieb Luther auch einen ähnlichen Brief an die deutschen Kurfürsten oder Spalatin selbst übersetzte den Brief an den Kaiser für die Kurfürsten vom Lateinischen ins Deutsche. Vgl. WA 4, 2, 310–318; zu dem Brief an Spalatin vgl. WA 4, 2, 318f. Die Entlassung des Herolds legt die Vermutung nahe, dass Luther sich entweder auf befreundetem Gebiet sicher genug fühlte, um das freie Geleit jetzt für unnötig zu erachten, oder dass er den Versand der Briefe als Gelegenheit wahrnahm, eventuelle Augenzeugen der bevorstehenden Entführung vom Schauplatz zu entfernen. **23** »Hae literae Caesari non sunt redditae, quod in tanta vi procerum ne unus quidem esset, qui redderet.« Brecht, Martin Luther (wie Anm. 20), S. 471. **24** Benzing, Lutherbibliographie (wie Anm. 4), Nr. 1027 und 1028–1042. Von der Druckfassung des Briefes an Karl V. sind fünf Exemplare erhalten; das Exemplar der Morgan Library kam 1958 als ein Geschenk von Lathrop C. Harper in den Bestand (PML 49060). **25** Vgl. WA 1, 7, 814–824 zu den veröffentlichten Berichten von den Ereignissen in Worms. **26** Der Originalbrief wurde 2015 ins UNESCO-Dokumentenerbe »Memory of the World« aufgenommen. **27** Lyndall Roper: ›To his Most Learned and Dearest Friend‹: Reading Luther's Letters, in: German History 28 (2010), 3, S. 284f. **28** WA 1, 7, 1–11; LW, Bd. 31, S. 334–343; Benzing, Lutherbibliographie (wie Anm. 4), Nr. 731–733. Die lateinische Version des Briefes an Leo X., Epistola ad Leonem Decimum summum pontificem, wurde als Vorrede zu dem lateinischen Tractatus de libertate christiana (siehe oben, Anm. 17) gedruckt, die deutschen Veröffentlichungen waren aber davon getrennt. **29** WA 4, 2, 172–178; LW, 48, 175–179; Benzing, Lutherbibliographie (wie Anm. 4), Nr. 818.

Der Aufbruch der Reformation

Abb. 3 Roter Adlerorden I. Klasse, Kreuzanhänger und Bruststern, Preußen.
1911 verliehen an Pierpont Morgan

112 Der Aufbruch der Reformation

der Kirche, da Luther hoffte, damit ihre Befürchtungen zu beschwichtigen. Luther nutzte erfolgreich die Veröffentlichung offener Briefe, um sich gegen öffentliche/gedruckte und private Angriffe zu verteidigen und um die Debatte über Missstände in der Kirche und die Beziehung zwischen Mensch und Gott wirkungsvoll in der Öffentlichkeit zu halten statt unzugänglich innerhalb einer persönlichen Korrespondenz mit der Kirchenelite. Der Brief an Karl V. steht für einen entscheidenden Moment im Werdegang der Reformation, als Luther sich gegen Jahrhunderte kirchlicher Traditionen wandte, um sich allein auf die Autorität der Heiligen Schrift, *sola scriptura,* zu berufen. Die Publikation von Luthers Briefen an Karl V. und die deutschen Kurfürsten machte seine Verteidigung in Worms zu einem öffentlichen Ereignis und ermächtigte gleichzeitig eben diese Öffentlichkeit, denselben Standpunkt von *sola scriptura* einzunehmen.

Pierpont Morgan traf am 2. Juli 1902 mit Kaiser Wilhelm II. zusammen, als die Krönung von Edward VII. von England wegen dessen Blinddarm-Notoperation verschoben worden war.[30] Morgan segelte seine Yacht *Corsair* nach Kiel, wo er auf die kaiserliche Yacht *Hohenzollern* eingeladen wurde.[31] Da er seine Kindheit in einem Schweizer Internat verbracht und dann an der Universität Göttingen studiert hatte, sprach Morgan ziemlich gut Deutsch, ein günstiger Umstand, der zweifellos dazu beitrug, dem Kaiser eine eventuelle Befangenheit zu nehmen. Die gemeinsame Begeisterung für Schiffe und Segeln trug ebenfalls dazu bei, die beiden Männer in, wie es scheint, herzlicher Freundschaft zu verbinden, und auch ihre Geschäftsbeziehung konzentrierte sich auf Handelsschifffahrt. Durch diverse Transaktionen hatte Morgan bereits Anteile an mehreren lukrativen britisch-amerikanischen Schifffahrtslinien erworben, gefolgt vom Kauf der britischen Luxuslinie *White Star*, strebte aber eine Kooperation mit der deutschen Hamburg-Amerika-Linie (HAPAG) an, der damals größten Schifffahrtsgesellschaft, um sein neues Schifffahrtsunternehmen, International Mercantile Marine Company (IMMC), auch wirklich zum Erfolg zu führen.[32] Letztlich konnte Morgans Geschäftssinn den eingefahrenen politischen Strukturen des internationalen Handels dann doch nicht Paroli bieten, und nicht einmal sein eiserner Wille konnte den Trust vor dem Scheitern bewahren – oder, wie das *Wall Street Journal* spitz bemerkte: »Der Ozean war zu groß für den alten Mann.«[33] Was sich jedoch aus der fehlgeschlagenen Schifffahrtsunternehmung weiter entwickelte, das war eine Freundschaft zwischen Morgan und dem Kaiser, die bis zu Morgans Lebensende Bestand hatte.[34]

Vielleicht hatte Morgan seinen Freund im Sinn, als er Luthers Brief von 1521 an Karl V. erwarb. Der außerordentlich wichtige Brief an den Kaiser des Heiligen Römischen Reiches war die perfekte Anschaffung für den Kaiser des Finanzwesens. Als der Brief zur Versteigerung aufgerufen wurde, konnte kaum jemand ahnen, was dann durchsickern würde. Der Florentiner Buchhändler Tammaro De Marinis trat als Morgans Agent bei der Auktion auf. Der Brief wurde auf 5 000 bis 6 000 Mark taxiert und das Steigern begann bei 3 000 Mark. Sowohl die Königliche Bibliothek in Berlin als auch die Lutherhalle in Wittenberg versuchten, den Brief zu ersteigern, aber beide mussten bei ihren Höchstgeboten von 10 000 beziehungsweise 25 000 Mark aussteigen; danach waren nur noch Marinis und Carl Marfels, ein Sammler aus Berlin, übrig. Es wurde weiter bis auf 100 000 Mark geboten, wo Marfels aufgab und Marinis bei 102 000 Mark den Zuschlag für den Brief erhielt.

Morgan war berüchtigt für seine Verschwiegenheit, was persönliche Überlegungen hinsichtlich der Buchgrafik, Bücher oder Handschriften, die er kaufte, anging – »Geld spricht, Morgan nicht« –, sodass wir keine Vorstellung davon haben, was er sich tatsächlich dabei dachte, eine solch exorbitante Summe für den Luther-Brief zu zahlen. Dennoch ist es möglich, dass er geplant hatte, eine Preissteigerung für den begehrten Brief zu inszenieren. Morgan kannte den Sammler Carl Marfels bereits. Im März 1910 hatte er eine hervorragende Sammlung verzierter Taschenuhren für 25 000 Dollar gekauft (was viele für ein Schnäppchen hielten) und eine weitere Kollektion im darauf folgenden Jahr, unmittelbar vor der Luther-Auktion. Marinis berichtete, er habe nach der Auktion entdeckt, dass sie beide, Marfels und er, für Morgan geboten hatten. Marfels war angewiesen, nicht höher als bis 100 000 Mark zu bieten, während Marinis bis auf 125 000 Mark gehen durfte.[35] Dieser Erwerbsstil zeigte eine für Morgan völlig untypische Vorgehensweise, da dieser bei seinen Käufen üblicherweise recht überlegt vorging und gern ein gutes Geschäft bei Anschaffungen machte, außerdem selten einen Kauf so unverhohlen in Szene setzte.[36]

Dennoch ist unklar, ob Morgan den Brief mit der Absicht kaufte, ihn Wilhelm zu schenken. Der Brief wurde an Morgans Londoner Wohnsitz geschickt, wo er ihn von der dortigen Buchbinderei Riviere & Son binden lassen wollte.[37] Im Juni besuchte Morgan erneut den Kaiser in Kiel, wo beide an einer deutsch-amerikanischen Segelregatta teilnahmen. Und bei diesem Besuch, am 26. Juni, offerierte Morgan Kaiser Wilhelm seine jüngste Anschaffung und der Kaiser verlieh ihm den Kaiserlichen Roten Adlerorden 1. Klasse (Abb. 3).[38]

---

30 Strouse, American Financier (wie Anm. 6), S. 470 f. **31** Kaiser Wilhelm II. schenkte Morgan in Kiel eine auf den 2. Juli 1902 datierte Fotografie von sich (Morgan Library, MA Unassigned). **32** Ron Chernow: The House of Morgan: An American Banking Dynasty and the Rise of Modern Finance, New York 1990, S. 101–103; John C. G. Röhl: Wilhelm II: Into the Abyss of War and Exile, 1900–1941, Cambridge 1990, S. 216–223. **33** Chernow, House (wie Anm. 32), S. 103. **34** 1912, bei einem weiteren Besuch in Deutschland, schenkte der Kaiser Morgan eine lebensgroße Marmorbüste seiner Person in vollem militärischen Ornat, die aber nach Morgans Tod und dem Ausbruch des Ersten Weltkriegs 1914 aus Morgans Sammlungen verschwand. Vgl. Strouse, American Financier (wie Anm. 6), S. 648. Der Kaiser gehörte auch zu den wenigen europäischen Staatsoberhäuptern, die nach Morgans Tod sofort mit einer Kondolenz an die Familie reagierten. **35** Bernhard H. Breslauer: Tammaro De Marinis Rememberd, in: Joseph Jung (Hrsg.): »… am literarischen Webstuhl …« Ulrico Hoepli, 1847–1935: Buchhändler, Verleger, Antiquar, Mäzen, Zürich 1997, S. 259–277, hier S. 263. In den Archiven der Morgan Library gibt es keinen Nachweis rund um diese Erwerbung. Obwohl Morgan fast 30 mittelalterliche Handschriften von Marinis kaufte, sind keine Rechnungen oder Korrespondenz zwischen ihm und Morgan erhalten. Die Korrespondenz mit Marfels erwähnt den Luther-Brief nicht, und es ist keine Rechnung vom Auktionshaus Boerner erhalten. **36** Vgl. Strouse, Financier and Collector (wie Anm. 6), S. 25. **37** Vgl. Korrespondenz zwischen J. Pearson & Co. und Morgan, 16. Mai 1911, Morgan Library, ARC 1310. Riviere & Son hatten auch den größten Teil von Morgans bereits vorhandener Sammlung gedruckter und handschriftlicher Materialien zur deutschen Reformation gebunden. Das meiste davon hatte er 1906 von J. Pearson & Co. gekauft. **38** Strouse, American Financier (wie Anm. 6), S. 636.

Die Schenkung des kostspieligen Luther-Briefs wurde von den Zeitungen weltweit groß herausgebracht, wobei einige wie Joseph Pulitzers *New York World* – besser bekannt für ihre Sensationshascherei als für das Recherchieren von Fakten – behaupteten, Morgan habe erst durch Überredung dazu gebracht werden müssen, den Brief als angemessene Gegengabe für den Orden wegzugeben (Abb. 4). Tatsächlich befand sich der Brief nicht bei Morgan, sondern noch in London, als er ihn dem Kaiser offerierte; erst im Juli sandte er ihn dem Kaiser zusammen mit einem siebenbändigen Satz gedruckter Werke Luthers aus dem Jahr 1558.[39] Der Kaiser schenkte den Brief der Lutherhalle in Wittenberg, wo er geradezu monumental in einer kapellenartigen Nische und umrahmt von einem prunkvollen Schrein öffentlich ausgestellt wurde.[40] Im Juli schrieb *Outlook*, ein New Yorker Wochenmagazin, an Morgan und bat um Informationen über die Schenkung des Briefes, da zu dieser Zeit so viele einander widersprechende Geschichten darüber zirkulierten. Morgan antwortete, er werde ihnen Details zukommen lassen, wünsche aber nicht, dass unter seinem Namen etwas geschrieben werde.[41] Morgans Klarstellung wurde nie veröffentlicht.

Obwohl Morgan keine persönlichen Gedanken zu den Buchgrafiken, Handschriften und Büchern, die er kaufte, hinterlassen hat, zeigen seine Anschaffungen, Schenkungen und Stiftungen, dass er über ein grundsätzliches Bewusstsein für Geschichte und die Bewahrung künstlerischer und kultureller Hervorbringungen für spätere Generationen verfügte. Man sollte Morgans Kauf und Schenkung des Luther-Briefs im Zusammenhang mit den anderen kulturellen und künstlerischen Stiftungen, die er im Laufe seines Lebens machte, verstehen. Neben seiner bedeutenden Förderung von Einrichtungen wie dem Metropolitan Museum of Art, dem American Museum of Natural History, dem Wadsworth Atheneum (Amerikas ältestem Kunstmuseum), der American Academy in Rom und der St. George's Church (seiner örtlichen Pfarrkirche in New York) bedachte er jedes Jahr Hunderte kultureller und sozialer Organisationen und Einzelpersonen mit Spenden, viele davon anonym. Unter deutschen Einrichtungen, die ebenfalls seine Gunst gewannen, war die Protestantische Gedächtniskirche in Speyer, für die auch Wilhelm II. ein Hauptspender war und der Morgan eine Kanzel stiftete; außerdem spendete er 1912 der Göttinger Universitätsbibliothek 50 000 Dollar für Buchanschaffungen sowie ein Exemplar von Edward Curtis' *The North American Indian*, ein Projekt, das Morgan ebenfalls sponserte. Dadurch, dass er dem deutschen Volk den Luther-Brief zurückgab, zeichnet sich Morgans Geschenk als die historisch vielleicht bedeutsamste Schenkung aus, die er je machte. 390 Jahre nach seiner Niederschrift wurde Luthers Brief schließlich doch dem Kaiser übergeben und noch heute, ausgestellt im Lutherhaus (der früheren Lutherhalle), ist er für die Öffentlichkeit bestimmt, genau wie Luther es beabsichtigte.

Abb. 4
Karikatur »Here's How Morgan Got the Red Eagle«,
The New York World, 1911

39 VD16 L3428. **40** Laube, Lutherbrief (wie Anm. 2), S. 275–283; Rhein, Brief (wie Anm. 2), S. 154 f. **41** Morgan Library, ARC 1310.

ANDREW PETTEGREE

Die Reformation als Medienereignis

Die mediale Explosion in der Reformationszeit kam plötzlich, unerwartet und war etwas vollkommen Neuartiges. In der Bevölkerung des Heiligen Römischen Reiches fanden viele großen Gefallen daran. Druckgrafiken forderten dazu auf, an Überlegungen teilzuhaben, die von zentraler Bedeutung sowohl für ihr christliches Leben als auch für die ganze Gesellschaft waren. Das war für viele sehr aufregend, für manche gar berauschend. Für diejenigen, die sich mit den Ideen des ketzerischen Mönchs aus Wittenberg nicht anfreunden konnten, waren die Schriftenkriege eine Katastrophe: Sie befeuerten Unordnung und Rebellion und waren ein Zeichen gesellschaftlichen Verfalls.

Um ein Stimmungsbild dieser Zeit zu erhalten, können wir die Aussage eines Zeitzeugen wie Hieronymus Aleander betrachten, der 1521 als Repräsentant der römisch-katholischen Kirche am Reichstag zu Worms teilnahm. Er war der päpstliche Gesandte für die deutschen Lande. Aleander war kein Anhänger Luthers. Seine Berichte nach Rom sollten klarstellen, welche Gefahr sich entwickelte.[1] Aleander erkannte, dass etwas Außergewöhnliches im Gange war, und nichts, was er auf den Straßen von Worms beobachten konnte, verhieß Gutes für die katholische Seite. Als er anreiste, war die Unterkunft, die er reserviert hatte, aus unerfindlichen Gründen nicht verfügbar. Er musste sich mit einem einzigen, ungeheizten Raum zufriedengeben. Wenn er durch die Straßen ging, flüsterten die Menschen einander zu, und mache zeigten sogar auf ihre Schwerter – eine offensichtliche Drohgebärde. Ganz im Gegensatz dazu bot man Luther in Worms einen herzlichen Empfang. Die Bewohner zogen wie bei einer Prozession hinaus, um ihren berühmten Gast zu begrüßen, und hundert Reiter begleiteten ihn durch die Stadttore. Als er aus seinem Wagen stieg, drängte sich ein Mönch nach vorn, um seinen Kleidersaum zu berühren. Es bestand kein Zweifel, mit wem die Öffentlichkeit sympathisierte.

Gerade einmal vier Jahre waren vergangen, seit Luther der deutschen Bevölkerung seine Kritik des Ablasshandels verkündet hat. Aleander war es bewusst, dass Druckschriften zum großen Teil dazu beigetragen hatten, Kontroversen anzustacheln und Luther zu einem Volkshelden zu erheben: »Ein Schwall lutherischer Schriften auf Deutsch und Latein wird täglich veröffentlicht. Es wird sogar eine Druckpresse betrieben, obwohl dieses Handwerk hier bislang unbekannt war. Hier wird nichts gekauft außer Luthers Bücher.« Der Einfluss auf die öffentliche Meinung war für Aleander nur zu offensichtlich: »Alle deutschen Gebiete sind in vollem Aufruhr; neun von zehn erheben ihre Stimme mit dem Schlachtruf ›Luther‹, während das Schlagwort des anderen Zehntels ›Tod der Kurie‹ ist.« Viele Menschen kauften nicht nur Luthers Schriften, sondern auch sein Abbild, beobachtete er: »Vor kurzem verkauften sie in Augsburg Luthers Bild mit einem Heiligenschein; hier wurde es ohne den Nimbus angeboten, und alle Exemplare waren im Nu vergriffen.«[2]

Wie konnte es so weit kommen? Dass sich die Reformation überhaupt so weit entwickeln konnte, war schon eine Häufung aufeinanderfolgender Unwahrscheinlichkeiten. Warum gewährte der Kurfürst von Sachsen, ein ergebener Katholik und Besitzer einer der größten europäischen Reliquiensammlungen, diesem ketzerischen Prediger Schutz? Niemand, am wenigsten Luther selbst, konnte verstehen, warum Friedrich der Weise sich weigerte, Martin Luther der Obrigkeit preiszugeben und somit das Verfahren gegen ihn seinen Lauf nehmen zu lassen. Hätte er in dieser Weise gehandelt, wäre die Reformation vorbei gewesen, bevor sie überhaupt anfangen konnte. Wie konnte Luther als Autor mit solch ungewöhnlicher Kraft in Erscheinung treten? Vor 1517 hatte er praktisch nichts veröffentlicht. Ende 1521 war er der meistpublizierte Autor in der Geschichte des Buchdrucks. Und diese Beliebtheit sollte sich als sehr beständig erweisen. Luther war mit einigem Abstand der beliebteste Autor des 16. Jahrhunderts.[3]

---

1 Paul Kalkoff (Hrsg.): Die Depeschen des Nuntius Aleander vom Wormser Reichstage 1521, Halle 1897. Hilfreiche englische Übersetzungen wichtiger Briefe sind publiziert in Preserved Smith/Charles M. Jacobs (Hrsg.): Luther's Correspondence and other Contemporary Letters, Bd. 1, Philadelphia 1913–1918, S. 422, 429, 521f. **2** Ebd., S. 455f. **3** Daten aus dem Universal Short Title Catalogue. URL: http://ustc.ac.uk/ [7.4.2016].

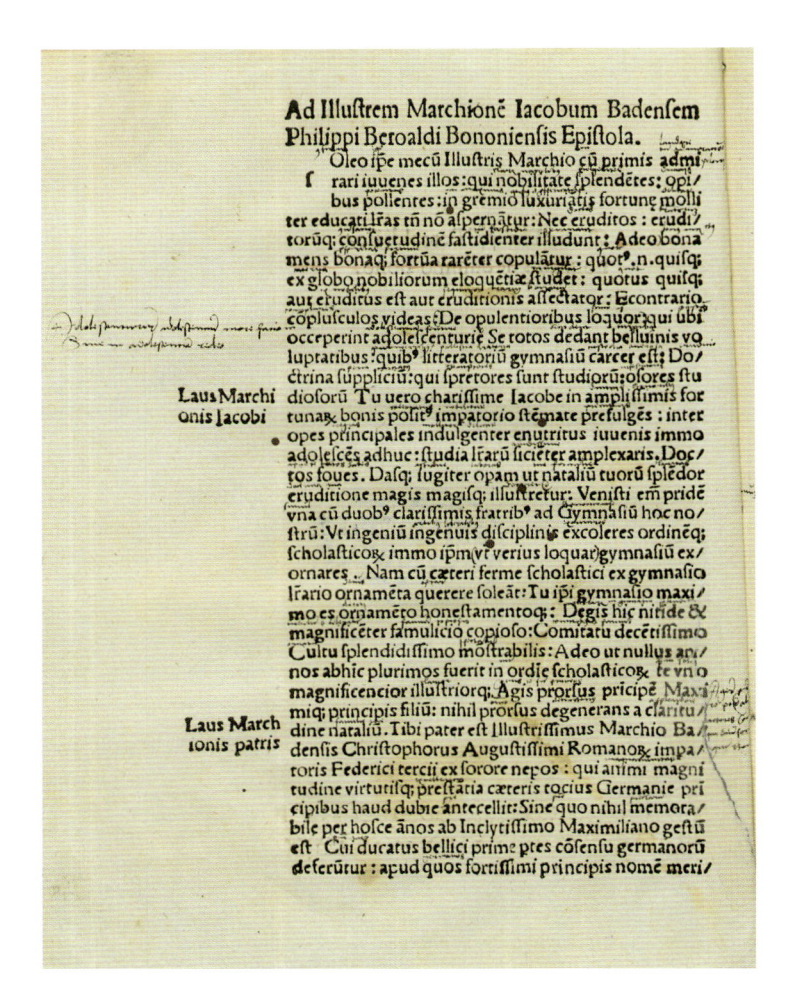

Abb. 1 Filippo Beroaldo, Oratio Philippi Beroaldi Bononiensis de Summo Bono, Wittenberg 1508. Ein frühes Werk des Druckers Johann Rhau-Grunenberg

Flugschriften

Und wie war es schließlich möglich, dass so eine tiefgreifende Umgestaltung von einem Ort wie Wittenberg ausgehen konnte? Vor 1517 war Wittenberg eine Kleinstadt mit ungefähr 2 000 Einwohnern, die sich an Europas östlichen Ausläufern befand, mit einigem Abstand zu den Zentren der Kultur, des Handels und intellektuellen Lebens.[4] Besucher der Stadt zeigten sich von ihr im Allgemeinen wenig beeindruckt, einer beschrieb sie bekanntermaßen als »kleine, elendig arme, dreckige Stadt […], die es nicht wert ist, eine deutsche Stadt genannt zu werden«.[5] Luthers eigener erster Eindruck war nicht viel anders. Als er im Jahr 1511 aus dem kultivierten Erfurt anreiste, fühlte er sich fast wie am Rande der Zivilisation. Es ist sogar wahrscheinlich, dass die frühen Gegner der Reformation die Bedeutung von Luthers Anfechtungen unterschätzten, da sie sich nicht vorstellen konnten, dass etwas von Bedeutung von diesem Ort ausgehen konnte. Georg, Herzog des albertinischen Sachsens und ein hartnäckiger Gegner Luthers, stellte dies sehr prägnant dar: »Dass ein einzelner Mönch, aus einer so großen Zahl, eine Reformation anstoßen kann, darf man nicht tolerieren.«[6]

In Wittenberg befand sich vor 1502 nicht einmal eine Druckpresse – die Frühzeit des Buchdrucks im 15. Jahrhundert ist an der Stadt vorbeigegangen. Selbst als auf Anweisung des Kurfürsten eine Druckpresse in Wittenberg eingerichtet wurde, änderte dies kaum etwas. Die anfallenden Aufträge der Universität, wie die Veröffentlichung von Dissertationen und anderen wissenschaftlichen Schriften, reichten kaum aus, um den Betrieb am Leben zu halten. Die Professoren leisteten kaum Unterstützung, denn aufwändigere Schriften wurden zum Drucken nach Leipzig geschickt, wo sich einige etablierte Druckereien befanden.[7] Die Leipziger Buchhändler stellten auch die benötigten Schriften für die Wittenberger Professoren und Studenten zur Verfügung.

Es wäre große Willenskraft von Nöten, sich Wittenberg als ein Hauptzentrum des Buchhandels vorzustellen oder als eines der größten Verlagszentren in Deutschland – zu dem Wittenberg tatsächlich wurde. Diese Umwandlung fand nicht plötzlich statt. In den ersten Jahren verbreitete sich die Reformation durch Nachdrucke der lutherischen Schriften in den etablierten Druckzentren Leipzig, Augsburg, Nürnberg, Basel und Straßburg am Rhein. Durch diese Neuauflagen fand Luther erstmals in die deutsche Gesellschaft Eingang. Im Jahr 1518 veröffentlichte Johann Froben, ein weltmännischer und risikofreudiger Verleger aus Basel (und Erasmus' bevorzugter Drucker), in einem Sammelband Luthers frühe lateinische Werke. Das Buch verkaufte sich so gut, dass bald eine zweite Auflage gedruckt wurde. Doch es sprach eine intellektuelle und geistliche Öffentlichkeit an. Der entscheidende Moment kam, als Luther begann, eine volkstümliche Leserschaft anzusprechen, indem er seine Bücher in deutscher Sprache verfasste. Der Erfolg seines Buches *Sermon von Ablaß und Gnade*, das im Frühling 1518 herauskam, gab den Anstoß für eine Volksbewegung. Dies war in vielerlei Hinsicht eine bemerkenswerte Leistung, nicht zuletzt als verlegerisches Phänomen: Allein im ersten Jahr wurden in den deutschen Gebieten 13 Neuauflagen gedruckt.[8] Gleichwohl bemerkenswert war Luthers Methode, als relativ unerfahrener Autor komplexe theologische Ideen intuitiv verständlich für Laien zu formulieren. Der *Sermon* war in 20 Thesen unterteilt, wobei ein Abschnitt nicht mehr als zwei Sätze enthielt. Die 1 500 Worte konnten in weniger als zehn Minuten gelesen oder vorgelesen werden.[9] Das war ideal für das neue Genre der Flugschriften: Luthers Text ließ sich bequem auf acht Seiten drucken. Diese Art Broschüren konnten auch von Drucklehrlingen oder noch unerfahrenen Werkstätten produziert werden, da man außer Papier nichts investieren musste.

---

4 Helmar Junghans: Wittenberg als Lutherstadt, Berlin 1979; Natalie Krentz: Ritualwandel und Deutungshoheit. Die frühe Reformation in der Residenzstadt Wittenberg (1500–1533) (= Spätmittelalter, Humanismus, Reformation – Studies in the Late Middle Ages, Humanism and the Reformation. 74), Tübingen 2014. **5** Ernest G. Schwiebert: The Electoral Town of Wittenberg, in: Medievalia et Humanistica (1945), S. 99–116, hier S. 108. **6** Ebd., S. 108 f. **7** Über den frühen Wittenberger Druck siehe Maria Grossmann: Humanism in Wittenberg 1485–1517, Nieuwkoop 1975; Dies.: Wittenberger Drucke 1502–1517. Ein bibliographischer Beitrag zur Geschichte des Humanismus in Deutschland, Wien 1971. Über Leipzig siehe Thomas Döring: Der Leipziger Buchdruck vor der Reformation, in: Enno Bünz (Hrsg.): Bücher, Drucker, Bibliotheken in Mitteldeutschland, Leipzig 2006, S. 87–98. **8** Josef Benzing/Helmut Claus (Hrsg.): Lutherbibliogra-

Vor Luther war die Haupteinnahmequelle der Buchindustrie der traditionelle Markt für gelehrte Schriften, die vor allem in Latein verfasst waren. Diese Texte waren lang, und es dauerte manchmal mehrere Monate, bis sie fertiggestellt wurden. So musste zunächst eine beträchtliche Summe an Kapital aufgebracht oder geliehen werden, um Papier, Löhne und Lettern zu bezahlen, bevor die Auflage verkauft werden konnte. Schon zu dieser Zeit war der Markt für solche Bücher in ganz Europa verstreut. Es sind also noch mehr Ausgaben notwendig gewesen, um die Waren zum Verkaufsplatz zu bringen. Außerdem forderten die Buchverkäufer ihren Anteil. Unterschätzte man die Nachfrage, so musste der gesamte Text aufwändig neu gesetzt werden. Doch die Überproduktion konnte auch zum Verhängnis werden, wenn unverkaufte Ware teurer Lagerung bedurfte, ohne dass Schulden durch Einnahmen getilgt werden konnten. Das Geschäftswesen des Marktes war in diesem Bereich abschreckend. Nur wenige Verleger machten beim Erstdruck Gewinn, und viele zu ehrgeizige Geschäftsleute gingen Bankrott.[10]

Eine reformatorische Flugschrift war im Gegensatz dazu für einen Verleger ein viel attraktiveres Angebot. Acht oder 16 Seiten konnten innerhalb von einem oder zwei Tagen mit Lettern gesetzt und gedruckt werden. Oft wurde die gesamte Auflage vor Ort ausverkauft, womit die aufwändige und teure Verteilung und Lagerung wegfiel. Luther und die ihn umgebenden Diskussionen sorgten für ein gutes Geschäft im Druckwesen. Durch den Erfolg des *Sermon von Ablaß und Gnade* und von seinen katholischen Kritikern angetrieben, schrieb Luther weiter: Er verfasste 45 Schriften in den zwei Jahren bis Ende 1519. Diese umfassten zur Hälfte acht Seiten oder weniger.[11] Luthers Schreibfluss setzte sich 1520 fort. Er publizierte Auffassungen, die zu Meilensteinen seiner neu entstehenden Theologie wurden und widersprach trotzig seinem Kirchenbann. Als er nach Worms reiste, um seine Schriften zu verteidigen, die sich auf dem Tisch der versammelten Fürsten des Reiches stapelten, war er jedem ein Begriff. Zu dieser Zeit beliefen sich die Wiederauflagen seiner Schriften auf über 600 Ausgaben, wohl eine halbe Million Exemplare, denn manche dieser Bücher wurden in weitaus größerer Auflage als die üblichen 700 gedruckt. Zu diesem Zeitpunkt konnte nur ein sehr kleiner Anteil in Wittenberg selbst produziert worden sein. Im Jahr 1517 gab es in der Stadt eine einzige Druckerpresse, die von Johann Rhau-Grunenberg betrieben wurde, einem Mann, der als eher schwerfällig und einfallslos, wenngleich tugendhaft beschrieben wird (Abb. 1).[12] Er war ein entschiedener Bewunderer Luthers, aber doch eher an das gewöhnliche Drucken von Studentendissertationen gewohnt. Das hektische Tempo der Reformationsstreitigkeiten überforderte ihn. Luther war schnell klar, dass Rhau-Grunenberg nicht mithalten konnte. Und es war gleichermaßen offensichtlich, dass sein handwerkliches Können auf eine begrenzte Auswahl an Lettern und we-

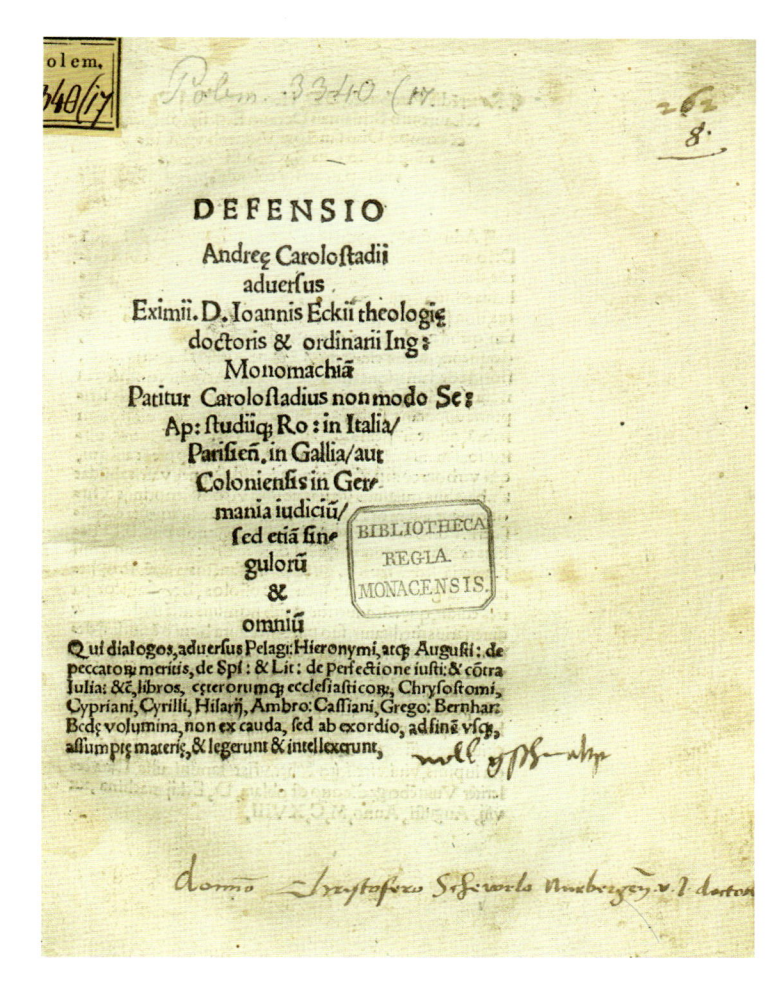

Abb. 2 Titelblatt von Andreas Karlstadt, Defensio Andreae Carolostadii adversus Eximii. D. Ioannis Eckii theologiae doctoris, gedruckt bei Rhau-Grunenberg, Wittenberg 1518

nige visuelle Verzierungen begrenzt war und damit dem Vergleich mit Büchern, die in Handelsstädten wie Augsburg und Basel herausgegeben wurden, nicht standhalten konnte (Abb. 2).

Gegen Ende des Jahres 1518 entschied Luther, dass etwas passieren musste. Er streckte seine Fühler zu einem der führenden Leipziger Verleger aus: Melchior Lotter dem Älteren.[13] Bis zu diesem Zeitpunkt war Lotter ein zufriedener Dienstleister der katholischen Kirche. Wie viele Verleger, die später Luthers Schriften herausgaben, war er stark an der Förderung des Ablasshandels für den Bau des Petersdoms in Rom beteiligt, gegen den sich Luther so vehement ausgesprochen hatte.[14] Doch Lotter war ein Geschäftsmann: Er sah die Gewinne, die durch die Veröffentlichung von Luthers Schriften möglich waren. Im Jahr 1519 stimmte er zu, eine Außenstelle in Wittenberg zu eröffnen, die mit der kompletten Auswahl seiner Schrift-

phie. Verzeichnis der gedruckten Schriften Martin Luthers bis zu dessen Tod, 2 Bd., Baden-Baden 1966–1994, S. 90–103, mit weiteren neun Auflagen 1519 und 1520. **9** WA 1, 243–246. Der Sermon ist in einer englischen Übersetzung verfügbar in Kurt Alard: Martin Luther's 95 Theses, Saint Louis 1967, S. 63–67. **10** Andrew Pettegree: The Book in the Renaissance, London 2010. **11** Bernd Moeller: Das Berühmtwerden Luthers, in: Zeitschrift für Historische Forschung 15 (1988), S. 65–92. **12** Christoph Reske: Die Buchdrucker des 16. und 17. Jahrhunderts im deutschen Sprachgebiet. Auf der Grundlage des gleichnamigen Werkes von Josef Benzing, Wiesbaden 2007. **13** Diese Geschichte wird erzählt in Andrew Pettegree: Brand Luther. 1517. Printing and the Making of the Reformation, New York 2015. **14** Hans Volz: Der St. Peters-Ablass und das Deutsche Druckgewerbe, in: Gutenberg-Jahrbuch (1966), S. 156–172.

Abb. 3 Martin Luther, Evangelium Von den tzehen außsetzigen vorteutscht und außgelegt, Wittenberg 1521. Hier zeigt sich die starke Kombination der Fachkenntnisse Melchior Lotters mit den Holzschnitten der Cranach-Werkstatt.

arten ausgestattet war und die von seinem Sohn, Melchior dem Jüngeren, betrieben wurde. Die neue Druckpresse wurde in der großen Werkstatt des Wittenberger Hofmalers (und führenden Geschäftsmannes) Lucas Cranach des Älteren eingerichtet (Abb. 3).[15]

Die Zusammenarbeit von Luther, Lotter und Cranach sollte das Erscheinungsbild des Wittenberger Buches verändern. Cranach stellte der neuen Druckwerkstatt nicht nur Platz zur Verfügung, sondern auch eine Reihe von exquisiten Titelblattillustrationen, wie beispielsweise Rahmen im Stil der Renaissance, in die Titel eingesetzt werden konnten.[16] Diese sorgten für das unverwechselbare Aussehen der Schriften des Wittenberger Verlages, das gleich- oder höherwertig im Vergleich zu anderen deutschen Luther-Editionen war. Dies war von großer Bedeutung, denn im neuen, charakteristischen Gewand stachen die Bücher der Reformation aus den Regalen der Buchläden hervor und wurden leicht gefunden. Die Drucker betonten diesen Effekt noch, indem sie Luthers Namen in größerer Schrift in einer einzelnen Zeile hervorhoben, anstatt ihn unauffällig neben den Titel zu stellen. So wurde Luther nicht nur zum meistverkauften Autor, sondern auch zu einer wiedererkennbaren Marke (Abb. 4).

Die Macht der Druckschriften

Die Reformation stützte sich natürlich nicht nur auf Luther. Er war aber stets in souveräner und dominanter Weise präsent, vor allem durch seine vielen verschiedenen Schriften, die theologische Abhandlungen, glühende Polemiken, Auslegungen der Heiligen Schrift, Predigten und Bibelkommentare umfassten. Die beliebtesten Publikationen waren kurze, fromme Traktate, die ausdrücklich für deutsche Laien geschrieben wurden. Hier lernten sie einen Luther kennen, der sanfter und sympathischer wirkte als der stürmische und manchmal recht übermütige Polemiker, der sich einen Schlagabtausch mit seinen katholischen Kritikern lieferte. Doch trotz der großen Wirkungsmacht und scheinbaren Omnipräsenz der lutherischen Schriften hätte die Reformation nicht als Bewegung einer einzigen Person erfolgreich sein können. Luther wurde in geschickter Weise von einer Reihe von Bewunderern unterstützt, die sich in Wittenberg um ihn versammelten: Philipp Melanchthon, Johannes Bugenhagen, Nikolaus von Amsdorf und – bevor er in Ungnade fiel – Andreas Bodenstein von Karlstadt. Sie verteidigten Luther pflichtbewusst während des polemischen Schlagabtauschs in den ersten Jahren und brachten ihre eigenen besonderen Gaben mit ein. Melanchthon war der hervorragendste juristische Denker der Bewegung, und Luther selbst trat ihm mit einer gewissen Ehrfurcht und Faszination gegenüber. Johannes Bugenhagen war der Schriftführer der ersten Kirchenordnungen. Ihre Bemühungen wurden von einer Reihe neuer Gefolgsleute unterstützt, die nicht nur in Wittenberg tätig waren, sondern auch in anderen Städten wie Straßburg, Augsburg, Nürnberg und in vielen kleineren Orten.[17]

Obwohl der Buchdruck für die Reformation große Bedeutung einnahm, wurden ihre Anschauungen dem überwiegenden Teil der Bevölkerung durch lokale Priester vermittelt, die von der Kanzel aus ihre Unterstützung für die neue Lehre verkündeten. Viele solcher Predigten wurden bald schon in gedruckter Form verbreitet. Dies war eine entscheidende Unterstützung für die Wittenberger Bewegung und eine indirekte Nichtanerkennung der Anklage Luthers als Abtrünnigem: In den lyrischen Worten der päpstlichen Bannbulle *Exsurge Domine* wurde er mit einem Bären verglichen, der im Weinberg des Herrn wütet. In den deutschen Reichsstädten wurden Luthers Ideen nicht nur gehört, weil die Kritik an der Kirche in den Augen vieler gerechtfertigt war, sondern auch weil sie von angesehenen lokalen Priestern anerkannt wurden, denen die Bevölkerung vertraute.[18] Diese Unterstützung war ein entschiedener Anhaltspunkt

---

15 Heiner Lück (Hrsg.): Das Ernestinische Wittenberg: Spuren Cranachs in Schloss und Stadt. Petersberg 2015. **16** Tilman Falk: Cranach-Buchgraphik der Reformationszeit, in: Dieter Koepplin/Tilman Falk (Hrsg.): Lukas Cranach. Gemälde, Zeichnungen, Druckgraphik, Bd. 1, Stuttgart/Basel 1974/76, S. 307– 412. Siehe auch Jutta Strehle (Hrsg.): Cranach im Detail. Buchschmuck Lucas Cranachs des Älteren und seiner Werkstatt, Wittenberg 1994. Eine Auswahl der Buchtitelseiten ist auch illustriert in F. W. H. Hollstein: German Engravings. Etchings and Woodcuts, etwa 1400–1700, Bd. VI, Amsterdam 1954, S. 163–175.

Abb. 4a/b: Der Erfolg des Cranach'schen Entwurfs ist an der hohen Zahl von unautorisiert angefertigten Kopien abzulesen.
links: Martin Luther, Eyn brieff an die Fürsten zu Sachsen von dem auffrurischen geyst, Wittenberg 1524
rechts: Nachdruck des Augsburger Druckers Heinrich Steiner, Augsburg 1524

im Durcheinander der gegenseitigen Beschuldigungen, die bald kursierten und die Regale der Buchhändler füllten.[19] Zwischen 1520 und 1525 produzierten die deutschen Druckpressen mehr als 7 000 Werke und verdoppelten damit die Produktionsmenge des letzten Jahrzehnts. Dieser Überschuss bestand fast ausschließlich aus den Schriften Luthers und seiner Anhänger. Luthers katholische Kritiker waren jedoch nicht untätig. Ihnen war bewusst, dass sie Luthers Ansage an die deutsche Öffentlichkeit etwas entgegensetzen mussten. Viele, die ihre Federn gegen Luther erhoben, wie Johannes Eck, Johannes Cochlaeus oder Hieronymus Emser, waren fähig und beharrlich.[20] Diese Männer zeigten Mut und Entschlossenheit, die Kirche zu verteidigen und konnten auch einige Erfolge verzeichnen. Doch es bereitete ihnen Mühe, Zugang zu dem Ort zu finden, an dem sie keine Erfahrung bei der Verbreitung theologischer Lehren hatten: die Arena der öffentlichen Meinung, an die Luther so intensiv appellierte.

Dies war von Bedeutung, da in genau den Jahren nach dem Reichstag zu Worms die freien Reichsstädte und die Fürstentümer vor einer grundlegenden Entscheidung standen: Wollten sie den Kirchenbann gegen Luther durchsetzen und die evangelische Bewegung beenden? Den längsten Teil des Jahres nach dem Wormser Reichstag blieb Luther unsichtbar, da er zu seiner eigenen Sicherheit auf die Wartburg gebracht worden war. Die freien Städte zögerten, sich dem Kaiser zu widersetzen, da er für sie schon seit jeher eine Schutzmacht gegen die übergriffigen Fürsten darstellte. Ein paar evangelische Priester wurden ihres Amtes enthoben und aus der Stadt verbannt. Was die Reformation zu diesem Zeitpunkt rettete, war der klare Befund, dass ein ansehnlicher Teil der Bevölkerung in diesen Städten kein Ende der Reform akzeptieren wollte. Die Stadträte konnten zwar die Kanzeln kontrollieren, aber nicht die Verbreitung der Flugschriften. Die in diesem Bereich überwältigende und anhaltende

17 Miriam Usher Chrisman: Conflicting Visions of Reform, Boston 1996; Gerald Strauss: Nuremberg in the Sixteenth Century, Bloomington 1966/76. **18** Andrew Pettegree: Reformation. The Culture of Persuasion, Cambridge 2005, S. 166–168. **19** Ebd. **20** David V. N. Baghi: Luther's Earliest Opponents. Catholic Controversials 1518–1525, Minneapolis 1991.

Der Aufbruch der Reformation

Überlegenheit der Protestanten diente hier als Ersatz für ein öffentliches Sprachrohr. Nach und nach wurde klar, dass für die evangelischen Anliegen ein Platz in der örtlichen Kirche gefunden werden musste, wenn man den inneren Frieden wieder herstellen wollte.[21]

Solche Konflikte wurden in einer großen Zahl städtischer Kommunen in ganz Deutschland ausgetragen. Dabei spielten Bücher eine wichtige Rolle, nicht nur als Mittel der Überzeugung, sondern auch als Gradmesser des Gleichgewichts zwischen den sich bekämpfenden Fraktionen. Was die Auflage der gedruckten Schriften angeht, so hatte die evangelische Seite einen überragenden Vorteil. Diese empfundene Macht wurde nochmals durch die kühne Aneignung symbolischer Ebenen in der Rechts- und Gesellschaftsordnung verstärkt. Es gab Versuche, Luthers Bücher zu verbrennen und damit der päpstlichen und kaiserlichen Verurteilung Folge zu leisten, doch wurde dagegen aktiv Widerstand geleistet, sodass diese Versuche oft gänzlich scheiterten. Die Bannbulle und Exemplare des *Wormser Edikts* wurden zerrissen und verunstaltet, und manchmal durch Pamphlete und Flugblätter ersetzt, die Luther unterstützten. Ebenso schmählich wurden die Schriften von Luthers katholischen Gegnern behandelt. Sie wurden an erniedrigenden öffentlichen Orten wie der städtischen Toilette oder dem Hinrichtungsort symbolisch entweiht. In manchen Fällen wurden katholische Schriften sogar mit Gewalt von den Regalen der Buchhändler oder sogar schon aus der Druckwerkstatt entfernt.[22]

Unter diesen widrigen Bedingungen überrascht es nicht, dass die Drucker sich immer öfter weigerten, Werke von Luthers katholischen Widersachern zu produzieren. Konservative Theologen beschuldigten sie deshalb, mit dem Reformer zu sympathisieren, obwohl die meisten wohl aus pragmatischen Gründen handelten: Warum sollte man sein Geschäft und seinen Ruf riskieren, um Bücher zu produzieren, die sich nicht gut verkauften? Während Luthers Schriften und die seiner Unterstützer oft in mehreren Auflagen erschienen, war das bei katholischen Autoren kaum der Fall. Cochlaeus und Emser wurden dazu verpflichtet, die Kosten ihrer eigenen Bücher zu übernehmen – eine demütigende Bedingung für die Publikation. Im Gegensatz dazu waren die Schriften Luthers und seiner Freunde eine Goldgrube und veränderten in Wittenberg und an anderen Orten die Rolle dieser Industrie.

Zu dieser Zeit entwickelte sich eine Konkurrenz in Sachen Druckschriften von einer gänzlich anderen Richtung: von Menschen, die sich mit Sicherheit als Befürworter von Luthers Lehre sahen. Im Jahr 1525 erschütterte eine Reihe von Bauernaufständen die deutschen Gebiete. Die Bauerntruppen waren besser organisiert als bislang und druckten ihre eigenen Programmschriften, die in überzeugender Weise argumentierten und die üblichen Klagen über repressive Lebensbedingungen mit der neuen Sprache des Evangeliums vermischten. Die besten dieser Schriften wurden bald in ganz Deutschland nachgedruckt.[23] Eine Zeit lang sah es so aus, als ob Luther die Kontrolle über seine Bewegung verloren hätte. Seine letztendlich folgende Zurückweisung der bäuerlichen Anliegen im berüchtigten Traktat *Wider die räuberischen und mörderischen Rotten der Bauern* war in Ton und Sprache brutal.[24] Als die deutschen Fürsten die Bauerntruppen bei der Schlacht von Frankenhausen vernichtend schlugen, sah es so aus, als hätte Luther das Gemetzel gebilligt. Dies war ein definitiver Bruch mit der Frühzeit des Protestantismus und den ersten Jahren des Aufbruchs, als es so aussah, als würde die Reformation die Erwartungen des gesamten christlichen deutschen Volkes erfüllen.

Der Aufbau der Kirche

Durch seinen Angriff auf die rebellischen Bauern stellte sich Luther auf die Seite der staatlichen Ordnung. Die Reformation überlebte, und in den Jahren nach 1525 kam es zu bemerkenswerten Fortschritten, da viele Städte und eine Anzahl wichtiger Fürstentümer sich eindeutig für die Reformation entschieden. Andere, darunter ehemalige Unterstützer in den Städten und auf dem Land, wandten sich endgültig von Luther ab. Dies sorgte für Klarheit, warf aber auch neue Fragen auf. Die neuen evangelischen Länder hatten sich von der alten Kirche abgewandt – doch was kam an ihrer Stelle? Wie konnte Luthers Hoffnung auf eine aktive, aufgeklärte christliche Gemeinschaft erreicht werden? Und wer sollten die Mitarbeiter der neuen Kirchen sein – wer sollte predigen und an wen wendete sich die Predigt? Diese Fragen wurden in ihren Grundzügen in den zwei Jahrzehnten zwischen dem Bauernkrieg und Luthers Tod 1546 beantwortet. Und wieder einmal spielte das Druckwesen eine entscheidende Rolle.

Die Notwendigkeit, der gesamten christlichen Gemeinde die Grundsätze des Glaubens zu vermitteln, regte die Entwicklung eines neuen pädagogischen Hilfsmittels an, des Katechismus. Damit ging ein umfassender Umbau der Schulordnung in den neuen evangelischen Territorien einher. Diese Entwicklung sollte im nächsten Jahrhundert zu einem revolutionären Anstieg der Alphabetisierung der männlichen und weiblichen Bevölkerung führen. Und wieder ging Luther voran, indem er die Stadtväter und Eltern ermahnte, ihre Kinder zur Schule zu schicken. Er stellte auch die am meisten publizierten der neuen Katechismen zusammen (den *Großen Katechismus* und den *Kleinen Katechismus* von 1529), obwohl er in diesem Bereich kaum Vorschriften machte, sondern zu Vielfalt ermunterte. Seine geistlichen Kollegen reagierten mit Hunderten eigenen Zusammenstellungen.[25]

Die evangelische Betonung der Teilhabe der Gemeinde sorgte für eine weitere wesentliche Erneuerung, der Popularität von Kirchenliedern.[26] Auch hier war Luther mit einer Reihe von Kompositionen federführend, die bis heute zu den Klassikern des Repertoires gehören. Jede seiner Handlungsanweisungen und die neue Art der Lobpreisung wurden in offiziellen Kirchenordnungen für die evangelischen Gebiete festgehalten. Und dann gab es noch die Bibel, für viele Luthers bleibendes Geschenk an die Christenheit, das in neuer deutscher Übersetzung in aufeinanderfolgenden Teilen zwischen 1522 und 1534 publiziert wurde und in ganz Deutschland Verbreitung fand.[27]

All das war ein neuer Geldsegen für die deutschen Drucker. Das Duopol von Rhau-Grunenberg und Lotter wurde durch den Zuzug neuer Geschäftsmänner aufgefrischt, wie beispielsweise Hans Lufft, der ein großes Geschäft aufbaute, das die Werke Luthers und seiner Kollegen produzierte. Eine seiner wegweisenden Publikationen war die vollständige Ausgabe der *Wittenberger Bibel*, ein Buch von solcher Größe und Komplexität, dass es die kleineren Unternehmen der frühen Reformation überfordert hätte.[28] Luther hatte ein enges Verhältnis zu Lufft, doch er vermied es, einer Druckerei ein Monopol einzuräumen. Seine eigenen Schriften wurden zwischen den neu gegründeten Werkstätten Lufft, Georg Rhau, Joseph Klug und Nickel Schirlentz verteilt. Zudem wurde jedem ein eigenes Fachgebiet zugestanden: Lufft die *Bibel* und die *Postillen*, Klug das *Deutsche Gesangbuch*, Schirlentz das Monopol für die Publikation von Luthers *Kleinem Katechismus*, und Klug der *Große Katechismus* sowie das *Augsburger Bekenntnis*.[29] Das Vermeiden schädlicher Konkurrenz sicherte ein Auskommen für alle.

Das Ausmaß von Luthers persönlicher und zutiefst pragmatischer Beteiligung an der tagtäglichen Arbeit der Wittenberger Druckereien ist nicht immer nachweisbar. Er legte viel Wert darauf, sie mit Arbeit zu versorgen und war auf die Qualität ihrer Produktionen bedacht. Das vollständige Ausmaß seiner Mitwirkung wird in den Momenten sichtbar, wenn er Wittenberg für einige Zeit verließ und per Brief organisierte, was er zuvor persönlich geregelt hatte. So geschehen beispielsweise während seines Jahres auf der Wartburg oder während der frustrierenden Monate des Reichstags zu Augsburg 1530, als er in Coburg festsaß, da er aufgrund seines Banns nicht persönlich teilnehmen konnte.[30] In beiden Fällen enthielten seine in die Heimat gerichteten Briefe eine Vielzahl von Anweisungen an die Drucker, die recht drängend und in gereiztem Tonfall verfasst waren. Luther blieb den Druckern gegenüber misstrauisch und befürchtete, dass sie während seiner Abwesenheit ihre eigene Profitgier über seine Wünsche stellen würden.[31] Dies hatte natürlich seine Berechtigung, denn die Drucker waren eher Geschäftsleute als Ideologen. Mit großer Mehrheit wählten sie Luther, weil seine Werke die beste Rendite versprachen.

Die entscheidende Grundlage des Medienphänomens Reformation waren Sicherheit und beständiger Profit, den die protestantischen Schriften der Verlagsindustrie gewährten. Bis zum Ende des Jahrhunderts und darüber hinaus war der Bedarf an Druckschriften, den der Protestantismus mit sich brachte, das Rückgrat aller neuen Geschäfte, die in ganz Deutschland entstanden. Er ermöglichte die Einrichtung von Druckerpressen an Orten, wo sie zuvor für die Industrie kaum tragfähig waren. Im Laufe zweier Generationen wurde die Verlagslandschaft verändert. Viele deutsche Städte, in denen der Buchdruck schlecht lief oder stagnierte, erlebten im ersten Jahrzehnt der Reformation einen Aufschwung des Umsatzes. Bis zu Luthers Tod wurde an vielen Orten (darunter Berlin, Bonn, Düsseldorf, Dortmund und Jena) zum ersten Mal eine Druckerpresse eingerichtet.[32] Selbst als die polemischen Angriffe zurückgingen, bemühten sich die Verleger, die neuen Leser, die durch die Debatten der Reformation zum Kaufen von Büchern verlockt wurden, festzuhalten, indem sie neue, günstige kleine Bücher entwickelten, wie beispielsweise Nachrichtenbroschüren.[33] Diese neuen Publikationen folgten den erfolgreichen Formeln der Reformationsflugschriften. Sie waren kurz, günstig und in zugänglicher Sprache geschrieben. In diesem Sinne war die mediale Veränderung, die die Reformation mit sich brachte, nicht nur für die Verbreitung von Luthers Lehre notwendig, sie war auch ein grundlegender Schritt für den Aufbau eines Massenpublikums für das gedruckte Wort. In der Geschichte der europäischen Kultur war dies in der Tat ein Moment der Umformung.

21 Bernd Moeller: Reichsstadt und Reformation, Tübingen 1962, Neudruck 2011. Für eine darauf hinweisende lokale Studie siehe Rainer Postel: Die Reformation in Hamburg, 1517–1528, Gütersloh 1986. **22** Pettegree, Brand Luther (wie Anm. 13), S. 211–220. **23** Helmut Claus: Der deutsche Bauernkrieg im Druckschaffen der Jahre 1524–1526, Gotha 1975. **24** WA 18, 344–361. **25** Timothy J. Wengert: Wittenberg's Earliest Catechism, in: Lutheran Quarterly, Bd. 7 (1993), S. 247–260. **26** Christopher Boyd Brown: Singing the Gospel. Lutheran Hymns and the Success of the Reformation, Cambridge/MA 2005; Rebecca Wagner-Oettinger: Music as Propaganda in the German Reformation, Aldershot 2001. **27** Heimo Reinitzer: Biblia deutsch. Luthers Bibelübersetzung und ihre Tradition, Wolfenbüttel 1983. **28** Ebd., S. 116–127; Philipp Schmidt: Die Illustration der Lutherbibel, 1522–1700, Basel 1977. **29** Pettegree, Brand Luther (wie Anm. 13), S. 267–270. **30** Die Nachweise hierfür, vor allem aus Luthers Briefverkehr, werden erläutert ebd., S. 137–142, 271–273. **31** Ebd., S. 140, 196, 271f. **32** Reske, Buchdrucker (wie Anm. 12). **33** Andrew Pettegree: The Invention of News, London 2013.

GÜNTER SCHUCHARDT

Luther auf der Wartburg

Die Wartburg ist die ehemalige Hauptburg der Thüringer Landgrafen, die auf einem »Wartberg« genannten Felssporn im Südwesten von Eisenach thront. Durch die Lage am westlichen Rand des Kurfürstentums Sachsen, nur 250 Kilometer von Worms entfernt, veranlasste Friedrich der Weise die Unterbringung Luthers auf der Burg nach der Ankündigung der Reichsacht durch das *Wormser Edikt* Kaiser Karls V. Nach einem Scheinüberfall durch den Gothaer Amtmann Ritter Burkhard Hund von Wenckheim unweit seiner Burg Altenstein wurde der Reformator am späten Abend des 4. Mai 1521 auf die Wartburg gebracht. Martin Luther war in diese »Entführung« eingeweiht. Amtmann Hans von Berlepsch hatte ein Kavaliersgefängnis in der Burgvogtei herrichten lassen, das Luther für zehn Monate als Zufluchtsort diente.

Erste Briefe an seine Mitstreiter Melanchthon, Amsdorf, Agricola und Spalatin wurden mit irreführenden Absendeorten versehen: »in der Region der Vögel«, »auf der Insel Patmos«, häufig »aus meiner Wüstenei«. Sie spiegeln die Befürchtungen um seine Person und die Bewegung wider, und Luther setzte sich gleichzeitig mit dem Zölibat und der Berechtigung der Kindertaufe auseinander.

Nach einer kurzen Erkrankung entfaltete Luther seine produktivste Schaffensperiode: »ich schreibe ohne Unterbrechung«, heißt es in einem Brief an Spalatin, der den Kurfürsten über Luthers Befinden auf dem Laufenden hielt. Zu den wichtigsten Schriften während des Aufenthalts zählt die *Wartburgpostille*, Luthers Lieblingsbuch, das 16 Predigten der Weihnachtszeit enthält. Im Dezember 1521 veranlassten ihn angebliche Unruhen, sein Versteck für wenige Tage zu verlassen und nach Wittenberg zu eilen. Dort erfuhr er von der fortgeschrittenen Sympathie und der Popularität seiner Ideen, die die mitteleuropäische Welt zu verändern begannen. Seine Freunde drängten ihn zur eigenen, kritischen Bibelübersetzung.

Ein hebräisches Altes und ein griechisches Neues Testament hatten sich in Luthers Gepäck während der Rückreise vom Reichstag befunden. Er brauchte nur zehn Wochen für den jüngeren Teil der Heiligen Schrift – eine Meisterleistung, die ihresgleichen auch heute noch sucht. Die vier Evangelienbücher schickte er bereits Ende Januar 1522 nach Wittenberg. Alles Weitere, von der Apostelgeschichte bis zur Offenbarung des Johannes, war bis Ende Februar übertragen. Luther übersetzte sinngemäß und bildhaft ins Obersächsische oder Thüringische und trug dadurch wesentlich zur Begründung einer einheitlichen neuhochdeutschen Schriftsprache bei. Dass er während der Arbeit mit dem Tintenfass nach dem Teufel warf, ist Legende. Am 1. März 1522 trat er die Heimreise nach Wittenberg an. Die Wartburg hat Luther nie wieder gesehen.

Das Wartburgfest der Deutschen Burschenschaften zum 300. Reformationsjubiläum 1817 forderte erstmals öffentlich die deutsche Einheit. 1999 wurde die Wartburg in die Liste des Welterbes der UNESCO aufgenommen.

Luthers Worte

Buch mit sieben Siegeln   Selbstverleugnung   Licht unter den Scheffel stellen   Bluthund
Ein Herz und eine Seele   Perlen vor die Säue werfen   Zähne zusammenbeißen   Langmut   Lästermaul   hold
Stein des Anstoßes   Niemand kann zwei Herren dienen   Auf Sand bauen
Schandfleck   Gnadenreich   Ruchlos   Im Dunkeln tappen
Mit Blindheit geschlagen sein   Wes das Herz voll ist, des gehet der Mund über
Feuertaufe   Lockvogel   Wolf im Schafspelz   Morgenland   Machtwort   Feuereifer   Der große Unbekannte
Gewissensbisse   Auf Herz und Nieren prüfen   Der Mensch lebt nicht vom Brot allein

Die Bibelübersetzung

Übersetzung des Neuen Testaments 1521/1522

QUELLEN: GRIECHISCHER URTEXT, LATEINISCHE VULGATA

DEZEMBER 1521 AUF DER WARTBURG

DAS KLINGT NOCH NICHT SO GUT, MARTIN!

Melanchthon

ICH ILLUSTRIERE DIE BIBEL UND VERLEGE SIE AUCH.

Cranach

Werkstatt Melchior Lotter

Das neue Testament von Martin Luther 1. Auflage 3 000 Stück

DIE ÜBERSETZUNG WIRD ZUM SEPTEMBER 1522 FERTIG. DIE ZWEITE KORRIGIERTE AUFLAGE ERSCHEINT BEREITS IM DEZEMBER.

OHNE EINBAND LASSEN SICH DIE BÜCHER ROLLEN. IM FASS BLEIBEN SIE AUF DEN LANGEN TRANSPORTWEGEN TROCKEN UND SAUBER.

Buchmesse

ERST BEIM BUCHBINDER BEKOMMT DAS BUCH SEINEN EINBAND.

Gasthaus

Angebot: Luther-Bibel 1½ Gulden

„KAUFFT MAN NITT ZWEEN SPERLING VMB EYNEN PFENNIG? NOCH FELLT DER SELBIGEN KEYNER AUFF DIE ERDEN ON EWREN VATTER, NU ABER SIND AUCH EWRE HARE AUFF DEM HEWBT ALLE GEZELET…"

Vorleser

Drucke zu Luthers Lebzeiten

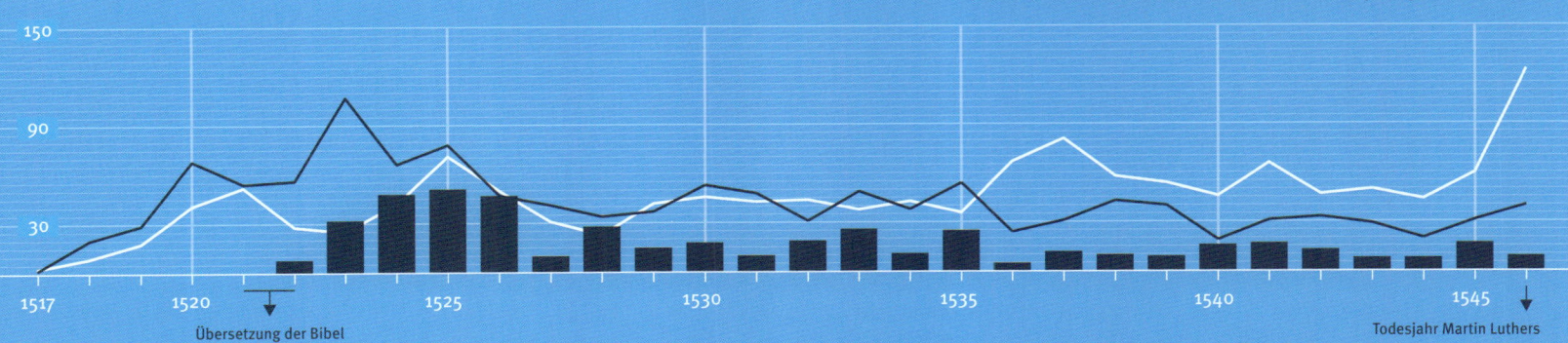

— Wittenberger Drucke von Luthers Schriften
— Wittenberger Drucke von anderen Autoren
■ Drucke von Luthers Bibelübersetzung im deutschsprachigen Raum

1517 — 1520 (Übersetzung der Bibel) — 1525 — 1530 — 1535 — 1540 — 1545 (Todesjahr Martin Luthers)

HANS-JOACHIM SOLMS

Luther und die deutsche Sprache

Zur Aktualität von Luthers Sprachkraft

Bis heute scheint es undenkbar, Martin Luther und den Protestantismus mit all seinen historischen Weiterungen zu denken, ohne auch die Sprache Luthers unmittelbar zu assoziieren, sie sogleich mit in den Vordergrund zu rücken. Denn sie gilt mit als Grund dafür, dass Luther seine nicht hoch genug einzuschätzende Wirkung haben konnte. So mutmaßte erst jüngst der 2015 mit dem Friedenspreis des Deutschen Buchhandels ausgezeichnete deutschsprachige Schriftsteller und Orientalist Narvid Kermani in einem Interview, dass sich der »Protestantismus [...] ohne die poetische Kraft der Lutherbibel niemals ausgebreitet« hätte.[1] Um ihre poetische Kraft geht es also, um die die Sinne ansprechende Form, die Voraussetzung und Garant der enormen Rezeption ihres Inhalts gewesen ist. Das Votum Narvid Kermanis zeigt aber auch, dass es in solch populären Einschätzungen zu Luther und seiner Sprache vorrangig kaum um Einzelheiten der grammatisch-syntaktischen Gefügtheit oder lexikalischen Materialität geht, sondern vielmehr um den Stil seiner Sprache, also darum, dass und inwiefern mittels ihrer besonderen Gefügtheit die jeder Sprache immer auch eigene poetische Sprachfunktion[2] so außergewöhnlich realisiert wurde. Dem ist ebenso nachzuspüren wie der grammatisch-syntaktischen Gefügtheit oder lexikalischen Materialität der Sprache Luthers, da immer noch die ebenfalls populäre Vorstellung herrscht, dass die deutsche Sprache in ihrer uns gegebenen Form wesentlich auf Luther zurückgeht: So formulierte erst jüngst ein Radiobeitrag, Luther sei durch die Bibelübersetzung zu »einem (sic!) Vater der deutschen Sprache« geworden.[3]

Luthers sprachgeschichtliche Epoche: das Frühneuhochdeutsche

Sprachgeschichtlich gehört Martin Luthers volkssprachliches Schaffen, dem ein lateinisches Schaffen voraus und zeitlebens immer auch parallel ging, zentral in die als Frühneuhochdeutsch bezeichnete Sprachepoche (um 1350–1700).[4] Schon der Epochenbegriff »Frühneuhochdeutsch« macht deutlich, dass sich die nähere Bestimmung und Wertung dieser Epoche vom heutigen Neuhochdeutschen aus ergibt: Das heute gültige und mit Ausnahme einiger nationalsprachlicher Varianten in Österreich, in der Schweiz, in Luxemburg oder in Teilen Belgiens weitgehend einheitliche Deutsch (als Schrift- oder Standardsprache) wird in dieser Zeit wesentlich herausgebildet. So ist eine volkssprachliche Schriftlichkeit noch bis in das späte Mittelalter hinein weit entfernt von aller Überregionalität und Einheitlichkeit, sie ist regional klein- bis großräumlich gebunden und dialektal geprägt.

Zudem taucht eine volkssprachliche Schriftlichkeit nicht durchgängig auf, in der Wissenschaft, der Verwaltung und im Bereich der Theologie wird zumeist Lateinisch geschrieben. Für die volkssprachliche Schriftlichkeit wird erst im Verlauf des Frühneuhochdeutschen in Grundzügen eine überregionale »Spracheinheit« erreicht; dies geschieht erst durch »Überwindung [...dieser] fremden [d. h. lateinischen] Sprache im eigenen Land« sowie andererseits durch Überwindung der bis dahin noch gegebenen regionalen beziehungsweise dialektalen Gebundenheit des geschriebenen Deutsch.[5] Diesem sprachgeschichtlichen Prozess geht ein kommunikations-, sozial- und gesellschaftsgeschichtlicher Prozess parallel, dem wiederum ein für die weitere deutsche Geschichte wichtiger politikgeschichtlicher Prozess besonders des 19. Jahrhunderts folgt (Herausbildung der Idee einer »Kulturnation«).

---

1 Narvid Kermani: Religion ist eine sinnliche Erfahrung, in: Die Zeit, 20. 8. 2015, S. 38. **2** Neben der poetischen unterscheidet Roman Jakobson (s. »Sprachfunktionen«, in: Theodor Lewandowski: Linguistisches Wörterbuch, 6. Aufl., Heidelberg 1994) analytisch eine symptomatische/expressive, appellative, referenzielle, phatische und metasprachliche Funktion. **3** Sendung am 12. 7. 2015: http://rundfunk.evangelisch.de/kirche-im-radio/feiertag/aus-der-asche-wird-ein-schwan-entstehen-7480 [22. 8. 2015]. **4** Zur zeitlichen Abgrenzung vgl. Hans-Joachim Solms: Soziokulturelle Voraussetzungen und Sprachraum des Frühneuhochdeutschen, in: Werner Besch u. a. (Hrsg.): Sprachgeschichte. Ein Handbuch zur Geschichte der deutschen Sprache und ihrer Erforschung, 2. Teilband (= Handbücher zur Sprach- und Kommunikationswissenschaft. 2,2), 2. Aufl., Berlin/New York 2000, S. 1513–1527, hier S. 1515 f. **5** Fritz Tschirch: Entwicklung und Wandlungen der deutschen Sprachgestalt vom Hochmittelalter bis zur Gegenwart, Geschichte der deutschen Sprache (= Grundlagen der Germanistik. 9), Bd. 2, 3. erg. und überarb. Aufl. von Werner Besch, Berlin 1989, hier S. 95–97. **6** Johannes Erben: Frühneuhochdeutsch, in: Ludwig Erich Schmidt (Hrsg.): Kurzer Grundriß der germanischen Philologie bis 1500, Bd. 1: Sprachgeschichte, Berlin 1970, S. 386–440, hier S. 393. **7** Vgl. Utz Maas: Lesen – Schreiben – Schrift. Die Demotisierung eines professionellen Arkanums in der frühen Neuzeit, in: Zeitschrift für Literaturwissenschaft und Linguistik 59 (1985), S. 55–81. **8** Michael Giesecke: ›Volkssprache‹ und ›Verschriftlichung des Lebens‹ in der frühen Neuzeit. Kulturgeschichte als Informationsgeschichte, in: Ders.: Sinnenwandel – Sprachwandel – Kulturwandel. Studien zur Vorgeschichte der Informationsgesellschaft, Frankfurt am Main 1992, S. 73–121, hier S. 75.

Indem die volkssprachliche Schriftlichkeit im Verlauf des Frühneuhochdeutschen – durch ihre Verwendung beispielsweise im Handel oder in der Wissensvermittlung – Eingang in viele Lebensbereiche erfährt, setzt eine die gesamtgesellschaftliche Organisation bis heute grundsätzlich prägende und nicht mehr wegzudenkende »Verschriftlichung des Lebens«[6] ein: Nahezu alle Lebensbereiche werden über und mithilfe der Schrift organisiert. Dieser kommunikationsgeschichtlichen Entwicklung entspricht sozialgeschichtlich eine Verallgemeinerung der Teilhabe an schriftsprachlicher Kommunikation, es ergibt sich eine durchgreifende gesellschaftliche Verallgemeinerung der Schriftpraxis in der Lebenswirklichkeit der Masse der Bevölkerung (»Demotisierung«).[7]

Über diese kommunikations- und sozialgeschichtlichen Entwicklungen hinaus wird insbesondere seit dem 16. Jahrhundert ein gesellschaftsgeschichtlich relevanter Prozess deutlich, in dem sich nun ein über die jeweilige Region hinausgehendes »Volk« herausbildet: Wenn für die Situation bis zum 15. Jahrhundert formuliert werden kann, dass das »Volk [... noch] keine Kommunikationsgemeinschaft« bildet,[8] so ändert sich dies grundlegend seit dem 16. Jahrhundert. Eine einheitliche Sprache und eine auf diese Sprache bezogene Sprachgemeinschaft bilden sich bis ins 18. Jahrhundert hinein heraus: Die deutsche Sprache beginnt, eine gleichberechtigte »historische und autonome Sprache«[9] im Chor aller anderen europäischen Kultursprachen zu werden. Dies nun verweist auf den über die kommunikations-, sozial- und gesellschaftsgeschichtlichen Prozesse hinausgehenden und insbesondere seit dem 19. Jahrhundert wirksam werdenden politikgeschichtlichen Prozess, der sich aus den sprachgeschichtlichen Veränderungen heraus mittelbar ergeben hat. Denn insofern Sprache immer auch zur soziokulturellen Identitätsstiftung[10] beiträgt und damit auch zur Grundlage einer gesamtgesellschaftlichen Identitätsbildung wird, kann eine solche »historische und autonome Sprache« zum wichtigsten Element und zum Signum einer sich über die Gesellschaft und ihre vergesellschaftenden Symbole definierenden Nation werden.

Tatsächlich zeigt die historische Entwicklung, dass dem im 19. Jahrhundert herausgebildeten einheitlichen Deutsch eine besondere Rolle für die Bestimmung der im gesamteuropäischen Zusammenhang des »Aufstieg[s] der frühneuzeitlichen Nationen«[11] erst spät entwickelten deutschen Nation zukommt. All diese kommunikations-, sozial-, gesellschafts- und politikgeschichtlichen Prozesse stehen im Zusammenhang der in das Frühneuhochdeutsche gehörenden sprachgeschichtlichen Entwicklung: der Epoche »des sich allmählichen Durchsetzens eines bestimmten, verbindlichen Sprachtyps für Literatur und schriftliche Kommunikation, für den wir Ausdrücke wie Standardsprache, Einheitssprache, Hochsprache, Nationalsprache, Schriftsprache finden«.[12] Insofern sich die Forschung heute einig ist, dass es das sprachliche Wirken Martin Luthers war, welches »Deutschland im Laufe der Zeit zur sprachlichen Einheit«[13] verhalf, ergibt sich seine kaum zu unterschätzende Bedeutung nicht nur für die Entwicklung der deutschen Sprache selbst, sondern auch und besonders für alle weitergehenden und wesentlich über die Sprache vermittelten geschichtlichen Zusammenhänge. Dass Luther einen solch historischen Einschnitt für die deutsche Sprachgeschichte darstellte, war schon den Gelehrten der Frühen Neuzeit klar. So definierte Justus Georg Schottelius in seiner *Ausführlichen Arbeit Von der Teutschen HaubtSprache*[14] den Beginn der vierten »Denkzeit« und damit den Beginn der vierten Epoche der deutschen Sprachgeschichte mit »Herrn Luthero«.

Luthers Sprachschaffen und seine Wirkung auf die Entwicklung einer allgemeinen deutschen Schriftsprache

Luthers Bedeutung für die Entwicklung der deutschen Sprache ergibt sich vorrangig daraus, die deutsche Schriftsprache »auf den Weg« gebracht zu haben, indem er mit »seiner deutschsprachigen Bibel [...] die regionalen Sprachschranken [durchbrach]«.[15] Im Vordergrund stehen somit die Regionalität und ihre Überwindung, im Vordergrund seiner Texte stehen neben der Bibel aber auch der Katechismus sowie die von Luther geschaffenen Kirchenlieder. Sie verhalfen der in ihnen gebrauchten Form des schriftsprachlichen Deutschen zu jener das Kriterium bildenden überregionalen Gültigkeit. Die uns heute selbstverständliche, an der Schrift orientierte und insofern auch überregional identische Mündlichkeit folgte erst sehr viel später nach, sie blieb somit weit über Luther hinaus regional-dialektal geprägt.

Luthers Texte trugen zur Durchsetzung einer überregionalen Form des Deutschen wesentlich bei, weil er sich aus seiner muttersprachlich regional begrenzten Prägung (»thüringisch-ostmitteldeutsch-niederdeutsch«[16]) dadurch zu lösen versuchte, dass er sich in seinen Schreiben an eine Sprachform anlehnte, von deren regional entgrenzter Verständlichkeit er überzeugt war. Er wusste sehr genau um die nur im engeren lokalen Zusammenhang gegebene Verstehbarkeit der allein vorhandenen dialektalen Mündlichkeit, sodass sich die Menschen »30 Meilen Weges einander nicht wol können verstehen«.[17] Zugleich wusste er aber auch um die in den Handschriften,

---

9 Eugenio Coseriu: Historische Sprache und Dialekt, in: Joachim Göschel (Hrsg.): Dialekt und Dialektologie. Ergebnisse des Internationalen Symposions ›Zur Theorie des Dialekts‹. Marburg, 5.–10. September 1977 (= Zeitschrift für Dialektologie und Linguistik, Beiheft NF. 26), Wiesbaden 1980, S. 106–122, hier S. 109. **10** Wolfgang Dressler: Spracherhaltung – Sprachverfall – Sprachtod, in: Ulrich Ammon u. a. (Hrsg.): Soziolinguistik. Ein internationales Handbuch zur Wissenschaft von Sprache und Gesellschaft, 2. Halbband (= Handbücher zur Sprach- und Kommunikationswissenschaft. 3,2), Berlin/New York 1988, S. 1551–1563, hier S. 1558. **11** Heinz Schilling: Martin Luther. Rebell in einer Zeit des Umbruchs, München 2012, S. 217. **12** Herbert Penzl: Frühneuhochdeutsch (= Langs Germanistische Lehrbuchsammlung. 9), Bern 1984, S. 19. **13** Werner Besch: Die Rolle Luthers für die deutsche Sprachgeschichte, in: Ders., Sprachgeschichte (wie Anm. 4), S. 1713–1745, hier S. 1715. **14** Justus Georg Schottelius: Ausführliche Arbeit Von der Teutschen HaubtSprache, Braunschweig 1663, S. 49; eine Zusammenstellung zeitgenössischer Urteile zu Luther liefert Dirk Josten: Sprachvorbild und Sprachnorm im Urteil des 16. und 17. Jahrhunderts. Sprachlandschaftliche Prioritäten. Sprachautoritäten. Sprachimmanente Argumentation (= Europäische Hochschulschriften. 1), Frankfurt am Main 1976, S. 152. **15** Besch, Rolle (wie Anm. 13), S. 1717. **16** Johannes Erben: Luther und die neuhochdeutsche Schriftsprache, in: Friedrich Maurer/Friedrich Stroh: Deutsche Wortgeschichte, Bd. 1 (= Grundriss der germanischen Philologie. 17, 1), Berlin 1959, S. 439–492, hier S. 445 f. **17** WA 2, 5, 512 (Nr. 6146) (datiert auf 1538/39, vgl. S. LX).

in den Urkunden sowie in den nun häufiger werdenden Drucken seiner Zeit enthaltene schreib- und drucksprachliche Situation, bei der oberhalb der mündlich-dialektalen Zersplitterung eine Anzahl regional verschiedener Schreibgebräuche mit zum Teil schon großer Reichweite herausgebildet waren. Die heutige Forschung unterscheidet bezüglich des in Drucken des späten 15. und frühen 16. Jahrhunderts verwendeten Deutsch sieben verschiedene »Typen von Druckersprachen«:[18] einen südöstlichen, schwäbischen, oberrheinisch-alemannischen, innerschweizerischen, ostfränkischen, westmitteldeutschen und einen ostmitteldeutschen Typ.

Im Zusammenhang solcher regionalen Schreibvarianten sah Luther die von ihm selbst verwendete Sprachform konform einem ganz konkreten Kanzleiusus, dem er eine allgemeine Gültigkeit zuschrieb und der ihm zu gewährleisten schien, im ober- wie im niederdeutschen Raum verstanden zu werden: »Nullam certam linguam Germanice habeo, sed communem,[19] ut me intellegere possint ex superiori et inferiori Germania.[20] Ich rede nach der Sechsischen cantzley [...]; alle reichstette, fürsten höfe schreiben nach der Sechsischen cantzeleien unser churfürsten.«[21] Tatsächlich hatte die »kursächsische Kanzleisprache besagter Zeit [...] den Gebrauch dialektal-regionaler Schreibvarianten (ost)mitteldeutscher Provenienz stark ein[geschränkt]«,[22] sodass sie »eine führende Stellung in Richtung auf die genormte nhd. Schriftsprache [...] einnimmt«.[23] Luther lehnte sich an diese an und arbeitete vor allem mit Unterstützung des Druckers Hans Lufft und der Korrektoren Caspar Cruciger und Georg Rörer[24] an einer konsequenten – also Varianten vermeidenden – grafischen und flexivischen Gestalt seiner Sprache.[25] In »andauernden sprachlichen Revisionen«, die Luther bis zum Ende seines Lebens vornahm, wurden Konkurrenzen nördlicher, einheimischer und aus dem Süden stammender Varianten mit dem Ziel aufgegeben, solch landschaftliche, begrenzte Formen »auszumerzen«; dabei wurde im Sinne der Überregionalität die südliche (zum Beispiel *kelch* statt *kilch*) oder nördliche (*brennen* statt *brinnen*) Variante gewählt, teils wurde eine Entscheidung für die einheimische Variante getroffen (zum Beispiel *teuffen* statt *tauffen*), teils wurden auch gegen die sich schon abzeichnende Entwicklung alte Lautformen beibehalten (zum Beispiel *helle* statt *Hölle*).[26]

In all dem ist jedoch kaum eine individuelle sprachliche Innovation Luthers festzustellen: Vergleicht man die grafisch-lautliche Form besonders seiner Drucksprache mit dem zeitgenössischen Sprachgebrauch des Wittenberger Raumes, dann zeigt sich zumeist, dass Luther, »wie nicht anders zu erwarten, auf ganz normale Weise eingebettet in die Gegebenheiten seiner Zeit [war]. Nichts deutet auf eine Sonderrolle.«[27] Auch im Bereich der Morphologie »gehen nur wenige [...] Wandlungen innerhalb der Druckersprache Luthers entschieden in Richtung auf das N[eu]h[och]d[eutsche]« (zum Beispiel Imperative *stehe* statt *stand* oder *sey* statt *biß*).[28] Eine Ausnahme bildet in diesem Zusammenhang die für das Deutsche späterhin charakteristisch werdende und grammatisch motivierte Großschreibung der Substantive. Nun gab es eine Großschreibung einzelner Wörter schon in den Jahrhunderten zuvor, doch diente sie bis ins frühe 16. Jahrhundert insbesondere zur grafischen Markierung als wichtig geltender Begriffe: zum Beispiel *Gott*, *Christus* oder *Herr* zur Bezeichnung Gottes im Gegensatz zu *herr* – Mann. Diese auch in frühen Luther-Drucken noch übliche Verwendung änderte sich dort nun rasch, sodass nach »1532 [...] ungefähr 70 Prozent der Substantive groß geschrieben werden«.[29] Neben ein semantisches trat das bis heute geltende grammatische Prinzip der Majuskelverwendung. Insofern zeitgleiche Texte des Wittenberger und allgemein des ostmitteldeutschen Raumes eine solche Substantivgroßschreibung deutlich seltener zeigen (um 1530 etwa 15,7 Prozent, erst um 1560 etwa 61,2 Prozent),[30] kann Luther diesbezüglich unzweifelhaft eine innovative Funktion zugeschrieben werden.

Für alle in den Texten Luthers beobachteten und in der Chronologie seines Schaffens dann auch zunehmenden sprachlichen Veränderungen der Orthografie und Flexion ist eine angestrebte größere Einheitlichkeit und damit auch Variantenreduktion unstrittig. Solche rein formalen Veränderungen waren im Sinne der in Wittenberg geleisteten Spracharbeit Luthers und seiner Mitstreiter nur folgerichtig. Demgegenüber zielte seine frühe und in die Übersetzung des Neuen Testaments 1522 mündende Spracharbeit zuerst allein auf die Bewältigung der von ihm als göttlich verstandenen Aufgabe, allen Menschen den Zugang zu der in der Heiligen Schrift ausgebreiteten Wahrheit Christi zu ermöglichen. Dabei wusste Luther um die nicht hoch genug einzuschätzende Funktion der Sprache, in der er nichts weniger als »die Scheide« sah, »in der das Messer des Geistes steckt«: »Und last uns das gesagt seyn, Das wyr das Euangelion nicht wol werden erhallten on die sprachen. Die sprachen sind die scheyden, darynn dis messer des geysts stickt. Sie sind der schreyn, darynnen man dis kleinod tregt. Sie sind das gefess, darynnen man disen tranck fasset. Sie sind die kemnot darynnen dise speyse ligt. Und wie das Euangelion selbs zeygt, Sie sind die koerbe, darynnen man dise brot und fische und brocken behellt« (1524).[31]

Um ein Messer scharf und funktionsfähig zu halten, bedarf es einer entsprechend geformten, ihm angepassten Scheide, da das Messer ansonsten Schaden litte. Bezogen auf seine Spracharbeit bedeutete dies für Luther, eine Form zu finden, in der der biblische Inhalt unbeschädigt aufgehoben und aus der heraus er immer wieder unbeschadet entnommen werden konnte. Genau dieser Aufgabe

---

18 Fréderic Hartweg/Klaus-Peter Wegera: Frühneuhochdeutsch. Eine Einführung in die deutsche Sprache des Spätmittelalters und der frühen Neuzeit (= Germanistische Arbeitshefte. 33), 2., neu bearb. Aufl., Tübingen 2005, S. 97. **19** [hier vollständige wörtliche Übersetzung:] »Ich benutze keine bestimmte [d. h. regionale], sondern eine allgemeine Sprache Deutschlands, sodass sie mich in Ober- und Niederdeutschland verstehen können.« **20** Vgl. »Hochdeutsch«, »Niederdeutsch«, »Oberdeutsch«, in: Jacob Grimm/Wilhelm Grimm: Deutsches Wörterbuch, 16 Bde. in 32 Teilbänden. Leipzig 1854–1961, Bd. 10, Sp. 1609–1612; Bd. 13, Sp. 752–755; Bd. 13, Sp. 1083 f. **21** WA 2, 2, 639 (Nr. 2758b) (datiert auf 1532, vgl. S. XXIV). Gemeint ist die ernestinisch-kursächsische Kanzlei in Wittenberg, nicht die des albertinischen Herzogtums Sachsen in Meißen/Dresden. **22** Besch, Rolle (wie Anm. 13), S. 1722. **23** Gerhard Kettmann: Die kursächsische Kanzleisprache zwischen 1486 und 1546. Studien zum Aufbau und zur Entwicklung (= Bausteine zur Sprachgeschichte des Neuhochdeutschen. 34), Berlin 1967, S. 309, zit. nach Besch, Rolle (wie Anm. 13), S. 1722. **24** Vgl. Ders.: Zur schreibsprachlichen Überlieferung Wit-

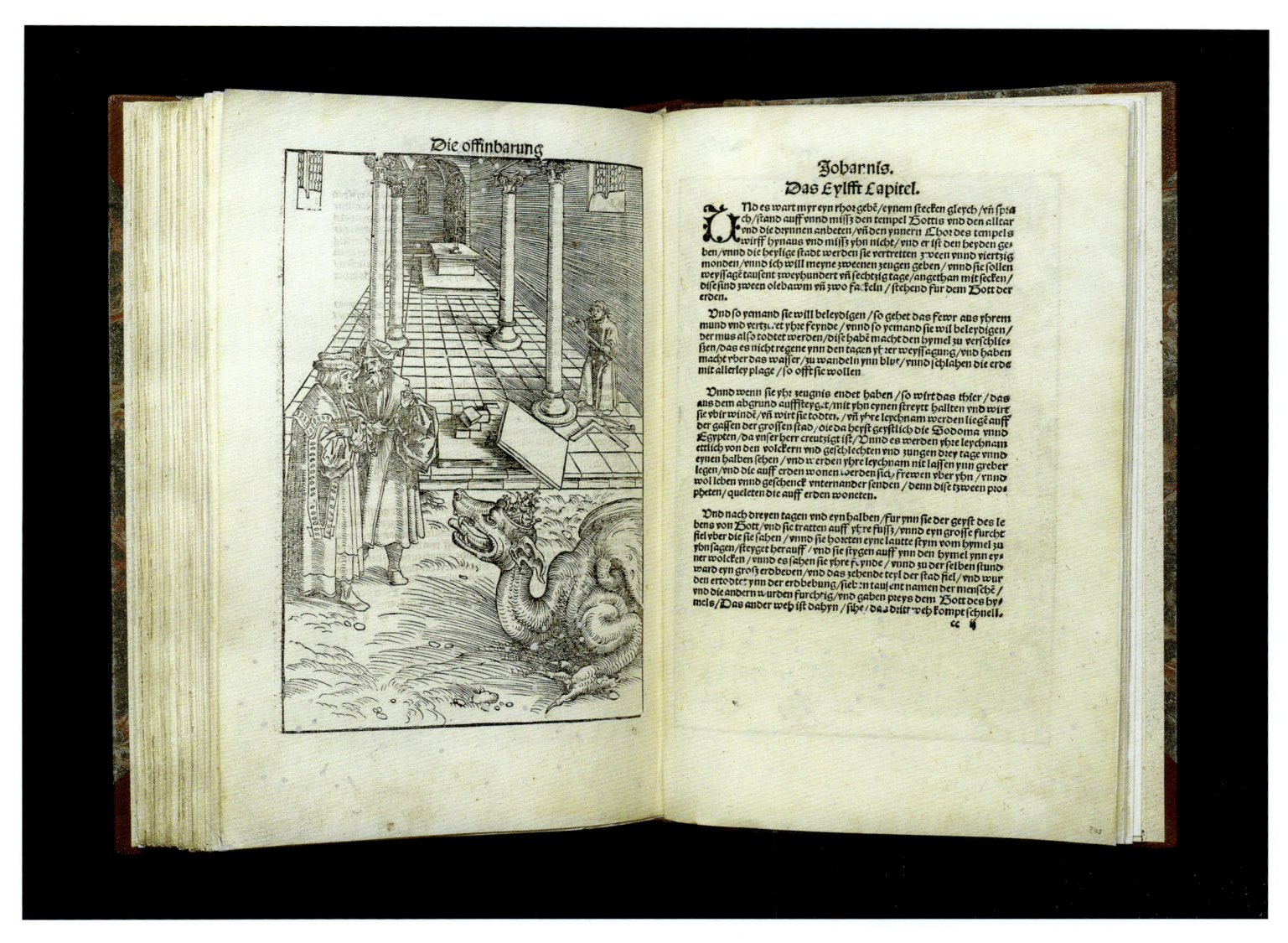

Abb. 1 Martin Luther, Das Neue Testament Deutsch (sog. Septembertestament), Wittenberg 1522. Mit Holzschnitten Lucas Cranachs d. Ä. gedruckt von Melchior Lotter d. J.

hatte sich Luther in seiner Übersetzungsarbeit des Neuen Testaments gestellt: Dieses sogenannte *Septembertestament* erschien ohne Nennung des Übersetzers im September 1522 (Abb. 1) in Wittenberg. Es wurde, weil die Auflage von 3 000 bis 5 000 trotz des Preises (»Wochenlohn eines Handwerksgesellen«[32]) rasch vergriffen war, schon im Dezember in revidierter Form (Luther korrigierte »fast in jeder Zeile«[33]) neu gedruckt (sogenanntes *Dezembertestament*). Mit dieser Übersetzung wollte Luther dafür Sorge tragen, dass alle Menschen, die das geoffenbarte Wort Gottes aufgrund der Fremdsprachlichkeit der Bibel nicht unmittelbar selbst aufnehmen konnten, es nun aufgrund der besonderen und durch ihn geleisteten sprachlichen Form »wol werden erhallten«. Diese Form ergab sich für Luther aus einem nicht von der Stilhöhe des Textes ausgehenden, sondern aus einem auf die Rezipienten bezogenen »schlichten Übersetzungsstil im Sinne der lateinischen Stillehre auf den stilus mediocris hin«; einen solch schlichten Übersetzungsstil hatten auch schon frühere volkssprachliche Übersetzungen biblischer Texte angestrebt, wie zum Beispiel Matthias von Behaim in seinem *Evangelienbuch* 1343,[34] ohne jedoch auch nur annäherungsweise eine der lutherischen Leistung ähnliche Lösung erreicht zu haben.

tenbergs in der Lutherzeit, in: Ders.: Wittenberg – Sprache und Kultur in der Reformationszeit (= Leipziger Arbeiten zur Sprach- und Kommunikationsgeschichte. 16), Frankfurt am Main 2008, S. 17–54, hier S. 44. **25** Christopher J. Wells: Deutsch: Eine Sprachgeschichte bis 1945 (= Reihe Germanistische Linguistik. 93), Tübingen 1990, S. 206. **26** Besch, Rolle (wie Anm. 13), S. 1719. **27** Ebd., S. 1723. **28** Ebd., S. 1721. **29** Ebd., S. 1720. **30** Rolf Bergmann u. a.: Die Entwicklung der Großschreibung im Deutschen von 1500 bis 1700, Bd. 2, Heidelberg 1998, S. 848. **31** WA 1, 15, 38. **32** Peter von Polenz: Deutsche Sprachgeschichte vom Spätmittelalter bis zur Gegenwart, Bd. 1: Einführung – Grundbegriffe – 14.–16. Jahrhundert, 2. Aufl., Berlin 2000, S. 134. **33** Besch, Rolle (wie Anm. 13), S. 1719. **34** Stefan Sonderegger: Geschichte deutschsprachiger Bibelübersetzungen in Grundzügen, in: Werner Besch u. a. (Hrsg.): Sprachgeschichte. Ein Handbuch zur Geschichte der deutschen Sprache und ihrer Erforschung, 1. Teilband (= Handbücher zur Sprach- und Kommunikationswissenschaft. 2,1), 2. vollst. neu bearb. u. erw. Aufl., Berlin/New York 1998, S. 229–284, hier S. 244.

Luther wollte, dass alle Menschen ohne soziale oder sonstige Unterschiede das, was der biblische Text aussagt, nicht nur hinsichtlich der einzelnen Wörter verstehen, sondern in seiner Gesamtaussage auch begreifen: Ein solches Postulat der Verständlichkeit zielt auf den verwendeten Wortschatz und damit auf die Wahl der konkret verwendeten Wörter; eine angestrebte »Begreiflichkeit« zielt weit darüber hinaus auf eine Sprache, die hinsichtlich auch ihrer syntaktischen und stilistischen Geformtheit im Wie des Gesagten das Was des Gesagten unmittelbar erfahren, begreifen und erfassen lässt. Verständlichkeit und sinnliche Begreiflichkeit zu erreichen, erforderte bewusste Spracharbeit. So hat Luther seinen ganzen »fleys furgewandt, das wyr deutliche vnd yederman verstendliche rede geben, mit vnuerfelschtem synn und verstand« (1524).[35] Für Luther war diese Aufgabe jedoch primär eine theologische und nur sekundär eine philologische. Da seine reformatorische Theologie erstens eine Rechtfertigung des Menschen allein durch den Glauben (*sola fide*) und zweitens die Erkenntnis lehrt, dass sich das Wissen darum und damit die aus dem Glauben fließende Heilsgewissheit des Menschen allein aus der Heiligen Schrift (*sola scriptura*) ergibt, stellte sich Luther eine zweifache Aufgabe: Den fremdsprachlich gegebenen Text volkssprachlich einerseits verständlich und andererseits zugleich exegetisch so zu realisieren, dass seine Theologie – vermittelt und ermittelt über genau diese Übersetzung des Ausgangstextes – für jedermann begreiflich wurde. Somit war das leitende »Prinzip des Übersetzens [...] nicht ›die‹ Wiedergabe ›des‹ Ausgangstextes, sondern die Herstellung eines Zieltextes.«[36]

Weil seine Übersetzung nicht einfach nur eine sprachliche Übertragung, sondern zugleich Exegese des biblischen Textes war, wurde sie zu einem zentralen Streitpunkt der theologischen Auseinandersetzung seiner Zeit. Sie führte zum öffentlichen Vorwurf, »Irrlehrer [zu sein], der mit seiner Sprache das ›gemeine Volk‹ verführe und betrüge«.[37] Die Furcht, dass der Text dieses sogenannte gemeine Volk tatsächlich auch erreiche, war mehr als berechtigt, weil es Luther gelungen war, den Bibeltext mittels seiner Sprache verständlich und sinnlich begreiflich gemacht zu haben. Dies erreichte er durch eine Übersetzungshaltung, die »uns [heute] fast als Trivialität erscheinen« mag[38] und die auch – nicht zuletzt dank des Vorbilds und der Leistung Luthers – in jeder Einführung in die Translationswissenschaft als solche angesprochen wird. Luther allerdings musste sie zuerst im *Septembertestament* von 1522 noch erläutern: Zuerst müsse der ausgangssprachliche Text in seiner Aussage formal und inhaltlich verstanden sein (»Auffs erst mussen wyr [...] wissen/was sanct Paulus meynet durch dise wort [...] sonst ist keyn lesen nutz daran«),[39] um ihn dann sinngemäß und nicht sklavisch Wort für Wort in die eigene Zielsprache zu übertragen. Um den Ausgangstext gemäß der »art unser deutschen sprache« zu übersetzen und um zu erreichen, dass

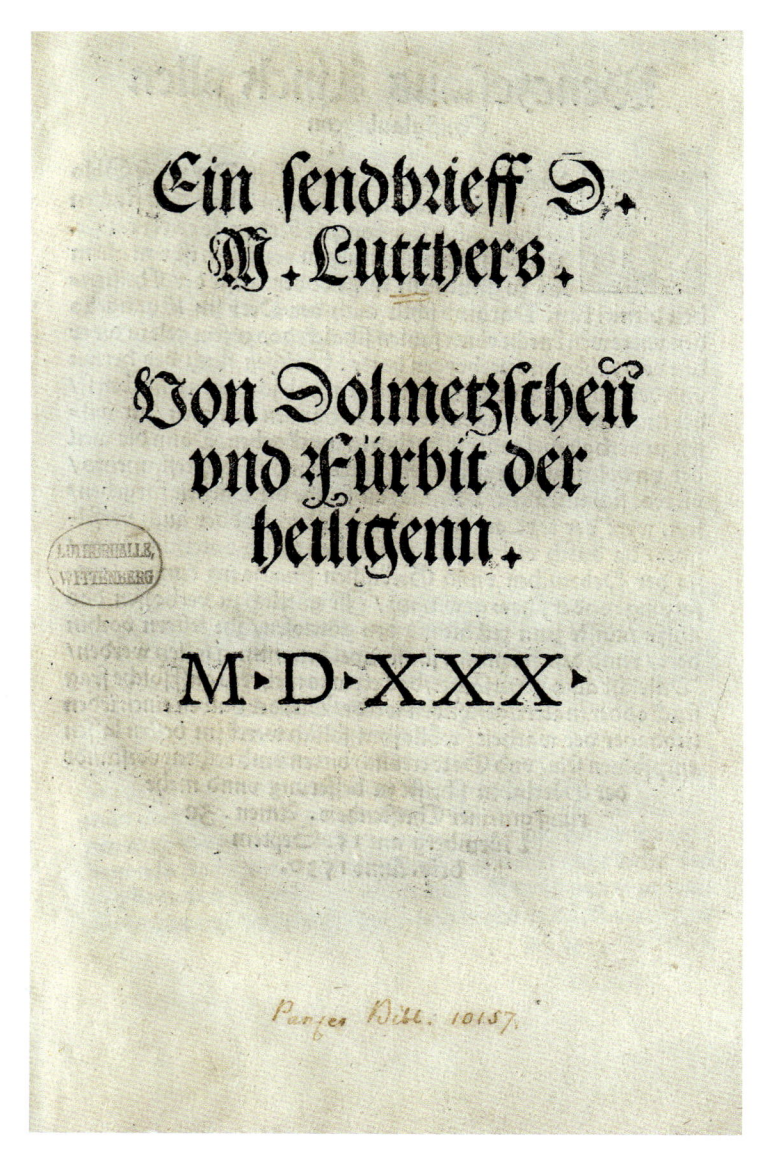

Abb. 2 Martin Luther, Ein sendbrieff D. M. Luthers. Von Dolmetzschen vnd Fürbit der heiligenn, Nürnberg 1530

es »ein vollige Deutsche klare rede wird«, müsse man – wie er im *Sendbrief vom Dolmetschen* (Abb. 2) 1530 schrieb – »nicht die buchstaben inn der lateinischen sprachen fragen [...,] sonder man mus die mutter jhm hause, die kinder auff der gassen, den gemeinen man auff dem marckt drumb fragen, und den selbigen auff das maul sehen, wie sie reden, und darnach dolmetzschen, so verstehen sie es den und mercken, das man Deutsch mit jn redet«.[40]

An den alltäglichen Lebensäußerungen der Menschen und auch an ihren gewonnenen Erfahrungen bediente sich Luther, der wusste, dass man »auch an den Sprichwörtern lernen [konnte], deutsche Bü-

---

35 WA 3, 10.1, 1956, 6,11–13. **36** Andreas Gardt: Die Übersetzungstheorie Martin Luthers, in: Zeitschrift für Deutsche Philologie 111 (1992), S. 87–111, hier S. 94. **37** Besch, Rolle (wie Anm. 13), S. 1714, s. auch S. 1715. **38** Otto Albrecht: Luthers Übersetzung des Neuen Testaments. Historisch-theologische Einleitung, in: WA 3, 6, 1929, S. lxxviii. **39** Martin Luther: Das Newe Testament Deutzsch, Wittemberg 1522 bei Melchior Lotther, S. 223. **40** WA 30/II, 632–647, hier 637. **41** Ernst Thiele/Oskar Brenner: Luthers Sprichwörtersammlung, in: WA 51, 634–662, hier 639. **42** »deutsch«, in: DWB. **43** Besch, Rolle (wie Anm. 13), S. 1718. **44** Ebd., S. 1730. **45** Birgit Stolt: Lieblichkeit und Zier, Ungetüm und Donner, in: Zeitschrift für Theologie und Kirche 86 (1989), S. 282–305, wiederabgedruckt in: Herbert Wolf (Hrsg.): Luthers Deutsch: Sprachliche Leistung und Wirkung (= Dokumente germanistischer Forschung. 2), Frankfurt am Main 1996, S. 317–339, hier S. 333. **46** Ebd., S. 335, Verweis auf WA 1, 3, 1885, 559, Zeilen 33–35. **47** WA 8, 683, 15–17. **48** WA 30/II, 632–

cher zu schreiben«.⁴¹ Dabei zielte die im *Sendbrief* gebrauchte Formulierung, »das man Deutsch mit jn redet«, auf mehr als nur die Feststellung der ja offensichtlich verwendeten Volkssprache: Die Formulierung konnotiert zugleich »verständlich«, »deutlich«, »offen«.⁴² Sie machte offensichtlich, dass Luther sich in einer Sprache an die Menschen wenden wollte, die sie nicht nur als ihre eigene lasen, hörten und erkannten, sondern die sie auch als jene eigene besonders spürten, in der sie sich heimisch und vertraut fühlten. Zugleich zeigte ihnen Luther, dass in ihrer Sprache das Heiligste überhaupt ausgesprochen werden konnte. Dies ehrte die Menschen besonders und trug zur Anerkennung ihrer Würde bei, die sie selbst besaßen und die zu haben auch Luther ihnen vermittelte.

So gilt seine 1520 verfasste Schrift *An den christlichen Adel deutscher Nation* im Zusammenhang seiner den Menschen unabhängig von allen sozialen oder ständischen Unterschieden ins Zentrum rückenden Betrachtung auch als »[...] ›Adelsbrief‹ des bisher eher verachteten und unterdrückten ›gemeinen‹ Mannes«.⁴³ Ihm wollte Luther die Offenbarung Gottes zugänglich machen. Dazu musste er die begriffliche und also die in Begriffen organisierte Vorstellungswelt dieser Menschen kennen, musste daher ihren sprachlichen Zugriff auf die innere und äußere Welt beherrschen, um sie in der Anwendung desselben überhaupt zu erreichen. Die dazu angemessene Sprache im konkreten Einzelfall gefunden zu haben, ist insbesondere der ganz persönlichen Grundeinstellung und dem Talent (dem *ingenium bonum*⁴⁴) Luthers zuzuschreiben, der in der Sprache niemals nur ein abstraktes Medium des kühl sezierenden Geistes sah. Luthers Sprachhaltung hatte immer auch und selbstverständlich einen emotiven Grundzug, sodass seine Sprache stets auch Ausdruck des Menschen in seiner Gesamtheit von Denken und Fühlen war. »Für Luther wie für die Bibel war das Herz das geistige Erkenntnisorgan des Menschen«.⁴⁵ Verständlichkeit und sinnliche Begreiflichkeit der göttlichen Botschaft zu sichern, setzte für Luther also voraus, diese Botschaft volkssprachlich in eine solche Form gebracht zu haben, dass sie in der Lage war, die Menschen in ihrem Herzen zu erreichen. Denn »niemand könne [...] die Heilige Schrift [...] richtig aufnehmen, wenn er mit seinem Gefühl nicht angesprochen sei [...], sodass er innerlich fühlt, was äußerlich gehört und gesprochen wird«.⁴⁶

Solches erreicht und somit die richtige Form, die richtigen Worte gefunden zu haben, hatte sich Luther selbst nie gerühmt. In seiner tiefen, gänzlich geborgenen und demütigen Frömmigkeit sah er in der von ihm gefundenen sprachlichen Form nicht die eigene Leistung, sondern nurmehr Christi Wirken und Worten selbst: »Ich bynn yhe gewisz, das meyn wort nitt meyn, sondernn Christus wort sey« (1521).⁴⁷ Tatsächlich war die gefundene Form das Ergebnis einer harten und lebenslang andauernden Spracharbeit, die er nicht allein, sondern mithilfe eines ganzen Redaktionskollegiums leistete:

»Ich hab mich des geflissen ym dolmetzschen, das ich rein und klar teutsch geben möchte. Und ist uns wol offt begegnet, das wir viertzehen tage, drey, vier wochen haben ein einiges wort gesücht und gefragt, habens dennoch zu weilen nicht funden. Im Hiob erbeiten wir also, M. Philips, Aurogallus und ich, das wir yn vier tagen zu weilen kaum drey zeilen kundten fertigen« (1530).⁴⁸ Dieses »rein und klar teutsch« sollte treffend sein und die angestrebte Verständlichkeit und sinnliche Begreiflichkeit sichern. Dazu hatte sich »Luther [...] nicht nur ein umfangreiches und mannigfaltiges sprachliches Instrumentarium erworben, sondern dies weithin auch für seine besonderen Aufgaben selbst erst zurechtgeschliffen. Ein Weiteres kommt hinzu: die Vermehrung seines [...] Werkzeugs [...] durch Neubildung von Wörtern [...], die treffender als die schon zu Gebote stehenden oder anschaulicher den gemeinten Sachverhalt bezeichneten«.⁴⁹ Neubildungen dieser Art waren unter anderem *Blutgeld* (Mt 27,6), *erndten* (Mt 6,26), *fewreyffers* (Heb 10,27), *fewrofen* (Mt 13,42), *die fridfertigen* (Mt 5,9), *gottselig* (Apostelg. 10,2), *hertzenlust* (1. Thess. 2,8), *jr Kleingleubigen* (Mt 6,30), *menschenfischer* (Mt 4,19), *plappern* (Mt 6,7), *Linsengericht* (1. Mos 25,34), *nacheifern* (Sprüche 3,31).⁵⁰ Bei solchen Neubildungen zeigte Luther eine starke Tendenz zur Bildung von Komposita, die späterhin für das Deutsche charakteristisch geworden ist.⁵¹ Sofern ihm ein vorhandenes Wort nicht spezifisch genug oder auf seine intendierte Aussage hin zu wenig profiliert schien, veränderte er – auch über den Bereich der religiösen Begriffe wie zum Beispiel *Glaube* oder *Gnade* hinaus – einen bis dahin üblichen Wortinhalt entsprechend: *Abend* (»Gegend des Sonnenuntergangs«), *sich begeben* (»ereignen«), *entrüstet* (»zornig«), *fassen* (»begreifen«), *Memme* (»Muttersöhnchen«), *Richtschnur* (»Regel«), *rüstig* (»tatkräftig«), *verfassen* (»in Worte fassen«).⁵²

Die von Luther stets berücksichtigte Voraussetzung für eine auch überregionale Verständlichkeit lag in der Verwendung eines auch überregional verständlichen Wortschatzes. Er wählte daher jeweils sehr genau passende und in einem möglichst großen Raum übliche Wörter. Dabei war ihm zunehmend und über seinen muttersprachlichen Wortschatz hinaus auch der »Wortschatz anderer Sprachlandschaften bekannt geworden«.⁵³ Luther wusste somit um sprachräumliche Varianten, wählte aus, bediente sich im Wortgut seiner Heimat (*freien* »werben, heiraten«, *hain* »Wäldchen«, *heucheln* »sich verstellen«, *trödeln* »Kleinhandel treiben«, *vogelbauer* »Vogelkäfig«) und des Niederdeutschen (*lippe* statt *lefze*, *fett* statt *feist*, *Hälfte* statt *Halbteil*).⁵⁴ Nicht selten trat er »aus seinem engeren Herkunftsbereich heraus« und benutzte dann zumeist Wörter eines ostmitteldeutsch-ostoberdeutschen Gültigkeitsraumes,⁵⁵ zum Beispiel: *offt* gegen *dicke*,⁵⁶ *gebrechen* gegen *gebrestehain(n)*,⁵⁷ *ob* (Konjunktion) gegen *ab*,⁵⁸ *gespenst* gegen *spugniß*. Auch griff Luther auf den Sprachschatz der Mystik des Spätmittelalters zurück (*geistreich*, *[gott]wohlgefällig*).⁵⁹

647, hier 635. **49** Erben, Luther (wie Anm. 16), hier S. 455. **50** Ebd., S. 460–464. **51** Hans-Joachim Solms: Substantivkomposition und nominale Attribuierung im Frühneuhochdeutschen. Zur Wortschatzerweiterung und Monosemierung, in: Sarah Quekkeboom/Sandra Waldenberger (Hrsg.): Perspektivwechsel. Festschrift für Klaus-Peter Wegera, Berlin 2016. **52** Erben, Luther (wie Anm. 16), S. 450. **53** Ebd. S. 447. **54** Ebd., S. 445 und 487. **55** Vgl. Besch, Rolle (wie Anm. 13), S. 1724. **56** Vgl. Ders.: Sprachlandschaften und Sprachausgleich im 15. Jahrhundert. Studien zur Erforschung der spätmittelalterlichen Schreibdialekte und zur Entstehung der neuhochdeutschen Schriftsprache (= Bibliotheca Germanica. 11), München 1967, S. 341. **57** Vgl. ebd., S. 344. **58** Vgl. ebd., S. 346. **59** Vgl. Erben, Luther (wie Anm. 16), S. 447 und 487.

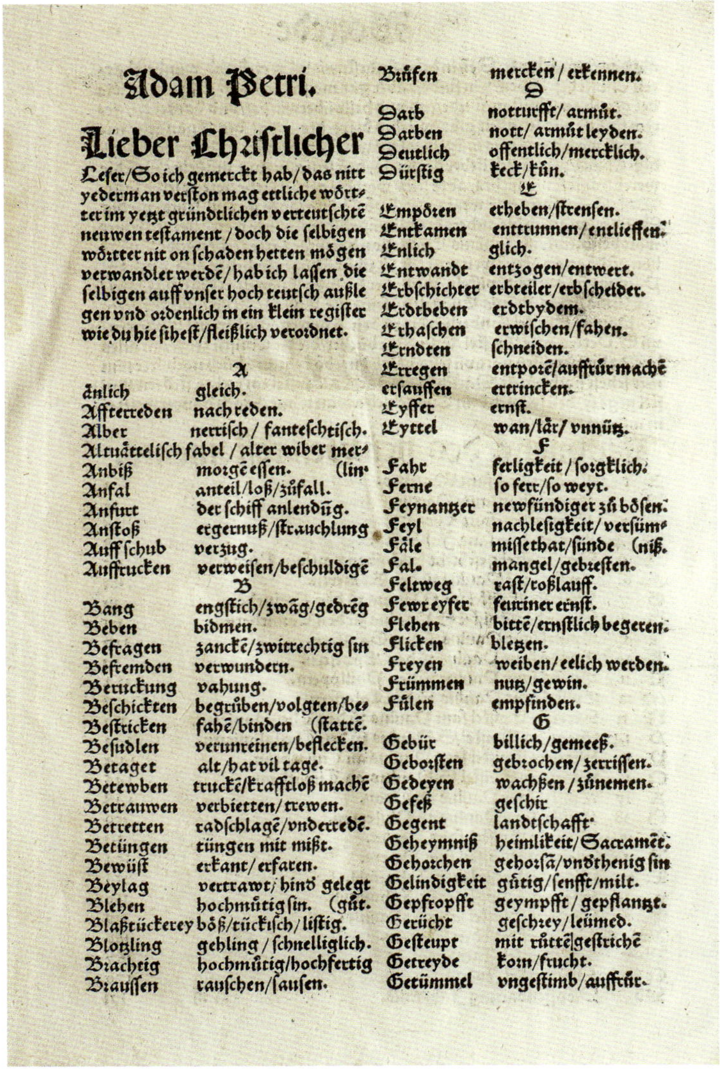

Adam Petri.

Lieber Christlicher Leser/So ich gemerckt hab/das nitt yederman verston mag ettliche wörtter im yetzt gründtlichen verteutschtē neuwen testament/doch die selbigen wörtter nit on schaden hetten mögen verwandlet werdē/hab ich lassen die selbigen auff vnser hoch teutsch außlegen vnd ordenlich in ein klein register wie du hie sihest/fleißlich verordnet.

A

änlich gleich.
Afftterreden nach reden.
Alber nerrisch/fantteschtisch.
Altuätteliſch fabel/alter wiber mer(linne)
Anbiß morgē essen.
Anfal anteil/loß/zůfall.
Anfurt der schiff anlendūg.
Anstoß ergernuß/strauchlung
Auff schub verzug.
Auffrucken verweisen/beschuldigē

B

Bang engstich/zwāg/gedrēg
Beben bidmen.
Befragen zanckē/zwitrechtig sin
Befremden verwundern.
Berückung vahung.
Beschickten begrůben/volgten/be(stattē).
Bestricken fahē/binden
Besudlen verunreinen/beflecken.
Betaget alt/hat vil tage.
Betewben truckē/krafftloß machē
Betrauwen verbietten/trewen.
Betretten radschlagē/vnderredē.
Betüngen tüngen mit mißt.
Bewüst erkant/erfaren.
Beylag vertrawt/hind gelegt (gůt.)
Blehen hochmůtig sin.
Blaßtrückerey böß/tückisch/listig.
Blotzling gehling/schnelliglich.
Brachtig hochmůtig/hochfertig
Braussen rauschen/sausen.
Brüfen mercken/erkennen.

D

Darb notturfft/armůt.
Darben nott/armůt leyden.
Deutlich offentlich/mercklich.
Dürstig keck/kůn.

E

Empören erheben/strensen.
Entkamen enttrunnen/entlieffen.
Enlich glich.
Entwandt entzogen/entwert.
Erbschichter erbteiler/erbscheider.
Erdtbeben erdtbydem.
Erhaschen erwischen/fahen.
Erndten schneiden.
Erregen entporē/auffrůr machē
ersauffen ertrincken.
Eyffer ernst.
Eyttel wan/lär/vnnütz.

F

Fahr ferligkeit/sorgklich.
Ferne so ferr/so weyt.
Feynantzer newfündiger zů bösen.
Feyl nachlesigkeit/versüm(niß.)
Fäle missethat/sünde
Fal. mangel/gebresten.
Feltweg rast/roßlauff.
Fewr eyfer fewriner ernst.
Flehen bittē/ernstlich begeren.
Flicken bletzen.
Freyen weiben/eelich werden.
Frümmen nutz/gewin.
Fülen empfinden.

G

Gebür billich/gemeeß.
Geborsten gebrochen/zerrissen.
Gedeyen wachßen/zůnemen.
Gefeß geschir
Gegent landtschafft.
Geheymniß heimlikeit/Sacramēt.
Gehorchen gehorsā/vndthenig sin
Gelindigkeit gůtig/senfft/milt.
Gepfropfft geympfft/gepflantzt.
Gerücht geschrey/leümed.
Gesteupt mit růttē gestrichē
Getreyde korn/frucht.
Getümmel vngestimb/auffrůr.

Abb. 3 Glossar im Nachdruck des Neuen Testaments durch Adam Petri, Basel 1523

Hier im Bereich des Wortschatzes zeigt sich deutlicher noch als im Bereich von Grafie und Flexion die Bedeutung Luthers für die weitere Entwicklung der neuhochdeutschen Schriftsprache. Ähnlich zu Grafie und Flexion war die schreibsprachliche Situation zu Beginn des 16. Jahrhunderts bei der Lexik durch regionale Verschiedenheit geprägt: So notierte ein zeitgenössischer Autor über seine Region (Breisgau), dass es hier »großuatter« heiße und im nicht weit entfernten »schwarzwald ›eny‹. Hie sprechen wir ›dochterman‹: in etlichen landen sprechen sie ›ayden‹ «.[60] Dass es schon im 17. Jahrhundert weitgehend zu einem überregionalen einheitlichen Wortgebrauch kommt, ist vor allem Luther zu danken: »Vehikel der großen Einigungsbewegung im schriftsprachlichen Wortschatz wird […] die Bibel. Sie ist es, die im Verein mit Kirchenlied und Katechismus im Herzen und im Munde der Gemeinden die Sprachwirkung Luthers über alle regionalen Schranken hinaus transzendiert.«[61] Doch werden seine Wörter anfänglich noch nicht überall verstanden, sodass man sie in anderen Regionen erläutern beziehungsweise übersetzen muss. Schon die Notwendigkeit einer raschen Neuauflage des im September 1522 erschienenen Neuen Testaments macht deutlich, wie enorm die Nachfrage war. Auch in anderen Teilen des Reiches wollte man diese Ungeheuerlichkeit der volkssprachlichen Übersetzung des Neuen Testaments durch Luther sofort haben, sah aber hinsichtlich des Wortschatzes große Verstehensprobleme. Da man »den Wortlaut des Reformators nicht zu ändern wagte […], zog [man] es vor, den Leser durch ein kurzes Glossar über die unverständlichen Worte Luthers aufzuklären. Dieses Mittel ersann [der Basler Drucker] Adam Petri«,[62] der seinem zweiten Nachdruck 1523 ein solches Glossar beigab und schon auf dem Titelblatt auswies, dass »Die außlendigen wörtter, auff unser teutsch angezeygt«[63] werden (Abb. 3). Insgesamt listet Petri 197 Wörter auf: Sie zeigen, dass viele der heutzutage ganz selbstverständlichen deutschen Wörter wohl durch Luther zum Allgemeingut wurden,[64] zum Beispiel *ähnlich* (Petri gibt *gleich*), *Aufschub* (*verzug*), *bang* (*engstich*), *beteuben* (*kraftlos machen*), *darben* (*nott leiden*), *Gefäß* (*geschir*).

Die weitere Entwicklung nach Luther: Verzögerung der Spracheinigung durch konfessionellen Streit

Wenn auch in weiten Teilen des Volkes Luthers Schriften zu seinen Lebzeiten schon sehr verbreitet waren, hatte sich die in ihnen ausgebreitete Sprachform keineswegs bereits durchgesetzt. Vielmehr wurde schon bald nach seinem Tod eine kontinuierliche sprachgeschichtliche Entwicklung aufgrund der politischen und vor allem konfessionellen Entwicklungen unterbrochen, zeitweilig schien sie gar zugunsten einer Zwei-Kulturen-Lösung aufgehoben: Der »Konfessionsstreit [… verzögerte] die Ausbildung einer nationalen deutschen Schriftsprache erheblich«.[65] Denn mit dem Augsburger Religionsfrieden 1555 setzte ein massiver, den deutschsprachigen Raum ergreifender Prozess ein, der zu einem konfessionell bewussten Sprachgebrauch führte: Der »Augsburger Religionsfrieden […] mit seiner Beschlussformel ›cuius regio, eius religio‹ [führte] zur Territorialisierung der Konfessionen […] und [zur] Territorialisierung der mit ihnen verbundenen Sprachformen«.[66] Er führte zu einem Zustand, der als »cuius re(li)gio, eius scriptio« beschrieben wurde.[67] Sprachformen wurden als sogenanntes Schibboleth (sprachliches Erkennungszeichen) genutzt, um den jeweiligen Text oder auch den sprechenden Menschen ohne weitere Prüfung zu stigmatisieren.[68] So wurde im Urteil der katholischen Zeitgenossen das Vorhandensein des gänzlich unschuldigen auslautenden *-e* als lutherisch identifiziert und damit auch »auf den Index gesetzt« : »Es gab […] noch im 18. Jahrhundert eine katholisch-oberdeutsche Höll und eine evangelisch-schriftdeutsche Hölle, hie Sünde und Seele, dort Sünd und Seel.«[69]

60 Friedrich Riederer: Spiegel der waren Rhetoric, Straßburg 1509, Xa, zit. nach: Erben, Rolle (wie Anm. 16), S. 439. **61** Besch, Rolle (wie Anm. 13), S. 1724. **62** Friedrich Kluge: Von Luther bis Lessing. Sprachgeschichtliche Aufsätze, Straßburg 1888, S. 83. **63** URL: www.deutsche-bibeln.de/bis%201599/bis%201529/1523k.html [31. 8. 2015]. **64** Vgl. Kluge, Luther (wie Anm. 62), S. 85–90. **65** Werner Besch: Standardisierungsprozesse im deutschen Sprachraum, in: Ders.: Deutsche Sprache im Wandel. Kleine Schriften zur Sprachgeschichte, Frankfurt am Main 2003, S. 257–284, hier S. 266. Erstdruck: Sociolinguistica. Internationales Jahrbuch für Europäische Soziolinguistik 2 (1988), S. 186–203. **66** Besch, Standardisierungsprozesse (wie Anm. 65),

Abb. 4
Martin Luther, Geistliche Lieder aufs Neue gebessert zu Wittenberg (sog. *Klug'sches Gesangbuch*), Wittenberg 1533. Darin enthalten der Erstdruck des Hymnus *Ein feste Burg ist unser Gott*

Dass sich in der Folge schließlich weitgehend doch jene Sprachform durchgesetzt hat, die Luther in seinen in mehreren Hunderttausend erschienenen Exemplaren der Bibel, des Katechismus und des Gesangbuches verwendete, hatte seinen Grund einerseits in genau dieser enormen Verbreitung und der Tatsache, dass ein Großteil der Menschen an ihnen lesen und schreiben gelernt hatte und einige der Kirchenlieder sehr populär waren wie *Ein feste Burg ist unser Gott* (Abb. 4). Andererseits war es der in Gang gekommene gesellschafts- und politikgeschichtliche Prozess einer seit dem Ende des Dreißigjährigen Krieges verstärkt zu beobachtenden Entwicklung zur Bestätigung, Bestimmung und Formung eines oberhalb aller territorialen Zersplitterung vorhandenen deutschen Volkes, das – wenn auch nicht in der politischen Realität – im Kulturellen primär über die Sprache zu bestimmen war. So deutlich wie kaum ein anderer seiner Zeitgenossen formulierte Jacob Grimm 1822 ohne jeglichen Zweifel: »erst kraft der schriftsprache fühlen wir Deutschen lebendig das band unserer herkunft und gemeinschaft und solchen vortheil kann kein stamm glauben zu theuer gekauft zu haben oder um irgend einen preis hergeben wollen«.[70] Wenn Grimm in Luther den Schöpfer eben dieser Schriftsprache sah, war seine nähere Charakterisierung der deutschen Schriftsprache nur folgerichtig (»protestantischer Dialekt«). Eingebunden in den politischen Kontext seiner eigenen Zeit hob Grimm bei dieser Sprache das als herausragend hervor, was für seine eigene Generation und ihren politischen Kampf sowie für Luthers Theologie und die seine Theologie beförderende Sprache wesentlich war: ihre »freiheit-athmende natur«.[71]

Die Entwicklung außerhalb Deutschlands: Luther als Auslöser nationaler Spracharbeit

Die von Luther ausgehende Überlegung, die Volkssprache in das Zentrum der theologischen Vermittlungsarbeit zu stellen, wurde zu einem Impuls nationaler Spracharbeit vieler anderer europäischer Nationen. Seiner Bibelübersetzung folgten gleichgeartete ins Englische (Tyndale 1525), ins Niederländische (Doen Pieterson 1523), ins Dänische (Christian den Trejdes 1550), ins Schwedische (Gustav Wasa 1541) oder ins Isländische (1540) nach.[72] Sein Vorbild und seine Lehrerschaft waren es, die den Anstoß zur Nationalisierung der Bibel gaben und damit zur Herausbildung nationaler Schriftsprachen unter anderem in Finnland oder auch in den baltischen Ländern beitrugen. Damit kommt Luther und ganz konkret seiner Spracharbeit eine Bedeutung zu, die weit über den deutschsprachigen Raum hinaus die europäische Wirklichkeit fundamental geprägt hat.

S. 265. **67** Paul Rössler: Schreibvariation Sprachregion Konfession. Graphematik und Morphologie in österreichischen und bayrischen Drucken vom 16. bis ins 18. Jahrhundert (= Schriften zur deutschen Sprache in Österreich. 35), Frankfurt am Main 2005, S. 365. **68** Besch, Standardisierungsprozesse (wie Anm. 65), S. 267. **69** Vgl. Heribert Raab: »Lutherisch-Deutsch«. Ein Kapitel Sprach- und Kulturkampf in den katholischen Territorien des Reiches, in: Dieter Breuer u. a. (Hrsg.): Oberdeutsche Literatur im Zeitalter des Barock, München 1984, S. 15–41, hier S. 21. **70** Jacob Grimm: Vorrede zur Deutschen Grammatik. Erster Theil, zweite Ausgabe, Göttingen 1822, S. XIII. **71** Ebd., S. XI. **72** Erben, Luther (wie Anm. 16), S. 485 f.

Der Aufbruch der Reformation

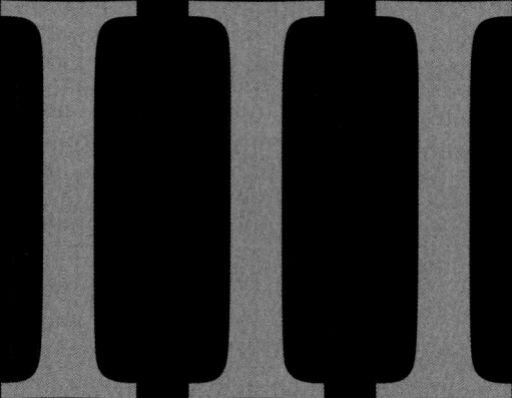

Die reformatorische Bewegung

STEFAN MICHEL

Warum Wittenberg? Voraussetzungen für die Entwicklung einer kursächsischen Landstadt zum reformatorischen Zentrum

Bestanden in Wittenberg besonders gute Voraussetzungen, dass ausgerechnet hier ein so bedeutendes reformatorisches Zentrum entstehen konnte, das eine weite und generationenprägende Ausstrahlung hatte? Diese Frage ist durchaus berechtigt, denn auch an anderen Orten des Heiligen Römischen Reiches Deutscher Nation wurden kurz vor 1517 Stimmen laut, die Kritik an den bestehenden kirchlichen Verhältnissen übten. Landesherren versuchten, Rechte der Bischöfe, die für das kirchliche Leben in ihrem Territorium zuständig waren, zurückzudrängen oder zu beschneiden. Auf den Reichstagen wurden lange Listen von Beschwerden gegen Papst und Kirche, die sogenannten *Gravamina*, übergeben, in denen die kuriale Machtfülle angeprangert wurde. Der »gemeine Mann« verhöhnte offen manchen »Pfaffen«, weil er dessen Lebensführung bemängelte oder mit den geforderten hohen Abgaben nicht einverstanden war. Verschiedene innerliche und äußerliche Frömmigkeitsübungen – wie die Lektüre von Bibel oder Andachtstexten sowie Wallfahrten oder Ablasskäufe – konkurrierten miteinander und dokumentieren die Suche nach dem Seelenheil spätmittelalterlicher Menschen. Warum kam es also ausgerechnet in Wittenberg zu einer solchen Verdichtung und Transformation all dieser Phänomene? Zur – freilich spekulativen – Beantwortung dieser Frage lohnt sich ein Blick auf die Verhältnisse in den Jahren 1517 und 1518 in der aufblühenden Universitäts- und Residenzstadt.

Stadt und Universität Wittenberg

Am nördlichen Rand des Kurfürstentums Sachsen lag die Stadt Wittenberg (Abb. 1). Mit der Leipziger Teilung von 1485 waren sie und der dazu gehörige Kurkreis an Ernst von Sachsen gefallen, den Vater Friedrichs des Weisen und Johanns des Beständigen. Erst seit 1423 besaßen die Wettiner diese Stadt, die an einem Elbübergang lag und von den Askaniern ausgebaut worden war. Unter der Regierung Friedrichs des Weisen begann der Aufschwung Wittenbergs. 1486, im Jahr von Friedrichs Regierungsantritt, zählte sie etwa 2 000 Einwohner.

Wittenbergs Bedeutung stieg gegenüber den anderen Residenzen in Torgau und Weimar durch die Errichtung der Universität, der Leucorea (Abb. 2). Am 18. Oktober 1502 eröffnete Friedrich sie gemeinsam mit seinem mitregierenden Bruder Johann. Friedrich konnte durch diese Universitätsgründung das Manko ausgleichen, dass die gesamtwettinische Universität Leipzig seit der Leipziger Teilung von 1485 nicht mehr unmittelbar in seinem Verfügungsbereich lag. Mit der neu gegründeten Leucorea hatte er eine Ausbildungsstätte für den Verwaltungsnachwuchs in seinen Territorien geschaffen. Er war unabhängig von »ausländischen« Einrichtungen geworden. Bereits 1502 schrieben sich 416 Studenten ein. Allerdings konnte diese hohe Zahl nicht dauerhaft gehalten werden. Bis 1509 sollten Studenten mit dem Versprechen, keine Gebühren für Graduierungen zahlen zu müssen, angelockt werden.

Nach den Universitätsstatuten waren Reformen, zum Beispiel des Lehrprogramms, gewollt, um so das Profil der Leucorea zu schärfen und ihren Ruf zu sichern. Solche umfassenden Reformen fanden im Jahr 1518 statt.[1] Die Artistische Fakultät erhielt fünf neue Lehrstühle, die vor allem die humanistischen Studien stärken sollten und mit zumeist jungen Lehrkräften besetzt wurden.[2] Die Studenten hatten nun die Möglichkeit, die Logik des Aristoteles nach dem Original bei Augustin Schurff zu studieren und nicht nach scholastischen Lehrbüchern des Mittelalters. Weiterhin wurden ein Gräzist und ein Hebraist berufen, um entsprechenden Sprachunterricht erteilen zu können. Während der Hebraist Johann Böschenstein nur wenige Monate in Wittenberg blieb, lehrte der Gräzist Philipp Melanchthon bis an sein Lebensende erfolgreich an der Leucorea

---

1 Vgl. Martin Treu: Die Leucorea zwischen Tradition und Erneuerung. Erwägungen zur frühen Geschichte der Universität Wittenberg, in: Heiner Lück (Hrsg.): Martin Luther und seine Universität. Vorträge anläßlich des 450. Todestages des Reformators, Köln/Weimar/Wien 1998, S. 31–51; Martin Treu: Das geistige Klima an der Universität Wittenberg vor der Ankunft Melanchthons, in: Matthias Asche/Heiner Lück/Manfred Rudersdorf/Markus Wriedt (Hrsg.): Die Leucorea zur Zeit des späten Melanchthon. Institutionen und Formen gelehrter Bildung um 1550, Leipzig 2015, S. 77–92. **2** Alle Quellen zur Wittenberger Universitätsgeschichte in dieser Zeit sind leicht zugänglich in: Walter Friedensburg (Bearb.): Urkundenbuch der Universität Wittenberg. Teil 1: 1502–1611 (= Geschichtsquellen der Provinz Sachsen und des Freistaates Anhalt. 2), Magdeburg 1926, bes. S. 82–93.

Abb. 1
Unbekannter Künstler, Stadtansicht Wittenbergs von Süden, 1536/46. Im Vordergrund die Elbe, links das Schloss, in der Mitte die Stadtkirche St. Marien. Vom rechten Bildrand nach links: Lutherhaus, Melanchthon-Haus und das Collegium

Abb. 2
Gründungsprivileg
Kaiser Maximilians I. für
die Universität Wittenberg.
Ulm, 6. Juli 1502

(Abb. 3). Die beiden anderen neuen Lehrstühle wurden für Zoologie und Physik eingerichtet, die Johann Eisermann, latinisiert Ferrarius Montanus, und Bartholomäus Bernhardi besetzten. Die bisherigen scholastischen Lehrangebote blieben davon unberührt bestehen, da die Professoren nicht einfach entlassen werden konnten.

In den Jahren 1517 und 1518 hatte die Leucorea einen großen Zulauf von Studenten. 242 neue Studenten im Jahr 1517, 273 im Jahr 1518 konnten in die Matrikel eingetragen werden. Dies war angesichts der Nähe der konkurrierenden Universitäten in Erfurt, Leipzig oder Frankfurt an der Oder ein großer Erfolg. Die junge Lehranstalt zog offensichtlich Studenten an, die besonders aus Mitteldeutschland, aber auch aus anderen Teilen des Reiches und Europas kamen. Die hohen Immatrikulationszahlen sind vor allem angesichts steter Klagen über die Medizinische und Juristische Fakultät beachtlich. Die Medizinische Fakultät war nur ungenügend besetzt, und die Juristen lehrten kaum, weil sie mit zahlreichen Gutachten und ihrer Tätigkeit als Richter gut ausgelastet waren.

Die Attraktivität der Universität Wittenberg könnte darin bestanden haben, dass sie jung war. Hier gab es noch keinen eingefahrenen Lehrbetrieb, der in Routine erstarrt war. Weiterhin hatte man darauf geachtet, dass alle geistigen Richtungen gleichermaßen vertreten waren, sodass die Universität auf keine besondere Richtung festgelegt war. Es gab vielmehr die Möglichkeit, Lehrveranstaltungen mit unterschiedlichstem Profil zu besuchen. Bei den Theologen wurden beispielsweise Veranstaltungen verschiedener scholastischer Richtungen angeboten. Außerdem hatte Friedrich der Weise alles dafür getan, dass seine neue Universitätsgründung, die sich am Vorbild Tübingen orientierte, einen guten Ruf erlangte. Deshalb hatte er 1514 einen Lehrstuhl für Mathematik einrichten lassen. Berühmte Hochschullehrer wurden angeworben, die auch eine entsprechende Anzahl von Studenten lockten. Dazu gehörten beispielsweise der Gründungsrektor und Mediziner Martin Pollich aus Mellrichstadt, genannt Mellerstadt, der Professor für Rhetorik und Poetik Hermann von dem Busche oder die Juristen Christoph Scheurl und Hieronymus Schurff. Weiterhin hatte Friedrich neue Gebäude für die Universität errichten lassen, in denen die Lehrveranstaltungen stattfanden und die Studenten wohnen konnten (Abb. 4).

Kurz vor Melanchthon wurde 1517 der angesehene Gräzist Johannes Rak, genannt Aesticampianus, nach Wittenberg berufen. Er las fortan über den antiken Autor Plinius und die Kirchenväter Hieronymus und Augustin. Durch diese Berufungen wurde die Fraktion der Humanisten in Wittenberg gestärkt, zu der auch Balthasar Fabricius – nach seinem Geburtsort Vacha Phacchus genannt – gehörte, der Grammatik an der Leucorea lehrte. Wohl nicht zufällig begann gerade unter seinem Rektorat im Jahr 1517 der Ausbau humanistischer Studien in Wittenberg.³

Dass diese Bemühungen nicht nur in der Artistenfakultät wahrgenommen wurden, belegt die Begeisterung, die Melanchthons Antrittsvorlesung bei Luther auslöste. Die philologischen Bemühungen der Humanisten, die auf eine Reform des Studiums hinausliefen, deckten sich mit Luthers Interessen. Um die Bibel ergründen zu können, brauchte man Kenntnisse im Hebräischen und Griechischen. So verwundert es auch nicht, dass er 1519 gemeinsam mit seinen Universitätskollegen Bartholomäus Bernhardi, Andreas von Bodenstein, Peter Burchard und Nikolaus von Amsdorf die Abschaffung thomistischer Lektionen beantragte. Aus den damit frei werdenden Geldern sollte die Stelle Melanchthons aufgestockt werden. Dieser Wunsch wurde aber erst später erfüllt.

Der überzeugte Theologieprofessor Martin Luther

Martin Luther, der seit 1512 in Wittenberg Theologie lehrte, nahm fröhlich an den Aufbrüchen seiner Universität teil.⁴ In Vorlesungen über biblische Bücher erforschte er den Inhalt der Heiligen Schrift. So las er 1513 bis 1515 über den Psalter, 1515/16 über den Römerbrief, 1516/17 über den Galaterbrief und 1517/18 über den Hebräerbrief, um sich dann nochmals bis 1521 den Psalter vorzunehmen. Weiterhin beschäftigte er sich intensiv mit den Schriften des Kirchenvaters Augustin, las aber auch die Predigten des Mystikers Johannes Tauler. Er zeigte sich darin wohl vor allem von seinem Lehrer Johann von Staupitz, dem Generalvikar der Augustinereremiten, und dessen Frömmigkeitstheologie beeinflusst. In erbaulichen Schriften hatte dieser die Barmherzigkeit Gottes betont, die sich in der Menschwerdung und Passion Christi zeigt.

Ob Luther allerdings selbst zu den Humanisten zu rechnen ist, ist oft mit unterschiedlichem Ausgang diskutiert worden. Sicher stand er manchen humanistischen Gedanken offen gegenüber, gehörte aber wohl selbst nicht zu den Humanisten. Trotzdem führten ihn seine intensiven Studien zu neuen Einsichten, die sich mit einigen humanistischen Anliegen deckten. Für die Menschen, die seine Vorlesungen nicht besuchten, wurde sein Ringen um theologische Fragen erstmals in einer Disputation von 1516 greifbar. Bartholomäus Bernhardi hatte Luthers Vorlesung gehört und sollte nun selbstständig über deren Inhalt disputieren. Er legte dazu Thesen vor, die Fragen der Anthropologie, genauer der Gnadenlehre nachgingen. Konnte der Mensch aus seinen natürlichen Kräften die Gebote Gottes einhalten und etwas Gutes tun, das er aus Gnade verdiente und als Verdienst anerkannte? Bernhardi verneinte diese Frage, indem er auf die Verstrickung des Menschen in der Sünde verwies. Hier deutet sich die spätere Entwicklung an: Das Thema der Gnade sollte zu einem Zentralthema der Theologie Luthers werden. Offenbar spornte Luther seine Umwelt durch seine Studien zum Nachdenken an: Sein Kollege und Mitstreiter Andreas Bodenstein, genannt Karlstadt, begann zu dieser Zeit auf Anregung Luthers, sich ebenfalls mit Augustin und Tauler zu beschäftigen und ihre Schriften zu lesen. Ähnlichen Einfluss hatte Luther auf Nikolaus von Amsdorf, dem er die Lektüre vor allem der Schriften Au-

Abb. 3 Lucas Cranach d. Ä. (Werkstatt), Philipp Melanchthon, 1540

gustins empfahl, die dieser gegen den Ketzer Pelagius verfasst hatte. Luther bekehrte sozusagen seinen Freund auf diese Weise zu seinem theologischen Weg.

Noch deutlicher war Luthers neuer theologischer Ansatz in der Disputation vom 4. September 1517 zu erkennen, in der Franz Günther aus Nordhausen den Grad eines *Baccalaureus biblicus* erlangen wollte. Luther hatte dafür Thesen verfasst, die seine Ablehnung gegen das spätmittelalterliche Theologiestudium deutlich werden ließen: *Disputatio contra scholasticam theologiam*. Das Studium des Aristoteles gehörte demnach nicht zum Theologiestudium. Hatte Luther

---

3 Vgl. Manfred Rudersdorf/Thomas Töpfer: Fürstenhof, Universität und Territorialstaat. Der Wittenberger Humanismus, seine Wirkungsräume und Funktionsfelder im Zeichen der Reformation, in: Thomas Maissen/Gerrit Walther (Hrsg.): Funktionen des Humanismus. Studien zum Nutzen des Neuen in der humanistischen Kultur, Göttingen 2006, S. 214–261. 4 Vgl. dazu den Beitrag von Volker Leppin in diesem Band sowie Berndt Hamm: Der frühe Luther. Etappen reformatorischer Neuorientierung, Tübingen 2010; Armin Kohnle: Reichstag und Reformation. Kaiserliche und ständische Religionspolitik von den Anfängen der Causa Lutheri bis zum Nürnberger Religionsfrieden, Gütersloh 2001, S. 22–44; Volker Leppin: Martin Luther, Darmstadt 2006, S. 62–143.

Abb. 4
Jacob Johann Marchand, Disputationskatheder, nach 1685.
Das im späten 17. Jh. geschaffene Katheder erinnert
an die Bedeutung der Wittenberger Universität für die frühe
Phase der Reformation. Darauf verweisen das Bildnis
Martin Luthers und die Darstellung des Gekreuzigten mit
den Worten »Fide Sola«.

auch in dieser Thesenreihe wieder die anthropologischen Fragen berührt, so traten diese in seinen berühmt gewordenen 95 Thesen, die er am 31. Oktober 1517 publizierte, stärker in das Zentrum seines Denkens.[5] Durch den bloßen Kauf von Ablässen konnte die Gnade Gottes jedenfalls nicht erlangt werden.

Seine 95 Thesen griffen die gängige Praxis des spätmittelalterlichen Ablasshandels an. Kritiker meinten damals, wie aus Äußerungen in einem Brief Luthers an Georg Spalatin zu entnehmen ist, dass er damit Anliegen seines Landesherrn Kurfürst Friedrich vertreten habe.[6] Sicherlich war das nicht Luthers Absicht, vielmehr wollte er ausschließlich seine aus dem Bibel- und Augustinstudium gewonnenen Einsichten zur Diskussion stellen, die auf eine andere Gnadenlehre zielten. Trotzdem war Luther sich bald sicher, dass sein Landesherr ihn schützen würde, wie er bereits in einem Brief vom Frühjahr 1518 betonte: »Unser Fürst, der diesen gediegenen Studien der Theologie außerordentlich zugetan ist, nimmt mich und Karlstadt ungebeten eifrig in Schutz und will in keiner Weise zulassen, dass sie mich nach Rom ziehen. Das wissen sie zur Genüge und

Die reformatorische Bewegung

ärgern sich halbtot.«[7] Dieses Schutzes bedurfte er unbedingt, als im August 1518 die Vorladung zum Verhör nach Rom in Wittenberg eintraf. Friedrich der Weise konnte daraufhin erreichen, dass Luther in Deutschland vernommen wurde. Bei Luthers Augsburger Verhör zeigte sich aber zugleich, dass der Augustinermönch nicht durch eine lehramtliche Anordnung von seinem Weg abzubringen war. Er wollte mit Argumenten überwunden werden. Er war ein Suchender und gab sich mit vorgefertigten Antworten nicht zufrieden.

Der ehrgeizige Landesfürst Friedrich der Weise

Bereits 1486 war Friedrich der Weise mit 23 Jahren Kurfürst von Sachsen geworden (Abb. 5).[8] Offensichtlich planvoll schritt er zum Ausbau Wittenbergs zu seiner Residenzstadt. Zunächst ließ er eine steinerne Elbbrücke bauen sowie das alte Schloss der Askanier abreißen und von 1490 bis 1496 ein dreiflügeliges neues Schloss errichten, das durch weitere Funktionsbauten im Osten zu einer vierflügeligen Anlage ausgebaut wurde. Dabei bildete der Nordflügel die Schlosskirche, die erst 1506 ihre Vollendung erfuhr. In ihr waren das Allerheiligenstift und Friedrichs Reliquiensammlung, das sogenannte *Heiltum*, untergebracht. Damit hatte er die Schlosskirche gewissermaßen zum religiösen Zentrum des Kurfürstentums gemacht. Hier konnten in jährlichen Heiltumsschauen Ablässe erworben werden, wie sonst nirgends im mitteldeutschen Raum. Weitere Stiftungen, beispielsweise von Messen oder Jahrgedächtnissen vor allem an das Allerheiligenstift, sollten diese herausgehobene Stellung unterstreichen. Seine Untertanen mussten nicht mehr zu kostspieligen weiten Wallfahrten aufbrechen, sondern fanden im Kurfürstentum einen Ort, der ihren religiösen Bedürfnissen ein ernst zu nehmendes Angebot machte. Zugleich förderte Friedrich dadurch die Wirtschaft des eigenen Landes.

Für die Beurteilung der Frage, warum ausgerechnet Wittenberg ein so bedeutendes reformatorisches Zentrum werden konnte, ist auch Friedrichs vorreformatorische Kirchenpolitik zu beachten: Der sächsische Kurfürst verfolgte von Beginn seiner Regierung an eine planvolle Kirchenpolitik, die zur Stärkung seiner Rechte beitragen sollte. So förderte er gezielt die auf eine strenge Einhaltung der Regeln zielende Observanzbewegung in den Orden, weil dadurch das klösterliche Leben wieder gehoben werden konnte. Ein Aspekt der gesamtwettinischen Kirchenpolitik war auf die umliegenden Bistümer gerichtet. Stets war man bestrebt, die Bischofsstühle im Umfeld des eigenen Territoriums – zu denken ist an Magdeburg, Halberstadt, Meißen, Merseburg und Naumburg – mit Personen zu besetzen, die die eigene Politik nicht behinderten. Einen Erfolg konnte die Familie 1476 erringen, als Friedrichs jüngerer Bruder Ernst im Alter von nur elf Jahren zum Erzbischof von Magdeburg gewählt wurde. Seine Weihe fand allerdings erst 1489 statt. Damit konnte ein Familienmitglied angemessen auf einem Bischofsstuhl untergebracht werden. Dies stärkte den Einfluss der Wettiner in Mitteldeutschland und im Reich. Jedoch bedeutete der plötzliche Tod von Ernst im Jahr 1513 einen herben Verlust für Friedrich, da er nun keinen Einfluss mehr auf die Politik des Nachbarterritoriums nehmen konnte. Er war fortan bestrebt, seine Rechte gegenüber den umliegenden Bischofsstühlen unerbittlich zu erweitern und zu festigen.

Abb. 5 Lucas Cranach d. Ä., Friedrich der Weise, 1525/27

Zu diesen Bestrebungen passt, dass sich Friedrich 1517 nach dem Tod des Naumburger Bischofs Johann III. von Schönberg dafür einsetzte, dass Philipp von der Pfalz, der seit 1498 bereits Bischof von Freisingen war, neuer Bischof in Naumburg wurde. Seit 1512 war Philipp Koadjutor – ein Beistand mit dem Recht auf die Nachfolge – in Naumburg. Seine Wahl hatte zur Folge, dass Räte in Naumburg die Verwaltung übernahmen. Mit diesen ließ sich aus ernestinischer Perspektive recht leicht verhandeln. Dies hatte in den 1520er Jahren auch Auswirkungen auf den Verlauf der Reformation.

5 Vgl. Thomas Kaufmann: Ausgangsszenario. Luthers 95 Thesen in ihrem historischen Zusammenhang, in: Ders.: Der Anfang der Reformation. Studien zur Kontextualität der Theologie, Publizistik und Inszenierung Luthers und der reformatorischen Bewegung, Tübingen 2012, S. 166–184. **6** Vgl. WA.B 1, 118, 50. **7** Vgl. WA.B 1, 155, 20–22. **8** Vgl. Paul Kirn: Friedrich der Weise und die Kirche, Leipzig 1926 (Neudruck: Hildesheim 1972); Ingetraut Ludolphy: Friedrich der Weise, Kurfürst von Sachsen (1463–1525), Göttingen 1984; Bernd Stephan: »Ein itzlichs Werck lobt seinen Meister«. Friedrich der Weise, Bildung und Künste, Leipzig 2014.

Angesichts dieser kirchenpolitischen Linie musste es Friedrich also empfindlich treffen, dass 1518 einer seiner Theologieprofessoren vor eine päpstliche Untersuchungskommission zitiert wurde. Er setzte sich deshalb entschieden dafür ein, dass die Verhandlungen in Deutschland vor unbefangenen Richtern geführt würden. Schließlich erreichte Friedrich ein Verhör Luthers von Kardinal Cajetan, eigentlich Thomas de Vio aus Gaeta, in Augsburg. Außerdem ließ er Luther nicht allein in das Verhör gehen, sondern stellte ihm erfahrene Juristen zur Seite, die ihn beraten sollten. Unter diesen ist Ritter Philipp von Feilitzsch hervorzuheben. Feilitzsch war Amtmann in Weida, wurde aber häufig für ernestinische Missionen in Reichsangelegenheiten eingesetzt. Er half Luther, dessen erste Appellation am 22. Oktober 1518 zu entwerfen, worin er ein Konzil als Schiedsinstanz anrief. Bereits am 14. Oktober war Feilitzsch beim Gespräch zwischen Luther und Cajetan anwesend. Hier in Augsburg entstand die Argumentationsfigur, die der sächsische Kurfürst fortan verwenden würde, wenn er Luther verteidigen wollte: Er könne den theologischen Streit nicht entscheiden. Bislang sei Luther noch nicht in einem ordentlichen Verfahren verurteilt worden, was jedem Untertanen aber zustehe. Insofern könne er nichts gegen Luther unternehmen, zumal er sich in den Streit nicht einmischen wolle. Auf diese Weise schütze Friedrich geschickt seinen Untertan sowie seine Universität.

Das Netz der Gesprächspartner

Für die Wittenberger Reformation war Luther sicher der wichtigste Theologe. Das ist unbestritten. Trotzdem muss bedacht werden, dass er vor der Veröffentlichung seiner 95 Thesen gegen den Ablass nur ein Professor der Universität unter vielen war. Andreas Bodenstein genoss ebenso großes Ansehen. Luthers Bedeutung sollte sich mit dem Fortschreiten seiner Theologie erst steigern. Trotzdem gab es in Wittenberg bis weit in die 1520er Jahre hinein zögerliche oder sogar ablehnende Stimmen. Gerade am Allerheiligenstift sah man lange nicht ein, warum man das Messelesen einstellen sollte. Deshalb ist es wichtig, auf Luthers Umfeld zu achten.

Sicherlich wäre die Reformation in Wittenberg nicht so gut vorangekommen, wenn Luther keine Freunde und Verbündeten gehabt hätte. Es gab eine Reihe von Gelehrten und Verwaltungseliten, mit denen er kontinuierlich im Gespräch war. Hier ist an Karlstadt oder Amsdorf zu erinnern. Luthers wichtigster Gesprächspartner und Förderer am kürfürstlichen Hof ab 1517 war Georg Spalatin (Abb. 6).[9] Er sorgte dafür, dass sein Landesherr stets bestens über alle Ereignisse unterrichtet war. Zudem war er von Friedrich für das Gespräch mit der Universität über Reformen bevollmächtigt worden. Ein Grund für die Unterstützung Luthers dürfte gewesen sein, dass Spalatin zu den Humanisten zählte und für die Anliegen Luthers offen war. Er hatte in Erfurt und Wittenberg studiert, um sich nach dem artistischen Grundstudium in juristischen und theologischen Studien zu vertiefen. Sein Lehrer war der Humanist Nikolaus Marschalk, der bereits 1502 von Erfurt nach Wittenberg berufen worden war. Spalatin kehrte 1504 nach Erfurt zurück und wurde auf Vermittlung des Humanisten Mutianus Rufus Erzieher im Kloster Georgenthal. 1508 wurde er zum Erzieher des Kurprinzen Johann Friedrich beru-

Abb. 6 Lucas Cranach d. Ä., Georg Spalatin, 1509

fen und stieg am Hof Friedrichs des Weisen zum Verwalter der Bibliothek und zu seinem Sekretär auf. Er war aber auch zeitweise dessen Beichtvater, Hofprediger und Reisebegleiter. Er dürfte Friedrichs Lutherschutzpolitik maßgeblich beratend und vermittelnd mitbestimmt haben. Luther wusste dies zu schätzen und wandte sich stets vertrauensvoll an Spalatin, wenn er die Unterstützung des Hofes brauchte. Auch sein Amt als Bibliothekar der Schloss- und Universitätsbibliothek ist nicht zu unterschätzen. Beharrlich versuchte er, an die neuesten Publikationen auf dem Buchmarkt zu gelangen. Dazu zählten die Bücher Reuchlins ebenso wie die Textausgaben vor allem antiker Autoren des Verlegers Aldus Manutius in Venedig. Auf diese Weise gab er den wissbegierigen Kreisen in Wittenberg wichtige Impulse.

Durch die Berufung Philipp Melanchthons fand Luther ab 1518 einen Gesprächspartner, mit dem er seine Anliegen besprechen konnte und der für seine Gedanken ein offenes Ohr hatte. Gemeinsam setzten sie sich fortan für Anliegen der Universität ein. Die sprachlichen Fähigkeiten, zu denen das Griechische gehörte, stellte Melanchthon sogar in den Dienst der sich entwickelnden Theologie Luthers, sodass Luther bald meinte: »Dieser kleine Grieche übertrifft mich sogar in der Theologie.« Melanchthon las neben Plutarch und Pindar auch über den Titus-, den Jakobus-, den Galater- und den Römerbrief. Bereits 1519 publizierte er ein Lehrbuch der Rhetorik.[10]

Spalatin und Melanchthon waren neben Karlstadt und Amsdorf in Wittenberg zu dieser Zeit sicher Luthers wichtigste Gesprächspartner. Trotzdem ist davon auszugehen, dass er auch mit weiteren Ordensbrüdern, wie Johannes Lang, Angehörigen des Hofes oder Juristen, seine Gedanken diskutierte. Nicht nur in den öffentlichen Disputationen in Heidelberg (1518) und Leipzig (1519) vertiefte er seine Einsichten, sondern auch in den Gesprächen vor Ort.[11]

Die durch die Politik geförderten Reformen

Oft wurde in der bisherigen Diskussion auf den Humanismus verwiesen, der den Boden in Wittenberg für die Reformation bereitet habe. Dies ist sicher nicht ganz falsch. Dennoch fällt auf, dass es in Wittenberg zwar einige Humanisten gab und Friedrich der Weise ihnen fördernd zur Seite stand, allerdings führte dies nicht zur Entstehung eines ausgeprägten Humanistenzirkels. Vielmehr handelte es sich bei den Wittenberger Humanisten um einzelne Persönlichkeiten, die erfolgreich, aber doch jeder für sich wirkten. Friedrich selbst war auch kein eigentlicher Humanist, obwohl er sich für viele ihrer Anliegen einsetzte und mit einigen im Briefverkehr stand.

Friedrich der Weise unterstützte die von ihm gegründete Universität mit allen Kräften. In vielen Entscheidungen, besonders den Finanzen und Personalfragen, hatte er sich ein Mitspracherecht gesichert. Gezielt förderte er Berufungen und warf immer ein Auge auf den Lehrplan und die Lehrtätigkeit. Direkter konnte Friedrich über seine Personalpolitik am Allerheiligenstift in die Universität eingreifen, da die Stiftsherren zugleich Professoren der Universität waren. Dass also einer seiner Professoren vor ein auswärtiges Gericht gezogen werden sollte, womöglich noch mit der sicheren Aussicht, ihn dadurch zu verlieren, konnte der Kurfürst nicht hinnehmen.

Dass in Wittenberg gute Voraussetzungen für die Reformation bestanden, hatte sicher mehrere Gründe: Zum einen war die Universität offen für neue Gedanken. Dafür hatten die Humanisten gesorgt. Zum anderen verfolgte Friedrich der Weise eine Kirchenpolitik, die eine Stärkung seiner Rechte als Landesherr bedeutete. Zudem verfügte er über einen großen Sinn für Gerechtigkeit. Eine Verurteilung Luthers ohne einen ordentlichen Prozess war für ihn nicht denkbar und widersprach seinen sonstigen kirchenpolitischen Auffassungen. Es hätte für ihn eine ungerechtfertigte Anmaßung der kirchlichen Autoritäten bedeutet, der er nicht zustimmen konnte. Außerdem war er um den Schutz und den Ruf seiner Universität bemüht. Schließlich konnte in Wittenberg eine so starke reformatorische Bewegung entstehen und sich dauerhaft halten, weil Luther sicher eine charismatische Führungspersönlichkeit war: Er verstand es, andere Positionen zu integrieren und Menschen für seine Anliegen zu begeistern.

Doch bleibt es dabei, dass die Reformation sich nur unter dem politischen Schutz Friedrichs des Weisen und dann seines Nachfolgers Johann des Beständigen behaupten konnte. Ein kurzer Vergleich mit Zürich, einem wichtigen reformatorischen Zentrum in der Schweiz, zeigt, dass auch dort ein profilierter Reformator wirkte, der von der städtischen Obrigkeit unterstützt wurde. Huldrych Zwingli konnte in Zürich den Kleinen und Großen Rat allmählich davon überzeugen, seine theologische Position zu unterstützen. Er tat dies auf anderen Wegen als Luther, indem er Disputationen durchführen ließ. Der Rat stand Zwinglis Theologie positiv gegenüber, da sie unter anderem die politische Position der Stadt innerhalb der Schweiz und gegenüber dem Konstanzer Bischof stärkte.[12]

Kehren wir nochmals zur Ausgangsfrage zurück, warum ausgerechnet Wittenberg zu einem so bedeutenden Zentrum der Reformation wurde. Sicherlich lässt sich dafür nicht nur ein einziger Grund angeben. Vielmehr kam es hier zu einem glücklichen Zusammenspiel verschiedener Faktoren. Eins ist jedoch sicher: Ohne den politischen Willen Friedrichs des Weisen und dann in den 1520er Jahren seines Nachfolgers, Johanns des Beständigen, wäre es nicht dazu gekommen (Abb. 7).

Abb. 7   Lucas Cranach d. Ä., Johann der Beständige, nach 1532

9 Vgl. Irmgard Höss: Georg Spalatin (1484–1545). Ein Leben in der Zeit des Humanismus und der Reformation, Weimar 1989. **10** Vgl. Heinz Scheible: Melanchthon. Eine Biographie, München 1997, hier insbesondere S. 31–33. **11** Vgl. Jens-Martin Kruse: Universitätstheologie und Kirchenreform. Die Anfänge der Reformation in Wittenberg 1516–1522, Mainz 2002. **12** Vgl. Ulrich Gäbler: Huldrych Zwingli. Eine Einführung in sein Leben und sein Werk, Zürich 2004, S. 61–101.

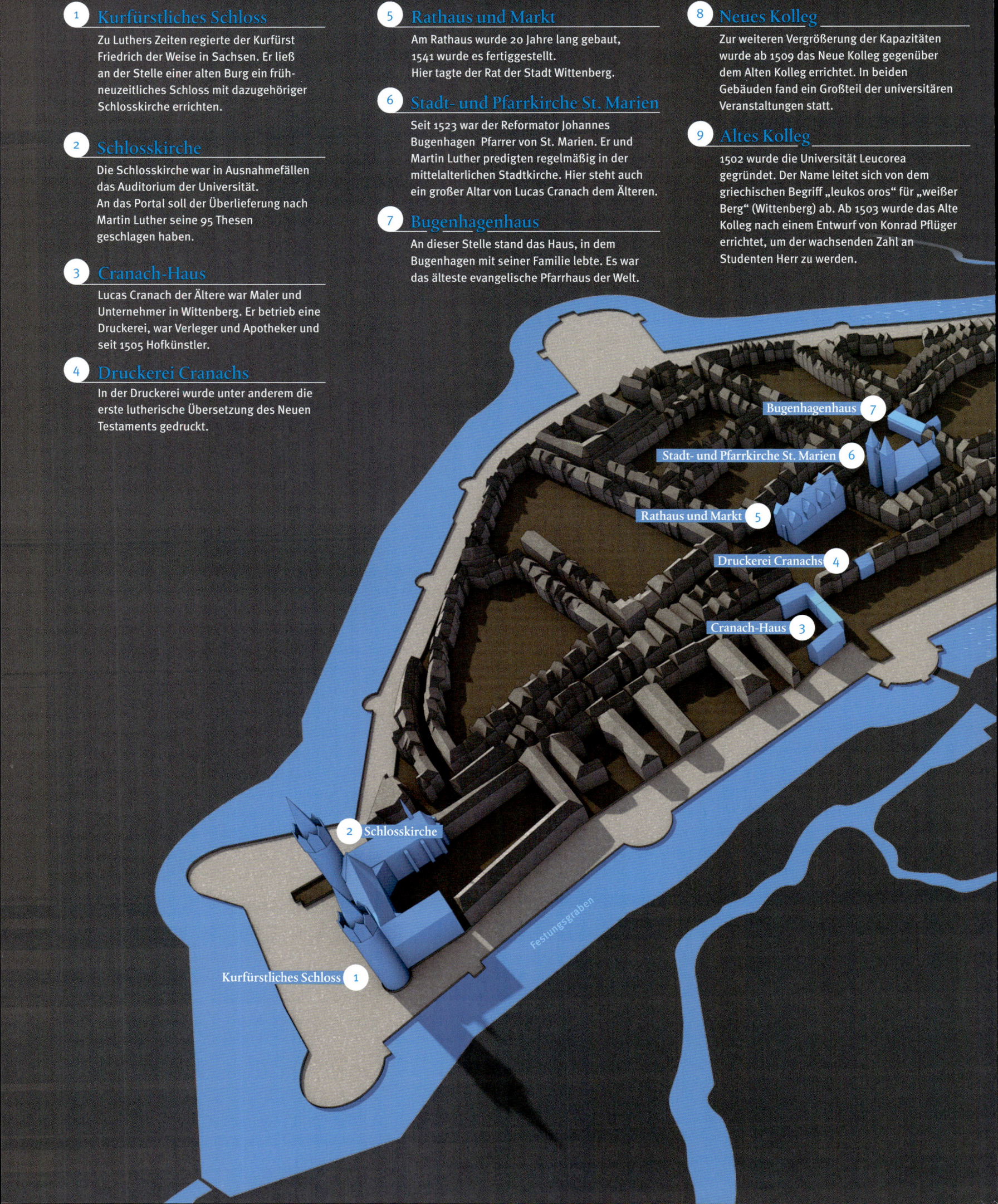

1. Kurfürstliches Schloss
Zu Luthers Zeiten regierte der Kurfürst Friedrich der Weise in Sachsen. Er ließ an der Stelle einer alten Burg ein frühneuzeitliches Schloss mit dazugehöriger Schlosskirche errichten.

2. Schlosskirche
Die Schlosskirche war in Ausnahmefällen das Auditorium der Universität.
An das Portal soll der Überlieferung nach Martin Luther seine 95 Thesen geschlagen haben.

3. Cranach-Haus
Lucas Cranach der Ältere war Maler und Unternehmer in Wittenberg. Er betrieb eine Druckerei, war Verleger und Apotheker und seit 1505 Hofkünstler.

4. Druckerei Cranachs
In der Druckerei wurde unter anderem die erste lutherische Übersetzung des Neuen Testaments gedruckt.

5. Rathaus und Markt
Am Rathaus wurde 20 Jahre lang gebaut, 1541 wurde es fertiggestellt.
Hier tagte der Rat der Stadt Wittenberg.

6. Stadt- und Pfarrkirche St. Marien
Seit 1523 war der Reformator Johannes Bugenhagen Pfarrer von St. Marien. Er und Martin Luther predigten regelmäßig in der mittelalterlichen Stadtkirche. Hier steht auch ein großer Altar von Lucas Cranach dem Älteren.

7. Bugenhagenhaus
An dieser Stelle stand das Haus, in dem Bugenhagen mit seiner Familie lebte. Es war das älteste evangelische Pfarrhaus der Welt.

8. Neues Kolleg
Zur weiteren Vergrößerung der Kapazitäten wurde ab 1509 das Neue Kolleg gegenüber dem Alten Kolleg errichtet. In beiden Gebäuden fand ein Großteil der universitären Veranstaltungen statt.

9. Altes Kolleg
1502 wurde die Universität Leucorea gegründet. Der Name leitet sich von dem griechischen Begriff „leukos oros" für „weißer Berg" (Wittenberg) ab. Ab 1503 wurde das Alte Kolleg nach einem Entwurf von Konrad Pflüger errichtet, um der wachsenden Zahl an Studenten Herr zu werden.

10 Melanchthonhaus

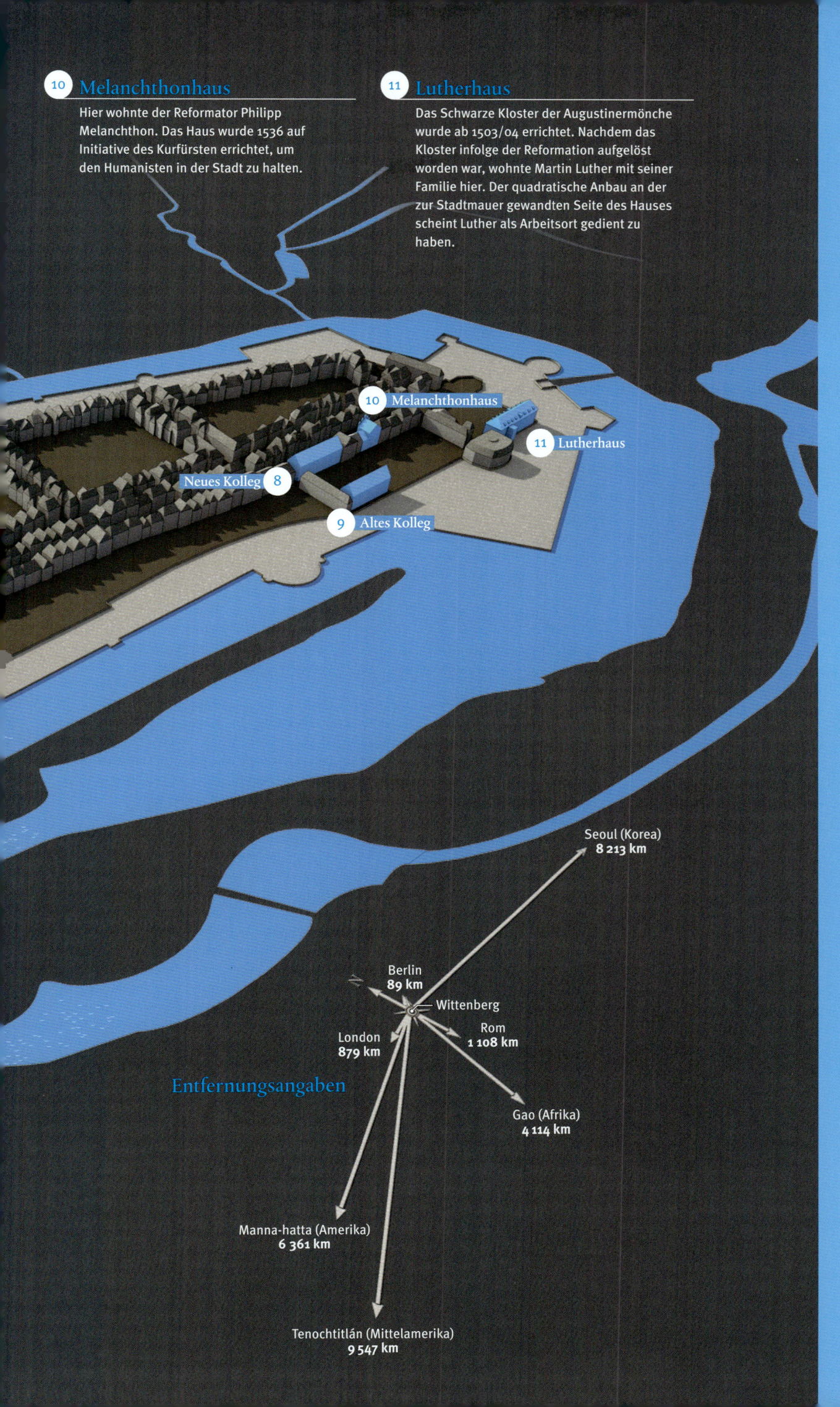

Hier wohnte der Reformator Philipp Melanchthon. Das Haus wurde 1536 auf Initiative des Kurfürsten errichtet, um den Humanisten in der Stadt zu halten.

11 Lutherhaus

Das Schwarze Kloster der Augustinermönche wurde ab 1503/04 errichtet. Nachdem das Kloster infolge der Reformation aufgelöst worden war, wohnte Martin Luther mit seiner Familie hier. Der quadratische Anbau an der zur Stadtmauer gewandten Seite des Hauses scheint Luther als Arbeitsort gedient zu haben.

WITTENBERG

Das Modell zeigt die an der Elbe gelegene Residenzstadt des Kurfürstentums Sachsen. 1487 hatten die Bauarbeiten für das Renaissanceschloss begonnen. Es entstand als Dreiflügel-Anlage inklusive der dem Bau eingegliederten Schlosskirche, an deren Pforte der Thesenanschlag Luthers stattgefunden haben soll. Lucas Cranach der Ältere war ab 1505 als Maler am kursächsischen Hof tätig und besaß in seinen Häusern eine Werkstatt inklusive einer Druckerei. Östlich des Marktes überragt die Stadtkirche St. Marien alle übrigen Bauten.
Im östlichen Teil der Stadt zeigt sich der Gebäudekomplex der 1502 gegründeten Landesuniversität Leucorea. Bereits 1503 wurde das Alte Kolleg baulich umgesetzt. Ergänzt durch das Neue Kollegium und die Nutzung der Kirche des Schlosses als Universitätskirche, wuchs die landesherrliche Bildungseinrichtung stetig weiter. Am östlichen Rand der Stadt liegt das Wohnhaus Luthers. Zwischen diesem und dem Universitätskomplex liegt das Wohnhaus des Reformators und Humanisten Melanchthon, erkennbar an seinem Rundbogengiebel.

8 Neues Kolleg
9 Altes Kolleg
10 Melanchthonhaus
11 Lutherhaus

Entfernungsangaben

Seoul (Korea) **8 213 km**
Berlin **89 km**
Wittenberg
Rom **1 108 km**
London **879 km**
Gao (Afrika) **4 114 km**
Manna-hatta (Amerika) **6 361 km**
Tenochtitlán (Mittelamerika) **9 547 km**

JOHANNA REETZ / HOLGER RODE

Frühneuzeitliche Wohn- und Tischkultur in Wittenberg im Spiegel repräsentativer Fundobjekte

Durch die Vielzahl von archäologischen Untersuchungen, die in den letzten Jahren in Wittenberg erfolgt sind, bietet die Stadt neben ihrer historischen Sonderstellung als Zentrum der Reformation herausragende Forschungsmöglichkeiten. Weiterhin besteht die exzellente Möglichkeit, materielle Überbleibsel aus dem Haushalt Martin Luthers mit anderen Fundkomplexen von den Grundstücken des Wittenberger Bürgertums zu vergleichen. Damit kann das soziale Gefüge der Stadt durch das einzelne Inventar in seiner archäologischen Überlieferung entschlüsselt werden und auch der Haushalt der Familie des Reformators hier schlaglichtartig eingegliedert werden.

Das im Folgenden zu besprechende Material konnte im Wesentlichen bei den Grabungen auf dem sogenannten Arsenalplatz, im Bereich des kurfürstlichen Schlosses und in Luthers Wohnhaus in Wittenberg aufgefunden werden. Bestimmte herausragende Objekte aus dem Bereich der Tisch- und Wohnkultur, die als Statusbeziehungsweise Luxusgüter bezeichnet werden können, werden im Folgenden in der Stadt verortet und so in ihren sozialen Kontext gestellt. Besonders die hervorragende Situation, bürgerliche Inventare mit dem des kurfürstlichen Schlosses in ihrer archäologischen Überlieferung miteinander vergleichen zu können, ist herausragend und führt zu interessanten Ergebnissen. Mit der Grabung auf dem sogenannten Arsenalplatz ist ein flächendeckender Vergleich der archäologisch überlieferten Ausstattung von Grundstücken möglich. Es konnten hier Parzellengrenzen nachgewiesen werden, die von ihrer Anlage um 1200 bis zur Zerstörung der Bebauung im Oktober 1760 bestehen blieben. Zur Blütezeit der Stadt entstanden viele Neubauten, die vor allem von Universitätsangehörigen, Druckern, Buchbindern und anderen höher gestellten Bürgern bewohnt wurden.[1]

In der Zusammenschau sind das ausschließliche Vorkommen an nur einem Fundplatz oder Überschneidungen innerhalb der Stadt von hoher Relevanz.[2] Die archäologischen Funde sollen dabei als Mittel nonverbaler Kommunikation verstanden werden, die zur sozialen und ständischen Differenzierung beitragen können.

Die Autoren des Artikels haben in den letzten Jahren nahezu alle archäologischen Untersuchungen in Wittenberg betreut. In diesem kurzen Aufsatz werden einige herausragende Fundobjekte vorgestellt, die in neuester Zeit geborgen werden konnten. Bisher wurden zu den meisten dieser Objekte nur einige wenige Vergleichsstücke aus der Region oder aus überregionalen Zusammenhängen publiziert.[3]

Repräsentation und Komfort

Eine besondere Fundgruppe aus dem Bereich der Wohnkultur sind polychrom glasierte Fußbodenfliesen (Abb. 1). Sie stellen unzweifelhaft Luxusgüter dar. Innerhalb der Altstadt von Wittenberg ist eine sehr auffällige Fundverteilung zu konstatieren. Aus dem bürgerlichen Milieu liegen lediglich zwei Fragmente dieser Fliesen vor. Das eine Stück stammt von einem Grundstück an der Ecke Bürgermeister-/Scharrenstraße (Abb. 1 unten links). Das andere Fragment wurde im Grundstück Markt 4 (Abb. 1 unten rechts) geborgen, welches in der ersten Hälfte des 16. Jahrhunderts im Besitz von Lucas Cranach dem Älteren und dessen Schwiegersohn Caspar Pfreundt war.[4] Neben den polychromen Fliesenfragmenten konnten von beiden Grundstücken auch einfarbig glasierte Bodenfliesen in Honiggelb und Grün aufgefunden werden. Auch diese Art des Fußbodenbelags ist höchst selten und wurde außerhalb der kurfürstlichen Residenz bisher nur auf dem Grundstück Schlossstraße 10 nachgewiesen.

---

1 Insa Christiane Hennen: Reformation und Stadtentwicklung – Einwohner und Nachbarschaften, in: Heiner Lück/Enno Bünz/Leonhard Helten/Armin Kohnle/Dorothée Sack/Hans-Georg Stephan (Hrsg.): Das ernestinische Wittenberg: Stadt und Bewohner (= Wittenberg-Forschungen. 2.1), Petersberg 2013, S. 33–76. **2** Aline Kottmann: Materielle Kultur und soziale Affiliation. Erkenntnismöglichkeiten hinsichtlich einer sozialen Grenzziehung aus archäologischer Perspektive, in: Ulrich Knefelkamp/Kristian Bosselmann-Cyran (Hrsg.): Grenze und Grenzüberschreitungen im Mittelalter, Berlin 2007, S. 81–92, hier S. 84. **3** Einzelne Bruchstücke von Fußbodenfliesen vgl. Ralf Kluttig-Altmann: Baukeramik aus Wittenberger Grabungen: Archäologisches Fundmaterial als interdisziplinärer Gegenstand, in: ebd., S. 154–163, hier bes. S. 158f. u. 224, Abb. 9, sowie Ders.: Archäologische Funde von Grundstücken der Familie Cranach in Wittenberg, in: Heiner Lück/Enno Bünz/Leonhard Helten/Armin Kohnle/Dorotothée Sack/Hans-Georg Stephan (Hrsg.): Das ernestinische Wittenberg: Spuren Cranachs in Schloss und Stadt (= Wittenberg-Forschungen. 3), Petersberg 2015, S. 363–399, hier bes. S. 365, Abb. 2. **4** Vgl. Hennen, Reformation und Stadtentwicklung (wie Anm. 1), hier S. 60f. **5** Es handelt

Bei der Untersuchung des ehemaligen Südflügels des Wittenberger Schlosses in den Jahren 2010 bis 2011 wurden insgesamt weitere sechs Fragmente polychrom glasierter Fliesen geborgen. Daneben fanden sich hier auch einfarbig glasierte Fliesen, teils mit Ritzdekor. Bei einer kleineren Untersuchung im Sommer 2015 konnten weitere polychrom glasierte Fliesenfragmente aus einer Auffüllschicht an der Westseite des Wittenberger Schlosses geborgen werden. Aus den Fragmenten lassen sich zwei unterschiedliche Typen von Fliesen rekonstruieren, von denen jeweils ein Exemplar nahezu vollständig erhalten ist. Der erste Typ ist quadratisch mit einer Seitenlänge von etwa 15 Zentimetern (Abb. 1 oben links). Das Muster auf der Fliese, welches mit einem Model eingeprägt wurde, besteht aus einem Viertel eines doppelten Blütenkranzes und einem Kreisband. Diese Form war bereits von früheren Untersuchungen bekannt. Völlig neu ist der Fund des zweiten Typs (Abb. 1 Mitte). Dabei handelt es sich um eine fünfeckige Fliese, die an einer Seite eine dreieckige Spitze ausbildet und die damit sehr an einen flachen Dachziegel erinnert. An der Spitze befindet sich das Viertel eines Blütenkreises, dann folgen zwei Rhomben und ein Dreieck mit Kreisband.

Beide Fliesentypen lassen sich zu einem Fußbodenmosaik mit abwechslungsreichen Mustern und Farben kombinieren (Abb. 2). Durch die fünfeckigen Fliesen entsteht eine Art Windrose mit einem achtzackigen Stern, in dessen Zentrum sich eine stilisierte Blume im Kreis befindet. Die quadratischen Fliesen bilden eine Blume mit zwei Blütenkränzen aus. Der gesamte Stern wird von einem Ring umschlossen. Durch die Rekonstruktion ist klar, dass beide Fliesenvarianten nur gemeinsam einen Fußboden bilden konnten. Denkbar ist, dass die sehr seltenen polychromen Fliesen nur in einem kleinen Teil eines Raumes verwendet wurden und der restliche Teil der Fußbodenfläche mit einfarbig glasierten Fliesen, möglicherweise im Schachbrettmuster, ausgelegt wurde.

Die polychromen Bodenfliesen gehörten ganz sicher zur Erstausstattung des kurfürstlichen Schlosses und datieren somit in das erste Viertel des 16. Jahrhunderts. Die jüngst aufgefundenen Exemplare wurden bereits in der Mitte des 16. Jahrhunderts wieder entsorgt, was möglicherweise mit der geringen Abriebfestigkeit der Glasur zusammenhängen könnte. Die Herstellung der Fliesen erfolgte unzweifelhaft im nahen Schmiedeberg, wo ein völlig gleiches Fragment als Schrühbrand aus einer Töpfereiabfallgrube vorliegt. Eine einzige Parallele stammt aus Schloss Freudenstein in Freiberg. Hier konnten 2006 polychrom glasierte Fliesen mit dem gleichen Motiv geborgen werden.[5] Mit dem Nachweis eines solch hochwertigen polychromen Fliesenfußbodens wird eine Form der luxuriösen Ausstattung von Räumen fassbar. Sie blieb offensichtlich nur einer Minderheit vorbehalten. Für Wittenberg wären dies der Kurfürst und der Cranach'sche Haushalt.

Abb. 1 Fragmente polychrom glasierter Fußbodenfliesen aus dem Bereich des Wittenberger Schlosses (oben u. Mitte) sowie von den Grundstücken Jüdenstraße 1 (unten links) und Markt 4 (unten rechts), Wittenberg

Abb. 2 Rekonstruktion des Fußbodens aus polychrom glasierten Fliesen auf einer Fläche von 0,9 × 0,9 m

sich nicht um modelgleiche Fliesen, da das Motiv leicht verändert ist. Produktionsort dieser Fliesen war offensichtlich nicht Schmiedeberg, da die Glasurfarben sehr untypisch sind. Vgl. Daniela Gräf: Buntes aus Schloss Freudenstein. Glasierte Bodenfliesen als Zeugnis einer wechselhaften Baugeschichte, in: Archaeo, Archäologie in Sachsen, 5 (2008), S. 35–39; Ralf Kluttig-Altmann: Auf breiter Basis – Fundanalysen aus Wittenberg, in: Harald Meller (Hrsg.): Mitteldeutschland im Zeitalter der Reformation (= Forschungsberichte des Landesmuseums für Vorgeschichte Halle, 4), Halle (Saale) 2014, S. 179–194, hier bes. S. 187–189, Abb. 16 f.

Die reformatorische Bewegung

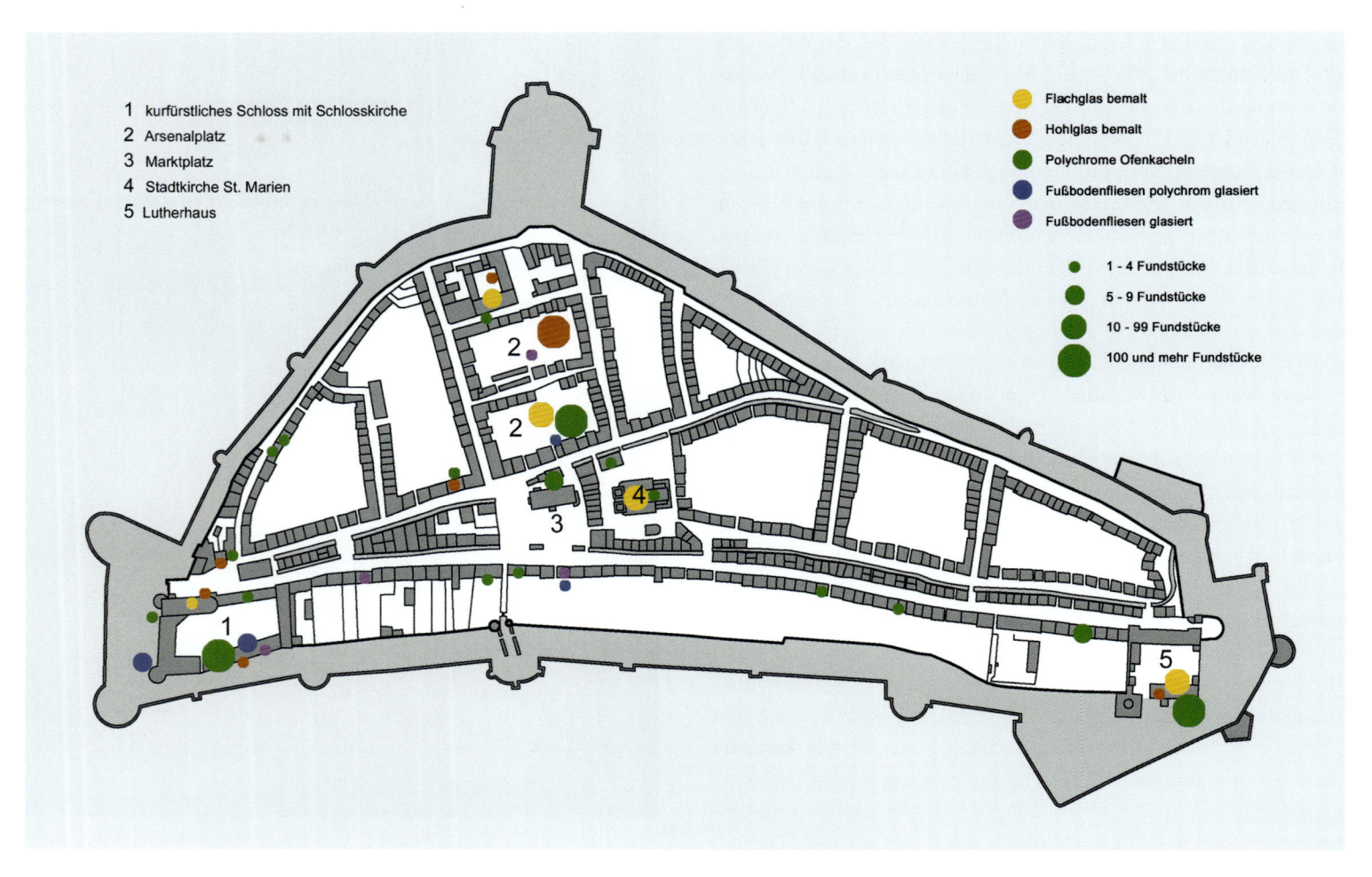

Abb. 3 Schematische Umzeichnung des Stadtplans vom Wittenberg aus dem Jahr 1623 mit der quantitativen Verteilung einzelner Fundgruppen

Ähnlich wie mit den glasierten Fußbodenfliesen verhält es sich mit der Verteilung von polychrom glasierten Ofenkacheln in Wittenberg. Im Vergleich zu den Fliesen ist ihr Fundaufkommen allerdings insgesamt etwas umfangreicher. Ganz auffällig ist, dass spätgotische polychrom glasierte Gesims- und Nischenkacheln unter anderem mit der Darstellung von Heiligen im Augustinerkloster, dem späteren Wohnhaus Luthers, und im Schloss gefunden wurden. Die gleichen Kacheln, allerdings immer nur monochrom grün glasiert, sind auf bürgerlichen Grundstücken in der Wittenberger Altstadt nachweisbar. Diese Differenzierung setzt sich auch bei Ofenkacheln der Renaissancezeit in polychromer Ausführung weiter fort. Im bürgerlichen Milieu sind polychrom glasierte Ofenkacheln im Lutherhaus, auf Cranachs Grundstück Markt 4, im Bereich des Rathauses und auf einem Grundstück auf dem südlichen Arsenalplatz zu finden. Ganz vereinzelt gibt es auch kleine Bruchstücke im restlichen Altstadtgebiet (Abb. 3). Nach etwa 1540 kamen polychrome Ofenkacheln in Wittenberg aus der Mode. Für die nachfolgende Zeit sind nur noch einfarbige Kacheln nachweisbar, wobei die grüne Glasur ganz eindeutig dominiert. Für die Jahre vor 1540 sind die polychromen Kacheln jedoch ein sehr deutlicher Anzeiger luxuriöser Ausstattung, die offensichtlich ebenfalls dem Hof und der städtischen Oberschicht vorbehalten war. Sehr wahrscheinlich besaß auch das neu erbaute Rathaus einen repräsentativen und entsprechend wertvollen polychromen Ofen. Die meisten der im Wittenberger Stadtgebiet nachweisbaren Öfen dieser Zeit waren monochrom und damit sicher erheblich erschwinglicher. Die auf monochromen und polychromen Kacheln verwendeten Motive sind identisch.

Eine weitere Fundgruppe, die im Bereich der häuslichen Repräsentation angesiedelt werden kann, ist farbig bemaltes Fensterglas. Diese Funde sind in Wittenberg – wie auch anderenorts – höchst selten. Bisher ist bemaltes Fensterglas von Grabungen am Lutherhaus, vom Arsenalplatz, aus der Schlosskirche, der Stadtkirche und dem Franziskanerkloster bekannt. Aus dem Lutherhaus sind sechs Scherben von bemaltem Fensterglas im archäologischen Fundgut

6 Harald Meller (Hrsg.): Fundsache Luther. Archäologen auf den Spuren des Reformators, Halle (Saale) 2008, S. 282. **7** Elisabeth von Witzleben: Bemalte Glasscheiben. Volkstümliches Leben auf Kabinett- und Bierscheiben, München 1977, S. 13. **8** Wenn davon auszugehen ist, dass es sich bei Valten O. um den Namen des Grundstücksbesitzers handelt, stimmt die Zuweisung von Insa Christiane Hennen nicht. Auf dem Grundstück Jüdenstraße 1 wird kein Besitzer namens Valten O. um das Jahr 1537 genannt. Vgl. Hennen, Reformation und Stadtentwicklung (wie Anm. 1), S. 65. Auch in ganz Wittenberg taucht

146   Die reformatorische Bewegung

überliefert.⁶ Es handelt sich um die Überreste einer Rundscheibe, die mit Buchstaben in Schwarzlot und einer Verzierung in Silbergelb bemalt wurde. Wahrscheinlich stammt sie noch aus dem Augustinerkloster. Dafür spricht zum einen die Darstellung von gotischen Buchstaben auf der Scheibe und zum anderen der Fundort: Die Scherben wurden im Bereich des Refektoriums des Klosters geborgen, einem Raum, dessen Ausschmückung durch farbige Fenster durchaus denkbar ist. Auch andere Funde von bemaltem Flachglas in Wittenberg, die im Bereich der drei großen Kirchen der Stadt gemacht wurden, sprechen für eine Verwendung dieses Materials besonders im sakralen Bereich.

Die bisher einzigen Stücke von bemaltem Fensterglas, welche eindeutig aus bürgerlichem Kontext stammen, konnten auf mehreren Grundstücken des Arsenalplatzes geborgen werden. Es handelt sich bei diesen Funden um mehrere Rundscheiben (Abb. 4) aus weißem Hüttenglas mit feiner Bemalung in Schwarzlot und Silbergelb. Ab dem späten 15. Jahrhundert waren diese sogenannten Kabinettscheiben ein beliebter Fensterschmuck in bürgerlichen Wohnhäusern. Dargestellt wurden neben Wappen, Hausmarken und Inschriften auch Szenen aus dem Alten und Neuen Testament sowie moralische, mythologische und allegorische Themen.⁷

Die am besten erhaltenen Funde von bemaltem Fensterglas stammen vom Grundstück Jüdenstraße 1. Dieses liegt im Zentrum der Stadt in unmittelbarer Nähe von Rathaus und Stadtkirche. Auf der ersten Scheibe, die fast vollständig erhalten ist, wird ein Wappenschild dargestellt, welches eine Hausmarke und die Initialen des Eigentümers »VO« trägt. Das Spruchband im unteren Teil trägt die Inschrift »Valten O […] in anno domini 1537«.⁸ Ein weiteres sehr ähnliches Stück von der gleichen Parzelle, von dem etwa die Hälfte erhalten ist, zeigt ebenfalls einen Wappenschild, dessen Hintergrund mit feinen Kringeln gemustert ist, und eine Hausmarke. Vergleichbare Stücke fanden sich in Lüneburg und Osnabrück.⁹

Eine weitere Rundscheibe wurde neben sehr vielen Trinkgläsern, die ebenfalls zum Teil bemalt waren, in einer großen Latrinenanlage am Nordrand des Arsenalplatzes aufgefunden. Hier waren drei Latrinenschächte zu einer einzigartigen Entsorgungsanlage verbunden worden. Die Bemalung der Scheibe ist nicht mehr vollständig erhalten. Es sind jedoch noch ein Wappenschild und im unteren Teil ein Spruchband zu erkennen. Aus derselben Latrine sind weitere Teile eines umlaufendes Bandes, das eine solche Rundscheibe umschloss, erhalten. Auf einem der Fragmente ist die Buchstabenfolge »PATRI – HVC – BONI –« zu erkennen und eine Zeile darunter die Zahl 78, die auf die Jahreszahl 1578 hindeutet. Auf einem anderen Stück sind die Buchstaben »AVFFEMRVI« zu lesen. Ein weiteres bemaltes Glasfragment vom Arsenalplatz wurde im Bereich der Bebauung an der Klostergasse gefunden. Hierbei handelt es sich um eine Porträtdarstellung, deren genauer Zusammenhang nicht mehr geklärt werden kann.

Abb. 4 Fragmente von Rundscheiben mit Bemalung in Schwarzlot und Silbergelb, aus dem Bereich des Arsenalplatzes, Wittenberg

Die bemalten Kabinettscheiben, welche in Wittenberg im Vergleich zu archäologischen Funden von anderen Orten – insbesondere in Niedersachsen – in eine sehr frühe Zeit datieren, sprechen für eine prächtige und individuelle Ausstattung mancher bürgerlicher Wohnhäuser in Wittenberg.

Tafelfreuden

Nach Objekten aus dem Bereich der Wohnkultur soll sich der Fokus nun auf die Tischkultur, einen anderen »Brennpunkt sozialer Repräsentation«¹⁰ richten. Zu dieser Fundgruppe zählen in erster Linie Trink- und Schankgefäße aus Glas und Ton. Ihre unterschiedliche Fundverteilung lässt Schlüsse auf soziale Repräsentationsmechanismen zu. Im Wittenberger Fundmaterial des 15. und 16. Jahrhunderts spielt Steinzeug als geradezu klassisches Material für Trink- und Schankgeschirr dieser Zeit eine eher untergeordnete Rolle. Gerade bei diesem Material gibt es signifikante Unterschiede in der Verteilung der einzelnen Objekte über die Stadt. Im Bereich des Schlosses konnten sehr viele Becher aus Steinzeug aufgefunden werden. Sie

---

der Name kein einziges Mal auf. Die Kluft zwischen schriftlichen Quellen und archäologischem Befund klafft hier abermals auf. **9** Peter Steppuhn: Der (un)getrübte Blick nach draußen, in: Edgar Ring (Hrsg.): Glaskultur in Niedersachsen. Tafelgeschirr und Haushaltglas vom Mittelalter bis zur frühen Neuzeit, Husum 2003, S. 184–187, hier S. 186. **10** Kottmann, Materielle Kultur (wie Anm. 2), S. 89.

Die reformatorische Bewegung

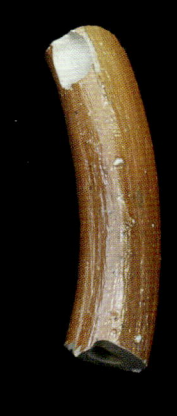

Abb. 5 (links)
Fragmente eines rollstempelverzierten Bechers aus Steinzeug, der wahrscheinlich während eines kurfürstlichen Gelages benutzt wurde, aus dem Bereich des Schlosshofes, Wittenberg

Abb. 6 (oben)
Fragmente eines Scherzgefäßes aus Steinzeug vom Grundstück Markt 4, Wittenberg

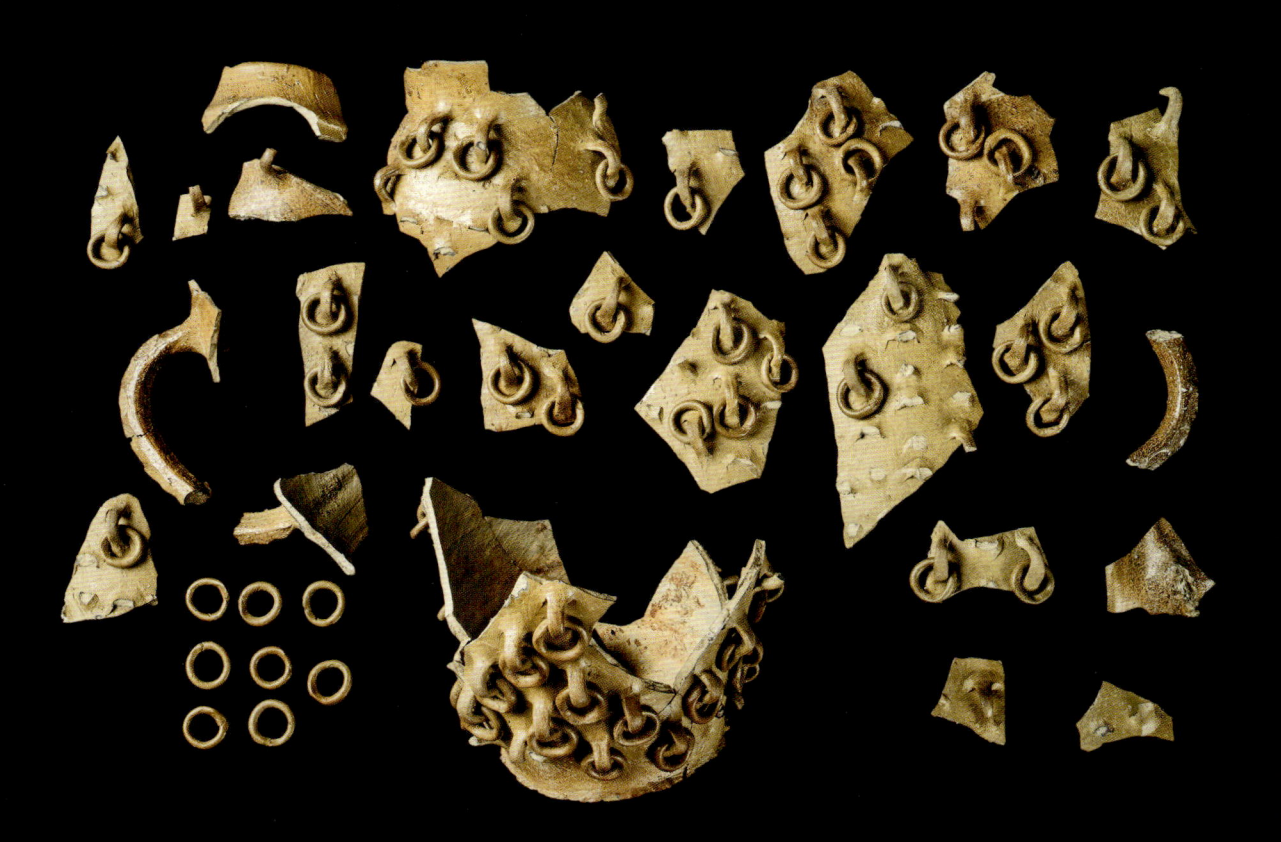

Abb. 7   Fragmente von Ringelkrügen bzw. Ringelbechern aus Steinzeug, bei denen viele kleine Ringe mit Ösen am Gefäß angebracht waren, Fundstücke aus dem Bereich des Arsenalplatzes, Wittenberg

waren etwa in der zweiten Hälfte des 15. bis zum Beginn des 16. Jahrhunderts in Verwendung. Die Becher sind zwischen 20 und 25 Zentimeter hoch und meist vollkommen gerade. Nur ganz selten weisen sie einen ausgestellten oder gar gewellten Fuß auf (Abb. 5). Charakteristisches Merkmal dieser Becher ist eine vollflächige Rollstempelverzierung des Mittelteils. Die Muster weisen eine sehr hohe Varianz auf und wurden mehr oder weniger sorgfältig angebracht. Sehr wahrscheinlich wurden die Becher im nahe gelegenen Schmiedeberg produziert. Ein eindeutiger Nachweis steht noch aus, allerdings sprechen die große Ähnlichkeit in Material und Oberflächenbehandlung sowie das hohe Fundaufkommen für einen Produktionsort in der Nähe Wittenbergs.

Mit einem wesentlich geringeren Fundaufkommen, aber bisher ebenso signifikant auf das Burg- beziehungsweise Schlossgelände beschränkt, liegt eine weitere Gruppe von Bechern vor, die wohl ebenfalls ihren zeitlichen Schwerpunkt in der zweiten Hälfte des 15. Jahrhunderts hatte. Es handelt sich um bisher immer gänzlich unverzierte Fragmente von zylindrischen Bechern aus einem rötlich-braun brennenden, relativ grob gemagerten Ton. Die wohl unbehandelte Oberfläche der Becher hat eine braune bis leicht lilabraune Farbe. Solcherart Keramik ist für Wittenberg und seine Umgebung vollkommen untypisch. Allerdings wurde eine ähnliche Ware in der Dresdner Neustadt hergestellt.[11] Das Dresdner Material weist jedoch charakteristischerweise eine Einzelstempelverzierung auf.[12] Das unverzierte Wittenberger Fundmaterial datiert einige Jahrzehnte nach den Dresdner Bechern, könnte aber gleichwohl aus diesem Raum in die Stadt beziehungsweise die Residenz gelangt sein. Offensichtlich handelte es sich aber um ein seltenes Produkt, welches keinen Weg in die bürgerlichen Haushalte der Stadt fand.

Das Verbreitungsmuster der Steinzeugbecher in Wittenberg ist eindeutig. Mit Ausnahme des Schlosses gibt es aus dem gesamten Stadtgebiet nur sehr wenige Nachweise dieser charakteristischen Ware. Besonders nach der umfassenden Untersuchung des Arsenalplatzes wird deutlich, dass es sich hier keineswegs um eine Forschungslücke handelt, sondern dass diese Gefäße in der Stadt tatsächlich kaum in Verwendung waren. Ganz anders im Bereich der Burg beziehungsweise des späteren Schlosses. Hier fanden sich große Mengen von Fragmenten dieser Becher. Wir wollen dabei nicht unterstellen, dass die Becher jedweder Art einen aus der übrigen materiellen Kultur herausragenden Stellenwert besaßen, wie dies zum Beispiel für polychrome Ofenkacheln angenommen werden kann. Vielmehr verweist das massenhafte Vorhandensein dieser Becher auf das Trinken großer Mengen wahrscheinlich alkoholhaltiger Getränke in größerer Gesellschaft. Die auffällige Anzahl von Becherscherben verweist also für das 15. Jahrhundert auf ein archäologisch fassbares Alleinstellungsmerkmal des Hofes. Die hohe Stückzahl verweist vielleicht sogar auf eine Verwendung als »Einweggeschirr«, wie es für eine Gruppe sehr eng verwandter Becher aus harter Grauware bereits herausgearbeitet werden konnte.[13] Es liegt nahe, die Gelage oder Tafelgesellschaften, die sich anhand der Becherscherben erschließen lassen, als direkten Ausweis des Repräsentationswillens ihres Veranstalters zu sehen.[14]

Auch in bürgerlichen Haushalten konnten natürlich Trinkgefäße aus Steinzeug nachgewiesen werden. Darunter finden sich einige wenige Gefäße beziehungsweise deren Fragmente, die für Belustigung an der Tafel sorgten. Ein Bruchstück eines solchen Scherzgefäßes stammt aus dem Cranach-Haushalt vom Grundstück Markt 4 (Abb. 6). Es wurde aus salzglasiertem Steinzeug hergestellt, wobei für den angarnierten Henkel das Tonmaterial stärker gemagert wurde. Diese Machart ist typisch für die Steinzeugproduktion in und um das sächsische Waldenburg. Der belustigende Effekt beim Trinken entstand dadurch, dass sich am oberen Rand mehrere Röhren befanden, aus denen das Getränk relativ unkontrolliert auf den Trinker lief. Dazu kamen die blubbernden Geräusche, die durch das Trinken verursacht wurden. Ein sehr ähnliches Gefäß liegt aus dem Haushalt Martin Luthers vor.[15] Es wurde in drei kleinen Fragmenten im Hof südlich des Hauses aufgefunden. Bei den Fundstücken handelt es sich um Bruchstücke der Randpartie. Offenbar gab es eine umlaufende Röhre, von der mehrere Tüllen abgingen. Der Belustigungseffekt des wahrscheinlich ebenfalls in Westsachsen produzierten Objektes wird im Wesentlichen der gleiche gewesen sein wie beim Cranach-Exemplar.

Ganz anders funktionierten die mittlerweile durch drei Exemplare belegten Ringelkrüge beziehungsweise Ringelbecher (Abb. 7). Hier entstand durch eine Vielzahl aufwändig in kleine Ösen außen am Gefäßkörper eingehängter Ringe bei jeder Bewegung des Gefä-

---

11 Harald W. Mechelk: Stadtkernforschung in Dresden (= Forschungen zur ältesten Entwicklung Dresdens. 4), Berlin 1970, S. 106. Beispiele dieser Dresdner Becher sind farbig abgebildet bei S. Krabath: Die Entwicklung der Keramik im Freistaat Sachsen vom späten Mittelalter bis in das 19. Jahrhundert. Ein Überblick, in: Regina Smolnik (Hrsg.): Keramik in Mitteldeutschland – Stand der Forschung und Perspektiven (= Veröffentlichungen des Landesamtes für Archäologie. 57), Dresden 2012, S. 35–172, hier S. 52, Abb. 16. **12** Eine sehr enge Beziehung der Dresdner Ware zur Keramik der sogenannten »Falke-Gruppe« liegt nahe. Vgl. Holger Rode: Neue Untersuchungen zur Keramik der »Falke-Gruppe«. Ein Beitrag zur Erforschung der spätmittelalterlichen Steinzeugproduktion in Sachsen und der Oberlausitz, in: Keramos 169 (2000), S. 27–56. **13** Die Fundverteilung der Becher aus harter Grauware in Wittenberg ist ähnlich. So konnten im Bereich der ehemaligen Burg aus einer einzigen Grube 633 Rand-, 238 Wand- und 355 Bodenscherben geborgen werden, die eindeutig zu Bechern gehören. Dies ist nicht die einzige Abfallgrube, die auf Gelage zurückgeführt werden kann, bei der das Fundmaterial zu 80 bis 90 Prozent aus den Scherben von Bechern besteht. Die restlichen Funde im Bereich der Altstadt sind gegenüber diesen Mengen sehr unscheinbar. Vgl. Johanna Reetz: Die Untersuchungen auf dem Hof des Wittenberger Schlosses, in: Harald Meller (Hrsg.): Archäologie in Wittenberg I. Das Schloss der Kurfürsten und der Beginn der frühneuzeitlichen Stadtbefestigung von Wittenberg (= Archäologie in Sachsen-Anhalt. Sonderband 22), Halle (Saale) 2014, S. 9–18, hier S. 18. In Vorbereitung ist ein ausführlicher Beitrag der Autorin über Becher aus dem Bereich des Schlosses in Bezug auf die Nutzung dieser Ware im Rahmen der kurfürstlichen Hofhaltung: Vorstellung der wenigen Exemplare aus der restlichen Altstadt und den Amthäusern des Schlosses. Ralf Kluttig-Altmann: Grau, aber interessant. Ein gehobenes Wittenberger Geschirr des Spätmittelalters im »used look«, in: Harald Meller (Hrsg.): Fokus: Wittenberg. Die Stadt und ihr Lutherhaus (= Forschungsberichte des Landesmuseums für Vorgeschichte Halle. 7), Halle (Saale) 2015, S. 19–40. **14** Vgl. hierzu Gerhard Fouquet: Das Festmahl in den oberdeutschen Städten des Spätmittelalters. Zu Form, Funktion und Bedeutung öffentlichen Konsums, in: Archiv für Kulturgeschichte 74 (1992), S. 83–123; Thorstein Verblen: Theorie der feinen Leute. Eine ökonomische Untersuchung der Institutionen, Frankfurt am Main 2007, S. 79–107. **15** Meller, Fundsache Luther (wie Anm. 6), S. 254, Abb. S. 256.

ßes ein klapperndes Geräusch. Man kann sich sehr gut vorstellen, dass es beim Trinken in geselliger Runde darum ging, dem Becher möglichst wenige Geräusche zu entlocken.

Die geringe Anzahl von Nachweisen dieser Becher in Wittenberg liegt sicher auch daran, dass ihre Produktion sehr aufwändig war und sie deshalb einen relativ hohen Preis gehabt haben dürften. Interessanterweise kommen sie aber gerade auch auf zwei sehr kleinen Grundstücken im Süden der Klostergasse vor, die sich ansonsten kaum durch das Vorhandensein von Luxusgütern auszeichnen. Dass beide Gefäße von zwei benachbarten Grundstücken stammen, mag einen gewissen Nachahmungseffekt belegen. Ein dritter Ringelbecher stammt vom Grundstück Jüdenstraße 1. Er wurde zusammen mit der bereits erwähnten und auf 1537 datierten Flachglasscheibe geborgen.

Die Ringelbecher lassen sich trotz eines sehr hohen Zerscherbungsgrades recht gut rekonstruieren. Es handelt sich um leicht gebauchte Gefäße mit abgesetztem, senkrecht stehendem Rand. Die gesamte Gefäßwandung, ausschließlich des Randes, ist bedeckt mit Ösen, in die jeweils ein frei beweglicher Ring aus Ton eingehängt wurde. Die Gefäße verfügten wohl regelmäßig über drei oder vier Henkel, die auf der Wandung in Höhe des größten Gefäßdurchmessers aufsitzen und kurz unterhalb des Randes enden. Die bisher aufgefundenen Henkel wurden alle auf der Oberseite mit Fingerkniffen verziert. Die Ringelbecher wurden aus Steinzeug gefertigt, welches über eine relativ regelmäßige hellbraune, salzglasierte Oberfläche verfügt. Die Art der Oberflächenbehandlung, vor allem aber die gekniffenen Henkel verweisen vielleicht auf eine Erzeugung der Ringelbecher im nahen Schmiedeberg. Funde aus Penig in Sachsen und vor allem ein Vermerk in der *Meißnischen Bergchronik* des Petrus Albinus deuten auch auf das westsächsische Penig als möglichen Herstellungsort der Ringelbecher hin.[16] Eine genauere Datierung der Ringelbecher aus Wittenberg ist momentan noch nicht möglich. Alle drei Exemplare wurden in Abfallgruben bei der Untersuchung des Arsenalplatzes aufgefunden. Die Datierung der Beifunde streut dabei zeitlich relativ weit, sodass lediglich von einer Herstellung und Verwendung der Gefäße ab der zweiten Hälfte des 16. Jahrhunderts ausgegangen werden kann.

Neben den Scherzgefäßen konnten auf Grundstücken von Wittenberger Bürgerhäusern weitere höchst seltene Gefäße aufgefunden werden. Es handelt sich dabei um polychrom glasierte Ware in anthropomorpher Form. Aus einer Grube, der auch das bereits erwähnte Bruchstück einer polychrom glasierten Fußbodenfliese entstammt, konnten zwei Fragmente eines solchen Objektes geborgen werden. Hier liegt der obere Abschluss eines Gefäßes in Form einer Frau vor (Abb. 8). Noch erhalten sind der Kopf und die vom Betrachter aus gesehen rechte Seite des Oberkörpers. Aus dem gleichen Befund stammt ein weiteres Bruchstück mit farbigen Streifen und kurzen angesetzten Füßchen (Abb. 9, rechts oben). Bei der Grabung im Lutherhaus in Wittenberg wurden Fragmente eines Deckels und des Unterteils (Abb. 9, unten) eines solchen Gefäßes aufgefunden. Das Objekt aus dem Lutherhaus ist ebenfalls mit polychrom glasierten Streifen verziert, die durch Einritzungen begrenzt werden. Bei diesem Gefäß wäre eine maskenartige Verzierung, wie sie aus der Töpferei in Schmiedeberg (Abb. 9, Mitte oben) belegt ist, vorstellbar. Derartige Gefäße mit polychromer Glasur und anthropomorpher Gestalt oder Maskenauflagen sind im archäologischen Fundmaterial Wittenbergs bisher äußerst selten. Ganz sicher hatten sie allein aufgrund des hohen Herstellungsaufwandes einen entsprechenden Wert. Daher dürften sie neben ihrer dekorativen Funktion sicher auch für einen gewissen Repräsentationswillen ihres Besitzers sprechen.

Neben den Trink- und Schankgefäßen aus Keramik konnten bei der Untersuchung des Arsenalplatzes erstmals in Wittenberg größere Mengen an Trinkgläsern geborgen werden. Ihre Formen sind sehr vielfältig. Es fanden sich Keulengläser, Achteckgläser mit Fadenauflagen, Becher, Römer und Berkemeier mit Nuppenauflagen, Gläser mit geschliffenem Dekor und Diamantritzung sowie Flügel- und Schlangengläser. Ein besonders herausragendes Stück unter den Beispielen für bemaltes Glas ist ein fast vollständig erhaltener Humpen mit Wappendarstellung (Abb. 10). Er wurde aus einer tiefen Abfallgrube geborgen, die sich im hinteren Bereich eines Grundstücks in der Bürgermeisterstraße befand. Auf der einen Seite des Humpens befindet sich das kurfürstlich-sächsische Wappen und auf der gegenüberliegenden Seite wurde das Wappen der Mark Brandenburg mit einem Fürstenhut darüber in sehr sorgfältiger und qualitätsvoller Malerei ausgeführt.[17] Über dem sächsischen Wappen befindet sich die Jahreszahl »1585« und über ihr die Buchstabenfolge »F C V«. Über dem brandenburgischen Wappen sind die Buchstaben »H D […] D« zu lesen. Derartige emailbemalte Humpen, die mit einem Wappen verziert sind, kamen in der zweiten Hälfte des 16. Jahrhunderts in Mode. Diese frühen Stücke wurden in Venedig für den nordalpinen Markt produziert und wenig später in Süddeutschland nachgeahmt.[18] In den frühen 1570er Jahren begann die Herstellung von emailbemalten Humpen in Böhmen und kurze Zeit später auch in Sachsen.

Der in Wittenberg aufgefundene Humpen ist ein äußerst frühes Exemplar. Die Qualität der Malerei kann als herausragend bezeichnet werden.[19] Die Arbeit entstand in einer böhmischen oder auch in einer sächsischen Glashütte. Bei anderen Gläsern dieser Art, beispielsweise bei der sächsischen Gruppe der sogenannten Hofkellerei-Humpen, wurden mitunter die Initialen der Fürsten oder ihrer Gemahlinnen aufgebracht. Die Buchstaben auf dem Wittenberger Humpen zeigen jedoch keine Übereinstimmung mit Initialen von Mitgliedern der

---

16 Winfried Thoma: Die archäologischen Ausgrabungen im Umfeld des Rathauses von Penig, in: Arbeits- und Forschungsberichte zur sächsischen Bodendenkmalpflege 43 (2001), S. 213–267. **17** Viergeteiltes Wappen, das Herzschild mit dem Stammwappen der Hohenzollern: Feld 1 auf silber-weißem Grund ein goldbewehrter, roter Adler mit goldenen Kleestengeln (Markgrafschaft Brandenburg), Feld 2 auf silber-weißem Grund ein goldbewehrter roter Greif (Herzogtum Pommern), Feld 3 auf goldenem Grund ein rotbewehrter schwarzer Löwe, ringsum zwölfmal in silber-rot gestückter Bord (Burggrafschaft Nürnberg), Feld 4 der Zollernschild, silber-schwarz geviertelt (Stammwappen des Hauses Hohenzollern). **18** Axel von Saldern: German Enameled Glass. The Edwin J. Beinecke Collection and Related Pieces, New York 1965, S. 37–39; Gisela Haase: Sächsisches Glas. Geschichte – Zentren – Dekorationen, München 1988. **19** Der früheste Reichsadlerhumpen aus böhmischer Herstellung datiert in das Jahr 1571 und befindet sich heute im British Museum. Vgl. Cathrine Hess: Timothy Husband, European Glass in the J. Paul Getty Museum: Catalogue of the Collections. The J. Paul Getty Museum, Los Angeles 1997, S. 214.

Abb. 8
Fragment eines polychrom glasierten Gefäßes
in Form eines weiblichen Oberkörpers, aus dem
Bereich des Arsenalplatzes, Wittenberg

Abb. 9
Fragmente von polychromen Gefäßen
in anthropomorpher Gestalt und
mit Maskenauflagen, aus Wittenberg
und Bad Schmiedeberg

Abb. 10 Großer emailbemalter Humpen mit Darstellung des Wappens von Kursachsen (im Bild) sowie der Mark Brandenburg (Rückseite), 1585, aus dem Bereich des Arsenalplatzes, Wittenberg

sächsischen oder brandenburgischen Herrscherfamilien, deren Wappen auf dem Glas präsentiert sind. So muss die Entschlüsselung der Buchstabenfolge momentan ungeklärt bleiben. Jedoch kann als Anlass für die Kombination beider Wappen auf einem Humpen die Hochzeit zwischen dem sächsischen Prinzen Christian I. mit Sophie von Brandenburg am 25. April 1582 wahrscheinlich gemacht werden. Der Kontext, in dem das Glas in den Bürgerhaushalt kam, bleibt jedoch unklar. Die Beifunde aus der Latrinengrube stellen einfaches Haushaltsgeschirr dar, wie es auf jedem Wittenberger Grundstück zu finden ist. Auch weitere Glasobjekte fanden sich hier nicht. Vielleicht gelangte das wertvolle Stück erst als Antiquität aus dritter Hand in den Besitz des Grundstückseigners.

Aus einer gemauerten Latrine vom nordöstlichen Arsenalplatz stammen einige weitere Fragmente von emailbemalten Trinkgläsern. Die Motive auf diesen Gläsern geben dabei eine reiche Bandbreite wieder. So ist beispielsweise ein blaues Kelchglas mit der Darstellung von Cherubim und Maiglöckchen überliefert. Die Köpfe der Cherubim sind bemalt und plastisch appliziert. Bisher sind nur sehr wenige Gläser dieser Art bekannt. Sie wurden wahrscheinlich in Böhmen hergestellt.[20] Auf einem anderen Glas sind Gänse abgebildet, die von einem Fuchs im Boot gefahren werden. In der Sammlung des Victoria & Albert Museum London findet sich ein Glaskrug mit einer motivgleichen Darstellung.[21] Das Londoner Glas wurde 1592 in Böhmen hergestellt. Bei der »Gänsefahrt«, der Illustration einer zeitgenössischen Tierfabel, handelt es sich um ein sehr beliebtes und vor allem langlebiges Motiv, da auch noch ein um 1723 hergestelltes Glas diese Szene zeigt.[22]

Unter den christlichen Darstellungen auf Wittenberger Glasfunden mit Emailbemalung finden sich die Taufe Christi, die Opferung des Isaak,[23] Darstellungen des Apostels Petrus und des Evangelisten Matthias und wahrscheinlich auch des Evangelisten Lukas, von dem nur der Stier erhalten ist. Die Gläser besitzen oftmals ein Schriftband, das die Darstellung näher bestimmt und manchmal das Jahr der Herstellung benennt. Auf anderen Gläsern aus weiteren Latrinen oder Abfallgruben vom Arsenalplatz findet sich die Darstellung eines sich umarmenden oder sich gegenüberstehenden Paares, bei dem der Mann der Frau mit einem Glas zuprostet.[24] Weitere Motive der Glasbemalung waren ein Hirsch mit Zaumzeug, zwei steigende Pferde und Wappen. Die bisher in Wittenberg aufgefundenen Gläser wurden größtenteils am Ende des 16. oder zu Beginn des 17. Jahrhunderts in Böhmen hergestellt. Zwischen den Szenen befindet sich nahezu regelhaft die Darstellung von Maiglöckchen.[25] Dieses Motiv

20 Peter Steppuhn: Die elegante Art, Getränke zu genießen, in: Edgar Ring (Hrsg.): Glaskultur in Niedersachsen. Tafelgeschirr und Haushaltsglas vom Mittelalter bis zur frühen Neuzeit, Husum 2003, S. 110–137, hier S. 134 f. **21** Von Saldern, German Enameled Glass (wie Anm. 18), S. 109, Fig. 161. **22** Ebd., S. 119, Fig. 162. Ähnliche Gläser mit Darstellungen der Gänsepredigt stammen aus Latrinen in Lüneburg und Höxter, vgl. Steppuhn, Die elegante Art (wie Anm. 20), S. 91. **23** Ein Glas aus Böhmen (datiert 1591) mit genau identischer Darstellung findet sich im Kunstmuseum Düsseldorf. Vgl. Von Saldern, German Enameled Glass (wie Anm. 18), S. 89, Fig. 101. **24** Ein Vergleichsstück findet sich in Lüneburg. Vgl. Steppuhn, Die elegante Art (wie Anm. 20), S. 87. **25** Ein zylindrisches Glas mit einer solchen Maiglöckchenbemalung stammt aus Annaburg und ein Kelchglas aus Lüneburg. Zu Ersterem vgl. Nicole Eichhorn: Frühneuzeitliche Glasfunde aus Grabungen in Wittenberg, Naumburg und Annaburg, in: Harald Meller (Hrsg.): Mitteldeutschland im Zeitalter der Reformation (= Forschungsberichte des Landesmuseums für Vorgeschichte Halle. 4), Halle (Saale) 2014, S. 223–231, hier S. 228 f. Zu Zweiterem vgl. Steppuhn, Die ele-

wird in der Schrift *Lilium Convallium*, erschienen im Jahr 1578, des evangelischen Theologen und Erbauungsschriftstellers Stephan Praetorius als Symbol für die durch das Blut Christi gereinigte Kirche verstanden. Demnach haben die Blutstropfen Christi, nachdem sie auf das Maiglöckchen gefallen sind, eine neue Reinheit und Klarheit entstehen lassen.[26] Eindeutig wird die Maiglöckchensymbolik in gemeinsamer Darstellung mit dem Gekreuzigten. Parallelen zu den mit Maiglöckchen bemalten Glasgefäßen fanden sich beispielsweise in archäologischen Befunden in Annaburg[27] oder Lüneburg.[28]

In Wittenberg sind außerhalb des Arsenalplatzes bisher kaum Glasfunde bekannt.[29] Das trifft auch auf das Schloss zu. Hier liegt sicher nur eine Überlieferungslücke vor. Am Wittenberger Schloss konnten trotz umfangreicher Untersuchungen bisher kaum Latrinen oder Abfallschüttungen des 16. Jahrhunderts erfasst werden. Fehlende Glasfunde von anderen städtischen Grundstücken sind zum einen mit den speziellen Erhaltungsbedingungen und zum anderen auch mit der Möglichkeit einer Wiederverwendung der Glasmasse zu erklären.

Die Glasfunde vom Arsenalplatz, insbesondere das bemalte Glas, illustrieren eindrucksvoll die Möglichkeiten einiger Haushalte zur Repräsentation an der Tafel zum Ende des 16. Jahrhunderts. Innerhalb des bürgerlichen Milieus ist auch hier mit sehr starken Differenzierungen in Bezug auf Willen und Möglichkeit dazu zu rechnen. Darauf verweisen bereits einige Fundkomplexe. So ist bemaltes Glas nur auf wenigen Grundstücken vor allem im marktnahen Bereich anzutreffen, während das wesentlich günstigere Waldglas in Form von Stangengläsern und Bechern auf fast allen Parzellen des Arsenalplatzes nachweisbar ist. Dass auch die persönliche Vorliebe der Grundstücksbesitzer bei der Auswahl von repräsentativen Objekten eine immer größere Rolle zu spielen beginnt, belegt beispielsweise eine Parzelle direkt an der Bürgermeisterstraße, auf der augenscheinlich ein relativ hoher Lebensstandard möglich war. Hier fanden sich in den Latrinen und Abfallgruben kaum Glasfunde, während die Nachbargrundstücke sehr viel Material erbrachten.

Zusammenfassung: Wohlstand und Repräsentation am Hof und im Bürgerhaus

Das hier vorgestellte Material ermöglicht nur einen kleinen Einblick in die materielle Kultur Wittenbergs im 16. Jahrhundert. Es bleibt festzuhalten, dass sich im Fundmaterial aus dem Bereich der Wohn- und Tischkultur noch im ausgehenden Mittelalter ein deutliches Wohlstandsgefälle zwischen Bürgertum und Hof herausarbeiten lässt. Zu Beginn des 16. Jahrhunderts nimmt der Reichtum auch in wenigen bürgerlichen Haushalten zu. Repräsentiert wird dieser beispielsweise durch die polychrom glasierten Fliesen und polychrome Ofenkacheln. Der Haushalt Cranachs und später auch der von Martin Luther scheinen hier eine Sonderstellung einzunehmen. Besonders Cranach erreichte in der Ausstattung seines Haushalts im Markt 4 durchaus eine dem kurfürstlichen Hof vergleichbare Qualität. In allen anderen Grundstücken, auch in zentrumsnahen Bereichen, konnte dieses Niveau bisher nicht nachgewiesen werden.

Ganz wesentlich zu dieser Entwicklung beigetragen hat sicher die Gründung der Wittenberger Universität im Jahr 1502 und die zunehmende Bedeutung und der Ausbau der kurfürstlichen Residenz, die untrennbar mit dem Wirken Friedrichs des Weisen verbunden waren. In den Jahren von 1530 bis etwa 1550 stieg der Wohlstand dann auch in weiteren Schichten des Bürgertums an. Das zeigen unter anderem bemalte Fenstergläser, die bürgerliche Wohnhäuser zierten, und natürlich der archäologisch besonders augenfällige »Bauboom« dieser Jahre im Allgemeinen. In der Zeit nach der Mitte des 16. Jahrhunderts schwand das Wohlstandsgefälle zwischen Hof und Bürgertum im Bereich der Alltagskultur immer weiter. Größere Teile des Wittenberger Bürgertums verfügen nun auch über repräsentative Gläser und andere Luxusgüter. Natürlich gelten diese Tendenzen zur Angleichung nur für die Alltagskultur. Ausschlaggebende Unterschiede zum Hof dürften sich verlagert und ihren Ausdruck beispielsweise im Besitz wertvoller Gemälde, Möbel und anderer Ausstattungsgegenstände gefunden haben.[30]

Die zahlreichen Funde zur Repräsentation und Tischkultur ab der Mitte des 15. Jahrhunderts zeigen erstaunlicherweise gerade für die frühe Untersuchungszeit, dass das beabsichtigte Ergebnis nicht immer nur mithilfe von Importen erreicht wurde. Die verzierten Steinzeugbecher, die polychromen Fußbodenfliesen und die allermeisten der Wittenberger Ofenkacheln wurden im nahen Schmiedeberg hergestellt. Die repräsentative Funktion der Objekte wurde hier offensichtlich nicht durch lange Handelswege, sondern durch eine hohe handwerkliche Qualität und einen relativ aufwändigen Produktionsprozess geschaffen. Bei den verzierten und unverzierten Bechern hingegen dürfte die Repräsentationsfunktion allein über die verfügbare Menge vermittelt worden sein.

---

gante Art (wie Anm. 20), S. 132f. **26** Eckhard Düker: Freudenchristentum: Der Erbauungsschriftsteller Stephan Praetorius, Göttingen 2013, S. 92. **27** Eichhorn, Glasfunde (wie Anm. 25), S. 228f., Abb. 11. Die ausführliche Arbeit vgl. Dies.: Glasfunde aus Wittenberg. Frühneuzeitliche Hohl- und Flachglasfunde aus Mitteldeutschland, dargestellt an ausgewählten Fundkomplexen aus Wittenberg, Naumburg und Annaburg, in: Harald Meller (Hrsg.): Glas, Steinzeug und Bleilettern aus Wittenberg (= Forschungsberichte des Landesmuseums für Vorgeschichte Halle. 5), Halle (Saale) 2014, S. 9–148, hier bes. S. 49 u. 126, Farbtafel 4. **28** Steppuhn, Die elegante Art (wie Anm. 20), S. 132f. **29** Eine kleine Ansammlung Glas wurde im Garten des Lutherhauses gefunden. Siehe dazu den Beitrag von Mirko Gutjahr in diesem Band. **30** Vgl. dazu die aktuellen Forschungen zur Ausstattung des kurfürstlichen Schlosses im Spiegel der Schrift-, Bild- und Bauquellen. Anke Neugebauer: Wohnen im Wittenberger Schloss – Zur Nutzung und Ausstattung der fürstlichen Gemächer, Stuben und Kammern, in: Lück/Bünz/Helten/Kohnle/Sack/Stephan, Wittenberg (wie Anm. 3), S. 315–333.

DIE REFORMATORISCHE BEWEGUNG

Die Reformation war zunächst ein städtisches Ereignis. Die Städte waren Orte des Humanismus und die Einwohner konnten oft lesen. Zudem entsprachen die evangelischen Ideen häufig der bürgerlichen Vorstellungswelt.

Die Entscheidung, die reformatorische Lehre anzunehmen, war auch eine politische Chance für die Herrschaftsträger. Die Reichsstädte waren oft von fremden Herrschaftsgebieten umgeben. Mit ihrem Glaubenswechsel markierten die Reichsstädte ihre Unabhängigkeit und konnten so den anderen Mächten ihre Selbständigkeit beweisen.

Nach dem Bauernkrieg 1525 wurde die Reformation zu einer Angelegenheit der Fürsten. Ihr Übergang zur Reformation verdeutlichte, dass sie den Zugriff der römisch-katholischen Kirche auf ihre Territorien nicht länger duldeten.

Die Entscheidung für die Reformation war nicht immer stürmisch und turbulent. Oft war der Übergang ein langfristiger und bürokratischer Prozess.

Einführung der Reformation in Städten und Territorien

- 1520 – 1525
- 1526 – 1531
- 1532 – 1537
- 1538 – 1542
- 1543 – 1548
- 1549 – 1554

- Erzbistümer 1500
- Universitätsstädte 1500
- Grenze Heiliges Römisches Reich

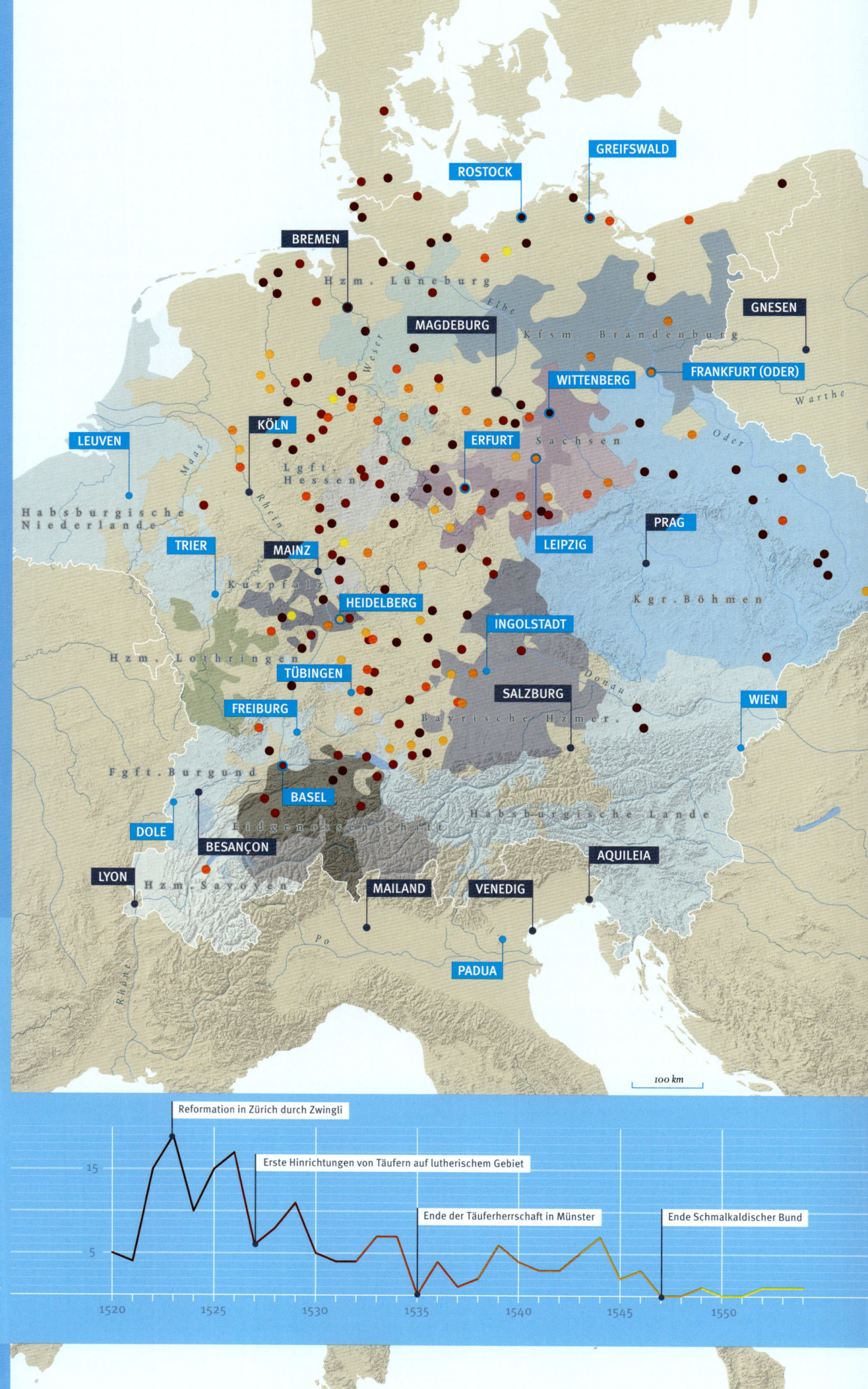

CHRISTOPHER SPEHR

Martin Luther und der evangelische Gottesdienst

Dreh- und Angelpunkt der Reformation im 16. Jahrhundert war der Gottesdienst. Erst durch die Änderungen des Gottesdienstes erhielt die Reformation ihre eigentliche Gestalt. Hier im Kirchenraum wurde konkret und für die christliche Gemeinde anschaulich, was zuvor theologisch diskutiert und pointiert worden war. Daher avancierte die Umgestaltung des gottesdienstlichen Geschehens zum Kernanliegen der reformatorischen Bewegung. Die Einführung der evangelischen Predigt, die Feier des Abendmahls mit Brot und Wein, der Gottesdienst in der Volkssprache und die Abschaffung der römischen Messe bildeten dabei Zentralforderungen. Erst wenn diese Forderungen in einem Gemeinwesen erfüllt waren, galt die Reformation ebendort als eingeführt. Die Realisierung oblag nach spontanen, häufig stürmischen Anfängen und harten Auseinandersetzungen in der Regel der städtischen oder territorialen Obrigkeit. Die Umsetzung, die üblicherweise in einem längeren Prozess und von Ort zu Ort in unterschiedlicher Intensität geschah, führte zu verschiedenen, bisweilen konkurrierenden Gottesdienstordnungen, die zu Hauptbestandteilen reformatorischer Kirchenordnungen wurden.[1]

Den Anstoß für diesen das kirchliche Gesamtsystem kultischer Heilsvermittlung und Repräsentation umstürzenden Prozess gab Martin Luther mit seiner reformatorischen Theologie. Aber wie sah dieser Prozess konkret aus? Welche Impulse setzte Luther? Und wie wurden seine Anregungen in die theologische und liturgische Praxis umgesetzt? Im Folgenden wird nach einer orientierenden Definition zum Gottesdienstbegriff biografisch bei Luthers gottesdienstlichem Erfahrungshorizont angesetzt, um dann dessen theologische Kritik an der Messe zu analysieren. Dieser folgt ein Überblick über die ersten evangelischen Gottesdienstinitiativen, der in die Darstellung von Luthers Gottesdienstordnungen mündet. Ein knappes Resümee rundet die Untersuchung ab.[2]

Der Begriff »Gottesdienst«

Das Wort »Gottesdienst« verbreitete sich seit dem 13. Jahrhundert als deutsche Übersetzung des lateinischen Wortes »cultus« in Form der althochdeutschen Genitivverbindung »gods dienst«. Luther und die Reformation prägten dieses Wort nachhaltig. Im Protestantismus entwickelte es sich zum liturgischen Zentralbegriff, indem es die gemeinschaftlich-rituelle Feier bezeichnete und sich gegen den Begriff »Messe« durchsetzte. Seit dem Zweiten Vatikanischen Konzil wird die zuvor auf die evangelischen Kirchen beschränkte Fachbezeichnung »Gottesdienst« auch in der römisch-katholischen Kirche rezipiert.[3]

Für Luther und seine Zeitgenossen war der Gottesdienst nie auf die spezifisch liturgische Handlung der Gemeinde beschränkt, sondern vor allem Synonym für die Gottesverehrung im Allgemeinen. Weil Luther nach Röm 12,1 das gesamte Christenleben als Gottesdienst verstand, wurde Gottesdienst zum Inbegriff christlichen Glaubens und Lebens überhaupt. Der Reformator bezeichnete den Gottesdienst als Gottesverehrung oder Gottesfurcht und identifizierte darin aufs Kürzeste die Beziehung zwischen Gott und Mensch. Ihren fundamentaltheologischen Ausdruck erfährt diese Beziehung im Glauben, ihren ethischen Ausdruck beispielsweise in Luthers Ständelehre, und den liturgischen Ausdruck im gottesdienstlichen Geschehen der feiernden Gemeinde.

Von dieser allgemeinen Bezeichnung her nahm Luther den spezifischen Begriff Gottesdienst beziehungsweise »cultus« in den Blick, den er synonym zu den Begriffen »Messe«, »Missa« und »Communio« verwenden oder durch Bezeichnungen wie »Versammlung«, »Amt des Dieners und des Pfarrherrn« oder »das Wort Gottes« interpretieren konnte.[4] Die liturgische Ordnung beschrieb er durch die Wendung »Ordnung Gottesdienst«, mit dem er zwei seiner drei Gottesdienstschriften versah: *Von Ordnung Gottesdiensts in der Gemeinde*[5]

---

1 Vgl. Julius Smend: Die evangelischen deutschen Messen bis zu Luthers Deutscher Messe, Göttingen 1896; Die evangelischen Kirchenordnungen des XVI. Jahrhunderts, Bd. 1–5, Leipzig 1902–1913, Bd. 6 ff., Tübingen 1955 ff. sowie allgemein Peter Cornehl: Gottesdienst VIII. Evangelischer Gottesdienst von der Reformation bis zur Gegenwart, in: Theologische Realenzyklopädie, Bd. 14, 1985, S. 54–85; Robin A. Leaver: Gottesdienst II. Historisch 6. Westen b) Reformation, in: Religion in Geschichte und Gegenwart, 4. Auflage, Bd. 3, 2000, Sp. 1187–1190. **2** Vgl. ausführlich Christopher Spehr: Der Gottesdienst bei Martin Luther. Facetten eines theologischen Grundbegriffs, in: Lutherjahrbuch 79, 2012, S. 9–37. **3** Vgl. Karl-Heinrich Bieritz: Liturgik, Berlin/New York 2004, S. 5 f.; Patrick Dondelinger: Gottesdienst I. Zum Begriff, in: Religion in Geschichte und Gegenwart, 4. Auflage, Bd. 3, 2000, Sp. 1173. **4** Vgl. Friedrich Kalb: Liturgie I. Christliche Liturgie, in: Theologische Realenzyklopädie, Bd. 21, 1991, S. 358–377, hier S. 363. **5** WA 12, 35–37.

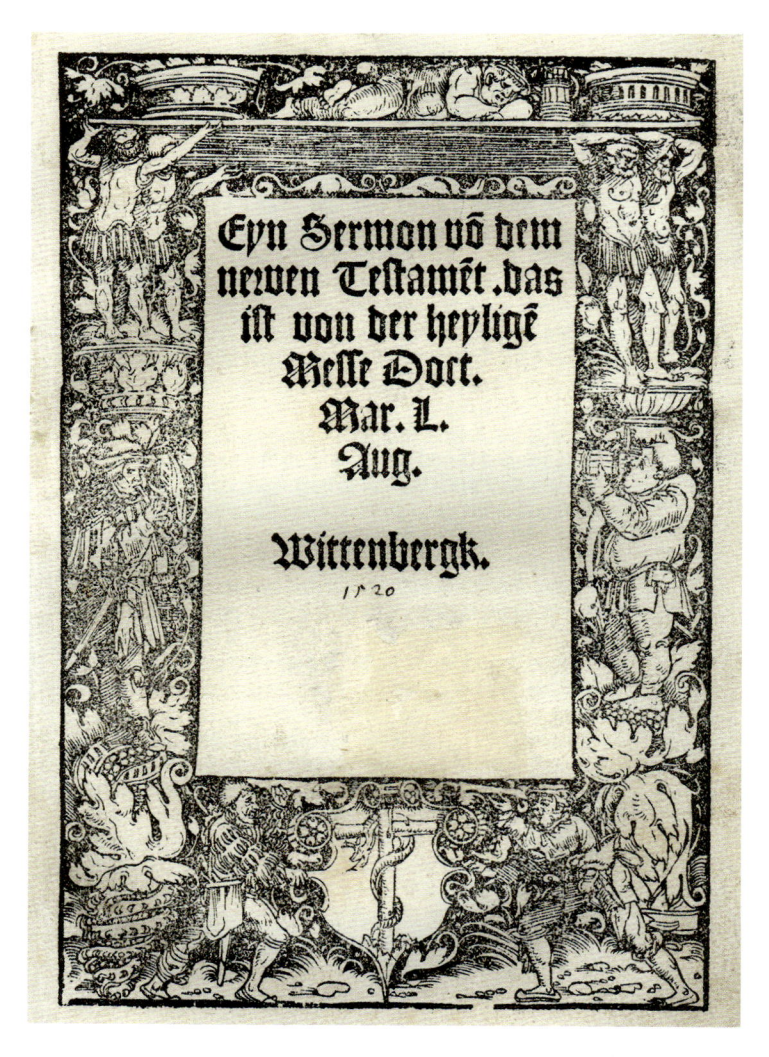

Abb. 1 Martin Luther, Ein Sermon von dem newen Testament.
das ist von der heyligen Messe, Wittenberg 1520

(1523), *Formula missae et communionis pro Ecclesia Wittembergensi*[6] (1523) und *Deutsche Messe und Ordnung Gottesdiensts*[7] (1526). Doch bevor deren Leitgedanken im Folgenden entfaltet werden, gilt es, sich den spätmittelalterlich-kirchlichen Horizont in Erinnerung zu rufen, durch den Luther geprägt worden war.

Luthers spätmittelalterlicher Erfahrungshorizont

Der spätmittelalterliche Lebensalltag war durch und durch religiös. Kirchen und Kapellen bestimmten das Dorf- und Stadtbild. Priester, Mönche, Nonnen und andere religiöse Personen waren in großer Zahl nicht nur in Kirchen, sondern auch auf den Straßen anzutreffen. Glocken läuteten zu Gebetszeiten und luden zum Gottesdienst ein, zu dessen Teilnahme die Gemeindeglieder an Sonn- und Feiertagen verpflichtet waren. Zentrum des gottesdienstlichen Lebens bildete die Eucharistie (Messe, von lat. *missa*, Sendung), in welcher der Tod und die Auferstehung Jesu Christi sakramental vergegenwärtigt wurden. Hier las der Priester leise die lateinischen Messtexte und konsekrierte Brot und Wein in Leib und Blut Christi. Die gläubigen Laien, die sich vom zelebrierenden Klerus durch die fehlende Weihe unterschieden, erhielten bei der Austeilung (Kommunion) den Leib, während das Blut Christi den Priestern vorbehalten blieb. Oft wohnte die Gemeinde der Kommunion sogar nur als Zuschauer bei oder fehlte ganz.[8]

Die mittelalterliche Gottesdienstauffassung verstand die Messe als Opfer. Der Priester wirkte aufgrund seiner durch die Weihe verliehenen Vollmacht als Mittler zwischen Gott und den Menschen, indem er die Opfergabe, die im Leib und Blut Christi bestand, Gott am Altar darzubringen hatte. Folglich bildete die Messe eine priesterliche Kulthandlung, die darauf zielte, Gott gnädig und versöhnlich zu stimmen. Um diese Handlung wirksam vollziehen zu können, musste der Priester frei von Sünde sein und durfte beim Messkanon nicht straucheln. Sollte der Priester bei der Messliturgie dennoch einen Fehler machen, galt dies als schwere Sünde. Zelebrierte er die Messe in Sünde, galt dies sogar als Todsünde.[9] Weil die Messe in der Vorstellung der mittelalterlichen Gläubigen mehr als jedes Gebet bewirkte, waren zahlreiche Messstipendien entstanden. Diese konnten von der regelmäßigen Abhaltung von Messen für eine verstorbene Seele bis hin zur Stiftung eines Altars mit einem Priester für die Verstorbenen einer ganzen Familie reichen. Durch diese Messpraxis, die weit über die sonntägliche Hauptmesse hinausging, waren die größeren Kirchen reich an Altären und Priestern.

Luther wuchs in diese religiöse Lebenswelt mit ihren zahlreichen liturgischen Traditionen und frömmigkeitspraktischen Übungen hinein. Seine ersten Messen erlebte der junge Martin in der St. Georgenkirche seiner Heimatstadt Mansfeld, in der er von 1484 bis 1497 lebte. Dort sah er den Priester die Messe in den bunten Messgewändern zelebrieren. Dort erlebte er, wie sein Vater, Hans Luder, 1491 als »Vierherr« – einer der vier Repräsentanten der Bürgerschaft – eine Altarstiftung für die 1489 durch einen Brand schwer beschädigte Georgenkirche entgegennahm oder in anderen kirchlichen Angelegenheiten aktiv war. Als Schüler der benachbarten Stadtschule lernte Martin die liturgischen Wechselgesänge der Gottesdienste kennen. Zusammen mit seinen Mitschülern trug er im Chor unter anderem den *Introitus* (Eröffnungsgesang), das *Kyrie eleison* (Herr, erbarme dich) und das *Gloria in excelsis Deo* (Ehre sei Gott in der Höhe) in ordentlichen und außerordentlichen Gottesdiensten vor.[10]

Mit dem Schulwechsel nach Magdeburg 1497 begegnete Luther erstmals das kirchliche Leben einer Großstadt, das seinen Mittelpunkt in der reichhaltigen Liturgie der Domkirche hatte. Vermutlich wurde

---

6 WA 12, 205–220. **7** WA 19, 70–113. **8** Vgl. exemplarisch Enno Bünz/Hartmut Kühne (Hrsg.): Alltag und Frömmigkeit am Vorabend der Reformation in Mitteldeutschland. Wissenschaftlicher Begleitband zur Ausstellung »Umsonst ist der Tod« (= Schriften zur sächsischen Geschichte und Volkskunde. 50), Leipzig 2015. **9** Vgl. Wolfgang Simon: Die Messopfertheologie Martin Luthers. Voraussetzungen, Genese, Gestalt und Rezeption (= Spätmittelalter und Reformation. Neue Reihe. 22), Tübingen 2003, S. 131–164; Arnold Angenendt: Offertorium. Das mittelalterliche Messopfer (= Liturgiewissenschaftliche Quellen und Forschungen. 101), Münster 2013. **10** Zu Luthers Schul- und Studienzeit vgl. Martin Brecht: Martin Luther, Bd. 1: Sein Weg zur Reformation 1483–1521, Stuttgart 1981, S. 21–32. **11** Zum Kloster- und Gebetsdienst des jungen Luthers vgl. ebd., S. 70–77; Andreas Odenthal: Liturgie vom Frühen Mittelalter zum Zeitalter der Konfessionalisierung. Studien zur Geschichte des Gottesdienstes (= Spätmittelalter, Humanismus, Reformation. 61), Tübingen 2011, S. 208–250. **12** Vgl. Brecht,

Luther an der angrenzenden Domschule unterrichtet. Weil er bei den Brüdern vom Gemeinsamen Leben, einer von den Niederlanden ausgehenden Frömmigkeitsrichtung der *Devotio moderna*, in einer Art Schülerheim wohnte, lernte er verschiedene Gebets- und Andachtsformen kennen. Weitere gottesdienstliche Erfahrungen sammelte er als Schüler der St. Georgenschule in Eisenach, wohin er 1498 wechselte. Neben den Gottesdiensten in der Stadtkirche begegneten ihm Stundengebete im nahe gelegenen Franziskanerkloster und ähnliche Gebetsformen. Seit 1501 partizipierte er als Student der Erfurter Universität an der Reichhaltigkeit des kirchlichen Lebens der bedeutenden Stadt und erfuhr als Bewohner der Georgenburse monastische Grundzüge.

Mit dem Klostereintritt in den Erfurter Augustinereremitenorden 1505 verließ Luther den weltlichen Stand des Laien und wechselte in den Ordensstand. Von nun an strukturierten Messen und Gebetszeiten Luthers Tagesablauf. Von den klösterlichen Stundengebeten über die tägliche Konventsmesse, die montägliche Totenmesse, gestiftete Privat- oder Votivmessen bis hin zu gottesdienstlichen Feiern wie Benediktionen und Prozessionen reichten Luthers klösterliche Gottesdiensterfahrungen.[11] 1507 wurde der Mönch im Erfurter Dom zum Priester geweiht. Jetzt übernahm er selbst die Mitwirkung am klösterlichen Altardienst, der als höchster Dienst im Kloster galt. Luther war zum Mittler zwischen Gott und Menschen geworden. Er hatte von nun an die Pflicht, Gott das Messopfer darzubringen. Über seine erste Messe, *Primiz* genannt, die Luther im Erfurter Schwarzen Kloster kurz nach der Priesterweihe im Frühjahr 1507 feierte und zu der sein Vater mit Verwandten aus Mansfeld angereist war, berichtet er rückblickend: Beim Lesen des Herzstückes der Messe, des Kanons, sei er ins Stocken geraten. Plötzlich habe er sich Gott ohne Mittler gegenübergesehen, sodass ihm Zweifel an seiner eigenen Würdigkeit gekommen seien. Voller Furcht habe er das Gebet unterbrochen, woraufhin ihn der assistierende Vorgesetzte ermahnt habe, die Messe fortzuführen. Luthers Ehrfurcht vor der Opfer- und Gebetshandlung und seine Furcht, dem Altardienst des Priesters nicht gewachsen zu sein, klingt in dieser Erzählung noch Jahre später mit.[12]

Für den Dienst des Priesters war es nicht notwendig, Theologie zu studieren. Weil aber sein Ordensvorgesetzter ihn zum wissenschaftlichen Theologiestudium bestimmte, begann Luther mit dem Studium, das er 1512 mit dem theologischen Doktorgrad abschloss. Zum Studium gehörte auch eine Predigtausbildung, die zur Predigttätigkeit im Kloster führte. Seit 1514 wirkte Luther als Prediger an der Wittenberger Stadtkirche, sodass er nun auch praktische Erfahrungen mit der sonntäglichen Pfarrmesse, dem Hauptgottesdienst, und weiteren gemeindlichen Tageszeitgottesdiensten sammelte.[13] Es nimmt daher nicht Wunder, dass es vor allem der Gottesdienst, genauer die Messe mit ihrer Messopferpraxis war, an der sich Luthers rechtfertigungstheologische Einsichten konkretisieren sollten.

Luthers Kritik an der römischen Messe

Im Rahmen der Entwicklung seines reformatorischen Gottes- und Menschenverständnisses erfuhr die Messe durch Luther eine fundamentale Neuinterpretation. Erstmals umfassend widmete er sich der Thematik im *Sermon von dem Neuen Testament, das ist von der heiligen Messe*,[14] der Anfang August 1520 als Druck vorlag (Abb. 1). Die überlieferten 14 Nachdrucke zeugen von der weiten Verbreitung dieser grundlegenden Flugschrift. Luther setzte hierin am Kernstück der Messe, der Eucharistie, an und reformulierte anhand der neutestamentlichen Einsetzungsworte Jesu ihren biblischen Gehalt. Weil sie während seines letzten Mahles dessen Testament und somit Gottes verbindliche Zusage an den Menschen seien, hätten sie als dessen Gabe allen menschlichen Tätigkeiten zuvorzukommen. Denn, so Luther, Gottes Wort gehe allen anderen Worten voraus. Weil für Luther das Wort Gottes Medium und Gegenstand der Offenbarung schlechthin ist, kommt den Einsetzungsworten als Vermächtnis und Testament Christi grundlegende Bedeutung zu.[15] Als Evangelium *in nuce* sind diese Worte Zusage, Verheißung und Vergebungswort, die Gott in Jesus Christus seiner Gemeinde als Wohltat im Glauben schenkt. Von diesem theologischen Zentrum der Messe her entwickelt Luther seine Kritik an der zeitgenössischen Messe: »Wollen wir in rechter Weise Messe halten und verstehen, so müssen wir alles aufgeben, was die Augen und alle Sinne in dieser Angelegenheit zeigen und nahelegen – es sei Gewand, Klang, Gesang, Schmuck, Gebet, Tragen, Heben, Legen oder was da sonst geschehen mag in der Messe –, bis wir zunächst die Worte Christi, mit denen er die Messe vollzogen und eingesetzt und uns zu vollziehen befohlen hat, erfassen und gut bedenken.«[16]

Radikal identifizierte Luther in seinem *Sermon von dem Neuen Testament* drei Missbräuche der römischen Messe, die allesamt das Wesen der Messe zerstört hätten. Erstens würden die Einsetzungsworte leise vom Priester gesprochen und somit den Laien vorenthalten, sodass das wichtigste Gut – Testament und Glaube – verloren gegangen sei. Zweitens sei die Messe zu einem guten Werk geworden, durch das die Menschen Gott einen Dienst erweisen wollten, der aber aufgrund des Gabecharakters des Testaments gar nicht möglich sei. Drittens sei die Messe zu einem Opfer gemacht worden, das Gott dargebracht werde, aber ganz und gar der Einsetzung des Sakraments zum Heil der Gläubigen widerspreche. In Umkehrung des spätmittelalterlichen Messverständnisses ging es für Luther somit nicht um einen Dienst des Menschen an Gott, um dessen Werkgerechtigkeit und Messopferhandeln, sondern um die tröstliche Zusage der Vergebung aller Sünden, der Gnade und des ewigen Lebens und somit um Gottes Dienst an uns: »Also auch in der Messe geben wir Christo nichts, sondern nehmen nur von ihm.«[17] Auf-

---

Martin Luther, Bd. 1 (wie Anm. 10), S. 78–82. Zu Luthers religiösem Perfektionsstreben vgl. Berndt Hamm: Naher Zorn und nahe Gnade: Luthers frühe Klosterjahre als Beginn seiner reformatorischen Neuorientierung, in: Ders.: Der frühe Luther. Etappen reformatorischer Neuorientierung, Tübingen 2010, S. 25–64. **13** Luther begann seine Predigttätigkeit um 1510 im Kloster. Vgl. Brecht, Martin Luther, Bd. 1 (wie Anm. 10), S. 150–154; Christopher Spehr: Predigten Luthers, in: Volker Leppin/Gury Schneider-Ludorff (Hrsg.): Das Luther-Lexikon, Regensburg 2014, S. 560–569. **14** WA 6, 353–378. **15** Vgl. Albrecht Beutel: In dem Anfang war das Wort. Studien zu Luthers Sprachverständnis (= Hermeneutische Untersuchungen zur Theologie. 27), Tübingen 1991, S. 87–130. **16** WA 6, 355, 21–25 (Übertragung ins moderne Deutsch durch den Verfasser). **17** WA 6, 364, 22 f. (Übertragung ins moderne Deutsch durch den Verfasser). Vgl. auch Dorothea Wendebourg: Essen zum Gedächtnis. Der Gedächtnisbefehl in den Abendmahlstheologien der Reformation (= Beiträge zur historischen Theologie. 148), Tübingen 2009, S. 47.

grund dieser christologisch-soteriologischen Erkenntnis konnte für Luther die Messe nicht länger als tätiges Opfer oder Werk des Menschen beziehungsweise der Kirche gelten.

Für Luther war folglich die römische Messopferlehre und Messpraxis ein, vielleicht sogar *der* zentrale Differenzpunkt mit der katholischen Kirche. So betonte er beispielsweise noch 1537 in den *Schmalkaldischen Artikeln*,[18] die zu den lutherischen Bekenntnistexten zählen, dass die Messe im Papsttum der größte und schrecklichste Gräuel sei und gegen die Rechtfertigungslehre strebe, da sie die Verhältnisse umkehre. Scharf und in der Sache kompromisslos formulierte Luther in Abgrenzung zum römischen Messverständnis: »Also sind und bleiben wir ewiglich geschieden und wider einander.«[19] Werde hingegen das göttliche Gabegeschehen in den Mittelpunkt der Messe gerückt, sei die Messe nach evangelischem Verständnis wahrer Gottesdienst. Bereits 1520 betonte Luther im *Sermon von dem Neuen Testament*: »So sollte es in Zukunft keine andere Weise geben, um Gott zu dienen, als die Messe. Und wo sie vollzogen wird, da ist der rechte Gottesdienst, selbst wenn es Singen, Orgeln, Glocken, Gewänder, Schmuck oder geistliche Handlungen nicht gibt. Denn alles, was dazu zählt, ist ein von Menschen erdachter Zusatz.«[20]

Evangelische Initiativen

Im Jahr 1520 entwarf Luther die Koordinaten für sein evangelisches Gottesdienstverständnis. Er selbst führte aber keine liturgischen Änderungen ein. Im *Sermon von dem Neuen Testament* plädierte er zwar dafür, dass die Einsetzungsworte im Messkanon vom Priester laut und für die kommunizierende Gemeinde verständlich gesprochen werden. Auch äußerte er den Wunsch, die Messe in deutscher Sprache zu feiern.[21] Und bereits im Herbst 1519 stellte er im *Sermon von dem hochwürdigen Sakrament des wahren Leichnams Christi* Überlegungen an, den Kelch im Abendmahl den Laien zu reichen und somit die bis dahin dem Priester vorbehaltene Kommunion unter »beiderlei Gestalt« zu praktizieren.[22] Dennoch scheute sich Luther, die liturgischen Vorschläge zu realisieren, und hoffte auf Änderungen durch die Bischöfe oder durch ein allgemeines Konzil.[23]

Mit dem Abschlussdokument des Wormser Reichstags 1521, dem *Wormser Edikt* gegen Luther und seine Anhänger, waren diese Hoffnungen endgültig passé. Jetzt entwickelte der auf der Wartburg verborgene Theologieprofessor den Plan, nach seiner Rückkehr aus dem Exil in Wittenberg das Abendmahl in beiderlei Gestalt und Privatmessen nur noch mit der Gemeinde zu feiern. Während Luther mit dem geschriebenen Wort um theologische Aufklärung bemüht war, wurde in Wittenberg gegen die Messe in ihrer bisherigen Art und Weise disputiert und gepredigt. Schließlich schritten der Augustinereremit Gabriel Zwilling und der Theologieprofessor Andreas Bodenstein von Karlstadt ebendort zur gottesdienstlichen Tat. Das Abendmahl wurde seit Ende September 1521 in Hausmessen unter beiderlei Gestalt gereicht. Im Wittenberger Augustinerkloster wurden die Privatmessen abgeschafft und in der Stadtkirche die Messgottesdienste gestört oder sogar ganz verhindert.[24]

Auf diese gottesdienstlichen Änderungen reagierte Luther im Spätherbst 1521 mit der lateinischen Schrift *De abroganda Missa privata sententia*[25] und der deutschen Übertragung *Vom Mißbrauch der Messe*.[26] Hierin kritisierte er das kirchliche Amtsverständnis und ermahnte die Priester, entweder als Prediger das Evangelium zu verkündigen oder den Beruf zu quittieren. Außerdem unterstrich Luther erneut den Gabecharakter der Messe und mahnte das stiftungsgemäße Halten der Messe nach Christi Vorbild mit Reduzierung der Messfeier auf den Sonntag an. Zudem riet er, den römischen Messkanon mit seinen auf menschlichen Satzungen fußenden Opfervorstellungen und die Privat- und Totenmessen zu unterbinden, empfahl aber aus Rücksicht auf die Schwachen ein behutsames Vorgehen. Allerdings hielt der kurfürstliche Sekretär, Georg Spalatin, diese und weitere Manuskripte Luthers bis Dezember 1521 zurück, sodass sie erst im Januar 1522 gedruckt vorlagen. Auf die beschleunigende Entwicklung in Wittenberg und Umgebung nahmen sie daher keinen Einfluss.[27]

Den vorläufigen Höhepunkt bildete der erste evangelische Gottesdienst, den Karlstadt zum Weihnachtsfest 1521 in der Wittenberger Stiftskirche feierte. In Straßenkleidung hielt er die Messe, in der die Einsetzungsworte auf Deutsch gelesen und das Abendmahl in beiderlei Gestalt allen Gläubigen gereicht wurde. Dass dabei den Kommunikanten Hostie und Kelch in die Hand gegeben wurden, war für die Gemeinde nicht nur ungewohnt und ein Ausdruck von evangelischer Freiheit, sondern für katholisches Empfinden ein handfester Skandal.[28] Ebenfalls Weihnachten 1521 feierte der Prediger Martin Reinhart in Jena das Abendmahl unter beiderlei Gestalt. Weitere Orte wie Eilenburg, Lochau, Hirschfeld und Schmiedeberg folgten bis Epiphanias 1522.[29] Am 24. Januar 1522 wurde schließlich vom Wittenberger Rat »eine löbliche Ordnung« – die erste evangelische Stadtordnung überhaupt – beschlossen,[30] die einerseits den radikalen Forderungen zur Messreform seitens

---

18 WA 50, 192–254. **19** WA 50, 204, 15 f. (Übertragung ins moderne Deutsch durch den Verfasser). **20** WA 6, 354, 24–28 (Übertragung ins moderne Deutsch durch den Verfasser). **21** Siehe WA 6, 362, 13–35. Bis zum Zweiten Vatikanischen Konzil wurde in der römisch-katholischen Kirche der »Canon missae«, in dem die Konsekrations- bzw. Einsetzungsworte enthalten sind, leise und in lateinischer Sprache gesprochen. **22** WA 2, 742–758, hier: 742, 24–743, 1. **23** Vgl. Christopher Spehr: Luther und das Konzil. Zur Entwicklung eines zentralen Themas in der Reformationszeit (= Beiträge zur historischen Theologie. 153), Tübingen 2010, S. 184–194. **24** Vgl. Ulrich Bubenheimer: Luthers Stellung zum Aufruhr in Wittenberg 1520–1522 und die frühreformatorischen Wurzeln des landesherrlichen Kirchenregiments, in: Zeitschrift der Savigny-Stiftung für Rechtsgeschichte. Kanonistische Abteilung 102, 1985, S. 147–214, hier S. 161–169; Thomas Kaufmann: Der Anfang der Reformation. Studien zur Kontextualisierung der Theologie, Publizistik und Inszenierung Luthers und der reformatorischen Bewegung (= Spätmittelalter, Humanismus, Reformation. 67), Tübingen 2012, S. 217–221; Zur Kontextualisierung vgl. Christopher Spehr: Martin Luther und die Entstehung des evangelischen Kirchenwesens, in: Dagmar Blaha/Christopher Spehr (Hrsg.): Reformation vor Ort. Zum Quellenwert von Visitationsprotokollen. Beiträge der Tagung des Projektes »Digitales Archiv der Reformation« und des Lehrstuhls für Kirchengeschichte der Friedrich-Schiller-Universität Jena am 26. und 27. November 2014 in Jena (= Veröffentlichungen der staatlichen Archivverwaltung des Landes Sachsen-Anhalt, Reihe A: Quellen zur Geschichte Sachsen-Anhalts. 21; Schriften des Hessischen Staatsarchivs Marburg. 29; Schriften des Thüringischen Haupt-

Zwilling und Karlstadt entgegentrat, andererseits Bilder und Altäre in den Kirchen abzuschaffen gebot sowie die Messe in reduzierter Form zu halten empfahl und das Abendmahl in beiderlei Gestalt zu feiern erlaubte. In Artikel 14 dieser Ordnung wurden die liturgischen Stücke der Messe genannt, die beizubehalten beziehungsweise aufzugeben (die geistlichen Gesänge *sequens*, der *canon maior* und *canon minor* sowie die Schlussformel *ite missa est* [das heißt »Gehet hin, ihr seid gesandt«]) seien. Folglich war hier erstmals eine Liturgiereform obrigkeitlich angeordnet worden, die sich an Luthers Forderungen orientierte.[31]

Aus Sorge um radikale Entwicklungen in Wittenberg eilte Luther von der Wartburg zurück, um mittels acht Predigten, den sogenannten *Invokavitpredigten*, im März 1522 ins Geschehen einzugreifen.[32] Er verurteilte die radikalen Neuerungen, weil sie ohne kurfürstliche Genehmigung und ohne Rücksicht auf die Schwachen vollzogen worden seien. Nicht die äußere Form der gottesdienstlichen Zeremonien sei für ihn entscheidend, sondern die innere Bereitschaft der Gemeinde. Aufgrund der christlichen Freiheit erschienen Luther die liturgischen Ordnungen als menschliche Einrichtungen, die nur dann geändert werden sollten, wenn sie Gottes Wort verdunkelten.

Folglich machte Luther verschiedene liturgische Änderungen wieder rückgängig, wie er in der Schrift *Von beider Gestalt des Sakraments zu nehmen* im April 1522 betonte:[33] So sollte die Messe wieder in lateinischer Sprache durch die Priester in den traditionellen Messgewändern gehalten und die Elevation der Hostie praktiziert werden. Außerdem sollten die Einsetzungsworte wieder leise gesprochen und den Laien das Sakrament nur in einer Gestalt gereicht werden. Außerhalb des sonntäglichen Messgottesdienstes gestattete Luther aber die Austeilung des Abendmahls unter beiderlei Gestalt, versagte die Privatmesse, wenn Kommunikanten fehlen, und empfahl den Priestern – entsprechend der Wittenberger Stadtordnung –, in der Messe alle Messopferaussagen zu unterlassen.[34] Luther selbst vertrat das Konzept, durch die reformatorische Predigt eine breite Bewusstseinsbildung im Kirchenvolk für das Evangelium zu erzielen. Deshalb konzentrierte er seine Bemühungen auf die Predigt des Wortes Gottes und realisierte das, was er immer wieder forderte: Der rechte Gottesdienst werde durch das von Christus eingesetzte Predigtamt vollzogen.

In der Folge etablierten sich zwei Streitgruppen gegen den Reformator: Auf der einen Seite stritten die altgläubigen Gegner, die an der römischen Messopferlehre und Messpraxis festhielten, auf der anderen Seite formierten sich radikale reformatorische Kräfte, die zunehmend kompromisslos ein urchristliches Gottesdienstverständnis lehrten und forderten. Luther sah sich nun genötigt, seine Theologie in Abgrenzung beider Positionen weiterzuentwickeln und in die Praxis umzusetzen.[35]

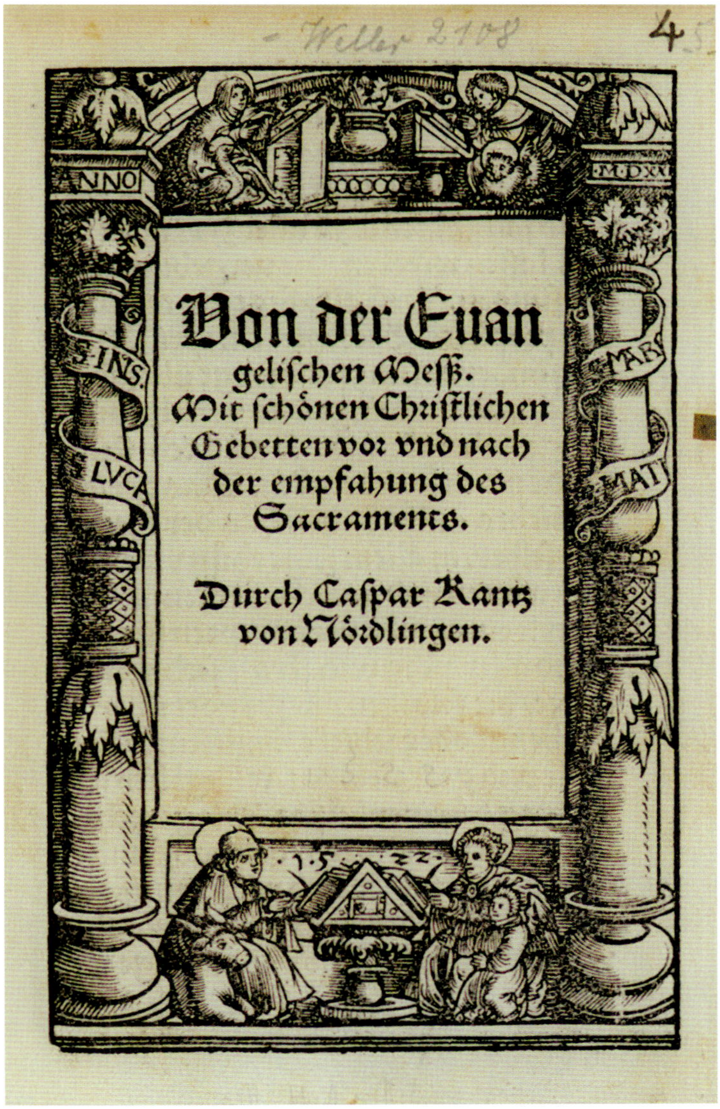

Abb. 2 Kaspar Kantz, Von der Evangelischen Messz. Mit schönen Christlichen Gebetten von und nach der empfahung des Sacraments, Tübingen 1524

staatsarchivs Weimar. 7) Leipzig 2016, S. 9–30. **25** WA 8, 413–476. **26** WA 8, 482–563. Vgl. ausführlich Simon, Messopfertheologie (wie Anm. 9), S. 327–385. **27** Vgl. WA 8, 407 f. **28** Vgl. Natalie Krentz: Ritualwandel und Deutungshoheit. Die frühe Reformation in der Residenzstadt Wittenberg (1500–1533) (= Spätmittelalter, Humanismus, Reformation. 74), Tübingen 2014, S. 154–169. **29** Vgl. u. a. Brief von Justus Jonas, an Johann Lang, [Wittenberg] 8. 1. 1522, in: Nikolaus Müller: Die Wittenberger Bewegung 1521 und 1522. Die Vorgänge in und um Wittenberg während Luthers Wartburgaufenthalt. Briefe, Akten und dergleichen und Personalien, 2. Auflage, Leipzig 1911, S. 164–167, hier S. 165. **30** Kritische Ausgabe in: Martin Luther: Studienausgabe. Bd. 2, hrsg. von Hans-Ulrich Delius, 2. Auflage, Leipzig 1992, S. 525–529. **31** Luther, Studienausgabe (wie Anm. 30), S. 527, 22–528, 5. Zur Umgestaltung der Messe und Wittenberger Bewegung vgl. insgesamt Martin Brecht: Martin Luther, Bd. 2: Ordnung und Abgrenzung der Reformation 1521–1532, Stuttgart 1986, S. 34–53; Thomas Kaufmann: Geschichte der Reformation, Frankfurt am Main/Leipzig 2009, S. 380–392; Krentz, Ritualwandel (wie Anm. 28), S. 143–214. **32** Zu den Invokavitpredigten vgl. WA 10/III, 1–64 sowie Christopher Spehr: Invokavitpredigten, in: Leppin/Schneider-Ludorff, Das Luther-Lexikon (wie Anm. 13), S. 313 f. **33** WA 10/II, 1, 11–41. **34** Vgl. Reinhard Schwarz: Luther (= Die Kirche in ihrer Geschichte. 3,I), Göttingen 1986, S. 123 f.; Krentz, Ritualwandel (wie Anm. 28), S. 215–242. **35** Zur Auseinandersetzung in Wittenberg vgl. Krentz, Ritualwandel (wie Anm. 28), S. 243–324.

Die reformatorische Bewegung

Die Entstehung evangelischer Gottesdienstordnungen

Während Luther in Wittenberg 1522 behutsam Änderungen zuließ, wurden andernorts wie in Basel, Breslau oder Augsburg gottesdienstliche Änderungen beherzter erprobt. Das vermutlich älteste erhaltene evangelische Messformular entwarf 1522 Kaspar Kantz, Prior des Nördlinger Karmeliterklosters, für seine Konventsmesse, die er nun zur evangelischen Abendmahlsfeier umgestaltete. 1522, spätestens 1524 wurde Kantz' Ordnung unter dem Titel *Von der Evangelischen Messz* gedruckt (Abb. 2).[36] Im thüringischen Allstedt führte Thomas Müntzer zum Osterfest 1523 eine deutsche Messe ein. Sie war im Ganzen auf Lob und Dank der Gemeinde ausgerichtet und eng am traditionellen Ablauf orientiert. Vom Kanon hingegen wurden nur die Einsetzungsworte beibehalten. Das eigentlich Neue war die durchgehend deutsche Sprache. In seiner weit verbreiteten Schrift *Deutsches Kirchenamt* von 1523, welche die Ämter (Gottesdienste) Mette, Laudes und Vesper entfaltete, konzentrierte sich Müntzer auf die Hauptfeste, tilgte alle Feiern der Heiligen und bot den einstimmigen gregorianischen Choral auf Deutsch.[37] Seine Schrift *Deutsche Evangelische Messe* von 1524 enthielt schließlich eine Messordnung.[38] In Worms, Straßburg, Nürnberg und anderen Orten entstanden seit 1523 ebenfalls Gottesdienstordnungen.[39]

Luther selbst kündigte im März 1523 an, evangelische Neuerungen einzuführen. Die täglichen Messen, die durch Karlstadt in der Stadtkirche abgeschafft waren, wurden zu Predigtgottesdiensten umfunktioniert. Die Gestaltungsvorschläge für die gemeindlichen Tagzeitgottesdienste begründete Luther in dem Traktat *Von Ordnung Gottesdiensts in der Gemeinde* (Abb. 3).[40] Hierin entwickelte er nach dem Grundsatz, dass im Gottesdienst nichts als Gottes Wort betrieben werden solle, Vorschläge für die gemeindlichen Wochengottesdienste, ohne allerdings eine ausgearbeitete Liturgie vorzulegen. Grundstrukturen der Morgen- und Abendgottesdienste sollten die alttestamentliche oder neutestamentliche Schriftlesung, eine Auslegung des gelesenen Textes und die Fürbitte sein. Dank und Lob der Gemeinde sollten in Form von Psalmengesängen und Responsorien gestaltet werden. Als Teilnehmer der täglichen Versammlung hatte Luther Priester und Schüler vorgesehen, die freiwillig am Gottesdienst teilnahmen. Schließlich bot Luther Hinweise auf die Schriftlesungen im gemeindlichen Sonntagsgottesdienst, wodurch er die Konzentration des gottesdienstlichen Handelns auf das gelesene und gepredigte Wort unterstrich. Strukturelle Änderungen des Gottesdienstes könnten sich – so Luther – mit der Zeit von selbst ergeben.

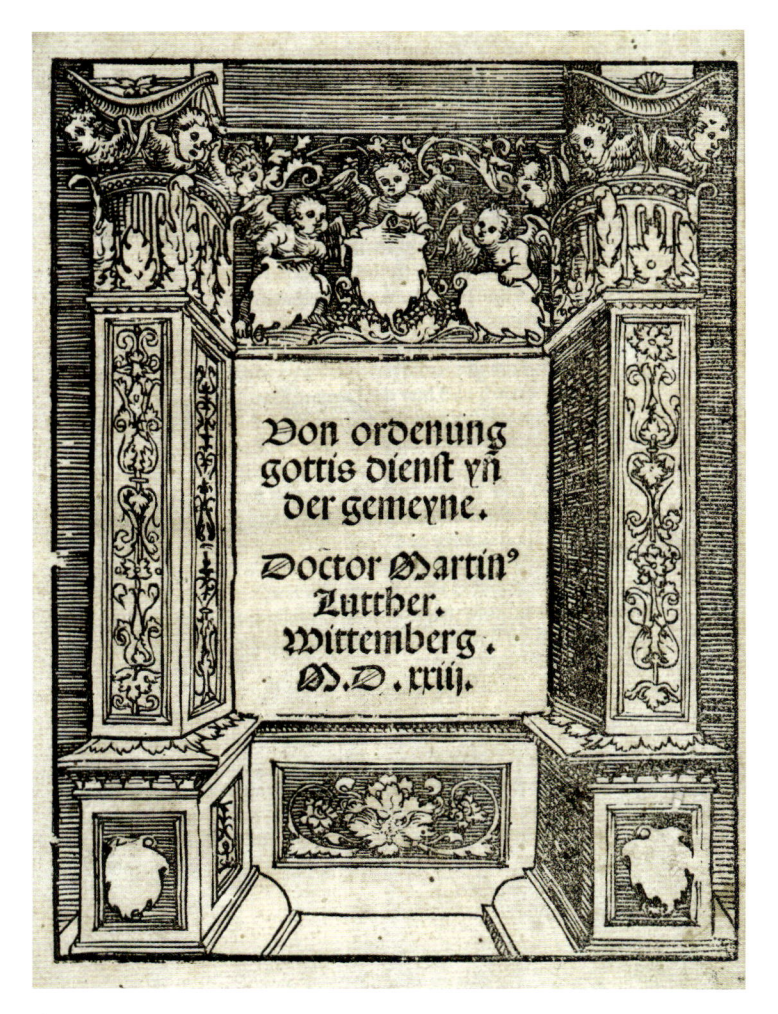

Abb. 3 Martin Luther, Von Ordenung Gottis dienst yn der gemeyne, Wittenberg 1523

Die christliche Freiheit solle durch menschliche Ordnungen nicht gefährdet werden. Unverrückbar galt für ihn hingegen: »Es ist alles besser nachgelassen, als das Wort. Und ist nichts besser getrieben als das Wort.«[41] Noch im Frühjahr 1523 erschien aus Luthers Feder die Taufliturgie *Das Taufbüchlein verdeutscht*.[42]

Weil die entstehenden evangelischen Gemeinden Luther 1523 zu konkreten Gestaltungsvorschlägen drängten, entwarf er im Herbst 1523 mit der *Formula missae et communionis pro Ecclesia Wittembergensi* (Ordnung der Messe und Kommunion für die Wittenberger Kirche) einen Messgottesdienst in lateinischer Sprache (deutsche Fassung: Abb. 4). In dieser ersten agendarischen Gottesdienstordnung Luthers betonte

---

36 Die evangelischen Kirchenordnungen (wie Anm. 1), Bd. 12, S. 285–288. **37** Thomas Müntzer: Schriften und Briefe. Kritische Gesamtausgabe, hrsg. von Günther Franz (= Quellen und Forschungen zur Reformationsgeschichte. 33), Gütersloh 1968, S. 30–155. **38** Ebd., S. 161–206. **39** Zur historischen Entwicklung in den 1520er Jahren vgl. Smend, Die evangelischen deutschen Messen (wie Anm. 1); Alfred Niebergall: Agende, in: Theologische Realenzyklopädie, Bd. 1, 1978, S. 1–15; Irmgard Pahl (Hrsg.): Coena Domini I. Die Abendmahlsliturgie der Reformationskirchen im 16./17. Jahrhundert (= Spicilegium Friburgense. 29), Freiburg 1983. **40** WA 12, 35–37. **41** WA 12, 37, 29 f. (Übertragung ins moderne Deutsch durch den Verfasser). **42** WA 12, 42–48. **43** WA 12, 214, 14–20 (Übersetzung durch den Verfasser). **44** Zu Luther als Kirchenliederdichter und zum ersten *Wittenbergischen Gesangbuch* von 1525 vgl. Markus Jenny (Bearb.): Luthers geistliche Lieder und Kirchengesänge. Vollständige Neuedition in Ergänzung zu Bd. 35 der Weimarer Ausgabe (= Archiv zur Weimarer Ausgabe. 4), Köln/Wien 1985. Zur Bedeutung der Musik für Luther vgl. Johannes Schilling: Musik, in: Albrecht Beutel (Hrsg.): Luther Handbuch, Tübingen 2005, S. 236–244. Siehe hierzu auch den Beitrag von Johannes Schilling in diesem Band. **45** Vgl. WA 17/1, 459, 15–33 (Predigt vom 29.10.1525). **46** Vgl. Brecht, Martin Luther, Bd. 2 (wie Anm. 31), S. 246–253. **47** Vgl. Joachim Ott: Luthers Deutsche Messe und Ordnung Gottesdiensts (1526). Historische, theologische und buchgeschichtliche Aspekte, in: Irene Dingel/Hennig P. Jürgens (Hrsg.): Meilensteine der Reformation. Schlüsseldokumente der frühen Wirksamkeit Martin Luthers, Gütersloh 2014,

er programmatisch: »In all diesen Dingen sollte vermieden werden, dass wir aus der Freiheit ein Gesetz machen. [...] Denn die Ordnung der Christen, das heißt der Kinder der Freien, die all das willig und aus Überzeugung wahren sollen, müssen geändert werden können, sooft und wie sie wollen. Deshalb ist es nicht [recht], dass irgendwer in dieser Sache irgendeine notwendige Form wie ein Gesetz erbittet oder festlegt, womit er die Gewissen verstrickt und plagt.«[43]

Wenn Luther in der *Formula missae* dennoch konkrete Vorschläge zur Gottesdienstgestaltung seiner Wittenberger Gemeinde – vom Introitus über die Lesungen, Predigt und Messfeier bis zum Schlusssegen – unterbreitete, tat er dies, um zu zeigen, wie man in gottesfürchtiger Weise Messe halten und zur Kommunion gehen könne. Die Liturgie wolle er weiterhin in lateinischer Sprache feiern, nur die Predigt auf Deutsch halten. Das Singen geistlicher Lieder in deutscher Sprache empfahl Luther hingegen ausdrücklich und komponierte, weil 1523 kaum Kirchenlieder vorhanden waren, selbst.[44] Hingegen hielt er liturgische Kleider oder die Gestalt des Gottesdienstraumes für nebensächlich und betonte, weil die Heilige Schrift in den äußeren Dingen nichts vorschreibe, solle je nach Beschaffenheit des Ortes, der Zeit und der Personen die Freiheit des Geistes wirken.

Als Folge des freiheitlichen Umgangs mit den liturgischen Ordnungen entstanden zahlreiche neue Ordnungen. Luther selbst zögerte und hielt erst am 29. Oktober 1525 probeweise den sonntäglichen Stadtkirchenmessgottesdienst in deutscher Sprache.[45] Weihnachten 1525 – vier Jahre nach Karlstadts Gottesdienstfeier – wurde die deutsche Messe in Wittenberg schließlich eingeführt.[46] Luthers Schrift *Deutsche Messe und Ordnung Gottesdiensts*, die Anfang 1526 im Druck erschien, begleitete diese einschneidende Maßnahme publizistisch (Abb. 5 und 6).[47] Anlass zu dieser bedeutendsten Gottesdienstschrift Luthers gaben das kursächsische Bemühen um regionale Einheitlichkeit, die gemeindlichen Anfragen nach autoritativer Orientierung, Probleme mit der musikalischen Gestaltung eines deutschsprachigen Gottesdienstes und die reformfreudige Haltung des seit 1525 regierenden sächsischen Kurfürsten Johann. Die *Deutsche Messe*, die durch Notenbeispiele bereichert und zum sonntäglichen Gebrauch in den Gemeinden bestimmt war, bildete für Luther den Abschluss des Einführungsprozesses der evangelischen Messe.[48] Der liturgische Aufbau war innovativ und in Kürze folgender: Lied oder Psalm, *Kyrie eleison*, Kollektengebet, Epistellesung, Lied, Evangeliumslesung, Glaubenslied, Predigt, Vaterunserparaphrase, Abendmahlsvermahnung, Brotwort und Austeilung des Brotes, Kelchwort und Austeilung des Kelchs, Schlusskollekte und Aaronitischer Segen.

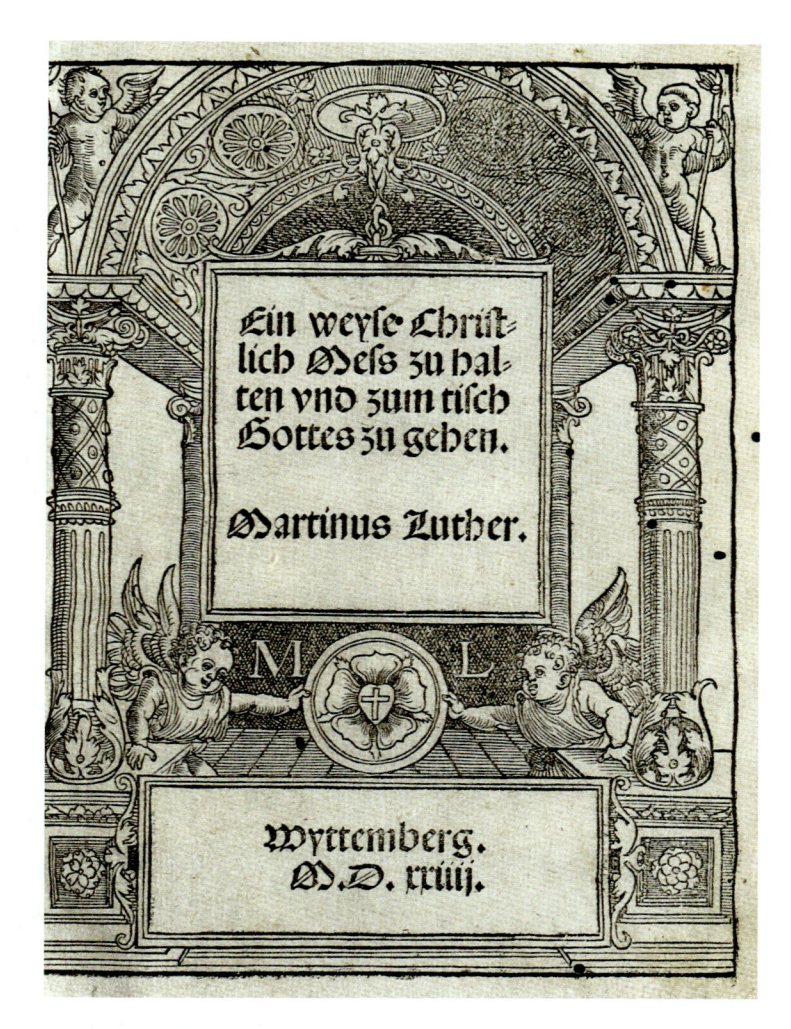

Abb. 4 Martin Luther, Ein weyse Christlich Mess zu halten und zu tisch Gottes zu gehen, Wittenberg 1524

Noch wirksamer als die liturgische Ordnung selbst war die Vorrede, in der Luther seine theologische Grundposition bezüglich des Gottesdienstes wiederholte, die regionale Einheitlichkeit hervorhob und den Freiheitsgedanken in den Dienst des Nächsten stellte.[49] Die liturgische Freiheit ende dort, wo die Gewissen der Gemeindeglieder beschwert würden. In Anlehnung an seine Wittenberger Praxis präsentierte Luther sodann drei Formen des Gottesdienstes: Die lateinische Messe nach Art seiner *Formula missae* hielt er für eine sprachlich universale Gottesdienstform, die für den (ober-)schulischen und universitären Kontext geeignet sei. Die deutsche Messe nach der Art, wie sie Luther in seiner Abhandlung ausführte, galt

---

S. 218–234. **48** Spätere Schriften, in denen sich Luther zum Thema Gottesdienst äußerte, betrafen einzelne Aspekte und entstanden aufgrund bestimmter Anlässe: WA 30/2, 595–626, 691–693 (Vermahnung zum Sakrament des Leibes und Blutes unseres Herrn, 1530); WA 38, 195–256 (Von der Winkelmesse und Pfaffenweihe, 1533); WA 54, 141–167 (Kurzes Bekenntnis vom heiligen Sakrament, 1544); WA 50, 192–254 (Die Schmalkaldischen Artikel, 1537/38). – Als liturgiewissenschaftliche und kirchenhistorische Forschungsbeiträge seien zusätzlich zu den bereits Genannten erwähnt Hans-Bernhard Meyer: Luther und die Messe. Eine liturgiewissenschaftliche Untersuchung über das Verhältnis zum Messwesen des späten Mittelalters (= Konfessionskundliche und kontroverstheologische Studien. 11), Paderborn 1965; Frieder Schultz: Luthers liturgische Reformen. Kontinuität und Innovation, in: Archiv für Liturgiewissenschaft 25, 1983, S. 249–275; Reinhard Messner: Die Messreform Martin Luthers und die Eucharistie der Alten Kirche. Ein Beitrag zu einer systematischen Liturgiewissenschaft (= Innsbrucker theologische Studien. 25), Innsbruck/Wien 1989; Ders.: Reformen des Gottesdienstes in der Wittenberger Reformation, in: Martin Klöckener/Benedikt Kranemann (Hrsg.): Liturgiereformen. Historische Studien zu einem bleibenden Grundzug des christlichen Gottesdienstes. Teil 1: Biblische Modelle und Liturgiereformen von der Frühzeit bis zur Aufklärung (= Liturgiewissenschaftliche Quellen und Forschungen. 88), Münster 2002, S. 381–416; Reinhard Schwarz: Der hermeneutische Angelpunkt in Luthers Meßreform, in: Zeitschrift für Theologie und Kirche 89, 1992, S. 340–364. **49** Siehe WA 19, 72–78.

Abb. 5 Martin Luther, Deudsche Messe und ordnung Gottisdiensts, 1526, Titelblatt. Das Werk wurde 2015 in das UNESCO-Dokumentenerbe »Memory of the World« aufgenommen.

den »einfältigen Laien« und sollte zur gemeindlichen Glaubensübung beitragen. Beide Formen müssten öffentlich in den Kirchen zugänglich sein und zum Glauben und Christentum reizen. Eine »dritte Weise« gottesdienstlicher Versammlung gelte denen, die »mit ernst Christen sein wollen und das Evangelium mit Hand und Mund bekennen«.[50] Diese an den urchristlichen Gemeindestrukturen orientierte hauskirchliche Gemeinschaftsform, in der alles auf Wort, Gebet und Liebe ausgerichtet sei, blieb für Luther Vision. Er hatte zu dieser Zeit schlichtweg nicht genügend Leute für diese dritte Weise des Gottesdienstes.[51]

Auch mit seiner *Deutschen Messe* suchte Luther keine neue Norm aufzustellen, sondern blieb seinem gesetzeskritischen Gottesdienstverständnis treu, wenn er am Ende der Schrift notierte: »Summa, diese und alle Ordnungen sind so zu gebrauchen, dass, wenn ein Missbrauch daraus werde, man sie schnellstens abtue und eine andere Ordnung mache«.[52]

Resümee

Luthers *Deutsche Messe* wurde durch Anweisung des sächsischen Kurfürsten Johann 1526 offiziell im Kurfürstentum eingeführt und fand darüber hinaus weite Verbreitung, blieb aber nicht die einzige Gottesdienstordnung.[53] Während solche in Süddeutschland und der Schweiz größtenteils dem Predigt- und nicht dem Messgottesdienst folgten – nicht zuletzt aufgrund des Abendmahlsstreits zwischen Luther und Huldrych Zwingli –, wurden auch Luthers Vorschläge in Nord- und Mitteldeutschland nicht eins zu eins umgesetzt. Bereits in der Braunschweiger Kirchenordnung (1528) von Johannes Bugenhagen oder in der Kirchenordnung von Brandenburg-Nürnberg (1533) fanden sich revidierte Fassungen von Luthers Messformular. Bisweilen wurden besonders beim Abendmahl Mischformen zwischen der *Formula Missae* und der *Deutschen Messe* gewählt, wozu auch die bis heute übliche Reihenfolge von Brot- und Kelchwort und anschließender Austeilung von Brot und Wein zählt. Gleichwohl: Der Messgottesdienst in der Volkssprache sollte für das Luthertum charakteristisch werden.[54]

Luther selbst ging es stets um das Geschehen zwischen Gott und Mensch, das er als dialogisches Sprachgeschehen von Wort und Antwort entfaltete. Pointiert formulierte er dies in seiner Predigt zur Einweihung der Torgauer Schlosskirche am 5. Oktober 1544:[55] »Meine lieben Freunde, Wir sollen jetzt dieses neue Haus einsegnen und weihen unserm Herrn Jesus Christus, welches mir nicht allein gebührt und zusteht, sondern ihr sollt auch zugleich an den Weihwedel und die Räucherpfanne greiffen, damit dies neue Haus dahin gerichtet werde, dass nichts anders darin geschehe, als dass unser lieber Herr selbst mit uns rede durch sein heiliges Wort, und wir wiederum mit ihm reden durch Gebet und Lobgesang.«[56]

Abb. 6 Martin Luther, Deudsche Messe und ordnung Gottisdiensts, 1526, Beginn des Messformulars. Das Werk wurde 2015 in das UNESCO-Dokumentenerbe »Memory of the World« aufgenommen.

50 WA 19, 75, 5 f. **51** Vgl. WA 19, 75, 18–21. **52** WA 19, 113, 4–18. **53** Vgl. Krentz, Ritualwandel (wie Anm. 28), S. 340–353. **54** Vgl. Pahl, Coena Domini I (wie Anm. 39), S. 29–104; Bieritz, Liturgik (wie Anm. 3), S. 467–474. **55** WA 49, 588–615. Vgl. auch Hellmut Zschoch: Predigten, in: Beutel, Luther Handbuch (wie Anm. 44), S. 315–321, hier S. 320. **56** WA 49, 588, 12–18.

SUSANNE KIMMIG-VÖLKNER

Von flüchtenden Nonnen und rückläufiger Seelsorge. Die Reformation und die Klöster

Am 13. Juni 1525 heiratete der ehemalige Mönch Martin Luther die frühere Nonne Katharina von Bora. Die junge Frau zog zu ihrem Mann ins ehemalige Augustinerkloster, das Luther von Friedrich dem Weisen als Wohnhaus geschenkt worden war. Er hatte auch nach der Reformation weiter im Kloster gelebt, bis schließlich nur noch der Prior und Luther selbst übrig waren. Katharina war 1523 mit acht anderen Nonnen aus dem Kloster Nimbschen bei Grimma geflohen. Die Legende berichtet, sie seien auf einem Wagen zwischen Fässern mit Hering verborgen im Auftrag Luthers befreit worden.

Tatsächlich zogen die Reformationsereignisse zahlreiche Austritte von Ordensleuten aus ihren Klöstern nach sich. Sie traten aus, weil sie sich Luthers Lehren anschlossen oder weil sie durch die Neuordnung der Klostergüter ihre geistigen und weltlichen Lebensgrundlagen verloren. Zum Beispiel brachen den Bettelordensklöstern ihre Haupteinnahmequellen weg: Ihnen wurde das Erbetteln von Almosen im Ort (terminieren) verboten und das Einnahmen bringende Gottesdienstrecht entzogen. Bei den meisten Klöstern folgte auf eine Inventarisierung der Güter durch die weltliche Obrigkeit nach und nach ihre Säkularisierung, da der Landesherr nun für den Unterhalt der Ordensleute, beispielsweise durch Abfindungen, aufkommen musste. Die Äbte und Äbtissinnen übereigneten – nach Kirchenrecht zwar nicht ganz legal – ihre Konvente den Landesherren. Sicherlich begünstigten Regelungen wie Verbote des alten Gottesdienstes und der Fürsorge für das Seelenheil von Stiftern den Niedergang der Klöster. Dadurch fehlten Einkünfte zum Lebensunterhalt, und die Riten des klösterlichen Lebens konnten ohne Strafen nicht mehr ausgeübt werden.

Während Mönche oft andere Beschäftigungsmöglichkeiten im geistlichen Sektor fanden, ob als Prediger, Diakon oder Lehrer, so waren ehemalige Nonnen meist mittel- und obdachlos. Es war also wichtig, sie zu verheiraten. Da dies nicht immer gelang, wurden Abfindungen oder Pensionen vereinbart oder in manchen Fällen evangelische Frauenklöster gegründet.

Wie mit den Klöstern im Einzelnen verfahren wurde, unterschied sich je nach lokalen Gegebenheiten. Manche blieben so lange von Ordensleuten bewohnt, bis der letzte gestorben war. Die leerstehenden Anlagen ließen sich auf unterschiedliche Weise nutzen. So dienten sie nun als Schulen und Bibliotheken oder beherbergten Spitäler oder Waisenhäuser. Einige Anlagen fielen brach und wurden als Steinbrüche benutzt.

MIRKO GUTJAHR

Das erste evangelische Pfarrhaus? Lutherhaus und Haushalt des Reformators im archäologischen Befund

Einen besonderen Reiz gewinnt die Erforschung vergangener Lebensrealitäten, wenn es gelingt, historische, bauhistorische und archäologische Beobachtungen, die historischen Persönlichkeiten, wie Martin Luther es war, zugeordnet werden können, miteinander zu verbinden und in ihrer Zusammenschau zu neuen Ergebnissen zu gelangen. Der Vergleich der materiellen mit der schriftlichen Überlieferung ermöglicht dabei einerseits den Abgleich und eine kritische Bewertung der unterschiedlichen Quellen, andererseits erlauben die Sachzeugnisse aber auch einen Einblick in historische Abläufe, die entweder überhaupt nicht oder durch den subjektiven Blickwinkel des Verfassers verfälscht in die Schriftüberlieferung eingeflossen sind. Die Ausgrabungen in den Lutherstätten Mansfeld und Wittenberg sind somit ein besonderer Glücksfall insbesondere für die relativ junge Disziplin der Archäologie der Frühen Neuzeit, da hier die überaus reichhaltige schriftliche Überlieferung zur Person des Reformators Martin Luther auf eine große Materialfülle trifft. So ergibt sich ein sehr dichtes, unmittelbares Bild der Lebensrealität Luthers und seiner Familie.

Vom Augustinerkloster zum Heim der Familie Luther: die bauliche Entwicklung des Lutherhauses[1]

Im Vergleich zur Bauforschung, die sich bereits im 19. Jahrhundert für das Gebäude zu interessieren begann, rückte die archäologische Forschung das Lutherhaus in Wittenberg (Abb. 1) erst relativ spät in den Fokus. Zwar fanden bereits in der ersten Hälfte des 20. Jahrhunderts bei der Errichtung des sogenannten Direktorenhauses offenbar baubegleitende Grabungen auf der Suche nach dem Ort von Luthers »Turmerlebnis« statt, jedoch blieben diese undokumentiert. So dauerte es bis ins Jahr 1998, bis erste planmäßige archäologische Untersuchungen am und im Lutherhaus durchgeführt wurden. Zeitgleich fanden umfangreiche bauhistorische und restauratorische Maßnahmen statt. In den Jahren 2000 und 2002 wurde an der südöstlichen Ecke des Lutherhauses ein steinernes Fundament eines ehemaligen Stadtmauerturms freigelegt und zunächst für den lang gesuchten Turm von Luthers Studierstube gehalten. Im Lutherhaus selbst wurde im Rahmen einer Fußbodenabsenkung das originale Pflaster der Lutherzeit angetroffen. Die umfangreichste Maßnahme fand jedoch 2004/05 im Rahmen einer Neugestaltung des Gartenareals und eines neuen Kellerzugangs im südlich angrenzenden Hof des Lutherhauses statt. Bereits wenige Zentimeter unter der modernen Oberfläche traten die überraschend gut erhaltenen Fundamente eines turmartigen Anbaus hervor (Abb. 2). Das Gelände war zudem mit umfangreichem Fundmaterial insbesondere des 16. Jahrhunderts verfüllt, das einen einzigartigen Einblick in die Nutzung des ehemaligen Klosters und die Umnutzung durch den prominentesten Bewohner des Hauses, Martin Luther, ermöglicht.

Wie nicht unüblich bei den Augustinereremiten, die sich als relativ junge Ordensgründung erst spät in den mittelalterlichen Städten niederließen, wurde das Kloster am Rand der Stadt unter Einbeziehung der Stadtmauern und bereits vorhandener baulicher Strukturen errichtet. Von Anfang an war offenbar für das 1502 auf Veranlassung Friedrichs des Weisen gegründete Kloster eine traditionelle vierflügelige Klausur vorgesehen. Im Norden sollte diese anstelle der spätmittelalterlichen hölzernen Hospitalkirche des früher hier befindlichen Heilig-Geist-Spitals durch einen steinernen Kirchenbau abgeschlossen werden. Dieser wurde jedoch nur in den Fundamenten des Altarraumes fertiggestellt und später, vermutlich infolge des Festungsbaus im Jahr 1526, abgetragen. Auch von der ursprünglich geplanten Vierflügelanlage wurde bis 1508 nur der südliche Flügel fertig gestellt. Er beinhaltete zunächst die wichtigsten Wohn- und Arbeitsräume der Mönche, den Kapitelsaal, den Speisesaal (Refektorium), die Küche und den Schlafsaal (Dormitorium). Für den Neubau nutzte man im Süden Teile der alten Stadtmauer und bezog auf der Ostseite und an der Südwestecke je einen Turm in das Klostergebäude ein; beide dienten nun als Treppentürme. Von der Einbeziehung von noch bestehenden Strukturen des ehemaligen Heilig-Geist-Spitals zeugt noch ein eingewölbter Raum im Nordwesten des Erdgeschosses. Der Ost- und Westflügel scheinen zumindest schon begonnen worden zu sein, wie sich an den nördlich an den Südflügel ansetzenden Maueranschlüssen erkennen ließ, die bei den Ausgrabungen zutage traten.

---

[1] Siehe zum Folgenden: Stefan Laube: Das Lutherhaus in Wittenberg, Eine Museumsgeschichte, Leipzig 2003; Annemarie Neser: Luthers Wohnhaus in Wittenberg. Denkmalpolitik im Spiegel der Quelle (= Stiftung Luthergedenkstätten in Sachsen-Anhalt, Katalog. 10), Leipzig 2005; Reinhard Schmitt: Zur Baugeschichte des Augustiner-Eremitenklosters in Wittenberg, in: Harald Meller (Hrsg.): Luthers Lebenswelten (= Tagungen des Landesmuseums für Vorgeschichte Halle. 1), Halle (Saale) 2008, S. 177–191.

Abb. 1
Wittenberg, Lutherhaus
(ehemaliges Augustinerkloster)

In den Jahren 1515/16 wurde auf der Südseite des Klostergebäudes im ehemaligen Stadtgraben ein etwa quaderförmiger und turmgleicher Anbau von etwa acht Metern Seitenlänge errichtet (Abb. 2 und 3). Dieser enthielt im Untergeschoss eine Latrine und eine Heizstelle für darüber liegende Räume. Die Südfassade ist durch ein umlaufendes Gesims und drei Lisenen architektonisch gegliedert und war ursprünglich verputzt. Inzwischen ist unstrittig, dass es sich bei besagtem Anbau um den Standort von Luthers ehemaliger Studierstube handelte, die sich im oberen Stockwerk des ursprünglich drei Etagen umfassenden Bauwerks befunden haben muss. Auf diese Kammer bezieht sich Luther mehrfach in seinen Briefen und den Tischreden, insbesondere in Hinblick auf den Ort seines reformatorischen Durchbruchs, den er hier erlebt haben will: »Diese kunst hatt mir der Heilige Geist auff diesem thurm geben.«[2] Leider sind von diesem Anbau, der unter anderem in einem Grundriss von 1757 noch als »Waschhaus« bezeichnet war, nach dem Abriss um 1850 nur noch das Untergeschoss und die Oberfläche des Erdgeschosses erhalten geblieben, sodass über die genaue Baugestalt von Luthers Arbeitszimmer nichts weiter bekannt ist. Vermutlich führte jedoch eine Tür direkt von der ersten Etage ins Hauptgebäude, während Erdgeschoss und Untergeschoss mit einer steinernen Treppe verbunden waren. Entstanden ist der turmartige Standerker vermutlich als eine Art Übergangslösung bis zur Errichtung eines Priorats (eines eigenen Wohngebäudes für den Klostervorsteher), auch wenn dies für ein Augustinerkloster eine eher unübliche Bauweise darstellte. Er bot je ein komfortables und repräsentatives Arbeitszimmer für den Prior des Klosters sowie den Distrikt- beziehungsweise Provinzialvikar des Ordens in Mitteldeutschland – eine Stelle, die Martin Luther von Mai 1515 bis April 1518 innehatte und deren Befugnisse sogar die des Priors teilweise übertrafen.

Nachdem sich der Konvent im Jahr 1522 aufgelöst hatte, erhielt Martin Luther die Gebäude zwei Jahre später und im Jahr 1532 endgültig zur Nutzung übereignet. Bis zu seinem Tod 1546 bewohnten er und seine Familie mehrere Räume im Westteil des Südflügels, die er sukzessive zu diesem Zweck umbauen ließ. Wie schon zuvor die Gebäude und Räume des Augustiner-Eremiten-Klosters wurde jedoch auch das Wohnhaus Luthers offenbar nicht völlig ausgebaut, klagte der Reformator doch noch 1542, dass ein Drittel seines Hauses nicht nutzungsfähig gewesen sei. Erst nach dem Verkauf des Lutherhauses 1564 durch die Luther-Erben an die Universität Wittenberg fand ein umfassender weiterer Ausbau statt, der den Charakter des Lutherhauses bis heute entscheidend prägt.

2 WA.TR 3, 228 (Nr. 3232a).

166   Die reformatorische Bewegung

Abb. 2
Archäologische Ausgrabung im Garten des Lutherhauses: Blick auf die Fundamente des Südanbaus, der nachträglich in den Stadtgraben und an einen kurz zuvor errichteten Brunnenturm angebaut wurde

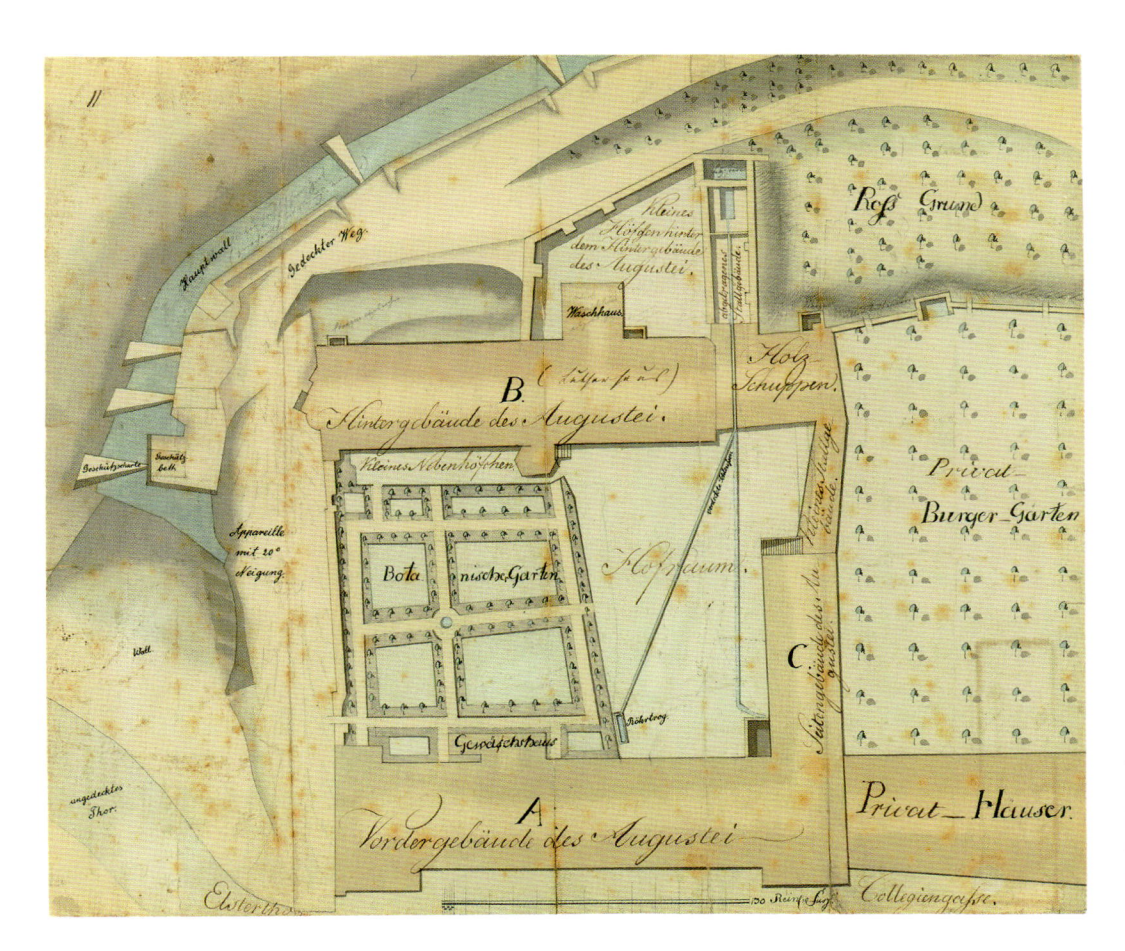

Abb. 3
Historischer Plan Wittenbergs, Detail mit Lutherhaus, 1757. Als »Waschhaus« beschriftet, ist der 2004/05 wiederentdeckte Anbau erkennbar.

Die reformatorische Bewegung 167

Abb. 4a Hals eines bemalten und glasierten Fayence-Kruges aus Iznik (ergänzt), 1. Hälfte 16. Jh. Aus der Ausgrabung im Garten des Lutherhauses Wittenberg

Abb. 4b Fayence-Krug aus Iznik, Mitte 16. Jh. Anhand des vollständigen Gefäßes (Henkel sowie Teile von Hals und Fuß ergänzt) lässt sich ein Eindruck gewinnen, wie der Fayencekrug in Luthers Besitz aussah.

Die materielle Lebenswelt des Reformators

Als die Universität 18 Jahre nach dem Tod Martin Luthers das Anwesen 1564 von den hoch verschuldeten Söhnen erwarb, hatte dies neben einer erneuten weitgreifenden baulichen Umgestaltung offenbar auch die Entsorgung des noch vorhandenen Hausrates des Reformators zur Folge. Laut der Aussage eines Zeitgenossen sei davon ohnehin nicht mehr viel in benutzbarem Zustand gewesen. So berichtete der Hofmeister Christian Küssow ein Jahr vor dem Verkauf über den desolaten Zustand des Anwesens: »Wie meine gn(ädigen) hern hier ankomen, ist nichts im huse gewesen, ohn Spinde, Benke, Tische seint zerbrochen.«[3] Anscheinend entledigte man sich während der Baumaßnahmen der Reste des noch vorhandenen GelehrtenHaushalts direkt aus den Fenstern des Lutherhauses in den südlich angrenzenden Hof. Das Material scheint dabei zunächst östlich vom »Lutherturm« eingebracht worden zu sein, bevor man es auf die gesamte Fläche des südlichen Hofareals gleichmäßig verteilte. Dieses war von der sogenannten Gartenmauer, eigentlich einer Stützmauer gegen den ab 1540 errichteten Befestigungswall, umgeben, die die Nutzung des dadurch stark verkleinerten Areals erheblich einschränkte. Hier hatte man offenbar zuvor auch schon große Mengen an Küchenabfall entsorgt.

Die umfangreichen Funde werfen ein detailliertes Licht auf die Lebensumstände im Lutherhaus im zweiten Drittel des 16. Jahrhunderts und zeigen die verschiedenen Funktionsbereiche des Anwesens:[4] Neben der Unterbringung von geschätzten 35 bis 50 Mitgliedern des Haushalts diente es vor dem Umbau dem repräsentativen Empfang illustrer Gäste (den berühmten Tischrunden) und der Unterbringung von Studenten. Auch die von Luthers Ehefrau Katharina betreuten ökonomischen Aktivitäten wie Land- und Gartenwirtschaft, Brauwesen, Fischfang und die Versorgung des Nutzviehs, aber auch hauswirtschaftliche Tätigkeiten spiegeln sich im Fundgut teilweise wider, beispielsweise durch Spatenschuh[5] oder Spinnwirtel[6]. Den Großteil der Funde bilden Bruchstücke von Gebrauchskeramik, die sich hauptsächlich aus gelbbraun und grün glasiertem Geschirr aus Irdenware zusammensetzt. Das Formenspektrum reicht dabei von typischem Küchengeschirr wie Töpfen mit Standboden und glasierten Dreibeintöpfen und -pfannen bis hin zu großen Auftragetellern und Schüsseln als Serviergeschirr. Kleine Schalen und Näpfe weisen auf die Zubereitung von Speisen des täglichen Bedarfs, etwa von Frischkäse hin. Hinzu kommen große und kleine glasierte Krüge zur Aufbewahrung und zum Ausschank von Getränken. Eine überraschend kleine Rolle spielt

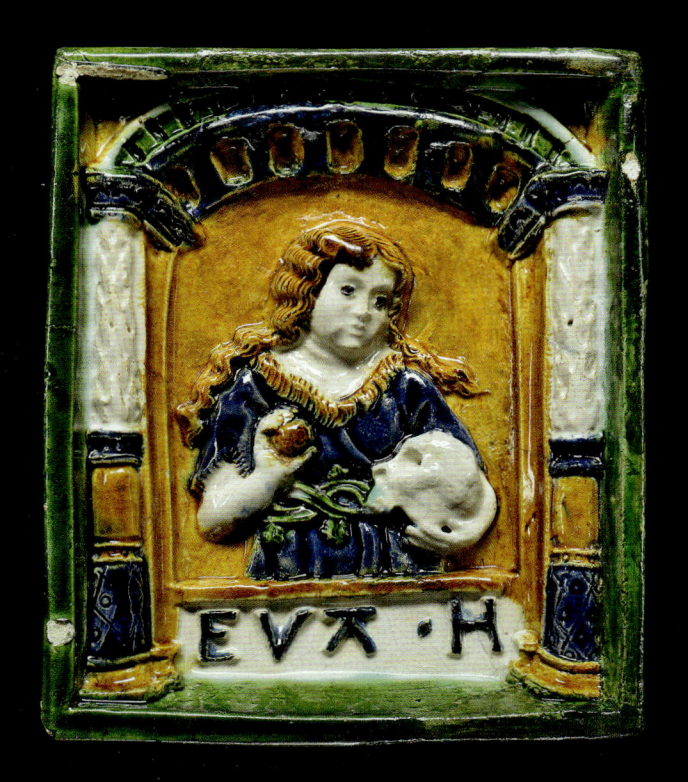

Abb. 5 Polychrome Kachel mit Darstellung der Eva,
1. Hälfte 16. Jh. Aus der Ausgrabung
im Garten des Lutherhauses Wittenberg

Abb. 6 Wandbrunnen mit »Gesetz-und-Gnade«-Darstellung,
1. Hälfte 16. Jh. Aus der Ausgrabung
im Garten des Lutherhauses Wittenberg

das Steinzeug, das fast ausschließlich aus sächsischer Produktion stammt und meist einfache schmucklose Formen aufweist. Hierzu zählen auch eine Anzahl kleiner sogenannter Salbtöpfchen, Apothekenabgabegefäße für Medikamente, die vermutlich bereits nach einmaligem Gebrauch entsorgt wurden.

Die am Gesamtaufkommen gemessen zweitgrößte Fundgruppe der Tierknochen gibt einen Einblick in die Ernährungsgewohnheiten im Lutherhaus: Neben Rind, Schwein sowie Schaf und/oder Ziege wurden auch verschiedene Arten von Geflügel und Fischen verzehrt. Zwar ist Luthers Abneigung gegen Wildbret in seinen Briefen und in den Tischreden gut belegt, die Knochen von Feldhase und Rotwild zeigen jedoch, dass derartiges Fleisch auch verzehrt wurde. Hochwild wie Hirsch und Reh gelangte wohl als Geschenk adliger Gönner in Luthers Speisekammer und kam vermutlich nur zu festlichen Anlässen auf den Tisch. Schweine wurden vor Ort gehalten, wie die Skelette zweier möglicherweise an einer Seuche verstorbener und direkt im Hof vergrabener Tiere zeigen.[7]

Die Funde von Bruchstücken exotischer Fayencen unterstreichen indes die besondere Stellung des Luther-Anwesens. Dazu zählen die Fragmente einer mit weißer Glasur und blauviolettem Dekor verzierten Fayence-Kanne, die ursprünglich aus dem Gebiet des westtürkischen Iznik (dem antiken Nicäa) stammte und die dem Reformator sicher als außergewöhnliches Geschenk verehrt wurde (Abb. 4a und b). Ein kleines Fayence-Schüsselchen mit weiß-blauer Verzierung wurde dagegen offenbar in Venedig gefertigt und weist Parallelen zu den in Machart und Dekor ähnlichen Nürnberger Patriziertellern mit Allianzwappen auf, die nachweislich in der Dogenstadt in Auftrag gegeben wurden. Dabei leitet sich diese an Porzellan

3 Friedrich Ludwig Karl Freiherr von Medem: Die Universitätsjahre der Herzöge Ernst Ludwig und Barnim von Pommern, Anklam 1867, S. 28. **4** Zum Folgenden siehe auch: Reinhard Schmitt/Mirko Gutjahr: Das »schwarze Kloster« in Wittenberg, in: Harald Meller (Hrsg.): Fundsache Luther – Archäologen auf den Spuren des Reformators, Halle (Saale) 2008, S. 132–139; Hans-Georg Stephan: Archäologie der Reformationszeit. Aufgaben und Perspektiven der Lutherarchäologie in Sachsen-Anhalt, in: Ebd., S. 108–113. **5** Hans-Georg Stephan: Lutherarchäologie. Funde und Befunde aus Mansfeld und Wittenberg, in: Meller, Luthers Lebenswelten (wie Anm. 1), S. 20–22 und S. 26, Abb. 16; Björn Schlenker: Spatenschuhe, in: Meller, Fundsache Luther (wie Anm. 4), S. 240, E 15. **6** Björn Schlenker: Spinnwirtel, in: Meller, Fundsache Luther (wie Anm. 4), S. 240, E 13. **7** Hans-Jürgen Döhle: Tierreste aus den Küchenabfällen der Familien Hans Luder in Mansfeld und Martin Luther in Wittenberg, in: Meller, Luthers Lebenswelten (wie Anm. 1), S. 329–335.

Abb. 7 Keramisches Schreibset, 1. Hälfte 16. Jh.
Aus der Ausgrabung im Garten des Lutherhauses Wittenberg

erinnernde Keramik wohl ursprünglich vom blau-weißen chinesischen Mingporzellan ab, das vom fernen China über den osmanischen Raum auf die oberitalienische Keramikproduktion Einfluss genommen hatte.[8]

Der repräsentative Charakter der Wohnräume Luthers lässt sich noch gut an den Bruchstücken des aufwändigen polychromen Kachelofens erahnen, der laut zweier datierter Kacheln im Jahr 1536 eingebaut wurde, vermutlich in der Lutherstube. Die Schauseiten zeigten biblische Figurenreihen, die an die Holzschnittserien des Nürnberger Kleinmeisters Erhard Schön angelehnt sind, aber auch Wappen und Szenen aus biblischen Geschichten (Abb. 5). Die Vielzahl einfacher grün glasierter Blattnapfkacheln sowie mit Figuren und heraldischen Darstellungen verzierter Blattkacheln weisen auf das Vorhandensein mehrerer, möglicherweise zeitgleicher Öfen in weiteren Räumen des Lutherhauses hin. Vermutlich ersetzten sie die in der Klosterzeit noch vorhandenen Kachelöfen, auf die nur noch wenige Funde hinweisen, so etwa eine gut erhaltene, bichrom glasierte Kachel eines Prunkofens mit Darstellung der heiligen Dorothea.[9] Eine Besonderheit stellt auch die Vielzahl der von innen und außen grün glasierten kastenförmigen Wasserbehälter dar.

Die Schauseiten der sogenannten Wandbrunnen ließen sich ähnlich wie bei den Ofenkacheln mit religiösen Bildinhalten verzieren. Das am besten erhaltene Exemplar zeigt etwa die von Lucas Cranach dem Älteren mehrfach dargestellte »Gesetz-und-Gnade«-Allegorie, die ein deutliches Bekenntnis zur neuen Glaubensrichtung darstellt (Abb. 6). Zur Ausstattung dieser Wandbrunnen gehörten neben als kleine Satteldächer ausgeführten Deckeln auch kleine bronzene Wasserhähne.[10] Die Funktion dieser Behältnisse ist noch nicht abschließend geklärt, höchstwahrscheinlich dienten sie zur Händewaschung mit zuvor am Ofen aufgewärmtem Wasser.

»Die Papisten moquieren sich, dass sich unter D. Luthers Haußrath so viel Becher und Gläser befanden, um geben ihm deswegen die Schuld, als wenn er ein guter Schmaußbruder gewesen«, heißt es in der *Alte und Neue Curiosa Saxonica* von 1737.[11] Tatsächlich erscheint der Anteil von Hohlgläsern, die allerdings stark fragmentiert vorliegen, mit insgesamt rund 1 600 Bruchstücken (was etwa 100 Gefäßen entsprechen dürfte) innerhalb der gesamten Fundmenge als relativ hoch. Das Material zeigt ein für die erste Hälfte des 16. Jahrhunderts typisches Spektrum an Gefäßen, angefangen von birnenförmigen Flaschen, hohen Keulen- und Stangengläsern für den Bierkonsum bis hin zu Nuppengläsern, die vornehmlich dem Weingenuss dienten. Seltener, aber für die Zeit nicht unüblich, waren etwa das nur in Bruchstücken erhaltene, beutelförmige Gefäß aus siegellackrotem Glas und die Rippenschalen in zum Teil kräftigen blauen und grünen Farbtönen. Im Gegensatz dazu dürften die nur in wenigen kleinen Bruchstücken nachweisbaren hochwertigen Fadengläser auch in Luthers Geschirrschrank eine Besonderheit dargestellt haben. Diese mutmaßlich aus Venedig stammenden oder zumindest von venezianischen Vorbildern abgeleiteten Gläser erinnern mit ihrem eindrucksvollen Dekor aus alternierenden weißen breiten Fäden und Rautennetzmustern an die in dieser Zeit ebenfalls sehr begehrten venezianischen Spitzenstoffe.[12]

Auf den akademischen Betrieb weisen hingegen die für einen Privathaushalt relativ hohe Anzahl von Buchschließen und Eckbeschlägen aus Messing hin, die von der heute größtenteils verschollenen umfangreichen Bibliothek des Reformators herrühren. Drei beinerne Griffe von Federmessern und grün glasierte keramische Schreibsets mit zugehörigen Schälchen und Tintenfässchen zeugen von der intensiven Schreibtätigkeit im Hause Luther (Abb. 7). Funde von keramischen und bronzenen Leuchtern und Öllämpchen sowie Bruchstücke farbloser Fensterscheiben unterstreichen den auch aus den Quellen bekannten Bedarf Luthers an natürlichem und künstlichem Licht für seine schriftstellerische Tätigkeit.[13]

Nur wenige Funde weisen eine direkte persönliche Relation zu den weiteren im Haus lebenden Personen auf. Eine knöcherne Lockpfeife, die den Exemplaren aus dem Mansfelder Elternhaus entspricht,[14] erinnert an den wegen seiner Leidenschaft für die Vogeljagd von Luther getadelten Wolfgang Sieberger. Ein goldener Ring mit verlorenem Stein[15] (Abb. 8) sowie ein zweireihiger Kamm[16] aus Elfenbein (Abb. 9) dürften sicher einer Dame gehobenen Standes im Lutherhaus gehört haben, vielleicht Katharina von Bora, während ein Messer mit silbernem Griff an die böhmischen Messer erinnert, die Luther als Geschenk übersandt wurden.[17] Zur Sphäre der im Haus lebenden Kinder gehören die kleinen Miniaturkochgeschirre, die in Form und Machart an die Vorbilder aus der Küche des Wittenberger Lutherhauses erinnern.[18]

Abb. 8 Goldener Ring, 1. Hälfte 16. Jh. Aus der Ausgrabung im Garten des Lutherhauses Wittenberg

Abb. 9 Kamm aus Elfenbein, 1. Hälfte 16. Jh. Aus der Ausgrabung im Garten des Lutherhauses Wittenberg

8 Stephan, Lutherarchäologie (wie Anm. 5), S. 24 f., 27–29, Abb. 19 und 21; Mirko Gutjahr: Fayence-Schälchen, in: Meller, Fundsache Luther (wie Anm. 4), S. 258–260, E 67; Ders.: Fragmente eines Fayencekruges aus Iznik, in: Ebd., S. 260, E 69. **9** Stephan, Lutherarchäologie (wie Anm. 5), S. 47–62. **10** Sonja König: Wandbrunnen – Wasserblasen – Wasserkasten, in: Meller, Luthers Lebenswelten (wie Anm. 1), S. 101–112. **11** Von des seeligen D. Martini Lutheri Reliquiis, in: Alte und Neue Curiosa Saxonica, Maius 1737, S. 174–180. **12** Nicole Eichhorn: Glasfunde aus Wittenberg. Frühneuzeitliche Hohl- und Flachglasfunde aus Mitteldeutschland, dargestellt an ausgewählten Fundkomplexen aus Wittenberg, Naumburg und Annaburg, in: Harald Meller (Hrsg.): Steinzeug und Bleilettern aus Wittenberg (= Forschungsberichte des Landesmuseums für Vorgeschichte Halle. 5), Halle (Saale) 2014, S. 9–148. **13** Stephan, Lutherarchäologie (wie Anm. 5), S. 20–22. **14** Siehe hierzu den Beitrag von Björn Schlenker und Andreas Stahl in diesem Band. **15** Mirko Gutjahr: Goldener Ring, in: Meller, Fundsache Luther (wie Anm. 4), S. 238, E 10. **16** Björn Schlenker: Kamm, in: Meller, Fundsache Luther (wie Anm. 4), S. 291 f., E 129. **17** Ders.: Beschlag eines Messergriffs, in: Meller, Fundsache Luther (wie Anm. 4), S. 234, E 4. **18** Ders.: Fragmente von Miniaturgefäßen, in: Meller, Fundsache Luther (wie Anm. 4), S. 292, E 131.

Die reformatorische Bewegung

Resümee[19]

Die Reformation lässt sich heute aus kulturwissenschaftlicher Sicht als Kulminationspunkt eines von vielen Faktoren begünstigten prozessualen Wandels von der spätmittelalterlichen zur frühneuzeitlichen Gesellschaft begreifen. Die Bedeutung der archäologischen Quellen aus den Lutherstätten Eisleben, Mansfeld und Wittenberg liegt unter anderem darin, diesen Prozess an genau den Orten nachvollziehbar zu machen, von denen einer seiner Hauptimpulse ausging. Blickt man unter diesem Aspekt auf die archäologische Sachkultur des Wittenberger Lutherhauses, erstaunt zunächst das weitgehende Fehlen von Funden aus eindeutig protestantischem Kontext. Bis auf wenige Ausnahmen, wie das protestantische Lehrbild von »Gesetz und Gnade« auf den Schauseiten von Wandbrunnen sowie das Fehlen altgläubiger Heiligendarstellungen, weist eigentlich nichts auf die theologischen Überzeugungen des Hausherrn zwischen 1525 und 1546 hin. Selbst die Bildserie des Kachelofens mit der Reihe von biblischen Vorbildern und Negativbeispielen anstelle der vorher allgegenwärtigen Heiligendarstellungen lässt sich auch in der halleschen Residenz Kardinal Albrechts von Brandenburg in modelgleichen Exemplaren[20] wiederfinden. Die Abwesenheit eindeutig konfessionell konnotierter Objekte – so es sich dabei nicht nur um eine zufällige Fundlücke handelt – lässt sich aber mit der relativ frühen Zeitstellung des Fundkomplexes innerhalb der Reformationsgeschichte erklären. So intensiviert sich die Distanzierung der konfessionellen Parteien erst im Laufe des 16. Jahrhunderts. Zum anderen standen Luther auch andere Mittel der Abgrenzung gegenüber andersgläubigen Gruppierungen zur Verfügung, die sich nicht im archäologischen Befund abzeichnen: seine unzähligen Briefe, Predigten und Schriften.

Auch wenn die nachfolgenden Generationen es später so rezipieren sollten: Das erste protestantische Pfarrhaus war das Lutherhaus in Wittenberg also nicht. Nicht nur, dass sich schon Jahre vor Luther bereits Pastoren verehelicht hatten: Luther hatte auch trotz seiner intensiven Predigttätigkeit niemals ein Pfarramt im eigentlichen Sinne inne. Dieses Amt bekleidete vielmehr seit 1523 Luthers langjähriger Freund und Mitreformator Johannes Bugenhagen.[21] Das Lutherhaus war auch weit weniger Pfarrhaus als vielmehr multifunktionelles Anwesen. Dies spiegelt sich nicht zuletzt auch in den zahlreichen Funden wider: An Objekten wie den keramischen Schreibsets – im archäologischen Befund finden sich Fragmente von mehreren Exemplaren –, zahlreichen Buchbeschlägen und Griffen von Federmessern erscheint das Lutherhaus als professoraler Gelehrtenhaushalt. Hochwertige Importwaren wie die venezianischen oder venezianischen Vorbildern nachempfundenen Fadengläser, das venezianische Fayence-Schüsselchen oder die Fayence-Kanne aus Iznik, die vermutlich als Geschenke von Gönnern in den Haushalt gelangten, spiegeln die soziale Stellung des prominenten Hausherrn als angesehenes Mitglied der gesellschaftlichen und akademischen Oberschicht Wittenbergs wider, dessen Haus auch als Treffpunkt ihrer wichtigsten Vertreter wahrgenommen wurde. Die umfangreichen Funde von Küchenutensilien und Tafelgeschirr weisen auf die ökonomische Funktion des Hauses als selbstversorgender Großhaushalt und studentische Burse hin. Interessanterweise rückt Katharina von Bora, als Hausherrin immerhin die Person, die die Geschicke der Familie in wirtschaftlicher Hinsicht lenkte, im archäologischen Befund lediglich schlaglichtartig in den Blick.

War das ehemalige Kloster zwar nun nicht im eigentlichen Sinne ein Pfarrhaus und sein prominentester Bewohner, Martin Luther, kein Pfarrer, wurden sie jedoch von der Nachwelt zum jeweiligen Exempel dieser Gattungen gemacht. Davon unberührt bleibt jedoch die Tatsache, dass im Falle des Luther-Haushalts die reichhaltige schriftliche Überlieferung in Fremd- und Selbstzeugnissen mit der archäologischen Überlieferung in einen bedeutenden, ungewöhnlichen und aufschlussreichen Dialog tritt. Das archäologische Fundgut, als quasi unvoreingenommene, neu hinzugetretene Quellengattung, macht somit das Lebensumfeld des Reformators und seiner Familie unmittelbar fassbar und ergänzt das aus der schriftlichen Überlieferung Bekannte um wichtige Facetten.

---

19 Zum Folgenden siehe auch: Barbara Scholkmann: Fragestellungen, Möglichkeiten und Grenzen einer Archäologie der Reformation in Mitteleuropa, in: Carola Jäggi/Jörn Staecker (Hrsg.): Archäologie der Reformation. Studien zur Auswirkung des Konfessionswechsels auf die materielle Kultur (= Arbeiten zur Kirchengeschichte. 104), Berlin/New York 2007, S. 3–25; Mirko Gutjahr: Lutherarchäologie, in: Harald Meller (Hrsg.): Mitteldeutschland im Zeitalter der Reformation (= Forschungsberichte des Landesmuseums für Vorgeschichte Halle. 4), Halle (Saale) 2014, S. 19–28. **20** Ulf Dräger: Drei polychrome Blattkacheln, in: Meller, Fundsache Luther (wie Anm. 4), S. 282, E 109. **21** Johannes Schilling: Leitbild Luther? Martin Luther, das deutsche Pfarrhaus und der evangelische Pfarrerstand, in: Deutsches Historisches Museum Berlin (Hrsg.): Leben nach Luther. Eine Kulturgeschichte des evangelischen Pfarrhauses, Bönen 2013, S. 33–43.

TOMOKO EMMERLING

Darum Lutherarchäologie!

Auch wenn man anhand der hohen Popularität des Reformators anderes vermuten würde: Von Martin Luthers familiärem Hintergrund und seiner Kindheit war bis in die jüngste Zeit wenig Überprüfbares bekannt. Ebenso lagen Aspekte seines Alltagslebens als Theologieprofessor und Familienvater in Wittenberg bis vor Kurzem noch im Dunkeln. Dies erkannt und das Dunkel schlaglichtartig erhellt zu haben, ist das Verdienst der Lutherarchäologie.

Die überraschenden Funde, die in Luthers Elternhaus in Mansfeld ausgegraben wurden – Alltagsgegenstände und Speisereste, hochwertige Kleidungsapplikationen aus Metall, die ursprünglich auf die Festtagstracht einer Frau genäht waren, Kinderspielzeug und vieles mehr – ermöglichen es, die unmittelbare Lebenswelt des jungen Martin und seiner Familie zu rekonstruieren und aufzudecken: Gehörten die Reste einer Festtagstracht seiner Mutter Margarethe? Formte er womöglich selbst als Kind die Tonmurmeln, die um 1500 in die Abfallgrube auf dem Grundstück seiner Eltern gelangten? Am Ende der aktuellen Forschung, die durch diese bemerkenswerten Funde angestoßen wurde, steht das Bild einer wohlhabenden Familie der städtischen Oberschicht. Sie bewohnte ein imposantes Anwesen in bester Lage. Ihr Oberhaupt, Luthers Vater Hans, kam bereits als Investor nach Mansfeld und nicht, wie früher angenommen, als armer Hauer, der sich erst zum Hütten- und Bergwerksbetreiber hocharbeiten musste. Er gehörte schnell zu den Honoratioren der Stadt.

Auch den archäologischen Funden aus dem Wittenberger Lutherhaus kommt die besondere Bedeutung zu, Martin Luthers unmittelbare Lebensumgebung buchstäblich greifbar zu machen und das durch die historischen Quellen vermittelte Bild um wichtige Facetten zu bereichern beziehungsweise zu korrigieren. So reflektieren sie Tätigkeiten des Alltags in dem Wirtschaftshof, den das Lutherhaus dank der Tatkräftigkeit Katharina von Boras darstellte. Zahlreiche Schreibutensilien sind greifbare Zeugen für die Gelehrtentätigkeit Luthers, des Professors der Theologie, Protagonisten der Reformation und Autors unzähliger Schriften. Auch seine Stellung als Mitglied der obersten sozialen Schicht Wittenbergs lässt sich archäologisch nachweisen. So gehen die Überreste importierter, gehobenen sozialen Schichten vorbehaltener Luxusgüter vermutlich auf Geschenke von Gönnern oder Studenten zurück. Andere Funde, darunter ein goldener Ring, lassen sich der weiblichen Sphäre zuordnen und damit auch Luthers Gattin Katharina in ihrer unmittelbaren Lebensumwelt ins Licht treten. Zugleich ermöglichen die Funde eine Kontextualisierung des Luther-Haushalts innerhalb des frühneuzeitlichen Wittenberg.

SUSAN C. KARANT-NUNN

Martin Luther und die Frauen

Unter Frauen und Mädchen zu Hause

Martin Luther mochte und schätzte Frauen.[1] Obwohl seine Mutter ihn, wie er sich später erinnerte, einmal wegen des Diebstahls einer Nuss geschlagen hatte, war er ihr liebevoll zugetan. Auf ergreifende Weise wird das an dem Trostbrief deutlich, den er 1531 an die im Sterben liegende Frau richtete und in dem er Jesu Worte zitiert: »Seyd getrost, ich habe die Welt überwunden.«[2] Neben dem Hinweis des Seelsorgers auf Christi Sühnetod für die Sünden der Menschheit bringt Luther in diesem Brief auch echte Zuneigung und den aufrichtigen Wunsch zum Ausdruck, seine Mutter möge in der Botschaft des Evangeliums Zuversicht finden. Und wenn er das Schreiben mit den Worten »Euer lieber Sohn« unterzeichnet, so handelt es sich dabei nicht um eine bloße Grußformel. Luther hatte mindestens drei Schwestern, über die allerdings so gut wie nichts bekannt ist. Als männlicher Nachkomme, von dem der Aufstieg der Familie abhing, wurde er schon als Junge fern seiner Heimatstadt zur Schule geschickt. Die Freundeskreise des Jugendlichen lassen sich nicht mehr rekonstruieren, doch ist bekannt, dass er in Eisenach, der Heimatstadt seiner Mutter, in die Obhut einer Frau Ursula Cotta kam, als er das dortige Gymnasium besuchte. Auch rief er eine Frau, die Heilige Anna, um Schutz an, als er von einem Sommergewitter überrascht wurde – eine Begebenheit, die seinem Leben eine andere Richtung gab. Als Mitglied des Einsiedlerordens der Augustiner hatte er den Zölibat und sexuelle Enthaltsamkeit gelobt. Frauen nahm er nicht die Beichte ab.

Luther scheint sich die gehässigeren Formen kirchlicher Frauenfeindlichkeit, die Mönchen und Priestern bei der Verleugnung des Fleisches helfen sollten, nicht zu eigen gemacht zu haben. Mit seiner Frau Katharina von Bora teilte er eine hingebungsvolle Intimität, und seinen Töchtern (Elisabeth, Magdalena und Margarethe) und Söhnen (Hans, Martin und Paul) war er ein liebevoller Vater. Frauen waren auch Stammgäste an der Tafel der Luthers, wobei es sich allerdings in erster Linie um Verwandte oder um die Ehefrauen von Kollegen und Freunden und sicher nicht um Intellektuelle und Schriftstellerinnen im eigentlichen Sinn handelte.[3] Im Speisesaal spielten sie eine untergeordnete Rolle – und doch sind ihre Stimmen gelegentlich vernehmbar, wenn ihre Äußerungen oder Luthers Entgegnungen darauf den anwesenden jungen Schreibern auffielen, beispielsweise als Magdalena von Bora, die Schwester von Katharinas Vater (»Muhme Lena«, verst. 1537), kategorisch erklärte, sie wolle nicht ins klösterliche Leben zurückkehren.[4] Elisabeth Cruciger, die Ehefrau Caspar Crucigers, wandte sich einmal mit der Frage an Luther, mit welcher Einstellung man als Christ dem Hochamt folgen solle, wenn man sich in einer katholischen Kirche befinde. Luther ermahnte die »liebe Els«, die Kommunion in Übereinstimmung mit kirchlicher Lehre als wahres Sakrament anzusehen, allerdings aus einem anderen Blickwinkel als dem des zelebrierenden Priesters.[5] Katharina, die die Speisezubereitung und Bedienung bei Tisch beaufsichtigte, war akustisch sehr präsent, wofür ihr Ehemann sie gelegentlich tadelte. Als ehemalige Nonne konnte sie wahrscheinlich einiges von dem verstehen, was auf Lateinisch gesagt wurde.

Luther als Erbe einer hierarchischen Weltsicht

Obwohl er Frauen wohlwollend als Teil der Menschheit an- und ihnen eine gleichberechtigte Stellung vor Gott zuerkannte, war Martin Luther Erbe der weit verbreiteten Ansicht, dass Frauen auf Erden Männern unterlegen seien, und hielt auch selbst an dieser Ansicht fest. In seinen Predigten und Vorträgen über das Buch Genesis etwa betonte er, dass Gott Eva als Adams Gehilfin und Untergebene geschaffen habe (Abb. 1).[6] In seinen Augen war sie geistig schwächer und anfälliger für Gefühle als ihr Ehemann. Luther zufolge war dies auch der Grund, weshalb Satan sich in Schlangengestalt Eva und

---

1 Zum umfassenden Thema »Frauen und die Reformation« vgl. die maßgeblichen Essays von Merry E. Wiesner-Hanks: Gender and the Reformation, in: Archive for Reformation History 100 (2009), 1, S. 350–365; Dies.: Studies of Women, the Family, and Gender, in: William S. Maltby (Hrsg.): Reformation Europe, a Guide to Research, Bd. 2, St. Louis/MO 1992, S. 159–187; Dies.: Women's Response to the Reformation, in: Ronnie Po-Chia Hsia (Hrsg.): The German People and the Reformation, Ithaca 1988, S. 148–172. **2** WA.B 6, 103–106. **3** Das Kirchenlied *Herr Christ, der einig Gotts Sohn*, das man lange Caspar Cruciger zugeschrieben hat, stammt in Wahrheit von seiner Frau Elisabeth Cruciger (verst. 1535). Vgl. Mary Jane Haemig: Elisabeth Cruciger (1500?–1535): The Case of the Disappearing Hymn Writer, in: The Sixteenth Century Journal, Bd. 32 (2001), H. 1, S. 21–44; Elisabeth Schneider-Böklen: Elisabeth Cruciger, die erste Dichterin des Protestantismus, in: Gottesdienst und Kirchenmusik, 2 (1994), S. 32–40. **4** WA.TR 2, 534 (Nr. 2589). **5** WA.TR 1, 382f. (Nr. 803). **6** Zur Vielfalt der in der Reformation vertretenen Meinungen über die Stammeltern vgl. Kathleen M. Crowther: Adam and Eve in the Protestant Reformation, Cambridge/New York 2010.

Abb. 1 Lucas Cranach d. J., Erschaffung Evas aus der Seite Adams, 1542

nicht Adam genähert hatte und es ihm ein Leichtes war, Eva einzureden, dass die Übertretung des göttlichen Verbots, vom Baum der Erkenntnis zu essen, keinen Schaden nach sich ziehen werde. Nach Luthers Einschätzung trug Eva denn auch die Hauptschuld am Sündenfall und dessen Folgen.[7] Die Unterwerfung durch ihren Ehemann nahm damit zu. Mit Ausnahme von Befehlen, die offenkundig gegen den göttlichen Willen verstießen, sollte Eva in allen Dingen ihrem Ehemann hörig sein. Selbst im Haushalt sollte der Mann bestimmen, auch wenn er dessen Verwaltung seiner Frau überantworten mochte.[8] Luther missbilligte es nachdrücklich, wenn Ehemänner Gewalt gegen ihre Frauen ausübten, und berief sich auf die Maxime: »Ungeschlagen ist am besten.«[9] Allerdings gab es im 16. Jahrhundert viele Frauen, die körperlicher Disziplinierung unterworfen oder Opfer der Wutanfälle ihrer Männer wurden. Seine Frau zu schlagen war nicht strafbar, sofern dabei kein Blut vergossen wurde.

Die häusliche Rangordnung schloss jedoch keineswegs eine liebevolle, fürsorgliche Bindung zwischen Mann und Frau aus, und Luther und seine geistlichen Anhänger waren allesamt bemüht, die Zuneigung der Eheleute zueinander durch die Lehrpläne an Schulen und durch Hochzeitspredigten zu befördern.[10] Luther war davon überzeugt, dass eine Eheschließung für ausnahmslos jede Frau und für fast jeden Mann das Beste sei. Abweichend von einem der wichtigsten Punkte katholischer Lehre glaubte er nicht, dass die Unterdrückung des Geschlechtstriebes dessen freiem Ausdruck vorzuziehen sei, zumal Gott diesen Trieb für das Weiterleben der menschlichen Gattung bestimmt habe. Dennoch sollten die Ehepartner erotische Ausschweifungen vermeiden, damit das Ehebett rein und unbefleckt bliebe.

Andere Innovationen verdanken sich dem Umstand, dass Luther die Auffassung von der Unstillbarkeit weiblicher Fleischeslust verwarf, wie sie beharrlich von der spätmittelalterlichen Kirche und am nachdrücklichsten vom Autor des *Hexenhammers* (*Malleus maleficarum*), einem Dominikanermönch, vertreten worden war. Luther befreite die Frauen von dem Vorwurf, allein für das Begehren verantwortlich zu sein, und stellte den Geschlechtstrieb von Männern und Frauen rhetorisch auf eine Stufe: Mann und Frau begehrten einander. Die Ehe galt ihm als Heilmittel gegen die Sünde (*remedium ad peccatum*); in Anbetracht ihrer jugendlichen Triebe sollten sich Mann und Frau einen Ehepartner suchen, bevor sie Mitte 20 waren (das damals in Nordeuropa bevorzugte Heiratsalter).[11]

Martin Luther versöhnte den Stand der Kleriker mit den Frauen. Seit ihm steht das Hirtenamt in einem Verhältnis regulärer und intimer Vertrautheit zum sogenannten schwachen Geschlecht. Geistliche wurden ermuntert, mit ihren Ehefrauen zu schlafen: Geschlechtsverkehr galt nicht mehr als unehrenhaft, und ihren Nachkommen haftete nicht länger das Stigma an, uneheliche Kinder zu sein. Dennoch dauerte es Generationen, ehe sich die tief im Volk verwurzelten Haltungen änderten.[12]

Martin Luther hielt das Universum für binär strukturiert: nämlich in eine männliche und eine weibliche Hälfte. Mochten Wissenschaftler im Spätmittelalter auch anatomische und charakterliche Grauzonen zwischen den Geschlechtern festgestellt haben, so ließ sich Luther von solchen Theorien, wenn er sie überhaupt zur Kenntnis nahm, nicht beeindrucken.[13] Er unterteilte sogar Bäume, Felsen und Edelsteine in männlich und weiblich und befand, männliche Bäume würden sich über weibliche neigen, um diese zu schützen.[14] Die Natur hielt aber noch andere Zeichen bereit, die seine Auffassung zu stützen schienen. Die Gestalt des weiblichen Körpers (das breite Becken und die, wie Luther meinte, schmalen Schultern und der kleinere Kopf) prädestinierte die Frau für ihre Rolle als Mutter. Frauen sollten in der Nähe des Hauses bleiben, sich um Haushalt und Kindererziehung kümmern und diese Fertigkeiten ihren Töchtern und jungen Dienstmädchen beibringen. Auch sollten sie beide Geschlechter moralisch und in den Grundlagen der Religion erziehen – aber dafür mussten sie selbst gebildet sein.

Luther und die Bildung der Frauen

Als Luther 1524 seine an alle Bürgermeister und Ratsherren der deutschen Städte ergangene Forderung nach Einrichtung von Schulen veröffentlichte, hatte er fast ausschließlich höhere Schulen für Jungen im Sinn.[15] Diese allein sollten die Sprachen der Bibel, deren Auslegung und die klassische Literatur studieren, auf dass sie später als fromme Geistliche, Lehrer und Beamte der sich auf allen Regierungsebenen ausbreitenden Bürokratie dienen könnten.[16] Mädchen sollten die Landessprache erlernen, um die Frömmigkeitsliteratur lesen und ihre Kinder zu frommen Christen erziehen zu können; nach Luther sollten sie »zihen und halten künden haus, kinder und gesinde«.[17] Viele Eltern zögerten, ihre Söhne und Töchter zur Schule zu schicken. Luthers Eintreten für eine Grundbildung hatte eine ermutigende Wirkung. Dennoch dauerte es selbst in Sachsen sehr lange, bis Lesen und Schreiben Allgemeingut wurden. Erst in den 1570er Jahren ordnete Kurfürst August von Sachsen die Einrichtung von Knabenschulen in seinem Herrschaftsgebiet an; den Unterricht auf dem Land sollten Küster übernehmen. Das Problem bestand darin, dass viele Küster selbst nicht lesen und schreiben konnten. Auch wollten viele Familien nicht, dass ihre Töchter von Männern unterrichtet würden; Lehrerinnen gab es indes nur wenige. In Pfarrhäusern wurde – möglicherweise auch in Form von Hausunterricht – mehr Wert auf weibliche Bildung gelegt als in der übrigen Gesellschaft. Bisweilen leiteten die Ehefrauen von Pfarrern und Diakonen Dorfschulen für junge Mädchen.

Martin Luther hat für Mädchenschulen keine eigenen Lehrpläne ausgearbeitet. Seinen Äußerungen zur Kindererziehung lässt sich entnehmen, dass junge Kinder die grundlegenden Glaubenssätze aus Vaterunser, Dekalog und Glaubensbekenntnis lernen sollten – und von 1529 an enthielt sein *Kleiner Katechismus* einfache Erklärungen für diese und seine anderen Lehren. Über diese Texte hinaus sollten Mädchen Bibelverse, die ihre Alltagsfrömmigkeit beförderten, und die Texte von Kirchenliedern lesen können, von denen die wichtigsten in den Schulklassen gesungen wurden. In Sprüchen und Psalmen, aber auch im apokryphen Buch *Ecclesiasticus* (oder Jesus Sirach) fanden sich Textstellen über das Leben von Mädchen und Frauen, darunter auch Lehr- und Mahnverse über böse Frauen. Fortgeschrittene Schülerinnen hatten die Möglichkeit, die Grundlagen der Arithmetik zu erlernen, sofern ihre Eltern damit einverstanden waren. Das hatte den praktischen Zweck, dass sie bei Einkäufen auf dem Marktplatz nicht mehr betrogen werden und über ihre privaten Haushalte Buch führen konnten.

Luthers Eintreten für die Bildung von Kindern und seine Einbeziehung von Mädchen sind zunächst nicht durch den Wunsch nach Modernisierung oder Befreiung motiviert. Luther war ein Mann seiner Zeit: Ihm ging es vor allem darum, das Verständnis des christlichen Glaubens zu fördern und in den Herzen der Leser, einschließlich Frauen, die Liebe Gottes einzupflanzen.

Heilige und Stammväter

Am Vorabend der Reformation waren die Gesichter von Frauen, ebenso wie die von Männern, in Form von Gemälden oder Skulpturen in den Kirchen allgegenwärtig. Betrat eine Frau im vorreformatorischen Deutschland einen Kirchenraum, dann traf sie dort allenthalben auf Bildnisse der Jungfrau Maria und unzähliger anderer Heiliger, deren Namenstage fester Bestandteil des Kirchenjahrs waren. Die Reformation löste einen gewaltigen kulturellen Wandel aus, in dessen Folge auch die Darstellungen weiblicher Figuren aus den Gotteshäusern verschwanden. Im Katholizismus sollten solch »heilige« Frauen ihre Verehrer und Verehrerinnen dazu anhalten, auf dem Weg ihrer Nachahmung Gottes Gnade zu erlangen. Man schrieb den Figuren auch die Macht der Fürbitte bei Gott zu. Luther aber machte mit allen Heiligen, ob weiblich oder männlich, kurzen Prozess: Keiner von ihnen besaß übernatürliche Kräfte; ihre Schreine sollten nicht aufgesucht und sie selbst im Gebet nicht angerufen werden. Stattdessen galten sie als Empfänger von Gottes Glaubensgaben und den daraus erwachsenden Früchten: Selbstbeherrschung und Mitgefühl. Was man an den Heiligen als ungewöhnlich empfand, kam von Gott und sollte ausschließlich ihm zugeschrieben werden. Nicht einmal Maria besaß irgendwelche besonderen Kräfte, obwohl Luther versicherte, Gott habe dieser einfachen Magd die Ehre erwiesen, sie als Gefäß der Menschwerdung seines Sohnes zu erwählen. Maria trug den Ehrentitel *Theotokos*, Gottesgebärerin. An den Tagen, die traditionsgemäß an bestimmte Ereignisse im Leben Marias erinnerten, predigte Luther gegen die nicht-biblischen Legenden, die sich im Laufe der Jahrhunderte um sie gebildet hatten.

Martin Luther ehrte Maria, die Mutter Christi, doch minderte er die hohe Stellung, die sie bei den Gläubigen hatte.[18] Nach anfänglichem Zögern strich er auch das *Ave Maria* aus der Liste der Gebete, die seine Anhänger sprechen sollten. An die Stelle der vielen volkstümlichen Heiligen setzte Luther die biblischen Stammväter und ihre Frauen.[19] In seinen Kommentaren zum Buch Genesis berücksichtigte er auch Sarah in ihrer Unfruchtbarkeit und die mit Vielweiberei konfrontierte Rachel. Trotz ihrer Frömmigkeit hatten sich diese Frauen weder eine Vermittlerrolle zwischen Gott und den Menschen noch eine besondere Verehrung durch Menschen außerhalb ihres Familienkreises angemaßt. Sie mussten sich in verwickelten irdischen Angelegenheiten zurechtfinden, wie Luther sie als Kennzeichen des biblischen wie seines eigenen Zeitalters empfand. Diese Frauen waren die besseren Vorbilder. Die Polygamie empfand er als Relikt einer alten, vorchristlichen Vergangenheit.[20]

Unter rhetorischen und semiotischen Gesichtspunkten implizierte der von Luther bewirkte theologische Wandel einen Bedeutungsverlust von Frauen in der Kirche. Die Betonung lag jetzt auf Christi Sühneopfer und anderen zentralen Momenten der Evangelien. Für die Menschen des 16. Jahrhunderts stellte sich dieser Wandel freilich anders dar als aus heutiger Sicht. Aber auch wir können feststellen, dass mit Ausnahme weniger Gemälde und Standbilder biblischer Personen und Szenen weibliche Figuren fast vollständig aus den Kirchenräumen verschwanden. In Luthers Heimat erließen die Wettiner Kurfürsten jedoch ein striktes Verbot gegen die Bilderstürmerei; ungeeignete Bilder wurden erst im Lauf von etwa zwei Generationen ganz allmählich, auf diskrete und friedliche Weise, entfernt. Einige Werke überlebten, weil sie in Sakristeien und auf Emporen gelagert und erst Jahrhunderte später als bewundernswerte Relikte einer fernen Vergangenheit wiederentdeckt wurden.

Gleichwohl führte das Luthertum nicht zu einem Einbruch des Marktes für religiöse Kunst. Das von Lucas Cranach dem Älteren geschaffene Altarbild in der Stadtkirche zu Wittenberg kann hierfür als Beispiel dienen.[21] In der Darstellung einer von Philipp Melanchthon gespendeten Taufe erscheint hier eine Frau als Patin; auch andere ältere Frauen sind zu sehen. Auf dem Johannes Bugenhagen als Beichtvater gewidmeten Flügel warten auch Frauen – wie im Mittelalter üblich: auf der linken Seite – darauf, gehört zu werden; und auf der Predella darunter finden sich sitzende und stehende Frauen und Mädchen, die der Predigt des auf den gekreuzigten Christus zeigenden Luther zuhören. Diese Frauen halten die biblischen Gebote ein und gehören doch durch und durch zu dieser Welt. In ganz Deutschland war es damals üblich, dass Frauen auf der nördlichen, weniger gefälligen Seite des Kirchenschiffs Platz fanden, und zwar zunächst im Stehen und erst später – nach der Einführung von Kirchenbänken für Laien – auch im Sitzen. Bei Taufen machte Luther indes keine liturgischen Unterschiede zwischen weiblichen und männlichen Säuglingen.

7 WA 42, 114. **8** WA.TR 3, 26 (Nr. 2847b). **9** WA 17/1, 27; auch 24. **10** Mädchenschulen und geistliche Hochzeitspredigten waren bis zur zweiten Hälfte des 16. Jahrhunderts jedoch eher eine Seltenheit. **11** Vgl. den zu diesem Thema grundlegenden Aufsatz von John Hajnal: European Marriage Patterns in Perspective, in: David V. Glass/David E. C. Eversley (Hrsg.): Population in History, London 1965, S. 101–143. **12** Vgl. Marjorie Elizabeth Plummer: From Priest's Whore to Pastor's Wife: Clerical Marriage and the Process of Reform in the Early German Reformation. Farnham/Burlington 2012. **13** Joan Cadden: The Meaning of Sex Difference in the Middle Ages: Medicine, Science, and Culture, New York/Cambridge 1995. **14** WA.TR 1, 560f. (Nr. 1133). **15** WA 15, 27–53. **16** Ebd., vor allem 37f. **17** Ebd., 44. **18** Vgl. Beth Kreitzer: Reforming Mary: Changing Images of the Virgin Mary in Lutheran Sermons of the Sixteenth Century, Oxford/New York 2004; Bridget Heal: The Cult of the Virgin Mary in Early Modern Germany: Protestant and Catholic Piety, 1500–1648, Cambridge/New York 2007. Beide deuten an, dass der Brauch der Marienverehrung von Lutheranern nicht vollständig aufgegeben wurde. **19** Vgl. Sherry Elaine Jordon: Patriarchs and Matriarchs as Saints in Luther's Lectures on Genesis, unveröff. Diss., Yale University 1995; Marilyn M. McGuire: The Mature Luther's Revision of Marriage Theology: Preference for Patriarchs over Saints in His Commentary on Genesis, unveröff. Diss., Saint Louis University 1999; Mickey Leland Mattox: »Defender of the Most Holy Matriarchs«: Martin Luther's Interpretation of the Women in Genesis in the Enarrationes in Genesin, 1535–1545, Leiden 2003. **20** Mit der erwähnenswerten Ausnahme seiner Billigung der Doppelehe des Landgrafen Philipp I. von Hessen. Siehe dazu den Beitrag von Franziska Kuschel in diesem Band. **21** Für den katholischen Kunstmarkt verfertigte Cranach auch in der Folgezeit Darstellungen von Maria und anderen weiblichen Heiligen sowie Kruzifixe usw.

Katharina von Bora und Martin Luther

Im Gegensatz zu zahlreichen Mitstreitern, die seinem nachdrücklichen Abraten vom Zölibat als Irrweg Gehör geschenkt hatten, heiratete Luther selbst eher spät. Er war, nachdem er Berühmtheit erlangt hatte, ein außerordentlich vielbeschäftigter Wissenschaftler, Lehrer und Prediger, dessen Rat von immer mehr Menschen gesucht wurde. Gleichwohl glaubte Luther, ihm stehe das gleiche Schicksal bevor wie dem böhmischen Reformator Jan Hus, der rund ein Jahrhundert zuvor als Ketzer verbrannt worden war. Das machte ihn zu einem unsicheren Heiratskandidaten. Nachdem er aber schließlich doch den mehr oder weniger deutlichen Heiratsantrag der ehemaligen Nonne Katharina von Bora – einer Frau aus dem niederen und verarmten Adel – angenommen hatte (Abb. 2), erklärte er in einem Brief an Nikolaus von Amsdorf abwehrend, dass er seine Frau nicht liebe.[22] Er wollte damit sagen, dass er sie nicht aus Lust geheiratet habe, sondern aus freiem Willen in diesen für ihn neuen Stand getreten sei.

Spätestens im Dezember 1525 jedoch war er seiner Frau von Herzen zugetan. In Briefen an seine Freunde berichtet er kurz von ihr, leitet ihre Grüße weiter und grüßte selbst die Frauen und andere Familienmitglieder seiner Freunde. Luther war Teil eines sozialen Gefüges, in dem Frauen eine hohe Stellung genossen, auch wenn sie sich unerschütterlichen kulturellen Vorurteilen gegenübersahen. Den Schreibern an Luthers Tafel verdanken wir das Wissen von Katharinas Übelkeit während ihrer Schwangerschaften und von ihrer Krankheit vor und nach der Geburt der Kinder. Mindestens einmal äußerte Luther seine Angst, dass sie sterben könne. Bei anderer Gelegenheit ist sie es, die seine wunden Beine mit Salbe einreibt. Von Luther sind ein Dutzend Briefe an seine Frau erhalten – von ihren Briefen an ihn hingegen kein einziger –, die uns einen unmittelbaren Einblick in ihre Ehe verschaffen. Da er gewohnt war, in Hierarchien zu denken, war ihm klar, dass Katharina von höherem Stand war als er, und er spielte hierauf an, wenn er sie »Mein Herr« oder »Saumärkterin« nannte. Gleichzeitig gibt er mit diesen Beinamen indirekt zu erkennen, dass er für die Führung des riesigen Haushalts auf Katharinas große Sparsamkeit angewiesen war (zur Lösung seiner finanziellen Schwierigkeiten erwarb das Paar ein Stück Ackerland, dessen Früchte Katharina zu pflanzlichen Nahrungsmitteln verarbeitete und auf dem daneben eindeutig auch Schweine gehalten wurden). Luther machte in seinen Briefen gern Wortspiele und Scherze mit ihr – eine Gewohnheit, die er sich von seinem Vater Hans abgeschaut hatte, der mit seiner Mutter Hannah auf ähnliche Weise gefrotzelt hatte. Das Scherzen war gewissermaßen die Grundlage familiären Glücks. Martin und Katharina Luther führten, was in der Anthropologie als »asymmetrische Scherzbeziehung« (asymmetrical joking relationship) bezeichnet wird: Er neckte sie, und sie nahm dies mit Humor.[23] Verschiedene seiner frauenfeindlichen Bemerkungen bei Tisch wirken heute geschmacklos; in Wirklichkeit dienten sie dazu, Katharina seiner Liebe zu versichern. Einmal ließ er verlauten, er hätte lieber eine andere Nonne aus dem Kloster Nimbschen, Ave von Schönefeld, zur Frau genommen, weil ihm Katharina als hochmütig erschienen war. Schließlich aber habe Gott Erbarmen mit ihr gehabt, und Luther habe sie anstelle von Ave erwählt. Ein andermal

Abb. 2 Johann F. Mayer, Catharina Lutheri Conjuge. Dissertatio, Hamburg 1698. Titelblatt mit dem Porträt Katharina von Boras

bemerkte er, es sei höchst unangemessen, wenn zwischen Eheleuten ein großer Altersunterschied bestehe – wohl wissend, dass Katharina 15 Jahre jünger war als er.

Die »Lutherin« Katharina von Bora und Martin Luther waren Geschäftspartner eines gigantischen Unternehmens. Obwohl Luther sich ausdrücklich die Aufsicht über die Haushaltsarbeiten Katharinas vorbehielt, überließ er ihr freiwillig die wichtigen Entscheidungen. Ihm war klar, dass er ohne ihre tatkräftige Unterstützung den Herkulesaufgaben der Vorlesungen, Predigten und vor allem des Schreibens nicht gewachsen wäre. Auch wusste er zu schätzen, dass sie seine Vorstellungen von dem einer Frau angemessenen Auftreten und Verhalten übernahm. Soweit es ihr möglich war, erfüllte sie jeden seiner Wünsche und zeigte sich allenfalls irritiert, wenn er mit den knappen gemeinsamen Ressourcen allzu großzügig verfuhr. Die beiden führten einen weitläufigen, teuren Haushalt, an dessen Tisch abends bis zu 40 Personen saßen. Vor dem Essen sprach Luther folgendes Gebet: »Lieber himmlischer Vater, [...] verleihe mir Gnade und segene mich, daß ich mein liebes Weib, Kind und Gesind göttlich und christlich regiere und ernähre. Gib mir Weisheit und Kraft, sie wol zu regieren und zu erziehen, gib auch ihnen ein gut Herz und Willen, deiner Lehre zu folgen und gehorsam zu seyn. Amen.«[24]

Wie vor Zeiten die Stammväter – und im Gegensatz zur katholischen Vorstellung, dass Paare ihr Geschlechtsverhältnis beenden sollten, sobald sie dazu imstande waren – schliefen Martin und Katharina Luther miteinander, noch lange nachdem sie hoffen konnten, weitere Nachkommen zu zeugen. Als Luther kurz vor seinem Tod Anfang 60 zeugungsunfähig wurde, schrieb er seiner Frau, »daß ich dich gern lieb hätte, wenn ich konnte [lies: könnte]«.[25] Offensichtlich befürchtete sie, dass er sie nicht mehr begehre. Er scherzte mit ihr und meinte, schöne Frauen stellten keine Versuchung mehr für ihn dar.[26] Allen Ernstes empfahl er ihr, Melanchthon zu konsultieren, der ihr aufgrund der Erfahrung mit seiner eigenen Frau sicher Rat wisse.[27] Gleichwohl ist er immer noch ihr »Liebchen«.

Luther hatte nicht die Absicht, sein häusliches Glück publik zu machen. Dieses sickerte allerdings in seinem privaten Briefwechsel und zweifellos auch in seinen Gesprächen mit engen Freunden durch, wenn er sie nach ihren Familien und sie ihn nach der seinigen fragten. Seine Zufriedenheit als Hausvater und das neue Lebensmodell des Pfarrhauses verbreiteten sich bald in lutherischen Kreisen. Andere führende Reformatoren, die wie Huldrych Zwingli und Johannes Calvin selbst verheiratetet waren, hinterließen keine Aufzeichnungen, aus denen ihre Privatexistenz auf ähnliche Weise hervorgegangen wäre, wie dies bei Luther der Fall war.

Der väterliche Luther

Luther wurde als »Vater« angeredet, unmittelbar nachdem er zum Priester geweiht worden war. Bevor er sich in Wittenberg niederließ und zu predigen begann, waren es vor allem Männer, die sich seiner Seelsorge anvertrauten. Wenn er aber jetzt von der Kanzel in St. Marien hinuntersah, blickte er auf ebenso viele Bürger, die, bildlich gesprochen, den Spinnrocken hielten, wie auf solche, die den Pflug führten. Als er heiratete und Katharina ihm Söhne und Töchter schenkte, erhielt das Thema Vaterschaft für ihn eine neue Bedeutung. Die Entstehung eines Menschen im Mutterleib berührte ihn tief. Wie der Heilige Cyprian fand auch er, dass jemand, der ein Neugeborenes vor seiner Taufe küsse, sich fühle, als sehe er Gott beim Schöpfungsakt zu. Luther kümmerte sich um alle seine Kinder, überließ aber die Pflege, wie damals üblich, ihrer Mutter und den ihr unterstellten weiblichen Bediensteten. Dennoch, meinte er, dürfe auch ein Vater Windeln waschen, solang er dies im Glauben tue.[28]

Die Aussicht, ein Kind zur Welt zu bringen, war mit Angst verbunden, denn es war nicht sicher, ob Mutter und Kind überleben würden. Schwangere Frauen in ganz Deutschland wollten, wenn die Entbindung nahte, die Kommunion empfangen, da sie abergläubisch an der Hoffnung festhielten, dass die Eucharistie – jetzt in beiderlei Gestalt – ihre Aussichten auf eine sichere Geburt verbesserte. Bereits vor seiner Heirat hegte Luther die Vorstellung, die Vorbildfunktion von Frauen bestehe im Gebären und Aufziehen der nachfolgenden Generation von Christen. Dies, meinte er, sei die Berufung von Frauen – ein Gedanke, den er später noch weiter ausführte. Schon 1522 galt ihm das Gebären von Kindern als grundlegende Bestimmung des weiblichen Geschlechts, wobei diese Bestimmung, wie er wusste, mit allen möglichen Unannehmlichkeiten und mit Gefahr für Leib und Leben verbunden sein konnte. In Geburtswehen liegende Frauen, schrieb er einmal, sollten so mit sich selbst reden: »Gedenck, liebe Greta, das du eyn weyb bist, und diß werck Gott an dyr gefellet, tröste dich seyns willens frolich und laß yhm seyn Recht an dyr. Gib das kind her und thu datzu mit aller macht, stirbs tu drober, so far hyn, wol dyr. Denn du stirbist eygentlich ym edlen werck und gehorßam gottis.«[29]

Heutige Leser sind mitunter schockiert von Luthers scheinbar herzloser Gleichgültigkeit gegenüber dem Wöchnerinnentod. Indes sollte man den zitierten Passus im Kontext von Luthers Theologie und seiner positiven Bewertung des Todes als eines Übergangs in ein besseres Leben verstehen. Einige Jahre später hat sich diese Auffassung infolge von Katharinas Schwangerschaften und den Krankheiten und Todesfällen ihrer Kinder sicher noch verstärkt. Als seine Tochter Elisabeth 1528 im Alter von nur acht Monaten verstarb, schrieb Luther, dass diese Erfahrung ihn »weibisch« gemacht habe. Er wollte damit sagen, dass die Heftigkeit seines Gefühls stärker war, als es sich für einen Mann gehöre. Als die 13-jährige Magdalena 1542 im Sterben lag und schließlich verschied, brach dies beiden Eltern das Herz. Luther widmete dem Mädchen eine Inschrift (Abb. 3).[30] Insgeheim weinte er bitterlich, doch tröstete er seine Tochter mit der Versicherung, sie werde bald bei ihrem himmlischen Vater sein. In der Öffentlichkeit, bei der Beerdigung, setzte Luther dann die Maske des Mannes auf, der sich in den Willen Gottes fügt, und wies die Mitleidsbekundungen seiner Wittenberger Mitbürger, wenigstens zum Teil, zurück – wohl auch, weil er meinte, ein gutes Beispiel geben zu müssen.

Über Magdalenas und Margarethes Erziehung ist wenig bekannt – man weiß nicht einmal, ob sie zusammen mit anderen Mädchen eine Volksschule in Wittenberg besuchten oder ob Katharina selbst ihnen Unterricht gab. Luther bemühte sich 1527 darum, die Adlige Else von Kanitz als Lehrerin an eine Wittenberger Mädchenschule zu holen, und stellte ihr in Aussicht, sie könne in seinem Haus Quartier beziehen. Das Ansinnen wurde abgelehnt. Gleichzeitig setzte Luther hohe Erwartungen in seinen ältesten Sohn Hans, für den er Hauslehrer anstellte und über dessen Fortschritte er auf dem Laufenden blieb. Die Söhne eines über die Landesgrenzen hinaus berühmten Mannes sollten es eigenständig zu etwas bringen; für die Töchter des Reformators hingegen kam es vor allem darauf an, dass sie der Öffentlichkeit als Vorbilder für jene fromme Schicklichkeit dienten,

---

22 »Ego enim ne camone caes tuo, sedde ligo uxorem.« WA.B 3, 541 (Nr. 900).
23 Susan C. Karant-Nunn: Martin Luther's Masculinity: Theory, Practicality, and Humor, in: Dies./Scott H. Hendrix (Hrsg.): Masculinity in the Reformation Era (= Sixteenth Century Essays and Studies. 83), Kirksville 2008, S. 167–189.
24 WA.TR 6, 274 (Nr. 6927). **25** WA.B 11, 286 f. (Nr. 4201). **26** WA.B 11, 275 f. (Nr. 4195). **27** WA.B 11, 286 f. (Nr. 4201). **28** WA 10/2, 297. **29** Ebd., 296. **30** WA.TR 5, 185–187 (Nr. 5490).

Abb. 3 Lucas Cranach d. Ä., Bildnis eines Mädchens, um 1520.
Das Gemälde galt lange als ein Porträt von Luthers Tochter Magdalena.

die man von Frauen erwartete. Luther hatte also unterschiedliche Erwartungen an seine Kinder, je nach ihrem Geschlecht. Als er 1530 während des Reichstags zu Augsburg auf der Veste Coburg in Schutzhaft war, nannte er in einem Brief an Katharina seine kleine Tochter Magdalena in liebevollem Plauderton »das hürlin«.[31] Das war keine Böswilligkeit, sondern zeigt ein weiteres Mal, dass die Gesellschaft Frauen vor allem nach deren sexuellem Verhalten zu beurteilen pflegte. Im gleichen Brief instruierte Luther seine Frau, das Kind allmählich abzustillen.

Luther als Seelsorger und Freund der Frauen

Luther schrieb in ungezwungener und aufrichtiger Weise an Frauen und Männer, die seinen Rat suchten oder aber sich seinen Tadel zuzogen. Er bewunderte Argula von Grumbach für die Unerschrockenheit, mit der sie 1523 der Fakultät der Universität Ingolstadt entgegentrat, als diese den lutherischen Studenten Arsacius Seehofer verfolgte.[32] Er beglückwünschte Freunde zur Geburt ihrer Kinder, tröstete sie bei Sterbefällen und stand ihnen mit geistlichem Rat zur Seite. Der Ton seiner Briefe ist der eines Mannes, der aufgrund reicher persönlicher Erfahrung an andere weitergibt, was ihm selbst zuteil geworden ist.

In einem bewegenden Brief an Barbara Lißkirchen aus Freiberg, die von der Sorge gequält wurde, Gott habe sie nicht zum Seelenheil bestimmt, geht er ausdrücklich auf sein eigenes Leiden ein: »Denn ich kenne die Krankheit wohl, und hab' bis auf den ewigen Tod in dem Spital gelegen.«[33] Luthers Brief ist höchst einfühlsam. Er schreibt, ihre Sorgen seien, nicht anders als seine eigenen, das Werk des Teufels. Gerade so, wie wenn sie ein Stück Kot ausspeie, das ihr in den Mund gefallen sei, müsse sie davon ablassen, Dinge erforschen zu wollen, die Gott dem Menschen verberge. »Und [dies] will euch anzeigen, wie mir Gott davon geholfen [...].«

Als Kurfürstin Sibylle von Sachsen, die Frau des Landesherrn, sich 1544 nach Luthers und Katharinas Wohlbefinden erkundigte und von ihrer eigenen Einsamkeit während der Abwesenheit des Kurfürsten schrieb, antwortete Luther dankbar und bescheiden. Der Briefwechsel ist offen und herzlich.[34] Luther wusste aber auch zu tadeln. Als die verwitwete Mutter Johannes Schneideweins – eines Studenten, der lange als Kostgänger in Luthers Haus lebte – ihrem Sohn 1539 verbot, eine junge aufrechte Wittenbergerin zu heiraten, in die er sich verliebt hatte, beschwor Luther die Witwe in drei Briefen, von ihrem Starrsinn abzustehen. Jeder dieser Briefe war weniger höflich als sein Vorgänger; eine Antwort von Ursula Schneidewein blieb jedoch aus. Am Ende übte Luther harsche Kritik an den Bemühungen der Frau, ihren Sohn zu kontrollieren, zumal dessen Zuneigung einer in jeder Hinsicht geeigneten Partnerin galt. Luther drohte: »wen[n] eltern nicht wollen, muß der pfarherr wollen.« Als das Schweigen weiter anhielt, traute er das Paar.[35]

Luther beteiligte sich sogar an dem Streit über den Ehebruch, den eine gewisse Katharina Hornung, die Ehefrau Wolf Hornungs, mit Kurfürst Joachim von Brandenburg beging. In einem Schreiben an die Frau bringt er seine ganze Missbilligung des Verhältnisses zum Ausdruck: »Weil du denn weisst, das du an deinem ehemann solch grosse grausame untugent und frevel begehest, so viel raubs treibst, das du dich selbst, sein kind, sein gaus und hoff, sein gut und ehre yhm fürheltest, dazu yns elend verjagt hast [...].« Er setzte ihr eine Frist bis zum 27. März 1530 und drohte, dass er nach deren Verstreichen die Ehe für geschieden erklären werde.[36] Obwohl Luther die Ehe eher als Angelegenheit bürgerlichen Rechts denn als Sakrament begriff, war es fast ebenso schwierig, von ihm eine Scheidung zu erlangen wie in der katholischen Vergangenheit. Als Scheidungsgründe ließ er in Anlehnung an das Evangelium (Mt 19) einzig Ehebruch und Verlassenwerden gelten. Dennoch hat er offensichtlich davon abgesehen, die Ehe der Hornungs zu scheiden.

Ahnungen des Bösen

Es scheint uns heute ein Leichtes, die Werte und Strukturen abzuwerfen, die Teil unseres kulturellen Umfeldes sind; in Wahrheit aber ist dies ein äußerst schwieriges Unterfangen. Luther teilte den allgegenwärtigen Antisemitismus seiner Zeit; auch glaubte er, dass Hexen, als Handlangerinnen Satans, nicht nur existierten, sondern auch dem Bild entsprachen, das gewöhnliche Leute sich von ihnen machten. Hexen waren überwiegend weiblich, verbündeten sich mit dem Teufel und brachen damit ihr Taufgelübde; sie störten den natürlichen Lauf der Dinge bei Mensch und Tier und vermochten, Unheil herbeizuführen. Luther hielt sogar an dem spätmittelalterlichen Glauben fest, eine Hexe könne unter Anrufung Satans Milch aus einem Handtuch oder jeder Art von Griff melken (Abb. 4).[37] Hexen und Hexenmeister galten ihm als Ketzer. Das biblische Gebot »Die Zauberinnen sollst Du nicht am Leben lassen« (Ex 22,18) nahm er genauso ernst wie jeder andere seiner Zeitgenossen. Lucas Cranach der Jüngere stellte die Verbrennung von vier Hexen in Wittenberg 1540 in einem Holzschnitt dar.

Luthers Vermächtnis

Auch wenn Martin Luther die Beziehungen zwischen den Geschlechtern nicht in dem Maße revolutioniert hat, wie manche behaupten, so half er doch, ein Umfeld vorzubereiten, in dem Frauen und Mädchen späterer Generationen gedeihen konnten. Luther versöhnte den Klerus mit den Frauen. Pfarrer waren jetzt in Ehren vermählte, geschlechtlich aktive Männer. Als solche standen sie mit ihren Ehefrauen auf vertrautem Fuß und hatten in der Regel ein gutes Verhältnis zu ihnen und zu ihren Töchtern. Gemeinsam mit ihren Frauen förderten sie im Pfarrhaus eine regelrechte Kultur gebildeter Frömmigkeit. Zumindest war dies das Ideal, das innerhalb eines Zeitraums, der weit über Luthers eigenes Leben hinausreicht, wenigstens teilweise verwirklicht wurde. Die eigene Ehe der Luthers erwies sich in diesem Prozess als sehr dienliches Werkzeug. Martin und Katharina teilten eine innige Liebesbeziehung. Ihren spontanen Niederschlag fand ihre gegenseitige Zuneigung in Luthers Briefen, und ohne

---

31 WA.B 5, 347 (Nr. 1582). **32** Vgl. etwa Luthers Brief an Spalatin, WA.B 3, 364f. (Nr. 787). **33** WA.B 12, 135 (Nr. 4244a). **34** WA.B 10, 546–548 (Nr. 3977), 548f. (Nr. 3978). **35** WA.B 8, 454f. (Nr. 3344); 492f. (Nr. 3357). **36** WA.B 5, 230f. (Nr. 1526). Vgl. WA 4, 346 (Nr. 1206). **37** WA 16, 551.

Abb. 4 Holzschnitt mit törichten Frauen, aus: Johannes Geiler von Kaysersberg, Die Emeis [...], Straßburg 1516. Das Bild einer Frau, die vor einem Feuer eine Axt melkt, zeugt vom verbreiteten Hexenwahn, dem vor allem Frauen zum Opfer fielen.

über tradierte Luther, gestützt auf das Buch Genesis, die Auffassung, Frauen seien Männern intellektuell ausnahmslos unterlegen und neigten stärker dazu, ihren Gefühlen freien Lauf zu lassen, weshalb sie auch der Herrschaft der Männer bedürften.

Die Verbannung der Jungfrau Maria und der Heiligen hatte zur Folge, dass Frauenbilder aus den Kirchen verschwanden. Den Frauen wurde auf diese Weise bedeutet, dass sie innerhalb der offiziellen Kirche so gut wie keine Rolle spielten. Sie hatten ihr Wirkungsfeld im häuslichen Rahmen – im Idealfall: eine »Hauskirche« – und sollten sich um ihre Kinder und um junge Bedienstete kümmern. In dem Maße, wie Luthers Lehre, dass der Mensch sein Heil nicht durch Werke der Selbstverleugnung erlange, in die Klöster vordrang, fanden immer mehr Frauen (und Männer) von Stand – Katharina von Bora war beileibe nicht die einzige – den Weg zurück in die säkulare Welt. Einige Nonnen weigerten sich jedoch, ihr Gelübde zu brechen, und mussten anderweitig untergebracht werden.

Luthers Eintreten für die allgemeine, auch für Mädchen zugängliche Schulbildung war nur in begrenztem Maße frommen Absichten geschuldet und hatte im 16. Jahrhundert allenfalls geringfügig Erfolg. Die Ära, in der die Volksschulbildung Allgemeingut wurde, war das 18. und 19. Jahrhundert – Luther aber hatte das ideologische Fundament für ihre Akzeptanz bei Adligen und Bauern gelegt und die vorhandenen Überzeugungen dazwischen liegender Gesellschaftsschichten weiter bestärkt. Die Schulbildung versprach, den Horizont all derer zu erweitern, die sie erwarben.

dies zu beabsichtigen, trug Luther zu der Entstehung eines Familienmodells bei, das sich weit über die Mauern seiner Heimatstadt hinaus verbreitete und bis ins 20. Jahrhundert seine Gültigkeit behielt.

Wenigstens in der Theorie sah Luther den Geschlechtstrieb gleichmäßig auf Mann und Frau verteilt. Frauen galten ihm in dieser Hinsicht nicht länger als unersättlich, noch trugen sie die Hauptverantwortung für die Verführung ihrer Geschlechtspartner. Dennoch war auch Luther geprägt von der Vorstellung, dass Charakter und Rolle von Frau und Mann binär definiert seien, und hielt selbst an dieser Vorstellung fest. Männer nahmen an öffentlichen Angelegenheiten teil und hatten zugleich im Haushalt das Sagen. Frauen bestellten das Haus, gebaren und erzogen Kinder und hatten sich in allen Dingen ihren Ehemännern unterzuordnen. Trotz seiner grundsätzlich positiven Einstellung den ihn umgebenden Frauen gegen-

FRANZISKA KUSCHEL

Die Ehe ist eine stetige Auseinandersetzung. Das lutherische Ehe- und Familienverständnis – eine Stichprobe

Landgraf Philipp von Hessen, einer der Protektoren und eine der wichtigsten politischen Stützen der Reformation, schilderte im Dezember 1539 in einem Brief an Martin Luther seinen Liebeskummer, der sein Seelenheil bedrücke.[1] Bereits in Ehe, durch sieben Kinder von seiner Frau Christine von Sachsen gesegnet, war er glühend in die junge Margarete von der Saale verliebt. Er wollte sie heiraten, gottesfürchtig und ohne Scheidung von seiner Ehefrau. Von Luther wollte er die theologische Absolution für die Doppelehe, und das mithilfe einer List. So argumentierte Philipp mit dem Fall des verheirateten Grafen von Gleichen, der 1240 eine Sarazenin vom Kreuzzug mitgebracht und sich den Segen für eine Zweitehe von Papst Gregor IX. hatte erteilen lassen. Mit dieser frei erfundenen Geschichte setzte der Landgraf Luther unter Druck:[2] Sollte er seine theologisch unhaltbare »Vielweiberei« nicht billigen, würde er zum alten Glauben zurückkehren. Notgedrungen erteilten Luther und Melanchthon dem Landgrafen den Dispens, weil sie fürchteten, einen ihrer wichtigsten Fürsprecher in der reformatorischen Sache zu verlieren.

Martin Luther war sich bei seinen Überlegungen zum Zusammenleben von Mann und Frau stets der Komplexität des gesellschaftlichen Konstrukts bewusst: Bisher gültigen Traditionen von der Anbahnung und dem Vollzug der christlichen Ehe müsse ein humanistisches, der Zeit entsprechend pragmatisches Verständnis folgen. So ließ er sich oft genug zu Beurteilungen oder Ratschlägen hinreißen und mischte sich als Geistlicher – entgegen seinen Prinzipien – in den »weltlich Stand« ein.[3] Philipp bat er um Verschwiegenheit bezüglich der Angelegenheit, damit der Fall keine Schule machte.[4] Dies gelang nicht. Die Affäre wurde publik – und zum heiklen Kontrapunkt in der Entwicklung des reformatorischen Ehebildes.[5]

Im Juni 1525 ehelichte Luther im Alter von 42 Jahren die aus dem Kloster Nimbschen entflohene Nonne Katharina von Bora. Mit ihr zog er – gegen jegliches Paradigma des zölibatären Priesterlebens, aber dafür im klaren Bewusstsein, dies für die theologische wie auch für die gesellschaftliche Reform zu tun – sechs Kinder im Schwarzen Kloster in Wittenberg auf. Luther selbst sagte, er hätte lieber eine andere Frau – Ave von Schönfeld – heiraten wollen. Dennoch habe er über die Zeit durch seine Ehefrau und seine Kinder wahre Liebe erfahren. Luther sah die Ehe als ein Gottesgeschenk an. In vielen Fällen, aber oft erst im Laufe der Zeit, reife sie zu einer glücklichen Partnerschaft heran. Dass so mancher Ehebund »aber auch übel geräth«, mag dem Reformator sicherlich so manchen Tag bewusst gewesen sein und ihn zum Sinnspruch »so ists die Hölle«[6] verleitet haben.

Bis zur Wende vom 15. zum 16. Jahrhundert war die Heirat die öffentliche Ratifikation eines privaten Vertragsverhältnisses zweier Familien.[7] Ganz weltlich und ohne Einmischung der Kirche schuf man Bedingungen und Ordnungen für das Zusammenleben von Mann und Frau. Die Ehe bedurfte keines einheitlichen Verfahrens. Allein Mann und Frau gaben sich das Eheversprechen und machten durch den körperlichen Akt den Schwur unauflösbar.

Erst langsam griff die mittelalterliche Kirche in das Heiratszeremoniell ein; ihre allein gültige Zustimmungsbefugnis begründete sie mit der sakramentalen Bedeutung des Ehebundes. Mit einem »Zusammensprechungsakt« vor dem Kirchenportal, der anschließenden

---

1 In einem Brief vom 5. April 1540 zog Landgraf Philipp I. von Hessen Martin Luther ins Vertrauen und berichtete von seiner Absicht der bigamistischen Ehe. Vgl. dazu Hessisches Staatsarchiv Marburg, Sign. Best. 3 Nr. 2842, Bl. 132r–133v. **2** Die Geschichte wurde im 16. Jahrhundert allgemein für wahr gehalten. Sie findet ihren Ursprung auf einem Grabstein im Erfurter Dom St. Marien. Dort ist ein Ritter mit zwei Gemahlinnen zu sehen. Vgl. dazu William Walker Rockwell: Die Doppelehe des Landgrafen Philipp von Hessen, Marburg 1904, S. 210–212, Anm. 6. **3** Die Ehe sei eine Stiftung Gottes, die dem Zweck der Ordnung im Paradies unterliege (vgl. WA 17, 1, 12 f.). Dazu kam die Regulierung der Ehe durch die staatliche Gewalt, deren Hilfe sich die Pfarrer bedienen sollten, um zweifelhafte Rechtsfragen zu lösen. Vgl. WA 26, 225, 29 f. Als ein »weltlich Stand« mit göttlichem Werk ist die Ehe Gebot, wie Martin Luther im *Traubüchlein* von 1529 festhielt, und damit bedarf sie der weltlichen Obrigkeit und keiner geistlichen, richtenden Instanz (vgl. dazu WA 30, 3, 75; Martin Brecht: Inwiefern ist die Ehe ein weltlich Ding? Zur Orientierungshilfe des Rates der EKD über die Familie, 8. August 2013, URL: www.kblw.de/ekd-orientierungshilfe/: »Orientierungshilfen zwischen Autonomie und Angewiesenheit: Familie als verlässliche Gemeinschaft stärken« [21.3.2016]). **4** Vgl. dazu Brief Martin Luthers an Landgraf Philipp von Hessen vom 10. April 1540, HStAM, Sign. Best. 3 Nr. 2687, Bl. 140r. **5** Luthers Entscheidung, Philipp von Hessen einen Freifahrtschein für seine gewünschte Doppelehe zu erteilen, steht hier, laut Martin Brecht, ganz im Zeichen einer »Praktizierung evangelischer Freiheit, die dem Seelsorger im Gegensatz zum Richter« gestattet war. Vgl. und zit. nach Heinz Schilling: Martin Luther. Rebell in einer Zeit des Umbruchs, München 2012, S. 505. **6** Vgl. WA.TR 4, 504, 26, (Nr. 4786). **7** Vgl. Richard van Dülmen: Kultur und Alltag in der Frühen Neuzeit, Bd. 1, Das Haus und seine Menschen, 16.–18. Jahrhundert, München 1990, S. 141.

Verkündigung in der Kirche und der Brautmesse schloss sich durch das Benediktionsgebet der Bund für das Ehepaar.[8] Man führte die Zölibatsverpflichtung »um des Himmelreiches willen« (Mt 19,12) ein, zudem das Inzestverbot. Hinzu kam die Vorstellung von der Unauflöslichkeit der Ehe. Die Kanoniker erklärten die Ehe zum »Abbild des Bundes Christi mit seiner Kirche« (Eph 5,32). Das Paar erhielt durch das gemeinsame Versprechen die verbindliche Hilfe Gottes für die gemeinsame Zukunft. Einhergehend mit der Bedeutungszunahme der Kirche in Bezug auf Familie und Nachbarschaft beim Prozess der Eheschließung wuchs der Einfluss auf das private Leben von Ehepaaren. Die zunehmende Formalisierung und Institutionalisierung der Ehe waren die Folge.[9]

Mit der Erfindung des Buchdrucks durch Johannes Gutenberg Mitte des 15. Jahrhunderts fanden Literaten mit humanistischen, den bestehenden Traditionen skeptisch gegenüberstehenden Ansichten im deutschen Sprachraum Verbreitung. Albrecht von Eyb agitierte in seinem mehrfach aufgelegten *Ehebüchlein: Ob einem manne sey zunemen ein eelichs weyb oder nicht* (1472) misogyn gegen das bestehende Ehebild und berief sich dennoch auf die schöpfungstheologische Grundaussage, »die Ehe sei im Paradies eingesetzt worden um die Welt mit Menschen zu erfüllen, die Menschheit zu verewigen, ein Geschlecht und seinen Namen zu mehren und die Sünde der Unkeuschheit zu vermeiden«.[10] In Humanistenkreisen häuften sich die Einwände gegen den verpflichtenden Zölibat. So waren Keuschheit und Reinheit in ihren Augen idealistische und äußerst selten praktizierte Konzepte im Sinne einer geistlichen Vollkommenheit. Die Ehe jedoch war eine grundsätzlich unvermeidbare Angelegenheit zur »Regeneration der Menschheit«.[11]

Martin Luther verurteilte in seinem Buch *Vom ehelichen Leben* (1522)[12] die Ansicht, »das[s] eyn Weyb sey eyn nöttigs ubel und keyn hauß on solch ubel«, scharf als die Überzeugung eines blinden Heiden, der den Geschöpfen Gottes Lästerei zuträgt.[13] Der Reformator entledigte die Ehe der Sakramentalität. Die Ehe sei nicht Bestandteil einer Erlösungsordnung. Im Gegensatz zur Taufe beispielsweise sei sie kein Zeichen des Empfangs der Gnade Gottes und der Reinigung des Menschen von der Erbsünde.[14] Luther fand in der Bibel keinen Beweis für die Ehe als ein von Gott empfangenes Zeichen. Der Ehestand sei seit Menschengedenken unabhängig von jeglicher Glaubensrichtung.[15] Als »ein eusserlich weltlich ding«[16] sei sie begründet in der menschlichen Natur, die der Schöpfungsordnung Gottes unterliege. Mann und Frau sollten einander achten, und durch Gottes Segen gelte es, diese Achtung zu wahren und zu ehren. Die Ehe sei somit schöpfungsgemäß ein heiliges Ordnungselement, das dazu dient, Gottes Auftrag zu erfüllen: »Seid fruchtbar und mehret euch und regt euch auf Erden, daß euer viel darauf werden« (1 Mos 9,7).

Luther kritisierte in seiner eigenen theologischen Ausbildung die Überbewertung des Mönchtums.[17] Die gepriesene Ehelosigkeit, der Zölibat und die Jungfräulichkeit sind in der römisch-katholischen Kirche lediglich dem Klerus vorbehalten. Man wertete ihn als den höchsten und vollkommensten Stand. Die Ehe dagegen, unvollkommen, war »zweite« Wahl – ganz dem Ratschlag des Apostel Paulus entsprechend – »wer seine Jungfrau heiratet, der handelt gut; wer sie aber nicht heiratet, der handelt besser« (1 Kor 7, 38). Das Ehebündnis sei nicht mehr als ein Ventil für Unzucht und sexuelle Begierde.[18] In Anlehnung an den Kirchenvater Augustinus, der im Jahr 401 mit seiner christlichen Lehre von der Ehe über Jahrhunderte hinweg den Nährboden für die weiteren moraltheologischen und geschichtsphilosophischen Deutungen der Ehe schuf,[19] verlieh Luther den natürlichen Trieben und Begierden einen legitimen Rahmen: den der Ehe. Sie ist eine Lebensform für all diejenigen, die nicht einem keuschen Leben als Mönch oder Nonne folgen. Ihre Unzucht wird eben durch die Ehe geordnet beziehungsweise in einen »gottwohlgefälligen Stand«[20] erhoben.

Dennoch muss auch auf Luthers frühes Eheverständnis hingewiesen werden, das vor seinen eigenen Erfahrungen mit Katharina von Bora Gültigkeit hatte. In einer ersten Fassung seines *Sermons von dem Eelichen Stand* (1519), der vermutlich von einem seiner Anhänger unautorisiert in Leipzig publiziert wurde, äußerte er sich noch deutlich im Sinne der geltenden Sakramentslehre der römischen Kirche.[21] Die Ehe war für ihn zu diesem Zeitpunkt, wie Thomas Kaufmann formulierte, lediglich ein »Schutzmantel, der die Verderbnis des Fleisches bedecke«.[22] Von der Überführung der Triebhaftigkeit der Menschen in das Stadium der Reinheit allein durch die Eheschließung kann hier noch keinesfalls die Rede sein. Die Jungfräulichkeit bleibt die höchste Form der Lebensgestaltung.[23] Recht zügig brachte Luther im Mai 1519 eine korrigierte Ausgabe des *Sermons* heraus.[24] In dieser neuen, nunmehr autorisierten Ausgabe spielte die Unberührtheit eine untergeordnete Rolle. Dennoch blieb Luther in seiner Ehetheologie bis zum Schluss der augustinischen Erbsündentheorie treu. Auch wenn Luther die Ehe als ein »spitall der siechen«[25] denunzierte, zielte er vordergründig auf die Elternschaft in der Ehe ab: »das

---

8 Vgl. Rosemarie Nave-Herz: Die Hochzeit. Ihre heutige Sinnzuschreibung seitens der Eheschließenden: eine empirisch-soziologische Studie, Würzburg 1997, S. 11. **9** Vgl. Michael Schröter: »Wo zwei zusammenkommen in rechter Ehe ...« – Sozio- und psychogenetische Studien über die Eheschließungsvorgänge vom 12. bis 15. Jahrhundert, Frankfurt am Main 1985, S. 379–398. **10** Vgl. Thomas Kaufmann: Ehetheologie im Kontext der frühen Wittenberger Reformation, in: Andreas Holzem/Ines Weber (Hrsg.): Ehe – Familie – Verwandtschaft. Vergesellschaftung in Religion und sozialer Lebenswelt, Paderborn u. a. 2008, S. 285. Zur Verbindung von humanistischem und christlichem Gedankengut zum Thema Ehe und dem Verhältnis von Mann und Frau bei Albrecht von Eyb siehe Maja Eib: Der Humanismus und sein Einfluss auf das Eheverständnis im 15. Jahrhundert: eine philosophisch-moraltheologische Untersuchung unter besonderer Berücksichtigung des frühhumanistischen Gedankenguts Albrechts von Eyb, Münster 2001. **11** Ebd., S. 288. **12** WA 10/II, 267–304. **13** Vgl. und WA 10/II, 293, 6f. **14** Vgl. Bruno Jordahn: Die Trauung bei Luther, in: Luther. Mitteilungen der Luthergesellschaft 24 (1953), S. 13–15. **15** Vgl. WA 6, 550, 33–37. **16** WA 30/III, 205, 12. **17** Vgl. WA 8, 573–669. In *De votis monasticis M. Lutheri iudicium* stellte Luther 1521 das Mönchtum mit dem Mönchsgelübde in seiner Heilsversprechung und Gerechtigkeit infrage. **18** Vgl. 1 Kor 7, 2–9. **19** Augustinus galt in der Scholastik des Mittelalters in Bezug auf das Verständnis von Ehe, Sexualität und Erbsünde als Ausgangslage jeglicher Disputation. Dabei wurde weniger infrage gestellt als weiter differenziert. Vgl. Erik Margraf: Die Hochzeitspredigt der frühen Neuzeit, München 2007, S. 52–75. **20** Vgl. Horst Beintker: Über Ehe und Ehelosigkeit im Anschluß an Paulus in 1. Kor. 7, in: Ders. (Hrsg.): Martin Luther: Taschenausgabe, Bd. 4, Evangelium und Leben, Berlin 1983, S. 165. **21** Vgl. Michael Beyer: Luthers Ehelehre bis 1525, in: Martin Treu/Stiftung Luthergedenkstätten in Sachsen-Anhalt (Hrsg.): Katharina von Bora, die Lutherin, Wittenberg 1999, S. 62. **22** Kaufmann, Ehetheologie (wie Anm. 10), S. 289. **23** Ebd. **24** WA 2, 166–171.

Abb. 1 Johann Eberlin von Günzburg, Wie gar gfarlich sey. So Ain Priester kain Eeweyb hat […], Augsburg, 1522. Der Autor kritisiert das Zölibat und die Hurerei als dessen Folge.

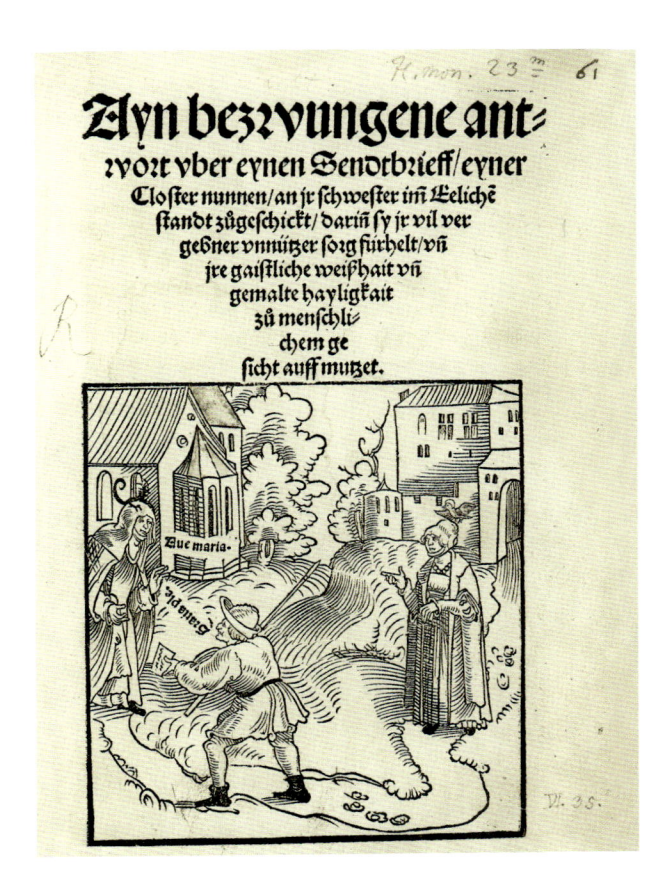

Abb. 2 Ayn bezwungene antwort vber einen Sendtbrief, Nürnberg 1524. Das Titelblatt der Flugschrift verbildlicht die positive Wertung der Ehe und kritisiert das keusche Klosterleben.

es frucht bringt, denn das ist das end und furnhemlich ampt der ehe«.[26] Die Ehe ist Instrument des eigentlichen Zwecks der christlichen Gemeinschaft: Es ist die Aufgabe der Eheleute, Kinder hervorzubringen, diese in der christlichen Lebensführung zu unterweisen und mit einer verantwortungsvollen Gottesfurcht zu erziehen.[27] Dabei empfahl Luther als erzieherische Maßnahme und zur Rettung der Kinderseelen die physische Züchtigung, denn die Seele sei höher zu bewerten als das Fleisch: »Item Salomon: schlechstu deyn kind mit rutten, ßo wirstu seyn seel von der helle erlößen.«[28]

Luthers Aufwertung der Ehe als Keimzelle des christlichen Glaubens galt es vor jeglicher Herabwürdigung und Feindseligkeit zu schützen. Im Laufe seiner theologischen Entwicklung, aber vor allem im Zuge seiner seelsorgerischen Arbeit erkannte er mehr und mehr, dass die Ehedogmen der »papistischen Kirche«, die die Keuschheit höher bewerteten, die Sozialordnung in Gefahr brachten. Für Luther und seine Mitstreiter stand durch den niederen Stand der Ehe die gesellschaftliche Ordnung auf dem Spiel.[29] Schließlich waren häufiger Ehebruch und maßlose Hurerei die Folge gewesen. Die »Irrlehre« der päpstlichen Kirche zur Ehe wurde zum erklärten Streitpunkt der reformatorischen Bewegung.

Die befürwortete Priesterehe wurde einhergehend mit der starken Zölibatskritik zum tragenden Reformprogramm bis zum Augsburger Reichstag.[30] Die Frage, ob der Klerus heiraten durfte, bewegte die christliche Gemeinschaft. Als ein Thema der Publizistik verließ die Zölibatskritik rasant den engen Kreis einer theologischen Disputation. Flugschriften verbreiteten sich und gelangten hinter die Mauern unzähliger Klöster (Abb. 1). Nonnen und Mönche flohen aus ihren Zellen und folgten dem neuen lutherischen Eheideal. Die Priesterehe war als neues gesellschaftliches Standesmodell verbreitet worden, und mit ihr entwickelten die Reformatoren ein propagandistisches Sujet, das ganz klar die römische Kirche in ihrem Verständnis von Ehe zurückwies (Abb. 2).[31] Die gesellschaftliche Ordnung kam ins Wanken. Scheinbar labile Konstellationen ergaben neue Handlungsspielräume, nicht nur im ehelichen Leben von Mann und Frau. Auch alte Protagonisten wählten das neue Ehekonstrukt: Priester, die ihre Konkubinen heirateten, wurden zu protestantischen Leitfiguren mit züchtigen Ehefrauen. Martin Luther und Katharina von Bora wurden im Laufe der Jahrhunderte zum erklärten Vorbild des evangelischen Pfarrhauses emporgehoben.[32] Gezielt wurde das Doppelporträt von Martin und Katharina als beliebtes Propagandabild

25 WA 2, 168, 3. **26** WA 2, 169, 30f. **27** Vgl. Ute Gause/Stephanie Scholz (Hrsg.): Ehe und Familie im Geist des Luthertums. Die Oeconomia Christiana (1529) des Justus Jonas, Leipzig 2012, S. 13f. **28** WA 2, 170, 23–25. **29** Vgl. dazu Elisabeth Tiller: Frau im Spiegel: die Selben und die Anderen zwischen Welt und Text: von Herren, Fremden und Frauen, ein 16. Jahrhundert, Bd. 1, Frankfurt am Main u. a. 1996, S. 271. **30** Thomas Kaufmann folgt in seiner Untersuchung Stephen E. Buckwalter: Das reformatorische Eheverständnis bekam mit der lautstarken Forderung, die Priesterehe freizugeben, im Februar 1520 durch Luthers Schrift *Ad schedulam inhibitionis sub nomine episcopi Miscensis* einen wesentlichen »Dynamisierungsfaktor«. Vgl. Kaufmann, Ehetheologie (wie Anm. 10), S. 290. **31** Vgl. ebd., S. 291. **32** Vgl. Johannes Schilling: Leitbild Luther? Martin Luther, das deutsche Pfarrhaus und der evangelische Pfarrstand, in: Deutsches Historisches Museum (Hrsg.): Leben nach Luther. Eine Kulturgeschichte des evangelischen Pfarrhauses, Bönen 2013, S. 33–43.

Abb. 3 Lucas Cranach d. Ä., Martin Luther, um 1529

Abb. 4 Lucas Cranach d. Ä., Katharina von Bora, 1529

Die reformatorische Bewegung

Abb. 5
Lucas Cranach d. Ä., Frauen überfallen Geistliche, um 1537. Das vermeintlich schwächere und wollüstigere Geschlecht verschmäht die katholische Kirche und ihre Würdenträger.

der Protestanten eingesetzt. Bis ins 19. Jahrhundert wurden Eheporträts von Luther und seiner Frau, die alle den von Lucas Cranach dem Älteren und seiner Werkstatt eifrig in Umlauf gebrachten Porträts glichen, zur Vorlage unzähliger Illustrationen der beiden Hauptakteure und hoben Katharina von Bora als ideale Pfarrfrau geradewegs zu einer »lutherischen Ikone« empor (Abb. 3 und 4).[33]

Parallel dazu setzte ein brisanter Ehediskurs ein, in welchem man neue Konfessionsformen und Rollenzuweisungen diskutierte – oft polemisch bis offen frauenfeindlich. Cranach veranschaulichte auf zwei Federzeichnungen um 1537 bürgerlich gekleidete Frauen, die mit bäuerlichen Arbeitswerkzeugen wie Dreschflegeln und Mistgabeln auf jammernde, am Boden liegende Kleriker schlagen. Das Blatt *Frauen überfallen Geistliche* zeigt mutmaßliche Konkubinen mit Kindern, die Gewalt an vorgeblich zölibatär lebenden Geistlichen ausüben (Abb. 5). Sind dies die potenziellen Ehefrauen und Ehemänner eines neuen, reformierten Standes? Die Polemik in diesem Bild liegt nicht nur in der Ehesatire, sondern vielmehr darin, dass Frauen, also das vermeintlich schwächere Geschlecht, die katholische Kirche verschmähen und damit einen ungeheuerlichen Hohn zum Ausdruck bringen.[34]

Entscheidend für das lutherische Verständnis vom ehelichen und familiären Zusammenleben sind die einzelnen Rollenzuweisungen von Mann und Frau wie auch vom Kind. Der Vater ist Versorger, Ernährer und »Regimentsführer«[35] der Familie. Die Frau als Gehilfin des Mannes ist geflissentliche Haushälterin und Hüterin der Kinder.

Ihrem göttlichen Auftrag entsprechend, waren die Eltern dem Kind Versorgung, Erziehung und Pflege schuldig. Ausgleichend balancierten sie zwischen der mütterlichen Milde und Fürsorglichkeit und der väterlichen Ernsthaftigkeit und Strenge. Das Kind war seinen Eltern uneingeschränkte Gehorsamkeit und Ehrfurcht schuldig.[36]

Aus dem patriarchalischen Eheverständnis Luthers ergab sich ferner, dass dem Mann durch sein neues, ihm zugestandenes sexuelles Selbstbewusstsein in der Ehe die natürliche Lust und Befriedigung ganz im Sinne des gottgewollten Fortpflanzungszwecks erlaubt war.[37] Als Vater erhebt er den Anspruch, Frau und Kinder zu lieben und zu bewahren. Christusgemäß wurde im reformatorischen Bewusstsein das Bild eines liebenden, erzieherischen Hausvaters propagiert. Sujets wie *Christus segnet die Kinder* von Lucas Cranach dem Älteren sollten sensibilisieren und Einfühlungsvermögen wecken (Abb. 6). Es waren Bilder, die dem neuen Lebensentwurf von Zusammenleben, Nächstenliebe und Familie die Simultaneität zu Gott und seiner innigen Beziehung zu seinen Gläubigen suggerierten.[38] Neben der »liebenden Vaterrolle« – mit der sich gerade Luther ungeachtet seiner eigenen väterlichen Erfahrungen, die allzu selten von Liebe, Unterstützung und Zuversicht geprägt waren, schwer tat[39] – propagierte man auch Verbindlichkeiten für die evangelische Glaubensgemeinschaft und hob die reformatorischen Grundanschauungen, nämlich die enorme Wertigkeit der Familie hervor.[40]

Heute befremdlich erscheinende Aussagen wie Luthers »Männer haben ein breite Brust und kleine Hüften, darum haben sie

---

33 Vgl. Schilling, Martin Luther (wie Anm. 5), S. 528–530; zit. nach Gabriele Jancke: Katharina von Bora – Rezeptionen machen Geschichte, in: Simona Schellenberger/André Thieme/Dirk Welich (Hrsg.): Eine STARKE FRAUENgeschichte – 500 Jahre Reformation, Beucha 2014, S. 105. **34** Vgl. Claudia Ulbich: Unartige Weiber. Präsenz und Renitenz von Frauen im frühneuzeitlichen Deutschland, in: Richard van Dülmen (Hrsg.): Studien zur historischen Kulturforschung, Bd. 2: Arbeit, Frömmigkeit und Eigensinn, Frankfurt am Main 1990, S. 13–42. **35** Vgl. Tiller, Frau im Spiegel (wie Anm. 29), S. 276. **36** Vgl. dazu Manfred Lemmer: Haushalt und Familie aus der Sicht der Hausväterliteratur, in: Trude Ehlert (Hrsg.): Haushalt und Familie in Mittelalter und früher Neuzeit, Sigmaringen 1991, S. 186–189. **37** Ute Gause spricht von der »Aufwertung männlicher Sexualität«. Vgl. Ute Gause: Durchsetzung neuer Männlichkeit? Ehe und Reformation, in: Evangelische Theologie 73 (2013), 5, S. 334. **38** Vgl. dazu Simona Schellenberger: Solus Christus – oder Vater–Mutter–Kind – ein Spiel für Jeder(mann), in: Dies./Thieme/Welich, FRAUENgeschichte (wie Anm. 33), S. 55. **39** Vgl. dazu Schilling, Martin Luther (wie Anm. 5), S. 349. **40** Gleichzeitig stellte das Bildsujet *Christus segnet die Kinder*, welches von der Cranach-Werkstatt seit der Mitte der 1530er Jahre auf einer Vielzahl von Tafelgemälden festgehalten wurde, ein deutlich bejahendes Statement zur Kindstaufe dar, die im Umkreis der Wiedertäufer-Bewegung infrage gestellt wurde. Vgl. dazu. Bodo Brinkmann (Hrsg.): Cranach d. Ä., Frankfurt am Main 2007, S. 50. **41** WA.TR 1, 19, 15–18 (Nr. 55). **42** Vgl. Jancke, Katharina von Bora (wie Anm. 33), S. 107. **43** Vgl. Lyndal Roper:

188   Die reformatorische Bewegung

Abb. 6
Lucas Cranach d. Ä., Kindersegnung, 1545.
Das Bild weist den segnenden
Christus als kinderliebende und vorbildliche
Vaterfigur aus.

auch mehr Verstandes denn die Weiber, welche enge Brüste haben und breite Hüften und Gesäß, daß sie sollen daheim bleiben, im Hause still sitzen, haushalten, Kinder tragen und ziehen«[41] lassen die Frage aufkommen, inwieweit Luther und die Reformation tatsächlich ein erneuertes Ehe- und folglich Familienverständnis hervorbrachten. Es ist ein kontroverses Frauenbild, das mit der Reformation eine Art Tauglichkeitsprüfung erfährt. Die Frau wurde in ihrer haushälterischen Führung und wirtschaftenden Funktion unausgesprochen gleichwertiger Partner. Mit Luthers Frau Katharina schuf man bereits zu Lebzeiten der Familie Luther das perfekte Exempel und wusste es über die Jahrhunderte zu glorifizieren.[42] Die keusche Nonne oder die verteufelte Prostituierte wurde in den ehelichen Stand erhoben, in die Familie »eingegliedert« und damit letzten Endes ihrer vorherigen Bestimmung entledigt.[43] Lyndal Roper erkannte darin die »Domestizierung« der Frau. Das ideale protestantische Frauenbild stand im Mittelpunkt der christlichen Familienplanung und einer gottgefälligen Lebensführung. Die Mutterschaft im Sinne der Fortpflanzungspflicht wurde zur »›freudvollen‹ Strafe« aufgewertet. Im abgeschlossenen Kosmos von Haus und Hof übernahmen Frauen und Mütter Verantwortungen, die ihnen außerhalb des heimischen Refugiums nicht zustanden.[44] Neue Ehegesetze und Ordnungen, die sich um Ehestreitigkeiten, Scheidungen und Wiederverheiratungen kümmerten, legten die Grundlage für eine partnerschaftliche Ehe im patriarchalischen Konstrukt.[45]

Mit handlungsfähigen Ehepartnern, die dem entsprachen, was nach Susanna Burghartz in spätmittelalterlichen Handwerker- und Arbeiterfamilien gang und gäbe war, schuf man ein ordnendes Instrument, das im Kontrast zu anderen gesellschaftlichen Konstrukten, wie dem keuschen Ordensleben, nach außen hin wirksamer und dienlicher in Erscheinung treten sollte: Burghartz spricht von der »Familiarisierung von Arbeiten und Leben«.[46] Die Individuen Mann und Frau standen nicht in ihrer Geschlechterrolle im Vordergrund. Vielmehr wurden die mustergültigen Rollen für eine ideale Grundstruktur menschlichen Zusammenlebens geübt und gepflegt.[47]

Wie schwer *Das pitter süß Eelich leben*[48] doch schon damals gefallen sein muss, beweisen zahlreiche Schriften, die im nahen Umfeld der lutherischen Auslegungen publiziert wurden. Die Suche nach dem guten, partnerschaftlichen Zusammenleben neben der ehelichen Pflicht – ob nun als heiliges Zeichen oder Sakrament – war auch im 16. Jahrhundert eine Herausforderung. Nichtsdestotrotz leitete die Neubewertung des Ehestandes in der Reformationszeit einen strukturellen Prozess ein, der im Laufe der Jahrhunderte immer wieder neu definiert und stilisiert wird. Die Ehe war und ist ein *work in progress*, den es gilt, den Umständen und Erfordernissen ihrer Zeit entsprechend neu anzupassen.[49] Für Luther war die Ehe einzig und allein die von Gott gestiftete Keimzelle der christlichen Gesellschaft, in der die Partner »die Mühen des Alltags mit Freude und Zuversicht auf sich«[50] nehmen sollten.

Das fromme Haus. Frauen und Moral in der Reformation, Frankfurt am Main/New York 1999, S. 9. **44** Vgl. dazu Tiller, Frau im Spiegel (wie Anm. 29), S. 279 f. **45** Vgl. Steven Ozment: When Fathers Ruled. Family Life in Reformation Europe, Cambridge 1983, S. 48 f. **46** Vgl. Susanna Burghartz: Umordnung statt Unordnung? Ehe, Geschlecht und Reformationsgeschichte, in: Helmut Puff/Christopher Wild (Hrsg.): Zwischen den Disziplinen. Perspektiven der Frühneuzeitforschung, Göttingen 2003, S. 172. **47** Vgl. ebd., S. 172–185. **48** Hans Sachs verfasste in zahlreichen Spruchgedichten »proreformatorische Propagandamittel«. Darunter waren auch eheliche Traktate, wie *Das pitter süß Eelich leben*, die immer wieder Luthers Auffassungen volkstümlich bis lehrhaft-satirisch inszenierten. Vgl. dazu Brigitte Stuplich: Die »unordentlich lieb« im Werk des Hans Sachs, in: Andreas Tacke (Hrsg.): »… wir wollen der Liebe Raum geben«: Konkubinate geistlicher und weltlicher Fürsten um 1500, Göttingen 2006, S. 111–126, hier S. 122. **49** Der US-amerikanische Schriftsteller Paul Auster schrieb in einem Brief am 29. Juli 2008 an den Literaturnobelpreisträger J. M. Coetzee: »In der Ehe geht es vor allem um Gespräche, und wenn Mann und Frau keinen Weg finden, Freunde zu werden, hat die Ehe kaum eine Überlebenschance, Freundschaft ist eine Komponente der Ehe, aber die Ehe ist ein sich stetig weiterentwickelndes Gerangel, ein *work in progress*, ein unablässiges Erfordernis, in sich zu gehen und sich im Verhältnis zum anderen neu zu erfinden, […]« (zit. nach Paul Auster/John M. Coetzee: Von hier nach da: Briefe 2008–2011, o. O. 2014). **50** Margraf, Hochzeitspredigt (wie Anm. 19), S. 87.

NETZWERKE DER REFORMATION

Das Netzwerk zeigt, soweit es die überlieferten Daten erlauben, alle Korrespondenten, mit denen die abgebildeten Hauptprotagonisten der Reformation im Briefwechsel standen. Obwohl viele Schreiben verloren gegangen sind, präsentieren sich beide Hauptreformatoren als Vielschreiber. Luthers ca. 4.300 Briefen stehen ca. 7.500 Briefe Philipp Melanchthons gegenüber. Beide verfügen über je eigene Korrespondentenkreise und hatten nur etwa 30 gemeinsame Adressaten, darunter als wichtige Knotenpunkte Johannes Bugenhagen und Justus Jonas sowie auch den Kaiser. Melanchthon besaß deutlich mehr Korrespondenten als Luther.

Ulrich von Hutten war gut in das Netzwerk der Reformation eingebunden, anders als Thomas Müntzer, der wie ein Außenseiter wirkt.

Mit den Vertretern der katholischen Kirche (Papst, Kardinal) gab es ebenfalls kaum Berührungspunkte, da sie andere (katholische) Briefpartner hatten. Die Künstler waren sowohl mit den Reichspolitikern als auch mit den Reformatoren vernetzt, schrieben aber vergleichsweise wenig Briefe. Von Lucas Cranach sind nur sieben Briefe überliefert.

Ein vollständigeres Abbild der Reformationsnetzwerke bedarf weiterer Forschung.

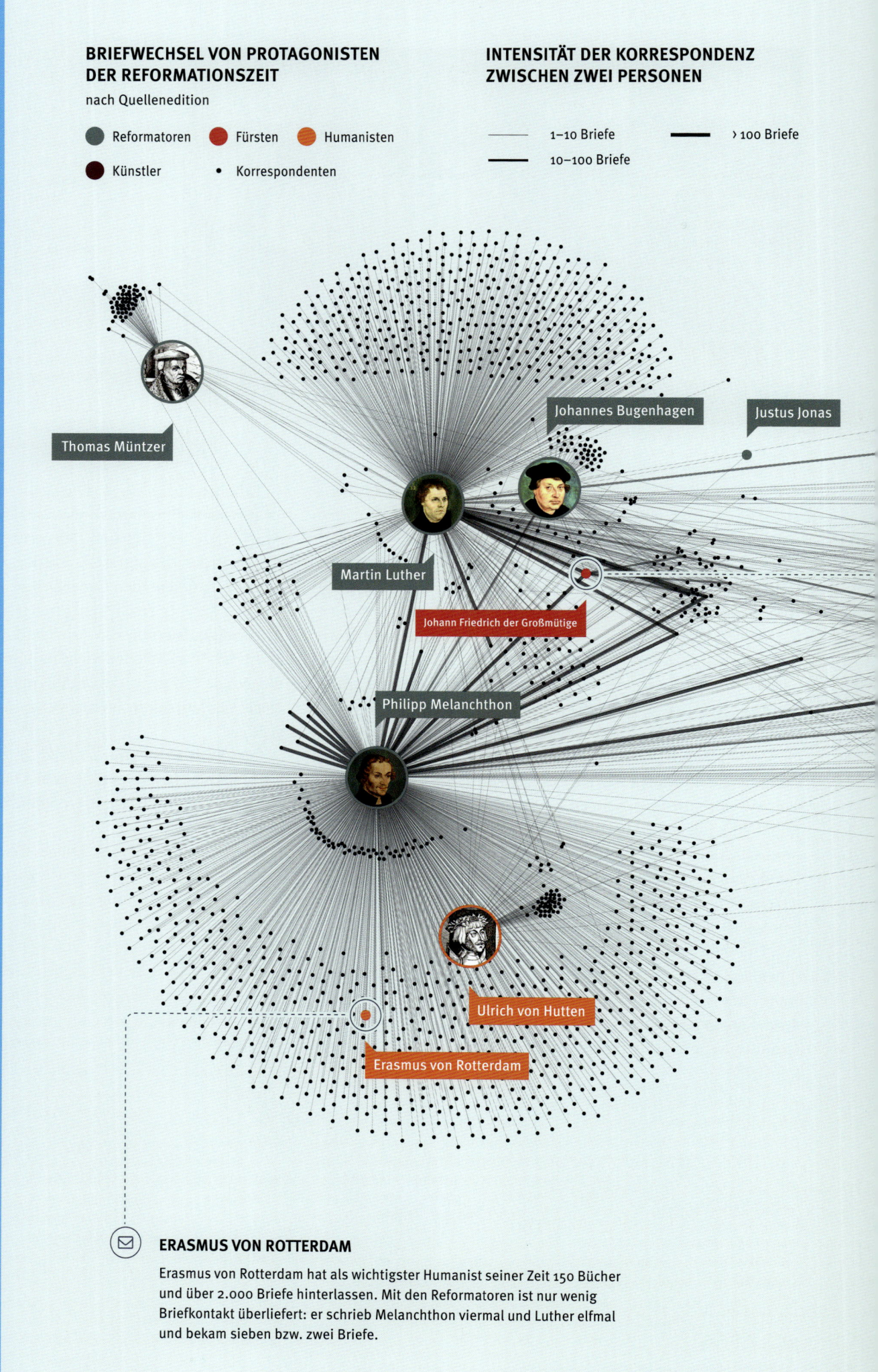

BRIEFWECHSEL VON PROTAGONISTEN DER REFORMATIONSZEIT
nach Quellenedition

- Reformatoren
- Fürsten
- Humanisten
- Künstler
- Korrespondenten

INTENSITÄT DER KORRESPONDENZ ZWISCHEN ZWEI PERSONEN

- 1–10 Briefe
- 10–100 Briefe
- > 100 Briefe

Thomas Müntzer

Johannes Bugenhagen

Justus Jonas

Martin Luther

Johann Friedrich der Großmütige

Philipp Melanchthon

Ulrich von Hutten

Erasmus von Rotterdam

ERASMUS VON ROTTERDAM
Erasmus von Rotterdam hat als wichtigster Humanist seiner Zeit 150 Bücher und über 2.000 Briefe hinterlassen. Mit den Reformatoren ist nur wenig Briefkontakt überliefert: er schrieb Melanchthon viermal und Luther elfmal und bekam sieben bzw. zwei Briefe.

DIE HAUPTLEUTE DES SCHMALKALDISCHEN BUNDES

Johann Friedrich der Großmütige und Philipp von Hessen, Anführer der protestantischen Reichsfürsten, fungierten als Brücke zwischen den Reformatoren und den Reichspolitikern.

ELISABETH VON ROCHLITZ

Die Schwester Philipps von Hessen, Elisabeth von Rochlitz, erscheint als unscheinbare Korrespondentin von Moritz von Sachsen. Sie führte jedoch eine rege Korrespondenz mit vielen Fürsten, die hier nicht abgebildet werden können.

ZEITLICHER VERLAUF DES BRIEFVERKEHRS

Papst Leo X.
Kardinal Albrecht
Kaiser Karl V.
Elisabeth von Rochlitz
Moritz von Sachsen
Philipp von Hessen
Albrecht Dürer
Lucas Cranach

Anzahl d. Briefe
250
100
10

5.502 Undatierte Briefe

1501
1506
1511
1516
1521
1526
1531
1536
1541
1546
1551
1556
1560

ZEITLICHE VERTEILUNG

Viele der Briefe sind von den Absendern nicht datiert worden. Trotz dieser Unschärfe ergeben die datierten Briefe ein interessantes Bild. Die Briefwechsel der Reformatoren sind gleichmäßig überliefert, gehen aber nach Luthers Tod (1546) deutlich zurück. Die meisten überlieferten Briefe der Politiker stammen aus der Zeit, als Kaiser Karl V. und die Protestanten Krieg führten (1546/47).

STEFAN RHEIN

Von Freunden und Kollegen. Martin Luther und die Wittenberger Mitreformatoren

Der einsame Reformator …

Wer aus weiter Ferne auf Leben und Werk Martin Luthers schaut, nimmt vor allem zwei Szenen wahr, die im kulturellen Gedächtnis ihren festen Platz einnehmen: zum einen den Thesenanschlag vom 31. Oktober 1517, die Geburtsstunde der Reformation, zum anderen Luthers Auftritt vor dem Reichstag zu Worms, die beiden spannungsvollen Tage 17. und 18. April 1521, die mit den entschiedenen und alles entscheidenden Worten endeten: »Darum kann und will ich nichts widerrufen, weil gegen das Gewissen zu handeln weder sicher noch lauter ist. Gott helfe mir. Amen.«[1] Sie bilden die Geburtsstunde des Reformators als standhaftes Vorbild von Gewissensfreiheit und Zivilcourage. Beide Szenen, die im Lauf der Jahrhunderte in Text und Bild zu nationalen Mythen geronnen sind, zeigen den Reformator als einsamen Helden, allein im Kampf gegen feindliche Mächte.[2]

Dieses Bild vom einsamen Reformator wäre fast in Stein gehauen öffentlich verewigt worden, denn es gab im 19. Jahrhundert in Wittenberg eine intensive Debatte, ob das 1821 errichtete Lutherdenkmal auf dem Marktplatz durch ein weiteres Denkmal, nämlich das von Philipp Melanchthon, ergänzt werden dürfe. Sei dies nicht, so wörtlich, »eine Versündigung an Luthers Größe«? Ein Gang über den Wittenberger Marktplatz zeigt, dass die Melanchthon-Befürworter sich durchsetzen konnten und dass seit 1865 beide Reformatoren friedlich vereint auf ihren Denkmalsockeln stehen.[3]

Das Wittenberger Reformatorenteam

Im Gegensatz zur öffentlichen Konzentration auf die Person und Persönlichkeit Martin Luthers setzt sich die wissenschaftliche Forschung intensiv mit der Wittenberger Reformation als Gesamterscheinung auseinander und erkennt die Reformation zunehmend als Teamwork. Das trifft auch auf die Bibelübersetzung zu, die eben keine einmalige Episode eines einsamen elfwöchigen Wartburg-Aufenthalts ist, sondern vielmehr von Melanchthon angeregt und von ihm und anderen Wittenberger Gelehrten bearbeitet wurde und die Wittenberger bis in die 1540er Jahre beschäftigte.[4] Bereits Luther hat die Bibelübersetzung, vor allem die Übersetzung des Alten Testaments, als eine Arbeit, verteilt auf mehreren Schultern, begriffen und von der Wartburg aus geschrieben: »Denn ich hoffe, daß wir unserem Deutschland eine bessere [Übersetzung] als die Vulgata geben werden. Es ist ein großes und würdiges Werk, um welches wir uns alle bemühen sollten.«[5] So wurde die Bibel im besten Sinne ein Gemeinschaftswerk, zu dem in vielen und langwierigen Kommissionssitzungen zahlreiche Wittenberger Gelehrte beitrugen. Vor allem die Revision der Bibelübersetzung brachte die Kompetenzen der Professoren an der Wittenberger Universität, der Leucorea, zusammen, Kompetenzen, die auf sprachlichen, theologischen oder sachlichen Gebieten lagen. Johannes Matthesius, der 17 Predigten über das Leben Luthers hielt, schildert dieses Miteinander in seiner 13. Predigt eindrücklich: »Als nun erstlich die ganze deutsche Bibel ausgegangen war […], nimmt Doktor Luther die Bibel von Anfang an wieder vor sich mit

---

1 Zum Wormser Reichstag und zu den verschiedenen Verhören und Aussagen Luthers vgl. etwa Volker Leppin: Martin Luther, 2. Auflage, Darmstadt 2010, S. 171–181, hier S. 177, oder Heinz Schilling: Martin Luther. Rebell in einer Zeit des Umbruchs, 3. Auflage, München 2014, S. 215–236, hier S. 222. **2** Zur Mythenbildung rund um Luther vgl. exemplarisch Volkmar Joestel: »Hier stehe ich«. Luthermythen und ihre Schauplätze, Wettin-Löbejün 2013. Vgl. auch Herfried Münkler: Die Deutschen und ihre Mythen, Berlin 2009, S. 181–196 (»Hier stehe ich, ich kann nicht anders! Luthers Kampf gegen Rom«). **3** Zu den beiden Wittenberger Reformatorendenkmälern vgl. Otto Kammer: Reformationsdenkmäler des 19. und 20. Jahrhunderts, Leipzig 2004, S. 172 f. Zum Streit um den Aufstellungsort des Melanchthon-Denkmals vgl. Ders.: Das Melanchthondenkmal in Wittenberg. Planung und Errichtung, Geschichte und Gegenwart, Wittenberg 1999. **4** Vgl. Karl Heinz zur Mühlen: Luthers Bibelübersetzung als Gemeinschaftswerk, in: Siegfried Meurer (Hrsg.): Eine Bibel – viele Übersetzungen. Not oder Notwendigkeit?, Stuttgart 1978, S. 90–97. **5** Martin Luther. Die Briefe, hrsg. von Kurt Aland, 2. Auflage, Göttingen 1983, S. 111 f. (an Nikolaus Amsdorf, 13. 1. 1522). **6** Johannes Matthesius: Historien von […] Martin Luthers Anfang, Lehr, Leben und Sterben, Nürnberg 1570, Bl. 151a–152a. **7** Martin Brecht, der große Luther-Biograf, blickt auf den Versuch, Luther und die Mitreformatoren als Team zu begreifen, mit Verständnis (»Zweifellos ist an der Auffassung vom Wittenberger Team etwas Wahres«), aber doch mit grundsätzlicher Skepsis: »Dennoch ist die Auffassung vom Wittenberger Team schwerlich ganz angemessen. Luthers Kreativität sowie Charisma und von daher auch seine Kompetenz bzw. Autorität sind in den meisten Bereichen schlechterdings überragend gewesen.« So Martin Brecht: »Dein Geist ist's, den ich rühme«. Johannes Brenz – Luthers Mann in Süddeutschland, in: Peter Freybe (Hrsg.): Luther und seine

großem Ernst, Fleiß und Gebete und übersieht sie durchaus, und weil sich der Sohn Gottes versprochen hatte, er wolle dabei sein, wo ihr etliche in seinem Namen zusammenkommen und um seinen Geist bitten, verordnete Doktor Martin Luther gleich ein eigenes Kollegium von den besten Leuten, so damals vorhanden, welche wöchentlich etliche Stunden vor dem Abendessen in Doktors Kloster zusammenkamen, nämlich Dr. Johann Bugenhagen, Dr. Justus Jonas, Dr. Cruciger, Magister Philippus, Matthäus Aurogallus. Dabei war auch Magister Georg Rörer, der Korrektor. Oftmals kamen fremde Doktoren und Gelehrte zu diesem hohen Werk, wie Doktor Bernhard Ziegler oder Dr. Forster […]. Zuvor hat sich ein jeder auf den Text gerüstet […]. Daraufhin stellt dieser Präsident [Luther] einen Text vor und ließ die Stimme herumgehen und hörte, was ein jeder dazu zu reden hatte. […] Wunderschöne und lehrhafte Reden sollen bei dieser Arbeit gefallen sein.«[6] Die Übersetzungsentscheidungen wurden allerdings letztlich von Luther getroffen, was die herausragende Stellung Luthers im Wittenberger Team eindrucksvoll unterstreicht.[7]

Die Reformatorengruppe im Bild

Das Miteinander der Wittenberger Reformatoren hat vor allem auf dem Epitaph für Paul Eber, das von Lucas Cranach dem Jüngeren gemalt wurde und bis heute in der Wittenberger Stadtkirche bewundert werden kann, eine eindrucksvolle Darstellung erfahren (Abb. 1).[8] Paul Eber kam zu diesem ehrenhaften Gedenken, weil er nach Bugenhagens Tod Stadtpfarrer von Wittenberg und Generalsuperintendent wurde, nachdem er zuvor Lehrer am Wittenberger Pädagogium, dann Physik- und später Hebräischprofessor war, bis er in seinen letzten elf Lebensjahren als Theologieprofessor und als Pfarrer an der Stadtkirche amtierte. Am 10. Dezember 1569 starb er und wurde in der Stadtkirche beigesetzt.

Das Epitaph setzt das evangelische Miteinander polemisch gegen das katholische Durcheinander. Während der Weinberg auf der linken Seite durch das zerstörerische Treiben von Papst, Bischöfen, Priestern und Mönchen eine Wüstenei wird, blüht und gedeiht der Weinberg des Herrn auf der rechten Seite. Jeder Arbeiter in diesem Weinberg hat seine Aufgabe, alle arbeiten Hand in Hand. Luther, Melanchthon und Bugenhagen bilden im Vordergrund ein prominentes Dreieck, das durch Eber, der vorne die Reben schneidet, erweitert wird. Luther säubert mit der Harke den Boden, ein Bild des Reformators als Gärtner, das übrigens eine enge Verbindung zur Realität aufweist, denn Luthers Lieblingsbeschäftigung zur Erholung von seiner theologischen Professur war die Gartenarbeit. »Im nächsten Leben will ich Gärtner sein«, so Luther selbst in einem Brief.[9] Melanchthon schöpft aus dem Brunnen Wasser, mit dem der Boden bewässert werden kann, geht also *ad fontes*, zu den Quellen, zu den heiligen drei Sprachen Hebräisch, Griechisch und Latein; erst ihre Kenntnis ermöglicht ein authentisches Bibelverständnis. Und Bugenhagen hackt den Boden, ordnet ihn, wie er auch mit seinen Kirchenordnungen das kirchliche und politische Leben in den reformatorischen Ländern und Städten geregelt hat. Unter dem Bild erläutern deutsche Verse die polemische Intention des antithetisch aufgebauten Bildes und parallelisieren die Arbeiten im Weinberg mit der gemeinsamen Aufbauarbeit der Reformatoren bei der Wiederentdeckung von Gottes Wort und Gottes Gnade. Auf dem Eber-Epitaph sind neben den bereits erwähnten Reformatoren noch weitere Personen zu erkennen: Johannes Forster, der dem Boden frisches Wasser gibt; Georg Major, der die Reben festbindet; Paul Krell, der in einer Bütte die Trauben wegträgt; Caspar Cruciger, der einen Stock einschlägt; Justus Jonas, der mit dem Spaten den Boden umgräbt; Georg Spalatin mit der Mistschaufel; Georg Rörer, der Steine sammelt; und Sebastian Fröschel, der aus dem Trog die Steine ausschüttet.

Ohne näher auf die beiden Zeitebenen des Bildes einzugehen – dargestellt werden nämlich sowohl die Generation der Reformatoren als auch die Generation der ersten Schüler und somit die zweite Generation der Reformatoren –, lassen sich alle Personen des Bildes in Universität und Kirche verorten; sie sind durchweg Wittenberger Theologieprofessoren und Pastoren, kommen also aus dem beruflichen Umfeld Luthers. Luther selbst hat für sich eine Entwicklung über die Jahre hinweg bemerkt und beschrieben: Zu Beginn der reformatorischen Aufgabe sei er völlig allein gewesen, im Lauf der Jahre habe sich aber eine »Schola Witebergensis« gebildet, die im Dienst des geoffenbarten und gereinigten Gotteswortes stehe und die auch nach seinem Tod als entscheidende Autorität für das Wohlergehen der Kirche des Evangeliums eintreten werde.[10] »Schola Witebergensis« beschreibt einen Kollegenkreis, der einer gemeinsamen Sache dient, in einer Atmosphäre intensiver Zusammenarbeit und offensichtlich auch in herzlicher Verbundenheit. Hätte sonst Melanchthon den Himmel mit einer Akademie, einer Universität mit Kollegen, assoziiert?[11]

Lucas Cranach der Jüngere hat das Sujet des Wittenberger Teams zum Gemälde werden lassen – nicht nur mit dem *Weinberg des Herrn*, sondern zum Beispiel auch mit dem Epitaph auf den Bürgermeister

Freunde. »… damit ich nicht allein wäre.«, Wittenberg 1998, S. 72–88, hier S. 72. Mit großem Nachdruck für die Begrifflichkeit des »Wittenberger Teams« Robert Kolb: The Theology of Justus Jonas, in: Irene Dingel (Hrsg.): Justus Jonas (1493–1555) und seine Bedeutung für die Wittenberger Reformation, Leipzig 2009, S. 103–120, hier S. 103f.: »Without teams, no Reformation. […] The Wittenberg Reformation certainly revolved around the professor, who sparked it, Martin Luther, but Luther would not have been able to change the face and heart of the church in Germany and beyond without his team. […] They were not called to be – and were not – Luther clones; they were members of his team.« **8** Zum Eber-Epitaph vgl. Albrecht Steinwachs: Der Weinberg des Herrn. Epitaph für Paul Eber von Lucas Cranach d. J., 1569, Spröda 2001, und zuletzt: Jan Harasimovicz/Bettina Seyderhelm (Hrsg.): Cranachs Kirche. Begleitbuch zur Landesausstellung Sachsen-Anhalt Cranach der Jüngere, Markkleeberg 2015, S. 101–112. Zu Paul Eber (1511–1569) vgl. Stefan Rhein: Paul Eber aus Kitzingen – Schüler und Kollege Philipp Melanchthons, in: Zeitschrift für Bayerische Kirchengeschichte 80 (2011), S. 239–259, und den Sammelband: Daniel Gerth/Volker Leppin (Hrsg.): Paul Eber (1511–1569). Humanist und Theologe der zweiten Generation der Wittenberger Reformation, Leipzig 2014. **9** WA B 4, 310, 13 (Nr. 1189). Zu Luthers Gartentätigkeit vgl. Antje Heling: Zu Haus bei Martin Luther. Ein alltagsgeschichtlicher Rundgang, Wittenberg 2003, S. 33–44. **10** Vgl. Hans-Günther Leder: Luthers Beziehungen zu seinen Wittenberger Freunden, in: Helmar Junghans (Hrsg.): Leben und Werk Martin Luthers von 1526 bis 1546. Festgabe zu seinem 500. Geburtstag. Bd. 1, Berlin 1983, S. 419–440, hier S. 420. **11** So in einem Brief an Sigismund Gelous vom 20. Mai 1559, in: Melanchthons Briefwechsel, Kritische und kommentierte Gesamtausgabe, Stuttgart-Bad Cannstatt 1977ff. (im Folgenden: MBW), Nr. 8961.

von Nordhausen Michael Meyenburg (das Epitaph ist seit dem Zweiten Weltkrieg nur noch als Kopie in der Blasiikirche zu Nordhausen erhalten) – und hat damit das allmähliche Entstehen dieser Gruppe im Rückblick als Ergebnis festgehalten. Die Wittenberger Reformatoren wurden als Gruppenautorität inszeniert, damit deutlich wurde, dass die reformatorische Glaubenswahrheit nicht nur in Luther ihren Träger und Zeugen besitzt.[12] Wohl die frühesten Darstellungen der Reformatorengruppe entstehen im Jahr 1533, aber keineswegs spektakulär als Bild, sondern eher versteckt als Ansammlung von Wappen. So zeigt das Matrikelbuch der Universität Wittenberg fünf Reformatoren-Wappen; und auch die Titeleinfassung des Druckes der Luther-Predigt über das verlorene Schaf, erschienen 1533 bei dem Wittenberger Drucker Hans Lufft, zeigt die Wappen und die Initialen dieser fünf Theologen, von Martin Luther, Philipp Melanchthon, Justus Jonas, Johannes Bugenhagen und Caspar Cruciger – ganz offenkundig der innere Zirkel der Wittenberger Gruppe.[13]

Die gemeinsame Arbeit an der reformatorischen Theologie

Mag in der darstellenden Kunst die Gruppe der Reformatoren erst nach Luthers und Melanchthons Tod Gestalt angenommen haben, so war sie doch, wie neuere Studien zeigen, schon weit früher Realität. Luther war schon seit 1516 Teil – sicherlich der maßgebende Teil – einer Wittenberger Theologengruppe, die die scholastische Theologie und die aristotelische Philosophie ablehnte und an ihre Stelle das Studium der Bibel und der Kirchenväter setzte. Das lässt sich an der Entfaltung zentraler reformatorischer Erkenntnisse sehen. Zu diesen zählt das Schriftprinzip – die Betonung der Bibel als alleiniger Quelle des Glaubens. In unzweifelhafter Klarheit wird das Schriftprinzip erstmals von Melanchthon vertreten, als er am 9. September 1519 seine theologischen Bakkalaureatsthesen vortrug und verteidigte. Der damals 22-jährige junge Gelehrte war erst seit über einem Jahr in Wittenberg und hatte, nachdem er in Heidelberg und Tübingen die *artes liberales* studiert und doziert hatte, sich sogleich unter dem Einfluss Luthers mit Theologie beschäftigt. Seine Thesen fand Luther »ziemlich frech, aber höchst vernünftig« und war tief beeindruckt:

»Er [Melanchthon] hat so geantwortet, dass er uns allen als das erschien, was er ist, nämlich als ein Wunder. Wenn Christus will, wird dieser Mann viele Martin Luthers übertreffen. Für den Teufel und die scholastische Theologie ist er ein fürchterlicher Gegner.«[14]

Für Aufsehen sorgten unter den 24 Thesen insbesondere die Thesen 16 bis 18, deren Brisanz auch den katholischen Gegnern auffiel, sodass sich Johann Eck sogar bei Kurfürst Friedrich von Sachsen beschwerte. Die Aufregung entzündete sich an der Behauptung der Heiligen Schrift als alleiniger Norm gegen die Autorität der Konzilien sowie an der daraus gezogenen Folgerung, dass das Sakrament der Priesterweihe und die Wandlung der Abendmahlsgaben Brot und Wein in Leib und Blut Christi ohne biblische Begründung und demnach auch keine Glaubenswahrheiten seien.[15] Melanchthons Bakkalaureatsthesen sind ein aussagekräftiges frühes Beispiel für die gemeinsame Arbeit an der Wittenberger Reformation. Nicht zuletzt vor ihrem Hintergrund ist Luthers Selbstverständnis als »einsamer Prophet« eher eine Fiktion denn historische Wirklichkeit – gleichwohl eine Fiktion, die von einer intensiven literarischen und bildlichen Stilisierung des Heros Luther bestärkt wurde.[16]

Die Gruppenmitglieder zeigten ihre Verbundenheit über das visuelle Erscheinungsbild hinaus auch in ihren Schriften: Sie schrieben füreinander Vorworte, publizierten gemeinsam in Sammelbänden oder übersetzten die Werke des anderen. Unter den bekannten Wittenberger Theologen ragte das »Triumvirat« Luther, Melanchthon und Bugenhagen besonders hervor. In ihm bündelte sich die Wittenberger reformatorische Autorität, die sich in zahlreichen Ratschlägen und Gutachten zu kirchlichen und politischen Fragen niederschlug. Auch Anfragen wurden an diese drei Theologen gerichtet, sodass ihre gemeinsame Autorität intern wie extern anerkannt war.[17] Dabei nahm Bugenhagen einen besonderen Platz in Luthers Lebensgefüge ein. Denn während die anderen Kollegen durchweg mindestens zehn Jahre jünger als Luther waren – Jonas geboren 1493, Melanchthon 1497, Cruciger 1504 –, war Bugenhagen mit seinem Geburtsjahr 1485 fast gleichaltrig und teilte mit ihm die Erfahrung des Priesterstandes und der allmählichen Lösung vom Gelübde. Als erster evangelischer Stadtpfarrer ab Oktober 1523 war Bugenhagen

---

12 Vgl. material- und kenntnisreich Hans-Peter Hasse: Luther und seine Freunde. Zum Erscheinungsbild einer Gruppe in der Kunst und Publizistik des 16. Jahrhunderts, in: Wartburg-Jahrbuch (Sonderband) 1996, Eisenach 1996, S. 84–119. **13** Vgl. ebd., S. 86 f. Zur Wittenberger Gruppe im Bild vgl. auch Doreen Zerbe: Reformation der Memoria. Denkmale in der Stadtkirche Wittenberg als Zeugnisse lutherischer Memorialkultur im 16. Jahrhundert, Leipzig 2013, bes. S. 417 f. **14** WA B 1, 514, 33–36 (Nr. 202). Auch für den Wittenberger Theologieprofessor Andreas Karlstadt war Melanchthon in jenen Jahren »primus dux ecclesiae Wittenbergensis«, vgl. Jens-Martin Kruse: Universitätstheologie und Kirchenreform. Die Anfänge der Reformation in Wittenberg 1516–1522, Mainz 2002, S. 282. **15** Die Übersetzung der Thesenreihe in: Melanchthon deutsch. Bd. 2, hrsg. von Michael Beyer u. a., 2. Aufl. Leipzig 2011, S. 17–19. **16** Vgl. einführend Jens-Martin Kruse: Universitätstheologie und Kirchenreform. Die Bedeutung der Wittenberger Universitätsprofessoren für die Anfänge der Reformation, in: Luther. Zeitschrift der Luther-Gesellschaft 73,1 (2002), S. 10–31. In seiner Dissertation erläutert Jens-Martin Kruse ausführlich die Themen und Personen der Wittenberger »Reformgruppe«, einer »Diskussionsgemeinschaft« mit dem neuen theologischen Ansatz der Heiligen Schrift als Grundlage, mit gemeinsamen Positionen in der Überwindung der scholastischen Theologie bei gleichzeitigen eigenen Akzentsetzungen, vgl. Ders., Universitätstheologie (wie Anm. 14). Zu den frühen Stilisierungen und Heroisierungen Luthers vgl. Thomas Kaufmann: Der Anfang der Reformation. Studien zur Kontextualität der Theologie, Publizistik und Inszenierung Luthers und der reformatorischen Bewegung, Tübingen 2012, S. 266–333. **17** Vgl. Karl Josef Seidel: Frankreich und die Protestanten. Die Bemühungen um eine religiöse Konkordie und die französische Bündnispolitik in den Jahren 1534/35, Münster 1970, S. 115 f. Aus dem Jahr 1525 ist ein Schreiben des Paracelsus an die »christlichen Brüder« Luther, Bugenhagen und Melanchthon überliefert, vgl. Stefan Rhein: Melanchthon und Paracelsus, in: Joachim Telle (Hrsg.): Parerga Paracelsica. Paracelsus in Vergangenheit und Gegenwart, Stuttgart 1991, S. 57–73, hier S. 63. Am 13. 12. 1543 richtete Kurfürst Johann Friedrich eine Anfrage an die drei Wittenberger Reformatoren wegen der Entsendung eines Schlosspredigers auf Burg Grimmenstein (MBW 3397). **18** Vgl. Volker Gummelt: »Pomeranus hat mich oft getröstet«. Johannes Bugenhagen – Freund und Seelsorger Luthers, in: Freybe (Hrsg.): Luther und seine Freunde (wie Anm. 7), S. 89–104, hier S. 96. **19** Zur Erweiterung der Trias zu einem Fünfmännergremium vgl. Eike Wolgast: Luther, Jonas und die Wittenberger Kollektivautorität, in: Dingel, Justus Jonas (wie Anm. 7), S. 87–100, hier S. 91 f. **20** Abdruck der Rede in: Corpus Reformatorum 11, Halle 1843, S. 833–841. Zu Cruciger vgl. Leder, Beziehungen (wie Anm. 10), S. 436–438; Wolgast, Luther (wie Anm. 19), S. 93.

Abb. 1 Lucas Cranach d. J., Weinberg des Herrn (sogenanntes Eber-Epitaph), 1573/74, Wittenberg, Stadt- und Pfarrkirche St. Marien

nicht nur theologischer Kollege an der Universität, sondern der zuständige Seelsorger und Beichtvater. Als Luther in der zweiten Jahreshälfte 1527 von Krankheit und tiefer Traurigkeit geplagt war, zog Bugenhagen mit seiner Familie sogar in Luthers Haus, um dem Angefochtenen unmittelbar beistehen zu können. Er verbrachte so über ein halbes Jahr mit ihm, denn für Luther war der Zuspruch Bugenhagens wie eine *angeli vox*, die Stimme eines Engels.[18]

Die Wittenberger Trias, die auf dem Reformationsaltar in der Wittenberger Stadtkirche mit dem predigenden Luther, dem taufenden Melanchthon und dem Beichte abnehmenden Bugenhagen dauerhaftes Bild geworden ist, wurde in den 1530er Jahren zu einem Fünfmännergremium erweitert. Hinzu kamen Justus Jonas und Caspar Cruciger, die zusammen mit dem inneren Kreis aus Luther, Melanchthon und Bugenhagen die Wittenberger Kollektivautorität bildeten.[19] Cruciger, der jüngste unter ihnen, wirkte ab 1533 als Theologieprofessor und Prediger an der Schlosskirche; er wurde von Luther besonders geschätzt, ja offensichtlich wie ein Sohn geliebt und war als theologischer Erbe ausersehen. So fungierte er als Herausgeber von Luthers *Sommerpostille* und als Hauptverantwortlicher für die Wittenberger Luther-Ausgabe. Auf den bereits mit 44 Jahren verstorbenen Kollegen verfasste Melanchthon eine eindrucksvolle Gedenkrede, ein beredtes Zeugnis des freundschaftlichen Verhältnisses der beiden Männer mit ihren gemeinsamen humanistischen, naturwissenschaftlichen und theologischen Interessen.[20]

Jonas amtierte als Propst des Allerheiligenstifts und nahm als ranghöchster Geistlicher in der Hierarchie der Wittenberger Theologen den zweiten Rang nach Luther ein. Er zeichnete sich insbesondere durch seine zahlreichen Übersetzungen lateinischer Schriften

Die reformatorische Bewegung

Luthers und Melanchthons aus. Damit beförderte er die Popularisierung der reformatorischen Gedanken, zum Beispiel mit der Verdeutschung von Luthers Antwort auf Erasmus *Das der freie wille nichts sey* (Wittenberg 1526) oder mit der übersetzten Melanchthon-Schrift *Widder den unreinen Bapsts Celibat und verbot der Priesterehe* (Wittenberg 1541). Luthers *De servo arbitrio* erschien im Dezember 1525, während Jonas seine Übersetzung Anfang Januar 1526 druckfertig hatte. Offensichtlich arbeiteten sie Hand in Hand, wobei Jonas die lateinischen Aussagen Luthers im Deutschen häufig ausführlicher formulierte, sie dadurch verdeutlichte, sogar kommentierte und damit für die nicht-theologische Leserschaft verständlicher machte.[21]

Gemeinsam trat der Kreis der fünf maßgeblichen Wittenberger Reformatoren durch Kollektivgutachten auf, in denen sie Gemeinschaftsvoten zu theologischen, religionspolitischen, kirchenorganisatorischen und eherechtlichen Fragen formulierten – meist geschah dies auf Anforderung des Landesherrn, sodass es sich hier um einen frühen Fall von Politikberatung handelt. Beteiligt waren daran vorrangig Melanchthon, Luther, Bugenhagen und mit deutlich geringerer Präsenz Jonas und Cruciger.[22] Dass Melanchthon, obwohl er als Magister der rangniedrigste war, am häufigsten als Mitverfasser genannt wird, erstaunt nicht. Denn wenn die Wittenberger Gruppenautorität ihren Ausdruck in Gemeinschaftstexten fand, so war der Verfasser solcher Texte meist Melanchthon, dessen strukturiertes Denken, rhetorisches Schreiben und präzises Formulieren sehr anerkannt waren. Diese Gaben machten ihn zum »theologischen Sekretär der Wittenberger Reformation«, wobei die konzeptionelle Verantwortung ihn sogar als »theologischen Staatssekretär« erscheinen lässt, wie Helmar Junghans die bedeutende Aufgabe des Humanisten und Reformators Melanchthon bei der Wittenberger Textproduktion anachronistisch zu umschreiben sucht.[23]

Martin Luther und Philipp Melanchthon

Das Wittenberger Reformatorenteam verband also eine enge Arbeitsgemeinschaft, die mit teils intensiven persönlichen Beziehungen einherging. Zu den in der Reformationsforschung meistdiskutierten Beziehungen gehört das Verhältnis Luthers zu Melanchthon. Zu Beginn ihres Kennenlernens im August 1518 – Melanchthon kam nach Wittenberg als Professor für Griechisch, damals 21-jährig und damit über 13 Jahre jünger als Luther – waren sie voneinander tief beeindruckt, was sich bei Luther in geradezu euphorischen Sympathiebekenntnissen ausdrückte: »Unser Philipp Melanchthon, ein wunderbarer Mensch, ja einer, an dem fast alles übermenschlich ist, er ist mir dennoch vertraut und befreundet«, so in einem Brief vier Monate nach der Ankunft Melanchthons,[24] während Melanchthon 1520 über den sich auf der Wartburg aufhaltenden Luther schreibt: »Ich würde lieber sterben als von diesem Mann getrennt werden.«[25] Die Euphorie transformierte sich allmählich in gegenseitigen Respekt vor den intellektuellen Leistungen des Kollegen, sodass Luther 1529 in seiner Vorrede zu Melanchthons Auslegung des Kolosserbriefs, die übrigens wiederum von Justus Jonas verdeutscht wurde, formulieren konnte: »Ich hab zwar selbs solche Magistri Philipps bücher lieber denn die meinen, sehe auch lieber die selben beyde ym lateinischen und deudschen auff dem platz denn die meinen.«[26]

Allerdings wurden die unterschiedlichen Temperamente immer offensichtlicher, die Luther mit aufschlussreichen, immer aber heiter-respektvollen Worten umschrieb, etwa in der bereits zitierten Vorrede: »Ich bin dazu geboren, das ich mit den rotten und teuffeln mus kriegen und zu felde ligen, darumb meiner bücher viel stürmisch und kriegisch sind. Ich mus die klötze und stemme ausrotten, dornen und hecken weg hawen, die pfützen ausfullen und bin der grobe waldrechter [Holzhauer], der die ban brechen und zurichten mus. Aber M. Philipps feret seuberlich und still daher, bawet und pflanzet, sehet und begeust mit lust, nach dem Gott yhm hat gegeben seine gaben reichlich.«[27] Die Unterschiede der Charaktere schlagen sich aber auch in Äußerungen ärgerlichen Unverständnisses nieder, so wenn Melanchthon an der oft zügellosen »Streitsucht« Luthers wie unter einer »entehrenden Knechtschaft« leidet oder sich Luther während des Augsburger Reichstags 1530 über Melanchthons Ängstlichkeit ärgert und dessen Sorgen als Zeichen fehlender Glaubensstärke anprangert.[28]

Bei all den charakterlichen und auch inhaltlichen Dissonanzen zwischen Luther und Melanchthon gibt es gleichwohl Situationen, die vielleicht viel aussagekräftiger für ihr persönliches Verhältnis sind als die kontroversen Debatten um gute Werke, Abendmahlsverständnis und Umgang mit der katholischen Kirche. Es sind Situationen, in denen der andere krank wird und Hilfe braucht. Melanchthon brach 1540 auf einer Reise in der Nähe von Weimar physisch und psychisch völlig zusammen, sodass seine Begleiter den nahen Tod erwarteten. Luther selbst eilte auf die bestürzenden Nachrichten hin von Wittenberg aus sogleich an das Krankenbett, betete stundenlang und versuchte, den Schwerkranken, der bereits jegliche Hoffnung verloren hatte, aufzurichten. Heftig fuhr Luther den Kollegen, der sich schon auf der Fahrt ins Jenseits wähnte, an, dass er Gott weiterhin dienen müsse: »Hörst du, Philippe, kurzum, du mußt mir essen, sonst tu ich dich in den Bann!« Melanchthon wurde wieder gesund, und Luther erzählte später mehr als einmal bei Tisch von dieser denkwürdigen Gebetserhöhung.[29]

---

21 So Ute Mennecke: Justus Jonas als Übersetzer – Sprache und Theologie. Dargestellt am Beispiel seiner Übersetzung von Luthers Schrift »De servo arbitrio« – »Das der freie wille nichts sey« (1526), in: Dingel, Justus Jonas (wie Anm. 7), S. 131–144. **22** Vgl. Armin Kohnle: Wittenberger Autorität. Die Gemeinschaftsgutachten der Wittenberger Theologen als Typus, in: Irene Dingel/Günther Wartenberg (Hrsg.): Die theologische Fakultät Wittenberg 1502 bis 1602, Leipzig 2002, S. 189–200. **23** Helmar Junghans: Philipp Melanchthon als theologischer Sekretär, in: Günter Frank (Hrsg.): Der Theologe Melanchthon, Stuttgart 2000, S. 129–152, v. a. S. 152 mit Anm. 155. **24** WA B 1, 269, 33–35 (Nr. 120). **25** MBW T 1, S. 196, 97f. (Nr. 84). **26** WA 30/2, 68, 9–11.

27 Ebd., 68, 12–69, 1. **28** Zu Melanchthons Leiden an Luther vgl. exemplarisch seinen Brief an Carlowitz vom 28. 4. 1548, vorgestellt von Heinz Scheible: Melanchthons Brief an Carlowitz, in: Ders.: Melanchthon und die Reformation. Forschungsbeiträge, hrsg. von Gerhard May/Rolf Decot, Mainz 1996, S. 304–332. Zum Verhältnis der beiden Reformatoren vgl. Heinz Scheible: Luther und Melanchthon, in: ebd., S. 139–152. Zu Luthers Kritik am ängstlichen Melanchthon vgl. Beate Kobler: Die Entstehung des negativen Melanchthonbildes. Protestantische Melanchthonkritik bis 1560, Tübingen 2014, S. 257–260. **29** Vgl. Erwin Mülhaupt: Luther und Melanchthon. Die Geschichte einer Freundschaft, in: Ders.: Luther im 20. Jahrhundert. Aufsätze, Göttingen 1982,

Eine wenig bekannte Geschichte handelt von der umgekehrten Fürsorge, nämlich von Melanchthons erfolgreicher Therapie des kranken Luthers im Jahr 1544. Melanchthon selbst erzählt davon in einer Vorlesung, in der ein aufmerksamer Student Folgendes mitschrieb: »Doktor Martin Luther rief mich ein Jahr vor seinem Tod morgens um 2 Uhr zu sich. Zufällig war ich damals schon aufgestanden. Ich ging zu ihm und fragte ihn, was denn los sei. O, so sprach er, ich habe große und gefährliche Schmerzen. Ich fragte ihn, ob es der Stein sei. Da antwortete er: Nein, es ist größer als ein Stein. Ich fühlte die Pulsader, die in Ordnung war. Ich sagte: Das Herz ist unversehrt, es ist kein Herzschlag. Darauf sagte er: Mir ist ganz eng ums Herz, doch fühle ich nicht, dass sich das Herz zusammenzieht, und ich spüre auch keine Pulsbeschwerden. Ich überlegte, es kann nichts anderes sein als Flüssigkeit, die im Mageneingang aufsteigt. Daher kommt der große Druck, und jene Krankheit wird Bruststechen genannt. Dann suchte ich nach dem Ursprung der Krankheit. Er war (so sittsam war er) aufs Klo gegangen, als große Kälte herrschte. Sogleich spürte er, wie er von der Kälte und sofort von jener Krankheit erfasst wurde. Denn eine solche Kälte hatte die Säfte in Bewegung gebracht, sodass sie aufstiegen. Ich befahl sogleich, man solle ihm mit warmen Tüchern die Brust und den Rücken reiben und ihm bald eine Suppe oder Brühe zubereiten. Ich verbot ihm, neuen Wein zu trinken, denn er hatte damals neuen Wein getrunken. Ich ließ meinen Diener aus meinem Weinkeller etwas holen; denn damals hatte ich einen guten Rheinwein. Als er die Suppe zu sich genommen hatte, setzte sich bald die Flüssigkeit, und ich hieß ihn zu ruhen und die gewärmten Tücher zu belassen. Später, als er tot war, sagten die Leute, er sei an einem Schlagfluss gestorben. Aber es war kein Schlagfluss, sondern er starb an der dargelegten Krankheit. Denn kurz vor seinem Tod schrieb er mir, er sei wiederum von eben dieser Krankheit befallen.«[30] Mag diese hausärztliche Tätigkeit Melanchthons am Krankenbett Luthers das Vertrauensverhältnis der beiden in unerwarteter Weise illustrieren, so lässt sich die tiefe Verbundenheit Melanchthons zu Luther vielleicht am eindrucksvollsten durch seine Klagen anlässlich von Luthers Tod erahnen, wenn er ausruft: »Ach, dahin ist der ›Wagen Israel und sein Reiter, der die Kirche lenkte in diesem letzten Alter der Welt!‹« oder voller Dankbarkeit bekennt: »Ich habe von ihm das Evangelium gelernt.«[31]

Luthers Freundschaften oder der Kampf gegen den Teufel

Physische und psychische Krankheitszustände ließen die auf den ersten Blick vor allem als Berufskollegen zusammenarbeitenden Wittenberger Theologen offensichtlich immer wieder auch in enger und vertraulicher Freundschaft zusammenkommen. So standen dem oft von Selbstzweifeln und Depressionen gequälten Luther auch Justus Jonas und Johannes Bugenhagen zur Seite. Von einem Zusammenbruch des zehn Jahre älteren Luther Anfang Juli 1527, der mit Tinnitus und Herzrasen einherging, berichtet Jonas in einer eindrucksvollen Schilderung, in der Luther selbst zu Wort kommt: »O Herr doctor, Jona, mir wird ubel, wasser her oder was jr habt, oder ich vergehe […]. Herr, mein aller liebster Gott, wie gern hätte ich mein Blut für dein Wort vergossen, das weißt du, aber vielleicht bin ich unwürdig […]. Mein aller liebster Gott, du hast mich ja in die sach gefürt, du weist das dein warheit und wort ist.«[32] Luther verabschiedete sich sogar schon von seiner Frau und seinem kleinen Sohn Hans, doch kam er wieder zu Kräften und empfand im Rückblick die geistliche Anfechtung als weitaus belastender als die körperliche Krankheit. Bugenhagen war ebenfalls dabei, nahm Luther die Beichte ab und stärkte Luther in einem mehrstündigen Beichtgespräch.[33]

Das Bedürfnis nach Freundschaft wächst bei zunehmender Individualisierung, wenn das Leben des Einzelnen durch Freistellung der Individualität als Folge gesellschaftlicher Differenzierung, des Heraustretens aus althergebrachten und lokalen Ordnungen, höherer Mobilität, beruflicher Differenzierung und wachsender Heterogenität der sozialen Kontakte geprägt ist. Innere und äußere Verhaltensunsicherheit als Folge dieser sozialen Ausdifferenzierungsprozesse wird dann durch Freundschaft ausgeglichen.[34] Während in der Frühen Neuzeit vielerorts eine feste, geordnete und stabile Alltagswelt herrschte und etwa der Gesichts- und Erlebniskreis der meisten Menschen damals nur maximal 40 Kilometer reichte,[35] waren die Reformatoren einer vielfach komplexeren, unübersichtlicheren Lebenssituation ausgesetzt. Bereits die humanistischen Gelehrten des 15./16. Jahrhunderts entwickelten ein hohes Freundschaftsethos, bauten ein enges Kommunikationsnetz durch vielfältigen Briefverkehr auf und organisierten sich in Sodalitäten, also in Gelehrtennetzwerken.[36] Hier begegneten sich Individuen, die die Gemeinsamkeit der intellektuellen Interessen, aber auch die Selbsterfahrung der eigenen Persönlichkeit und das Bedürfnis nach Kommunikation als Mittel der Selbstentfaltung zu neuen Freundschaften motivierten – Freundschaften, die den engen Rahmen der Nachbarschaft oder Verwandtschaft überstiegen und die sich als freiwillig eingegangene persönliche Beziehung von Individuen erwiesen. Die leidvolle Erfahrung der Einsamkeit führte (und führt) dann auch zur Komplementärerfahrung der Freundschaft. In diese gelehrte Reihe gehören auch die Reformatoren, die aus sehr unterschiedlichen regionalen Herkünften in Wittenberg zusammentrafen: Luther aus dem Mansfelder Land, Melanchthon aus der Pfalz, Bugenhagen aus Pommern, Jonas

---

S. 121–134, hier S. 133. **30** Vgl. ausführlich Stefan Rhein: Philipp Melanchthon als Hausarzt, in: Christoph Friedrich/Joachim Telle (Hrsg.): Pharmazie in Geschichte und Gegenwart. Festgabe für Wolf-Dieter Müller-Jahncke, Stuttgart 2009, S. 363–376, hier S. 363f. **31** Zum Verhältnis Melanchthons zu Luther – von »Verliebtheit« bis zur »Postume[n] Würdigung« – vgl. Heinz Scheible: Melanchthon. Eine Biographie, München 1997, S. 143–169. **32** Die Aufzeichnung des Justus Jonas über Luthers Erkrankung und Gewissensqualen in: Der Briefwechsel des Justus Jonas. Bd. 1, hrsg. von Gustav Kawerau, Halle 1884, S. 105–107, hier S. 105. **33** Bugenhagens Bericht ist abgedruckt in: Dr. Johannes Bugenhagens Briefwechsel, hrsg. von Otto Vogt, Stettin 1888 (Neudruck Hildesheim 1966), S. 64–73. Vgl. auch WA TR 3, 81–90 (Nr. 2922b). Vgl. auch Gummelt, Pomeranus (wie Anm. 18). **34** Vgl. die perspektivenreichen Ausführungen bei Friedrich H. Tenbruck: Freundschaft. Ein Beitrag zu einer Soziologie der persönlichen Beziehungen, in: Kölner Zeitschrift für Soziologie und Sozialpsychologie 18 (1964), S. 431–456, hier v. a. S. 439. **35** Vgl. Arthur E. Imhof: Die verlorenen Welten. Alltagsbewältigung durch unsere Vorfahren – und weshalb wir uns heute so schwer damit tun, München 1984, z. B. S. 158. **36** Vgl. Christine Treml: Humanistische Gemeinschaftsbildung. Sozio-kulturelle Untersuchung zur Entstehung eines neuen Gelehrtenstandes in der frühen Neuzeit, Hildesheim 1989.

aus Thüringen, Cruciger aus Sachsen, und die deshalb an ihrem neuen Lebensort auf Freundschaft besonders angewiesen waren.[37]

Luther selbst hat die Geselligkeit und, wie die Tischreden illustrieren, das Gespräch mit Freunden, Bekannten und Gästen gesucht und genossen. In Trostbriefen hat er immer wieder dazu aufgefordert, die Trauer im heiteren Zusammensein mit anderen zu überwinden. Depressionen kommen vom Teufel, da ist sich Luther sicher, nicht zuletzt durch eigene Erfahrungen: »Ich kenne den Satan gut, weiß wohl, wie er mir pflegt mitzuspielen; er ist ein trauriger, saurer Geist, der nicht leiden kann, dass ein Herz fröhlich sei.«[38] Von der Hilfe der Freunde bei geistlichen Versuchungen spricht Luther auch in seiner großen Genesisvorlesung (1535–1545); dort nimmt er die Geschichte der Trennung Lots von Abraham zum Anlass für ein schönes Bekenntnis zum Wert der Freundschaft: »Ein gewaltiges Gut und ein kostbarer Schatz ist ein treuer Freund – nicht nur wegen äußerer Gefahren, in welchen er Hilfe und Trost sein kann, sondern auch wegen geistlicher Anfechtungen. Denn obwohl die Herzen durch den Heiligen Geist recht gestärkt sind, erwächst daraus großer Nutzen, wenn Du einen Bruder hast, mit dem Du dich über Religion austauschen und von dem Du Trost bekommen kannst. […] Ich halte deshalb den Verlust aller Güter für geringer als den Verlust eines treuen Freundes. […] Denn Einsamkeit befällt den Menschen, der allein und von vertrauten Freunden verlassen ist; er kann sich zwar dagegen stemmen und ankämpfen, aber er besiegt sie nicht ohne gewaltige Schwierigkeit. Alles aber ist leichter, wenn Du einen brüderlichen Freund hast, denn es steht die Verheißung: ›Wo zwei oder drei in meinem Namen versammelt sind, da bin ich mitten unter ihnen.‹ Man muss also die Einsamkeit fliehen und den Umgang mit vertrauten Menschen suchen, vor allem in geistlichen Gefahren.«[39]

Zu Luthers Freundeskreis gehörten nicht nur Universitätskollegen, sondern zum Beispiel auch Lucas Cranach der Ältere, der 1525 Trauzeuge bei der Hochzeit des Reformators mit Katharina von Bora und im Jahr darauf Taufpate von Luthers erstgeborenem Sohn Johannes war. Luther wiederum war bereits 1520 Taufpate von Cranachs Tochter Anna und zog im April 1521 Cranach als einzigen Wittenberger ins Vertrauen über seine bevorstehende »Gefangenschaft« auf der Wartburg. Ein bewegendes Dokument ihrer engen Beziehung ist der Besuch Luthers am 1. Dezember 1537 bei Cranach, der völlig verzweifelt über den Tod seines Sohnes Hans in Bologna von seinem Freund Luther getröstet wird, etwa mit dem Hinweis, nicht nur Cranach, sondern auch er selbst habe zu der Reise nach Italien geraten, um so die schweren Selbstvorwürfe des Vaters zu mildern. Ihre Freundschaft stellt die persönliche Seite einer engen beruflichen Zusammenarbeit in der gemeinsamen Kommunikation der Reformation in Text und Bild dar, sodass Cranach mit seiner Werkstatt zu einem zentralen Akteur beim »Making of the Reformation« avancierte, wie Steven Ozment ausführt, vor allem durch die öffentliche ikonische Präsenz Luthers seit den ersten Bildnissen 1520.[40]

Auch mit einigen Wittenberger Bürgern hatte Luther einen engeren Kontakt, etwa mit dem Tuchmachermeister Bartholomäus Schadewald, den Luther am Krankenbett besuchte, als er 1535 tödlich an der Pest erkrankt war,[41] oder mit Blasius Matthäus, ebenfalls ein Tuchmachermeister, der anlässlich seines Todes in einem Universitätsanschlag als enger Vertrauter Luthers gerühmt wurde.[42] Ein besonders enges Verhältnis pflegte Luther ganz offensichtlich mit Peter Beskendorf, seinem Barbier, da er sich ausschließlich von ihm rasieren ließ. Beskendorfs Tätigkeit ging über das Rasieren und Haareschneiden hinaus und umfasste auch die Wundarznei, also die Behandlung äußerlicher Verletzungen. Luther unterstützte Beskendorf, als dieser nach einem Streit – es ging um Geld – seinen Schwiegersohn erstach und angeklagt wurde; er verteidigte ihn vor Gericht und konnte durch eine Eingabe bei Kurfürst Johann Friedrich die Todesstrafe abwenden. Das freundschaftliche Verhältnis Luthers zu Beskendorf wäre nur als Wittenberger Episode von Interesse, wenn daraus nicht auch eine eigene Schrift entstanden wäre: *Eine einfältige Weise zu beten, für einen guten Freund, Meister Peter Balbier*, eine allgemein verständliche Einführung Luthers in das Beten samt Erläuterungen des Vater unsers, des Glaubensbekenntnisses und der Zehn Gebote. Diese erstmals 1535 in Wittenberg erschienene Schrift illustriert auf eindrucksvolle Weise, dass Luthers reformatorisches Wirken seine Wurzeln in der Seelsorge besitzt, adressatenbezogen-dialogisch strukturiert ist und deshalb immer die Existenz des Menschen direkt angeht.[43]

Nicht nur Luther …

Die Reformation ist nicht das Werk eines Einzelnen, sondern gründet auf dem Denken und Wirken einer Gruppe von Gelehrten, die der *kairos* der Reformation an den gleichen Ort führte. So ist die Reformation auch nicht als das Werk eines Einzelgängers verständlich, sondern ist in ihrer vitalen Vielfalt das Ergebnis eines produktiven Miteinanders zahlreicher Begabungen, das auch von persönlichen Freundschaften getragen wurde.

---

37 So mag es kein Zufall sein, dass Wittenberg zum Geburtsort der *Alba Amicorum*, also der Freundschaftsalben, wurde. Denn die Wittenberger Universität zog Studenten und Gäste aus ganz Europa an, die eine dauerhafte Erinnerung an ihre Begegnungen in Wittenberg mitnehmen wollten. Bei den Besitzern dieser Stammbücher handelte es sich um Personen, die die schriftlichen Einträge als Erinnerung für sich selbst und zugleich als Ausweis ihres gelehrten Umgangs betrachteten. Vgl. Werner Wilhelm Schnabel: Das Stammbuch. Konstitution und Geschichte einer textsortenbezogenen Sammelform bis ins erste Drittel des 18. Jahrhunderts, Tübingen 2003. **38** Zit. nach Heiko A. Oberman: Luther. Mensch zwischen Gott und Teufel, München 1986, S. 320 f. Zum seelsorgerlich-tröstenden Luther vgl. Ute Mennecke-Haustein: Luthers Trostbriefe, Gütersloh 1988. **39** WA 42, 501, 21–41. **40** Steven Ozment: The Serpent and the Lamb. Cranach, Luther and the Making of the Reformation, New Haven 2012, z. B. S. 119–147 (»Marketing Luther«). Zu Luthers Trostbesuch vgl. Stefan Rhein: Caspar Khummer (gest. vor 1575). Sammlung der Tischreden Martin Luthers, in: Roland Enke/Katja Schneider/Jutta Strehle (Hrsg.): Lucas Cranach der Jüngere. Entdeckung eines Meisters, München 2015, S. 158–193. **41** WA TR 5, 195, 14–16 (Nr. 5503). **42** Vgl. Scriptorum publice propositorum […]. Bd. 4, Wittenberg 1561, fol. h5r: »familiaris Luthero fuit et valde carus« (Anschlag vom 9. 3. 1561). **43** Vgl. Martin Luther: Wie man beten soll, für Meister Peter den Barbier, hrsg. von Ulrich Köpf/Peter Zimmerling, Göttingen 2011. Zu Beskendorf vgl. Nikolaus Müller: Peter Beskendorf: Luthers Barbier und Freund, in: Otto Clemen/Rudolf Eger (Hrsg.): Aus Deutschlands kirchlicher Vergangenheit. Festschrift zum 70. Geburtstage von Theodor Brieger, Leipzig 1912, S. 37–92.

PETER BLICKLE

Die Republik der Reformatoren
Huldrych Zwingli, Christoph Schappeler, Johannes Calvin

Hoch über den Weinbergen des Dorfes Hallau im Klettgau thront die Pfarrkirche St. Moritz, Rhein, Schwarzwald und die Schweiz grüßend. Erst 1491 war der Gemeinde das Recht zum Bau einer Kirche eingeräumt worden, 1508 trennte sie sich von der Mutterpfarrei Neunkirch. Die Gemeinde hatte sich so das Pfarrerwahlrecht erstritten und erkauft. Hallau ist für die kirchlichen Verhältnisse der Vorreformationszeit kein typischer Fall, aber einmalig ist er auch nicht. Im benachbarten Thurgau wurde ein Fünftel der Priester über Stiftungen von Dorfgemeinden finanziert, ähnliche Zahlen darf man für Graubünden, das Grenzgebiet zwischen der Pfalz und dem Elsass und die Gegend um den Vierwaldstättersee in Anschlag bringen. Das Ziel solcher dörflichen Stiftungen war immer, täglich die Messe feiern zu können, schließlich auch im Dorf die Kinder taufen zu lassen und die Toten zu bestatten. Die Gemeinde verpflichtete ihren Geistlichen dazu, im Dorf zu residieren, Rechtsgeschäfte nicht vor dem bischöflichen, sondern vor den örtlichen Gericht zu tätigen, die Gläubigen auf ihren Wallfahrten zu begleiten und zu predigen – so in Ursern am Gotthard 1481.

Zur Verbesserung der Seelsorge wurde auch in den Städten fleißig gestiftet – Messstiftungen überragen an Zahl alle anderen. Charakteristisch für die Jahrzehnte vor der Reformation sind indessen Stiftungen von Predigerstellen durch Bürger oder Korporationen in der Stadt. Der Prädikant erteilte katechetischen Unterricht und predigte sonntags. Es ging hierbei offensichtlich um eine neue, intellektuellere Form, sich den Glauben anzueignen, wie die Anforderungsprofile an Prediger belegen. So sollten sie den akademischen Grad eines Doktors der Theologie nachweisen können. Nahezu alle größeren Städte Südwestdeutschlands waren um 1500 mit einer Prädikatur ausgestattet.

Es waren Bauernschaften, Bürgerschaften, Gemeinden, die sich um eine Verbesserung der Seelsorge bemühten. Das lässt sich mit einer zweiten Beobachtung verknüpfen: »Ihre früheste Wirkung entfalteten die reformatorischen Ideen im Reich und in der schweizerischen Eidgenossenschaft, zwei polyzentrischen Gebilden mit schwacher zentraler Macht und vielen mehr oder weniger unabhängigen Gemeinden«.[1] Mehr unabhängige Gemeinden gab es im Süden des Heiligen Römischen Reiches und in der Schweiz. Ist es also ein Zufall, dass sich hier eine eigene, von Mittel- und Norddeutschland abweichende Form der Reformation ausbildete, die viel den Gemeinden verdankt?[2] Schon die frühe Reformationspropaganda deutet das an.

1521 erschien in Zürich eine Flugschrift, die *Beschribung der götlichen müly* (Abb. 1). Der Titelholzschnitt rückt den gemeinen Mann in der Figur des »Karsthans«, gewissermaßen die Personalisierung der Gemeinde, in den Mittelpunkt des Geschehens. Er bedroht mit seinem Flegel Mönche, Bischöfe, Kardinäle und den Papst und schützt damit eine zweite Gruppe, die von Erasmus von Rotterdam, Luther und (hinter diesem stehend) Zwingli gebildet wird. Christus schüttet die Evangelien in die Mühle, Erasmus schaufelt das Mehl des reinen Gotteswortes zusammen, das Luther zu einem Brotteig verarbeitet, während Zwingli die Brote in Form der Heiligen Schrift vergeblich den Vertretern der alten Kirche darbietet. Die Gruppe in der Bildmitte vermittelt die Botschaft: Der Humanist Erasmus aus Basel, Zwingli aus Zürich und der gemeine Mann (Karsthans) setzen sich für die Reformation ein – freilich darf Luther auch in Süddeutschland nicht fehlen.

Huldrych Zwingli –
Theologie als ethische Erneuerung der Politik

Als Huldrych Zwingli 1519 am Großmünster in Zürich seine Predigttätigkeit aufnahm, tat er das vor einer Gemeinde, die mit der Bürgerschaft identisch war. Zweimal jährlich leistete sie im Großmünster den Bürgereid. Schon zuvor hatte Zwingli in stark kommunal geprägten Regionen und Orten gewirkt. Seine Heimat Toggenburg hatte eine beachtliche Repräsentation (Landschaft) ausgebildet, die mit ihrem Landesherrn, dem Abt von St. Gallen, mehr oder minder in einem permanenten Konflikt lebte. Der Wechsel nach Glarus (1506–1516) führte Zwingli in einen Kanton, der als Ort der Eidgenossenschaft demokratisch von der Landsgemeinde und ihren Organen verwaltet wurde. In Zürich lag »der Gewalt«, wie Zeitgenossen die Souveränität nannten, beim Großen Rat, einem Gremium von über 200 Mitgliedern, bestehend aus Vertretern der Zünfte: Der Erlass von Mandaten, die Erhebung der Steuern, die Entscheidung über Krieg und Frieden sowie die Besetzung der Ämter fielen in seine Zuständigkeit. Dieses kommunale Umfeld hat einen mehrfachen Abdruck in Zwinglis Theologie hinterlassen.

Zwingli verehrte Erasmus von Rotterdam. Durch ihn wurde er über das Studium der Heiligen Schrift zu theologischen Positionen geführt, die von den gemeinreformatorischen und damit denen Martin Luthers nicht weit entfernt waren. *Sola fide, sola gratia, sola scriptura*

---

[1] Caroline Schnyder: Reformation, Stuttgart 2008, S. 96. [2] Jüngster Überblick Peter Blickle: Die Reformation im Reich, 4. Aufl., Stuttgart 2015.

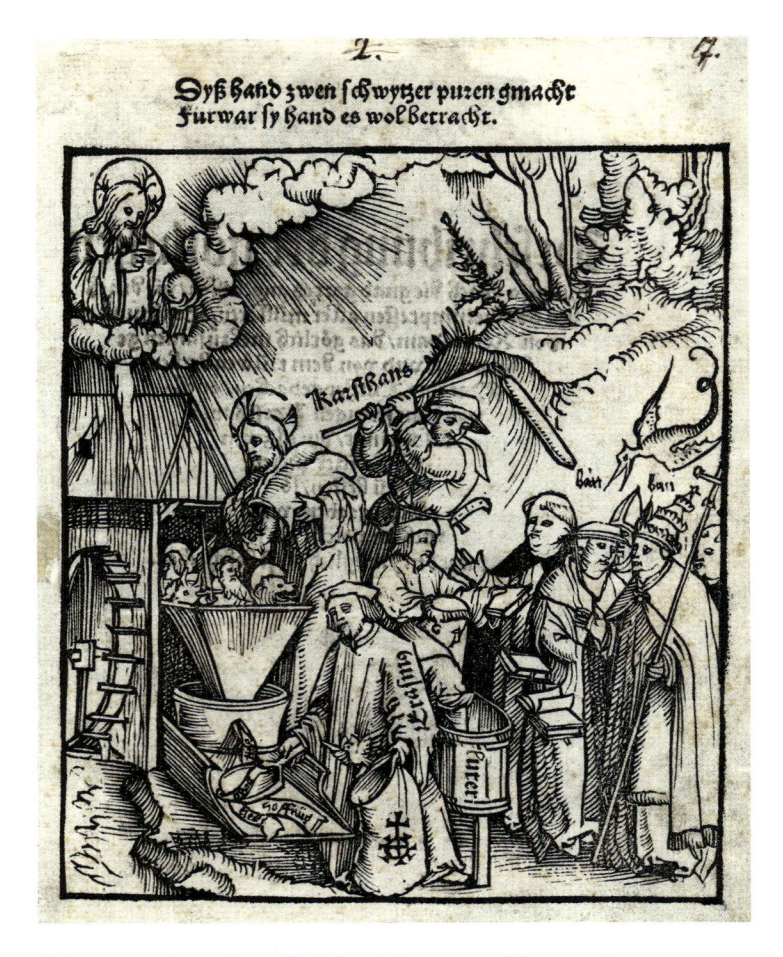

Abb. 1 Martin Seger/Hans Füsli, Beschribung der götlichen müly, so durch die gnad gottes angelassen […], Zürich 1521, Titelholzschnitt

waren auch Zwinglis theologische Axiome für die Rechtfertigung vor Gott, doch in zwei zentralen Punkten unterschied er sich von Luther – im Verhältnis von Gesetz und Evangelium und im Verständnis des Abendmahls.

Wie »Gesetz« (Altes Testament) und »Evangelium« (Neues Testament) zueinander in Beziehung gesetzt werden, entscheidet über die Reichweite des Amtes der Obrigkeit. Grundsätzlich – darin sind sich alle Reformatoren einig – ist jeder Mensch der Obrigkeit unterworfen, denn Obrigkeit ist von Gott verordnet. Zwingli hat diesen Problemkomplex 1523 in seiner *Auslegung und Begründung der Schlussreden* durchgearbeitet. Wie stellt sich das Verhältnis von Diesseits und Jenseits dar, von Gehorsam gegenüber Gott und von Gehorsam gegenüber der Obrigkeit? »Sind der Fürsten Gsatz wider Got«, führt Zwingli aus, »werdend die Christen sprechen: man muß Got me gehorsam sin weder [als] den Menschen«.[3] Luther hatte den Satz so interpretiert, dass der Gehorsam gegenüber Gott den passiven Widerstand in Sachen des Glaubens verlangt, mehr nicht. Zwingli hingegen zieht aus derselben Stelle der Apostelgeschichte eine andere Konsequenz, wenn er unmittelbar anschließend argumentiert: »Darumb mussend christenliche Fürsten Gsatz haben, die nit wider Gott syind, oder aber man tritt inen uß dem Strick, welliches darnach Unrue gebiert.« Zwingli verpflichtet die Obrigkeit darauf, eine christliche Obrigkeit zu sein. Luther hingegen belässt die weltlichen Ordnungen in ihrem historischen Recht. »Alle alten vordren Gsatzt« – das sind für Zwingli die bestehenden positiven Rechtsnormen – müssen dahingehend überprüft werden, »ob sy dem götlichen Gsatzt des Nächsten und der Natur, die bede ein Gsatzt sind, gleichförmig sind oder darwider«. Daraus leitet Zwingli auch ein Widerstandsrecht ab, obschon er es nicht detailliert entfaltet. Der »von gemeiner Hand« erwählte König kann abgesetzt werden. Ruht die Monarchie auf einer ständischen Verfassung, hat der Adel die Pflicht, das »verergerlich Leben« des Königs abzustoßen. Selbst der durch dynastische Erbfolge und ohne Wahl ins Amt gekommene König kann entfernt werden, wenn das »die ganz Menge des Volks einhälliklich« will. Monarchie und Demokratie sind Zwingli suspekt, die Monarchie wegen ihrer Tendenz, zur Tyrannei zu entarten, die Demokratie wegen ihrer Nähe zur Anarchie. Favorisiert wird von ihm eine Republik (aristokratisch in ihren Amtsträgern, die demokratisch in ihre Ämter gebracht werden), wie sie in Zürich, Basel, St. Gallen und vielen zunftverfassten Städten Süddeutschlands herrschte. Es geht ihm wie den Humanisten um eine Renaissance der Republik, nur heißen die Autoritäten der Antike, auf die er sich beruft, nicht Aristoteles und Cicero, sondern Evangelisten.

Wie die politische Ordnung im Geist der Reformation neu zu konzipieren sei, hat Zwingli zunächst mündlich vorgetragen – im Rahmen der Ersten Zürcher Disputation von 1523. Sie war in vielerlei Hinsicht sensationell: Nicht eine Universität war der Austragungsort, sondern das Rathaus, nicht Theologen entschieden über die besseren Argumente, sondern der Große Rat von Zürich als Repräsentation der Zürcher Gemeinde (Abb. 2). In der Kirchengeschichte spricht man deswegen von einer Erfindung, die in Zürich gemacht worden sei, hier sei »die erste Kirchengründung der Reformation« erfolgt.[4] Die politische Gemeinde erhält ihre Überhöhung in der kirchlichen Gemeinde. Zürich ist dieser Konfiguration in vielen Einzelmaßnahmen gerecht geworden. Der Einführung der Reformation in der Stadt und auf dem Land gingen Befragungen der Zünfte und der Gemeinden voraus; letztlich sollten sie über die richtige Lehre entscheiden. Die Mandate erließ der Rat fortan in der Absicht, die weltlichen Ordnungen am götlichen Gesetz auszurichten. Die beeindruckende Zahl von 50 Mandaten hat der Rat in den 1520er Jahren in diesem Sinn erlassen. Das bischöfliche Gericht wurde auf der Basis der Pfarrgemeinden dezentralisiert und als Ehegericht fortgeführt, die Urteile fällten Laien.

Aber nicht nur die Gestalt der Zürcher Kirche, auch die Theologie selbst – und zwar ihr Kernstück, die Abendmahlslehre – erhielt durch die institutionellen Formen des politischen Alltags ihr Gepräge. Zwingli bestritt – und damit trat er in einen scharfen, nie überbrückten Gegensatz zu Luther – den Opfercharakter des Abendmahls und die Realpräsenz von Christus in Brot und Wein. Vielmehr verwandele sich im Abendmahl die Gemeinde der Gläubigen in den Leib Christi. Dieses »Sakrament«, so Zwingli, sei »ein Pflichtzeichen, als, so einer ein wyß Krütz an sich nayet, so verzeichnet er sich, das er ein Eydgnoß welle sin«. Wie die Eidgenossen sich in periodisch wiederholten Eiden ihre Zusammengehörigkeit öffentlich bezeugen, »also verbindet sich der Mensch [in diesem Sakrament] mit allen Gläubigen offenlich« – Eid und Sakrament werden spiegelbildlich. In

Abb. 2 Erste Disputation im Zürcher Rathaussaal im Jahr 1523, kolorierte Federzeichnung in Heinrich Thomanns Abschrift von Bullingers Reformationsgeschichte, 1605

Christoph Schappeler – eine Theologie der Freiheit für leibeigene Bauern

Eine der süddeutschen Reichsstädte, die ganz im Geiste Zwinglis die Reformation einführte, war Memmingen. Hier wirkte seit 1513 Christoph Schappeler als Prädikant. Zu seiner Heimat St. Gallen hielt er immer Kontakt, Erasmus von Rotterdam zählte zu seinen akademischen Lehrern, Joachim von Watt (Vadianus), der Reformator St. Gallens, zu seinen Freunden und Zwingli zu seinen theologischen Autoritäten. Er präsidierte teilweise die Zweite Zürcher Disputation und kehrte nach St. Gallen zurück, nachdem er im Juni 1525 knapp der Hinrichtung in Memmingen entkommen war.

In Memmingen überstürzten sich seit dem Dezember 1524 die Ereignisse,[7] vier Monate später herrschte Aufruhr von Thüringen bis Trient und von Salzburg bis ins Elsass. Schappeler hat am Nikolausfest 1524 der Gemeinde in St. Martin erstmals Brot und Wein gereicht, das Abendmahl in beiden Gestalten. Wie die Zürcher verstand er es als eine Gedächtnisfeier, Brot und Wein waren also nicht der Leib und das Blut Christi. Den massiven Traditionsbruch kommentierte der Rat gelassen. Er wolle den Geistlichen keine Vorschriften machen, sie mögen predigen, was sie vor Gott und der Welt verantworten könnten. Die Vorgänge wirkten sich umgehend auf die zweite Pfarrei der Stadt, Unser Frauen, aus. Dort forderten die Frauen lautstark beim Rat gleichfalls die liturgischen Neuerungen ein. Dieser hoffte Ruhe zu stiften, indem er den Frauen den Besuch der Gottesdienste in St. Martin empfahl. Umsonst – wenige Tage später kam es zu Weihnachten an Unser Frauen, der Marienkirche, zu einem unerhörten Akt. »Von den lutherischen Weib und Man«, klagte Pfarrer Megerich, sei er »in die Sacristey gejagt und getrüben mit großer Ungestümigkait […] mit Fäusten geschlagen, gestoßen« und mit Steinen beworfen worden. Doch das war nur ein Teil der Aktion; ein zweiter bestand im Verwüsten von Altarbildern und liturgischem Gerät. Zwei Stunden dauerte der Tumult, dann traten Bürgermeister und einige Räte auf den Plan und nahmen den Pfarrer gewissermaßen in Schutzhaft, sonst wäre er »in der Sacristei erschlagen worden«.[8]

Eine Lösung war das freilich nicht, die erhoffte sich der Bürgermeister von einer Disputation. Von den Anhängern Schappelers war sie schon länger gefordert, von den Altgläubigen jedoch immer wieder verweigert worden. In der ersten Januarwoche 1525 fand sie schließlich statt, im Beisein aller Geistlichen, aller Räte und je eines eigens gewählten Vertreters aller Zünfte. Das war zweifellos eine

Zürich wurden beide Akte im Großmünster vollzogen. »Das Abendmahl«, so ein ausgewiesener Kenner des Reformiertentums, »ist der Schwörtag der christlichen Gemeinde, die analog zur bürgerlichen Gemeinde eine coniuratio ist.«[5]

Zwingli war mit seinem kommunal gründierten Kirchenbegriff und Sakramentsverständnis nicht nur der Reformator Zürichs, sondern der des gesamten oberdeutschen Raumes.[6] Hunderte von Priestern aus der Schweiz und Süddeutschland saßen bei seinen Disputationen zu seinen Füßen, rund 1000 waren es anlässlich der Zweiten Zürcher Disputation. Von Bern bis Straßburg, von Augsburg bis Nürnberg wurde in seinem Sinn gepredigt. Doch sein Einfluss blieb zeitlich beschränkt. Schon 1525 wurden die Anhänger Zwinglis in Nürnberg ausgewiesen, auf dem Augsburger Reichstag 1530 war seine Bekenntnisschrift nicht einmal Gegenstand von Verhandlungen. Die Zwinglianer galten als Aufrührer – Martin Luther hat das schon 1525 vertreten und folgend auch energisch und erfolgreich durchgesetzt. Mit Zwinglis Tod 1531 im ersten Glaubenskrieg Europas wurde sein Einfluss in Deutschland weiter geschwächt.

---

3 Huldrych Zwingli: Sämtliche Werke, Bd. 2, Leipzig 1908, S. 323 [für die nachfolgenden Zitate S. 323 f., 339 f., 344 f.]. Die Quellenzitate sind leicht modernisiert. **4** Bernd Moeller: Zwinglis Disputationen, in: Zeitschrift der Savigny-Stiftung für Rechtsgeschichte, Kanonistische Abteilung 56 (1970), S. 275–324, hier S. 321; 60 (1974), S. 213–364. **5** Heinrich R. Schmidt: Die Häretisierung des Zwinglianismus im Reich seit 1525, in: Peter Blickle (Hrsg.): Zugänge zur bäuerlichen Reformation (= Bauer und Reformation. 1), Zürich 1987, S. 219–236, hier S. 235 [dort auch die vorgängigen Zitate]. **6** Gottfried Locher: Die Zwinglische Reformation im Rahmen der europäischen Kirchengeschichte, Göttingen/Zürich 1979. **7** Barbara Kroemer: Die Einführung der Reformation in Memmingen (= Memminger Geschichtsblätter. Jahresheft 1980), Memmingen 1981. **8** Die Quelle ist ediert bei Julius Miedel: Zur Memminger Reformationsgeschichte, in: Beiträge zur bayerischen Kirchengeschichte 1 (1895), S. 171–179, hier S. 173.

Kopie der Zürcher Disputationen, auch wenn sie nicht ein vergleichsweise großes Auditorium hatte. Schappeler hatte dafür sieben Thesen ausgearbeitet, Zwingli-konform darf man sie nennen, aber die Arbeit war umsonst. Die altgläubige Geistlichkeit äußerte sich nicht, der Rat entschied euphemistisch und wenig sachgemäß, man sei »der Sach so wol ains worden«. Vermutlich seines schlechten Gewissens wegen ließ der Rat noch von je zwei auswärtigen Juristen und Theologen Gutachten schreiben. Ihre Bedenken hatten jedoch keine Wirkung, jedenfalls wurde die Reformation in Memmingen eingeführt.[9]

Auf das Hinterland der Stadt – zum Memminger Territorium gehörten rund 25 Dörfer und Weiler – wirkte das elektrisierend. Dort forderten die Bauern jetzt, dass man in den Kirchen auf dem Land predige wie in St. Martin in Memmingen. Schon zuvor war der Zulauf vom Land an den Sonntagen zu Schappelers Schriftauslegung so lebhaft gewesen, dass der Rat einen eigenen Ordnungsdienst in der Kirche einrichtete und die Stadttore durch zusätzlich aufgebotene Bürger bewachen ließ. Schappeler muss eine charismatische Figur gewesen sein; seine Anhänger forderten in der Stadt wiederholt und energisch, den alten Kultus abzustellen und bildeten eine Art Polizeitruppe vor seinem Haus, als Morddrohungen gegen ihn laut geworden waren. Die Bauern hörten nicht nur seine Predigten, sondern ließen sich auch von ihm beraten. Denn nun ging es um mehr als nur theologische und liturgische Fragen.

Im Januar und Februar 1525 kam es in Oberschwaben zu ersten Zusammenrottungen der Bauern. Nur die Memminger Dörfer blieben ruhig, verlangten aber in einer Petition Ende Februar 1525, der Rat möge die von ihnen gerügten Missstände, »so dem Wort Gottes ganz entgegen und zuwider sein«, beseitigen – genannt werden Auswüchse bezüglich der Leibeigenschaft, die Erhöhung der Fronen, die Einschränkung der Allmendnutzung einschließlich der Jagd- und Fischereirechte und die missbräuchliche Verwendung des Zehnten. Darüber hinaus forderten sie von den Räten, »wir wöllen uns nach Ausweisung und Inhalt des götlichen Worts halten und bei demselben bleiben lassen. Was uns dann dasselbig götlich Wort nimpt und gibt, wöl wir alzeit gern annemen und bei demselben bleiben«.[10] Damit war der Maßstab für die Bewertung von Beschwerden gefunden und vorgegeben – das göttliche Wort. Der Memminger Rat antwortete überraschenderweise freundlich, er »wel auch zu Gotzwort setzen« und versprach, die Leibeigenschaft in seinem Territorium aufzuheben und Jagd und Fischerei freizugeben. Weitere Beschwerden wollte er nach den notwendigen rechtlichen Abklärungen bescheiden. Das war in den ersten Märztagen.

Was das in den oberschwäbischen Dörfern auslöste, ist nicht dokumentiert. Memmingen galt als progressiv, hatte es sich doch als erste Reichsstadt Oberschwabens zur Reformation bekannt. Es stand bald aber auch in dem Ruf, ein Ort für konspirative Umtriebe der Bauern zu sein. Denn am 6. März zogen 50 Vertreter der oberschwäbischen Haufen – der Baltringer, der Allgäuer und der Bodenseer – in Memmingen in die Kramerzunftstube ein, erarbeiteten dort eine Art Verfassung, berieten ihre gemeinsamen Beschwerden und schickten der Vertretung ihrer Herren, den Hauptleuten und Räten des Schwäbischen Bundes, nach Ulm die Nachricht, sie hätten sich zu einer »Christlichen Vereinigung« verbunden. Dahinter standen schätzungsweise 50 000 Bauern.

Mit der *Memminger Bundesordnung* gab sich die Christliche Vereinigung eine Verfassung. Darüber hinaus wurden die Beschwerden der Region zusammengefasst und nach Augsburg in die Druckereien geschafft – die *Zwölf Artikel der schwäbischen Bauernschaft* sollten sie bald heißen. Beide Programme traten einen beeindruckenden Siegeszug an – 28 Auflagen kennt man von den *Zwölf Artikeln*, elf von der *Bundesordnung*. Zusammen bilden sie das zentrale Manifest des Bauernkriegs, das seine Wirkung im Elsass und in Thüringen, in Franken und in der Schweiz entfaltete. Thomas Müntzer zum Theoretiker des Bauernkriegs zu machen, ist unsachgemäß – diese Lesart hat Martin Luther in die Welt gesetzt, und sie hat sich durch ständiges Wiederholen verfestigt. In Wahrheit jedoch war Müntzers Einfluss auf Thüringen beschränkt und seine apokalyptische Programmatik für Bauern wenig brauchbar.

Was Schappeler in Memmingen predigte, weiß man nur umrisshaft aus den Ratsprotokollen. Es waren sozial engagierte Predigten, die Arme gegen Reiche in Schutz nahmen, Vetternwirtschaft unter den Räten beklagten, den Zehnten als unbiblisch denunzierten und Stiftungen an die Kirche als Ausbeutung des gemeinen Mannes rügten. Schappeler war ein tapferer Verteidiger der neuen Lehre. Der Augsburger Bischof belegte ihn 1524 mit dem Bann, beim Schwäbischen Bund sah man in ihm einen Drahtzieher der aufständischen Bauern, in Wittenberg machte man ihn umgehend für die *Zwölf Artikel* verantwortlich. Stand er auf Seiten der Bauern? Saß er mit ihnen in der Kramerzunftstube über den programmatischen Entwürfen? Und wenn ja, hat er etwas bewirkt?

Von Schappeler gibt es keinen Nachlass, seine Korrespondenz ist nicht erhalten. Ob er den Gepflogenheiten der Zeit folgend Flugschriften verfasst hat, ist unsicher. Dennoch gibt es Indizien, die dafür sprechen, Memmingen zu einem der großen Zentren der Reformation zu machen, und das wäre es ohne Schappeler nicht geworden. Die »Revolution des gemeinen Mannes« von 1525 hat hier ihr intellektuelles und theoretisches Zentrum – nicht nur wegen Schappeler, sondern auch durch Schappeler.

Die *Memminger Bundesordnung* kann man ein Verfassungskonzept für Oberschwaben nennen, das unter Führung gewählter Vertreter der Haufen (Hauptleute, Oberste) den Fortgang einer funktionierenden Verwaltung und Rechtspflege hätte gewährleisten sollen.[11] Umrahmt wurde sie mit allerlei antiklerikalem und antifeudalem Beiwerk. So sollten Priester, die sich der Reformation verschlossen, durch ihre Gemeinden »geurloubt« werden, Militär im Dienst der Obrigkeit sollte die adligen Burgen verlassen. Manchen Ausgaben der *Bundesordnung* ist eine sogenannte Richterliste beigebunden. Darauf waren Personen verzeichnet, die prüfen sollten, ob die bäuerlichen Forderungen dem göttlichen Recht entsprachen oder nicht. Genannt werden ausschließlich Reformatoren: Luther und Melanchthon, gefolgt von den Straßburgern und Zürchern unter Führung Zwinglis sowie vielen Prädikanten kleinerer Reichsstädte. Das ist ein ungemein aufschlussreiches Dokument aus dem bäuerlichen Lager, denn es besagt ja nichts anderes, als dass die Bauern – modern gesprochen – in den Theologen Verfassungsrichter sahen. Die Heilige Schrift war demnach der Verfassungstext einer christlichen Gesellschaft, den es nur richtig auszulegen galt. Das aber trauten sich die Aufständischen nicht zu und baten deshalb die Theologen darum.

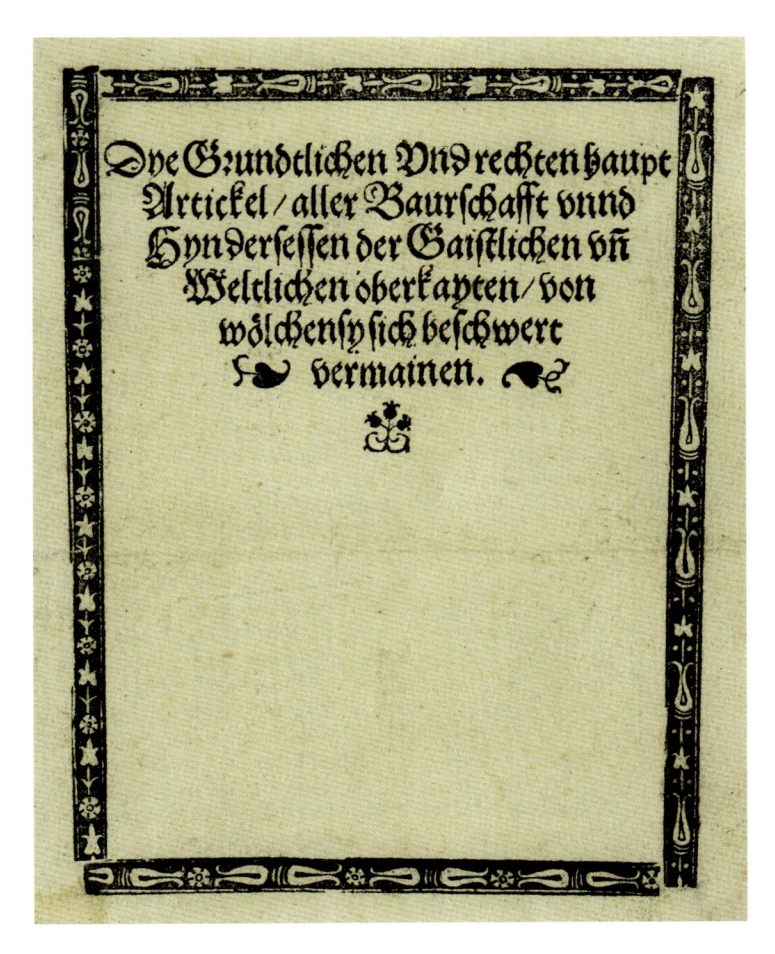

Abb. 3 Dye grundtlichen vnd rechten haupt artickel, aller baurschafft [...], Augsburg 1525, Titelblatt

Christoph Schappeler jedoch fehlt auf dieser Liste. Hat der die Bauern beraten, hat er ihnen die Namen zugerufen?

Die *Zwölf Artikel der schwäbischen Bauern*[12] haben eine lange Entstehungsgeschichte. Sie sind in den ersten Wochen des Jahres 1525 in den bäuerlichen Lagern entstanden und waren ab Mitte März auf den Märkten zu kaufen (Abb. 3). Sie verlangen: Pfarrerwahl durch die Gemeinde und die Verwendung des Zehnten für kirchliche Zwecke, Aufhebung der Leibeigenschaft und Freigabe von Jagd und Fischerei, Rückgabe der gemeindlichen Wälder, Äcker und Wiesen und Reduzierung der Frondienste, Einhaltung der Vertragsbedingungen der Lehenbriefe und Neueinschätzungen der Ertragsfähigkeit der Höfe, rechtliche Normierung der Strafen und Aufhebung des Todfalls. Alle organisatorischen Veränderungen von der Bestellung der Seelsorger über die Verwaltung und Verwendung des Zehnten bis zur Bewirtschaftung von Allmenden und Wäldern sollen zugunsten der Gemeinde erfolgen. Die Artikel seien in der Hoffnung verfasst, heißt es zum Schluss, dem »Wort Gotes« zu entsprechen, man wolle aber auf Forderungen verzichten, »wann mans uns mit Grund der Schrift erklert«. Der logische Umkehrschluss lautet, man werde weitere Forderungen stellen, sollten sich solche aus der Schrift als berechtigt erweisen. Es sind im Wesentlichen drei Forderungen, die den *Zwölf Artikeln* ihre Durchschlagskraft verliehen: die Pfarrerwahl, die Gesetzgebung nach Kriterien des göttlichen Worts und – vor allem – die »Freiheit« durch Aufhebung der Leibeigenschaft. Man weiß aus den Beschwerdeschriften der Dörfer und Herrschaften, dass die Leibeigenschaft an der ersten oder zweiten Stelle stand. In den *Zwölf Artikeln* hat sie schließlich folgende Form gefunden:

»Zum dritten, Ist der Brauch bißher gewesen das man uns für ir aigen Leüt gehalten haben, wölchs zuo Erbarmen ist, angesehen das uns Christus all mit seinem kostparlichen Pluotvergüssen erlöst und erkauft hat, den Hirten gleich als wol als den Höchsten, kain außgenommen. Darumb erfind sich mit der Geschrift das wir frei seien und wöllen sein [...], seien auch on Zweifel ir [die Herren] werdend unß der Aigenschaft als war und recht Christen geren entlassen oder uns im Evangeli des berichten, das wirs seien.«

Die Leibeigenschaft aufzuheben, haben alle Reformatoren letztendlich abgelehnt, am vehementesten Luther, aber auch Melanchthon und Zwingli, immer mit Bezug auf das Neue Testament. Die Obrigkeit sei von Gott gegeben, folglich dürfe man »ouch die Lybeigenschaft mit Gott wol haben«,[13] lautete das Urteil Zwinglis. Die Freiheit aus dem Evangelium begründen, hieße, die christliche Freiheit »fleischlich machen«, meinte Luther und stützte sich dabei auf den Apostel Paulus. Anders Christoph Schappeler. Auf Ersuchen des Memminger Rates hatte er diese Forderung der Bauern begutachtet und unter dem Titel *Ein cristliche Freyhait* festgehalten: »Von der Leyb Aigenschafft waiss das Evangelium nichts [...], wiewol ettlich die Leyb Aygenschaft aus Paulo zu halten notwendig ainem Christen vermainen«.[14] Er war mit dieser Auffassung nicht allein – sie stand schon in alten Rechtsbüchern wie dem *Schwabenspiegel*, und auch Erasmus von Rotterdam hatte sie in seinem Fürstenspiegel für Karl V. vertreten. In beiden Fällen wurde die Freiheit mit theologischen Argumenten begründet.

In Wittenberg hielt man Schappelers Position für einen Skandal. Melanchthon machte ihn und seinen Freiheitsbegriff umgehend für den Bauernkrieg verantwortlich, der in der Tat durch die *Zwölf Artikel* eine gewaltige Beschleunigung erfuhr und schließlich auch durch die militärischen Gegenmaßnahmen der Fürsten eine unvorhersehbare Radikalisierung. Nach den Schlachten im Sommer rühmte Kaiser Karl V. den Feldherrn der Fürsten, Georg Truchsess von Waldburg, er habe »gegen etlich hunderttausend Man« die Bauern zu Gehorsam gebracht, »das bei Menschen Gedechtnus der gleichen im

---

9 Thomas Pfundner (Hrsg.): Das Memminger und Kaufbeurer Religionsgespräch von 1525. Eine Quellenveröffentlichung mit einem Überblick (= Memminger Geschichtsblätter. Jahresheft 1991/92), Memmingen 1993, S. 23–65. **10** Franz Ludwig Baumann (Hrsg.): Akten zur Geschichte des deutschen Bauernkrieges aus Oberschwaben, Freiburg im Breisgau 1877, S. 113–126. **11** Jüngste Edition bei Gottfried Seebaß, Artikelbrief, Bundesordnung und Verfassungsentwurf. Studien zu drei zentralen Dokumenten des südwestdeutschen Bauernkrieges, Heidelberg 1988, S. 77–87. **12** Der nach allgemeiner Überzeugung der Forschung älteste, in Augsburg gedruckte Text (Fassung M) ist von Alfred Götze: Die zwölf Artikel der Bauern. Kritisch herausgegeben, in: Historische Vierteljahrschrift 5 (1902), S. 8–15, ediert worden. – Digitalisierte Fassung unter URL: http:/daten,digitale-sammlungen.de/~db/003/bsb00039675/images/index.html [19.4.2016]. **13** Huldreich Zwingli: Sämtliche Werke, 4. Bd., Leipzig 1927, S. 355. **14** Das fragliche Gutachten ist in einer Abschrift aus dem 18. Jahrhundert erhalten. Druck [auch der anderen Schappeler zugeschriebenen Stücke] bei Friedrich Braun: Drei Aktenstücke zur Geschichte des Bauernkrieges, in: Blätter für bayerische Kirchengeschichte 9 (1903), S. 241–270; Ebd. 10 (1904), S. 1–28. Das Zitat findet sich in Heft 10 (1904), S. 14.

Abb. 4a Hans Asper, Huldrych Zwingli, 1549

Abb. 4b Hans Asper, Christoph Schappeler, um 1551

Reich von kainem Hauptmann je erhort« worden. Papst Clemens VII. dankte gleichfalls mit großen Worten, für die Rettung des Abendlandes. In den Bauern sah er von den Reformatoren aufgehetzte Gewalttäter, die nicht nur im Reich jede Art von Verfassung zerstört hätten, sondern auch Italien, Spanien und Gallien (Frankreich) in Flammen hätten aufgehen lassen.[15]

Solche angenommenen Zusammenhänge machen klar, dass die Reformation schweizerischer Prägung im Reich nach 1525 keine Chance mehr hatte – allenfalls an seinen Rändern. Dazu gehörten die heutige Westschweiz, die Waadt, das Wallis und die prominenteste Stadt der Region – Genf (Abb. 4a–c).

Johannes Calvin – Theologie im Laboratorium der Moderne

Die Einführung der Reformation war mit Unruhen verbunden, in den Städten und auf dem Land. Die Gemeinden trieben die Reformation voran. Mit Revolten einher ging ihre Durchsetzung in rund 200 Städten. Wo der Bauernkrieg stattfand, war er getragen von der Hoffnung auf eine Erneuerung von Kirche und Religion. Diese Rahmenbedingungen gelten auch für Genf – und damit für Johannes Calvin, unter dessen Einfluss die Stadt zum Zentrum des Reformiertentums weltweit wurde. Genf war noch um 1500 die Stadt eines Bischofs unter der Vogtei und dem Schutz des Herzogs von Savoyen. 1534 wurde der Bischof von den Bürgern vertrieben und der Herzog von Savoyen militärisch besiegt – mit der Hilfe Berns. Bei den Vorgängen handelt es sich um eine Zunftrevolution, wie sie in vielen Bischofsstädten im Spätmittelalter stattgefunden hat.

Die Stadt, jetzt strukturell verfasst wie Zürich oder Memmingen, konnte ihre Autonomie nun entfalten. Dazu gehörte auch die Ausgestaltung der Kirche. 1535 wurde die Messe abgeschafft, das Kirchengut durch den Rat eingezogen. In dieser Situation traf Calvin 1536 in Genf ein – in eine aufstrebende Stadt mit rund 10 000 Einwohnern, einem florierenden Handel internationalen Zuschnitts und offenen politischen Verhältnissen. Genf war eine Republik im freistaatlichen Sinn geworden, als einzige Stadt in Europa sollte Genf es bis ins 19. Jahrhundert bleiben. Nicht zufällig ist eine der faszinierendsten Staatstheorien der Neuzeit, der *Contrat social*, von dem Genfer Jean-Jacques Rousseau geschrieben worden.

Die Achse Genf–Bern sicherte den engen Austausch mit den führenden Schweizer Theologen Huldrych Zwingli und dessen Nachfolger Heinrich Bullinger. Eine erste Verständigung erfolgte 1549 (*Consensus Tigurinus*); sie wurde 1566 zur *Confessio Helvetica Posterior* fortgeschrieben. Für die Reformierten in Frankreich, Ungarn, Polen, Schottland und der Pfalz wurde sie zum Glaubensbekenntnis. Ihr Erfolg beruhte auf Calvins Theologie und den sich aus ihr ergebenden ethischen Maximen.

Der Franzose Calvin war in Genf zunächst nicht erfolgreich gewesen – die Bürgerschaft zwang ihn gar 1538, die Stadt zu verlassen. Erst seine neuerliche Berufung 1541 setzte das Reformationswerk in Gang. Die Genfer Kirche erhielt durch die *Ordonnances ecclésiastiques* ihre bestimmende Form. Calvin hatte diese Kirchenordnung entworfen; in Kraft gesetzt wurde sie im November 1541 vom Rat der Zweihundert, vom *Conseil général* und als *police écclesiastique* publiziert.[16] Die politische Gemeinde, nicht die kirchliche (Pfarrei)

Abb. 4c   Flämischer Maler, Jean Calvin, um 1530

tat also den entscheidenden Schritt. Diese Form der Ratifizierung belegt, dass theoretisch jeder Bürger willentlich und freiwillig dieser Entscheidung zustimmte. Die Genfer Kirche prägten fortan vier Ämter: Die Pastoren waren zuständig für die Verkündigung des Evangeliums und die Verwaltung der Sakramente, die Doktoren wachten über die richtige Auslegung der Schrift, die Ältesten kontrollierten das sittliche Leben der Bürger und die Diakone verwalteten die kommunalisierten Stiftungen und unterstützten aus diesem Fonds Arme und Kranke. Den bürgerlichen Charakter bewahrte die Kirche durch die Art der Ämterbestellung. Sie war in Genf nie eine rein geistliche Angelegenheit, vielmehr war sie weitgehend auch in der Hand der Räte; diese brachten die Ältesten in ihr Amt oder es wurde zumindest ihre Zustimmung eingeholt wie bei der Bestellung der Pastoren. Das Kollegium der Pastoren sorgte dafür, dass in der Stadt und auf dem ihr zugehörigen Land in den Pfarreien eine theologisch homogene Verkündigung stattfand, und das Konsistorium wachte über die Einhaltung eines sittlich strengen Lebenswandels. Aber selbst die Kirchenstrafen des Konsistoriums wahrten ihren Charakter als Urteile eines weltlichen Gerichts, amtete als Vorsitzender doch einer der vier *syndics* der Stadt. In der Theologiegeschichte wird die Genfer Kirchenverfassung »presbyterial-synodal« genannt – es wäre jedoch nicht unangemessen, das presbyterial durch kommunal zu ersetzen.

Die *Ordonnances ecclésiastiques* griffen wie die Kirchenordnungen in Zürich und Memmingen weit in den politischen und gesellschaftlichen Bereich ein, besser noch sollte man sagen, sie waren in hohem Maße mentalitätsprägend. Das gilt auch für die *Institutio*, Calvins theologisches Hauptwerk, das er fortlaufend von der Erstausgabe aus dem Jahr 1536 in Basel bis zur letzten Ausgabe von 1560 (Genf) umarbeitete. Mit seinem Verständnis des Abendmahls und später mit seiner Theorie der doppelten Prädestination hat er dem Reformiertentum seinen Stempel als christliche Denomination aufgeprägt.

Das Verständnis des Abendmahls hat zu den schärfsten und folgenreichsten Kontroversen unter den christlichen Bekenntnissen geführt; sie sind bis heute nicht überbrückt.[17] Für Calvin war wie für Zwingli das Abendmahl bestimmt durch seinen Vermächtnischarakter. Das Erlösungswerk war ein auf Golgatha abgeschlossener historischer Vorgang. Für Calvin wohnt beim Abendmahl Christus im Gläubigen; es stärkt und vertieft den Glauben. Die Feier grenzt an einen mystischen Vorgang. Deswegen muss die Abendmahlsgemeinde auch rein erhalten werden, deswegen wird im Calvinismus auf Zucht so großer Wert gelegt. Die Prädestinationslehre Calvins interpretiert die Rechtfertigung oder Verdammung des Menschen als eine von Gott schon gefällte Entscheidung. Verdammt zu sein, war für einen Menschen des 16. Jahrhunderts jedoch unerträglich. Die Pastoren haben das Problem durch eine Psychologie des »Erwählt-Sein-Fühlens« entschärft. »Die Fähigkeit, an der Verherrlichung [Gottes] aktiv und frei mitzuwirken, [ist] für den calvinischen Christen ein verlässliches Zeichen seiner Erwählung, wenn er die *fides efficax* hat, also den wirksamen Glauben, mit dem Gott alle Erwählten beschenkt«.[18] Max Weber hat später daraus den Geist des Kapitalismus hervorgehen lassen.

Calvin hat in Genf nicht nur eine blühende Gemeinde geschaffen, er hat ihr auch eine große Ausstrahlung gesichert – durch seine Akademie mit ihren bald 1500 Studenten, durch seine 30 Druckereien und die vielen calvinistischen Flüchtlinge, die ein europäisches Kommunikationsnetz schufen, durch seine weltläufige Korrespondenz und durch seine verständlich geschriebenen und einprägsamen Traktate. Ihre Wirkung konnten sie auch deswegen entfalten, weil er – anders als Luther – Gemeinden im Untergrund förderte und sie damit aus der Vormundschaft des Staates befreite. In Frankreich entstanden 1240 Gemeinden, die sich auf Calvin beriefen. Erst durch die Bartholomäusnacht vom 23. auf den 24. August 1572 erlitten die sogenannten Hugenotten einen merklichen Rückschlag, in England, Schottland und den Niederlanden entfaltete sich ein reiches Gemeindeleben im Geiste Calvins, freilich auch dort nicht unangefochten.

Puritaner machten sich am 16. September 1620 von Plymouth aus mit der *Mayflower* auf den Weg über den Atlantik und landeten schließlich in Massachusetts. Damit beginnt ein neues Kapitel der Reformationsgeschichte, die transatlantische Reformation. Die politischen Systeme, die sie in den Neuenglandkolonien hervorbrachte, waren geprägt von jenem Geist, der in den Republiken der Reformatoren ausgebildet worden war.

15 Fürstlich Waldburg-Wolfegg'sches Gesamtarchiv, Schloss Wolfegg, Archivkörper Senioratsarchiv [zur Zeit auf Schloss Zeil], Urkunde 81. – Stadtarchiv Augsburg, Schwäbischer Bund, Fasz. 7. **16** Émile Rivoire/Victor van Berchem (Hrsg.): Les sources du droit du Canton de Genève, 2. Bd., Aarau 1930, Nr. 794. **17** Lee Palmer Wandel: The Eucharist in the Reformation, Incarnation and Liturgy, New York 2006. **18** Heinrich Richard Schmidt: Religions- und Konfessionsräume, in: Europäische Geschichte online, URL: http://ieg-ego.eu/search?SearchableText=Religions-+und+Konfessionsräume&submit=+&po [15.10.2015].

Die reformatorische Bewegung

IM STRUDEL DER KONFLIKTE

Die Auseinandersetzung mit dem französischen König sowie die osmanischen Eroberungsfeldzüge beschäftigten Kaiser Karl V. mehr als die Reformation. Die Religionsfrage wurde daher im Reich zunächst zurückgestellt. Die Reformation sorgte für politischen Sprengstoff und führte zu Kriegen. Einige Territorien bekannten sich zum Protestantismus, andere nicht. Protestantisch gewordene Fürsten zerschlugen gemeinsam mit katholischen Fürsten die Bauernerhebung 1525 sowie das Täuferreich in Münster 1535.

1542 zeigte ein evangelisch-katholischer Krieg, dass der Frieden brüchig war. 1546 zog Kaiser Karl gemeinsam mit dem protestantischen Fürst Moritz von Sachsen, der zu ihm übergelaufen war, gegen die evangelischen Fürsten ins Feld. Die Protestanten verloren den Krieg. Das Blatt wendete sich 1552. Nachdem Moritz wiederum die Seiten gewechselt und sich mit dem französischen König verbündet hatte, wurde der Kaiser geschlagen. Karl V. dankte ab, der Augsburger Religionsfrieden erkannte die lutherische Konfession offiziell an.

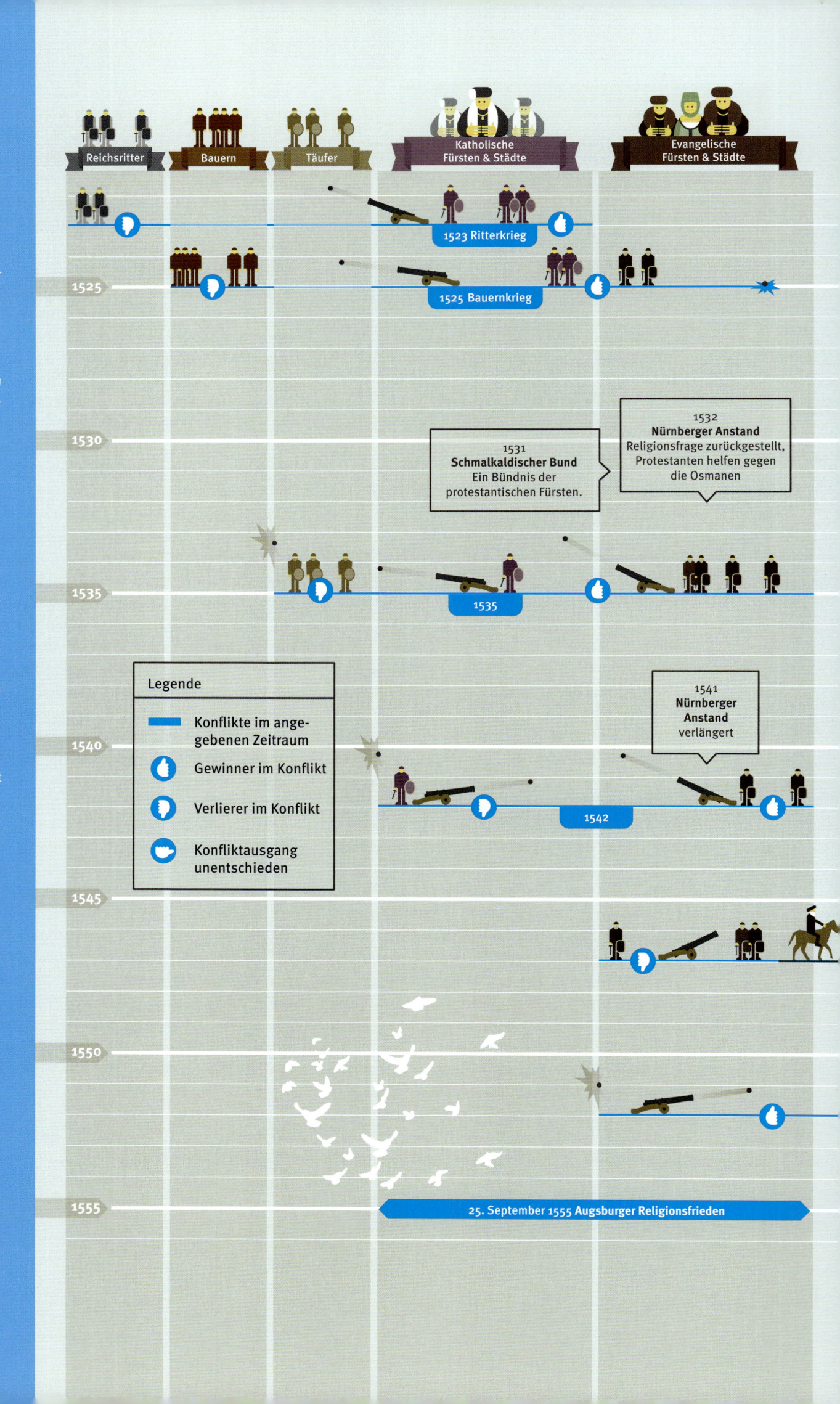

Reichsritter | **Bauern** | **Täufer** | **Katholische Fürsten & Städte** | **Evangelische Fürsten & Städte**

1523 Ritterkrieg
1525 Bauernkrieg

1531 **Schmalkaldischer Bund** Ein Bündnis der protestantischen Fürsten.

1532 **Nürnberger Anstand** Religionsfrage zurückgestellt, Protestanten helfen gegen die Osmanen

1535

1541 **Nürnberger Anstand** verlängert

1542

Legende
- Konflikte im angegebenen Zeitraum
- Gewinner im Konflikt
- Verlierer im Konflikt
- Konfliktausgang unentschieden

25. September 1555 Augsburger Religionsfrieden

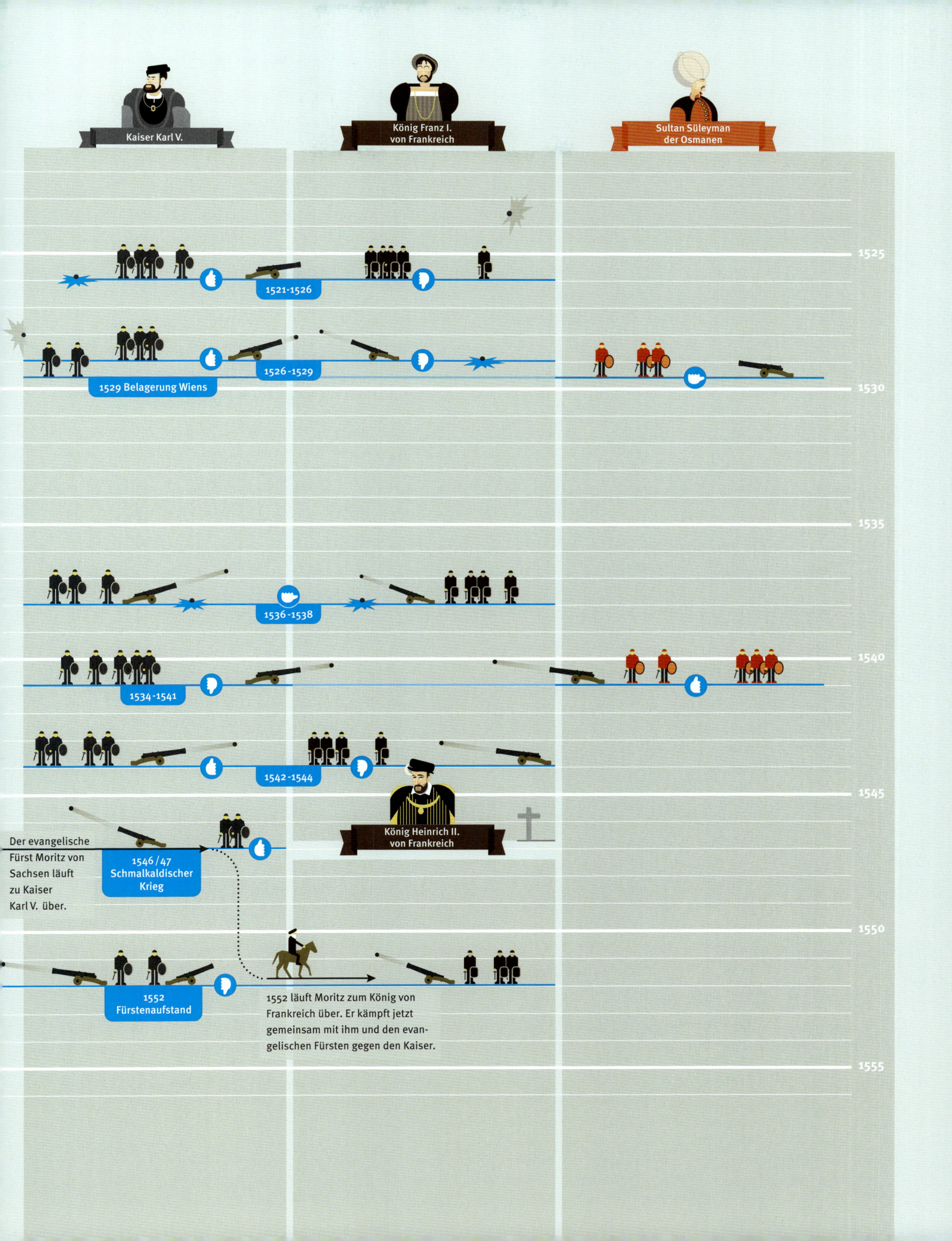

Kaiser Karl V.

König Franz I. von Frankreich

Sultan Süleyman der Osmanen

1525

1521–1526

1526–1529

1529 Belagerung Wiens

1530

1535

1536–1538

1540

1534–1541

1542–1544

1545

König Heinrich II. von Frankreich

Der evangelische Fürst Moritz von Sachsen läuft zu Kaiser Karl V. über.

1546/47 Schmalkaldischer Krieg

1550

1552 Fürstenaufstand

1552 läuft Moritz zum König von Frankreich über. Er kämpft jetzt gemeinsam mit ihm und den evangelischen Fürsten gegen den Kaiser.

1555

IV

Kulturelle Folgen der Reformation

KATRIN HERBST

Lutherana tragoedia artis? Die Auswirkungen der Reformation auf die Kunst

Aus der Reformationszeit ist ein illustriertes Flugblatt erhalten, in dem die Auswirkungen der lutherischen Lehre auf den Berufsstand der Handwerker und die zu dieser Gruppe gehörenden Künstler thematisiert werden (Abb. 1). In dem von Hans Sachs verfassten Text wird in drei Kolumnen ausgeführt, »wie die Geystlicheit und etlich Handtwercker uber den Luther clagen«. Der Maler und Grafiker Hans Sebald Beham führt uns die Situation in seinem begleitenden Holzschnitt bildlich vor Augen: Auf der linken Seite stehen die klagenden Handwerker und Künstler versammelt hinter ihrem Wortführer, einem Würdenträger der altgläubigen Kirche. Deutlich erkennt man einen Maler mit Malstock und Pinsel direkt hinter seinem Rücken. Im begleitenden Text, der »Die clag der Gotlossen« ausführt, sind neben den Malern weitere Berufsgruppen benannt, deren Broterwerb unmittelbar von kirchlichen Aufträgen abhing: Glockengießer, Organisten, Vergolder, Illuminierer, Goldschmiede und Bildschnitzer, Glasmaler, Steinmetze, Zimmerleute, Sänger und Schreiber, Kerzenzieher und Paramentenmacher. Für sie ist Martin Luther ein »schedlich man«, denn »All Kirchen Pew [Bau] / zir / und geschmuck / Veracht er gar / er ist nit cluck«.

Martin Luther, gegen den sich die Klage richtet, tritt dem Repräsentanten der altgläubigen Kirche von rechts entgegen. Auch er hat seine Anhängerschaft hinter sich versammelt, in seinem Gefolge erkennt man einen Bauern mit Dreschflegel und eine Gruppe von schlicht gekleideten Bürgern. Trotz der Attribute seines gehobenen Standes – Kutte und Doktorhut – macht er sich zum Wortführer des einfachen Volkes. In seiner Antwort beruft er sich auf die Heilige Schrift, die er in Form eines offenen Buches seinen Anklägern entgegenhält. Seine Gegenrede wird im Text bestätigt durch »Das Urteil Christi«, im Bild verkörpert durch eine Darstellung von Christus als Weltenrichter, der in einer Wolkenöffnung dem weltlichen Streit gleichsam als höhere Instanz beiwohnt.

Das Flugblatt erweitert den theologischen Disput zwischen der alten und der neuen Kirche um eine soziale Komponente: Es führt die von der Reformation unmittelbar betroffene Berufsgruppe der Maler ins Feld, der Beham selbst angehörte. Hinter dem polemisch überhöhten Topos der Künstlerklage verbirgt sich der Verweis auf einen existenziellen Konflikt, mit dem die Kunstschaffenden der Zeit konfrontiert waren. Unabhängig von der eigenen konfessionellen Überzeugung – Beham selbst sympathisierte wie auch andere Künstler durchaus mit den reformatorischen Ideen – bedeutete der Bruch mit altgläubigen Glaubenspraktiken auch einen drastischen Rückgang der Nachfrage nach sakraler Kunst. Hinzu kam, dass durch die scharf formulierte Bildkritik vor allem der radikaleren Reformatoren die Kunst in den Kirchen unter den Generalverdacht des Götzendienstes geraten war. Als Folge kam es zu groß angelegten Zerstörungsaktionen von kirchlichen Bildwerken, in denen das künstlerische Erbe des Mittelalters mit Äxten, Spitzhacken und Hämmern zerschlagen wurde oder auf Scheiterhaufen in Rauch aufging.[1]

»Lutherana tragoedia« – auf diese kurze Formel bringt der große Humanist Erasmus von Rotterdam die Geschehnisse, die er als Augenzeuge und Berichterstatter während der reformatorischen Unruhen vor allem in Basel hautnah miterlebte.[2] Angesichts der von ihm immer wieder fassungslos beschriebenen Bilderstürme scheint diese Begriffsprägung allgemein vor allem für das Schicksal der spätmittelalterlichen Kunst zu gelten.[3] Tatsächlich hatte die Reformation mit den von ihr angestoßenen politischen, sozialen und kulturellen Entwicklungen einen so tiefgreifenden Einfluss auf die europäische Kunstgeschichte wie kaum eine historische Bewegung zuvor. Zwar war die Zerstörung von Kunst im Namen des Glaubens kein neues Phänomen, sondern bekannt seit den Bilderstürmen in der Antike; aber die weite geografische Verbreitung der Zerstörungswellen, die

---

1 Siehe dazu u. a. Peter Blickle/André Holenstein/Heinrich Richard Schmidt/Franz-Josef Sladeczek (Hrsg.): Macht und Ohnmacht der Bilder. Reformatorischer Bildersturm im Kontext der europäischen Geschichte (= Historische Zeitschrift, Beihefte, N. F. 33), München 2002; Cécile Dupeux/Peter Jezler/Jean Wirth (Hrsg.): Bildersturm. Wahnsinn oder Gottes Wille?, Ausstellungskatalog Bernisches Historisches Museum, Musée de l'Œuvre Notre-Dame, Straßburg/Zürich 2000; Norbert Schnitzler: Ikonoklasmus – Bildersturm. Theologischer Bilderstreit und ikonoklastisches Handeln während des 15. und 16. Jahrhunderts, München 1996; Bob Scribner: Bilder und Bildersturm im Spätmittelalter und in der frühen Neuzeit (= Wolfenbütteler Forschungen. 46), Wiesbaden 1990; Margaret Aston: England's Iconoclasts. Laws Against Images, Oxford 1988. **2** Eine frühe Erwähnung findet sich bereits im Brief von Erasmus an Beatus Rhenanus vom 27. Mai [1521], in: P. S. Allen/H. M. Allen (Hrsg.): Opus Epistolarum Des. Erasmi Roterodami, Bd. 4, Oxford 1922, S. 499. **3** Alexander Rüstow zieht diese Verbindung des von Erasmus geprägten Begriffes zur Kunst in einem Aufsatz: Lutherana tragoedia artis. Zur geistesgeschichtlichen Einordnung von Hans Baldung Grien angesichts der erstmaligen Ausstellung seines Gesamtwerkes in Karlsruhe, in: Schweizer Monatshefte. Zeitschrift für Politik, Wirtschaft, Kultur 39 (1959/60), H. 9, S. 891–906.

Ein neuwer Spruch/ wie die Geystlicheit vnd etlich Handtwercker yber den Luther clagen.

Der geitzig clagt auß falschem müt/
Seit jm abget an Eer vnd Güt.
Er zürnet/ Dobet/ vnde Wüt/
Jn dürstet nach des grechten plůt.

Die warheit ist Got vnd sein wort/
Das pleibt ewiglich vnzerstort.
Wie ser der Gotloß auch rumort/
Gott bschützt sein diener hie vnd dort.

Der Grecht sagt die Gotlich warheit/
Wie hart man jn veruolgt/ verleit.
hofft er in Gott doch alle zeit/
Pleibt bstendig in der grechtigkait.

H. B. 26

Die clag der Gotlossen.

Hör vnser clag du strenger Richter/
Vnd sey vnser zwitracht ein schlichter.
Eh wir die hend selb legen an/
Martin Luther den schedlich man.
Der hatt geschriben vnd gelert/
Vnd schir das gätz Teütsch land verkert.
Mit schmehen/ lestern/ nach vnd weit/
Die Erwürdige Gaistlichait.
Von jren Pfründen/ Rent vnd Zinst/
Vnd verwürfft auch jren Gotzdinst.
Der Vätter gepot/ vnd auffsetz
Hayßt er vnütz/ vnd menschen gschwetz
Helt nichts von Aplaß vnd Kreytzew/
Die Meß kum auch kain Sel zu stewr.
All Kirchen pew/ zir/ vnd geschmuck/
Veracht er gar/ vnd ist nit cluck.
Des clagen die Prelaten ser/
Pfaffen/ Münch/ Stationirer.
Glockengiesser vnd Organisten/
Goltschlager vnd Illuministen.
Nadtmaler/ Goltschmit vñ bildschnitzer
Ratschmit/ Glaßmaler/ seydensitzer.
Stainmetzen/ Zimerleüt Schreiner/
Paternoster/ Kerzen macher.
Die Permenter/ Singer vnd Schreyber/
Fischer/ Zopffmun vnd pfaffen Weyber.
Den allen ist Luther ein bschwer/
Von dir wirt ein Vrteil begert.
Sunst werdt wir weiter Appellirn/
Vnd dem Luther die Pfrend recht schirn/
Müß prünen/ oder Reuocirn.

Actuum .1.

3. Regũ. 18.
Actuũ. 19.

Antwort D. Martini.

O du erkenner aller hertzen/
Hör mein antwort des ist kein schertzen.
Die schreyen fast ich thůn mich fretn/
Vnd wollen doch nit Disputirn.
Sonder mich mit worten schrecken/
Jn thut we das ich thů auffdecken.
Jr grossen geytz vnd Simoney/
Jr falsch Gotzdinst vnd Gleissnerey.
Jr Bannen/ Auffsetz vnd gepot/
Vor aller welt zu schand vnd spott.
Mit deinem wort/ das ich nun ler/
Nun jn abget an gut vnd Eer.
So kunden sy dein wort nit leiden/
Drumb mich schelten/ hassen vnd neiden.
Wenn ich hett jn worten vnd gelert/
Das sich jr Reich umb het gmeret.
So wer kein besserer auff gestandn/
In langer zeit in Teutschen Landn.
Dis ist auch die vrsach ich sag/
Das gegen mir auch stent in clag.
Der handwercks leüt ein grosse zal/
Den auch abgent in disem val.
Seyt diß Apgöttrey entnimpt/
Also seynd vber mich ergrimt.
Von erst des Baals Tempel knecht/
Den jr jarmarck thut nimmer recht.
Vnd Demetrius der werckman/
Dem sein handwerck zu ruck wil gan.
Her durch dein wort das ich thů schreibn/
Jr disen soll mich nitt abereibn/
Bey deinem vrteil will ich pleiben.

Joãnis .5.

Mar. vlto.

Mathei .15.

Math. 23.

Luce .13.

Mathei .6.

Hans Sachs Schuster.

Das Vrteil Christi.

Das mein gericht das ist gerecht/
Nů merck vermaints gaistlichs geslecht.
Was ich euch selb beuolhen han/
Das jr in die gantz welt solt gan.
Predigen aller Creatur/
Das Euangeli rain vnd pur.
Dasselbig hant jr gar veracht/
Vnd vil neuwer Gotzdinst auff pracht.
Der ich doch kein geheissen hab/
Vnd verkaufft sie vmb gelt vnd gab.
Mit Vigil/ Jartág vnd Selmessen/
Den witwen jr die hewser fressen.
Vnd versperr auch das Himelreich/
Jr seyt den Doten grebern gleich.
Vñ schlacht zu dot auch mein Prophetn/
Der gleich die Phariseer thetten.
Also veruolgt jr die warhait/
Die euch teglichen wirt geseit.
Vnd so jr euch nit pessern wert/
Jr vmkumen. Darumb so kert.
Von euwerm falschen widerstreit/
Dergleichen jr handtwercks leyt.
Die jr mein wort veracht mit dutz/
Von wegen ewers aygen nutz.
Darumb höret doch in den worten mein/
Das jr nit solt sorgfeltig sein.
Vmb zeitlich güt/ gleich den Haydn/
Sōder sucht das Reich gots mit freudn.
Das zeitlich wirt euch wol zufalln/
Sunst wert jr in der hellen quallrn/
Das ist mein vrteil zu euch alln.

Abb. 1 Hans Sebald Beham/Hieronymus Höltzel (Drucker), Ein neuwer Spruch wie die Geystlichkeit und etlich Handwerker über den Luther clagen, um 1524. Der Text stammt von Hans Sachs.

Kulturelle Folgen der Reformation

nach und nach immer größere Teile Europas erschütterten, und die sie stützende theologische Systematik, mit der zu Werke gegangen wurde, erreichte eine bis dahin nie gekannte Dimension. Während der Reformation wurden in Europa mehr Kunstwerke zerstört als zu irgendeiner anderen Zeit zuvor.[4]

Wie kam es, dass die Bilder, die in den Kirchen jahrhundertelang zum selbstverständlichen Teil der Frömmigkeitspraxis der Menschen gehört hatten, plötzlich als Werkzeuge eines fehlgeleiteten Glaubens betrachtet wurden? Worin bestand konkret die Kritik der Reformatoren am Bild? Und wie kam es, dass sich die theologische Ablehnung in Akten der Zerstörung entlud, die oft genug ehemalige Bildstifter zu Bilderstürmern machte?[5]

Die Bildkritik der Reformatoren

Ausgelöst wurde der Streit um die Bilder durch Luthers akademischen Theologenkollegen Andreas Bodenstein, genannt Karlstadt, und seinen Klosterbruder Gabriel Zwilling, die während Luthers Zeit auf der Wartburg durch ihre Predigten in Wittenberg zur radikalen Umkehr aufriefen. Im Mittelpunkt stand dabei die Konzentration auf das reine Wort Gottes, die Abkehr von Pomp und weltlichem Zierrat, von Reichtum und der Materialisierung von Gnade durch Ablässe und Stiftungen. Zum Vorreiter wurden dabei die Augustinereremiten selbst: Am 10. Januar 1522 verbrannten sie im Hof ihres Wittenberger Klosters die Gemälde, Skulpturen und Kruzifixe, die sie selbst zuvor aus der Klosterkirche entfernt hatten.[6] Damit war ein sichtbares Zeichen für die Unumkehrbarkeit des reformatorischen Prozesses und die Radikalität des Gedankens gesetzt. Andreas Bodenstein von Karlstadt griff dieses Zeichen auf und lenkte in seinen Predigten die Aufmerksamkeit auf den offensichtlichen Widerspruch zwischen der Lehre des reinen Glaubens und den kirchlichen Praktiken, die sich in der Anbetung von Heiligenbildern manifestierten. Die Verunsicherung der Bevölkerung und die aufgeheizte Stimmung infolge dieser radikalen Worte bildeten eine gefährliche Mischung. Vereinzelt kam es zu Akten der Gewalt gegen Bildwerke in der Pfarrkirche. Von einem gezielten Bildersturm, den die ältere Forschung in Wittenberg zu erkennen glaubte, kann jedoch nicht gesprochen werden.[7] Bezeichnend ist auch, dass die Reliquiensammlung, die in der Schlosskirche aufbewahrt wurde und die Wittenberg zu einem Zentrum der Heiligenverehrung gemacht hatte, zunächst verschont blieb. Sie wurde erst drei Jahre später aufgelöst.

Als Folge der von Karlstadt und Zwilling so angeheizten Stimmung bestand dringender Handlungsbedarf. Der Rat reagierte auf den Druck von Karlstadt, indem er am 24. Januar 1522 die Entfernung der Bilder aus der Wittenberger Pfarrkirche unter obrigkeitlich bestellter Aufsicht beschloss. In Artikel 13 der Wittenberger Kirchenordnung hieß es: »Item, die bild und altarien in den kirchen söllen auch abgethon werden, damit abgoetterey zu vermeyden, dann d(r)ey altaria on bild genug seind«.[8] Drei Tage später erschien Karlstadts Traktat *Von der Abthuung der Bilder. Vnnd dass kein Bettler unter den Christen sein soll*, in dem er den Ratsbeschluss theologisch begründete. In diesem Traktat wandte sich Karlstadt direkt gegen die bildliche Darstellung von Heiligen, die zu einer falschen Anbetung und Bildverehrung führe. Für ihn waren die Bilder Götzen. Ihre Verehrung verurteilte er scharf und folgerte daraufhin, dass diese fehlgeleitete Form der Frömmigkeit nur beendet werden könne, indem man jegliche Bilder aus den Kirchen entfernte. Seine Schrift war die theologische Fundierung des Ratsbeschlusses, die diese Entscheidung im Nachhinein öffentlich rechtfertigte. Interessant an Karlstadts Argumentation ist, dass er im Traktat mit der Bildkritik zugleich ein soziales Anliegen thematisierte: Die Reichtümer, die für die Errichtung kostbarer Bildwerke und die mit ihnen verbundenen Stiftungen aufgewendet werden müssten, sollten stattdessen den eigentlichen Ebenbildern Gottes, nämlich den Mitmenschen – also den Armen und Bedürftigen – zugute kommen. Hier verband er die Bildkritik mit sozialen Forderungen, ein Aspekt, der sich später auch in den Kirchenordnungen anderer Städte niederschlagen sollte.[9]

Als Luther 1522 von der Wartburg zurückkehrte, versuchte er zunächst, in seinen Invocavitpredigten die Stimmung zu beruhigen und rief zur Besonnenheit auf. Er entschärfte die Kritik Karlstadts an den Bildern, indem er auch in der Bilderfrage in Predigten und Traktaten einen gemäßigten Standpunkt bezog.[10] Seiner Meinung nach war die Anbetung von Bildwerken stellvertretend für die Heiligen zweifellos und grundsätzlich falsch. Jedoch könne den Gläubigen diese Hilfskonstruktion erst dann genommen werden, wenn der wahre Glaube durch Predigten so gestärkt sei, dass die Bilder nicht mehr benötigt würden. Luther nannte dies ein »geystlich bild abthun«.[11] Er relativierte die Bildkritik Karlstadts, indem er die Bilder in den Kirchen zu den *Adiaphora* zählte, also Gegenständen, die zwar nicht notwendig für den Gottesdienst seien, diesem aber auch in seiner Durchführung nicht entgegenstünden.[12]

Luther hatte sich als Prediger und Theologe vor seiner Rückkehr nach Wittenberg nur am Rande mit der Bilderfrage befasst. Theolo-

---

4 Vgl. Aston, Iconoclasts (wie Anm. 1), S. 5. **5** Beispiele hierfür vgl. Olivier Christin: Frankreich und die Niederlande – der zweite Bildersturm, in: Dupeux/Jezler/Wirth, Bildersturm (wie Anm. 1), S. 57–66, hier S. 62–64. **6** Norbert Schnitzler sah hier bereits die Symbolik der reformatorischen Bilderstürme angelegt, was Natalie Krentz überzeugend widerlegt hat. Vgl. Norbert Schnitzler: Wittenberg 1522 – Reformation am Scheideweg?, in: Dupeux/Jezler/Wirth, Bildersturm (wie Anm. 1), S. 68–74, hier S. 73; Natalie Krentz: Ritualwandel und Deutungshoheit. Die frühe Reformation in der Residenzstadt Wittenberg (1500–1533) (= Spätmittelalter, Humanismus, Reformation. Studies in the Late Middle Ages, Humanism and the Reformation. 74), Tübingen 2014, S. 153; siehe auch den Beitrag von Natalie Krentz in diesem Band. **7** Vgl. Krentz, Ritualwandel (wie Anm. 6); zu den Ereignissen in Wittenberg siehe auch Joseph Leo Koerner: The Reformation of the Image, Chicago 2004; Schnitzler, Wittenberg (wie Anm. 6); Schnitzler, Ikonoklasmus (wie Anm. 1); Sergiusz Michalski: Aspekte der protestantischen Bilderfrage, in: Idea. Jahrbuch der Hamburger Kunsthalle 3 (1984), S. 65–85. **8** Zit. nach Schnitzler, Wittenberg (wie Anm. 6), S. 74, Anm. 14. **9** Als Beispiel nennt Schnitzler Zürich (1524) und Soest (1531). Vgl. ebd., S. 72; Emil Egli (Hrsg.): Aktensammlung zur Geschichte der Zürcher Reformation in den Jahren 1519–1533 [1879], Neudruck, Zürich 1973, Nr. 1899; Peter Jezler: Der Bildersturm in Zürich 1523–1530, in: Dupeux/Jezler/Wirth, Bildersturm (wie Anm. 1), S. 75–83, hier S. 77. **10** Zu Luthers Haltung gegenüber der Bilderfrage siehe u. a. Horst Schwebel: Die Kunst und das Christentum. Geschichte eines Konflikts, München 2002, S. 55–58; Scribner, Bilder und Bildersturm (wie Anm. 1); Margarete Stirm: Die Bilderfrage in der Reformation (= Quellen und

gisch maß er ihr offenbar keine wichtige Stellung zu. Aufschlussreich ist in diesem Zusammenhang sein Umgang mit dem biblischen Bilderverbot im Dekalog, auf das sich die Reformatoren in ihrer Bildkritik später immer wieder bezogen. In seiner Bibelübersetzung hatte Luther das erste Gebot noch in voller Länge mit dem Zusatz des Bilderverbots übersetzt. In seinen Katechismen führte er das erste Gebot jedoch ausnahmslos in der gekürzten Fassung auf, indem er darin auf eine Erwähnung des Bilderverbots vollständig verzichtete.[13] Nur in seiner Positionierung zur Werkgerechtigkeit bezog sich Luther auf den Dekalog. In seinem Sermon *Von den Guten Werken* kritisierte er 1520 kirchliche Stiftungen als einen Versuch, sich Gottes Gnade zu erkaufen. Seine Ablehnung begründete er wiederum mit dem ersten Gebot.

In seiner Schrift *Wider die himmlischen Propheten, von den Bildern und Sakrament* (1525) wandte sich Luther im Kapitel *Von dem Bildstürmen* direkt gegen Karlstadt.[14] Der Konflikt, der sich an den Bildern entzündet hatte, zwang ihn auch theologisch zu einer Schärfung seines Standpunktes in der Bilderfrage. Dabei sprach sich Luther, obwohl er einige mit Bildern verbundene Glaubenspraktiken ablehnte, vehement gegen die Zerstörung von Bildern in den Kirchen aus. Dieses Vorgehen verurteilte er als einen Rückfall in alttestamentliches Denken, den er aus theologischer Sicht ablehnt: »In novo testamento non curat Christus imagines«.[15]

Die öffentliche Positionierung Luthers gegenüber den Protagonisten der Wittenberger Bewegung hatte weitreichende Konsequenzen: »In diesen Märzwochen begann ein weltgeschichtlich bedeutsamer Differenzierungsprozess in den Reihen der ersten Reformatoren. Es ist bezeichnend für die damalige Lage und die anschauliche Funktion der Bilderfrage, dass dieser an sich zwangsläufige Prozess durch ein in fundamentaltheologischer Hinsicht eher zweitrangiges Problem initiiert worden ist.«[16] Die Bilderfrage wurde zum Kristallisationspunkt der reformatorischen Lehre. Luthers Einschreiten und seine gemäßigte Haltung im ernestinischen Sachsen sorgten dafür, dass hier Übergriffe auf sakrale Bildwerke weitgehend verhindert werden konnten. Die Schriften Karlstadts und die darin enthaltene Bildkritik wurden hingegen zum Ausgangspunkt einer reformierten Bewegung, die sich kurz darauf im süddeutschen Raum, im Elsass und in der Schweiz sehr viel radikaler von alten Glaubenswahrheiten abwandte. Hier waren es vor allem der Schweizer Reformator Huldrych Zwingli in Zürich und später Johannes Calvin in Genf, die durch ihre Predigten und Schriften großen Einfluss auf die nun folgende Radikalisierung in der Bilderfrage nahmen.[17]

Hervorzuheben ist, dass keiner der Reformatoren – auch nicht Zwingli oder Calvin – explizit zu Akten der Selbstjustiz gegenüber Bildern oder gar zu einem allgemeinen Bildersturm aufgerufen hat. Sakrale Kunstwerke standen unter Kirchenrecht, ihre Zerstörung galt als Sakrileg und wurde nach damaligem Gesetz mit harten weltlichen Strafen, üblicherweise der Todesstrafe, geahndet.[18] Luther, der die Bezeichnung »Bildersturm« als erster geprägt hatte,[19] warnte in seiner *Deuteronomium*-Vorlesung 1523/24 sogar vor den Folgen: »Niemand, der die Bilderstürmer so gegen Holz und Stein wüten sieht, könnte daran zweifeln, dass dahinter ein Geist liegt, der todbringend, nicht lebensbejahend ist und der bei der nächsten Gelegenheit auch Menschen töten wird, so, wie es bereits einige von ihnen begonnen haben zu lehren.«[20] Der Wittenberger Reformator fürchtete die destruktive Macht einer Bewegung, die zu dieser Zeit vor allem unter dem Einfluss von Zwingli jede Kontrolle zu verlieren drohte.

Reformatorische Bilderstürme

Ab 1524 kam es in der Schweiz, im Elsass und in Süddeutschland über mehr als ein Jahrzehnt hinweg immer wieder zu Bilderstürmen (siehe Grafik S. 221).[21] Ihr Epizentrum war Zürich, die Wirkungsstätte Huldrych Zwinglis. Unter seinem direkten Einfluss hob dort 1524 erstmalig eine städtische Ratsversammlung den kirchenrechtlichen Schutz der sakralen Bildwerke auf und ordnete deren Zerstörung an. Bei der Ausführung dieses Ratsbeschlusses arbeiteten Bauhandwerker, Abgeordnete der Zünfte und die drei städtischen Leutpriester – unter ihnen Zwingli selbst – Hand in Hand. Um einen Aufruhr zu vermeiden, hatte der Rat alle städtischen Kirchen vom 20. Juni bis 2. Juli 1524 schließen lassen.[22] Bei dieser obrigkeitlich angeordneten Räumung der Kirchen hinter verschlossenen Türen wurde auch verfügt, dass Bildwerke, die der Kirche beispielsweise von Zünften, kirchlichen Trägern oder Bürgern übereignet worden waren, von ihren Stiftern selbst wieder in Besitz genommen und abgeholt werden konnten.

Zürich sollte zum Modellfall für die Entfernung der Bilder aus den Kirchen werden, viele Städte und Gemeinden folgten in ähnlicher Weise diesem Vorgehen. Allerdings ging es dabei nicht überall so geordnet zu. Wie beispielsweise der Ittinger Klostersturm vom 18. Juli 1524 zeigte,[23] kam es immer wieder zu unkontrollierten Akten der Bilderzerstörung durch das Volk, das durch eigenmächtiges Handeln Ratsbeschlüssen zuvorkam und dadurch wiederum

---

Forschungen zur Reformationsgeschichte. 45), Gütersloh 1977. **11** WA 18, 68, 21. **12** Zu Luthers theologischer Positionierung in der Bilderfrage vgl. Stirm, Bilderfrage (wie Anm. 10), S. 30. Sie weist darauf hin, dass Luther diese Haltung bereits in seiner Römerbrief-Vorlesung 1516 geäußert hat. **13** Margarete Stirm ist die erste, die auf diese Besonderheit hinweist. Vgl. ebd., S. 17 und S. 22 f. Im Folgenden beziehe ich mich auf diese theologische Analyse der Haltung Luthers im Bilderstreit. **14** WA 18, 67–84. **15** WA 28, 716, 13 f. Vgl. Stirm, Bilderfrage (wie Anm. 10), S. 59. **16** Sergiusz Michalski: Die Ausbreitung des reformatorischen Bildersturms 1521–1537, in: Dupeux/Jezler/Wirth, Bildersturm (wie Anm. 1), S. 46–51, hier S. 47; vgl. auch Scribner, Bilder (wie Anm. 1), S. 9–20 und S. 51–68. **17** Zur Position Zwinglis und Calvins in der Bilderfrage vgl. u. a. Hans-Dietrich Altendorf/Peter Jezler (Hrsg.): Bilderstreit. Kulturwandel in Zwinglis Reformation, Zürich 1984; Christin, Frankreich (wie Anm. 5); Stirm, Bilderfrage (wie Anm. 10); Schwebel, Kunst (wie Anm. 10). **18** Vgl. Peter Jezler: Von den Guten Werken zum reformatorischen Bildersturm – Eine Einführung, in: Dupeux/Jezler/Wirth, Bildersturm (wie Anm. 1), S. 20–27, hier S. 27. **19** Vgl. Beat Hodler: Bildersturm auf dem Land. Der »Gemeine Mann« und das Bild, in: Dupeux/Jezler/Wirth, Bildersturm (wie Anm. 1), S. 52–56, hier S. 52 f. **20** WA 14, S. 620, vgl. Aston, Iconoclasts (wie Anm. 1), S. 6. **21** Zu einer geografischen und chronologischen Übersicht siehe Michalski, Ausbreitung (wie Anm. 16) und Sergiusz Michalski: Die protestantischen Bilderstürme. Versuch einer Übersicht, in: Scribner, Bilder (wie Anm. 1), S. 69–124. **22** Vgl. Jezler, Von den Guten Werken (wie Anm. 18), S. 75. **23** Ebd., S. 78.

Abb. 2 Anonym, Illustration eines Bildersturms, aus: Eyn Warhafftig erschröcklich Histori von der Bewrischen uffrur / so sich durch Martin Luthers leer inn Teutscher nation / Anno M.D.XXV. erhebt […], um 1527–1530

politischen Handlungsdruck erzeugte (Abb. 2). In Bern etwa geriet die öffentliche Ordnung durch einen Aufruhr im Münster in Gefahr. Der Rat reagierte mit Erlassen, konnte aber wiederholte Ausschreitungen und Bilderfrevel nicht verhindern. 1534 verschärfte der Rat die Situation erneut selbst, als ein Beschluss verabschiedet wurde, der auch den privaten Besitz sakraler Kunst verbot. Bürger, die nur sechs Jahre zuvor von ihrem obrigkeitlich verbrieften Recht der Rücknahme von Kirchenstiftungen Gebrauch gemacht hatten, wurden nun aufgefordert, ihre sakralen Bildwerke eigenhändig zu zerstören. Dieser Beschluss, der auch der privaten Bildanbetung Einhalt gebieten sollte, wurde durch Hausdurchsuchungen und Beschlagnahmung von Kunstwerken umgesetzt und mündete wiederum in neue Zerstörungswellen.[24]

In Straßburg – mit dem Wirken von Martin Bucer, Wolfgang Capito und Caspar Hedio ein Zentrum der frühen Reformation – hatte noch im gleichen Jahr wie in Zürich der Bildersturm begonnen.[25] Hier war es vor allem die Bevölkerung, die immer wieder die Bildzerstörung forderte und zum Teil selbst dabei Hand anlegte. Der Rat der Stadt konnte bestenfalls kanalisierend eingreifen. Bucer, der selbst zunächst eine rigorose Haltung gegenüber Bildern einnahm, bezog später deutlich Position gegen deren eigenmächtige Zerstörung. Seine Abhandlung *Das einigerlei Bild bei den Gottgläubigen* bildete schließlich die theologische Grundlage für einen Ratsbeschluss, der am 14. Februar 1530 die Beseitigung der restlichen in den Kirchen verbliebenen Bildwerke und Altäre anordnete.[26]

24 Vgl. Franz-Josef Sladeczek: Bern 1528 – Zwischen Zerstörung und Erhaltung, in: Dupeux/Jezler/Wirth, Bildersturm (wie Anm. 1), S. 97–103. **25** Muller bringt den Beginn des Bildersturms mit der Ankunft Karlstadts in Straßburg in Verbindung. Vgl. Frank Muller: Der Bildersturm in Strassburg 1524–1530, in: Dupeux/Jezler/Wirth, Bildersturm (wie Anm. 1), S. 84–89; siehe auch Aston, Iconoclasts (wie Anm. 4), S. 205. **26** Vgl. ebd., S. 88. **27** Die Bezeichnung »Puritaner« hat ihren Ursprung in dieser Forderung nach einer Bereinigung (engl. *purification*).

28 Zur Reformation in England siehe u. a. Aston, Iconoclasts (wie Anm. 1) und Maurice Howard: Art and the Reformation, in: Tim Ayers (Hrsg.): The History of British Art 600–1600 (= The History of British Art series. 1), London 2008, S. 231–241. **29** Vgl. Christin, Frankreich (wie Anm. 5), S. 61. **30** Hierzu vor allem Sergiusz Michalski: Bilderstürme im Ostseeraum, in: Blickle u. a. (Hrsg.), Macht und Ohnmacht (wie Anm. 1), S. 223–237. **31** Zur Reformation in Nürnberg vor allem Gudrun Litz: Nürnberg und das Ausbleiben des »Bildersturms«,

Gegen Ende der 1530er Jahre beruhigte sich die Situation im Reich zunächst. Ab den 1550er Jahren kam es dann vor allem unter dem Einfluss Calvins zu einer zweiten, heftigen Welle von Bilderstürmen in Europa. Diese erfassten neben den deutschen Gebieten insbesondere Frankreich, die Niederlande und Schottland. In England befeuerten die Lehren Calvins die Bilderfeindlichkeit der Puritaner. Im ganzen Land wurden die Kirchen von ihrem reichen spätmittelalterlichen Bildschmuck »gereinigt«.[27] Wandbemalungen verschwanden flächendeckend unter weißer Kalkfarbe, überall im Land wurden hölzerne Skulpturen und Kreuze auf großen Scheiterhaufen verbrannt. Dabei erwies sich der spezielle Verlauf der Reformation in England gleichsam als Brandbeschleuniger: Der Bruch mit der römischen Papstkirche war hier 1534 durch einen politischen Akt König Heinrichs VIII. vollzogen worden, der sich gleichzeitig zum Oberhaupt einer englischen Staatskirche gemacht hatte. Anders als in den kleinteilig regierten Herrschaftsgebieten auf dem Kontinent bedeutete in der Folgezeit eine Unterstützung der Reformation durch den jeweiligen Regenten in England immer auch eine landesweite Umsetzung der königlichen Beschlüsse. Gerade die Zerstörung von spätmittelalterlichen Bildwerken ist wohl in keinem europäischen Land so konsequent durchgeführt worden wie in England.[28]

Aber auch auf dem Kontinent, vor allem in den Gebieten, in denen der Calvinismus zum neuen Bekenntnis wurde, verschwand in den Kirchen die spätmittelalterliche Farbenpracht unter dem einheitlichen Weiß des reformierten Glaubens. Das Ausmaß der bilderstürmerischen Aktivitäten ist anhand der überlieferten Quellen beschrieben worden: »Für Frankreich gelangt Pater Samerius 1569 zu einer Summe von mehr als 10 000 Kirchen. Drei Jahre später spricht Jean de Monluc von 20 000, denen er noch 2 000 Klöster hinzufügt.«[29] Und auch, wenn angesichts dieser Zahlen sicherlich eine gewisse Vorsicht geboten ist, so lässt sich erahnen, welche einschneidenden ästhetischen und kunstgeschichtlichen Konsequenzen dieser Bruch mit der altgläubigen Frömmigkeitspraxis hatte.

Aus diesen in aller Kürze angerissenen Beispielen wird deutlich, dass sich hinter dem vereinheitlichenden Begriff »Bildersturm« eine Vielzahl von sehr unterschiedlichen Akteuren, Motiven und Vorgehensweisen verbirgt. Hinzu kommen andere Beispiele, auf die hier nicht näher eingegangen werden kann, so etwa das rigorose bilderfeindliche Vorgehen der Täufer in Münster 1534 oder die frühen Bilderstürme im Baltikum und an der deutschen Ostseeküste, die zeitgleich mit den ersten Bilderbeseitigungen in Zürich begannen.[30]

Dass ein klares Bekenntnis zur Reformation nicht zwangsläufig mit der flächendeckenden Entfernung oder sogar Zerstörung von Kunst einherging, wird am Beispiel von Nürnberg deutlich: Ein Bildersturm wie in anderen süddeutschen Reichsstädten fand hier nicht statt.[31] Der gewaltige, im Jahr von Luthers Thesenveröffentlichung fertiggestellte *Engelsgruß* von Veit Stoß verblieb weiterhin an seinem prominenten Platz im Chor der Hauptkirche St. Lorenz und war lediglich durch seine Verhüllung den Blicken der Gläubigen entzogen.[32] Auf Geheiß des Rates wurden die liturgischen Geräte und andere Wertgegenstände aus der Kirche nicht wie anderenorts eingeschmolzen, sondern nur eingelagert und durften auch nicht veräußert werden.

Dieses zurückhaltende Vorgehen ist in Nürnberg vor allem auf eine glückliche Mischung aus besonnenen Ratsentscheidungen und einer eher gemäßigten Haltung der dortigen Theologen zurückzuführen, die die Ansichten der radikaleren Reformatoren offenbar nicht teilten. Eine nicht unwichtige Rolle spielte aber sicherlich auch die Tatsache, dass die Stadt zu jener Zeit ein blühendes Zentrum der Künste und des Humanismus war. Die damit einhergehende, tief im Bewusstsein der wohlhabenden und politisch einflussreichen Bürgerschaft verwurzelte Wertschätzung künstlerischer Qualität wird ein Übriges zum Schutz der Bilder beigetragen haben.

Tatsächlich sind selbst aus Zentren des Bildersturms immer wieder Fälle bekannt, in denen sakrale Bildwerke aufgrund ihres inhärenten Wertes als Kunstwerk vor Übergriffen geschützt worden sind. Dazu gehört beispielsweise der *Schmerzensmann* von Hans Multscher am Mittelpfeiler des Westportals im Ulmer Münster, der auf besonderen Erlass des Stadtrats dort erhalten blieb. Ebenso zu nennen ist der *Genter Altar* der Brüder van Eyck, der »nur wegen der ihn umgebenden Aura eines grossen [sic] Kunstwerks geschont worden ist«.[33] Die künstlerische Wertschätzung kommt auch im Lamento des Berner Chronisten Valerius Anshelm angesichts der sinnlosen Zerstörung von sakralen Bildwerken in der Stadtkirche zum Ausdruck: »St. Vincentz sollte umb der zierd und kunst willen sin bliben, aber der zů gäch ifer mocht nitt verdanck nemmen, sunst wer wol vil nutzlichs behalten, das umb ein spott spöttlich ist verloren.«[34]

Das Bild als Kunstwerk

Die Bildkritik der Reformatoren und die daraus resultierende Kontroverse im öffentlichen Diskurs trugen dazu bei, den Stellenwert des Kunstwerks neu zu bemessen. Noch in den Praktiken der Bilderstürmer findet sich ein Echo eben jener religiös geprägten Bildwahrnehmung, die diese so vehement ablehnten: Heiligenbildern, die nicht einem ersten unkontrollierten Zerstörungsimpuls zum Opfer gefallen waren, wurde vielerorts offiziell und öffentlich der Prozess gemacht. Sie wurden angeklagt, verurteilt, öffentlich gedemütigt, einer Folterung gleich verstümmelt, geköpft oder durch einen Scharfrichter auf dem Scheiterhaufen verbrannt.[35] Mit der Aufhebung der engen gegenseitigen Identifizierung von Bildwerken und Heiligen, die die Reformatoren bewirkten, entfiel die eigentliche

in: Dupeux/Jezler/Wirth, Bildersturm (wie Anm. 1), S. 90–96; Gottfried Seebaß: Mittelalterliche Kunstwerke in evangelisch gewordenen Kirchen Nürnbergs, in: Johann Michael Fritz (Hrsg.): Die bewahrende Kraft des Luthertums. Mittelalterliche Kunstwerke in evangelischen Kirchen, Regensburg 1997, S. 34–53. **32** Vergleiche hierzu den Beitrag von Susanne Kimmig-Völkner in diesem Band. **33** Michalski, Aspekte (wie Anm. 7), S. 72. **34** Zit. nach Sladeczek, Zerstörung (wie Anm. 24), S. 101. »St. Vincentz sollte um der Zier und Kunst willen nicht zerstört werden, aber der Übereifer war nicht aufzuhalten, sonst wäre wohl viel Nützliches erhalten worden, das um des Spottes Willen verloren ging.« **35** Vgl. Martin Warnke (Hrsg.): Bildersturm. Die Zerstörung des Kunstwerks, München 1973, S. 91–98; Christin, Frankreich (wie Anm. 5), S. 64; Schnitzler, Ikonoklasmus (wie Anm. 1), S. 214–217, Koerner, Reformation (wie Anm. 7), S. 104–136.

Abb. 3 Anonym, König Edward der Ikonoklast (Detail), aus: John Foxe, Ecclesiastical History conteyning the Acts and Monuments of Martyrs, 1641 (Nachdruck der ersten Ausgabe London 1563). Dargestellt ist die Entfernung sakraler Kunstwerke aus einer Kirche, deren Zerstörung und Verschiffung.

Zweckbestimmung des Bildes als Vehikel eines überholten Glaubens. Dadurch veränderte sich auch die Wahrnehmung von Kunst. Die einst durch die Frömmigkeitspraxis überhöhten Darstellungen von Heiligen wurden im Zuge der Reformation »entzaubert«. Was blieb, waren Kunstwerke, die als solche an Autonomie gewannen und fortan vor allem unter dem Aspekt ihres inhärenten ästhetischen Wertes wahrgenommen wurden.[36]

Mit dazu beigetragen hat auch eine andere, viel materiellere Seite der reformatorischen »Bereinigung« von Kircheninterieurs: Die Reichtümer der spätmittelalterlichen Kirchen und Klöster, die nicht der Zerstörung anheim fielen, wurden häufig schlicht als Wertgegenstände verkauft. Dies ist vor allem für die sakrale Kunst Englands belegt, die seit der Regierungszeit von Edward VI. aus den Kirchen entfernt und in der zweiten Hälfte des 16. Jahrhunderts in ganzen Schiffsladungen über den Ärmelkanal geschafft wurde (Abb. 3). Auf dem Kontinent entstand zeitgleich mit der zweiten großen Welle des Bildersturms ein neuer Markt für sakrale Bildwerke, die durch immer häufiger veranstaltete Versteigerungen vor allem in Frankreich und den Niederlanden in Privatbesitz übergingen.[37]

Künstlerschicksale

Am unmittelbarsten von der Reformation betroffen waren jedoch die Künstler selbst. Wie im Flugblatt von Hans Sachs und Hans Sebald Beham dargestellt, machte die scharfe Kritik der Reformatoren an der Werkfrömmigkeit viele der weniger bekannten Künstler arbeitslos. Und mit den theologischen Angriffen gegen ihre Bildwerke war auch ihr ganzer Berufsstand ins Kreuzfeuer der Kritik geraten.

Bereits Karlstadt klagte 1522 die theologische Unbildung der Künstler an, deren Bildwerke somit kaum zur geistlichen Erbauung geeignet gewesen seien: »Wer darff sagen, das Bilder nutz sind, wan yre Bildmacher unnutz seind? Nyemand.«[38]

Die konfessionellen Implikationen ihrer Arbeit brachten meist sowohl persönliche als auch berufliche, materielle wie ideelle Konflikte mit sich. Denn auch wenn die kunsthistorische Forschung inzwischen deutlich zwischen dem individuellen religiösen Bekenntnis eines Künstlers und der konfessionellen Zugehörigkeit seiner Auftraggeber unterscheidet,[39] so bedeuteten beide Aspekte eine potenzielle Gefährdung der künstlerischen Tätigkeit. Aus der Zeit der calvinistischen Bilderstürme sind beispielsweise Fälle überliefert, in denen sich Maler und Kunsthandwerker als Zeichen ihrer Bekehrung zum reformierten Glauben selbst aktiv an Bilderstürmen beteiligten oder gar eigenhändig die von ihnen gefertigten Kunstwerke zerstörten.[40] In anderen Fällen wurde Künstlern das radikale Bekenntnis ihrer Auftraggeber zum Verhängnis. Hans Sebald Beham selbst wurde 1525 gemeinsam mit seinem Bruder Barthel und Georg Pencz als »gottloser Maler« aus dem lutherisch gesinnten Nürnberg verbannt. Ihnen wurde vorgeworfen, dass sie sich bereit erklärt hatten, die gegen Luther gerichtete »Schutzrede« des radikalen Reformators Thomas Müntzer zu illustrieren.[41]

Zwar gab es, wie das Beispiel der Wittenberger Cranach-Werkstatt zeigt, auch Künstler, die sehr erfolgreich sowohl für die eine als auch für die andere konfessionelle Seite gearbeitet haben. Es verwundert aber kaum, dass vor allem weniger bekannte Maler, Grafiker und Bildhauer sich aufgrund der prekären Auftragssituation als Folge der Reformation nach neuen Einkommensquellen umsehen

---

36 Vgl. Koerner, Reformation (wie Anm. 7); Werner Hofmann (Hrsg.): Luther und die Folgen für die Kunst, München 1983. **37** Vgl. Christin, Frankreich (wie Anm. 5), S. 66; Howard, Art (wie Anm. 28), S. 233. **38** Andreas Bodenstein von Karlstadt: Von der Abthuung der Bilder, Wittenberg 1522, f. B 3; vgl. Warnke, Bildersturm (wie Anm. 35), S. 69. **39** Vgl. Andreas Tacke (Hrsg.): Kunst und Konfession. Katholische Auftragswerke im Zeitalter der Glaubensspaltung 1517–1563, Regensburg 2008. Siehe auch den Essay von Andreas Tacke in diesem Band. **40** Vgl. Christin, Frankreich (wie Anm. 5), S. 65. **41** Kate Heard/Lucy

mussten. Die Möglichkeiten, Verdienstausfälle mit profanen Aufträgen auszugleichen, hatten nur wenige. Viele Künstler gaben ihren Beruf gänzlich auf. In einer Petitionsschrift der Straßburger Künstler vom 3. Februar 1525 äußerten diese sich zwar positiv über die Einführung der Reformation, zeigten sich aber gleichzeitig besorgt darüber, dass der daraus resultierende Rückgang an Aufträgen sie in den finanziellen Ruin treiben würde. Aus Mangel an beruflichen Alternativen baten sie den Rat der Stadt, möglichst viele von ihnen bei der Besetzung von politischen Ämtern zu berücksichtigen, was ihnen schließlich gewährt wurde. Solche Künstlerpetitionen sind auch aus Städten wie Nürnberg, Augsburg und Basel erhalten.[42]

Der Nürnberger Künstler Peter Flötner führt uns ein noch drastischeres Beispiel der beruflichen Neuorientierung seiner Standeskollegen vor Augen: In einem um 1530/1540 entstandenen Holzschnitt porträtiert er einen Landsknecht, der durch die Beischrift als ehemaliger Bildhauer ausgewiesen wird. Darin klagt er: »Vil schöner Pild hab ich geschnitten / Künstlich auff welsch vnd deutschen sitten / Wiewol die Kunst yetz nimmer gilt / Ich künde dan schnitzen schöner pilt«. Zu seinen Füßen liegt zur Illustration sein verwaistes Werkzeug, das er gegen Schwert und Hellebarde eingetauscht hat (Abb. 4).

Ein anderer Ausweg aus der Misere der Künstler war der Umzug in Gebiete, die noch nicht so stark unter den Folgen der Reformation zu leiden hatten. Hans Holbein dem Jüngeren gelang 1526 durch die Empfehlung seines Förderers Erasmus von Rotterdam an den englischen Humanisten Thomas Morus die erfolgreiche Übersiedelung von Basel nach London. In England, wo zu dieser Zeit die Reformation noch nicht eingeführt war, erreichte Holbein den Gipfel seiner Karriere als Hofmaler von Heinrich VIII. im beruflich erzwungenen Exil.

Die Folgen, die die Reformation direkt und indirekt auf die Kunstproduktion hatte, waren gravierend. Auch zeitgenössische Künstler beobachteten diese Entwicklung mit großer Sorge. Der humanistisch geprägte Maler, Grafiker und Publizist Heinrich Vogtherr der Ältere beklagte, dass die aktuelle Situation »jetz zu vnsern zeiten in gantzer Teutscher Nation / allen subtilen vnnd freyen Kuensten / ein merckliche verkleynerung vnd abbruch mit gebracht hat / Dardurch viel verursacht / sich von solchen Kuensten ab zu ziehen / vnd zu andern handtierunge greiffen / Der halben es sich wol ansehen lasset / als ob in kurtzen Jaren wenig deren hadtwerck / als Mahler / vnd Bildschnitzer / in Teutschem land gefunden werden sollten«.[43] Sein Ansatz zur Rettung der Künste in Deutschland war ein Lehrbuch, das die künstlerische Qualität der dort tätigen Maler und Bildhauer heben sollte.

Neue Bildthemen – neue Bildstrategien

Die negative Sichtweise auf die Situation der Künste infolge der Reformation hat sich als abschätziges Werturteil ebenso auf die Kunstgeschichtsschreibung übertragen. Erst in jüngster Zeit hat hier ein Perspektivwechsel stattgefunden, der die Hervorbringungen einer originär protestantischen Kunst und die Suche der Künstler nach

Abb. 4 Peter Flötner, Veyt Pildhawer, um 1530/1540

neuen Ausdrucksformen als eigenständige Qualität dieser Kunst würdigt.[44] Tatsächlich gab es neben dem zu beklagenden Rückgang an Aufträgen durchaus Gattungen, die durch die Reformation zu besonderer Blüte gelangten. Als Beispiel seien die Epitaphe genannt, die durch die Veränderungen der lutherischen Memorialkultur neu zur Geltung kamen. Ebenso befeuerte die Reformation die Druckgrafik, ein weiteres Feld, auf dem sich viele namhafte Künstler betätigten. Die Illustrationen für die aufstrebende Buchproduktion gehörten ebenso dazu wie die zahllosen Flugblätter und Einblattdrucke, für die es einen wachsenden Markt gab.

Vor allem das Tafelbild selbst war von den veränderten theologischen Rahmenbedingungen unmittelbar betroffen. Im Zentrum des neuen Glaubens stand das Wort – für die Malerei eine abstrakte Größe. Gleichzeitig war die visuelle Suggestivkraft von Kunst mit

---

Whitaker: The Northern Renaissance. Dürer to Holbein, London 2011, S. 126. **42** Vgl. Carl C. Christensen: Art and the Reformation in Germany, Athens/OH 1979, S. 167. Die Petition aus Straßburg ist abgedruckt in: Dupeux/Jezler/Wirth, Bildersturm (wie Anm. 1), S. 360, Kat.-Nr. 184. **43** Hofmann, Luther (wie Anm. 36), S. 130. **44** Vgl. Koerner, Reformation (wie Anm. 7); ferner Koenraad Jonckheere: Antwerp Art after Iconoclasm. Experiments in Decorum 1566–1585, New Haven/London 2012; Howard, Art (wie Anm. 28).

Abb. 5 Lucas Cranach d.J., Christus am Kreuz, 1571

der Kritik an alten Frömmigkeitspraktiken in ihrer Essenz infrage gestellt worden. Künstler waren gezwungen, neue Bildstrategien zu finden, die diesem Umstand Rechnung trugen. Dies galt in besonderem Maße für das Altar- und Andachtsbild. Hier rückte das Wort im wahrsten Sinne ins Blickfeld, indem zunehmend kommentierende Textpassagen und Bibelzitate in die bildlichen Darstellungen eingefügt wurden. Ein prominentes Beispiel hierfür ist der gekreuzigte Christus von Lucas Cranach dem Jüngeren (Abb. 5). Durch die am Kreuz angebrachte Texttafel spricht das Bild in wörtlicher Rede zum Betrachter. Diese direkte Ansprache verleiht dem Bild eine neue Unmittelbarkeit. Gleichzeitig reduziert Lucas Cranach der Jüngere seine Darstellung auf wenige Elemente, die er wie detailgetreue Versatzstücke vor dem tiefen Himmel aufreiht.

Diese Vereinfachung von Bildmotiven und die abstrahierende Tendenz in der bildlichen Darstellung ist ein weit verbreitetes Stilmerkmal der neuen, protestantisch geprägten Kunst, das sich auch auf andere Bildgattungen ausweitete. An die Stelle einer naturalistischen tritt eine eher sinnbildhafte Darstellungsweise, die die räumliche Tiefenwirkung negiert und damit den illusionistischen Bildraum gleichsam auflöst. Für die englische Kunst ist dieses Phänomen mit einem tiefen Misstrauen gegenüber jeglicher Form von Realismus beschrieben worden: »Das Porträt eines Dargestellten, der allzu wirklichkeitsnah wiedergegeben wurde, hätte schon den Beigeschmack der Bildanbetung gehabt. Ein augenscheinliches Beispiel hierfür ist der Einsatz perspektivischer Darstellungen in Tafelbildern oder bei Einlegearbeiten in Möbeln oder Vertäfelungen: Sie täuschen eine Wirklichkeit vor, der man weder glauben noch vertrauen durfte. Dies eröffnet eine andere Sichtweise gegenüber der konventionellen Einschätzung, die Menschen dieser Zeit hätten die geschickten Kniffe einiger der größten Künstler Kontinentaleuropas schlicht und einfach nicht begriffen, bis versierte, weltgewandte Meister sie ihnen erklärten. Stattdessen lassen diese Darstellungen erkennen, dass die Briten die perspektivischen Tricks sehr wohl kannten, aber bewusst außer Acht ließen oder bei passender Gelegenheit sparsam und mit Bedacht einsetzten.«[45] Diese These erklärt auch, warum ein so erfolgreicher Maler wie Hans Holbein der Jüngere mit seinen Porträts in ihrer beinahe mikroskopisch präzisen Detailtreue in England keine künstlerische Nachfolge fand. Stattdessen florierte die hochgradig stilisierte elisabethanische Hofkunst, die sich mit ihren emblematisch-maskenhaften Porträts in der zweiten Hälfte des 16. Jahrhunderts künstlerisch in eine vollkommen andere Richtung entwickelte und England in der Folgezeit kunsthistorisch immer mehr vom Kontinent entfernte.

Im Vergleich der Eigenheiten nationaler Kunstentwicklungen in Europa lassen sich die Folgen der Reformation für die Kunst, die Demarkationslinien der konfessionellen Einflussgebiete deutlich erkennen. Besonders augenscheinlich wird dies in den calvinistisch geprägten Gebieten. Mit dem Wegfall des großen Absatzmarktes für sakrale Bildwerke mussten sich die Künstler neue Bildthemen erschließen. In England waren dies vor allem Porträts, die im 17. Jahrhundert den überwiegenden Anteil der gesamten Kunstproduktion ausmachten. In den Niederlanden wurde jenes Jahrhundert nach den Bilderstürmen zum »Goldenen Zeitalter«, in dem die Künstler sich erfolgreich auf andere Bildgattungen wie Stillleben, Genreszenen, Seestücke und Landschaftsdarstellungen spezialisierten. Und auch die weiß gekalkten Kirchenräume, die durch den konfessionellen Wechsel ihres spätmittelalterlichen Bildschmucks beraubt worden waren, sind mit ihrer puristischen Ästhetik noch heute Zeugnisse für die Einführung des Calvinismus in diesen Gebieten (Abb. 6).

In den Regionen hingegen, die unter altgläubigem Einfluss blieben, ist ein anderes Phänomen zu beobachten. Mit dem Bilderdekret *De invocatione, veneratione et reliquiis sanctorum et sacris imaginibus*, das in der letzten Sitzung des Konzils von Trient im Dezember 1563 verabschiedet wurde, reagierte die Papstkirche auf die reformatorische Bildkritik. Gleichzeitig rehabilitierte sie das Bild in seinem sakralen Kontext. Die darauf folgende Gegenreformation setzte zunehmend auf die suggestive Kraft der Malerei, Architektur und Bildhauerkunst, die durch Sinnenreiz und Überwältigung ein neues emotionales Verhältnis zwischen Gott und Gläubigen wiederherzustellen suchte. Im 17. Jahrhundert erblühte die Kunst in diesen Gebieten bald in opulenter Pracht, es wurden ganze Kircheninterieurs umgestaltet und mit barocken Bildprogrammen unterfüttert.

Diese Barockisierung ging allerdings meist zu Lasten der noch erhaltenen, mittelalterlichen Kunst. Das, was in katholischen Kirchen an Bildwerken und Ausstattungselementen die Bilderstürme überstanden hatte, fiel im Zuge der Gegenreformation allzu oft dem Erneuerungsprozess der Papstkirche zum Opfer. Ein prominentes Beispiel ist der gotische Lettner des Straßburger Münsters, der nicht etwa während der Reformationszeit herausgebrochen wurde, sondern erst 1682 im Zuge der Rekatholisierung unter Ludwig XIV.

Auf der anderen Seite findet sich in den Gebieten unter lutherischem Einfluss eine Vielzahl von Kirchen, in denen die Bilderflut des späten Mittelalters fast vollständig erhalten geblieben ist und deren Ausstattung die Reformation und die folgenden Jahrhunderte unbeschadet überlebt hat. Luthers gemäßigte Haltung zum Bild hat ebenso dazu beigetragen wie der Verzicht auf eine Erneuerung des Interieurs im Sinne des mit der Gegenreformation assoziierten Barocks. Die Kunstgeschichte lenkte bereits vor rund 20 Jahren den Blick auf dieses paradox anmutende Phänomen, auf die »bewahrende Kraft des Luthertums«.[46]

In der neueren Forschung ist inzwischen die pauschale Bewertung der Reformation als Tragödie für die Kunst abgelöst worden durch eine sehr viel differenziertere Sicht. Es hat sich gezeigt, dass es nicht *die* Bildfeindlichkeit der Reformatoren gab, sondern stattdessen erhebliche theologische Diskrepanzen in der Bilderfrage mit entsprechend unterschiedlichen Auswirkungen auf die Kunstgeschichte. Mit Recht ist die Frage gestellt worden, ob in diesem Aspekt »die lutheranische und die katholische Auffassung nicht näher beisammen liegen als die eines Luther auf der einen und die eines Zwingli und Calvin auf der anderen Seite«.[47]

---

45 Howard, Art (wie Anm. 28), S. 234. **46** Fritz, Kraft (wie Anm. 31). Vgl. auch den Beitrag von Andrew Spicer in diesem Band. **47** Schwebel, Kunst (wie Anm. 10), S. 59.

Abb. 6
Pieter Jansz. Saenredam, Interieur der Marienkirche in Utrecht, 1637. Die »Bereinigung« des Kirchenraums wurde zum Zeichen des konfessionellen Wechsels.

Betrachtet man noch einmal das eingangs zitierte Flugblatt, so zeigt sich, dass die darin enthaltene Polemik inzwischen von der Geschichte widerlegt worden ist. Denn ausgerechnet Martin Luther, dem in dem Flugblatt von Hans Sachs und Hans Sebald Beham die Verurteilung der gottlosen Künstler und Kunsthandwerker der altgläubigen Kirche in den Mund gelegt worden war, hat mit seiner Positionierung im Bilderstreit der Kunst einen großen Dienst erwiesen. Während das Flugblatt den Wittenberger Reformator noch für die Auswirkungen seiner Lehren auf die Maler und Kunsthandwerker haftbar machte, hat sich gezeigt, dass Luther vielerorts – direkt und indirekt – zum Retter eben jener Kunst im Gefolge der altgläubigen Kirche geworden ist.

220 Kulturelle Folgen der Reformation

Bildersturm

In der Reformationszeit gab es Streit darüber, wie mit religiösen Bildern umgegangen werden sollte. Die Entfernung der Bilder machte die reformatorische Theologie deutlich.

Altgläubige
Die altgläubige Theologie unterschied das Bild als Ding vom Bildinhalt. Der Gläubige betete nicht zum Bild als Ding, sondern nur zu dessen Inhalt. Da das Bild das Göttliche darstellte, wurde ihm Ehrerbietung entgegengebracht.

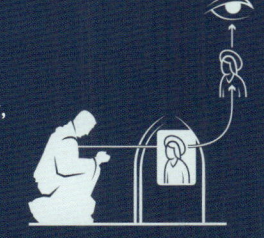

Lutheraner
Für Luther waren Bilder pädagogisch sinnvoll. Als nützliche Gegenstände dienten sie dazu, Christen im Glauben zu unterrichten. Das Gebet richten die Lutheraner direkt an Christus.

Reformierte
Der Gläubige betet direkt zum unsichtbaren Vater. Dieser ist nicht darstellbar. Bilder werden abgelehnt, da sie schnell selbst zum Kultobjekt werden. Darum wurden sie entfernt.

◀ **Gregorsmesse aus Münster (Westf.), 1491 (Detail)**
Die Augen der Kleriker wurden auf dem Gemälde ausgekratzt. Wahrscheinlich wollten die Bilderstürmer damit die kirchlichen Amtsträger angreifen.

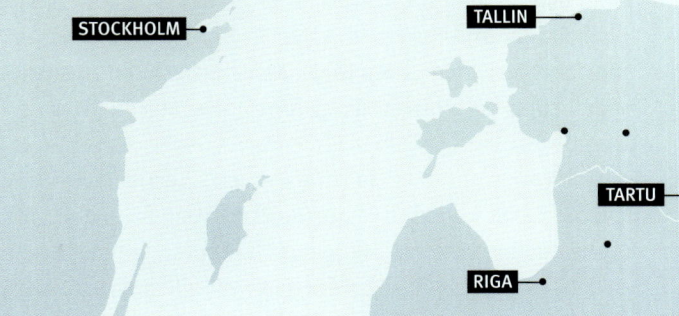

Reformatorischer Bildersturm
Beim reformatorischen Bildersturm wurden aus den Kirchen Skulpturen und Bildwerke mit den Darstellungen Christi und der Heiligen entfernt. Die Bürger glaubten, Gott mit Arbeit und Gebet aufrichtiger verehren zu können, als mit prachtvollem Kirchenschmuck.

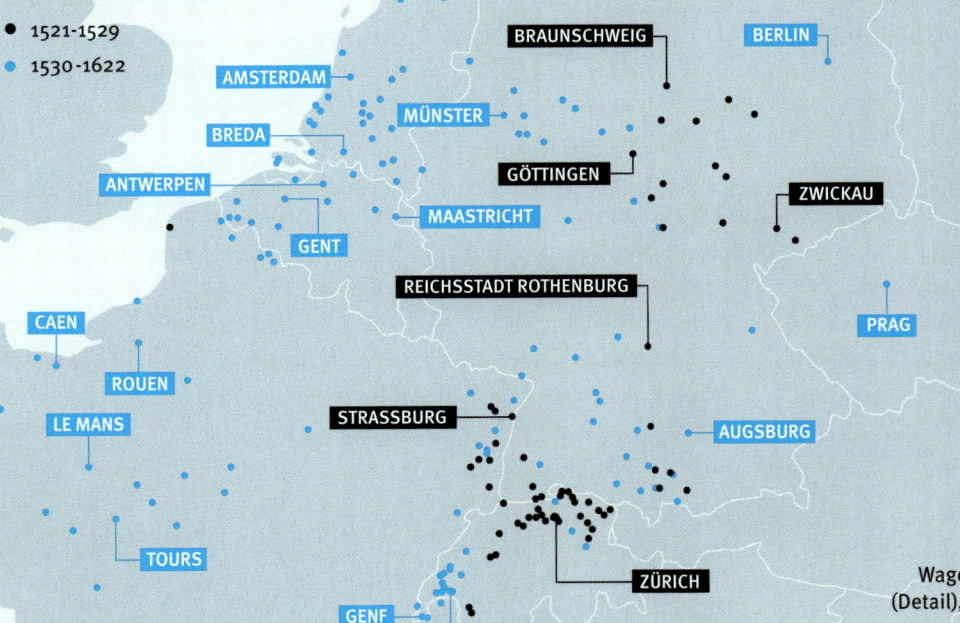

- ● 1521–1529
- ● 1530–1622

Zerstörtes Relief aus Wageningen, Niederlande (Detail), Arnt van Tricht, 1548 ▶
Die Köpfe von Gottvater und Jesus wurden 1578 während des Bildersturms entfernt.

ANDREAS TACKE

Hier liege ich ...
Perspektivwechsel für die bildende Kunst der Reformationszeit

Man habe, so der im Kulturkampf für die katholische Kirche auch als Politiker und Publizist aktive Pfarrer Paul Majunke, von Luther auf dem Sterbebett gleich Bilder anfertigen lassen, die den Reformator als ruhig entschlafen zeigen, um jenen entgegentreten zu können, die hofften, Luther wäre beim Sterben vom Teufel geholt worden, da er sich vom wahren – also katholischen – Glauben abgewandt habe. Die Gemälde sollten so »dem Teufel und den Seinen ihren lügenhaftigen Rachen stillen«, um jenen Gerüchten entgegenzutreten, die behaupteten, dass Luther eines »ganz plötzlichen, unerwarteten und dabei jämmerlichen Todes gestorben sei«.[1]

Fakt ist, dass die zeitgenössischen Quellen zwei Maler in Luthers Sterbehaus erwähnen: einen namentlich nicht genannten aus Eisleben sowie Lucas Furtenagel aus Halle an der Saale (Abb. 1). Tatsache ist auch, dass deren Zeichnungen Gemälden als Grundlage dienten, die eine eigene Luther-Totenbilder-Ikonografie begründeten.[2] Die Cranach-Werkstatt hat sie in erstaunlich großer Anzahl verbreitet (Abb. 2).[3] Gleichlautend wollten sie vermitteln: Wie im Leben (»Hier stehe ich ...«) war Martin Luther auch im Tod dem evangelischen Glauben treu. Denn ein vom Teufel Besessener würde mit entstelltem Gesichtsausdruck sterben, Luther ist aber ruhig entschlafen, wie sein entspannter Gesichtsausdruck auf den Bildern belegt.

Majunke will indes die Totenbilder Luthers als eine Geschichtslüge entlarven und versucht in seiner Schrift, kulturkampferprobt sogar die Behauptung wieder aufleben zu lassen, Luther habe Selbstmord begangen.[4] Dies alles wird mit großem Ernst vorgetragen, denn dem Vorwort kann man entnehmen, dass die Studie »nicht fürs Volk, sondern nur für wissenschaftliche Kreise« geschrieben wurde.

In dem von Otto von Bismarck angefachten Kulturkampf hatten nach der Reichsgründung 1870/71 viele Absurditäten wieder Konjunktur. Ironie der Geschichte, dass es auch um Bismarcks Totenbild eine Auseinandersetzung gab, die in einen Presseskandal mündete: Zwei »Paparazzi« waren unerlaubt in sein Sterbezimmer eingedrungen und hatten Fotos von dem Toten gemacht, die ihn – anders als die »offiziellen« Bilder (wie von Emanuel Grosser oder Franz von Lenbach) – mit Kinnbinde zeigen und damit nicht dem Zeitgeschmack – Bismarck als ruhig entschlafener deutscher Reichsgründer – entsprachen.

Interpretationen, Instrumentalisierungen und Polemiken

Wie bei vielen Forschungsfeldern ist auch die Reformationszeit ohne Berücksichtigung der Wissenschaftsgeschichte nicht zu verstehen – insbesondere in Deutschland durchliefen die Interpretationen politisch bedingt mehrfach Wandlungen.[5] Was schon als Allgemeinplatz gelten kann, ist bisher auf unser Thema bezogen in der Kunstwissenschaft zu wenig berücksichtigt und nur annähernd erforscht worden. Wie wurde die bildende Kunst, insbesondere die Werke von Lucas Cranach dem Älteren, für die jeweilige Interpretation weltanschaulich vereinnahmt? Als eine Konstante erweist sich zudem die Vorstellung von der Freundschaft zwischen Luther und Cranach – eine Konstruktion, deren Kanonbildung man über Generationen in verschiedenen Medien wissenschaftsgeschichtlich rekonstruieren kann.[6]

Vieles, was man anlässlich des 500-jährigen Reformationsjubiläums lesen kann, reiht sich nahtlos in diese tradierten, weltanschaulich verwurzelten Schemata ein. Und oftmals wird »deutsch«, wie im 19. Jahrhundert, nationalstaatlich verstanden und nicht im Sinne der aktuellen Ansätze zur kulturhistorischen Geografie,[7] die den Ort und den Raum ausschließlich historisch definieren. Man wird sich nach 2017 fragen müssen, ob mit der sogenannten Luther-

---

1 Paul Majunke: Luthers Lebensende. Eine historische Untersuchung, 5. verbesserte Aufl., Mainz 1891, S. 10. **2** Vgl. Alfred Dieck: Cranachs Gemälde des toten Luther in Hannover und das Problem der Luther-Totenbilder, in: Niederdeutsche Beiträge zur Kunstgeschichte 2 (1962), S. 191–218. **3** Vgl. die Zusammenstellung in der von Dr. Michael Hofbauer (Heidelberg) aufgebauten und bei der Universitätsbibliothek Heidelberg gehosteten Wiki-Forschungsdatenbank »Cranach-Net«, welche der internationalen Cranach-Forschung neue Impulse verleiht, URL: http://corpus-cranach.de [2.11.2015]. **4** Vgl. Majunke, Lebensende (wie Anm. 1), S. 28. **5** Deshalb ist der Anteil der angelsächsischen Forschung zur deutschen Kunst der Reformationszeit in den letzten Jahrzehnten wichtig. Einige können in den folgenden Anmerkungen genannt werden, siehe aber auch beispielsweise Christopher Wood: Albrecht Altdorfer and the Origins of Landscape, London/Chicago 1993; Joseph Leo Koerner: The Reformation of the Image, London/Chicago 2004; Larry Silver: Marketing Maximilian. The Visual Ideology of a Holy Roman Emperor, Princeton/Oxford 2008. **6** Siehe dazu zukünftig die von mir an der Universität Trier betreute kunsthistorische Dissertation von Anja Ottilie Ilg: Cranach der Ältere in Bildern, Literatur und Wissenschaft. **7** Vgl. Thomas DaCosta Kaufmann: Toward a Geography of Art, Chicago 2004.

Abb. 1 Lucas Furtenagel, Martin Luther auf dem Totenbett, 18. oder 19. Februar 1546

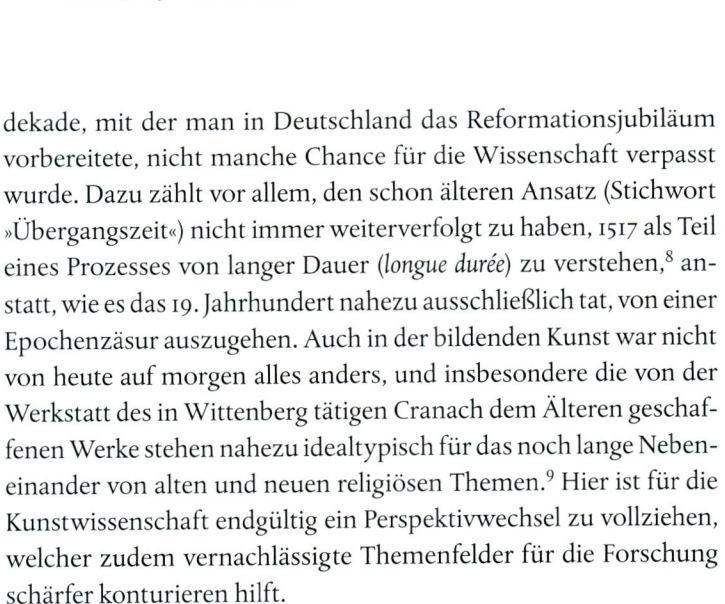

Abb. 2 Lucas Cranach d. Ä. – Werkstatt, Martin Luther auf dem Totenbett, 1546

dekade, mit der man in Deutschland das Reformationsjubiläum vorbereitete, nicht manche Chance für die Wissenschaft verpasst wurde. Dazu zählt vor allem, den schon älteren Ansatz (Stichwort »Übergangszeit«) nicht immer weiterverfolgt zu haben, 1517 als Teil eines Prozesses von langer Dauer (*longue durée*) zu verstehen,[8] anstatt, wie es das 19. Jahrhundert nahezu ausschließlich tat, von einer Epochenzäsur auszugehen. Auch in der bildenden Kunst war nicht von heute auf morgen alles anders, und insbesondere die von der Werkstatt des in Wittenberg tätigen Cranach dem Älteren geschaffenen Werke stehen nahezu idealtypisch für das noch lange Nebeneinander von alten und neuen religiösen Themen.[9] Hier ist für die Kunstwissenschaft endgültig ein Perspektivwechsel zu vollziehen, welcher zudem vernachlässigte Themenfelder für die Forschung schärfer konturieren hilft.

Die Auseinandersetzungen um Luthers, aber auch Bismarcks Totenbild belegen in einem Europa mit Strukturen von langer Dauer die immer wieder aufkommende Aktualität, die in den Verteufelungsmechanismen verwurzelt ist. Es ist über Jahrhunderte nahezu eine historische Konstante, den Gegner zu verteufeln, auch in theologischen Disputen. Luther selbst war ein wortgewaltiger Vertreter dieser Gleichsetzung und machte in Wort und Schrift, aber auch mittels der von ihm und seinem Reformatorenkreis inspirierten Bilder davon regen Gebrauch. Ganze Kübel ergoss er über seine religionspolitischen Gegner.[10] Herausgegriffen sei der vornehmste unter ihnen, Kardinal Albrecht von Brandenburg: Weil der »Scheisbisschoff ein falscher, verlogener man ist«, solle man »den schendlichen Scheispfaffen offentlich nicht loben noch rhümen«, sonst würde man aus dem »Teuffel« einen Heiligen machen.[11]

---

8 In diesem Sinne auch Wilhelm Ernst Winterhager: Ablaßkritik als Indikator historischen Wandels vor 1517. Ein Beitrag zu Voraussetzungen und Einordnung der Reformation, in: Archiv für Reformationsgeschichte 90 (1999), S. 6–71. **9** Andreas Tacke: Aus einem Stamm. Zum Ende einer Kontroverse über die konfessionelle Ausrichtung der Cranach-Werkstatt nach 1517, in: Werner Greiling/Uwe Schirmer/Ronny Schwalbe (Hrsg.): Der Altar von Lucas Cranach d. Ä. in Neustadt an der Orla und die Kirchenverhältnisse im Zeitalter der Reformation, Wien/Köln/Weimar 2014, S. 417–425. **10** Diesen »Hasstiraden« Luthers liegt ein anderer Teufelsbegriff zugrunde, als er in Lyndal Ropers Studie Verwendung findet; vgl. Lyndal Roper: Martin Luther's Body. The »Stout Doctor« and His Biographers, in: The American Historical Review 114 (2010), H. 2, S. 351–384; Dies.: Der feiste Doktor. Luther, sein Körper und seine Biographie, Göttingen 2012. **11** WA 50, 348–351; vgl. Andreas Tacke: Luther und der ›Scheißbischof‹ Albrecht von Brandenburg. Zu Rollenporträts eines geistlichen Fürsten, in: Dirk Syndram/Yvonne Wirth/Doreen Zerbe (Hrsg.): Luther und die Fürsten, Selbstdarstellung und Selbstverständnis des Herrschers im Zeitalter der Reformation, Dresden 2015, S. 114–125.

Schon die reformatorischen Anfangsjahre waren geprägt von einer derartigen Polemik, wie beispielsweise beim *Passional Christi und Antichristi* (1521) sowie den Illustrationen zu Luthers sogenanntem *Septembertestament* (1522). Beim Letzteren machten Cranachs Holzschnitte derartig Front gegen die Papstkirche, dass die Darstellungen der Drachen und der Babylonischen Hure mit der Tiara für die zweite Auflage, beim *Dezembertestament* (1522), vermutlich auf Intervention von Kurfürst Friedrich dem Weisen, entschärft werden mussten, um die religionspolitische Konfrontation mit Kaiser und Papst in Grenzen zu halten. Hier finden wir Lucas Cranach den Älteren an Luthers Seite als einfallsreichen Schöpfer von Illustrationen, der Luthers antirömische Stoßrichtung unmissverständlich zum Ausdruck brachte.[12] Im *Passional Christi und Antichristi* war diese Intention bereits im Mai des Jahres 1521 prägnant formuliert und gipfelte in der Verteufelung des Papstes. Denn das letzte Holzschnittpaar zeigt, wie Christus vor den Augen seiner Jünger und Marias zum Himmel fährt und wie der Papst mit seiner Tiara, von Teufelsungetümen umschwirrt, kopfüber in die Hölle stürzt.

Die beiden Abbildungen folgen dem Gesamtschema des Büchleins, in dem 13 antithetische Bildpaare auf jeweils einer Doppelseite das Leben Jesu mit dem des Papstes vergleichen. Jedem Bild ist ein erläuternder Text (*Subscriptio*) beigegeben, der – ebenso wie das Bild – von einer klaren Botschaft geleitet ist. Bei der *Höllenfahrt des Papstes* ist das Oberhaupt der katholischen Kirche beispielsweise als »Bestia« und »falsch prophet« bezeichnet. Der ranghöchste Vertreter der Papstkirche im Alten Reich war Kardinal Albrecht von Brandenburg, und diesen sollte selbstredend die antirömische Polemik ebenfalls treffen. Es ist erstaunlich, dass Kardinal Albrecht sich dennoch nicht auf Luthers »Diskussionsstil« einließ. Anders reagierten da seine ihm nahestehenden Theologen, wie der im Dienste des Herzogs Georg von Sachsen stehende Hieronymus Emser, die jedoch alle nicht an Wortwitz und Schlagkraft des Reformators heranreichten. Auch wenn lange von der Forschung nicht beachtet, reagierte Albrecht von Brandenburg dennoch auf Luther und gab ihm Contra – auch mittels der bildenden Kunst. Im Unterschied zum Reformator setzte er jedoch nicht auf das moderne Massenmedium der Druckgrafik, insbesondere nicht auf Flugblätter, sondern gab Gemälden den Vorzug – etwa 180 Gemälde malte allein die Cranach-der-Ältere-Werkstatt für ihn – und setzte so auf einen eingeschränkteren und damit elitäreren Rezipientenkreis. Der Bestimmungsort der Cranach'schen Gemälde war entweder ein Kirchen- oder Residenzraum.

Kardinal Albrecht gehörte zu jenen zeitgenössischen Gegnern Luthers, die in der preußisch eingefärbten deutschen Nationalgeschichtsschreibung des 19. Jahrhunderts nicht allzu viel zu melden hatten. Das Bedürfnis, die Größe Luthers und die Bedeutung der reformatorischen Bewegung als Volksidee aufzuwerten, indem derartige historische Persönlichkeiten klein gemacht wurden, erwies sich bis weit ins 20. Jahrhundert hinein als tragfähiges Modell. Am Beispiel Kardinal Albrechts von Brandenburg wurde dies jüngst wissenschaftsgeschichtlich aufgearbeitet,[13] wobei gleichzeitig deutlich wurde, dass ein ganzes Bündel an Themen im Laufe von vielen Forschergenerationen unbearbeitet liegen geblieben war. Im deutschen Kaiserreich, um wissenschaftsgeschichtlich beim 19. Jahrhundert zu bleiben, war mit Forschungen zur katholischen Seite im Konfessionalisierungsprozess an preußischen Universitäten kein Staat zu machen.

Hier konnte Terrain gutgemacht werden. 1990 fanden anlässlich von Albrechts 500. Geburtstag in Mainz eine internationale Tagung[14] und eine Ausstellung[15] ihm zu Ehren statt. Auch in Halle an der Saale wurde im Jahr 2006 eine Ausstellung[16] ausgerichtet, die gleich von drei wissenschaftlichen Tagungen (2003, 2004 sowie 2006)[17] vorbereitet beziehungsweise begleitet wurde, die allesamt um Albrecht von Brandenburg kreisten. Zählt man noch die Aschaffenburger Ausstellung »Cranach im Exil« von 2007 hinzu,[18] dann kann man, um im Bild zu bleiben, aus kunst- und kulturhistorischer Sicht feststellen, dass Kardinal Albrecht nunmehr auf sicherem Boden steht.

Mit ihm lässt sich nun für die ersten Jahrzehnte der Reformation resümieren, dass die zeitgenössischen Vertreter der römisch-katholischen Kirche auf Luther nicht, wie bisher in der Kunst- und Kulturwissenschaft unterstellt, wie das Kaninchen auf die Schlange gestarrt haben,[19] sondern auch im Kerngebiet der Reformation durchaus das Zepter des Handelns in der Hand behielten. Man darf diese katholischen Auftraggeber nämlich nicht vom Ergebnis her beurteilen – weite Teile Mitteldeutschlands schlossen sich der Neuen Lehre an –, sondern muss sich dem dynamischen Prozess selbst zuwenden, um zu einem ausgewogenen Urteil zu gelangen. Denn »Verlierer« wurden sie und daran maß man sie in der Historiografie. So musste, um beim Beispiel zu bleiben, Kardinal Albrecht in Halle an der Saale vor der sich ausbreitenden Reformation kapitulieren und sich 1540/41 in sein katholisch gebliebenes Erzbistum Mainz zurückziehen, wo er die letzten Jahre seines Lebens vorwiegend in Aschaffenburg ver-

---

12 William R. Russell: Martin Luther's Understanding of the Pope as the Antichrist, in: Archiv für Reformationsgeschichte 85 (1994), S. 32–44. **13** Alexander Jendorff: Ein problematisches Verhältnis. Kardinal Albrecht von Brandenburg und die preußisch-deutsche Historiographie, in: Andreas Tacke (Hrsg.): »… wir wollen der Liebe Raum geben«. Konkubinate geistlicher und weltlicher Fürsten um 1500, Göttingen 2006, S. 187–251. **14** Friedhelm Jürgensmeier (Hrsg.): Erzbischof Albrecht von Brandenburg (1490–1545). Ein Kirchen- und Reichsfürst der Frühen Neuzeit, Frankfurt am Main 1991. **15** Horst Reber: Albrecht von Brandenburg. Kurfürst, Erzkanzler, Kardinal, 1490–1545, Mainz 1990. **16** Thomas Schauerte/Andreas Tacke (Hrsg.): Der Kardinal. Albrecht von Brandenburg, Renaissancefürst und Mäzen, Bd. 1: Katalog, Bd. 2: Essays, Regensburg 2006. **17** Andreas Tacke (Hrsg.): Kontinuität und Zäsur. Ernst von Wettin und Albrecht von Brandenburg, Göttingen 2005; Ders. (Hrsg.): »Ich armer sundiger mensch«. Heiligen- und Reliquienkult in der Zeitenwende Mitteldeutschlands, Göttingen 2006; Ders., Konkubinate (wie Anm. 13). **18** Gerhard Ermischer/Andreas Tacke (Hrsg.): Cranach im Exil. Zuflucht – Schatzkammer – Residenz, Regensburg 2007. **19** Andreas Tacke: Gleich dem Kaninchen vor der Schlange? Altgläubige und die Wittenberger Bildpropaganda, in: Stiftung Schloss Friedenstein Gotha/Museumslandschaft Hessen Kassel (Hrsg.): Bild und Botschaft. Cranach im Dienst von Hof und Reformation, Heidelberg 2015, S. 82–87. **20** Andreas Tacke: »hab den hertzog Georgen zcu tode gepett«. Die Wettiner, Cranach und die Konfessionalisierung der Kunst in den Anfangsjahrzehnten der Reformation, in: Harald Marx/Cecilie Hollberg (Hrsg.): Glaube und Macht. Sachsen im Europa der Reformationszeit, Aufsatzband zur 2. Sächsischen Landesausstellung, Dresden 2004, S. 236–245. **21** Der Einfachhalt halber halte ich an dem Gegensatzpaar alt/neu fest; siehe jedoch Bernt Jörgen-

brachte. Zuvor war 1539 sein wichtigster Verbündeter im mitteldeutschen Raum verstorben, Herzog Georg der Bärtige, den die preußische Geschichtsschreibung als »Luther-Hasser« titulierte. Schon der Reformator selbst hatte über Georg von Sachsen seinen beißenden Spott ausgebreitet[20] und es wird ihm eine Genugtuung gewesen sein, dass Georgs Nachfolger, Herzog Heinrich der Fromme, sich der Reformation anschloss. Für das Zeitalter der Glaubensspaltung können beide für das Kerngebiet der Reformation ins Feld geführt werden, um aufzuzeigen, wie katholische Auftragswerke gegen die neue Lehre[21] gerichtet wurden.

Forschungsfragen zur Kunstgeschichte der Reformationszeit

Bei dem bisher wenig bearbeiteten kunsthistorischen Forschungsfeld der antireformatorischen Kunstwerke »vor« dem Tridentinum[22] gilt es zwei grundsätzliche Feststellungen zu treffen:

1. Methodisch steht man einem Dilemma gegenüber, wenn die Kunstwerke sich nicht gänzlich durch ihre Ikonografie und Ikonologie vom Althergebrachten unterscheiden: Das reine Festhalten an den tradierten Darstellungsformen in Kunst und Architektur lässt sich nicht so ohne Weiteres als eine direkte Gegnerschaft zu Luther bezeichnen. Erst die Untersuchung des Kontextes kann eine eventuelle Antwort auf Luther aufzeigen helfen und damit eine gegen die Reformation gerichtete Haltung nachweisen. Das neue Forschungsfeld wäre also eines der Fallstudien und methodisch der Kontextforschung verpflichtet. So suchten die Anhänger der alten Kirche im deutschsprachigen Raum – gerade in den ersten Jahren der Glaubensspaltung – durch aufwändige Bildstiftungen die Gläubigen in ihrem Sinne zu beeinflussen. Dabei waren sie thematisch wie stilistisch oft konservativ beziehungsweise retrospektiv. Bestimmte Themen wurden erst durch die Ablehnung durch die Protestanten katholisch-konfessionell. Doch wurde auf Kritik seitens der Reformatoren auch positiv reagiert, etwa durch das Streben nach Schlichtheit und Einfachheit. Eine andere Art der Reaktion war es, den Prunk und die Ausdrucksmittel der Werke zu steigern, wie es bei dem 1536 bis 1540 entstandenen Heiligen- und Passionszyklus des »Meisters von Meßkirch« geschah. Deutlich ist, dass erst der Kontext der katholischen Auftragswerke ihre Stellung im Zeitalter der Glaubensspaltung verdeutlichen kann.

2. Des Weiteren ist mit der Fragestellung nach den hier im Zentrum stehenden Kunstwerken ein Problem aus kunstwissenschaftlicher Sicht verbunden, nämlich das des ausführenden Künstlers. Denn die Kunstwissenschaft denkt aus ihrer Fachtradition vom bildenden Künstler her und hat sich in Deutschland, vor allem im 19./20. Jahrhundert, an der konfessionellen Identität der Reformationszeitkünstler versucht. Man kann heute aber nüchtern feststellen, dass die Kunstgeschichte das Thema der Konfessionalisierung und Kunst zu sehr auf die Frage nach der konfessionellen Identität des Künstlers reduziert hat.[23] So spannend diese Frage auch ist, die Kunstwissenschaft müsste hier stärker strukturell als personalisiert denken. Nicht die Künstler, die die Kunstwerke schufen, stehen primär im Mittelpunkt, sondern die Werke selbst. Das ist für ein Fach, welches traditionell eine »Künstler«-Geschichte schreibt, weitgehend Neuland. Im vorliegenden Fall ist das Betreten dieses neuen Terrains gleichzusetzen mit einem Befreiungsschlag, denn es wird nicht der kontrovers und mangels Quellen in der Regel nicht zu beantwortenden Frage nachgegangen, wie der Künstler im Strom der Zeit stand, sondern dafür plädiert, in jedem Einzelfall zu prüfen, welche theologische Aussage das Werk (und nicht der Künstler) vertritt und was zu dessen Wirkungsgeschichte gesagt werden kann.[24] Denn die Fragen nach einer konfessionellen Künstleridentität und die nach einer konfessionellen Kunst sind zwei völlig voneinander geschiedene Problemkomplexe. Sie wurden nichtsdestoweniger in bisherigen Forschungsarbeiten immer wieder stillschweigend überlappt und haben daher zu einem weiterhin schiefen Bild unserer Rekonstruktion von konfessionalisiertem Zeitalter, konfessionalisiertem Künstler und konfessionalisiertem Kunstwerk geführt.[25]

Es ist also, was der preußisch eingefärbten deutschen Nationalgeschichtsschreibung des 19. Jahrhunderts mit ihren Nachwirkungen bis weit in das 20. Jahrhundert hinein keineswegs egal war, für unsere Fragestellung vollkommen zu vernachlässigen, ob beispielsweise Lucas Cranach der Ältere, Albrecht Dürer oder Grünewald »Diener zweier Herren« waren, also ob sie gleichzeitig für die Anhänger beider Glaubensparteien arbeiten konnten. Jedoch erst die jüngste kunsthistorische Forschung hat sich von derartigen moralisierenden Formulierungen und Beurteilungen des 19./20. Jahrhunderts frei gemacht und die Ungebundenheit des Künstlers im Zeitalter der Glaubensspaltung durch Einzelfallstudien konstatiert, so beispielsweise bei Sebald Beham,[26] Hans Baldung Grien[27] oder Heinrich Vogtherr dem Älteren.[28]

sen: Konfessionelle Selbst- und Fremdbezeichnungen. Zur Terminologie der Religionsparteien im 16. Jahrhundert, Berlin 2014. **22** Vgl., auch mit Beispielen zu anderen Ländern, die Beiträge in Andreas Tacke (Hrsg.): Kunst und Konfession. Katholische Auftragswerke im Zeitalter der Glaubensspaltung, 1517–1563, Regensburg 2008. Erstmals habe ich das Forschungsfeld skizziert in Andreas Tacke: Das Hallenser Stift Albrechts von Brandenburg. Überlegungen zu gegen-reformatorischen Kunstwerken vor dem Tridentinum, in: Jürgensmeier, Erzbischof Albrecht von Brandenburg (wie Anm. 4). **23** Thomas Packeiser: Zum Austausch von Konfessionalisierungsforschung und Kunstgeschichte, in: Archiv für Reformationsgeschichte 93 (2002), S. 317–338. **24** Die Auswegslosigkeit dieser Diskussionen habe ich an manchen Reaktionen zu meiner kunsthistorischen Dissertation von 1989 über den »katholischen Cranach« selbst erfahren dürfen. Vgl. Andreas Tacke: Der katholische Cranach. Zu zwei Großaufträgen von Lucas Cranach d. Ä., Simon Franck und der Cranach-Werkstatt 1520–1540, Mainz 1992. **25** Ausführlich dazu Birgit Ulrike Münch: Geteiltes Leid. Die Passion Christi in Bildern und Texten der Konfessionalisierung, Nordalpine Druckgraphik von der Reformation bis zu den jesuitischen Großprojekten um 1600, Regensburg 2009, S. 11–23. **26** Vgl. Michael Wiemers: Der Kardinal und die Weibermacht. Sebald Beham bemalt eine Tischplatte für Albrecht von Brandenburg, in: Wallraf-Richartz-Jahrbuch 63 (2002), S. 217–236; Ders.: Sebald Behams Beicht- und Meßgebetbuch für Albrecht von Brandenburg, in: Tacke (Hrsg.), Kontinuität (wie Anm. 17), S. 380–398. **27** Vgl. Sibylle Weber am Bach: Hans Baldung Grien (1484/85–1545). Marienbilder in der Reformation, Regensburg 2006. **28** Frank Muller: Heinrich Vogtherr l'Ancien. Un artiste entre Renaissance et Réforme, Wiesbaden 1997.

Abb. 3 Lucas Cranach d. Ä. – Werkstatt, Mondsichelmadonna des Hieronymus Rudelauf, um 1522–1525

Die Cranach-Werkstatt: nach allen Seiten offen

Gleiches gilt für Cranach den Älteren: Zum einen lieferte seine Wittenberger Werkstatt katholische Auftragswerke, zum anderen arbeitete sie gleichzeitig für Luther und seine Anhänger. Schon das Haus Wettin selbst mit seinen beiden dynastischen Zweigen, der ernestinischen und der albertinischen Linie, für die Cranach der Ältere als kursächsischer Hofkünstler zu arbeiten hatte, vereinte das ganze Potenzial an Bildthemen, Darstellungsmodi und Auftraggebern aus beiden Glaubenslagern auf nur diese eine Künstlerwerkstatt. Der in Wittenberg und Torgau residierende ernestinische Zweig der Wettiner schloss sich mit Friedrich dem Weisen, aber vor allem mit Johann dem Beständigen und Johann Friedrich dem Großmütigen der Reformation an, während die albertinische Linie in Dresden bis zum Tod Georgs von Sachsen im Jahr 1539 streitbarer Vertreter der katholischen Kirche blieb. Dass die beiden sächsischen Linien in ihrer jeweiligen Hofgesellschaft konfessionell ebenso nicht über einen Kamm geschoren werden können, erweist zudem das Beispiel des vorwiegend in Torgau tätigen kursächsischen Rates Hieronymus Rudelauf, der in den 1520er Jahren bei Cranach dem Älteren ein Gemälde mit katholischer Thematik bestellte (Abb. 3) und mit seiner romtreuen Gesinnung bei Luther und Georg Spalatin merklich aneckte.[29]

Doch auch außerhalb des wettinischen Auftraggeberkreises arbeitete die Werkstatt Lucas Cranachs des Älteren für katholische Auftraggeber. Unter ihnen war Kardinal Albrecht von Brandenburg, welcher die Werkstatt über Jahre hinweg mit seinen katholischen Auftragswerken auf Hochtouren hielt, unter anderem mit dem für die Stiftskirche in Halle an der Saale bestimmten, 142 Gemälde umfassenden Heiligen- und Passionszyklus, der zum allergrößten Teil auf 16 neu geschaffene Altäre der Stiftskirche verteilt wurde.[30] Der Zyklus ist weitgehend zerstört, erhalten hat sich aber der heute in Aschaffenburg befindliche Maria-Magdalenen-Altar sowie Einzeltafeln[31] beziehungsweise Fragmente. Im Kontext der Hallenser Aufträge für Cranach den Älteren seitens Kardinal Albrechts steht auch das prachtvolle New Yorker Mauritius-Gemälde (Abb. 4).[32]

Der zwischen 1519/20 und 1525 entstandene Heiligen- und Passionszyklus für Kardinal Albrecht von Brandenburg in Halle an der Saale war aus Sicht der Wittenberger Reformatoren abzulehnen, da die Bilder dort »missbraucht« wurden, denn sie waren nach altem Ritus in Gebete, Liturgie und Reliquienkult eingebunden.[33] Vor allem die Einbettung in einen spätmittelalterlich geprägten Heiligenkult[34] war aus Wittenberger Sicht allein schon Grund genug, die Hallenser Stiftskirche Albrechts als Bollwerk des alten Glaubens zu bekämpfen. Auch wenn der Märtyrerkult im Zeitalter der Glaubensspaltung eine Neubewertung erfuhr, so stand er in der Form, wie er in Halle an der Saale praktiziert wurde, eindeutig in der Tradition,[35] und dies wurde auch in Wittenberg so verstanden.

Dass Kardinal Albrecht mit der Ausstattung seiner Stiftskirche angesichts der im mitteldeutschen Raum rasch anwachsenden reformatorischen Bewegung (vorerst) nicht in die Knie ging,[36] belegen weitere Aufträge an die Werkstatt Cranachs des Älteren. Der Reformator oder auch Philipp Melanchthon brauchten in Wittenberg nur einige Häuser weiter zu gehen und konnten sich die katholischen Auftragswerke des Kardinals, die dieser zahlreich an Lucas Cranach den Älteren vergab, in dem weiträumigen Cranach-Haus ansehen: Neben dem mit 142 Gemälden umfangreichen und zum Teil sehr

---

29 Bodo Brinkmann/Stephan Kemperdick: Deutsche Gemälde im Städel, 1500–1550, Mainz 2005, S. 235–242. **30** Tacke, Der katholische Cranach (wie Anm. 24), bes. S. 16–169. **31** Das von Dr. Bettina Seyderhelm (Landeskirchenamt der Evangelischen Kirche in Mitteldeutschland) mit viel Presserummel dem Zyklus zugeschriebene Gemälde gehört formal und stilistisch nicht dazu; vgl. zuletzt Bettina Seyderhelm: Zur Kreuztragungstafel aus der Kirche Pratau bei Wittenberg, in: Dies. (Hrsg.): Cranach-Werke am Ort ihrer Bestimmung. Tafelbilder der Malerfamilie Cranach und ihres Umkreises in den Kirchen der Evangelischen Kirche in Mitteldeutschland, Regensburg 2015, S. 208–221. **32** German Paintings in The Metropolitan Museum of Art, 1300–1600, bearb. von Maryan Ainsworth/Joshua P. Waterman, New Haven/London 2013, S. 73–77; Maryan Ainsworth/Sandra Hindriks/Pierre Terjanian: Lucas Cranach's Saint Maurice, The Metropolitan Museum of Art, New York 2015. **33** Vgl. Matthias Hamann: Der Liber Ordinarius Hallensis 1532. Liturgische Reformen am Neuen Stift in Halle an der Saale unter Albrecht Kardinal von Brandenburg, Münster 2014. **34** Vgl. die Beiträge in Tacke (Hrsg.), Heiligen- und Reliquienkult (wie Anm. 17). **35** Nach dem Tridentinum

großformatigen Hallenser Bilderzyklus war es eine Gruppe von vier signierten und datierten Gemälden, die Albrecht von Brandenburg in der Rolle des Kirchenvaters Hieronymus darstellen. Zwei von ihnen zeigen den Kirchenvater alias Kardinal Albrecht in der Studierstube (in Darmstadt und in Ringling), zwei in der Landschaft (in Berlin und in Zollikon), wobei die letzten beiden ihn nicht traditionell als Büßer, sondern auch als schreibenden Gelehrten darstellen (Abb. 5).[37] Kardinal Albrecht schlüpfte in eben jenen Jahren (1525, 1526 beziehungsweise zweimal 1527) in die Rolle des Bibelübersetzers, da Luthers deutsche Übersetzung von Vertretern der römisch-katholischen Kirche als falsch und nichtig verurteilt wurde. Wenn schon, so eine Aussage der Gemälde, eine deutsche Übersetzung der *Vulgata*, dann eine von der Amtskirche autorisierte, und ihr ranghöchster Vertreter im Heiligen Römischen Reich Deutscher Nation war nun einmal Kardinal Albrecht von Brandenburg. Und genau in jenen Jahren, in denen sich dieser in der Rolle des Übersetzers Hieronymus darstellen ließ, wurde eine von ihm protegierte katholische Bibelübersetzung vom Lateinischen ins Deutsche erarbeitet. 1527 (!) erschien Hieronymus Emsers Edition des Neuen Testaments, und bereits 1534 konnte Johannes Dietenberger die Vollbibel in Druck geben.

Gestaunt haben werden die Reformatoren auch über zwei weitere Gemälde, die jeweils den Auftraggeber, Albrecht von Brandenburg, in Gegenwart des Kirchenvaters Gregor zeigen. Auch diese beiden katholischen Auftragswerke bezogen im Zeitalter der Glaubensspaltung Position. Diesmal wünschte Kardinal Albrecht von Lucas Cranach dem Älteren, dass er den Opfercharakter der Messe ins Bild setzte.[38] Mit den beiden großen und repräsentativen Darstellungen der Gregorsmesse nahm Albrecht Bezug auf aktuelle Diskussionen zur Messe, und seine bei Cranach in Auftrag gegebenen Gemälde sind ein Appell, bei der gottgewollten vorbildlichen Theologie und Praxis der Kirchenväter zu bleiben. In diesem Sinne ist vielleicht auch Albrechts Rollenporträt an der Hallenser Stiftskirchenkanzel zu verstehen, auf dem er sich als heiliger Papst Gregor darstellen lässt.

Es ließen sich weitere katholische Auftragswerke anführen, die Kardinal Albrecht initiierte, doch mag das Vorgestellte genügen, um aufzuzeigen, dass der Kirchenfürst in einer noch zu schreibenden Geschichte der »Gegen die Reformation gerichteten Kunstwerke im Zeitalter der Glaubensspaltung« nicht fehlen sollte.[39]

Ebenso vertreten sein sollte Georg der Bärtige, Herzog von Sachsen, Albrechts engster Verbündeter im mitteldeutschen Raum und wie dieser ein in theologischen Dingen versierter Gegenspieler Luthers, der sich zudem von Hieronymus Emser und später von Johannes Cochlaeus beraten ließ. Letzterer wurde vor allem durch seine »Luther-Kommentare« bekannt, in denen er als Erster über

Abb. 4
Lucas Cranach d. Ä. – Werkstatt, Hl. Mauritius, um 1520 – 1523

regelte auch die katholische Kirche den Heiligenkult neu und ließ beispielsweise nur noch Heilige, die »historisch« verbürgt waren, zu. Hier erfolgte eine Reaktion auf den »Spott« der Luther-Anhänger, die sich über die Heiligenverehrung lustig machten, wie in diesem Fall Martin Luther selbst bezüglich Albrecht von Brandenburgs Halleschem Heiltum. **36** Eine Zusammenfassung bei Jeffrey Chipps Smith: Die Kunst des Scheiterns. Albrecht von Brandenburg und das Neue Stift in Halle, in: Schauerte/Tacke (Hrsg.), Kardinal (wie Anm. 16), hier Bd. 1, S. 17–51. **37** Andreas Tacke: Albrecht als Heiliger Hieronymus. Damit »der Barbar überall dem Gelehrten weiche!«, in: Schauerte/Tacke (Hrsg.), Kardinal (wie Anm. 16), hier Bd. 2, S. 117–129. **38** Christian Hecht: Die Aschaffenburger Gregorsmessen: Kardinal Albrecht von Brandenburg als Verteidiger des Meßopfers gegen Luther und Zwingli, in: Schauerte/Tacke (Hrsg.), Kardinal (wie Anm. 16), hier Bd. 2, S. 81–115. **39** Andreas Tacke: Mit Cranachs Hilfe. Antireformatorische Kunstwerke vor dem Tridentinum, in: Bodo Brinkmann (Hrsg.): Cranach der Ältere, Ostfildern 2007, S. 81–89; Ders.: With Cranach's Help. Counter-Reformation Art before the Council of Trent, in: Bodo Brinkmann (Hrsg.): Cranach der Ältere, London 2007, S. 81–89.

Kulturelle Folgen der Reformation

Abb. 5
Lucas Cranach d. Ä. – Werkstatt,
Albrecht von Brandenburg als
hl. Hieronymus im Gehäuse, 1526

Leben und Lehre Luthers sowie von der Geschichte der Glaubensspaltung (aus katholischer Sicht) berichtet. Wie Albrecht von Brandenburg hat auch Herzog Georg die bildende Kunst im Kampf gegen die neue Lehre mit einbezogen: Das gilt für den neuen Kult des heiligen Benno, mit seiner aufwändigen Inszenierung im Meißner Dom, gegen die sich Luther acht Tage vor der Erhebungsfeier mit der Schrift *Widder den newen Abgott und alten Teuffel, der zu Meyssen sol erhaben werden* wandte,[40] oder auch für Herzog Georgs eigene Grabkapelle im Meißner Dom, für die die Werkstatt Lucas Cranachs des Älteren eine Darstellung des Schmerzensmannes malte.[41] Die beiden genannten Beispiele stehen im Kontext der Auseinandersetzung mit Luthers Glaubenspositionen ebenso wie die Fassadengestaltung des Dresdner Residenzschlosses. Das Georgentor des nach seinem Erbauer benannten Georgenschlosses wurde von Georg dem Bärtigen zur Visualisierung eines komplexen theologischen Programms genutzt, welches als katholische Entgegnung auf die Reformation verstanden werden kann – vor allem als eine Antwort auf die lutherische Lehre und das von der Werkstatt Cranachs des Älteren entwickelte Bildthema »Gesetz und Gnade«, quasi eine Korrektur aus katholischer Sicht.

Bei einer vergleichenden Untersuchung der »Gegen die Reformation gerichteten Kunst vor dem Tridentinum« sind im Alten Reich jene Gebiete interessant, bei denen die Landesherren katholisch blieben. Für den mitteldeutschen Raum wären das unter anderem die Mitglieder des sogenannten »Dessauer Bündnisses«, die schon zuvor in Mühlhausen zusammenkamen oder sich später im »Hallischen Bündnis« zusammenschlossen, also jener Kreis katholischer Fürsten und kirchlicher Würdenträger, die neben ihren politischen und kirchlichen Maßnahmen auch die bildende Kunst mit in ihrem Abwehrkampf gegen die sich ausbreitende und ihre Territorien bedrohende neue Lehre in die Pflicht nahmen.

Dabei wären auch jene Fürsten mit aufzunehmen, die die preußisch eingefärbte Nationalgeschichtsschreibung des 19. Jahrhunderts als Anhänger Luthers dargestellt hat, wie beispielsweise Kurfürst Joachim II. von Brandenburg. Er ist indes ein idealtypischer Fall für die »Übergangszeit«, mithin ein Landesherr, der sich aus politischer Notwendigkeit heraus den Neuerungen nicht verschloss – 1539 nahm er das Abendmahl in beiderlei Gestalt –, um dennoch »persönlich« an der »Tradition des Sakralen« festzuhalten. Sein Berliner Reliquienschatz konnte es an Bedeutung und Umfang durchaus mit dem seines Oheims Kardinal Albrecht von Brandenburg aufnehmen.[42] Wie sein Onkel beauftragte auch Kurfürst Joachim II. die Werkstatt Cranachs des Älteren mit einem umfangreichen Heiligen- und Passionszyklus, den er, analog zu Halle, auf die Berliner Stiftskirchenaltäre verbringen ließ[43] und in eine Liturgie einband, die er ebenfalls aus Halle entlehnt hatte. Die von Joachim II. in nur wenigen Jahren geschaffene Ausstattung seiner Berliner Stiftskirche bestand in Teilen noch weit nach seinem Tod im Jahr 1571. Sie ist ein Beleg dafür, dass katholische Auftragswerke auch im Kerngebiet von Brandenburg-Preußen noch nach dem Tridentinum existierten und in einen altkirchlichen Kultus eingebunden waren.

Auswirkungen der Reformation auf die Tätigkeit der Künstler

Welche neuen Aspekte können nun hinsichtlich der bildenden Künstler selbst skizziert werden, die auch weiterhin in den veränderten Zeiten als Künstler arbeiten wollten?

Zuerst einmal wäre die individuelle wie kollektive »Künstlerklage« zu erwähnen, denn die Reformation hatte gewaltige Veränderungen auf dem »Kunstmarkt« zur Folge, mit gravierenden Auswirkungen auf einzelne Künstlerschicksale wie ganze Berufsgruppen.[44] Diese negativen Implikationen der Reformation sind bisher von der Forschung nur am Rande behandelt worden. Und dies unabhängig davon, ob einzelne Künstler – wie Jörg Breu in Augsburg – die Reformation begrüßten[45] oder nicht.

Zum anderen müsste die große Anpassungsfähigkeit des »Künstlers« untersucht werden, die dieser haben musste, um weiterarbeiten zu können. Beispielsweise war nun vermehrt Mobilität auf dem Arbeitsmarkt gefordert.[46] Durch Ortswechsel diente sich der Künstler, unabhängig von seinen eigenen Glaubensvorstellungen, Auftraggebern an, die ihm die Möglichkeit gaben, zu arbeiten: Hans Holbein der Jüngere wechselte von Basel nach London zu König Heinrich VIII. von England, der Bildhauer Daniel Mauch von Ulm nach Lüttich zu Fürstbischof Erhard von der Mark oder die Brüder Hans Sebald und Barthel Beham, die wegen ihrer radikalen Parteinahme für (!) die Luthersache die Reichsstadt Nürnberg verlassen mussten, zu Kardinal Albrecht von Brandenburg beziehungsweise zum katholischen Herzog Wilhelm IV. von Bayern nach München.

Viele Künstler nutzten auch die Möglichkeit, neue Bildthemen auf dem Kunstmarkt »auszutesten«, um sich neue »Absatzmärkte« zu erschließen. So setzte die Werkstatt Cranachs des Älteren ab der Mitte der 1520er Jahre vermehrt auf profane Bildthemen, wie mit der Darstellung ungleicher Paare.[47] Es scheint, dass die deutsche Renaissancekunst in dieser Übergangszeit insgesamt erotischer beziehungsweise pornografischer wurde (»sex sells«).

Neben den Bildthemen differenzierten sich die Künstler auch bezüglich der Kunsttechniken weiter aus. Friedrich Hagenauer spezialisierte sich beispielsweise auf geschnitzte und gegossene kleinformatige Bildnismedaillen. Er hatte noch bei seinem Vater, der die Holzskulpturen für den *Isenheimer Altar* Matthias Grünewalds geschaffen hatte, das Bildhauerhandwerk erlernt. Doch in seiner lutherisch gewordenen Heimatstadt gab es keine religiösen Skulpturenaufträge mehr und er musste notgedrungen ein »Wanderkünstler« werden und Straßburg verlassen: War nach einigen Jahren seiner Tätigkeit in einer Stadt eine »Marktsättigung« erreicht, dann wechselte er zu einer weiteren Stadt, wo er wieder an neue Aufträge kommen konnte. Er musste also für seinen Broterwerb mit der gewählten Spezialisierung eine große Mobilität in Kauf nehmen.

Davon blieb Lucas Cranach der Ältere unberührt. Über Jahrzehnte konnte er auch nach 1517 seine ungemein produktive Werkstatt in Wittenberg weiterbetreiben. Für Cranach bedeutete die Reformation eine Win-win-Situation, die für stetig steigende Umsatzzahlen sorgte.[48] Sein Grundstücks- und Immobilienbesitz sowie sein Steueraufkommen belegen, dass es bei ihm wirtschaftlich stetig bergauf ging.[49] 20 Jahre nach Luthers Thesenanschlag antwortete er im Dezember 1537 auf einen ihm zugegangenen Brief knapp und bündig: »ich het euch vil zuschreiben, hab aber vil zuschaffen«.[50]

40 Christoph Volkmar: Die Heiligenerhebung Bennos von Meißen (1523/24). Spätmittelalterliche Frömmigkeit, landesherrliche Kirchenpolitik und reformatorische Kritik im albertinischen Sachsen in der frühen Reformationszeit, Münster 2002. **41** Wolfram Koeppe: An Early Meissen Discovery. A Shield Bearer Designed by Hans Daucher for the Ducal Chapel in the Cathedral of Meissen, in: Metropolitan Museum Journal 37 (2002), S. 41–62. **42** Siehe Andreas Tacke: Der Reliquienschatz der Berlin-Cöllner Stiftskirche des Kurfürsten Joachim II. von Brandenburg. Ein Beitrag zur Reformationsgeschichte, in: Jahrbuch für Berlin-Brandenburgische Kirchengeschichte 57 (1989), S. 125–236. **43** Tacke, Der katholische Cranach (wie Anm. 24), S. 170–267. **44** Ders.: Querela Artificis. Formen der Künstlerklage in der Reformationszeit, in: Birgit Ulrike Münch/Andreas Tacke/Markwart Herzog/Sylvia Heudecker (Hrsg.): Die Klage des Künstlers. Krise und Umbruch von der Reformation bis um 1800, Petersberg 2015, S. 60–69. Vgl. auch den Beitrag von Katrin Herbst in diesem Band. **45** Andrew Morrall: Jörg Breu the Elder. Art, Culture and Belief in Reformation Augsburg, Aldershot 2001. **46** Andreas Tacke: Verlierer und Gewinner. Zu den Auswirkungen der Reformation auf den Kunstmarkt, in: Werner Greiling/Armin Kohnle/Uwe Schirmer (Hrsg.): Negative Implikationen der Reformation. Gesellschaftliche Transformationsprozesse 1470–1620, Wien/Köln/Weimar 2015, S. 283–316; Ders.: Winners and Losers. The Impact of the Reformation on the Art Market, in: Toshiharu Nakamaru/Kayo Hirakawa (Hrsg.): Sacred and Profane in Early Modern Art, Kyoto 2016, S. 37–58. **47** Vgl. Alison G. Stewart: Unequal Lovers: A Study of Unequal Couples in Northern Art, New York 1979. **48** Vgl. die statistischen Nachweise bei Tacke, Verlierer (wie Anm. 46). **49** Siehe die Beiträge in: Heiner Lück/Enno Bünz/Leonhard Helten/Armin Kohnle/Dorothée Sack/Hans-Georg Stephan (Hrsg.): Das ernestinische Wittenberg. Spuren Cranachs in Schloss und Stadt, Petersberg 2015. **50** Andreas Tacke: »ich het euch vil zuschreiben, hab aber vil zuschaffen«. Cranach der Ältere als »Parallel Entrepreneur«, Auftragslage und Marktstrategien im Kontext des Schneeberger Altares von 1539, in: Thomas Pöpper/Susanne Wegmann (Hrsg.): Das Bild des neuen Glaubens. Das Cranach-Retabel in der Schneeberger St. Wolfgangskirche, Regensburg 2011, S. 71–84.

SUSANNE KIMMIG-VÖLKNER

Die Heiligen im Spätmittelalter und nach der Reformation Wittenberger Prägung

Luthers Kindheit und Jugend war, wie damals üblich, von der intensiven Verehrung der Heiligen geprägt. Meist findet in diesem Zusammenhang sein »Blitzschlagerlebnis« vor Stotternheim nahe Erfurt Erwähnung, als er die heilige Anna um Hilfe anflehte. Der Kosmos der Heiligen bestand in der abendländischen Kirche vor der Reformation aus Abertausenden von Personen, real oder erfunden, zu denen die Gläubigen beten konnten. Aus theologischer Sicht sollten die Heiligen bei Gott als Fürsprecher auftreten und Vorbildwirkung für eine fromme, also heiligmäßige Lebensführung einnehmen. Während in der Frühzeit die Heiligsprechung darauf gründete, dass die Verehrung durch das Volk obrigkeitlich bestätigt wurde (zur Ehre der Altäre), gibt es die nur durch Bestätigung des Papstes gültige Heiligsprechung erst seit dem 12. Jahrhundert.

Im Spätmittelalter intensivierte sich die Verehrung der Heiligen. Es wurde üblich, wie im Falle Martin Luthers, dem Täufling den Namen des aktuellen Tagesheiligen zu geben. Aber nicht nur auf dieser persönlichen Ebene, sondern für jeden Bereich des Lebens fungierten Heilige als Patrone. Unter ihrem Schutz standen Staaten, Städte, Zünfte oder Bruderschaften, und für jede Situation im Leben gab es »zuständige« Heilige. Besonderer Popularität im Raum nördlich der Alpen erfreuten sich die 14 Nothelfer oder die heilige Anna, die Mutter Mariens. Reliquienkulte entwickelten sich in großer Zahl, ebenso wie Wallfahrten, auf denen nicht nur die sterblichen Überreste der Heiligen verehrt wurden, sondern auch wundertätige Gegenstände und Kunstwerke.

So trat die eigentliche Funktion der Heiligen im Bewusstsein der Menschen stark in den Hintergrund, und sie verstanden die Heiligen vielmehr als Helfer denn als Mittler zu Gott. Luther selbst löste sich im Verlauf der Reformation langsam von der Vorstellung, die Heiligen seien im Leben eines Gläubigen zentral. Mit der Zeit kam er ganz von der Anrufung der Heiligen ab. Allein Christus (*solus Christus*) und der Glauben (*sola fide*) führten zur Gnade Gottes, woraus sich ableitet, dass die Heiligen nicht als Mittler zwischen Gläubigen und Gott agieren können. Die Heiligentage als Feiertage wurden bis auf lokale Ausnahmen abgeschafft, ebenso die Anrufung der Heiligen, also das Beten zu ihnen. Die Heiligen verschwanden jedoch nicht aus dem Luthertum, sondern sie lebten als Vorbilder im Glauben, als *exempla fidei* fort und das Gedenken an sie sollte die Gläubigen zur Nachfolge Christi und zur Verkündigung des Evangeliums anregen.

TIMO TRÜMPER

Die Kunst Cranachs im Dienst von Politik und Reformation

Die Kunst Lucas Cranachs des Älteren und seiner Söhne wurde gezielt in den Dienst der ernestinischen Politik und der Reformation gestellt. Die sächsischen Kurfürsten Friedrich der Weise, Johann der Beständige und Johann Friedrich der Großmütige nutzten den Hofkünstler und seine Werkstatt nicht nur im Sinne der höfischen Repräsentation, sondern auch zur Festigung ihres Machtanspruchs, für diplomatische Zwecke und nicht zuletzt zur Etablierung der neuen lutherischen Glaubensrichtung. Hierfür schufen der Hofkünstler Cranach und seine Söhne neue Bildformeln und Strategien, die im Folgenden aufgezeigt werden und die Innovationskraft und Produktivität einer Werkstatt vor Augen führen, die über mehrere Jahrzehnte im Dienst der Ernestiner stand.

Die Berufung von Lucas Cranach dem Älteren

Als Lucas Cranach der Ältere als Hofmaler in den Dienst des Kurfürsten Friedrichs III. von Sachsen, genannt der Weise, eintrat, war er für den Fürsten kein Unbekannter. Vermutlich arbeitete er bereits um 1500/01 in Coburg für die Ernestiner.[1] Die Festungs- und Residenzstadt wurde vor allem von Herzog Johann dem Beständigen, dem Bruder des Kurfürsten, ab 1499 genutzt und war von dem Geburtsort des Malers Kronach nicht weit entfernt. Ein weiterer Anknüpfungspunkt ist möglicherweise in Wien fassbar, wo sich Cranach nachweislich 1502/03 aufhielt. Hier kam er über Aufträge in Kontakt mit dem humanistischen Kreis um Konrad Celtis, der ebenfalls Verbindungen zu Friedrich dem Weisen hatte. Möglicherweise hatte der sächsische Kurfürst an dem Zusammenkommen von Cranach und Celtis Anteil.[2] 1504 erfolgte dann die Berufung an den sächsischen Hof und ein Jahr später die Übersiedlung Cranachs nach Wittenberg. Eine erste Gehaltszahlung in Höhe von 40 Gulden wurde am 14. April 1505 angewiesen.[3] Zusätzlich zu dem beachtlichen Jahresgehalt von 100 Gulden, welches er von Beginn an erhielt, bekam er auch Mahlzeiten in der Hofküche, Kleidung, ein Pferd nebst Futter und außerdem das Honorar für ausgeführte Arbeiten. Es entsprach damit dem Gehalt, das Jacopo de' Barbari, der von 1503 bis 1505 ebenfalls Hofmaler in Wittenberg war, vom Kaiser erhielt.[4] Es war aber auch ebenso hoch wie die 100 Gulden, die sowohl von Kaiser Maximilian I. als auch von Karl V. an Albrecht Dürer gezahlt wurden.[5] Wenngleich es nur wenige gesicherte Informationen zur Biografie Cranachs vor seiner Übersiedlung nach Wittenberg gibt, so spricht die hohe Besoldung für ein bereits vorhandenes Renommee und legt nahe, dass es dem sächsischen Kurfürsten ein Anliegen war, den Maler dauerhaft in Wittenberg zu halten. Es ist zu fragen, welche Ziele er mit der Indienstnahme des Künstlers verfolgte, die diesen für den Staatshaushalt teuren Schritt rechtfertigten, und welche künstlerischen Qualitäten Cranach dem Kurfürsten zur Verfügung stellen konnte.

Politische und kulturelle Konsolidierung

Cranachs Ankunft fällt in eine Zeit größten Aufschwungs in Wittenberg, der im Zusammenhang mit den Folgen der Leipziger Teilung von 1485 zu sehen ist. Die Teilung der wettinischen Herrschaft in ein ernestinisches Kurfürstentum und ein albertinisches Herzogtum, die auch zu einer außenpolitischen Schwächung beitrug, war zu einer folgenschweren Hypothek für Friedrich den Weisen gewor-

---

1 Vgl. Dieter Koepplin: Cranach bis zum 32. Lebensjahr. Cranachs Herkunft und seine Übersiedlung nach Wien, in: Tilman Falk/Dieter Koepplin (Hrsg.): Lukas Cranach. Gemälde Zeichnungen Druckgraphik. Katalog zur Ausstellung im Kunstmuseum Basel, 2 Bde., Basel/Stuttgart 1974/76, Bd. 1, S. 105–184, hier S. 114. Eine bei Johann Müller erwähnte Teilnahme an der 1493 erfolgten Pilgerfahrt Friedrichs des Weisen lässt sich nicht belegen und darf als unwahrscheinlich gelten. Siehe Christian Schuchardt: Lucas Cranach des Aeltern Leben und Werke, Bd. 1, Leipzig 1851, S. 37–46; vgl. auch Ruth Hansmann: »Als haben wir angesehen unsers dieners und lieben getreuen Lucas von Cranach Ehrbarkeit, Kunst und Redlichkeit« – Lucas Cranach als neu bestallter Hofmaler in kursächsischen Diensten, in: Klaus Weschenfelder/Mathias Müller/Beate Böckem/Ruth Hansmann (Hrsg.): Apelles am Fürstenhof. Facetten der Hofkunst um 1500 im Alten Reich. Katalog zur gleichnamigen Ausstellung in den Kunstsammlungen der Veste Coburg, Berlin 2010, S. 45–56. **2** Vgl. Werner Schade: Die Malerfamilie Cranach, Dresden 1974, S. 15; vgl. auch Edgar Bierende: Lucas Cranach d. Ä. und der deutsche Humanismus. Tafelmalerei im Kontext von Rhetorik, Chroniken und Fürstenspiegel, München/Berlin 2002; Sabine Heiser: Das Frühwerk Lucas Cranachs des Älteren. Wien um 1500 – Dresden um 1900 (= Neue Forschungen zur deutschen Kunst. 4), Berlin 2002. **3** Vgl. Schade, Malerfamilie (wie Anm. 2), S. 23. **4** Vgl. ebd., S. 378, Anm. 109. **5** Vgl. Ingetraut Ludolphy: Friedrich der Weise. Kurfürst von Sachsen, 1463–1525, Leipzig 2006, S. 107.

den.⁶ Die Konkurrenz zwischen den beiden Linien war nicht unerheblich und wurde noch dadurch verstärkt, dass die Albertiner den besseren Teil des Herrschaftsterritoriums erhalten hatten.⁷ Die Notwendigkeit einer Aufwertung des ernestinischen Teils bekam dadurch große Dringlichkeit. Es war zudem wichtig, sich als wahre Nachfolger der askanischen Kurfürsten nach außen hin zu legitimieren und an die Tradition Wittenbergs als Residenzstadt anzuknüpfen.⁸ Die Kurwürde war den Wettinern erst 1423 nach dem Aussterben der Askanier zusammen mit dem Herzogtum Sachsen und der Residenzstadt Wittenberg übertragen worden. Mit dem Regierungsantritt Friedrichs gewann die Stadt erneut an Bedeutung und sollte als neuer Herrschaftsmittelpunkt zukünftig das geistige und politische Zentrum des Territoriums bilden, womit ein großer kultureller und städtebaulicher Aufstieg einherging.⁹

Neben dem Schlossneubau war hierfür die Gründung einer Universität in Wittenberg, die Kaiser Maximilian I. 1502 genehmigte, eine wesentliche Maßnahme. 1506 wurde die neue Schlosskirche Allerheiligen fertiggestellt, für die Friedrich der Weise mehrere Altäre stiftete.¹⁰ Dazu gehörte der Katharinenaltar (Abb. 1), der erste repräsentative Auftrag des Kurfürsten an seinen neu bestallten Hofmaler Cranach, dem weitere Altaraufträge folgen sollten.¹¹ Vermutlich kann die Bildthematik – die heilige Katharina war die Schutzpatronin der Gelehrten – mit der Gründung der Universität in Verbindung gebracht werden, was die enge Verknüpfung von Kunst, Religion und Politik anschaulich macht.¹² Diese Art von Indienstnahme der Cranach-Kunst lässt sich in den ersten Wittenberger Jahren auch noch an anderen Beispielen aufzeigen. Das *Wittenberger Heiltumsbuch* von 1509 enthält 117 Holzschnitte Cranachs mit Darstellungen von Stücken aus der Reliquiensammlung des Kurfürsten, der drittgrößten jener Zeit.¹³ Solch eine Sammlung diente nicht allein der Frömmigkeit und dem Ablass, sondern sie stellte auch einen enormen Imagefaktor dar, der durch das damit verbundene Pilgerwesen auch aus wirtschaftlicher Sicht bedeutsam war. So scheint es nur konsequent, dass den Darstellungen keine Heiligen oder Gebete vorangestellt waren, wie es üblich war, sondern die Bildnisse von Friedrich dem Weisen und seinem Bruder Johann dem Beständigen.¹⁴ Das Doppelporträt symbolisiert nach außen hin den fürstlichen Repräsentationsgedanken und die brüderliche Eintracht, die auch für die gemeinsame Regierung nicht unerheblich war, sowie die Sorge der Landesherren um das Seelenheil ihrer Untertanen.¹⁵

Ein wichtiges Vorbild für die kulturpolitischen Maßnahmen in Wittenberg war der Kaiserhof in Wien, den Friedrich zwischen 1494 und 1498 persönlich kennenlernte. Unter Kaiser Maximilian I. erreichte der Herrscherkult eine ganz neue Dimension; in diesem Zusammenhang wurden die Künste intensiv gefördert und genutzt.¹⁶ Vor allem die Druckgrafik ermöglichte hohe Auflagen und konnte durch die weite Verbreitung die öffentliche Meinung beeinflussen. Dieses Medium wurde vom Kaiser häufig eingesetzt und sollte auch für Friedrich einen hohen Stellenwert erhalten, wofür Cranach der geeignete Künstler war.¹⁷ Die Kunst ganz im Sinne einer gezielten Imagepflege zu nutzen, war also nichts Neues, sollte aber unter Friedrich und seinen Nachfolgern eine vielleicht noch größere Rolle spielen als zuvor.¹⁸ So wurde Wittenberg zu einem wichtigen Zentrum der Bildpropaganda, von dem gerade für die Kunst der Reformationszeit wichtige Impulse ausgingen.

Kunst im Dienst der höfischen Diplomatie

Ein Flügelaltar der *Heiligen Sippe* von 1509 zeigt wiederum das Bruderpaar Friedrich und Johann, dieses Mal aber als Kryptoporträts¹⁹ auf den Außenflügeln des Altares, die in das religiöse Thema eingebettet sind (Abb. 2).²⁰ Mit dem Bildnis von Kaiser Maximilian I. und einem seiner Hofräte auf der Mitteltafel wird das Kunstwerk auch in einen reichspolitischen Kontext gestellt. Neben der politischen Loyalität der Ernestiner gegenüber dem Kaiserhaus, die durch die familiäre Verbindung der Heiligen Sippe ausgedrückt wird, impli-

---

6 Vgl. Karlheinz Blaschke: Die Leipziger Teilung der wettinischen Länder von 1485, in: Uwe Schirmer/André Thieme (Hrsg.): Beiträge zur Verfassungs- und Verwaltungsgeschichte Sachsens. Ausgewählte Aufsätze von Karlheinz Blaschke, aus Anlaß seines 75. Geburtstages (= Schriften zur Sächsischen Geschichte und Volkskunde. 5), Leipzig 2002, S. 323–335. **7** Aus diesem Grund wurden auch Ausgleichszahlungen vereinbart. Vgl. Ludolphy, Friedrich der Weise (wie Anm. 5), S. 68; Jörg Rogge: Herrschaftsweitergabe, Konfliktregelung und Familienorganisation im fürstlichen Hochadel. Das Beispiel der Wettiner von der Mitte des 13. bis zum Beginn des 16. Jahrhunderts (= Monographien zur Geschichte des Mittelalters. 49), Stuttgart 2002, S. 216–226. **8** Vgl. Livia Cárdenas: Friedrich der Weise und das Wittenberger Heiltumsbuch. Mediale Repräsentation zwischen Mittelalter und Neuzeit, Berlin 2002, S. 16 f. **9** Vgl. Anke Neugebauer: Am Anfang war die Residenz – Forschungen und Perspektiven, in: Heiner Lück (Hrsg.): Das ernestinische Wittenberg: Universität und Stadt (1486–1547) (= Wittenberg-Forschungen. 1), Petersberg 2011, S. 82–92, hier S. 82. **10** Vgl. Dieter Stievermann: Lucas Cranach und der kursächsische Hof, in: Claus Grimm (Hrsg.): Lucas Cranach. Ein Malerunternehmer aus Franken, Regensburg 1994, S. 66. **11** Lucas Cranach d. Ä., *Katharinenaltar*, 1506, Staatliche Kunstsammlungen Dresden. **12** Vgl. Karin Kolb: Bestandskatalog der Staatlichen Kunstsammlungen Dresden – Cranach-Werke in der Gemäldegalerie Alte Meister und der Rüstkammer, in: Harald Marx/Ingrid Mössinger (Hrsg.): Cranach. Gemälde aus Dresden. Mit einem Bestandskatalog der Gemälde in den Staatlichen Kunstsammlungen Dresden, Katalog zur Ausstellung in den Kunstsammlungen Chemnitz, Köln 2005, S. 199–524, hier besonders S. 380. **13** Zum Heiltumsbuch vgl. Cárdenas, Friedrich der Weise (wie Anm. 8). **14** Lucas Cranach d. Ä., *Kurfürst Friedrich der Weise und Herzog Johann der Beständige*, 1510, Mischtechnik auf Holz, Stiftung Schloss Friedenstein Gotha. **15** Vgl. Kerstin Merkel: Bruderbilder – Herrscherbilder. Inszenierte Bruderliebe als Garant für politische Qualität der Frühen Neuzeit, in: Andreas Tacke/Stefan Heinz (Hrsg.): Menschenbilder. Beiträge zur Altdeutschen Kunst, Petersberg 2011, S. 231–244. **16** Vgl. hierzu umfassend Eva Michel/Manfred Hollegger (Hrsg.): Kaiser Maximilian I. und die Kunst der Dürerzeit, Ausstellung Albertina Wien, München 2012. **17** Vgl. Götz Adriani: Kaiser Maximilian I. und die Bildmedien, in: 1514: Macht. Gewalt. Freiheit. Der Vertrag zu Tübingen in Zeiten des Umbruchs. Ausstellung in der Kunsthalle Tübingen, Tübingen 2014, S. 217–278, hier S. 217. **18** Vgl. Carl Christensen: Princes and Propaganda. Electoral Saxon Art of the Reformation (= Sixteenth Century Essays & Studies. 20), Kirksville, Missouri 1992; Timo Trümper: Inszenierungsstrategien der Ernestiner. Die Cranachs als Diener des Hofes, in: Stiftung Schloss Friedenstein Gotha/Museumslandschaft Hessen Kassel (Hrsg.): Bild und Botschaft. Cranach im Dienst von Hof und Reformation, Ausstellung Stiftung Schloss Friedenstein Gotha und Museumslandschaft Hessen Kassel, Heidelberg 2015, S. 17–28. **19** Kryptoporträts sind Darstellungen von Heiligen oder deren Assistenzfiguren, denen die Gesichtszüge von lebenden Personen gegeben wurden. **20** Lucas Cranach d. Ä., *Triptychon der Heiligen Sippe*, 1509, Städel-Museum, Frankfurt am Main.

Abb. 1 Lucas Cranach d. Ä., Katharinenaltar, 1506. Triptychon mit dem Martyrium der hl. Katharina von Alexandria (Mitteltafel) und den Heiligen Dorothea, Agnes und Kunigunde (linker Flügel) sowie Barbara, Ursula und Margarethe (rechter Flügel)

Abb. 2 Lucas Cranach d. Ä., Triptychon der Heiligen Sippe (sog. Torgauer Fürstenaltar), 1509. Mitteltafel: Kryproporträts Kaiser Maximilians und Sixtus Oelhafens (?) (hinter der Balustrade); linker Flügel: Friedrich der Weise als Alphäus; rechter Flügel: Johann der Beständige als Zebedäus

Kulturelle Folgen der Reformation

Abb. 3 Lucas Cranach d. J., Hirschjagd des Kurfürsten Johann Friedrich I. mit Karl V. vor Schloss Hartenfels in Torgau, 1544

ziert der Altar gleichzeitig ein deutliches Bekenntnis des Kaisers zum sächsischen Kurfürstentum.[21] Im Jahr 1508 war das Verhältnis zwischen den von dem sächsischen Kurfürsten angeführten Reichsständen und dem Kaiser sehr angespannt.[22] Es liegt daher nahe, dass das Bildprogramm des Altars eine politische Funktion zu erfüllen hatte. Darüber hinaus wurde der Altar vielleicht sogar als Mittel der Diplomatie genutzt, etwa als Geschenk an den Kaiserhof. Für politische Aussagen finden sich später weitere Beispiele, wie etwa die Jagddarstellungen, die ab 1529 in verschiedenen Ausführungen von Cranach dem Älteren und Cranach dem Jüngeren entstanden. Diese Bilder suggerieren ein enges Verhältnis zwischen dem Kaiser in Wien und dem sächsischen Kurfürsten, die in scheinbarer Eintracht das Jagdvergnügen teilen.[23] So beispielsweise die 1544 entstandene *Hirschjagd* im Kunsthistorischen Museum in Wien, die Kurfürst Johann Friedrich gemeinsam mit Kaiser Karl V. bei der Jagd vor Schloss Hartenfels in Torgau zeigt (Abb. 3). Als diplomatisches Geschenk für den Kaiserhof könnte dieses Gemälde außerdem dazu gedient haben, die Beziehungen zueinander zu verbessern. Cranach der Jüngere schildert zu diesem Zweck eine Begebenheit, die in der Realität nicht stattgefunden hat. So gab es nachweislich keine gemeinsame Jagd in Torgau. Die eindeutig identifizierbare Herrscherarchitektur im Hintergrund wird ganz gezielt eingesetzt und veranschaulicht das Selbstbewusstsein und den Machtanspruch des Kurfürsten.[24] Das kursächsische Wappenpaar in den oberen Bildecken

21 Vgl. Bodo Brinkmann/Stephan Kemperdick: Deutsche Gemälde im Städel, 1500–1550 (= Kataloge der Gemälde im Städelschen Kunstinstitut, Frankfurt am Main. 5), Mainz 2005, S. 224. **22** Vgl. Ludolphy, Friedrich der Weise (wie Anm. 5), S. 195 f. **23** Lucas Cranach d. Ä., *Die Hirschjagd*, 1544, Prado, Madrid. Lucas Cranach d. J., *Hirschjagd des Kurfürsten Johann Friedrich*, 1544, Öl auf Holz, 116 × 176,5 cm, Kunsthistorisches Museum, Wien. Entgegen der verbreiteten Auffassung und des irreführenden Bildtitels zeigt die 1529 entstandene Hirschjagd in Wien meiner Ansicht nach keine eindeutig identifizierbaren Protagonisten: Lucas Cranach d. J., *Die Hirschjagd des Kurfürsten Friedrich des Weisen*, 1529, Kunsthistorisches Museum, Wien. **24** Vgl. Matthias Müller: Das Schloß als Bild des Fürsten. Herrschaftliche Metaphorik in der Residenzarchitektur des Alten Reichs, Göttingen 2004. **25** Dies kann über die Provenienz des Gemäldes geschlossen werden. Vgl. Harald Marx/Eckhard Kluth (Hrsg.): Glaube und Macht. Sachsen im Europa der Reformationszeit, Katalog zur Ausstellung auf Schloss Hartenfels in Torgau, Dresden 2004, S. 159. **26** In Bezug auf Cranach vgl. Sebastian Dohe: Aemulatio, Anspruch und Austausch. Cranachs Kunst im höfischen Dienst, in: Stiftung Schloss Friedenstein Gotha/ Museumslandschaft Hessen Kassel (Hrsg.), Bild und Botschaft (wie Anm. 18),

verstärkt die repräsentativen Ambitionen und den Verweis auf den Auftraggeber. Cranach der Jüngere schuf mit diesem Jagdbild ein erfundenes Idyll am Vorabend des Schmalkaldischen Krieges, das mit den politischen Realitäten längst nichts mehr zu tun hatte. Im Auftrag des sächsischen Kurfürsten gelangte das Gemälde als Geschenk an den habsburgischen Hof, um vor dem Hintergrund der konfessionellen Konflikte im Reich das angespannte Verhältnis zueinander zu verbessern.²⁵

Zur frühneuzeitlichen Hofkultur gehörte es, Kunstwerke, die immer auch der höfischen Repräsentation dienten, unter den Höfen auszutauschen und damit die Beziehungen zu stärken.²⁶ Hierfür eigneten sich insbesondere höfische Porträts, die durch die enorme Produktivität der Cranach-Werkstatt in hoher Auflage entstanden.²⁷ Ein in diesem Zusammenhang häufig zitierter Auftrag aus dem Jahr 1533 zählt allein 60 Doppelbildnisse, die von Johann Friedrich dem Großmütigen zum Gedächtnis an seine Vorgänger bei Cranach in Auftrag gegeben wurden.²⁸ Ergänzt durch Textfelder, die Lobreden auf die Dargestellten enthalten und die Kaisertreue hervorheben, geht es nicht allein um eine Memorialoffensive, sondern ebenfalls um eine Strategie, das Verhältnis zum Kaiser und damit das Kurfürstentum zu stärken. Dass für mindestens einen dieser Texte Luther als Autor identifiziert werden kann, zeigt noch einmal deutlich die enge Interaktion zwischen dem Fürsten, dem Künstler und dem Reformator am Wittenberger Hof.²⁹

Kunst im Dienst der Reformation

Cranachs Schaffen erhält mit Beginn der Reformation ein neues Aufgabenfeld, welches auch für die folgenden Jahre eine wichtige Rolle spielen sollte. Zeigte das grafische Werk in den Wittenberger Anfangsjahren zumeist typische Themen aus dem sakralen und höfischen Kontext, entwickelte Cranach nun propagandistische Flugblätter und Spottbilder im Bereich der Buchgrafik, die eine große Verbreitung fanden.³⁰ Hierzu gehörte der 1519 gedruckte *Himmel- und Höllenwagen des Andreas Bodenstein*, das erste protestantische Flugblatt aus der Hand Cranachs.³¹ Über die Schwierigkeiten des Künstlers bei der Umsetzung der Arbeit berichtete der Auftraggeber, der Wittenberger Theologe Andreas Bodenstein, direkt an Georg Spalatin, den wichtigsten Vertrauten des Kurfürsten.³² Unmittelbar nach Erscheinen löste das Flugblatt heftige Reaktionen aus. So beschwerte sich der Theologe Johannes Eck direkt bei Friedrich dem Weisen über die Darstellung.³³ 1521 folgte mit dem *Passional Christi und Antichristi* von Martin Luther die wirkmächtigste Streitschrift gegen den Papst, deren leicht verständliche Illustrationen von Cranach maßgeblich

Abb. 4 Lucas Cranach d. Ä., Höllensturz des Papstes, aus: Martin Luther, Passional Christi und Antichristi, Wittenberg 1521. Die Flugschrift stellt Holzschnitte mit Szenen aus dem Leben Christi Darstellungen des Papstes antithetisch gegenüber.

zu ihrem Erfolg beigetragen haben (Abb. 4).³⁴ Und auch die erste Veröffentlichung von etwa 3 000 Exemplaren des Neuen Testaments von Martin Luther, das sogenannte *Septembertestament* von 1522, enthielt in ihren Holzschnitten drastische Provokationen gegen den Papst, die nach Einspruch von Herzog Georg von Sachsen bei Friedrich dem Weisen in der folgenden Auflage getilgt wurden.³⁵

S. 43–50. **27** Vgl. ebd., S. 45. **28** Vgl. Schuchardt, Lucas Cranach (wie Anm. 1), Bd. 1, S. 89 f.; Schade, Malerfamilie (wie Anm. 2), S. 435. **29** Vgl. Ludolphy, Friedrich der Weise (wie Anm. 5), S. 18 f. **30** Vgl. Armin Kunz: Anmerkungen zu Cranach als Graphiker, in: Guido Messling (Hrsg.): Die Welt des Lucas Cranach. Ein Künstler im Zeitalter von Dürer, Tizian und Metsys, Brüssel 2010, S. 80–93, hier S. 88 f. **31** Lucas Cranach d. Ä., *Der Himmel- und Höllenwagen des Andreas Bodenstein gen. Karlstadt*, 1519, Hamburger Kunsthalle. **32** Vgl. Birgit Ulrike Münch: »Viel scharpffe Gemelde« und »lesterliche Figuren«. Cranach und seine Zeitgenossen auf dem Schlachtfeld druckgrafischer Fehden, in: Stiftung Schloss Friedenstein Gotha/Museumslandschaft Hessen Kassel, Bild und Botschaft (wie Anm. 18), S. 72–81, hier S. 75. **33** Vgl. Stiftung Schloss Friedenstein Gotha/Museumslandschaft Hessen Kassel, Bild und Botschaft (wie Anm. 18), S. 112. **34** Martin Luther, *Passional Christi und Antichristi*, Erfurt 1521. **35** Vgl. Bodo Brinkmann (Hrsg.): Cranach d. Ä. Katalog zur Ausstellung im Städelschen Kunstinstitut, Frankfurt/London, Ostfildern-Ruit, 2007, S. 200 und Stiftung Schloss Friedenstein Gotha/Museumslandschaft Hessen Kassel, Bild und Botschaft (wie Anm. 18), S. 118.

Abb. 5 Lucas Cranach d. Ä., Martin Luther, 1529

Abb. 6 Lucas Cranach d. Ä., Katharina von Bora, 1529

Die Genese dieser ersten antipäpstlichen Arbeiten, die alle in unmittelbarer Nähe des Wittenberger Hofs entstanden, zeigt abermals die enge Zusammenarbeit der Reformatoren, der fürstlichen Räte und des Hofkünstlers Lucas Cranach. Dessen Kunst wurde nun verstärkt dazu genutzt, die öffentliche Meinung zu beeinflussen und der Kritik an der römischen Kirche bildlich Ausdruck zu verleihen. Diese Nutzbarmachung der Kunst Cranachs für die Reformation und die politischen Interessen der Kurfürsten von Sachsen sollte sich in den folgenden Jahren noch weiter verstärken. Deutlichster Ausdruck hierfür sind die zahlreichen Luther-Porträts, die ab 1520 in der Cranach-Werkstatt entstanden und bis heute unser Bild von dem wichtigsten Akteur der Reformation prägen. Dass diese Bildnisproduktion ebenfalls einer propagandistischen Absicht folgte, ist naheliegend. So entstanden zwischen 1525 und 1529 zahlreiche leicht reproduzierbare Ehebildnisse von Luther und Katharina von Bora. Sie belegen einerseits eine große Popularität dieses Paares, die traditionelle Form des Ehepaarbildnisses legt andererseits aber auch nahe, dass die von der katholischen Kirche scharf verurteilte Vermählung des ehemaligen Mönchs mit der ehemaligen Nonne künstlerisch sanktioniert werden sollte (Abb. 5 und Abb. 6).[36]

---

36 Vgl. Brinkmann, Cranach (wie Anm. 35), S. 194. **37** So bewerten Erichsen und Spira jüngst die Datierungsfrage des Erlangener Holzschnitts völlig unterschiedlich. Vgl. Johannes Erichsen: Gesetz und Gnade. Versuch einer Bilanz, in: Dirk Syndram (Hrsg.): Luther und die Fürsten. Selbstdarstellung und Selbstverständnis des Herrschers im Zeitalter der Reformation, Dresden 2015, S. 97–114, hier S. 100; Stiftung Schloss Friedenstein Gotha/Museumslandschaft Hessen Kassel, Bild und Botschaft (wie Anm. 18), S. 172. **38** Lucas Cranach d. Ä., *Gesetz und Gnade*, 1529, Mischtechnik auf Holz, Stiftung Schloss Friedenstein Gotha und Nationalgalerie Prag. **39** Vgl. Johannes Wallmann: Kirchengeschichte Deutschlands seit der Reformation, 7. Aufl., Tübingen 2012, S. 61. **40** Ebd.,

Lutherische Lehrbilder

Das wichtigste neu erarbeitete Bildthema, welches die lutherische Lehre veranschaulicht, ist zweifelsohne die Darstellung *Gesetz und Gnade* (Abb. im Anschluss an diesen Beitrag). Die Glaubensallegorie der Rechtfertigungslehre vermittelt die Auffassung, dass der Mensch nur durch den Glauben und Gottes Gnade Erlösung findet. Die kunsthistorische Forschung ist nicht ganz einig, inwiefern die beiden stilbildenden Gemälde in Gotha und Prag durch Archetypen in der Druckgrafik vorgeprägt wurden.[37] Auf alle Fälle verhalfen die beiden repräsentativen Gemäldefassungen dem Thema zu einer ganz neuen Präsenz.[38] Die in unserem Kontext entscheidende Frage ist, aus welchem Anlass diese Gemälde entstanden und welche politischen Bedingungen hierfür eine Rolle spielten. Bis auf die sichere Datierung auf 1529 ist über die Entstehung beider Tafeln wenig bekannt. Allerdings darf davon ausgegangen werden, dass sie auf Grundlage einer Zusammenarbeit mit Luther im unmittelbaren Zusammenhang des Hofes gefertigt wurden. Dies bekräftigt die Provenienz des Gothaer Gemäldes, das mit sehr hoher Wahrscheinlichkeit über das dynastische Erbe aus kursächsischem Besitz in die herzoglichen Sammlungen in Gotha gelangte und dort seit 1659 nachweisbar ist.

Die Beschlüsse des Reichstags von Speyer 1526 gaben den lutherisch gesinnten Fürsten eine Rechtsgrundlage zur Kirchenreformation innerhalb ihrer Territorien.[39] Die Reformation hatte sich vor allem in Kursachsen weiter ausgebreitet, und die Kirchen- und Schulvisitationen der Jahre 1526 bis 1530 bildeten die Voraussetzung für die Neubesetzung der Predigerstellen, Auflösung von Klöstern und Säkularisierung der Besitztümer. So gelangte die gesamte Ordnung von Schul- und Kirchenwesen unter die Gewalt des Landesherrn, der aufgrund der verworrenen Kirchensituation von Luther selbst zum »Notbischof« bestimmt worden war.[40] Dies war der Beginn des kirchlichen Neuaufbaus von oben her, auf dem Weg hin zu einer Landeskirche. Im Zusammenhang mit den kursächsischen Visitationen wurde auch festgestellt, dass die kirchliche Lehre selbst und die Unterweisung der Pfarrer neuer Strukturen bedurften. Deshalb verfasste Luther 1529 den *Kleinen Katechismus*, der als Einführung in den christlichen Glauben dienen sollte. Der im gleichen Jahr erschienene *Große Katechismus* war in erster Linie als Instruktion für die Pfarrer selbst gedacht und ab der zweiten Ausgabe mit Illustrationen Cranachs ausgestattet. Die lutherische Lehre im Land zu verankern und zu vermitteln, wurde sowohl vom Landesherrn als auch von Luther mit Nachdruck verfolgt. Es ist auffällig, dass gerade die Bemühungen um eine Formulierung der neuen Glaubensinhalte in das gleiche Jahr fallen wie die Entstehung des neuen Bildthemas »Gesetz und Gnade« in der Malerei.

Luther erkannte bereits früh, dass Bilder abstrakte Lehrinhalte transportieren können, und bezeichnete solche Werke in einer Predigt des Jahres 1529 treffend als »Merkbilder«.[41] Dem theologischen Grundsatz des Luthertums *sola scriptura*, dass allein die Heilige Schrift die Heilsbotschaft verlässlich vermittelt, kommt die Kombination von Text und Bild entgegen. Neben dem Thema von »Gesetz und Gnade« sind vor allem die neutestamentlichen Erzählungen von der Ehebrecherin und der Kindersegnung als lutherische Lehrbilder anzusprechen. Sie verbreiteten sich durch Cranach seit den 1530er Jahren in zahlreichen Formaten und Varianten.[42] Auch hier werden wie bei *Gesetz und Gnade* deutschsprachige Bibelzitate in die Darstellung einbezogen, um die didaktische Funktion für die des Lesens Kundigen zu unterstützen.

Die Inszenierung der sächsischen Kurfürsten als Bewahrer des Luthertums

Unter der Regierung von Kurfürst Johann dem Beständigen, der 1525 auf seinen Bruder Friedrich folgte, verstärkten sich also die Bemühungen, den neuen lutherischen Glauben sowohl institutionell als auch inhaltlich fest zu verankern, wofür die Tafeln zu *Gesetz und Gnade* einen wesentlichen Beitrag leisteten. Der heute in Gotha aufbewahrten Version folgten zahlreiche Kopien und Varianten, wobei der sächsische Raum als Kernland der Rezeption gelten darf.[43] Das prominenteste Kunstwerk in dieser Nachfolge ist der monumentale Altar in der Weimarer Stadtkirche, der 1555 von Lucas Cranach dem Jüngeren geschaffen wurde (Abb. 3 im Beitrag von Ingrid Dettmann in diesem Band).[44] Nach dem Verlust der Kurwürde nach der Wittenberger Kapitulation und der Wahl Weimars als neue Residenzstadt fungierte der Altar nicht nur als Epitaph für den 1554 verstorbenen Herzog Johann Friedrich, sondern formuliert darüber hinaus den Anspruch der ernestinischen Dynastie. Diese musste sich nach der ungeheuren Niederlage in ihrem Selbstverständnis neu konstituieren. Die zentrale Botschaft des Luthertums wird mit dem Motiv von *Gesetz und Gnade* auf der Mitteltafel des Altars transportiert. Außergewöhnlich ist hierbei, dass neben den biblischen Figuren auch Martin Luther und Lucas Cranach der Ältere gezeigt werden, wodurch beide eine besondere Würdigung erhalten. Darüber hinaus veranschaulicht diese Erweiterung des Bildpersonals die Leistungen der ernestinischen Herrschaft, deren Mäzenatentum und Schutz die Blüte von Kunst und Wissenschaft (Luther als Professor der Wittenberger Universität) sowie die Verbreitung des Luthertums erst ermöglichten. Der Altar ist ein deutlich formuliertes Bekenntnis zum lutherischen Glauben, welches auch die Widmungsinschrift auf der Predella

---

S. 62 und Mathias Tullner: Geschichte des Landes Sachsen-Anhalt, 2. Aufl., Opladen 1996, S. 57. **41** Benjamin Spira: Lucas Cranach, der Maler Luthers, in: Stiftung Schloss Friedenstein Gotha/Museumslandschaft Hessen Kassel, Bild und Botschaft (wie Anm. 18), S. 51–62, hier S. 57. **42** Stiftung Schloss Friedenstein Gotha/Museumslandschaft Hessen Kassel, Bild und Botschaft (wie Anm. 18), S. 189–205. **43** Vgl. Miriam Verena Fleck: Ein tröstlich gemelde. Die Glaubensallegorie »Gesetz und Gnade« in Europa zwischen Spätmittelalter und Früher Neuzeit (= Studien zur Kunstgeschichte des Mittelalters und der Frühen Neuzeit. 5), Korb 2010, S. 94. **44** Lucas Cranach d. J., *Stadtkirchenaltar*, 1555, St. Peter und Paul (Herderkirche), Weimar.

Abb. 7
Lucas Cranach d. J.,
Kurfürst Johann Friedrich
der Großmütige und die Wittenberger Reformatoren, um 1538

noch einmal hervorhebt.⁴⁵ Die Ernestiner verstanden sich als Verteidiger des »wahren« protestantischen Glaubens, eine Haltung, die bis weit in das 17. Jahrhundert hinein nachwirken sollte.⁴⁶

Die Verteidigung der Reformation für die ernestinische Selbstdarstellung nutzbar zu machen, war dabei kein neues Phänomen. Bereits um 1538 erkannte man die Möglichkeit, sich auf programmatische Weise als Schutzmacht des Luthertums zu präsentieren. Eine Bildnistafel von Lucas Cranach dem Jüngeren aus Toledo zeigt Kurfürst Johann Friedrich den Großmütigen, der die Wegbereiter der Reformation – Luther und Melanchthon – breitschultrig abschirmt und notfalls auch mit Gewalt verteidigt, wie sein Griff zu den Waffen suggeriert (Abb. 7).⁴⁷ Das Gemälde, das möglicherweise das Fragment eines Altars ist, darf als wichtiges Beispiel einer Bildkunst gelten, die auf aktuelle politische Tendenzen reagiert und öffentlich wirksame Aussagen trifft. Vor dem Hintergrund der sich Ende der 1530er Jahre verschärfenden konfessionellen Konflikte im Reich bildete die Selbstinszenierung als militärische Schutzmacht des Luthertums eine wichtige neue Strategie, die sich auch in verschiedenen Druckgrafiken wiederfindet.

Vermittlung aktueller Botschaften

Die künstlerische Innovation Cranachs und seiner Werkstatt liegt darin, flexibel auf gegenwärtige Ereignisse zu reagieren. Je nach Funktionszusammenhang und Adressat werden dafür unterschiedliche Bildlösungen gefunden. So werden traditionelle Themen durch Kryptoporträts bereichert, um aktuelle Botschaften zu transportieren sowie auf politische Zusammenhänge zu reagieren. Darüber hinaus suggerieren erfundene Begebenheiten die harmonische Eintracht in unruhigen Zeiten, ergänzt durch Elemente, die deutlich auf den Auftraggeber verweisen. Beides dient der gängigen Praxis des höfischen Austauschs im Sinne der Diplomatie. Für die antipäpstliche Propaganda auf Flugblättern und in reformatorischen Schriften werden besonders drastische und plakative Darstellungen gefunden, die die Botschaften auf das Wesentliche konzentrieren und für einen großen Adressatenkreis leicht verständlich machen. Reformatorische Lehrbilder entstanden im Zusammenhang der Etablierung einer neuen Landeskirche und dienten der Festigung des lutherischen Glaubens. Hierfür wird das Thema von »Gesetz und Gnade« gänzlich neu erfunden.

Die Kurfürsten von Sachsen wussten genau, wie sie die Cranach-Kunst für ihre Zwecke nutzbar machen konnten. Vom Repräsentationsgedanken Friedrichs des Weisen ausgehend, wird das große Potenzial früh im Sinne politischer Diplomatie, als Propaganda und zur Etablierung des neuen Glaubens in den Dienst von Hof und Reformation gestellt. Hierfür findet Cranach verschiedene Konzepte, die ihn als Hofkünstler zu einem unentbehrlichen und sehr wirkungsvollen Werkzeug sowohl für die ernestinischen Kurfürsten als auch für Martin Luther gemacht haben.

45 »... im flammenden Krieg standhaft dem Bekenntnis getreuen Eltern...«. **46** Zu diesem Thema Sigrid Westphal: Nach dem Verlust der Kurwürde. Die Ausbildung konfessioneller Identität anstelle politischer Macht bei den Ernestinern, in: Martin Wrede/Horst Carl (Hrsg.): Zwischen Schande und Ehre. Erinnerungsbrüche und die Kontinuität des Hauses. Legitimationsmuster und Traditionsverständnis des frühneuzeitlichen Adels in Umbruch und Krise (= Veröffentlichungen des Instituts für Europäische Geschichte Mainz. Abteilung für Universalgeschichte. Beiheft 73), Mainz 2007, S. 173–192; Andreas Klinger: Großmütig und standhaft. Zum ernestinischen Bild Johann Friedrichs im 17. Jahrhundert, in: Joachim Bauer/Birgitt Hellmann (Hrsg.): Verlust und Gewinn. Johann Friedrich I., Kurfürst von Sachsen (= Bausteine zur Jenaer Stadtgeschichte. 8), Weimar 2003, S. 41–59. **47** Lucas Cranach d. J., *Kurfürst Johann Friedrich der Großmütige und die Wittenberger Reformatoren*, um 1538, Toledo Museum of Art.

Die Gesetzesseite   Die Gnadenseite

Die linke Bildhälfte
zeigt Szenen aus dem Alten Testament. Sie stellen das Leben des Menschen unter dem göttlichen Gesetz dar, sowie den richtenden Christus.

Die rechte Bildhälfte
zeigt Szenen aus dem Neuen Testament. Diese stellen Gottes Gnade dar. Sie kann nicht verdient werden, sondern wird dem Menschen als Geschenk zuteil.

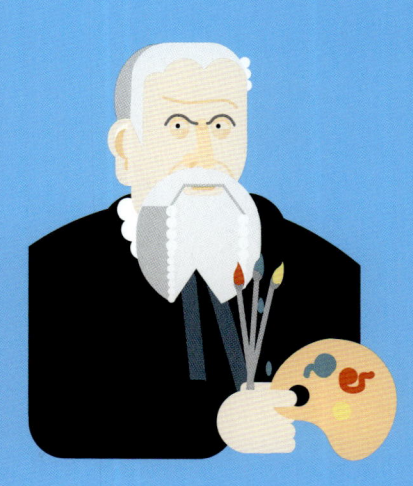

Das Gemälde
Gesetz und Gnade

wurde im Jahr 1529 von Lucas Cranach dem Älteren (1472–1553) gemalt. Eine Bildanalyse entschlüsselt, wie Luther seine Gegenüberstellung von Gesetz und Gnade begründete.
Wichtig war ihm, dass sich der Mensch nicht durch eigenes Handeln Gottes Gnade verdienen kann, sondern dass der sündige Mensch die Gnade Gottes allein durch den Glauben an Christus erfährt.

Der Mensch ist auf der linken Bildseite als verdammter, auf der rechten als erlöster Sünder dargestellt. Denn nach Luther wird der Mensch allein durch den Glauben gerecht.

Die Gesetzesseite

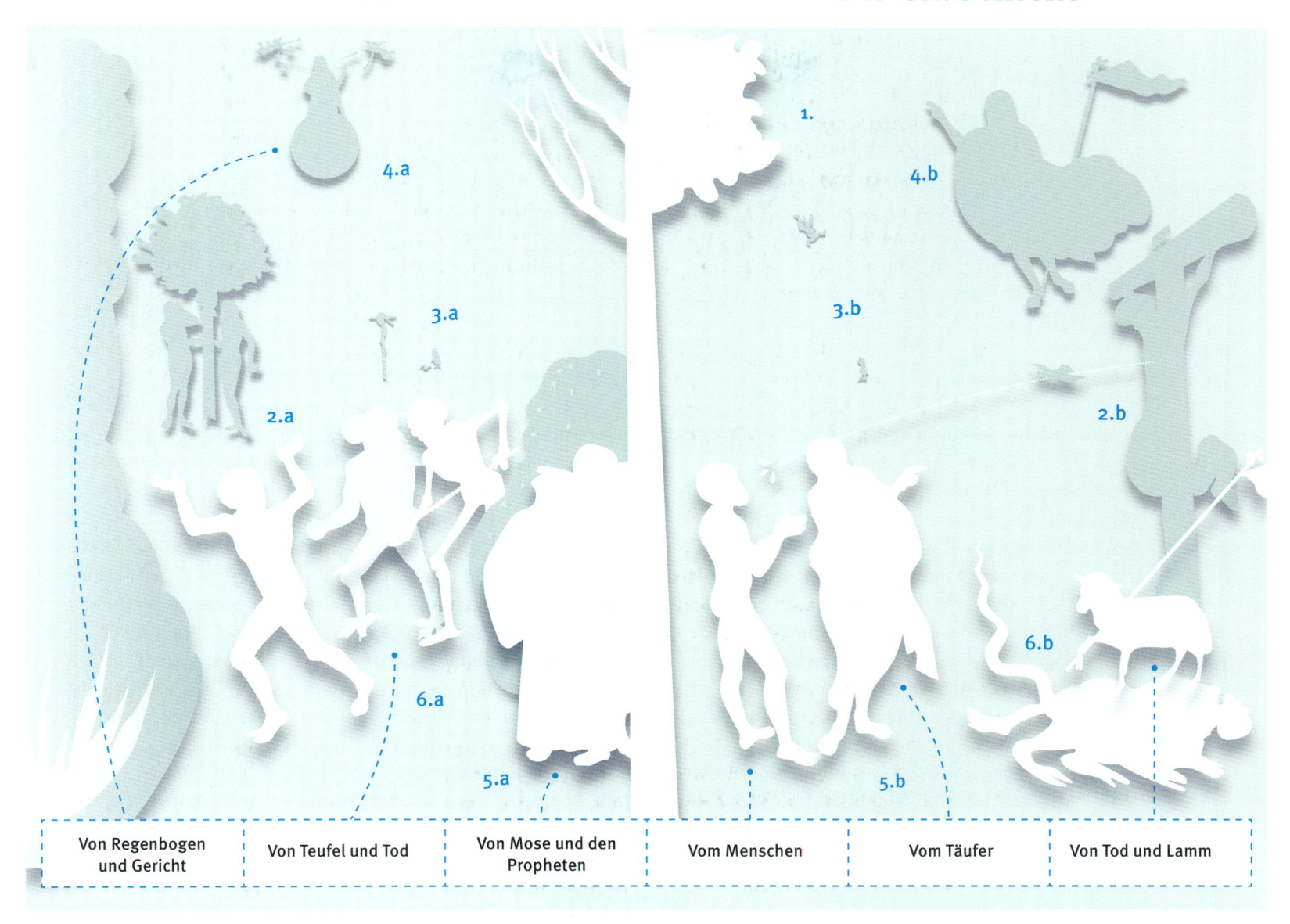

Die Gnadenseite

| Von Regenbogen und Gericht | Von Teufel und Tod | Von Mose und den Propheten | Vom Menschen | Vom Täufer | Von Tod und Lamm |

1 Der Baum
Ein halb dürrer, halb belaubter Baum teilt das Gemälde mittig in zwei Teile.

2.a Der Sündenfall
Adam und Eva essen im Paradies die verbotene Frucht vom Baum der Erkenntnis. Durch die Übertretung von Gottes Verbot werden sie sterblich und aus dem Paradies vertrieben.

3.a Die Eherne Schlange
Weil die Israeliten frevelten, sendet Gott giftige Schlangen zur Strafe. Wer die von Moses aufgerichtete Eherne Schlange ansieht, überlebt jedoch den Schlangenbiss.

2.b Kreuzigung
Aus dem Opfertod Christi, seiner Kreuzigung und Auferstehung folgt für den Gläubigen Erlösung und ewiges Leben. Mit dem erlösenden Blutstrahl aus der Seitenwunde Christi handelt Gott am Menschen, der auf seine Gnade angewiesen ist.

3.b Die Verkündigung an die Hirten
Ein Engel verkündet den Hirten die Geburt Jesu, mit der die Zeit der Gnade angebrochen ist.

4.a Das Jüngste Gericht
Angekündigt von zwei posauneblasenden Engeln thront Christus auf der Weltkugel. Das Schwert des Gerichts und die Lilie der Gnade weisen ihn als Richter aus.

5.a Prophetengruppe
Umgeben von weiteren Propheten weist Moses auf die Gesetzestafeln mit den Zehn Geboten. Auf ihre Übertretung folgt die Verdammnis des Menschen.

6.a Hölle
Der Mensch kann das Gesetz aus eigener Kraft nicht erfüllen. Daher jagen Tod und Teufel den Sünder in die Hölle.

4.b Auferstehung
Der Auferstandene schwebt über dem leeren Felsengrab und hat den Tod überwunden.

5.b Johannes der Täufer
Er verweist den nackten Menschen auf den Gekreuzigten. Betend wendet sich der Sünder Christus zu.

6.b Lamm Gottes
Das Lamm Gottes, ein Symbol für Christus, zertritt Tod und Teufel, die er überwunden hat.

JOHANNES SCHILLING

Martin Luther und die Musik

Martin Luthers Liebe zur Musik

»Musicam semper amavi« – die Musik habe ich immer geliebt.[1] Das ist Luthers Credo. Musik. Immer. Eine Liebe fürs Leben.

Luther ist mit Musik groß geworden, vielleicht mit den Gesängen der Mutter oder den Liedern auf der Straße, jedenfalls mit einigen geistlichen Liedern, wie er selbst erzählt hat. Weihnachtslieder waren darunter, etwa das Lied *Ein Kindelein so löbelich* und *Sei willkommen, Herre Christ*. Und die Osterweise *Christ ist erstanden* wurde auch in seinen Jugendjahren am Fest der Auferstehung gesungen (Abb. 1). Was Luther an lateinischer und deutscher Liedtradition übernommen und umgestaltet hat, hat er in die evangelischen Kirchen und in das Musikleben gebracht bis auf den heutigen Tag; es ist, in deutschen Texten und in Übersetzungen in andere Sprachen, in Kirche und Kultur lebendig geblieben.

»Singet dem Herrn ein neues Lied, singet dem Herrn alle Welt!« So beginnt die Vorrede zum *Bapstschen Gesangbuch* (1545), dem letzten zu Luthers Lebzeiten erschienenen Gesangbuch. »Denn Gott hat unser Herz und Mut fröhlich gemacht durch seinen lieben Sohn, welchen er für uns gegeben hat zur Erlösung von Sünden, Tod und Teufel. Wer das mit Ernst glaubt, der kann's nicht lassen, er muss fröhlich und mit Lust davon singen und sagen, dass es andere auch hören und herzukommen.«[2]

Das ist der Kern seiner Liebe zur Musik – dass das Evangelium, die frohe Botschaft von Jesus Christus, durch den Gesang unter die Leute komme. Diesem Ziel dienen seine Lieder, diesem Zweck dient auch die Musik. Daher kommt es, dass Luther erklärt: »Den ersten Platz nach der Theologie gebe ich der Musik.«[3]

Musik in der Ausbildung Martin Luthers

Was Luther auf den verschiedenen Schulen an Musik in Theorie und Praxis mitbekommen hat, wissen wir nicht. Ein wenig genauer können wir die Erfurter Studiensituation einschätzen. Die *musica* gehörte zu den *artes liberales*, den Sieben Freien Künsten, den Grundwissenschaften, die alle Studenten im Mittelalter zu lernen hatten, bevor sie eine der höheren Fakultäten aufsuchten. *Ars* verbindet miteinander, was später in Kunst oder Wissenschaft auseinandergeht. Luther lobt die Musik sowohl als *optima ars*[4] als auch als *optima scientia*.[5]

Die Sieben Künste lassen sich einteilen in den Dreiweg, das *Trivium*, und den Vierweg, das *Quadrivium*. Ersterer besteht aus Grammatik, Rhetorik und Dialektik. Er lehrt, wie man die Sprache richtig gebraucht, sie in der Rede formt und in der geistigen Auseinandersetzung anwendet. Das *Quadrivium* umfasst die Wissenschaften, die mit Zahlen und Proportionen zu tun haben: Arithmetik, Geometrie, Astronomie und Musik. Allen *artes* voran steht daher die Grammatik, oft mit der Rute dargestellt, denn sie ist eine strenge Lehrmeisterin und muss es sein (Abb. 2). Nach den Statuten der Erfurter Universität von 1412 wurde die Musik nach der Musiklehre des Johannes de Muris gelehrt.[6] Wahrscheinlich hat auch Luther diesen Musiktraktat gelesen und studiert. Gerade um 1500 aber findet ein Wandel in der Musikanschauung statt: Die *musica* wird nicht mehr wie bisher als *ars* im Sinne von *scientia* verstanden, sondern als *ars musica* im Sinne der *musica practica*, ihr quadrivialer Charakter tritt hinter dem trivialen zurück, die Musik rückt näher an Grammatik und Rhetorik heran. Im Rückblick bezeichnete der Humanist Crotus Rubeanus Luther 1520 als »musicus et philosophus eruditus«, also als in der Musik und der Philosophie gut ausgebildeten Mann.[7] Auch konnte er Laute spielen und tabulieren, also Musik in Tabulaturen notieren.[8] Und womöglich wurde Luther während seines Studiums mit Werken der zeitgenössischen Komponisten bekannt, mit Josquin des Prez (Abb. 3), Ludwig Senfl und Heinrich Finck,[9] die er später als die Fixsterne der Musik heraushebt.[10]

---

1 WA.TR 557, 18 (Nr. 6248); grundlegend zur Sache: Johannes Schilling: Musik, in: Albrecht Beutel (Hrsg.): Luther Handbuch, 2. Aufl., Tübingen 2010, S. 236–244. **2** WA 35, 477, 6–9. **3** »Proximum locum do Musicae post Theologiam«, in: WA 30/II, 696, 12; vgl. WA.TR 1, 490 f.; WA.TR 3, 636, 3–7; WA.TR 6, 348, 17–26. **4** WA.TR 2, 434, 8–11. **5** WA.TR 2, 518, 6–14. **6** Vgl. Erich Kleineidam: Universitas Studii Erffordensis Bd. 1 und Bd. 2 (= Erfurter theologische Studien. 14, 22), Leipzig 1964, 1969. **7** WA.B 2, 91, 142. **8** WA.TR 5, 657, 10–12. **9** Siegfried Orth: Zur Geschichte der Musikpflege an der ehemaligen Universität Erfurt, in: Beiträge zur Geschichte der Universität Erfurt (1392–1816) 13 (1967), S. 91–147, hier S. 127. **10** WA.TR 4, 215, 21–216, 13;

Abb. 1 »Christ ist erstanden«, aus: Martin Luther, Geistliche Lieder aufs Neue gebessert zu Wittenberg (Klug'sches Gesangbuch), Wittenberg 1533

Erklingende Musik hörte Luther in den Kirchen und in der Universität, zum Gottesdienst und zu den kirchlichen Hochfesten, an den Heiligentagen und bei festlichen Begängnissen der Universität. Rektorwahl, Semestereröffnung und Examina wurden gefeiert, auch mit Musik, und zwar mit Instrumental- und Vokalmusik. Vor allem aber begegnete der Mönch Martin Luther der Musik in seinem Kloster. Musik war in der Liturgie stets gegenwärtig. Die Regel seines Ordens, die Augustinusregel, bestimmt die Praxis des Chorgebetes so: »Wenn ihr in Psalmen und Hymnen zu Gott betet, soll auch im Herzen leben, was der Mund ausspricht. Und singt nur das, was nach der Vorschrift zu singen ist.«[11] Zu den Aufgaben der Novizenmeister gehörte es, die Mönche im liturgischen Gesang zu unterweisen. Eine Orgel hat es in Luthers Kloster offenbar nicht gegeben.[12]

Luther und die Entstehung reformatorischer Gesangbücher

Luthers Anschauungen zur Musik und deren Sitz im Leben lassen sich am besten aus seinen grundlegenden Äußerungen zu dieser Frage erkennen. Sie verteilen sich über mehrere Jahrzehnte seines Wirkens und geben einen authentischen Eindruck seiner Reflexionen über dieses Lieblingsthema seines Lebens.[13]

Der erste grundlegende Text zum Thema ist ein Brief an Georg Spalatin vom Ende des Jahres 1523. Bei diesem Brief handelt es sich gleichsam um die Geburtsstunde des evangelischen Gesangbuchs. Luther bittet Spalatin, sich an einem Gemeinschaftsunternehmen zu beteiligen, das zwar in der geplanten Form nicht zustande kam, dessen Absicht und Planung wir aber aus Luthers Brief entnehmen

WA.TR 2, 11, 24–12, 2. **11** Augustinusregel Kap. 2, Abschn. 3–4, vgl. Adolar Zumkeller: Augustiner-Eremiten, in: Ludwig Finscher (Hrsg.): Die Musik in Geschichte und Gegenwart, Sachteil Bd. 1, Kassel u. a. 1994, Sp. 1033–1039, hier Sp. 1034. **12** Franz Körndle: Orgelspiel in Erfurter Kirchen des späten Mittelalters, in: Mitteilungen des Vereins für die Geschichte und Altertumskunde von Erfurt 64, N. F. 11 (2003), S. 29–39, hier S. 29 f. **13** Neben den im Folgenden dargestellten Texten sind es insbesondere die Gesangbuchvorreden, in denen Luther seine Musikanschauung darlegt, vgl. WA 35, 474–484.

Kulturelle Folgen der Reformation

Abb. 2 Die Philosophie und die Sieben Freien Küste, kolorierter Holzschnitt, aus: Gregor Reisch, Margarita philosophica, Straßburg 1504

können. »Gnade und Frieden! Ich habe den Plan, nach dem Beispiel der Propheten und der alten Väter der Kirche deutsche Psalmen für das Volk zu schaffen, das heißt, geistliche Lieder, damit das Wort Gottes auch durch den Gesang unter den Leuten bleibt. Wir suchen daher überall nach Dichtern. Da Dir aber die Gabe und sichere Beherrschung der deutschen Sprache gegeben und durch vielfältige Übung verfeinert ist, bitte ich Dich, mit uns an diesem Vorhaben zu arbeiten und zu versuchen, einen Psalm in ein Lied zu übertragen, so wie Du es hier an meinem Beispiel siehst. Ich möchte aber neue und am Hof übliche Ausdrücke vermieden wissen; nach seinem Aufnahmevermögen soll das Volk möglichst einfache und gebräuchliche, freilich reine und passende Worte singen; außerdem soll der Sinn durchsichtig sein und den Psalmen so weit wie möglich nahekommen. Deshalb muss man hier frei verfahren, wenn nur der Sinn gewahrt ist, den Wortlaut vernachlässigen und durch andere geeignete Worte wiedergeben. Mir ist es nicht gegeben, es so auszuführen, wie ich es gern wollte. Deshalb will ich versuchen, ob Du ein Heman, Asaph oder Idithun [Sänger im Alten Testament] bist. Um dasselbe möchte ich Johann Dolzig bitten, der ebenfalls beredt und wortgewandt ist, doch nur, wenn Ihr Zeit dazu habt; wahrscheinlich habt Ihr gerade nicht viel. Nimm doch meine sieben Bußpsalmen und die Auslegungen dazu, aus denen Du den Sinn des Psalms greifen kannst. Oder, wenn Du einen zugeteilt haben möchtest, übernimm doch den ersten Bußpsalm ›Herr strafe mich nicht in Deinem Zorn‹ (Ps 6) oder den siebten ›Herr erhöre mein Gebet‹ (Ps 143). Johann Dolzig übertrage ich den zweiten Bußpsalm ›Wohl dem, dem die Übertretungen vergeben sind‹ (Ps 32), denn ›Aus der Tiefe‹ (Ps 130) habe ich schon übersetzt, und ›Gott sei mir gnädig‹ (Ps 51) ist schon vergeben. Sollten diese vielleicht zu schwierig sein, so nehmt diese beiden ›Ich will den Herrn loben allezeit‹ und ›Freuet euch des Herrn, ihr Gerechten‹, also den 34. und 33. Psalm oder Psalm 104 ›Lobe den Herrn, meine Seele‹. Antworte jedenfalls, was wir von Euch zu erhoffen haben. Lebe wohl im Herrn.«[14]

Luthers Verhältnis, seine Liebe zur Musik, hat ihren bedeutendsten Ausdruck gefunden in seinen Liedern. Der Brief an Spalatin ist dafür Zeugnis, und er ist zugleich das Initial für eine in den folgenden Jahren blühende Liederdichtung. Luther hat viererlei im Auge: 1. Das Evangelium soll auch durch den Gesang unter den Leuten bleiben. 2. Die Psalmen sind gute Beispiele und Vorlagen für evangelische Lieder. 3. Die Worte für die Texte sollen einfach und gebräuchlich und passend sein, der Sinn verständlich. 4. In der Übersetzung darf man frei verfahren, »wenn nur der Sinn gewahrt ist«.

Über die Melodien schreibt er nichts. Aber man darf sicher ergänzen: Die Melodien sollen den Texten entsprechen, sie sollen eingängig und sangbar sein und es der singenden Gemeinde erlauben, aus Herzenslust einzustimmen, »mit Lust und Liebe zu singen«.

Abb. 3 Josquin Desprez, Holzschnitt nach einem Gemälde in St. Gudule, aus: Pieter van Opmeer, Opus chronographicum orbis universi a mundi exordio usque ad annum M.DC.XI., Antwerpen 1611

Aus diesem Impuls erwuchsen die ersten reformatorischen Lieddichtungen und mit ihnen die Gesangbücher. Reformatorische Gesangbücher wurden geradezu ein Kennzeichen der neu aufblühenden reformatorischen Kirchen, eine *nota ecclesiae*. Von den ersten Liedblättern – Einblattdrucken mit einem oder zwei Liedern – führte der Weg um die Jahreswende 1523/24 über das *Achtliederbuch* – es enthielt vier Lieder Luthers, darunter *Nun freut euch, lieben Christen g'mein*, drei Lieder von Paul Speratus, unter ihnen *Es ist das Heil uns kommen her* und einen anonymen Text – und die ersten Erfurter Gesangbücher zum Wittenberger Chorgesangbuch. Dieses erste Chorgesangbuch mit geistlichen Liedern, das *Geystliche gesangk Buchleyn*, war als solches eine Schöpfung Johann Walters.[15] Es enthielt in seiner ersten Ausgabe 38 deutsche Lieder und fünf lateinische Gesänge.[16] Weitere Hauptstationen werden das Erscheinen des *Wittenberger Gemeindegesangbuchs* im Katechismusjahr 1529, das nur in einer Ausgabe des Jahres 1533 erhalten ist (Abb. 4), und das letzte zu Luthers Lebzeiten erschienene Gesangbuch, das der Leipziger Drucker Valentin Bapst 1545 herausbrachte und das nach ihm das *Bapstsche Gesangbuch* genannt wird, sein.[17]

---

14 Martin Luther: Ausgewählte Schriften, Bd. 6: Briefe. Auswahl, Übersetzung und Erläuterungen von Johannes Schilling, 2. Aufl. Frankfurt am Main 1983, S. 66f., Nr. 34; Lateinischer Originaltext: WA.B 3, 220f. (Nr. 698). **15** Johann Walter, der »Urkantor der Reformation«, wurde 1496 in Kahla geboren, war seit 1520 oder 1521 Bass-Sänger in der Hofkapelle Friedrichs des Weisen, 1527 wurde er Kantor an der Torgauer Marienkirche, 1529 Stadtkantor in Torgau, 1548 Leiter der Hofkapelle in Dresden. Seine letzten Lebensjahre verbrachte er wieder in Torgau, wo er 1579 starb. Grundlegend: Walter Blankenburg: Johann Walter. Leben und Werk, Tutzing 1991; Wilibald Gurlitt: Johann Walter und die Musik der Reformationszeit, in: Luther-Jahrbuch 15 (1933), S. 1–112; Friedhelm Brusniak (Hrsg.): Johann-Walter-Studien. Tagungsbericht Torgau 1996, Tutzing 1998. **16** Übersicht bei: Blankenburg, Johann Walter (wie Anm. 15), S. 137–142. **17** Zur weiteren Geschichte vgl. Albrecht Beutel: Lied. V. Kirchenlied, in: Gert Ueding (Hrsg.), Historisches Wörterbuch der Rhetorik, Bd. 5, Tübingen 2001, S. 270–275.

Abb. 4
Martin Luther, *Geistliche Lieder aufs Neue gebessert zu Wittenberg* (Klug'sches Gesangbuch), Wittenberg 1533. Neben dem Titelblatt der Eintrag des lutherischen Theologen Ernst Salomon Cyprian, Bibliothekar der fürstlichen Bibliothek auf Schloss Friedenstein in Gotha, von 1736 »Libellus rarissimus« – ein äußerst seltenes Buch

Martin Luther und der mehrstimmige Gesang

Auch der zweite grundlegende Text Luthers über die Musik ist ein Brief, sieben Jahre später geschrieben, und nicht aus Wittenberg, sondern von der Veste Coburg, wo er, der Geächtete, die Sommermonate des Jahres 1530 verbrachte, arbeitsam und ungeduldig, misstrauisch, was auf dem Reichstag in Augsburg in der Sache des Evangeliums entschieden werden würde. Dieser Brief ging nicht an einen Theologen, sondern an einen Musiker, keinen Kursachsen, sondern einen Mann, der seit 1523 im Dienst der altgläubigen bayerischen Herzöge stand, den Komponisten Ludwig Senfl, einen der bedeutendsten Meister seiner Zeit. Luther hat ihn bewundert und verehrt,[18] und diese Verehrung wurde Senfl auch andernorts zuteil (Abb. 5).

»Gnade und Frieden in Christus! Obwohl mein Name so verhasst ist, dass ich fürchten muss, dass Du diesen Brief, den ich sende, nicht ganz sicher empfangen und lesen kannst, bester Ludwig, so hat doch die Liebe zur Musik, mit der ich Dich geziert und begabt sehe von meinem Gott, diese Furcht besiegt. Diese Liebe hat mir auch Hoffnung gemacht, dass Dir mein Brief keine Gefahr bringen wird. Denn wer wollte selbst einen Türken tadeln, wenn er die Kunst liebt und den Künstler lobt? Ich aber lobe sogar Deine Herzöge von Bayern sehr, so wenig sie mir auch geneigt sind, und achte sie vor anderen, weil sie die Musik so pflegen und ehren. Und es ist kein Zweifel: Viele Samen guter Eigenschaften stecken in den Gemütern, die von der Musik ergriffen werden; die aber nicht von ihr ergriffen werden, sind, denke ich, Stümpfen und Steinen gleich. Denn wir wissen, dass die Musik auch den Dämonen verhasst und unerträglich ist. Und ich urteile frei heraus und scheue mich nicht zu behaupten, dass es nach der Theologie keine Kunst gibt, die der Musik gleichzustellen wäre, weil sie allein nach der Theologie das schenkt, was sonst allein die Theologie schenkt: ein ruhiges und fröhliches Herz. Dafür ist ein klarer Beweis, dass der Teufel, der Vater der traurigen Sorgen und des

18 WA.TR 5, 557, 11 f. **19** Text nach Luther, Ausgewählte Schriften (wie Anm. 14), S. 133–135, Nr. 83; lateinischer Originaltext: WA.B 5, 635–640. (Nr. 1727). Eine Antwort Senfls ist nicht erhalten. Inhaltlich verwandt mit dem Brief an Senfl ist eine Aufzeichnung aus dem Jahr 1530 Peri tes musikes, in: WA 30/II, 695 f.

20 Vgl. Luthers Brief an Melanchthon vom [24. April] 1530, in: Heinz Scheible (Hrsg.): Melanchthons Briefwechsel. Texte Bd. 4, 1, Stuttgart-Bad Canstatt 2007, S. 124–128 (Nr. 891); WA.B 5, 285–288 (Nr. 1552); Übersetzung u. a. in: Luther, Ausgewählte Schriften (wie Anm. 14), S. 114 f. (Nr. 68). **21** Ps 118, 17. **22** Aus-

unruhigen Umtreibens, bei der Stimme der Musik ebenso flieht wie beim Wort der Theologie. Daher kam es, dass die Propheten keine Kunst [ars] so gebraucht haben wie die Musik, da sie ihre Theologie nicht in die Geometrie, nicht in die Arithmetik, nicht in die Astronomie, sondern in die Musik gefasst haben, damit sie Theologie und Musik in engster Verbindung hätten, wenn sie die Wahrheit in Psalmen und Liedern verkündigten. Aber was lobe ich jetzt die Musik und versuche, auf einem so kleinen Blatt Papier eine solche Sache abzumalen oder vielmehr zu verunstalten? Aber mein Herz geht über, und meine Liebe zu ihr sprudelt so heraus, die mich so oft erquickt und aus großen Nöten befreit hat. Ich komme zu Dir zurück und bitte: Wenn Du ein Exemplar dieses Gesanges ›In pace in id ipsum‹ hast, dann lass es mir abschreiben und schicken. Denn diese Melodie [tenor] hat mich von Jugend auf erfreut, und jetzt noch viel mehr, nachdem ich auch diese Worte verstehe. Ich habe diese Antiphon nie für mehrere Stimmen komponiert gesehen, möchte Dich aber mit der Mühe, sie zu komponieren, nicht belasten, sondern hoffe, Du hast sie schon anderswoher komponiert. Ich hoffe sehr, dass mein Lebensende bevorsteht; die Welt hasst mich und kann mich nicht leiden, und umgekehrt bin ich der Welt müde und habe sie satt. Deshalb möge der gute und getreue Hirte (1. Petr 2,25) meine Seele zu sich nehmen (1. Kö 19,4). Darum habe ich angefangen, diese Antiphon zu singen und wünsche, sie [mehrstimmig] komponiert zu hören. Für den Fall, dass Du sie nicht hast oder nicht kennst, schicke ich sie Dir hier mit ihren Noten aufgezeichnet, die Du, vielleicht nach meinem Tode, wenn Du willst, komponieren kannst. Der Herr Jesus sei mit Dir in Ewigkeit, Amen. Verzeih meine Vermessenheit und meine Redseligkeit. Grüße mir den ganzen Chorus Deiner Musik ehrerbietig. Aus Coburg, am 4. Oktober 1530. Martinus Luther.«[19]

Auf der Veste Coburg legte Luther zahlreiche Psalmen aus, ja, die Beschäftigung mit dem Psalter bildete nach Absicht und Ausführung einen Schwerpunkt seiner dortigen Arbeit.[20] Besonders angetan hatte es Luther der Psalmvers »Ich werde nicht sterben, sondern leben und des Herrn Werke verkündigen – *Non moriar sed vivam et narrabo opera domini*«.[21] Luther selbst hat diesen Vers in seiner einzigen überlieferten mehrstimmigen Komposition vertont, einer kurzen Motette, die ein Beweis ist für sein kompositorisches Können (Abb. 6).[22]

Nach Berichten seines Arztes Matthäus Ratzeberger und des Komponisten Sixtus Dietrich pflegte Luther in späteren Jahren in seinem Haus in Wittenberg mehrstimmig zu singen, mit seinen Söhnen und auch mit Studenten – auch dies ein Zeichen für die außerordentlich hohe Wertschätzung, die Luther innerhalb der Musik dem Gesang und zumal dem Choralgesang als einer herausgehobenen Gestalt der Kommunikation des Evangeliums, ja als *viva vox evangelii* zuteil werden ließ.[23] Gebet und Lobgesang, so wird er bei der Einweihung der Schlosskirche in Torgau am 5. Oktober 1544 sagen, seien die Antwort auf das Wort, das Gott zu den Menschen redet.[24]

Abb. 5 Hans Schwarz, Bildnismedaille Ludwig auf Senfl, 1519

gabe: Johann Rüppel und Ulrich Zimmer (Hrsg.): Martin-Luther-Chorheft 1983, Kassel/Basel 1983, S. 23. **23** Vgl. auch unten und Anm. 27. **24** Text der Einweihungspredigt: WA 49 XL– LXV [recte: XLV] 588–614; auch in: Martin Luther, Deutsch-deutsche Studienausgabe, Bd. 2, Leipzig 2015, S. 851–891. In Übersetzung: Martin Luther, Predigt zur Einweihung der Schlosskirche in Torgau [bearb. von Johannes Schilling/Jan Lohrengel], in: Johann Hinrich Claussen/Martin Rössler (Hrsg.): Große Predigten. 2 000 Jahre Gottes Wort und christlicher Protest, Darmstadt 2015, S. 63–86.

Kulturelle Folgen der Reformation

Abb. 6
Martin Luther, Motette »Non moriar, sed vivam«,
aus: Johann Rüppel/Ulrich Zimmer (Hrsg.),
Martin-Luther-Chorheft 1983, Kassel 1983, S. 23

Die Summe von Luthers Musikanschauung

Luthers Vorrede, die er 1538 zu einer Sammelausgabe des Wittenberger Musikverlegers Georg Rhau verfasste, stellt so etwas wie die Summe seiner Musikanschauung dar.[25] Johann Walter, dessen musikalisches Wirken seit den 1520er Jahren eng mit dem Liederschaffen Luthers und seinen Bemühungen um die liturgische Erneuerung des Gottesdienstes einhergeht, hat diesen Text später frei übersetzt in sein Lehrgedicht *Lob und Preis der himmlischen Kunst Musica* (Abb. 7).[26] Das kleine Buch erschien ebenfalls 1538 bei Georg Rhau in Wittenberg, wohl im Zusammenhang mit dessen Sammelausgaben für den Chorgesang, den *Symphoniae iucundae*. Luther hat Walters Reimpaargedicht eine »Vorrhede auff alle gute Gesangbücher« beigegeben. In ihr spricht die personifizierte »Fraw Musica«, sie preist die Musik als die größte Freude auf Erden, die nicht nur keine Sünde sei, sondern Gott selbst besser als alle Freuden der Welt gefalle. Denn sie mache das Herz still und bereit für die göttliche Wahrheit. Das Ende dieser Vorrede bilden die Verse »Die beste Zeit im Jahr ist mein«, die sich als Lied verselbständigt haben.[27]

In der lateinischen Vorrede zu den *Symphoniae iucundae* beschreibt Luther die Musik als ein Geschenk an die gesamte Schöpfung. Nichts sei ohne Ton, ohne klingende Ordnung, und vor allem in den Lebewesen offenbare sich dieses Geheimnis Gottes. Im Vergleich zur menschlichen Stimme aber sei das alles so gut wie nichts. Denn was die menschliche Stimme an Reichtum und Vielfalt hervorbringe, suche seinesgleichen. Die Hauptsache aber sei, dass die Musik nach dem Wort Gottes die Herrin und Lenkerin der

---

25 Vgl. WA 50, 364–374; Text und Übersetzung ins Deutsche: Johannes Schilling: Die erhaltenen Exemplare von Georg Rhaus Symphoniae iucundae (1538) und Martin Luthers Vorrede, in: Ulman Weiß (Hrsg.): Buchwesen in Spätmittelalter und Früher Neuzeit. Festschrift für Helmut Claus zum 75. Geburtstag, Epfendorf 2008, S. 251–265. Eine Gegenüberstellung des Luther-Textes und der Bearbeitung Walters auch in: Blankenburg, Johann Walter (wie Anm. 15), Anhang VIII, S. 439–445. **26** Johann Walter: Sämtliche Werke VI, Kassel u. a. 1970; Faksimileausgabe: Johannes Walter: Lob und Preis der löblichen Kunst Musica 1538. Faksimile-Neudruck. Mit einem Geleitwort hrsg. von Wilibald Gurlitt, Kassel 1938. **27** Als solches im Evangelischen Gesangbuch, Nr. 319. **28** WA 50, 371, 2. **29** Den konsolatorischen

menschlichen Affekte (»domina et gubernatrix affectuum humanorum«) ist.[28] Sie kann Traurige aufrichten, Fröhliche erschrecken, Verzweifelte aufheitern, Hochmütige brechen, Liebende beruhigen – kein anderes Medium kann die Gemütsbewegungen so steuern wie eben die Musik.[29] Deshalb hat man seit alters eine besondere Affinität zwischen dem Wort Gottes und der Musik gesehen. Denn allein dem Menschen ist vor allen anderen Geschöpfen das an die Stimme gebundene Wort gegeben, damit er Gott durch Wort und Musik loben kann und soll. In der mehrstimmigen Musik wird nach Luther das Wunderbare dieser Kunst ganz besonders offenbar.

Mit Entschiedenheit setzte sich Luther deshalb für die Musik als Schulfach ein. Diese Entwicklung rührte sicher von der Stellung der Musik im Kanon der *artes* her, aber sie entsprach auch der neu erkannten Bedeutung dieser *ars* und *disciplina*. Wer die Musik beherrsche, so war Luther überzeugt, sei »guter Art, zu Allem geschickt«.[30] Deshalb müsse man die Musik unbedingt in den Schulen behalten. Den erzieherischen Wert der Musik schätzt Luther hoch: »Die Jugend soll man stets zu dieser Kunst gewöhnen, denn sie macht feine geschickte Leute«.[31] Aber es geht bei der Musik nicht nur und nicht zuerst um ihren gesellschaftlichen Nutzen. Vielmehr geht es um Trost und Erbauung, um Aufrichtung betrübter Seelen und zerschlagener Herzen, um den Zugang zu einer anderen, gleichsam erlösten Welt. Wer sich der Musik ergibt, wächst über die Welt und über sich selbst hinaus – und kann sich außerhalb seiner selbst wiederfinden. Deshalb sind Theologie und Musik einander so nah: So wie die Menschen ihr Leben aus Christus empfangen, so erhalten sie ihr Sein von der Musik zurück, von außen, *ab extra*. *Nos extra nos* – das gilt auch und gerade für die Musik und das Musizieren. Und dieses Außer-sich-Sein ist dann ein Grund zur Freude, zum Abwerfen der Beschwernisse, die die Menschen belasten und sie am Fröhlichsein hindern.

Johann Walter, wie Martin Luther selbst ein Glücksfall für Reformation und Musik, berichtet, »dass der heilige Mann Gottes Lutherus […] zu der Musica im Choral- und Figuralgesange« – also zu einstimmiger und mehrstimmiger Vokalmusik – »grosse Lust hatte / mit welchem ich gar manche liebe Stunde gesungen / vnd offtmahls gesehen / wie der thewre Mann vom singen so lustig vnd frölich im Geist ward / daß er des singens schier nicht könde müde vnd satt werden / vnd von der Musica so herrlich zu reden wuste«.[32]

Wirkungen der protestantischen Musikkultur

Aus den reformatorischen Anfängen in Wittenberg und Torgau ist eine reiche protestantische Musikkultur erwachsen. Sie begann in den Schulen Sachsens und blühte im Jahrhundert der Reformation besonders in Mitteldeutschland.[33] Sie zeitigte Wirkungen im ganzen evangelischen Deutschland und über seine Grenzen hinaus. Die

Abb. 7 Johann Walter, Lob und Preis der löblichen Kunst Musica, Wittenberg 1538

norddeutsche Orgelkultur ist nicht zu verstehen ohne diesen reformatorischen Impuls. Dietrich Buxtehude begründete in Lübeck in der Marienkirche seine Abendmusiken und legte damit die Anfänge zu einer bürgerlichen Musikkultur in der stolzen Hansestadt. Und über die Kirche hinaus hat diese evangelische Musik in die Kultur der Gesellschaft hineingewirkt, die sie bis heute prägt. Das Musikland Deutschland ist nicht zuletzt deswegen ein solches, weil es aus dem reformatorischen Impuls gelebt hat und lebt, der bis in die Gegenwart fortwirkt. Die Torgauer Kantorei wurde zum Muster und Vorbild evangelischer Kantoreien; in ihnen wurde die von Luther gestellte Aufgabe Wirklichkeit, dass der Musik in den Schulen ein konstitutiver Platz eingeräumt werden sollte.[34] Gott zum Lob und den Menschen zur Freude soll die Musik erklingen, weil diese, von Gott natürlich dazu begabt, singen können, allein oder zusammen, für sich selbst, für andere, für alle Welt.

(tröstenden) Charakter der Musik stellt Luther besonders in einem Brief an Matthias Weller heraus, vgl. WA.B 7, 104–106 (Nr. 2139). **30** WA.TR 1, 490, 31 f. (Nr. 968). **31** Ebd. 42 f. (Nr. 968). **32** Michael Praetorius: Syntagma musicum 1, Wittenberg 1614/15 (Nachdruck: Kassel u. a. 1959), S. 451; Abbildungen in: Blankenburg, Johann Walter (wie Anm. 15), S. 423. **33** Vgl. Johannes Rautenstrauch: Luther und die Pflege der kirchlichen Musik in Sachsen (14.–19. Jahrhundert). Ein Beitrag zur Geschichte der katholischen Brüderschaften, der vor- und nachreformatorischen Kurrenden, Schulchöre und Kantoreien Sachsens, Leipzig 1907 (Nachdruck: Hildesheim 1970). **34** Vgl. Martin Luther: An die Ratsherren aller Städte deutsches Lands, dass sie christliche Schulen aufrichten und halten sollen, in: WA 15, 9, 27–53.

ANDREW SPICER

Martin Luther und die materielle Kultur des Gottesdienstes

Englische Händler und Reisende in den deutschen Ländern des späten 17. und 18. Jahrhunderts waren von den Innenräumen der lutherischen Kirchen, die sie besuchten, überrascht. Sie berichteten von Schmuck und Zeremonien, welche aus der römisch-katholischen Vergangenheit übernommen worden waren, insbesondere von in den Kirchen verbliebenen Altargemälden oder Retabeln, Orgeln, Statuen und Gewändern. Für diese Besucher konnte der optische Kontrast zwischen den lutherischen Gotteshäusern und den schlichten reformierten Kirchen sowie den weiß gekalkten englischen Pfarrkirchen, die von jeglicher religiöser Symbolik gereinigt worden waren, nicht deutlicher ausfallen. Einige dieser Besucher hoben die große Ähnlichkeit zwischen den lutherischen Gotteshäusern und den katholischen Kirchen hervor. Dieser Ähnlichkeit begegneten die Reisenden mit einem gewissen Misstrauen, einer stellte nach einem Besuch in Wittenberg fest: »Die Leute hier haben, wie an den meisten Orten mit vorwiegend lutherischer Religion, einen starken Hang zu römischem Aberglauben.«[1] Die Kirchenräume spiegelten zum Teil die vorreformatorischen Liturgien und religiösen Praktiken wider, die sogar aus den meisten katholischen Kirchen verschwunden waren, da man sie im Zuge der Reformen des Konzils von Trient verändert hatte. Die Übereinstimmung einiger dieser Kirchenräume mit ihren mittelalterlichen Vorgängern wird manchmal als »bewahrende Kraft« des Luthertums bezeichnet.[2] Nichtsdestotrotz waren diese Kirchen neben den erhaltenen Bildern und liturgischen Gegenständen mit neuen lutherischen kirchlichen Einrichtungsgegenständen gefüllt. Diese Feinheiten mögen den englischen Reisenden entgangen sein. Inwieweit konnten sie zum Beispiel zwischen einem katholischen und einem lutherischen Altarbild unterscheiden, oder sahen sie lediglich ein Altarbild, welches eine sichtbare Fortführung der vorreformatorischen Vergangenheit darstellte?

Lutheraner hatten im Zuge der Reformation die bestehenden Pfarrkirchen übernommen, die ursprünglich für die Feier der Messe gestaltet worden waren, und sie ihren eigenen liturgischen Bedürfnissen gemäß umgestaltet. Nicht vor Mitte des 16. Jahrhunderts wurden die ersten Kirchen für den lutherischen Gottesdienst errichtet. Die früheste war die Kapelle auf Schloss Hartenfels in Torgau; im Jahr 1544 predigte Luther bei ihrer Einweihung. Sie war die erste einer Reihe von neuen Fürstenkapellen, von denen einige vom Torgauer Entwurf beeinflusst wurden. Dennoch dauerte es, bis auf ein oder zwei Ausnahmen, bis ins frühe 17. Jahrhundert, bis die erste Kirche gebaut wurde, welche für eine größere Ortsgemeinde und nicht nur kleinere fürstliche Haushalte konzipiert wurde. Während einige dieser Kirchen mit neuartigen architektonischen Anordnungen experimentierten, übernahmen andere eher konservative Formen. Das Aussehen und die Gestaltung dieser neuen Kirchen sowie der übernommenen Bauten wurden gleichermaßen von den liturgischen Bedürfnissen wie auch den Fürsten und Ratsherren der Stadt geprägt, welche die Umsetzung der religiösen Veränderungen kontrollierten und beeinflussten.

Martin Luther traf keine eindeutige konfessionelle Aussage darüber, was er als angemessene Bauart und Erscheinungsbild eines Gotteshauses betrachtete. In seinen Schriften machte er jedoch vereinzelte Bemerkungen zu bestimmten Aspekten der Zeremonien und des Rahmens für Gottesdienste, insbesondere zur Ausspendung der Sakramente. Er verantwortete auch das Verfassen der Liturgien, welche in den Wittenberger Kirchen verwendet wurden. Dieser Essay wird daher zwei Aspekte fokussieren: sowohl die Bedenken als auch die Nachsichtigkeit des Reformators gegenüber Themen im Zusammenhang mit Gotteshäusern und der Entwicklung der materiellen Kultur lutherischer Gottesdienste bis ins 17. Jahrhundert hinein.

Für Martin Luther war das Aussehen und die Gestaltung des Kircheninnern eine Sache des Gewissens und sollte nicht durch aufgezwungene Vorschriften bestimmt werden, welche dann per Gesetz durchgesetzt werden.[3] Im Jahr 1516 hatte er die Anforderungen der katholischen Kirche kritisiert: »Nec pertinet illas Vel illas Eccle-

---

Ich bin Dr. Margit Thøfnerin für ihre aufschlussreichen Hinweise zu früheren Versionen dieses Essays sehr dankbar. **1** Andrew Spicer: Lutheran Churches and Confessional Identity, in: Ders. (Hrsg.): Lutheran Churches in Early Modern Europe, Farnham 2012, S. 1–15, hier S. 3 f.; Jonas Hanway: An Historical Account of British Trade over the Caspian Sea, Bd. 2, London 1753, S. 215. **2** Vgl. Johann Michael Fritz: Die bewahrende Kraft des Luthertums. Mittelalterliche Kunstwerke in evangelischen Kirchen, Regensburg 1997. **3** Serguis Michalski: The Reformation and the Visual Arts. The Protestant Image Question in Western and Eastern Europe, London 1993, S. 13, 40 f. **4** WA 56, 493 f., 31–33. Übersetzung: »[…] diese oder jene Kirchen zu bauen oder in bestimmter Weise auszuschmücken oder in bestimmter Weise zu singen. Ebenso wenig auf die [Beschaffung von] Orgeln, Altarschmuck, Kelche[n], Bildern und alles, was man heute in Gotteshäusern antrifft. Endlich ist es auch nicht nötig, dass Priester und Ordensleute sich scheren lassen oder in einem besonderen

sias aedificare aut sic ornare aut sic cantare. Deinde Nec organa Nec altarium decora, Calices, Imagines et omnia, que nunc in templis habentur. Tandem nec necesse Est sacerdotes et religiosos radi aut distinctis habitibus incedere,/sicut in lege veteri. Quia hec omnia sunt Vmbra et signa rerum et puerilia.«[4]

Diese Bräuche und Praktiken waren nicht durch die Schrift auferlegt, sondern von der Kirche über Jahrhunderte eingeführt worden. Die Feier der Messe unterschied sich sehr vom letzten Abendmahl, welches »sine ulla vestium, gestuum, cantuum aliarumque cerimoniarum pompa« stattgefunden hatte.[5] Für Luther sind »do doch alle Ding, die Christus nicht ehngesetzt hatt, freh, wilkörlich und unnöttig: derhallben sie auch unschedlich sind«; sie wurden als *Adiaphora*, Dinge, die weder geboten noch verboten sind, betrachtet.[6] Er kommentierte im Jahr 1528: »Bilder, glocken, Messegewand, kirchenschmück, alter liecht und der gleichen halt ich frey, Wer da wil, der mags lassen.«[7] Christen hätten die Freiheit zu entscheiden, ob sie diese Aspekte der Gottesverehrung beibehalten wollten oder nicht. Luther argumentierte: »[...] den alten Brauch lassen bleyben, das man mitt geweyheten fleydern, mit gefang unnd allen gewönlichen cerimonien auff latinisch mess halt, angesehen, das solchs eyttell eusserlich ding ist, daran den gewissen keyn sär ligt, daneben mit der predigt die gewissen frey behalltten, das der gemeyn man erlerne, das solchs geschehe nicht darumb, das es musse alßo geschehen odder ketzrey sey, wer anders thett, wie die tollen gesetz des Bapsts dringen. Denn solche tyrannen, die das mei gesetzen woll sahen und ertzwingen, muß man scharff und hart antasten, das die Christliche freyheytt gantz bleybe.«[8]

Vielmehr betrachtete Luther die Fixierung Einzelner auf diese Elemente des Gottesdienstes als Ablenkung, die sie nicht zum Erkennen Christi führe: »es ist des teuffels gespenst, der mit solcher weysse die leutt dahynn furet, das sie vim Bapst fallen und doch nicht zu Christo komen und allso wieder Bapstlich noch Christlich warden, ssondernn bleyben eben sso woll an dem eusserlichen ding haftend alss die Bapisten.«[9] In seiner Schrift *Wider die himmlischen Propheten, von den Bildern und Sakrament* (1525) attackierte er »disse ehrfurchtige propheten thun, die nichts treyben den bilde stürmen, kirchen brechen, sacreament meystern, [...] [sie haben] nie geleret, wie man die gewissen soll aussrichten, wilchs doch das furnemest und nöttigst ist ynn der Christlichen lere.«[10]

Luther betrachtete religiöse Bilder auf ähnliche Art und Weise wie andere Äußerlichkeiten des Gottesdienstes, war aber nach dem Bildersturm, der während seiner Abwesenheit auf der Wartburg in Wittenberg stattgefunden hatte, gezwungen, sich zu positionieren, nachdem Andreas Karlstadt ihn beschuldigt hatte, die Bilder zu verteidigen. Im März 1522 predigte Luther in seiner dritten Fastenpredigt »das sie [die Bilder] unnöttig [sind], sondern frey sein, wir mügen sie haben oder nicht haben, wie wol es besser were, wir hetten sie gar nicht.«[11] Diese Aussage wurde als rhetorischer Kniff betrachtet, denn in der folgenden Predigt bemerkte Luther, »das die Bilder weder sonst noch so, weder gut noch böse sind sondern man lasse es frey sein, sie zu haben oder nicht zu haben ...«[12] In *Wider die himmlischen Propheten* argumentiert Luther, dass er kein Verteidiger von Bildern sei – »bilderen eyn eusserlich geringe ding ist« –, aber er griff das größere Übel, den Bildersturm, an:[13] »[...] niemand schüldig ist, auch Gottes bilder mit der faust zu stürmen sondern ist alles frey und thut nicht sunde, ob er sie nicht mit der faust zubricht, Ist aber schuldig mit dem wort Gottes, das ist, nicht mit dem gesetze auss Carlstadisch sondern mit dem Euangelio zubrechen, also das er die gewissen unterrichte und erleuchte, wie es abgöttern sey, die selben an zu beten odder sich drauff zuverlassen, weyl man allehne auff Christum soll sich verlassen. Darnach las er sie eusserlich saren, Gott gebe sie weren zu brochen, zufallen odder bleyben stehen, das gillz yhm gleich viel und geht yhn nichts an, gleich als wenn der Schlangen die gifft genomen ist.«[14]

1530 wiederholte Luther seine Ablehnung von Bilderstürmen, brachte aber auch seine Sichtweise zum Ausdruck, dass religiöse Bilder/Darstellungen eine Rolle in der Andacht spielen können: »bilder aus der schrifft und von guten Historien ich fast nützlich, doch frey und wilkörig halte.«[15] Während er die Bilder in Schreinen, welche von Pilgern verehrt wurden, verurteilte, sind »die gedenck bilder odder zeugen bilder, wie die crucifix und die heyligen bilder [...] wol zu dulden.«[16] Luther fragte außerdem danach, warum es Sünde sein sollte, ein Bild des gekreuzigten Christus anzuschauen, wenn es doch zulässig ist, bei der Predigt der Passionsgeschichte ein Bild vom Gekreuzigten vor dem inneren Auge zu haben.[17] Neben dieser kontemplativen Funktion hatte Luther schon lange den didaktischen Wert von Bildern akzeptiert und stellte fest, dass sie »der Milchseugling wegen« toleriert werden sollten.[18] Er schlug sogar vor, dass die Bilder seiner deutschen Bibel »umb gedechtnis und besser verstands willen« an Wände gemalt werden sollten.[19] Obwohl Luther Bilder nicht als nötig betrachtete, erkannte er sie doch zunehmend als Hilfe in der Andacht oder als Unterstützung der Jungen und Ungebildeten für ihren Glauben an.[20]

Abgesehen von Luthers Widerwillen, den angemessenen Rahmen für den Gottesdienst vorzuschreiben, gestand er 1520 zu: »Nu, wir woollen nit vorwerffen, das man zimlich kirchen baw und schmuck, der wir nit emperen mügen, und gottis dienst billich auff zierlichst gehalten wirt. Aber doch solt ein mass da seyn und mehr geachtet, das es reiynicklich da köstlich were, was zu gottis dienst vorordenet wirt.«[21] Diesem Anliegen wandte sich Luther nochmals im Jahr 1544 zu, als er bei der Einweihung der Schlosskapelle in Torgau predigte. Der deutsche Reformator lehnte die Ansicht ab,

Gewand einherschreiten, [...] Denn alle diese Dinge sind nur Abbild und Zeichen für das Eigentliche und nur Kindereien.« **5** WA 6, 523, 27 f. Übersetzung: »ohne die Darstellung von Gewändern, Gebärden, Gesängen oder anderen Feierlichkeiten«. **6** WA 8, 511, 20–22. **7** WA 26, 509, 9 f. **8** WA 10/II, 29, 3–10. **9** WA 10/II, 37, 4–7. **10** WA 18, 64 f., 31–3. **11** WA 10/III, 26, 5 f. **12** WA 10/III, 35, 22–24; Michalski, Reformation (wie Anm. 3), S. 14 f. **13** WA 18, 73, 15 f. **14** WA 18, 74, 4–12; WA 10/II, 33 f. **15** WA 26, 509, 10–12. **16** WA 18, 74, 16–18. **17** WA 18, 82 f. **18** WA 1, 271, 9 f. **19** WA 18, 82, 27 f.; WA 1, 271, 9 f. **20** Michalski, Reformation (wie Anm. 3), S. 28 f.; John Dillenberger: Images and Relics. Theological Perceptions and Visual Images in Sixteenth-Century Europe, New York 1999, S. 92 f.; Bridget Heal: Seeing Christ: Visual Piety in Saxony's Erzgebirge, in: Jeffrey Chipps Smith (Hrsg.): Visual Acuity and the Arts of Communication in Early Modern Germany, Farnham 2014, S. 43–59. **21** WA 6, 44 f., 34/2.

Abb. 1 Simon Schröter, Kanzel an der Empore der Torgauer Schlosskirche mit Szenen aus dem Neuen Testament, 1544

dass das Gebäude »ein sondere Kirchen« sei oder »als were sie besser den andere heuser, do man Gottes wort predigt, Fiele aber die not fur, das man nicht wollte oder künde hierin zudamen komen, so möcht man wol draussen beim Brunnen oder anders wo predigen.«²² Während Luther den mittelalterlichen Ritus der Weihe und Heiligkeit bestimmter Orte ablehnte, erkannte er an, dass die Gemeinde dennoch einen Ort brauchte, um »die heiligen Sacrament eingesetzt, zuhandlen« und »da wir zusamen komen, beten und Gotte dancken«.²³ Die Betonung der Predigt und der Sakramente machte auch das *Augsburger Bekenntnis* (1530) deutlich, welches festhielt, dass die Kirche »eine Versammlung aller Gläubigen ist, unter denen das Evangelium in seiner Reinheit gepredigt wird und die heiligen Sakramente gemäß des Evangeliums gespendet werden«.²⁴

Luther war anfänglich zögerlich mit der Einführung von liturgischen Veränderungen in Wittenberg, wegen der »imbecilles in fide animos, quibus subito eximi non potuit tam vetus et inolita, nec inseri tam recens et insueta ratio colendi dei«.²⁵ Seine Reformen sind von seiner Überzeugung geprägt, dass »alles Gottis diensts das grössist und furnempst stuck ist Gottis wort predigen und lerent«, aber auch von seiner Gleichgültigkeit gegenüber anderen Aspekten religiöser Praktiken.²⁶ Bezüglich der Gestaltung des Abendmahls hinterfragte Luther in *Von Ordnung des Gottesdienstes in der Gemeinde* (1523) »additamenta externa vestium, vasorum, cereorum, pallarum deinde organrum et totius musice, imaginum«, kam aber zu dem Schluss, dass »Transierint itaque ista et adhuc transeant relevante Euangelio abominations tantas, donex penitus aboleantur«.²⁷ Bezugnehmend auf die Messgewänder schrieb er: »Permittamus illis uti libere, modo pompa et luxus absit.«²⁸ In seiner *Deutschen Messe* drei Jahre später bemerkte er: »[Sonntags] lassen wyr die Messegewand, altar, liechter noch bleyben, bis sie alle warden odder uns gefellet zu endern; wer aber hie anders wil baren, lassen wyr geschehen. Aber ynn der rechten Messe unter eyttel Schriften muste der altar nicht so bleyben und der priester sich ymer zum volk keren, wie on zweyffel Christus ym abendmal gethan hat. Nu, das erharre seyner zeyt.«²⁹

Dies implizierte, dass letztendlich kein Altarbild oder Retabel mehr vorhanden sein würde, sodass der hinter dem Altar stehende Priester auf die Gemeinde würde blicken können. Obwohl Luthers liturgische Neuerungen die Gestaltung des Abendmahls nicht wesentlich veränderten, war die Erwartung vorhanden, dass einige geduldete Elemente sich mit der Zeit ändern würden. In der Praxis geschah dies aber nicht. Luther wollte seinen Nachfolgern diesen Ablauf nicht vorschreiben. Die ersten Aussagen seiner Einleitung der *Deutschen Messe* machen klar, »das sie [die Zelebranten] ja keyn nöttig gesetz draus machen noch yemands gewissen damit verstricken odder fahen, sondern der Christlichen freyheyt nach yhres gefallens brauchen«.³⁰

Der Unwillen des Reformators, Bestimmungen für Zeremonien und Gottesdienste zu spezifizieren, und seine Kategorisierung von diesen als *Adiaphora* führten zu unterschiedlichen Auslegungen des Ablaufs von lutherischen Gottesdiensten. Während die katholische Vergangenheit in einigen Dingen weiter bestand, schmückten im Laufe des 16. und 17. Jahrhunderts neue religiöse Bilder und liturgische Ausstattung die Kirchenräume. Diese neue Einrichtung gab den rituellen Räumen innerhalb der Kirche, an denen die Predigt und die Sakramente gehalten wurden, größere Bedeutung.

Obwohl in deutschen Kirchen schon vor der Reformation gepredigt wurde, vornehmlich in städtischen Gegenden, war dies, laut Luther, »verderbt durch die geystlichen tyrannen«, was dazu führte, dass Gottes Wort verstummte oder untergraben wurde.³¹ Der Reformator glaubte, dass christliche Gemeinden »nymer soll zu samen komen, es werde denn da selbs Gottis wort gepredigt und gebett, es

---

22 WA 49, 592, 32–35. **23** WA 49, 593, 18–20. **24** Mark A. Noll (Hrsg.): Confessions and Catechisms of the Reformation, Leicester 1991, S. 89. **25** WA 12, 205, 14–16. Übersetzung: »Schwachen im Glauben, welche nicht plötzlich eine alte und gewohnte Gottesdienstordnung gegen einen neue und ungewöhnliche austauschen können«. **26** WA 19, 78, 26 f.; Susan Karant-Nunn: The Reformation of Ritual. An Interpretation of Early Modern Germany, London 1997, S. 114–119. **27** WA 12, 208, 1 f. Übersetzung: »das Hinzufügen von Äußerlichkeiten wie Messgewändern, Gefäßen, Lichtern und Tüchern, von Orgeln und der ganzen Musik und von Bildern […] bis zur ihrer vollständigen Entfernung toleriert werden können«. **28** WA 12, 214, 34 f. Übersetzung: »Wir betrachten sie wie

Abb. 2 Wolfenbüttel, Hauptkirche Beatae Mariae Virginis, 1608/24. Chorraum mit Hochaltar, Kanzel und Fürstengalerie

sey auch auffs kurtzist.«[32] Das sei so wichtig, dass, »wo nicht gotts wort predigt wirt, ists besser, das man widder singe noch lese, noch zu samen kome«.[33] Anfänglich wurden bestehende mittelalterliche Kanzeln von den Lutheranern genutzt, auch wenn diese in einigen Fällen innerhalb des Kirchenschiffs an einen Ort umgesetzt wurden, der besser für die Predigt zur Gemeinde geeignet war. Neue Kanzeln wurden in Auftrag gegeben, darunter als eine der ersten die der Marienkirche in Lübeck, welche im Jahr 1533 errichtet wurde und ein ikonografisches Programm aus fünf Tafelgemälden mit Beischriften zeigte: Mose mit den Zehn Geboten; der predigende Johannes der Täufer mit dem Lamm Gottes; Christus als guter Hirte; Christus, der seine Apostel mit der Verbreitung der Lehre in die ganze Welt beauftragt; Christi Warnung vor falschen Propheten. Diese Szenen waren von Johannes Bugenhagen entweder erdacht oder genehmigt worden, da er die lutherischen Reformen in der Stadt beaufsichtigte und das Gesetz des Alten Testaments mit der Nachricht von Christi Evangelium verknüpfte.[34] Knapp über ein Jahrzehnt später wurde die neue Kanzel auf der Empore der Schlosskappelle Torgau errichtet. Sie ist in der Mitte der Südwand des Gebäudes platziert (Abb. 1) und besitzt kunstvoll geschnitzte mehrfarbige Reliefs mit Darstellungen von Szenen aus dem Neuen Testament, die ebenfalls das Gesetz mit dem Evangelium verbanden: Jesus Christus im Tempel, Christus und die Ehebrecherin und Christus, der die Geldeintreiber aus dem Tempel vertreibt.[35]

Die Bedeutung der Predigt spiegelt sich in der Anzahl der Kanzeln wieder, die zumeist von reichen Bürgern während des späten

die anderen Dinge. Wir erlauben ihre Benutzung in der Freiheit, solange die Menschen von Prahlerei und Pomp absehen.« **29** WA 19, 80, 26–30. **30** WA 19, 72, 6–9. **31** WA 12, 35, 5 f. **32** WA 12, 35, 20 f. **33** WA 12, 35, 24 f. **34** Jeffrey Chipps Smith: German Sculpture of the Later Renaissance, c. 1520–1580. Art in an Age of Uncertainty, Princeton 1994, S. 59–61; Bonnie B. Lee: Communal Transformations of Church Space in Lutheran Lübeck, in: German History 26 (2008), S. 149–167, hier S. 160–62. **35** Chipps Smith, Sculpture (wie Anm. 34), S. 87–90; Joseph Leo Koerner: The Reformation of the Image, London 2004, S. 408–410; Dillenberger, Images (wie Anm. 20), S. 108 f.

Abb. 3 Freudenstadt, Evangelische Stadtkirche, um 1608. Altar, Taufstein und Kanzel im Schnittpunkt der L-förmig errichteten Stadtkirche, vor 1945

Abb. 4 Schmalkalden, Schloss Wilhelmsburg, Schlosskapelle

16. Jahrhunderts für die lutherischen Kirchen beauftragt wurden. Allein in den Jahren zwischen 1595 und 1615 wurden über 200 Kanzeln erbaut. Diese neuen Kanzeln waren aus Holz oder Stein und besaßen Reliefs, welche christozentrische Themen, die vier Evangelisten oder biblische Szenen darstellten, die zum Predigen des Wortes animierten. Die Kanzel, welche in der neuen Kirche in Wolfenbüttel erbaut wurde, schmückt eine besonders kunstvolle Ikonografie (Abb. 2). Die Konstruktion wird von einer Figur des Moses mit der Zehn-Gebote-Tafel getragen, Skulpturen des Propheten Mose und des Heiligen Johannes des Täufers, das neue und alte Gesetz vertretend, erscheinen über der Tür, während die Treppe und der Kanzelkorb mit Skulpturen der zwölf Apostel verziert sind. Die Figuren flankieren Szenen aus dem Leben Christi in Form von Reliefs der Auferstehung und Himmelfahrt über der Tür, während der Kanzelkorb Reliefs des Jüngsten Gerichts, des himmlischen Jerusalems und Hesekiels Vision der Auferstehung trägt. In Ratzeburg wird die Bedeutung der Kanzel durch ein lebensgroßes Porträt des ersten lutherischen Pfarrers der Stadt an der Rückwand betont – eine ständige Erinnerung an das von diesem Ort gepredigte Wort, auch außerhalb des Gottesdienstes.[36]

Es war wichtig, dass die Gemeinde während des Gottesdienstes nicht nur die Kanzel, sondern auch den Altar sehen konnte. Aus diesem Grund rückten manche Kirchen die Kanzel in die Nähe des Altarraums, sodass die Gemeinde sowohl für die Predigt als auch für das Abendmahl in die gleiche Richtung blicken konnte. Verschiedene Platzierungsmöglichkeiten der Kanzel können anhand dreier im frühen 17. Jahrhundert erbauter Stadtkirchen gezeigt werden. In Bückeburg wurde die erhöhte Kanzel in der Mitte des Hauptschiffes positioniert, wogegen sie in Wolfenbüttel am Ein-

---

36 Chipps Smith, Sculpture (wie Anm. 34), S. 105–108; Ders.: The Architecture of Faith: Lutheran and Jesuit Churches in Germany in the Early Seventeenth Century, in: Jan Harasimowicz (Hrsg.): Protestantischer Kirchenbau der Frühen Neuzeit in Europa. Grundlagen und neue Forschungskonzepte. Berlin 2015, S. 161–174, hier S. 170; Peter Königsfeld/Rolf-Jürgen Grote: Altar, Raum und Ausstattung der Hauptkirche Beatae Mariae Virginis, Restaurierung und Geschichte, in: Hans-Herbert Möller (Hrsg.): Die Hauptkirche Beatae Mariae Virginis in Wolfenbüttel, Hannover 1987, S. 117–168; Karant-Nunn, Reformation (wie Anm. 26), London 1997, S. 136; Margit Thøfner: Framing the Sacred. Lutheran Church Furnishings in the Holy Roman Empire, in: Spicer, Churches (wie Anm. 1), S. 97–131, hier S. 119–122. **37** Chipps Smith, Architecture (wie Anm. 36), S. 167–173. **38** Hugo Johannsen: The Protestant Palace Chapel. Monument to Evangelical Religion and Sacred Rulership, in: Michael Andersen/Ebbe Nyborg/Mogens Vedsø (Hrsg.): Masters, Meanings & Models. Studies in the Art and

Abb. 5 Freudenstadt, Evangelische Stadtkirche, um 1608.
Blick von der Kanzel aus in beide Flügel der Stadtkirche, vor 1945

gang des Altarraums erbaut wurde (Abb. 2). Der neuartige Entwurf der Freudenstädter Kirche führte die Kanzel und den Altar im Winkel der beiden Schiffe des L-förmigen Gebäudes zusammen (Abb. 3).[37] Eine weitere Möglichkeit sah vor, die Kanzel über dem Altar anzubringen, um so eine einzige vertikale Achse am östlichen Ende der Kirche zu bilden. In der zwischen 1585 und 1590 erbauten fürstlichen Kapelle in Schmalkalden wurde die Kanzel auf der Empore hinter dem Altar, mit Blick auf diesen, positioniert (Abb. 4).[38] Eine ähnliche Anordnung mit einem Kanzelaltar wurde von Joseph Furttenbach dem Jüngeren in seiner Abhandlung *KirchenGebäw* (1649) vorgeschlagen, deren Ziel es war, die besten Bedingungen und den besten Ort für den Pfarrer zu finden, um zu seiner Gemeinde zu predigen. Dies wurde zugleich als bester Platz für die Orgel betrachtet, welche die Kanzel überragte.[39] Obwohl einige Kirchen diese Anordnung der Prinzipalstücke übernahmen, war sie vor dem 18. und 19. Jahrhundert relativ selten.[40]

Zusätzlich zur Kanzel war auch die Bereitstellung von Sitzplätzen wichtig, um während der Predigt Ordnung in der Kirche zu gewährleisten; Luther selbst hatte festgestellt, dass Predigten nicht länger als eine halbe Stunde dauern und der gesamte Gottesdienst innerhalb einer Stunde beendet sein sollten, »denn man mus sie seelen nicht uberschutten, das sie nicht mude und uberdrussig warden.«[41] Sitzplätze sollten die Aufmerksamkeit der Gemeinde fördern, da die Bewegung im Kirchenraum eingeschränkt wurde. Dennoch beschwerten sich Besucher in ihren Berichten über Menschen, die während der Predigt in der Kirche herumliefen.[42] In bestehenden Kirchen vergrößerte der Bau von Emporen die Kapazität des Gebäudes, um die gesamte Gemeinde zum Sonntagsgottesdienst aufneh-

Architecture of the Renaissance in Denmark, Copenhagen 2010, S. 33–53, hier S. 39–41; Dieter Großmann: L'église à tribunes et les tribunes des églises en Allemagne au XVIe siècle, in: Jean Guillaume (Hrsg.): L'église dans l'architecture de la Renaissance, Paris 1995, S. 257–266, hier S. 259, 265; Ernst Badstübner: Die Rezeption von Schlosskapellen der Renaissance im protestantischen Landkirchenbau, Schmalkalden und die hessische Herrschaft, in: Harasimowicz, Kirchenbau (wie Anm. 36), S. 257–270, hier S. 260–263. **39** Fisher Gray, Body (wie Anm. 46), S. 113–117. **40** Koerner, Reformation (wie Anm. 35), S. 427 f. **41** WA 12, 36, 15 f. **42** Robert Christman: The Pulpit and the Pew. Shaping Popular Piety in the Late Reformation, in: Robert Kolb (Hrsg.): Lutheran Ecclesiastical Culture, 1550–1675, Leiden 2008, S. 259–303, hier S. 272; Gerald Strauss: Success and Failure in the German Reformation, in: Past & Present 67 (1975), S. 30–63, hier S. 49 f.

men zu können.⁴³ In fürstlichen Kapellen war der Einsatz von Emporen ein wenig anders. In Torgau gab es zum Beispiel einen privaten Eingang vom Schloss zur Empore; der Fürst und sein Gefolge konnten den Gottesdienst von diesem erhöhten Ausblick verfolgen, während sich die Angehörigen des Hofes im unteren Bereich zum Gottesdienst versammelten. Der herzogliche Kirchenstuhl in Wolfenbüttel befindet sich über dem Familienmausoleum und überschaut die vor ihr liegende Kanzel (Abb. 2).⁴⁴ Den Eliten standen in Kirchen im gesamten Reich privilegierte Plätze innerhalb des Gebäudes zu. Darüber hinaus war die Sitzordnung nach Geschlecht getrennt, um Ordnung und Etikette während des Gottesdienstes zu gewährleisten. In Freudenstadt waren Männer und Frauen in den verschiedenen Flügeln des L-förmigen Gebäudes untergebracht, dabei konnten alle den Altar und die Kanzel sehen (Abb. 5).⁴⁵ Furttenbach empfahl den örtlichen Amtsleuten, in der Kirche vorn zu sitzen, mit dem Blick zur Gemeinde; Frauen sollten unterhalb der Kanzel, hingegen Männer hinten und auf den umgebenden Emporen sitzen. Seine Abhandlung berücksichtigte sogar die äußerliche Verschiedenartigkeit der beiden Geschlechter, wenn es um die Präzisierung der Bereitstellung von Sitzplätzen ging.⁴⁶

Die Anordnung von festen Sitzplätzen war problematischer, wenn es mehr als einen liturgischen Handlungsort gab. Das hatte zur Folge, dass es einigen Mitgliedern der Gemeinde unmöglich war, den Altar und die Kanzel gleichzeitig zu sehen. Dies war in der St.-Anna-Kirche in Augsburg der Fall, wo der Altar und die Kanzel nicht in nächster Nähe zueinander standen. Diese Schwierigkeit wurde durch Bänke mit Rückenlehnen, die zum Drehen konstruiert waren (Drehgestühl), gelöst, wodurch die Sitzgelegenheit, je nach Situation, entweder in Richtung Altar oder Kanzel ausgerichtet werden konnte. Es zeigt, wie weit Lutheraner in der Lage waren, liturgische und logistische Schwierigkeiten zu überwinden, welche sich durch die Benutzung vorhandener Gebäude ergaben, um sicherzustellen, dass die Aufmerksamkeit der Gemeinde in die richtige Richtung gelenkt war.⁴⁷

Neben der Predigt hatten die Sakramente der Taufe und des Abendmahls ihren eigenen rituellen Raum im Gebäude. Trotz Luthers Erwartung, mittelalterliche Altäre würden im Laufe der Zeit ersetzt, blieben viele erhalten und wurden weiterhin für die Abendmahlsfeier genutzt. Nebenaltäre wurden durch die Ablehnung von Still- und Totenmessen überflüssig; in Teilen des Reiches, wie in Ostfriesland, Mecklenburg und Weimar, gab es offizielle Anordnungen für deren Beseitigung, anderswo wurde die Entscheidung den einzelnen Kirchgemeinden überlassen. Dennoch entstanden in einigen deutschen Ländern Mitte des 16. Jahrhunderts neue, kleinere Altäre zwischen dem Kirchenschiff und der Kanzel. Sie wurden für die Gottesdienste in der Woche und am Sonntag verwendet, während die mittelalterlichen Hochaltäre an der Ostseite Feiertagen vorbehalten waren. Diese kleinen Altäre glichen zumeist Abendmahlstischen, was bedeutete, dass der Pfarrer der Gemeinde während des Gottesdienstes mit dem Gesicht zugewandt war.⁴⁸ In Wolfenbüttel wurde ein zweiter Altar an der Schnittstelle zwischen dem Kirchenschiff und dem Altarraum errichtet und der Hauptaltar mit dem Retabel stand an der Ostseite.⁴⁹ Für neue Kirchen wurden auch freistehende Hauptaltäre in Auftrag gegeben, wie derjenige für die Kapelle in Torgau Anfang der 1540er Jahre (Abb. 6). Er besitzt die Form eines Tisches, dessen Platte von vier Engeln getragen wird. Es bestehen Ähnlichkeiten zu der Kapelle in Schmalkalden, wo die vier Evangelisten den Altartisch tragen. Im frühen 17. Jahrhundert wurde dennoch ein Altarbild hinter dem Torgauer Altar errichtet. Lediglich in Württemberg und Teilen von Thüringen wurden freistehende Altäre die Norm.⁵⁰

Beim zwischen 1572 und 1579 errichteten monumentalen Altar der Dresdner Frauenkirche wird die Anlehnung an spätmittelalterliche Anordnungen für die Eucharistie deutlich (Abb. 7). Das steinerne Altarbild zeigt das letzte Abendmahl, flankiert von einem korinthischen Säulenpaar; auf der Vorderseite des Altars selbst befinden sich eine Predella mit Darstellung des Passamahls und über dem Altarbild ein von den Schrifttafeln der Zehn Gebote umrahmtes Kreuz. Der Aufbau wird von einer Statue des auferstandenen Christus sowie Statuen der Evangelisten und anderen Figuren überragt, und Bibeltexte betonen die Heiligkeit des Wortes. Der Dresdner Altar beeinflusste die Gestaltung des monumentalen Altarbildes, welches 1623 in der neuen Kirche in Wolfenbüttel errichtet wurde (Abb. 2).⁵¹ Obwohl die Altäre in Torgau und Dresden alternative Anordnungen für das Abendmahl veranschaulichen, ersetzte der von Luther bevorzugte freistehende Altar nicht die traditionelleren Formen; diese wurden lediglich mit einer evangelischeren Ikonografie versehen.

Bezüglich der Taufe gab es eine gewisse Kontinuität, die nicht überrascht, da Luther nur sehr wenige Änderungen an diesem Ritual vorsah. Obwohl seine Taufliturgie sich auf das Taufbecken bezieht, gibt er keinen Hinweis auf dessen Aussehen oder Standort innerhalb des Kirchengebäudes. Mittelalterliche Taufbecken wurden weiterhin benutzt und erhielten sich in einer beträchtlichen Anzahl in ganz Deutschland, so auch in Wittenberg (Abb. 8). Taufbecken waren üblicherweise am Westende der Kirche platziert, nahe am Eingang des Gebäudes, wo sie auch nach der Reformation in einer Reihe von lutherischen Ländern verblieben. Die rituelle Bedeutung der Taufen führte zur Errichtung von Einfriedungen um das Taufbecken, welche seinen Stellenwert innerhalb der Kirche demarkierten – nur wenige von ihnen blieben erhalten. Einige Gemeinden wollten die Predigt und die zwei Sakramente verknüpfen, woraufhin das Taufbecken in der Kirche nach vorne gerückt wurde, sodass es in unmittelbarer Nähe zum Altar und zur Kanzel stand.⁵² Die Taufe war eng mit

---

43 Karant-Nunn, Reformation (wie Anm. 36), S. 196; Fisher Gray, Churches (wie Anm. 39), S. 47 f. **44** Koerner, Reformation (wie Anm. 35), S. 414; Chipps Smith, Architecture (wie Anm. 36), S. 170. **45** Chipps Smith, Architecture (wie Anm. 36), S. 172. **46** Emily Fisher Gray: The Body of the Faithful: Joseph Furttenbach's 1649 Lutheran Church Plans, in: Andrew Spicer (Hrsg.), Parish Churches in the Early Modern World, Farnham 2016, S. 103–118, hier S. 111–113. **47** Ebd., S. 113; Dies., Churches (wie Anm. 39), S. 58; Andrew L. Drummond: The Church Architecture of Protestantism. An Historical and Constructive Study, Edinburgh 1934, S. 20. **48** Karant-Nunn, Reformation (wie Anm 36), S. 120 f.; Bodo Nischan: Becoming Protestants. Lutheran Altars or Reformed Communion Tables?, in: Karin Maag/John D. Witvliet (Hrsg.): Worship in Medieval and Early Modern Europe. Change and Continuity in Religious Practice, Notre Dame 2004, S. 84–111, hier S. 96 f.; Nigel Yates: Liturgical Space. Christian Worship and Church Buildings in Western Europe, 1500–2000, Aldershot 2008, S. 12; Fisher

Abb. 6 Torgau, Schloss Hartenfels, Schlosskapelle. Nachbau des historischen Altars

der Predigt verknüpft; nach Luther geschah die Taufe nur, wenn »aqua et verbum coniuncta sunt.«[53] In einigen Gotteshäusern erfolgte die Verbindung der beiden Sakramente, indem das Taufbecken eng neben den Altar rückte, wie in Freudenstadt und ursprünglich in Bückeburg. In der Schlosskapelle in Schmalkalden ging man einen Schritt weiter: Das Taufbecken wurde in den Altar eingearbeitet.[54] Die Verlegung des Taufbeckens schuf ein rituelles Zentrum im vorderen Bereich der Kirche.

Obwohl Luther dazu überging, die Beichte als Sakrament abzulehnen, erkannte er die Bedeutung einer reflektierten Reue und des Trostes, der vom Sündenerlass ausging, an. Das *Augsburger Bekenntnis* sprach sich für die Erhaltung der Beichte aus, spezifizierte aber, dass die Aufzählung persönlicher Sünden unnötig war. Die Beichte und die Abfrage der Grundlagen des Glaubens wurden ein Teil der Vorbereitung und eine Voraussetzung, um das Abendmahl zu erhalten. Das Altarbild in der Wittenberger Stadtkirche St. Marien von Lucas Cranach dem Älteren zeigt Johannes Bugenhagen, symbolisch die Schlüssel des heiligen Petrus haltend, in einem Beichtstuhl sitzend und einem neben ihm knienden Büßer zuhörend; die Einrichtungsgegenstände gleichen denen, die bei spätmittelalterlichen katholischen

Gray, Body (wie Anm. 46), S. 115; Maria Deiters: Epitaphs in Dialogue with Sacred Space: Post Reformation Furnishings in the Parish Churches of St Nikolai and St Marien in Berlin, in: Spicer, Churches (wie Anm. 1), S. 63–96, hier S. 64–67. **49** Per Gustaf Hamberg: Temples for Protestants. Studies in the Architectural Milieu of the Early Reformed Church and Lutheran Church, Gothenburg 2002, S. 75; Chipps Smith, Architecture (wie Anm. 36), S. 170. **50** Chipps Smith, Sculpture (wie Anm. 34), S. 90f., 439; Koerner, Reformation (wie Anm. 35), S. 362, 407f.; Nischan, Protestants (wie Anm. 48), S. 96. **51** Chipps Smith, Sculpture (wie Anm. 34), S. 90–92, 100–104; Königsfeld/Grote, Altar (wie Anm. 36), S. 117–168. **52** Thøfner, Framing (wie Anm. 36), S. 110–118. **53** WA 30/I, 112, 25. Übersetzung: »Wasser und das Wort Gottes verbunden werden«. **54** Chipps Smith, Architecture (wie Anm. 36), S. 169, 172f.; Koerner, Reformation (wie Anm. 35), S. 425f.

Abb. 7 Hans Walther, Entwurf des Abendmahlsaltars für die Dresdner Frauenkirche, etwa 1572

Riten zum Einsatz kamen. Beichtstühle und -bänke behielten ihren Platz, aber in einigen Kirchen gab es speziell errichtete Abteile oder kleine Räume, wo der Pfarrer Einzelpersonen befragte und ihr Bekenntnis des Glaubens unter vier Augen anhörte.[55]

Neben diesen rituellen Räumen waren religiöse Bilder ein weiteres Element, das lutherische Gotteshäuser von denen anderer protestantischer Konfessionen unterschied. In einigen Kirchen blieben mittelalterliche Altarbilder nach der Reformation in situ, wie zum Beispiel der Hochaltar in der Nürnberger Frauenkirche mit seiner Marien-Ikonografie und Szenen aus dem Leben Christi und der Jungfrau. In Zwickau wurde der Wolgemut-Altar in der Marienkirche, mit Skulpturen der Jungfrau mit Kind und acht weiblichen Heiligen, durch Druck der lutherischen Gemeinde erhalten. Dennoch sollte das Überleben von mittelalterlicher Sakralkunst nicht überbewertet werden, da es im gesamten Reich variierte; in einigen Ländern war bis zum späten 16. Jahrhundert viel entfernt oder ersetzt worden.[56] Für diese Gotteshäuser wurden neue Altarbilder oder Retabel in Auftrag gegeben. Obwohl Luther das Behalten von Altarbildern in der Einleitung seiner *Deutschen Messe* akzeptierte, forderte er schließlich ihre Entfernung. Im Jahr 1530 hatte er seine Meinung wieder geändert und schlug vor, dass »Wer hie lust hette, tafeln auff den altar lassen zu setzen«, auf ihnen das Abendmahl abbilden sollte, begleitet von zwei Versen, welche es dem Gläubigen ermöglichten, über Gott nachzudenken und ihn zu preisen. Er strebte also danach, Bild und Wort im Altarbild zu kombinieren.[57]

Dieses Thema findet sich in vielen neuen lutherischen Altarbildern, gemeinsam mit anderen christozentrischen Ikonografien wie der Kreuzigung oder Auferstehung.[58] Das Passahmahl/Letzte Abendmahl ist auf der zentralen Tafel des von Lucas Cranach dem Älteren für die Hauptkirche in Wittenberg gemalten Altarbildes aus dem Jahr 1547 abgebildet. Sie wird flankiert von den Visualisierungen der Taufe und Beichte; die Predella zeigt den zur Gemeinde predigenden Luther (Abb. 8).[59] Die Darstellung der Sakramente wurde auch im Hintergrund von Altarbildern mit einbezogen, die sich auf das *Augsburger Bekenntnis* fokussierten.[60] Im späten 16. und 17. Jahrhundert wichen die traditionellen Flügelaltäre monumentaleren Bauten – mit ähnlicher christologischer Ikonografie –, insbesondere in Teilen Sachsens, Schleswig-Holsteins und Preußens. Beispiele sind die in Dresden oder Wolfenbüttel erbauten Altäre (Abb. 2 und 7).[61] Lutherische Altarbilder beinhalteten nicht immer visuelle Bildsprache. In

Abb. 8 Wittenberg, Stadtkirche St. Marien. Chorraum mit dem Taufbecken von Hermann Vischer d. Ä. (1457) und dem »Reformationsaltar« Lucas Cranachs d. Ä. (1547)

einigen Teilen des Reiches existierte ein starker reformatorischer Einfluss, hier wurden Bibeltexte auf die zentrale Tafel geschrieben. Der Einfluss von Emden im Nordwesten Deutschlands, zum Beispiel, führte zu Altarbildern mit Bibeltexten oder Schlüsseltexten wie den Zehn Geboten als Inschriften.[62] Diese alternativen Typen illustrieren, wie lutherische materielle Kultur an bestimmte lokale Gegebenheiten angepasst werden konnte, anstatt nur einem einzigen konfessionellen Ansatz zu folgen.

---

55 Karant-Nunn, Reformation (wie Anm. 36), S. 94–99; Ronald K. Rittgers: The Reformation of the Keys. Confession, Conscience and Authority in Sixteenth-Century Germany, Cambridge 2004; Christman, Pulpit (wie Anm. 42), S. 282–284; Koerner, Reformation (wie Anm. 35), S. 258, 329–331; Matthias Range: The »Third Sacrament«: Lutheran Confessionals in Schleswig (North Germany), in: Chris King/Duncan Sayer (Hrsg.): The Archaeology of Post-Medieval Religion, Woodbridge 2011, S. 53–66. **56** Heal, Christ (wie Anm. 20), S. 64–76, 116–128; Dies.: »Better Papist than Calvinist«: Art and Identity in Later Lutheran Germany, in: German History 29 (2011), S. 584–609; Karant-Nunn, Reformation (wie Anm. 36), S. 123 f., 254 f. **57** WA 31/I, 415, 23. **58** Michalski, Reformation (wie Anm. 3), S. 31–34; Heal, Christ (wie Anm. 20), S. 298–300; Birgit Ulrike Münch: The Art of the Liturgy: The Lutheran Tradition, in: Lee Palmer Wandel (Hrsg.): A Companion to the Eucharist in the Reformation, Leiden 2014, S. 399–422, hier S. 408–415; Bonnie Noble: Lucas Cranach the Elder. Art and Devotion of the German Reformation, Lanham/MD 2009, S. 110. **59** Dillenberger, Images (wie Anm. 20), S. 102–105; Koerner, Reformation (wie Anm. 35), S. 69–80, 321–339; Noble, Lucas Cranach (wie Anm. 58), S. 97–137. **60** Wolfgang Brückner: Lutherische Bekenntnisgemälde des 16. bis 18. Jahrhunderts. Die illustrierte Confessio Augustana, Regensburg 2007. **61** Nischan, Protestants (wie Anm. 48), S. 97 f.; Chipps Smith, Sculpture (wie Anm. 34), S. 101–104; Königsfeld/Grote, Altar (wie Anm. 36), S. 117–168. **62** Dietrich Diederichs-Gottschalk: Die protestantischen Schriftaltäre des 16. und 17. Jahrhunderts in Nordwestdeutschland: eine kirchen- und kunstgeschichtliche Untersuchung zu einer Sonderform liturgischer Ausstattung in der Epoche der Konfessionalisierung, Regensburg 2005; Münch, Art (wie Anm. 58), S. 415–417.

Obwohl es regionale Unterschiede gab, überlebten einige vorreformatorische Statuen, auch Marienbildnisse, die konfessionellen Veränderungen im gesamten Reich. Es wurden aber Bedenken ausgedrückt, dass einige zum Objekt von Götzenverehrung geworden waren. Luther hatte die Verehrung der Heiligen abgelehnt, erkannte aber ihre Bedeutung als Vorbilder für die Standhaftigkeit im Glauben an.[63] Er akzeptierte das allegorische Abbild des heiligen Christophorus als Christusträger, lehnte aber die von ihm als abgöttisch aufgefassten Darstellungen einiger anderer Heiliger ab. Neue Statuen des heiligen Christophorus und einheimischer Heiliger wurden nach der Reformation gefertigt, aber dann zunehmend durch biblische oder christologische Bilder ersetzt. Ab den 1530er und 1540er Jahren nahmen lutherische Bilder einen zunehmend didaktischen Zweck ein, um die Bedeutung vom Wort Gottes hervorzuheben. Biblische Themen – wie der gekreuzigte oder auferstandene Christus, die Evangelisten, Apostel oder Propheten – erhielten neben christlichen Tugenden Vorrang. Die aufwändige Ausgestaltung und der Skulpturenschmuck an der Kanzel in Wolfenbüttel illustrieren, wie weit die Ikonografie sich zu Beginn des frühen 17. Jahrhunderts entwickelt hatte.[64] Religiöse Bilder waren dennoch eine gefühlsbeladene Thematik während der Reformation, und ihr Fortbestand variierte im gesamten Reich bedingt durch Ausbrüche von Bilderstürmen oder Druck der Reformierten bezüglich der Entfernung von Bildern aus Gotteshäusern. Für manche Gemeinden wurde die Verwendung von Bildern und anderen *Adiaphora* eine konfessionelle Stellungnahme, zur Abgrenzung von den Anhängern des reformierten Glaubens.[65]

Zusammenfassung

Luthers Hauptsorge in Bezug auf den Gottesdienst galt sowohl der Predigt des Wortes Gottes als auch der angemessenen Ausspendung der Sakramente. Als die bestehenden Kirchen für den lutherischen Gottesdienst umgestaltet wurden, führte die Bedeutung von Altar, Taufbecken und Kanzel manchmal dazu, dass sie zur Betonung der Bedeutung des rituellen Raumes eingefriedet wurden, oder sie wurden versetzt, um den Gottesdienstbesuchern ein einziges liturgisches Zentrum zu bieten. Diese Veränderungen waren nicht von Martin Luther vorgeschrieben, der den Gemeinden die Anordnung und Gestaltung ihrer Gotteshäuser nicht diktieren wollte. Es war eine Sache der christlichen Freiheit zu entscheiden, ob mittelalterliche Kircheneinrichtung und liturgische Gegenstände behalten und benutzt werden sollten. Dies waren für Luther keine grundlegenden Fragen, obwohl er bei manchen Gelegenheiten seine Erwartung zum Ausdruck brachte, dass sich die Dinge mit der Zeit ändern könnten. Die lutherische Reformation wurde im gesamten Reich und darüber hinaus von Fürsten, Stadtregierungen und anderen religiösen Reformern und Klerikern umgesetzt, deren persönliche Interessen, politische Bedenken und theologische Überzeugungen den Schauplatz des Gottesdienstes beeinflussten. Die Errichtung fürstlicher Kapellen und neuer Kirchen im frühen 17. Jahrhundert ermöglichte das Experimentieren mit Raumordnungen für den lutherischen Gottesdienst, wie die Entwicklung des *Prinzipalstücks* in Schmalkalden oder die Aufteilung der Gemeinde in Freudenstadt. Neben der bemerkenswerten Erhaltung einiger mittelalterlicher Sakralkunst und Kirchenausstattungen wurden neue Altarbilder und Kanzeln errichtet, deren religiöse Bildern und Ikonografie eine neue lutherische Ästhetik etablierten. Der Einsatz von religiösen Bildern variierte im Reich; in einigen Regionen wurde sie durch den reformatorischen Einfluss gemäßigt oder sie wurde trotzig als Demonstration christlicher Freiheit in den lutherischen Gemeinden erhalten. Die lutherische Kircheneinrichtung und die materielle Kultur des Gottesdienstes konnten daher stark variieren. Es wurden Aspekte der mittelalterlichen Vergangenheit beibehalten, mit neuen liturgischen Anordnungen experimentiert, auf andere theologische Überzeugungen reagiert oder die Interessen des Schirmherren der Kirche widergespiegelt. Dies war möglich, da die materielle Kultur und die örtlichen Gegebenheiten des lutherischen Gottesdienstes für die Predigt des Wortes Gottes und die Ausspendung der Sakramente nicht ausschlaggebend waren.

63 Vergleiche den Beitrag von Susanne Kimmig-Völkner in diesem Band. **64** Michalski, Reformation (wie Anm. 3), S. 31–36; Chipps Smith, Sculpture (wie Anm. 34), S. 108. Vgl. auch Heal, Christ (wie Anm. 20), S. 147. **65** Heal, Papist (wie Anm. 56).

SUSANNE KIMMIG-VÖLKNER

Luther, Maria und die Heiligen. Altgläubige Bilder als Schlüssel zum evangelischen Heilsverständnis

Seine letzten Predigten hielt Martin Luther bekanntlich in Eisleben zu St. Andreas. Die Kanzel, von der er zum letzten Mal das Evangelium verkündete, blieb in situ erhalten.[1] Hinter dem Prediger befindet sich noch heute das Bild einer bekrönten Mondsichelmadonna im Strahlenkranz aus dem ausgehenden 15. Jahrhundert (Abb. 1).[2] Untersuchungen zur lutherischen Ikonografie behandeln oft das lutherische Programm schlechthin, nämlich »Gesetz und Gnade«. Wie verhält es sich aber mit den Darstellungen auf den zahlreichen erhaltenen vorreformatorischen Bildern, die gar vermeintliche »Götzen« abbilden? In lutherischen Kirchen existieren zahlreiche solcher Kunstwerke wie die Gemälde am Pfeiler hinter der Kanzel zu Eisleben. Untersuchungen behandeln in der Regel die Aspekte ihrer Entstehungszeit, während eine Kontextualisierung mit der lutherischen Bildpraxis zumeist aussteht. Diesem Ansatz geht der folgende Beitrag nach, indem er eine kleine Auswahl besonders häufig in lutherischen Kirchen vorkommender Bildtypen und -themen bespricht.

Mondsichelmadonnen

In seiner Auslegung des *Magnifikat* verwies Luther auf die übertriebene Darstellung Marias und darauf, dass die überreichen, durch die Maler hinzugefügten Attribute ihren wahren Exempelcharakter verbergen.[3] Eine solche Funktion als *exemplum fidei*, als Vorbild im Glauben, weist das Luthertum seit seiner Frühzeit Maria und den Heiligen zu. Ihre Aufgabe als Mittlerin und Fürsprecherin vor Gott entfiel seither. Die Verehrung Marias veränderte sich durch diese Sicht, und die lutherischen Reformatoren legten Wert darauf, dass nicht sie, sondern Christus allein zu Gott führe.[4] Sie verhielten sich ablehnend gegenüber Darstellungen Marias als Himmels-

Abb. 1 Mondsichelmadonna hinter der Lutherkanzel der Andreaskirche zu Eisleben, 1518 mit späteren Ergänzungen. Die Kanzel ist bis heute in situ erhalten.

1 Lediglich der Treppenaufgang wurde im 19. Jahrhundert umgebaut. **2** Die Tafeln wurden als Pfeilerverkleidung sekundär verwendet. Der restauratorische Befund deutet aber darauf hin, dass dies bereits während der Entstehung der Kanzel 1518 erfolgte. Vgl. Restauratorische Bestands- und Schadenserfassung durch Atelier für Konservierung und Restaurierung Peter Schöne, 2014, S. 17 f. **3** WA 7, 569, 12–17. **4** Vgl. Hans Düfel: Luthers Stellung zur Marienverehrung (= Kirche und Konfession. 13), Göttingen 1968, S. 239–242; Beth Kreitzer: Reforming Mary. Changing Images of the Virgin Mary in Lutheran Sermons of the Sixteenth Century, New York 2004, S. 135; Marina Münkler: Sündhaftigkeit als Generator von Individualität. Zu den Transformationen legendarischen Erzählens in der Historia von D. Johann Fausten und den Faustbüchern des 16. und 17. Jahrhunderts, in: Peter Strohschneider (Hrsg.): Literarische und religiöse Kommunikation in Mittelalter und Früher Neuzeit, Berlin 2009, S. 25–61, hier S. 41 f.; Reintraud Schimmelpfennig: Die Geschichte der Marienverehrung im deutschen Protestantismus, Paderborn 1952, S. 10 f.; Stirm, Margarete: Die Bilderfrage in der Reformation, Gütersloh 1977, S. 79; Walter Tappolet (Hrsg.): Das Marienlob der Reformatoren, Tübingen 1962, S. 38, 46.

Abb. 2 Hans Hesse (zugeschr.), Marienretabel, wohl um 1521,
Annaberg-Buchholz, Katharinenkirche.
Die Übermalungen des 16. Jh. sind heute verschwunden.

königin oder Schutzmantelmadonna, da diese von der heilsgeschichtlichen Bedeutung Marias ablenkten und sie an Christi statt setzten.[5]

Obwohl Luthers Kritik an der übermäßigen Verehrung Marias – und so mitunter auch an Mariendarstellungen – bereits 1521 aufkam und von anderen Reformatoren Wittenberger Prägung ebenfalls vertreten wurde, fallen zahlreiche bis heute erhaltene Mondsichelmadonnen in lutherischen Kirchen auf. So schenkte der Rat Annabergs 1594 der Kirche im benachbarten Buchholz ein Hans Hesse zugeschriebenes[6] Flügelretabel.[7] Im Zuge der Schenkung wurden die Gemälde weitgehend übermalt und die Heiligenfiguren durch Begebenheiten aus den Evangelien ersetzt.[8] Die Mitteltafel mit einer Mondsichelmadonna jedoch blieb nahezu unverändert (Abb. 2). Lediglich die Assistenzfigur des heiligen Franziskus wurde hier vollständig in einen Engel des Jüngsten Gerichts geändert. Der Maler gab ihm ein Schwert in die eine und eine Waage in die andere Hand. In der rechten Waagschale saß ein bußfertiger, armer Sünder und in der linken ein Priester, ein Kardinal und der Teufel mit einem Mühlstein. Nur das Kruzifix aus der Vision des Franziskus blieb erhalten. Die von ihm ausgehenden Blutstrahlen Christi ergossen sich nun in die Waagschale des bußfertigen Sünders, der dadurch mehr wog als der Klerus mitsamt Teufel und Mühlstein.[9]

Die apokalyptischen Aspekte, auf die schon die ursprüngliche Bildidee mit Bezug auf das Heilsversprechen anspielte, traten durch die Veränderung der Franziskusfigur nun vehement in den Vordergrund. Aus der Vision des Heiligen machte der Maler eine monumentale Szene der Apokalypse, in der der Drachentöter Georg nun als Erzengel Michael (Offb 12,7–9) fungierte. Der Vergleich mit anderen Weltgerichtsdarstellungen des späten 15. und des 16. Jahrhunderts zeigt, dass es sich um einen gängigen Typus von Bildern dieses Themas handelt (Abb. 3). Die Blutstrahlen, die dem Gläubigen sein Gewicht verleihen, führten den Gnadenbeweis durch Christus vor Augen. Es handelt sich um ein Motiv, das sich in der Reformationskunst nicht zuletzt durch Lucas Cranachs »Blutstrahl der Gnade« aus der Bildfindung von *Gesetz und Gnade* etabliert hatte. Die Erlösung durch Christi Blut verkündete Johannes in der Offenbarung (Offb 1,5), wodurch die Seelenwägung zum biblischen Ereignis erhoben wird. Der Drachenkampf folgt bei Johannes direkt auf die Erscheinung des Apokalyptischen Weibes (Offb 12,1–6). Johannes beschreibt, wie eine schwangere Frau, mit der Sonne bekleidet, den Mond unter ihren Füßen und von einem Kranz aus zwölf Sternen bekrönt, am Himmel erscheinen wird. Der Typus der Mondsichelmadonna geht ursprünglich wohl auf diese biblische Gestalt zurück. Allmählich etablierte sich aber die Konnotation als Madonnenbild, und spätestens im 15. Jahrhundert dominierte die Deutung als Himmelskönigin.

Obwohl zwei Drittel des Mittelbildes keine Übermalungen aufwiesen, bewirkte das Ersetzen des heiligen Franziskus durch den Engel der Apokalypse die Umdeutung des gesamten Bildes. Bei geöffneten Flügeln sah der Betrachter die Erfüllung des Heilsversprechens am Jüngsten Tag. Mit der Deutung der Mondsichelmadonna als Apokalyptisches Weib griff das Luthertum auf die wahrscheinlich ursprüngliche Bedeutung dieses ikonografischen Typus' zurück. Beim Buchholzer Retabel fällt die Beibehaltung eines Großteils des Originalgemäldes auf. Vor allem kostbare und aufwändige Partien blieben von der Übermalung verschont. So erhielt der Maler den Eindruck eines auf ältere Traditionen zurückgehenden, meisterhaften Kunstwerks.

Die Lesart als Apokalyptisches Weib lässt sich auf andere Mondsichelmadonnen übertragen, die das 16. und 17. Jahrhundert in luthe-

---

5 Vgl. Düfel, Stellung (wie Anm. 4), S. 239; Kreitzer, Mary (wie Anm. 4), S. 136; Sergiusz Michalski: The Reformation and the visual arts. The Protestant image question in Western and Eastern Europe, London 1993, S. 34 f.; Schimmelpfennig, Geschichte (wie Anm. 4), S. 9; Tappolet, Marienlob (wie Anm. 4), S. 149–152; Christoph Weimer: Luther, Cranach und die Bilder. Gesetz und Evangelium – Schlüssel zum Reformatorischen Bildgebrauch, Stuttgart 1999, S. 31, 33. **6** Ingo Sandner: Hans Hesse. Ein Maler der Spätgotik in Sachsen, Dresden 1983, S. 60, 64. **7** Vgl. Manfried Eisbein: Der Buchholzer Altar und seine wechselvolle Geschichte, in: Angelica Dülberg (Hrsg.): Ästhetik und Wissenschaft. Beiträge zur Restaurierung und Denkmalpflege (= Arbeitshefte des Landesamtes für Denkmalpflege Sachsen. 8), Altenburg 2005, S. 48–64, hier besonders S. 51; Heinrich Magirius: Das Franziskanerkloster zu Annaberg 2003, in: Ders./Hans Burkhardt (Hrsg.): Die »Schöne Tür« in der Sankt Annenkirche zu Annaberg, Dresden 2003, S. 19–27, hier besonders S. 25–27; Christian Melzer: Historia Schneebergensis renovata. D. i. Erneuerte Stadt- und Berg-Chronica der im Ober-Ertz-Gebürge Meissens geleg. St. Schneeberg. Hrsg. von Heinrich Harms zum Spreckel, Bd. 1, Schneeberg 1924, S. 107. **8** Im 19. Jahrhundert erfolgte unter Clausen Dahl in Dresden die Freilegung der ursprünglichen Gemälde des Retabels. Lediglich die

Abb. 3 Der Erzengel Michael als Seelenwäger, Flügel des Bose-Retabels, 1516 (Detail)

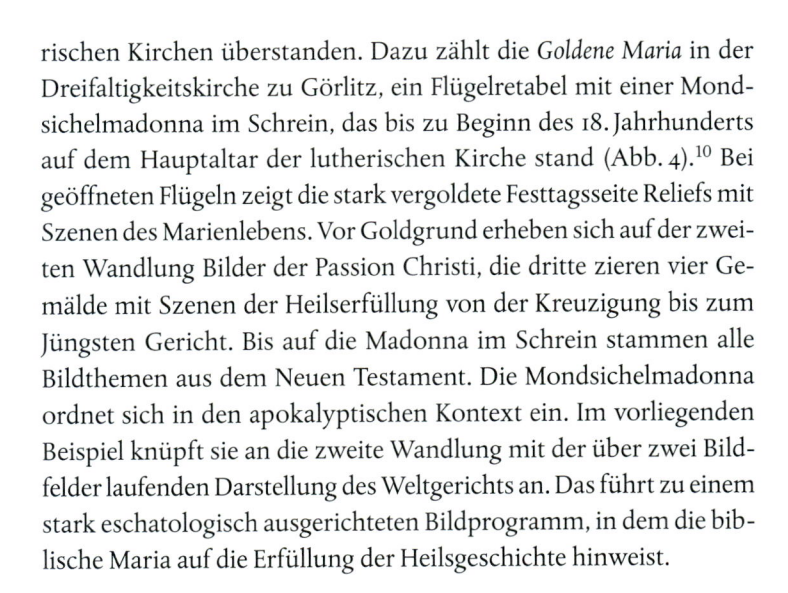

Abb. 4 Goldene Maria, um 1510–1515, Görlitz, Dreifaltigkeitskirche

rischen Kirchen überstanden. Dazu zählt die *Goldene Maria* in der Dreifaltigkeitskirche zu Görlitz, ein Flügelretabel mit einer Mondsichelmadonna im Schrein, das bis zu Beginn des 18. Jahrhunderts auf dem Hauptaltar der lutherischen Kirche stand (Abb. 4).[10] Bei geöffneten Flügeln zeigt die stark vergoldete Festtagsseite Reliefs mit Szenen des Marienlebens. Vor Goldgrund erheben sich auf der zweiten Wandlung Bilder der Passion Christi, die dritte zieren vier Gemälde mit Szenen der Heilserfüllung von der Kreuzigung bis zum Jüngsten Gericht. Bis auf die Madonna im Schrein stammen alle Bildthemen aus dem Neuen Testament. Die Mondsichelmadonna ordnet sich in den apokalyptischen Kontext ein. Im vorliegenden Beispiel knüpft sie an die zweite Wandlung mit der über zwei Bildfelder laufenden Darstellung des Weltgerichts an. Das führt zu einem stark eschatologisch ausgerichteten Bildprogramm, in dem die biblische Maria auf die Erfüllung der Heilsgeschichte hinweist.

Die gezielte Weiterverwendung einer gotischen Mondsichelmadonna lässt sich für das Retabel in der Frauenkirche zu Zittau belegen (Abb. 5). Die Kompilation des Retabels fällt mit der Schaffung einer Reihe neuer Ausstattungsstücke für die Kirche 1619 zusammen. So erhielt sie zeitgleich eine neue Kanzel und neue Kirchengemälde.[11] Daher liegt es nahe, dass das ältere Marienbild nicht aufgrund von Sparmaßnahmen in das Retabel eingefügt wurde, sondern bewusst Weiterverwendung fand.

»Maria honoranda non adoranda«, prangt in goldenen Buchstaben über der Skulptur. Dieses Zitat benutzte der damalige Pfarrer der Gemeinde Kaspar Tralles in seiner Predigt zur Neuweihe des Gotteshauses.[12] Ihr sollt Maria ehren, jedoch nicht anbeten, wies er seine Gemeinde an. Neben Erläuterungen zur Verwendung von Bildern in evangelischen Kirchen umfasste die Predigt Darlegungen zu Maria im Luthertum.[13]

Akten des sächsischen Altertumsvereins und die Chronik Christian Melzers zeugen heute noch von der Übermalung. Vgl. Melzer, Historia (wie Anm. 7), S. 107–112; Sächsisches Hauptstaatsarchiv Dresden – Staatsarchiv Dresden (SächsHStAD), Königlich Sächsischer Verein für Erforschung und Erhaltung vaterländischer Altertümer, Nr. 274, Buchholz Kirche, Die Restauration der Altarbilder. **9** Vgl. SächsHStAD, Nr. 274 (wie Anm. 8), Bl. 204; Melzer, Historia (wie Anm. 7), S. 108 f. **10** Vgl. SächsHStAD, Nr. 274 (wie Anm. 8), Bl. 41; Christian Speer: Frömmigkeit und Politik: Städtische Eliten in Görlitz zwischen 1300 und 1550 (= Hallische Beiträge zur Geschichte des Mittelalters und der Frühen Neuzeit. 8), Berlin 2011, S. 146 f., 165; Marius Winzeler: Dreifaltigkeitskirche Görlitz, Dößel 2011, S. 55. **11** Vgl. dazu Petr Hrachovec: Slavnostní vysvěcení interiéru kostela Panny Marie v Žitavě 8. září 1619. Příspěvek k poznání raně novověkého luteránského sakrálního prostoru v zemích Koruny české, in: Fontes Nissae 11 (2010), S. 11–46. **12** Vgl. ebd., S. 26, Anm. 40. **13** Tralles' Ausführungen dienten der Abgrenzung von den Katholiken und deren Idolatrie sowie von den Calvinisten als Ikonoklasten. Den Bildgebrauch im lutherischen Kirchenraum wertete Tralles positiv und verstand diesen als öffentliches Bekenntnis zum lutherischen Glauben und Zeichen der lutherischen Rechtgläubigkeit. Ebd., S. 38.

Kulturelle Folgen der Reformation

Abb. 5 Kompositretabel mit spätgotischer Mondsichelmadonna, um 1500–1619, Zittau, Frauenkirche. Das Retabel wurde aus alten und neuen Teilen gefertigt.

Der *Englische Gruß*

Die Verkündigung an Maria ergänzt das Bildprogramm in Zittau bei geöffneten Altarflügeln. Der Botenengel auf der rechten Flügelinnenseite als Stellvertreter für die Verkündigung des Wortes Gottes wendet sich Maria zu. Sie steht zur Linken an einem Lesepult, die Rechte hält sie zum Gruß erhoben, mit der linken Hand fasst sie sich an die Brust. Dieser Gestus unterstreicht den Willen Marias, die göttliche Botschaft in ihr Herz aufzunehmen.

Über den Reliefs in den Flügeln stehen die Anfangsworte des *Magnifikat* in goldener Schrift auf schwarzem Grund und schaffen somit eine Verbindung zum Lobpreis Gottes durch Maria. Das Geschehen beim Besuch der Jungfrau bei Elisabeth (Lk 1,39–56) stützt die lutherische Auslegung der Verkündigung.[14] Maria wusste die ihr zugekommene Gnade Gottes zu schätzen und zu preisen. Sie hebt sich selbst als die demütige Frau hervor, als die Luther sie verstand. Das macht sie zum »Urbild und Vorbild des Glaubens und der Kirche«.[15] Den lutherischen Predigern des 16. Jahrhunderts galt Maria als Leitfigur, da sie diese erste Lobpreisung auf den christlichen Gott ersann.[16]

Eines der prominentesten Beispiele für das Behalten vorreformatorischer Marienbilder im Luthertum ist sicherlich der *Englische Gruß* von Veit Stoß in St. Lorenz zu Nürnberg (Abb. 6). Die vollplastische Figurengruppe zeigt die Verkündigung an Maria, umgeben von einem Rosenkranz mit Medaillons des Marienlebens. Die Stiftung des Nürnberger Patriziers Anton Tucher behielt ihren Platz im Chorbogen der Kirche bis heute. Die Verhüllung in einen Vorhang entstand zeitgleich mit der Skulpturengruppe und wurde wohl zu Hochfesten und besonderen Anlässen gelüftet.[17] Dass der Nürnberger Reformator Andreas Osiander das Verhüllen des *Englischen Grußes* anwies, weil er vom vielen Gold der Skulptur während des Predigens geblendet wurde, gehört zu den Mythen der Reformation. Die Erhaltung des *Englischen Grußes* gründet zum einen sicherlich darauf, dass die Skulpturengruppe einen hohen Stellenwert bei der Stifterfamilie besaß.[18] Zum anderen lieferte das Motiv keinen Kritikpunkt, der seine Abschaffung gerechtfertigt hätte.

Die Szene der Verkündigung an Maria begegnet dem Kirchenbesucher vor allem in Zyklen oder als Darstellung auf geschlossenen Retabelflügeln, wo Maria und Gabriel jeweils einen Flügel für sich allein beanspruchen. Darin erfuhr Maria als erster Mensch von der Ankunft des Erlösers in der Welt und von ihrer Gottesmutterschaft. Das Fest der Verkündigung an Maria behielt das Luthertum bei, wie auch andere Marienfeste, wies ihm jedoch die Bedeutung eines Herrenfestes zu und legte damit den Schwerpunkt auf die christologische Deutung des Evangeliums.[19] Das Ave Maria, dessen Text sich aus dem Evangelium ableitet (Lk 1,26–38), wollte Luther als Lobpreisung der Mutter Jesu verstanden wissen, in der die Phrase »gebenedeit sei die Frucht deines Leibes« den Gruß des Engels zu einem Lob auf Christus erhebt. Das Ave Maria fungierte statt als Anrufung nun als Lobpreis auf Marias Glaubensstärke, die Gott mit dem Gnadenbeweis der jungfräulichen Empfängnis und Gottesmutterschaft belohnte.[20] Luther folgend etablierte sich die Übersetzung des lateinischen *gratia plena* in »Holdselige«. So grenzte sich das Luthertum von der römischen Kirche ab, da sich der Fokus auf die Menschlichkeit Marias richtete.[21] Sie fungiert nicht mehr als Mittlerin, sondern als Werkzeug Gottes, das in Bescheidenheit und Demut die Gnadengabe Gottes empfängt.[22]

---

14 Vgl. Düfel, Stellung (wie Anm. 4), S. 240; Kreitzer, Mary (wie Anm. 4) S. 138; Gunter Wenz: Maria in der protestantischen Frömmigkeitspraxis, in: Sebastian Anneser (Hrsg.): Madonna. Das Bild der Muttergottes, Lindenberg im Allgäu 2003, S. 69 f., S. 69. **15** Vgl. Wenz, Maria (wie Anm. 14), S. 69. **16** Vgl. Kreitzer, Mary (wie Anm. 4), S. 139. **17** Vgl. David Ganz: Ein »Krentzlein« aus Bildern. Englische Gruß des Veit Stoss und die Entstehung spätmittelalterlicher Bild-Rosarien, in: Urs-Beat Frei/Fredy Bühler (Hrsg.): Der Rosenkranz: Andacht, Geschichte, Kunst, Bern 2003, S. 152–169; Johannes Taubert: Der Englische Gruß des Veit Stoß in Nürnberg, in: Ders. (Hrsg.): Farbige Skulpturen. Bedeutung, Fassung, Restaurierung, München 1978, S. 60–72. **18** Das belegt ein Gemälde, das um 1646 für die Familie Tucher geschaffen wurde. Vgl. Taubert, Gruß (wie Anm. 17), S. 67. **19** Vgl. Jan Harasimowicz: Kunst als Glaubensbekenntnis (= Beiträge zur Kunst- und Kulturgeschichte der Reformationszeit. 359), Baden-Baden 1996, S. 41; Kreitzer, Mary (wie Anm. 4), S. 27. **20** Vgl. Kreitzer, Mary (wie

Abb. 6 Veit Stoß, Englischer Gruß, Nürnberg, St. Lorenz, 1518

Abb. 7 Albrecht Dürer, Verkündigung an Maria, 1510. Holzschnitt aus der Kleinen Passion

Bereits im 15. Jahrhundert verbreiteten sich Demutstypen der Verkündigungsdarstellung, die Marias Bescheidenheit verdeutlichen, und die Verkündigung an Maria in ihrer Kammer entwickelte sich zu einer der häufigsten Varianten (Abb. 7).[23] Die Jungfrau bildet sich durch ihre Bibellektüre, ihre Darstellung im Innenraum schildert ihre Bindung an das Haus und damit an die Familie. Sie verkörpert ein bescheidenes, häusliches und familiär eingestelltes Mädchen. Ihre fromme Lektüre verweist auf ein Leben im Glauben.[24] Sie entspricht so der idealen Vorstellung junger Frauen im Luthertum.[25] Die Kombination von Bibelillustration und allegorischem Gehalt prädestiniert diese Darstellungen geradezu als lutherische Historien- und Lehrbilder, vielleicht auch gerade, weil die in Innenräumen spielenden Verkündigungsszenen voll von apokryphen und der christlichen Mystik entstammenden Zutaten sind, die Eigenschaften Marias symbolisieren.

Marienkrönung

Natürlich fällt die Diskrepanz zwischen der Vorstellung einer durch Bescheidenheit ausgezeichneten Maria und ihren Visualisierungen als Himmelskönigin ins Auge. Jutta Desel konstatierte, dass in Thüringen Marienkrönungen zu den häufigsten nachweisbaren vorreformatorischen Bildthemen gehören.[26] Bekanntermaßen galt Maria schon vor der Reformation als Sinnbild der Kirche, der Ekklesia. Die ekklesiologische Dimension der Bedeutung Marias für das Luthertum basiert sowohl auf der Auslegung des *Magnifikats* als auch auf der des Johannesevangeliums, wo Christus Maria als Mutter in die Fürsorge des Johannes übergibt (Joh 19,25–27). Lutherische Predigten des 16. Jahrhunderts verstehen diesen Akt als die Inobhutnahme der Kirche durch die Gläubigen: nicht nur die Kirche kümmert sich wie eine Mutter um die Gläubigen, sondern auch umgekehrt.[27]

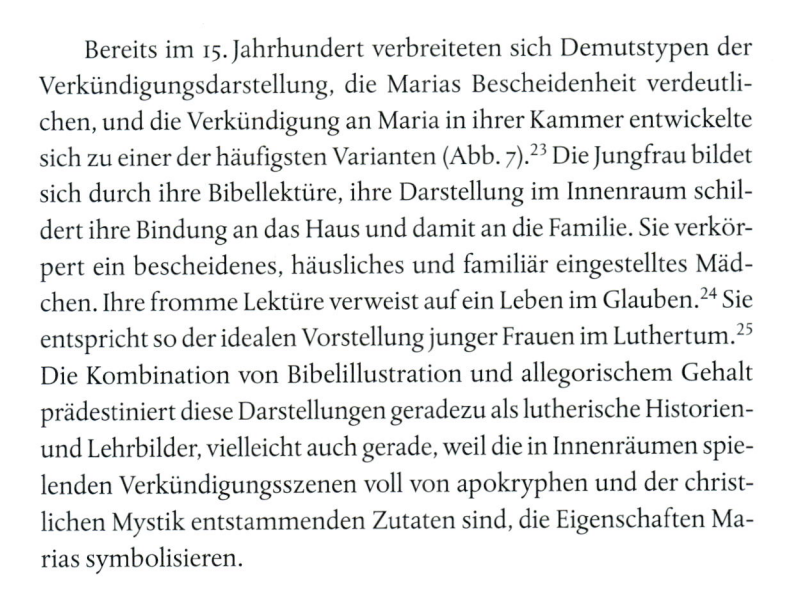

Anm. 4), S. 30; Tappolet, Marienlob (wie Anm. 4), S. 124. **21** Vgl. Kreitzer, Mary (wie Anm. 4), S. 27, S. 31f.; Schimmelpfennig, Geschichte (wie Anm. 4), S. 10; Tappolet, Marienlob (wie Anm. 4), S. 44–46, 125f.; Wenz, Maria (wie Anm. 14), S. 69. **22** Vgl. Düfel, Stellung (wie Anm. 4), S. 246; Kreitzer, Mary (wie Anm. 4), S. 32, 44, 140f. **23** Vgl. Sven Lüken: Die Verkündigung an Maria im 15. und frühen 16. Jahrhundert: historische und kunsthistorische Untersuchungen, Göttingen 2000, S. 41–64; Gertrud Schiller: Ikonographie der christlichen Kunst, Bd. 1, Gütersloh 1966, S. 57. **24** Vgl. Kreitzer, Mary (wie Anm. 4), S. 31, 140. **25** Vgl. die Beiträge von Susan Karant-Nunn und Franziska Kuschel in diesem Band. **26** Vgl. Jutta Desel: »Vom Leiden Christi ader von dem schmertzlichen Mitleyden Marie«: die vielfigurige Beweinung Christi im Kontext thüringischer Schnitzretabel der Spätgotik, Weimar 1994, S. 11. **27** Vgl. Kreitzer, Mary (wie Anm. 4), S. 119.

Kulturelle Folgen der Reformation

Abb. 8 Altararchitektur mit spätgotischem Marienkrönungsretabel, um 1525/1610, Mühlhausen, Marienkirche

Die Deutung Marias als Vorbild der christlichen Kirche belegt das Hauptaltarretabel zu St. Marien im thüringischen Mühlhausen. Dort befindet sich ein wohl zwischen 1608 und 1612[28] zusammengestelltes Kompositretabel (Abb. 8). Ein von korinthischen Säulen getragener Baldachin im Stil der Spätrenaissance überspannt die Mensa. Über ihr erhebt sich ein Flügelretabel, ursprünglich um 1525 entstanden, mit einer von Heiligenfiguren umrahmten trinitarischen Marienkrönung im Zentrum. Den Baldachin bekrönt ein getreppter Aufsatz mit einem Gemälde von Christi Himmelfahrt und *Arma-Christi*-Engeln. Darauf wiederum steht eine wohl spätgotische Mondsichelmadonna. Aus dem beginnenden 17. Jahrhundert stammen die Inschriften sowohl in der Predella als auch im Schrein direkt unterhalb der Marienkrönung. Letztere besagt: »Die hold seelige und gebenedeyte Jungfraw Maria ist ein Vorbild der christlichen/Kirchen welche von Gott dem Vater umb seines lieben Sohnes willen durch den heiligen/Geist soll Im Himmel mit ewiger Herligkeit gekrönet werden. Apoc: 12. V. I.«

Die Bildunterschrift klärt den Betrachter über das rechte Verständnis der zentralen Darstellung auf. Die Krönung erhebt Maria nicht in den Stand der Himmelskönigin, sondern sie erhält die Krone der Tugend und das Herrschaftszeichen des Kirchenregiments. Der Verweis auf das Apokalyptische Weib, sowohl durch die angegebene Stelle aus der Apokalypse als auch durch die Mondsichelmadonna als Bekrönung, unterstreicht die Stellung Marias in der traditionellen Rolle als Ekklesia.[29]

Exempla fidei und Allegorien des Glaubens

Neben Marienbildern und Darstellungen von Begebenheiten aus den Evangelien existieren in den lutherischen Kirchen zahlreiche Bilder außerbiblischer Heiliger. Sie zeigen Einzelfiguren mit ihren typischen Attributen, seltener entdeckt der aufmerksame Kirchenbesucher szenische Darstellungen. Beliebte Heilige blieben vor allem solche aus der Gruppe der Nothelfer.

Bereits im ausgehenden Mittelalter gehörte der heilige Christophorus zu den beliebtesten Heiligen und kommt folglich häufig in den verschiedensten Zusammenhängen vor. Seine Bedeutung für Luther lässt sich anhand zweier Predigten gut nachvollziehen. Er hielt sie in den Jahren 1528 und 1529 in Lochau und Wittenberg.[30] Luther verstand das Christophorusbild als Abbild des christlichen Glaubens (Abb. 9). Die Gläubigen sollten es sich vor Augen halten. Wer es zuvor noch nicht gesehen hatte, solle sich aufmachen, es noch anzusehen.[31]

Anhand des Bildes illustrierte Luther Glaubensgrundlagen, die ein Christ und die Prediger beherzigen sollten. Er unterstrich zunächst, dass »christoff nicht ein person ist, sondern ist ein ebenbild aller christen«,[32] wodurch er die literarische Fiktionalität des Heiligen betonte. Folgende Eigenschaften beinhalte das Christophorusbild:

Abb. 9 Sebald Beham, Der heilige Christophorus mit dem Strahlenmond, Holzschnitt, 1. Hälfte 16. Jh.

Der riesenhafte Wuchs stehe für die Frömmigkeit. Wer fromm sei, müsse groß, stark und mutig sein. Nur ein solcher Mensch könne das Gewicht des Glaubens, symbolisiert durch das Kind, tragen. Der Stock des Heiligen stehe für die Heilige Schrift. Wenn die Lasten des Lebens gar zu schwer wögen, solle sich jeder Christ auf die Heilige Schrift stützen.[33] Die Tasche mit Fisch und Brot am Gürtel des Heiligen stehe für die Fürsorge Gottes. Durch seinen starken Glauben überwinde Christophorus die Untiefen und Seeungeheuer des Lebens. Luther fasste das Motiv schließlich als Visualisierung der Taufe auf, dahin gehend, dass das Kind den Heiligen im reißenden Fluss taufte. In der Summe gab Luther Christophorus eine allegorische Funktion und drückte seine Sicht des Bildes wie folgt aus: »Also siehestu, wie fein die Christliche lere Inn ein leiplich eusserlich bilde gefasset ist, darInne wir sehen glauben, libe, gutte werck und das heilige creutz.«[34]

---

28 Vgl. Heinrich Otte/Gustav Sommer: Beschreibende Darstellung der älteren Bau- und Kunstdenkmäler des Kreises Mühlhausen (= Beschreibende Darstellung der älteren Bau- und Kunstdenkmäler der Provinz Sachsen. 4), Halle (Saale) 1881, S. 68, 80; Georg Dehio/Ernst Gall/Stephanie Eißing: Handbuch der deutschen Kunstdenkmäler, 2. Aufl., München 2003, S. 838, 850. **29** Vgl. Ernst Koch: »von Glauben eine Jungfrau, von Liebe eine Mutter«. Marienverehrung im Bereich der Wittenberger Reformation, in: Thomas A. Seidel/Ulrich Schacht (Hrsg.): Maria. Evangelisch, Leipzig 2011, S. 43–57, hier S. 49–51, 54–57; Kreitzer, Mary (wie Anm. 4), S. 118 f. **30** WA 27, Nr. 77, 384, 15–390, 9 und WA 29, Nr. 58, 498, 15–505, 40. **31** In der Predigt am 25. Juli 1529 bezog Luther sich direkt auf das Christophorusbild in der Barfüßerkirche. Siehe: WA 29, 498, 20. **32** WA 29, 500, 18 f. **33** WA 27, 389, 34 f. **34** WA 27, 390, 7–9.

Abb. 10
Hans Hesse (zugeschr.), Marienretabel, um 1521, Annaberg-Buchholz, Katharinenkirche. Auf dem Altaraufsatz ist die heilige Veronika mit dem Schweißtuch Christi dargestellt.

In den Predigten über den heiligen Christophorus zog Luther in kleineren Erwähnungen weitere Heiligenbilder zum Verständnis heran. Neben den Heiligen Katharina, Barbara und Michael bezog er sich auch auf den heiligen Georg.[35] Der Legende nach war es Georg möglich, den Drachen zu besiegen, weil er seine Stärke durch seinen Glauben an Christus erhielt. Wie dem heiligen Christophorus ermöglichte ihm seine tiefe Frömmigkeit, ein mehrfaches Martyrium zu durchleiden. »Also hat man uns Sanct Georgen mit dem Lindwurm auch fürgemalet. Aber hernachmals, da Gottes Wort hynweg genommen ward, ist aus solchen schonen gemelden und bildnissen ein missbrauch und abegötterey worden.«[36] In diesem Ausspruch, der ebenfalls aus der Predigt Luthers vom 26. Oktober 1528 in Lochau stammt, kommt zum Ausdruck, dass Luther den ikonografischen Typus des heiligen Georg als Drachentöter für geeignet hält, den Prototypen eines Tiefgläubigen zu illustrieren. Die Anrufung Georgs und Christophorus' als Nothelfer fasste Luther zwar als Missbrauch und Abgötterei auf. Wie Maria behielten sie ihre Daseinsberechtigung aber als *exempla fidei*, weshalb zahlreiche Autoren ihre Legenden in verschiedenen religiösen Textgattungen des Luthertums verwendeten.

268   Kulturelle Folgen der Reformation

Andachtsbilder

Edierte Predigten und Postillen, Anleitungen zur Verfassung von Predigten oder zur Gestaltung von Bildern,[37] Heiligenkalender, Märtyrer- und Exempelbücher spielen eine Rolle für die Heiligenmemoria im Luthertum. Diese Schriften erfuhren zahlreiche Auflagen und große Beachtung.[38] Neben einigen wenigen Traktaten des 16. Jahrhunderts zum Bild und Bildgebrauch im Luthertum enthalten die genannten Textgattungen teilweise recht genaue Angaben zu verschiedenen Bildtypen. Einige Texte beinhalten detaillierte Beschreibungen des Christophorusbildes.[39] Es zeigt sich, dass das Luthertum früh eine sich auf Luther selbst beziehende und grundsätzliche Haltung gegenüber Bildern vertrat. Sie sollten als Lehr- und Gedächtnisbilder dienen,[40] das heißt an Christus erinnern. Die Reformatoren postulierten ein bildhaftes menschliches Denken, das über ein bestimmtes Affektpotential verfügt und das Dargestellte zu vergegenwärtigen vermag.[41] Die verschiedenen Autoren empfahlen daher, die Heiligenlegenden unter Zuhilfenahme von Bildern zu memorieren, um gemäß ihrem Vorbild in Christi Nachfolge zu treten. Damit stehen ihre Bilder funktional dem spätmittelalterlichen Andachtsbild nahe.

Auf Melanchthon oder dessen Schüler Paul Eber geht eine ausführliche Anweisung zur Nutzung von Kalendern zurück. Jeder solle einen Kalender besitzen, zum Zweck des privaten Studiums und der Vergegenwärtigung der Geschichte, des Evangeliums oder des Tagesheiligen.[42] Die Verfasser wollten beim Leser die Identifizierung mit den Heiligen erwirken.[43] Das Leiden Christi sollte den Gläubigen trösten, während die Historien der Heiligen die Passion vergegenwärtigen und die *compassio*, das Mitleiden anregen sollten. Das legt ein Anknüpfen des Luthertums an die spätmittelalterliche *Devotio moderna* nahe, einer Frömmigkeitsweise, die eine persönliche, innere Frömmigkeit erstrebte.

Das Schweißtuch der heiligen Veronika kann diesen Anspruch illustrieren (Abb. 10). Die Kunst des 15. Jahrhunderts zeigt bei der Ausführung des Motivs ein großes Streben nach Realismus. Im Sinne der *Devotio moderna* sollte die Verinnerlichung des Gezeigten befördert werden. So erwähnen Goldwurm und Hondorff in ihren Heiligenkalendern die zahlreichen Gemälde der Veronika in Kirchen. Sie sehen das Antlitz Christi jedoch nicht auf ein Tuch gemalt, sondern in ihr Herz.[44]

Auch der in evangelischen Kirchen häufig anzutreffende Schmerzensmann bedient diese Vorstellung. In der Mystik hielt das Bild des von der Passion gezeichneten Auferstandenen dem Betrachter die Sünden vor, deren Folgen Christus an seiner Statt erträgt.[45] Im Luthertum verkörperte es, entsprechend der Rechtfertigungslehre, die Gnade, die dem Gläubigen durch Christi Opfer zuteil wird.

In der Tradition der *Devotio moderna*

Der vorangehende Aufsatz zeigte, dass Wort und Bild im frühneuzeitlichen Luthertum Hand in Hand gingen. Der in der Frühen Neuzeit vereinfachte Zugang zu Texten und die erhöhte Alphabetisierungsrate begünstigten eine polymediale Frömmigkeitspraxis. Die textorientierte Bildpraxis förderte die rechtgläubige Auslegung der Ikonografien und konnte Unklarheiten ausräumen.

Bilder sollten nicht nur »zum Ansehen, zum Zeugnis, zum Gedächtnis, zum Zeichen«[46] dienen. Die Erzeugung von Affekten, um sich mit dem Leiden Christi zu identifizieren und ihm nachzufolgen, war erwünscht. Die Weiterverwendung vorreformatorischer Bilder beziehungsweise die vorreformatorischer Bildtypen eignete sich für das Evozieren der *compassio*, weil sie vor dem Hintergrund der *Devotio moderna* bereits so konzipiert worden waren. Sie vereinfachten die meditative Betrachtung und stützten das vom Luthertum des 16. Jahrhunderts geforderte Erleben der Leiden Christi.

Luther selbst wies den Heiligen früh die Funktion als Exempel zu und umschrieb diese Aufgabe mit Allegorien, die er mit bildhaften Symbolen aufbaute. Die nachfolgenden Generationen von Theologen Wittenberger Prägung nutzten dieselben Topoi und die meditativen Eigenschaften altbekannter Bildformeln für ihre Predigt, wodurch sie in den lutherischen Kirchen zusätzliche Funktionen erhielten.

---

35 WA 27, 386, 13 f., 24 f.; WA 29, 501, 5 f., 17 f.; WA 34/II, 226, 3, 11, 21 f. **36** WA 27, 386, 24–27. **37** Vgl. Gabriele Wimböck: »Durch die Augen in das Gemüt kommen«: Sehen und Glauben – Grenzen und Reservate, in: Dies./Karin Leonhard/Markus Friedrich (Hrsg.): Evidentia: Reichweiten visueller Wahrnehmung in der Frühen Neuzeit, Münster 2007, S. 427–450, hier S. 438. **38** Vgl. Wolfgang Brückner: Zeugen des Glaubens und ihre Literatur, in: Ders. (Hrsg.): Volkserzählung und Reformation. Ein Handbuch zur Tradierung und Funktion von Erzählstoffen und Erzählliteratur im Protestantismus, Berlin 1974, S. 520–578; Thomas Fuchs: Protestantische Heiligenmemoria im 16. Jahrhundert, in: Historische Zeitschrift 267 (1998), S. 587–615, hier S. 595. **39** Vgl. Kaspar Goldwurm: Kirchen Calender. Ein Christlich vnd nützlich Buch in welchem nach Ordnung gemeiner Calender die Monat Tag vnd die fürnembsten Fest des gantzen jars mit irem gebrauh Auh der Heiligen Apostel vnd Christlichen Bischoff Leerer vnd Martyrer Glaub Leben vnd bestendige bekantnuss […] Frankfurt am Main 1559, S. 51r; Andreas Hondorf: Calendarium historicum oder der Heiligen Marterer Historien, Frankfurt am Main 1575, S. 412. **40** WA 18, 80, 6–8. **41** Vgl. Wimböck, Augen (wie Anm. 37), S. 438. **42** Vgl. Fuchs, Heiligenmemoria (wie Anm. 38), S. 602–613; Matthias Pohlig: Zwischen Gelehrsamkeit und konfessioneller Identitätsstiftung, Tübingen 2007, S. 418–421. **43** Vgl. Vinzenz Sturm: Vorrede zum Calendarium Sanctorum Andreas Hondorfs, in: Hondorf, Calendarium historicum, S. A ii r – A iiii v. **44** Vgl. Goldwurm, Kirchen Calender (wie Anm. 39), 55v–56r; Simon Gedik: Von Bildern und Altarn, In den Euangelischen Kirchen Augspurgischer Confession/Wolgegründter Bericht, sampt kurtzer Wiederlegung des newlich aussgegangenen Zerbestischen Buchs, menniglich in diesen letzten gefehrlichen leufften, wieder die Caluinische Newrung der Bilder und Altarstürmer, zu wissen sehr nützlich und nötig, Magdeburg 1597, 125v. **45** Vgl. Hanswernfried Muth/Toni Schneiders: Tilman Riemenschneider. Bildschnitzer zu Würzburg, Würzburg 2004, S. 131; Hans-Walter Schmidt-Hannisa: Eingefleischte Passion. Zur Logik der Stigmatisierung, in: Roland Borgards (Hrsg.): Schmerz und Erinnerung, München 2005, S. 69–82, hier S. 71. **46** WA 18, 80, 6 f.

INGRID DETTMANN

Der heilige Martin? Das Bildnis des Reformators zwischen Heiligenikonografie und konfessioneller Identität im 16. Jahrhundert

Martin Luther war eine der am häufigsten abgebildeten Personen der Frühen Neuzeit. Sein Bildnis erschien in den verschiedensten Medien und Gattungen, und das sowohl im sakralen als auch im profanen Bereich. Besonders in der Anfangsphase der reformatorischen Bewegung bestand ein großes Bedürfnis, den Mönch zu sehen, der sich Papst und Kirche entgegenstellte. Auch Albrecht Dürer drückte 1520 in einem Brief an Georg Spalatin seinen Wunsch aus, »dass ich zu Doctor Martinus kumm, so will ich ihn mit Fleiss kunterfetten und in Kupfer stechen, zu einer langen Gedächtnuss des christlichen Manns, der mir aus grossen Aengsten geholfen hat.«[1] Zwar war es Dürer nicht vergönnt, den Reformator persönlich aufzusuchen, um ihn zu porträtieren. Kurz darauf schuf jedoch der Hofmaler Friedrichs des Weisen, Lucas Cranach der Ältere, seine ersten in Kupfer gestochenen Bildnisse des Augustinermönchs (1520). An diesen Bildnissen orientierten sich andere Künstler und verbreiteten diesen Luther-Typus in unterschiedlichen Varianten.[2] Eine davon ist der 1521 gefertigte Holzschnitt Hans Baldungs, der Luther zum Heiligen stilisiert (siehe Abb. 1 im Beitrag von Christiane Andersson in diesem Band). Mit aufgeschlagener Bibel blickt der Mönch nachdenklich, fast entrückt in die Ferne. Seine Erleuchtung, augenfällig durch den strahlenden Nimbus ins Bild gesetzt, bezog er durch den Heiligen Geist, der als Taube über ihm schwebt. Dabei resultiert Luthers Heiligkeit aus der Offenbarung, die ihm durch das Studium der Bibel zuteil wurde; so suggeriert es die aufgeschlagene Heilige Schrift in seiner Hand. Sie sollte in der Folge zu einem kennzeichnenden Attribut des Reformators werden. Der Bezug auf die traditionelle Heiligenikonografie sollte die Rechtmäßigkeit der reformatorischen Lehre belegen, die der Augustinermönch der Bibel als alleinigem Quell der christlichen Wahrheit entnahm.[3]

Baldungs Holzschnitt diente der Propaganda. Welche Wirkung dieser und ähnliche Drucke hatten, lässt sich dem Bericht des päpstlichen Nuntius Aleander entnehmen, der dem Vizekanzler der Kirche, Kardinal Giulio de' Medici, am 18. Dezember 1521 aus Worms entgeistert berichtete: »So hat man ihn denn auch neuerdings mit der Taube über dem Haupte und mit dem Kreuze des Herrn, oder auf einem anderen Blatte mit der Strahlenkrone dargestellt; und das kaufen sie, küssen es und tragen es selbst in den Palast.«[4] Stellungnahmen Luthers zu diesem Phänomen sind nicht überliefert. Das muss jedoch nicht bedeuten, dass der Reformator gleichgültig gegenüber der Verwendung und massenhaften Verbreitung seines Bildnisses war, das zuweilen sogar Verehrung genoss. Luther lehnte zwar die Vorstellung von Heiligen als Fürsprecher und Heilsmittler und ihre damit verbundene kultische Verehrung grundsätzlich ab. Die Erinnerung an sie als Vorbilder und Glaubenszeugen fand er einem christlichen Leben jedoch durchaus zuträglich.[5] Und als ein Vorbild wurde auch der Reformator selbst wahrgenommen, der seine Lehre standhaft gegen mächtige Gegner verteidigte. So wurde Luther in einer ebenfalls 1521 publizierten Schrift Melchior Rammingers zum Märtyrer erhoben und sein Erscheinen vor dem Wormser Reichstag mit der Passion Christi verglichen.[6] Die mediale Heiligsprechung und Heroisierung Luthers vollzog sich also nicht nur in Bildern, sondern insbesondere in zahlreichen Schriften.[7]

---

1 Zit. nach Ernst Heidrich (Hrsg.): Albrecht Dürers schriftlicher Nachlass. Familienchronik, Gedenkbuch, Tagebuch der niederländischen Reise, Briefe, Reime, Auswahl aus den theoretischen Schriften: mit neun Zeichnungen und drei Holzschnitten Dürers, Berlin 1908, S. 180 f. **2** Martin Warnke: Cranachs Luther. Entwürfe für ein Image, Frankfurt am Main 1984, S. 23–31. **3** »Ist was guts in mir, So ists ja nicht mein, Sondern meines lieben HERRN Gottes und Heilands Jhesu Christi, Des Gaben ich nicht leugnen sol, nemlich das ich die heilige Schrifft (wie wol wenig) viel besser verstehe.« WA 53, 256, 16–19. **4** Zit. nach Paul Kalkoff: Die Depeschen des Nuntius Aleander vom Wormser Reichstage 1521, Halle 1897, S. 58 f. **5** Hierzu Lennart Pinoma: Die Heiligen bei Luther, Helsinki 1977. Vergleiche auch den Beitrag von Susanne Kimmig-Völkner in diesem Band. **6** Melchior Ramminger: Doctor Mar. Luthers Passio durch Marcellum beschrieben, Augsburg 1521; Ders.: Ain schöner newer Passion, Augsburg 1521. **7** Hierzu Hans Preuß: Martin Luther. Der Prophet, Gütersloh 1933, S. 28–72; Robert Kolb: For all the Saints. Changing Perceptions of Martydom and Sainthood in the Lutheran Reformation, Macon/GA 1987, S. 103–138; Robert Kolb: Die Umgestaltung und theologische Bedeutung des Lutherbildes im späten 16. Jahrhundert, in: Hans-Christoph Rublack (Hrsg.): Die lutherische Konfessionalisierung in Deutschland: Wissenschaftliches Symposion des Vereins für Reformationsgeschichte 1988, Gütersloh 1992, S. 202–231; Robert W. Scribner: For the Sake of Simple Folk, Oxford/Cambridge 1994, S. 14–36; Robert Kolb: Martin Luther as a Prophet, Teacher, Hero. Images of the Reformer,

Die Übersetzung des Neuen Testaments durch Martin Luther war für die Reformation ein fundamentaler Schritt. Aufgrund seines Verdienstes, jedermann das Evangelium zugänglich gemacht zu haben, lag die Assoziation Luthers mit einem Evangelisten besonders nahe. Ein Holzschnitt Cranachs des Älteren in dem 1529 von Hans Lufft in Wittenberg gedruckten *Neuen Testament* zeigt den heiligen Matthäus mit den Gesichtszügen Martin Luthers (Abb. 1).[8] Der Spiegel in der Hand des Engels lenkt das Licht des Heiligen Geistes auf den schreibenden Reformator, ein ungewöhnliches Motiv, das Cranach nicht wiederholte. Es verdeutlicht jedoch, dass Luthers Übersetzung des Neuen Testaments als göttlich inspiriert angesehen wurde. Doch Cranach kennzeichnet den Reformator nicht nur als Evangelisten. Er zeigt ihn gleichermaßen als Gelehrten, der in der Zurückgezogenheit seiner Studierstube arbeitet und durch gewissenhaftes Studium Erkenntnis erlangt. Auf diese Weise betont der Holzschnitt zugleich die Bedeutung des intellektuellen Schaffens des Theologen.[9] Beide Aspekte sind hier untrennbar miteinander verbunden. Ein weiteres Detail des Bildes schafft einen Bezug zu Luthers theologischer Auseinandersetzung mit der Kirche. Im Vordergrund platzierte Cranach zwei Rebhühner, die der *Physiologus* als Zeichen für die Nachfolge Christi deutet.[10] Den Tieren wurde nachgesagt, sie würden fremde Eier stehlen und ausbrüten. Wenn die Küken aber herangewachsen seien, würden sie ihre wahre Mutter erkennen und ihr folgen, die falsche hingegen verlassen. Im Kontext dieses Rollenporträts erfährt die Überlieferung eine neue Deutung im Sinne der Reformation. Demnach folgen die mündigen Christen nun der wahren Lehre Martin Luthers und wenden sich von der falschen altkirchlichen Lehre ab. Denn erst Luther versetzt die Gläubigen durch seine Übersetzung des Neuen Testaments in die Lage, das Evangelium richtig zu verstehen und Christus nachzufolgen.

Mit dieser Aussage wendet sich der Holzschnitt an einen ausgewählten Adressatenkreis: den Leser des von Martin Luther übersetzten Neuen Testaments. Dieser findet die christliche Wahrheit gemäß dem Prinzip *sola scriptura* ebenfalls ausschließlich durch das ernsthafte Studium der Bibel. Anders als der provokante Einblattdruck Hans Baldungs, der im Volk reißenden Absatz fand, bietet Cranachs Holzschnitt dem gebildeten Betrachter, der die Anspielungen versteht, nicht nur eine hagiografische Einordnung der lutherischen Leistung, sondern auch eine Anweisung zum eigenen Handeln, dem intensiven Bibelstudium. Die Berücksichtigung alter Sehgewohnheiten zur Vermittlung neuer Botschaften setzt jedoch eine differenzierte Lesart des Dargestellten voraus, die in besonderem Maße vom Vorwissen des Betrachters und dem Kontext des Bildes abhängig ist.

Abb. 1 Lucas Cranach d. Ä., Luther als Evangelist Matthäus, 1529

Das sakrale Rollenporträt, dessen man sich in diesem Fall bediente, um das Verdienst Luthers für die wahrhafte Verkündigung des Evangeliums zu würdigen, war ein gängiger Bildnistyp und fand auch durch Luthers Gegner Kardinal Albrecht von Brandenburg Verwendung. Dieser ließ sich bereits zuvor (1525 und 1526) von Cranach als heiliger Hieronymus im Gehäuse porträtieren, als jener Kirchenvater, der die *Vulgata* verfasste. Einen Bruch mit der ikonografischen Tradition hat es also nicht gegeben. Solche Identifikationsbilder konnten sehr unterschiedlich begründet sein und auf Tugend-, Standes-, Namens- oder Ereignisanalogien beruhen.[11]

1520–1620, Grand Rapids/MI. 1999; Thomas Kaufmann: Der Anfang der Reformation. Studien zur Kontextualität der Theologie, Publizistik und Inszenierung Luthers und der reformatorischen Bewegung, Tübingen 2012, S. 266–333. **8** Cranach greift hier möglicherweise den Holzschnitt Sebald Behams auf, der Luther geistinspiriert bei der Übersetzung des Neuen Testaments mit Doktorhut zeigt. Er ziert das Titelblatt einer von Hans Hergot 1524 in Nürnberg gedruckten Ausgabe von Luthers Neuem Testament. Herbert Zschelletzschky: Die »drei gottlosen Maler« von Nürnberg. Sebald Beham, Barthel Beham und Georg Pencz. Historische Grundlagen und ikonologische Probleme ihrer Graphik zu Reformations- und Bauernkriegszeit, Leipzig 1975, S. 245–249. **9** »Ich hab mein theologiam nit auff ein mal gelernt, sonder hab immer tieffer und tieffer grubeln mussen.« WA.TR 1, 146, 12, Nr. 352. **10** Beim *Physiologus* handelt es sich um eine Schrift aus frühchristlicher Zeit, die das Verhalten und die Eigenschaften von Tieren symbolisch deutet und auf die christliche Heilsgeschichte bezieht; Friedrich Lauchert: Geschichte des Physiologus von Dr. Friedrich Lauchert, Straßburg 1889, S. 20, Nr. 18. **11** Friedrich Polleross: Das sakrale Identifikationsporträt. Ein höfischer Bildtypus vom 13. bis zum 20. Jahrhundert (= Manuskripte zur Kunstwissenschaft. 18), 2 Bände, Worms 1988; Ders.: Die Anfänge des Identifikationsporträts im höfischen und städtischen Bereich, in: Frühneuzeit-Info 4 (1993), S. 17–36.

Kulturelle Folgen der Reformation

Abb. 2 Jacob Lucius d. Ä., Flugblatt mit der Taufe Christi in Anwesenheit Luthers und der Familie Johann Friedrichs des Großmütigen in der Elbe vor Wittenberg, 1556/58

Bereits 1519 wurde eine Parallelisierung Martin Luthers mit seinem Namenspatron visuell hergestellt. Bei der Leipziger Disputation standen sich Johannes Eck und Martin Luther gegenüber. Der eine wohl nicht zufällig unter einem Bildnis des Drachentöters Georg, der andere unter einer Darstellung des heiligen Martin.[12] Luther selbst verstand seine Bestimmung und sein Handeln als Nachfolge biblischer Heiliger und stellte sich in die Reihe der Evangelisten, Apostel und Propheten.[13]

Dies vermittelt auch ein propagandistisches Flugblatt Jacob Lucius des Älteren (Abb. 2).[14] Der zwischen 1550 und 1560 gefertigte Holzschnitt versetzt das heilsgeschichtliche Ereignis der Taufe Christi in die Elbauen vor Wittenberg. Vor seiner nach dem Schmalkaldischen Krieg 1547 verlorenen Residenzstadt kniend, wohnt Johann Friedrich der Großmütige mit seiner Frau Sibylla von Cleve und den drei Söhnen dem Geschehen bei. Dem Beispiel traditioneller Altarbilder folgend, auf denen Stifterfiguren von Heiligen begleitet werden, erscheint nun Martin Luther gleichsam als Schutzpatron der Fürstenfamilie. Hinter dem Herrscherpaar stehend, legt er Johann Friedrich eine Hand auf die Schulter. Während die Verwendung der altkirchlichen Bildsprache den Betrachter dazu verleitet, Luthers Habitus mit dem eines vermittelnden Heiligen zu assoziieren, der das Fürstenpaar Christus anempfiehlt, macht doch der Text

12 Warnke, Cranachs Luther (wie Anm. 2), S. 8. **13** »So sage ich Doctor Martinus Luther unsers Herrn Jhesu Christi unwirdiger Evangelist …« WA 30, 3, 366, 8; »Wen ich mich rhümen wolte, mochte ich mich in gott noch woll der Aposteln und Evangelisten inn Deutschen lande einen rhümen, wens gleich dem teuffel und allen seinen bischoffen und Tyrannen leide were: denn ich weis, das ich den glawben und die wahrheitt gelertt habe und noch lere von gots gnaden.« WA 19, 261, 24; »Aber weil ich der Deutschen Prophet bin (Denn solchen hoffertigen namen mus ich mir hinfort selbs zu messen meinen Papisten und Eseln zur lust und Gefallen)« WA 30, 3, 290, 28; Zu Luthers Selbstverständnis Karl Holl: Luther (Gesammelte Aufsätze zur Kirchengeschichte, Bd. 1), 6. Aufl., Tübingen 1932, S. 381–419; Preuß, Martin Luther (wie Anm. 7), S. 96–130. **14** Zu diesem Holzschnitt siehe Werner Hofmann (Hrsg.): Luther und die Folgen für die Kunst, München 1983, S. 228 f., Kat.-Nr. 101; Günter Schade (Hrsg.): Kunst der Reformationszeit, Staatliche Museen zu Berlin, Hauptstadt der DDR, Berlin 1983, S. 422–424, Nr. F 43; Gerhard Bott (Hrsg.): Martin Luther und die Reformation in Deutschland, Frankfurt am Main 1983, S. 362, Kat.-Nr. 482; Joseph Leo Koerner: The Reformation of the Image, Chicago 2008, S. 76; Thomas Töpfer: Zwischen bildungskultureller Vorbildwirkung und politischer Legitimitätsstiftung. Die Universität Wittenberg in der lutherischen Bildungslandschaft der zweiten Hälfte des 16. Jahrhunderts, in: Klaus Tanner (Hrsg.): Konstruktionen von Geschichte. Jubelrede – Predigt – protestantische Historiographie (= Leucorea-Studien zur Geschichte der Reformation und der Lutherischen Orthodoxie. 18), Leipzig 2012, S. 43–45; Sabrina Leps: Taufe Christi in der Elbe im Beisein Martin Luthers und Johann Friedrichs des Großmütigen mit seiner Familie, in: Dirk Syndram (Hrsg.): Luther und die Fürsten. Selbstdarstellung und Selbstverständnis des Herrschers im Zeitalter der Reformation, Katalogband, Dresden 2015, S. 300 f., Nr. 227.

Abb. 3 Lucas Cranach d. J., Weimarer Altar, 1555, Weimar, Stadtkirche St. Peter und Paul (Herderkirche)

unterhalb der Darstellung klar, dass nicht die Fürbitte Aufgabe des Reformators ist, sondern das Anzeigen der geoffenbarten Gnade Gottes. So deutet Luther wie auf der Predella des Wittenberger Reformationsaltars auf Christus als den alleinigen Erlöser. In dieser Eigenschaft vergleicht die Schrift des Flugblatts den Reformator mit Johannes dem Täufer.[15] Luther steht also hier stellvertretend für seine christozentrische Rechtfertigungslehre, der das Fürstenhaus anhing. Als protestantisches Gedächtnis- und Bekenntnisbild suggeriert der Holzschnitt auf diese Weise eine beispielhafte Verbundenheit von kirchlicher und weltlicher Macht und präsentiert die Ernestiner als Schutzherren der Wittenberger Reformation.[16] Dabei ist die Darstellung Luthers als eine Art Schutzpatron Ausdruck einer Tendenz, die Person des Reformators als höchste Autorität in Glaubensfragen zu überhöhen. Er wird zum »Symbol für die theologische, politische und soziale Bewegung, die er repräsentierte.«[17]

Ein genuin protestantisches Bildprogramm präsentiert der Altar der Weimarer Stadtkirche St. Peter und Paul von Lucas Cranach dem Jüngeren (Abb. 3). Die Mitteltafel setzt auf monumentale Weise das Cranach'sche »Gesetz-und-Gnade«-Motiv ins Bild, das die Rechtfertigungslehre Martin Luthers anschaulich macht. Die typologische Gegenüberstellung der Motive geschieht hier in der Tiefenstaffelung des Gemäldes, wobei die alttestamentarischen Szenen im Hintergrund auf den im Vordergrund thematisierten Erlösungsgedanken vorausweisen oder diesen kontrastieren. So ist der Reformator selbst im unmittelbaren Bildvordergrund als Antitypus des Mose wiedergegeben. Er deutet auf die geöffnete Bibel, die er dem Betrachter zeigt, und wiederholt damit den Gestus des Propheten, der den von Tod und Teufel verfolgten Sünder auf die Gesetzestafeln verweist. Luther setzt damit der Werkgerechtigkeit und der Höllenangst des Menschen die im Kreuzesopfer geschenkte Gnade Gottes entgegen. Sein Gestus gilt der vor der fürstlichen Grablege versammelten Gemeinde, die er auf diese Weise in das Heilsgeschehen mit einbezieht. Luthers Vermittlerrolle beschränkt sich jedoch auf die Verkündigung der Frohen Botschaft und erstreckt sich nicht auf die Fürsprache bei Gott. So bedeutet die irritierend prominente Darstellung Luthers auf dem Altarretabel nicht, dass der Person des Reformators Heiligkeit im altkirchlichen Sinne zugemessen wird. Doch macht seine Implementierung in die biblische Szenerie Luther nicht nur zum Zeugen, sondern zum integrativen Bestandteil der Heilsgeschichte, die sich in der Gegenwart fortsetzt. Als aktiv Handelnder ist er in das Geschehen auf dem zentralen Bildfeld eingebunden. Während Johannes der Täufer auf den Gekreuzigten und das Lamm Gottes deutet, interpretiert Luther das blutige Opfer mit Verweis auf die Heilige Schrift, der er auf diese Weise wieder Geltung verschafft hat.[18] Es ist seine theologische Autorität, zu der sich die Ernestiner mit diesem Altarbild bekennen. Da die politische Situation nach dem Tode des Reformators unsicher war und die im Augsburger Interim von 1548 beschlossenen Kompromisse für heftige innerreformatorische Auseinandersetzungen sorgten, ist die prominente Darstellung des Reformators auch ein Bekenntnis des Landesherrn und seiner Familie zur orthodoxen lutherischen Lehre.[19]

Ein anderer Ausdruck konfessioneller Identität ist der von Lucas Cranach dem Jüngeren 1582 geschaffene Weinbergaltar aus der Mönchskirche von Salzwedel, der in seiner Gesamtheit nicht nur ein proreformatorisches, sondern auch ein antikatholisches Konzept entfaltet.[20] Die formale Nähe von Heiligenfiguren auf Altarretabeln und dem Bildnis des Reformators wird an den lebensgroßen Ganzfigurenporträts Martin Luthers und Philipp Melanchthons auf den Flügelaußenseiten besonders deutlich (Abb. 4).[21] Bis zu diesem Zeitpunkt wurden auf der Außenseite von Altarflügeln nur Heilige als isoliert stehende Einzelfiguren dargestellt. An ihre Stelle treten die Wittenberger Reformatoren, jedoch nicht zur kultischen Verehrung, sondern als Vertreter ihrer Lehre. Demonstrativ, gewissermaßen predigend, halten sie dem Betrachter aufgeschlagene Bücher entgegen, in denen man bei Luther Verse aus dem Neuen Testament und bei Melanchthon eine Auslegung des Römerbriefs lesen kann. Die reformatorische Fokussierung auf das Wort, das sie vermitteln, wird auch in diesen Bildnissen deutlich. Entsprechend kommentiert die Schrift der Predella die Aufgabe der Reformatoren, die auf dem Bild der Mitteltafel im Weinberg des Herrn arbeiten: »Sie tilgen auss alle Falsche lehr […] Undt machen wieder offenbar, Gottes gnade so verfinstert war. Die rechte meinung O frommer Christ, Dieses Kunstreichen bildes ist.«[22] Im Vordergrund steht der didaktische Wert des Altarretabels, das in seiner Gesamtheit ein proreformatorisches Bildprogramm entfaltet.

Die ganzfigurigen Reformatorenbildnisse der Flügelaußenseiten stehen in einer bildlichen Tradition, die sich nach Luthers Tod 1546 etablierte. Seither sind nahezu allerorts selbstständige lebensgroße Porträts des Reformators in Kirchenräumen zu finden. Alle gründen auf dem von Lucas Cranach dem Jüngeren für die Wittenberger Schlosskirche entworfenen Grabmal des Reformators und dienten sowohl der Totenmemoria als auch dem Bekenntnis zur Reformation.[23] Ihre Verbindung mit einem Altarretabel ist jedoch einzigartig.

Eine Ausnahmeerscheinung stellt auch das sogenannte *Luthertriptychon* Veit Thiems dar (Abb. 5).[24] Geradezu ikonenhaft zeigt es den Reformator in drei unterschiedlichen Lebensabschnitten: auf

---

15 »Wie Sanct Johannes zeiget an, Dem hat gefolgt der theure Man, Martinus Luther in Sachsenland.« **16** Hofmann, Luther und die Folgen (wie Anm. 14), S. 228; Töpfer, Vorbildwirkung (wie Anm. 14), S. 45. **17** Kolb, Umgestaltung (wie Anm. 7), S. 203. **18** In dem aufgeschlagenen Buch steht gut lesbar: »Das Blut Jesu Christi reinigt uns von allen Sünden. Darum so lasst uns hinzutreten mit Freudigkeit zu dem Gnadenstuhl, auff das wir Barmherzigkeit empfangen, und Gnade finden auf die Zeit, wenn uns Hülff nodt sein wird. Gleich wie Moses in der Wüsten ein Schlang erhohet hat, also mus auch des Menschen Son erhohet werden, auf das alle, die an [ihn glauben, nicht verloren werden, sondern das ewige Leben haben.]« 1. Joh 1,7; Hebr 4,16; Joh 3,14 f. **19** Susan Boettcher: Are the Cranach Luther Altarpieces Philippist? Memory of Luther and Knowledge of the Past in the Late Reformation, in: Mary Lindemann (Hrsg.): Ways of Knowing. Ten Interdisciplinary Essays, Boston/Leiden 2004, S. 108 f.; Peter Poscharsky: Von Wittenberg nach Weimar, in: Bettina Seyderhelm (Hrsg.): Cranach-Werke am Ort ihrer Bestimmung, Regensburg 2015, S. 279 f. **20** Heute im Johann-Friedrich-Danneil-Museum, Salzwedel; Zum *Weinbergaltar* Ulrich Kambach/Jürgen M. Pietsch (Hrsg.): Der Weinberg-Altar von Lucas Cranach dem Jüngeren aus der Mönchskirche in Salzwedel, Spröda 1996. **21** Vgl. Daniela Roberts: Protestantische Kunst im Zeitalter der Konfessionalisierung. Die Bildnisse der Superintendenten im Chorraum der Thomaskirche zu Leipzig, in: Susanne Wegmann/Gabriele Wimböck (Hrsg.): Konfessionen im Kirchenraum, Leipzig 2007, S. 332. **22** Zur Weinberg-Thematik bei Cranach dem Jüngeren siehe Ingrid

Abb. 4
Lucas Cranach d. J., Flügelaußenseiten des Weinbergretabels mit Ganzfigurenbildnissen Luthers und Melanchthons, 1582, Salzwedel, Johann-Friedrich-Danneil-Museum

dem linken Flügel als Augustinermönch, auf dem rechten Flügel als Junker Jörg und auf der Mitteltafel als protestantischen Geistlichen.²⁵ Letzterer hat hier jedoch nicht die Heilige Schrift in der Hand, sondern ein Buch mit seinem eigenen Sterbegebet.²⁶ Der Christozentrismus, der sich in Luthers Gebet unauffällig äußert, scheint auf den ersten Blick einem Luther-Zentrismus gewichen zu sein. So wird unter den halbfigurigen Porträts in Versen die Biografie des Reformators erzählt. Das heute in der Weimarer Stadtkirche aufbewahrte Triptychon lässt sich erstmals 1644 in der Gothaer Sammlung Herzog Ernsts des Frommen nachweisen, was darauf hindeutet, dass es nur in privatem Kreis Verwendung fand und nicht im öffentlichen Kirchenraum ausgestellt wurde. Wahrscheinlich handelt es sich um ein Auftragswerk Johann Wilhelms von Sachsen-Weimar oder seiner Gattin Dorothea Susanna, die die streng lutherischen Glaubens-

Schulze: Lucas Cranach d. J. und die protestantische Bildkunst in Sachsen und Thüringen, Bucha 2004, S. 191–202. **23** Ruth Slenczka: Lebensgroß und unverwechselbar. Lutherbildnisse in Kirchen 1546–1617, in: Luther. Zeitschrift der Luther-Gesellschaft. 82 (2001), S. 99–116; Dies.: Städtische Konfessionskultur im Spiegel der Kirchenausstattung. Die Mönchskirche von Salzwedel und das Weinbergretabel von Lucas Cranach d. J. (1582), in: Jiří Fajt/Wilfried Franzen/Peter Knüvener (Hrsg.): Die Altmark von 1300 bis 1600. Eine Kulturregion im Spannungsfeld von Magdeburg/Lübeck/Berlin, Berlin 2011, S. 421–493; Dies.: Cranach d. J. im Dienst der Reformation, in: Roland Enke/Katja Schneider/Jutta Strehle (Hrsg.): Lucas Cranach der Jüngere. Entdeckung eines Meisters, München 2015, S. 125 f. **24** Zum Luthertriptychon siehe Schulze, Lucas Cranach (wie Anm. 22), S. 118 f.; Koerner, Reformation (wie Anm. 14), S. 389 f.; Helga Hoffmann: Das Weimarer Luther-Triptychon von 1572. Sein konfessionspolitischer Kontext und sein Maler Veit Thiem (= Beiträge zur Thüringischen Kirchengeschichte. NF 5), Langenweißbach/Erfurt 2015. **25** Der Rahmen und die Scharniere stammen vermutlich aus dem 19. Jahrhundert. Ebd., S. 16. **26** »Mein himlischer Vater, ein Gott und ein vater unsers herren Jhesu Christi, ein Gott alles Trostes, ich sag dir lob und dangk, das du mir deinen Son Jesum Christum offenbaret hast, welchen Ich bekennett, welchen Ich hab gliebett und gelobett welchen der Bapst zu Rom und sein hauff der gotlosen verfolget und schmehet. Ich bit dich mein her Jesu Christe, nim meine Seel hin zu dir. O mein himlischer Vater…«

Kulturelle Folgen der Reformation

Abb. 5 Veit Thiem, Luthertriptychon, 1572, Weimar, St. Peter und Paul (Herderkirche)

überzeugungen des Herzogs teilte.²⁷ Der Entscheidung, dem Memorialbild die Form eines Klappaltars zu verleihen, dürfte eine bestimmte Absicht zugrunde liegen. Sie legt eine persönliche, wenn auch nicht kultische Verehrung Luthers nahe. Im Vordergrund stand die Erinnerung an den verstorbenen Reformator, die durch die Wiedergabe seines Lebenswegs und seines vorbildhaften Handelns wachgehalten werden sollte.

Die angeführten Beispiele veranschaulichen ein Paradoxon protestantischer Kunst, die sich konventioneller ikonografischer Muster bediente, um eine eigene Botschaft zu vermitteln. Das gilt auch für Darstellungen des Reformators. Einerseits lehnte Luther die Verehrung von Heiligen ab, andererseits wurde er selbst schon früh in Wort und Bild als solcher präsentiert. Die reformatorische Literatur und Kunst stilisierte Martin Luther zum auserwählten Verkünder des Evangeliums, zum Bekenner und Zeugen der Wahrheit, zum Evangelisten, Apostel und Propheten und zum Garanten des rechten Glaubens. So wurde Luther in der von Euphorie geprägten frühen Phase der Reformation in Einzelporträts als göttlich inspirierter Mönch und Doktor der Theologie sogar mit Nimbus dargestellt. Dabei visualisierte Luthers persönliche, monastische Frömmigkeit seine Nähe zu Gott. Die Wiedererkennbarkeit der altkirchlichen Bildsprache suggerierte dem Betrachter, dass es keinen Bruch mit der Kirche gab. Man sah sich weiterhin deren Tradition verhaftet und strebte lediglich ihre Erneuerung unter Bezugnahme auf die biblische Überlieferung an. Dabei ist die Rückbindung von Luthers »Heiligkeit« an die Erkenntnis geknüpft, die er aus dem Studium der Heiligen Schrift gewann. So spiegelt auch der Umstand, dass Luther und andere Reformatoren seit den 1540er Jahren vermehrt in biblische Szenen integriert wurden, Luthers Streben wider, die Heilige Schrift als alleinigen Quell der Wahrheit zu fundamentieren, deren Zeugen und Verkünder die Anhänger seiner Lehre sind. Auch bestand die Absicht, die Reformation in Einklang mit der biblischen Geschichte zu präsentieren und auf diese Weise zu legitimieren.²⁸

Luthers primäre Aufgabe als Reformator war es, seine auf dem Evangelium gründende Gnadenlehre zu verkünden. In den Darstellungen versuchte man dies zumeist herauszustellen, indem man ihm die Heilige Schrift als Attribut zuordnete. Da aber die Heilsbotschaft stark mit der Person des Reformators verknüpft wurde, scheinen Form und Anspruch der Darstellungen zuweilen auseinander zu klaffen. Nach dem Tod des Reformators stand die Luther-Memoria im Vordergrund und damit verbunden das Bekenntnis zur lutherischen Lehre. Der heute befremdlich wirkende Umstand, dass Luther und andere Reformatoren bildlich und literarisch mit Heiligen identifiziert wurden, findet seine Grundlage und Berechtigung darin, dass sich die Bedeutung von Heiligen änderte, die nur noch als Vorbilder im Glauben begriffen wurden. So verwundert es nicht, dass der päpstliche Nuntius Aleander über die Darstellung eines heiligen Luther empört war, Luthers Anhänger aber keineswegs.

27 Hoffmann, Luthertriptychon (wie Anm. 24), S. 35. **28** Susan R. Boettcher: Von der Trägheit der Memoria. Cranachs Lutheraltarbilder im Zusammenhang der evangelischen Luther-Memoria im späten 16. Jahrhundert, in: Joachim Eibach/Marcus Sandl (Hrsg.): Protestantische Identität und Erinnerung. Von der Reformation bis zur Bürgerrechtsbewegung der DDR, Göttingen 2003, S. 56 f.; Boettcher, Luther Altarpieces (wie Anm. 19), S. 94 f.

ANJA TIETZ

Martin Luther und die Veränderungen im deutschen Begräbniswesen des 16. Jahrhunderts

Abgesehen von spätmittelalterlichen Sonderregelungen, die in einigen deutschen Städten zu Pestzeiten galten, wurden im deutschen Raum nach 1500 erste große Begräbnisplätze außerhalb der Orte (sogenannte Gottesäcker) eingerichtet. Diese lösten die innerörtlichen Begräbnisplätze um die Kirchen ab, die das gesamte Mittelalter hindurch die Städte und Dörfer geprägt hatten. Eine besondere Rolle spielten bei der Begräbnisreform der Frühen Neuzeit zunächst Kaiser Maximilian I. (Abb. 1) sowie die Päpste Julius II. und Leo X., die die Bestattungsorte aufgrund der Enge der Kirchhöfe, vor allem aber wohl aus hygienischen Gründen aus dem Wohn- und Lebensbereich der Menschen verlegen wollten.[1] Seit 1506 erfolgten erste Bestrebungen Kaiser Maximilians zur Einrichtung eines außerörtlichen Begräbnisplatzes für die Residenzstadt Innsbruck, der schließlich im Jahr 1510 geweiht wurde. Nach der Entstehung dieses Gottesackers strebte der Kaiser weitere päpstliche Privilegien dieser Art für sein Herrschaftsgebiet an, wie für Freiburg, Konstanz, Wien, Graz und Nürnberg.

Die angeführten Maßnahmen standen in engem Zusammenhang mit dem Anstieg der Bevölkerung seit dem späten Mittelalter sowie medizinisch-hygienischen Erkenntnissen des Spätmittelalters und der Frühen Neuzeit, die von antiken griechischen Ärzten wie Hippokrates und Galen oder dem persischen Arzt Avicenna beeinflusst waren. So ließ bereits das Zwölftafelgesetz aus der Zeit um 450 v. Chr. auf Tafel 10 zum Begräbniswesen nur die außerörtliche Bestattung zu: »1. Einen toten Menschen soll er [der römische Bürger] im Stadtgebiet weder begraben noch einäschern.«[2] Wenngleich die medizinischen und hygienischen Vorstellungen des Spätmittelalters und der Frühen Neuzeit vergleichsweise geringer ausgeprägt waren als die in späterer Zeit, beeinflussten sie doch das Begräbniswesen nachhaltig. Auf verschiedenen Ebenen sind Tendenzen zur Verlegung der Begräbnisplätze erkennbar: in ärztlichen Empfehlungen, obrigkeitlichen Ordnungsmaßnahmen, staatswissenschaftlichen Abhandlungen und architekturtheoretischen Schriften mit ihren bis in die Neuzeit gültigen, letztlich auf der Antike basierenden Grundsätzen. Zudem wurde eine Schließung der innerörtlichen Kirchhöfe angestrebt, weil diese im Spätmittelalter häufig zu klein geworden waren. In besonderem Maße lässt sich dieses Phänomen bei deutschen Residenz- und Reichsstädten feststellen.[3]

Darüber hinaus sind in der Frühen Neuzeit erste Ansätze der Verweltlichung und Kommunalisierung des Begräbniswesens zu beobachten. So wirkten die Stadtverwaltungen intensiv bei der Einrichtung der neuen Begräbnisplätze außerhalb der Stadtmauern mit. Wiederholt wurden die Bestattungsorte außerörtlicher kommunaler Hospitäler die neuen Gottesäcker der Stadtbewohner. Wie die Quellen berichten, war die Verlegung von Begräbnisplätzen aus dem Wohn- und Lebensbereich der Menschen von Anfang an oftmals nicht unproblematisch. Vielerorts waren diesbezügliche Bestrebungen mit langwierigen Auseinandersetzungen zwischen Stadtherren, Kirche und Bevölkerung verbunden und stießen aus verschiedenen Gründen auf Widerstände. Um die außerörtlichen Begräbnisplätze

---

1 Siehe grundlegend und mit ausführlicher Bibliografie: Anja A. Tietz: Der frühneuzeitliche Gottesacker. Entstehung und Entwicklung unter besonderer Berücksichtigung des Architekturtypus Camposanto in Mitteldeutschland (= Beiträge zur Denkmalkunde. 8), Halle (Saale) 2012. Zur Bestattung im 16. Jahrhundert weiterhin auch: Hugo Grün: Der deutsche Friedhof im 16. Jahrhundert, in: Hessische Blätter für Volkskunde 24 (1925), S. 64–97; Herbert Melchert: Die Entwicklung der deutschen Friedhofsordnungen, Dessau 1929; Herbert Derwein: Geschichte des christlichen Friedhofs in Deutschland, Frankfurt am Main 1931; Johannes Schweizer: Kirchhof und Friedhof. Eine Darstellung der beiden Haupttypen europäischer Begräbnisstätten, Linz 1956; Adolf Hüppi: Kunst und Kult der Grabstätten, Olten 1968; Katharina Peiter: Der evangelische Friedhof – von der Reformation bis zur Romantik. Diss. Humboldt-Universität Berlin, Manuskript, 2 Bände, Berlin 1968; Barbara Happe: Die Entwicklung der deutschen Friedhöfe von der Reformation bis 1870 (= Untersuchungen des Ludwig-Uhland-Instituts der Universität Tübingen im Auftrag der Tübinger Vereinigung für Volkskunde. 77), Tübingen 1991; Martin Illi: Wohin die Toten gingen. Begräbnis und Kirchhof in der vorindustriellen Stadt, Zürich 1992; Craig Koslofsky: Die Trennung der Lebenden von den Toten: Friedhofsverlegungen und die Reformation in Leipzig, 1536, in: Otto Gerhard Oexle (Hrsg.): Memoria als Kultur (= Veröffentlichungen des Max-Planck-Instituts für Geschichte. 121), Göttingen 1995, S. 335–385; Ders.: Konkurrierende Konzepte von Gemeinschaft und die Verlegung der Friedhöfe, Leipzig 1536, in: Bernhard Jussen/Craig Koslofsky: Kulturelle Reformation. Sinnformationen im Umbruch. 1400–1600 (= Veröffentlichungen des Max-Planck-Instituts für Geschichte. 145), Göttingen 1999, S. 193–208; Ders.: The Reformation of the Dead. Death and Ritual in Early Modern Germany, 1450–1700, New York/Houndmills/Basingstoke/Hampshire/London 2000. **2** Zit. nach: Dieter Flach: Das Zwölftafelgesetz, hrsg., übers. u. komm. von Dieter Flach in Zusammenarbeit mit Andreas Flach (= Texte zur Forschung. 83), Darmstadt 2004, S. 146. **3** Weiterführend Tietz, Gottesacker (wie Anm. 1).

Abb. 1 Hans Burgkmair d. Ä. (nach Albrecht Dürer), Bildnis Kaiser Maximilians I., 1519

für die Menschen attraktiv zu machen, wurden sie in mehreren Fällen mit Zeugnissen der Leiden-Christi-Verehrung (Heilige Erde, Heiliges Grab, Kreuzweg) versehen. Zudem wurden die neuen Begräbnisplätze außerhalb der Orte zur Steigerung ihrer Attraktivität in zahlreichen Fällen mit einer besonderen Architektur versehen.[4]

Ungefähr 20 Jahre nach den ersten Bestrebungen Kaiser Maximilians I. positionierte sich Martin Luther in der Schrift *Ob man vor dem sterben fliehen möge* (1527), die im Zusammenhang mit der herrschenden Pest in Breslau und der Anfrage der dortigen Pfarrer entstand, zur Auslagerung der Begräbnisplätze (Abb. 2).[5] Seine befürwortende Stellungnahme führte zu einer Aufnahme dieser Empfehlung in die evangelischen Kirchenordnungen und forcierte eine Verlegung der Bestattungsorte unter reformatorischem Vorzeichen. Luthers Argumente für einen außerörtlichen Begräbnisplatz waren neben gesundheitlichen auch biblische sowie das Bemühen um Ruhe und Andacht. Wie Barbara Happe feststellte, sind im 16. Jahrhundert schließlich zahlreiche Gottesäcker zu verzeichnen: »Es setzte eine Welle der Auslagerung allgemeiner Begräbnisplätze ein, die in der Geschichte der christlichen Bestattungsanlagen ein bislang nicht gekanntes Ausmaß annahm.«[6]

Aufgrund der Positionierung Martin Luthers wurde der Lage des Begräbnisplatzes in der Frühen Neuzeit eine konfessionelle Aussage zugewiesen. Die ursprünglich hygienische Maßnahme wurde, wie die Schriften Georg Witzels und seines Sohnes andeuten, zum Indikator für die Anhänger Luthers. Wenn sich allerdings auch katholische Städte weiterhin der nunmehr lutherischen Bewegung anschlossen, dürfte dies dem gemeinsamen Wunsch nach einer Verbesserung der Zustände auf den innerstädtischen Kirchhöfen geschuldet gewesen sein.

Jüngste Untersuchungen verdeutlichen, unter welchen Voraussetzungen die neuen städtischen Gottesäcker in Mitteldeutschland im 16. Jahrhundert entstanden sind und wie diese gestaltet wurden.[7] Trotz der zum Teil spärlichen Quellenlage konnten wichtige Grundzüge ihrer Einrichtung herausgearbeitet werden. Hinsichtlich des Entstehungshintergrunds gibt es starke Unterschiede. Sie stehen für die unterschiedlichen Motivationen, aus denen Anfang des 16. Jahrhunderts ein Begräbnisplatz eingerichtet werden konnte. So wurde der Gottesacker der Residenz- und Handelsstadt Halle im Jahr 1529 infolge der von Kaiser Maximilian I. eingeleiteten Begräbnisreform – orientiert am Vorbild der 1519 geweihten Nürnberger Begräbnisplätze bei St. Johannis und St. Rochus – außerhalb der Stadt eingerichtet (Abb. 3). Initiator war neben dem städtischen Rat vor allem der Magdeburger Erzbischof, der Hohenzoller Kardinal Albrecht von Brandenburg. Er ließ die Stadt in der ersten Hälfte des 16. Jahrhunderts zur erzbischöflichen Residenz und zum Bollwerk gegen das reformatorische Wittenberg ausbauen, wobei für ihn auch, wie für andere Regenten, die Verbesserung der stadthygienischen Zustände eine wichtige Rolle spielte. Genutzt wurde der bereits existierende Begräbnisplatz um die Martinskapelle östlich außerhalb der Stadt, der im Mittelalter zu Zeiten von Seuchen bereits der Bestattung gedient hatte. Nach insgesamt dreijährigen Verhandlungen mit dem Rat konnte schließlich der erweiterte Gottesacker seiner neuen Nutzung zugeführt werden. Knapp 30 Jahre nach der Einrichtung des Gottesackers und nach der Einführung der Reformation in der Stadt (1542) wurde dieser von 1557 bis etwa 1590 mit seiner einzigartigen Arkadenanlage umgeben.[8]

Den Gegenpol bezüglich des Entstehungshintergrunds bildet der Gottesacker der Residenz- und Bergbaustadt Eisleben in der Grafschaft Mansfeld (Abb. 4). Dieser wurde 1533 vermutlich im Zuge der lutherischen Empfehlung auf ungeweihtem Ackerland nordöstlich der Stadt eingerichtet. Eine wichtige Rolle dürften neben den Mansfelder Grafen auch die Stadtväter von Eisleben und nicht zuletzt der lutherische Prediger Caspar Güttel gespielt haben. Obgleich der katholische Prediger Georg Witzel bereits seit Sommer 1533 an der Eisleber Stadtpfarrkirche St. Andreas tätig war (die Stadt Eisleben war zu jener Zeit noch bikonfessionell), wird er im Zusammenhang mit der Neuanlage des Gottesackers nicht ein einziges Mal genannt. Er ging in seiner – im katholischen Leipzig seit 1535 wiederholt erschienenen – Schrift *Von den Todten/und yhrem Begrebnus* jedoch massiv gegen das außerörtliche Begräbnis und die Anhänger Martin Luthers vor. Bald nach der Einrichtung des Eisleber Gottesackers ließen die Stadtväter, möglicherweise nach Leipziger Vorbild, in den Jahren 1538/39 und dann nochmals im Jahr 1560 eine den Begräbnisplatz umgebende Säulenhalle erbauen, die, ebenso wie die spätere Architektur des halleschen Stadtgottesackers, der Oberschicht als Beisetzungsort diente.[9]

Die Einrichtung und Gestaltung der außerörtlichen Gottesäcker nach 1500 stellte eine besondere Herausforderung für die Initiatoren der Begräbnisreform dar. Neben der aus dem römischen Vatikan

278 Kulturelle Folgen der Reformation

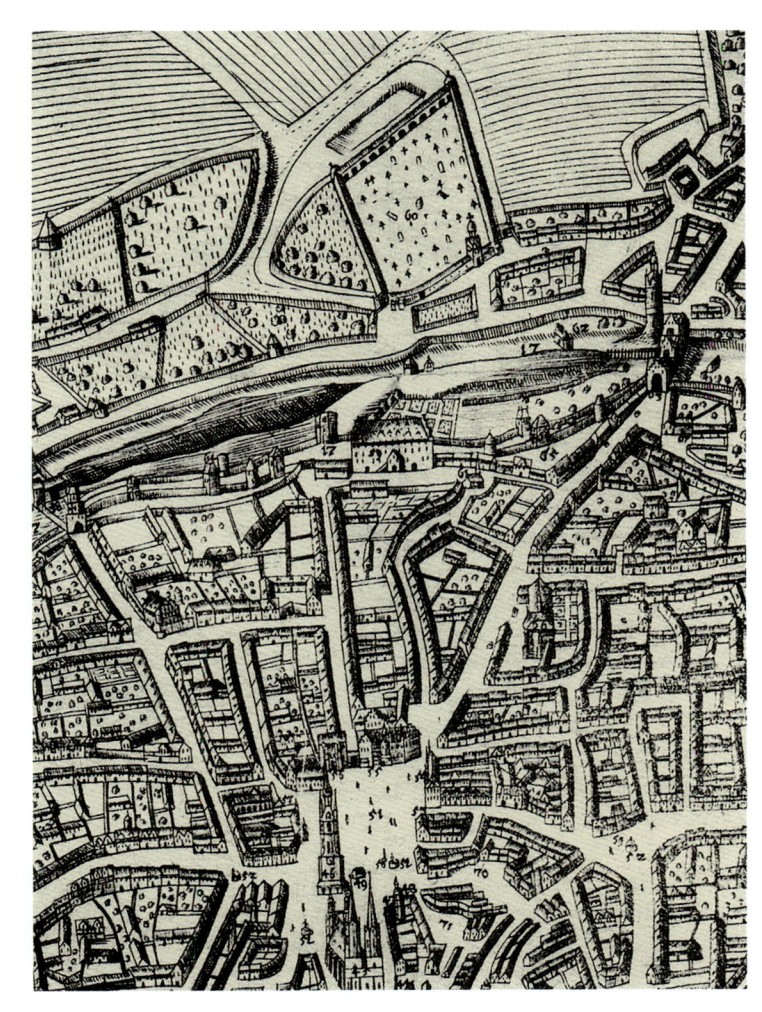

Abb. 2 Albrecht Altdorfer, Martin Luther mit Doktorhut, vor 1530

Abb. 3 Stadtplan von Halle, erarbeitet von Ratsmeister Johann Kost und Bibliothekar Nicolaus Keyser, umgesetzt von Friedrich Daniel Bretschneider (Zeichnung) und Johann Wüsthoff (Kupferstich), aus: Gottfried Olearius, Halygraphia Topo-Chronologica […], Leipzig 1667, Beilage. Der Stadtgottesacker vor den Stadtmauern ist im oberen Bilddrittel in dem leicht verschobenen Rechteck zu verorten.

vom Campo Santo Teutonico beschafften Heiligen Erde, der Einrichtung der Begräbnisplätze an Heiligen Gräbern und Kreuzwegen kann auch die architektonische Gestaltung der neuen Begräbnisplätze zu jenen Elementen gezählt werden, die wiederholt der besseren Annahme durch die Bevölkerung dienten und die den Begräbnisort aufwerteten.

Dieser neue Architekturtypus fand sowohl in katholischen als auch in den durch Luthers Lehre geprägten Gegenden Verbreitung, was sich unter anderem durch entsprechende Empfehlungen zur Gestaltung von Begräbnisplätzen belegen lässt. Erstmalig taucht nach gegenwärtigem Kenntnisstand dieser Bautypus beim eingangs erwähnten Innsbrucker Gottesacker des Heilig-Geist-Spitals in den Jahren 1513/14 auf. Im 16. und 17. Jahrhundert entstanden in zahlreichen Städten fortan Gottesäcker mit sogenannten Schwibbögen unterschiedlicher Ausprägung. So bezieht sich diese Bezeichnung einerseits – wie in Innsbruck – auf aufwändige Arkadenanlagen, andererseits auf eher an ein Schutzdach erinnernde Säulenanlagen. Das frühe und häufige Auftreten dieser Gestaltungen in Mitteldeutschland könnte mit den Empfehlungen Martin Luthers zur Verlegung der Begräbnisplätze und ihrer besonderen Pflege zu erklären sein.[10]

An der Ausgestaltung der einzelnen Anlagen zeigte sich die konfessionelle Ausrichtung der Begräbnisplätze beziehungsweise ihrer Nutzer. Ihre Mitte bildete nach der Reformation in der Regel weiterhin ein Gotteshaus oder auch eine Kanzel, an der äußerlich der Unterschied zwischen evangelischem und katholischem Begräbnisplatz sichtbar wird. Bezüglich der Gestaltung des Begräbnisses beziehungsweise des Begräbnisplatzes sowie der Zeremonie erfolgte im Luthertum eine Akzentverlagerung vom Jenseits auf das Diesseits, vom Toten auf den Lebenden. Der neue Glaube manifestierte sich beispielsweise zum einen in den Inschriften und Bildwerken, zum anderen in den bald zahlreich aufkommenden Leichenpredigten.[11]

Da bauzeitliche oder bauzeitnahe Ausstattungsstücke in den wenigsten Fällen erhalten sind, können die Werke des Gottesackers der Stadt Eisleben als besonders bemerkenswert angesehen werden (Abb. 5). Wie die Untersuchungen ergeben haben, wurden die

4 Weiterführend vgl. ebd. **5** Ob man vor dem sterben fliehen möge [1527], in: WA 23, 323–386. **6** Happe, Entwicklung (wie Anm. 1), S. 186. **7** Vgl. Tietz, Gottesacker (wie Anm. 1). **8** Ebd. **9** Vgl. ebd. **10** Weiterführend ebd. **11** Zu den Leichenpredigten unten und ausführlich in Tietz, Gottesacker (wie Anm. 1).

Kulturelle Folgen der Reformation

Abb. 4 Historische Stadtansicht Eislebens aus Richtung Norden
mit dem Gottesacker im Vordergrund rechts

Abb. 5 Epitaph der Familie des Montanunternehmers Wolf Buchner vom Gottesacker (ehemals Schwibbogen 23),
1557/58. Heute im Museum Martin Luthers Geburtshaus in der Lutherstadt Eisleben

280   Kulturelle Folgen der Reformation

Kunstwerke offenbar von führenden Künstlern des sächsischen Raumes geschaffen. Inhaltlich und gestalterisch weisen sie zumeist eine Verbindung zur Cranach-Werkstatt auf, deren ikonografisches Repertoire vielfach zitiert wird.[12] Wiederholt umgesetzte Motive auf den Eisleber Epitaphien des Gottesackers sind die Passion, Kreuzigung und Auferstehung Christi, Auferweckungsszenen sowie das Bekenntnis zum rechten Glauben. In mehreren Fällen handelt es sich um komplexe theologische Darstellungen. Inschriften geben häufig die illustrierten Bibelstellen genau an. Inhaltlich sind die Epitaphien eng mit Martin Luther und seiner Lehre verbunden, wie beispielsweise das frühe, für die Familie des Montanunternehmers Wolf Buchner geschaffene Epitaph von 1557/58 und das Epitaph für die Familie Heidelberg von 1561 zeigen. Besitzen große Epitaphien in Kirchen wiederholt die Form eines Triptychons und setzen sie so die Tradition der persönlichen Altarbilder fort, so lässt sich auf einem Begräbnisplatz nur im Falle von Eisleben ein mehrgliedriges Epitaph nachweisen. Das Format der Epitaphien des Eisleber Gottesackers war eher einfach, das heißt viereckig oder entsprechend der rückwärtigen Mauernische halbrund.

Der im lutherischen Sinne als *Coemiterium* (Schlafhaus) bezeichnete hallesche Stadtgottesacker ist in verschiedener Hinsicht Träger reformatorischen Gedankenguts. Neben den Inschriften und einzigartigen Reliefs der Arkadenanlage, die wohl in besonderer Weise die Glaubenslehre vermitteln sollten, wurden die Memorialräume spätestens seit dem 17. Jahrhundert gänzlich mit Malereien ausgestaltet. Nicht nur in der Kirche, sondern auch auf dem Gottesacker erlebten Grab- und Gedächtnismal allgemein eine besondere Blüte. Der Schwerpunkt der Darstellungen und Inschriften lag dabei auf aus der Bibel entnommenen, auf Christus bezogenen Szenen (vorwiegend mit Kreuzigung und Auferstehung). Der neue Architekturtypus brachte die Voraussetzungen für eine aufwändige Grabgestaltung mit sich. Die Arkaden des halleschen Gottesackers erhielten im Vergleich zu anderen Begräbnisplätzen mit einer ähnlichen Architektur eine einzigartige bildkünstlerische Dekoration (Abb. 6). Wenn auch ein Großteil der bauzeitlichen Bögen nicht mehr existiert, belegen fotografische und zeichnerische Aufnahmen die einstige Gestaltung. Ihre beiden Zwickelfelder und Pfeiler wurden mit typischen Renaissancemotiven verziert: Ranken- und Beschlagwerk, Füllhörnern, Früchten, Misch- und Fabelwesen, Vögeln, Masken, Köpfen und Putten. Zudem wurden teilweise Familienwappen direkt in die Gestaltung einbezogen oder als einzeln gearbeitetes Werkstück in der Mitte des Bogens angebracht. Aufgrund der äußerst individuellen Gestaltung der Bögen ist davon auszugehen, dass die Auftraggeber maßgeblichen Anteil an den gewählten Motiven hatten.

Die Besonderheit der Reliefs des halleschen Stadtgottesackers besteht weiterhin in der Verspieltheit der Motive. Die Reliefs erinnern an Darstellungen der Himmelswiese mit ihren Pflanzen und Früchten oder an Illustrationen von Gebetbüchern mit Ranken und Blumenmotiven, die ebenfalls christologisch gedeutet wurden. Es ist davon auszugehen, dass der Gestaltungseffekt bewusst beabsichtigt war. Schließlich erscheint der Tod bei Martin Luther in einem neuen Licht. Er ist nicht Strafe, sondern ein Schlaf, der zu neuem Leben führt. So heißt es in der Osterpredigt 1532: »Wenn du einen Christen sterben siehst und nichts als ein toten Leichnam daliegen, und vor Augen und Ohren bloß Grab, Totengesang, Totenwort, ja eitel Tod ist: dann sollst du doch solch Totenbild aus den Augen tun und im Glauben ein anderes Bild an Stelle jenes Totenbildes sehen. Nicht, als sähest du ein Grab und einen toten Körper, sondern eitel Leben und einen schönen luftigen Garten und Paradies, darin kein Toter, sondern nur neue lebendige fröhliche Menschen sind.«[13] In einer Tischrede desselben Jahres sagte der Reformator entsprechend der Offenbarung des Johannes über das Jenseits: »In Christus aber besitzen wir alle das ewige Leben, da wird ein neuer Himmel und eine neue Erde sein, wo Gras und Blumen so schön sein werden wie der Smaragd und alle Kreaturen in aller Pracht [...].«[14] Das spielerisch angeordnete Rankenwerk mit seinen Motiven erscheint als Symbol für die Leichtigkeit, die der Tod mit Martin Luther gewonnen hat.

Neben bildlichen Gestaltungen sind Inschriften Bestandteil der Grabstätten, vor allem im Protestantismus lutherischer Prägung. Der Reformator selbst setzte sich vor dem Hintergrund seiner theologischen Lehre intensiv mit geeigneten Bibelstellen für Begräbnisplätze auseinander und gab zahlreiche Empfehlungen.[15] Steht das Wort Gottes und die richtige Schriftauslegung für Martin Luther im Mittelpunkt der Theologie, so sind Bibelworte auch konstituierendes Element des Bestattungsortes. Dabei hieß der Reformator – gleichermaßen für Bibeln, Wandmalereien und Altäre – die Kombination von Bild und Text für gut. Nachdem er 1527 »den tod, das Jüngst gericht und aufferstehung« als bildliche Darstellungen empfohlen hatte, schrieb er 1542 in der Vorrede zum Begräbnisliederbuch: »Wenn man auch sonst die Greber wolt ehren, were es fein, an die Wende, wo sie da sind, gute Epitaphia oder Sprüche aus der Schrifft drüber zu malen oder zu schreiben, das sie fur augen weren denen, so zur Leiche oder auff den Kirchoff giengen [...].«[16] »Sölche Sprüche und Grabeschrifft zierten die Kirchoff besser, denn sonst andere Weltliche zeichen, Schild, Helm [...].«[17] Er schlug zudem 26 Inschriften vor, darunter vier in der leichter zu behaltenden und gern gelesenen Reimform. Hierbei handelt es sich um folgende Inschriften: 1. Mo 49,29 (freie Wiedergabe); Hiob 19,25f.; Ps 3,6; Ps 4,9a; Ps 17,15; Ps 49,16; Ps 116,15; Jes 25,7f.; Jes 26,19; Jes 26,20; Jes 57,1f. (freie Wiedergabe); Hes 37,12; Dan 12,2; Hos 13,14; Exo 3,6a und Mt 22,32b; Joh 6,39; Röm 14,7–9; 1. Kor 15,19; 1. Kor 15,22; 1. Kor 15,54b–57; Phil 1,21; 1. Thess 4,14; Lk 2,29f. (freier Reim), Lk 2,29–32 (freier Reim); Joh

---

12 Siehe dazu Esther Pia Wipfler: »Wenn man auch sonst die Greber wolt ehren...« Zu den gemalten Epitaphien des Eisleber Kronenfriedhofes, in: Rosemarie Knape (Hrsg.): Aufsätze zur Ausstellung »... von daher bin ich«. Martin Luther und der Bergbau im Mansfelder Land, vom 25. März bis 12. November 2000 in Martin Luthers Sterbehaus Eisleben, Eisleben 2000, S. 281–305; Ingrid Schulze: Protestantische Epitaphgemälde aus der Zeit um 1560/70 in Eisleben, in: Roswitha Jendryschik (Hrsg.): Mitteldeutschland, das Mansfelder Land und die Stadt Halle. Neuere Forschungen zur Landes- und Regionalgeschichte. Protokoll des Kolloquiums zum einhundertsten Geburtstag von Erich Neuß am 28./29. Mai 1999 in Halle (= Beiträge zur Regional- und Landeskultur Sachsen-Anhalts. 15), Halle 2000, S. 131–155. **13** WA 36, 161 (Predigt am 31.3.1532); deutsch zit. nach: Dietrich Steinwede: Martin Luther. Leben und Wirken des Reformators, Düsseldorf 2006, S. 132. **14** Zit. nach: Steinwede, Martin Luther (wie Anm. 13), S. 128. **15** Siehe auch: Anja A. Tietz: Der Stadtgottesacker in Halle (Saale), Halle 2004, S. 32–34. **16** Zum Folgenden: WA 35, 480. **17** WA 35, 481.

Abb. 6 Halle, Stadtgottesacker, Bogen 23 (bauzeitlich 13) mit Reliefs und Inschriftenband im Bereich der Architravzone

11,25 f. (freier Reim); Hiob 19,25–27 (freier Reim).[18] Der Inhalt der Bibelstellen spiegelt Luthers Vorstellung von Tod und Begräbnis wider. Es handelt sich um Texte, die vor allem Bezug auf die Auferstehung der Toten nehmen. Wie Joh 11,25 f. [»Christ ist die warheit und das leben, Die Aufferstehung wil er geben. Wer an in gleubt, das Leben wirbt, Ob er gleich hie auch leiblich stirbt. Wer lebt und gleubt, thut ihm die ehr, Wird gwislich sterben nimermehr.«] verdeutlichen sie die Heilsgewissheit als zentralen Punkt der Lehre, die später auch auf dem Tridentinischen Konzil (1545–1563) intensiv diskutiert wurde. Der Vergleich der von Martin Luther empfohlenen Inschriften mit denen am halleschen Stadtgottesacker hat ergeben, dass der Großteil übereinstimmt: Von den 26 in der Vorrede zu den Begräbnisliedern genannten Sprüchen finden sich die meisten an den Arkaden des Stadtgottesackers wieder.[19]

Auch die Elemente der Begräbniszeremonie besaßen die Funktion der Glaubensbezeugung und zeigen den eschatologischen Optimismus. Dieser Optimismus ist beispielsweise bei der Begräbnismusik und den Leichenpredigten zu beobachten, die ihren Ausgang in Mitteldeutschland als dem Kerngebiet der Reformation nahmen. Der Begräbnisplatz wurde somit nicht nur bildlich zu einer »der wichtigsten Verkündigungsstätten des göttlichen Wortes«,[20] sondern auf allen Ebenen. Neben dem Kirchenraum darf somit auch der Gottesacker zu den »genuinen Orten der Schaffung konfessioneller Identität«[21] gerechnet werden. Schließlich erfolgte durch seine Gestaltung und die Zeremonie eine Verkündigung mit verschiedenen Mitteln, wie es sich Martin Luther gewünscht hatte: »Fur war man kan dem gemeinen man die wort und werck Gottes nicht zu viel odder zu offt furhalten, Wenn man gleich dauon singet und saget, klinget und predigt, schreibt und lieset, malet und zeichent, So ist dennoch der Satan ymer dar allzu starck und wacker, dasselbige zu hindern und unterdrücken mit seinen engeln und gliedern, das solch unser furnemen und vleis nicht allein gut, sondern auch wol not und und auffs höhst not ist.«[22] Grundsätzlich ist dabei festzustellen, dass die Reformation Wittenberger Prägung einerseits an die Tradition anknüpfte, andererseits aber neu gestaltete. Die Bestattungsfeier sollte Trost spenden sowie den Glauben bezeugen und festigen. Der Begräbnisplatz als Ort der Ruhe und Andacht wurde entsprechend gestaltet. Entgegen dem Vorwurf des Luther-Gegners Georg Witzel, die Anhänger des Reformators würden die Gräber vernachlässigen, ist im 16. und 17. Jahrhundert ihre besondere ästhetische Pflege zu beobachten.

Auch andere Reformatoren setzten sich für Veränderungen im Begräbniswesen ein. Huldrych Zwingli und seine Nachfolger sprachen sich in Zürich ebenfalls für eine Verlegung der Begräbnisplätze vor die Stadt aus, aus Gründen der Hygiene und zur Verhinderung des Gräberkults.[23] Mehr als der Trost des Sterbenden, das Gebet für ihn, das Verkünden des Namens von der Kanzel nach seinem Tod, die Begleitung des Verstorbenen zum Grab und ein anschließendes Gebet in der Kirche sind nicht nachzuweisen. Es gab jedoch große Schwierigkeiten, den neuen Umgang mit den Toten und den Gräbern durchzusetzen. Die Genfer Reformatoren vor und nach Johannes Calvin waren der Ansicht, dass sich das kirchliche Handeln anlässlich eines Todesfalls auf ein seelsorgerliches Gespräch mit den Hinterbliebenen beschränken müsse, da die Kirche für die Lebenden da sei.[24] Im Jahr 1536 wurde ein außerörtlicher Pestfriedhof (*Plainpalais*) zum allgemeinen Begräbnisplatz erklärt, mit nach sozialen Gesichtspunkten eingeteilten Flächen und ohne Grabsteine. Die Verstorbenen wurden ohne Begleitung des Pfarrers nackt und ohne jede Feierlichkeit in die Erde gelegt, dabei wurde lediglich für ihre Ruhe bis zur Auferstehung gebetet. Private Aufzeichnungen zeigen, dass auch überzeugte Anhänger mit diesen radikalen Ideen Probleme hatten.[25]

Kurzer Ausblick

Wurden in zahlreichen deutschen Städten im 16. Jahrhundert außerörtliche Begräbnisplätze angelegt, hielten andere Orte an der Tradition fest und wurden erst von der zweiten Verlegungswelle im 18. und 19. Jahrhundert ergriffen.[26] Diese jüngere Begräbnisreform ging wiederum vom Kaiser, nämlich Joseph II., aus. Gründe für die Entfernung der Gräber aus den Städten waren die Überfüllung der Kirchhöfe und die Warnung der Mediziner.[27]

Im Zusammenhang mit der erneuten Begräbnisreform wurde der im 16. Jahrhundert im Heiligen Römischen Reich Deutscher Nation aufgekommene Bautypus aufgegriffen und weiterentwickelt: »Steht bei der Anlegung eines neuen Gottesackers eine große Summe zu Gebote, so kann die Umfassungsmauer entweder ganz oder nur zum Theil mit Säulenhallen und Arkaden versehen werden. In solchen Hallen finden dann Monumente von Werth und Bedeutung ihre Plätze, und diese Anordnung ist nicht nur die schönste, sondern auch die zweckmäßigste. Wenn es der Kosten wegen nicht möglich ist einen Kirchhof ganz auf diese Art mit Arkaden zu umfassen, so kann doch vielleicht die obere Schlußmauer damit versehen werden. Erlaubt es der Raum, so kann dieser Schluß einen Halbkreis bilden, oder es kommt an das Ende des Platzes das Leichenhaus zu stehen, von dem sich links und rechts Arkaden hinziehen.«[28] Die einst insbesondere für außerörtliche Begräbnisplätze aufgekommene Gestaltungsform fand bis in die jüngste Gegenwart wiederholt Anwendung. Ein Beispiel ist der Brixener Stadtfriedhof, der um 1990 zuletzt erweitert und mit Säulenhallen umgeben wurde.

18 WA 35, 480–483. **19** Siehe Tietz, Gottesacker (wie Anm. 1). **20** Jan Harasimowicz: Die »Heilsgewissheit« in der nordeuropäischen Sepulkralkunst des 16. Jahrhunderts, in: Ders. (Hrsg.): Kunst als Glaubensbekenntnis. Beiträge zur Kunst- und Kulturgeschichte der Reformationszeit (= Studien zur deutschen Kunstgeschichte. 359), Baden-Baden 1996, S. 127–143, hier S. 129. **21** Gabriele Wimböck: Kirchenraum, Bilderraum, Handlungsraum: Die Räume der Konfessionen, in: Susanne Wegmann/Gabriele Wimböck (Hrsg.): Konfessionen im Kirchenraum. Dimensionen des Sakralraums in der Frühen Neuzeit (= Studien zur Kunstgeschichte der Mittelalters und der Frühen Neuzeit. 3), Korb 2007, S. 34. **22** WA 10/II, 458f. **23** Vgl. Ursula Rohner-Baumberger: Das Begräbniswesen im calvinistischen Genf, Diss. Basel 1975, S. 11f., 101–103. **24** Vgl. ebd., S. 17–31. **25** Vgl. Andrea Kammeier-Nebel: Der Wandel des Totengedächtnisses in privaten Aufzeichnungen unter dem Einfluß der Reformation, in: Klaus Arnold/Sabine Schmolinsky/Urs Martin Zahnd (Hrsg.): Das dargestellte Ich. Studien zu Selbstzeugnissen des späteren Mittelalters und der frühen Neuzeit (= Selbstzeugnisse des Mittelalters und der beginnenden Neuzeit. 1), Bochum 1999, S. 93–116, hier S. 107. **26** Siehe dazu: Happe, Entwicklung (wie Anm. 1), 15 (Übersichtskarte); Dies.: Ordnung und Hygiene. Friedhöfe in der Aufklärung und die Kommunalisierung des Friedhofswesens, in: Arbeitsgemeinschaft Friedhof und Denkmal. Zentralinstitut und Museum für Sepulkralkultur Kassel (Hrsg.): Raum für Tote. Die Geschichte der Friedhöfe von den Gräberstraßen der Römerzeit bis zur anonymen Bestattung, Braunschweig 2003, S. 83–110. **27** Vgl. Cornelius Steckner: Über die Luftangst. Chemische Anmerkungen zum Tod, in: Hans-Kurt Boehlke (Hrsg.): Wie die Alten den Tod gebildet. Wandlungen der Sepulkralkultur 1750–1850, Katalog zur Ausstellung im Wissenschaftszentrum Bonn-Bad Godesberg 2.8.–2.9.1979 (= Kasseler Studien zur Sepulkralkultur. 1), Mainz 1979, S. 147–150; Barbara Happe: Gottesäcker gegen Mitnacht und freyer Durchzug der Winde. Hygiene auf dem Friedhof des 18. und 19. Jahrhunderts, in: Jahrbuch des Instituts für Geschichte der Medizin der Robert Bosch Stiftung 7 (1988), S. 205–231. **28** Michael Voit: Ueber die Anlegung und Umwandlung der Gottesäcker in heitere Ruhegärten der Abgeschiedenen. Ein Wort zu seiner Zeit an alle christlichen Gemeinden Teutschlands, Augsburg 1825, S. 12.

AUSTRA REINIS

Martin Luther und die Kunst des Sterbens

Im Mittelalter starben die Menschen meist zu Hause, wo sie von ihren Familien versorgt wurden, und verließen ihr Heim nicht, wie in der Moderne üblich, um im Krankenhaus oder Pflegeheim zu sterben. Tod und Sterben fanden nicht im Verborgenen statt, sondern waren für Erwachsene und auch für Jugendliche und Kinder sichtbar. Anders als heute kam der Tod oft früh und unerwartet. Kinder und Erwachsene fielen Pestausbrüchen und anderen ansteckenden Krankheiten zum Opfer, Frauen starben häufig bei der Geburt ihrer Kinder, und schon die Infektion der kleinsten Wunde konnte tödliche Konsequenzen haben.

In einer christlichen Gesellschaft, in der Religion eine viel größere Rolle spielte als heute, wandten sich die meisten Sterbenden an einen Priester, der sie auf einen »guten Tod« und den friedlichen Übergang von diesem Leben in das nächste vorbereitete. Im Folgenden möchte ich den geistlichen Beistand beschreiben, den Sterbende vom mittelalterlichen Klerus erhielten, das heißt die Art der Fürsorge, die Martin Luther als Kind und junger Mann kennenlernte. Im weiteren Verlauf will ich ausführen, wie Martin Luthers grundlegende theologische Erkenntnisse ihn veranlassten, die Sterbebegleitung zu reformieren und wie sich schließlich Luthers Anhänger und Nachfolger diese Haltung zur Seelsorge aneigneten. Abschließend will ich erläutern, wie das lutherische Verständnis eines »guten Todes« zu einer neuen lutherischen Bestattungskultur führte.

Die spätmittelalterliche Kunst des Sterbens

Nach der Ansicht mittelalterlicher Priester sollten Sterbende sowohl um medizinischen als auch um geistlichen Beistand bitten. Letzteres hielten sie für weitaus wichtiger, denn man glaubte, das ewige Schicksal der Seele sei im Moment des Todes in Gefahr. Liturgische Handbücher aus dem 14. Jahrhundert, wie das *Rituale* von Bischof Heinrich I. von Breslau, zeigen, dass von Kranken erwartet wurde, ihre Sünden einem Priester zu bekennen, der sie dann freisprach. Daraufhin erhielten sie die Sakramente des Abendmahls und der Krankensalbung. Psalmen und Gebete wurden gesprochen, und die Rituale wurden in Latein, der liturgischen Sprache der mittelalterlichen Kirche ausgeführt.[1] Die Beichte war der wichtigste Teil der mittelalterlichen Vorbereitung auf den Tod. Nur Menschen, die dadurch, dass sie ihre Todsünden bekannten, Gottes Vergebung erfahren hatten, konnten hoffen, der ewigen Verdammnis zu entrinnen.

Ferner lehrte die Kirche, dass Sterbende ihrer ewigen Erlösung nicht sicher sein konnten. Selbst wenn sie sich all ihrer Todsünden erinnerten und diese bekannten, konnten sie nicht wissen, ob Gott sie in den Zustand der Gnade erhoben hatte. Und selbst wenn sie diesen Gnadenstand erreicht hatten, konnten sie nicht sicher sein, dass dieser bis zum Moment des Todes anhielt.[2]

Da die ewige Erlösung im Moment des Todes in Gefahr war, hielt man es für notwendig, Menschen auf das Sterben vorzubereiten, während sie noch bei guter Gesundheit waren. Der Klerus lehrte auch christliche Laien, den Sterbenden beizustehen, denn besonders in Zeiten der Pest waren Priester so beschäftigt, dass sie nicht an jedem Totenbett Bestand leisten konnten, wenn sie der Krankheit nicht selbst zum Opfer fielen. Um dabei Unterstützung zu leisten, entwickelten Theologen und Kleriker eine Anzahl an Selbsthilfebüchern, die unter dem lateinischen Begriff *ars moriendi* oder die »Kunst des Sterbens«, bekannt sind.

Eines der meistverbreiteten Bücher war der anonym verfasste *Spiegel der Kunst des guten Sterbens* (*Speculum artis bene moriendi*, etwa 1414–1418). Das Buch wurde ursprünglich auf Latein verfasst, kam vor der Erfindung der Druckerpresse in Umlauf und wurde in mehrere Sprachen übersetzt, auch ins Englische.[3] Es bestand aus verschiedenen Abschnitten: Anweisungen für Pflegende, wie man Sterbende ermahnt, Sünden zu bekennen, Fragen, die das Glaubensbekenntniss hervorrufen sollten, Gebete, die man mit oder für den Sterbenden sprechen konnte, Anweisungen, wie Sterbende teuflischen Anfechtungen am Totenbett widerstehen können, sowie eine Reihe von Schlussgebeten.[4] Eine gekürzte Fassung des *Spiegels der Kunst des guten Sterbens* besteht aus den Ermahnungen, den teuflischen Versuchungen – welche mit anschaulichen Holzschnitten illustriert sind – und einer Reihe von Aufforderungen zum Gebet mit dazugehörigen Texten. Diese wurde ebenso in eine Vielzahl von Sprachen übersetzt, darunter Deutsch, aber nicht Englisch. Die Schrift nennt fünf teuflische Versuchungen, denen Sterbende widerstehen sollen: ihren Glauben anzuzweifeln, an ihrer Erlösung zu zweifeln, keine Geduld im Leiden aufzubringen, das Vertrauen darauf, dass sie all ihrer guten Taten wegen Erlösung verdienten, und die Trauer um zurückgelassene materielle Besitztümer.[5] Der Teufel würde den Sterbenden verleiten, an der Erlösung zu zweifeln, indem er suggeriert, dass es Gott unmöglich sei, ihm seine vielen Sünden zu vergeben. Er würde sogar aus der Bibel zitieren: »Wan keiner weysz ob er gotes hasz oder liebe

Abb. 1 Der Teufel versucht einen an seinen Sünden verzweifelnden Sterbenden, aus: Eyn loblich vnnd nutzbarlich buchlein […], Leipzig 1507

wirdig sey« (Pre/Koh 9,1) (Abb. 1).⁶ Daraufhin mahnt dann ein Engel den Sterbenden, nicht an der Versuchung des Teufels zu verzweifeln und nachzugeben, sondern weiterhin zu hoffen. Es war wichtig, mit diesen Versuchungen zu rechnen und ihnen zu widerstehen, denn jeder, der nicht standhielt, würde auf ewig in die Hölle fahren.

Martin Luthers *Sermon von der Bereitung zum Sterben* (1519)

In Hinsicht auf diese Bücher zur Sterbevorbereitung schrieb einst Luther: »Viele Bücher sind geschrieben worden, […] wie wir uns auf den Tod vorbereiten sollen: Nichts als Irrtum und die Menschen sind nur betrübter geworden«.⁷ Sein eigener *Sermon von der Bereitung zum Sterben* wurde zum Bestseller, wohl weil Luther die vorrangigen geistlichen Sorgen der Menschen seiner Zeit, die Zweifel an der ewigen Erlösung und die Angst vor der Hölle, genau analysierte und ansprach.

Martin Luther verwarf die traditionelle Lehre, der zufolge sich Christen ihrer ewigen Erlösung nicht sicher sein konnten. Im Gegenteil: Er lehrte, dass Christen beruhigt darauf vertrauen können. Diese Zuversicht würde allein durch den Glauben an Gottes barmherziges Versprechen des Sündenerlasses erlangt. Diese Lehre, die als »Rechtfertigung durch den Glauben« bekannt wurde, wurde die Grundlage der lutherischen Lehre der Sterbevorbereitung.

Der Titel von Luthers *Sermon von der Bereitung zum Sterben* ist ein wenig irreführend, denn Luther predigte ihn nicht von einer Kanzel. Ursprünglich schrieb er ihn als Antwort auf die Anfrage eines gewissen Markus Schart, eines Beraters und Dieners des Kurfürsten Friedrich des Weisen von Sachsen. Doch sehr bald publizierte er ihn als Andachtsschrift für alle Christen, besonders für diejenigen, die dem Tod nahe waren. Das Buch wurde ungemein populär – bis 1525 erschien es in 24 Neuauflagen in deutscher Sprache. Übersetzungen auf Latein, Dänisch und Niederländisch folgten (Abb. 2).⁸

Im Einklang mit der Tradition lehrte Luther, dass Sterbende ein Testament verfassen, sich mit Angehörigen und Nachbarn versöhnen und die traditionellen Sakramente am Sterbebett erhalten sollten. Beim Aufruf zur Beichte wich Luther jedoch von der Tradition ab. Er wies Sterbende an, nicht all ihre Sünden zu bekennen, sondern nur die sehr ernsten, die schwer auf dem Gewissen lasteten.⁹ Dies war ein radikaler Bruch mit der Tradition, denn die Kirche hatte seit Jahrhunderten gelehrt, dass selbst eine einzige nicht gebeichtete Todsünde einen Menschen auf ewig in die Hölle bringen würde. Der verbleibende Teil der Schrift enthielt eine Erläuterung der Bedeutung der Sterbesakramente. Diese versteht man am besten, schreibt Luther, wenn man erkennt, dass sie helfen, teuflische Versuchungen zu überwinden. Luther spricht von diesen Versuchungen als Bildern des Todes, der Sünde und der Hölle. Sie entsprechen der spätmittelalterlichen Anfechtung, an der eigenen Erlösung zu zweifeln. Luther predigt, dass diese Erscheinungen oder Anfechtungen überwunden werden können, indem man über das Leiden Christi meditiert. Wenn ein Gläubiger aufgrund des nahenden Todes, der Schwere seiner Schuld oder aus Angst vor der Verdammnis versucht ist, an der Erlösung zu zweifeln, dann soll er über den Tod Christi am Kreuz nachsinnen, durch den sein eigener Tod und seine Sünde besiegt wurden, und durch den er das ewige Leben erhalten hat. Denkt ein sterbender Christ über die Sünde nach, so vergegenwärtigt ihm der Teufel all jene, die gesündigt haben und die aufgrund geringerer Sünden verdammt wurden. Dies sollte man vermeiden und stattdessen das Bild der Gnade betrachten.

1 Adolph Franz (Hrsg.): Das Rituale des Bischofs Heinrich I. von Breslau, Freiburg im Breisgau 1912, S. 32–39. **2** Sven Grosse: Heilsungewißheit und Scrupulositas im späten Mittelalter: Studien zu Johannes Gerson und Gattungen der Frömmigkeitstheologie seiner Zeit, Tübingen 1994, S. 35–39. **3** The boke of the craft of dying, in: Carl Horstman (Hrsg.): Yorkshire Writers. Richard Rolle of Hampole and his Followers, London 1896, Bd. 2, S. 406–420. **4** Mary Catharine O'Connor: The Art of Dying Well. The Development of the Ars Moriendi, New York 1966, S. 7–10. **5** Ebd., S. 9. **6** Eyn loblich vnnd/nutzbarlich buchlein vo(n) dem ster/ben, Leipzig 1507, fol. [Avj]v. **7** »Multi libri […] scripti, quomodo ad mortem praeparare debeamus: merus error et homines bedrubter worden« WA 41, 699. **8** Austra Reinis: Reforming the Art of Dying: The ars moriendi in the German Reformation (1519–1528), Aldershot 2007, S. 48. **9** Ebd., S. 50–52.

Abb. 2 Martin Luther, Eyn Sermon von der Bereytung czum sterben, Leipzig 1519

Christus, so schreibt Luther, »nimmt deine Sünden auf sich und in seiner Gerechtigkeit und aus lauter Gnade überwindet er sie für dich: Wenn du das glaubst, so wird dir deine Sünde niemals schaden«.[10] Somit ermutigt Luther den Sterbenden, die letzten Sakramente freudig zu empfangen und auf seine Erlösung, die Christi Gabe ist, zu vertrauen. Luther beschließt seine Predigt folgendermaßen: »[…] wie in Psalm 110 [111,2] geschrieben steht: Die Werck gottis seyn groß und außerwelet nach allem seynenn wolgefallenn. Derhalben muß man tzu sehen, daß man yhe mit grossen Freuden des Hertzens danck seynem gotlichen Willen, das er mit uns widder den Tod, sunnd und hell so wunderlich, reichlich und unermeßlich gnad und barmhertzickeit ubet und nit so sere fur dem tod furchten, allein sein gnad preyssen und lieben, dann die liebe und das lob das sterben gar sere erleichtert, wie er sagt durch Jesajam: Ich will zeumen deynen munnd mit meynem lob, das du nit unter gehest [Jes 48,9]. Des helf uns Gott! Amen.«[11]

Somit bezieht sich Luther auf Motive aus traditionellen *ars moriendi*-Werken, wie die Versuchung des Zweifels an der eigenen Erlösung, widerspricht jedoch deren zentraler Lehre, der zufolge sterbende Christen sich ihrer Erlösung nicht sicher sein können.[12]

Die Kunst des Sterbens nach Luther

Luthers Lehre, dass die eigene Erlösung gewiss ist und dass Christen dem Tod und dem jüngsten Gericht freudig und zuversichtlich entgegen sehen können, fand Eingang in viele Werke seiner Zeitgenossen und nachfolgender lutherischer Pfarrer.[13] Diese Schriften über das Sterben wurden von Anhängern der Reformation in verschiedenen deutschen Gebieten verfasst und thematisieren eine ganze Reihe unterschiedlicher Situationen. Einige, wie Luthers *Sermon von der Bereitung zum Sterben*, waren Predigten, die dazu dienten, bestimmte bedeutende Persönlichkeiten zu trösten. Georg Spalatin beispielsweise, der als Privatsekretär und Hofprediger Kurfürst Friedrichs des Weisen diente, schrieb 1525 *Eine Troestung an Hertzog Friderich Churfuersten zu Sachssen*, nachdem er die Beichte des sterbenden Kurfürsten an dessen Totenbett gehört hatte. Am nächsten Morgen verlas der Sohn des Kurfürsten, Sebastian von Jessen, seinem sterbenden Vater diesen Brief, und der Kurfürst erhielt das Abendmahl. Später am gleichen Tag verfasste er seinen letzten Willen und verstarb.[14] Das zentrale Thema der Schrift ist die Rechtfertigung durch den Glauben. Wenn ein Christ glaubt, dass Christus seine Sünden vollkommen ausgeglichen hat, dann wird er zum Kind und Erben Gottes:[15] »Einem solchen menschen/schadet auch weder su(e)nde/tod/helle/ noch Teuffel./Er kan auch nicht verdampt werden/sondern wird durch den glauben vnd hertzliche zuuersicht auff Gottes warhafftigs Wort vnd abgru(e)ndliche gnade/gu(e)te vnd barmhertzigkeit/ewig selig«, schließt der Autor (Abb. 3).[16]

Steffan Castenbaur verfasste seine Schrift *Ain koestlicher / guotter notwendiger Sermon / vom Sterben* (1523) aus einem gänzlich anderen Anlass als Spalatin seine *Troestung*. Während Spalatin einem der mächtigsten Männer des Heiligen Römischen Reiches Mut zuzusprechen suchte, wollte sich Steffan Castenbaur, ein inhaftierter Augustinermönch, mit seinem Pamphlet wohl eher selbst trösten. Er wurde der Ketzerei angeklagt und wartete auf seinen Prozess und das damit verbundene unausweichliche Todesurteil. Castenbaur studierte Theologie an der Universität Wien, bevor er 1520 ins Augustinerkloster Rattenburg am Inn versetzt wurde, eine kleine, aber wohlhabende Bergbaustadt. Als neuer Klostervorsteher wurde er bald bekannt für seine Predigten, in denen er Luthers Ideen verbreitete. Am 17. November 1522 befahl Erzherzog Ferdinand von Österreich dem Stadtrat von Rattenburg, ihn zu verhaften. Die Anklage beschuldigte ihn der Verbreitung der lutherischen Lehre und des Anfachens von Aufständen. Für anderthalb Jahre, vom November 1522 bis in den Sommer 1524, schmachtete Castenbaur im Gefängnis, zunächst in Rattenburg, dann ab März 1523 in Mühldorf.[17] Dort verfasste Castenbaur seine Predigt über das Sterben. Zu seinem Glück führten eine Reihe von Umständen, darunter Unruhe in der Bevölkerung, schließlich zu seiner Entlassung aus der Gefangenschaft. Castenbaur führte seine Karriere als Reformator fort, zunächst in Augsburg, dann in Nürnberg, Hof, Sulzbach und schließlich in Eisleben.[18]

In seiner Predigt sieht Castenbauer seinen Leser – und wohl auch sich selbst – als unwillig zu sterben und voller Angst vor dem Tod. Er fordert, Christen sollten stattdessen den Tod lieben, herbeisehnen und freudig empfangen. Anstatt den Tod als Strafe für Sünden zu

286 Kulturelle Folgen der Reformation

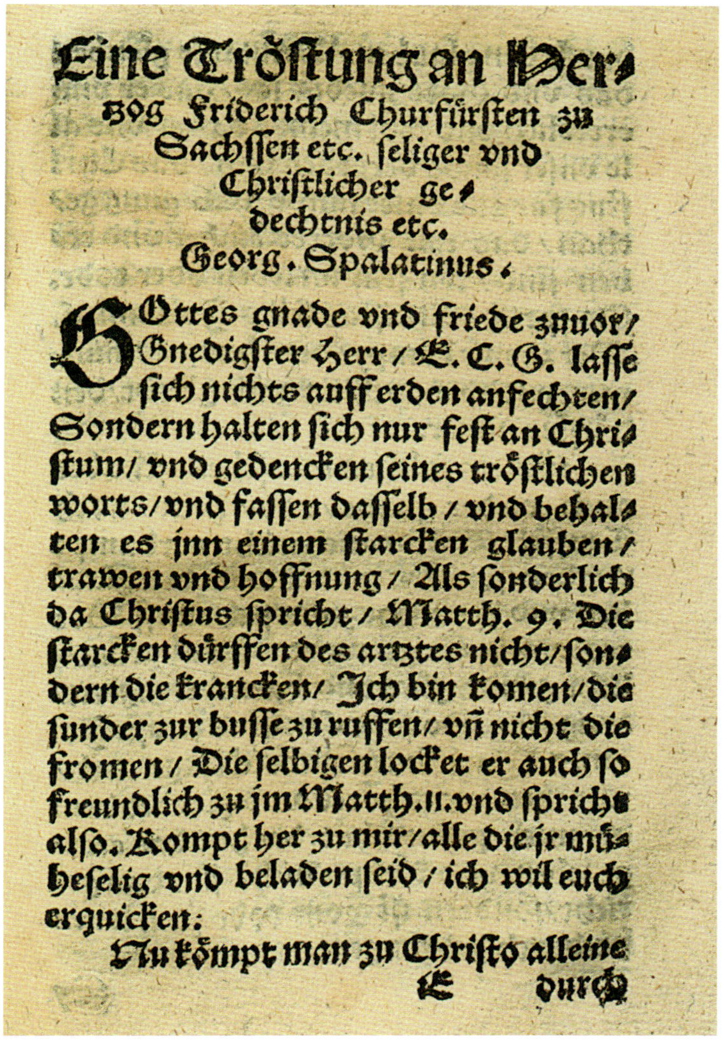
Eine Tröstung an Her=
zog Friderich Churfürsten zu
Sachssen etc. seliger vnd
Christlicher ge=
dechtnis etc.
Georg. Spalatinus.

GOttes gnade vnd friede zuuor/ Gnedigster Herr / E. C. G. lasse sich nichts auff erden anfechten/ Sondern halten sich nur fest an Christum/ vnd gedencken seines tröstlichen worts/vnd fassen dasselb / vnd behalten es jnn einem starcken glauben/ trawen vnd hoffnung/ Als sonderlich da Christus spricht / Matth. 9. Die starcken dürffen des artztes nicht/sondern die krancken/ Jch bin komen/die sünder zur busse zu ruffen/ vñ nicht die fromen / Die selbigen locket er auch so freundlich zu jm Matth. 11. vnd spricht also. Kompt her zu mir/alle die jr müheselig vnd beladen seid / ich wil euch erquicken:

Nu kömpt man zu Christo alleine
E durch

Abb. 3 Georg Spalatin, Eine Troestung an Hertzog Friderich Churfürsten zu Sachssen [...], in: Johannes Odenbach, Ein Trost Büchlin fur die sterbenden, Wittenberg 1535

betrachten, sollte man ihn positiv sehen: »[D]urch Christum ist es ain kostbarliche gu(o)thait worden/den Christen menschen dann dardurch ho(e)rte all vnser layd vnnd sünd auff.«[19] Anstatt das göttliche Gericht zu fürchten, sollte man sich erinnern, dass »Gott der allmae(e)chtig [...] das vns selbst in gewalt geben [hat] Das wir künnden dem selbigen vntayl vnnd Sentzenntz [sic!] entgeen vnnd das er vns nitt schaden kan order mag durch den glaube(n) in Jhesum Christum vnd gantz vertrawen in sein va(e)terlich gu(e)t«.[20] Diese Aussage beruht auf Luthers Lehre von der Rechtfertigung durch den Glauben.

Eine andere Form der lutherischen Schriften über das Sterben waren Handbücher für Laien, die Sterbende auf ihrer letzten Reise begleiten sollten. Eines der populärsten dieser Bücher war Johannes Odenbachs *Ein Trost Büchlin fur die Sterbenden* von 1528 (Abb. 4). Odenbach hat wohl in zwei Kirchgemeinden im Fürstentum Pfalz-Zweibrücken als Pfarrer gewirkt, in Obermoschel von 1528 bis 1548 und danach von 1554 bis zu seinem Tod 1555 in Lauterecken. Sein Handbuch wurde ein bemerkenswerter Erfolg mit mehr als 18 Auflagen zwischen 1528 und 1561.[21] Das Büchlein, so der Autor in seinem Vorwort, besteht aus drei Teilen: Der erste enthält Sprüche, die den Kranken den Tod herbeisehnen lassen sollen; der zweite enthält Tröstungen aus dem Neuen Testament und der dritte Anleitungen zur Beichte und zum Gebet, die dem Kranken zum Trost vorgelesen werden können.[22] Aus dieser Zusammenstellung konnten sich Leser oder Betreuer das heraussuchen, was in der jeweiligen Situation als hilfreich erschien. Die Passagen aus dem Neuen Testament erstrecken sich über zwölf Seiten. Sie versichern dem Sterbenden, dass er sich seiner Erlösung sicher sein kann, beispielsweise mit den Worten Jesu: »Ich bin die Auferstehung und das Leben. Wer an mich glaubt, wird leben, auch wenn er stirbt. Und wer lebt und an mich glaubt, wird niemals sterben« (Joh 11, 25–26).[23] Diese Sammlung von Bibelpassagen konnte nützlich sein, wenn Pfleger oder Sterbender zu arm waren, sich ein vollständiges Neues Testament zu leisten.[24] Zwei Dinge weisen darauf hin, dass das Büchlein vor allem für Laien gedacht war: Obwohl vier Anleitungen zur Beichte enthalten sind, fehlen die üblichen seelsorgerischen Worte des Sündenerlasses. Auch die Anleitung zur Verabreichung des Abendmahls, das die Anwesenheit eines Pfarrers erforderte, fehlt.[25]

Das vielleicht einfallsreichste der frühen lutherischen Bücher über das Sterben ist die anonym verfasste *Euangelisch lere vnd vermanung/eines sterbenden menschen,* die in Leipzig 1522 oder 1523 veröffentlicht wurde. Der Territorialfürst Herzog Georg der Bärtige von Sachsen, ein entschiedener Gegner der Reformation, versuchte die Verbreitung der lutherischen Ideen mit Maßnahmen wie dem Verbot des Drucks und der Verbreitung lutherischer Schriften zu verhindern. Diesen Bemühungen zum Trotz blieben die lutherischen Ansichten in Leipzig sehr stark vertreten.[26] Das Büchlein *Euangelisch lere* thematisiert die Situation sterbender Lutheraner in einer Stadt ohne lutherischen Klerus. Das Buch schlägt vor, in dieser Situation nach einem Priester zu rufen und die traditionellen Sterbesakramente – die Beichte, das Abendmahl und die Salbung – zu empfangen, aber im Herzen diese Riten im lutherischen Sinne zu interpre-

10 »nympt er [...] deyn sund auff sich und yn seyner gerechtickeit auß lauter gnaden dir ubir windt: ßo du das glaubist, ßo thun sie dyr nymmer schaden.« WA 2, 690. **11** WA 2, 697. **12** Reinis, Reforming (wie Anm. 8), S. 47. **13** Luise Schottroff: Die Bereitung zum Sterben: Studien zu den frühen reformatorischen Sterbebüchern, Göttingen 2012, S. 107–134. **14** Irmgard Höss: Georg Spalatin, 1484–1545. Ein Leben in der Zeit des Humanismus und der Reformation, Weimar 1989, S. 277–279; Georg Spalatin: Friedrichs des Weisen Leben und Zeitgeschichte, bearb. von Christian Gotthold Neudecker/Ludwig Preller, Jena 1851, S. 64–68. **15** Reinis, Reforming (wie Anm. 8), S. 124–127. **16** Georg Spalatin: Eine Tro(e)stung an Her=/tzog Friderich Churfu(e)rsten zu/Sachssen etc., in: Johannes Odenbach (Hrsg.): Ein Trost/Büchlin fur die/Sterbenden, Wittenberg 1535, fol. Ev. **17** Bernd Moeller: Sterbekunst in der Reformation: Der »köstliche, gute, notwendige Sermon vom Sterben« des Augustiner-Eremiten Stefan Kastenbauer, in: Franz Felten/Nicholas Jaspert (Hrsg.): Vita Religiosa im Mittelalter. Festschrift für Kaspar Elm zum 70. Geburtstag, Berlin 1999, S. 740–752, hier S. 744–748. **18** Ebd., S. 664–675, 747, 751. **19** Steffan [Agricola] Castenbaur: Ain ko(e)stlicher/gu(o)tter/notwendiger Sermon/vo(m) Sterbe(n), Augsburg 1523, fol. Aiijr. **20** Ebd., fol. Aiijr. **21** Reinis, Reforming (wie Anm. 8), S. 179. **22** Johann Odenbach: Ein Trost/Büchlin fur die/Sterbenden, Wittenberg 1535, fol. Aiijv. **23** Ebd., fol. Br. **24** Reinis, Reforming (wie Anm. 8), S. 184. **25** Ebd., S. 181. **26** Siegfried Hoyer/Uta Schwarz: Die Leipziger Bürgerschaft und die frühe Reformation, in: Klaus Sohl (Hrsg.): Leipzig: Aus Vergangenheit und Gegenwart. Beiträge zur Stadtgeschichte, Leipzig 1983, Bd. 2, S. 99–117, hier S. 109 f.; Craig Koslofsky: The Reformation of the Dead. Death and Ritual in Early Modern Germany 1450–1700, New York 2000, S. 58 f.

Abb. 4 Johannes Odenbach, Ein Trost Büchlin fur die sterbenden, Wittenberg 1535

tieren. Das Buch lehrt den Sterbenden auch, den Fragen des Priesters auszuweichen, die feststellen sollen, ob er ein »lutherischer Ketzer« oder ein »guter Christ« sei. Auf die Frage des Priesters »Glaubst du, dass es sieben Sakramente sind?« soll der Sterbende beispielsweise antworten: »[I]ch glaub was ein cristen me(n)sch glauben soll/vn(d) darumb so hab ich begert der sacrament d[aß] ich s[i]e nit verachten will/vn(d) wan ir hundert wern/ich wolt sie fur sacrame(n)t halte(n)/vn(d) b[eg]er ir wolt von solicher matery nit wider mit mir disputirn ich bin jn zu einfeltig, etc.«[27] Der Sterbende stellt sich als einfachen Christen dar, der nicht weiß, dass Luther die Anzahl der Sakramente auf zwei beschränkt hat, Taufe und Abendmahl. Indem er etwaige Fragen gemäß dieser Anleitung beantwortet, kann er seiner lutherischen Überzeugung treu bleiben, aber dennoch die letzte Ölung und ein ehrenhaftes Begräbnis in der gesegneten Erde des Familiengrabes erhalten (Abb. 5).[28]

Die lutherische Begräbniskultur

Neben der Stärkung einer theologisch zuversichtlichen und freudvollen Haltung gegenüber dem Sterben, welche die lutherischen Handbücher zu diesem Thema widerspiegeln, führte Luthers Lehre von der Rechtfertigung durch den Glauben auch zu einschneidenden Veränderungen in der Begräbniskultur. Lutherische Christen vertrauten auf Gottes Vergebung der Sünden und erwarteten, dass im Moment des Todes ihre Seelen direkt zu Gott in den Himmel aufsteigen. Der Glaube an das Fegefeuer war damit überholt. Trauer- und Totenmessen, mit denen die Lebenden die Zeit ihrer Angehörigen im Fegefeuer zu verkürzen suchten, wurden abgeschafft. Die Leichenpredigt und das Singen von Trauerchorälen wurden zum wichtigsten Teil der lutherischen Beerdigung.[29] Im Jahr 1542 veröffentliche Luther eine Sammlung von Trauerliedern mit dem Titel *Christliche/Geseng Lateinisch vnd /Deudsch, zum/Begrebnis*. Diese sollten vom örtlichen Schulmeister und den Schuljungen gesungen werden, während sich der Trauerzug zum Friedhof bewegte.[30] In Bezug auf die Leichenpredigt lehrte Luther, dass diese die Hinterbliebenen trösten und an die Hoffnung auf Auferstehung erinnern sollte.[31] Die ersten publizierten lutherischen Leichenpredigten waren Luthers eigene Predigten für die sächsischen Kurfürsten Friedrich den Weisen[32] und Johann den Beständigen[33] aus den Jahren 1525 beziehungsweise 1532.

Gegen Ende des 16. Jahrhunderts beauftragten großbürgerliche Familien und Angehörige des Adels Pfarrer, Leichenpredigten zu halten und sorgten gleichzeitig dafür, dass diese Predigten gedruckt und unter Familienmitgliedern, Nachbarn und Freunden verteilt wurden. Diese gedruckten Predigten kursierten bald als beliebte Form der Erbauungsliteratur.[34] Der biografische Abschnitt der Schriften war üblicherweise zu einem Großteil dem Dahinscheiden des Verstorbenen gewidmet – damit sollte Familien und Freunden versichert werden, dass ihr Angehöriger einen friedlichen und gesegneten Tod gestorben war und vertrauensvoll der Auferstehung entgegengesehen hatte.[35] Viele gedruckte Leichenpredigten enthalten Gedichte (*epicedia*), die zur Ehre des Verstorbenen geschrieben wurden.[36] Manche enthalten sogar Notensätze von Kompositionen, die wohlhabende Familien für die Bestattung des Angehörigen in Auftrag gaben.[37] Diese Gedichte und Partituren sind ein Beispiel für die Entstehung lutherischer musikalischer und dichterischer Tradition, die in enger Verbindung mit der lutherischen »Kunst des Sterbens« stand.

Durch lutherische Bestattungsbräuche entstanden auch neue Traditionen in der bildenden Kunst. Mit Hinblick auf die Begräbnisstätte schrieb Luther, ein Friedhof solle »[…] ein feiner stiller Ort sein, der abgesondert were von allen örten, darauff man mit andacht gehen und stehen kündte, den tod, das Jüngst gericht und aufferstehung zu betrachten und betten.«[38] Im Mittelalter wurden gesellschaftlich höhergestellte Tote üblicherweise unter dem Boden der Gemeindekirche beigesetzt, bevorzugt in der Nähe des Altars, wo das Abendmahl gefeiert wurde. Die weniger Wohlhabenden fanden auf dem Friedhof die letzte Ruhe. Doch bereits im 15. Jahrhundert waren in ganz Europa die Friedhöfe so überfüllt, dass außerhalb der

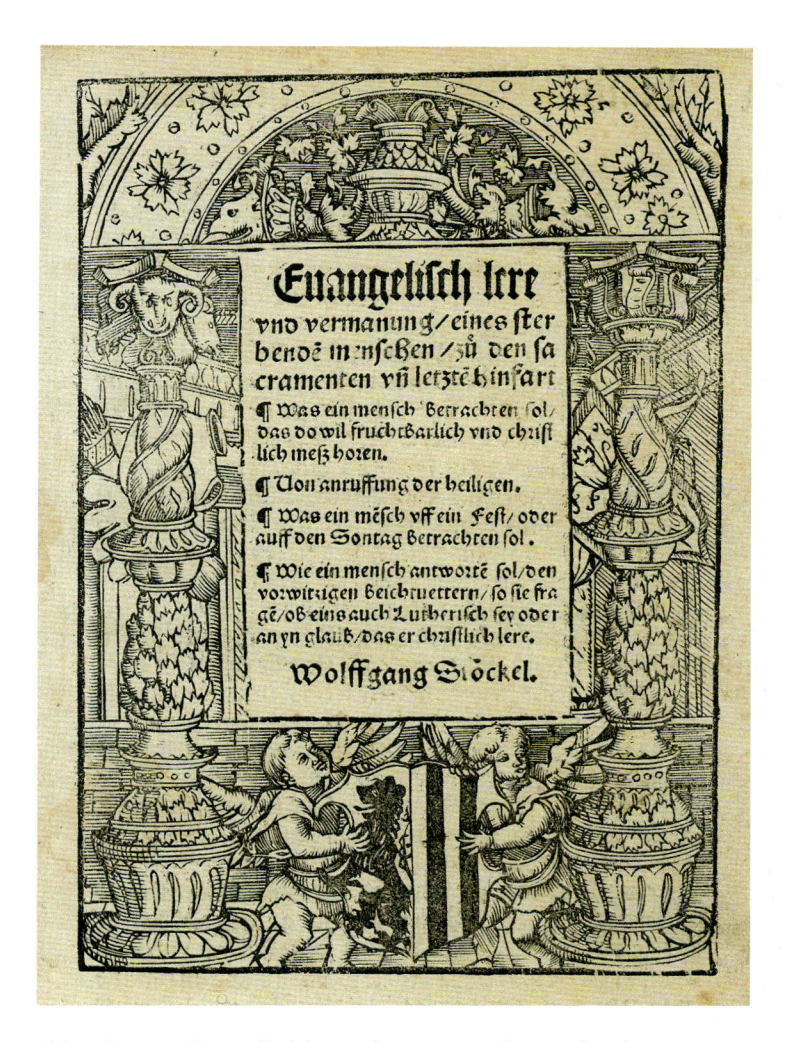

Abb. 5 Anonym, Euangelisch lere vnd vermanung eines sterbenden menschen zu den sacramenten vnd letzter hinfart [...], Leipzig 1522 oder 1523

lischen Klerus, während auf der rechten Seite die umsichtige Pflege durch die Reformatoren, darunter Martin Luther, Philipp Melanchthon und Paulus Eber selbst dargestellt wird (Abb. im Beitrag von Stefan Rhein).[42]

Luthers freudiger und zuversichtlicher Umgang mit Tod und Sterben wurde von seinen Nachfolgern in Form von Dutzenden Schriften über die Vorbereitung auf das Sterben und über den Beistand, den man den Sterbenden leisten kann, verbreitet. Durch die Trauerschriften, die Luther für die sächsischen Kurfürsten Friedrich den Weisen 1525 und Johann den Beständigen 1532 verfasste und durch die Sammlung an Trauerchorälen, die er 1542 veröffentlichte, bereitete er den Weg für ein neues Brauchtum, das wiederum zur Entwicklung einer eigenständigen lutherischen Bestattungstradition in Musik, Lyrik, Skulptur und Malerei führte.

27 Euangelisch lere/vnd vermanung/eines ster/bende(n) menschen/zu(o) den sa/cramenten vn(d) letzte(r) hinfart, Leipzig 1522, fol. [Aiv]v. **28** Reinis, Reforming (wie Anm. 8), S. 144f. **29** Robert Kolb: Orders for Burial in the Sixteenth Century Wittenberg Circle, in: Irene Dingel/Armin Kohnle (Hrsg.): Gute Ordnung. Ordnungsmodelle und Ordnungsvorstellungen in der Reformationszeit, Leipzig 2014, S. 257–279. **30** Martin Luther: Christliche/Geseng Lateinisch vnd/Deudsch, zum/Begrebnis, Wittenberg 1542; Arbeitsgemeinschaft Friedhof und Denkmal (Hrsg.): Mit Fried und Freud ich fahr dahin. Protestantische Begräbniskultur der Frühen Neuzeit. Eine Ausstellung des Museums für Sepulkralkultur Kassel und des Stadtmuseums Gera, Kassel 2010, S. 7, 13, 30. **31** WA 35, 479. **32** WA 17/I, 196–227. **33** WA 36, 237–270. **34** Cornelia Niekus-Moore: Patterned Lives. The Lutheran Funeral Biography in Early Modern Germany, Wiesbaden 2006. **35** Dies.: Praeparatio ad Mortem: Das Buch bei Vorbereitung und Begleitung des Sterbens im protestantischen Deutschland des 16. und 17. Jahrhunderts, in: Pietismus und Neuzeit: Ein Jahrbuch zur Geschichte des neueren Protestantismus 3 (1993), S. 9–18. **36** Anna Linton: Poetry and Parental Bereavement in Early Modern Lutheran Germany, Oxford 2008. **37** Norbert Bolin: »Sterben ist mein Gewinn« (Phil. 1,21). Ein Beitrag zur evangelischen Funeralkomposition der deutschen Sepulkralkultur des Barock 1550–1750, Kassel 1989. **38** WA 23, 375. Vgl. auch den Beitrag von Anja Tietz in diesem Band. **39** Koslofsky, Reformation (wie Anm. 26), S. 40f. **40** Fritz Bellmann/Marie-Luise Harksen/Roland Werner (Hrsg.): Die Denkmale der Lutherstadt Wittenberg, Weimar 1979, S. 46f.; Helmar Junghans: Martin Luther und Wittenberg, München 1996, S. 182–184. **41** Ernst Zitzlaff: Die Begräbnißstätten Wittenbergs und ihre Denkmäler, Wittenberg 1896, S. 109–112; Bellmann/Harksen/Werner, Denkmale (wie Anm. 40), S. 184. **42** Junghans, Martin Luther (wie Anm. 40), S. 129, 133f.; Bellmann/Harksen/Werner, Denkmale (wie Anm. 40), S. 183.

Stadtmauern neue errichtet wurden.[39] Die Gepflogenheit, wichtige Persönlichkeiten innerhalb der Kirchmauern zu bestatten, wurde jedoch weiter praktiziert. Luther selbst wurde nicht auf einem Friedhof beigesetzt, sondern in der Schlosskirche zu Wittenberg.[40] So manche wohlhabende Lutheraner beauftragten kunstvolle Grabmäler für ihre Toten. Ein aufwändig verziertes Marmorepitaph in der Stadtkirche zu Wittenberg erinnert an das Leben und den Tod des jungen Adligen und Studenten Matthias von Schulenburg, der im Jahr 1569 verstarb. Es besteht aus einer Skulptur, die den Verstorbenen im Gebet zeigt und aus drei Darstellungen Jesu: betend im Garten Gethsemane, am Kreuz, sowie als auferstandener und triumphierender Herrscher.[41]

Auch Grabmäler in Form von Gemälden, oft mit erläuternden Bildunterschriften, wurden üblich. Besonders bekannt ist ein Epitaph für den Theologen und Pfarrer Paulus Eber, gemalt 1569 von Lucas Cranach dem Jüngeren, das sich ebenfalls in der Stadtkirche zu Wittenberg befindet. Dieses eher polemische Werk zeigt auf der linken Seite die Zerstörung von Gottes Weinberg durch den katho-

LOUIS D. NEBELSICK

»es sey hieuor etwo ein sepulcrum gewesen«. Martin Luther und die Anfänge archäologischer Forschung in Mitteleuropa und Skandinavien im 16. Jahrhundert

Martin Luthers erster Kontakt mit Archäologie ist in einigen Bemerkungen schriftlich fest gehalten, die er zwei Jahrzehnte nach seiner Romreise 1511 machte. Leider ist vieles von dem Reiseverlauf des jungen Mönchs Martin, an den sich der ältere Luther erinnert, verwoben mit verbitterter antipäpstlicher Rhetorik, und nur vereinzelt finden sich inmitten des Grolls Fetzen von wirklichen Erinnerungen. Luther erinnert sich daran, durch endlos viele Kirchen und Katakomben gerannt zu sein wie »ein toller Heiliger« und dass er »alles, was daselbs erlogen und erfunden ist« glaubte.[1] Diese ironische Stichelei verspottet absichtlich die majestetischen Monumente, die den jungen, provinziellen Mönch aus einer sächsischen Kleinstadt beeindruckt haben müssen.

Typischerweise verwendet Luther das Wort »Klufften«, um die Katakomben von San Sebastiano fuori le mura, die er besuchte, zu beschreiben. Diese Formulierung reflektiert deutlich seine spätere Ablehnung der rettenden Kraft der Tausenden Märtyrerkörper, die angeblich dort lagen. Sie spiegelt aber auch seine Zurechtweisung des Narrativs der humanistischen Antiquare des 16. Jahrhunderts, die in Roms frühchristlichen Hinterlassenschaften den haptischen Beweis für die Rechtmäßigkeit des päpstlichen Erbes des Heiligen Petrus sahen. Dieser Diskurs sollte nach dem Konzil von Trient bittere Dringlichkeit erhalten, als die Archäologie des frühen Christentums der Munition der Gegenreformation hinzugefügt wurde.[2] Seltsamerweise ignoriert Luther in seiner Rombeschreibung die Überreste des Glanzes der antiken Stadt vollständig.[3] Auch wenn die Würdigung der auratischen Qualitäten der Ruinen seinem mittelalterlichen Weltverständnis natürlich vollkommen fremd war,[4] so war sich Luther des Erinnerungswertes, den architektonische Relikte haben konnten, deutlich bewusst. Dieses Bewusstsein liegt seinen grässlichen Vorschlägen von 1543 zugrunde, nach denen man jüdische Häuser, Schulen und Synagogen »mit Feuer anstecke und, was nicht verbrennen will, mit Erde überhäufe und beschütte, daß kein Mensch einen Stein oder Schlacke sehe ewiglich«.[5] Zudem erinnerte sich der Reformator, trotz seiner vorgetäuschten Gleichgültigkeit gegenüber seiner antiken römischen Umgebung, später an eine Beobachtung, die er an den hohen Ufern des Tiber gemacht hatte. Die freiliegende Schuttschicht, so hoch wie »2 landsknecht spiße«,[6] war so mächtig, dass die Fundamente der heutigen Häuser dort stünden, wo die Dächer der antiken Gebäude gewesen wären.[7] Natürlich versteckt sich auch unter der Oberfläche dieser Äußerung wütende Polemik – das prahlerische Rom sitzt auf einer riesigen Müllhalde –, aber nicht viele provinzielle Touristen des 16. Jahrhunderts wären in der Lage gewesen, von Menschen gemachte Schichten zu erkennen und die Konsequenzen dieser Beobachtung zu verstehen.

Luthers Beobachtungen zu mitteldeutschen archäologischen Funden waren ebenso scharfsinnig. Während eines seelsorgerischen Besuchs in der wohlhabenden kurfürstlichen Residenzstadt Torgau

---

1 WA 31, 1, 226b 9 f. **2** Jamie Beth Erenstoft: Controlling the Sacred Past: Rome, Pius IX, and Christian Archaeology, Ann Arbour 2008; William H. Frend: The Archaeology of Early Christianity. A History, Minneapolis 1996. **3** Heinrich Böhmer: Luthers Romfahrt, Leipzig 1914, S. 139–151. **4** Alain Schnapp: The Discovery of the Past, New York 1997, S. 97–100. **5** Martin Luther: Von den Jüden und iren Lügen [1543], in: WA 53, 417–552. **6** WA.TR 3, Nr. 3700. **7** Hans Schneider: Martin Luthers Reise nach Rom – neu datiert und neu gedeutet (= Studien zur Wissenschafts- und Religionsgeschichte. 10), Berlin 2010, S. 132. **8** Hans Gummel: Forschungsgeschichte in Deutschland. Die Urgeschichtsforschung und ihre historische Entwicklung in den Kulturstaaten der Erde, Berlin 1938, S. 13; Herbert Kühn: Geschichte der Vorgeschichtsforschung, Berlin/New York 1976, S. 16 f.; Albert Mennung: Über die Vorstufen der prähistorischen Wissenschaft im Altertum und Mittelalter, Veröffentlichungen der Gesellschaft für Vorgeschichte und Heimatkunde des Kreises Calbe I, Calbe 1925, S. 39; Georg Müller: Ein Urnenfund im 16. Jahrhundert, in: Neues Archiv für sächsische Geschichte 11 (1890), S. 156; Berthold Schmidt: 100 Jahre Bodendenkmalpflege im Arbeitsbereich des Landesmuseums für Vorgeschichte Halle (Saale), in: Jahresschrift für Mitteldeutsche Vorgeschichte 69 (1986), S. 15–60, hier S. 17. Der genaue Fundort der Urnen ist typisch für die Gräberfelder der bronzezeitlichen Lausitzer Kultur. Das Gräberfeld wurde 1930 wiederentdeckt und befindet sich auf einer Anhöhe etwa anderthalb Kilometer nordöstlich von Sitzenroda, die zu Luthers Zeiten vermutlich als Sandgrube genutzt wurde (Ortsakte, Landesamt für Archäologie Sachsen). **9** Paul Hans Stemmermann: Die Anfänge der deutschen Vorgeschichtsforschung: Deutschlands Bodenaltertümer in der Anschauung des

an der Elbe 1529 ist Luthers erste Begegnung mit heimischen archäologischen Funden überliefert. Er war Mitglied einer kurfürstlichen Kommision, die einem Bericht über neun oder zehn aufgefundene Gefäße nachging, die Schädel und Knochen von kleinen Kindern (also eingeäscherte, zersplitterte Knochen) enthielten. Diese waren auf dem Gebiet des ehemaligen Zisterzienserinnenklosters Marienpforte bei Sitzenroda südlich von Torgau, das erst kürzlich säkularisiert worden und in den Besitz des Kurfürsten übergegangen war, von Bauern gefunden worden. Man hörte Zeugen zu dem Belang an, und nach sorgfältiger Überlegung kam die Kommission, offensichtlich unter der Leitung Luthers, zu dem Schluss, dass die Gefäße mit den menschlichen Überresten eine Form hatten, die in den vergangenen 50 bis 100 Jahren nicht verwendet worden war. Die Kommission schlussfolgerte logisch, dass »es sey hieuor etwo ein sepulcrum gewesen«, das heißt, man habe die Überreste eines antiken, heidnischen Friedhofs gefunden.[8] Mit diesem Urteil brachen Martin Luther und seine Mitstreiter mit der langjährigen und beinahe universell gehegten Überzeugung, dass ausgegrabene Gefäße *ollas natura (formata)* waren, die spontan wie Wurzelknollen in fruchtbarer Erde wuchsen oder von unterirdisch lebenden Zwergen gefertigt wurden.[9] Im Geiste humanistischer Rationalität verorteten sie die Urnen aus Sitzenroda und ähnliche Gefäße in der prähistorischen, heidnischen Vorgeschichte Sachsens.

Wittenberg: das Zentrum archäologischer Forschung zur Reformationszeit

Auch wenn dies der einzige schriftlich festgehaltene Vorstoß des Reformators in die lokale Vorgeschichte war, wurde hier ein Muster für weitere antiquarische Unternehmungen seiner Mitstreiter im Kernland der Reformation geprägt. Entscheidend ist, dass Luther und seine Kommission einen Weg für eine autonome Untersuchung der deutschen Vergangenheit außerhalb der Grenzen des Römischen Reiches und jenseits der schriftlichen Quellen aufgezeigt hatten. In seinem Werk *De natura fossilium* von 1546 zum Beispiel geht der sächsische Pionier der Geologie Georg Agricola näher auf Luthers Ergebnisse ein, indem er die Auffassung, dass Gefäße sich unter der Erde selbst erzeugten oder von Zwergen hergestellt wurden, als Märchen entlarvte. Nachdem er die Beweise geprüft hatte, kam er zu dem Schluss, dass die Gefäße »Urnen gewesen [sind], in denen die alten Germanen vor ihrer Bekehrung zum Christentum die Asche ihrer Toten , die sie verbrannten, beigesetzt haben.«[10]

Diese erste explizite ethnische Zuweisung von ausgegrabenen prähistorischen Artefakten scheint andere sächsische Gelehrte dazu inspiriert zu haben, Agricolas Theorie durch die Ausgrabung weiterer prähistorischer Fundplätze zu überprüfen. Luthers engster Vertrauter, Philipp Melanchthon, dessen breitgefächerte akademische Interessen auch antiquarische Studien einschlossen, führte 1560 in einer Vorlesung sorgfältige Beschreibungen von den Ausgrabungen in einem Grabhügel in Landsberg bei Halle (Saale) an. Er sah darin eindeutig ein Monument, das in der vorchristlichen Vergangenheit Sachsens verankert war.[11]

Darüber hinaus wurde Petrus Albinus, ein Schüler Agricolas und Rektor der Universität von Wittenberg, durch die Gelehrtendebatte über den Ursprung der »wilden Urnen« dazu animiert, im Herbst 1587 zwischen den Dörfern Zahna und Marzahna, wenige Kilometer von Wittenberg entfernt, eine Reihe von bronzezeitlichen Grabhügeln in einem umfangreichen Hügelgräberfeld auszugraben (Abb. 1). Er fand Keramik, menschliche Knochenreste, Asche und Holzkohle, die durch Steinpackungen geschützt waren. Albinus' schlüssiger Bericht über diese Funde, publiziert in seiner *Meißenischen Chronica* von 1590, wird allgemein als frühester Ausgrabungsbericht zu einer prähistorischen Stätte in Deutschland angesehen.[12]

Weiterhin scheinen Albinus eine Reihe von anderen Ausgrabungen in Mitteldeutschland bekannt gewesen zu sein, da er ganz richtig bemerkte, dass die Steinstrukturen, die die Urnen schützten, ein universeller Bestandteil prähistorischer Brandbestattungen sowohl in Sachsen als auch in Thüringen waren. Alle diese Gelehrten untersuchten die archäologische Vergangenheit im Sinne rationaler, humanistischer Observation. Sie zeichneten sich jedoch auch durch ihr großes Interesse daran aus, die schriftlosen Nachweise einer fernen Vergangenheit zu erforschen, etwas, wofür es weder in der mittelalterlichen Gelehrsamkeit Mitteleuropas noch in der zeitgenössischen katholischen Gelehrtengemeinschaft ein Vorbild gab.

Von Wittenberg nach Skandinavien: die Archäologie wandert gen Norden

Interessanterweise wurde die schnelle Ausbreitung der lutherischen Reformation nach Norddeutschland und Skandinavien auch durch das Aufkommen archäologischer Untersuchungen begleitet. Nicolaus Marschalk, ein kongenialer griechischer Philologe und Drucker, brachte als erster die Archäologie nach Norden.[13] Nach seinem Studium in Erfurt kam er 1502 an die neu gegründete Universität von

---

16. und 17. Jahrhunderts, Leipzig 1934, S. 67–71. **10** Georg Bierbaum: Zur Geschichte der Altertumsforschung in Sachsen, in: Bautzener Geschichtshefte 5 (1927), 1, S. 15–38, hier S. 15; Georg Agricola, De natura fossilium libri X, übers. u. bearb. von Georg Fraustadt in Verbindung mit Hans Prescher, Berlin 1958, S. 211. **11** Michael Stock: Ur- und frühgeschichtliche Archäologie und Landeskunde – Beispiele aus Sachsen-Anhalt, in: Denkströme. Journal der Sächsischen Akademie der Wissenschaften 6 (2011), S. 137–167, hier S. 138; Schmidt, 100 Jahre (wie Anm. 8), S. 17. **12** Hans Walter/Günter Göricke: Frühe wissenschaftliche Ausgrabungen des Petrus Albinus (1543–1598) und ihre Bedeutung für die Geschichte der Paläontologie, in: Geoprofil 10 (2001), S. 76–90. **13** Voker Schimpff: Der Beginn der archäologischen Forschung in Norddeutschland: Zum Wirken von Nikolaus Marschalk Thurius in Mecklenburg, in: Rostocker Wissenschaftshistorische Manuskripte 18 (1990), S. 70–73; Sebastian Brather: Ethnische Interpretationen in der frühgeschichtlichen Archäologie: Geschichte, Grundlagen und Alternativen, Berlin 2004, S. 12 f.; Barbara Sasse-Kunst: Die Gräber der Obetriten und Heruler des Nikolaus Marschalk (um 1470–1525) – eine Korrektur der Forschungsgeschichte zu den Megalithgräbern und zur ethnischen Deutung, in: Tanya Armbruester/Morten Hegewisch (Hrsg.): Beiträge zur Vor- und Frühgeschichte der Iberischen Halbinsel und Mitteleuropas. Studien in honorem Philine Kalb (= Studien zur Archäologie Europas. 11), Bonn 2010, S. 247–265.

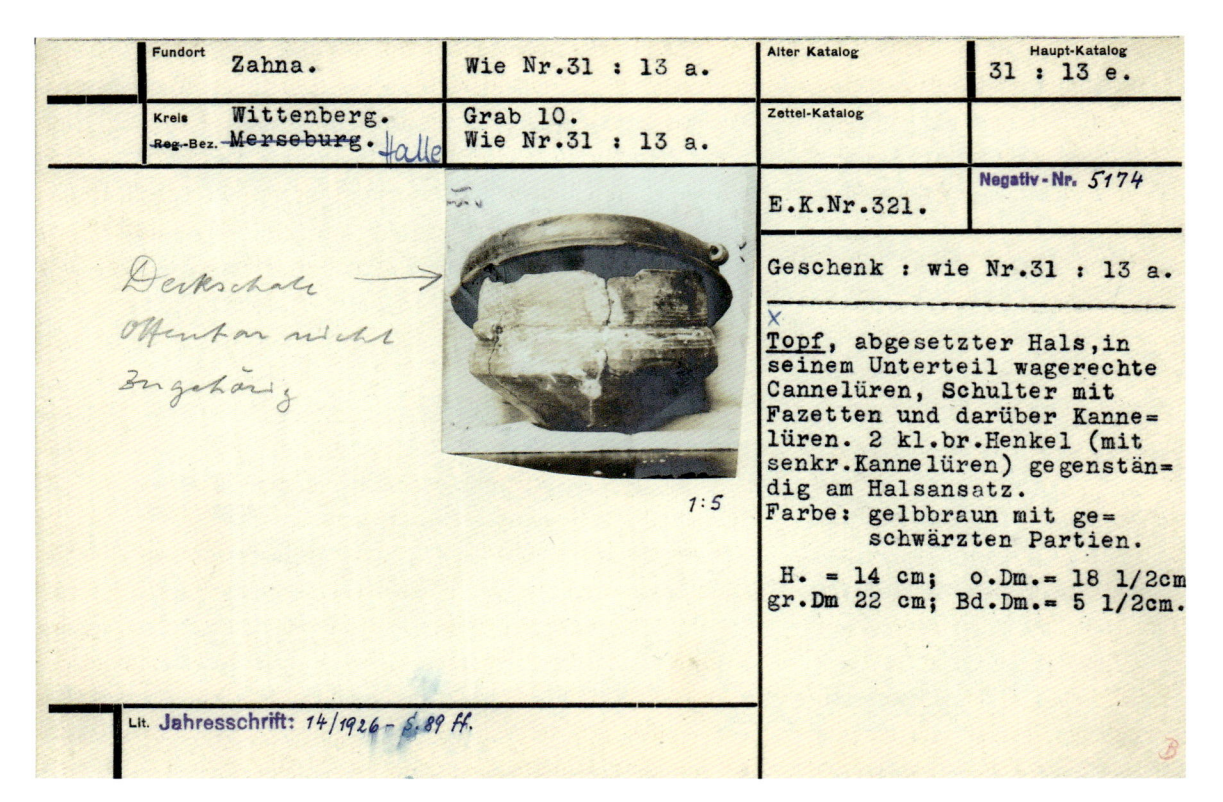

Abb. 1
Spätbronzezeitliche Keramik aus dem Hügelgräberfeld bei Zahna, Karteikarte im Archiv des Landesamts für Denkmalpflege und Archäologie Sachsen-Anhalt, Halle (Saale), 1928

Wittenberg. Dort unterrichtete er Griechisch, erlangte den Doktorgrad und gründete seine eigene Druckerei. Unschöne Streitereien mit seinen akademischen Kollegen führten dazu, dass er im Winter 1505 einem Ruf an den Hof Heinrichs V., des Grafen von Mecklenburg, folgte. Unter dessen Protektion war der vielseitige Humanist, der das latinisierte Pseudonym Thurius (der Thüringer) angenommen hatte, an zahlreichen diplomatischen und akademischen Unternehmungen sowie Publikationen beteiligt.

Zu dieser Zeit war Graf Heinrich, zusammen mit seinem mitregierenden Bruder, dabei, Luthers Reformation vorsichtig in Mecklenburg einzuführen und sich dadurch Schritt für Schritt von der päpstlichen und imperialen Autorität zu befreien. In diesem Kontext beauftragte der Herzog Marschalk damit, weitreichende genealogische Untersuchungen zu seiner Abstammungslinie durchzuführen. 1520/21 publizierte Marschalk sein *Chronicon der Mecklenburgischen Regenten*, ein ausführliches genealogisches Gedicht, das die Abstammung des mecklenburgischen Herrscherhauses aufzeichnete. Wie viele höfische Humanisten verstrickte er bei der Schöpfung dieser panegyrischen Erzählung sorgfältig recherchierte historische Persönlichkeiten mit frei erfundenen fiktiven Ahnen, was nicht nur die Rechtmäßigkeit von Heinrichs Regentschaft begründen sollte, sondern auch als metaphorisches Exposé für seine Ideale und Aspirationen diente und sein Erbe mit der regionalen Geschichte und Geografie verwob. Dabei vollzog Marschalk einen eklatanten Bruch mit der bisherigen Tradition. Diese hätte vorgeschrieben, die Abstammungslinie des Herzogs auf westeuropäische Königshäuser und letztlich auf Brutus, Aeneas oder andere Protagonisten der römischen Antike oder Mythologie zurückzuführen.[14] Marschalk dagegen schuf Abstammungslinien zu slawischen Königsfamilien. Darüber hinaus führte Marschalk/Thurius die Abstammung des Herzogs auf den Hof Alexanders des Großens (Roms Rivalen um die Erinnerung an antike imperiale Herrlichkeit) zurück, an dem Griechisch gesprochen wurde. Dies war nicht nur die Sprache des Evangeliums, sondern nach Luther und seinen Gefolgsleuten auch eine eng mit dem Deutschen verbundene Sprache.[15]

Hinter dieser abweichenden Erzählung stand offensichtlich die Absicht, das Ziel seines Herzogs zu rechtfertigen, Autonomie vom Heiligen Römischen Reich und Unabhängigkeit von der römischen Kurie zu erlangen. Ein zweiter Band, 1521 von Marschalk publiziert, die *Annalium Herulorum ac Vandalorum Libri Septem*, hatte eine umfassendere ethnohistorische Agenda. Das Werk integrierte antike Monumente in eine panegyrische Beschreibung der fernen, heidnischen Vergangenheit Mecklenburgs. Dies beinhaltete nicht nur überraschend genaue Beschreibungen von archäologischen Funden und Befunden, sondern auch einen Versuch, charakteristische antike Monumente in eine Reihenfolge zu bringen und sie historisch be-

14 Zur fiktionalen Einarbeitung römischer Helden in königliche und imperiale Abstammungslinien: Marie Tanner: The Last Descendant of Aeneas: The Hapsburgs and the Mystic Image of the Emperor, Philadelphia 1993. Die Vorfahren Kaiser Maximilians schlossen nicht nur antike Herrscher, sondern auch griechische und römische Götter und Heroen, die Apostel Christi und israelitische Könige ein. Hans Wierschin: Das Ambraser Heldenbuch Maximilians, Bozen 1976, S. 112–115. **15** Joachim Knape: Humanismus, Reformation, deutsche Sprache und Nation, in: Andreas Gardt: Nation und Sprache, Die Diskussion ihres Verhältnisses in Geschichte und Gegenwart, Berlin 2000, S. 103–138, hier S. 103–108. **16** Reimer Hansen: Heinrich Rantzau. Ein Humanist und Politiker aus der Schule Philipp Melanchthons, in: Ders. (Hrsg.): Aus einem Jahrtausend historischer Nachbarschaft. Studien zur Geschichte Schleswigs, Holsteins und

292 Kulturelle Folgen der Reformation

kannten ethnischen Gruppen zuzuweisen. So ging Marschalk davon aus, dass die neolithischen Megalithgräber (jungsteinzeitliche Großsteingräber) von dem germanischen Stamm der Heruler gebaut worden waren und die bronzezeitlichen Grabhügel von ihren Nachfolgern, den slawischen Abodriten. Einfache Flachgräberfelder der Eisenzeit und der römischen Kaiserzeit mit schlicht ausgestatteten Einäscherungen, die er nur durch Ausgrabungen kennen konnte, wurden als die Bestattungen von deren Bediensteten interpretiert.

Die Anfänge der skandinavischen Vorgeschichtsforschung können mit Heinrich von Rantzau verbunden werden, einem führenden deutschsprachigen Adligen aus dem dänischen Holstein, der als zwölfjähriger Student nach Wittenberg kam, bei Melanchthon studierte und an Luthers Tafel begrüßt wurde.[16] Anschließend machte er kometenhaft am dänischen Hof Karriere, wo er von 1554 bis zu seinem Tod Berater des Königs war. Neben seinem maßgeblichen Anteil an der Förderung der humanistischen Gelehrsamkeit in Dänemark durch die Zusammentragung einer enormen Bibliothek brachte er die Archäologie nach Skandinavien. Die Aktivitäten von italienischen und süddeutschen Humanisten spiegelnd, die fleißig römische Inschriften sammelten und herausgaben, initiierte von Rantzau ein ambitioniertes Projekt zur Erfassung und Publikation der Runensteine Dänemarks. Im Zuge dessen führte er Ausgrabungen in den antiken dänischen Königstumuli in Jellinge durch.[17] Bewusst behandelte er die Überreste der dänischen Ureinwohner gleichberechtigt mit denen, die für ihre mediterranen Zeitgenossen gehalten wurden, und stärkte so offensichtlich den Anspruch der skandinavischen Königreiche auf Rechtmäßigkeit, Langlebigkeit und Ebenbürtigkeit im Verhältnis zum Süden.

Die Resultate dieser Übersicht über die Archäologie des 16. Jahrhunderts in Mittel- und Nordeuropa mögen auf den ersten Blick spärlich wirken. Jedoch ist zu bedenken, dass zu einer Zeit, in der Antiquare innerhalb der Grenzen des antiken römischen Imperiums eifrig römische Ruinen ausgruben, die systematische Ausgrabung, Erfassung und Interpretation von prähistorischen Funden quasi ausschließlich in Wittenberg initiiert und von Anhängern der Reformation durchgeführt wurden.

Ausgrabung, Erhöhung und Entweihung: die Reformation und die Archäologie heiliger Körper

Um diesen Windstoß archäologischer Untersuchungen in lutherischen Gebieten des 16. Jahrhunderts zu kontextualisieren, lohnt es sich, einen Blick auf die Veränderungen zu werfen, die sich auf die traditionellen Ausgrabungsaktivitäten dieser Zeit auswirkten. Seit der Antike und besonders im Mittelalter war das bewusste Graben in der Vergangenheit fast immer ein Akt der Frömmigkeit, der in Strategien religiöser und zeitlicher Legitimierung verwoben war.[18] Keine Kirche konnte geweiht werden, ohne dass ein Fragment des Körpers eines Heiligen oder ein Gegenstand, der von diesem berührt worden war, in den Altar eingebracht wurde, und Gräber von Heiligen galten als mächtige Gnadenbringer. So wurde den heiligen Körpern meist ein tumultreiches und in vielen Fällen entwürdigendes Nachleben zuteil. Zahlreiche Gräber wurden geplündert, die Körper exhumiert und zerstückelt, Artefakte zerfetzt und Kleidung zerrissen. Sobald sie gefunden wurden, wurden die Fetzen der Körper und Lumpen versteckt und später von ihren frommen Plünderern verteilt. Anschließend wurden sie in prächtige Behältnisse eingebracht, auf Altären erhöht und zu Foki ritueller Verehrung.

Die Auswirkung der Reformation auf diese Art der Archäologie der Heiligen war drastisch, insbesondere da Luthers Schlüsselkonzept *sola gratia* (die Erlösung allein durch Gottes Gnade) jegliche Intervention durch Heilige völlig ausschloss. Die frühen Protestanten verhöhnten nicht nur die Suche nach und die Ermächtigung von Reliquien, sie sahen die Heiligenverehrung auch als ein bösartiges Hindernis an, das Sünder aktiv daran hinderte, Gottes Gnade zu erlangen.[19] In den meisten Fällen waren die Folgen dieser fundamentalen Abwertung der Bedeutung der heiligen Reliquien undramatisch. Die Gräber und Kapellen der Heiligen verfielen und wurden nach und nach zweitverwendet oder abgerissen. Wertvolle Reliquiare wurden in klingende Münze umgewandelt, ihr Inhalt weggeworfen oder an Gläubige im Süden verkauft. Da die Hoffnung auf Erlösung nun völlig auf die Kanzel ausgerichtet war, war das Durcheinander von Reliquiaren und Schreinen, mit denen mittelalterliche Kirchen vollgestopft waren, schlichtweg im Weg.

Es gab jedoch dramatischere Wendungen, wie das Schicksal des heiligen Benno von Meißen zeigt.[20] Im späten 15. Jahrhundert begannen sowohl der Bischof von Meißen als auch die Kurfürsten von Sachsen damit, Rom zu ersuchen, Benno heilig zu sprechen. Dieser war ein obskurer Meißner Bischof des 11. Jahrhunderts, der im Umland der Bischofsstadt als Lokalheiliger verehrt wurde (Abb. 2). Seine Ansprüche auf die Heiligsprechung wurden mit einer höchst unwahrscheinlichen Vita begründet. Sie enthielt unter anderem eine fantastische Erzählung über einen Wunderfisch aus der Elbe, der sein Attribut werden sollte. Trotz angemessener finanzieller Anreize reagierte die Kurie sehr langsam und erst 1523, sechs Jahre nach Luthers Thesenanschlag, wurde Bischof Benno von Papst Hadrian heiliggesprochen. Offensichtlich sah dieser darin eine Chance, die päpstliche und bischöfliche Autorität in Sachsen wiederherzustellen und dem katholischen Georg, Herzog von Sachsen, der Meißen kontrollierte, gegenüber Luthers Schutzherrn, dem sächsischen Kurfürsten Friedrich dem Weisen, der über Wittenberg herrschte, den Rücken zu stärken. In der Erhebungszeremonie 1524 in Meißen wurden die Gebeine des jetzt heiligen Benno mit goldenen Schaufeln ausgegraben, in ein goldenes Tuch gewickelt und auf den Hochaltar emporgehoben. Nach aufwändigen Feierlichkeiten wurden die Ge-

---

Dithmarschens. Malente 2005, S. 151–176. **17** Ole Klindt-Jensen: A History of Scandinavian Archaeology, London 1975, S. 15; Schnapp, Discovery (wie Anm. 4), S. 167–169. **18** Peter Brown: The Cult of the Saints: Its Rise and Function in Latin Christianity (The Haskell Lectures on History of Religions), Chicago 1982. **19** Birgit Luscher: Reliquienverehrung als Symbolsystem: volkskirchliche Praxis und reformatorischer Umbruch: zum Wittenberger Reliquienschatz und zur Transformation des symbolischen Denkens bei Luther, Münster 2008. **20** Ronald C. Finucane: Contested Canonizations: The Last Medieval Saints, 1482–1523, Washington D. C. 2011, S. 207–241.

Abb. 2 Hieronymus Emser, Vita Bennonis, 1512, Holzschnitt des Grabmals des hl. Benno im Meißner Dom vor seiner nach 1524 erfolgten Umgestaltung im Renaissancestil. Erkennbar sind Votivgaben in Form von Körperteilen, die am Grabmonument befestigt wurden.

beine wieder in der frisch renovierten, mit kostbarem importierten Marmor verkleideten ewigen Ruhestätte des Heiligen beigesetzt.

Martin Luther sah all dies als mutwillige Provokation an. Er reagierte mit einem erbosten Pamphlet mit dem Titel *Wider den Abgott und Teufel, der zu Meißen soll erhoben werden*.[21] Von den Auswirkungen, die diese Kontroverse auf die Volksmeinung hatte, berichtet der Reformator Friedrich Myconius. Er hielt fest, dass in dem gleichen Sommer in Buchholz im sächsischen Erzgebirge ein schauriges und obszönes Mienenspiel inszeniert wurde.[22] Eine Meute von Bergleuten und flegelhaften Burschen, die Bücher tragende Geistliche nachahmten, drangen mit Sieben auf den Köpfen und unter die Arme geklemmten Spielbrettern in ein verlassenes Bergwerk ein. Unter der Anleitung eines »Bischofs«, der sich unter einem mit Kot beschmierten Baldachin als Anführer gebärdete, einen Korb als Mitra trug und von einer mit Mistgabeln bewaffneten Ehrengarde flankiert wurde, begannen sie eine Ausgrabung. Bald wurden Bennos »Reliquien« gefunden, ein Pferdeschädel, Eselsknochen und der Unterkiefer einer Kuh, die in einen Mistkarren geworfen und dann in einem unflätigen Umzug zum Marktplatz gebracht wurden. Dort wurden Bennos heilige Eselsknochen vom »Bischof« lobgepriesen, und ein Ablass wurde ausgerufen. Die Knochen und eine Papstpuppe wurden abschließend in den Marktbrunnen geworfen.

Interessanterweise folgte das Leben der Kunst 15 Jahre später. 1539 griff ein bilderstürmerischer Mob die Kathedrale von Meißen an, die eine katholische Insel in einem protestantischen Meer geworden war, und zerstörte das prunkvolle Renaissancegrabmal Bennos. Nach protestantischen Quellen ergriffen die Eiferer sein Reliquiar, marschierten damit den Domberg hinunter und warfen es in die Elbe, die durch die Bögen der Stadtbrücke strömte.[23] Während diese Behandlung normalerweise der Asche von Häretikern vorbehalten war, war sie in diesem Fall besonders passend, da Bennos Attribut ein Elbfisch war. Katholiken hingegen berichten, dass die vorausschauenden Gläubigen in der Lage gewesen waren, Bennos Überreste zu exhumieren und sie lange vor dem Angriff zu verbergen. Nach einer langen und umständlichen Reise wurden die Knochen des heiligen Benno 1580 endlich in der Liebfrauenkirche in München wieder beigesetzt, wo er bis heute als Schutzpatron der Stadt verehrt wird.

Ironischerweise wird erzählt, dass Martin Luther selbst dem für Benno vorgesehenen Schicksal nur knapp entrann. Als Wittenberg 1547 nach der Niederlage der Protestanten bei Mühlberg von kaiserlichen Truppen besetzt wurde, musste Kaiser Karl V. der Legende nach den fanatischen Herzog von Alba und seine spanischen Truppen davon abhalten, Luthers Knochen auszugraben, sie öffentlich zu verbrennen und natürlich seine Asche in die Elbe zu streuen.[24]

Mit der Renaissance des Reliquienkults nach dem Konzil von Trient waren wieder Massen an Gebeinen in Bewegung. Die Katakomben Roms, die irrtümlicherweise für Märtyrerfriedhöfe gehalten wurden, wurden systematisch ausgebeutet, um die leeren Kirchen der neu eroberten protestantischen Bistümer mit heiligen Körpern zu füllen. Die vorsichtig zusammengesetzten Skelette wurden mit inspirierenden Hagiografien ausgestattet, prunkvoll mit kostbarem Schmuck besetzt und in farbenprächtige Gewänder gehüllt. Sie wurden abschließend an die leeren Kirchen im Norden gestiftet oder verkauft, festlich übergeben und feierlich in ihre neuen Ruhestätten überführt: gläserne Schaukästen in prunkvollen Barockaltären.[25] Diese Vorgänge führten nicht nur zu einem noch nie dagewesenen Anstieg spirituellen Prunks, sondern markierten auch den Beginn der christlichen Archäologie. Gelehrte des späten 16. Jahrhunderts stiegen in die Katakomben hinab und bemühten sich darum, die komplexen Grundrisse und farbenfrohen, aber dennoch fragilen frühchristlichen Fresken der geplünderten Katakomben zu dokumentieren.[26]

Zum Abschluss dieses Überblicks über die Archäologie sakraler Körperlichkeit in Mitteldeutschland sollte berücksichtigt werden, dass die paratheatralische Formel der Emporhebung der Heiligen und deren höhnende Erniedrigung, in die diese »Archäologie« eingebettet war, gewissermaßen eine Spiegelung darstellte. Diese dramatischen und karnevalistischen Vorführungen, die tief im mittel-

21 Christoph Volkmar: Die Heiligenerhebung Bennos von Meißen (1523/24): Spätmittelalterliche Frömmigkeit, landesherrliche Kirchenpolitik und reformatorische Kritik im albertinischen Sachsen in der frühen Reformationszeit, Münster 2002, S. 157–180. **22** Jetzt Annaberg-Buchholz, R. Scribner: Popular Culture and Popular Movements in Reformation Germany, London/Ronceverte 1987, S. 71–103. **23** Virginia Chieffo Raguin: Art, Piety and Destruction in the Christian West, 1500–1700, Farnham 2010, S. 35, Titelbild. **24** Helmar Junghans: Kaiser Karl V. am Grabe Martin Luthers in der Schlosskirche zu Wittenberg, in: Luther-jahrbuch 54 (1987), S. 100–113. **25** Paul Koudounaris: Heavenly Bodies: Cult Treasures and Spectacular Saints from the Catacombs, London 2013. **26** Erenstoft, Sacred Past (wie Anm. 2). **27** WA.B 2, Nr. 265f. **28** Fritz Mack: Evangelische Stimmen zur Fastnacht, in: Hermann Bausinger (Hrsg.): Masken zwischen Spiel und Ernst (= Volksleben. 18), Tübingen 1967, S. 35–49. **29** Zur mittelalterlichen Memorialkultur siehe: Otto Gerhard Oexle: Memoria in der Gesellschaft und in der Kultur des Mittelalters, in: Joachim Heinzle (Hrsg.): Modernes Mittelalter. Neue Bilder einer populären Epoche. Frankfurt am Main 1994, S. 297–323.

alterlichen Konzept heiliger Körper verankert waren, blieben trotz aller dogmatischen und ideologischen Paradigmenwechsel, in denen sie kontextualisiert wurden, unverändert. Martin Luther, der sehr sensibel auf die Wirkungen ritueller Handlungen reagierte, erkannte die essenziell erhaltende Qualität der Spiegelwelt des Karnevals und die damit verbundenen Konventionen ritualisierter Verhöhnung, die die frühe protestantische Ritualgewalt gegen Bilder und Reliquien begleitete. Während er anfangs närrische, kirchenfeindliche Ausbrüche gütig duldete,[27] sollte er sie später vollständig ablehnen.[28]

Von gedenkender Frömmigkeit zum konstruierten Gedenken: die Archäologie der Ahnen

Der Ablasshandel, der Funke, der Luthers Rebellion entfachte, war nur eine Facette der mittelalterlichen Memorialkultur. Das Konzept, dass die Gebete und Opfergaben der Lebenden das Schicksal der Verstorbenen verändern konnten, verwob Familiensinn und religiöse Frömmigkeit eng in dem Ziel, die Erlösung der Vorfahren zu erwirken. Die Totenfürsorge wurde so zu einer nicht wegzudenkenden Basis sowohl für die aufwändige Austattung von Kirchen und Friedhöfen als auch für eine solide Finanzierung der Kirchen. Gräber, die, von pompöser Memorialarchitektur und -kunst umgeben, die Wände und Böden von Stadt- und Klosterkirchen bedeckten, wurden zum Fokus von Ritualen und Gebeten, die die Erlösung der von Sünde behafteten Seelen der Vorfahren erleichtern sollten. Martin Luthers Beharren darauf, dass ein Sünder nur zu Lebzeiten an Gottes Gnadengeschenk teilhaben kann, machte solche Gedenkrituale überflüssig.[29]

In den meisten Fällen wurden die Auswirkungen dieser Veränderungen durch die Kontinuität familiärer Frömmigkeit abgemildert. Während die Gesänge und die Messen für die Toten verstummten und die unbezahlten Oranten ausblieben, erinnerten Grabkapellen, Familiengrüfte und aufwändige Grabmonumente in Stadtkirchen nach wie vor an die Verstorbenen.[30] Bemerkenswert ist, dass besonders die Gräber des Hochadels, die in Klöstern oder in Kantoreikapellen lagen – eigens zu dem Zwecke errichtet, den prominenten Sündern eine ewig währende Gebetskette zu sichern – gefährdet waren, der Zerstörung anheim zu fallen. Die beinahe universelle Aufgabe der mitteldeutschen Klöster zu Beginn der Reformation und der darauffolgende Verfall und die Zerstörung führten zu einem pauschalen Verlust zahlloser Gräber einst mächtiger Adliger, die sich auf klösterliche Gebete zur Sicherung eines glücklichen Lebens nach dem Tod verlassen hatten.

Zur gleichen Zeit allerdings zwang die zunehmende Alphabetisierung und das wachsende historische Bewusstsein ihrer Untertanen die adligen Linien dazu, ihre Legitimität durch höfische Panegyrik und andere öffentlichen Zurschaustellungen zu untermauern, die ihre Machtansprüche auf der Basis von langwierigen, genealogischen Kontinuitäten betonten. Dies animierte die herrschenden Familien dazu, die Erinnerung an ihre Vorfahren zu feiern, gerade als deren physische Überreste und Grabmäler im Begriff waren zu verschwinden. Eine von Margaretha von Watzdorf (Abb. 3) realisierte Ausgrabungsstrategie im westsächsischen Weißenfels zeigt die Auswirkungen dieser Entwicklung.[31] Margaretha, eine Adlige aus einer einflussreichen thüringischen Linie, die 1515 in das örtliche Klarissenkloster eingetreten war und Äbtissin wurde, erlebte 1540 dessen erzwungene Säkularisierung während der Visitation der Stadt. Als die Äbtissin und fünf ihrer pflichttreuen Schwestern aus dem Kloster verbannt wurden, übernahm Margaretha die Führung der auf zwölf Mitkonvertiten geschrumpften Gemeinschaft. Auch wenn es ihnen erlaubt war, als Laienschwestern, die eine Mädchenschule betrieben, in dem Kloster zu verweilen, lag es nicht in ihrer Macht, Kurfürst Moritz von Sachsen, der durch die Veräußerung von Kirchenbesitz ein Vermögen gemacht hatte, daran zu hindern, die imposante Klosterkirche als Steinbruch zu verpachten. Nur der Nonnenchor sollte als Schulkapelle erhalten bleiben.

Margaretha hatte sich allerdings mit Anna von Dänemark verbündet (Abb. 4), der resoluten dänischen Gemahlin von Moritz zurückgezogen lebendem Bruder August. Beide hatten sich während ihrer Hochzeitsreise in dem Kloster aufgehalten. Als August im Jahr 1556 die Kurwürde erbte, begann »Mutter Anna«, wie sie genannt wurde, eine wichtige Rolle in der sächsischen Politik zu spielen. Margaretha überzeugte Anna, die wiederum ihren unter ihrem Pantoffel stehenden Gemahl überredete, ihre halb zerstörte Kirche wieder aufzubauen, indem sie behauptete, sie sei die Grablege eines obskuren Zweiges von Augusts wettinischer Linie. Um ihre Geschichte zu untermauern, begleitete Margaretha den Wiederaufbau der Kirche mit großflächigen, von der Kurfürstin finanzierten Ausgrabungen. Nach einem Jahr Grabung entdeckte sie am 25. November 1561 einen im Grundwasser liegenden, hölzernen Sarg mit robusten, ihrer Meinung nach männlichen Knochen. Margaretha war sich sicher, dass das Skelett dasjenige des Markgrafen Friedrich Tuta war, eines Vorfahren des Kurfürsten aus dem 13. Jahrhundert. Das Grab lag zweckdienlich außerhalb der eigentlichen Kirche im Chorumgang des ehemaligen Klosters, was natürlich die Vergrößerung des neuen Gebäudes erforderte. Es sollte eines der ambitioniertesten Beispiele sakraler Architektur werden, das im 16. Jahrhundert in Sachsen realisiert wurde.[32] Während die meisten der ausgegrabenen Knochen umsichtig in der neuen Kirche beigesetzt wurden, ist die bizarre Tatsache überliefert, dass Margaretha der Kurfürstin »Moos« von einem

---

30 Inga Brinkmann: Grabdenkmäler, Grablegen und Begräbniswesen des lutherischen Adels, München 2010; Oliver Meys: Memoria und Bekenntnis. Die Grabmäler evangelischer Landesherren im Heiligen Römischen Reich Deutscher Nation im Zeitalter der Konfessionalisierung, Regensburg 2009. **31** Hans-Rudolf Meier: Die Evidenz der Dinge. Frühneuzeitliche Archäologie in Klöstern, in: Dietrich Hakelberg/Ingo Wiwjorra (Hrsg.): Vorwelten und Vorzeiten. Archäologie als Spiegel historischen Bewußtseins in der Frühen Neuzeit (= Wolfenbütteler Forschungen. 124), Wiesbaden 2010, S. 153–172, hier S. 162. **32** Leider wurde ihre beeindruckende Renaissancekirche Mitte des 19. Jahrhunderts abgerissen, da sie als Verkehrshindernis angesehen wurde: Astrid Fick: Das Weißenfelser St. Klaren-Kloster. Zum 700-jährigen Bestehen, Weißenfels 2001. Nur die mittelalterliche Apsis, die die ursprüngliche Zerstörung der Kirche überlebt hatte, wurde abgebaut und auf dem Friedhof von Weißenfels wieder aufgebaut, wo sie noch heute als Begräbniskapelle fungiert.

Abb. 3 Grabmal der Margaretha von Watzdorf, 1570,
aus: Carl Peter Lepsius, Historische Nachricht von dem
St. Clarenkloster zu Weissenfels, Nordhausen 1837

Abb. 4 Lucas Cranach d. J., Anna von Dänemark,
Kurfürstin von Sachsen, 1565

Schädel sowie einige Knochen von ihren Ausgrabungen schickte. Anna, eine enthusiastische Amateurapothekerin, brauchte sie für ihre »Medizin« – in diesem Fall waren gemahlene Menschenknochen und »Moos« vermutlich die Basis für eine blutgerinnende Salbe.[33]

Margarethas Ausgrabungen stehen natürlich in der Tradition der ikonischen Wegbereiterin der Archäologie, der heiligen Helena, Mutter Konstantins des Großen, deren legendäre Ausgrabungen nach Resten des wahren Kreuzes in Jerusalem lange als ein bahnbrechender, hochgradig erfolgreicher Versuch zur Identifizierung einer Fundstätte, in diesem Fall Golgothas, mithilfe von Spatenarbeit galt.[34] Allerdings spiegelt Margarethas spezifische Mission, die Körper adliger Vorfahren auszugraben, auch Entwicklungen des 15. und 16. Jahrhunderts in den Legitimisierungsstrategien der Adelshäuser Mitteleuropas wider. Diese durchforschten ihre Abstammung in einem heftigen Wettkampf, um ihre Ansprüche auf Titel und Territorien in einer zunehmend literaten und kritischen politischen Öffentlichkeit zu stützen.[35] Genealogische *Panegyriken* und *Epithalamien* (zum Teil exzessiv schmeichelnde Lobpreisungen, Brautlieder und genealogische Gedichte) kombinierten überraschend akkurate Familiengeschichten mit schamlosen Fantasien, führten adlige Abstammungslinien bis in die mythische Vorgeschichte zurück und ließen die Truhen der humanistischen Höflinge, die sie erfanden, klingen.

Die Unterbrechung der organisierten Gedächnisfrömmigkeit während der Reformation führte zu einer Flut von weiteren Ausgrabungsaktivitäten. Ein besonders gutes Beispiel wird aus Sachsen überliefert. Zu Beginn des 17. Jahrhunderts stand die wettinische Linie des Kürfürsten vor dem Verlust ihrer mittelalterlichen kurfürstlichen Gräber. Sie wurden unter dem einstürzenden Mauerwerk der säkularisierten Grabkapelle der Dynastie in der Kirche des Klosters Altzella bei Meißen begraben. Kurfürst Johann Georg I., dessen Glaubwürdigkeit während des Dreißigjährigen Krieges aufgrund seiner schwankenden Allianzen und militärischen Niederlagen ins Wanken geraten war, lancierte 1638 die erste angeordnete Rettungsgrabung Mitteldeutschlands, um die Gräber seiner Vorfahren wieder aufzufinden und zu schützen. Bemerkenswerterweise wurden die Grabsteine der fürstlichen Gräber nach einer quälenden Abfolge wiederholter Ausgrabung, Vernachlässigung und sogar Vandalismus schlussendlich im 18. Jahrhundert in einer neu gebauten Gedächtniskapelle gesammelt, deren Architektur sich stark an griechischen Tempeln orientierte. So verwandelten sich die kunstvoll verzierten Grabplatten der christlichen Sünder, die dringend der fortwährenden Fürbitte bedurften, letztlich in Monumente für Stammesheroen, die durch die Architektur, heidnischen griechischen Schreinen nachempfunden, zu Heiligen erhoben wurden.[36]

Die genealogische Archäologie dieser Zeit war mit dem Aufspüren der Gräber bekannter historischer Vorfahren allerdings nicht erschöpft. Archäologische Versuche, die genealogischen Wurzeln eines Regenten bis in die Vorgeschichte auszudehnen, können bis ins 15. Jahrhundert zurückverfolgt werden. Kaiser Friedrich III. zum Beispiel verordnete 1488 eine Ausgrabung, um den burgundischen Helden Siegfried aus seinem angeblichen Grabhügel in Worms zu bergen. Sie erbrachte jedoch keine zufriedenstellenden Ergebnisse. Wäre die Exhumierung erfolgreich gewesen, so hätte die Aufnahme dieses legendären Helden in Friedrichs Ahnenreihe die Rechtmäßigkeit seiner dubiosen Annektierung großer Teile des burgundischen Territoriums nach dem Tod Karls des Kühnen gestützt.[37]

Analog versuchte Thurius im Mecklenburg des 16. Jahrhunderts, mittels des Spatens Verbindungen zu entfernten Vorfahren zu schaffen. Ein enger Vertrauter Luthers, der in Wittenberg ausgebildete Gelehrte Joachim Ernst, Prinz von Anhalt, verfolgte einen ähnlichen Ansatz. 1569 gab er Ausgrabungen am nördlichen Rand des Harzes in Auftrag: Unter dem Fußboden der Schlosskirche des Familiensitzes in Ballenstedt wurde – ohne Erfolg – nach den Knochen seines Vorfahren Esico aus dem 11. Jahrhundert gesucht. Er war erfolgreicher bei den Ausgrabungen eines Hügelgrabes in der Nähe von Bernburg, wo er »alte Teutsche« Urnen fand, die die eingeäscherten Knochen »hochwohl geborener Körper« enthielten.[38]

Von wunderträchtigen Reliquien zur Wunderkammer: die Geburt archäologischer Sammlungen

Zusätzlich gab es auch noch subtilere Methoden, mit deren Hilfe die prähistorische Vergangenheit einer Region mit der Selbstbeschreibung einer Adelslinie verflochten werden konnte. Im 16. Jahrhundert unterlagen die höfischen Muster des Sammelns und Ausstellens im lutherischen Sachsen einem dramatischen Wandel in Bezug auf den Sammlungschwerpunkt: von dem Ansammeln von Heiltümern hin zum Sammeln und Ausstellen von Naturwundern und der Antike (Wunderkammer).[39] Solche Sammlungen, die ihre Wurzeln in den Gelehrtensammlungen der italienischen Patrizier und gebildeten transalpinen Bürger hatten, wurden immer wichtiger in der Repräsentation der Herrscherhäuser im 16. Jahrhundert. Kaiser Rudolf II., dessen eindrucksvolle Kunst- und Naturaliensammlung eine ausschlaggebende Rolle in den Ritualen imperialer Selbstdarstellung

---

33 Amanda Porterfield: Healing in the history of Christianity, New York 2005, S. 69 f. **34** Barbara Baert: Een erfenis van heilig hout: de neerslag van het teruggevonden kruis in tekst en beeld tijdens de Middeleeuwen, Leuven 2001. **35** Kilian Heck/Bernhard Jahn (Hrsg.): Genealogie als Denkform in Mittelalter und Früher Neuzeit, Berlin 2000. **36** Woldemar Lippert: Die Fürsten- oder Andreaskapelle im Kloster Altzelle und die neue Begräbniskapelle von 1786, in: Neues Archiv für Sächsische Geschichte und Altertumskunde 17 (1896), S. 33–74; Heinrich Magirius: Die Baugeschichte des Klosters Altzella, Berlin 1962. **37** Aufgrund von widersprüchlichen Berichten kann man sich nicht sicher sein, ob es Friedrich oder sein Sohn Maximilian war, der nach Siegfried grub, aber die Nachweise sprechen für den Vater: Busso Diekamp: »Nibelungenstadt«: Die Rezeption der Nibelungen in Worms, in: Helmut Hinkel (Hrsg.): Nibelungen-Schnipsel, Neues vom Alten Epos zwischen Mainz und Worms, Mainz 2004, S. 146 f.; Christopher S. Wood: Maximilian als Archäologe, in: Jan-Dirk Müller/Hans-Joachim Ziegeler (Hrsg.): Maximilians Ruhmeswerk: Künste und Wissenschaften im Umkreis Kaiser Maximilians I., Berlin 2015, S. 131–184. **38** Wilhelm Albert von Brunn: Kenntnis und Pflege der Bodendenkmäler in Anhalt, in: Jahresschrift für mitteldeutsche Vorgeschichte 41/42 (1958), S. 28–71, hier S. 31; Erika Schmidt-Thielbier: Bodendenkmalpflege im Köthener Land, in: Jahreschrift für mitteldeutsche Vorgeschichte 69 (1986), S. 133–149. **39** Stefan Laube: Von der Reliquie zum Ding: Heiliger Ort – Wunderkammer – Museum, Berlin 2011, S. 139–194.

Abb. 5 Buckelgefäß der Lausitzer Kultur, um 1300 v. Chr., Zinnmontierung von Haug v. Maxen um 1560

spielte, war der erste Regent, der seine Sammlung ausstellte, in diesem Fall an seinem Hof im Palast auf dem Hradschin in Prag.[40] Neben dem Ankauf von mediterranen Antiquitäten, wie ihn die meisten zeitgenössischen Regenten betrieben, begann er, Keramik für diese Sammlung aus den Gräberfeldern der bronzezeitlichen Lausitzer Kultur aus Niederschlesien zu sammeln und veranlasste 1577 und 1595 auch Ausgrabungen.[41]

Dieser ungewöhnliche, nördliche Fokus seiner archäologischen Sammlung muss im Kontext seiner Versuche gesehen werden, sich die Loyalität seiner protestantischen, schlesischen Untertanen zu sichern.[42] Die prähistorischen Gefäße sind zusammen mit den anderen Exponaten seiner Sammlung bei der Plünderung Prags im Dreißigjährigen Krieg zugrunde gegangen. Eine Buckelurne aus dem 15. Jahrhundert v. Chr. aus der Sammlung von Haug von Maxen, die 1560 mit einer renaissancezeitlichen Zinnfassung versehen wurde (Abb. 5), hat jedoch überlebt. Von Maxen war Rudolfs kaiserlicher Kommissar in der Oberlausitz, die zu dieser Zeit zwischen Katholiken und Protestanten heftig umkämpft war, und scheint seinen Lehnsherrn durch das Sammeln lokaler Antiquitäten und deren Umarbeitung zu prunkvollen Schauobjekten imitiert zu haben.

In Sachsen konnte das Sammeln von Reliquien auf eine stolze Geschichte zurückblicken. In vorreformatorischer Zeit beherbergte die Region die zwei größten Sammlungen an Wunderreliquien: Kardinal Albrecht von Brandenburgs *Hallesches Heiltum* und die Wittenberger Reliquiensammlung des Kurfürsten Friedrichs des Weisen, von der gesagt wurde, es sei die größte Sammlung in Europa.[43] Im späten 16. Jahrhundert setzten die albertinischen Kurfürsten diese Tradition in Dresden fort, indem sie große, weltliche Sammlungen wundersamer und wertvoller Objekte zusammentrugen. Diese wurden die Vorläufer des prächtigen Grünen Gewölbes.[44] Es ist nicht überraschend, dass Kurfürstin Anna, die Gönnerin der Margaretha von Watzdorf, in den 1560er Jahren damit begann, Gefäße von den allgegenwärtigen »Lausitzer« Gräberfeldern zu erwerben und in die kurfürstlichen Sammlungen zu integrieren. Während Anna anfangs vielleicht der Überzeugung war, sie würde natürliche, erdgewachsene Wunder erwerben, erkannte zumindest ihr Gemahl Kurfürst August, der 1578 einen kostspieligen Ankauf authorisierte, dass diese Gefäße aus Brandbestattungen prähistorischer, als »Heiden« lebender Personen stammten.[45]

Welche Rolle diese Gefäße nun genau in der höfischen Zeremonie spielten, ist unklar. Die Tatsache, dass Haug von Maxens Urne wie zeitgenössische Trinkgefäße des 16. Jahrhunderts verziert ist, macht es sehr wahrscheinlich, dass prähistorische Gefäße auf aufwändig ausgestatteten Banketttafeln oder Anrichten präsentiert wurden. Dies konnte nicht nur deutlich zum Ausdruck bringen, wie stolz ihre Besitzer auf die einheimische germanische Vergangenheit waren, sondern auch, dass sie ihre angestammten Verbindungen zu ihr feierten. Es ist bemerkenswert, dass sich im Sachsen der frühen Reformation ausgerechnet die frommen Protestanten dafür einsetzten, aus patriotischer Tugend Relikte der heidnischen Vergangenheit des Landes zu sammeln und auszustellen. Schließlich hatten sie die Sammlungen an Reliquien und Reliquiaren christlicher Heiliger mit Inbrunst verteufelt, aufgelöst und zerstört, da sie heidnische Verehrung inspirierten.[46]

Luther, Arminius und der Aufstieg des deutschen, protestantischen Patriotismus

Auch wenn Martin Luther selbst nur minimal in die Anfänge der prähistorischen Archäologie in Mittel- und Nordeuropa involviert war, so ist die Entstehung des Faches unausweichlich mit seiner Reformation und den darauf folgenden Versuchen verbunden, außer-

40 Thomas DaCosta Kaufmann: Variations on the Imperial Theme in the Age of Maximilian II. and Rudolph II., Studies in Ceremonial, Art and Collecting, New York 1978; Gerrit Walther: Adel und Antike. Zur politischen Bedeutung gelehrter Kultur für die Führungselite der Frühen Neuzeit, in: Historische Zeitschrift 266 (1998), S. 359–385. **41** Hans Seger: Maslographia 1711–1911, in: Schlesiens Vorzeit in Bild und Schrift 6 (1911), S. 1–16. **42** Joachim Bahlcke: Religion, Politik und Späthumanismus. Zum Wandel der schlesisch-böhmischen Beziehungen im konfessionellen Zeitalter, in: Klaus Garber (Hrsg.): Kulturgeschichte Schlesiens in der Frühen Neuzeit, Berlin 2005, S. 69–92. **43** Carola Fey: Beobachtungen zu Reliquienschätzen deutscher Fürsten im Spätmittelalter, in: Andreas Tacke (Hrsg.): »Ich armer sundiger mensch«. Heiligen- und Reliquienkult am Übergang zum konfessionellen Zeitalter, Göttingen 2005. Das *Wittenberger Heiltum* wurde selbst 1525 noch gezeigt, siehe Nathalie Krentz: Ritualwandel und Deutungshoheit. Die frühe Reformation in der Residenzstadt Wittenberg (1500–

Abb. 6 Ambrosius Holbein, obere Partie der Bordüre der Titelseite von Erasmus von Rotterdams Übersetzung des Neuen Testaments, Basel 1521. Arminius und sein Heer greifen Varus von der linken Seite an, woraufhin dessen Truppen fliehen.

halb der alles einschließenden Umklammerung Roms diachrone Wege zu Legitimität und Abstammung zu finden. Dieses Interesse an der materiellen Kultur der entfernten Vergangenheit ist natürlich nur eine Facette einer allumfassenden Untersuchung des Wesens und der Geschichte der antiken Germanen, die eng verbunden ist mit der Entdeckung des Manuskripts von Publius Cornelius Tacitus' *Germania* 1452. Geschrieben 98 n. Chr., ist dieser Text der einzige umfangreiche Bericht über die antiken Germanen, der aus der Antike überlebt hat, und vermittelt passenderweise detaillierte Informationen über ihren erfolgreichen Widerstand gegen die Römer unter dem cheruskischen Anführer Arminius. Der Text wurde schließlich von dem führenden deutschen Humanisten und ersten kaiserlichen Hofdichter Conrad Celtis 1490 veröffentlicht.[47] Celtis propagierte das, was er für die zentralen Aussagen des Tacitus hielt: Trotz ihrer Armut und ihres Barbarentums waren die germanischen Stämme die Ureinwohner Europas, deren natürlicher Lebenswandel und rustikale Werte und Sitten sie so deutlich und tugendhaft vom dekadenten Rom abgrenzten. Des Weiteren bildete diese positive Sicht der germanischen Einfachheit und der strengen moralischen und kriegerischen Werte einen sehr guten Kontrast zu den – populären Vorurteilen zufolge – genusssüchtigen, korrupten und hinterlistigen Italienern im Allgemeinen und dem päpstlichen Rom im Speziellen.

Die Mehrzahl der deutschen Humanisten, die von adliger und kaiserlicher Patronage abhängig waren, betrachteten Arminius, der seinen Eid gegenüber dem römischen Imperium gebrochen hatte, als eine mehrdeutige Figur. Ferner sahen sie, basierend auf antiken Schriftstellern wie Lucius Annaeus Florus, in seinem Ringen für die Freiheit der Germanen einen Rückschritt ins Barbarentum (Abb. 6), auch wenn sie die Aufwertung ihrer germanischen Vorfahren begrüßten. Dies war in Sachsen während der frühen Reformation eindeutig nicht der Fall. Der humanistische Ritter Ulrich von Hutten, ein Schüler Luthers und hitzköpfiger Gegner des Papsttums und des Heiligen Römischen Reiches, schrieb eine Elegie, die Arminius verherrlichte, und 1520 ermahnte er Kurfürst Friedrich den Weisen, Sachsen gegen Rom zu verteidigen, wie es sein Vorfahr Arminius getan hatte, sodass er »sich seiner Nachkommen nicht schämen müsse«. Mit der Betonung dieser Abstammungslinie zwischen dem antiken deutschen Heros und dem Kurfürsten spielte Hutten auf die gelehrte Gleichstellung der Cherusker, des Stammes des Arminius, mit den mitteldeutschen Sachsen an, die zur treibenden Kraft in der politischen Instrumentalisierung von Tacitus' Vermächtnis in Mitteldeutschland werden sollte.[48]

Während Huttens Gedicht in Gelehrtenlatein abgefasst war, machte der charismatische schwäbische Humanist Johannes Carion die germanische Rebellion und ihren Anführer einem größeren Publikum bekannt. Sein 1532 in Wittenberg publiziertes *Chronicon Carionis*, herausgegeben und möglicherweise auch zu großen Teilen geschrieben von seinem Freund und Mentor Philipp Melanchthon,

1533) (= Spätmittelalter, Humanismus, Reformation. 74), Tübingen 2014, S. 378–381. **44** Dirk Syndram: Über den Ursprung der kursächsischen Kunstkammer, in: Dresdner Hefte, Sonderausgabe 2004, S. 3–14. **45** Gummel, Forschungsgeschichte (wie Anm. 8), S. 13, Tafel 1; Kühn, Geschichte (wie Anm. 8), S. 17; Bierbaum, Sachsen (wie Anm. 10). **46** Siehe Hartmut Kühne: »die do lauffen hyn und her, zum heiligen Creutz zu Dorgaw und tzu Dresen ...«: Luthers Kritik an Heiligenkult und Wallfahrten im historischen Kontext Mitteldeutschlands, in: Tacke, Heiligen- und Reliquienkult (wie Anm. 43), S. 499–522. **47** Kurt Stadtwald: Patriotism and Antipapalism in the Politics of Conrad Celtis's »Vienna Circle«, in: Archiv für Reformationsgeschichte 84 (1993), S. 83–102. **48** Helmar Junghans: Der nationale Humanismus bei Ulrich von Hutten und Martin Luther. Ehrenburg Hefte 22 (1988), S. 147–170.

Abb. 7 Alfonso Pelzer, Statue des Arminius (»Herman the German«), 1888–1897, New Ulm, Minnesota

verfolgte die Weltgeschichte von der Schöpfung Adams bis zur Thronbesteigung Kaiser Karls V. Abgefasst in flottem, gut lesbaren Deutsch und in einem klaren Aufbau und einem handlichen Format präsentiert, wurde es im 16. Jahrhundert zu einem Standardwerk sowohl für deutsche protestantische Schulkinder als auch für gebildete Bürger und für Martin Luther selbst.[49] Der Sieg des als Hermann bekannten Arminius über die römischen Legionen des Varus im Jahr 9 n. Chr. wird neben dem Tod Christi als das wichtigste Ereignis während der Regierungszeit des Tiberius angegeben. Es ist interessant, dass Carion die vollkommen unechte Gleichsetzung von Arminius, der uns nur unter diesem römischen Spitznamen bekannt ist, mit dem Deutschen »Hermann« verwendet. Diese Erfindung wird in Melanchthons Kreis Wittenberger Humanisten verortet. Möglicherweise war sogar Luther selbst der Urheber, da überliefert ist, dass er sich in den frühen 1530er Jahren Gedanken zu dem Namen machte.[50]

Während Luther anfangs nur geringfügiges Interesse an den antiken Germanen hatte, änderte sich das in den späten 1530er Jahren, als Arminius und seine Rebellion häufiger in Luthers überlieferten Aussprüchen und *Tischreden* erwähnt werden. Dies spiegelt offensichtlich die Konflikte der damaligen Zeit wider. Die protestantische Rebellion gegen das Heilige Römische Reich stand unmittelbar bevor, und Luthers Konfrontation mit dem Papst und seinen humanistischen Anhängern, wie zum Beispiel Erasmus, hatte ihren Höhepunkt erreicht.[51] In einer Tischrede, die von Georg Röhrer festgehalten wurde, wird Luther zu Arminius folgendermaßen zitiert: »Wenn ich ein poet wer, so wollt ich den celebriren. Ich hab in von hertzen lib. Hat herzog hermann geheissen, ist herr vber den hartz gewesen. Cherusei sein die Hertzischen […] Wenn ich itzund ein Arminium het und er ein Doctorem Martinum, so wollten wir den Turcken suchen.«[52] Es ist vielsagend, dass Luther das Gebiet von Arminius' Cheruskern am mitteldeutschen Harz ansiedelt, ein weiterer Trugschluss, der von Wittenbergs Humanisten vertreten wurde, selbst nachdem herausragende Gelehrte, darunter Melanchthon selbst, nach näherer Betrachtung der Quellen Arminius und seine Cherusker im nordwestdeutschen Tiefland leben und kämpfen sahen.[53] Darüber hinaus sah Luther in den zeitgenössischen »Hertzischen«, zu denen er sich selbst stolz zählte, ihre direkten Nachkommen.[54] Mit seiner frappanten Aussage, er würde die Konfrontation mit den Türken suchen, wenn er Arminius an seiner Seite hätte, unterstreicht der Reformator das, was er eindeutig für eine enge, fast schon brüderliche Beziehung hielt. Des Weiteren klingt hier die subtile, unterschwellige Botschaft von Arminius, dem antiken germanischen Freiheitskämpfer und Zeitgenossen Christi an, der Luthers Streben nach der Freiheit der Christen prophezeit, was in viele frühe lutherische Panegyriken eingeflochten wurde.

Der fränkische Reformator und Anhänger Luthers Andreas Althammer verfasste 1536 einen sehr einflussreichen Kommentar zu Tacitus' *Germania*, der diese Verbindung in den Köpfen der evangelischen Gläubigen verankerte. Er behauptete, dass »der Befreier Deutschlands, Hermann [dessen Namen er als ›Mann des Heeres‹ interpretierte; Anm. des Verfassers], in Luther, dem Cherusker wiedergeboren wurde«. In einer hanebüchenen Abwendung von der historischen Wahrheit behauptete Althammer zusätzlich, dass Karl der Große, der erste Kaiser des Heiligen Römischen Reiches, vom Papst genötigt worden sei, die Cherusker (tatsächlich waren es die Sachsen) dazu zu zwingen, zu den falschen Geboten des abergläubischen Katholizismus zu konvertieren, und dass der sächsische Martin Luther, ein Cherusker, das reine Christentum wieder in Sachsen einführen werde.[55] Dieser bemerkenswerte Versuch, das Schicksal dessen, was als Deutschlands antike Emanzipation vom römischen Joch angesehen wurde, mit dem modernen Befreier Deutschlands von dem römischen Papst zu verflechten, sollte den Weg für die nationalistischen Mythologien ebnen, die im 19. Jahrhundert schlussendlich zur Kanonisierung von Luther und Arminus als deutsche Nationalhelden führten (Abb. 7).

49 Arno Seifert: Das höhere Schulwesen. Universitäten und Gymnasien, in: Notker Hammerstein (Hrsg.): Handbuch der deutschen Bildungsgeschichte, Bd. I: 15. bis 17. Jahrhundert. Von der Renaissance und der Reformation bis zum Ende der Glaubenskämpfe, München 1996, S. 197–374, hier S. 335; WA 53, 10, 53. **50** WA 31, 1, 205–206/Concordia XIII, 59. Mehr zu Luthers extrem spekulativen Etymologien von Hermann/Arminius: WA 1, 419; WA 6, 7043. Zu den komplexen humanistischen und frühen lutherischen Reaktionen auf Arminius, siehe Dieter Mertens: Die Instrumentalisierung der »Germania« des Tacitus durch die deutschen Humanisten, in: Heinrich Beck/Dieter Geuenich/Heiko Steuer/Dietrich Hakelberg (Hrsg.): Zur Geschichte der Gleichung »germanisch = deutsch«. Sprache und Namen, Geschichte und Institutionen (= Ergänzungsbände zum Reallexikon der germanischen Altertumskunde. 34), Berlin/New York 2004. **51** Lewis William Spitz: Luther and German Humanism, Aldershot 1996. **52** WA.TR 5, 415, Nr. 5982. **53** Klaus Kösters: Mythos Arminius: Die Varusschlacht und ihre Folgen, Münster 2009, S. 72. **54** WA 3, 3464c. **55** Ronny Kaiser: Kanonisierung und neue Deutungsräume. Die Grenzen der Antike in Andreas Althammers Commentaria zur Germania des Tacitus (1536), in: Anna Heinze u. a. (Hrsg.): Grenzen der Antike: Die Produktivität von Grenzen in Transformationsprozessen, Berlin 2014, S. 353–372; Thomas Kaufmann: Luther als Held. Einige Bemerkungen zur frühreformatorischen Text- und Bildpublizistik, in: Achim Aurnhammer/Manfred Pfister (Hrsg.): Heroen und Heroisierungen in der Renaissance (= Wolfenbütteler Abhandlungen zur Renaissanceforschung. 28), Wiesbaden 2013, S. 85–144. Zur Rezeption von Arminius' Aufstand gegen die Römer als Grundstein des deutschen, protestantischen Nationalismus, siehe Caspar Hirschi: The Origins of Nationalism: An Alternative History from Ancient Rome to Early Modern Germany, Cambridge 2012.

V

Polemik und Konflikte

ANNE-SIMONE ROUS

Krisenmanagement bei den konfessionellen Auseinandersetzungen infolge der Reformation

Durch den Thesenanschlag Luthers 1517 spitzte sich der Konflikt der Kirche zu einer Krisensituation[1] zu, und der weitere Verlauf löste andere Krisen aus, die von den Obrigkeiten unterschiedlich bewältigt wurden. Stets sind es Kontroll-, Sanktions- oder Verteilungsprobleme, die Kooperationskonflikte mit großer Tragweite ergeben,[2] und alle drei Elemente sind in der Reformationszeit auf (kirchen-)politischer Ebene anzutreffen. Kirche und Kaiser sahen sich einer Bedrohung ausgesetzt, die sie als existenziell einstuften – der Spaltung der Christenheit. Die Entscheidungsträger (weltliche und geistliche Fürsten sowie ihre Berater) mussten als Krisenmanager agieren und hatten dabei unterschiedlichen Erfolg.

Die Krise der Kirche

Die Frage, wie Kaiser und Papst nach 1517 mit dem Problem »Martin Luther« umgehen sollten, stellt eine problematische, zugespitzte Entscheidungssituation dar, die durch ein Dilemma gekennzeichnet war und somit eine Krisensituation darstellte. Für beide Seiten – Luther wie auch die katholische Kirche – war der *point of no return* erreicht. Die Standardverhaltensmuster, die bei den früheren Kirchenkritikern John Wyclif und Jan Hus noch zur Bewältigung der Lage beigetragen hatten, griffen nicht mehr. Denn schon seit 1311 war eine Reform der Kirche »an Haupt und Gliedern« gefordert worden.[3] Wyclif, der in den 1370er Jahren den Machtanspruch des Papstes und dessen Kirchenverständnis infrage gestellt hatte, war nicht offiziell angeklagt worden, da er sich im Volk großer Beliebtheit erfreute und ein Volksaufstand zu befürchten gewesen wäre. Erst nach dem Konzil von Konstanz 1415 wurde er offiziell zum Häretiker erklärt, seine Gebeine und Schriften wurden ebenso verbrannt wie sein »Schüler« Jan Hus, der zur Abschreckung weiterer Kritik sein Leben lassen musste. Hier schlug das Frühwarnsystem in Rom also an, jedoch bot der Papst zur Deeskalation keinerlei Reformschritte an. Da dies versäumt wurde, nahm der Druck auf die Kirchenobrigkeit zu. Die Humanisten, die ein ethisches Menschheitsideal in den Mittelpunkt rückten, konnten die Glaubwürdigkeitskrise der Kirche nicht ignorieren. Erasmus von Rotterdam äußerte sich ambivalent, doch von seiner zumeist ironischen Kritik fühlte sich der Papst nicht allzu stark berührt.[4] Luther kritisierte den Humanisten später, ihm fehle der Mut.[5] 1517 war die Veröffentlichung von Luthers 95 Thesen in ihrer Tragweite nicht sofort abzusehen, da der Urheber nur ein kleiner Mönch aus dem unbedeutenden Wittenberg zu sein schien.

Von Luthers Lehre musste sich die gesamte Kirchenorganisation gefährdet fühlen. Wäre der Papst auf die Forderungen der Reformatoren eingegangen, hätte das eine grundlegende Veränderung der Kirche bedeutet. Papst und Bischöfe erkannten in der Reformation die größte Gefahr für ihre Machtpositionen und mussten somit eine Überlebenskrise bewältigen. Da die Reformatoren unter anderem die Lebensführung im Vatikan und ein falsches Verständnis der Bibel kritisierten, war die Geistlichkeit direkter Widerpart der Reformatoren, sodass sich der Konflikt auf zwei Pole reduzierte. Weil es nicht nur um personelle Konsequenzen, sondern in erster Linie um ein anderes inhaltliches Verständnis der Religion ging, stand die Deutungshoheit zur Debatte, was einer Autoritätskrise in der Kirche gleichkam. Die infolge der Erfindung des Buchdrucks mögliche Auseinandersetzung mittels öffentlichkeitswirksamer und beleidigender Polemiken auf Flugschriften verschärfte die Krise. Eine sachliche Krisenkommunikation war nun nicht mehr möglich. Ein Vermittlungsversuch gemäßigter Anhänger zwischen beiden Parteien vermochte nur wenig auszurichten. Zu fest war der Glaube im Leben und Denken der Menschen in der Frühen Neuzeit verankert. Es ging um nichts weniger als um Himmel und Hölle, um Paradies oder Fegefeuer für jeden einzelnen Gläubigen. Keiner konnte sich diesen Fragen entziehen. Am 3. Januar 1521 exkommunizierte der Papst den Reformator Luther mit der Bannbulle *Decet Romanum Pontificem*. Dies war der erste Höhepunkt der Krise.

---

1 Vgl. Thomas Hutzschenreuther/Torsten Griess-Negra (Hrsg.): Krisenmanagement, Wiesbaden 2006. **2** Vgl. Kevin Urbanski: Zur Funktionsweise von Mediationsverfahren in den internationalen Beziehungen (= Schriften zu theoretischen und empirischen Problemen der Politikwissenschaft. 17), Marburg 2012, S. 41. **3** Original: »in capite quam in membris«. Vgl. Konzil von Vienne, 1311/12 sowie das Eröffnungsdekret der zweiten Sitzung des Konzils von Basel 1432. Vgl. Karl Augustin Frech: Reform an Haupt und Gliedern. Untersuchung zur Entwicklung und Verwendung der Formulierung im Hoch- und Spätmittelalter, Frankfurt am Main 1992. **4** Vgl. Desiderius Erasmus: Dialogus, Iulius excluso e coelis [Julius vor der verschlossenen Himmelstür], Rotterdam 1513,

Kaiser Karl V. als Krisenmanager

Die Angriffe auf die Kirche berührten nicht nur Papst, Kardinäle und Bischöfe, sondern auch die weltliche Macht. Die Anpassung der Verwaltung an die strukturellen Veränderungen der aufziehenden Moderne (»Reichsreform«) war noch in vollem Gange. Nun erschütterte die Reformierung ganzer Herrschaften und einflussreicher Fürsten die Basis der Herrschaft »durch Gottes Gnaden«. Es musste gehandelt werden. Das Krisenmanagement kennt mehrere Phasen mit zugehörigen Methoden.[6] Im Vorfeld kann die Krise bestenfalls antizipiert, also früh erkannt werden, sodass rechtzeitig eine Informationssammlung und Vorbereitung auf verschiedene Szenarien stattfindet, die möglicherweise noch eine Verschärfung abwenden. In der akuten Lage sind rationale Entscheidungsfindung, flexibles Denken, entschlossene Autorität und klare Kommunikation zur Kriseneindämmung vonnöten. Bestenfalls kann der Vermittlungs- beziehungsweise Mediationsprozess die Interessendivergenz der Konfliktparteien auflösen, also ihre auseinanderdriftenden Ziele zusammenführen, indem die Interessensprofile und Präferenzen der Akteure verschoben werden.

Welche Möglichkeiten besaß der Kaiser? Die Entwicklung nach dem Thesenanschlag war nicht vorherzusehen, mithin konnte Karl V. sich nicht auf die von Martin Luther ins Rollen gebrachte Bewegung vorbereiten. Also konnte er nur reagieren, indem er sofort Informationen sammelte, die ihm ein einigermaßen flexibles Handeln ermöglichten. Er ließ sich aus den Territorien berichten und als er sah, dass Luther weithin Sympathien genoss, wusste er um die Schwierigkeit seiner Aufgabe. Karl V. war auf das klare Ziel fokussiert, in seiner Tradition zu bleiben und sich nicht auf den neuen Glauben einzulassen.[7] Dadurch waren Missverständnisse ausgeschlossen. Viele andere Fürsten folgten dem Kaiser nicht, allen voran die Landesherren von Hessen und Sachsen. In Sachsen selbst ging der Riss quer durch die Familie.[8] Während Herzog Georg vom albertinischen Zweig der Wettiner in Dresden treuer Katholik war (Abb. 1), hatte sich sein Vetter Kurfürst Friedrich vom ernestinischen Zweig in Torgau dem neuen Glauben zugewandt. Diesen abtrünnigen Fürsten musste sich der Kaiser in seiner Schwachstellenanalyse zuwenden und er tat das mit großer Eindringlichkeit. Dabei konnte er sich auch darauf verlassen, dass sich die Fürsten untereinander maßregelten und zur Kaisertreue anhielten.

Parallel zu dieser fürstlichen Ebene gab es den Konflikt zwischen dem Reformator und dem albertinischen Zweig der Wettiner. Martin Luther wehrte sich gegen das Verbot der kirchlichen Neuerung und nannte den katholischen Herzog Georg von Sachsen eine »wasserblaße«.[9] Es folgten polemische Schriften und Schmähungen beider Seiten. Der Konflikt zwischen dem altgläubigen Herzog und Martin Luther gestaltete sich 1525 als unlösbar, denn Herzog Georg wies strikt die Bitte des Reformators zurück, ihn und seine Lehre nicht weiter zu verfolgen. Kurfürst Friedrich der Weise versuchte

Abb. 1 Hans Brosamer, Herzog Georg von Sachsen, genannt der Bärtige, nach 1534

von Torgau aus vergeblich, zwischen beiden zu vermitteln. Doch bereits vor der Reformation bestehende Differenzen zwischen beiden sächsischen Linien ließen ihn nicht zum optimalen Vermittler werden. Somit konnten die Polemiken ihre negative Breitenwirkung entfalten und zur Festsetzung der Feindbilder beitragen. Beide Seiten erlitten infolge der Austragung auf diesem Niveau einen Prestigeverlust. Die fehlende Deeskalationsstrategie führte zur Verschärfung. Als Luther seine Thesen auf dem Reichstag zu Worms nicht widerrief, spitzte sich die Lage zu. Der Kaiser reagierte nicht sofort. Er verhängte erst mit fast vierwöchiger Verzögerung am 26. Mai 1521 die Reichsacht über Luther und beging hierbei den Verfahrensfehler, das Dekret den Fürsten erst nach dem Reichstag zuzusenden. Deshalb wurde die Rechtsgültigkeit der Reichsacht später vielfach bestritten. In der aktuellen Situation stand das aber nicht zur Debatte. Das »Aussitzen« der Entscheidung verschaffte Luther einen Vorsprung und wirkte deeskalierend.[10]

in: Ausgewählte Schriften, hrsg. von Werner Welzig, Darmstadt 1968. **5** »wir sehen, dass Dir der Herr weder den Mut noch die Gesinnung verliehen hat, jene Ungeheuer [die Päpste] offen und zuversichtlich gemeinsam mit uns anzugreifen […]«, vgl. Martin Luther an Erasmus von Rotterdam, 15. April 1524, in: WA 18 (600–787), 601f. **6** Vgl. Christine M. Pearson/Ian I. Mittroff: From Crisis Prone to Crisis Prepared: A Framework for Crisis Management, in: The Executive 7 (1993), Nr. 1, S. 48–59. **7** Siehe hierzu den Beitrag von Heinz Schilling in diesem Band. **8** Siehe hierzu den Beitrag von Martin Eberle in diesem Band. **9** WA 10/II, 55, 19f., 22 f. **10** Siehe hierzu den Beitrag von Heinz Schilling in diesem Band.

Der Wartburg-Aufenthalt als Ergebnis erfolgreichen Risikomanagements

Martin Luther galt nach seinem Auftritt in Worms schon als gefährdet, obwohl der Kaiser ihm für den Rückweg vom Reichstag freies Geleit zugesichert hatte. Der sächsische Kurfürst Friedrich schätzte das Risiko der Reise hoch ein, da 1415 bereits der Kirchenkritiker Jan Hus trotz einer solchen Versicherung in seiner Herberge in Konstanz festgenommen und hingerichtet worden war. Daher ließ er Martin Luther heimlich entführen und auf der Wartburg in Schutzhaft leben, sodass der Reformator den Häschern des Kaisers entkommen konnte. Verfolger hat es zweifellos gegeben, denn Kaiser Karl V. hat später zugegeben, dass er seine Zusage des freien Geleits bereute. Mit dem irregulär zurückdatierten *Wormser Edikt* verhängte er gegen Luther die Reichsacht. Der katholische Herzog Georg von Sachsen konnte nun auf der Basis des Reichsrechts gegen den Reformator und seine Lehre vorgehen. Luther war vogelfrei und konnte von jedermann straffrei getötet werden. Luthers Zwangspause auf der Wartburg nahm der Krise etwas Tempo, da er gewissermaßen aus der Schusslinie genommen war. Durch diesen geschickten Schachzug konnten sich die Gemüter beruhigen und auf die beginnenden Tumulte und soziale Verwerfungen konzentrieren. Luther selbst bemühte sich als Krisenmanager, als er von den Wittenberger Stadtvätern um Hilfe gerufen wurde und in der Zeit der Radikalisierung maßvolle Reformen empfahl.

Religionsgespräche

Auf theologischer Ebene fand Konfliktmanagement im 16. Jahrhundert über Religionsgespräche statt: Dies waren nicht weniger als 17 Gespräche zwischen Altgläubigen und Evangelischen sowie 14 Gespräche innerhalb der protestantischen Konfession.[11] Auch wenn keine Einigung erzielt werden konnte, wurden Grenzen gezogen, was zur weiteren Klärung beitrug. Ein Religionskrieg, der sich an Missverständnissen oder Unklarheiten hätte entzünden können, wurde so vorerst abgewendet.

Erfolgreiches Notfallmanagement bei den Packschen Händeln

Die Fürsten indes waren von der Situation im Reich zunehmend verunsichert, da nicht absehbar war, wie weit die Reformation noch voranschreiten würde. Jede Seite erhob den Alleinvertretungsanspruch, im Sinne Gottes zu handeln. Dadurch lud sich die Spannung auf. Eine Intrige verschärfte 1528 den Konflikt zusätzlich – die sogenannten Packschen Händel. Ein Geheimer Rat des altgläubigen Herzogs Georg, Otto von Pack, erdichtete ein angeblich im Vorjahr geschlossenes Bündnis einiger katholischer Reichsstände, das gegen Hessen und den sächsischen Kurfürsten wegen deren prolutherischer Religionspolitik einen Militärschlag vorbereite. Die zwei bedrohten Fürsten rüsteten sogleich für einen Gegenschlag und entwickelten einen operativen Plan, wonach die Bischöfe von Bamberg und Würzburg zuerst angegriffen und danach die Mainzer Gebiete besetzt werden sollten.[12] Als Landgraf Philipp von Hessen, der Anführer der protestantischen Fürsten, eine Kopie des »Bündnisvertrags« von Otto von Pack gezeigt bekam, war er von der katholischen Verschwörung überzeugt. Zudem war der Brief, mit dem Pack dem Landgrafen das »katholische Bündnis« anzeigte, in der Handschrift von Philipps Schwester Elisabeth (Herzogin von Sachsen) verfasst, was gewissermaßen für die Echtheit der Sache bürgte.[13] Packs Intrige schien somit zum Erfolg zu führen, denn für beide Herzöge – sowohl für den hessischen als auch für den sächsischen Herzog – lag das Szenario im Bereich des Möglichen.

Dem forschen Aktionismus Philipps von Hessen konnte jedoch der sächsische Kurfürst Johann nicht ganz folgen. Er holte zunächst ein Gutachten von Martin Luther über die Situation ein. Der Reformator in der Rolle des Mediators[14] mahnte zur Besonnenheit, lehnte einen Präventivschlag ab und riet dazu, zunächst auszuloten, ob jenes angebliche Bündnis auf kaiserlichem Beschluss beruhe. Nur mit Schwierigkeiten konnte Kurfürst Johann dem hessischen Landgrafen einen Zeitaufschub abringen. Auch ein weiteres angefordertes Gutachten von Philipp Melanchthon und Johannes Bugenhagen forderte friedliche Wege. Wiederholt wandten sich die Wittenberger Theologen in dieser Zeit mit der Aufforderung an die beiden Fürsten, den Frieden im Reich nicht zu gefährden. Doch wie sich zeigte, war das scheinbar authentische Schreiben tatsächlich gefälscht. Denn Herzog Georg von Sachsen wie auch König Ferdinand von Böhmen, der Bruder des Kaisers, schworen, nichts damit zu tun zu haben und verleumdet worden zu sein. Verleumdungen gehörten zu den schwerwiegendsten Delikten (Abb. 2). Daraufhin gestand Pack im Verhör in Kassel die Fälschung. Auch Herzogin Elisabeth offenbarte, dass Pack ihr den Brief diktiert und sie ihm geglaubt habe, da sie Gerüchte gehört hatte, die Bauern planten einen Aufstand und Philipp wolle römischer König werden.[15] Hätten diese Gerüchte der Wahrheit entsprochen, wäre ein katholisches Aktionsbündnis durchaus logisch gewesen. Da Landgraf Philipp nunmehr die Nichtexistenz eines solchen Bündnisses kaum glauben mochte, verweigerte er längere Zeit die Auslieferung Packs. Nach einem Jahr entließ er ihn, sodass dieser als gehetzter Flüchtling lebte, bis er schließlich acht Jahre später in den Niederlanden ergriffen und hingerichtet wurde.

Dieses Beispiel zeigt eindrücklich, wie leichtfertig unter Ausnutzung von Vorurteilen ein Flächenbrand gelegt werden kann. Zugleich wird deutlich, wie wichtig zuverlässige Informationen sowie eine Einbeziehung aller Perspektiven für die Situationsanalyse sind, die dem Handeln vorgeschaltet sein sollte.

---

11 Vgl. Irene Dingel: Religionsgespräche, in: Theologische Realenzyklopädie, Bd. 28 (1997), S. 631–681. **12** Vgl. Heiko Jadatz: Religionspolitik und Fürstenpolemik. Der Streit zwischen Herzog Georg von Sachsen und Martin Luther über dessen Brief an Wenzeslaus Linck vom 14. Juni 1528, in: Michael Beyer/Jonas Flöter/Markus Hein (Hrsg.): Christlicher Glaube und weltliche Herrschaft. Zum Gedenken an Günther Wartenberg (= Arbeiten zur Kirchen- und Theologiegeschichte. 24), Leipzig 2008, S. 59–72, hier S. 62. **13** Vgl. Anne-Simone Rous: Geheimdiplomatie in Sachsen. Spione – Chiffren – Interzepte, Habilitationsschrift, Universität Erfurt 2016, bislang unveröff., S. 316. **14** Er erfüllt alle Merkmale der Mediation: »Bei einer internationalen Mediation greift eine dritte Partei, die nicht selbst Teil der

Abb. 2 Sandro Botticelli, Die Verleumdung des Apelles, um 1496/97. Das Bild spiegelt das frühneuzeitliche Verständnis von Verleumdung wider: Der eselsohrige König lauscht der Anmaßung und der Dummheit. Vor ihm stehen der Hass mit der Fackel in der Hand und die Verleumdung, die von Schurkerei und Betrug zurechtgemacht wird. Hinter dem herbeigezerrten Angeklagten stehen die in Schwarz gehüllte Reue und die nackte Wahrheit, die den Himmel zum Zeugen anruft.

Die *Confessio Augustana* als Kompromissformel?

Auf dem Augsburger Reichstag 1530 lehnte Kaiser Karl V. die *Confessio Augustana* ab. Diese Verteidigungsschrift der Reformation hatte Philipp Melanchthon eigens so formuliert, dass die in vielen Punkten bestehende Übereinstimmung mit der katholischen Kirche im Vordergrund stand. Auch dass der vermittelnde Melanchthon in Augsburg war und Luther in Coburg blieb, sollte zum Erreichen eines Kompromisses beitragen. Jedoch widerlegten die katholischen Theologen Johannes Eck, Johann Faber und Johannes Cochläus in kaiserlichem Auftrag die *Confessio Augustana*. Auf der Basis ihrer *Confutatio Augustana* (Anklageschrift) konnte Karl V. das *Wormser Edikt* bestätigen und wehrte die Bitte um Anerkennung des neuen Glaubens ab. Allerdings hatten die drei katholischen Theologen 15 Artikeln der *Confessio Augustana* zugestimmt, weshalb die Protestanten den Wortlaut der *Confutatio* nicht ausgehändigt bekamen. Der Kaiser mochte auch die Antwort Melanchthons, die *Apologia Confessionis Augustanae*, auf die genannten Kritikpunkte nicht mehr vorgelegt bekommen. Er verhinderte die Fortsetzung der theologischen Diskussion, die eventuell den Weg zu einem tragfähigen Kompromiss bereitet hätte. Zu Recht sah der Kaiser die Einheit des Reiches und der Kirche in Gefahr und entschied sich für einen radikalen Abbruch der Verhandlungen, um nicht dem neuen Glauben noch mehr Gelegenheit zu bieten, sich zu profilieren. Mit seiner Abwehrhaltung schnitt er kraft seiner kaiserlichen Macht den Ausgleichsprozess gleichsam ab und bestätigte die Illegalität des Glaubens der evangelischen Reichsstände.

Als 1539 Herzog Georg von Sachsen starb, führte sein Bruder Heinrich sogleich die Reformation im Herzogtum ein und feierte den ersten lutherischen Gottesdienst in Sachsen in der Dresdner Kreuzkirche (Abb. 3). Dieser Regierungswechsel trug jedoch nur mittelbar zur Entspannung bei.

Konfliktbeziehung ist, von außen in den Verhandlungsprozess zwischen zwei oder mehr Konfliktparteien mit der Absicht ein, durch geeignete Strategien einen Interessenausgleich zu befördern, um so einen Konflikt ganz oder teilweise zu lösen. Der Mediator wendet hierbei keinen Zwang an, kann aber eigene Ressourcen in den Verhandlungsprozess einbringen, um direkt oder indirekt Druck auf eine oder mehrere Konfliktparteien auszuüben.« Urbanski, Funktionsweise (wie Anm. 2), S. 19. **15** Vgl. Herzogin Elisabeth an Philipp von Hessen, 9. Juli 1528, in: Die Korrespondenz der Herzogin Elisabeth von Sachsen und ergänzende Quellen (= Quellen und Materialien zur sächsischen Geschichte und Volkskunde. 3,1), hrsg. von André Thieme, Bd. 1: Die Jahre 1505 bis 1532, Leipzig 2010, Nr. 137, S. 244 f.

Abb. 3 Heinrich Epler, Bronzerelief am Altar der Kreuzkirche Dresden mit der Darstellung des 1539 stattgefundenen ersten evangelischen Gottesdienstes in Sachsen, 1900

Bildung von strategischen Allianzen

Die evangelischen Reichsstände, die sich nicht dem Kaiser unterwerfen wollten, sahen sich durch dessen Schlussentscheid auf dem Augsburger Reichstag der Gefahr ausgesetzt, dass ein kaiserliches Reichsexekutionsheer wegen Landfriedensbruchs ihre Territorien angreifen könnte. Zu ihrem eigenen Schutz gründeten sie 1531 im thüringischen Schmalkalden den Schmalkaldischen Bund, eine Allianz, die die Spaltung noch zementierte.[16] Doch waren Bündnisse gegen den Kaiser verboten, sodass Karl V. durch diesen Akt zusätzliche Argumente in die Hand bekam, gegen die Anhänger des neuen Glaubens vorzugehen. Anführer des Schmalkaldischen Bundes wurden die beiden mächtigsten evangelischen Fürsten – der hessische Landgraf Philipp sowie der sächsische Kurfürst Johann Friedrich (Abb. 4). Diese »Bundeshauptleute« waren wenig dazu angetan, als Vermittler wirken zu können. Landgraf Philipp eiferte für den neuen Glauben und sprach sich für eine aggressive Außenpolitik des Bundes aus. Kurfürst Johann Friedrich hielt sich sehr zurück, war er doch auch mit Martin Luther befreundet. Er hielt fest am protestantischen Glaubensbekenntnis und bestärkte die Reformatoren, sich gegenüber dem Kaiser nicht zu nachgiebig zu verhalten. Dafür war ihm Martin Luther sehr dankbar: »Zu Augsburg hat er den Heiligen Geist gehabt, da er die Predigt auf Befehl des Kaisers nicht unterlassen wollte, sondern ließ das Evangelium daselbst für und für predigen, ungeachtet des Kaiserlichen Mandats. [...] Er hat sich an keine Drohung gekehrt und von der wahren Religion und göttlichem Worte nicht eines Fingers breit abweichen wollen, ob er wohl derhalben in großer Gefährlichkeit gewesen.«[17]

16 Vgl. Gabriele Haug-Moritz: Der Schmalkaldische Bund 1530–1541/42. Eine Studie zu den genossenschaftlichen Strukturelementen der politischen Ordnung des Heiligen Römischen Reiches Deutscher Nation (= Schriften zur süd- westdeutschen Landeskunde. 44), Leinfelden-Echterdingen 2002. **17** Johannes Aurifaber/Johannes Adler: Colloquia, oder Tischreden Dr. Martin Luthers, Eisleben 1566, S. 173.

Von Gottes Gnaden Johannus Friderich Hertzogk zu Sachssen des Heiligen Römischen Reichs Ertzmarsschalck/ und Churfürst/ Landtgraff in Düringen Marggraffe zu Meissen/ und Burggraff zu Magdeburgk ec.

Abb. 4 Unbekannter deutscher Künstler, Kurfürst Johann Friedrich I. zu Pferd, um 1548

Abb. 5 Unbekannter Künstler, Vorbereitung und Beginn des Schmalkaldischen Krieges, aus dem Zyklus:
Szenen aus dem Leben Johann Friedrich I. des Großmütigen von Sachsen, 1600–1630.
Unten links beobachtet ein Spion die kursächsische Truppenwerbung für den Schmalkaldischen Krieg.

Der Schmalkaldische Bund krankte an Geldmangel, zurückhaltender Unterstützung durch Städte und Fürsten sowie Streitpunkten zwischen den Mitgliedern.[18] Strategisches Missmanagement der Bundeshauptleute war aber nur ein Grund für die ungünstige Ausgangsposition des Bundes beim Schmalkaldischen Krieg 1546/47. Dieser brach aus, als der Kaiser durch einen Waffenstillstand mit Frankreich den Rücken frei bekam und sich seinem Hauptproblem innerhalb des Heiligen Römischen Reiches widmen konnte – der Zerschlagung des Schmalkaldischen Bundes. Sein größter Coup war es, den ehrgeizigen Herzog Moritz von Sachsen auf seine Seite zu ziehen und somit die Protestanten ihres klügsten Kopfes zu berauben. Niemand unter den Bündnispartnern hatte sich das Worst-Case-Szenario vorstellen können, dass dieser militärisch begnadete Fürst sich aus eigenem Machtkalkül vom evangelischen Bund abwenden würde, um der Gegenseite dienstbar zu sein. Viel zu lange hatten sich die Bundeshauptleute von ihm vertrösten und vorführen lassen. Einer persönlichen Aussprache wich Herzog Moritz erfolgreich aus, und den Bundeshauptleuten gelang es nicht, ihn in den Bund zu integrieren oder aber rechtzeitig über seinen Seitenwechsel informiert zu sein. Somit beruhte ihre Vorbereitung auf den bevorstehenden Feldzug auf einer fehlerhaften Annahme und konnte nicht kurzfristig angepasst werden. Auf der Basis bisheriger Erfahrung war ein solches Agieren den Schmalkaldenern auch schlicht undenkbar. Ihre eingeengte Sicht war darüber hinaus durch die langwierige Kommunikation mit zahlreichen potenziellen Unterstützern zu positiv gefärbt. Auf ihre Briefe an Städte, Herzogtümer und einzelne Fürsten hatten die Bundeshauptleute viele ausweichende Antworten erhalten. Somit konnten sie im besten Fall hoffen, dass sich bei einem günstigen Kriegsverlauf die momentan noch passiven Bürgermeister und Fürsten auf ihre Seite schlagen würden. Trotz der unzureichenden Problemanalyse und viel zu geringer finanzieller Rücklagen wagten die Bundeshauptleute den Krieg.

18 Vgl. Rous, Geheimdiplomatie (wie Anm. 13), S. 327–331. **19** Herzogin Elisabeth an Herzog Moritz, 8.–11. Oktober 1546, zit. in: Sächsisches Hauptstaatsarchiv – Staatsarchiv Dresden (SächsHStAD), 12803 PN Werl, Nr. 4, fol. 379. **20** Vgl. Anne-Simone Rous: Die Geheimschrift der Herzogin Elisabeth von Rochlitz im Schmalkaldischen Krieg 1546/47, in: Simona Schellenberger (Hrsg.): Eine starke Frauengeschichte. 500 Jahre Reformation, Markkleeberg 2014, S. 47–52. **21** Vgl. Gabriele Haug-Moritz: Judas und Gotteskrieger. Kurfürst Moritz, die Kriege im Reich der Reformationszeit und die »neuen« Medien, in: Karlheinz Blaschke (Hrsg.): Moritz von Sachsen – ein Fürst der Reformationszeit zwischen Territorium und Reich (= Quellen und Forschungen zur sächsischen Geschichte. 29), Leipzig 2007, S. 235–259. **22** Merkmale des Religionskriegs: Spaltung innerhalb eines Territoriums bzw. Vertiefung bestehender Konflikte durch Überlagerung durch konfessionelle Dimension, Transformation ständischer Gruppierungen in Konfessionsparteien, Aktivierung auswärtiger Bündnispartner und Ausweitung des Konflikts, Europäisierung und internationale Verflechtung der Kämpfe. Vgl. Franz Brendle (Hrsg.): Religionskriege im Alten Reich und in Alteuropa, Münster 2006. **23** Vgl. Ute Lotz-Heumann: Konversion und Konfession in der Frühen Neuzeit (= Schriften zur Reformationsgeschichte. 205), Gütersloh 2007.

Polemik und Konflikte

Der Schmalkaldische Krieg

Es bedurfte in der zunehmend aufgeheizten Stimmung 1530 bis 1545 einer endgültigen Klärung der schwer auflösbaren Situation im Reich. Doch der Kaiser, häufig wegen seines großen Herrschaftsgebietes außer Landes, konnte sich der Angelegenheit erst widmen, als er mit Frankreich Frieden und mit dem Osmanischen Reich einen Waffenstillstand geschlossen hatte. Der Kaiser bezweckte die Zerschlagung des Schmalkaldischen Bundes, während die Protestanten den Sieg über ihn zu erringen suchten. Viele Reichsstände hatten sich vergebens bemüht, die Schmalkaldener zum Einlenken und zur Aufgabe zu bringen. Die fortgesetzte Verweigerung machte einen Krieg unausweichlich, wollte der Kaiser nicht seine Autorität verlieren. In dieser Krise des Schmalkaldischen Bundes trat Herzogin Elisabeth von Rochlitz in den Mittelpunkt. Sie agierte professionell, aber ohne Erfolg als Vermittlerin. Sie schrieb Dutzende Briefe an die höchsten Amtsträger, um den Krieg abzuwenden. Herzog Moritz, ihren ehemaligen Ziehsohn, flehte sie an, nicht auf die Seite des Anhangs des Teufels mit seinem »Otterngezüchte« zu treten.[19] Die Spionage von beiden Seiten nahm zu (Abb. 5). Als der Krieg dennoch ausbrach, unterstützte Elisabeth dann den Schmalkaldischen Bund, indem sie in Rochlitz eine Informationszentrale etablierte und chiffrierte Mitteilungen an die Bundeshauptleute schickte.[20] Auf diesem Weg warnte sie vor Moritz und lieferte Nachrichten über die gegnerischen Truppen. Kurz nachdem sie ihr Nachrichtenbüro kriegsbedingt hatte verlassen müssen, erlitten die Schmalkaldener die entscheidende Niederlage bei Mühlberg (Abb. 6).

Seinen Erfolg in dieser Schlacht verdankte Karl V. nicht zuletzt der militärischen Stärke seines Heerführers Moritz von Sachsen, den die Protestanten fortan »Judas von Meißen« nannten.[21] Diese Titulierung erwarb er auch, weil er nach der Niederlage seines Vetters Johann Friedrich von Sachsen von diesem die sächsische Kurwürde übernahm. Doch wandte er sich 1552 enttäuscht vom Kaiser ab und leitete gegen ihn die Fürstenrebellion, die Karl V. an den Rand einer Niederlage brachte und ihn zwang, die inhaftierten Bundeshauptleute freizulassen. Auf politischer Bühne waren die Fronten nunmehr geklärt. Im Augsburger Religionsfrieden, für den Karls Bruder Ferdinand 1555 verantwortlich zeichnete, wurde eine Formel gefunden, die dem Reich Frieden bescherte: *cuius regio, eius religio*. Der Landesherr gab fortan die Religion des Territoriums vor. Einzig der Graben zwischen den Konfessionen konnte damit nicht geschlossen werden. Die Hugenottenkriege (1562–1598) und der Dreißigjährige Krieg (1618–1648) bargen blutige Auseinandersetzungen und gelten weithin als Religionskriege.[22] Erst der Westfälische Frieden 1648 vermochte in der Tat den dringend benötigten Religionsfrieden zu stiften.

Religionspolitik und Konfessionskonflikte im 17. und 18. Jahrhundert

Nicht nur kaiserliches Handeln trug zur Ver- oder Entspannung in der internationalen Politik bei. Auch das Bekenntnis einzelner Fürsten hatte Auswirkungen auf Bündnisse und Heiratspolitik. Gerade die verschiedenen fürstlichen Glaubenswechsel im 17. Jahrhundert riefen immer wieder Verunsicherung im Fürstenkolleg hervor.[23] Mehrfach ging das Gerücht um, der zweitwichtigste Herrscher im Reich, der Kurfürst von Sachsen, wolle katholisch werden.[24] Als Friedrich August I. von Sachsen 1697 tatsächlich konvertierte, um letztlich König von Polen zu werden, ermöglichte sein Pragmatismus eine konstruktive Problemlösung im *Corpus Evangelicorum* und verhinderte eine Krise.

Durch die Konversion ergab sich in der Residenzstadt Dresden indes die bizarre Situation, dass sich die weithin protestantische Bevölkerung mit dem überwiegend katholischen Hof arrangieren musste, der zahlreiche italienische und französische Musiker, Schauspieler und Händler anzog. Etliche Querelen sind überliefert. Wie unter einem Brennglas sind in Dresden die Spätfolgen der Reformation noch nach 200 Jahren zu betrachten: schwelende Konflikte, Vorrangstreitigkeiten, Lagerbildungen. Die Gerüchte einer gewaltsamen Rekatholisierung Dresdens wollten nicht abreißen.[25] Als 1726 der Prediger der schon erwähnten evangelischen Kreuzkirche in Dresden von einem fanatischen, vielleicht auch geistig kranken Katholiken ermordet wurde, entstand in der Bevölkerung ein Aufruhr mit mehreren Verletzten. Der Gouverneur der Stadt, August Christoph von Wackerbarth, musste die Katholiken in Schutzhaft nehmen. Den über 1 000 protestantischen Aufständischen war nur mit mehreren Hundertschaften Soldaten beizukommen. Die Menschenmenge, die »tobend und rasend […] die Catholicken gäntzlich zu vertilgen beschlossen hatte«, verwüstete die Wohnungen der Katholiken und betrieb eine »rituelle Schändung religiöser Symbole«.[26] Erst als der Mörder Franz Laubler öffentlich hingerichtet worden war und über die nächsten Monate 5 000 Soldaten in der Stadt kaserniert waren, kehrte wieder Ruhe in der Stadt ein.[27] Einige Zeit noch waren Verschwörungstheorien im Umlauf, weitere Anschläge auf Protestanten seien nur vereitelt worden, weil Laubler zu früh zugeschlagen habe.[28] Diese Eskalation führte die Verwerfungen infolge von Konversion und religiöser Ideologisierung nochmals deutlich vor Augen. Auch dieser Aufstand ist als heraufziehende Krise zu werten, da der Kurfürst seit seiner Konversion in dem Dilemma stand, entweder eine Zwangskonversion der Bevölkerung anzuordnen oder den unheilbringenden Zwiespalt in der Stadt zu belassen.

---

24 SächsHStAD, 10024 Geheimer Rat (Geheimes Archiv), Projekt an Kursachsen wegen Annehmung der katholischen Religion (Schreiben Kaiser Ferdinands II. an Kurfürst Johann Georg I. von Sachsen), 1620, Loc. 10331/6; Geheimes Staatsarchiv Preußischer Kulturbesitz (GStA PK Berlin), I. HA Geheimer Rat, Rep. 41 Beziehungen zu Kursachsen, Schreiben des Kurfürsten Friedrich Wilhelm von Brandenburg an den Feldmarschall-Leutnant Lorenz von Hofkirch vom 6. August 1652 wegen des beabsichtigten Übertritts des sächsischen Kurprinzen zum Katholizismus, Nr. 1612. **25** Vgl. Mathis Leibetseder: Mord zum Mittag. Die Tötung des Kreuzkirchendiakons Hermann Joachim Hahn (1726), in: Dresdner Hefte 107 (2011), S. 60–68, hier besonders S. 62. **26** Anonym: Ausführliche und wahrhaffte Relation von dem den 21. Maji dieses 1726. Jahres in Dreßden von einem Gott-vergessenen Bösewicht an dem wohlseligen Herrn M. Hahnen grausam verübten Priester-//Mord. Nebst unterschiedenen gewissen Particularien, so denen bißherigen unwahren Erzehlungen entgegen gesetzet werden, Dresden 1726, S. 8; Mathis Leibetseder: Die Hostie im Hals. Eine »schröckliche Bluttat« und der Dresdner Tumult des Jahres 1726, Konstanz 2009, S. 105. **27** Vgl. Leibetseder, Hostie (wie Anm. 26). **28** Vgl. ebd., S. 72.

Abb. 6 Virgil Solis, Niederlage und Gefangennahme Kurfürst Johann Friedrichs I. von Sachsen in der Schlacht bei Mühlberg, Nürnberg, um 1547

Resümee

Krisen entwickeln sich meist langsam, doch gibt es auch plötzliche Störungen, die eine Krise auslösen können. Die Krise der Kirche hatte sich durch fehlende Deeskalation zur Zeitenwende zugespitzt. Geradezu beispielhaft lassen sich bei der päpstlichen Kirche die verschiedenen Phasen einer Krise[29] ablesen: das Auslösen der Frühwarnsysteme (1311), die Erkenntnis der Zielgefährdung (1415), die Einschätzung als beherrschbare akute Krise (bis 1517) bis zur unbeherrschbaren Krise (nach 1517) mit gewaltsamen Eruptionen (ab 1546/47).[30]

Diese Beschleunigung der Entwicklung ist typisch und spiegelt sich auch in der politischen Krise wider. Hier sah sich der Kaiser auf dem Reichstag zu Worms 1521 noch als Herr der Lage, konnte aber die Gefährdung des Landfriedens durch die ideologische Aufladung schließlich bei den Packschen Händeln 1527 sehen. Sein Unvermögen, Einigkeit unter den Fürsten herzustellen, und seine Ablehnung der *Confessio Augustana* 1530 führten zur Lagerbildung und schließlich zum Schmalkaldischen Krieg 1546/47. Selbst die politischen Verwicklungen um Konversionen von Fürsten im 17. Jahrhundert zeugen von dem Potenzial religiöser Bekenntnisse, interhöfische

Krisen auszulösen. Nicht zuletzt flammte im Dresdner Volksaufstand 1726 die Konfessionskrise nochmals auf. Die Sprengkraft der Reformierung des religiösen Bekenntnisses war über 200 Jahre hinweg spürbar, doch am intensivsten zeigte sich ihre Wirkung in den Polemiken und Konflikten des 16. Jahrhunderts.

29 Vgl. Hutzschenreuter/Griess-Negra, Krisenmanagement (wie Anm. 1), S. 48–50. **30** Vgl. ebd., S. 47–51.

INGRID DETTMANN

Luthers Gegner

Der Erzbischof von Magdeburg, Albrecht von Brandenburg aus der Dynastie der Hohenzollern, wurde zu einem der mächtigsten Fürsten des Heiligen Römischen Reiches, als er sich 1514 zusätzlich das Amt des Erzbischofs von Mainz und damit die Kurfürstenwürde erkaufte. Papst Leo X. erteilte ihm für eine fünfstellige Summe die Ausnahmegenehmigung für diese kirchenrechtlich eigentlich unzulässige Ämterhäufung. Die Schulden, die Albrecht bei dem Bankhaus der Fugger aufgenommen hatte, trieb er mithilfe des Ablasshandels in seinen Territorien ein. Luther kritisierte den Ablasshandel scharf und hoffte zunächst auf die Einsicht seines Dienstherrn. Doch Kardinal Albrecht blieb nicht zuletzt aufgrund seines finanziellen Bedarfs ein Gegner Luthers und der Reformation, obgleich er die Reformierung der Kirche durch ein Konzil befürwortete.

Der bekannteste und von protestantischer Seite am heftigsten bekämpfte Kontrahent des Reformators war der wortgewandte Ingolstädter Theologe Johannes Eck. Zunächst stand dieser Luther allerdings aufgeschlossen gegenüber. Als jedoch seine kritischen Anmerkungen (*Adnotationes*) zu Luthers 95 Thesen öffentlich wurden, kam es zum Bruch mit dem Reformator. Seine Position zum Ablass, zur Rechtfertigungslehre, zur menschlichen Freiheit sowie zur Rolle des Papsttums und der Kirche verteidigte Eck 1519 in der Leipziger Disputation gegen Luther und Karlstadt mit theologischer Beschlagenheit und rhetorischer Begabung. 1520 erwirkte er die päpstliche Bannandrohungsbulle *Exsurge Domine* gegen Martin Luther, für deren deutschlandweite Verbreitung er sich einsetzte. Luther bezeichnete ihn dafür in Polemiken als »Doktor Sau« oder »Dr[.]eck«.

Der elsässische Franziskanermönch Thomas Murner bekämpfte Luther und seine Lehre mit pointierten Traktaten und satirischen Flugschriften. Andererseits verurteilte er in seinen Schriften der 1520er Jahre ebenso wie Luther die kirchlichen Missstände und verlangte umfassende Reformen. Als Hauptwerk seiner antilutherischen Polemik gilt das 4 800 Verse umfassende Gedicht *Von dem großen Lutherischen Narren* (1522), das mit vielen Holzschnitten illustriert ist. Durchaus selbstironisch zeigt ein Blatt einen Kater in Mönchshabit, der einen lutherischen Narren würgt. Denn Murners Name wurde von seinen Gegnern zu »Murnarr« verfremdet. Als 1524 die Reformation in Straßburg eingeführt wurde, verbot man umgehend den Druck von Murners Schriften.

Einen weiteren scharfen Kritiker fand Luther in Johannes Cochläus. Der humanistisch gebildete Theologe versuchte Luther bereits 1521 auf dem Wormser Reichstag zum Widerruf seiner Schriften zu bewegen und bot ihm eine öffentliche Disputation an, die Luther jedoch barsch ablehnte. Aus der theologischen Gegnerschaft wurde eine lebenslange persönliche Feindschaft. 1530 beteiligte sich Cochläus an der Abfassung der *Confutatio Augustana*, der katholischen Entgegnung auf die Augsburger Konfessionsschrift.

BENJAMIN HASSELHORN

Luther und die Politik

Zur Einführung

»Doch erst die Reformationstätigkeit Luther's hat jene religiöse Gärung, die schon Jahrhunderte die Christenheit durchdrang, zu einer politischen Macht umgestaltet, und zwar dadurch, dass sie die vielen religiösen Fragen zu einer kirchlichen Frage umwandelte. Hierdurch erst ward es möglich, einen entscheidenden Schritt zur Befreiung zu tun. Luther ist vor Allem ein *politischer* Held; um ihn gerecht zu beurteilen, um seine überragende Stellung in der Geschichte Europa's [sic!] zu begreifen, muss man das wissen. [...] Der schwache Punkt war bei Luther seine Theologie; wäre sie seine Stärke gewesen, er hätte zu seinem politischen Werke nicht getaugt, seine Kirche auch nicht.«[1]

Dieses Urteil über Luther ist ungewöhnlich. In der theologischen wie der historischen Reformationsforschung ist es seit etwa 100 Jahren üblich, die wesentliche Leistung Luthers in seiner theologischen Entdeckung zu sehen, seinem »Turmerlebnis«,[2] mit dem er den »gnädigen Gott« entdeckte, der den Menschen ohne Werke allein durch Glauben gerecht macht.[3] Selbstverständlich wird in der Forschung Luthers Leben und Werk in die historischen – und damit auch sozialen und politischen – Zusammenhänge seiner Zeit eingeordnet. Aber Luther als starken Politiker und als schwachen Theologen zu begreifen, ist doch eine Ausnahmepositionierung. Normalerweise jedenfalls gilt Luther gerade nicht als begabter Politiker. Als Beispiel sei hier das Urteil des aus dem Baltikum stammenden Tübinger Historikers Johannes Haller genannt. In seinen 1923 erschienenen und außerordentlich erfolgreichen *Epochen der deutschen Geschichte* nannte Haller die Haltung Luthers auf dem Reichstag in Worms 1521 als entscheidenden politischen Fehler, habe er doch eine einmalig günstige Gelegenheit ungenutzt gelassen: Luther hätte in Worms nur seine Bereitschaft signalisieren müssen, die Beurteilung seiner Ablass- und Kirchenkritik einem allgemeinen Konzil zu überlassen (Abb. 1). Damit, so Haller, hätte er sämtliche Reichsstände auf seine Seite gezogen, und dann hätte der angestrebten Reform der Kirche »an Haupt und Gliedern« nichts mehr im Wege gestanden: »Man möchte Luther zürnen, daß er das nicht erkannte und benutzte. Aber er war kein Politiker, ihm war es nur um das Recht seiner persönlichen Überzeugung zu tun, und man kann von keinem Menschen verlangen, daß er anders handle, als er ist.«[4] Luther, so könnte man diese Auffassung zuspitzen, war kein Politiker, sondern ein Apokalyptiker, ein Mensch mit dem Selbstverständnis eines Propheten, der sich um banale Dinge wie die konkrete irdische Verwirklichung seiner Vorstellungen kaum kümmerte.

Wer sich einen Überblick über den politischen Luther verschaffen will, steht vor einer verwirrenden Menge verschiedener und widersprüchlicher Deutungen und Urteile. Diese Situation hat ihren

---

1 Houston Stewart Chamberlain: Die Grundlagen des neunzehnten Jahrhunderts, Zweite Hälfte, München 1899, S. 840, 845 [Hervorhebung im Original]. **2** Klassische Quelle für das sogenannte »Turmerlebnis« ist Martin Luther: Vorrede zum ersten Band der Gesamtausgabe seiner lateinischen Werke [1545]: WA 54, 179–187. Vgl. dazu Albrecht Peters: Luthers Turmerlebnis, in: Neue Zeitschrift für Systematische Theologie und Religionsphilosophie 3 (1961), S. 203–236. Eine den theologischen Ansatz ins Zentrum rückende Theologiegeschichtsforschung wurde Anfang des 20. Jahrhunderts von dem Berliner Kirchenhistoriker Karl Holl angestoßen, der damit die »Lutherrenaissance« einleitete: Heinrich Assel: Der andere Aufbruch. Die Lutherrenaissance – Ursprünge, Aporien und Wege. Karl Holl, Emanuel Hirsch, Rudolf Hermann (1910–1935), Göttingen 1993. **3** Man könnte das zitierte Urteil damit abtun, dass es von einem »Völkischen« der Wende vom 19. zum 20. Jahrhundert stammt, dem deutschchristlichen Autor Houston Stewart Chamberlain. Damit würde man es sich aber zu leicht machen, denn die negative Bewertung der theologischen Lehre Luthers war damals – und ist es in Teilen auch heute wieder – gerade in der liberalen protestantischen Theologie durchaus verbreitet. Chamberlain selbst verwies nicht zu Unrecht als Gewährsmann auf den großen liberalen Theologen Adolf Harnack, nach dessen Urteil Luther zwar das Evangelium wiederentdeckt habe, in seiner Theologie aber in eigentümlicher Weise in den Widersprüchen des alten Dogmas steckengeblieben sei; man könnte für die Folgezeit einen ganzen Zweig der Theologiegeschichte benennen, der dieser Auffassung gefolgt ist, von Ernst Troeltsch bis zu den jüngsten Wiederbelebungsversuchen der liberalen Theologie. Vgl. Adolf Harnack: Dogmengeschichte, 7. Aufl., Tübingen 1931, S. 466–474; Ernst Troeltsch: Luther und die moderne Welt, in: Ders.: Kritische Gesamtausgabe, Bd. 8, Berlin u. a. 2001, S. 59–97. Man muss in diesem Zusammenhang auf die »offene Flanke« des liberalen Protestantismus zur völkischen Bewegung hinweisen. Vgl. Wolfram Kinzig: Harnack, Marcion und das Judentum. Nebst einer kommentierten Edition des Briefwechsels Adolf von Harnacks mit Houston Stewart Chamberlain, Leipzig 2004, S. 24. Vgl. dazu auch Friedrich Wilhelm Graf: »Wir konnten dem Rad nicht in die Speichen fallen«. Liberaler Protestantismus und »Judenfrage« nach 1933, in: Jochen-Christoph Kaiser/Martin Greschat (Hrsg.): Der Holocaust und die Protestanten. Analysen einer Verstrickung, Frankfurt am Main 1988, S. 151–185, hier vor allem S. 174–178. **4** Johannes Haller: Die Epochen der deutschen Geschichte, Stuttgart 1923 (Neudruck: München 1956), S. 123.

Abb. 1 Luther auf dem Reichstag in Worms, aus: Ludwig Rabus, Historien der Heyligen Außerwölten Gottes Zeügen, Bekenern vnd Martyrern, Straßburg 1557

Grund vor allem darin, dass es eigentlich gar nicht möglich ist, Politik und Theologie im Denken und Handeln Luthers streng voneinander zu trennen. Das gilt auch ganz grundsätzlich: Religion und Politik waren historisch und sind systematisch immer aufeinander bezogen, schon allein deshalb, weil jede Religion ihre Verwirklichung innerhalb der gegebenen sozialen Rahmenbedingungen sucht und kaum eine politische Organisationsform auf eine im weitesten Sinne religiöse Grundierung verzichtet.

Dennoch aber sind beide Sphären voneinander unterscheidbar, und Luther wird zumeist als eine Figur wahrgenommen, deren Interesse vor allem im Religiösen – also in dem, was den Menschen unter dem Gesichtspunkt der Ewigkeit angeht – zu verorten ist. Politisches Denken im Sinne einer Reflexion über die Bedingungen des sozialen Zusammenlebens war Luther aber keineswegs fremd. Trotz aller – hier ausdrücklich zugestandener – Vorrangstellung der Theologie in Luthers Denken soll im Folgenden aber doch einmal Luther als Politiker näher in den Blick genommen werden. Dazu sollen einige ausgewählte Schlaglichter auf Luthers Handeln aus der Perspektive der politischen Geschichte geworfen werden, und außerdem soll Luthers eigenes Denken und Handeln auf seine politischen Implikationen hin untersucht werden. Dabei steht die Frage im Vordergrund, ob beziehungsweise ab wann Luther eigentlich ein Bewusstsein von den politischen Folgen seines Wirkens besaß. Luthers Politik, so wird im Folgenden zu zeigen versucht, entsprang seiner Theologie; sie war politische Theologie in dem Sinne, dass Luthers politische

5 Vgl. zu diesem Zusammenhang Benjamin Hasselhorn: Politische Theologie Wilhelms II., Berlin, 2012, S. 9–15, dort auch weiterführende Literaturhinweise. **6** Vgl. dazu Notger Slenczka: Der endgültige Schrecken. Das Jüngste Gericht und die Angst in der Religion des Mittelalters, in: Das Mittelalter 12 (2007), H. 1, S. 97–112. **7** Zur Ablasskritik in den Jahrzehnten vor der Reformation vgl. Wilhelm Ernst Winterhager: Ablasskritik als Indikator historischen Wandels vor 1517. Ein Beitrag zu Voraussetzungen und Einordnung der Reformation, in: Archiv für Reformationsgeschichte 90 (1999), S. 6–71. **8** Heinz Schilling: Martin Luther. Rebell in einer Zeit des Umbruchs, München 2012, bes. S. 13–55. **9** Vgl. dazu ebd., S. 157–167; außerdem Kurt Aland: Die 95 Thesen Martin Luthers und

Entscheidungen aus seinen Glaubensüberzeugungen hervorgingen.[5] Dadurch wurde auch der Bereich der Politik bei Luther zu einer lebenswichtigen Angelegenheit – und gerade das macht die bleibende Faszination einer Betrachtung Luthers vom Standpunkt der Politikgeschichte aus.

Politische Dimensionen von Luthers frühem reformatorischem Handeln

In der ersten Phase der Reformation war von einem Bewusstsein für die sozialen und politischen Verhältnisse seiner Zeit in Luthers Auftreten allerdings noch erstaunlich wenig zu spüren. Einen Sinn für die größeren politischen Zusammenhänge seiner Zeit scheint Luther in den Jahren 1517 bis 1521 gar nicht gehabt zu haben; zumindest sein Interesse galt eindeutig und allein seiner theologischen Entdeckung. Diese vertrat er im Ton zuerst höflich, später immer polemischer, in der Sache von Anfang an deutlich gegen alle geistlichen und weltlichen Autoritäten, die sich ihm in den Weg stellten. Sein Thesenanschlag am 31. Oktober 1517 mochte noch als eine Tat durchgehen, die im Rahmen seiner Befugnisse als Professor der Theologie lag – seine Weigerung, sich den seit 1518 erfolgenden Disziplinierungsversuchen der römischen Kurie zu unterwerfen, war bereits ein Akt des Widerstands.

Das Thema des Thesenanschlags allerdings war im Grunde ein theologisches Randthema. Der Ablass als Teil des spätmittelalterlichen Bußsakraments war noch nicht im Dogma fixiert, sodass die Theologen über dieses Thema ausführlich diskutierten. Während die einen betonten, der Ablass wirke nur dann, wenn der Gläubige über seine Sünden »Herzensreue« (*contritio*) empfinde, gingen die anderen davon aus, es genüge auch die Reue aus Furcht vor der Hölle (*attritio*).[6] Luther stand im Prinzip auf der Seite der ersteren, ging aber einen entscheidenden Schritt weiter und kam damit auf die Grundsatzfrage: Für ihn war die Herzensreue nicht nur unbedingt notwendig, sondern sie reichte als Voraussetzung für die Vergebung auch vollkommen aus – womit sich der ganze Rest des Ablasses, vor allem der Kauf des Ablassbriefs, erübrigte.

Aus kirchen- wie reichspolitischer Sicht konnte man keinen besseren Ansatzpunkt als den Ablasshandel finden, um die Kirche des frühen 16. Jahrhunderts aus den Angeln zu heben. Denn in der Ablasspraxis kamen alle – auch vor Luther schon vielfach beklagten – relevanten kirchlichen und sozialen Probleme zusammen. Die im Laufe des 15. Jahrhunderts immer lauter auftretenden Kirchenreformbewegungen nahmen Anstoß an der Lebensführung der niederen wie höheren Geistlichkeit, an der Quantifizierung und Fiskalisierung des Glaubens, an den theologischen Unklarheiten und Streitigkeiten sowie an der Prunksucht der Päpste. In der kirchlichen Ablasspraxis kam dies alles zusammen: die Lebensführung der Geistlichkeit, da der Petersablass für Albrecht von Brandenburg überhaupt erst wegen seiner eigentlich verbotenen Ämterhäufung und der damit verbundenen Geldzahlung an den Papst nötig wurde; die Quantifizierung des Glaubens wegen der Tendenz des Ablasshandels, die Vergebung der Sünden allein von einer Geldzahlung abhängig zu machen; die theologischen Unsicherheiten, weil der Ablass dogmatisch noch nicht festgelegt war; die päpstliche Prunksucht, weil der Ablass zur Aufbesserung des kurialen Haushalts benutzt wurde.[7] Vor dem Hintergrund der gestiegenen Ansprüche an die Kirche und einer damit verbundenen kritischen Haltung ihr gegenüber sowie vor dem Hintergrund eines politischen Europa im »Umbruch«[8] – angesichts der noch jungen Reichsreformen, der sogenannten Türkengefahr, des französisch-habsburgischen Konflikts und der virulenten sozialen Probleme – war es politisch geradezu genial, die kirchliche Ablasspraxis zum Ansatzpunkt für eine grundsätzliche Kirchenkritik zu machen.

Es ist allerdings höchst umstritten, ob dieser Sachverhalt Luther überhaupt bewusst war.[9] Der Ton der Thesen war sehr moderat, das Bemühen erkennbar, als treuer Sohn der Papstkirche dazustehen und in dieser Beziehung keine Angriffsflächen zu bieten. Einige Äußerungen Luthers noch vor dem 31. Oktober 1517 legen allerdings nahe, dass er sich über die Tragweite seiner Kritik durchaus im Klaren war, und tatsächlich enthalten die 95 Thesen mindestens in ihren impliziten Konsequenzen eine Sprengkraft, die auf die institutionellen Grundlagen der spätmittelalterlichen Kirche zielte.[10] So ist zwar umstritten, ob Luther in den Thesen mit dem Ablass auch schon – wenn auch nicht offen – gegen das Sakrament der Buße als solches argumentierte; zweifellos aber hatte er die Argumentationsgrundlage dafür gelegt.[11]

Politische Klugheitserwägungen jedoch spielten wahrscheinlich keine Rolle bei Luthers Schritt in die Öffentlichkeit, weder am 31. Oktober 1517 noch in den ersten Jahren danach. Dass es Luther in dieser Phase allein um die religiöse Wahrheit ging und er zu keinerlei politisch motivierten Zugeständnissen bereit war, zeigt die schon erwähnte politische »Fehlentscheidung« auf dem Wormser Reichstag 1521. In einer Phase, in der Luthers Schriften auf eine breite Zustimmung trafen und in der der Ruf nach einer umfassenden Kirchenreform beinah Allgemeingut war, weigerte sich Luther, seinen Fall einem allgemeinen Konzil zu unterwerfen. Denn er hatte schon längst festgestellt, dass nicht nur der Papst, sondern auch die Konzilien irren konnten, sich in der Vergangenheit schon geirrt hätten, und dass allein die Heilige Schrift und ihre rechte Auslegung Anspruch auf Gültigkeit beanspruchen könnten. Das war logisch konsequent und einleuchtend, politisch aber hochgefährlich, weil er sich damit gänzlich außerhalb der in der Kirche gängigen und als diskutabel akzeptierten Positionen stellte und damit Exkommunikation und Reichsacht riskierte.

---

die Anfänge der Reformation, Gütersloh 1983. **10** Das betrifft in erster Linie Luthers Römerbriefvorlesung 1515/16, in: WA 56. Vgl. dazu Friedrich Wilhelm Kantzenbach: Martin Luther und die Anfänge der Reformation, Gütersloh 1965, S. 74. **11** Vgl. dazu Bernd Lohse: Luthers Theologie in ihrer historischen Entwicklung und in ihrem systematischen Zusammenhang, Göttingen 1995, S. 117– 119. Vgl. außerdem Notger Slenczka: »Allein durch den Glauben«: Antwort auf die Frage eines mittelalterlichen Mönchs oder Angebot zum Umgang mit einem Problem jedes Menschen?, in: Christoph Bultmann/Volker Leppin/Andreas Lindner (Hrsg.): Luther und das monastische Erbe (= Spätmittelalter, Humanismus, Reformation. 39), Tübingen 2007, S. 291–315, hier bes. 299f.

mutlich – nicht dahinter. Die unmittelbar nach seinem Auftritt in Worms von Luther überlieferten Worte »Ich bin hindurch, ich bin hindurch!«[13] deuten vielmehr darauf hin, dass er die ganze Wormser Episode nicht in ihrem größeren politischen Zusammenhang betrachtete, sondern aus seiner persönlichen Perspektive; in diesem Fall: als individuelle Prüfung.

Luthers Obrigkeitslehre und der Bauernkrieg

Diese Perspektive weitete sich in den Folgejahren, als die von Luther entwickelten Reformvorhaben in die Tat umgesetzt wurden. Unter den zahlreichen Entscheidungen, die Luther dabei zu treffen hatte, ragen zwei grundlegende politische Entscheidungssituationen besonders hervor: 1525, als Luther sich im Kampf zwischen Bauern und Fürsten für eine Seite entscheiden musste (Abb. 2); und 1530, als bei der Gründung des Schmalkaldischen Bundes Obrigkeit gegen Obrigkeit stand. Luthers Haltung im Bauernkrieg hat zahllose Kritiker gefunden. Nicht nur von marxistischer Seite ist ihm der Vorwurf gemacht worden, »Fürstenknecht«[14] zu sein, von katholischer Seite wurde Luther für den Ausbruch des Bauernkriegs mitverantwortlich gemacht, und in der evangelischen Kirchengeschichtsforschung wird Luthers Parteinahme gegen die Bauern äußerst kontrovers beurteilt.[15]

Im zentralen Dokument des Bauernkriegs, den *Zwölf Artikeln* der Bauernschaft in Schwaben 1525, berief man sich nicht mehr nur wie sonst auf das alte Recht, sondern auf das göttliche Recht. Luthers – wie sehr auch immer missverstandene – Schrift *Von der Freiheit eines Christenmenschen* bildete dabei eine wesentliche Inspirationsquelle.[16] Die Bauern nahmen erkennbar reformatorische Gedanken auf und bezogen diese auf ihre eigene soziale und politische Situation. Luther stand den Forderungen der Bauern daher auch durchaus positiv gegenüber. Dass diese seit Juni 1524 zu den Waffen griffen, um ihre Forderungen mit Gewalt durchzusetzen, hieß er allerdings nicht gut. Anfang Mai 1525, als im Reich bereits 300 000 Bauern im Aufstand waren und Klöster und Schlösser plünderten, veröffentlichte Luther seine *Ermahnung zum Frieden* an beide Seiten.[17] Im selben Monat noch änderte er seine Meinung und rief die Obrigkeit in aller Schärfe auf, das Schwert gegen die Bauern zu erheben.[18]

Dieses Aufrufs hätte es wohl kaum bedurft. Die Bauernaufstände wurden blutig niedergeschlagen, und Luthers Parteinahme für die Obrigkeit tat seiner Popularität solchen Abbruch, dass er sich gezwungen sah, eine Erklärung seiner Haltung abzugeben. Er nahm allerdings nichts zurück, sondern goss eher noch Öl ins Feuer: »Ich weiß wohl, daß mein Büchlein die Bauern und die, die es mit ihnen halten, außerordentlich kränkt. Darüber freue ich mich von Herzen, und wenn es sie nicht kränkte, würde es mich kränken.«[19]

Luther hatte zwei Gründe, sich auf die Seite der Fürsten zu schlagen: einen theologischen und – und hier kommt bei Luther so etwas

Abb. 2 Handlung Artickel vnnd Jnstruction so fürgenōmen worden sein vonn allen Rottenn vnnd hauffen der Pauren, Zwickau 1525

In diesem Sinne dachte und handelte Luther 1521 in Worms »unpolitisch« – als jemand, der sich um die politischen Konsequenzen des eigenen Tuns nicht kümmerte. An diesem Punkt zeigt sich allerdings auch, dass gerade vom »Unpolitischen« oft eine enorme politische Wirkung ausgehen kann. Denn Luthers öffentliche Weigerung, seine Schriften zu widerrufen, verbunden mit der Berufung auf das eigene Gewissen, löste im ganzen Reich Bewunderung bis hin zur Begeisterung aus. Ob intendiert oder nicht, Luther betrieb in Worms daher durchaus Politik. Sein »Hier stehe ich, ich kann nicht anders«[12] – nicht in den Worten, aber in der Sache vor Kaiser und Reich in Worms von Luther gesagt – wurde zur mythischen Urszene des Protestantismus. Nur politisches Kalkül steckte – ver-

---

12 In der Weimarer Ausgabe von Luthers Werken ist der berühmt gewordene Satz der Wormser Rede – »Hier stehe ich, ich kann nicht anders« – noch enthalten; er fehlt aber in den frühesten Belegen: »Weil denn Ew. Majestät und ihre Herrschaften eine einfache Antwort begehrt, so will ich eine geben ohne Hörner und Zähne. Wenn ich nicht durch Schriftzeugnisse oder helle Gründe der Vernunft überwunden werde (denn ich glaube weder dem Papst noch den Konzilien allein, da feststeht, daß sie oft geirrt und sich selbst widersprochen haben), so bin ich überwunden durch die von mir angeführten Schriftzeugnisse, und mein Gewissen ist gebunden in Gottes Wort. Widerrufen kann und will ich nichts, weil wider das Gewissen zu handeln nicht sicher und nicht lauter ist. Ich kann nicht anders, hier stehe ich. Gott helfe mir, Amen.« WA 7, 838, 2–9. **13** Deutsche Reichstagsakten unter Kaiser Karl V., bearb. von Adolf Wrede, Jüngere Reihe,

Abb. 3
Michel Müller, Entwurf einer gemeinsamen Schmalkaldischen Bundesfahne, 1542

wie eine politische Klugheitserwägung ins Spiel – einen politisch-pragmatischen. Sein theologischer Grund war die aus den Paulusbriefen gewonnene Auffassung von der Gottgewolltheit der Obrigkeit. Entsprechend Röm 13 – »Jedermann sei Untertan der Obrigkeit, die Gewalt über ihn hat. Denn es ist keine Obrigkeit ohne von Gott; wo aber Obrigkeit ist, die ist von Gott verordnet.« – sowie seiner Rezeption von Augustinus' *De civitate dei* vertrat Luther einerseits eine prinzipielle Trennung des kirchlichen und des staatlichen Bereichs und war andererseits der Auffassung, dass ein funktionierendes Staatswesen ein Gottesgeschenk, ein »Wunder«[20] sei. Aufstand gegen die Obrigkeit, so Luther, sei daher Aufstand gegen Gott selbst und in jedem Fall verboten. Aus diesem Grund hätten die Bauern, als sie sich gewaltsam gegen die gottgewollte Obrigkeit erhoben, sich selbst ins Unrecht gesetzt. Luthers politisch-pragmatischer Grund ist darin zu erkennen, dass er seine Reformation von den »Rottengeistern« gefährdet sah. Er selbst hatte zwar immer gegen die lasterhafte Obrigkeit gewettert, aber er hatte erkannt, dass er die Reformation nur mit ihr und nicht gegen sie würde durchführen können. Nachdem er aus naheliegenden Gründen auf die Unterstützung durch den Klerus nicht rechnen konnte, blieben ihm die Fürsten als einzige mächtige Gruppe übrig, die die Durchsetzung seines Reformwerks in Gang bringen konnten.

Es ist allerdings davon auszugehen, dass der theologische Grund für Luther erheblich wichtiger war als der politisch-pragmatische. Dafür spricht jedenfalls die Tatsache, dass Luther es seinen Fürsten bei seiner zweiten fundamentalen politischen Entscheidung alles andere als einfach machte. Die Gründung des Schmalkaldischen Bundes 1530/31 als des wichtigsten protestantischen Bündnisses der Reformationszeit war nämlich mit erheblichen Schwierigkeiten verbunden, die eine Ursache in den theologischen Bedenken Luthers hatten. Der Schmalkaldische Bund konstituierte sich, nachdem die lutherische Konfession auf dem Augsburger Reichstag 1530 vergeblich um Anerkennung durch die altgläubige Seite, vor allem durch den Kaiser, gerungen hatte (Abb. 3). Luther widerstrebte es, etwas gegen den Kaiser als von Gott eingesetzte Obrigkeit zu unternehmen. Nur wenn die Obrigkeit sich in Glaubensfragen einmische, sei Widerstand erlaubt, dieser aber allenfalls als leidender Ungehorsam, keinesfalls als aktiver Aufstand. Der Schmalkaldische Bund aber hatte den Charakter eines Militärbündnisses, und so haftete ihm aus Luthers Sicht der Geruch von Aufruhr an, den er unbedingt vermeiden wollte. Hinzu kam, dass sich im Schmalkaldischen Bund keineswegs nur die lutherische Konfession politisch zusammenschloss, sondern dass es auch reformierte Protestanten in seinen Reihen gab, die wiederum von Luther vehement abgelehnt wurden. Luther gab

Bd. II, Der Reichstag zu Worms 1521, Göttingen 1896, S. 853. **14** Klassisch bei Friedrich Engels: Der deutsche Bauernkrieg, in: Neue Rheinische Zeitung. Politisch-ökonomische Revue 5/6 (1850) (Neudruck: Frankfurt am Main 1970), S. 55. **15** Grundlegend zur Bauernkriegsforschung: Horst Buszello/Peter Blickle/Rudolf Endres (Hrsg.): Der deutsche Bauernkrieg, 3. Aufl., Paderborn u. a. 1995. **16** Martin Luther: Von der Freiheit eines Christenmenschen: WA 7, 20–38.

17 Martin Luther: Ermahnung zum Frieden auf die zwölf Artikel der Bauernschaft in Schwaben: WA 18, 291–334. **18** Martin Luther: Wider die räuberischen und mörderischen Rotten der Bauern: WA 18, 357–361. **19** Martin Luther an Wenzelslaus Link, 20. Juni 1525: WA.B 3, 536. Vgl. auch Martin Luther: Ein Sendbrief von dem harten Büchlein wider die Bauern: WA 18, 384–401. **20** Martin Luther, Vorlesungen über Jesaja und Hoheslied: WA 31/II, 590.

Polemik und Konflikte

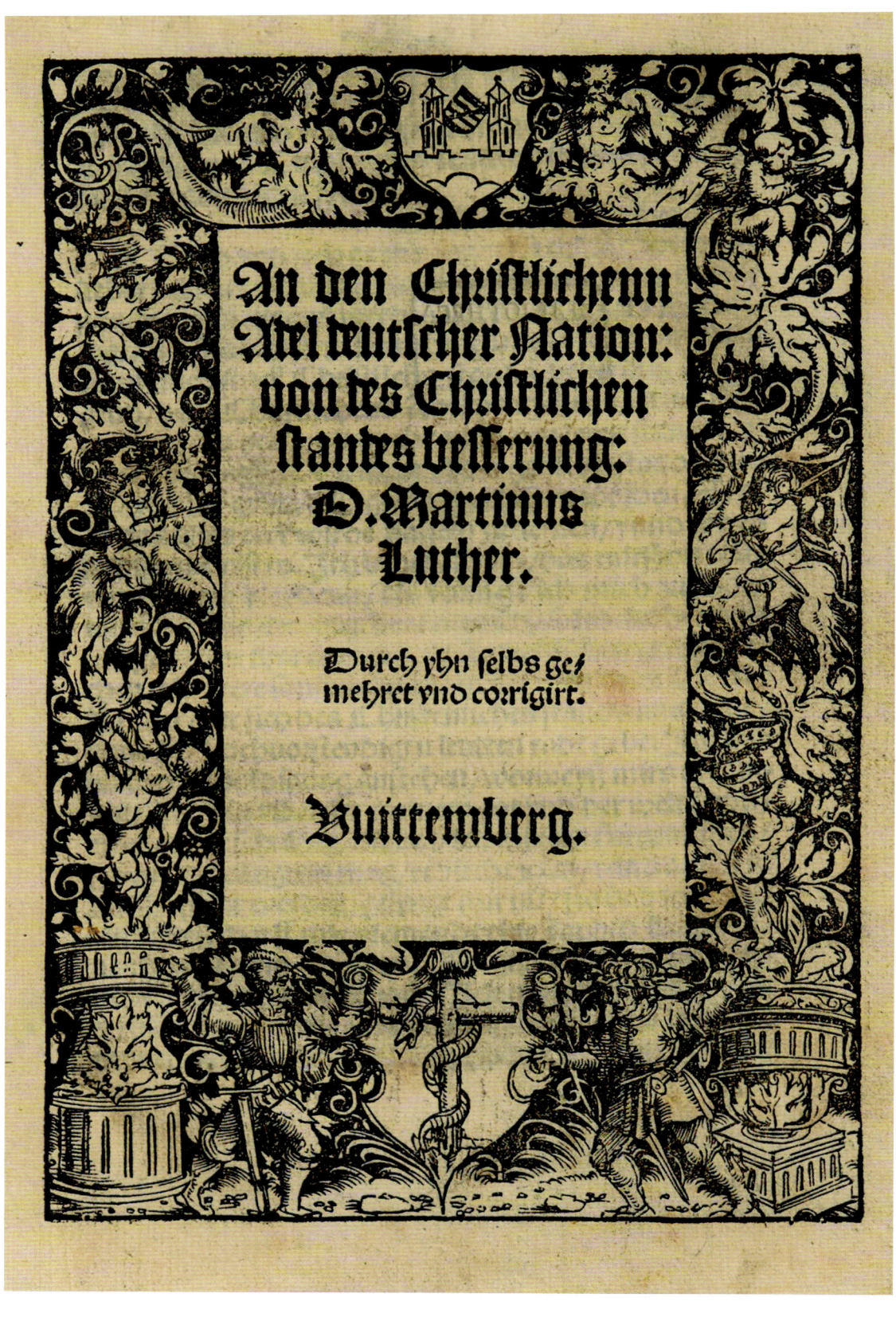

Abb. 4 Martin Luther, An den Christlichenn Adel deutscher Nation. Von des Christlichen standes besserung, Wittenberg 1520

schließlich nach und genehmigte die Gründung des Bundes, nachdem man ihm deutlich gemacht hatte, dass die Reichsverfassung keineswegs absolutistisch, sondern aristokratisch aufgebaut sei, sodass in Wirklichkeit nicht protestantische Untertanen gegen einen altgläubigen Kaiser rebellierten, sondern eine der Reformation zuneigende Obrigkeit legitimen Widerstand gegen eine die Reformation unterdrückende Obrigkeit ausübte (Abb. 4).[21]

In diesen beiden Fällen – beim Bauernkrieg sowie bei der Gründung des Schmalkaldischen Bundes – und auch sonst handelte Luther aus einer theologisch fundierten politischen Grundüberzeugung heraus, die man später als Zwei-Reiche- beziehungsweise Zwei-Regimenter-Lehre bezeichnet hat (Abb. 5).[22] Deren theologisches Fundament ist die aus den Paulusbriefen gewonnene Einsicht in die Gottgewolltheit der Obrigkeit. Ein systematischer politischer Denker war Luther allerdings nicht. Vielmehr sind seine zu verschiedenen Zeiten und in verschiedenen Situationen geäußerten politischen Auffassungen reichlich chaotisch: Einerseits ist die Obrigkeit von Gott, man darf ihr nicht widerstehen. Andererseits muss man Gott mehr gehorchen als dem Menschen, also darf man der Obrigkeit nicht gehorchen, wenn sie das Recht beugt oder sich in Glaubensdinge einmischt. Und schließlich gewährt Luther dem Fürsten das Recht eines Notbischofs.[23]

Schlussbetrachtung

Luthers politische Gedankenwelt ist manchmal verwirrend und daher nicht immer leicht zu rekonstruieren. Dies dürfte die wesentliche Ursache sein für die eingangs erwähnten irritierend widersprüchlichen Urteile über Luther als Politiker. Hier liegt außerdem der wesentliche Grund dafür, warum die immer wieder vorgetragenen Behauptungen eindimensionaler politischer Folgewirkungen Luthers an der Wirklichkeit vorbeigehen: Weder war Luther Ahnherr von Obrigkeitsstaat und Untertanenmentalität noch war er ein früher Demokrat. Der Weg führt weder einlinig »from Luther to Hitler«[24] noch von Luther zu Habermas.

Man kann natürlich trotzdem über politische Folgewirkungen der Reformation diskutieren. So war Luther selbst alles andere als ein Demokrat. Alle Gewalt – auch die weltliche – ging seiner Auffassung nach vielmehr unmittelbar von Gott aus, nicht etwa vom Volk. Luther wäre auch ganz sicher kein Anhänger der Säkularisierung im Sinne einer Verweltlichung aller Lebensbereiche gewesen. Dennoch hat seine Betonung des Eigenrechts des Staates gegenüber der Kirche und seine religiöse Aufwertung der weltlichen Sphäre eine Entwicklung freigesetzt, die auch die Möglichkeit einer Säkularisierung in sich barg.[25]

Abb. 5 Martin Luther, Das newe Testament auffs new zugericht, Wittenberg 1546

Luthers eigentliche Bedeutung für die Politik seiner Zeit sowie für die weitere politische Geschichte Europas liegt aber weniger in solchen unintendierten Folgewirkungen. Sie liegt eher in der Tatsache begründet, dass Luther der Politik einen untergeordneten Rang zuwies gegenüber den letzten Dingen, auf die es ihm in Wirklichkeit ankam. Diese letzten Dinge – für Luther das neu gewonnene Evangelium mit der Rechtfertigungslehre als Zentrum – machte er dann wiederum in der Sphäre des Politischen zur hauptsächlichen Richtschnur politischer Entscheidungen. In dieser Frage war für Kompromisse kein Platz. Auf diese Weise brachte Luther, der die klugen Diplomaten in seinem Umfeld von Spalatin bis Melanchthon immer latent verspottete, eine Dimension des Unbedingten in die Sphäre der Politik, die im Guten inspirierend und im Schlechten verheerend wirken konnte.

---

21 Vgl. dazu Schilling, Martin Luther (wie Anm. 8), S. 481–487. **22** Grundlegend dazu Volker Mantey: Zwei Schwerter – zwei Reiche. Martin Luthers Zwei-Reiche-Lehre vor ihrem spätmittelalterlichen Hintergrund, Tübingen 2005. **23** Die Vorstellung, dass der Landesherr die Funktion eines »Notbischofs« übernehmen solle, stammt aus Martin Luther: An den christlichen Adel deutscher Nation von des christlichen Standes Besserung: WA 6, 404–469. Die Grenzen der Gehorsamspflicht werden betont in Martin Luther: Epistel S. Petri gepredigt und ausgelegt: WA 12, bes. 334,32–335,4. Grundlegend zu Luthers Obrigkeitsverständnis ist Martin Luther: Von der Obrigkeit, wie weit man ihr Gehorsam schuldig ist: WA 11, 245–281. Vgl. hierzu auch Hellmut Zschoch: Der im Glauben freie Untertan. Luthers Wahrnehmung und Deutung von Obrigkeit, in: Luther 86 (2015), S. 70–84. **24** William Montgomery McGovern: From Luther to Hitler. The History of Fascist-Nazi Political Philosophy, Boston 1941; Peter F. Wiener: Martin Luther – Hitler's Spiritual Ancestor, London u. a. 1945. **25** Vgl. dazu Schilling, Martin Luther (wie Anm. 8), S. 629.

ROBERT KLUTH

Luthers Zwei-Reiche-Lehre

Die »Zwei-Reiche-« oder auch »Zwei-Regimenter-Lehre« Luthers ist eine Wortschöpfung aus der Zeit nach 1918. Die deutschen Lutheraner standen nun erstmalig in Opposition zur politischen Ordnungsmacht, nachdem der Kaiser als Kirchenoberhaupt abgedankt hatte. Der evangelische Theologe Emanuel Hirsch prägte zusammen mit Karl Barth den Begriff der Zwei-Reiche-Lehre. 1922 tauchte die Bezeichnung erstmals auf. Während Hirsch nach 1933 zum Wortführer der Deutschen Christen wurde und später förderndes Mitglied der SS, machte Barth die Zwei-Reiche-Lehre nach 1945 für die Obrigkeitstreue und damit für den mangelnden deutschen Widerstand gegen die Hitler-Diktatur verantwortlich. Die ausgedehnte Debatte über die Zwei-Reiche-Lehre in Deutschland nach 1945 war eine Debatte über die evangelische Auffassung von der Legitimität des Widerstandsrechts. An ihr wurde verhandelt, wie Christen sich angesichts totalitärer Staaten zu verhalten haben.

Die zwei Reiche bei Luther sind das weltliche und das geistliche. Der Mensch lebt stets in beiden Sphären, zugleich im weltlichen wie im geistlichen Reich. Mit seinem Leib ist er der weltlichen Obrigkeit unterworfen und ihr Gehorsam schuldig. Luther bemüht an verschiedenen Stellen Römer 13, um zu definieren, dass ein Christ keinen Widerstand gegen die Obrigkeit leisten dürfe. Etwaige Tyrannen müssen nach Luther geduldig ertragen werden. Im weltlichen Reich ist der Christ nach Luther unfrei und Untertan. Dies sei notwendig, da, so Luther, nur wenige Menschen wahrhaft christlich leben und sie von Natur aus sündhaft sind. Damit die Welt nicht in Anarchie versinkt, muss das weltliche Schwert richten und für Ordnung sorgen.

Im geistlichen Reich hingegen ist der Christ durch die Zusage der Gnade durch Gott frei. Hier erkennt sich der Mensch selbst in seiner eigenen Sündhaftigkeit und darüber dann auch den Nächsten als liebenswertes Geschöpf. Diese christliche Freiheit verhilft dem Menschen zum ethischen Handeln an seinem Nächsten.

Luther hat das Verhältnis von Theologie und Politik nie systematisch, sondern immer im Kontext konkreter Probleme behandelt. Insofern ist die Unterscheidung zwischen den zwei Reichen eine postume Rekonstruktion dessen, wie Luther sich das Verhältnis von Religion und Politik vorstellte.

PETER VON DER OSTEN-SACKEN

Martin Luthers Stellung zu Juden und Judentum[1]

Sola scriptura – die Schrift allein

Martin Luther war mit Leib und Seele Doktor der Heiligen Schrift. Mehr als drei Jahrzehnte lang hat er in Wittenberg das Amt eines Professors für Bibelexegese ausgeübt. In dieser Zeit hat er vor allem das Alte Testament ausgelegt, zu Beginn mehr als zwei Jahre das Buch der Psalmen und gegen Ende seines Wirkens mit Unterbrechungen zehn Jahre lang vornehmlich das 1. Buch Mose. Dabei hat er sich immer wieder auch zu den Juden geäußert, in Vorlesungen, in eigenen Schriften, jedoch vor allem 1523, 1538 und 1543 sowie in einer denkwürdigen, fast einem Testament gleichen *Vermahnung wider die Juden* nur wenige Tage vor seinem Tod. Was Luther für, über und gegen die Juden zu sagen hatte, beruhte auf seiner auf die Bibel gegründeten Theologie. Sie wurde aus einer langen Tradition gespeist, gewann ihre eigene, unverwechselbare Gestalt und war zutiefst mit seiner Person verflochten. Seine Stellung zum Judentum lässt sich deshalb nur vor dem Hintergrund dieser biblisch fundierten Lehre des Reformators sachgemäß beschreiben, erklären und würdigen. Sein Kampfruf *sola scriptura* – die Schrift allein – ist damit auch hier der entscheidende Bezugspunkt seiner Ausführungen.

Luthers Wahrnehmung der Juden in den Anfangsjahren der Reformation

Nachweislich seiner Psalmenauslegung von 1513 bis 1515 hat Luther in den Anfangsjahren seiner Wittenberger Lehrtätigkeit voll aus der antijüdischen Tradition seiner Kirche geschöpft. Er hat deren judenfeindliche Aussagen nicht nur rezipiert, sondern teilweise auch erheblich verschärft. Zur Diffamierung der Juden hat er sich Ausdrücken aus dem Fäkalbereich bedient[2] und entgegen der augustinischen Tradition, in der er durch seine Ordenszugehörigkeit zu Hause war, bestritten, dass es eine Hoffnung auf Rettung für das jüdische Volk im Endgericht gebe.[3] Erst mit seiner Römerbriefvorlesung von 1515/16 begann sich das Bild zu wandeln. Die Freilegung des Evangeliums von der rettenden, an keine menschliche Vorleistung gebundenen Zuwendung Gottes schürte in ihm die Hoffnung, dass sich nun auch die ablehnende Haltung der Juden gegenüber dem Evangelium ändern werde. In der Römerbriefvorlesung,[4] aber auch in anderen Zusammenhängen kritisierte er nun massiv das bisherige Verhalten der Kirche gegenüber den Juden.[5] Auch begann er, sich für die Auffassung zu öffnen, dass am Ende ganz Israel zum christlichen Glauben kommen und so gerettet werde (Röm 11,26).[6] Zwar zögerte er, dies als paulinische Gewissheit zu rezipieren, akzeptierte es aber als Verständnis des Apostels durch die Kirchenväter.[7] Die Anerkenntnis einer beständigen Zuwendung Gottes zum Volk Israel hatte bei Luther in dieser Zeit erkennbar Konsequenzen für das geforderte Verhalten gegenüber den Juden.[8]

---

1 Der Essay beruht auf den folgenden, zum Teil weitergeführten drei Beiträgen: Peter von der Osten-Sacken: Martin Luther und die Juden. Neu untersucht anhand von Anton Margarithas »Der gantz Jüdisch glaub« (1530/31), Stuttgart 2002; Ders.: Martin Luther und die Juden. Ende einer Feindschaft?, in: J. Cornelis de Vos/Folker Siegerts (Hrsg.): Interesse am Judentum. Die Franz-Delitzsch-Vorlesungen 1889–2008 (= Münsteraner Judaistische Studien. Wissenschaftliche Beiträge zur christlich-jüdischen Begegnung. 23), Berlin 2008, S. 262–281; Ders.: Martin Luther und die Juden. Eine Orientierung, in: Arbeitsgemeinschaft Christen und Juden im Evangelischen Kirchenkreis Spandau (Hrsg.): ... unser Erinnern steht gegen das Vergessen. 25 Jahre Arbeitsgemeinschaft Christen und Juden im Evangelischen Kirchenkreis Spandau, Berlin 2014, S. 45–48. Der dritte Beitrag ist diesem Essay zugrunde gelegt, bearbeitet und erheblich erweitert worden, gelegentlich unter Aufnahme kurzer Passagen aus den beiden anderen Veröffentlichungen. Die Monografie enthält eine umfangreiche Bibliografie und eine ausführliche Forschungsgeschichte, weitere Literatur ist im zweiten Beitrag genannt. An monografischen Arbeiten aus jüngerer Zeit sind zu ergänzen: Thomas Kaufmann: Luthers »Judenschriften«. Ein Beitrag zu ihrer historischen Kontextualisierung, 2. Aufl., Tübingen 2013; Ders.: Luthers Juden, Stuttgart 2014; Dietz Bering: War Luther Antisemit? Das deutsch-jüdische Verhältnis als Tragödie der Nähe, Berlin 2014. Der Essay beschränkt sich im Übrigen mit wenigen Ausnahmen auf die Nachweise in der Weimarer Ausgabe (WA). **2** WA 55/2, 582, 1427–584, 1467. **3** WA 55/1, 106, 14 f.; 438, Rgl. 21. **4** WA 56, 436, 13–23. **5** WA 5, 428, 29–429, 18 (Operationes in Psalmos). **6** WA 56, 435, 6–9; 436, 25–437, 18; 438, 12–26; 439, 7–440, 5; 7, 599, 35–600, 1; 600, 27–34 (Magnifikat). **7** WA 56, 438, 23 f. **8** WA 5, 429, 13–18; 7, 601, 1–5; vgl. 56, 433, 24–435, 2; 436, 13–23.

Im Jahr 1523 schien es, als sei für Luther die Zeit gekommen, alle Fäden seiner gewandelten Einstellung zu den Juden zusammenzuziehen. So verfasste er, provoziert durch die Anschuldigung, er habe behauptet, Jesus sei nicht von der Jungfrau geborener Gottessohn, sondern allein ein Sohn Abrahams, als Gegenbeweis den Traktat *Daß Jesus Christus ein geborner Jude sei*.[9] Darin führte er den Nachweis, dass der Nazarener beides sei, ein Jude und der in Jesaja 7,14 verheißene Sohn einer Jungfrau. Der Traktat sollte nicht nur die erhobene Anschuldigung widerlegen, sondern zugleich das Christusevangelium für die Juden entfalten. Durch seinen Nachweis, dass Jesus der im Alten Testament verheißene Messias sei, hoffte Luther, etliche der Juden für den christlichen Glauben zu gewinnen.[10] Die Schrift verfolgte damit – trotz unbegründeter gegenteiliger Behauptungen bis in jüngste Zeit – eindeutig auch ein missionarisches Ziel. Aufsehen erregt bis in jüdische Kreise hinein hat sie jedoch nicht aufgrund ihrer weithin traditionellen christologischen Beweisführung. Hervorstechend war vielmehr ihre bohrende Kritik an Einstellung und Verhalten der leitenden Kirchenleute, denen Luther einen verleumderischen, erniedrigenden Umgang mit den Juden in ihrer Mitte vorwarf. Denn man sei »bisher also mit den Juden gefahren, dass, wer ein guter Christ wäre gewesen, hätte wohl mögen ein Jude werden. Und wenn ich ein Jude gewesen wäre und hätte solche Tölpel und Knebel [= Grobiane] gesehen den Christenglauben regieren und lehren, so wäre ich eher eine Sau geworden denn ein Christ. Denn sie haben mit den Juden gehandelt, als wären es Hunde und nicht Menschen […]«.[11] So setzte Luther darauf, dass, »wenn man mit den Juden freundlich handelt und aus der heiligen Schrift sie säuberlich [= genau] unterweist, es sollten ihrer viel rechte Christen werden und wieder zu ihrer Väter, der Propheten und Patriarchen Glauben treten«,[12] von dem sie nach Luther durch ihr Nein zum Messias Jesus abgefallen seien. Er konkretisierte sein Plädoyer für einen wahrhaft christlichen Umgang mit den Juden zum Schluss durch die Forderung, sie »mit [er]werben und arbeiten [zu lassen], damit sie Ursache und Raum gewinnen, bei und um uns zu sein, unser christlich Lehre und Leben zu hören und [zu] sehen«.[13] Ziel der mit knappen Worten, aber doch klar genug geforderten wirtschaftlichen und sozialen Integration war die erhoffte religiöse Eingliederung.

Die Dämonisierung der Juden und der Aufruf zur Gewalt gegen sie

20 Jahre später scheint mit Luthers 1543 veröffentlichten drei polemischen Schriften gegen die Juden zwar nicht alles, aber doch so vieles anders, dass sich als Erstes der Eindruck einer Wendung um 180 Grad ergibt. Bereits wenige Jahre zuvor hatte sich angekündigt, dass die einstige Einstellung des Reformators nicht länger gültig war. Denn als Luthers Landesherr, Kurfürst Johann Friedrich I. von Sach-

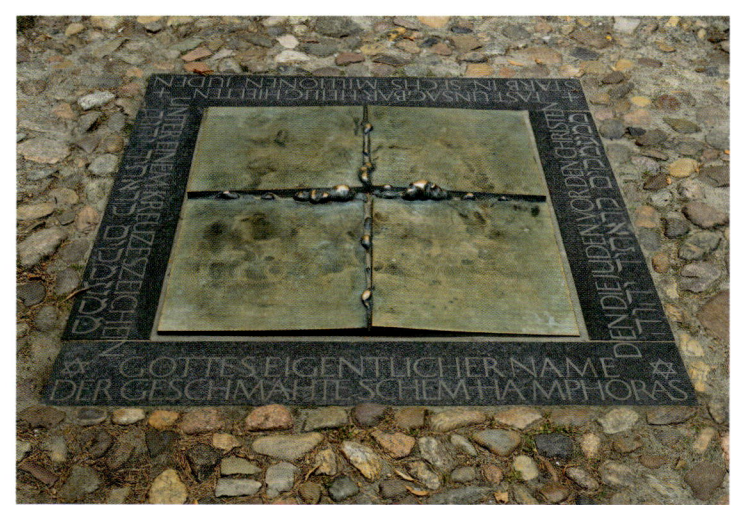

Abb. 1 Relief der sog. Judensau an der Stadtkirche St. Marien in Wittenberg, 14. Jh.; Inschrift aus dem 18. Jh. in Anlehnung an Martin Luther

Abb. 2 Wieland Schmiedel, Quetschung, 1988. Unter dem Relief der sog. Judensau in den Boden eingelassene Bronzeplatte mit Schriftumrandung aus Stein. Text von Jürgen Rennert unter Verwendung von Ps 130,1 (hebr.)

sen, die Juden 1536 aus seinem Gebiet vertrieb und Josel von Rosheim, der Sprecher und Anwalt der Juden im Heiligen Römischen Reich Deutscher Nation, eingedenk der Schrift Luthers von 1523 den Reformator 1537 brieflich von der Landesgrenze aus um Weiterleitung von Bittschreiben an den Kurfürsten ersuchte, wies Luther den Bittsteller schroff zurück: Die einst von ihm geforderten Lebenser-

---

9 WA 11, 307–336. **10** WA 11, 314, 27f.; 315, 23f.; 325, 19f.; 336, 22–24. **11** WA 11, 314, 29–315, 4. **12** WA 11, 315, 14–17; vgl. 325, 18f. **13** WA 11, 336, 31–33. Siehe auch vorher 336, 27–29. **14** WA.BR 8, Nr. 3157, 89–91. **15** WA 50, 309–337. **16** WA 53, 473, 11f. **17** WA 53, 417, 14–20; 552, 29–31. **18** WA 53, 411–552. **19** WA 53, 417–511. **20** Vgl. etwa die antijüdischen Lasterkataloge WA 53, 502, 1–14; 514, 30–515, 8. **21** WA 53, 522, 29–531, 7. Vgl. bereits zuvor 513, 1–522, 19. Im Übrigen ist der gesamte Traktat von dem Vorwurf der Lästerung durchzogen. **22** WA.B 11, 336, 24–26. **23** WA 53, 530, 18–28; 538,

leichterungen für die Juden seien missionarisch motiviert gewesen; doch da sie in ihrer christenfeindlichen Haltung verharrten, sei auf ihn nicht zu zählen.[14]

Ein Jahr später polemisierte Luther in seiner Schrift *Wider die Sabbather* (1538) gegen angeblich erfolgreiche jüdische Bestrebungen in Mähren, Christen zum Judentum zu bekehren.[15] Danach selbst teils direkt,[16] teils indirekt[17] von jüdischer Seite angegriffen, ließ er in kurzer Folge die bereits erwähnten drei polemischen Schriften über Juden und Judentum herausgehen. Die längste und bekannteste ist überschrieben mit *Von den Juden und ihren Lügen* und nimmt in ihrem Titel den Hauptvorwurf der Sabbather-Schrift auf.[18] Zwar enthält dieser erste Traktat von 1543 in seinem ersten und umfangreicheren Teil auch lange Passagen, in denen sich Luther, wenn auch nicht unpolemisch, so doch aufs Ganze gesehen sachlich mit den Juden auseinandersetzte.[19] Aber zumal in den Schlussteilen des Traktats dokumentieren seine Ausführungen eine niederdrückende Judenfeindschaft. Der Reformator malte die Juden darin in den schwärzesten Farben[20] und erklärte sie für Kinder des Teufels, die in ihren Gottesdiensten Jesus, Maria und die Christen schmähten und nur darauf aus seien, den Christen auf welche Weise auch immer Schaden zuzufügen.[21]

1523 hatte Luther die traditionellen Anschuldigungen gegen die Juden (Mord von Christenkindern um ihres Blutes willen, Brunnenvergiftung, Durchstechen der für den Leib Christi stehenden Hostie) noch rundheraus für »Narrenwerk« erklärt.[22] Jetzt hingegen deutete er immer wieder verleumderisch an, dass doch etwas daran sei,[23] und verstieg sich zu der perfiden Unterstellung: Und wenn sie's auch nicht tun, so haben sie doch den Willen dazu.[24] Den Gipfel seiner Ausführungen aber bildet die mehrfache Forderung von Zwangsmaßnahmen gegen die Juden seitens der Obrigkeit, durch die sie dem Evangelium gefügig gemacht werden sollten.[25] Sie zielten auf eine umfassende soziale, wirtschaftliche und religiöse Verelendung der Juden und schreckten vor Brandschatzung, Zerstörung, Raub, Zwangsarbeit und am Ende selbst vor Vertreibung nicht zurück. Der Hauptvorwurf, der den ersten und längsten Katalog von Maßnahmen durchzieht, die Luther von der Obrigkeit verlangte, lautete, die Juden würden, wann immer sie könnten, die christliche Religion lästern. Ihre Duldung würde deshalb zu christlicher Mitschuld an ihren Lästerungen führen und den Zorn Gottes heraufbeschwören.[26]

Die beiden anderen Schriften aus dem gleichen Jahr runden Luthers polemische Verteidigung der christlichen Wahrheit gegenüber dem Judentum ab. In der Schrift *Vom Schem Hamphoras und vom Geschlecht Christi* goss er seinen mit verbalen Fäkalien getränkten Hohn und Spott über die antijesuanische mittelalterliche jüdische Schmähschrift *Toledot Jeschu* (Die Herkunft Jesu) und die Rabinen als Schriftausleger aus[27] und wies im Gegenzug die Abstam-

mung des Nazareners aus dem Stamm Juda und aus Davids Geschlecht nach.[28] Es ist dieser Traktat, in dem Luther das Schmährelief der sogenannten »Judensau« an seiner Predigtkirche St. Marien in Wittenberg über jedes erträgliche Maß hinaus ausschlachtete, um die jüdische Schriftauslegung in den Schmutz zu ziehen (Abb. 1 und 2). In der dritten Schrift *Von den letzten Worten Davids* verteidigte er anhand einer Auslegung von 2. Samuel 23 die Deutung des Alten Testaments durch das christliche trinitarische Gottesverständnis.[29]

Drei Jahre nach diesen Schriften, in der bereits erwähnten *Vermahnung wider die Juden* (1546), fasste Luther seine Anschuldigungen gegen die Anhänger der jüdischen Religion nur wenige Tage vor seinem Tod in knapper Form zusammen.[30] Die Verlesung des Papiers sollte die Grafen von Mansfeld, die aus Magdeburg vertriebenen Juden Zuflucht gewährt hatten, unter Druck setzen und zur Vertreibung der Asylanten auch aus dem gräflichen Hoheitsgebiet anhalten. Auch hier lautete das Resümee: Taufe oder Vertreibung, und auch hier gingen die vorurteilsvollen Anschuldigungen weit über eine Auseinandersetzung in Religionsfragen hinaus, indem Luther den Juden Landesverrat, mörderischen Missbrauch ihrer Ärztekunst und anderes »Narrenwerk« mehr vorwarf.

Erklärungen für den Wandel in Luthers Einstellung gegenüber den Juden

Nach wie vor ist in der Luther-Forschung umstritten, wie die Unterschiede zwischen dem Traktat von 1523 und Luthers späteren Aussagen über die Juden, vor allem in den Schriften von 1543, zu erklären sind und wie tief sie überhaupt gehen. Nach einer oft rezipierten Deutung ist Luther bodenlos darüber enttäuscht gewesen, dass sein einfühlsames Werben um die Juden in seiner Schrift von 1523 nicht den erwarteten missionarischen Anklang fand, sodass sich seine anfängliche Offenheit gegenüber ihnen später in Hass verkehrt habe. Nach einer anderen Auffassung, die die letzten Jahrzehnte bestimmt hat, ist die theologische Einstellung Luthers gegenüber den Juden im Kern durch die Jahre hin gleich geblieben: Sie hätten für ihn – wie auch für die Kirche vor ihm – stets unter dem Zorn Gottes gestanden, vor dem sie nur durch die Anerkennung Jesu als Messias würden gerettet werden können. Was sich geändert habe, sei allein sein Verhalten, ausgelöst durch bestimmte äußere Veranlassungen. Genannt werden in diesem Zusammenhang etwa die erwähnten irritierenden Nachrichten, in Mähren würden Juden angeblich Christen zum Judentum bekehren, oder aber die vermeintlichen, von ihm scheinbar erst jüngst erfahrenen jüdischen Lästerungen der christlichen Religion. Weitere Erklärungsversuche ließen sich ergänzen, doch mögen sie hier auf sich beruhen bleiben beziehungsweise später mit einbezogen werden.[31]

25–29; 613, 22–24 und (indirekt) 522, 3f. **24** WA 53, 482, 12–18. **25** WA 53, 522, 29–531, 7; 536, 19–537, 17; 541, 25–542, 4. **26** WA 53, 541, 25–542, 4 und öfter. **27** Vgl. als *pars pro toto* WA 53, 587, 1–25. **28** WA 53, 573–648. **29** WA 54, 16–100. Vgl. zu den drei Traktaten auch weiter unten. **30** WA 51, 195f. **31** Vgl. zum Ganzen die Forschungsgeschichte von Johannes Brosseder: Luthers Stellung zu den Juden im Spiegel seiner Interpreten (= Beiträge zur ökumenischen Theologie. 8), München 1972, und die Fortführung in Von der Osten-Sacken, Margaritha (wie Anm. 1), S. 15–46.

Weder die These von der missionarischen Enttäuschung des Reformators noch die Auffassung, nicht seine Theologie, sondern nur sein Verhalten habe sich geändert, dürften als Beschreibung und Erklärung seiner Kehrtwendung ausreichen und das Ganze erfassen. So war es zwar, wie die Antwort Luthers auf das Ersuchen von Josel von Rosheim zeigt, für den Reformator enttäuschend, dass seine Schrift von 1523 keine Bekehrungen von Juden auslöste; aber er hatte selbst stets, wenn auch auf viele gehofft, so doch nur mit einigen gerechnet.[32] Desgleichen hielt sich zwar sehr viel von seinen theologischen Anschauungen über die Juden durch die Jahrzehnte hindurch – wie alle Menschen sah Luther sie stets ohne Christus »verflucht in Sünden und tot unter dem Teufel«.[33] Aber die Behauptung, seine theologischen Auffassungen bezüglich der Juden hätten sich im Grunde nicht geändert, scheitert an einer ganzen Reihe von Tatbeständen. In den Jahren vor Abfassung seiner ersten Schrift von 1523 zu diesem Thema erarbeitete sich Luther schrittweise die alte Gewissheit des Apostels Paulus, dass Gott seinem Volk die Treue hält, auch wenn es sich nicht zu Jesus als Messias bekennt (Röm 11), und zog aus diesem theologischen Erkenntnisgewinn jene positiven Konsequenzen für das Verhalten der Christen zu Israel, die die Schrift von 1523 und weitere Äußerungen aus jener Zeit erkennen lassen. Später jedoch sah Luther in den Juden ein Volk ohne Zukunft. In den Jahren, die auf die Schrift von 1523 zuführen, waren sie für Luther zunächst nur »verstockt«, später hingegen »verworfen« und nicht mehr Gottes Volk.[34] 1523 und schon vorher verbanden sich seine Aussagen über die jüdische Gemeinschaft mit einer scharfen Kirchenkritik. 1543 bezeichnete er die Christen demgegenüber als vorbildliche Gottesdiener von ihren Anfängen an und bis ans Ende der Welt – im Unterschied zu den Juden.[35] 1523 warb er für menschliche Solidarität mit den Juden, 1543 lehrte er, sie zu fürchten,[36] und sprach ihnen das Menschsein ab.[37] In seiner Anfangszeit als theologischer Lehrer betonte er die Übereinstimmung der jüdischen Lästerungen mit den Aussagen der Bibel und sah sie in diesem Sinne als problemlos an.[38] In den Schriften von 1543 klassifizierte er sie – selbst ein großer Lästerer – an zahllosen Stellen theologisch als Teufelswerk.[39] In der Zeit um 1523 lehnte Luther Gewaltanwendung in Sachen des Glaubens aus theologischen Gründen ab,[40] während er später aus eben solchen Gründen zur Gewalt gegenüber den Juden mit dem Ziel ihrer Bekehrung oder Vertreibung aufrief, »unserm Herrn und der Christenheit zu Ehren, damit Gott sehe, dass wir Christen seien«.[41]

Wie oft in solchen Fällen wird bei der Erklärung des Wandels von Luthers Einstellung zu den Juden von einem Miteinander verschiedener Motive auszugehen sein, die von mehr oder weniger großer Bedeutung sind. Es ist vornehmlich ein Zusammenhang, dem nach Lage der Dinge besonderes Gewicht zukommt. Ohne ihn dürfte vor allem der unverkennbare Hass, den Luthers späte Schriften zu erkennen geben, schwerlich zu erklären sein.

Zum Zentrum des Konflikts

Eine Schlüsselstellung kommt einer Begegnung Luthers mit zwei oder drei sich auf der Durchreise befindenden Juden in Wittenberg zu, die ihn um einen oder mehrere Empfehlungsbriefe für freies Geleit durch das Kurfürstentum Sachsen baten. Luther nutzte die Gelegenheit für den Versuch, sie von der Richtigkeit der Auslegung des Alten Testaments auf Jesus Christus hin zu überzeugen. Freilich stieß er damit auf taube Ohren. Am Ende schrieb er ihnen zwar die Empfehlungsbriefe, versah sie jedoch mit dem Zusatz, man möge ihnen im Namen Jesu Christi helfen. Die Bittsteller hätten dies, so wurde Luther hinterbracht, mit den Worten kommentiert, die Briefe seien gut, wenn nur nicht der »Thola«, das heißt der am Kreuz Hängende – ein abfälliges Wort für den Nazarener –, darin stünde. Und damit hätten sie – ebenso konsequent wie Luther – die Briefe zurückgewiesen.

Luther ist oft auf diese Szene zurückgekommen, wohl auch mangels anderer Begegnungen mit Juden.[42] Ein erstes Mal ist dies etwa drei Jahre nach der Schrift von 1523 in einer Auslegung von Psalm 109 geschehen, der bereits vor Luther antijüdisch gedeutet wurde.[43] Im Zusammenhang mit der Anspielung auf die enttäuschende und für beide Seiten provozierende Wittenberger Begegnung findet sich hier ein erster schmähender Angriff gegen die Juden, in dem Luther sie dämonisiert und als Teufelskinder brandmarkt wie dann wieder und wieder in den antijüdischen Schriften von 1543. Angriffe dieser Art begegnen uns in den Spätschriften Luthers immer dann, wenn es wie in jener Begegnung in Wittenberg um die Frage der rechten Auslegung des Alten Testaments geht. Mit Recht hat deshalb bereits vor 100 Jahren Reinhold Lewin, ein Rabbinatsstudent, in seiner preisgekrönten Doktorarbeit über Luthers Stellung zu den Juden auf diesen Punkt als Zentrum aller Konflikte hingewiesen.[44]

Das Gewicht, das die Ablehnung des Evangeliums durch die Juden, insbesondere ihre Bestreitung der christlichen Deutung des Alten Testaments, für Luther gehabt hat, wird an zwei Tatbeständen deutlich: daran, dass er 1543 in kürzester Zeit gleich drei lange antijüdische Traktate veröffentlichte, und an dem gemeinsamen Charakter dieser Schriften. Wäre es ihm, wie verschiedentlich behauptet, vor allem deshalb um die Vertreibung der Juden gegangen, um konfessionell einheitliche evangelische Kirchengebiete zu schaffen, dann hätte der erste Traktat völlig ausgereicht. Aber Luther schrieb drei, und in allen drei geht es um den Wahrheitsanspruch und die Durch-

---

32 Vgl. WA 11, 315, 15 f. (viele); 314, 27 f.; 315, 23 f.; 325, 19 f.; 336, 22–24 (etliche). **33** WA 11, 318, 2. **34** WA 53, 418, 19–22. **35** WA 53, 547, 20–548, 3. **36** WA 53, 446, 12–15. **37** WA 53, 479, 24–27. **38** WA.B 1, 23 f. (Brief an Georg Spalatin vom 31.1.1514). **39** WA 53, 538, 8–10; 541, 35–542, 2 und öfter. **40** WA 51, 585–625 (»Von weltlicher Obrigkeit, wie weit man ihr Gehorsam schuldig sei«). **41** WA 53, 523, 3–5, dort bezogen auf die Zerstörung der Synagogen als Orten der Lästerung. **42** WA 20, 569, 31–570, 12; WA.TR 3, Nr. 3512, 370; 4, Nr. 5026, 619 f.; 4, Nr. 4795, 517; WA 53, 461, 28–462, 5. Dazu kommen kürzere Erwähnungen in WA 31/2, 162, 28 f.; 50, 313, 1–6; 53, 589, 12–19. Die Angaben schwanken zwar geringfügig, stimmen jedoch im Wesentlichen überein. **43** WA 20, 569, 31–570, 12. **44** Reinhold Lewin: Luthers Stellung zu den Juden. Ein Beitrag zur Geschichte der Juden in Deutschland während des Reformationszeitalters (= Neue Studien zur Geschichte der Theologie und der Kirche. 10), Berlin 1911; Neudruck Aalen 1973, 51–61. **45** WA 53, 644, 24,30–33 (»Vom Schem …«); vgl. WA 53, 479, 22–35 (»Von den Juden …«). **46** WA 53, 590, 23–31. **47** Zur Kritik an ihnen siehe WA 53, 587, 1–6; 54, 30, 13–25; 55,

setzung der christlichen – trinitarischen und christologischen – Deutung des Alten Testaments. Luther begründete den erhobenen Anspruch zum einen, indem er in detaillierter Argumentation den christologischen Sinn der zwischen Juden und Christen seit jeher umstrittenen messianischen Weissagungen aufzeigte – dies geschieht in der Schrift *Von den Juden und ihren Lügen*. Weiter bewies er anhand des Neuen und des Alten Testaments die unanfechtbare Herkunft Jesu und dessen Mutter Maria aus dem Haus Davids – so in der zweiten Schrift. Schließlich legte er in dem dritten Traktat den trinitarischen Sinn des neu- und alttestamentlichen Gottesbegriffs dar.

Wie auch immer man aus heutiger Perspektive über den jeweiligen Sachgehalt von Luthers Nachweisen urteilt, man kann dem Reformator schwerlich absprechen, dass er sich in den angegebenen Zusammenhängen intensiv um eine sachliche Begründung seiner Auffassungen bemüht hat. Aber er begnügte sich nun nicht mit den von ihm dargelegten Argumenten, sondern durchsetzte seine Ausführungen vor allem in den ersten beiden Schriften mehr und mehr mit einer exzessiven Diabolisierung derer, die die ursprünglichen Empfänger und Träger der gemeinsamen Hebräischen Bibel waren, ihre Sprache beherrschten und gegenüber der christlichen Interpretation auf dem wörtlichen Schriftsinn beharrten. Die Richtschnur für seine Diskreditierung der jüdischen Schriftauslegung hat er in dem ersten wie in dem zweiten Traktat bündig formuliert, auf vielen Seiten praktiziert und ebenso in dem dritten Traktat angewendet: »[Es] ist uns Christen verboten, bei Verlust göttlicher Gnade und ewigen Lebens, der Rabbinen Verstand und Glossen [= Erklärung] in der Schrift zu glauben oder für recht zu halten. Lesen mögen wir's, zu sehen, was sie verdammt Teufelswerk bei sich treiben, und [uns] davor zu hüten.«[45] Dieser vielmals wiederholte, vermeintlich teuflische Charakter der jüdischen Schriftauslegung rechtfertigte es für Luther, die Juden vor allem in Gestalt ihrer Rabbinen mit Hohn und Häme zu überziehen – richtete sich doch all dies nicht allein gegen sie, sondern gegen den Teufel selbst, der durch sie Gott und die Christenheit verspottete.[46]

Luther versuchte mit dieser Verteufelung der Juden, ein letztes theologisches Bollwerk gegen die Gefahr zu errichten, die ihm in seinen letzten Jahren als übergroß erschien: die jüdische Schriftauslegung mit ihrem Pochen auf den wörtlichen Schriftsinn und die Aufgeschlossenheit dafür in christlichen Kreisen.[47] Denn was hier drohte, war nicht weniger als die Infragestellung einer Deutung des Alten Testaments, die sich mühte, in dessen Schriften die grundlegenden Dogmen der christlichen Tradition zu finden, allen voran den Glaubensartikel von der Geburt des Gottessohnes durch die Jungfrau Maria. Luther versuchte, das jüdische Nein zur christlichen Schriftauslegung auf der Ebene theologischen Bewusstseins und theologischer Argumentation durch die Unterscheidung zwischen christlichem Sachwissen und jüdischem Wörterwissen zu überwinden, indem er an zahllosen Stellen einprägsam betonte: Sie haben zwar die Sprache, das Wort, wir jedoch mit dem Neuen Testament »den Sinn und Verstand der Biblia«,[48] das heißt wir haben die Wahrheit, sie die Lüge, oder wie es an vielen Stellen der Genesisvorlesung heißt: Sie haben die Wörter, wir die Sache, sie die Schale, wir den Kern.[49] Einst in Worms hatte er darauf bestanden, »durch Schriftzeugnisse oder einen klaren Grund widerlegt« zu werden.[50] Jetzt, gut 20 Jahre später, schien ihm solche Widerlegung für seine theologische Antwort auf das bohrende Nein der Juden nicht mehr zu genügen, sodass er – in Anknüpfung an alte kirchliche Tradition – zum Mittel ihrer schwerlich zu steigernden Dämonisierung griff. Sie ist in ihrer Krassheit ein Indiz dafür, in welchem Maße Luther in den Juden, ihrer Schriftauslegung und deren christlichen Rezipienten eine Gefährdung der Kirche sah. Mehr noch, die Maßlosigkeit seiner Angriffe deutet darauf hin, dass er mit den Juden seinen eigenen verborgenen Zweifel an der Stringenz seiner trinitarisch-christologischen – und damit letztlich allegorischen – Deutung der Hebräischen Bibel bekämpft hat.[51]

Luther ist damit der Versuchung erlegen, sich nicht nur von den jüdischen Auffassungen zu distanzieren, sie mit Worten zu bekämpfen und zu widerlegen, sondern sich der Juden selbst zu entledigen – entweder durch Bekehrung oder Vertreibung. Zu dieser für die Angegriffenen zukunftslosen Forderung glaubte er sich umso mehr berechtigt, als die Kirche seiner Auffassung nach Gefahr lief, mit der Duldung der dem Evangelium feindlich gesinnten, Maria, Jesus und die Christen lästernden Juden selbst unter den Zorn Gottes zu geraten.[52]

Zeitgenossen[53]

Unter den jüdischen Zeitgenossen Luthers ragt der bereits erwähnte Sprecher der Judenheit in Deutschland, Josel von Rosheim, hervor. Anders als es ihm 1537 in Sachsen beschieden war, hat er sich oft erfolgreich für die ihm anvertrauten Gemeinden eingesetzt und vor allem in Kaiser Karl V. einen Förderer ihrer Belange gehabt. Sein Verhältnis zu Luther hingegen blieb von Enttäuschung geprägt. Als im Elsass auf der Grundlage von Luthers erster antijüdischer Schrift von 1543 das Gerücht verbreitet wurde, Luther habe gesagt, man dürfe die Juden totschlagen, erwirkte Josel beim Rat der Stadt Straßburg das Verbot, den Traktat nachzudrucken. Diese Episode hat fraglos dazu beigetragen, dass der Elsässer in seinen Memoiren mit einem hebräischen Sprachspiel das Resümee zog: Luther – *isch lo tahor* – sein

15–17; 92, 25–33 und öfter, viele Stellen in Luthers Genesisvorlesung von 1535 bis 1545. **48** WA 54, 29, 3–6. **49** WA 42, 596, 11–37; 597, 21–31; 599, 4–19; 600, 20–37 und öfter. **50** WA 7, 838, 4–9. **51** Darauf deuten auch die zahllosen Beispiele dafür hin, dass er den Juden ständig vorwirft, was er selbst tut. Vgl. dazu ausführlicher Von der Osten-Sacken, Margaritha (wie Anm. 1), S. 224–230, 291–293. Zur Interpretation von Projektionen im angedeuteten Sinn siehe etwa Theodor Reik: Der eigene und der fremde Gott. Zur Psychoanalyse der religiösen Entwicklung (= suhrkamp taschenbuch. 221), Frankfurt am Main 1975, S. 213–248. **52** Zu einer detaillierten, hier nicht möglichen Erörterung des Lästerungsvorwurfs, die Luther und den von ihm angegriffenen Juden gleichermaßen gerecht zu werden sucht, siehe Von der Osten-Sacken, Margaritha (wie Anm. 1), S. 178–230. **53** Aus Gründen des Umfangs sind bei der folgenden langen Kette von Namen Nachweise nur dann beigefügt, wenn sie nicht in den einschlägigen Abschnitten der Monografie des Verfassers genannt sind: Von der Osten-Sacken, Margaritha (wie Anm. 1).

Abb. 3 Anton Margaritha, Der gantz jüdisch Glaub: mit sampt einer gründtlichen vnd warhafftten anzaygunge/Aller Satzungen/Ceremonien/Gebetten [...], Augsburg 1530

Die Einstellungen unter den evangelischen Zeitgenossen Luthers zu den Juden erstrecken sich in konstruktiver und destruktiver Hinsicht so weit wie Luthers eigene Verhaltensgeschichte: Martin Bucer, Straßburger Reformator, verfasste noch 1537 ein Empfehlungsschreiben für Josel von Rosheim zugunsten der Juden in Sachsen und setzte dann wenige Jahre später in Hessen eine Judenordnung durch, die in vielem den Vorschlägen Martin Luthers von 1543 ähnelte. Auf den Nürnberger Reformator Andreas Osiander geht anscheinend ein anonym veröffentlichtes judenfreundliches Gutachten anlässlich einer Ritualmordbeschuldigung aus dem Jahr 1529 zurück. Es ist in seiner theologischen, juristischen und politischen Klarsicht und der analytischen Kraft, die es dokumentiert, ein Kleinod der Reformationszeit. Justus Jonas der Ältere, Jurist und Mitstreiter Luthers in Wittenberg, stimmte in einem Begleitschreiben zu seiner lateinischen Übersetzung von Luthers Schrift *Wider die Sabbather* zwar auch in den üblichen abfälligen Ton gegenüber den zeitgenössischen Juden ein. Aber sein Hauptbestreben ging dahin, an die immerwährende Dankbarkeit zu gemahnen, die Christen den Juden aufgrund dessen schuldeten, was sie aus ihrer Fülle empfangen haben, allem voran den Messias, Gottessohn und Retter der Welt. Philipp Melanchthon wies einerseits auf dem Frankfurter Fürstentag 1539 die Verurteilung und Verbrennung von 38 der Hostienschändung beschuldigten Juden in Berlin im Jahr 1510 als Justizmord nach, wodurch er die einstige jüdische Gemeinschaft in Brandenburg rehabilitierte und so den Weg zur Neuaufnahme von Juden im Kurfürstentum ebnete. Andererseits sandte er 1543 ein Exemplar von Luthers Schrift *Von den Juden und ihren Lügen* mit empfehlenden Worten an Landgraf Philipp von Hessen. Dem Reformator des Herzogtums Braunschweig-Lüneburg Urbanus Rhegius wurde bei Missionsversuchen in den Synagogen von Hannover und Braunschweig eine harsche Abfuhr zuteil. Ungeachtet dieser Erfahrung trat er, zutiefst von der beständigen Treue Gottes zu seinem Volk überzeugt, unbeirrt für die Braunschweiger Juden ein, als das geistliche Konsistorium der Stadt sie zu vertreiben versuchte.

Der Kontrahent Luthers aus frühen Jahren, Johannes Eck, veröffentlichte 1541 die Schrift *Ains Judenbuechlins verlegung* (Widerlegung eines Judenbüchleins), in der er das bereits erwähnte anonyme Gutachten zur Ritualmordbeschuldigung zu entkräften suchte, unter anderem durch eine Sammlung verwandter Gräuelmärchen. Wie Luther plädierte er für die völlige Ausgrenzung und Degradierung der Juden mit dem Ziel, ihre Bekehrungswilligkeit zu fördern; anders als Luther erhob er jedoch, der Tradition Augustins folgend, nicht die Forderung der Vertreibung. Luther ließ sich in der Zeit, in der er seine antijüdischen Schriften verfasste, aus Anton Margarithas Darstellung des Judentums vorlesen (Abb. 3). Margaritha, Sohn eines Rabbiners, 1522 getauft und ebenfalls der katholischen Seite zugehörig, musste sich auf dem Reichstag zu Augsburg 1530 für sein gerade in zwei Auflagen erschienenes Buch *Der gantz Jüdisch glaub* verantworten. Darin hatte er eine Übersetzung des jüdischen Gebetbuchs aus dem Hebräischen ins Deutsche und Informationen über jüdische Riten und Bräuche mit Anschuldigungen gegen die von ihm verlassene Religionsgemeinschaft verbunden. Von Josel von Rosheim in einer Disputation

unreiner Mann, da er gefordert habe, »alle Juden, von Jung bis Alt, zu vernichten und zu töten«.[54] Im Übrigen sind die Äußerungen von Juden zu Martin Luther überwiegend von der Frage bewegt, was Reformator und Reformation zugunsten der jüdischen Gemeinschaft bedeuten. So wie sich bei Luther die Erwartung bekundete, etliche Juden würden sich nun zum Christentum bekehren, verstanden nicht wenige Juden – so auch Luthers Wittenberger Gesprächspartner von 1525/26[55] – die Reformation als Anzeichen für eine Hinwendung von Christen zum Judentum. In Italien erkannte demgegenüber Rabbi Jechiel ben Rabbi Schmuel mit scharfem Blick für das Spezifikum lutherischer Theologie in der Rechtfertigung allein aufgrund des Glaubens den strikten Gegensatz zur jüdischen Lehre vom freien Willen.[56] Einer anderen jüdischen Äußerung aus den 1540er Jahren ist die Enttäuschung über die spätere Entwicklung Luthers deutlich anzumerken; dennoch hob sie anerkennend hervor, Luther habe Jesus »aus jüdischer Familie« entstammen lassen. Es wäre reizvoll, in Anknüpfung an diese Beispiele herauszufinden, inwieweit bestimmte jüdische Auffassungen, die sich in der Reformationszeit ausbilden, exemplarischen Charakter für die folgende Zeit haben.

Abb. 4 Lucas Cranach d. Ä., Gesetz und Gnade, Holzschnitt, um 1529–1532

widerlegt, wurde er der Stadt verwiesen. Später hat er in Leipzig und Wien als Lektor für Hebräisch gewirkt. Das Buch Margarithas diente Luther 1543 zum Vorwand für die nachweislich unzutreffende Behauptung, er habe erst jetzt von den angeblichen Lästerungen Jesu Christi und der Christen im jüdischen Gottesdienst erfahren. Die Schrift des Konvertiten trug damit zur Rechtfertigung der schmähenden Angriffe Luthers gegen Juden und Judentum und zur Legitimierung der Forderung bei, die Juden umfassend zu verelenden und am Ende zu vertreiben.

Nicht zuletzt ist, um das breite Spektrum von zeitgenössischen Einstellungen und Äußerungen zu den Juden anzudeuten, der Brief eines Unbekannten an den Ersten Ratsschreiber der Stadt Nürnberg Lazarus Spengler zu nennen. Der Anonymus plädierte darin dafür, dass jede Religionsgemeinschaft (»Christen, Juden, Wiedertäufer«) das Recht haben solle, ihre religiösen Belange selbst zu regeln, vorausgesetzt, sie halte Frieden. Luther hat von solchen Plädoyers für Toleranz gewusst, doch ihnen nichts abzugewinnen vermocht, sondern sie als Anfang einer Entleerung des Evangeliums angesehen.

54 Iosephi de Rosheim Sefer Hammiknah. Ex autographo auctoris descripsit prolegominis et annotationibus instruxit Hava Fraenkel-Goldschmidt (hebr.), Jerusalem 1970, S. 74. **55** WA 53, 461, 28–31. **56** Siehe Haim Hillel Ben-Sasson: The Reformation in Contemporary Jewish Eyes, in: Proceedings of the Israel Academy of Sciences and Humanities 4 (1969–1970), S. 239–326, hier besonders S. 255 f.

Resümee

Martin Luther hat seine erste Vorlesung 1513 bis 1515 unter dem Vorzeichen gehalten: »Wenn das Alte Testament durch den menschlichen Verstand ausgelegt werden kann ohne das Neue Testament, dann würde ich sagen, dass das Neue Testament umsonst gegeben worden ist.«[57] Mit dieser Perspektive auf die Bibel hat Luther kein Neuland betreten, sondern eine Auffassung wiederholt, die bis an die christlichen Anfänge zurückreicht – er verweist selbst auf Galater 2,21. Charakteristisch für Luther ist die offenkundige Empfindsamkeit, mit der er je länger, je mehr auf jenes drohende Umsonst reagiert hat, das ihm in den Juden und ihrer Schriftauslegung und in deren christlichen Anhängern entgegentrat. Wie lange würde man sagen können, Isaak habe sein Lebtag seine Sippe die Grundwahrheiten des christlichen Glaubens gelehrt[58] und Jakob sei mit den Worten gestorben: »Ich fahre dahin in nomine Christi«?,[59] auch wenn dies fraglos exponierte Beispiele sind und es andere gibt, in denen der sachliche Zusammenhang zwischen Altem und Neuem Testament transparenter dargetan ist.

Die wissenschaftliche, historisch-kritische Theologie hat eine Auslegung der Hebräischen Bibel von den trinitarischen und christologischen Dogmen der Kirche her allemal zu den Akten gelegt. Was jedoch bis heute geblieben ist, ist der von Luther favorisierte Gegensatz von Gesetz und Evangelium. Der Reformator selbst hat ihn zwar sowohl im Alten als auch im Neuen Testament gefunden. Doch durchgesetzt hat sich – von ihm gefördert – ein Verständnis, nach dem das den Menschen verurteilende Gesetz für das Alte, das ihn befreiende Evangelium für das Neue Testament steht. Die Bilder zum Thema »Gesetz und Evangelium« von Lucas Cranach dem Älteren und dem Jüngeren sowie aus ihrer Werkstatt sind ein sprechendes Beispiel dafür (Abb. 4). Dieses Verständnis des Alten Testaments als Gesetz ist im Prinzip von der gleichen Qualität wie einst die Deutung der Hebräischen Bibel im Sinne der christlichen Dogmen. Es lässt keinen Raum für die Erkenntnis, dass Tora etwas anderes ist als Gesetz im Sinne Luthers, Gesetzesreligion im jüdischen Sinne etwas anderes als im christlichen Verständnis. Die Tora, das Gesetz, steht durchaus im Zentrum der jüdischen Religion. Aber wie sie – zusammen mit der mündlichen Tora – als Gabe Gottes auf seiner Zuwendung beruht, so trägt sie die jüdische Gemeinschaft durch die Stiftung von Erinnerung und Vertrauen, Verantwortung, Gebet und Hoffnung durch die Zeiten.

Luthers Schriften gegen die Juden haben die Herzen vieler Christen vergiftet. Im 16. und 17. Jahrhundert haben sie dazu gedient, Vertreibungen der jüdischen Bevölkerung aus einzelnen Städten des Reiches zu rechtfertigen. Im späten 19. und dann vor allem im 20. Jahrhundert wurden sie von Christen und Nichtchristen dazu missbraucht, Öl in das Feuer einer tödlichen Judenfeindschaft zu gießen. Luther selbst hat – wenn auch ohne Blick für die Abgründe seines eigenen Redens – eine Leitschnur formuliert, die vor diesem geschichtlichen Horizont als Orientierung zu dienen vermag: »Denn es ist eine große Gefahr, die vorigen Dinge zu vergessen und wieder in sie hineinzugeraten.«[60] Das klingt wie eine Vorwegnahme der bekannten Sentenz des spanisch-amerikanischen Philosophen George Santayana: »Wer sich nicht der Vergangenheit erinnern kann, ist dazu verurteilt, sie zu wiederholen.«[61]

Versteht man solches Erinnern zugleich als Frage danach, was im Wandel der Zeiten zu tun ist, dann dürfte in vorderster Linie die Absage an den lutherischen, an die Anfänge der Kirche zurückreichenden Absolutismus[62] stehen: Wir haben die Wahrheit, und ihr lebt folglich in der Lüge. Nicht die mit diesem Entweder-Oder verbundene Auseinandersetzung um die Auslegung der Bibel ist das Problem. Die muss es geben, gerade wenn der jeweils andere jüdische und christliche Zugang respektiert wird. Sie kann, wenn sie fair geführt wird, hin und wieder auch heftig sein. Wohl aber ist der notwendige Schritt über Luther hinaus erst dann getan, wenn die Auseinandersetzung auf gleicher Ebene geführt wird, in der je eigenen Wahrheitsgewissheit, aber nicht unter der Voraussetzung der stillen oder auch ausgesprochenen Einstellung: Der nahrhafte Kern ist bei der einen Seite, die nutzlose Schale bei der anderen. Auf solch gleicher Ebene lockt die Chance, einander in wachsendem Vertrauen ein Stück weit verstehen zu lernen, ja vielleicht hier und da auch von- und füreinander zu lernen. Ermutigende Anfänge zu einem solchen qualitativ neuen Verhältnis zwischen Christen und Juden sind in den letzten Jahrzehnten gemacht worden. Aber es sind Anfänge, die auf einem nicht begrenzbaren Weg zu bewähren sind.

---

57 WA 55/1, 6, 26 f. **58** WA 43, 483, 16–26. **59** WA 44, 814, 17 f. **60** WA 42, 168, 14 f. **61** George Santayana: The Life of Reason or the Phases of Human Progress. Introduction and Reason in Common Sense [1906], New York 1920, S. 284. **62** Vgl. exemplarisch das Johannesevangelium, beispielsweise Joh 31–47; 8, 37–45; 14, 1–7.

DEAN PHILLIP BELL

Martin Luther, die Juden und das Judentum. Theologie und Politik im Kontext

Einleitung

Martin Luthers Beziehung zum Judentum und den Juden ist extrem komplex. Die Komplexität des Themas ergibt sich daraus, dass er in einem turbulenten Zeitalter wirkte, dass er häufig und hitzig über Themen wie dieses schrieb und dass seine Theologie und die politischen Folgen seiner Schriften seitdem viel diskutiert wurden und werden.[1] Außerdem wurde Luthers Einstellung zu den Juden von einer Vielzahl von Faktoren bestimmt. Hat er einzelne Juden persönlich getroffen und gekannt? Die Beweislage dafür ist dürftig. Es ist nachgewiesen, dass es in oder in der Nähe von den Orten, in denen Luther wohnte, Juden gab. Besonders in seinen Spätschriften bezog er sich auf Juden in Geschichte und Gegenwart. Während seiner letzten Tage in seiner Heimatstadt Eisleben, in der Dutzende Juden wohnten, hat ihn die Begegnung mit ihnen wahrscheinlich zu einer Predigt provoziert, in der er gegen das Judentum wetterte: »All ists mit den Juden also gethan, das sie unsern Herrn Jesum Christum schendet, lestert und verflucht, so mache ich mich fremder Sünden teilhaftig. So ich doch an meinen eigenen Sünden gnug habe, darumb solt ir Herrn sie nicht leiden, sondern sie weg treiben. Wo sie sich aber bekeren, iren Wucher lassen und Christum annemen, so wollen wir sie gerne, als unser Brüder halten.«[2]

Es gibt zwar Belege dafür, dass Luther enge Verbindungen zumindest zu einem Juden hatte, der zum Christentum konvertiert war – Bernardus Hebraeus, der frühere Rabbi Jacob Gipher –, doch insgesamt war Luthers direkter Kontakt zu den Juden sehr eingeschränkt. Auch hatte er kaum Einfluss auf Luthers Wirken und Wirkung. Obwohl Luther insbesondere in den 1530er und 1540er Jahren eine Politik der Judenvertreibung forderte, die durch die Empfehlung von antijüdischen Aktionen in seinen Spätschriften bestärkt wurde, waren die Juden im Großen und Ganzen kaum von praktischer Bedeutung für ihn. Sie stellten vielmehr ein theoretisches und theologisches Problem dar. Luther verwendete »Juden« und »Judentum« als Begriffskategorien, in Auseinandersetzung mit denen er seine eigene Christologie erarbeitete. Die Juden waren »Strohmänner«. Wie bei anderen Aspekten seiner Theologie bewegte er sich in seiner Einstellung zu Juden und Judentum zwischen Tradition und Innovation: Einerseits stimmte er in die lange Überlieferung typisch negativer Einstellungen gegenüber dem jüdischen Volk und ihrer Religion ein, andererseits bezog er sich aber auch auf Bibeltexte, Begriffe und theologische Bestimmungen, um sein religiöses Programm zu definieren und voranzubringen.

In der Vergangenheit haben Studien zu Luthers Schriften über Juden und Judentum häufig hervorgehoben, dass sich seine Ansichten im Laufe der Zeit änderten. Der junge Luther, den man in *Daß Jesus Christus ein geborener Jude sei* (1523) antrifft (Abb. 1), erschien vielen Historikerinnen und Historikern als Freund der Juden, der darauf hoffte, dass sie sich zu dem bekehren würden, was er als den unverfälschten und ursprünglichen Glauben ansah. Oft teilten auch seine Zeitgenossen diese Ansicht von Luther als dem Freund der Juden. Später änderte sich sein Ton allerdings. In den 1530er und 1540er Jahren veröffentlichte der alte und angeschlagene Luther, dessen Hoffnungen auf die Bekehrung der Juden enttäuscht worden waren, mehr und mehr antijüdisches Gedankengut, das auch vor Aufrufen zur Gewalt nicht zurückschreckte.[3] Im Gegensatz zur Konzentration auf die Veränderungen in Luthers Einstellungen wird in der gegenwärtigen Forschung die Kontinuität betont, die sich von den ersten Psalmauslegungen bis zu den letzten Predigten durch Luthers Schriften zieht.[4] Wie so oft liegt die Wahrheit wahrscheinlich irgendwo dazwischen, denn in Luthers Schriften zu Juden und Judentum finden sich Kontinuitäten wie Diskontinuitäten.[5] Viele der entscheidenden Positionen und Perspektiven Luthers blieben im Laufe seines Lebens gleich, auch wenn sich die Rhetorik veränderte – was auch praktisch-politische Konsequenzen hatte.

---

1 Vgl. beispielsweise die Beiträge in Christine Helmer (Hrsg.): The Global Luther: A Theologian for Modern Times, Minneapolis 2009. **2** WA 51, 195, 20–27. **3** Vgl. dazu Heiko A. Oberman: The Roots of Antisemitism in the Age of Renaissance and Reformation, übers. von James I. Porter, Philadelphia 1984; deutsche Originalausgabe: Ders.: Wurzeln des Antisemitismus. Christenangst und Judenplage im Zeitalter von Humanismus und Reformation, Berlin 1981. **4** Vgl. Mark U. Edwards, Jr.: Luther's Last Battles. Politics and Polemics, 1531–46, Ithaca 1983. **5** Vgl. Johannes Brosseder: Luthers Stellung zu den Juden im Spiegel seiner Interpreten. Interpretation und Rezeption von Luthers Schriften und Äußerungen zum Judentum im 19. und 20. Jahrhundert vor allem im deutschsprachigen Raum, München 1972.

Die Wirkung von Luthers Schriften

Abgesehen von der Vielzahl von Auslegungen und Antworten auf Luthers Schriften über die Juden in der Neuzeit haben seine Kommentare auch unter Zeitgenossen verschiedene Reaktionen hervorgerufen – wenn nicht Luthers theoretische und praktische Auseinandersetzung mit dem Judentum im Allgemeinen, dann zumindest seine Sprache. Zu Anfang des 20. Jahrhunderts erklärte Reinhold Lewin, dass Luthers letzte berühmt-berüchtigte Schrift *Von den Juden und ihren Lügen* (1534) »kaum Einfluss auf Luthers Zeitgenossen ausübte, weil sie nicht an den spektakulären Erfolg von Luthers früher Arbeit ›Daß Jesus Christus ein geborener Jude sei‹ anknüpfen konnte.«[6] Außerdem zeigte der Reformationshistoriker Heiko Oberman, dass man nicht erst im 17. Jahrhundert als Lutheraner eine andere Sicht auf die Juden hatte als Luther.[7] Für sie verloren die antijüdischen Ansichten an Bedeutung, weil sie sich auf die Schuld der Christen konzentrierten.

Sogar von den zeitgenössischen Reformatoren wurde die feindselige antijüdische Rhetorik in Luthers Spätschriften ab und an zurückgewiesen und ignoriert. Der Nürnberger Pfarrer Andreas Osiander schickte eine schriftliche Entschuldigung für Luthers Tiraden an den jüdischen Gelehrten Elias Levita in Venedig, der eng mit vielen christlichen Gelehrten zusammenarbeitete, die an der hebräischen Sprache Interesse hatten.[8] Osiander hatte durch seine Zurückweisung des Vorwurfs, dass die Juden in ihren Ritualen Kinder ermorden würden, Berühmtheit erlangt.[9] Luthers vertrauter Weggefährte Philipp Melanchthon versuchte ebenfalls, die antijüdische Rhetorik in Luthers Schriften herunterzuspielen.[10] Sogar Justus Jonas, der Übersetzer dieser Schriften, war anderer Ansicht als Luther. Jonas sah die Möglichkeit einer Vereinigung von Juden und Christen, die für Luther inakzeptabel war.[11] In Reaktion auf die Versuche der lutherischen Geistlichen in Braunschweig 1539 und 1540, die Juden aus der Stadt zu vertreiben, forderte der lutherische Reformator Urbanus Rhegius Toleranz gegenüber dem Judentum.[12] Er hoffte darauf, dass die Juden sich schließlich zum Christentum bekehren würden. Der Züricher Zwinglianer Heinrich Bullinger beschwerte sich sogar beim Reformator Martin Bucer in Straßburg über Luthers »unanständige und unzüchtige Ausdrucksweise«, »eine Unflätigkeit, die sich für niemanden geziemt, erst recht nicht für einen Theologen«.[13] Bucer selbst empfand Luthers Schrift *Vom Schem Hamphoras* (1543) als »schweinisch« und »düster« – selbst wenn sie von einem Schweinehirt geschrieben worden wäre, hätte man sie nicht verteidigen können.[14]

Abb. 1 Martin Luther, Das Jhesus Christus eyn geborner Jude sey, Wittemberg 1523, mit Holzschnitten von Lucas Cranach d. Ä.

Tatsächlich war Luthers Sprache oft obszön. Wie alle anderen Gruppen, die seiner Meinung nach im Gegensatz zum »wahren Christentum« standen, verspottete Luther die Juden mit einer enormen Auswahl an Schimpfwörtern. Diese Schmähungen deckten ein breites Spektrum ab, auch wenn sich Wörter wie »Fluch«, »Lüge« und »Lästerung« in Zusammenhang mit den Juden besonders zu häufen scheinen.[15] Freilich muss diese Kritik in ihren Kontext eingeordnet werden. So war auch Rhegius darauf aus, die Juden zu missionieren und zu konvertieren, auch wenn er sich nicht der heftigen Rhetorik von Luthers Spätschriften bediente. Selbst die Gelehrten, die sich wie Johannes Reuchlin um die Bewahrung jüdischer Schriften ver-

---

6 Vgl. Johannes Wallmann: The Reception of Luther's Writings on the Jews from the Reformation to the End of the 19th Century, in: Lutheran Quarterly 1 (1987), S. 72–97. **7** Oberman, Roots (wie Anm. 3), S. 124. **8** Vgl. ebd., S. 47. **9** Vgl. Po-Chia R. Hsia: The Myth of Ritual Murder: Jews and Magic in Reformation Germany, New Haven 1988. **10** Vgl. Oberman, Roots (wie Anm. 3), S. 4. **11** Vgl. ebd., S. 49. **12** Vgl. Scott Hendrix: Toleration of the Jews in the German Reformation: Urbanus Rhegius and Braunschweig (1535–1540), in: Archiv für Reformationsgeschichte 81 (1990), S. 189–215. **13** Salo Baron: A Social and Religious History of the Jews, Bd. 13, New York 1969, S. 228. **14** Richard Gutteridge: Open Thy Mouth for the Dumb. The German Evangelical Church and the Jews 1879–1950, Oxford 1976, S. 320. **15** Dietz Bering: War Luther Antisemit? Das deutsch-jüdische Verhältnis als Tragödie der Nähe, Berlin 2014, S. 134. **16** Heiko A. Oberman: The Impact of the Reformation, Grand Rapids 1994, S. 102. Zu Erasmus' Verhältnis zum Judentum vgl. beispielsweise Shimon Markish: Erasmus and the Jews, übers. von Anthony Olcott, Chicago 1986. **17** Vgl. Rotraud Ries: Zum Zusammenhang von Reformation und Judenvertreibung: Das Beispiel Braunschweig, in: Helmut Häger/Franz Peri/Heinz Quirin (Hrsg.): Civitatium Communitas: Studien zum europäischen Städtewesen. Festschrift für Heinz Stoob zum 65. Geburtstag, Köln 1984, S. 630f. **18** Vgl. ebd., S. 638f. **19** Vgl. Thomas Kaufmann: Luthers Juden, Stuttgart 2014, S. 7–9. Eine ausführlichere Untersuchung von Luthers

dient machten, waren den Juden gegenüber nicht notwendigerweise freundlich gestimmt. Erasmus – um nur ein berühmtes Beispiel zu nennen – war mehr als »intolerant«, wenn es um die Juden ging, obwohl er doch als Vordenker der Toleranztradition der Aufklärung gehandelt wird.[16] Auch Luthers katholischer Erzfeind Johannes Eck veröffentlichte sehr feindselige Traktate gegen die Juden. Auf den antijüdischen Ansichten von geschichtlichen und gegenwärtigen Theologen aufbauend ging Eck sogar so weit, Luther und die Wittenberger Reformatoren um Luther als »judaisierend« zu verunglimpfen.

Außerhalb der Theologie hatten Luthers Schriften über Juden und Judentum enormen politischen Einfluss. Zeitweise führten sie zu antijüdischen Gesetzgebungen, etwa die Vertreibung der Juden aus Sachsen in den Jahren 1536 und 1543. Auch die Restriktionen, die 1539 über das jüdische Leben in Hessen verhängt wurden, gehören dazu.[17] In Braunschweig führte die Veröffentlichung von Luthers *Von den Juden und ihren Lügen* zu immer strengeren Maßnahmen gegen das Judentum, die schließlich im Erlass von 1546 mündeten, wonach alle Juden die Stadt zu verlassen hatten.[18] Der Fall Braunschweig zeigt aber auch, dass die Wirklichkeit des Antijudaismus nichts Neues war. Luthers Schriften wurden verwendet, um die Ausgrenzung der Juden zu rechtfertigen, die schon seit Jahren im Gange war. Obwohl es Fälle gibt, in denen sich politische und juristische Maßnahmen aus Luthers Schriften ableiten lassen – besonders im Hinblick auf die Predigten und die Politikverhandlungen am Ende seines Lebens ist das möglich[19] –, ist es nicht angemessen, alle diese Maßnahmen auf Luther zurückzuführen. Schließlich fand die Mehrzahl der Judenvertreibungen in Deutschland schon ein Jahrhundert vor Luther statt.

Die Ansichten Luthers zu Juden und Judentum

Welche Einstellung hatte Luther also genau zu Juden und Judentum? Im Laufe seiner Karriere kam er wieder und wieder auf dieses Thema zu sprechen, das auch in seinen Schriften eine entscheidende Rolle spielt. Die große Mehrzahl von Luthers Arbeiten dreht sich um die hebräische Bibel, die er als das Alte Testament auslegte. Deshalb kam er an der Beschäftigung mit dem Judentum gar nicht vorbei. Seine Schriften zu diesem Thema reichen von seinen ersten Arbeiten zu den Psalmen, die 1513 und 1514 verfasst wurden, bis zu einer Predigt, die er drei Tage vor seinem Tod 1546 geschrieben hat.[20] »Die Juden interessierten und irritierten Luther«, erklärt der Historiker Thomas Kaufmann, »weil ihre Existenz in der Vertreibung, Verfolgung und Ausgrenzung durch die christliche Gesellschaft für ihn einen Beweis für das göttliche Gericht darstellte, wie er es in der Bibel verkündet sah.«[21] Wie der Teufel, die Türken, der Papst und die Schwärmer (Luthers frühe Gegner innerhalb seines eigenen Kreises), so waren auch die Juden für Luther ein beständiger Gegner, der im grundlegenden Gegensatz zum Christentum stand:[22] »Die Juden verkörperten für Luther das Gegenteil von allem, was er für die Grundfeste des Christentums hielt.«[23] Insofern fungierten sie als das Andere, das es Luther ermöglichte, die seiner Ansicht nach wahre christliche Lehre und das wahre christliche Leben zu definieren.

Regelmäßig befasste Luther sich mit Kernthemen, die sich auf die Juden bezogen. Obwohl die Rhetorik erst in seinen Spätschriften gewalttätige Töne annimmt, waren auch seine Frühschriften mit antijüdischen Vorurteilen und Verlautbarungen gespickt. In der ersten Vorlesung über die Psalmen aus den 1520er Jahren machte Luther die Juden dafür verantwortlich, Jesus Christus gekreuzigt zu haben, und zu leugnen, dass dies eine Sünde war. Er griff sie auch für ihre Gier, Überheblichkeit und ihre Fleischeslust/Sinnlichkeit an. Auch ihre »Atque Iudei mediantur vanitates et insanias falsas secundum suas opiniones in script.« waren ihm ein Dorn im Auge.[24] In einer Glosse zu Psalm 78 behauptet Luther, dass »quia deos eos omnino reprobavit secundum carnem et occidit statum synagoge et legem interfecit, in qua tamen ipsi vivere sese putant, sed coram deo non vivunt. Quod enim eorum sacrificia et ritus et opera sint mortua, hoc deus fecit solo verbo: quia ea tulit et diffinivit cessare. Illi autem quid nolunt, ideo missa est in eos ira indignationis.«[25]

Luther kritisierte aber nicht nur die Juden, um die Behauptung von der Aufhebung des Alten im Neuen Bund zu bestätigen. In seinen Schriften durchdachte er die in der Bibel erzählte Heilsgeschichte auch, um das Papsttum zu kritisieren. Die wahren Christen wurden dabei mit den Israeliten der Bibel identifiziert. So zog er beispielsweise eine Parallele zwischen dem babylonischen Exil der Israeliten und der babylonischen Gefangenschaft der Kirche zu seiner Zeit. Anders ausgedrückt: In Luthers Theologie war das »wahre Israel« – das heißt: die »Kirche« – ins Exil vertrieben worden wie einst die Israeliten.[26] Luther unterschied die Juden der Geschichte von den Juden seiner Gegenwart.[27] Doch für Luther (wie auch für andere christliche Theologen) waren die augenfälligsten Juden seiner Zeit »miserable Christen«. Hier wurde die traditionelle theologische Ersetzung des Gottesvolkes der Hebräischen Bibel durch die Kirche vorausgesetzt. Als Begriffskategorie[28] wurden »die Juden« von Luther mit anderen Gruppen verknüpft, um so der reformatorischen Kritik an der Kirche zum Durchbruch zu verhelfen. Demzufolge schrieb Luther »Fuit autem per Baal figuratum monstrum Iustitie et pietatis superstitiose, que usque hodie Late dominatur. Qua Iudei, heretici

---

Schriften zum Judentum findet sich bei Thomas Kaufmann: Luthers »Judenschriften«. Ein Beitrag zu ihrer historischen Kontextualisierung, Tübingen 2011. **20** Vgl. Ernst L. Ehrlich: Luther und die Juden, in: Heinz Kremers (Hrsg.): Die Juden und Martin Luther – Martin Luther und die Juden: Geschichte, Wirkungsgeschichte, Herausforderung, Neukirchen-Vluyn 1987, S. 72–88; Kaufmann, Luthers Juden (wie Anm. 19), S. 71. **21** Thomas Kaufmann: Luther and the Jews, in: Dean Phillip Bell/Stephen G. Burnett (Hrsg.): Jews, Judaism, and the Reformation in Sixteenth-Century Germany, Leiden 2006, S. 69–104, hier S. 71 f. **22** Vgl. ebd., S. 73. **23** Ebd., S. 72. **24** WA 3, 19, 37 f.; Brooks Schramm/Kirsi I. Stjerna (Hrsg.): Martin Luther, the Bible and the Jewish people. A reader, Minneapolis 2012, S. 45. Übersetzung: Außerdem halbieren die Juden fälschlich Eitelkeiten und Wahnsinn gemäß ihren Überzeugungen in der Schrift. **25** Übersetzung: Gott wies sie [die Juden] alle wegen ihres Fleisches zurück und tötete sie und er vernichtete die Synagogen und das Gesetz, wo sie immer noch glauben, zu leben, aber vor Gott leben sie nicht. Denn da ihre Opfer und Riten und Werke tot sind, sprach dieser Gott nur ein Wort: er führte sie fort und forderte, damit aufzuhören. Aber weil sie unwillig waren, schickte er ihnen den Zorn der Empörung. WA 3, 590, 18–23; Schramm/Stjerna, Bible (wie Anm. 24), S. 47. **26** WA 56, 106. **27** Vgl. Oberman, Roots (wie Anm. 3), S. 106. **28** Vgl. Brosseder, Stellung (wie Anm. 5), S. 346 f.

ac Monii i. e. Singulares superbi Deum verum colunt secundum sensum suum proprium, stultissimo zelo, nimia pietate omnibus Impiis peiores, scil. propter Deum Dei inimici.«²⁹

Die Befreiung der Kirche aus der babylonischen Gefangenschaft am Ende der Zeiten war für Luther aber nicht von den Juden abhängig. Vielmehr setzte sie die Transformation des Christentums voraus. Oberman erläutert, die Beharrung der Juden bremse den Beginn des Endes der Zeiten genauso wenig wie die Bekehrung der Juden ihn beschleunigen würde. Für Luther hätte ein »judenfreies« Deutschland nie zum »Tausendjährigen Reich« geführt.³⁰ Deshalb, so Oberman, sollten Luthers Schriften – auch die Spätschriften – nicht als ein Aufruf an den Mob verstanden werden, die Juden zu verletzen. Vielmehr waren sie ein Angriff auf die Obrigkeiten, der dazu führen sollte, dass diese von ihrer selbstsüchtigen und habgierigen Politik abließen, die in ihrer Beziehung zu den Juden zum Ausdruck kam.³¹ Andere Gelehrte haben daneben festgestellt, dass die Spätschriften Luthers (wie seine Frühschriften wohl auch) nicht an die Juden gerichtet waren. Sie wurden für eine christliche Hörer- und Leserschaft geschrieben.³² Am antijüdischen Profil der Texte ändert diese Tatsache allerdings nichts – ein Profil, das in der Praxis weitreichende Wirkungen entfalten konnte, wenn es von der Obrigkeit aufgegriffen wurde.

Die Frühschriften Luthers

In der Schrift *Daß Jesus Christus ein geborener Jude sei* von 1523 entdeckten und entdecken viele Gelehrte einen »toleranten« Luther, der für einen schonenden Umgang mit den Juden eintritt, die mit Bibelzitaten vom Christentum überzeugt werden sollen.³³ Allerdings richtet sich der Text an Andersgläubige. Er wurde als Antwort auf Anschuldigungen geschrieben, die Zeitgenossen gegen Luthers Theologie – insbesondere seine Einstellung zu Maria – vorbrachten. Der Text richtet sich also nicht gegen die Juden, an die er auch nicht adressiert ist. Die Hauptthemen des Textes sind die Auslegung der Schrift,³⁴ die Bedeutung des Messias³⁵ und die Kritik an der zeitgenössischen Kirche. Der Text wurde oft so gelesen, als ob er einen Luther zeige, der den Juden gegenüber freundlich gestimmt ist. Beim Thema der Mission geht es ihm gar nicht um massenhafte Bekehrung der Juden. Er ist vielmehr daran interessiert, dass diese Bekehrungen ehrliche und ernsthafte Bekehrungen zu Christus sind.³⁶ Während Luther offensichtlich darauf hoffte, dass einige Juden sich zu Christus bekehren würden, ging er wohl nicht davon aus, dass solche Bekehrungen in großer Zahl möglich waren. Im *Magnificat* von 1521 hatte er schließlich schon geschrieben: »Denn ob wol der grosse hauffe [der Juden] vorstockt ist, sind dennoch alzeit, wie wenig yhr sey, die zu Christo sich bekeren und un yhn gleuben […] Drumb solten wir die Juden nit unfruntlich handeln, den es sind noch Christen unter yhn zukunfftig und teglich warden.«³⁷ In *Daß*

Abb. 2 Martin Luther, Von den Jueden vnd jren Luegen, Wittenberg 1543

Jesus Christus ein geborener Jude sei wurde diese Thematik von Luther aufgegriffen und ausgebaut. Er bedauerte: »Aber nu wyr sie nur mit gewallt treyben und gehen mit lugen teydingen umb, geben ihn schuld, sie mussen Christen blutt haben, das sie nicht stincken, und weys nicht wes des narren wercks mehr ist, das man sie gleich fur hunde hellt, Was sollten wyr guttis an yhn schaffen?«³⁸

Es lohnt sich, zu betonen, dass Luther *über* die Juden schrieb und sprach – aber nicht mit ihnen. Abgesehen von zwei oder drei Konvertiten, die er kannte, bezog er sein Wissen über das Judentum aus der Bibel. Auch die Abhandlungen über die Juden in den Schriften kirchlicher Gelehrter seit der Antike prägten seine Meinung weitaus mehr als konkrete Gesprächspartner. Außerdem nutzte Luther seine Frühschriften, um gegen den Katholizismus im Allgemeinen und das Papsttum im Besonderen vorzugehen. Es waren frühere Christen, die nicht in der Lage gewesen waren, den Juden das Evangelium

---

29 Übersetzung: Außerdem hatte sich durch Baal eine monströse Gerechtigkeit und eine abergläubische Frömmigkeit herausgebildet, die bis in die heutigen Tage fortdauert. Die Juden, Ketzer und Mönche, insbesondere einzelne Hochmütige verehren den wahren Gott nach ihrer eigenen Vorstellung mit dümmstem Eifer. Mit ihrer ausufernden Frömmigkeit sind sie schlimmer als die Gottlosesten, denn im Namen Gottes sind sie die größten Feinde Gottes. WA 56, 430.

30 Vgl. Oberman, Roots (wie Anm. 3), S. 117. **31** Ebd., S. 121. Brosseder betont Luthers Unterscheidung zwischen den Juden des Kaisers einerseits und den Juden des Moses andererseits. Vgl. dazu Brosseder, Stellung (wie Anm. 5), S. 373. **32** Vgl. Edwards, Battles (wie Anm. 4), S. 132; Brosseder, Stellung (wie Anm. 5), S. 359. **33** WA 11, 336. **34** WA 11, 321f. zu seinem Gebrauch des von den Juden akzeptierten Belegs aus dem Alten Testament und ebd., S. 322, wo

überzeugend zu verkünden.[39] Laut Kaufmann war Luthers Auseinandersetzung mit den Juden demzufolge weniger an der Mission der Juden interessiert als an der Durchsetzung der Wahrheit des Evangeliums in einer umkämpften Kirche.[40] Diese Ausrichtung seiner Gedanken zum Judentum zeigt sich schon in seinen frühesten Schriften, wie etwa den Vorlesungen zum Römerbrief von 1515 und 1516. In seiner Auslegung dieses Briefes erklärte Luther: »Contra quod multi mira stultitia superbiunt et Judeos nunc canes, nunc maledictos, nunc, ut libet, appellant, cum ipsi etiam | eque | nesciunt, qui aut quales sint coram Deo. Audacter prorumpunt in blasphemas agnominationes, ubi debuerant compati illis et sibi similia timere. Ipsi econtra quasi certi de se et illis temere pronunciant se velut benedictos et illos maledictos. Quales nunc sunt Colonienses theologi, qui non pudent zelo suo stultissimo in suis articulis, immo inerticulis et ineptiis Judeos dicere maledictos.«[41]

Die Spätschriften Luthers

Wie bereits erwähnt scheint sich Luthers Einstellung zu den Juden nach 1538 radikalisiert zu haben, wofür insbesondere die letzten Schriften sprechen. Allerdings ist zu berücksichtigen, dass Luthers Spätschriften insgesamt sehr polemisch sind. Sie richten sich gegen alle seine Feinde, nicht nur gegen die Juden. Dabei setzen sie trotz der Rachegelüste Luthers seine frühere exegetische und theologische Arbeit logisch fort. Gäbe es die Schlusspassagen in *Von den Juden und ihren Lügen* (1543) nicht, dann würden sich die verhassten Spätschriften kaum von den Frühschriften unterscheiden (Abb. 2). Außerdem begann Luther schon Mitte der 1530er Jahre – besonders in seinen umfassenden Kommentaren zum Buch Genesis – damit, rabbinische Bibelauslegungen zu kritisieren. Seine negativen Einstellungen zu den Juden wurden dadurch geschürt. In seinem Kommentar zu Gen 25,21 (Abb. 3) schreibt er beispielsweise: »Agnoscimus sane magnum beneficium esse, quod linguam ab eis accepimus: sed cavendum est a Rabbiorum stercoribus, qui ex scriptura sancta quasi latrinam quandam fecerunt, in quam suas turpitudines et stultissimas opiones ingererent. Hoc ideo moneo, quia multi hodie ex nostris etiam Theologis nimium Rabinis tribuunt in sentenia scripturae explicanda.«[42] Das Interesse an der Hebräischen Bibel, das sich durch Luthers ganzes Leben zieht, wobei es insbesondere in seiner Auseinandersetzung mit der richtigen Übersetzung und der Auslegung der hebräischen Texte zum Ausdruck kommt, beeinflusste seine Sicht auf Juden und Judentum maßgeblich. Außerdem stand es in direktem Zusammenhang mit seiner Theologie.[43]

Obwohl er zunächst die Anschuldigungen zurückwies, dass Juden Ritualmorde begingen und Hostien entweihten, ging er später davon aus, dass sie einen Funken Wahrheit enthalten könnten (Abb. 4).[44] Zusätzlich zu seiner theologischen Entwicklung, seiner Verteidigung gegen Anschuldigungen und seiner zunehmend kritischen Auseinandersetzung mit rabbinischer Exegese tauchten »Expertenzeugnisse« des zum Christentum konvertierten Juden Antonius Margaritha und des christlichen Hebraisten Sebastian Münster auf, die Luther in seiner Ablehnung der Juden bestätigten.[45]

Im Vergleich zu den Frühschriften haben sich Luthers Positionen in den letzten Schriften, in denen Juden Erwähnung finden, kaum verändert. Sein *Von den letzten Worten Davids*[46] (1543) behandelt beispielsweise Fragen der Schriftauslegung, geht auf das trinitarische und das christologische Dogma ein und kritisiert dabei die Juden für ihre seiner Meinung nach arrogante Abstammungslehre. Der mittelalterlichen antijüdischen Polemik folgend, hielt Luther die Tatsache, dass die Juden seit 1500 Jahren überall vertrieben und verfolgt wurden, für einen Beweis dafür, dass Gott sie verstoßen habe. Der Messias sei bereits gekommen. Die Juden aber weigerten sich blind, diese Wahrheit anzuerkennen: »denn das wir solten gleuben den falschen unbekandten Jueden oder Jsraeliten, die diese 1500. jar kein wunder gethan, kein Schrifft der Propheten ausgelegt, alles verkeret und im liecht offentlich nichts gethan, Sondern in jrem winckel meuchlinges wie die Kinder der finsternis, das ist des Teuffels, eitel lestern, fluchen, morden und liegen wider die rechten Jueden und Jsrael (das ist, wider die Apostel und Propheten) geuebet haben.«[47] Außerdem, so schrieb Luther weiter, »ueben [sie] teglich, damit sie uber weiset, das sie nicht Jsrael, noch Abrahams samen, Sondern gifftige, Teufelissche feinde sind, des rechten Jsraels und Abrahams kinder, dazu der Heiligen schrifft diebe, reuber und verkerer.«[48]

Luthers *Wider die Sabbather [Brief] an einen guten Freund* (1538) wiederholt die Themen, mit denen Luther sich sein Leben lang beschäftigte. Er erörtert insbesondere die Frage nach dem Messias sowie nach Beschneidung und babylonischem Exil. Wieder spielt Luther mit dem Wort »Jude«, das er eher in einem kategorialen als in einem konkreten Sinn verwendet: »Darumb solt ir zu inen sagen, das sie zuvor selber anheben, Moses gesetze zu halten und Juden werden (Denn sie sind nicht mehr Juden, weil sie ir gesetze nicht halten). Wen sie das gethan haben, so wollen wir flugs hinach und auch Juden werden.«[49]

Unter seinen Spätschriften findet sich auch die berühmt-berüchtigte Abhandlung *Von den Juden und ihren Lügen*. Aufgrund ihrer häufigen Aneignung, die dieser Abhandlung seit dem 16. Jahrhundert widerfuhr, stellt sie wahrscheinlich die wichtigste Schrift Luthers zu Juden und Judentum dar. Sie gliedert sich in vier Teile. Im ersten Teil der Abhandlung verwendet Luther viel Tinte darauf, zu zeigen, wie sich die Juden ihrer Herkunft, Beschneidung und Heimat rühmen. Daraufhin greift er im zweiten Teil ausführlich die jüdischen Auslegungen der Hebräischen Bibel an. Der dritte Teil berichtet von angeblichen jüdischen Verleumdungen gegen Jesus und Jesu Mutter Maria, bevor der vierte Teil schließlich die berühmt-berüchtigte Empfehlung an die staatlichen und kirchlichen Obrigkeiten formu-

---

er anmerkt, dass die Juden alles sehr im wörtlichen Sinne verstehen. **35** WA 11, 325 f. diskutiert insbesondere das vergebliche Warten der Juden auf den Messias. **36** Vgl. Kaufmann, Luthers Juden (wie Anm. 19), S. 84. **37** WA 7, 600,28–601,1. **38** WA 11, 336, 24–27. **39** Vgl. Kaufmann, Luthers Juden (wie Anm. 19), S. 78. **40** Vgl. ebd., S. 75. **41** Johannes Ficker (Hrsg.): Anfänge reformatorischer Bibelauslegung, Bd. 1: Luthers Vorlesung über den Römerbrief 1515/16. Zweiter Teil: Die Scholien, Leipzig 1908, S. 261. **42** Vgl. Kaufmann, Jews (wie Anm. 21), S. 88; WA 43, 389, 20–25. **43** Vgl. Christine Helmer: Luther's Trinitarian Hermeneutic and the Old Testament, in: Modern Theology 18 (2002), H. 1, S. 49–73. **44** Vgl. Kaufmann, Luthers Juden (wie Anm. 19), S. 76. **45** Vgl. ebd., S. 94. **46** Vgl. WA 54, 28–100. **47** WA 54, 93, 14–19. **48** WA 54, 93, 14–19 und 20–22. **49** WA 50, 323, 26–29.

Abb. 3 Schöpfungsdarstellung der Erschaffung Evas, aus: Biblia, Nürnberg 1483, gedruckt in der Offizin Anton Kobergers

liert, wie mit den Juden umzugehen sei, die sich nicht wirklich und wahrlich zum Christentum bekehren können.[50]

Im ersten Teil greift Luther frühere Schriften über das Judentum auf, obwohl es ihm dezidiert nicht darum geht, die Juden zum Christentum zu bekehren. Das hält er für ausgeschlossen.[51] Dabei wiederholt Luther eine ganze Litanei an Vorwürfen, wonach die Juden das Christentum verunglimpfen, um sich ihres Adels mit »teufelische Hoffart« zu rühmen.[52] In einem apokalyptisch anmutenden Gedankengang erläutert Luther, dass sich »Juden, Turcken, Papisten und Rotten« anmaßen, das wahre Gottesvolk, die Kirche, zu sein.[53] Luthers Text beginnt mit einer Salve von Stereotypen, die dann aber pointiert gegen die Juden gerichtet werden. Luther fordert gewissermaßen ein Sieben-Punkte-Programm zum Umgang mit ihnen: Ihre Synagogen sollen verbrannt, ihre Häuser geplündert und geschleift werden; ihre gotteslästerlichen Gebetsbücher sollen ihnen mitsamt den Talmudischen Schriften abgenommen werden; ihren Rabbis soll die Erlaubnis zur Lehre entzogen werden; ihr Recht auf freies Geleit soll aufgehoben werden; ihre Wuchergeschäfte sollen verboten, ihr Besitz konfisziert werden; ihren Lebensunterhalt sollen sie im Schweiße ihres Angesichts erarbeiten; und wo gute Christen sie fürchten, sollten sie vollständig vertrieben werden.[54] Es waren diese »Empfehlungen«, die Luthers antijüdischen Ruf begründet haben. Wie erwähnt lassen sich diese schmerzhaften Passagen nicht ignorieren. Luther war in der Tat zu der Schlussfolgerung gelangt, dass die Juden sich im Großen und Ganzen nicht bekehren lassen würden, weshalb sie aus der Gesellschaft der Christen verbannt und vertrieben werden müssten. Allerdings unterschied sich diese Position kaum von dem, was Luther in seinen Frühschriften erklärt hatte. Denn dort hatte er ja auch angenommen, dass die Juden in der christlichen Gesellschaft nur dann ihren Platz finden können, wenn sie sich zum Christentum bekehren. In gewisser Weise lassen sich die »Empfehlungen« am Ende von Luthers Abhandlung insofern als Konsequenz und Kulmination seiner theologischen Haltung verstehen. Allerdings hat die Umsetzung dieser »Empfehlungen« in seiner Zeit sowie in der deutschen Geschichte nach Luther seine verstörende Rhetorik weit über theologische Grübeleien hinaus ausgedehnt.

Folgen und Fazit

Wenn das Verhältnis Luthers zum Judentum thematisiert wurde, wurde es nicht immer unvoreingenommen bearbeitet und behandelt. Vor dem Versuch, einen Überblick über die komplexe Rezeption zu gewinnen, die Luthers Theologie in der Neuzeit erfuhr, sollte man sich jedoch bewusst machen, dass die deutschen Juden des 19. und (frühen) 20. Jahrhunderts Luther gegenüber oft positiv eingestellt waren – trotz seiner Schriften über sie. Heinrich Heine beispielsweise sprach Luther »Geistfreiheit« zu, Hermann Cohen verglich Luther mit Moses, und Franz Rosenzweig zollte Luthers Bibelübersetzung großen Respekt.[55] Dennoch gab es schon zu Luthers Zeit und auf Luthers Seite viele, die entweder seine Botschaft oder die Sprache, in der Luther sie verkündete, ablehnten.

Die Diskussion über Luther und die Juden lässt sich nicht auf Luthers Schriften über die Juden und das Judentum sowie die Reaktionen darauf im 16. Jahrhundert und der Frühen Neuzeit begrenzen. Denn Luthers Schriften konnten zur Unterstützung einer großen Bandbreite an religiösen und politischen Themen eingesetzt werden – im Fall des Judentums etwa der jüdischen Emanzipation, der jüdischen Assimilation und des rassistischen Antisemitismus. Aber lässt sich überhaupt eine direkte Linie von Luther und seiner Theologie zur Inbesitznahme beider nach seinem Tod ziehen?

Einige Historikerinnen und Historiker behaupten, dass Luthers Judenschriften einen lang anhaltenden größtenteils negativen Einfluss auf die politischen Entwicklungen in Deutschland ausgeübt haben. Luther wurde zu einem der Gründungs-»Väter des neuzeitlichen Antimsemitismus« gemacht, wobei eine direkte historische Verbindung zum Genozid unter Adolf Hitler geknüpft wurde.[56] Andere Historikerinnen und Historiker behaupten allerdings, dass der tatsächliche Einfluss von Luthers Schriften auf den Umgang mit dem Judentum in der Folgezeit eher gering war.[57] Diese Behauptung beruht auf verschiedenen Vorannahmen. So wird angenommen, dass Luthers Schmähschrift *Von den Juden und ihren Lügen* kaum Einfluss auf seine Zeitgenossen ausgeübt hat und nie den gleichen Erfolg hatte wie seine frühe Schrift *Daß Jesus Christus ein geborener Jude sei*.[58] Die drei antijüdischen Spätschriften Luthers seien erst im 17. Jahrhundert wieder gedruckt worden. Popularität hätten sie sogar erst im 20. Jahrhundert erreicht. Dem widerspricht allerdings, dass verschiedene Schriften aus der Mitte des 16. Jahrhunderts auf *Von den Juden und ihren Lügen* Bezug nehmen, um die Vertreibung von Juden aus deutschen Städten und Staaten zu rechtfertigen.[59] Unabhängig davon, ob Luthers Schriften tatsächlich gelesen wurden, musste ein Mangel an (Neu-)Auflagen ja nicht verhindern, dass seine Ideen diskutiert oder verbreitet wurden, zumal sie sich teilweise auf einen allgemeinen christlichen Antisemitismus berufen konnten. Spätestens im 19. Jahrhundert lassen sich wortgewaltige Vertreter des Protestantismus wie Adolf Stöcker und Heinrich von Treitschke finden, die einen nationalistischen Antisemitismus in Deutschland aktiv anfeuerten. Stöcker, den einige als Vordenker Hitlers bezeichnen, galt in gewissen Kreisen als »zweiter Luther«.[60] Seine fanatischen antijüdischen Reden trugen zur Beseitigung von Juden aus einflussreichen Ämtern bei, während seine »religiös-nationale Terminologie als ideologischer Ausgangspunkt und politischer Ansporn für rassistische und antisemitistische Agitationen diente, die sogar antichristliche Gedanken aufnahmen.«[61]

In der nationalsozialistischen Propaganda des 20. Jahrhunderts muss man nicht lange suchen, um auf Luthers Namen zu stoßen. Ein Blick auf die Agitationen und Aktionen der Nazis genügt – etwa auf die Artikel, die in *Der Stürmer* veröffentlicht wurden.[62] Auch Veit

---

50 Vgl. LW 47, Introduction, S. 133f. **51** WA 53, 417. **52** WA 53, 422, 1. **53** WA 53, 448, 20. **54** WA 53, 522f. **55** Vgl. Günther B. Ginzel: Martin Luther: Kronzeuge des Antisemitismus, in: Kremers, Juden (wie Anm. 20), S. 189–210. **56** Wallmann, Reception (wie Anm. 6), S. 72. **57** Vgl. ebd., S. 72f. **58** Ebd., S. 75. **59** Vgl. beispielsweise Dean Phillip Bell: Jewish Settlement, Politics, and the Reformation, in: Ders./Burnett, Jews (wie Anm. 21), S. 421–450. **60** Vgl. Gutteridge, Mouth (wie Anm. 14), S. 6 und 10. **61** Uriel Tal: On Modern Lutheranism and the Jews, in: Leo Baeck Institute Yearbook, 30 (1985), S. 203–211. **62** Vgl. Brosseder, Stellung (wie Anm. 5), S. 182–192.

Abb. 4
Die Hostienschändung
durch die Juden
in Passau, Flugblatt,
um 1495

Harlans Spielfilm *Jud Süß* von 1941 ist ein beredtes Beispiel. Die Pogrome der sogenannten Reichskristallnacht fanden am Abend von Luthers 455. Geburtstag statt. Oft wurden sie mit Luther in Verbindung gebracht.[63] Im November 1938 schrieb ein deutscher Amtsträger, der sich gegen die Nazis wendete, man müsse sich klarmachen, dass die boshaften Nazis nur die Anweisungen Luthers ausführten. Die Synagogen seien niedergebrannt worden, genau wie es der Vater des Protestantismus gefordert hätte.[64] Nachdem Hitler an die Macht gekommen war, hingen die Einstellungen lutherischer (und protestantischer) Pfarrer stark von ihren Lebensumständen, ihrem individuellen Umfeld und Charakter ab. Einige Pfarrer unterstützten pangermanische Vereine mit ihren aggressiv antijüdischen und antichristlichen völkischen Ideologien.[65] Allerdings gab es auch Pfarrer, die gegen die Ausgrenzungspolitik der »Volksgemeinschaft« aufbegehrten, insbesondere, als die Gesetze für Nichtarier auch die Mitgliedschaft in der Kirche in Mitleidenschaft zogen. Im Mai 1936 formulierten mutige Mitglieder der Bekennenden Kirche ein Memorandum gegen Hitler. Allerdings wiesen sie nicht den Antisemitismus an sich, sondern nur seine militante nationalsozialistische Ausprägung zurück.[66]

63 Vgl. Eric W. Gritsch: Luther and the State: Post Reformation Ramifications, in: James D. Tracy (Hrsg.): Luther and the Modern State in Germany, Kirksville 1996, S. 45–60. **64** Gutteridge, Mouth (wie Anm. 14), S. 177. **65** Vgl. ebd., S. 37. **66** Vgl. ebd., S. 158 f. **67** Vgl. Tal, Lutheranism (wie Anm. 61), S. 203. **68** Ebd., S. 204. **69** Vgl. ebd. **70** Vgl. ebd., S. 205. **71** Vgl. ebd., S. 207. **72** Vgl., ebd., S. 210. **73** Vgl. Johannes Rau: Geleitwort, in: Kremers, Juden (wie

Es gehört zur Ironie der Geschichte, dass viele Mitglieder der Bekennenden Kirche in den 1920er und 1930er Jahren das Judentum mit der völkischen Bewegung – auch der nationalsozialistischen völkischen Bewegung – verglichen und sogar gleichsetzten.[67] Hans Hofer, ein standhafter lutherischer Konservativer, warnte, dass einige Mitglieder der völkischen Bewegung Nation und Nationalität in einen religiösen Wert [verkehren] und dass es Deutsche gäbe, die unser Volk schlicht vergötterten. Doch solle das Volk nicht so überhöht werden, als ob es eine göttliche Größe sei.[68] Für Hofer bedeutete die Verehrung der Nation eine jüdische Perversion. Die Folgen dieser Perversion würden dort sichtbar werden, wo der Alte Bund aus dem Neuen Bund getilgt würde.[69] Außerdem verhindere der völkische Rassismus der Nationalsozialisten, dass das Evangelium verkündigt werden und Bekehrung stattfinden könne. Neben Hofer gab es Konservative wie Heinrich Frick, die kaum Unterschiede zwischen völkischem, nationalsozialistischem und zionistischem Nationalismus machten.[70] Mit der Etablierung des »Dritten Reiches« in den frühen 1930er Jahren nahmen viele an, dass die Nationalsozialisten wie die Juden den wahren Messias ablehnten: Die Nationalsozialisten machten aus ihrem Führer einen politischen Messias, während die Juden im kruden Materialismus des Alten Testaments gefangen blieben.[71] Uriel Tal nimmt an, dass die Konservativen solche Verbindungen absichtlich geknüpft haben könnten, um die Unterstützung der Gruppierungen zu gewinnen, um deren Aufmerksamkeit sie mit den Nationalsozialisten konkurrierten.[72]

Aus mindestens zwei Gründen ist die Frage nach Luthers Verhältnis zu den Juden seit der Schoah von besonderem Interesse. Erstens: Dass die Nazis Luthers antijüdische Semantik und Symbolik für ihre Propagandamaschinerie (miss-)brauchten, hat das Judenwie das Christentum dazu genötigt, die Schriften Luthers erneut zu untersuchen. Inwieweit haben die Nationalsozialisten diese Schriften missbraucht? Inwieweit hat der implizit oder explizit antijüdische Diskurs in diesen Schriften zur Entstehung des nationalsozialistischen Rassenhasses beigetragen, der zu den Verbrechen und Schrecken des 20. Jahrhunderts führte? Zweitens: Das Interesse an Luthers Verhältnis zu den Juden speist sich auch aus dem jüdisch-christlichen Dialog, der das Christentum in den letzten Jahrzehnten über Sympathiebekundungen hinaus dazu bewogen hat, ihre Mitschuld am Holocaust einzugestehen. Gerade auch viele Lutheraner haben die harsche antijüdische Botschaft ihres theologischen Gründervaters kürzlich zurückgewiesen.[73]

Aus der Untersuchung der Kontexte, der Texte und der Rezeption von Luthers Schriften zu Juden und Judentum lässt sich folgendes Fazit ziehen: Erstens gibt es seit dem 16. Jahrhundert verschiedene – oft miteinander in Konflikt stehende – Luther-Interpretationen. Schon für das Ende des 16. Jahrhunderts lässt sich mit guten Gründen sagen, dass Luther in mancher Hinsicht kein »Lutheraner« war. Anders ausgedrückt: Die lutherische Orthodoxie entwickelte sich entsprechend, aber manchmal auch gegen die Gedanken ihres Gründers. Zweitens war Luthers Einstellung zum Judentum theologisch und rhetorisch bestimmt. Die Juden gehörten für ihn zu teuflischen Mächten, die sich gegen die wahre Kirche (oder das wahre Israel) richteten. Damit waren sie auch ein Zeichen dafür, dass das Ende der Zeiten nahte. Die Juden der Geschichte unterschieden sich für Luther von den Juden der Gegenwart. In der Gegenwart gab es für Luther keine wirklichen und wahren Juden mehr, weil er die ersten Christinnen und Christen als die wahren Juden ansah, die das Erbe Israels antraten. Der Begriff des Juden fungierte für Luther außerdem mehr oder minder als Werkzeug zur Kritik an der Gesellschaft. Selbst in seinen späteren Schmähschriften gegen die zeitgenössischen Juden nutzte Luther den Begriff »Jude«, um gegen alle Institutionen und Traditionen vorzugehen, von denen er glaubte, dass sie ihre Autorität missbrauchten. Die Polemik seiner Spätschriften lässt sich sicher nicht auf die Juden einschränken, auch wenn auffällt, dass sich seine Einstellung zu allem, was er mit dem Begriff verbindet, während seines Lebens kaum verändert hat.

Drittens ist festzuhalten, dass Juden und Judentum entscheidend für die Hauptthemen von Luthers Theologie waren: Schriftauslegung, Glaube und Werke, Abstammungslehre und Apokalyptik. Es lässt sich nicht bezweifeln, dass Luther sich abweisend gegenüber zeitgenössischen Juden äußerte. Oft sind seine theologischen Traktate ausdrücklich antijüdisch. Auch ist die Scharfmacher-Rhetorik seiner Spätschriften zu berücksichtigen. Er wollte, dass seine Schriften soziale und politische Konsequenzen nach sich ziehen. Und das haben sie. Luther wollte die zeitgenössische Politik beeinflussen und er setzte sich in schrecklicher Weise für die Vertreibung der Juden aus Gegenden ein, in denen er persönlichen Einfluss hatte.

Dennoch kann Luther nicht für den Missbrauch seiner Schriften in der Moderne verantwortlich gemacht werden, wenn man sie im Gesamtzusammenhang seiner Gedanken liest. Selbst die Verwendung seiner Schriften für die antijüdischen Ausschreitungen des 16. Jahrhunderts lässt sich kaum verteidigen, wenn man berücksichtigt, dass es Luther vielerorts an direktem politischem Einfluss mangelte, dass sich die ablehnenden Reaktionen auf seine harschen Worte häuften und dass es auch vor Luther antijüdische Ausschreitungen gab. Zwar wurden Luthers Schriften zur Rechtfertigung von Übergriffen auf das Judentum herangezogen. Aber er war nicht der einzige protestantische Theologe, den dieses Schicksal ereilte. So protestierte der berühmte Vertreter der jüdischen Gemeinden im Heiligen Römischen Reich, Josel von Rosheim, dagegen, dass die Schriften des süddeutschen Reformators Martin Bucer für dieselben Zwecke missbraucht wurden.[74] Allerdings ist Luther in eine antijüdische Tradition einzuordnen, die sich – ob gewollt oder ungewollt – über Jahrhunderte entwickelt hat. Auch muss man ihn im Horizont seiner eigenen Schriften lesen. Letztlich bietet Luthers Verhältnis zum Judentum einen Blickwinkel, durch den sich viele der zentralen Anliegen seiner Theologie verstehen lassen – gerade weil dieser Blickwinkel es auch erlaubt, die Ablehnung des Judentums zu beschreiben, die Luther im Laufe der Geschichte mit vielen anderen verband.

Anm. 20), S. V–XX. **74** Josel erklärt, dass Bucers Schriften das »gemain Volck« gegen die Juden aufgehetzt hätten: »ein armer Jude sei geschlagen und getötet worden, während die Täter gerufen hätten: ›Sieh, Jude, die Schriften Bucers sagen, dass dein Hab und Gut genommen und unter den Armen verteilt werden solle‹.« Vgl. Josel von Rosenheim: Trostschrift, in: Hava Fraenkel-Goldschmidt (Hrsg.): Joseph of Rosheim: Historical Writings, Jerusalem 1996, S. 329–349.

THOMAS KAUFMANN

Luther und die Türken

Seit der Eroberung Konstantinopels durch die Truppen des von Sultan Mehmed II. geführten Osmanischen Reiches in den letzten Maitagen des Jahres 1453 sah sich das lateinische Europa einer wachsenden Bedrohung durch den als »Antichristen« oder als »Erbfeind« der Christenheit apostrophierten Gegner aus dem Osten ausgesetzt. Der gelehrte Humanist auf dem Papstthron, der *Cathedra Petri*, Enea Silvio Piccolomini, der den Papstnamen Pius II. trug, warb beim Kaiser, dem Reich und den europäischen Mächten um einen Kreuzzug gegen die Türken. Denn nach der vollständigen Eroberung der ehemals christlichen Kontinente Afrika und Asien durch den Islam, so Pius II., sei Europa die einzig verbliebene Bastion der Christenheit. »Europa, das ist die Heimat« der Christen (»Europa id est patria«),[1] rief er aus. Doch sein Werben zeitigte keine nennenswerten Erfolge; eine gemeinsame militärisch-politische Abwehrfront der »christlichen« Staaten Europas gegen den »islamischen« Feind hat es – ungeachtet der massiven Ablassangebote der Kurie und ihrer medial wirksamen Verbreitung durch die soeben erst erfundene Drucktechnik mit beweglichen Lettern[2] – nicht gegeben. Die Eigeninteressen der einzelnen lateineuropäischen Länder, die bisweilen mit den Türken gegen andere christliche Staaten paktierten, dominierten über das vom Papst beschworene christliche Abendland. Die fieberhafte Suche eines Seewegs nach Indien, deren globalgeschichtliche Folge in der Entdeckung Amerikas bestehen sollte, war der Dominanz der Türken und ihrer Kontrolle des Levantehandels geschuldet.

»Ohne Türken keine Reformation«

Nachdem einem christlichen Kreuzfahrerheer unter der Führung des charismatischen Bettelordenspredigers Johannes von Capestrano im Jahr 1456 noch die Verteidigung Belgrads gelungen war,[3] verliefen die meisten militärischen Auseinandersetzungen gegen Ende des 15. und zu Beginn des 16. Jahrhunderts zugunsten der Osmanen. Seit 1460 stand die Peloponnes unter türkischer Administration; 1461 wurde mit Trapezunt am Schwarzen Meer der letzte christliche Vorposten eingenommen; 1516/17, unter Selim I., erfolgten die Eroberung Ägyptens und Syriens und die Zerschlagung des Mamlukenreichs.

Unter Süleyman I., genannt der Prächtige, gelangen dann immer weitere Vorstöße nach Europa: 1521 wurde Belgrad erobert, 1522 kapitulierten die Johanniter auf Rhodos (Abb. 1). Der venezianische und der genuesische Handel waren nun unter die Kontrolle der Türken geraten. In der Schlacht von Mohács (29./30. August 1526) erkämpften die Osmanen zudem einen Sieg über das von Ludwig II. von Ungarn und Böhmen geführte Heer. Fortan wurde Ungarn von einem vasallitischen Regime von Süleymans Gnaden regiert. Im September und Oktober des Jahres 1529 belagerten die Türken schließlich Wien.

Der Einfluss, den die militärisch-politische Bedrohung durch die Osmanen auf die innere Dynamik und den äußeren Verlauf der Reformation ausübte, ist kaum zu überschätzen, ja gar in der Formel verdichtet worden: »Ohne Türken keine Reformation!«[4] Die Bedeutung der »Türkengefahr« für die Reformation ist komplex und liegt auf verschiedenen Ebenen. Zum einen hatte diese im späteren 15. Jahrhundert zu einer Ausweitung der Ablasspropaganda geführt; immer neue Kampagnen, bei denen eine vollständige Sündenvergebung, ein Plenarablass, insbesondere für die Unterstützung des Kampfes gegen die Türken angeboten wurde, durchzogen vor allem Mitteleuropa. Da es zu einem vom Papst geführten oder erwirkten Kreuzzug aber niemals kam, trugen diese Aktivitäten mittelbar zur Glaubwürdigkeitskrise des Ablasswesens bei.

Zum anderen wirkten die Nachrichten von den Anstürmen der bedrohlichen und barbarischen Krieger aus dem Osten (Abb. 2) auf die Ausbildung oder Intensivierung einer apokalyptischen Mentalität in der lateineuropäischen Christenheit ein. Die mit »ethnischen Säuberungen« und der Vertreibung von Juden und Muslimen verbundene »Reconquista« Spaniens, die 1492 in der Befreiung Granadas von den Resten muslimischer Herrschaft kulminierte, war nicht

---

1 Vgl. zu Überlieferung und Kontext dieses Wortes: Dieter Mertens: »Europa id est patria, domus propria, sedes nostra ...« Zu Funktionen und Überlieferung lateinischer Türkenreden im 15. Jahrhundert, in: Franz Rainer Erkens (Hrsg.): Europa und die osmanische Expansion im ausgehenden Mittelalter (= Zeitschrift für Historische Forschung. Beiheft 20), Berlin 1997, S. 39–57. **2** Karoline Dominika Döring: Türkenkrieg und Medienwandel im 15. Jahrhundert (= Historische Studien. 503), Husum 2013. **3** Zu den Einzelheiten: Klaus-Peter Matschke: Das Kreuz und der Halbmond. Die Geschichte der Türkenkriege, Düsseldorf/Zürich 2004, S. 155–189. **4** Thomas Kaufmann: »Türckenbüchlein«. Zur christlichen Wahrnehmung »türkischer Religion« in Spätmittelalter und Reformation (= Forschungen zur Kirchen- und Dogmengeschichte. 97), Göttingen 2008, S. 62.

SVLIMAN·OTOMAN·REX·TVRC· X·

Abb. 1 Agotino Veneziano, Süleyman I., der Prächtige, 1535.
Süleyman I. ist mit einer in Venedig gearbeiteten Krone dargestellt, die den Kaiser- und Papsttum überbietenden Herrschaftsanspruch des osmanischen Sultans symbolisiert.

Polemik und Konflikte

Die offenbarung
Die fünff vnd zwenzigste Figur.

Vnd wenn tausent iar volendet sind/ wird der Satanas los wer-
(Gog) den aus seinem gefengnis/ vnd wird ausgehen zu verfüren die Hei-
Das sind die Tur- den jnn den vier örtern der erden/ den Gog vnd Magog/ sie zu versam-
cken/ die von den
Tattern herkomé- len jnn einen streit/ welcher zal ist/ wie der sand am meer/ Vnd sie tra-
vnd die roten Ju- ten auff die breite der erden/ vnd vmbringeten das heerlager der Heiden heissen.
 ligen/ vnd die geliebte Stad/ Vnd es fiel das fewr von Gott aus dem
 himel/ vnd verzeret sie. Vnd der Teuffel der sie verfüret/ ward geworffen jnn den feurigen pfuel vnd schwefel/ da das Thier vnd der falsche
 Prophet war/ vnd wurden gequelet tag vnd nacht/ von ewigkeit zu
 ewigkeit.

Vnd ich sahe einen grossen weissen stuel/ vnd den der darauff
sas/ fur welches angesicht flohe die erden vnd der himel vnd jnen
ward keine stete erfunden. Vnd ich sahe die todten beide gros vnd klein
stehen fur Gott/ vnd die bücher wurden auffgethan/ Vnd ein ander
buch ward auffgethan/ welches ist des lebens/ vnd die todten wurden gericht nach der Schrifft jnn jren büchern/ nach jren wercken/
Vnd das meer gab die todten die darinnen waren/ vnd der tod vnd
die helle gaben die todten die drinnen waren/ vnd sie wurden gericht/
ein iglicher nach seinen wercken/ Vnd der tod vnd die helle wurden
geworffen jnn den feurigen pfuel. Das ist der ander tod. Vnd so ie-
mand nicht ward erfunden geschrieben jnn dem buch des lebens/ der
ward geworffen jnn den feurigen pfuel.

Vnd ich

Abb. 2 Martin Luther, Biblia das ist die gantze Heilige Schrifft Deudsch, Wittenberg 1534. Die Völker Gog und Magog, die auf die geliebte Stadt (Apk 20, 7–9) einstürmen, sind durch Turbane, Kaftane und Halbmondflaggen als Türken gekennzeichnet.

weniger von apokalyptischem Furor bestimmt als die Kampagnen italienischer Bußprediger aus den Bettelorden oder die Erscheinungen eruptiver Bußfrömmigkeit im Kontext deutscher Wallfahrten. Dass Gott seiner Christenheit zürne, schien in nichts deutlicher zu werden als darin, dass er die Zuchtrute des Türken auf ihr niedergehen ließ. Sodann nahm die »Türkenfrage« auf die politische Situation der reformatorischen Bewegung Einfluss. Denn diejenigen Reichsfürsten, die sich verstärkt seit der Mitte der 1520er Jahre für die von Luther und anderen propagierten Reformvorstellungen einsetzten, allerdings eine dauerhafte Duldung des neuen Glaubens zunächst nicht zu erreichen vermochten, ließen sich ihre militärische Unterstützung des habsburgischen Kaiserhauses im Kampf gegen die Osmanen durch Zugeständnisse hinsichtlich einer reformatorischen Umgestaltung des Kirchenwesens in ihren jeweiligen Herrschaftsgebieten bezahlen.[5]

Luther, der »Türkenfreund«?

Martin Luthers früheste und besonders wirkungsreiche Äußerungen über die Türken standen im Kontext des Ablassstreites. In den Erläuterungen zu seinen 95 Thesen,[6] die die nicht zustande gekommene Disputation ersetzen sollten, rückte der Wittenberger Augustinermönch die zeitgeschichtliche Erfahrung der Bedrängnis durch die Osmanen in einen geschichtstheologischen Horizont. Deshalb sah er in den Türken ein Instrument des himmlischen Herrn zur Züchtigung der Christenheit. Während viele davon träumten, gegen die Türken in einen »heiligen Krieg« zu ziehen, gelte es, so Luther, gegen die eigenen Sünden zu kämpfen, nicht aber gegen die Zuchtrute, mit der Gott sie strafe. Diese Äußerung wurde in die Bannandrohungsbulle[7] gegen Luther aufgenommen und verurteilt; fortan war es ein festes Moment der altgläubigen Polemik gegen den Wittenberger, dass er einen Krieg gegen die Türken ablehne und insofern der heimlichen Komplizenschaft mit dem Erbfeind der Christenheit schuldig sei. Dass auch der enge Zusammenhang zwischen dem explosiven Ausbau des Ablasswesens und der Türkenfrage[8] dazu beigetragen hat, dass sich der frühe Luther von den meist mit Plenarablässen verbundenen Türkenkriegsappellen distanzierte, dürfte evident sein.

Wie es scheint, gelangten Nachrichten vom »Türkenfreund« Luther bis an den Hof des Sultans. 1532 soll sich Süleyman bei einem Gesandten aus dem Reich erkundigt haben, wie alt Luther sei; als er, wohl mit Bedauern, vernahm, dass der Reformator damals bereits 49 Jahre zählte, ließ er ihm dennoch versichern, dass er »einen gnedigen herrn«[9] an ihm habe.

Die Publizistik der Jahre 1528/29

Auch wenn Luther in seiner umfänglichen reformatorischen Publizistik der 1520er Jahre, der eine entscheidende Bedeutung für die Formierung einer reformatorischen Bewegung und die Etablierung der Reformation zufiel,[10] immer wieder en passant auf die Türken zu sprechen kam,[11] so setzte eine konzentrierte inhaltliche Ausein-

---

5 Vgl. Stephen A. Fischer-Gelati: Ottoman Imperialism and German Protestantism 1521–1555, Cambridge/MA 1959; Neudruck: New York 1972. **6** WA 1, 535, 35–39 (*Resolutiones disputationum de indulgentiarum virtute*, 1518). **7** Satz 34 der Bannandrohungsbulle *Exsurge Domine* lautet: »Proeliari adversus Turcas est repugnare Deo visitanti iniquitates nostras per illos.« Heinrich Denzinger: Enchiridion symbolorum definitionum et declarationum de rebus fidei et morum, verbessert, erweitert und ins Deutsche übertragen […] von Peter Hünermann, 38. Aufl., Freiburg im Breisgau u. a. 1999, Nr. 1484, S. 492; vgl. auch WA 7, 140 f.; 443. **8** Vgl. die Hinweise in: Kaufmann, »Türckenbüchlein« (wie Anm. 4), S. 61 f., 219–224. **9** »Ad hunc (sc. dem türkischen Sultan) legatus missus vir egregius nomine Schmaltz, Hagenensis civis, hunc interrogavit, quot annorum esset Lutherus; respondit 49 annorum. Ad quod Turca: Utinam iunior esset; er sol einen gnedigen herrn an mir wissen. – Hoc audiens (sc. Luther) levata manu et signo crucis facto dixi (sc. gemeint ist: Luther sprach): Behut mich Gott fur diesem gnedigen herrn!« WA.TR 2, 2537a, 508, 3–8. Das Stück aus der Tischredenüberlieferung des Konrad Cordatus ist auf den März 1532 datiert. **10** Vgl. Thomas Kaufmann: Geschichte der Reformation, 2. Aufl., Berlin 2010, S. 266–278; 303–307; Ders.: Der Anfang der Reformation. Studien zur

andersetzung mit ihnen doch erst um 1528/29 ein, das heißt in engstem historischen Zusammenhang mit den militärischen Vorstößen der Osmanen nach Mitteleuropa.

In dem von den Wittenberger Reformatoren gemeinsam aufgesetzten *Unterricht der Visitatoren* aus dem Jahr 1528, einem Schlüsseldokument der doktrinalen und disziplinatorischen Normierung, das vielfach im Zuge der Visitationen zum Einsatz kam, die aus Anlass der Einführung der Territorialreformationen durchgeführt wurden, sind erstmals die Grundlinien der für Luther in den späteren Jahren charakteristischen Haltung gegenüber den Türken erkennbar: Während einige evangelische Prediger, etwa aus dem Täufertum,[12] im Anschluss an Luthers frühreformatorische Position die Auffassung vertraten, dass Defensivmaßnahmen gegen die Türken[13] nicht infrage kämen, da Gott durch sie strafe, lehrten die Wittenberger nun, dass der weltlichen Obrigkeit ein Recht, ja eine Pflicht zur Verteidigung ihrer Untertanen gegen die Türken zukomme. Die Frage des Türkenkriegs stellte sich für Luther und seine Mitstreiter als ein spezifischer Anwendungsfall seiner politischen Ethik dar. Die Türken seien nicht nur darauf aus, die Länder der Christenheit »zuverderben, weib und kinder [zu] schenden und [zu] ermorden, Sondern auch Landrecht, Gottes dienst und alle gute ordnung weg[zu]nemen«.[14] Deshalb sei ein von den weltlichen Obrigkeiten angeführter Kampf gegen sie zwar kein »Kreuzzug« – denn einen solchen konnte es für evangelische Theologen nicht mehr geben –, aber »ein rechter Gottesdienst«[15] im Sinne der christlichen Dienstbarkeit innerhalb der von Gott in der Schöpfung gestifteten Ordnung der drei Stände: des *status politicus* (weltliche Obrigkeit), des *status ecclesiasticus* (Geistlichkeit) und des *status oeconomicus* (Nährstand). Indem die Türken keinerlei »erbarkeit«[16] anerkannten, die Ehe missachteten, Kinder verkauften und gegen Eigentumsrechte verstießen, vergingen sie sich nach Auffassung des *Unterrichts der Visitatoren* an der von Gott gesetzten Dreiständeordnung. Ein auch mit militärischen Mitteln geführter Widerstand gegen sie sei also geboten.

Luthers »Wissen« über die Türken basierte im Wesentlichen auf der seit dem späteren 15. Jahrhundert häufig gedruckten Schrift eines gebürtigen Siebenbürgers mit Namen Georgius, der in der Jugend aus seiner Heimat verschleppt und mehrfach im Osmanischen Reich als Sklave verkauft worden war. Nach Jahrzehnten der Gefangenschaft unter dem Halbmond war Georgius die Flucht nach Rom gelungen, wo er dem Dominikanerorden beitrat. Die außerordentlich detaillierte Darstellung über die Sitten und die Religion der Türken[17] vermittelte zwar eine im Ganzen sehr negative Sicht auf die Feinde der Christenheit, Georgius unterließ es aber nicht, die kulturellen Errungenschaften der Osmanen ausgiebig zu schildern: die großen architektonischen Leistungen, die Ernsthaftigkeit ihrer reli-

Abb. 3 Erhard Schön, Türkische Grausamkeiten, Nürnberg um 1530. Das Blatt erschien im Kontext eines von Hans Guldenmund in Nürnberg publizierten Zyklus illustrierter Flugblätter zur Türkenfrage.

giösen Disziplin, die Autorität der militärisch-politischen Ordnung, die klare Hierarchie im Verhältnis der Geschlechter, die Hygiene, die Armenversorgung und vieles andere mehr. Allerdings deutete Georgius das Schöne und Eindrucksvolle an der türkischen Kultur im Sinne der Warnung des Apostels Paulus vor der Camouflage des Satans, der sich als Engel des Lichts zu verstellen pflege (2 Kor 11,14). Auf dieser Linie folgte ihm Luther, der dessen Schrift 1530 in der lateinischen Version herausgab;[18] diese Edition bildete den Ausgangs-

Kontextualität der Theologie, Publizistik und Inszenierung Luthers und der reformatorischen Bewegung (= Spätmittelalter, Humanismus, Reformation. 67), Tübingen 2012, S. 356–434. **11** Das entsprechende Material hat minutiös zusammengestellt und analysiert: Johannes Ehmann: Luther, Türken und Islam. Eine Untersuchung zum Türken- und Islambild Martin Luthers (1515–1546) (= Quellen und Forschungen zur Reformationsgeschichte. 80), Gütersloh 2008, S. 227–268. **12** Vgl. die Nachweise in Kaufmann, »Türckenbüchlein« (wie Anm. 4), S. 47–54; 191–207. **13** »Es schreyen auch etliche Prediger frevelich vom Türcken, man sol dem Türcken nicht widderstehen, Darumb das Rache den Christen verboten sey.« WA 26, 228, 33f. **14** WA 26, 229, 26f. **15** WA 26, 229, 45f. **16** WA 26, 229, 32. Zur Drei-Stände-Lehre im Kontext von Luthers Auseinandersetzung mit den Türken vgl. Adam S. Francisco: Martin Luther and Islam. A Study in Sixteenth-Century Polemics and Apologetics (= History of Christian-Muslim Relations. 8), Leiden/Boston 2007, S. 131–141. **17** Am besten zugänglich in der zweisprachigen Ausgabe von Reinhard Klockow: Georgius de Hungaria, Tractatus de Moribus, Condicionibus et Nequitia Turcorum (= Schriften zur Landeskunde Siebenbürgens. 15), 2. Aufl., Köln/Weimar/Wien 1992. **18** Die Vorrede Luthers ist ediert in: WA 30/2, 205–208.

punkt einer sehr erfolgreichen deutschen Ausgabe, die von dem Spiritualisten Sebastian Franck in Umlauf gebracht wurde.[19]

Wesentliche Aspekte der Schrift des Georgius gingen auch in Luthers stark apokalyptisch geprägte erste umfänglichere Äußerung zu diesem Thema, die *Heerpredigt wider die Türken*,[20] ein. Diese Schrift stammt aus dem Herbst 1529, also jener Zeit, in der die europäische Öffentlichkeit durch die Türken vor Wien (Abb. 3) aufgewühlt war. Im Unterschied zu früheren Texten operierte Luther nun mit einer auch von anderen Wittenberger Theologen vertretenen exegetischen Konzeption: Die Kapitel Ezechiel 38 und 39 sowie Daniel 7 (Abb. 4), die er auf die Türken bezog, bezeugten ihres Erachtens, dass die Auseinandersetzung mit den Osmanen Teil eines endzeitlichen Szenarios war. Der Türke war für Luther der »letzte und ergeste zorn des teuffels widder Christum, damit er […] seinen grym gantz ausschüttet widder Christus reich, Dazu auch die grösseste straffe Gottes auff erden uber die undanckbarn und gotlosen verechter und verfolger Christi und seines worts«.[21]

Den entscheidenden Interpretationsschlüssel zur Türkenthematik gewann Luther durch Daniel 7,8, der ein kleines, einem gewaltigen Tier nachwachsendes Horn weissagt, das drei Reiche verdränge. Luther bezog dieses Bild auf den osmanischen Sultan, der Ägypten, Griechenland und Kleinasien eingenommen habe. Die Menschenaugen, die das Horn trage (Dan 7,8), symbolisierten den Koran, ein Gesetz, das nichts Göttliches, sondern nur »eitel menschliche vernunfft on Gottes wort und geist«[22] enthalte. Im Maul des Horns (Dan 7,8) sei Mohammed angekündigt, der sich über Christus erhebe und dessen Gottheit verleugne. Das Wüten der Türken zeige die Nähe des Jüngsten Gerichts an; wider diese zu streiten, sei mit aller Härte geboten. Wer einen Türken erwürge, der »erwürget […] einen feind Gottes und lesterer Christi«.[23]

Angesichts der unabweisbaren Gefahr, dass Christen in türkische Gefangenschaft geraten und zur Verleugnung ihres Glaubens veranlasst werden könnten, schärfte Luther diesen den katechetischen Grundstoff des christlichen Glaubens, den er soeben erst in seinem *Kleinen* und seinem *Großen Katechismus* expliziert hatte, besonders ein: »So lerne nu […] die zehen gebot, dein vater unser, den glauben [d.i. das Apostolische Glaubensbekenntnis] und lerne sie wol, sonderlich diesen artickel da wir sagen ›Und an Jesum Christ seinen einigen Son […]‹. Denn an diesem artickel ligts, von diesem artickel heissen wir Christen […]. […] Und durch diesen artickel wird unser glaube gesondert von allen andern glauben auff erden, Denn die Jüden haben des nicht, Die Türcken und Sarracener auch nicht, dazu kein Papist noch falscher Christ noch kein ander ungleubiger, sondern allein die rechten Christen.«[24] Durch das katecheti-

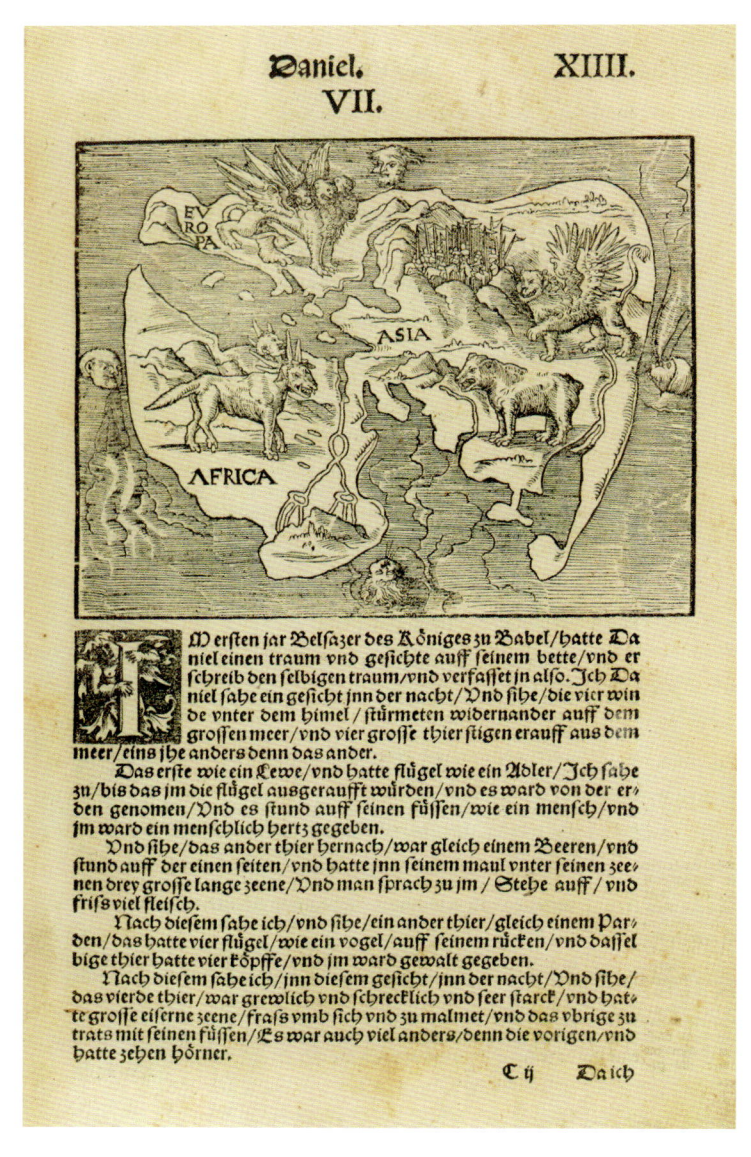

Abb. 4 Martin Luther, Biblia Das ist die gantze Heilige Schrifft Deudsch, Wittenberg 1534. Weltkarte mit dem Traum Daniels (Dan 7,2–8), die mehrfach in Wittenberger Drucken verwendet wurde

sche Wissen sollte der Christ in der türkischen Gefangenschaft befähigt werden, sich selbst in jeder beliebigen Lebenslage der Grundfesten seines Christseins zu versichern. Vor allem beim Artikel von Christus sollte er sich spürbar konzentrieren: »[…] und wenn du auff diesen artickel kömpst, so drucke mit dem daumen auff einen finger odder gib dir sonst etwa ein zeichen mit der hand odder fuss, auff das du diesen artickel dir wol einbildest und mercklich machest

---

19 Nähere Hinweise und die nötigen Nachweise in: Kaufmann, »Türckenbüchlein« (wie Anm. 4), S. 171–177; 207–210. **20** WA 30/2, 160–197. **21** WA 30/2, 162, 20–24. **22** WA 30/2, 168, 17. **23** WA 30/2, 173, 7 f. **24** WA 30/2, 186, 1–18. **25** WA 30/2, 186, 21–25. **26** WA 30/2, 206, 3–22; vgl. Thomas Kaufmann: Luthers Sicht auf Judentum und Islam, in: Heinz Schilling (Hrsg.): Der Reformator Martin Luther 2017. Eine wissenschaftliche und gedenkpolitische Bestandsaufnahme (= Schriften des Historischen Kollegs Kolloquien. 92), Berlin/München/Boston 2014, S. 53–84, bes. 58–60. **27** Vorrede Luthers zu Georgius de Hungarias Tractatus, zit. nach der Übersetzung Sebastian Francks, in: Sebastian Franck, Sämtliche Werke. Kritische Ausgabe mit Kommentar, Bd. 1: Frühe Schriften, hrsg. von Peter Klaus Knauer, Bern 1983, S. 240, 35–37. **28** WA 30/2, 207, 35–39. **29** WA 47, 62, 18–24 (Auslegung Joh 3 und 4, 1539). Ähnlich im *Großen Galaterkommentar* (1535): »Was ist ein Papatus, Turcatus et totus mundus erga unum Christum?« WA 40/II, S. 21, 10 (Handschrift). **30** WA 12, 285, 4 f. (*Epistel S. Petri gepredigt*, 1523). Die »anderen Religionen« stehen für Luther stellvertretend für menschliche Leistungen und Bemühungen in Bezug auf Gott. »[…] non media via inter cognitionem Christi et operationem humanam. Postea nihil refert, sive sit Papista, Turca, Iudeus, una fides ut altera.« WA 40/I, S. 603, 10–604, 2 (*Großer Galaterkommentar*, 1535, Handschrift). Dem jüdischen und türkischen Ethos zollt Luther gleichfalls keinen

[…].«²⁵ Die türkische Herausforderung wurde von Luther demnach als Anlass verstanden, die Bemühungen um eine Fundierung des christlichen Glaubensbewusstseins zu verstärken und die Christenheit auf die Nähe des Jüngsten Gerichts vorzubereiten.

Gemäß Luthers pointiert antikatholischer Sicht repräsentierten die Türken eine menschliche Religion der durch die Erfüllung religiöser Gebote geprägten, orthopraktischen Gesetzlichkeit, wie sie auch die Anhänger der Papstkirche verträten; nur verwirklichten die Anhänger Mohammeds diese fromme Leistungsreligion viel überzeugender als die »Römer«.²⁶ Am Gegenüber zu Türken, Juden und »Papisten« zeigte sich für Luther also, dass das »Christenlich wesen und religion etwas vil anders unnd höchers sein / dann ein schön höflich Kirchengebreng / gebären [sc. Gebärden] / schein / platten / kappen / fasten / feyertag / siebenzeyt / bleichs angesicht«,²⁷ nämlich allein im Glauben an Christus, den Gottessohn, vor Gott gerecht zu werden.²⁸ Während sich der Papst und die Juden dagegen sträubten, Christus als einzigen Weg zum Heil anzuerkennen, akzeptierten die Türken ihn als großen Propheten, nähmen aber an seiner Gottessohnschaft Anstoß.

Am Bekenntnis zu Christus entscheidet sich nach Luther auch die Haltung gegenüber jeglicher religiöser Manifestation – wie eindrücklich auch immer sie sein mag: »Den wen gleich der Bapst und Turcke auch darzu todten aufferwecketen und sich mit rutthen strichen, das das bluth von ihnen flosse, und etliche wochen zu wasser und brodt fastetest, so weis ich doch, das du nicht die aufferstehung noch das leben oder die auffarth und weg gehn Himmel bist, sondern du betreugst und verfurest mich mit diesen Stucken allenn.«²⁹ Von dem rechtfertigenden Glauben an Christus her entschied sich für Luther die prinzipielle Wertlosigkeit »der Juden und Turcken glawb […], und dere[r], die auff yhren wercken«³⁰ insistieren. »Türke« konnte von Luther auch als vieldeutiges Schimpfwort gegen jede Art Gegner der Rechtfertigungslehre eingesetzt werden.

Luthers späte Texte zu den Türken und ihrer Religion

Die hier skizzierten Tendenzen behielt Luther auch in seinen späteren Äußerungen zu den Türken bei, unter denen besonders die durch neue militärische Vorstöße Süleymans veranlasste Schrift *Vermahnung zum Gebet wider die Türken*³¹ (1541) herausragt: Der Glaube ist die entscheidende Rüstung, und Buße und Gebet sind die wichtigsten Mittel im Kampf gegen die Türken. Mithilfe der Türken ergehe Gottes Zorn über die das Evangelium verachtende Christenheit; militärische Maßnahmen, die der alternde Reformator zusehends skeptischer beurteilte, seien nur auf Geheiß der weltlichen Obrigkeiten durchzuführen. Das eigentliche Gebet,³² das im Zentrum der *Vermahnung* stand, stellte die Schuld gegenüber Gott als eigentliches Motiv der in der türkischen Bedrohung sich äußernden göttlichen Strafe heraus.

In ähnlich elementarisierender Form fasste der Wittenberger Reformator die Bitte um den Schutz vor den Feinden Christi, den Papst und den Türken, auch in dem Kinderlied *Erhalt uns, Herr, bei deinem Wort* (1541/12; Abb. 5) zusammen: »Erhalt uns Herr, bey deinem Wort / Und steur des Bapsts und Türcken Mord, / Die Jhesum Christum, / deinen Son Wollten stürtzen von deinem Thron.«³³ Dieses Lied wurde der beliebteste hymnische Identitätsmarker des lutherischen Protestantismus in der Frühen Neuzeit.

In den historischen Umkreis der beiden letztgenannten Schriften Luthers, der *Heerpredigt* und der *Vermahnung*, gehören auch seine wichtigsten literarischen Auseinandersetzungen mit dem heiligsten Buch der Muslime – dem Koran: Dies war zum einen eine recht freie, durchaus eigenwillige Übersetzung einer um 1300 von dem Dominikaner Ricoldus de Montecrucis auf Latein verfassten Widerlegung des Korans (*Confutatio Alcorani*),³⁴ die lange Passagen aus dem inkriminierten Buch zitierte und als eine der wichtigsten Quellen der christlichen Korankenntnis des Mittelalters gilt. Zum anderen waren das Gutachten beziehungsweise Vorreden Luthers und Melanchthons, die gemeinsam die erste Drucklegung der aus dem 12. Jahrhundert stammenden lateinischen Koranübersetzung des Robert von Ketton in der Baseler Offizin von Johannes Oporin ermöglichten.³⁵ Der Züricher Theologe und Philologe Theodor Bibliander, der dieses große Unternehmen leitete und neben der Koranübersetzung auch weitere wichtige Schriften der christlichen Auseinandersetzung mit dem Islam und seinem heiligen Buch publizierte, hatte durch die Intervention der Wittenberger Reformatoren erreicht, dass der Baseler Rat seine bisherige Zensurpolitik gegenüber dem Korandruck aufgab.

Doch was hat Luther, der zeitgleich einen literarischen Feldzug gegen das Judentum und die Verbreitung jüdischer Schriften führte, dazu veranlasst, den Koran für das christliche Abendland zugänglich zu machen? Nach einem von Luther selbst gegebenen Hinweis war er früher gegenüber der *Confutatio* des Ricoldus skeptisch gewesen;³⁶ er konnte sich nicht vorstellen, dass die Religion der Türken so erbärmlich sein solle, wie sie im Spiegel ihres christlichen Kritikers Ricoldus erschien. Dies war auch ein Argument für den Nachdruck des Traktats von Gregorius von Ungarn gewesen, denn Luther wollte deutlich machen, dass die »türkische Religion« Attraktionsmomente besaß, die sie verführerisch machten und dass sie ernst genommen werden müsse. An »Fastnacht«³⁷ 1542 aber war ihm ein Exemplar der lateinischen Übersetzung des Korans in die Hände gefallen, »doch

sonderlichen Respekt, vgl. WA 46, S. 459, 13 f. »Iam Mohamet, sub quo will Turca uns alle haben, hat Christum lang hinweg geworffen. Bapst ist ein wenig kluger, non abiecit scripturam ut Turca, sed ist nicht weit a Turcis et Iudeis, quia depravavit, imo prorsus abolevit veram intelligentiam scripturae et suos Canones.« WA 49, 16, 19–23. **31** WA 51, 585–625. **32** WA 51, 608, 24–611, 26. **33** Markus Jenny: Luthers geistliche Lieder und Kirchengesänge (= Archiv zur Weimarer Ausgabe der Werke Martin Luthers. 4), Köln/Wien 1985, S. 118 f.; 304 f. **34** WA 53, 261–396; wegen des Paralleldrucks der lateinischen Vorlage Luthers und einer eigenen Übersetzung sehr hilfreich: Johannes Ehmann: Ricoldus de Montecrucis, Confutatio Alcorani (1300) Martin Luther, Verlegung des Alcoran (1542). Kommentierte lateinisch-deutsche Textausgabe (= Corpus Islamo-Christianum, Series Latina. 6), Würzburg/Altenberge 1999. **35** WA 53, 561–572; weitere Nachweise in: Thomas Kaufmann: Luthers »Judenschrifften«. Ein Beitrag zu ihrer historischen Kontextualisierung, 2. Aufl., Tübingen 2013, S. 108 f.; Hartmut Bobzien: Der Koran im Zeitalter der Reformation (= Beiruter Texte und Studien. 42), Stuttgart 1995, S. 159–275. **36** WA 30/2, 205, 3–10. **37** WA 53, 272, 16. Zum Kontext ausführlich: Hartmut Bobzien: »Aber itzt ... hab ich den Alcoran gesehen Latinisch ...« Gedanken Martin Luthers zum Islam, in: Hans Medick/Peer Schmidt (Hrsg.): Luther zwischen den Kulturen. Zeitgenossenschaft – Weltwirkung, Göttingen 2004, S. 260–276.

Abb. 5 Pancratius Kempff, Erhalt uns Herr bei deinem Wort, Magdeburg zw. 1547 und 1549.
Unter den Verdammten ist neben Vertretern der römischen Kirche auch ein Türke zu erkennen.
Das Luther-Lied ist direkt unterhalb des Bildes gesetzt. Der Gebetstext auf dem unteren Teil
des Blattes stammt von Leonhard Jacobi.

seer ubel verdolmetscht, das ich noch wünschet einen klerern zusehen.«[38] Möglicherweise handelte es sich dabei um jene Handschrift, die dann kurze Zeit später in Basel gedruckt wurde. Luther jedenfalls entnahm seinem sicher nicht sehr tief gehenden Koranstudium, dass die negativen Urteile, die Ricoldus – Luther nannte ihn »Bruder Richard« – über den Koran abgegeben hatte, zutreffend seien. Insofern trug Luther – ähnlich wie durch seine Verbreitung der Schrift des Georgius von Ungarn – maßgeblich dazu bei, dass unter seiner Autorität tendenziöse mittelalterliche Quellen über den Islam auch im Zuge der Reformation verbreitet wurden.

Luther sah in der Verbreitung des Korans ein wichtiges publizistisches Mittel, den Islam zu bekämpfen. Gegenüber der Zensurpraxis der römischen Kirche setzte er also im Fall der »türkischen Religion« – ähnlich wie gelegentlich auch im Kampf gegen binnenchristliche Gegner – darauf, dass dieser nichts so sehr schade wie eine Verbreitung ihrer »abstrusen« Vorstellungen. Luther war sich gewiss, dass fromme und gelehrte Leute, die den Koran läsen, sich einer Widerlegung seiner Irrtümer hingeben würden.[39] Wie man die Nichtigkeit der Juden durch nichts so offenbare, als indem man ihre Geheimnisse ans Licht ziehe, so zeige auch die Veröffentlichung des Korans, was für eine unhaltbare Religion der Betrüger Mohammed errichtet habe.[40] Die Unwahrheit der Religion Mohammeds ergebe sich zudem aus dem Anspruch des Korans, die Bibel als ein »neues Buch« zu überbieten.[41] Im Lichte der vermeintlichen Lügen der fremden Religion – etwa der islamischen Bestreitung der altkirchlichen Dogmen zu Trinität und Christologie, der Ignoranz gegenüber der Erbsünde als Grund der menschlichen Schwäche[42] – erwies sich für Luther die Wahrheit des Christentums. Insofern führe die Aufklärung über die Irrlehren der fremden Religionen, so Luther, zu einer Abwendung von Türken, Juden und Heiden und einer Hinwendung zum Vater des gekreuzigten Gottes.[43] Auch in den Lehren der Täufer und des Trinitätsleugners Michael Servet sah Luther zeitgenössische Aktualisierungen jener teuflischen Lehren, die im Koran enthalten waren. Insofern stand die Auseinandersetzung mit der Heiligen Schrift der Türken für den Wittenberger Reformator in einem gegenwartshermeneutischen Horizont.

Resümee

Zusammenfassend kann man feststellen, dass Luthers Wahrnehmung der Türken eminent mit zeithistorischen Erfahrungen, die er im Horizont biblischer Texte deutete, verbunden war. Die Türken galten ihm als göttliche Zuchtrute für die Sünden der Papstkirche und den Ungehorsam der Christenheit gegenüber dem Evangelium. Auch aufgrund einer ihm 1529 bekannt gewordenen Prophetie des damals bereits seit über zwei Jahrzehnten verstorbenen Eisenacher Franziskaners Johannes Hilten, der die Eroberung Europas und die Vernichtung »Germanias« durch den Türken geweissagt hatte,[44] war Luther davon überzeugt, dass das Ende der Geschichte unmittelbar bevorstehe. Die Rezeption »ethnografischen« Wissens,[45] wie es etwa Georgius von Ungarn bot, zielte bei Luther darauf ab, die Christenheit vor den Versuchungen der vom Teufel inspirierten »türkischen Religion« zu warnen. Den militärischen Konfrontationen mit den immer näher rückenden Türken sollte durch Abwehrmaßnahmen unter der Führung der weltlichen Obrigkeiten begegnet werden.

Die »Türkengefahr« veranlasste den Reformator auch dazu, die Kerngehalte des christlichen Glaubens in katechetischer Form zusammenzufassen; es galt, die Christenheit innerlich zu festigen und für ein geistliches Überleben unter dem Halbmond zu rüsten. Luthers Rezeption und Verbreitung antiislamischer christlicher Literatur des Mittelalters verdeutlichen, dass er sich in den entscheidenden Differenzlehren – der Erbsünde, dem prophetischen Anspruch Mohammeds, der Trinitätslehre und der Zwei-Naturen-Christologie – in Übereinstimmung mit der Tradition der lateinischen Kirche sah. Die von Luther als polemische Strategie betriebene exzessive »Turkisierung« seiner innerchristlichen Gegner – der Papstkirche und der protestantischen »Häretiker« – zielte darauf ab, eine Auslegung des christlichen Glaubens, die menschlicher Vernunft und frommen, religiösen Leistungen einen Wert beimaß, von seinem Verständnis der Rechtfertigungslehre her grundsätzlich zu attackieren.

---

38 WA 53, 272, 16 f. **39** Vgl. WA 53, 570, 28 f. **40** WA 53, 570, 30–33; 34–571, 3. **41** »At hoc figmentum Mohameti esse novum hic liber testatur.« WA 53, 571, 40 f. **42** WA 53, 572, 4–7. **43** WA 53, 571, 30–34. **44** Vgl. die Nachweise in: Thomas Kaufmann: Konfession und Kultur. Lutherischer Protestantismus in der zweiten Hälfte des Reformationsjahrhunderts (= Spätmittelalter und Reformation. NR 29), Tübingen 2006, S. 435–441. **45** Almut Höfert: Den Feind beschreiben. »Türkengefahr« und europäisches Wissen über das Osmanische Reich 1450–1600 (= Campus Historische Studien. 35), Frankfurt/New York 2003.

| 0 | 100 | 200 | 300 | 400 | 500 | 600 | 700 | 800 | 900 | 1000 |

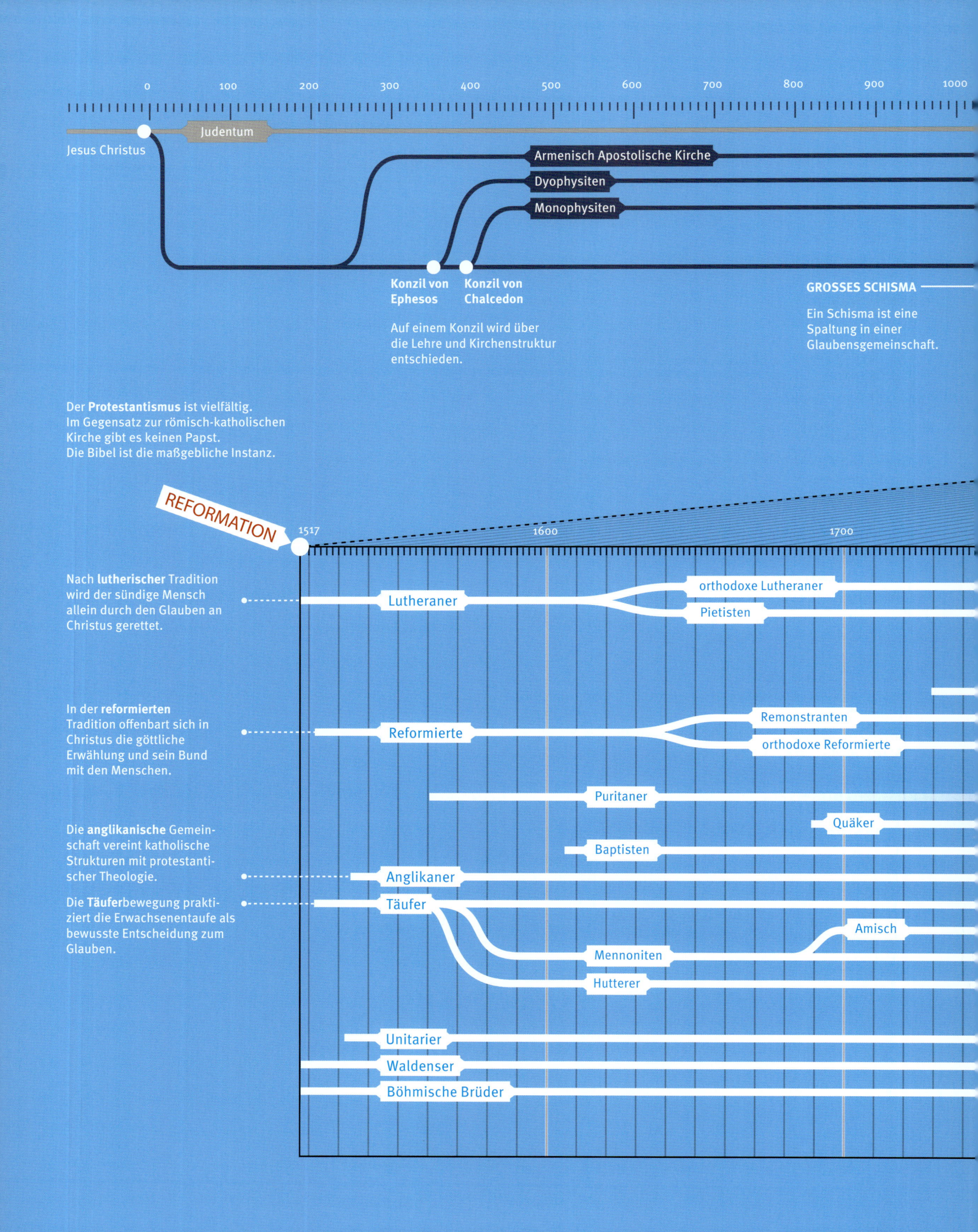

Jesus Christus

Judentum

Armenisch Apostolische Kirche

Dyophysiten

Monophysiten

Konzil von Ephesos **Konzil von Chalcedon**

Auf einem Konzil wird über die Lehre und Kirchenstruktur entschieden.

GROSSES SCHISMA

Ein Schisma ist eine Spaltung in einer Glaubensgemeinschaft.

Der **Protestantismus** ist vielfältig. Im Gegensatz zur römisch-katholischen Kirche gibt es keinen Papst. Die Bibel ist die maßgebliche Instanz.

REFORMATION 1517   1600   1700

Nach **lutherischer** Tradition wird der sündige Mensch allein durch den Glauben an Christus gerettet.

Lutheraner — orthodoxe Lutheraner / Pietisten

In der **reformierten** Tradition offenbart sich in Christus die göttliche Erwählung und sein Bund mit den Menschen.

Reformierte — Remonstranten / orthodoxe Reformierte

Puritaner

Quäker

Baptisten

Die **anglikanische** Gemeinschaft vereint katholische Strukturen mit protestantischer Theologie.

Anglikaner

Die **Täufer**bewegung praktiziert die Erwachsenentaufe als bewusste Entscheidung zum Glauben.

Täufer — Mennoniten — Amisch / Hutterer

Unitarier

Waldenser

Böhmische Brüder

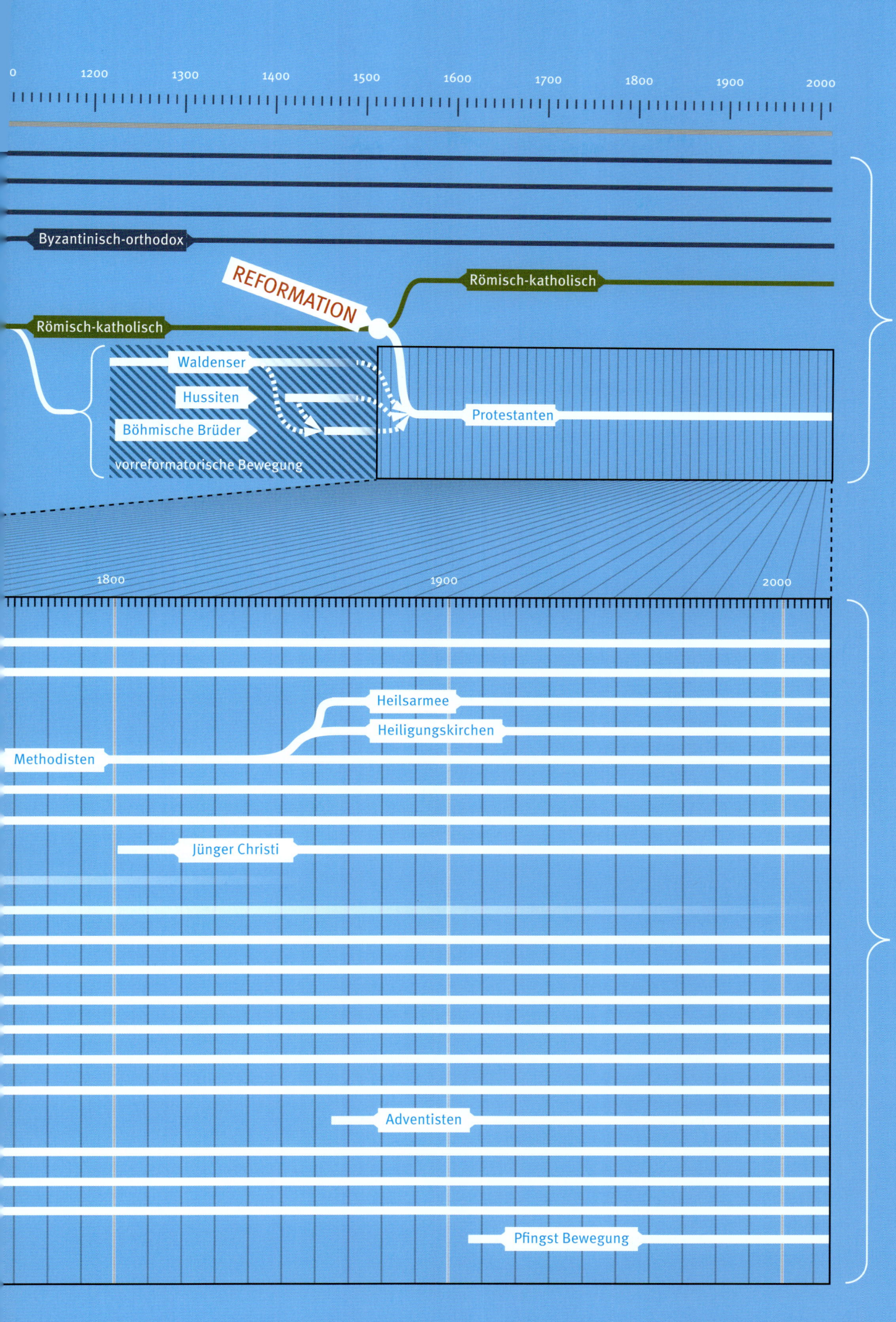

Das Christentum
Von den Anfängen bis 2017 n.Chr

- Byzantinisch-orthodox
- Römisch-katholisch
- **REFORMATION**
- Römisch-katholisch
- Waldenser
- Hussiten
- Böhmische Brüder
- vorreformatorische Bewegung
- Protestanten

Die Protestanten
1517 n.Chr - 2017 n.Chr

- Methodisten
- Heilsarmee
- Heiligungskirchen
- Jünger Christi
- Adventisten
- Pfingst Bewegung

ROBERT KOLB

Die lutherischen Bekenntnisschriften. Ein neues Genre definiert die Kirche

In Martin Luthers Jugend glaubten die meisten Christen in Westeuropa, dass es beim Christsein darum ging, mithilfe geweihter Rituale und sonstiger guter Werke Gottes Gunst und Gaben zu erlangen. Einige meinten, dass Gottes Gnade diesen Prozess zwar anstoße oder fördere, die Beziehung zu Gott zu pflegen aber hauptsächlich menschlichem Bemühen obliege. Luther empfand diese Definition von Christsein als drückende Last. Diese Last wurde noch größer durch das Ringen mit seinem eigenen Unvermögen, Gott ausreichend zu gefallen. Es wurde noch erschwert durch Vorannahmen im Hinblick auf Gottes Allmacht, die er von sogenannten »ockhamistischen«[1] Lehrern gelernt hatte. Seine klösterlichen Vorgesetzten bestimmten ihn für eine Laufbahn als Professor der Theologie mit dem Schwerpunkt auf der Bibelwissenschaft. Diese Aufgabe führte zu einem Wandel in Luthers Auffassung von der Beziehung des Christen zu Gott. In seinen ersten Vorlesungen über die Psalmen (1513–1515), den Römer- (1515–1516) und den Galaterbrief (1516) gelangte er schließlich zu einer anderen Definition des Christseins: nämlich als einer von Gott, dem Schöpfer, der durch die Sprache erschafft, ausgehenden Beziehung (Gen. 1). Durch sein Gespräch mit den menschlichen Geschöpfen schafft Gott Gemeinschaft mit ihnen. Für Luther wurde so Gottes Wort in den Heiligen Schriften zum Mittelpunkt des christlichen Lebens. Die Predigt als Gottes Anteil an dem Gespräch mit seiner Gemeinde sowie die Sakramente der Taufe und des Abendmahls traten an die Stelle der Messe als Kern des Gottesdienstes. In der Heiligen Schrift war Gott präsent und von ihr ging seine Macht aus, Sünder aus ihrer Entfremdung von Gott (Röm 1,16) zu retten, und zwar auf der Grundlage seines Versprechens von Erlösung und neuem Leben durch den Tod und die Auferstehung Jesu, der fleischgewordenen zweiten Person der Dreifaltigkeit (Joh 1,1–14).

Diese Betonung der Bibel als Gottes Wort durchdrang nicht nur Luthers Lehren und Predigen, sondern auch das Denken seiner Kollegen an der Universität Wittenberg, allen voran Philipp Melanchthon. Nachdem Kirche und Reich Luther 1521 geächtet hatten, wurde Melanchthon im Dienst des sächsischen Kurfürsten zum öffentlichen diplomatischen Vertreter all derer, die der Wittenberger Reformation anhingen. Selbstverständlich wurde er auch Verfasser der Rede, die auf dem Reichstag von Augsburg 1530 vor Kaiser Karl V. gehalten werden sollte, um diesem zu erläutern, warum der Kurfürst von Sachsen und weitere Anhänger der Wittenberger Reformation in ihren Ländern Reformen einführten, die von Luther inspiriert waren. Beim Ausformulieren dieser Rede, die der sächsische Vizekanzler Christian Beyer dem Reichstag vortragen sollte, betitelte Melanchthon seine Erläuterung zunächst mit »Verteidigung« (*apologia*). Er änderte den Titel dann in »Bekenntnis« (*confessio*). Dies spiegelt eine Änderung der Taktik wider. Ursprünglich hatten die evangelischen[2] Abgeordneten des Reichstags nur geplant, ihre Reformen zu erläutern. Die von Johannes Eck, Professor an der Universität Ingolstadt und Hauptdrahtzieher bei Luthers Exkommunikation, veröffentlichte Anfechtung hatte allerdings den Anhängern Luthers abgesprochen, Teil der Kirche zu sein und in ihrer allgemeingültigen oder »katholischen« Tradition – der Lehre der Theologen von der Frühzeit der Kirche an – zu stehen.[3] Deshalb weitete Melanchthon seine Erläuterung aus, um zu zeigen, dass die Wittenberger Reformatoren in 21 Hauptpunkten christlicher Lehre absolut treu zur biblischen Lehre und der katholischen Tradition standen. Diese »Glaubensartikel« gingen der Erläuterung von sieben Reformpunkten in Beyers Vortrag voran.[4]

Seit mehr als zehn Jahren nutzten die Wittenberger Reformatoren nun schon Johannes Gutenbergs Erfindung der beweglichen Drucklettern. Luther erkannte schnell das im gedruckten Wort enthaltene Potenzial zur Verbreitung seines Reformaufrufs, nachdem auch die Drucker 1517/18 den potenziellen Markt für seine 95 Thesen zum Ablass erkannt hatten. Es war daher unumgänglich, Beyers Rede zu drucken, was 1531 geschah. Als Stellungnahme der evangelischen Fürsten und Städte ein Dokument von offiziellem und als formelle Vorlage beim Reichstag ein Zeugnis von halb juristischem Rang, wurde das *Augsburger Bekenntnis* für diejenigen, die eine Reform

---

1 Wilhelm von Ockham (etwa 1297–1347) prägte das philosophische und theologische Denken des späten Mittelalters maßgeblich und spielte eine bedeutende Rolle in der Ausbildung, die Luther an der Universität Erfurt erhielt, und in den Lehrbüchern, die er als Student benutzte. **2** »Evangelisch« war der von den Wittenberger Reformatoren verwendete Terminus, um ihre eigene theologische Position und die Reformationsbewegung zu beschreiben, aber im Lauf der ersten Hälfte des 16. Jahrhunderts wurde er zur Bezeichnung für alle, die später Protestanten genannt wurden. **3** Robert Kolb/James A. Nestingen (Hrsg.): Sources and Contexts of the Book of Concord, Minneapolis 2001, S. 33–82. **4** Irene Dingel (Hrsg.): Die Bekenntnisschriften der Evangelisch-Lutherischen Kirche, Göttingen 2014, S. 85–225; Robert Kolb/Timothy J. Wengert (Hrsg.): The Book of Concord, Minneapolis 2000, S. 30–105. **5** Wilhelm Maurer: Historical Com-

im Sinne Luthers anstrebten, rasch zum Symbol, zu einer Art Glaubensbekenntnis, einer Fortschreibung der Glaubensbekenntnisse der alten Kirche.⁵ Im Mittelalter hatte man den Begriff »Bekenntnis« verwendet im Sinne von »die Wahrheit sagen« über die eigenen Sünden, besonders im Sakrament der Buße, und über Gott zu seinem und seiner Werke Lob. Zuweilen wurde »bekennen« auch als Synonym für »lehren« verwendet, im Sinne einer formellen Verkündigung durch ein Konzil oder einen Bischof. Melanchthon stützte sich, um eine neue Bezeichnung für die Definition des Christseins zu finden, auf die Verwendung des Wortes, wie Luther es in seiner Schrift *Vom Abendmahl Christi, Bekenntnis* von 1528 benutzt hatte: nämlich dafür, seinen Glauben auf der Grundlage der Schrift auszudrücken. Luthers Abhandlung hatte eine umfangreiche Analyse der Gegenwart von Christi Leib und Blut im Abendmahl vorgelegt, aber mit einer Art dogmatischem letzten Willen und Testament geschlossen, der sich am Apostolischen Glaubensbekenntnis orientierte.

Beim Verfassen seiner Äußerungen zur biblischen und katholischen Lehre verwendete Melanchthon auch die *Schwabacher Artikel*, eine kurze, hauptsächlich von den Wittenberger Theologen 1529 verfasste Darstellung der Theologie der Kirchen in denjenigen Ländern, die ein Bündnis zur Verteidigung der evangelischen Reformen suchten,⁶ sowie die *Marburger Artikel*. Diese Zusammenfassung der Kirchenlehre war ebenfalls 1529 gegen Ende des Marburger Religionsgesprächs formuliert worden, auf dem eine Einigung zwischen den Anhängern Luthers und jenen des Schweizer Reformators Huldrych Zwingli hinsichtlich ihrer unterschiedlichen Auffassungen in Bezug auf das Abendmahl erzielt werden sollte (wozu es jedoch nicht kam).⁷ Die Artikel des *Augsburger Bekenntnisses*, welche die von den evangelischen Kirchen eingeführten Reformen verteidigen, stammen aus einer Reihe an Denkschriften, die seit dem 18. Jahrhundert als die *Torgauer Artikel* bezeichnet werden, weil ihre Ausformulierung in Torgau stattfand. Melanchthon bereitete Entwürfe in zwei Sprachen vor: in Deutsch zur Verlesung vor den Vertretern der deutschen Länderregierungen – und später für das deutsche Lesepublikum – sowie in Latein für die Gelehrten, besonders die Theologen. An einigen Stellen ist erkennbar, dass er in den deutschen und lateinischen Versionen ein wenig zwischen seinen zwei Zielgruppen differenzierte. Am 25. Juni 1530 verlas Christian Beyer vor dem Reichstag die deutsche Version im Namen seines Kurfürsten Johann und sechs weiterer Reichsfürsten sowie der Städte Nürnberg und Reutlingen.

Karl V. nahm das *Augsburger Bekenntnis* nicht an und setzte eine Kommission zur Erarbeitung einer Widerlegung ein. Den ersten Entwurf einer von Johannes Eck angeführten Gruppe lehnte er aufgrund seiner Schärfe ab, die jegliche Hoffnung auf eine Annäherung der beiden Seiten ausgeschlossen hätte. Daraufhin erarbeitete eine ebenfalls von Eck geleitete zweite Kommission ein Papier, das von den Evangelischen als »Päpstliche Widerlegung« (*Confutatio*) bezeichnet

Abb. 1 Augsburger Bekenntnis und Verteidigungsschrift des Augsburger Bekenntnisses, verfasst von Philipp Melanchthon, Titelblatt

und dem Reichstag am 3. August 1530 vorgelegt wurde.⁸ Luthers Anhänger weigerten sich, die Bedingung zu akzeptieren, die Karl V. an die Aushändigung eines Exemplars dieser Widerlegung knüpfte – nicht öffentlich auf die *Confutatio* zu reagieren. Auch ohne ein solches Exemplar hatte Melanchthon durch Notizen, die ihm Kollegen zuspielten, einen genauen Text des Dokuments zur Verfügung. Fast sofort begann er mit dem Verfassen seiner Erwiderung. Unter dem Titel *Apologie des Augsburger Bekenntnisses* stellte sich dieser weitaus ausführlichere Kommentar zum Augsburger Bekenntnis der Kritik der *Confutatio*.⁹ Melanchthons Verteidigung konzentrierte sich auf die seiner Überzeugung nach entscheidenden Punkte der Wittenberger Reformen: die Wiederherstellung der Gerechtigkeit des Menschen vor Gott durch den Tod und die Auferstehung Jesu Christi sowie durch das Vertrauen in die Aussicht auf Leben und Erlösung,

---

mentary on the Augsburg Confession, übers. von H. George Anderson, Philadelphia 1986; Leif Grane: The Augsburg Confession, a Commentary, übers. von John H. Rasmussen, Augsburg/Minneapolis 1987. **6** Irene Dingel (Hrsg.): Die Bekenntnisschriften der Evangelisch-Lutherischen Kirche, Quellen und Materialien, Bd. 1, Göttingen 2014, S. 38–42; Kolb/Nestingen, Sources (wie Anm. 3), S. 83–87. **7** Dingel, Quellen 1 (wie Anm. 6), S. 44–46; Kolb/Nestingen, Sources (wie Anm. 3), S. 89–92. **8** Herbert Immenkötter (Hrsg.): Die Confutatio der Confessio Augustana vom 3. August 1530, Münster 1979; Kolb/Nestingen, Sources (wie Anm. 3), S. 106–139. **9** Dingel, Bekenntnisschriften (wie Anm. 4) S. 236–709; Kolb/Wengert, Book (wie Anm. 4), S. 109–294; Christian Peters: Apologia Confessionis Augustanae, Untersuchungen zur Textgeschichte einer lutherischen Bekenntnisschrift (1530–1584), Stuttgart 1997.

Abb. 2 Andreas Herneisen, Windsheimer Konfessionsbild, 1601, Bad Windsheim. Übergabe der *Confessio Augustana* an Kaiser Karl V. am 25.6.1530 und Darstellung der gottesdienstlichen Handlungen der evangelischen Kirche

Abb. 3 Johann Dürr, Verlesung der Bekenntnisschrift durch den sächsischen Kanzler Dr. Christian Beyer, 1630

352 Polemik und Konflikte

die durch das Werk Christi vollendet und durch den Heiligen Geist in den Herzen der Menschen geschaffen wird. Melanchthons Darstellung der Lehre von der Rechtfertigung aus der Schrift, untermauert mit Verweisen auf die Kirchenväter, lehrte, dass Sünder durch Gottes bedingungslose Gnade Vergebung ihrer Sünden und ein neues Leben erhalten. Dies werde ermöglicht durch das Vertrauen, das die menschliche Seite der Beziehung zu Gott wiederherstellt, indem es alle Zuversicht für das gesamte Leben in die Verheißung Jesu Christi legt. Der Heilige Geist schafft diesen Glauben durch das wiedererschaffende Wort Gottes, sei es in mündlicher, schriftlicher oder sakramentaler Form. Die durch den Glauben gerechtfertigte Person bringt gute Werke hervor, lebt in neuem Gehorsam und erntet die Früchte des Glaubens im Lob Gottes und der Liebe zu anderen.

Das *Augsburger Bekenntnis* und die *Apologie* versicherten auch, dass Gott die Gläubigen in seiner Kirche um das verkündete Schriftwort und die Sakramente der Taufe, des Abendmahls und der Buße sammelt. Die Dokumente vermitteln Luthers Auffassung von der Macht dieses Schriftworts selbst wie auch von Gottes Gegenwart in diesem Wort, ebenso wie seine Vorstellung von Christi Gegenwart in der besonderen, einzigartigen Form seines Leibes und Blutes, das in Brot und Wein des Abendmahls Gestalt annimmt. Sie verdeutlichen, dass Gott die Strukturen menschlichen Lebens einschließlich Familie und gesellschaftlicher Institutionen geschaffen hatte. In einer sündigen Welt müssten Christen sich an der oft unübersichtlichen Aufgabe beteiligen, öffentliche Ordnung und gesellschaftliche Harmonie zu fördern. Die *Apologie* ging insbesondere auf die mit der *Confutatio* divergierenden Punkte ein.

Nur langsam entwickelte sich das *Augsburger Bekenntnis* zu einer sekundären Autorität, indem es aufgrund seiner biblischen Argumentation zu einer Interpretationshilfe für die Heilige Schrift wurde. In den 1530er Jahren hatte sich seine spätere Rolle als evangelische Kirchennorm noch nicht herausgebildet. Als Karl V. plante, in einem Religionsgespräch Anhänger des römischen Katholizismus mit evangelischen Reformatoren zusammenzubringen, baten die evangelischen Fürsten daher Melanchthon, die Formulierung der Rechtfertigungslehre aus dem *Augsburger Bekenntnis* weiter auszuführen. Dies leistete die *Confessio Augustana Variata* (*Überarbeitetes Augsburger Bekenntnis*) von 1540 – mit weiteren Überarbeitungen 1542[10] –, aber sie nahm auch Aussagen über das Abendmahl auf, die die *Wittenberger Konkordie* von 1536 widerspiegelten. Diese hatte die Differenzen der Wittenberger Theologen mit Martin Bucer, dem Straßburger Reformator, und weiteren süddeutschen Kirchenführern beigelegt, die versucht hatten, eine Brücke zwischen Zwinglis Ablehnung der tatsächlichen Gegenwart Christi im Abendmahl und Luthers Position zu schlagen. Melanchthon verwendete Terminologie, die 1540 in angemessener Weise Luthers Überzeugung ausdrückte, dass Leib und Blut Christi im Sakrament real gegenwärtig seien. Sie wurde jedoch später von Anhängern Johannes Calvins so interpretiert, als lasse sie deren eigene Auffassung einer spirituellen Gegenwart Christi zu. Dies führte schließlich zur Ablehnung dieser *Variata* durch die lutherischen Kirchen.

Auch die *Schmalkaldischen Artikel*, eine Agenda für die deutschen Evangelischen, die am römisch-katholischen Konzil von Trient (1545–1563) teilnahmen, rückten allmählich in den Rang eines maßgeblichen Resümees Wittenberger Theologie.[11] Ursprünglich hatte Papst Paul III. 1536 ein Dekret erlassen, auf dessen Grundlage im Mai 1537 ein Generalkonzil in Mantua abgehalten werden sollte. Dann startete er eine diplomatische Initiative mit dem Ziel, Vertreter der evangelischen Länder dorthin zu bringen. Kurfürst Johann Friedrich von Sachsen wünschte, dass Luther ein weiteres persönliches Glaubensbekenntnis verfasse, das ausdrücklich auf kritische Punkte in seinem Programm zur Reform der Lehre und des kirchlichen Lebens eingehe. Dieser Wunsch traf mit der Notwendigkeit einer zusammenfassenden Darlegung der Wittenberger Theologie für das Konzil zusammen. Obwohl er schwer erkrankt war, nahm Luther die Aufgabe auf sich, im Dezember 1536 und Januar 1537 eine solche Darlegung zu verfassen. Er wurde dabei von einer Kommission unterstützt, die aus den Wittenberger Theologen, seinen direkten Kollegen, und drei Auswärtigen (Georg Spalatin, Nikolaus von Amsdorf und Johann Agricola) bestand, die zum Wittenberger Kreis gehörten, aber nicht in Wittenberg wohnhaft waren.

Diese evangelische Agenda für das Konzil, die später als *Schmalkaldische Artikel* bezeichnet wurde, enthält drei Abschnitte. Im ersten hielt Luther die Grundlagen christlicher Lehre fest, über die sich beide Seiten einig waren, die Dreifaltigkeitslehre und die Lehre von der Person Christi, dieser einen Person, in der göttliche und menschliche Natur vereint sind. Im zweiten Abschnitt legte Luther den »Hauptartikel« des Glaubens fest, der sich auf »Amt und Werk Jesu Christi für unsere Erlösung« bezog. Er schrieb: »Von diesem Artikel kann man nicht weichen oder nachgeben, es falle Himmel und Erde.« Luther fasste dieses grundlegende Axiom über die Erlösung von Sünde und die Entfremdung von Gott mit Verweis auf einige Bibelstellen zusammen. Hierunter waren Römer 4,25, wo es heißt, Christus »ist um unsrer Sünden willen dahingegeben und um unsrer Gerechtigkeit willen auferweckt«; Joh 1,29, wo Johannes der Täufer zitiert wird, der mit den Worten: »Siehe, das ist Gottes Lamm, welches der Welt Sünde trägt« auf Jesus weist, sowie Passagen aus Römer 3. In ihnen wird versichert, dass Gott die Gerechtigkeit des Menschen durch den Glauben an Christus wiederherstellt, welches auf dessen bedingungsloser Gunst und Gnade fußt. Was Erlösung durch Gnade allein durch den Glauben an Christus heißt, verdeutlichte Luther, indem er drei Bereiche mittelalterlichen Kirchenlebens umriss, die diese Lehre aushöhlten und ihr entgegenstanden: Lehre und Praxis der Messe mit zugehörigen frommen Handlungen, die dazu dienen sollten, Gottes Anerkennung zu erlangen; klösterliches Leben, das darauf abzielte, den Himmel leichter zu erringen als durch ein weltliches Leben; und das Papsttum mit seiner Macht über die Kirche. Der dritte Abschnitt behandelt 15 weitere Themen, von »das Gesetz« und »Sünde« bis zu Angelegenheiten der kirchlichen Praxis, über die, Luthers Meinung zufolge, vernünftige Menschen diskutieren und in denen sie vielleicht zu einer Übereinstimmung kommen konnten.[12]

---

10 Dingel, Bekenntnisschriften (wie Anm. 4); Dies., Quellen 1 (wie Anm. 6), S. 120–167, 169–218. **11** Dingel, Bekenntnisschriften (wie Anm. 4), S. 718–785; Kolb/Wengert, Book (wie Anm. 4), S. 297–328. **12** Werner Führer: Die Schmalkaldischen Artikel, Tübingen 2009; William R. Russell: The Schmalkald Articles: Luther's Theological Testament, Minneapolis 1994.

Abb. 4 Martin Luthers Großer Katechismus, Wittenberg 1529, Titelblatt

Das Verteidigungsbündnis, zu dem sich die Anhänger des *Augsburger Bekenntnisses* 1531 zusammengeschlossen hatten, der Schmalkaldische Bund, versammelte sich Anfang 1537 in Schmalkalden. Luther, von Nierensteinen geplagt, spielte bei den dortigen Diskussionen nur eine geringe Rolle. Die Führung des Bundes entschied, das *Augsburger Bekenntnis* als Agenda für das Konzil in Mantua zu verwenden, erkannte aber sehr wohl, dass auch das Papstamt Aufmerksamkeit erfordern würde. Daher wurde Melanchthon mit der Abfassung der Schrift *Von der Gewalt und Obrigkeit des Papstes* (*Tractatus de Potestate et Primatu Papae*) beauftragt.[13] Darin kritisierte er den Anspruch des Papsttums, gottgegebene Macht über alle anderen Bischöfe der Kirche sowie alle weltlichen Herrscher zu besitzen, ebenso wie seinen Anspruch auf den Gehorsam aller Christen, der mit der Androhung des Verlusts ihres Seelenheils einherging. Melanchthons Argumentation fußte auf ausführlichen Bibelzitaten und einer detaillierten Übersicht über die Entwicklung der päpstlichen Ansprüche und Macht im Verlauf der Kirchengeschichte. Dabei zog er auch Beispiele von Theologen heran, die den päpstlichen Supremat in der Kirche abgelehnt hatten. Als die *Schmalkaldischen Artikel*, von Luther um einiges erweitert, 1538 veröffentlicht wurden, wurde auch der *Tractatus* in einer deutschen Übersetzung aus dem lateinischen Original mitgedruckt und sein eigenständiger Charakter geriet bei späteren Generationen in Vergessenheit. Letzten Endes wurden die *Schmalkaldischen Artikel* dem Konzil niemals vorgelegt: Das Konzil begann 1545 in Trient. Es war ursprünglich (1536) für Mantua geplant gewesen, aber später vereinbarten Papst und Kaiser Trient als Versammlungsort. Protestantische (evangelische) Vertreter nahmen an seiner ersten Sitzung nicht teil, und Luther starb kurz nach Zusammenkunft des Konzils.

Als die Nachfolger Luthers und Melanchthons in den 1540er und 1550er Jahren nach einem Ersatz für die Lehrautorität der Bischöfe und Konzilien suchten, griffen sie häufig auf Luthers *Großen* und *Kleinen Katechismus* zurück.[14] Diese waren schon bald nach ihrem Erscheinen 1529 zu Standardtexten für die evangelische Unterweisung geworden. Der *Kleine Katechismus* war zwar nicht das einzige in lutherischen Gemeinden verwendete katechetische Lehrbuch – auch das von Johannes Brenz war weit verbreitet –, aber er hat in elementarer Weise Sprache und Denkstrukturen bei Generationen von Kindern geprägt. Im Mittelalter bezog sich der Begriff »Katechismus« auf die Grundlagen christlicher Unterweisung rund um das Herzstück aus Apostolischem Glaubensbekenntnis (Glaube), Vaterunser (Hoffnung) und die Zehn Gebote oder Liste von Tugenden und Lastern (Liebe), dazu das Ave Maria als Text für das Gebet zur Jungfrau Maria. Mittelalterliche Katechese wurde nicht aus Schulbüchern oder in Klassenzimmern vermittelt, sondern durch die Predigt. Als Mönch und Hilfsprediger in Wittenberg hatte Luther häufig über Teile des Katechismus gepredigt. Sein *Großer Katechismus* enthält überarbeitete Predigten von 1528 und 1529 über die Zehn Gebote (das Gesetz, das die Problematik der Sünde / das Problem des Sünders diagnostiziert), das apostolische Glaubensbekenntnis (das Evangelium, das Erlösung von Sünde und Tod bringt) und das Vaterunser (die Hinwendung des Gläubigen zu Gott und sein Bemühen, im täglichen Leben Gottes Willen zu erfüllen). Predigten über sakramentale Formen von Gottes Wort, Taufe und Abendmahl vervollständigen den *Großen Katechismus*; eine *Kurze Vermahnung zur Beichte* fand Aufnahme in die zweite Auflage des Werks. Der *Kleine Katechismus* gestaltete sich als *enchiridion* oder Handbuch, eine Bezeichnung, die katechetische Lehrbücher im Mittelalter getragen hatten. Er führte schon bald einen Bedeutungswandel des Wortes »Katechismus« herbei, das nun hauptsächlich ein solches Handbuch bezeichnete. Es umfasste die fünf Themen des *Großen Katechismus*, dazu eine Vorlage für die Beichte und den Empfang der Absolution. Seine Aufgabe als Handbuch für christliches Leben erfüllte es dann mit Abschnitten über den religiösen Alltag der Gläubigen in Gebet und Hinwendung zu Gott und über die praktische Ausführung der Berufungen, die Gott den Menschen in Heim und Beruf, in der Gesellschaft und in der Gemeinschaft der Gläubigen zuteilt.

Diese Dokumente wurden in vielfältiger Weise zu einer Grundlage für die Regelung des kirchlichen Lebens in lutherischen Ge-

---

13 Dingel, Bekenntnisschriften (wie Anm. 4), S. 796–837; Kolb/Wengert, Book (wie Anm. 4), S. 330–344. **14** Dingel, Bekenntnisschriften (wie Anm. 4), S. 852–910 [Kleiner K.], 912–1162 [Großer K.]; Kolb/Wengert, Book (wie Anm. 4), S. 347–375 [Kleiner K.], 379–480 [Großer K.]; Albrecht Peters: Commentary on Luther's Catechisms, übers. von Charles P. Schaum/Holger Sonntag/Thomas H. Trapp, 5 Bde., Saint Louis 2009–2012; Charles P. Arand: That I may Be His

meinden in Stadt und Land. Ganz allmählich begannen sie das zum Ausdruck zu bringen, was die frühe Kirche als »Glaubensregel« (*regula fidei*) bezeichnet hatte, manchmal in Form einer bestimmten Zusammenfassung biblischer Lehre, wie in Glaubensbekenntnissen, dann wieder eher informell als allgemeine Lehrinhalte aus der Schrift. In den frühen 1530er Jahren fingen die Wittenberger Theologen an, von ihrem *corpus doctrinae*, ihrem Lehrbestand, zu sprechen, der sich auf die alten Aussagen zum Glaubensbekenntnis und die Lehre von der Rechtfertigung durch den Glauben an Christus konzentrierte. Dann, bereits in den 1550er Jahren, bezeichneten sie das *Augsburger Bekenntnis*, gewöhnlich zusammen mit weiteren Werken Luthers oder Melanchthons, als ihr *corpus doctrinae*. Kurz vor seinem Tod 1560 veröffentlichte Melanchthon eine Sammlung seiner wichtigsten Schriften, die er sein *Corpus Doctrinae* nannte. Der Terminus wurde dadurch zur Bezeichnung für eine Sammlung von Schlüsseltexten, die den Glauben definierten und Maßstäbe für die öffentliche Unterweisung durch die Kirche setzten. Mit dem über ganz Deutschland verbreiteten Erscheinen einiger Texte dieser Art in den 1560er und zu Beginn der 1570er Jahre nahm der Wunsch nach einer einzigen »Summe der Lehre« für die Kirchen der Wittenberger Reformation zu. Allerdings wurde jegliche Sammlung mit dem Titel *Corpus Doctrinae* als Konkurrenz zu Melanchthons Sammlung angesehen, was viele ablehnten. Als Theologen darauf hinarbeiteten, die streitenden Parteien innerhalb des Wittenberger Kreises auszusöhnen, kam die Bezeichnung »Konkordienformel« auf, die sich an dem über 30 Jahre üblichen evangelischen Sprachgebrauch orientierte.[15] Das Schlussdokument, das den sekundären Lehrschriften der Wittenberger Reformation hinzugefügt wurde, trug diesen Titel.

Die *Konkordienformel* ging aus den Versuchen hervor, die Konflikte zu lösen, die nach Luthers Tod ausbrachen. Damals durchliefen seine Anhänger den Prozess der Klärung des Vermächtnisses, das er und seine Kollegen, besonders Melanchthon, hinterlassen hatten. Jede Bewegung durchläuft einen vergleichbaren Anpassungsprozess, wenn die Schüler der Gründer darum ringen, wie das von ihren Mentoren Ererbte am besten zu ordnen sei. Innerhalb des Wittenberger Kreises war diese Anpassungsphase von Verbitterung gekennzeichnet, aus einem Gefühl des Verratenseins heraus, das sich im Gefolge der Niederlage des Schmalkaldischen Bundes gegen Kaiser Karl V. im Schmalkaldischen Krieg von 1546/47 eingestellt hatte. Karl stellte klar, dass er vorhatte, das Edikt von Worms von 1521 durchzusetzen und lutherische Reformen abzuschaffen. Nach seinem Sieg über den sächsischen Kurfürsten Johann Friedrich und den hessischen Landgrafen Philipp beauftragte Karl V. eine Kommission damit, eine Interimsregelung zu schaffen, unter der das deutsche Kirchenleben verwaltet werden sollte, bis das Trienter Konzil die offiziellen Formen von Lehre und Praxis für die westliche Kirche festgelegt habe. Dieses sogenannte *Augsburger Interim* gestand den Evangelischen Abendmahl in beiderlei Gestalt und Eheschließung der Geistlichen zu. Es zwang ihnen jedoch auch mittelalterliche Ansichten von Erlösung auf, denen zufolge diese aufgrund geleisteter

Abb. 5 Wilhelm Baron von Löwenstern, Martin Luther, um 1840

Werke hervorgebracht wird. Dasselbe gilt für die Fortsetzung des Gebrauchs der Messe als Opfer für die Sünde und weitere Elemente mittelalterlichen Verständnisses von christlicher Existenz.[16]

Ein Proteststurm erhob sich, angeführt von Melanchthon. Allerdings war die Universität Wittenberg an Johann Friedrichs Cousin Moritz gefallen, einen evangelischen Fürsten, der sich im Krieg auf die Seite des Kaisers gestellt und als Lohn für seine militärische Unterstützung Johann Friedrichs Kurwürde und einen Großteil seines Landes erhalten hatte. Karl übte Druck auf Moritz aus, das *Augsburger Interim* zu akzeptieren. Adel und Städte des sächsischen Landtags waren strikt dagegen. Melanchthon und seine Wittenberger Kollegen wurden von ihrem neuen Kurfürsten angewiesen, bei der Ausformulierung einer sächsischen Religionsleitlinie mitzuwirken, die den Eindruck erwecken sollte, mit dem Augsburger Interim übereinzustimmen, aber die Verkündigung der Rechtfertigung durch den Glauben an Christus beibehielte.[17] Diese Landtagsvorlage, von ihren Kritikern Leipziger Interim genannt, förderte bei vielen von Luthers

Own. An Overview of Luther's Catechisms. Saint Louis 2000. **15** Irene Dingel: Melanchthon and the Establishment of Confessional Norms, in: Dies./Robert Kolb/Nicole Kuopka/Timothy J. Wengert: Philip Melanchthon. Theologian in Classroom, Confession, and Controversy, Göttingen 2012, S. 161–179. **16** Kolb/Nestingen, Sources (wie Anm. 3), S. 146–182. **17** Ebd., S. 184–196.

Abb. 6 Albrecht Dürer, Bildnis Philipp Melanchthons, 1526. Die Inschrift drückt Dürers hohe Wertschätzung des Humanisten aus, übersetzt: »Philipps Züge konnte Dürer mit geschickter Hand nach dem Leben zeichnen, den Geist jedoch nicht«.

und Melanchthons Studenten und Anhängern das Gefühl, verraten worden zu sein, und sie glaubten, Melanchthon und seine Kollegen hätten die Reformation aufgegeben. Melanchthon seinerseits fühlte sich jedoch von diesen Freunden und Studenten, die zu Kritikern geworden waren, verraten und schrieb es böser Absicht auf ihrer Seite zu, wenn sie nicht verstehen konnten, dass er versuchte, evangelische Kanzeln für evangelisches Predigen zu erhalten.

Misstrauen und Feindseligkeit, durch das *Leipziger Interim* gefördert, währten ein Vierteljahrhundert lang und nährten zahlreiche Dispute über die eigentlichen Elemente der lutherischen Lehre.[18] Diese Auseinandersetzungen begannen bald, nachdem die *Leipziger Artikel* Ende Dezember 1548 dem sächsischen Landtag vorgelegt worden waren. Schon 1552 versuchten sowohl evangelische Fürsten, die einen rechtmäßigen Status ihres Glaubens im Reich anstrebten, als auch Theologen, welche die Einheit suchten, um die Christus für seine Kirche betete, Lösungen für die Streitfragen zu finden. Zwei weit gefasste Strategien gingen Verbindungen ein, ohne zu festen Programmen zu werden. Die eine Gruppe – von Wissenschaftlern später als »Gnesio-Lutheraner« bezeichnet – zog es vor, die Lösung in die Hände der Theologen zu legen, als deren Aufgabe sie es sah, eindeutige, ausführliche Lehraussagen getreu der Bibel zu formulieren und falsche, namentlich benannte Lehrer wie falsches Lehren zu verurteilen. Die gegnerische Partei der »Philippisten« war im Allgemeinen der Meinung, eine Synode von Theologen würde nur noch mehr Streitpunkte finden, und zog daher eine von Fürsten und Vertretern der Städte ausgehandelte Lösung vor. Diese Gruppe hielt allgemeinere Aussagen über richtiges Lehren für ausreichend und war gegen Verurteilungen. Stattdessen empfahl sie *amnistia*, das heißt, einfach die Konfliktursachen zu vergessen. Im gesamten Verlauf der 1550er und 1560er Jahre tauchten Variationen dieser Ansätze auf und verschwanden auch wieder.[19]

Die strittigen Punkte, welche die Mitglieder des Wittenberger Kreises trennten, fallen in drei Kategorien. Erstens warf die Bereitschaft Melanchthons und seiner Kollegen, auf Gebieten der kirchlichen Praxis, die neutral oder *adiaphora*, also von der Schrift weder verboten noch geboten waren, Kompromisse einzugehen, Fragen auf bezüglich der angemessenen Haltung der Kirche zu weltlicher Regierung und Gesellschaft, besonders in Zeiten der Verfolgung. Diese Debatte machte auch die Bedeutung des Rituals als eines Vermittlungsträgers für den Inhalt von Gottes Wort in der Schrift deutlich. Zweitens hatten die Wittenberger Lehrer die biblische Darstellung des Schöpfers als allmächtig und allverantwortlich in einer Spannung gehalten mit der nachdrücklichen biblischen Aussage, dass der Schöpfer seine menschlichen Geschöpfe für alle Taten, zu denen er sie aufruft, in die Verantwortung nimmt. Die meisten christlichen Theologen versuchen seither, irgendein Rezept dafür zu finden, Gehorsam gegenüber Gott mit seiner reinen Gnade zu vereinbaren. Luther und Melanchthon widerstanden dieser Versuchung. Sie hielten Gottes Forderung unbedingten, völligen Gehorsams gegenüber seinen Geboten in Spannung zu seiner bedingungslosen Gnade; sie grenzten so Gesetz und Evangelium voneinander ab. Im Umgang mit dieser Spannung gerieten die Schüler des Reformators in Meinungsverschiedenheiten darüber, ob gute Werke notwendig für die Seligkeit seien, welche Rolle der menschliche Wille bei der Verwandlung des Sünders durch den Heiligen Geist in Gottes Kind spiele, welche Rolle Gottes Gesetz im christlichen Leben spiele und wie Gottes bedingungslose Erwählung seines Volkes zu verstehen sei. Ebenso wurden die abweichenden Ansichten von der Rechtfertigung von Sündern durch Gnade aufgrund des Glaubens an Christi Wirken, die Andreas Osiander[20] vorbrachte, von fast allen anderen Anhängern der Wittenberger Reformation entschieden zurückgewiesen. Die Antworten auf diese Fragen machen mehr als die Hälfte der *Konkordienformel* aus. Sie beendete diese Dispute weitgehend.

---

18 Irene Dingel: The Culture of Conflict in the Controversies Leading to the Formula of Concord (1548–1580), in: Robert Kolb (Hrsg.): Lutheran Ecclesiastical Culture, 1550–1675, Leiden 2008, S. 15–64. **19** Charles P. Arand/Robert Kolb/James A. Nestingen: The Lutheran Confessions, History and Theology of the Book of Concord, Minneapolis 2012, S. 255–263. **20** Osiander definierte erlösende Gerechtigkeit nicht als die von Christus durch seinen Tod und Auferstehung durch die Vergebung der Sünden gewonnene Gerechtigkeit, sondern als die der göttlichen Natur Christi innewohnende Gerechtigkeit. **21** Dingel,

Abb. 7 Unbekannter Künstler, Martin Chemnitz d. Ä., 1586

gesprochenen Worte, die ihren Inhalt weitergeben, das Wasser der Taufe sowie Brot und Wein des Abendmahls Werkzeuge sein konnten, mit denen Gott seine Vergebung und seine Leben wiederherstellende Macht vermittelt. Die Implikationen dieser Vorannahmen prägten drei Artikel der *Konkordienformel*: über das Abendmahl, das Verhältnis der beiden Naturen Christi zueinander und seinen Abstieg in die Hölle.

Zwischen 1552 und 1568 scheiterte ein Versuch nach dem anderen, die divergierenden Standpunkte innerhalb des Wittenberger Kreises miteinander auszusöhnen. 1568 schickte Herzog Christoph von Württemberg, eine treibende Kraft bei der Suche nach Einigkeit unter den deutschen Evangelischen, seinen Spitzentheologen und kirchlichen Diplomaten Jakob Andreae zu seinem Cousin, dem Herzog Julius von Braunschweig-Wolfenbüttel, um bei der Einführung der Reformation in Julius' gerade ererbtem Herzogtum behilflich zu sein. Christoph bat Andreae, bei seinem Aufenthalt in Norddeutschland um Unterstützung für einen neuen Plan zu werben, der die dogmatischen Differenzen beilegen sollte. Mit fünf Artikeln zu Hauptpunkten, in denen der Wittenberger Kreis gespalten war, kam Andreae diesem Anliegen nach. Diese Artikel der Lehre waren einfach nur aufgeführt, ohne Berücksichtigung entgegenstehender Lehrmeinung.[21] Andreaes Bemühungen stießen auf Gleichgültigkeit, wenn nicht sogar unverhohlene Ablehnung. Er kehrte nach Hause nach Tübingen zurück und brachte 1573 ein ausführliches Dokument in der Form von *Sechs christliche(n) Predigten von den Spaltungen […] zwischen den Theologen der Augsburger Konfession* heraus, das sich, ohne jegliche fürstliche Unterstützung, speziell an Theologen wandte und Verurteilungen falscher Lehren und falscher Lehrer enthielt.[22] Andere führende Köpfe im Wittenberger Kreis ermutigten ihn und drängten ihn, seine Vorlage im Namen der Tübinger Fakultät in eine akademischere Form umzuschreiben. 1574 gab er seine eigene *Schwäbische Konkordie*, wie sie später genannt wurde, heraus.[23] Martin Chemnitz und David Chytraeus leiteten norddeutsche Überarbeitungen der Schrift, die 1575 fertiggestellt waren.[24] In der Zwischenzeit hatten die Regierungen von Sachsen, Baden und Henneberg einen weiteren Versuch in Auftrag gegeben, Harmonie auszudrücken, dessen Ergebnis die *Maulbronner Formel* von 1576 war.[25]

Politische Entwicklungen in Kursachsen hatten führende philippistische Theologen, die in die Richtung einer spiritualisierenden Sichtweise des Abendmahls gerückt waren, zu Fall gebracht. Kurfürst August, der Bruder und Nachfolger von Kurfürst Moritz, bat Andreae um Hilfe bei der Wiedereinführung einer stärker an Luther orientierten Position im Kurfürstentum. Beide beschlossen, dies als Gelegenheit für einen erneuten Versuch wahrzunehmen, allgemeine Einigkeit unter denen zu erzielen, die Luthers Denkweise anhingen. August setzte eine Kommission aus Andreae, Chemnitz, Chytraeus, seinem eigenen treuen Theologen Nikolaus Selnecker und zwei Vertretern des Kurfürsten von Brandenburg, Andreas Musculus und

Drittens fand die Reformation in zeitlicher Parallele zu einer Wiederbelebung platonischen Gedankenguts und einem Überdenken des mittelalterlich-aristotelischen Weltbilds statt. Beide widersprachen dem, was für Luther die biblische Anerkennung von Gottes Fähigkeit war, ausgewählte Elemente der erschaffenen Ordnung – Christi menschliches Fleisch, menschliche Sprache, die in mündlicher, schriftlicher und sakramentaler Form das Versprechen der Vergebung vermittelt, die Elemente Wasser, Brot und Wein in den Sakramenten – zu nutzen, um seinen Willen in dieser Welt zu verwirklichen. Aufgrund von Präsuppositionen, die er von seinen »ockhamistischen« Lehrern übernommen hatte, nahm Luther an, dass Jesu Fleisch und Blut, die niedergeschriebenen Worte der Schrift, die

Bekenntnisschriften (wie Anm. 4); Dies. (Hrsg.): Die Bekenntnisschriften der Evangelisch-Lutherischen Kirche, Quellen und Materialien, Bd. 2, Göttingen 2014, S. 14–20. **22** Dies., Bekenntnisschriften (wie Anm. 4); Dies., Quellen 2 (wie Anm. 21), S. 26–82. **23** Dies., Bekenntnisschriften (wie Anm. 4); Dies., Quellen 2 (wie Anm. 21), S. 85–136. **24** Dies., Bekenntnisschriften (wie Anm. 4); Dies., Quellen 2 (wie Anm. 21), S. 141–275. **25** Dies., Bekenntnisschriften (wie Anm. 4); Dies., Quellen 2 (wie Anm. 21), S. 279–340.

Abb. 8
Jakob Lederlein,
Iakob Andreae, 1581

Christoph Körner, ein. Sie entwarfen zwischen 1576 und 1577 den endgültigen Text der *Konkordienformel*.²⁶

Dann ging Andreae daran, sich von möglichst vielen evangelischen Kirchen in den deutschen Ländern Unterstützung zu holen. Durch intensive und entschlossene Verhandlungen gewann er den Rückhalt des neuen Kurfürsten von der Pfalz, Ludwig VI., sowie von Brandenburg und etwa zwei Dritteln der deutschsprachigen evangelischen Kirchen. Trotz heftiger Kritik, besonders aus calvinistischen Kreisen,²⁷ wurde das *Konkordienbuch*, die Sammlung der Bekenntnisse, die Andreae in den Jahren von 1578 bis 1580 zusammenstellte, zur Standarddefinition dessen, was die Wittenberger Reformation für Lutheraner in aller Welt bis auf den heutigen Tag bedeutet.²⁸

26 Dies., Bekenntnisschriften (wie Anm. 4), S. 1184–1652; Kolb/Wengert, Book (wie Anm. 4), S. 486–660. **27** Irene Dingel: Concordia controversa, Die öffentlichen Diskussionen um das lutherische Konkordienwerk am Ende des 16. Jahrhunderts, Gütersloh 1996. **28** Übersichten in: Arand/Kolb/Nestingen, Confessions (wie Anm. 19); Gunther Wenz: Theologie der Bekenntnisschriften der evangelisch-lutherischen Kirche, 2 Bde., Berlin 1996/97; Edmund Schlink: Theology of the Lutheran Confessions, übers. von Paul F. Koehneke/Herbert J. A. Boumann, Philadelphia 1961.

CHRISTIANE ANDERSSON

Polemische Druckgrafik und die Bildzensur in der Reformationszeit

Martin Luthers Angriffe auf die Glaubenslehre und die Praktiken der katholischen Kirche, die im Jahr 1517 begannen, führten nicht nur zu religiösem Aufruhr, sondern auch zu grundlegenden politischen und gesellschaftlichen Konflikten in Deutschland. Vor allem die Bevölkerung der größeren Städte wie Nürnberg, Augsburg, Straßburg und Wittenberg war sehr offen für die neuen religiösen Ideen. Dies führte zu einer unerwarteten und enormen Nachfrage nach Informationen und dadurch zu einem bedeutenden Anstieg religiöser Schriften und polemischer Hetzreden, die verschiedene Meinungen ausdrückten. Die Produktion der Druckereien und Verlage[1] wuchs exponentiell. Laut der Statistik von Rolf Engelsing wurden in den Jahren 1523/24 ungefähr 1 000-mal so viele Bücher und Pamphlete veröffentlicht wie noch 1517, und dies vor allem in deutscher Sprache statt in Latein.[2] Doch neue Formen der Massenkommunikation gab es nicht nur in gedruckter Form: Vielmehr war es die Kombination aus mündlichen, schriftlichen und visuellen Ausdrucksformen, die Luthers neue evangelische Glaubenslehre verbreitete. Holzschnitte illustrierten anschaulich die Ideen, die in gedruckten Texten geäußert wurden. Menschen, die es gewohnt waren, Bilder zu »lesen« – eine Fähigkeit, die durch den alltäglichen Umgang mit religiösen Bildern in der katholischen Kirche geschult war –, nutzten diese Kompetenz zur Entschlüsselung der polemischen Bilder, die von den lutherischen Druckern verbreitet wurden. Die katholische Amtskirche wurde sich der Gefahr der visuellen und schriftlichen Polemik schnell bewusst und unterwarf sie der Zensur.

Schon immer gab es in der westlichen Kultur Formen der Zensur als Mittel politischer Kontrolle. Vor der Aufklärung im 18. Jahrhundert war sie als selbstverständliches Recht der Machthaber gebräuchlich. Gotteslästerung und Kritik an den politischen Autoritäten wurden nicht toleriert, vor allem nicht in Druckschriften. Selbst frühe Fürsprecher der Redefreiheit im 16. Jahrhundert grenzten deren Anwendungsbereich ein. In seiner Schrift *Utopia* von 1516 forderte Sir Thomas More die Gedankenfreiheit, jedoch mit gewissen Einschränkungen. Er tolerierte keine abweichende Meinung, was die göttliche Vorsehung oder die Unsterblichkeit der Seele anbelangte.[3] Auch die protestantischen Reformatoren gewährten keine Gedankenfreiheit in Bezug auf den Glauben. Martin Luther übte im Jahr 1525 Zensur gegen seine ehemaligen Verbündeten aus, und Huldrych Zwingli etablierte sie 1523 im reformierten Zürich.[4]

Zensur war seit jeher ein wichtiges Anliegen der katholischen Kirche, doch sie erhielt neue Dringlichkeit in Reaktion auf Martin Luthers neue Theologie und die Gefahr ihrer Verbreitung durch die Druckmedien. Die Zensur wurde zu einer entscheidenden Komponente der kaiserlichen Reaktion auf Luthers Erscheinen vor dem Reichstag zu Worms, der Reichsversammlung von Kaiser Karl V. und den katholischen Fürsten im April 1521. Nachdem Luther sich geweigert hatte, seinen als ketzerisch bezeichneten Überzeugungen abzuschwören, und seine Glaubenssätze in Worms sogar noch bekräftigt hatte, verkündete Kaiser Karl V. am 25. Mai 1521 das *Wormser Edikt*.[5] Mit diesem Dokument verhängte er die Reichsacht über Luther und erklärte ihn und seine Anhänger für gottlos. Er veranlasste die Zensur aller bestehenden und zukünftigen Schriften sowie aller Druckerzeugnisse, die als im Widerspruch zum katholischen Glauben stehend erachtet wurden oder die gegen den Papst, katholische Prälaten, Fürsten oder katholische Universitätsfakultäten gerichtet waren. Nichts, was diese Personen oder Institutionen beleidigen konnte, durfte man drucken, kaufen, verkaufen oder besitzen – egal, ob öffentlich oder im Geheimen. Jegliche sich im Umlauf befindenden verleumderischen Bücher sollten konfisziert und öffentlich verbrannt werden. Außerdem war es verboten, »jemanden anzustiften, die Schriften oder Meinungen Martin Luthers zu schreiben, zu drucken, drucken zu lassen, oder diese zu bestätigen oder zu verteidigen, auch nur zum Teil und in jeglicher Sprache.« Das Edikt forderte eine präventive Zensur und verordnete die Prüfung jeglicher Schriften mit religiösem Inhalt vor ihrer Veröffentlichung durch den Stadtmagistrat oder die theologische Fakultät der Universität. Das Edikt schrieb außerdem vor, wie die Vorschriften der Öffentlichkeit verkündet werden sollten: Den Stadtbewohnern sollte der Beschluss »Wort für Wort und mit lauter Stimme« an allen Standorten, wo

---

1 Mark U. Edwards: Printing, Propaganda and Martin Luther, Berkeley/Los Angeles/Oxford 1994. **2** Rolf Engelsing: Analphabetentum und Lektüre. Zur Sozialgeschichte des Lesens in Deutschland zwischen feudaler und industrieller Gesellschaft, Stuttgart 1973, S. 32. **3** Edward Surtz/Jack H. Hexter (Hrsg.): Thomas More: Complete Works. Bd. IV, New Haven 1965, S. 10–20. **4** Adalbert Erler/Ekkehard Kaufmann (Hrsg.): Handwörterbuch zur deutschen Rechtsgeschichte, Bd. III, Berlin 1984, Sp. 1910. **5** Paul Kalkoff: Die Entstehung des Wormser Ediktes, Leipzig 1913; Ders.: Das Wormser Edikt und die Erlasse des Reichsregiment und der einzelnen Reichsfürsten, München/Berlin 1917.

Abb. 1 Hans Baldung Grien, Martin Luther mit der Taube, 1521, aus: Acta et res gestae D. Martini Lutheri in comitiis principum Wormaciae, Straßburg 1521

Verordnungen und Erlasse üblicherweise angebracht wurden, vorgelesen werden. Ebenso wurde es häufig von den Kanzeln verlesen.

Das *Wormser Edikt* übertrug die Verantwortung für die Umsetzung der Regularien in Bezug auf theologische Schriften den katholischen Theologieprofessoren der örtlichen Universitäten. Für alle anderen Druckschriften, beispielsweise die Vielzahl polemischer Flugblätter, waren die Stadträte zuständig (siehe Abb. 2 im Beitrag von Ingrid Dettmann in diesem Band). Sie erstellten lokale Zensurverordnungen, die sich im Allgemeinen sehr genau am Wortlaut des Edikts orientierten und ernannten sich selbst zur Zensurbehörde – so geschah es beispielsweise in Nürnberg. Nach den lokalen Verordnungen wurden die Drucker auf die Befolgung der Vorschriften vereidigt. Sie wurden ermahnt, jeden Text, der zur Veröffentlichung gedacht war, vorher zur Überprüfung einzureichen, sodass die Druckerlaubnis erteilt oder verweigert werden konnte. Die polemischen Schriften dieser Zeit, auf die das Edikt zielte, waren vornehmlich Einblattflugblätter, in denen ein Text und ein Holzschnitt zusammen auf ein Papier in Folio-Größe gedruckt wurden. Erstreckte sich der Text auf mehr als eine Seite, wurden die Blätter zu einer Broschüre gebunden. Solche Pamphlete waren kurze und dünne Flugschriften, die meist nur durch einen dicken Papierumschlag zusammengehalten wurden – eine billige und leichte Form der Bindung, die die Kosten niedrig hielt und den Transport vereinfachte. Für die polemischen Schriften war Mobilität essenziell, zum einen, um Profit zu machen, zum anderen, um der Zensur zu entgehen. Die Pamphlete wurden auf Volksfesten und Märkten in einem weiten Umkreis zum Verkauf angeboten, um ein möglichst großes Publikum zu erreichen. Um die Drucksachen vor Zerstörung zu bewahren, musste das gesetzeswidrige Material schnell außerhalb des Zuständigkeitsbereichs der Zensoren verbracht werden.[6]

Das Edikt besagte im Besonderen, dass Text und Bild zu gleichen Teilen Gegenstand der Zensur waren. Neben Autor und Drucker sollte auch der Künstler bestraft werden, der die Verordnungen des Edikts missachtete. Welch hohen Stellenwert die Zensur der Holzschnittillustrationen in Büchern oder auf Flugblättern einnahm, lässt sich am Beispiel Nürnbergs nachvollziehen. Hier legte der Stadtrat bei anstößigen Traktaten großen Wert darauf, neben den Textblöcken auch die Holzschnittstöcke zu konfiszieren, von denen die Illustrationen gedruckt wurden. Die Notwendigkeit, neben Texten auch Bilder zu zensieren, spiegelt die niedrige Alphabetisierungsrate in Deutschland im 16. Jahrhundert wider.[7] Luther war klar, welch große Überzeugungskraft gedruckte Bilder auf Analphabeten ausübten, und welch großen Wert die visuelle Polemik für die Sache der Reformation hatte. Deutlich wird dies bei der besonderen Aufmerksamkeit, die er den Holzschnittillustrationen seiner in Wittenberg publizierten Traktate zuteilwerden ließ. Sie entstanden unter seiner genauen Beaufsichtigung in der Werkstatt seines Freundes, Lucas Cranachs des Älteren.

Unter den zahlreichen polemischen Vorhaben, bei denen Luther und die Cranach-Werkstatt zusammenarbeiteten, war das *Passional Christi et Antichristi* von 1521 eine der frühesten und bekanntesten papstkritischen Publikationen. Es sollte zum Startschuss der polemischen Kampagne werden, die Luther und seine Verbündeten in Wittenberg gegen die Katholiken in Gang setzten (Abb. 2).[8] Damit wurde eine effektive Taktik etabliert, die die Lutheraner noch in zahlreichen künftigen Angriffen auf die Katholiken nutzten: Sie verwendeten Bibelworte gegen ihre Widersacher. Das *Passional* stellte den Papst und die päpstliche Kurie als den Antichristen dar und kontrastierte deren Zügellosigkeit und ihre Unterlassung der priesterlichen Aufgaben mit dem beispielhaften Leben Christi. In einer Serie von 13 antithetischen Holzschnittpaaren stellte jede Doppelseite links eine Episode aus dem Leben Christi und rechts die päpstlichen Gepflogenheiten dar. Sowohl Text als auch Bild vermittelten so den Eindruck, der Papst verhielte sich konträr zur Lehre Jesu.

Bei jedem Beispiel wird eine polemische Aussage im Text unter den Holzschnitten geäußert. Jesu Hingabe an seinen göttlichen Auftrag und an seine Anhänger wird betont und gleichzeitig wird ihr die institutionalisierte Gleichgültigkeit des Papstes und der katholischen Kirche ihren Mitgliedern gegenüber kontrastierend gegenübergestellt. Das siebte Bildpaar beispielsweise zeigt Jesus auf der linken Seite, wie er zur Menge predigt (Abb. 2). Darunter bezeugt ein Ausschnitt aus der Bibel Jesu tiefe Hingabe, über das Reich seines Vaters zu predigen (Lukas 4, 43–44). Das Kontrastbild auf der rechten Seite zeigt den Papst, der das Predigen unterlässt und sich stattdessen einem reichen Mahl hingibt. Dabei wird er von einem Bischof, einem Domherrn und einem Mönch begleitet. Der Begleittext beschreibt sarkastisch die überforderten Bischöfe als gefräßige »Tiere«, die nur

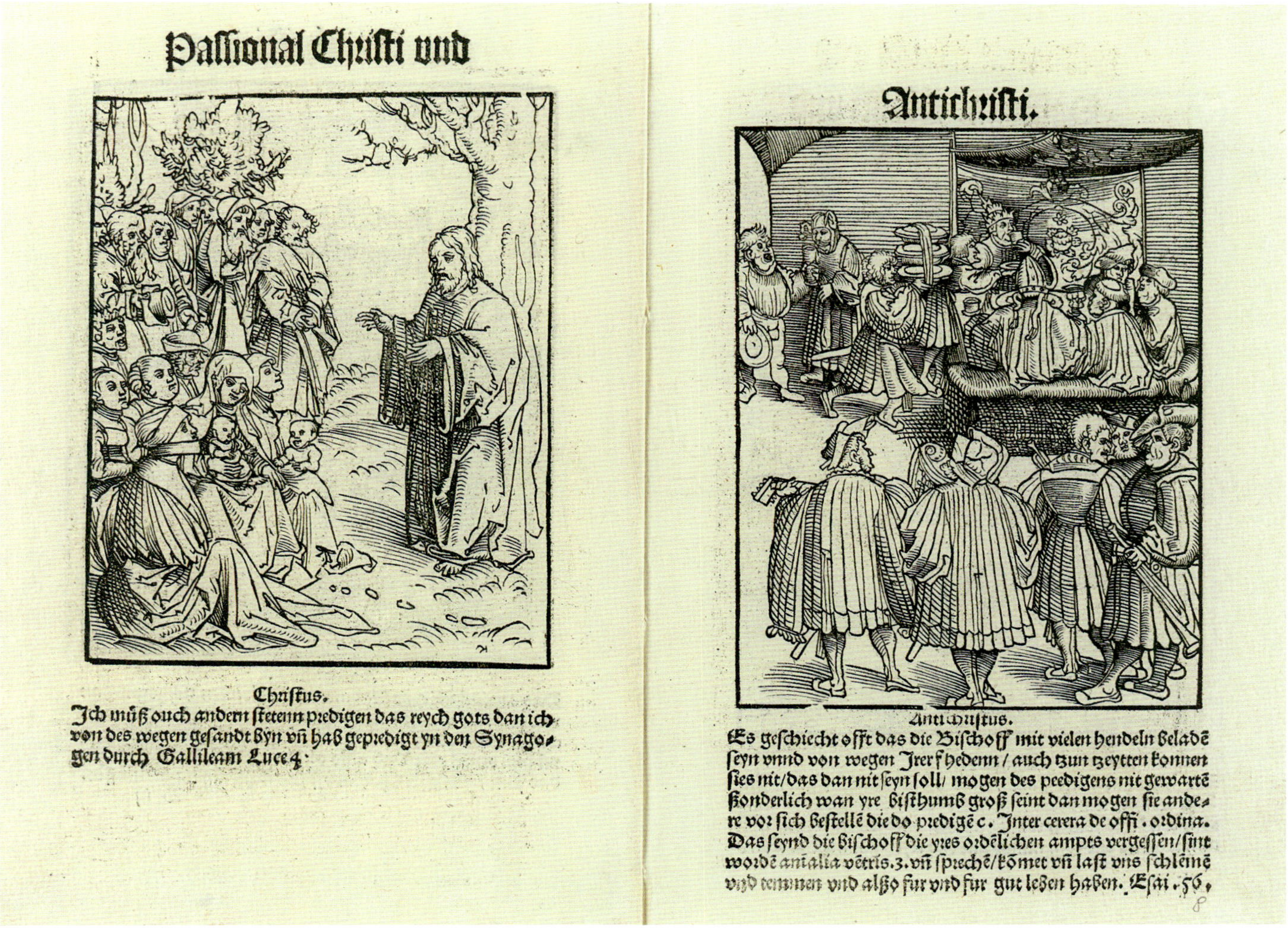
Passional Christi und

Christus.
Jch muß ouch andern stetenn predigen das reych gots dan ich
von des wegen gesandt byn vñ hab gepredigt yn den Synagogen durch Gallileam Luce 4.

Antichristi.

Antichristus.
Es geschiecht offt das die Bischoff mit vielen hendeln beladē
seyn vnnd von wegen Jrer fhedenn / auch tzun tzeytten konnen
sies nit/das dan nit seyn soll/ mogen des predigens nit gewartē
ßonderlich wan yre bisthumb groß seint dan mogen sie andere vor sich bestellē die do predigē c. Jnter cetera de offi. ordina.
Das seynd die bischoff die yres ordēlichen ampts vergessen/sint
wordē animalia vētris.3.vñ sprechē/kōmet vñ last vns schlēmē
vnd temmen vnd alßo fur vnd fur gut leben haben. Esai.56.

Abb. 2 Martin Luther/Lucas Cranach d. Ä. (Holzschnitte), sog. »Völlerei des Papstes« aus: Martin Luther, Passional Christi und Antichristi, Wittenberg 1521. Während Christus in der Natur das Reich Gottes predigt, gibt sich der Papst der Völlerei hin. Gleichzeitig vernachlässigen die Bischöfe ihre eigentlichen Aufgaben, da sie sich ganz dem ausartenden Lebensstil des Papstes anpassen.

darauf bedacht sind, in Reichtum zu leben und viel zu beschäftigt mit politischen Intrigen sind, um Gottes Wort zu predigen; dabei zitiert er Jesaja 56, 12. Der Papst und seine Begleiter sitzen in prächtigem Ornat unter einem Baldachin, während sie sich mit Essen vollstopfen und von Dienern bewirtet werden, die nicht nur eine, sondern gleich drei Mahlzeiten servieren, und dazu Musiker aufspielen. Solche anklagenden Motive kehren in späteren polemischen Bildern immer wieder. Eine weitere Doppelseite kontrastiert Christi Demut mit dem päpstlichen Stolz: Christus wird kniend gezeigt, wie er demütig die Füße seiner Jünger wäscht und küsst. Daneben sieht man den machthungrigen Papst, der hoheitsvoll unter einem Baldachin thront, umgeben von einem Kardinal, einem Erzbischof und einem Mönch. Kaiser, König und die deutschen Fürsten küssen ihm die Füße.

Das *Passional Christi et Antichristi* war das erste voll ausgearbeitete Pamphlet, das Anhänger Luthers in Wittenberg herausgaben. Die niedrige Alphabetisierungsrate in Deutschland im Jahr 1521 lässt darauf schließen, dass die Holzschnitte sicherlich viel wirkungsvoller waren als die gedruckten Kommentare. Philipp Melanchthon und Johann Schwertfeger wählten die Texte aus der Bibel und päpstlichen Dekreten aus und fügten sie als ironische Kommentare den Holzschnitten bei, um deren satirische Botschaft zu verstärken. Doch die Bilder waren ebenfalls eine starke, unmissverständlich kritische Mitteilung sogar an diejenigen, die den Text nicht lesen konnten. Ein zehnzeiliger Epilog befindet sich anstelle eines Kolophons am Ende des Pamphlets, möglicherweise wurde er von Luther selbst verfasst.[9] Die Initiatoren des Publikationsprojekts müssen sich der aufrührerischen Wirkung des *Passionals* deutlich bewusst gewesen sein, denn weder die Bearbeiter der Texte noch der Drucker (Johann Rhau-Grunenberg) noch der Verlagsort (Wittenberg) wurden genannt. Die Anonymität war ratsam, denn das *Passional* erschien kurz nach dem Reichstag zu Worms, dessen strikte Zensurvorschriften ganz sicher der Grund dafür waren, dass niemand öffentlich für das Pamphlet verantwortlich zeichnen wollte. Der Epilog richtet sich

6 Richard Gawthrop/Gerald Strauss: Protestantism and Literacy in Early Modern Germany, in: Past and Present, Bd. 104 (1984), S. 31–55, hier S. 32 ff. **7** Engelsing, Analphabetentum (wie Anm. 2), S. 32–34. **8** Lucas Cranach d. Ä.: *Passional Christi und Antichristi*, mit einem Nachwort von Hildegard Schnabel, Berlin 1972; Gustav Kawerau: Passional Christi und Antichristi. Lucas Cranachs Holzschnitte mit dem Texte von Melanchthon, in: Deutsche Drucke älterer Zeit, Bd. III, Berlin 1885. **9** Werner Hofmann (Hrsg.): Luther und die Folgen für die Kunst, München 1983, S. 178, Nr. 50A.

präventiv gegen die zu erwartenden Einwände der Zensur und gibt eine eigene rationale Erklärung, warum das Pamphlet nicht als verleumderisch angesehen werden sollte: Alles, was der Text ansprach, war nicht nur akzeptierte katholische Praxis, sondern auch im Kirchenrecht dargelegt. Im *Passional* nutzten die Wittenberger Reformatoren scharfsinnig die polemische Taktik, die Worte ihrer Gegner gegen diese selbst zu richten. Zahlreiche Wiederauflagen und eine hohe Nachfrage zeugen von der Popularität des *Passionals*: Mehrere Neuauflagen in Deutsch und eine in Latein wurden allein in der zweiten Jahreshälfte 1521 publiziert.[10]

Ein weiteres polemisches Traktat, das im Jahr 1526 von Wittenberg aus verbreitet und anonym publiziert wurde, um der Zensur zu entgehen, war *Das Babstum mit seynen Gliedern: gemalet und beschryben*. Dieses illustrierte Verzeichnis der katholischen Hierarchie kritisiert die Ausschweifungen der katholischen Mönchsorden und ihre gottlosen Gebräuche.[11] Wie auch im *Passional* war Luther direkt in die Veröffentlichung involviert und verfasste das Vor- und das Nachwort in Wittenberg. Es wurde sowohl als mehrseitige Flugschrift gedruckt als auch auf einem einzelnen Papierbogen als großes, illustriertes Flugblatt. In der ersten Auflage enthielt es 57 Holzschnitte, die Mitglieder von Mönchsorden und andere Vertreter der katholischen Kirche zeigten. Die zweite Auflage umfasste schon 73 Holzschnitte auf mehreren Seiten. Wieder wurden die Drucke in der Cranach-Werkstatt in Wittenberg entworfen und im gleichen Jahr von Hans Sebald Beham in Nürnberg kopiert.[12]

Um Luthers Angriffe auf das Mönchstum zu verstehen, muss man sich die Geschehnisse der Zeit vor Augen führen: Das Traktat wurde im Jahr nach Luthers Predigten gegen das katholische Mönchsleben und seiner Hochzeit mit der ehemaligen Nonne Katharina von Bora veröffentlicht. Die Heirat kann als demonstrative Antwort Luthers auf das Mönchstum gesehen werden. Im Vorwort des Traktats beschreibt Luther das völlige Versagen der katholischen Bemühungen, die Mönche, Nonnen und Kleriker zur Keuschheit zu verpflichten. Er fordert wiederholt, dass sie heiraten dürfen sollten, da die Bibel an keiner Stelle ein Leben im Zölibat vorschreibt. Neue Auflagen des Traktats wurden in kurzer Zeit publiziert: Im gleichen Jahr (1526) veröffentlichte Hans Guldenmund in Nürnberg *Das Babstum mit seynen gliedern gemalet und beschryben, gebessert und gemehrt* in einer erweiterten Auflage mit Holzschnitten des einheimischen Künstlers Hans Sebald Beham.[13] Die Illustrationen hatten die Holzschnitte Cranachs zur Grundlage, die ein wenig vereinfacht und auf 74 Bilder erweitert wurden, ein eindrucksvolles Indiz für die enorme Ausbreitung der katholischen Mönchsorden, die in der Publikation verspottet werden. Im Gegensatz zum *Passional* transportieren hier die Bilder, weit mehr als die Texte, am wirkungsvollsten die polemische Botschaft. Im Epilog nimmt Luther wieder Bezug auf die mögliche Zensur seines Traktats und behauptet, dieses sei nicht verleumderisch, sondern verdeutliche weithin bekannte Vergehen der Katholiken – womit der Wille Gottes erfüllt werde.

Nürnberg war schon lange ein wichtiges Zentrum des Verlagsgewerbes. Seit 1525 war die Freie Reichsstadt offiziell protestantisch und die lokalen Verleger intensivierten die Verbreitung antikatholischer Druckwerke in hohen Auflagen. Zeitgenössische Dokumente verdeutlichen, dass dies sowohl aus religiöser Überzeugung als auch

Abb. 3 Erhard Schon (Holzschnitte)/Hans Sachs/Andreas Osiander, Eyn wunderliche Weyssagung von dem Bapstumb, Nürnberg, 1527

aus kommerziellen Gründen geschah. Im Jahr 1527 wurde in Nürnberg *Eyn wunderliche Weyssagung von dem Babstum* veröffentlicht, eines der am besten dokumentierten Beispiele für die Zensur antipäpstlicher Polemik in Deutschland zur Reformationszeit.[14] Das Pamphlet stellt die Geschichte und den letztendlichen Niedergang des Papsttums dar. Es besteht aus 30 allegorischen Holzschnitten von Erhard Schön und erklärenden Texten, die neben jedem Holzschnitt erscheinen und die vordergründig die Symbolik der Bilder erklären sollen. Sie wurden von Andreas Osiander geschrieben, einem lutherischen Prediger der Lorenzkirche in Nürnberg. Unter jedem Bild stehen zwei Paarreime, die wie der Epilog (*Beschlusredt*) von dem berühmten Nürnberger Dichter Hans Sachs verfasst wurden. Die *Wunderliche Weyssagung* basiert auf weitaus älteren prophetischen Quellen, die die katholische Kirche und ihre weltlichen Sitten anklagen: Traktaten, die dem kalabrischen Abt Joachim von Fiore und einem gewissen Bischof Anselmus von Marsico zugeschrieben werden. Im Laufe der Zeit wurden die zwei prophetischen Texte dieser Autoren zusammengefügt und durch eine Anzahl von Manuskripten und gedruckten Versionen verbreitet.[15] Das erste dieser Manuskripte, *Joachimi Abbatis Vaticinia circa Apostolicos Viros et Ecclesiam*

Romanam, erschien in Bologna im Jahr 1515. In seiner Einführung zur *Wunderlichen Weyssagung* beschreibt Osiander zwei Bücher mit diesen Prophezeiungen, die er in den Bibliotheken eines Kartäuserklosters und des Stadtrats von Nürnberg entdeckt hatte. Der ältere Band datiert 1278 und enthält nur Bilder, bemerkt er, während der neuere, der im Jahr 1527 etwa 100 Jahre alt war, sowohl Bilder als auch Texte enthielt, die sich nicht aufeinander bezogen.

Diese Texte entsprachen vollkommen seinen polemischen Absichten und dienten als Beweis, dass die wachsende Sündhaftigkeit und der bevorstehende Niedergang des Papsttums schon in mittelalterlicher Zeit vorhergesagt worden waren, womit Luthers Ansichten um mehrere Jahrhunderte vorweg genommen wurden. Aber Osiander vertraute den seiner Ansicht nach stark veränderten Texten der Bologneser Version nicht und wollte das volle Ausmaß der Kritik des Originalautors an der mittelalterlichen Kirche sichtbar machen. So strich er einfach die Bologneser Texte und schrieb eigene, um die Bedeutung der Holzschnitte zu erklären. Offensichtlich vertraute er der Authentizität der Bologneser Holzschnitte, die Erhard Schön mit nur minimalen Änderungen kopierte, mehr als dem Text. Er meinte, dass ihn die Bilder viel stärker und direkter ansprächen und ging davon aus, dass intelligente Leute sie verstehen würden. Aber zum Nutzen des einfachen Volkes versah er sie dennoch mit eigenen Erklärungen: »Doch ist eyn ausslegung dartzu gesetzt umb der eynfeltigen willen; denn vernuenfftig leut sehen on alle ausslegung was es ist.«

Osiander verfolgte eine gebräuchliche Strategie reformatorischer Polemiker, indem er eine mittelalterliche Weissagung nutzte, um die Sündhaftigkeit des Papstes zu enthüllen, die kein neues Problem war, das Luther allein anprangerte, sondern ein seit Jahrhunderten bekanntes Phänomen. Er beurteilte die Entwicklung des Papsttums von der Zeit Kaiser Konstantins bis zu seiner eigenen Zeit und geißelte dabei die weltlichen Machenschaften des Papstes, der seine religiöse Autorität missbrauchte, als weltlicher Herrscher und Kriegshetzer fungierte und dabei seine religiösen Pflichten vernachlässigte. Osiander interpretierte diese Verdrehungen als ein Zeichen, dass der Papst der Antichrist sei – eine übliche Anschuldigung unter Polemikern. Er suchte zu beweisen, dass die im 13. Jahrhundert vorausgesagten Sünden des Papstes zu späterer Zeit erfüllt wurden. Er beurteilte die päpstliche Führung am Maßstab von Gottes Wort und schlussfolgerte, dass der Papst nur dem Rat Satans folgte. Osiander selbst hoffte noch im Jahr 1527 auf eine Reform des Papsttums und den Triumph des Wortes, das er als lutherisches Predigen beschrieb, und des Dienstes an der Gemeinde Gottes.

Um die erwünschte aktuelle Relevanz zu erzielen, nahmen Osiander und Schön einige Anpassungen an den Bologneser Bildern vor. So wurde beispielsweise die Stadt Rom, die in dem Bologneser Modell dargestellt war, in den *Wunderlichen Weyssagungen* in die Stadt Nürnberg verwandelt – leicht zu erkennen an der doppelten Stadtmauer, den wohlbekannten Kirchen St. Lorenz und St. Sebald, der Burg auf der Anhöhe und dem Frauentor im Vordergrund. Ein weiterer Versuch, dem Buch Aktualität zu verleihen, war die Umwandlung der Figur eines unbekannten Mönchs mit Blume und Sichel im Bologneser Holzschnitt in ein Porträt Martin Luthers in der Kutte eines Augustinermönchs, der eine riesige Rose hält, sein Wappenzeichen (Abb. 3). Die Sichel wurde zu einem symbolischen Werkzeug, mit dem das sündige Fleisch »abgeschnitten« wurde – eine Anspielung auf Jesaja 40, 6–8. Wie viele polemische reformatorische Schriften wurde auch Osianders Pamphlet in Reaktion auf eine bestimmte politische Situation gemünzt. Der Sieg der katholischen Fürsten im Bauernkrieg 1525 wurde von diesen als Sieg über die Protestanten interpretiert, deren aufrührerische Predigten sie für die Ursache der Bauernaufstände hielten. Das Gefühl der Niederlage auf der Seite der Lutheraner führte zu Luthers Ruf zu den Waffen im Jahr 1526. In den *Wunderlichen Weyssagungen* ermahnte Osiander seine Anhänger, ihre antikatholischen Hetzreden, Reime, Lieder und satirischen Bilder energisch weiter zu verbreiten.[16]

Als die Nürnberger Stadträte Osianders bildliche Prophezeiungen sahen, befanden sie diese als zu aufhetzend: Kurz nachdem die Stadt den lutherischen Glauben im März 1525 angenommen hatte, wollte man jede weitere Verärgerung Kaiser Karls V. und der katholischen Fürsten vermeiden. Osiander hatte die städtischen Verordnungen der präventiven Zensur missachtet. Obwohl Nürnberg schon protestantisch war und das *Wormser Edikt* nicht mehr vollstreckt wurde, behielt man die präventive Zensur aller zur Veröffentlichung gedachten Texte weiter bei. Zu dieser Zeit war sie meist gegen die radikalen Reformatoren und die Wiedertäuferbewegung gerichtet. Die Stadträte rügten Osiander für das Umgehen der Vorschrift, alle Manuskripte vor ihrer Publikation dem lokalen Zensor Lazarus Spengler vorzulegen. Sie dachten, dass Osianders Schrift keinen friedensstiftenden Wert habe, sondern die lokale Bevölkerung weiter anstacheln und verbittern und damit den Stadträten Ärger einbringen würde.[17] Doch die Zensur der *Wunderlichen Weyssagungen* stellte sich als ineffektiv heraus, denn schon im gleichen Jahr, 1527, kam es zu drei weiteren Auflagen, durch Hans Weiss in Wittenberg, durch

---

10 Dieter Koepplin/Tilman Falk (Hrsg.): Lukas Cranach: Gemälde, Zeichnungen, Graphik, Basel 1976, S. 330, Kat.-Nr. 218. **11** Christiane Andersson/Charles Talbot: From A Mighty Fortress. Prints, Drawings and Books in the Age of Luther, 1483–1546, Detroit 1983, Kat.-Nr. 205. **12** Friedrich W. H. Hollstein: German Engravings, Etchings and Woodcuts 1400–1700, Bd. III, Amsterdam 1954, S. 56. **13** Ebd., S. 236 f. **14** *Eyn wunderliche Weyssagung von dem Babstumb wie es yhm biss an das endt der welt gehen sol, in figuren oder gemäl begriffen, gefunden zu Nürnberg ym Cartheuser Closter vnd ist seher alt.* Christiane Andersson: The Censorship of Images in Nuremberg 1521–1527: Art and Politics in the Reformation, in: Charles Zika/Dagmar Eichberger (Hrsg.): Dürer and His Culture, Cambridge 1998, S. 170–178 und Abb. 8.5–8.9. Alle 30 Holzschnitte sind abgebildet in: Karl-Heinz Schreyl/Renate Freitag-Stadler (Hrsg.): Die Welt des Hans Sachs: 400 Holzschnitte des 16. Jahrhunderts, Nürnberg 1976, S. 17–31, Kat.-Nr. 25. **15** Zur *Wunderlichen Weyssagung* siehe Hans-Ulrich Hofmann in: Gerhard Müller/Gottfried Seebass (Hrsg.): Andreas Osiander der Aeltere: Gesamtausgabe, Bd. II, Gütersloh, S. 403–407. Roland Bainton geht davon aus, dass die Bologneser Ausgabe von 1515 das direkte Vorbild war, dies wird auch vermutet in: Aby Warburg: Heidnisch-antike Weissagung in Wort und Bild zu Luthers Zeiten, in: Dieter Wuttke (Hrsg.): Aby Warburg: Ausgewählte Schriften und Würdigungen, 2. Aufl., Baden-Baden 1980, S. 244–246. **16** »Last uns auch auffs new widder anfahen, schreiben, tichten, reymen, singen, malen und zeygen das edle goetezen geschlecht, wie sie verdinet und wert sind.« WA 19, 43. **17** »dises buechlein mehr eyn anzundung und verbitterung des gemeynen mans dann etwas anders verursach, darzue eynem erbern rath allerley nachteils und gremschafft bey vilen erfolgen mog.« Theodor Hampe: Nürnberger Ratsverlässe über Kunst und Künstler im Zeitalter der Spätgotik und Renaissance, Wien/Leipzig 1904, S. 238, Nr. 1580.

Abb. 4
Hans Selbald Beham, Luther als Evangelist, Titelholzschnitt von: Martin Luther, Das new Testament Deütsch, Nürnberg 1524

Kaspar Kantz in Zwickau und durch Jakob Köbel in Oppenheim am Rhein Viele weitere folgten. Die Stadträte sagten später aus, dass sie Erhard Schöns Holzschnitte nicht unbedingt als beleidigend auffassten, da sie nur Kopien nach den älteren Illustrationen waren, die Osiander aus mittelalterlichen Büchern entnommen hatte. Nachdem Hans Guldenmund zum wiederholten Mal die Holzstöcke, von denen die Illustrationen gedruckt worden waren, zurückgefordert hatte, widerrief der Stadtrat drei Monate später seine Entscheidung, sie zu beschlagnahmen und gab sie zurück.

Die Stadträte rechtfertigten ihre Entscheidung mit dem Argument, dass ähnliche Holzschnitte im Bologneser Traktat von 1515 schon existierten und in der Zeit vor der Reformation nicht beleidigend gewirkt hätten. Der Verleger Guldenmund erhielt sogar die Erlaubnis, seine zurückerlangten Holzstöcke wiederzuverwenden, allerdings unter der Auflage, dass sie nur mit dem ursprünglichen, mittelalterlichen Text erscheinen sollten und nicht mit Osianders und Sachs' anstößigen Versen.[18] Einer dieser 30 Holzstöcke, die für die Wittenberger Ausgabe der *Wunderlichen Weyssagungen* von 1527 genutzt wurden, hat sich in Nürnberg erhalten.[19]

Luther war einer der ersten Empfänger der Nürnberger Erstausgabe Osianders und die treibende Kraft hinter der Entscheidung, sie in Wittenberg nachdrucken zu lassen, wie er in einem Brief vom 29. April 1527 an Georg Spalatin schrieb.[20] Der Nachdruck hatte wohl einen hohen Stellenwert, denn die Wittenberger Ausgabe erschien in weniger als einem Monat, wie Luther in einem Brief an Wenceslaus Linck mitteilte.[21] Luther schrieb, dass er den Text des Pamphlets und sein Porträt mit Rose und Sichel für gut befand. Wie vorherzusehen war, kam es nicht nur zu Wiederauflagen und Imitationen des Pamphlets, sondern auch zu kritischen Reaktionen. Das wichtigste dieser Gegentraktate wurde 1530 von Theophrastus von

364 Polemik und Konflikte

Hohenheim, genannt Paracelsus, veröffentlicht: *Ein Auslegung der Figuren, so zu Nuernberg gefunden seind worden, gefueret in grundt der Magischen Weissagung*. Für ihn waren die 30 Holzschnitte magische Bilder, mit denen eine bedrängte Institution wie das Papsttum analysiert und geheilt werden konnte. Er griff den moralischen Verfall und Stolz der Kurie scharf an, verteidigte aber die Institution selbst.

Osianders *Wunderliche Weyssagungen* ist eines der faszinierendsten Beispiele für die Wirkungslosigkeit der Zensur. Die Versuche des Nürnberger Stadtrats, das Pamphlet zu verbieten, rührten von ihrer Angst vor einem Nachspiel vonseiten der unlängst siegreichen katholischen Fürsten in den benachbarten Territorien her. Mit besonderer Wachsamkeit suchten sie die Verbreitung des Pamphletes vor den Stadttoren zu verhindern. Sie baten sogar die Stadträte von Frankfurt und Coburg, alle Exemplare auf Kosten der Stadt Nürnberg aufzukaufen und zu zerstören und beteuerten, dass die Schrift ohne ihr Wissen gedruckt worden war. Gleichzeitig versuchten sie, den beträchtlichen finanziellen Verlust des Druckers Guldenmund auszugleichen und damit Rücksicht auf die Erhaltung seiner Lebensgrundlage und das Wohlergehen seiner Familie zu nehmen, nicht zuletzt, damit sie dem Staat nicht finanziell zur Last fallen würde.

Erhard Schöns Holzschnittporträt von Martin Luther mit seinem Wappenzeichen, der Rose, und der symbolischen Sichel war nur eines von vielen zensierten Porträts des Reformators. Als Initiator des neuen Glaubens hatte sogar sein Abbild eine polemische Wirkung und wurde, wie all seine Schriften, nach dem *Wormser Edikt* von 1521 ein Fall für die Zensur. Nach dem Edikt wurden in Nürnberg bestimmte Luther-Porträts nicht toleriert, doch schon wenige Jahre später wurden all seine Abbilder zensiert – eine Maßnahme, die das sich verändernde politische Klima widerspiegelt.

Im Jahr 1520, vor dem Edikt, hatte der Nürnberger Grafiker Hans Sebald Beham ein kleines Holzschnittporträt produziert. Es zeigt Luther im Profil, in Doktorhut und Robe am Schreibtisch sitzend und ehrfürchtig auf eine kleine Skulptur des gekreuzigten Christus blickend. Eine Taube, Symbol des Heiligen Geistes, schwebt über ihm (Abb. 4).[22] Strahlen eines Heiligenscheins gehen von seinem Kopf aus und stellen ihn als Heiligen oder Evangelisten dar. Bilder dieser Art sprachen eigentlich gegen Luthers eigene Einstellung zur Heiligenverehrung, doch hatte er keine Kontrolle über Porträts, die in entlegeneren Gegenden Deutschlands von ihm angefertigt wurden. Die Darstellung als Heiliger entsprach wohl den Erwartungen potenzieller Käufer, die die Darstellungstraditionen mittelalterlicher Frömmigkeit gewohnt waren. Behams Abbildung Luthers basiert auf traditionellen mittelalterlichen Porträts der Evangelisten beim Schreiben der Evangelien, ein Bildtypus, der oft am Anfang handschriftlicher oder gedruckter Bibeln steht. Beham stellte Luther mit allem erdenklichen Beiwerk eines Evangelisten dar und deutete so an, dass dessen Schriften als göttliche Offenbarung, ähnlich den Evangelien, gesehen werden können. Tatsächlich diente der Holzschnitt als Titelblattillustration für Luthers *Neues Testament*, das in mehreren Ausgaben zwischen 1524 und 1526 von Hans Hergot in Nürnberg gedruckt wurde. Am 3. Mai 1521, kurz vor der Verkündigung des Edikts, aber nach Luthers Auftritt in Worms verbot der Nürnberger Stadtrat den Verkauf aller Porträts von »Luther mit der Taube des Heiligen Geistes«.[23] Der Rat befürchtete, dass sie Katholiken erzürnen würden. Tatsächlich beschrieb der päpstliche Nuntius Girolamo Aleandro 1521, dass er beobachtete hatte, wie das einfache Volk in Worms solche Drucke kaufte und Luthers Antlitz darauf küsste. Aleandro verurteilte alle Bilder des »heiligen« Luther und forderte ihre Zerstörung.[24]

Das Verbot von Luthers Bild »mit dem Heiligen Geist« durch den Stadtrat muss direkt auf Behams kleinen Holzschnitt gezielt haben, der in Nürnberg ganz bestimmt verbreitet war. Doch hätte dieses Verbot auch ähnliche Porträts anderer Grafiker betroffen, die in ganz Deutschland verbreitet wurden, beispielsweise einen Holzschnitt des Reformators mit Heiligenschein und Taube von Hans Baldung Grien, der in Straßburg produziert wurde (Abb. 1),[25] sowie eine Radierung von Hieronymus Hopfer aus Augsburg, die 1520 entstand.[26] Beide waren seitenverkehrte Kopien eines Kupferstichporträts von der Hand Cranachs des Älteren.[27] Eine ähnliche Radierung von Daniel Hopfer aus Augsburg beinhaltet eine Inschrift, welche die vergängliche Natur von Luthers körperlicher Erscheinung der Unsterblichkeit seiner Seele gegenüberstellt: »Des lutters gestalt mag wol verderbenn, Sein cristlich gmiet wirt nymer sterben M.D.X.X.III.«[28] Ein später entstandener Holzschnitt von Lucas Cranach dem Älteren aus dem Jahr 1531 zeigt Luther, wie er an seinem Schreibpult steht und eine Taube über ihm schwebt.[29] Cranach stellt einen noch deutlicheren Bezug zu einem Heiligen dar als Beham: Cranachs Luther erscheint in der Gestalt des heiligen Matthäus, der durch das Evangelistensymbol, den Engel, kenntlich gemacht wird. Er steht neben ihm am Pult und versorgt ihn mit göttlicher Inspiration. Cranachs Holzschnittporträt illustrierte viele spätere Ausgaben von Luthers Übersetzung des Neuen Testament, das in Wittenberg Anfang 1530 von Hans Lufft veröffentlicht wurde.

Im Jahr 1524, drei Jahre, nachdem Darstellungen Luthers mit der Taube zensiert worden waren, verbot der Nürnberger Stadtrat sämtliche Luther-Porträts.[30] Dies mag zunächst überraschen, da zu dieser Zeit viele Nürnberger mit der lutherischen Lehre sympathisierten und die Stadt auf dem Weg dahin war, sich offiziell für protestantisch zu erklären, wie es dann 1525, ein Jahr später, auch geschah. Doch die Zensur der Luther-Porträts war ein dringlicher Versuch, die diplomatischen Beziehungen zum katholischen Kaiser Karl V. zu verbessern, der über die Hinwendung der Freien Reichsstadt zum Protestantismus empört war. Es erscheint jedoch unwahrscheinlich, dass das Verbot vor Ort konsequent durchgesetzt wurde, denn Behams

---

18 Ebd., S. 274, Nr. 1921. **19** Germanisches Nationalmuseum (Hrsg.): Katalog der im germanischen Museum vorhandenen zum Abdrucke bestimmten geschnittenen Holzstücke vom XV. – XVIII. Jahrhunderte, Erster Theil, Nürnberg 1892, S. 27 f., mit Illustrationen 104 – 118. **20** WA.B 4, 196, 1098. **21** Datiert 19. Mai 1527, Ebd., 203, 10 – 14, 1106. **22** Hollstein, German Engravings (wie Anm. 12), Bd. III, Nr. 56; Hofmann, Luther (wie Anm. 9), S. 154. **23** Hampe, Nürnberger Ratsverlässe (wie Anm. 17), S. 205, Nr. 1339. **24** Theodor Brieger: Aleander und Luther 1521: Die vervollständigten Aleander-Depeschen nebst Untersuchung über den Wormser Reichstag, Quellen und Forschungen zur Geschichte der Reformation, Gotha 1884, S. 24. **25** Hollstein, German Engravings (wie Anm. 12), Bd. II, S. 154, Nr. 270. **26** Ebd., Bd. XV, S. 119, Nr. 96. **27** Ebd., Bd. VI, Nr. 96. **28** Ebd., Nr. 121. **29** Johannes Jahn (Hrsg.): Lucas Cranach der Aeltere, 1472 – 1553, Das gesamte graphische Werk, München 1972, S. 776 f. **30** Hampe, Nürnberger Ratsverlässe (wie Anm. 17), S. 221, Nr. 1455.

Abb. 5
Hans Brosamer,
Johannes Cochlaeus,
Sieben Köpfe Martin
Luthers, Leipzig 1529

zensiertes Holzschnittporträt von 1521 wurde in Nürnberg 1524 vom protestantischen Verleger Hans Hergot als Titelblattillustration einer landessprachlichen Ausgabe des Neuen Testaments wiederverwendet, *Das new Testament Deütsch*. In den Archiven der Stadt lassen sich keine Hinweise darauf finden, dass diese Ausgabe die Aufmerksamkeit der örtlichen Zensurbehörde auf sich gezogen hätte.

Eine ähnliche Darstellung Luthers in Gestalt eines Heiligen zeigt Jacob Lucius' des Älteren illustriertes Flugblatt *Taufe Christi in der Elbe vor Wittenberg*[31] von 1556 bis 1558, von der auch eine Version in Latein gedruckt wurde (siehe Abb. 2 im Beitrag von Ingrid Dettmann in diesem Band). Es stellt Johannes den Täufer dar, der Christus in der Elbe bei Wittenberg tauft, anstatt im Jordan. Johann Friedrich I., Kurfürst von Sachsen, seine Gemahlin Sibylle von Cleve und ihre drei Söhne knien ehrfurchtsvoll am gegenüberliegenden Ufer. Luther erscheint in der üblichen Art eines Schutzheiligen mit der traditionellen Geste der Fürbitte. Eine Hand liegt auf der Schulter des Kurfürsten, während die andere auf die gerade stattfindende Taufe zeigt.

Katholische Darstellungen von Luther stützten sich oft auf die gängige Faszination für Monster und Missgeburten, die eine wichtige

Rolle in der volkstümlichen Bilderkultur vor der Reformation gespielt hatte. Sie wurden bald zur verbreiteten Form visueller Propaganda, was die Untermauerung theologischer Argumente und den Rufmord am Gegner betraf. Im Jahr 1529 veröffentlichte der katholische Publizist Johannes Cochlaeus das antilutherische Traktat *Der siebenköpfige Martin Luther (Martinus Lutherus Septiceps)* gleichzeitig in einer deutschen und lateinischen Ausgabe, illustriert mit satirischen Porträts Martin Luthers von Hans Brosamer auf dem Titelblatt (Abb. 5). Ähnlich der protestantischen Polemik verfolgte Cochlaeus die Strategie, Luther mit dessen eigenen Worten anzugreifen, indem er aus seinen Schriften zitierte und bewies, dass sie voller Widersprüche waren. Das Ziel Cochlaeus' war es, das eigenständige Lesen der »giftigen« Texte des Reformators für die katholischen Priester überflüssig zu machen. Brosamers Titelblattholzschnitt zeigt Luther als vielköpfigen Scharlatan in offensichtlicher Analogie zum in der Offenbarung, Kapitel 13, beschriebenen siebenköpfigen Drachen, der den Teufel kennzeichnet. Das siebenköpfige Porträt Luthers war unzweifelhaft als Widerlegung von Luthers Vergleich des Papstes mit dem Antichristen gemeint, eine wesentliche polemische Botschaft des *Passional Christi et Antichristi* von 1521. Um zu zeigen, dass Luther mit »sieben Zungen« spreche, anstatt eine einheitliche, stimmige Theologie zu vertreten, parodiert Brosamers Holzschnitt in ironischer Weise die traditionelle protestantische Art, Luther darzustellen: Anstatt als Mönch, der fromm seine Bibel umklammert, wird er als Monster gezeigt, dessen sieben Köpfe seine widersprüchliche und teuflische Natur widerspiegeln.[32] Die Köpfe sind Parodien: Einer bezieht sich auf Luthers akademische Qualifikationen, angedeutet durch einen übergroßen Doktorhut. Des Weiteren befinden sich unter den Köpfen Darstellungen Luthers als St. Martin, eines der Heiligen, dessen Verehrung er verboten hatte; als einen Ungläubigen mit Turban; als abtrünnigen Priester, der durch die Exkommunikation 1520 aus dem Amt verstoßen wurde und die Kutte widerrechtlich trägt; als *Suermerus* (Schwärmer); als radikalen Sektierer, dessen Torheit durch die in seiner Mütze herumschwirrenden Bienen versinnbildlicht wird; als *Visitator*, eine Anspielung auf seine führende Rolle während der ersten Gemeindebesuche in Sachsen ein Jahr zuvor; und als Barabbas, der Dieb, der an Jesu Stelle von Pontius Pilatus freigelassen wurde.

Die Pamphlete und Flugblätter der Reformation, die hier aufgeführt wurden, sind ein Beispiel für eine frühe Form der Massenkommunikation, die eine entscheidende Rolle bei der schnellen Verbreitung und der propagandistischen Verstärkung der evangelischen Theorie gespielt haben. Ähnliche Methoden wurden bald auch von der katholischen Seite verwendet, wenn auch in viel geringerer Zahl. Protestantische Polemiken wollten eine ideologische Beziehung zwischen Luther und seinen Anhängern konstruieren und festigen, indem sie schlagkräftige Argumente lieferten, um Luthers Bruch mit der Kirche zu rechtfertigen und potenzielle Konvertiten zu überzeugen. Die reformatorischen Publizisten wollten ihre Widersacher in Verruf bringen oder sie symbolisch zerstören. Polemische Angriffe erforderten oft Vereinfachung und Herabwürdigung der Sachverhalte. Nicht selten nahm bei diesem Vorgang die Wahrheit selbst Schaden, besonders in späteren Jahren, als der polemische Austausch hitziger wurde und der Einsatz sich erhöhte. Die Effektivität stand an erster Stelle, und erfolgreiche Polemik brachte auf allen Seiten des politischen Spektrums Imitationen, Adaptionen, oder umgekehrte Parodien hervor. Die Propagandisten der Reformation kommunizierten durch die Kultur, die sie mit ihrem Publikum teilten und die darauf beruhte, dass gewisse Bildtraditionen, der volkstümliche Glaube und örtliche Traditionen geläufig waren. Die protestantischen Publizisten passten alte Bilder neuen Verwendungszwecken an und profitierten dabei vom Wiedererkennungswert vertrauter Ideen, die in anderen Kontexten eine neue Bedeutung erhielten. Im Allgemeinen waren die Protestanten in ihren polemischen Veröffentlichungen viel erfinderischer und produktiver als die Katholiken.

Letztlich waren weder der Kaiserhof noch die katholischen Fürsten noch die lokalen Stadträte fähig, die Beschlüsse der präventiven Zensur umzusetzen. Die Regeln, die das *Wormser Edikt* von 1521 vorgab, wurden inkonsequent ausgeführt. Deutlich wird dies durch die regelmäßigen Neuauflagen der Verordnungen, teils mit identischem Text. In einem Edikt von 1524 bekräftigte Karl V., was er im *Wormser Edikt* vor drei Jahren beschlossen hatte. Im Jahr 1527 erließ Ferdinand, Karls Bruder, erneut Zensurverordnungen.[33] Im Jahr 1548 beschwerte sich Karl V. sehr deutlich, dass vorherige Erlasse wirkungslos geblieben waren. Das *Edikt von Speyer* (1570) verbot den Betrieb von Druckerpressen in entlegeneren Gegenden, die für die Behörden schwer kontrollierbar waren, und erlaubte das Drucken nur in Freien Reichsstädten oder Städten mit einem Fürstenhof oder einer Universität. Offensichtlich war der Kaiser der Meinung, sich nur auf die Angehörigen dieser Institutionen verlassen zu können.

Trotz offizieller Missbilligung florierte die Flugblattproduktion. Die Autoren profitierten von der allgemeinen Nachlässigkeit lokaler Zensurbehörden, vom günstigen Papierpreis, von vorteilhaften Handelsrouten. Zensierte Flugblätter und Pamphlete konnten schnell und unkompliziert von einer Stadt in die nächste geschmuggelt werden. Die Behörden hatten im Gegensatz dazu zahllose Hindernisse zu umgehen: überforderte, korrumpierbare oder teilnahmslose Zensoren, eine Vielzahl von Zuständigkeitsbereichen, nachlässige Richter, Konflikte zwischen kirchlichen Autoritäten und Laien, den Widerstand der protestantischen Bevölkerung und die gegenseitige Hilfe unter protestantischen Verlegern. Viele von diesen übten zudem eine Art »umgekehrte« Zensur aus, indem sie einfach keine prokatholischen Schriften druckten.

Eine Bewertung der Zensur illustrierter Flugblätter und Pamphlete während der Reformation ist nur mit Blick auf die lokalpolitischen Gegebenheiten möglich. Diese veränderten sich grundlegend, manchmal innerhalb von wenigen Wochen, und waren von Stadt zu Stadt verschieden. Die radikalen Gläubigen auf beiden Seiten des religiösen Konflikts gingen weiterhin bis an die Grenzen der Toleranz.

31 Walter L. Strauss (Hrsg.): The German Single-Leaf Woodcut 1500–1550, Bd. III, New York 1974, S. 850, Nr. 899; Heinrich Röttinger: Beiträge zur Geschichte des sächsischen Holzschnitts, Straßburg 1921, Nr. 85. **32** Peter Newman Brooks (Hrsg.): Seven-Headed Luther: Essays in Commemoration of a Quincentenary, 1483–1983, Oxford 1983, S. 233. **33** Thüringisches Hauptstaatsarchiv Weimar, Ernestinisches Gesamtarchiv (ThHStAW), EGA, Reg. H4.

VI

Luther in den Vereinigten Staaten von Amerika

HARTMUT LEHMANN

Die wechselvolle Karriere Martin Luthers in der Neuen Welt

Die Entdeckung Martin Luthers in Amerika im Laufe des 19. Jahrhunderts[1]

Im Jahr des Pariser Friedens, 1783, mit dem Großbritannien die Unabhängigkeit seiner 13 rebellischen Kolonien in Nordamerika völkerrechtlich anerkannte, wurde der 300. Geburtstag von Martin Luther in Amerika nicht beachtet. Nicht einmal die kleinen lutherischen Gemeinden in Pennsylvania und South Carolina veranstalteten besondere Lutherfeiern. In den Werken der Gründungsväter der Vereinigten Staaten sucht man vergeblich nach Hinweisen auf Martin Luther. Die Vorbilder von George Washington, Thomas Jefferson, Benjamin Franklin und ihrer Mitstreiter lebten im Alten Rom und im Alten Griechenland, nicht aber im Deutschland des 16. Jahrhunderts. Wenn die Gründungsväter der USA die Trennung von Kirche und Staat proklamierten oder für das Grundrecht auf Gewissens- und Religionsfreiheit eintraten, beriefen sie sich nicht auf den deutschen Reformator, sondern auf englische und französische Aufklärer des 18. Jahrhunderts.

Schon zu Beginn des 19. Jahrhunderts erwachte in den USA aber das Interesse an Martin Luther. Es waren zunächst Unitarier wie der aus Schottland stammende Robert Aitken oder der aus England in die USA emigrierte Joseph Priestley, die im ersten Jahrzehnt des 19. Jahrhunderts in ihren Publikationen an Luther erinnerten. Viel gelesen wurde in Amerika auch der 1807 publizierte *Essay on the Spirit and Influence of the Reformation by Luther* aus der Feder des französischen Schriftstellers Charles François Dominique de Villers, der 1804 zuerst auf Französisch erschienen und bald ins Englische übersetzt worden war. Für Villers ebenso wie für Priestley und Aitken war es Luthers Verdienst, dass er den Aberglauben des Mittelalters überwunden und Europa damit die Freiheit gebracht hatte. Luther hatte somit, wie sie betonten, wesentliche Voraussetzungen für die Aufklärung geschaffen.

Erst eine Generation später, in den 1830er Jahren, publizierten auch amerikanische Unitarier eigene Werke über Luther, so etwa Thomas Bayley Fox, der 1836 betonte, es sei den Reformatoren gelungen, den ersten wirksamen Schlag gegen die von der alten Kirche verbreiteten Irrtümer und deren Despotismus zu führen, oder Hannah Farnham Sawyer Lee, die 1839 ein Werk mit dem Titel *The Life and Times of Martin Luther* publizierte, in dem sie noch schärfer als Fox mit der katholischen Kirche ins Gericht ging. Für Fox und Lee bestand freilich auch ein deutlicher Gegensatz zwischen den Ideen, die Luther vertreten hatte, und den Vorstellungen der Anhänger des »Second Great Awakening« und des vor allem in Pennsylvania verbreiteten Pietismus. Luthers Verdienste waren nach Ansicht der Unitarier somit nicht eigentlich religiöser oder theologischer Natur. Der Kampf, den er geführt hatte, galt vielmehr moralischen, politischen und kirchlichen Freiheiten, auch wenn sie konzedieren mussten, dass diese Freiheiten in ihrer eigenen Zeit immer noch nicht völlig erreicht waren.

Innerhalb der amerikanischen Denominationen bildeten die Unitarier damals eine der kleinsten Gruppierungen. Sie hatten nur in der Gegend von Boston einigen Einfluss, vor allem bei Intellektuellen rund um die Universität Harvard. Viel breitere Kreise erreichten die Evangelikalen, die im Zuge des »Second Great Awakening« in allen Kolonien Anhänger besaßen, nicht zuletzt in den zahlreichen Organisationen der Inneren und Äußeren Mission, die damals gegründet wurden. Den Evangelikalen, die Luther fast gleichzeitig mit den Unitariern entdeckten, ist es vor allem zu verdanken, dass Luther binnen weniger Jahrzehnte in der Neuen Welt immer populärer wurde. Bereits 1827 wurde in der Schriftenreihe der *American Sunday School Union* eine äußerst positive Luther-Biografie publiziert. Tenor dieser Schrift sowie zahlreicher weiterer Traktate über Luther und die Reformation war vor allem ein scharfer Antikatholizismus. Luther war groß, so konnte man lesen, weil er den Kampf gegen den Papst geführt hatte. Luther war bedeutend, weil er die Misswirtschaft und die Intrigen der Päpste und mithin auch der katholischen Kirche aufgedeckt hatte. Kurzum: Für diejenigen, die Argumente dafür suchten, dass die Einwanderung von Katholiken aus Irland und Italien in die USA zu verhindern sei, gab es keinen besseren Kronzeugen als eben den deutschen Reformator Martin Luther. Luthers reformatorisches Wirken wurde dabei auf einen Punkt – auf seinen Kampf gegen die katholische Kirche – verkürzt. Hier waren sich die Evangelikalen mit den von ihnen sonst unerbittlich bekämpften Unitariern einig.

Seit den 1830er Jahren meldete sich, wenn es um Luther ging, in den Vereinigten Staaten noch eine dritte Gruppe zu Wort: die Transzendentalisten, das heißt die Anhänger einer religiös und humanistisch geprägten Form des romantischen Idealismus. Den mit Abstand größten Einfluss hatte Ralph Waldo Emerson, der seit seiner Jugend Luther verehrte. 1835 hielt Emerson eine Vorlesung über

Luther, die bald darauf gedruckt wurde und weite Verbreitung fand. Tenor: Luther der Prophet, vergleichbar mit den Propheten des Alten Testaments, Luther das universal begabte Genie, Luther – einer der großen Heroen in der Menschheitsgeschichte. Für die Deutschen des 16. Jahrhunderts war Luther nach Emerson das, was Homer für die Griechen gewesen war, Moses für die Juden, Alfred für die Angelsachsen und Washington für die Amerikaner. Luthers einzigartige historische Rolle bestand nach Emerson darin, dass er als Gelehrter eine große geistige, kirchliche und politische Revolution initiierte, allein gegründet auf das Wort. Luthers Erbe gehörte, wenn man Emerson folgte, der ganzen Menschheit. In späteren Jahren verglich Emerson Luther mit Perikles, mit Cäsar, mit Mirabeau, mit Daniel Webster und mit Goethe. Fast alle Anhänger des Transzendentalismus folgten Emersons Urteil. Theodore Parker ließ es sich auf seiner Europareise nicht nehmen, auch einen Abstecher nach Wittenberg zu machen, weil er hoffte, dort noch etwas von dem Geist Luthers zu erhaschen. Im Garten des Augustinerklosters nahm er als Souvenir einige Zweige von einer Linde und einige Blätter von einem Rosenbusch mit.

Obwohl sich Emerson einige Jahre später, so 1843 in einem Brief an Margaret Fuller, von Luther distanzierte und ein anderer Vertreter des Transzendentalismus, Orestes Augustus Brownson, 1844 sogar zum Katholizismus konvertierte und in der Folge zu einem der schärfsten Kritiker Luthers innerhalb des amerikanischen Katholizismus wurde, kann der Einfluss der romantischen Schule, eben des Transzendentalismus, kaum überschätzt werden. Hoch gebildete Schriftsteller wie Emerson und Brownson lösten Luther aus seiner Verbindung mit den protestantischen Denominationen und stellten ihn mitten hinein in die Welt der großen Denker und Lenker der Weltgeschichte. Eine gekürzte und ins Englische übersetzte Ausgabe von Luthers Tischreden wurde in der Mitte des 19. Jahrhunderts zum Bestseller. Amerikanische Leser von Charleston und Savannah bis New York und Boston erfreuten sich an Luthers drastischer Ausdrucksweise und an seinen Erzählungen, die ihnen, so schien es, Einblick boten in die entscheidende Phase des Umbruchs vom dunklen Mittelalter hin zur Moderne.

Seit dem frühen 19. Jahrhundert wurde es unter jungen Amerikanern üblich, eine gewisse Zeit an einer europäischen Universität zu studieren, mit Vorliebe in Frankreich oder Großbritannien, aber auch in Deutschland. George Bancroft war 1818 der erste, der eine deutsche Universität wählte. Bancroft blieb bis 1820 in Göttingen und verbrachte dann noch ein Jahr in Berlin. Ihm folgten zahlreiche andere, so etwa Frederic Henry Hedge, ein enger Freund von Emerson, der Jahre später, 1852, Luthers *Ein feste Burg* ins Englische übersetzte. Von den zahlreichen amerikanischen Theologen, die in Deutschland studierten, seien hier nur Charles Hodge genannt, ein Presbyterianer, der zu einer der prägenden Figuren am *Princeton Theological Seminary* wurde, Henry Boynton Smith, der nach Studienjahren in Halle und Berlin zum führenden Kirchenhistoriker am *Union Theological Seminary* in New York avancierte, und George Park Fisher, nach seinem Studium in Halle Kirchenhistoriker an der berühmten *Yale Divinity School*. Für den Rest ihres Lebens waren und blieben diese Gelehrten ihren deutschen akademischen Lehrern und der deutschen Reformationsgeschichtsschreibung eng verbun-

Abb. 1 Thomas Circle (nach Ernst Rietschel), Denkmal Martin Luthers, Washington, D.C., 1884

1 Für detailliertere Informationen siehe Hartmut Lehmann: Martin Luther in the American Imagination, München 1988, S. 23–193; Ders.: Die Entdeckung Luthers im Amerika des frühen 19. Jahrhunderts; Ders.: »A Pilgrimage to Wittenberg, the so-called Protestant Mecca«. Anmerkungen zum amerikanischen Deutschland-Tourismus im 19. Jahrhundert; Ders.: Die Lutherjubiläen 1883 und 1917 in Amerika; Ders.: The Luther Statues in Washington, D.C., und Baltimore. Alle vier Beiträge in: Hartmut Lehmann: Luthergedächtnis 1817 bis 2017, Göttingen 2012, S. 35–58; 78–109.

Abb. 2 Die Bockman Hall des Luther Seminary (ehemals United Church Seminary), St. Paul, Minnesota, errichtet 1902

den. Sie waren in Kontakt mit Tholuck in Halle, sie kannten Rankes Reformationsgeschichte, die seit Mitte der 1840er Jahre in englischer Übersetzung vorlag. Für alle amerikanischen Theologen, die im 19. Jahrhundert in Deutschland studierten, blieb Luther zeitlebens ihr großes Idol.

Von den Wissenschaftlern, die im Laufe des 19. Jahrhunderts in die USA auswanderten, machte Philipp Schaff, ein junger Schweizer, der sich in Berlin Anfang der 1840er Jahre habilitiert hatte, die eindrucksvollste Karriere. Nach einigen Jahren an einem kleinen College in Pennsylvania wurde Schaff an das *Union Theological Seminary* in New York berufen, wo er für mehrere Jahrzehnte als Vermittler zwischen der deutschen und der amerikanischen Gelehrtenwelt eine einzigartige Rolle spielte. Schaff erklärte seinen deutschen Freunden die Qualitäten der amerikanischen Universitäten und umgekehrt seinen amerikanischen Freunden die Leistungen der deutschen Wissenschaft. Stets war es für Schaff klar, dass Martin Luther zu den herausragenden Persönlichkeiten in der deutschen Geschichte gehörte, für die es sich in der Neuen Welt zu werben lohnte. Die Wittenberger Reformbewegung wurde binnen weniger Jahre zu einer Weltbewegung, die Millionen von Herzen entflammte, so Schaff etwa 1847. Für den Bau des Reiches Gottes in der Welt hatte nach Schaff niemand mehr geleistet als Luther. Luthers Werk galt es, wie er glaubte, in der Neuen Welt zu vollenden. Das letzte große Werk, das Schaff 1888 publizierte, galt der Reformation in Deutschland.

Noch einmal zurück zu George Bancroft. Denn Bancroft war es, der in seiner monumentalen Geschichte der Vereinigten Staaten eine direkte Verbindung herstellte zwischen der Reformation in Deutschland und den politischen Entwicklungen in der Neuen Welt. Die Besiedlung von Neuengland sei, so Bancroft schon in dem 1834 publizierten ersten Band seines Werks, eine direkte Folge der Reformation gewesen. Neben Kolumbus, Gutenberg und Calvin gehöre Luther zu den vier Vätern der modernen Welt. 1874, im zehnten und letzten Band seines Werks, kam Bancroft, der vorher sieben Jahre lang als amerikanischer Botschafter in Berlin gearbeitet hatte, noch einmal auf Luther zurück. Der Sohn eines einfachen Bergmanns aus Eisleben, der sich in seinen Studien mit Paulus und Augustin be-

Abb. 3 Tom Torrens, Luther-Büste auf dem Gelände der Pacific Lutheran University, Tacoma, Washington, 1984

Abb. 4 Sir Bernardus Weber/Jim Gulbranson, sogenannter »Enormous Luther«. Moderne Luther-Skulptur auf dem Gelände der California Lutheran University, Thousand Oaks, Ventura County, Kalifornien, 1964

schäftigte, habe, so Bancroft, die Welt verändert. Indem er die Fehlbarkeit des Papstes offenlegte, habe Luther den Aberglauben an der Wurzel getötet. Luther sei für die gleichen Prinzipien eingetreten wie später Thomas Jefferson. Bancrofts jüngerer und nicht minder berühmter Historikerkollege John Lothrop Motley, der von 1831 bis 1833 in Göttingen und Berlin studiert hatte, vertrat in seinen Büchern die gleiche These. Ohne Luther wäre die Reformation nie ein Erfolg, der Protestantismus nie eine Weltmacht geworden, so Motley. Im amerikanischen Bildungsbürgertum des 19. Jahrhunderts wurden die Werke von Bancroft und Motley eifrig gelesen.

Als sich im Jahr 1883 der Geburtstag von Martin Luther zum 400. Mal jährte, war es für alle amerikanischen Universitäten ebenso wie für die großen protestantischen Denominationen selbstverständlich, besondere Feiern zu organisieren. Das vielleicht eindrucksvollste Fest veranstaltete die ehrwürdige *Massachusetts Historical Society* am 10. November 1883 in Boston. Alles, was Rang und Namen hatte, war anwesend. Die Festrede hielt der inzwischen 78-jährige Frederic Henry Hedge, Professor für deutsche Literatur in Harvard. Die teuersten Güter ihres Gemeinwesens schuldeten sie dem »sächsischen« Reformator, so Hedge, die bürgerlichen Freiheiten ebenso wie die nationale Unabhängigkeit. Die Anglo-Amerikaner stünden tief in seiner Schuld. Nachdem Kolumbus die Neue Welt entdeckt hatte, habe Luther die geistigen und politischen Prinzipien geschaffen, mit denen diese Neue Welt erschlossen worden sei. Auf der Festveranstaltung der Evangelischen Allianz am 13. November 1883 in New York hielt Philipp Schaff die Festrede. Kongregationalisten, Presbyterianer, Methodisten und Episkopalisten stimmten in Schaffs Lobeshymne ein. Hätte Luther 1776 gelebt, hätte er sein Blut für die Sache der amerikanischen Unabhängigkeit gegeben, so ein kongregationalistischer Senator aus Iowa. Ohne Luther in Deutsch-

2 Ausführlicher dazu Hartmut Lehmann: Martin Luther in the American Imagination (wie Anm. 1), S. 195–301; Ders.: Die Lutherjubiläen 1883 und 1917 in Amerika und Ders.: Luthers welthistorische Wirkung gezeigt am Beispiel der USA und Australiens im ausgehenden 19. und frühen 20. Jahrhundert, in: Hartmut Lehmann: Luthergedächtnis 1817 bis 2017, Göttingen 2012, S. 78–93, 110–125.

land hätte es Washington in Amerika nicht gegeben. Sie, die Amerikaner, dankten Luther für den unschätzbaren Segen der bürgerlichen Freiheiten in einem freien Gemeinwesen, so ein lutherischer Pastor aus Pennsylvania. Auch wenn die amerikanischen Katholiken 1883 nach wie vor auf ihrer Kritik an dem deutschen Reformator beharrten, war Luther zwei Jahrzehnte nach dem Ende des Amerikanischen Bürgerkriegs auf der Höhe seines Ruhms in der Neuen Welt angelangt.

Die sukzessive Distanzierung von Martin Luther in Amerika seit dem ausgehenden 19. Jahrhundert[2]

Verschiedene Kräfte trugen dazu bei, dass sich die gebildeten Amerikaner, die nicht zu einer der lutherischen Synoden gehörten, im ausgehenden 19. und frühen 20. Jahrhundert schrittweise von Luther distanzierten. So war beispielsweise die wissenschaftliche Leistungskraft der großen amerikanischen Universitäten nach dem Bürgerkrieg stetig gestiegen. Ambitionierte junge Amerikaner mussten nicht mehr nach Europa, um eine gute Ausbildung zu bekommen. Sie konnten eine ebenso gute, in einzelnen Disziplinen vielleicht sogar noch bessere Ausbildung erhalten, wenn sie nach Harvard, Yale, Princeton und Columbia oder auch an die University of Chicago oder die University of Wisconsin gingen. Dazu kam, dass einige der jungen Amerikaner, die in den Jahrzehnten vor dem Ersten Weltkrieg etwa in Leipzig, Halle oder Berlin studierten, vom wachsenden deutschen Nationalismus und mithin auch von den nationalistischen Darstellungen Luthers, die in Deutschland seit 1883 weit verbreitet waren, abgestoßen wurden.[3] In dem Maße, in dem die Deutschen Luthers Erbe für sich reklamierten, fragten sie, was sie selbst und ihre Geschichte denn noch mit Luther zu tun hätten.

Die Gründung der *American Society of Church History* im Jahr 1888 war Ausdruck des gestiegenen Selbstbewusstseins der amerikanischen Kirchenhistoriker. Bereits zwei Jahre später, 1890, lancierte die junge Gesellschaft ein ambitioniertes Vorhaben: nämlich eine 13-bändige Darstellung der amerikanischen Denominationen, geschrieben von den führenden Kirchenhistorikern aus den führenden Divinity Schools. Das in bemerkenswert kurzer Zeit, nämlich bereits 1893 abgeschlossene Projekt hatte für Luthers Rang in der Neuen Welt gravierende Folgen. So war etwa im zweiten Band über die Kirchen der Baptisten, den Albert Henry Newman verfasste, eine wenig freundliche Darstellung der historischen Bedeutung Luthers zu finden, hatte Luther doch, was Baptisten nie vergaßen, ihre Vorläufer unterdrückt. Ebenso kritisch war das Bild von Luther, das Williston Walker im dritten Band zeichnete, in dem er die Geschichte der Kongregationalisten darstellte. Gewiss, im vierten Band, in dem Henry Eyster Jacobs die lutherischen Kirchen würdigte, kam Luther zu seinem Recht, mit einigen Abstrichen auch im fünften Band von J. M. Buckley über die Methodisten. Kritische Töne dominierten dagegen im sechsten Band von Robert Ellis Thompson über die Presbyterianer. Im Band über die Reformierten Kirchen aus der Feder von E. T. Corwin und Joseph Henry Smith standen Genf und Heidelberg im Zentrum, nicht aber Wittenberg und Eisenach. Thomas

Abb. 5 Hans Schuler, Luther-Statue in Baltimore, Maryland, 1936

O'Gorman ignorierte in seinem Band über die katholische Kirche in Amerika Luther vollkommen. Die Autoren der weiteren, den kleineren Denominationen gewidmeten Bände dachten nicht daran, Luthers Lob zu singen. Fazit: Luthers besonderer Rang, den die Redner 1883 gepriesen hatten, wurde in der vielbändigen und rasch weit verbreiteten amerikanischen Kirchengeschichte deutlich relativiert. In den Bänden über die einzelnen Denominationen standen jeweils die eigenen Helden im Vordergrund, nicht aber Luther. Ihm wurden, abgesehen vom Band über den Katholizismus, nur noch gewisse Verdienste in den Anfangsjahren der Reformation zugerechnet, mehr aber nicht. Zugleich erschien Luther in diesem Sammelwerk als ausschließlicher Besitz der Lutheraner. Davon, dass Luther die ganze Menschheitsgeschichte beglückt und in besonderem Maße zum Erfolg der Vereinigten Staaten beigetragen habe, wie das zahlreiche Festredner 1883 betont hatten, war nicht mehr die Rede.

In die gleiche Richtung zielte ein weiteres, wenig später initiiertes Sammelwerk der *American Society of Church History* mit dem Titel: *Heroes of the Reformation*. Gewiss, Henry Eyster Jacobs vom *Lutheran Theological Seminary* in Philadelphia lieferte für diese Serie ein äußerst positives Lebensbild Luthers. Neben Luther, gewissermaßen gleichberechtigt als weitere Helden der Reformation, standen aber jeweils ebenso positiv gezeichnete Biografien von Melanchthon, Erasmus, Zwingli, Balthasar Hubmaier, Theodor Beza, Thomas Cranmer und John Knox. Luther erschien dadurch als einer von mehreren Reformatoren, nicht mehr als der große und alleinige Wegbereiter einer neuen Epoche der Weltgeschichte. Besonders kritisch über Luthers Verdienste äußerten sich Ephraim Emerton im Band über Erasmus und Henry Clay Vedder im Band über den Täufer und Bauerntheologen Hubmaier. Alle Bände verkauften sich sehr gut. Viele avancierten auch im Unterricht in Colleges und Universitäten zu Standardwerken. Im Jahrzehnt vor 1914 wurde in New York und London eine mehrbändige Serie mit dem Titel *Heroes of the Nations*, also Helden aller Nationen, publiziert. Von den Deutschen nahmen die Herausgeber lediglich Bismarck und Friedrich den Großen auf, dazu Blücher, nicht aber Luther.

Zu erwähnen gilt es aus der Zeit vor 1914 schließlich auch noch eine Reihe von Spezialstudien, deren Autoren sich äußerst kritisch mit einzelnen Episoden in Luthers Leben beschäftigten. So würdigte zum Beispiel James Harvey Robinson, der in Freiburg und Straßburg studiert hatte und von 1895 bis 1919 neuere Geschichte in Columbia lehrte, in einer Abhandlung nicht nur die Verdienste des in protestantischen Kreisen verehrten Leopold von Ranke, sondern auch diejenigen des katholischen Historikers Johannes Janssen. Preserved Smith, ein Schüler von Robinson, der einige Jahrzehnte in Cornell lehrte, unterzog Luthers Tischgespräche mithilfe der Psychoanalyse einer kritischen Prüfung. William Walker Rockwell, der 1904 in Marburg promovierte, legte eine quellengesättigte Studie über die Doppelehe des Landgrafen Philipp von Hessen vor, in der Luther eine wenig rühmliche Rolle spielte.[4] John Alfred Faulkner, ein Methodist, der in Bonn und Leipzig studiert hatte, beschäftigte sich etwa zur gleichen Zeit kritisch mit Luthers Verhältnis zur Toleranz und mit seiner Haltung im Bauernkrieg. Die Beispiele ließen sich mehren. Interessant ist, dass alle diese Luther gegenüber kritischen Arbeiten amerikanischer Wissenschaftler von den Reformationshistorikern im damaligen Deutschland nicht zur Kenntnis genommen wurden. Dort herrschte vor allem nach 1883 der Glaube, allein die Deutschen seien in der Lage, Luther richtig zu verstehen. Was wir in der Phase vor 1914 vorfinden, kann somit als Rekonfessionalisierung Luthers bezeichnet werden, eben weil ihn nur noch die Lutheraner als ihren Kirchenvater verehrten, und als dessen Renationalisierung, weil ihn die Deutschen immer mehr als ihr exklusives Erbe betrachteten. Binnen weniger Jahrzehnte war Luther, für den noch 1884 in Washington, D.C. ein großes Monument errichtet worden war, aus der Neuen Welt wieder in seine Wittenberger Heimat zurückgekehrt.

Als die amerikanischen Reformierten, Presbyterianer und Kongregationalisten im Jahr 1909 Calvins 400. Geburtstag feierten, begannen die amerikanischen Lutheraner, die 400-Jahr-Feier des Beginns der Reformation im Jahr 1917 vorzubereiten. Ein halbes Jahr vor dem Fest, im Frühjahr 1917, traten die Vereinigten Staaten aber auf der Seite der Entente in den Krieg gegen das kaiserliche Deutschland ein. Rücksichtslos hatte die deutsche Marine die Interessen neutraler Staaten ignoriert und deren Schiffe versenkt, so zum Beispiel im Jahr 1915 die *Lusitania*, ein Schiff unter amerikanischer Flagge. Als die deutsche Marineleitung Anfang 1917 noch einen Schritt weiter ging und den uneingeschränkten U-Boot-Krieg ausrief, erklärte Washington der Regierung in Berlin den Krieg. Damit befanden sich die amerikanischen Lutheraner, die Luther im Oktober 1917 groß feiern wollten, in einem Dilemma. Wie konnten sie in den USA ein großes Fest für ihren Kirchenvater Luther ausrichten, wenn gleichzeitig die deutsche Kriegspropaganda Luthers Erbe im Krieg gegen die Entente instrumentalisierte? Viele jener Lutheraner, die erst kurz vor 1914 nach Amerika eingewandert waren und noch keine Staatsbürger waren, wurden interniert. Alle Lutheraner waren dem Verdacht ausgesetzt, sie seien keine loyalen Bürger. Alle hatten nach Kriegsbeginn unter der weit verbreiteten Xenophobie und den Maßnahmen, die eine Anglisierung forcierten, zu leiden. Deutschsprachige Publikationen, auch deutschsprachige Kirchenblätter, wurden verboten. Besonders schwierig war die Lage der norwegischen, dänischen, schwedischen und finnischen lutherischen Gemeinden in den Vereinigten Staaten. Auf der einen Seite wollten sie ihren lutherischen Glauben nicht verraten. Auf der anderen Seite kam es ihnen aber darauf an, ihre Loyalität zu der Politik der Vereinigten Staaten zu betonen.

Die *American Historical Association* und die *American Society of Church History* erinnerten am 31. Oktober 1917 in einer gemeinsamen Sitzung an die Anfänge der Reformation im Jahr 1517. Redner war der renommierteste Vertreter unter den amerikanischen Reformationsforschern, Preserved Smith von der Cornell University, der den Versuch unternahm, die Reformation historisch zu erklären. Heute würde man sein Vorgehen als den Versuch einer konsequenten historischen Kontextualisierung bezeichnen. Von Heldenverehrung war in seinen Ausführungen keine Spur, ebenso wenig ging er auf die aktuelle politische Lage ein. Eine andere Lösung wählte der berühmte kongregationalistische Prediger Frank Wakely Gunsaulus an der University of Chicago. Er benutzte Luther, um gegen die deutsche Kriegspropaganda zu polemisieren. Nach Gunsaulus gehörte Luther zusammen mit Kant, Lessing, Goethe, Schiller, Bach, Mendelssohn, Beethoven und Steuben zum »guten« Deutschland, das im Gegensatz zu preußischer Autokratie, preußischem Militarismus, preußischem Kaiserkult und Despotismus stand. Je mehr die deutsche Seite 1917 Luthers Kampfgeist beschwor, um die sich anbahnende Kriegsmüdigkeit zu überwinden, desto mehr geriet Luther aber in den Verdacht, der deutsche Militarismus sei nicht zuletzt ein Erbe der Reformation.

3 Siehe hierzu die Beiträge von Dorothea Wendebourg, Stefan Laube und Jan Scheunemann in diesem Band. **4** Siehe hierzu den Beitrag von Franziska Kuschel in diesem Band.

Abb. 6
Kirchenfenster mit Darstellung
Martin Luthers,
St. Matthew's Lutheran Church,
Charleston, South Carolina

Selbstverständlich meldeten sich 1917 auch die amerikanischen Kirchenhistoriker zu Wort. Ähnlich wie 1883 brachten ihre Journale Sonderhefte heraus, anders als 1883 organisierten sie aber keine Festversammlungen. Interessant ist die Art und Weise, wie sie nun Luthers Leben und Werk würdigten. Was Luther für den Fortschritt der Menschheit geleistet hatte, war kein Thema mehr. Luther wurden somit alle kulturellen und politischen Verdienste abgesprochen, die man in Amerika 1883 so sehr gelobt hatte. Was blieb, das war Luthers religiöse Haltung: der Mensch, der sich verzweifelt um sein Seelenheil sorgte und die Gottes Gnade suchte. Was blieb, das war Luther, der *homo religiosus*. Auf diese Formel konnten sich der antideutschen Propaganda zum Trotz die Vertreter aller protestantischen Denominationen einigen. Diese Formel sollte nach 1918 eine Brücke zu jenen deutschen Reformationshistorikern bilden, die im Zuge der Lutherrenaissance in Luther ihrerseits einen *homo religiosus* sahen. Der Vollständigkeit halber sei erwähnt, dass das Reformationsjubiläum 1917 für die amerikanischen Katholiken eine Gelegenheit war, mit Nachdruck zu erklären, sie hätten immer schon gewusst, wie unheilvoll sich Luthers Erbe in der Geschichte der Deutschen ausgewirkt habe. Darin stimmten sie mit katholischen deutschen Luther-Kritikern wie Heinrich Denifle und Hartmann Grisar überein.

Im Zuge der nationalsozialistischen Machtergreifung übernahmen die sogenannten Deutschen Christen in den Jahren 1933 und 1934 die Herrschaft in vielen deutschen Landeskirchen. Für sie war Luther der kongeniale Vorläufer von Adolf Hitler. Die moderne deutsche Geschichte führte, wie sie nicht müde wurden zu betonen, von der Reformation des 16. Jahrhunderts über den Aufstieg Preußens im 17. und 18. Jahrhundert und die Reichseinigung von 1870/71 hin zum »Dritten Reich«. Auch Hitler selbst und mehrere seiner Anhänger verwiesen nachdrücklich auf Luther, nicht zuletzt auf die fatalen antijüdischen Schriften des späten Luther. Kurz nach der Pogromnacht im November 1938 versäumten es die Deutschen Christen nicht, die zentralen Passagen aus Luthers Hetzschrift *Wider die Juden und ihre Lügen* in großer Auflage zu publizieren. Angesichts der sich immer weiter steigernden Diskriminierung und Hetze, nicht selten auch der Bedrohung an Leib und Leben, blieb den deutschen Juden, wenn sie dazu die Möglichkeit hatten, keine andere Wahl als die Emigration. Wer konnte, fand den Weg in die USA. Nicht allen gelang dies. Es ist Emigranten wie Paul Tillich und Thomas Mann zu verdanken, dass die nationalsozialistischen Gewaltexzesse einer breiteren Öffentlichkeit in den USA bekannt gemacht wurden. Es war durchaus konsequent, dass damit der seit 1917 als *homo religiosus* verstandene Luther erneut in den Strudel politischer Propaganda geriet. Zwei Schriften erregten in Deutschland schon während des Zweiten Weltkriegs und auch noch nach 1945 besonders die Gemüter: Die eine wurde 1941 in Boston publiziert, stammte aus der Feder des Politikwissenschaftlers William Montgomery McGovern, der an der *Northwestern University* lehrte; sie trug den Titel *From Luther to Hitler: The History of Fascist-Nazi Political Philosophy*. Die andere kam 1945 in New York und Boston heraus. Autor war ein deutscher Emigrant, Peter F. Wiener. Er wählte den Titel *Martin Luther: Hitler's Spiritual Ancestor*. Beide Autoren vertraten die gleiche These: Hatte Frank Wakeley Gunsaulus 1917 noch argumentiert, es gelte zwischen einem »guten« und einem »bösen« Deutschland zu unterscheiden – wobei Luther zu den »guten Deutschen« gerechnet wurde –, so trugen McGovern und Wiener eine diametral entgegengesetzte These vor: Für sie führte die fatale, von machtpolitischer Expansion, Militarismus und Kriegsbegeisterung bestimmte Linie der deutschen Politik von Luther direkt zu Hitler, speziell von Luthers Judenhass zu Hitlers Politik der Judenvernichtung.

Erst nach 1945 wurde das gesamte Ausmaß der nationalsozialistischen Judenvernichtung auch in den USA bekannt. Christen und Juden stellte sich in der Folge immer wieder die Frage, ob und auf welche Weise das Werk des Reformators Luther mit dem Holocaust zusammenhängt. Besonders die amerikanischen Lutheraner waren herausgefordert, eine Antwort auf diese Frage zu finden. 1983 fragte zum Beispiel der in Harvard lehrende Kirchenhistoriker Mark U. Edwards kritisch nach den Verbindungen zwischen Luther und dem Nationalsozialismus. Die Evangelical Lutheran Church in America (ELCA) wandte sich 1994 mit einer Deklaration an die jüdischen Gemeinden, in der sie sich entschieden von Luthers hasserfüllten Judenschriften distanzierte. Mit Schmerz nähmen sie zur Kenntnis, dass die modernen Antisemiten Luthers Werke ausbeuteten, um weiteren Hass zu säen. Ihnen selbst läge viel daran, den jüdischen Gemeinden in Liebe und mit Respekt zu begegnen. So beteten sie dafür, dass die Zusammenarbeit und das Verständnis zwischen Juden und Christen wachse. Wenige Jahre später, 1998, erließ die ELCA Richtlinien für lutherisch-jüdische Gespräche, in denen sie die gleichen Gedanken noch einmal zum Ausdruck brachte. In einer der führenden lutherischen Universitäten, der *Pacific Lutheran University* in Tacoma, wurde vor einigen Jahren ein Lehrstuhl für Holocaust Studies eingerichtet. Junge Lutheraner sollten wissen, was im Holocaust geschehen war.

Im ausgehenden 20. und beginnenden 21. Jahrhundert gehören die Lutheraner in Amerika neben den Presbyterianern, den Kongregationalisten und den Episkopalisten zu den traditionellen Denominationen. Im religiösen Leben des Landes spielen sie keine dominierende Rolle. Das liegt nicht daran, dass sich die amerikanischen Lutheraner seit dem 19. Jahrhundert in wesentlichen theologischen Fragen uneins sind und ihren Streit immer wieder in die Öffentlichkeit tragen. Entscheidend ist vielmehr, dass andere religiöse Richtungen im letzten Jahrhundert stark gewachsen sind, während die traditionellen Denominationen stagnierten. Besondere Dynamik entfalteten im 20. Jahrhundert die verschiedenen Richtungen der Baptisten und der Pfingstbewegung, mithin religiöse Bewegungen, deren theologische Aussagen Luther seinerzeit mit aller ihm zur Verfügung stehenden Macht bekämpft hatte. Aufgrund der Einwanderung aus Mittel- und Südamerika ist außerdem die katholische Kirche in den USA stark gewachsen. Nachkommen von Luthers Gegnern sind es also, die am Beginn des 21. Jahrhunderts das religiöse Leben in der Neuen Welt prägen. 1883 sangen die Angehörigen der verschiedenen protestantischen Denominationen Luthers Lob. Heute obliegt die Pflege des lutherischen Erbes im Wesentlichen nur noch den Lutheranern, so wie das schon einmal im 18. und frühen 19. Jahrhundert der Fall war. Luthers Karriere in der Neuen Welt ist, so scheint es, wieder an ihren Anfangspunkt zurückgekehrt.

MARY JANE HAEMIG

Luther und Reformationsgedenken in Nordamerika. Minnesota 1917 als Fallbeispiel

Ob es ihnen bewusst ist oder nicht: Amerikanische Protestanten sind Erben der von Martin Luther angeführten Wittenberger Reformation. Die ersten Europäer in Nordamerika zählten Luther zu ihren geistigen Vorfahren. Die Pilgerväter von Massachusetts waren strenge Calvinisten und sahen sich mit Luther und seiner Reformation in einer Abstammungslinie, auch wenn sie andere Reformatoren als wichtiger betrachteten. Die Siedler von Jamestown waren Anhänger der Church of England, einer Kirche, die von Luthers reformatorischen Ideen beeinflusst wurde. Lutheraner trafen ab den 1620er und 1630er Jahren in Nordamerika ein.

Luthers Reformation, deren Wurzeln im Deutschland des 16. Jahrhunderts liegen und die sich zunächst dort ausbreitete, hatte weltweite Auswirkungen. Sie steht für viele Dinge: die Ablehnung der päpstlichen Autoritäts- und Machtansprüche, den Anspruch, dass jeder Christ die Bibel verstehen und auslegen kann, und die Betonung gewöhnlicher Tätigkeiten als heilig und nicht minderwertig gegenüber kirchlichen Berufungen. Der Kern der Reformation war jedoch eine Erkenntnis, die allen anderen zugrunde lag: der Glaube daran, dass Gott dem Menschen gegenüber barmherzig ist und ihm Erlösung zuspricht. Und zwar nicht, weil der Mensch etwas Bestimmtes tut, will, sagt oder denkt, sondern weil Gott barmherzig sein möchte. Gott möchte sich mit den Menschen durch Jesus Christus versöhnen und sehnt sich zutiefst nach einer Beziehung mit ihnen. Der Tod und die Auferstehung Jesu Christi sind alleinige Voraussetzung für die Errettung der Menschen und ihre Versöhnung mit Gott. Beim Glauben geht es nicht in erster Linie um menschliche Absichten oder Handlungen, weder ritualhafte noch anderweitige, die darauf ausgelegt sind, Gottes Gunst zu erlangen. Es geht vielmehr um das Vertrauen in Gottes Verheißung der Gnade durch Gottes Werk in Christus für uns. Der Glaube – selbst ein Geschenk Gottes – an diese Zusage bringt Vergebung der Sünden, Leben und Erlösung.

Luthers Erkenntnis führte Ende des 16. Jahrhunderts zur Entstehung von Kirchen, die von der päpstlichen Hierarchie unabhängig waren. Lutherische Kirchen entstanden in Deutschland und Skandinavien und vereinzelt auch in anderen Teilen Europas. Andere Reformatoren, die zumindest teilweise von Luther inspiriert wurden, aber seine Erkenntnisse anders auslegten und sie in andere Richtungen weiterführten, gründeten weitere von Rom unabhängige Kirchen, wie die *Church of England*, die reformierten Kirchen in den Niederlanden, Frankreich, der Schweiz und Deutschland und die presbyterianischen Kirchen in England und Schottland. Sogar einige Reformen dieser Zeit in der römisch-katholischen Kirche, wie das Konzil von Trient, können den durch Luther und die Reformation verursachten Herausforderungen zugeschrieben werden.

Der 500. Jahrestag der protestantischen Reformation eröffnet eine Gelegenheit, die reformatorischen Ideen Luthers und der Wittenberger Reformation mit ihren vielfältigen Auswirkungen zu betrachten. Außerdem stellt sich die interessante Frage, wie Jahrestage in der Vergangenheit wahrgenommen und gefeiert wurden. Dieser Essay wird zunächst kurz die Geschichte der Lutheraner in Nordamerika behandeln und sich dann auf den 400. Jahrestag der Reformation im Jahr 1917 konzentrieren.

Lutheraner in den Vereinigten Staaten[1]

Die ersten Lutheraner kamen im 17. Jahrhundert nach Nordamerika. In den 1620er Jahren kamen Schweden und Finnen in die Kolonie Neu-Schweden (später Delaware), und Lutheraner waren in der niederländischen Kolonie Neu-Amsterdam (später New York) vertreten. In den 1730er Jahren kamen Flüchtlinge aus Salzburg nach Georgia. Lutheraner kamen in den 1660er Jahren zu den jetzigen amerikanischen Jungferninseln, damals eine dänische Kolonie in der Karibik. Die bedeutendste lutherische Vertretung während der Kolonialzeit war die der Deutschen in Pennsylvania. Tausende wanderten in den 1630er und 1640er Jahren ein. Einige blieben in Pennsylvania, andere folgten den Bergtälern nach Virginia und North Carolina. Obwohl schwedische und niederländische Kirchen einige Pfarrer nach Nordamerika sandten, waren Pfarrer rar. Zudem waren die Gemeinden weit verstreut. Der »Vater« der lutherischen Kirche auf amerikanischem Boden war Heinrich Melchior Mühlenberg.[2] Nach seiner Ausbildung in Göttingen und Halle wurde er nach Amerika entsandt, den Lutheranern in Pennsylvania zu dienen. Er kam 1742 an und kehrte nie nach Europa zurück. Mühlenberg reiste und predigte im gesamten kolonialen Amerika. Er führte lutherische Gemeinden zusammen und organisierte unter dem Namen »Pennsylvania Ministerium« die erste lutherische Synode in Nordamerika (1748). Deutsche lutherische Einwanderer kamen 1750 in Halifax, Neuschottland an. Der englischen Krone loyale Lutheraner betraten zur Zeit des amerikanischen Unabhängigkeitskriegs von New York kommend Kanada.

Nach dem Unabhängigkeitskrieg (1775–1787) ebbte die lutherische Einwanderung ab, und eine ausgeprägte lutherische theologische Identität wäre beinahe verloren gegangen. Zunehmend übernahmen Lutheraner Praktiken der Reformierten und Methodisten, insbesondere solche, die mit religiöser Erweckung in Verbindung standen. Lutheraner wollten sich mit anderen Christen zusammenschließen, um die vermeintlichen Gefahren des Rationalismus zu bekämpfen. 1820 wurde die Generalsynode gegründet. Sie vereinte den größten Anteil aller lutherischen Synoden und gründete 1825 das *Gettysburg Seminary*. Samuel Simon Schmucker, Professor am *Gettysburg Seminary*, war der Leiter der »amerikanischen Lutheraner«. Sie sprachen sich dafür aus, typisch lutherische Überzeugungen aufzugeben und andere Praktiken anzunehmen, um anderen amerikanischen protestantischen Christen ähnlicher zu werden. Schmucker veröffentlichte die *American Recension of the Augsburg Confession* (1855), in der er dem *Augsburger Bekenntnis* von 1530, einem Schlüsseltext für Lutheraner, fünf Fehler unterstellte. Schmuckers Bemühungen riefen eine Reaktion hervor, die auch durch eine neue Konzentration auf die lutherischen Bekenntnisschriften in Europa genährt wurde: das Streben vieler Lutheraner nach der Wiederentdeckung des typisch Lutherischen. In den 1850er Jahren bestand die Generalsynode aus zwei Gruppen, der »amerikanisch-lutherischen« Gruppe und der »Bekenntnis«-Gruppe. Südliche Synoden verließen die Generalsynode zur Zeit des Bürgerkriegs (1861–1865). Nördliche Synoden, die der Bekenntnis-Gruppe nahe standen, bildeten 1866 das Generalkonzil und gründeten ein Seminar in Philadelphia. Im Jahr 1918 schlossen sich diese drei Vereinigungen zur *United Lutheran Church in America* (ULCA) zusammen.

Eine zweite Einwanderungswelle von 1830 bis zum Ersten Weltkrieg brachte Lutheraner aus Schweden und Deutschland vorrangig in das obere Tal des Mississippi, in die nördlichen Great Plains und in den Pazifischen Nordwesten. Einige europäische Institutionen, wie zum Beispiel Missionsseminare aus Deutschland und Norwegen, sandten Pfarrer, die sich um die Einwanderer kümmern sollten. Einige Gruppen waren zumindest teilweise auf Laienprediger angewiesen. Diese Einwanderer gründeten, zumeist entlang der Sprachgrenzen, Gemeinden und Synoden. Die Synoden wiederum gründeten Colleges (zum Beispiel das *St. Olaf College*, das *Wartburg College*, das *Gustavus Adolphus College*) und Seminare (zum Beispiel das *Luther Seminary* und das *Wartburg Seminary*). Gegen Ende des 19. Jahrhunderts hatten Schweden, Deutsche, Norweger, Dänen, Finnen und Slowaken alle mindestens eine sprachspezifische Synode gebildet. Zumeist miteinander befreundet und doch unterschiedlich in der Struktur und den theologischen Schwerpunkten, verschmolzen diese Synoden Anfang des 20. Jahrhunderts miteinander.

Die im Jahr 1917 gebildete *National Lutheran Commission for Soldiers' and Sailors' Welfare* hatte eine große Bedeutung für die intersynodale Zusammenarbeit. Der *National Lutheran Council* (1918) setzte diese Zusammenarbeit bei Hilfseinsätzen im Ausland und bei der Inlandsmission fort. Eine zweite Welle synodischer Zusammenschlüsse fand in den 1960er Jahren statt, als sich Synoden, die historisch betrachtet mit den Deutschen, Norwegern und Dänen verbunden waren, zur *American Lutheran Church* (ALC) zusammenschlossen. Die ULCA schloss sich mit Synoden zusammen, die historisch mit den Schweden, Finnen, Slowaken, Isländern und Dänen verbunden waren, und bildete die *Lutheran Church in America* (LCA). Die ersten Frauen wurden 1970 in der ALC und LCA ordiniert. Die ALC und die LCA schlossen sich im Jahr 1988 mit der *Association of Evangelical Lutheran Churches* (AELC) zusammen und bildeten die *Evangelical Lutheran Church in America* (ELCA). Konflikte über Themen der Ökumene (1999) und der Sexualität (2009) innerhalb der ELCA führten zur Entstehung zweier gemäßigter lutherischer Denominationen, der *Lutheran Congregations in Mission for Christ* (LCMC) im Jahr 2001 und der *North American Lutheran Church* (2010).

Die *Lutheran Church-Missouri Synod* (LCMS) wurde Anfang 1835 von Sachsen gegründet, die vor der erzwungenen Vereinigung der lutherischen und reformierten Kirchen in Sachsen geflohen waren. Angeführt vom sehr einflussreichen Carl Ferdinand Wilhelm Walther, zeichnete sich die LCMS durch kongregationale Autonomie und strikte Loyalität gegenüber den lutherischen Bekenntnisschriften aus. Meinungsverschiedenheiten mit anderen lutherischen Synoden verhinderten den Anschluss der LCMS an diese Synoden. In den 1970er Jahren spalteten Streitigkeiten über die Verwendung historisch-kritischer Methoden zur Bibelauslegung die LCMS. Im Jahr 1976 bildeten Gemeinden, die die LCMS verließen, die *Association of Evangelical Lutheran Churches* (AELC). Außerdem existieren in Nordamerika über 20 kleinere lutherische Vereinigungen, zum Beispiel die *Wisconsin Evangelical Lutheran Synod*.

Die religiöse Praxis lutherischer Gemeinden beinhaltet traditionell die Predigt, die Sakramente (Taufe und Abendmahl), den Katechismus, das Bibelstudium und das Singen von Kirchenliedern. Konfirmandenunterricht, eine grundlegende Unterweisung im lutherischen Verständnis des christlichen Glaubens, ist ein wichtiger Teil im Leben von Lutheranern.

Die ersten 60 Jahre des 20. Jahrhunderts waren durch eine ständig wachsende Zahl an Mitgliedern und Gemeinden sowie eine konstante Zunahme der Zahl kirchlicher Einrichtungen geprägt. Verlagshäuser produzierten Gesangbücher, Andachtstexte, populäre und theologische Werke sowie Musik für den Gemeindegebrauch. In jüngster Zeit stagniert die Anzahl der Lutheraner oder nimmt sogar ab. Genaue Zahlen sind schwer zu ermitteln, da nicht alle, die sich als Lutheraner bezeichnen, registrierte Mitglieder einer lutherischen Kirche sind. Die offizielle Kirchenstatistik führt mehr als sieben Millionen Lutheraner in Amerika an. Umfragen und Schätzungen zeigen aber, dass etwa 13 bis 14 Millionen Amerikaner sich als Lutheraner bezeichnen. Vor dem Ersten Weltkrieg lebte die lutherische Bevölkerung vor allem in ländlichen Gebieten. Durch die beschleunigte Urbanisierung seit den 1920er Jahren haben viele lutherisch geprägte ländliche Gebiete in den Great Plains und im Mittleren Westen einen erheblichen Bevölkerungsrückgang zu verzeichnen.

Die Präsenz von Lutheranern und ihr Einfluss auf die amerikanische Kultur variiert je nach Region. In den Neuenglandstaaten sind Lutheraner im Prinzip gar nicht vertreten. Dagegen sind die Luthe-

---

1 Die neueste Geschichte der Lutheraner auf diesem Kontinent beschreibt Mark Granquist: Lutherans in America. A New History, Minneapolis 2015. **2** Siehe hierzu den Beitrag von Hermann Wellenreuther in diesem Band.

Abb. 1 Lutherstatue auf dem Gelände des Wartburg Theological Seminary, Dubuque, Iowa, eingeweiht am 1. August 1921 (Kopie nach Ernst Rietschel)

raner in den Mittelatlantikstaaten (insbesondere in Pennsylvania und New York), wo sie eine ganze Anzahl von Colleges und Seminaren gegründet haben, sehr zahlreich. Im Süden sind die Lutheraner recht verstreut. Zumeist sind sie in den Tälern der Appalachen in West Virginia, North Carolina und South Carolina und den texanischen Bergregionen beheimatet. Am stärksten sind die Lutheraner im nördlichen Teil des Mittleren Westens vertreten. Dort war ihr kultureller Einfluss im 20. Jahrhundert nahezu überall spürbar. Lutherische Colleges unterrichteten eine große Anzahl von Studenten. Ihr Beitrag zur Kunst, insbesondere zur Musik, war erheblich. Obwohl Montana und Nebraska einen bemerkenswerten lutherischen Bevölkerungsanteil haben, werden die Great Plains und die Intermountain-Region von anderen Gruppen dominiert. Lutheraner sind seit dem späten 19. Jahrhundert an der Westküste, insbesondere im Staat Washington und dem südlichen Kalifornien präsent. Bevölkerungsbewegungen nach dem Zweiten Weltkrieg führten zu einem bescheidenen Anstieg von Lutheranern an der Westküste. In Kanada sind Lutheraner in den großen Städten, im Südwesten von Ontario, in den Prärieprovinzen und anderen Gebieten ansässig.

Lutheraner gründeten in den Vereinigten Staaten und Kanada zahlreiche Krankenhäuser, Schulen, Colleges und andere Institutionen (Abb. 1). Viele von ihnen haben weiterhin einen kirchlichen Bezug, während andere die Beziehung zur Kirche abgebrochen haben. Die *Lutheran Service Association* vertritt mehr als 300 lutherische Gesundheitsorganisationen und soziale Einrichtungen. Zusammen helfen diese Organisationen über sechs Millionen Menschen jährlich und sind damit eine der größten Dienstleistungsgesellschaften in den Vereinigten Staaten. Der Einfluss von lutherischen Colleges und Universitäten hält an. Lutherische Organisationen betreiben mehr als 35 Colleges und Universitäten. Da gut ausgebildete Geistliche für die Lutheraner weiterhin wichtig sind, existieren mehr als zwölf lutherische Seminare, welche verschiedenen Trägern unterstehen. Gemeinden und kirchliche Träger betreiben viele Kinderbetreuungsstätten und Schulen. Wenngleich noch kein Lutheraner Präsident der Vereinigten Staaten war, so dienten Lutheraner doch als Senatoren, Repräsentanten, Gouverneure von Bundesstaaten und in vielen anderen Ämtern. Der lutherische Pfarrer Frederick Augustus Muhlenberg aus Pennsylvania war der erste Sprecher des Repräsentantenhauses der Vereinigten Staaten.

Die zumeist aus dem Norden des europäischen Festlandes eingewanderten Lutheraner unterschieden sich sowohl in der Theologie als auch in der Kultur von den Calvinisten und Angelsachsen, die in den meisten Teilen von Nordamerika in kultureller und religiöser Hinsicht den Ton angaben. Schlüsselfragen für die nordamerikanischen Lutheraner betrafen ihre Haltung zum religiösen und kulturellen Umfeld, also wie sie zugleich Lutheraner und Amerikaner sein konnten. Zudem standen Lutheraner vor der Herausforderung, wie sie, die sie verschiedene Sprachen sprachen und aus unterschiedlichen lutherischen Strömungen kamen, zusammenarbeiten konnten. In Nordamerika lebten sie mit einer Vielzahl von christlichen Gruppierungen zusammen. Ihre Beziehung zu anderen Christen betrachteten die Lutheraner ebenso als Bedrohung wie auch als Chance: als Bedrohung, weil diese Beziehungen charakteristische lutherische Überzeugungen verwässern konnten, und als Chance, weil dieselben Beziehungen die Möglichkeit eröffneten, die Einheit in Christus zu bezeugen. Die Teilnahme von Lutheranern an ökumenischen und religionsübergreifenden Initiativen war im 20. Jahrhundert unterschiedlich. Einige traten bei seiner Gründung im Jahr 1948 dem *World Council of Churches* (WCC) sowie 1950 dem *National Council of Churches* (NCC) bei. Andere, wie der LCMS, vermieden jegliche ökumenische Beteiligung.

Feierlichkeiten zum 400. Jahrestag der Reformation im Jahr 1917

Lutheraner besiedelten Nordamerika seit dem Beginn der 1600er Jahre. Ein Bewusstsein für Luther und die von ihm hervorgerufenen Reformen kam in Nordamerika jedoch im Wesentlichen erst nach 1800 auf. In der ersten Hälfte des 19. Jahrhunderts wurde Luther von verschiedenen religiösen Gruppen aus unterschiedlichen Gründen verehrt. Die Unitarier nahmen Luther als einen Vorreiter der Aufklärung und einen Verfechter der persönlichen Freiheit sowie von anderen Werten wahr, die den Amerikanern wichtig waren. Amerikanische Evangelikale dagegen sahen in ihm einen Reformator, der danach trachtete, zu den Wahrheiten der Urkirche zurückzukehren, sowie einen Verfechter der Bibel. Alle sahen durch ihn ihre antirömisch-katholische Einstellung bestätigt.[3] Der 400. Jahrestag von Martin Luthers Geburt im Jahr 1883 war Anlass für beträchtliche Feierlichkeiten. Eine große Anzahl von Reden und Veröffentlichungen – ebenso wie die Errichtung einer Statue von Martin Luther in Washington, D.C. – zeugen von dem großen Ansehen, in dem Luther stand. Er wurde als heldenhafter Mann angesehen, als einer, der die päpstliche Korruption und den mittelalterlichen Aberglauben angriff, die Freiheit verteidigte und für Religionsfreiheit kämpfte: ein wahrer Vorreiter der modernen Welt. Seine deutsche Herkunft wurde positiv gesehen. Sie stand für Eigenschaften wie Ehrlichkeit, Loyalität, Schlichtheit und furchtlosen Glauben.[4]

Einige dieser Schwerpunkte aus dem 19. Jahrhundert wurden im Jahr 1917 erneut aufgegriffen. Der 400. Jahrestag der Reformation kam zu einem Zeitpunkt, als die Vereinigten Staaten sich mit Deutschland im Krieg befanden. Im Vergleich zu 1883 wurde viel weniger über Martin Luther geschrieben und es fanden deutlich weniger Feierlichkeiten statt. Dennoch wurde Luther von einer Vielzahl amerikanischer Christen gewürdigt. Im Herbst 1917 veranstaltete das *Union Theological Seminary* in New York City eine Lutherfeier, auf welcher der Kirchenhistoriker William Walker Rockwell Luthers Lehre des allgemeinen Priestertums als demokratisches Konzept lobte. Arthur Cushman McGiffert, Präsident des *Union Seminary*, pries Luthers Beitrag im Kampf gegen Rom. Ein Kongregationalist, F.W. Gunsaulus, von der University of Chicago sah in Luthers Übersetzung der Bibel dessen Sternstunde. Sogar Baptisten lobten Luther als Theologen. 1917 wurde eine ganze Reihe von wissenschaftlichen und populären Artikeln und Büchern über Luther veröffentlicht. Amerikanische römisch-katholische Veröffentlichungen behaupteten, schon immer gewusst zu haben, dass von Luther und Deutschland nichts Gutes erwartet werden könne.[5]

Viele Kirchgemeinden würdigten Luther und das Reformationsjubiläum. In Duluth, Minnesota befassten sich zum Beispiel viele Gemeinden, nicht nur Lutheraner, mit den Themen der Reformation. Der Pastor der *First Baptist Church of Duluth*, Edward Sayles, predigte am Sonntagabend über Martin Luther. Die Themen des Morgen- und Abendgottesdienstes in der *Glen Avon Presbyterian Church* waren: »Der Jahrestag der Reformation« und »Luthers Fenster in den Himmel«. Sogar in der *First Unitarian Church* war das Thema des Pastors: »Martin Luther und seine Botschaft an uns«.[6] In der *Plymouth Congregational Church Minneapolis* lautete der Titel der Morgenpredigt am 28. Oktober 1917: »Luther, der Befreier«, in der *St. Mark's Episcopal Church:* »Luther, der große Reformer« und in der *Westminster Presbyterian Church:* »Martin Luther: Der Mensch und sein Wirken«.[7]

Lutheraner hatten bereits 1909 begonnen, die Feierlichkeiten zum Jahrestag der Reformation zu planen.[8] Es war ihnen wichtig, insbesondere die theologischen Erkenntnisse der Reformation hervorzuheben. In New York verwendete das Komitee für die 400-Jahr-Feier der Reformation folgenden Slogan: »Bildung, Information und Transformation«.[9] Zahlreiche Bemühungen wurden unternommen, um Lutheraner über Luther zu informieren und die Erkenntnisse der Reformation mit gegenwärtigen Herausforderungen in Verbindung zu bringen. Im Gegensatz zur protestantischen Bewegung *Social Gospel*, welche die wohltätige Arbeit als Hauptaufgabe des Glaubens betrachtete, betonten Lutheraner die persönliche Erlösung durch Gnade und allein durch den Glauben (Abb. 2).

Im April 1917 traten die Vereinigten Staaten in den Ersten Weltkrieg ein und befanden sich mit Deutschland im Krieg. Deutsch-Amerikaner waren Einschüchterung und Schikane ausgesetzt. Mit der deutschen Kultur in Verbindung stehende Einrichtungen waren gezwungen, aufzugeben oder ihren Namen zu ändern. Das Unterrichten und Sprechen der deutschen Sprache wurde nicht gern gesehen. Skandinaviern erging es ähnlich wie den Deutschen, da es für Amerikaner schwierig war, sie voneinander zu unterscheiden.[10] Lutheraner konnten sich daher bei den Feierlichkeiten nicht allein auf theologische Erkenntnisse oder positive Errungenschaften der Reformation für Gesellschaft und Kultur konzentrieren. Als Antwort auf die neue Situation vermieden sie es, auf die geografische Verortung der Reformation einzugehen. Sie hielten aber an der Betonung der theologischen Erkenntnisse fest. Ebenso betonten sie den Zusammenhang der Reformation mit der Entwicklung der Demokratie und der in der Verfassung der Vereinigten Staaten verankerten Bürgerrechte. Die Reformation wurde als Ursprung der Amerikanischen Revolution, amerikanischer Freiheiten und Werte angese-

---

3 Hartmut Lehmann: Die Entdeckung Luthers im Amerika des frühen 19. Jahrhunderts, in: Ders.: Luthergedächtnis 1817 bis 2017, Göttingen 2012, S. 35–43.
4 Hartmut Lehmann: Luther's Impact on the United States and Australia at the Turn of the Twentieth Century, in: Lutheran Quarterly 28 (Spring 2014), S. 49–69.
5 Hartmut Lehmann: Die Lutherjubiläen 1883 und 1917 in Amerika, in: Ders., Luthergedächtnis (wie Anm. 3), S. 78–93. **6** The Duluth Herald vom 27.10.1917, S. 5. **7** Minneapolis Tribune vom 27.10.1917, S. 20. **8** Lehmann, Lutherjubiläen (wie Anm. 5), S. 86. **9** Sarah Nytroe: The American Reformation Quadricentennial, 1917, in: Lutheran Quarterly 16 (Spring 2012), S. 57–82, hier S. 63.
10 Granquist, Lutherans (wie Anm. 1), S. 225.

Abb. 2 Herbjørn Nilson Gaustå, Martin Luther, 1912.
Der norwegisch-amerikanische Künstler spiegelt die Gedankenwelt lutherischer Immigranten wider.

hen.[11] In einem Kommentar zu den Feierlichkeiten an der Ostküste schreibt Sarah Nytroe: »[…] indem die Vergangenheit gefeiert wurde, ergab sich die Möglichkeit, nicht nur die Lutheraner, sondern alle Amerikaner daran zu erinnern, dass die demokratischen Ideale, für die sie im Ersten Weltkrieg kämpften, fest in der Person Martin Luther und dem Geist der Reformation verankert waren. In ihren Ansprachen und Predigten an die Gemeinden während des Quadricentennial-Jahres entwickelten lutherische Pastoren eine historische Verbindung zwischen Luthers Werk in der Reformation und den im 20. Jahrhundert gepflegten bürgerrechtlichen und politischen Freiheiten.«[12]

Dieselben thematischen Schwerpunkte konnten in Minnesota festgestellt werden. Obwohl Lutheraner einen Großteil der Bevölkerung Minnesotas darstellten, wurden sie im Jahr 1917 immer noch als Einwanderer angesehen. Viele sprachen im Alltag und im Gottesdienst ihre nordeuropäische Muttersprache – Deutsch, Norwegisch, Schwedisch, Dänisch oder Finnisch. Viele Deutsch-Amerikaner waren Einwanderer oder Nachkommen von Einwanderern aus jenem Land, mit dem Amerika sich jetzt im Krieg befand. Die Feierlichkeiten zum Reformationsjubiläum stützten sich auf die Reformation und Luther, um amerikanische Werte allgemein und amerikanische Ziele im Ersten Weltkrieg insbesondere zu fördern.

Obwohl die Reformation traditionell am 31. Oktober gefeiert wurde, dem Tag, an dem Luther seine 95 Thesen in Wittenberg anschlug, fanden die Feierlichkeiten zum Jahrestag der Reformation im Jahr 1917 an verschiedenen Terminen statt. Die *Norwegian Lutheran Church* veranstaltete am 30. September 1917 auf dem Gelände der *Minnesota State Fair* ein Reformationsfest mit über 3 000 Teilnehmern.[13] Die Reformation wurde in Sonntagsgottesdiensten gewürdigt, insbesondere am 28. Oktober 1917, dem dem Reformationstag nächstgelegenen Sonntag. Vielerorts fanden Gemeindefeiern statt. In St. Paul wurden am Sonntag, dem 28. Oktober 1917 zwei »gemeinsame Jubiläumsgottesdienste« gefeiert – einer in Englisch und einer in Deutsch. Sie hatten über 15 000 Besucher.[14] Eine weitere »gemeinsame lutherische Feier« wurde am Sonntag, den 11. November 1917 gefeiert.[15] Diese auf Englisch gehaltene Feier begann mit dem Lied *Onward, Christian Soldiers*. Der Jubiläumschor bot Choräle von Mozart, Haydn und Händel dar. Außerdem gab es Ansprachen zweier bekannter lutherischer Persönlichkeiten, und Luthers Kirchenlied *Ein feste Burg ist unser Gott* wurde gesungen. Eine »Reformationsfeier« unter der Schirmherrschaft der *Minneapolis Lutheran Young People* fand am Abend des 29. Oktober 1917, eines Montags, im *Minneapolis Auditorium* statt. Ein 500-köpfiger Chor trug eine neue Kantate, *The City of God,* vor.[16] Das Programm umfasste zwei Ansprachen und verschiedene Kirchenlieder.

Auch kleinere Gemeinden führten Feierlichkeiten durch. Das Programmheft einer Reformationsfeier in Waseca County, Minnesota, ermöglicht Erkenntnisse über die Feierlichkeiten in kleinen Städten und ländlichen Gebieten. Datiert auf den 16. September 1917 trägt es die deutsche Überschrift: »Programm der Feier des Vierhundert Jährigen Jubiläums der luth. Kirchenreformation. Veranstaltet von den Gemeinden in Waseca County und den angrenzenden Counties«.[17] Auf das Morgenprogramm in Deutsch folgte das

Nachmittagsprogramm in Englisch. Beide Programme umfassten eine Blaskapelle, vier Kirchenlieder, das Sprechen des apostolischen Glaubensbekenntnisses, einen großen Chor und einen Kinderchor, eine Predigt und ein Dankopfer. Das einzige Kirchenlied, das in beiden Feiern erklang, war Luthers *Ein feste Burg ist unser Gott*.

Die Predigtüberschriften und Zeitungsartikel zeigen, dass bei diesen Feierlichkeiten theologische Themen im Vordergrund standen. Auch der Einfluss Luthers und der Reformation auf die Kultur wurde oft positiv beschrieben. Die zwei Ansprachen beim Festgottesdienst in Minneapolis waren überschrieben mit »Luther und die Reformation« und »Gerechtigkeit durch Glauben«. Die Feier am *Gustavus Adolphus College*[18] umfasste eine Ansprache zum Thema »Der Einfluss der Reformation auf das Bildungs- und Sozialwesen der Welt«. Dies zeigt die typischen theologischen und historischen Schwerpunkte der Reformationsfeierlichkeiten.

Die Feierlichkeiten von 1917 sollten auch zeigen, dass Luther und seine Reformation amerikanische Werte initiiert, hochgehalten oder inspiriert hatten. In einem Bericht aus Red Wing, Minnesota, wurden diese inhaltlichen Anliegen und die traditionellen theologischen Schwerpunkte nebeneinander gestellt. Unter der Überschrift »Jubiläumsgottesdienst in St. Johns: Deutsche lutherische Kirche begeht den Jahrestag der Reformation nächsten Sonntag« berichtete die *Red Wing Daily Republican*[19] vom Thema des (in Deutsch abgehaltenen) Morgengottesdienstes. Sie schrieb, dass »die Reformation richtige Demokratie in die Welt gebracht hat«, dass »alle demokratischen Regierungen ihre Existenz Martin Luther verdanken« und dass »die Kirche der Reformation die wahre Kirche jeder demokratischen Regierung ist«. Der Abendgottesdienst (in Englisch) hatte das Thema: »Was die Bibel für Luther getan hat und was Luther für die Bibel getan hat«.

Unter Lutheranern war es weit verbreitet, Martin Luther als Verteidiger von Freiheit und Demokratie darzustellen. In ihrem Artikel »Lutherische Kirchen der Stadt gedenken Luthers Vermächtnisses« vom 30. Oktober 1916 (noch bevor die Vereinigten Staaten in den Ersten Weltkrieg eintraten) berichtete der *Minneapolis Morning Tribune*,[20] dass viele lutherische Kirchen den Reformationssonntag begangen hätten, und beschrieb das Werk Luthers mit der Unterüberschrift »Beginn der persönlichen Freiheit«. In diesem Zusammenhang sprach auch Dr. A. F. Elmquist zu seiner Gemeinde in der *St. Johns English Lutheran Church* davon, dass »Luthers Thesen nicht nur den Beginn der persönlichen Religionsfreiheit kennzeichneten, sondern auch den der politischen Freiheit«, und »wenn es die Reformation nicht gegeben hätte, wären wir heute nicht im Genuss der vielen politischen Freiheiten«. Solche Ansichten vermehrten sich nach dem Eintritt der Vereinigten Staaten in den Ersten Weltkrieg. Dr. Frank Nelson, der auf der großen Festveranstaltung zum Reformationsjubiläum im *Minneapolis Auditorium* sprach, nannte Luther »einen Anwalt der Freiheit innerhalb des staatlichen Machtbereichs. Er glaubte, dass alle Macht in den Händen des Volkes liege und dass es das Recht habe zu entscheiden, unter welcher Regierungsform es leben wolle […] Es ist die Lehre der persönlichen Freiheit, die Plymouth Rock zu einem historischen Ort auf amerikanischem Boden gemacht hat.«[21]

Heute gehen Wissenschaftler davon aus, dass Luthers Konzept der christlichen Freiheit nicht vornehmlich individualistisch oder politisch ist, sondern vielmehr eine andere Art der Freiheit in den Augen Gottes und der Menschen darstellt: eine Freiheit von der Angst vor Gottes Verdammnis und eine Freiheit, anderen dienen zu können. Luther war auch kein Anwalt der politischen Demokratie. Demokratie, wie sie die Amerikaner heute kennen, war zu Luthers Zeiten unbekannt. Wissenschaftler würden dennoch zustimmen, dass einige Schwerpunkte der Reformation zu den Entwicklungen der westlichen Welt zählen, die zu Demokratie und der Betonung der persönlichen Freiheiten führten.

Die Feierlichkeiten Ende Oktober/Anfang November 1917 fanden zu einer Zeit statt, als die Zivilbehörden ausdrücklich dazu ermutigten, die patriotischen Aspekte der Religion zu betonen. Präsident Wilson erklärte Sonntag, den 28. Oktober 1917 zu »einem Tag der Fürbitte und des Gebets […] damit das Anliegen, für das wir unser Leben geben, gewinnt und unsere Bemühungen von Erfolg gekrönt sind.«[22] In diesem Zusammenhang ist es kaum verwunderlich, dass Luther nicht nur mit persönlicher und politischer Freiheit identifiziert wurde, sondern auch direkt mit dem Grund, für den die Amerikaner zu kämpfen glaubten – um die Welt sicher für die Demokratie zu machen. Für viele Feiernde gehörte Luther nicht mehr zu Deutschland, sondern stand auf der Seite Amerikas.

Der *Red Wing Daily Republican* berichtete von speziellen Gottesdiensten zur Feier des 400. Jahrestags: »In einer sehr inspirierenden und patriotischen Reformationsansprache in der Trinity Lutheran Church erklärte Dr. D. G. Ristad letzten Abend, dass Lutheraner mit einer pro-deutschen Einstellung den Lehren des großen Reformators Dr. Martin Luther entgegenstünden. […] In seinen Ausführungen rückte der Präsident des Ladies' Seminary den aktuellen Weltkrieg in den Blickpunkt und meinte, dass der Kampf dafür, ›die Welt zu einem sicheren Ort der Demokratie‹ zu machen, das grundlegende Anliegen von Martin Luther in seinem Kampf gegen die römische Regierung vor 400 Jahren gewesen sei.«[23]

Prof. William Stearns Davis von der University of Minnesota erklärte auf dem Reformationsfest der *Hope Lutheran Church* in Minneapolis, dass Martin Luther den aktuell von Deutschland geführten Krieg nie befürwortet hätte. In seinen Ausführungen gehörte Luther nicht mehr zu Deutschland. Er nannte Luther »einen der größten Männer der Weltgeschichte« und behauptete, dass »Luther ein zu großer Mann war, um nur zu einer Nation zu gehören. Er gehört der ganzen Welt und als solch einer internationalen Persönlichkeit gedenken wir seiner.«[24]

11 Nytroe, Reformation (wie Anm. 9). **12** Ebd., S. 74. **13** Lutheran Church Herald, Vol. 1/17 vom 26.10.1917, S. 236. **14** Saint Paul Pioneer Press vom 29.10.1917, S. 3. **15** Programm im Archiv des *Luther Seminary*, O.M. Norlie Collection. **16** Minneapolis Morning Tribune vom 14.10.1917, S. B11. **17** Programm der Feier des 400-jährigen Jubiläums der luth. Kirchenreformation. Veranstaltet von den Gemeinden in Waseca County und den angrenzenden Counties. 16.9.1917. Minnesota History Museum, BR 327. P76 1917. **18** St. Paul Pioneer Press vom 4.11.1917, S. 11. **19** Red Wing Daily Republican vom 26.10.1917, S. 4. **20** Minneapolis Morning Tribune vom 30.10.1916, S. 6. **21** Minneapolis Morning Tribune vom 30.10.1917, S. 4. **22** Bertram Benedict: A History of the Great War, Bd. 1, New York 1919, S. 386. **23** Red Wing Daily Republican vom 29.10.1917, S. 2. **24** Minneapolis Morning Tribune vom 5.11.1917.

Lutheraner nutzten die Feierlichkeiten, um ihre eigene Loyalität gegenüber Amerika zu betonen. Der *Minneapolis Morning Tribune*,[25] der von der großen Feier zum Jahrestag der Reformation im Minneapolis Auditorium mit mehr als 8 000 Besuchern berichtete, verwendete die ersten vier seiner sechs Abschnitte auf die von den Hauptsprechern geäußerten patriotischen Ansichten. Unter der Überschrift »Lutheraner bekräftigen ihre Loyalität auf der Vierhundertjahrfeier: Der Präsident des Minnesota Colleges erklärt, dass die Kirche geschlossen hinter Wilson steht«, berichtete die Zeitung, dass Dr. Frank Nelson gesagt habe: »Die lutherische Kirche ist eine amerikanische Kirche. Sie steht in dem aktuellen weltweiten Konflikt geschlossen und loyal hinter ihrem Präsidenten Woodrow Wilson.« Nelson erklärte kühn: »Das Luthertum ist ein Synonym für Patriotismus […] Die Geschichte dieser Kirche ist geprägt durch Loyalität gegenüber der Regierung und Hingabe an die Prinzipien der Freiheit und Gerechtigkeit. Sie glaubt an Bildung, Freiheit und Gewissensfreiheit.« Er behauptete weiterhin, dass die Lutheraner an »der Seite von George Washington im Unabhängigkeitskrieg« gewesen seien, dass sie »Lincoln im Bürgerkrieg unterstützt« hätten und dass »heute tausende junge Lutheraner aus allen Teilen unseres Landes der Flagge unserer Republik folgen. Sie sind bereit und willig, für die Grundwerte der Demokratie und der Meinungsfreiheit zu sterben; die gleichen Werte, auf denen Martin Luther vor 400 Jahren sein großes Werk zu bauen begann.« Andere Programmpunkte bekräftigten diese Aussagen. Das Programm endet mit dem Kirchenlied *God bless our native land*.

Lutheraner (und Protestanten im Allgemeinen) nutzten die Reformationsfeierlichkeiten 1917, um über theologische Kernthemen zu sprechen. Über diese Themen bekannten sie sich zu ihrem amerikanischen Hintergrund und bewiesen ihre Loyalität gegenüber Amerika. Martin Luther wurde nicht nur als bedeutender Reformator der Kirche gesehen, sondern auch als großer Verfechter persönlicher Freiheit und politischer Demokratie. Die Lutheraner zeigten sich als loyale, für die amerikanischen Werte kämpfende Bürger. Der Versuch, Martin Luther zu einem Unterstützer der amerikanischen Demokratie und Kriege zu machen, erscheint heute sehr fragwürdig. Er lässt uns heutige Bestrebungen überdenken, Martin Luther und/oder die Reformation zu eifrigen Unterstützern all dessen zu machen, was in unserem Kulturkreis vorgeht. Ebenso wird die Frage aufgeworfen, wie unser Blick auf Luther und die Reformation durch unsere heutige Kultur beeinflusst wird.

Lutheraner und andere Erben Luthers stehen heute ähnlichen Herausforderungen gegenüber wie ihre Vorfahren. Welche bleibende Relevanz haben Luthers Erkenntnisse? Wie können Traditionen aus dem Europa des 16. Jahrhunderts ihre kreative Fortführung in Nordamerika erfahren? Wie wird der 500. Jahrestag der Reformation unser Bild von Martin Luther und der Reformation widerspiegeln und beeinflussen?

---

25 Minneapolis Morning Tribune vom 30. 10. 1917, S. 4.

PROTESTANTEN IN ÜBERSEE

Im 17. und 18. Jahrhundert wanderten Protestanten nach Amerika ein. Aufeinanderfolgende Erweckungsbewegungen ließen neue protestantische Gruppen entstehen. Nicht alle Protestanten in den USA organisieren sich in Kirchenverbänden. Die große Gruppe der nichtkonfessionellen Christen organisiert sich lokal und unabhängig voneinander, ähnlich wie die *Gemeinden Christi* und *Jünger Christi*.

Die *Südlichen Baptisten der USA* sind die größte protestantische Gruppe. Im Gegensatz zur kleineren *Amerikanischen Baptistenkirche* lassen sie keine Frauenordination zu. Die *Evangelisch-methodistische Kirche* hat eine ausgeprägte Kirchenhierarchie. Ähnlich organisiert sich die *Evangelisch-Lutherische Kirche in Amerika*. Ihr konservativeres Pendant ist die *Lutherische Kirche – Missouri-Synode*.

DIE GRÖSSTEN PROTESTANTISCHEN GRUPPEN, VERTEILUNG IN DEN USA NACH COUNTIES, 2010

- Südliche Baptisten in den USA
- Evangelisch-Methodistische Kirche
- Evangelisch-Lutherische Kirche in Amerika
- Nichtkonfessionelle Christen
- Lutherische Kirche – Missouri-Synode
- Gemeinden Christi und Jünger Christi
- Amerikanische Baptistenkirche in den USA
- andere

PROTESTANTISCHE MIGRATION IN DIE USA
1620 bis Mitte des 18. Jahrhunderts

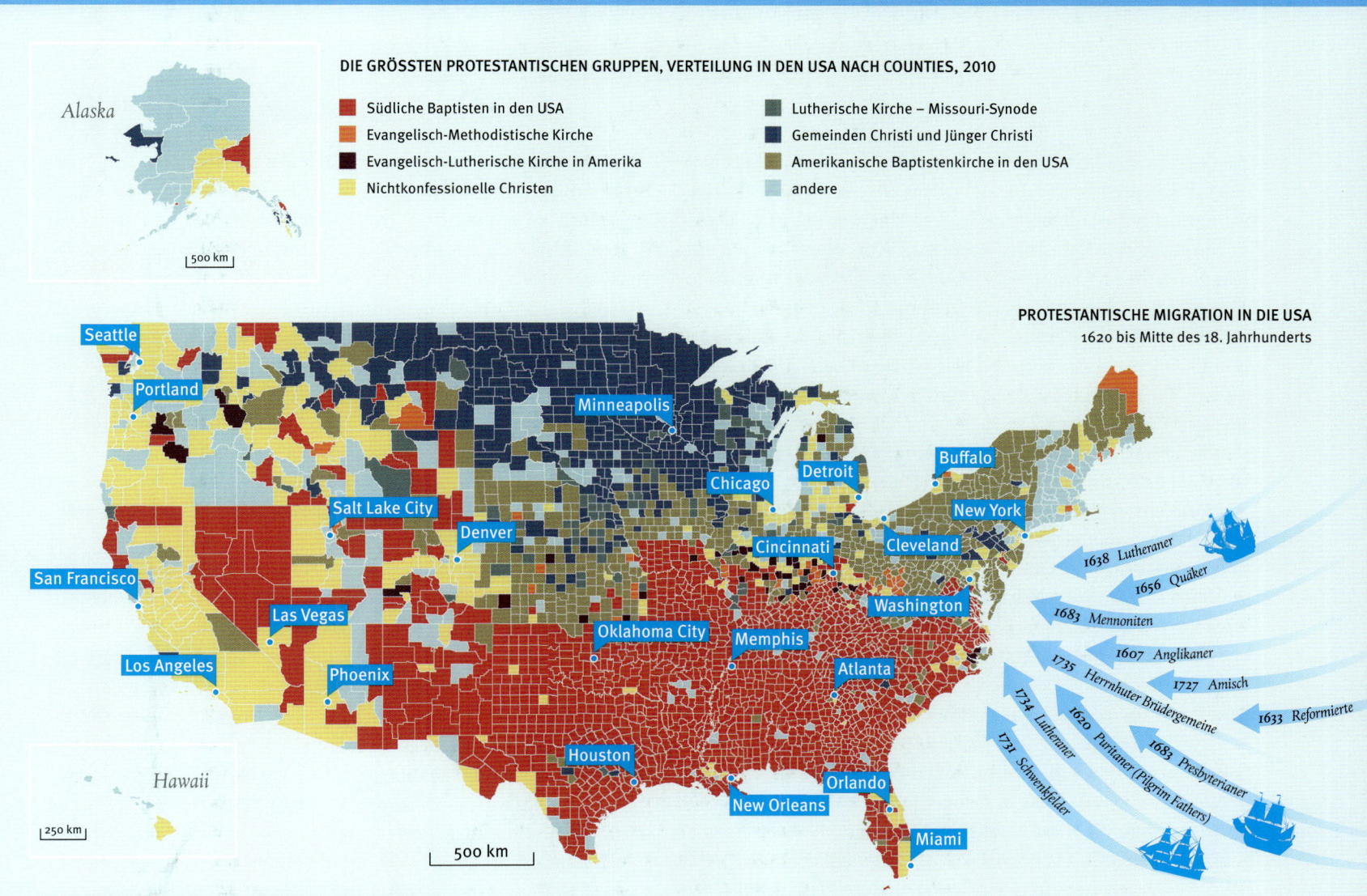

- 1607 Anglikaner
- 1620 Puritaner (Pilgrim Fathers)
- 1633 Reformierte
- 1638 Lutheraner
- 1656 Quäker
- 1683 Mennoniten
- 1683 Presbyterianer
- 1727 Amisch
- 1731 Schwenkfelder
- 1734 Lutheraner
- 1735 Herrnhuter Brüdergemeine

ANTEIL DER PROTESTANTEN AN DER GESAMTBEVÖLKERUNG
Religionszugehörigkeit in Prozent

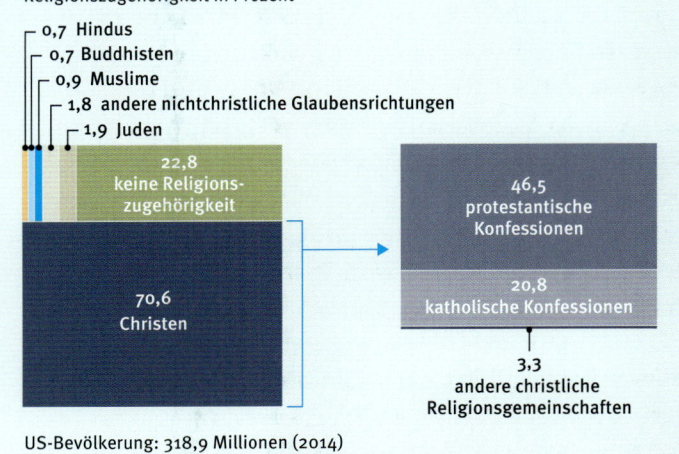

- 0,7 Hindus
- 0,7 Buddhisten
- 0,9 Muslime
- 1,8 andere nichtchristliche Glaubensrichtungen
- 1,9 Juden
- 22,8 keine Religionszugehörigkeit
- 70,6 Christen
  - 46,5 protestantische Konfessionen
  - 20,8 katholische Konfessionen
  - 3,3 andere christliche Religionsgemeinschaften

US-Bevölkerung: 318,9 Millionen (2014)

DAS THEMA MARTIN LUTHER IN DEN US-AMERIKANISCHEN ZEITUNGEN

Martin Luther war immer wieder Thema in den US-amerikanischen Zeitungen. Die größte Beachtung fand seine Person im 20. Jahrhundert, hier vor allem in den 1930er und 1960er Jahren. Die 80er Jahre sind unter anderem durch das Luthergedenkjahr 1983 geprägt. Seit der Jahrtausendwende ist der Reformator hingegen kaum noch ein Thema für die US-Zeitungen.

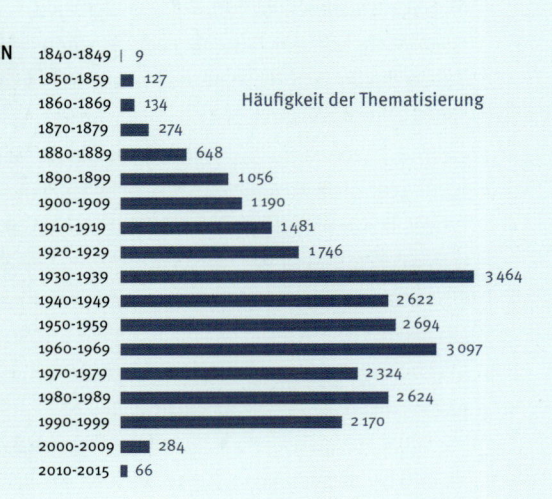

Häufigkeit der Thematisierung

Zeitraum	Anzahl
1840-1849	9
1850-1859	127
1860-1869	134
1870-1879	274
1880-1889	648
1890-1899	1 056
1900-1909	1 190
1910-1919	1 481
1920-1929	1 746
1930-1939	3 464
1940-1949	2 622
1950-1959	2 694
1960-1969	3 097
1970-1979	2 324
1980-1989	2 624
1990-1999	2 170
2000-2009	284
2010-2015	66

MICHAEL HOCHGESCHWENDER

Der Protestantismus in den USA

Wenn es um den Zusammenhang von Religion und nationaler Identität geht, werden die USA oft als protestantische Nation angesehen. So sehr diese Zuschreibung sowohl geschichtlich als auch aktuell einerseits unbestreitbar korrekt sein mag, so weist sie doch andererseits gleich drei markante Defizite auf. Erstens blendet sie nicht nur das zeitlich vorgelagerte, aber weiterhin aktuelle indianische spirituelle Erbe, also die Religionen der Urbevölkerung des nordamerikanischen Kontinents, komplett aus, sondern obendrein die katholischen, bis in die Kolonialzeit zurückreichenden Traditionen der Spanier, Franzosen, Iren, Deutschen und Polen. Selbst in der scheinbar toleranteren Rede von der christlichen Nation waren zumindest bis etwa 1950 Katholiken nicht mitgedacht.[1]

Zweitens überdeckt die Annahme einer protestantischen Nation die mannigfaltigen Verwerfungen und Konflikte innerhalb des amerikanischen Protestantismus. Sie wird kaum den Unterschieden zwischen den lange staatstragenden Anglikanern – das heißt den Angehörigen der englischen Staatskirche, die seit der Unabhängigkeit unter dem Namen Episkopalkirche firmieren – und den Trägern der puritanisch-calvinistischen Tradition gerecht. Das Luthertum etwa zählte bis weit in das 20. Jahrhundert hinein nicht zum Kernbereich des national identitätsstiftenden Protestantismus. Dieses Problem wurde noch durch eine weitere religionswissenschaftliche Unterscheidung verschärft, derjenigen zwischen Ritualkirchen und Antiritualisten. Während nämlich die Lutheraner, wie die Anglikaner/Episkopalen, die Orthodoxen und die Katholiken zu den hierarchisch verfassten, traditionsorientierten und auf sakramentale, rituelle Tradition setzenden Religionsgemeinschaften zählten, die von einer Mehrheit der Amerikaner durchaus skeptisch betrachtet wurden, fühlten sich die bewusst von unten her organisierten calvinistischen und täuferischen Kirchen und Sekten als antiritualistisch. Gemäß ihrer Auffassung repräsentierten sie und sie allein das echte, egalitäre, antiinstitutionalistische und freiheitliche Amerika. Protestantisch war demnach, wer sich ausschließlich auf die eigene, unmittelbare Erfahrung der Begegnung mit dem Herrn und Erlöser Jesus Christus im Wort der Schrift oder – in der pfingstchristlichen Tradition – mit dem Heiligen Geist stützte und im Grunde jenseits dieser Erfahrung keine spezifische Kirchlichkeit, um von Sakramentalität ganz zu schweigen, anerkannte.

Das herausragende Gewicht, das dem Calvinismus seit dem 17. Jahrhundert zukam, hat insbesondere den Umgang der Amerikaner mit der Bibel nachhaltig geprägt. Die anglikanische *King James Version* der Heiligen Schrift diente bis ans Ende des 19. Jahrhundert vielfach als Schulbuch, anhand dessen man Lesen und Schreiben lernte. Selbst die Baptisten und viele radikale Täufergemeinden akzeptierten die Authentizität dieser Übersetzung, deren Wert für das Englische fast so hoch einzustufen ist wie der Wert der Luther-Übersetzung für das Entstehen der deutschen Hochsprache. Debatten über die Bibel zwischen Katholiken und Protestanten im 19. Jahrhundert oder zwischen Fundamentalisten und Liberalen im 20. Jahrhundert waren entsprechend durchweg Debatten über das Selbstverständnis der USA als Nation.

Die dritte Einschränkung ist besonders maßgeblich: Bis etwa 1920 waren die USA beziehungsweise die britischen Festlandskolonien in Nordamerika gar nicht besonders kirchlich, zumindest in formaler Hinsicht. Die neuere religionsstatistische Forschung hat nachgewiesen, dass vor allem im 18. Jahrhundert die Kirchenmitgliedschaftsquote beziehungsweise die Quote aktiver Kirchenpartizipation in den meisten Kolonien und Einzelstaaten, vom puritanischen Neuengland abgesehen, deutlich unter 20 Prozent lag, das heißt über 80 Prozent der Amerikaner nahmen nicht an institutionellen kirchlichen Aktivitäten teil.[2] In Neuengland lag der Anteil bei etwa 25 Prozent. Erst um 1920 waren mehr als 50 Prozent der Amerikaner Mitglieder einer Kirche, in den 1950er Jahren lag der Anteil um die 90 Prozent. Insofern kann man von einer Art umgekehrter Säkularisierung sprechen. Während in Europa, vom sogenannten zweiten konfessionellen Zeitalter zwischen 1850 und 1950 mit seiner außerordentlich hohen konfessionellen Verdichtung einmal abgesehen, der Anteil der aktiven Kirchenmitglieder permanent zurückging, stieg er in den USA, inmitten eines lebhaften Industrialisierungsprozesses, stark an.

Die USA waren nicht von Beginn an eine christlich-protestantische Nation, sie wurden allmählich zu einer solchen. Allerdings bedarf selbst diese Aussage einer doppelten Modifikation. Zum einen verdankte sich die anwachsende Kirchlichkeit, neben den noch zu thematisierenden protestantischen Erweckungsbewegungen, vor allem dem Zustrom katholischer Einwanderer mit ihrer im Vergleich zu Lutheranern und Calvinisten gleichermaßen ganz anders ausgerichteten Kirchenfrömmigkeit. Zum anderen waren die kirchlich ungebundenen Amerikaner vor den 1920er Jahren weder Atheisten noch Agnostiker oder Anhänger anderer Religionen. Sie ver-

Abb. 1 Benjamin West, William Penns Vertrag mit den Indianern über die Überlassung von Land, 1771/72

standen sich als Christen, lasen die Bibel, beteten alleine oder im Kreis ihrer Familie. Möglicherweise verstanden sie sich sogar als Glieder einer unsichtbaren Kirche Gottes, wie sie die Kirchen der Reformation lehrten. Aber fromme Kirchgänger im europäischen Sinne waren sie nicht.

Ungeachtet dieser Einschränkungen und Modifikationen ergibt die Rede von den USA als protestantischer Nation dennoch Sinn.[3] Obwohl der Anteil bekennender Christen (inklusive Katholiken) in den USA zwischen 2007 und 2014 von 78 Prozent auf rund 70 Prozent sank, sind weiterhin rund 50 Prozent der Amerikaner protestantische Christen unterschiedlichster konfessioneller Zugehörigkeit. Auch wurden die USA, entgegen anders lautender Auffassungen, im gleichen Zeitraum weder religiös pluralistischer noch atheistischer. Der Anteil der Nichtchristen lag relativ konstant bei rund fünf Prozent, derjenigen der Atheisten und Agnostiker bei etwa vier Prozent.[4] Es war in erster Linie der Anteil der kirchlich Ungebundenen, aber keinesfalls notwendig Ungläubigen, der im vergangenen Jahrzehnt anstieg, und zwar auf fast 20 Prozent der Bevölkerung. Ungeachtet des Rückgangs institutionalisierter Christlichkeit kann von einem statistisch signifikanten Bedeutungsverlust des Christentums allgemein und speziell des Protestantismus keine Rede sein. Weiterhin bekennt sich eine stabile Mehrheit der Amerikaner zu protestantischen Konfessionen. In der historischen Perspektive ist die Bedeutung des Protestantismus sogar noch höher. Wo immer im 19. und frühen 20. Jahrhundert Religion im öffentlichen Leben der USA bis hin in die staatliche Zivilreligion eine Rolle spielte, war sie ausschließlich protestantisch – bevorzugt calvinistisch – konnotiert.[5] Ohne den Protestantismus in seinen facettenreichen Spielarten wären die Diskussionen um die nationale Identität, insbesondere um den amerikanischen Exzeptionalismus, den Glauben an das

---

1 Vgl. Philip Jenkins: The New Anti-Catholicism: The Last Acceptable Prejudice, Oxford 2003, S. 1–46. **2** Roger Finke/Rodney Stark: The Churching of America, 1776–1990: Winners and Loser in our Religious Economy, New Brunswick 1992, S. 22–109. **3** Vgl. jedoch die Einwände von Diana L. Eck: A New Religious America: How a »Christian Country« Has Become the World's Most Religiously Diverse Nation, New York 2001. **4** Diese Zahlen stammen aus Umfragen des Pew Research Institute, URL: www.pewresearch.org [21.9.2015]. **5** Vgl. dazu Jana Weiß: Fly the Flag and Give Thanks to God: Zivilreligion an US-amerikanischen patriotischen Feiertagen, 1945–1992, Trier 2015, S. 27–92.

Abb. 2 Samuel Hill, Blick auf das sogenannte »Meeting House« der Baptisten in Providence, Rhode Island, 1789

Insbesondere die anglikanische Staatskirche fiel, obwohl viele Kolonien gerade im Süden der heutigen USA (Virginia, North Carolina und South Carolina), aber dann auch in New York, New Jersey und später in Maryland das Staatskirchensystem des englischen Mutterlandes einfach übernahmen, als eigenständiger Akteur komplett aus. Die Kolonisten waren zwar bis über das Jahr 1776 hinaus zur Zahlung des Zehnten an die Staatskirche und zur Teilnahme an ihren Gottesdiensten verpflichtet, selbst wenn sie keine Anglikaner waren, aber von der Sonntagspflicht konnte man sich immerhin freikaufen. Die anglikanischen Kolonien waren weniger tolerant gegenüber Andersgläubigen – Baptisten, Juden und Katholiken wurden aktiv diskriminiert –, aber sie waren von einem gewissen pragmatischen Desinteresse an der persönlichen Frömmigkeit ihrer Untertanen, weswegen der Anteil der Gläubigen um 1770 im Süden lediglich unter zehn Prozent lag. Und selbst diese Gläubigen waren überwiegend iroschottische Presbyterianer oder Baptisten und keine Anglikaner. Zu einem eigenen anglikanischen Bischof brachten es die Kolonien zu keinem Zeitpunkt; sie wurden schlicht und mehr schlecht als recht vom Bischof Londons mitverwaltet. Priestermangel und kirchliche Desorganisation, Nepotismus, Korruption und desolate Verwaltung waren Charakteristika der Anglikanischen Kirche in Nordamerika. Sie war elitär, obwohl sich gerade die kolonialen Eliten des Südens im 18. Jahrhundert mehr und mehr dem Deismus in seinen unterschiedlichen Spielarten zuwandten, also dem aufgeklärt-rationalistischen Glauben an einen inaktiven Weltschöpfer ohne dogmatischen Bezug auf Trinität oder Christologie, und die Kirche ihrer Väter am Rande liegen ließen.

Ganz anders war die Situation im puritanischen Neuengland. Dort, allen voran in den Kolonien Massachusetts und Connecticut, herrschte faktisch eine calvinistisch-puritanische Theokratie, die sich nach 1662 auch institutionell endgültig vom Anglikanismus löste. Die misstrauisch auf ihre Rechtgläubigkeit bedachten Puritaner verfolgten Andersgläubige mitunter gewalttätig, besonders Quäker und Baptisten, die dann unter Roger Williams in Rhode Island eine eigene, bewusst auf religiöse Toleranz gegründete Kolonie aufbauten. Da die Puritaner sich aufgrund ihrer rigiden Glaubenslehren mit ihren indianischen Nachbarn schwer taten und teilweise auf deren Ausrottung beharrten, fehlte es ihnen überdies an indianischen Konvertiten. Gegen Ende des 17. Jahrhunderts kam es 1692 dann sogar zu eigenen nordamerikanischen Hexenverfolgungen, denen 21 Menschen zum Opfer fielen. Allerdings waren die Puritaner die einzigen, die sich im Nachhinein bei ihren Opfern entschuldigten. Auch praktizierte quasi nur eine einzige Gemeinde – die in Salem – diese Hexenverfolgung und wurde von den Bostoner Puritanern dafür heftig getadelt. Insgesamt blieben die Puritaner, aufgrund ihres strikten Erwähltheitsglaubens, eine Minderheit selbst in Neuengland, was ihnen sowohl die religiöse als auch die politische Dominanz erheblich erschwerte. Selbst die eigenen Kinder hatten Schwierigkeiten, Teil der Gemeinde der Heiligen zu werden. Diese strukturelle Krise, die Unfähigkeit, den Übergang von der verfolgten, exklusiven Minderheitsreligion zur Staatsreligion zu meistern, führte dann zu Beginn des 18. Jahrhunderts zu einer schweren Krise, an deren Ende der Zerfall stand. Ein Teil der puritanischen Eliten wandte sich, von der Aufklärung beeinflusst, wie die südstaatlichen

Auserwähltsein und die besondere Aufgabe der Nation undenkbar.[6] Selbst wenn neuere Forschungen belegen, dass Frömmigkeit und religiöse Kenntnisse dabei nicht gerade Hand in Hand gehen, ja dass gerade tiefgläubige Christen in den USA oft erschreckend wenig über ihre eigene und andere Religionen wissen,[7] kann an der emotionalen, sozialen und kulturellen Signifikanz christlicher Traditionen nicht gezweifelt werden.[8] Den historischen Wurzeln dieses Befundes soll im Folgenden nachgegangen werden.

Die religiöse Gründungsgeschichte der USA reicht, aus christlich-protestantischer Perspektive, in das frühe 17. Jahrhundert zurück, als die ersten englischen, schwedischen, deutschen und niederländischen Siedler an der Ostküste auftauchten, um sich dort, jenseits des Atlantiks und fernab ihrer europäischen Heimat, niederzulassen.[9] Anders als bei Spaniern und Portugiesen, bei denen sich religiöse und wirtschaftliche Motive intensiv mischten und die katholische Kirche als eigenständiger Akteur auftrat, überwog bei der Mehrheit der protestantischen Siedler das ökonomische Interesse.

Sklavenhalter dem Deismus zu, der Rest sammelte sich in den kongregationalistischen Gemeinden. Dessen ungeachtet blieb die Tradition des Puritanismus in den Neuenglandkolonien über die Revolution hinaus bis tief ins 19. Jahrhundert hinein durchaus lebendig, nicht zuletzt in der literarischen Tradition.

Besonders bunt waren die konfessionellen Verhältnisse in den Mittelatlantikkolonien. In Pennsylvania etwa gab eine religiös außerordentlich tolerante, politisch aber hochelitäre Minderheit von Quäkern den Ton an, die sich mit den Anglikanern, Presbyterianern und im 18. Jahrhundert mit den aufgeklärten Deisten wegen der Frage der Volksbewaffnung gegen die benachbarten Indianer überwarfen. Ähnlich wie die Baptisten in Rhode Island verfolgten die Quäker einen auf Ausgleich mit den Stämmen bedachten Kurs, der bei ihnen indes pazifistische Züge annahm. Insofern verweigerten die Quäker den anderen Siedlern den Zugriff auf indianisches Land, weigerten sich aber auch, diese Siedler militärisch gegen Angriffe zu verteidigen. In der Revolution führte dies ab 1777 zum gewaltsamen Sturz der Quäkerelite, die bis dahin von der Protektion des Königshofes in London abgehangen hatte. Dies galt gleichfalls für die katholische Minderheit in Maryland, die dort im 17. Jahrhundert ein auf religiöse Toleranz aufbauendes politisches System errichtet hatte, das aber von den Jesuiten und den Protestanten zu gleichen Teilen unter Beschuss genommen wurde. Als die Eigentümerfamilie der Calverts dann in den 1670er Jahren vom Katholizismus zum Anglikanismus konvertierte, endete das Experiment einer genuin katholischen Toleranzpolitik im Zeitalter der katholischen Reform und Gegenreformation abrupt. Maryland wurde zu einer anglikanisch-staatskirchlichen Kolonie. In New Jersey und New York fanden sich, wie in Pennsylvania, Siedler aus anabaptistischen Gemeinschaften, aus historischen Friedenskirchen, also Quäker, Mennoniten, Hutterer, Pietisten und andere in Europa verfolgte Minderheiten. Allerdings schotteten sich diese häufig winzigen Minderheiten zumeist geistig und räumlich von der sie umgebenden Gesellschaft ab, weswegen ihr Einfluss randständig blieb. Quantitativ nicht minder unbedeutend war die kleine Minderheit skandinavischer Lutheraner in den einstmals schwedischen Kolonien an der Atlantikküste im Grenzbereich von Delaware, New Jersey und Pennsylvania am Delaware River.

Vor dem Hintergrund dieser komplexen konfessionellen Gemengelage, zu der die afro-amerikanischen Sklaven im Süden ebenfalls beitrugen – die sich entweder dem Protestantismus oder synkretistischen Kulten wie dem Voodoo oder der Santería zuwandten (nur eine sehr kleine Minderheit wurde in den französischen Kolonien oder Maryland katholisch getauft) –, kam dann eine Bewegung auf, welche die religiöse Landkarte der USA nachhaltig verändern sollte: die evangelikale Erweckungsbewegung der 1740er Jahre.[10] Wie alle Erweckungsbewegungen des 18. und 19. Jahrhunderts stand sie in einem transatlantischen, wenn nicht gar globalen Zusammenhang. In Nordamerika aber fiel diese neue Frömmigkeitsform infolge der uneindeutigen konfessionellen Ausgangslage mit vielen kirchlich ungebundenen, potenziellen Gläubigen auf besonders fruchtbaren Boden. In mancherlei Hinsicht war der erweckte Evangelikalismus mit dem europäischen Pietismus verwandt. Er betonte eine direkte, innerlich-persönliche, heftig emotional gefärbte Beziehung zu Jesus Christus als Retter und Erlöser.

Abb. 3 R. Babson und J. Andrews, Porträt des Theologen Jonathan Edwards, vor 1855

Vor allem aber gab der Evangelikalismus zwei soziokulturellen Tendenzen in der Kolonialbevölkerung Ausdruck, die dann auch für die Folgezeit wichtig bleiben sollten: Zum einen forderte er zur individuellen Entscheidung auf. Religion wurde mehr als im Zeitalter der Reformation aus dem Bereich der Tradition herausgelöst und der Gewissensentscheidung des einzelnen unterworfen. Damit wurde das protestantische Christentum zwar nicht unmittelbar demokratisiert, aber individualisiert. Auf diese eher indirekte Weise trug die Erweckungsbewegung dazu bei, die Amerikanische Revolution (1774–1783) auf den Weg zu bringen.[11] Zum anderen passte sich die Erweckungsbewegung dem antiakademischen Antiintellektualismus der bäuerlichen Bevölkerungsmehrheit – welche sich von den akademisch gebildeten Predigern vernachlässigt fühlte – an, denn bei den Erweckten konnte jeder, der sich individuell berufen fühlte,

6 Winfried Fluck: American Exceptionalism: Ein Schlüssel zum amerikanischen Selbstverständnis, in: Christian Lammert u. a. (Hrsg.), Handbuch Politik USA, Wiesbaden 2016, S. 15–28. **7** Stephen Prothero: Religious Literacy: What Every American Needs to Know – and Doesn't, San Francisco 2007. **8** Robert D. Putnam/David E. Campbell: American Grace: How Religion Divides and Unites Us, New York 2010; Alan Wolfe: The Transformation of American Religion: How We Actually Live Our Faith, Chicago 2003. **9** Peter W. Williams: America's Religions: From Their Origins to the Twenty-First Century, 3. Aufl., Urbana 2002, S. 103–174. **10** Thomas S. Kidd: The Great Awakening: The Roots of Evangelical Christianity in Colonial America, New Haven 2007. **11** Thomas S. Kidd: God of Liberty: A Religious History of the American Revolution, New York 2010.

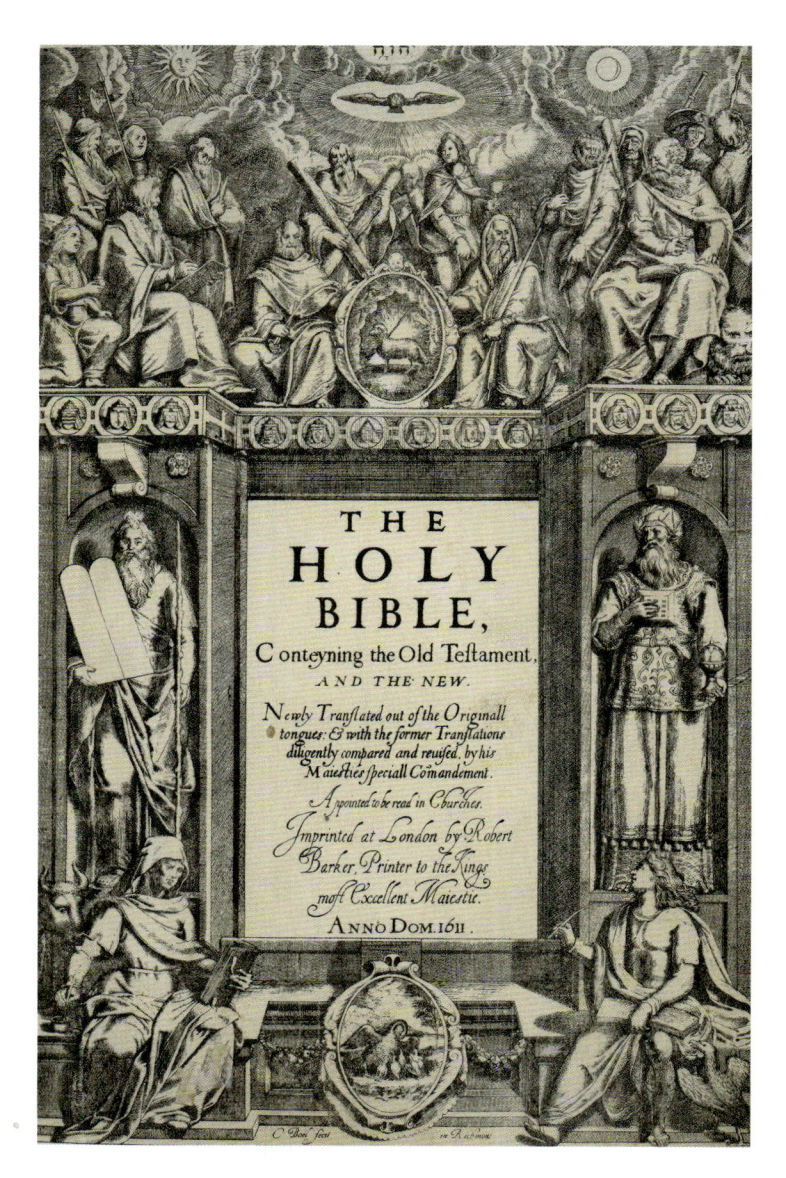

Abb. 4 King James Bibel, Erstausgabe, London 1611, Titelblatt

rationalismus der elitären Revolutionsführer (George Washington, Thomas Jefferson, Thomas Paine oder Alexander Hamilton). Es war entsprechend kein Zufall, dass der Kontinentalkongress eine eigene Militärseelsorge für die Truppen einrichtete und ihnen 20 000 Bibeln zur Verfügung stellte. Der protestantische Charakter der revolutionären Massen dieser Epoche kann heute nicht mehr in Zweifel gezogen werden. Damit begann die Idee von der protestantischen Nation – dem christlichen Sparta, wie die Zeitgenossen sagten –, Gestalt anzunehmen.

In der Krisenzeit nach der Revolution kam es in den Jahrzehnten zwischen 1790 und 1860 zu weiteren Erweckungsbewegungen, besonders in den 1820er und 1830er Jahren.[13] Diesmal zählten die städtischen Mittelklassen primär des Nordostens zu den Hauptträgern. Die zweite Erweckungsbewegung war in religiöser Hinsicht durch eine Abkehr von den zentralen Dogmen des Calvinismus gekennzeichnet. Hatte die Bewegung um 1740 noch ganz im Sinne der Orthodoxie an der doppelten Prädestination, dem absoluten Vorrang der Gnade, der Bedeutung von Armut und Leiden sowie der Idee der *massa damnata*, also an der Vorstellung, die Mehrheit der Menschen sei von vornherein von Gott zur ewigen Verdammnis verurteilt, festgehalten, so wandelte sich nun das Bild. Zwischen 1810 und 1840 kam es zur vorbehaltlosen Akzeptanz der kapitalistischen Marktwirtschaft und des individuellen Profitstrebens,[14] zum Primat guter Werke über die Gnade, zu einem missionarischen Heilsuniversalismus verbunden mit einer optimistischen, wenngleich apokalyptischen Anthropologie. Das Ende der Zeiten schien unmittelbar bevorzustehen, und es war die Aufgabe der amerikanischen Christen, der Wiederkunft des Herrn den Weg zu bereiten, indem man in den USA eine perfekte Gesellschaft schuf.

Aus diesem Grund wandten sich die neuenglischen Erweckten der radikalen Gesellschaftsreform zu: Sabbatobservanz, Justizreform, Antialkoholbewegung, Frauenbewegung und der Abolitionismus – der Kampf gegen die Sklaverei – rückten auf ihre leidenschaftlich vorgetragene Agenda. Evangelikale und Liberale fanden zu einer Reformkoalition zusammen, die erst um die Wende zum 20. Jahrhundert zerbrach. Beide Gruppen wurden obendrein durch ihren fanatischen Hass auf den Katholizismus der ab 1845 massenhaft einwandernden Iren und Deutschen zusammengehalten. Weder für Evangelikale noch für Liberale waren die USA als ein Staat ohne protestantische Führung und ohne protestantische Identität denkbar, obwohl weiterhin eine Mehrheit der Bevölkerung keiner Religionsgemeinschaft angehörte. Im Zuge der Ausbildung einer nationalen Identität formierte sich eine spezifische Vorstellung von amerikanischem Protestantismus, der lokalistisch, antiintellektuell, erweckt, antihierarchisch, antiritualistisch, apokalyptisch, emotional, patriotisch und kapitalistisch war. An diesem Maßstab wurden nichtamerikanische Religionsformen von nun an gemessen. Zusätzlich luden Liberale und Evangelikale die Idee von der Nation (zivil-)religiös auf. Die Idee des Exzeptionalismus wurde aggressiver und missionarischer, wobei jedoch in erster Linie die nationalistischen Liberalen die Nation bevorzugt militärisch definierten, die Evangelikalen hingegen lange, bis in den Bürgerkrieg (1861–1865) hinein, mehrheitlich an ihren pazifistischen Idealen festhielten. Die Kreuzfahrernation (*crusader nation*) war nur bedingt eine religiöse Erfindung.[15]

predigen und eine eigene Gemeinde bilden. Dadurch entstanden zahllose kleinere, lokal begrenzte Kirchengemeinden und Sekten, die allesamt keine größere kirchliche Einheit über sich anerkannten und dem staatskirchlichen Establishment kritisch gegenüber standen. Dieser Lokalismus und diese Kleinräumigkeit, der Primat der Einzelgemeinde vor der Kirche, prägen bis zum heutigen Tag das Kirchenverständnis vieler Amerikaner.

Letztlich konnte die Trennung von Staat und Kirche, wie die aufgeklärten Deisten sie anstrebten, nach der Revolution nur deswegen so relativ reibungslos durchgesetzt werden, weil die erweckten Religionsgemeinschaften (darunter die Methodisten und Baptisten) sowie die Erweckten innerhalb der etablierten Kirchen, vor allem Presbyterianer, das Staatskirchentum strikt ablehnten.[12] Ohne die Masse der erweckten Protestanten wäre überdies der Erfolg der Revolution in keiner Weise garantiert gewesen. Zwar blieben viele Methodisten der Monarchie gegenüber loyal, aber die Mehrheit der Soldaten der revolutionären Kontinentalarmee stand dem Evangelikalismus nahe und unterschied sich deutlich vom Aufklärungs-

Gleichzeitig pluralisierte sich das religiöse Angebot im Verlauf der zweiten Erweckungsbewegung weiter. Es entstanden die Mormonen und Spiritualisten. Während die Spiritualisten als eine explizit moderne, individualistische Religionsform ohne Klerus und Dogma mit dem Anspruch wissenschaftlicher Erkenntnisse über das Jenseits auftraten, entwickelten die Mormonen ein nationalistisches Profil, allerdings mit ausgesprochen hierarchischen Zügen, einer nichtbiblischen Sonderoffenbarung und einer im Kern polytheistischen Theologie und Anthropologie. Gemeinsam mit ihrer Neigung zur Polygamie führte dies, trotz ihres Heilsnationalismus, zu gewaltsamen zivilgesellschaftlichen Verfolgungen, die in den 1850er Jahren zeitweise in die Gründung eines eigenen Mormonenstaates in Utah mündeten, der erst 1890 der Union beitrat.[16]

Nach dem Bürgerkrieg kam es in den 1880er Jahren zu einer weiteren Erweckungsbewegung, die theologisch zu den Wurzeln der calvinistischen Orthodoxie zurückkehrte.[17] Der soziale Impuls der zweiten Erweckungsbewegung wurde von den sogenannten Postmillenaristen innerhalb des Sozialprotestantismus, dem *social gospel*, weitergeführt. Diese Postmillenaristen glaubten, Gott verlange von ihnen die Schaffung einer perfekten Gesellschaft, damit Christus wiederkommen und das Tausendjährige Friedensreich der Apokalypse begründen könne, was ihren radikalen sozialen Aktivismus erklärt. Die Mehrheit der Evangelikalen aber wandte sich dem Prämillenarismus zu, der wieder stärker auf Gnade und Prädestinationslehre setzte. Es war das Zeitalter der *hell and damnation preacher*, die freilich allesamt an Nationalismus und Kapitalismus als zentralen Werten amerikanisch-protestantischer Identität festhielten.

Zwei weitere Aspekte der Epoche zwischen 1880 und 1925 wurden für die zukünftige Entwicklung wichtig: Erstens entstanden am Rande des protestantischen Erweckungschristentums Gemeinden, denen es vor allem um das spirituelle und materielle Wohlergehen ihrer Mitglieder zu tun war. In ihren Augen ging es dem Christentum nicht um eine Lehre vom stellvertretenden Leiden Christi am Kreuz, sondern um Wohlstand und Wohlergehen. Entsprechend forderten sie positives Denken, Optimismus und Konsumismus und versprachen jedem, der an Gott glaubt, eine rosige Zukunft. Vielfach verbanden sich diese Bewegungen mit dem um 1905 entstehenden Pfingstchristentum und der über das gesamte 20. Jahrhundert anhaltenden pentekostalen Erweckung. Pentekostalismus und der *gospel of prosperity* entwickelten sich zu den dynamischsten religiösen Gruppen des neuen Jahrhunderts. Zweitens kam es zum Bruch zwischen Liberalen und Evangelikalen. Das nationale Alkoholverbot, die Prohibition (1920–1933), war ihr letztes gemeinsames gesellschaftliches Reformprojekt gewesen.[18] Auslöser für diesen Bruch waren die abwehrende Haltung der Evangelikalen gegenüber der deutschen liberalen Theologie, dem Kulturprotestantismus und der historisch-kritischen Exegese sowie dem Darwinismus in den Naturwissenschaften. Für säkulare Liberale war dies ebenso wenig tragbar wie für liberale Protestanten, die sich nunmehr als Mainstream- oder Mainline-Protestantismus definierten und scharf vom Evangelikalismus abgrenzten.

In den Reihen der Evangelikalen entstand um 1910 der weitaus radikalere Fundamentalismus, anfangs eine reine Professoren- und

Abb. 5 Unbekannter Künstler, Hexerei in Salem Village, aus: William A. Crafts, Pioneers in the settlement of America: from Florida in 1510 to California in 1849, Boston 1876

Intellektuellenbewegung, die gegen die historisch-kritische Methode an der wortwörtlichen Auslegung der Heiligen Schrift festhielt. Entgegen modernen Vorurteilen waren die Fundamentalisten keine rückständigen, gewalttätigen Ideologen. Viele von ihnen lehrten an bekannten amerikanischen Universitäten, fast alle waren Pazifisten und etwa gegen die Teilnahme am Ersten Weltkrieg, was ihnen von liberaler Seite prompt den Vorwurf des mangelnden Patriotismus eintrug. Da sie aber, ganz in der calvinistischen Tradition der Bibelauslegung stehend, innerhalb der Heiligen Schrift kein zentrales Auslegungsprinzip, etwa eine *theologia crucis* im Sinne Luthers kannten, sondern Altem und Neuem Testament uneingeschränkt gleiche Gültigkeit zukommen ließen, fanden sie keinen Ausweg aus den Dilemmata, in welche der Darwinismus sie in ihrem Verständnis des Buches Genesis stürzte. Allerdings besiegelte die mediale Reaktion auf den sogenannten Affenprozess von Dayton 1925 das Schicksal der ersten fundamentalistischen Generation.[19]

Ab 1925 galt der Fundamentalismus als provinzlerisch und überwunden. Aber auch der liberale, optimistische, die Moderne euphorisch begrüßende Kulturprotestantismus befand sich nach

12 Vgl. Daniel L. Dreisbach/Mark David Hall (Hrsg.): Faith and the Founders of the American Republic, New York 2014. Zur weiteren Entwicklung s. Steven K. Green: The Second Disestablishment: Church and State in Nineteenth-Century America, New York 2010. **13** Michael Hochgeschwender: Amerikanische Religion: Evangelikalismus, Pfingstlertum und Fundamentalismus, Frankfurt am Main 2007, S. 77–116. **14** Mark A. Noll (Hrsg.): God and Mammon: Protestants, Money and the Market, 1790–1860, New York 2002. **15** Vgl. dagegen James A. Morone: Hellfire Nation: The Politics of Sin in American History, New Haven 2003; Robert Jewett/Ole Wangerin: Mission und Verführung: Amerikas religiöser Weg in vier Jahrhunderten, Göttingen 2008 sowie besonders Andrew Preston: Sword of the Spirit, Shield of Faith: Religion in American War and Diplomacy, New York 2012 mit seiner höchst ausgewogenen Darstellung. **16** Richard Lyman Bushman: Mormonism: A Very Short Introduction, New York 2008. **17** Hochgeschwender, Amerikanische Religion (wie Anm. 13). **18** Thomas Welskopp: Amerikas große Ernüchterung: Eine Kulturgeschichte der Prohibition, Paderborn 2010, S. 11–50. **19** Jeffrey P. Moran: The Scopes Trial: A Brief History with Documents, Boston 2002.

Abb. 6 Plakat zum sog. Affen-Prozess (Scopes-Prozess) von 1925 vor einem Gericht in Dayton, Tennessee, an dessen Ende ein Gesetz verabschiedet wurde, welches verbot, Theorien, die der Bibel bezüglich der Entstehungsgeschichte der Menschheit widersprechen, zu lehren

den erschütternden Ereignissen des Ersten und Zweiten Weltkriegs in einer tiefen Krise. So wurden die Jahrzehnte zwischen 1930 und 1970 zur Epoche der Neoorthodoxie, die vor allem von Reinhold Niebuhr und seinen Anhängern bestimmt wurde. Der Mainstream-Protestantismus wurde neoorthodox, der Evangelikalismus, das Pfingstchristentum und der Fundamentalismus büßten an Boden ein. Bestenfalls im Süden, wo auch der schwarze Protestantismus blühte, und im Mittelwesten konnten sie sich Einfluss sichern. Es waren Neoorthodoxe, die dann in den 1950er und 1960er Jahren den amerikanischen Protestantismus zu einer Hochblüte führten. Gleichzeitig erreichte aber auch der amerikanische Katholizismus – nach dem Ende des Amerikanismusstreites unter Papst Leo XIII. in den 1890er Jahren – die Phase seiner größten Geschlossenheit und Machtentfaltung.

Herrschte um 1965 allerorten noch größter Optimismus, so brachen die Kirchen des Mainstreams in den beiden Folgejahrzehnten fast zusammen.[20] Der Katholizismus wurde von diesem Niedergang zeitverzögert in den 1980er und 1990er Jahren betroffen; der Skandal um sexuellen Missbrauch um das Jahr 2000 beschleunigte die Zahl der Kirchenaustritte dann noch. Allerdings konnte die Zahl der Katholiken durch die hispanische Zuwanderung, von der auch die Pfingstchristen und Evangelikalen profitierten, konstant gehalten werden. Die Gründe für den Zusammenbruch des neoorthodoxen Mainstream-Protestantismus sind unklar. Zum einen dürfte er mit der Politisierung der Episkopalen, Lutheraner, Presbyterianer und anderer Konfessionen im Gefolge der schwarzen Bürgerrechtsbewegung zusammenhängen, zum anderen dürften allgemeine Modernisierungs- und Säkularisierungsprozesse eine Rolle gespielt haben, etwa die Suburbanisierung der USA.

All dies aber führte nicht zu einem Niedergang der Religiosität unter den Amerikanern, sondern zu einer neuen Erweckungsbewegung, die von Billy Graham in den 1950er Jahren vorbereitet wurde, dann aber insbesondere nach 1970, also nach der »Revolte« von 1968, an Boden gewann. Evangelikale und Pentekostale wandten sich im Kontext der »Kulturkriege« um die Deutungshoheit über Fragen nationaler Identität zwischen Konservativen und Liberalen mit großer Mehrheit den Konservativen zu. Dazu gab in erster Linie die aktivistische Politik des Obersten Bundesgerichts Anlass, der 1962 das bis dahin gepflegte Schulgebet verbot, 1973 die Abtreibung in den ersten drei Schwangerschaftsmonaten freigab, 2003 die Homosexualität legalisierte und schließlich den Weg für die Homosexuellenehe ebnete. Der Rechtsevangelikalismus wurde daraufhin zunehmend fundamentalistischer und erkor den Streit um Abtreibung und die Schulcurricula im Fach Biologie (Darwinismus und Evolutionslehre) als Schauplätze intensiv ausgetragener politischer Machtkämpfe.

Demgegenüber sah sich der Linksevangelikalismus eher den Problemen der Sozialpolitik und der Gleichberechtigung von Schwarz und Weiß sowie Mann und Frau verpflichtet.[21] Innerhalb der Baptisten, Methodisten und anderer Konfessionen kam es gerade im Süden zu erbitterten Flügelkämpfen, in deren Verlauf sich die Rechtsevangelikalen mehr und mehr mit der Republikanischen Partei identifizierten. Sie wurden nationalistischer, prokapitalistischer und militaristischer als je zuvor. Ob sie allerdings unter den Präsidenten Ronald Reagan (1981–1989) und George W. Bush (2001–2009) tatsächlich, wie häufig behauptet, die Außenpolitik beherrschten, darf füglich bezweifelt werden.[22] Überhaupt spricht manches dafür, dass diese neofundamentalistische Erweckungsbewegung seit Ende der 1990er Jahre an Kraft einbüßte und um 2005 ihren Höhepunkt überschritten hat.[23] Vom Niedergang der Evangelikalen profitieren indes eher die Pentekostalen, dieweil der Niedergang des liberalen Mainstreams mit vermeintlich unaufhaltsamer Geschwindigkeit voranschreitet.

In diese religiöse Landschaft musste sich nun das Luthertum im Laufe der vergangenen 350 Jahre einpassen.[24] Wie der Katholizismus zählte das Luthertum nicht zu den gewissermaßen nationalidentitär bedeutenden Religionsgemeinschaften. Es galt als Ritualkirche und als Migrantenkirche, obwohl in Neuschweden bereits 1640 der erste lutherische Pastor tätig war. Im 18. Jahrhundert wurde Pennsylvania zu einer Hochburg deutscher lutherischer Christen, die aber eher randständig blieben und von patriotischen Politikern wie Benjamin Franklin misstrauisch beäugt wurden, da sie über kein britisches Erbe verfügten. Viele von ihnen waren vom Halleschen Pietismus beeinflusst und standen der ersten Erweckungsbewegung nahe, ohne direkt von ihr betroffen zu sein. Das 19. Jahrhundert wurde dann zur Phase der kirchlich-konfessionellen und ethnokulturellen Spaltung. Zeitweilig existierten nicht weniger als 70 voneinander unabhängige lutherische Synoden auf dem Boden der USA. Ein Teil der Spannungen resultierte aus der preußischen Zwangsunion von 1817, welche die preußischen Lutheraner in eine kirchliche Organisation mit den calvinistischen Reformierten zwang; dies führte in den 1820er Jahren zum Massenexodus der antiunionistischen AltLutheraner, die von harten Verfolgungsmaßnahmen der preußischen Obrigkeit betroffen waren. Diese Alt-Lutheraner bildeten dann die heutige Missouri-Synode, die durchaus Züge evangelikaler Theologie aufweist.

Das Gros der amerikanischen Lutheraner entstammte allerdings deutschen und skandinavischen Einwanderern aus der Zeit nach dem Amerikanischen Bürgerkrieg. Die meisten von ihnen siedelten sich in einem Dreieck im Mittelwesten zwischen Cincinnati, St. Louis und Milwaukee sowie in Wisconsin und Minnesota an. In Cincinnati wurde beispielsweise im Stadtviertel »Over the Rhine« bis in den Ersten Weltkrieg hinein auf der Straße Deutsch gesprochen. Da die Deutschen und die Skandinavier vielfach aus Gründen divergierender Frömmigkeitspraxis, aber auch wegen der Sprachenfrage schwer miteinander auskamen, errichteten sie getrennte synodale Organisationen. Beiden war freilich gemeinsam, dass sie es schwer hatten, sich in ihrer neuen Umwelt zu etablieren. Skandinavier und Deutsche galten als langsam, geistig und geschäftlich wenig rege. Vor allem aber tranken sie selbst an Sonntagen in der Öffentlichkeit Bier, was bei den abstinenten Evangelikalen und Liberalen schon in den 1850er Jahren auf heftige Opposition stieß.

Bei den deutschen Lutheranern kam ein weiterer Faktor hinzu. Zwischen 1871 und 1914 bekannten sie sich ganz offen zu ihrer vaterländischen Gesinnung und bejubelten die Erfolge des preußisch-deutschen Kaiserreichs, was zu Zweifeln an ihrer nationalen Loyalität gegenüber den USA führte. Im Umfeld des Ersten Weltkriegs mündete dies dann in gewalttätige Verfolgungen: Es kam zu Lynchmorden, Kirchen wurden niedergebrannt, Bibliotheken zerstört. Zwar hatte der Prozess der Amerikanisierung der Gottesdienste schon vor 1913 begonnen, aber nach 1917 fanden sich kaum noch deutschsprachige lutherische Kirchen in den USA. Nach den beiden Weltkriegen stabilisierte sich die Lage. Die MehrheitsLutheraner waren längst in den neoorthodoxen Mainstream hineingewachsen und galten in den 1950er Jahren als vollwertige Mitglieder dieser Strömung. Bald pflegte man mit den Episkopalen, der *Church of Christ*, den Methodisten und anderen Mainstreamkirchen Abendmahlgemeinschaft. Allerdings wurden die Lutheraner dann auch in den Abwärtssog des Mainstream einbezogen. Zwischen 1990 und 2009 verloren sie rund 20 Prozent ihrer Mitglieder. Heute gibt es rund 4,5 Millionen Lutheraner in den USA, das macht weniger als zehn Prozent der lutherischen Weltbevölkerung aus.

20 Robert Wuthnow: The Restructuring of American Religion, Princeton 1988; Patrick Allitt: Religion in America since 1945: A History, New York 2003 und Robert Douthat: Bad Religion: How We Became a Nation of Heretics, New York 2012, S. 19–148. **21** Brantley W. Gasaway: Progressive Evangelicals and the Pursuit of Social Justice, Chapel Hill 2014. **22** Mark R. Amstutz: Evangelicals and American Foreign Policy, New York 2014. **23** Steven P. Miller: The Age of Evangelicalism: America's Born-Again Years, New York 2014. **24** Mark A. Noll: Das Christentum in Nordamerika, Leipzig 2000, S. 221–226.

HERMANN WELLENREUTHER

Martin Luther, Heinrich Melchior Mühlenberg und die lutherische Kirche in Nordamerika

Luthertum in Nordamerika ist ein Thema mit zwei Seiten: Die Entstehung, Ausbreitung und Bedeutung der lutherischen Kirche in Nordamerika ist ein Thema; die Bedeutung, Funktion und Wirkung von Martin Luther ein anderes und auch weitergreifendes. Denn Martin Luther war nicht nur für die lutherische Kirche in Europa und in Nordamerika von konstitutiver Bedeutung, sondern auch für eine Reihe anderer protestantischer Kirchen und Sekten. Auch diese bezogen sich in ihren Gründungsgeschichten auf Martin Luther – dies war ein zentraler Teil ihres protestantischen Selbstverständnisses.

Für die lutherische Kirche lässt sich zeigen, dass sie im Verlauf ihrer nordamerikanischen Geschichte wechselnde Vorstellungen von »ihrem« Gründungsvater Martin Luther hatte. Dies hängt erstens mit der Bedeutung des Pietismus für die Geschichte der lutherischen Kirche im 18. Jahrhundert und zweitens mit der Aufspaltung der lutherischen Kirche in verschiedene Synoden zusammen, die für ein jeweils unterschiedliches Verhältnis zu Martin Luther standen: entweder als Repräsentant und Zeuge einer eher konservativen Theologie oder als Begründer einer für die Strömungen der Zeit offenen Theologie.

In den protestantischen Kirchen Nordamerikas deckt das Verhältnis zu Martin Luther ein breites Spektrum ab, wobei die Positionen oft innerhalb einer Kirche geteilt sein können. Während in der *Baptist Church* und ihren vielfältigen Untergruppen die einen die »protestant roots« und damit Martin Luther als Gründer betonen, führen andere die Gründung der Kirche auf den englischen Kongregationalismus und dessen Ablehnung des anglikanischen Kirchengemeindemodells zurück.[1] Das Spektrum wird zusätzlich dadurch erweitert, dass einzelne Gemeinden Johannes Calvin, andere Martin Luther als Begründer ihrer Theologie ansehen.[2] Noch komplexer sind die Bezüge zu Martin Luther in der amerikanischen Methodistischen Kirche. Die wesentlichen Differenzen lassen sich mit den Worten von Shannon Leigh O'Neil auf folgende Formel zusammendrängen: »Whereas Lutherans place emphasis on faith alone, Methodists believe in faith-based actions.«[3]

In allen diesen Beispielen spielt die lutherische Theologie eine größere Rolle als ihr Begründer Martin Luther für den Komplex, der heute mit dem breiten Wort »Protestantismus« bezeichnet wird. Vor diesem Hintergrund verwundert es auch nicht, dass in der renommierten *Encyclopedia of American Religious History* zwar der Begriff »Lutheranism« einen eigenen Artikel erhielt,[4] nicht aber der Begründer der lutherischen Kirche, Martin Luther – wohl aber Heinrich Melchior Mühlenberg, der als »Patriarch der lutherischen Kirche in Nordamerika« bezeichnet wird (Abb. 1); einen Eintrag zur »Evangelical Lutheran Church in America« gibt es freilich auch.[5] Trifft die Bezeichnung »Patriarch der amerikanischen lutherischen Kirche« auf Heinrich Melchior Mühlenberg zu?[6] Die Frage hat viele Facetten, und um sie beantworten zu können, müssen wir seine Lebensgeschichte und seinen Wirkungsbereich näher betrachten.

Heinrich Melchior Mühlenberg wurde als vierter Sohn und siebtes von neun Kindern am 11. September 1711 in Einbeck geboren. Seine Eltern besaßen drei Häuser, der Vater war einer der Gildemeister des in Einbeck wichtigen Schuhmachergewerkes; die Mutter, geborene Anna Marie Kleinschmied, war möglicherweise die Tochter eines Offiziers der Garnison der kleinen Bierbrauerstadt. Mühlenberg erhielt eine gute Schulausbildung und konnte als einer der ersten Studenten der Theologie die neu gegründete Georg-August-Universität in Göttingen besuchen. Dort studierte er vorzüglich bei Joachim Oporin, der gerade aus Kiel nach Göttingen berufen worden war und dem der Ruf eines gemäßigten Pietisten vorauseilte. Noch in Göttingen hatte Mühlenberg auch andere Pietisten kennengelernt und sich einem Kreis von Erweckten angeschlossen; lutherische Separatisten, die er in Zellerfeld/Harz und in Einbeck traf, lehnte er ab. Es war deshalb auch naheliegend, dass er von Göttingen nach Halle ging, von wo aus er nach einem etwas mehr als einjährigen Aufenthalt dank der Vermittlung von Gotthilf August Francke – dem Direktor der Glauchaschen Anstalten – die Stelle eines lutherischen Diakons in der Herrschaft der pietistischen Adligen Henrietta Sophie Freifrau von Gersdorff in Großhennersdorf in der Oberlausitz erhielt. Dort erlernte er den Beruf des Pfarrers. Ein Jahr später ereilte ihn ein Ruf aus Halle auf ein Pastorat in Philadelphia, einer Stadt, von der Mühlenberg wahrscheinlich noch nie etwas gehört hatte. Die Monate vor seiner Abreise am 16. April 1742 über London – wo er knapp zwei Monate bei dem lutherischen Hofprediger Friedrich Michael Ziegenhagen blieb und seine Theologiekenntnisse unter dessen Anleitung vertiefte – verbrachte Mühlenberg nicht damit, sich mit Pennsylvania und Philadelphia vertraut zu machen (Abb. 2), sondern nahm auf einer umfänglichen Rundreise von dem Kreis der Bekehrten, die er kennengelernt hatte, Abschied.

Abb. 1 Porträt von Heinrich Melchior Mühlenberg in der Schrift zu seinem Todestag: Henry A. Mühlenberg, Denkmal der Liebe und Achtung welches seiner Hochwürden dem Herrn D. Heinrich Melchior Mühlenberg […] ist gesetzet worden. Samt desselben Lebenslaufe, Philadelphia 1788

1 »The origins of Baptist thought and practice can be seen in the late 16th century in English Congregationalism, which rejected the prevalent ›parish‹ structure of church life (Church of England) where everyone in a given community was a member of a neighborhood parish and where children were baptized«, American Baptist Churches USA. Our History, URL: www.abc-usa.org/what_we_believe/our-history [15. 7. 2015]. John Asplund: Universal Register of the Baptist Denomination in North America for the years 1790, 1791, 1792, 1793, and part of 1794, Boston/MA 1794, S. 5, Anm.* zählt die »Dunkards or German Baptists« nicht zu den echten Baptisten, weil sie die Täuflinge nicht ein Mal, sondern drei Mal unter Wasser tauchen. 2 Vgl. »Baptist Theology«, in: Orlando O. Espín/James B. Nickoloff (Hrsg.): An Introductory Dictionary of Theology and Religious Studies, Collegeville/MN 2007, S. 118. 3 Zit. nach Shannon Leigh O'Neil: Difference between Lutheran and Methodist Churches, URL: http://classroom.synonym.com/difference-between-lutheran-methodist-churches-7827.html [25. 11. 2015]. 4 Edward L. Queen II/Stephen R. Prothero/Gardiner H. Shattuck, Jr. (Hrsg.): Encyclopedia of American Religious History. Revised Edition, 2 Bde., New York 2001, Bd. 1, S. 404–407. 5 »He is generally considered to be the patriarch of Lutheranism in the United States«, ebd., Bd. 2, S. 460 f.; der zweite Artikel ebd., Bd. 1, S. 233–236. 6 Die nachfolgende Darstellung fußt weitgehend auf Hermann Wellenreuther: Heinrich Melchior Mühlenberg und die deutschen Lutheraner in Nordamerika 1742–1787. Wissenstransfer und Wandel eines atlantischen zu einem amerikanischen Netzwerk, Berlin 2013 und Hermann Wellenreuther/Thomas Müller-Bahlke/A. Gregg Roeber (Hrsg.): The Transatlantic World of Heinrich Melchior Mühlenberg in the Eighteenth Century (= Hallesche Forschungen. 35), Halle 2013.

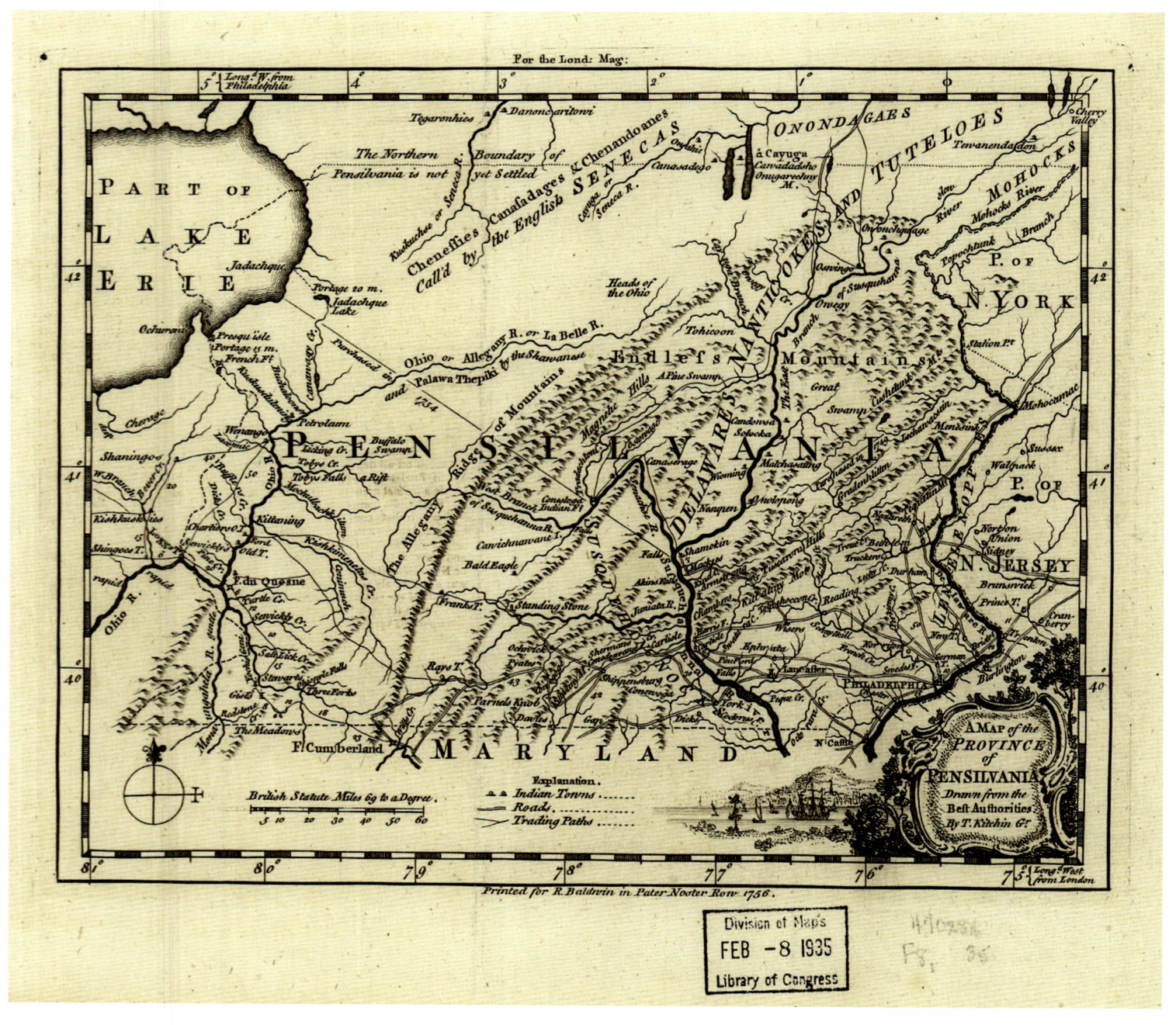

Abb. 2 Thomas Kitchin, Karte von Pennsylvania, 1756, gedruckt von R. Baldwin für das London Magazine

Nach einer durchschnittlich langen Reise kam der junge Theologe am 22. September in Charleston an. Von dort fuhr er nach Ebenezer weiter, wo er wenige Wochen blieb und die Gemeinde der Salzburger Exulanten und ihre Probleme kennenlernte; anschließend fuhr er nach Charleston zurück und reiste von dort mit einem sehr kleinen Boot am 12. November 1742 gen Philadelphia weiter; nach stürmischen zwei Wochen entlang der Küste erreichte Heinrich Melchior Mühlenberg am 25. November »morgens um 8 Uhr« Philadelphia (Abb. 3).[7]

Was hatte der junge Pastor im Gepäck? Unmittelbar notwendig waren die Schreiben von dem Hofprediger Ziegenhagen und von Gotthilf August Francke an die Gemeinde in Philadelphia sowie die kleineren Landgemeinden in New Hanover und New Providence, die seine Berufung bezeugen, seine Qualifikationen beweisen und für seine theologische Glaubwürdigkeit bürgen sollten. Dies erwies sich als unproblematisch. Aus der längerfristigen Perspektive sollten sich andere Eigenschaften als wichtiger herausstellen: Mühlenberg kam nicht wie die anderen 13 aus Halle entsandten Pastoren aus einem Pastorenhaushalt, sondern aus einer großen Handwerkerfamilie, wo es wenig gekünstelt, sondern eher robust zugegangen war; dadurch hatte Mühlenberg früh gelernt, wie man sich (gegen seine Geschwister) behauptete. Er besaß eine kräftige Natur, war stark und gesund und an körperliche Strapazen gewohnt. Zum zweiten hatte er eine ordentliche, eher auf Homiletik abgestellte theologische Ausbildung, die in Halle durch Pädagogik – er war in den Schulen der Glauchaschen Anstalten tätig gewesen – und in Großhennersdorf durch

Luther in den Vereinigten Staaten von Amerika

die Bekanntschaft mit den Erwartungen und Problemen einer Gemeinde ergänzt worden war. Drittens hatte er gelernt, die Gesellschaft in zwei Gruppen einzuteilen. Zur »in-group« gehörten diejenigen, die eine wahre Bekehrung im Sinne des Halleschen Pietismus erfahren hatte, zur »out-group« die, denen diese Erfahrung fehlte. Aus Halle und Großhennersdorf brachte er viertens zwei Erfahrungen mit, die sein unmittelbares Wirken in den ersten Jahren stark prägen sollten: Einmal das liebevoll ausgestaltete Feindbild gegenüber den Herrnhuter Pietisten, die ihre Hauptgemeinde – oder das, was sie »Pilger-Gemeine« nannten – im nur wenige Kilometer entfernten Herrnhut gehabt hatten, und zweitens den starken und unverbrüchlichen Glauben an verbürgte theologische Qualifikationen; »verbürgt« hieß hier, dass diese durch bekannte pietistische Theologen und durch ordentliche Zeugnisse beglaubigt sein mussten. Endlich waren einige Defizite erkennbar: Mühlenberg sprach zwar Englisch – auf dem Schiff auf der Überfahrt hatte er sogar in Englisch gepredigt –, aber da war noch viel verbesserungsfähig; zum Zweiten besaß der angehende Pfarrer so gut wie keine Kenntnisse über Land und Leute – diese fehlten übrigens auch Ziegenhagen und Francke, und das sollte sich bei der Auswahl der anderen Pastoren als besonders nachteilig erweisen.

Was unterschied Heinrich Melchior Mühlenberg von den anderen Pastoren, die ihm aus Halle in den folgenden 25 Jahren nachfolgten? Wieso hat sich das Bild von ihm so sehr in das Gedächtnis der lutherischen Kirche Nordamerikas eingebrannt, nicht aber das von Pfarrer Justus Heinrich Christian Helmuth, der viel länger in Philadelphia wirkte, oder das von Johann Friedrich Handschuch, der die Gemeinde in Philadelphia auf den Weg einer besonders geheiligten Gemeinde führen wollte und sie dabei in ihre möglicherweise tiefste Krise stürzte? Diese Fragen zu beantworten, ist nicht leicht. Um mit dem Offensichtlichen anzufangen: Mühlenberg arbeitete zielstrebig, aber ohne sichtbaren Aufwand daran, in der pennsylvanischen Gesellschaft anerkannt zu werden. Ein wichtiger Baustein dazu war seine Heirat am 22. April 1745 mit Anna Maria, der Tochter von Conrad Weiser, der zu dieser Zeit der prominenteste und einflussreichste deutsche Siedler war und zugleich auch einer der ersten deutschen Friedensrichter sowie *agent for indian affairs* der Kolonie. In den 1750er Jahren schloss er zuerst nähere Bekanntschaft, dann Freundschaft mit den beiden wichtigsten, tonangebenden anglikanischen Pastoren, die beim Eigentümer der Kolonie und beim Gouverneur über großen Einfluss verfügten, nämlich Rev. Richard Peters und Rev. William Smith, die als erste Pastoren die anglikanische Hauptkirche in Philadelphia leiteten. Spätestens zu Beginn des Siebenjährigen Krieges war Mühlenberg auch in der politischen Elite glänzend vernetzt – er ragte als Leuchtturm aus der großen Schar der deutschen Siedler in Pennsylvania heraus. Ebenso oder vielleicht noch bedeutsamer war das briefliche und persönliche Netzwerk, das Mühlenberg unter den Mitgliedern der lutherischen Gemeinden in den mittelatlantischen Kolonien aufbaute. Dazu entfaltete er eine rege Reisetätigkeit, die ihn einmal in die Zentren deutscher Siedler brachte, wie Lancaster, Tulpehocken, Reading, dann in die Gemeinden im Raritan-Tal in New Jersey, wo er den heftigen Streit zwischen Pastor Johann Augustus Wolf und der Gemeinde zu schlichten versuchte,[8] und schließlich auch zur lutherischen Gemeinde in New York City.

Es gab so gut wie keine lutherische Gemeinde und keinen lutherischen Pfarrer in Nordamerika, mit dem Mühlenberg nicht irgendwann Briefe austauschte.

Ausnahmen bestätigen freilich die Regel, und diese leiten zugleich über zu den größten Problemen, mit denen sich der junge Einbecker Pfarrer auseinanderzusetzen hatte. Es gab in Nordamerika vor 1742 nur eine lutherische Gemeinde, die im Sinne des Halleschen Pietismus geführt wurde, nämlich die in Ebenezer in der Kolonie Georgia, die von den beiden aus Halle entsandten Pastoren Johann Martin Boltzius und Israel Christian Gronau geleitet wurde, und die Mühlenberg gleich nach seiner Ankunft in Charleston besucht hatte. Die Mitglieder aller anderen lutherischen Gemeinden stammten aus den beiden klassischen deutschen Auswanderungsgebieten Baden und Württemberg. Sie waren geprägt durch ein Luthertum, welches – von pietistischem Gedankengut unberührt – in seinen moralischen Anforderungen eher dem dörflichen Leben entsprach als den hohen Zielen einer geschärften pietistischen Kirchenzucht. Das heißt: Mühlenberg kam in eine lutherische Kirchenlandschaft, die um 1740 aus 95 lutherischen Gemeinden bestand, welche aus seiner theologischen Sicht alle im unheiligen Status des Nicht-Bekehrtseins lebten. Wer bekehrt war, gehörte in der Regel nicht den lutherischen, sondern den baptistischen (Brethren, Dunkers und so weiter) oder den mennonitischen Gemeinden an, die sich alle auf Martin Luther als Begründer des Protestantismus bezogen.[9] Er wie die anderen 13 aus Halle entsandten Pastoren kamen in Gemeinden, die sie zumindest in den ersten Jahrzehnten mit deutlicher Skepsis empfingen. Denn für sie waren dies »penetisten« [Pietisten]: für Leute aus Baden und Württemberg ein Schimpfwort, welches sie mit dem Verbot von Tanzen, Fiedeln und Vergnügen auf Festen oder in Kneipen in Verbindung brachten.

Zur Zeit der Ankunft Mühlenbergs wurden die 95 lutherischen Gemeinden von sieben Pastoren betreut; zu diesen kamen nach 1742 aus allen Teilen Deutschlands weitere 48. Von diesen erfüllten nur – wenn auch mit Abstrichen – Georg Samuel Klug, Caspar Stoever, Tobias Wagner, Johann Albert Weygand, Johann Georg Bager, Johann Siegfried Gerock und Paul Daniel Bryzelius die hohen Erwartungen des in Halle geschulten Pietisten Mühlenberg. Dies heißt natürlich nicht, dass die von Mühlenberg ausgegrenzten Pastoren tatsächlich ihr Amt schlecht verwalteten, wiewohl unter ihnen Pastoren wie Johann Valentin Krafft und Johann Conrad Andreae durch ihren unmoralischen Lebenswandel in der kolonialen Öffentlichkeit ebenso wie in Christoph Saurs Zeitung zum Vorbild für das Negativbild eines lutherischen Pastors stilisiert wurden.

---

7 Heinrich Melchior Mühlenberg: Autobiographie, hrsg. von Wilhelm Germann, Allentown/PA 1881, S. 22. **8** Wolf war vom Geistlichen Ministerium aus Hamburg nach New Jersey entsandt worden; schnell stellte sich heraus, dass sich seine Auffassung vom Amt des Pfarrers mit der seiner Gemeindemitglieder nicht in Übereinstimmung bringen ließ. Das Schlichtungsverfahren, an dem Mühlenberg führend beteiligt war, endete mit einem Schiedsspruch gegen Wolf. **9** In dem in Anm. 6 genannten Sammelband habe ich in meinem Beitrag »The World according to the Christian People in North America« (ebd., S. 99–124) die religiöse Landschaft Nordamerikas zu skizzieren versucht. Zur Zahl der lutherischen Gemeinden vgl. ebd., S. 104.

Abb. 3 Matthäus Albert Lotter, Plan der Stadt Philadelphia und Umgebung, teilkolorierter Kupferstich, 1777

All dies erklärt die sehr schwierige Situation, in die sich Heinrich Melchior Mühlenberg geworfen sah, und auf die ihn weder Gotthilf August Francke noch der Hofprediger Ziegenhagen vorbereitet hatten. Dieser Kontext relativiert auch die Bedeutung einiger Leistungen Mühlenbergs einerseits, schärft zugleich aber auch den Blick für seine eindrucksvollen Erfolge andererseits. Mühlenberg nahm sich, wiewohl er dies nie selbst so deutlich sagte, Verschiedenes vor: erstens den Ausbau und die Stärkung der Bindung zwischen den lutherischen Gemeinden und den Halleschen Anstalten samt dem Pietismus, für den diese standen; zweitens, eine allgemeingültige Kirchenordnung für die lutherischen Gemeinden in Amerika zu entwerfen. Diese Projekte scheiterten institutionell an den juristischen Hürden, die einer engeren Bindung entgegenstanden, und an Gotthilf August Franckes mangelnder Einsicht in die Situation der lutherischen Gemeinden in Nordamerika, weshalb dieser Mühlenberg und seinen Kollegen aus Halle – die anderen Pastoren waren in diese Denkprozesse nicht eingebunden – für die Kirchenordnung eine Absage erteilte.[10]

Folglich mussten andere Lösungsmöglichkeiten gesucht werden. Hierbei knüpften die Pastoren an das Gremium an, das von Mühlenberg 1748 erstmals zusammengerufen worden war. Im Protokoll dieser ersten Versammlung von Pastoren, die vom 15. bis zum 20. August 1748 tagte, wurde als deren Zweck und Ziel genannt »the closer union of the preachers and of the United Congregations, and for mutual consultation and agreement in matters concerning all the congregations«. Teilnehmen sollten daran »the preachers, elders and deacons of all the frequently mentioned congregations«.[11] An diesem ersten Treffen nahmen von den 16 lutherischen Pastoren in den mittelatlantischen Kolonien die Prediger Brunnholz, Handschuch, Hartwick, Mühlenberg und der schwedische Provost Sandin und Delegierte aus acht Gemeinden teil. Diese waren mit Ausnahme von Pastor Hartwick von der lutherischen Gemeinde in New York City handverlesen nach den Kriterien eines halleschen Pietisten – die Pastoren, die abweichende theologische Ansichten hatten, waren nicht geladen. Anders formuliert: Bei der Gründung, und auch noch bis nach 1760, war diese Versammlung ein Treffen der halleschen Pastoren. Diese Beschränkung galt jedoch nicht – und dies war das eigentlich Neue an dieser Institution – für die Gemeinden, die ausdrücklich aufgefordert wurden, zu den Versammlungen Delegierte zu senden, die in der Regel Mitglieder der Kirchengemeinderäte waren. An dieser Zusammensetzung der Versammlung hatte sich auch nach dem Ende des Siebenjährigen Krieges 1763 nichts geändert. Nun begann die neue Ära: 1761 nahmen sieben, 1762 zehn und im folgenden Jahr schon 15 lutherische Pastoren neben Gästen von der schwedisch-lutherischen und der anglikanischen Kirche an der Versammlung teil.[12] Viel wichtiger aber war, dass sich, folgt man dem Protokoll, die Zahl der Gemeindedelegierten drastisch erhöht hatte. 1763 listet das Protokoll folgende Delegierte auf:

1. Von der Gemeinde in Philadelphia waren die Verwalter, die Ältesten und Diakone anwesend.
2. Aus Germantown, John Groothaus, John Nebal, Adolf Gillman und John Engel.
3. Aus White Marsh oder Barren Hill, Christoph. Robin, Valentine Muller, Matth. Sommer.
4. Aus Lancaster, Esquire Kuhn und Caspar Singer.
5. Aus Yorktown, über dem Susquehanna, Jacob Billmeyer.
6. Aus Frederickstown, in Maryland, war aufgrund der fortgeschrittenen Jahreszeit niemand anwesend, stattdessen gab es einen schriftlichen Bericht.
7. Aus Providence kam niemand, zum Teil weil die Ältesten beleidigt sind, da sie mit meiner Rückkehr gerechnet hatten.
8. Aus New Hanover, Mr. Michael Walter.
9. Aus Reading am Schuylkill, Jacob Rabolt.
10. Aus Tulpehocken, Andreas Kreuzer und Jacob Fischer.
11. Aus New Germantown, Bedminster, etc., in Jersey, war niemand anwesend, da die Einladung nicht korrekt zugestellt worden war.
12. Aus New York, ein Entschuldigungsschreiben [von Rev. Weygand] der niederdeutschen Gemeinde, aber von der hochdeutschen Gemeinde ein Deligierter, Peter Grim.
13. Die niederdeutschen und hochdeutschen Gemeinden in Hackensack, Remmersbach, Wahlkiel, etc., hatten sich hinlänglich entschuldigt, da sie uns bereits vor einigen Wochen besucht hatten und über den Zustand der Kirche berichtet hatten.
14. Aus Rhinebeck, Camp, Staatsburg, Claverack in der Provinz New York, 200 Meilen von hier entfernt, wurde eine ausreichende Entschuldigung erhalten. Sie sind mit uns in freundschaftlicher Beziehung verbunden.
15. Aus Earltown, Conestoga und Muddy Creek, in Pennsylvania, Conrad Schreuber und John Schultz.
16. Aus Easton, am Delaware, Greenwich, etc., zwei Delegierte.
17. Aus Macunschy, Heidelberg, Jordan, etc., kam niemand aufgrund der Gefahr durch Indianer [eine ausreichende Entschuldigung, da die Indianer kurze Zeit vorher einige unserer Mitglieder getötet hatten].
18. Aus Indianfield, Saccum, und Upper Dublin Frederick Wambold, Melchior Knoeple, Valentin Pough und Jacob Timanus.
19. Aus Upper Milford, Allentown, etc., ein Entschuldigungsschreiben, da man Angriffe durch die Indianer fürchtete.
20. Aus Cohenzy, in Jersey, niemand, da ich dort war und die Umstände zur Kenntnis genommen habe.
21. Aus Conewaga, Manchester und Paradise in Pennsylvania eine schriftliches Gesuch und ein Delegierter, Nicolaus Biedinger.
22. Aus Oley, Whitendahl, etc., eine Entschuldigung, da man die Indianer fürchtete und
23. aus Winchester, in Virginia, schriftliche Kommunikation [da auch sie Gefahr liefen, Probleme mit den Indianern zu haben].[13]

10 Gotthilf August Francke an Mühlenberg, Halle, den 24. Juni 1756, in: Heinrich Melchior Mühlenberg: Die Korrespondenz Heinrich Melchior Mühlenbergs aus der Anfangszeit des deutschen Luthertums in Nordamerika (= Texte zur Geschichte des Pietismus, Abt. 3, Handschriftlicher Nachlaß, August Hermann Francke. 3), hrsg. von Kurt Aland u. a., Bd. 2: 1753–1762, Berlin/New York 1987, S. 290–295, hier S. 293 f. **11** Documentary History Evangelical Lutheran Ministerium Pennsylvania and Adjacent States. Proceedings of the Annual Conventions from 1748 to 1821. Compiled and translated from Records IX the Archives and from the Written Protocols. Board of Publication of the General Council of the Evangelical Lutheran Church in North America, Philadelphia 1898, 7. **12** Vgl. ebd., Protokoll, S. 57, 68, 63. **13** Vgl. ebd., S. 65 (Übersetzung: Lea McLaughlin).

Die Steigerung der Zahl der Gemeinden von acht auf 23, die Älteste oder Delegierte zur Versammlung schickten, demonstriert deren doppelte Funktion und Bedeutung: Sie war nicht nur ein Gremium, in dem sich die Pastoren trafen, austauschten und gemeinsame Beschlüsse fassten, sondern vor allem auch der Ort, an dem immer mehr Gemeinden durch die Entsendung ihrer Delegierten Entscheidendes dazu beitrugen, dass aus den inzwischen weit über 100 lutherischen Gemeinden nun eine gemeinsame Körperschaft als Kirche zu entstehen begann. Dies zeigt aber auch noch etwas anderes: Nicht eine gemeinsame religiöse Haltung schuf die lutherische Kirche; vielmehr produzierte der regelmäßige Austausch unter lutherischen Gemeindemitgliedern beim jährlichen Treffen gemeinsame Interessen aneinander. Durch eine weitere wichtige Neuerung wurde diese Entwicklung in den Gemeinden selbst deutlich gefördert: durch die Einführung der Konfirmation.[14] Die Konfirmationslieder, die alsbald durch Einblattdrucke weite Verbreitung fanden, stellten die besondere Bedeutung dieses Aktes als Bekräftigung des Taufgelöbnisses der Eltern und Paten und als *rite de passage* hin zur Abendmahlsgemeinde heraus.

Der Aufstieg und die wachsende Bedeutung dieser Versammlung waren natürlich nicht allein das Verdienst von Heinrich Melchior Mühlenberg – aber er ergriff immer wieder die Initiative und schulterte auch den größten Teil der Arbeit, die mit der Leitung der Versammlung verbunden war: Dazu gehörte, die individuellen Einladungsschreiben zu verfassen und zu kopieren, das Protokoll zu redigieren und an die Kollegen ebenso wie an den Hofprediger Ziegenhagen und an Gotthilf August Francke zu versenden, die Korrespondenz mit den Pastoren und Gemeinden zu führen und die Tagesordnung aufzusetzen. In dem Maße, wie die Aufgaben der Versammlung sich mehrten – etwa, indem junge Theologen, die in Pennsylvania oder in den angrenzenden Kolonien ausgebildet worden waren, zu Diakonen und Pastoren ordiniert wurden oder sich die Fälle von disziplinarischen Vergehen häuften –, wuchs auch die Arbeitslast, die mit dem Amt des Präsidenten der Versammlung verbunden war. Deshalb legte Mühlenberg 1771 sein Amt als Präsident nieder, welches er seit 1748 ausgefüllt hatte, blieb aber noch weiter aktives Mitglied der Versammlung.

1763 war ein Anfang gemacht; aber das, was sich heute als die drittgrößte Kirche Nordamerikas präsentiert, war in jenem Jahr, in dem die Kolonien durch Pontiac's Rebellion (Aufstand der indianischen Stämme im Gebiet des künftigen Staates von Ohio) ebenso wie Pennsylvania durch die sogenannten Paxton Boys' Riots (heftige Proteste von Männern aus Paxton Township, die Schutz gegen indianische Überfälle forderten) erschüttert wurden (in welchen auch deutsche Siedler eine unheilvolle Rolle spielten), noch ein kümmerliches und fragiles Pflänzchen, das zudem von einer schweren Krise in der Gemeinde in Philadelphia betroffen war. Was geschehen war, schrieb der dort tätige Prediger Handschuch selbst am 15. März 1759 an Ziegenhagen und Francke, der Kirchenrat habe am 18. Dezember in »vermuthlich vor Gott selbst bewirktem Eifer einmüthig« beschlossen, »eine ganze Christengemeine samt und sonders, alte und junge, männliche und weiblichen Geschlechts zu einem neuen rechtschaffenen Wesen in Christo Jesu aufzumuntern und ihr im Namen Gottes zu bezeugen, dass von nun an kein Pfeifer, kein Trunkenbold, kein in Unzucht und Ehebruch lebendes, kein Zänker, kein Flucher, kein Tänzer, kein Dieb oder anderer Ungerechter und der gleichen Leute so der heilsamen Gnade und Lehre unseres Herrn Jesu Christi schwer stracks zu wider leben ohne vorher gegangene wahre Reue und Buße mit uns zum heiligen Abendmahl gehen, in der Gemeine Kinder aus der Taufe heben, und auf unserm ohnehin sehr kleinen Kirchhofe begraben werden können.«[15]

Der von Handschuch in heiligem Eifer vorangetriebene Versuch, »eine ganze Christengemeine samt und sonders [...] zu einem neuen rechtschaffenen Wesen in Christo Jesu aufzumuntern«, war schon Jahre zuvor zuerst in Lancaster, Handschuchs erster Predigtstation, dann in Germantown gescheitert. Der Versuch stieß vor allem bei den württembergischen Mitgliedern der Gemeinde auf erbitterten Widerstand, wie Mühlenberg am 9. Oktober 1760 nach London und Halle berichtete. Um die drohende Spaltung zu verhindern, zog Mühlenberg nach Philadelphia zurück, übernahm wieder sein Amt als erster Prediger – wenig später gab er dies wutentbrannt auf und erhielt dafür einen heftigen Rüffel von Francke und Ziegenhagen – und ging nun sein vielleicht ambitioniertestes Werk an, um das Grundübel, welches Handschuchs Versuch erst ermöglichte hatte, zu heilen: Er setzte eine Kirchenverfassung für die Gemeinde durch, die das gesamte Gemeindegefüge auf eine völlig neue Grundlage stellte. Das Kernstück verwandelte den Gemeinderat von einer sich selbst ergänzenden und wesentlich korrupten zu einer jährlich gewählten Körperschaft und bestimmte vor diesem Hintergrund das Verhältnis zwischen Gemeinderat und Pastor neu; der Pastor erhielt einerseits einen unabhängigen Status, andererseits wurden seine Pflichten neu und umfassender definiert. Das Dokument wurde am 19. Oktober 1762 unterschrieben, »da eben ein Gnaden=Blick Gottes durch das finstere Gewölcke schiene«, wie Mühlenberg am 1. Dezember 1762 an Francke und Ziegenhagen schrieb. Mit der Unterschrift der Prediger und aller Gemeindemitglieder unter das Dokument wurde »ein lang erwünschter Friede gemacht und eine vollständige Kirchen-Ordnung.[16]

Damit war die schwerste Krise, die Mühlenberg an den Rand seiner Kräfte getrieben hatte, überwunden; zugleich war, so scheint mir, Mühlenberg damit der entscheidende Durchbruch zur Schaffung der Grundlage einer überlebensfähigen zusammenhängenden Kirche gelungen; denn diese Kirchenordnung wurde im Großen und Ganzen recht schnell von den meisten Gemeinden übernommen; einen Anfang machte 1767 die nach Philadelphia wichtigste, einflussreichste und größte Gemeinde in Lancaster.

Im Januar des gleichen Jahres schlitterte das bis zu diesem Zeitpunkt väterliche Verhältnis zwischen Mühlenberg und Gotthilf August Francke in seine schwerste Krise, von der es sich zu Lebzeiten Franckes – er starb zwei Jahre später – nicht mehr erholen sollte: Francke hatte Mühlenbergs Sohn, weil dieser nicht die Begabung zum Apotheker habe, an einen Lübecker Kaufmann als Lehrling vermittelt. Dieser Kaufmann, der Bruder von Franckes engstem Mitarbeiter, behandelte den jungen Friedrich August Konrad Mühlenberg so miserabel, dass dieser die erste Gelegenheit nutzte, um bei einem britischen, für Nordamerika bestimmten Regiment anzuheuern und nach Nordamerika zurückzukehren. Francke schrieb Mühlenberg von der »übereylten Entschliessung« seines Sohnes und hoffte, dass »Gebet und die Thränen der lieben Eltern auch diesen in die Irre geleiteten Sohn wieder zurückbringen möge«.¹⁷ Aus anderen seriösen Quellen hatte derweil Mühlenberg von der desolaten Situation seines Sohnes gehört; gestützt wurde dies dann nach des Sohnes Rückkehr durch dessen Berichte. Mühlenberg fühlte sich offensichtlich so schwer hintergangen, dass er zwischen 1766 und 1768 weder an Ziegenhagen noch an Francke Briefe schrieb. Damit war der Eckpfeiler, auf dem das Verhältnis zwischen Philadelphia und Halle ruhte, endgültig zerbrochen. Die »brüderliche« Korrespondenz degenerierte zur Geschäftskorrespondenz.

In diesen Jahren zeigten sich die ersten größeren gesundheitlichen Probleme Mühlenbergs. Seine Schwachstellen waren seine Bronchien und seine Lunge. Darüber hinaus litt er auch unter Rheuma, später kam Schwerhörigkeit noch hinzu. Trotzdem unternahm er 1774/75 noch einmal mit seiner Frau und seiner jüngsten Tochter eine große Reise nach Ebenezer in Georgia, wo er sich im Auftrag von Friedrich Michael Ziegenhagen darum bemühte, den Streit zwischen den beiden Pfarrern der Gemeinde, Christian Rabenhorst und Christian Friedrich Triebner, beizulegen – letztlich gelang dies nicht. Nach seiner Rückkehr kam der kränkliche Pastor in ein Philadelphia, welches in hellem Aufruhr war. Nach längeren Überlegungen fasste Mühlenberg zwei Entschlüsse: Zum Ersten, dass er als Pastor in Philadelphia keine Rolle mehr spielen könne, da alles auf Krieg und Politik konzentriert sei; deshalb kaufte er in New Providence ein Haus, renovierte dies und zog Anfang 1776 mit Sack, Pack und der einen Tochter, die noch unverheiratet war, hinaus aufs Land. Zum Zweiten dachte er intensiv darüber nach, wie sich ein Lutheraner, und gar ein Pastor, in einer Zeit revolutionärer Gärungen verhalten müsse. Ausgangspunkt seiner Gedanken war das Gebot im 13. Kapitel des Römerbriefs: »Jedermann sei untertan der Obrigkeit, die Gewalt über ihn hat«. An diesem Glaubenssatz wollte und konnte er nicht rütteln. Die Frage war nur, was passierte, wenn es unklar war, welche Obrigkeit »Gewalt über ihn« hatte – 1776 der Kontinentalkongress und näher daheim das *Committee of Inspection and Observation*, das weitsichtige Auge der revolutionären Mächte, oder auf der anderen Seite der König von England, dem er schon im Kurfürstentum Hannover Treue und Gehorsam geschworen hatte? Im August 1776 formulierte er erste Annäherungen: »If God's governance ordains or suffers that a king or a parliament or a congress should have power over me, then I must be subject to and serve two discordant masters at the same time«. Dies konnte natürlich schon deshalb nicht funktionieren, da in der Bibel ausdrücklich untersagt war, zwei Herren gleichzeitig zu dienen.

Die theologische Antwort fand Mühlenberg ein Jahr später, im November 1777 – die ich angesichts der anhaltenden Kontroverse um Mühlenbergs politische Haltung ausführlicher zitiere: »If it is objected that we ceased to pray publicly for His Britannic Majesty George III ever since the declaration of *independence* and accordingly committed sin, it may be said in reply that we were not allowed to engage in politics and had to observe the express command of God's Word in Romans 13: Let every soul be subject unto the higher powers which have authority over you and protect you *pro t[empore]*, or for the time being. Daniel 2: God, who rules over all things, changeth the times and the seasons. He removeth kings and setteth up kings according to His most holy will and without asking any of His creatures. Whosoever therefore resisteth the government that has overwhelming power, resisteth God and His ordinance, for no government exists without God's will and permission.«¹⁸

Die Lösung lag in den lateinischen Wörtern *pro tempore*, mit der die Frage, welcher Obrigkeit der Lutheraner Gehorsam schuldete, beantwortet war: derjenigen nämlich, die am jeweiligen Ort die tatsächliche Macht ausübte. Damit war auf die Unklarheit, welche Obrigkeit Paulus im Blick gehabt hatte, eine biblisch gegründete Antwort für die lutherischen Siedler gewonnen, deren politische Grundüberzeugung ihnen eine spontane politisch begründete Antwort verwehrt hatte. Diese konnte sich auf Daniels Diktum stützen, nach der Gott über alle Dinge herrsche und ohne seinen Willen nichts geschehen könne.

Die letzten Jahre seines Lebens verbrachte Mühlenberg zurückgezogen in New Providence. Seinen letzten Beitrag zum Werden der lutherischen Kirche leistete er mit seiner Korrektur und Revision des fertigen Manuskripts für das erste lutherische Gesangbuch der pennsylvanischen Kirche, welches einige Zeit vorher das Vereinigte Ministerium herauszugeben beschlossen hatte und für das sein Nachfolger in Philadelphia und befreundeter Kollege Justus Heinrich Christian Helmuth verantwortlich war. Am 7. Oktober 1787, drei Wochen, nachdem die neue Verfassung für die künftigen Vereinigten Staaten von Amerika verabschiedet worden war, starb Heinrich Melchior Mühlenberg.

Rechtfertigen die unbestrittenen Leistungen Mühlenbergs den ehrenvollen Titel »Patriarch der amerikanischen lutherischen Kirche«? Die Antwort fällt auch deshalb schwer, weil diese Formel die Entstehung und Entwicklung, die durch die 95 vereinzelten lutherischen Gemeinden charakterisiert ist, zu sehr auf die Leistungen einer einzigen Person fokussiert. Mühlenberg war zwar der unbestrittene Primus unter den Pastoren aus Halle, aber er war doch auch wiederum nur einer von 14 Pastoren, die das Banner des Halleschen Pietismus in Pennsylvania aufrichten wollten. In diesem Bemühen – und dies wäre das erste Fazit – scheiterten sie; sie scheiterten schlichtweg daran, dass die Siedler badischer und württembergischer Herkunft den Hallensern die Gefolgschaft verweigerten.

Damit ist nicht gesagt, dass diese einem gottlosen und sündigen Leben frönten. Im Gegenteil: Eine eingehende Analyse des deutschen Liedgutes zwischen 1730 und 1830 zeigt deutlich, dass die religiöse Grundstimmung der Siedler mit den Begriffen »fromm« und »pietistisch« umschrieben werden muss.¹⁹ Bis in die unmittelbare Gegenwart

---

14 Die Konfirmation war 1723 im Württembergischen eingeführt und von den Auswanderern aus diesem Landesteil nach Pennsylvania mitgebracht worden, vgl. Hermann Wellenreuther: Citizens in a Strange Land. A Study of German-American Broadsides and their Meaning for Germans in North America, 1730–1830, University Park/PA 2013, S. 99–104. **15** Handschuch an Ziegenhagen und Francke, Philadelphia, den 15. März 1759, Franckesche Stiftungen zu Halle (Saale) (AFSt), M4 C10, No. 2. **16** Mühlenberg an Francke und Ziegenhagen, Philadelphia, den 1. Dezember 1762, in: Mühlenberg, Korrespondenz (wie Anm. 10), S. 578–583. **17** Gotthilf August Francke an Mühlenberg, 28. August 1766, in: Mühlenberg, Korrespondenz (wie Anm. 10), Bd. 3: 1763–1768, S. 438f. **18** Theodore G. Tappert/John W. Doberstein (Hrsg.): The Journals of Henry Melchior Muhlenberg, 3 Bde., Philadelphia, 1942–1958, Bd. 3, S. 101. **19** Wellenreuther, Citizens in a Strange Land (wie Anm. 14), Kap. 3.

hinein gehört die Frage, ob die Lutheraner des 18. Jahrhunderts »pietistisch« gewesen seien, zum Kernbestand kontrovers geführter Debatten. Für Mühlenberg wie für die anderen Hallenser wird man dies bejahen müssen, nicht aber für den größten Teil der lutherischen Siedler in den mittelatlantischen Staaten. Betrachtet man die Frage unter der Perspektive der institutionellen Entwicklung der pennsylvanischen lutherischen Kirche, dann kommt man auch hier zu keiner ganz eindeutigen Antwort: Denn entscheidend für die Entwicklung des Vereinigten Ministeriums war nicht der Gründungsakt, sondern die nach 1761 deutlich wachsende Bereitschaft der württembergischen und badischen Lutheraner und ihrer Pastoren – die alle nicht wirklich zum pietistischen Lager gezählt werden können – zur Mitarbeit am Bau der lutherischen Kirche von Amerika. Andererseits aber ist ebenso unbestritten, dass Mühlenberg beim Entwurf der Kirchenverfassung, die im Oktober 1762 in Philadelphia von der Gemeinde angenommen wurde, die alles entscheidende Rolle spielte und damit den vielleicht wichtigsten Beitrag zur langfristigen Konsolidierung der Gemeinden auf einer einheitlichen Grundlage leistete.

Und Martin Luther? Spielte die Berufung auf ihn oder sein Werk in der Geschichte vom Zusammenwachsen der 95 oder mehr Gemeinden zu einer Kirche eine Rolle? Dies muß man verneinen. Die Berufung auf Luther ist nicht nur für Mühlenberg, sondern auch für seine halleschen Kollegen eine ausgesprochene Seltenheit. Natürlich war Luthers *Kleiner Katechismus* ein Eckstein der Liturgie und damit auch der Erziehung der Jugend; aber mit diesem Hinweis und der Tatsache, dass das lutherische Gesangbuch, an welches Mühlenberg noch letzte Hand angelegt hatte, 16 Kirchenlieder Martin Luthers enthielt, ist auch schon die Beweislage erschöpft. Die 16 Lieder Luthers waren auch deutlich weniger als die beinahe 30 Kirchenlieder Luthers, die das *Hallische* oder das *Marburger Gesangbuch* enthielten. Anders gesagt: Luther war irgendwie in der religiösen Welt der Lutheraner und Protestanten präsent, aber nicht allgegenwärtig oder gar prominent.

Unmittelbar nach Mühlenbergs Tod wurde begonnen, für ihn den Kranz von Mythen zu winden, den sein Gedächtnis seither ziert. Welche Richtung dies einschlug, zeigt das Gedicht, welches sein Nachfolger und Freund Helmuth auf seinem Einblattdruck *Auf den Tod des entschlafenen Vater Mühlenbergs* abdruckte:

»Stimmt heute dumpfe Trauerlieder,
Beweinet ihn, den frommen Greis;
Es halle laut die Klage wieder;
Er ist nicht mehr der fromme Greis!
Ihn klaget billig jung und alt,
Der Vater stirbt für uns zu bald!
Er stirbt; doch nein, er kann nicht sterben;
Er ging vom Kampfplatz zu der Ruh,
Er schwang sich über das Verderben,
Und eilte seinem Ursprung zu;
Er erndtet was er ausgestreut,
Ihn krönet ewge Herrlichkeit.«[20]

---

[20] Justus Heinrich Christian Helmuth: Denkmal der Liebe und Achtung, Philadelphia, 1787, S. 45, 49.

ROBERT KLUTH

Die Kirchenorganisation in den USA

Luther hatte mit seiner These des »Priestertums aller Gläubigen« die Vorstellung der römischen Kirche von Kirchenorganisation grundsätzlich infrage gestellt. Eine Legitimation der kirchlichen Hierarchie mittels der Tradition war nun nicht mehr möglich. Im Protestantismus entwickelten sich drei Kirchenverfassungen, die idealtypisch voneinander getrennt werden können. Eine Kirchenverfassung beinhaltet alle Grundsätze, die die Organisationsstruktur und den Aufbau der Kirche als Institution betreffen.

Die Episkopalen organisieren ihre Kirche mit einer Bischofsverfassung (gr. *Epískopos*: »Bischof«). Die Kirche wird durch Bischöfe geleitet, von deren Entscheidungen die anderen Teile der Kirche hierarchisch abhängen. Dieser Form entsprechen die anglikanische Kirche, die methodistische Kirche, einige der lutherischen Kirchen sowie andere kleine Gemeinschaften.

Die presbyterianische Verfassung (gr. *presbyteros*: »der Ältere«) entstammt der reformierten Tradition. Hier steht ein Ältestenrat der Gemeinde vor. Mehrere dieser Räte finden sich in Presbyterien zusammen, die sich wiederum in Synoden treffen können, also in Versammlungen der kirchlichen Selbstverwaltung. Dort werden Beschlüsse für die Denomination, also die Glaubensgemeinschaft, getroffen und aktuelle Entwicklungen diskutiert.

Die Kongretionalisten (lat. *congregare*: »sich versammeln«) sind eigenständige Kirchengemeinden. Jede Gemeinde handelt eigenverantwortlich, es gibt keinen Kopf, sondern nur ein loses Netzwerk verschiedener Gruppen von Gläubigen. Es gibt zwar übergreifende Versammlungen der Gemeinden, aber die Beschlüsse sind nicht bindend für die einzelnen Gemeinden. Die Täufer, die Pfingstbewegung und auch die Baptisten sind so organisiert.

ROBERT KLUTH

Wandernde Symbole.
Zur Rezeption Martin Luthers in den USA und Martin Luther Kings in der DDR (1983–1989)

»Es gibt keinen Grund für die Annahme,
daß Unordnung weniger grundlegend ist als Ordnung.«[1]
Alfred North Whitehead

»Der Ausdruck der Leute, die sich in Gemäldegalerien bewegen, zeigt eine
schlecht verhehlte Enttäuschung darüber, daß dort nur Bilder hängen.«[2]
Walter Benjamin

Wer in der Reformationszeit behauptet hätte, ein angebissener Apfel stehe nicht für den Sündenfall, sondern für die teuerste Firma der Welt, hätte Lachstürme geerntet. Unsere Welt ist voll von Symbolen, mithilfe derer wir hoffen, uns in einer unübersichtlichen Zeit orientieren zu können. Bezogen auf die Vergangenheit sind sie die Kommunikationsbausteine unserer Erinnerungskultur.

In der Antike gab es unter Freunden den Brauch, ein Objekt in der Mitte durchzubrechen, jeder bekam eine Hälfte. Trafen sich die Freunde wieder, so legte man die beiden Bruchstücke aneinander und man erkannte sich am fehlenden Teil wieder. Dies ist der Hintergrund der Erzählung in Platons Dialog *Symposium:* Seitdem die kugelförmigen, androgynen Menschen durch Zeus in zwei Teile geteilt wurden, suchen sie die ihnen fehlende Hälfte. »Jeder von uns ist also ein Stück [ein σύμβολον] von einem Menschen«.[3] Symbole sind Gegenstücke, sie sind Grundlage für die Suche nach Einheit und Identität. Auf Gesellschaften bezogen bedeuten Symbole »etwas«.[4] An ihnen erkennen ihre Mitglieder Gleiches und Unterschiedliches. Sie garantieren, mit Niklas Luhmann gesprochen, »dass sich Ego und Alter in ihrer Kommunikation auf das Gleiche beziehen«.[5] Stehen Symbole für geschichtliche Ereignisse, sollen sie einer gegenwärtigen Gesellschaft etwas über »ihre« Vergangenheit erzählen. Ziel ist ein Wiedererkennen des Eigenen in der Geschichte.

Zugleich müssen Geschichtssymbole immer mit einem Paradox umgehen. Die symbolische Präsenz[6] soll die eigentlich unverfügbare Geschichte überstrahlen. Immer verweist das anwesende Symbol auf eine vergangene Wirklichkeit, die nie mehr eingeholt werden kann.[7] Geschichte kann nicht noch einmal erlebt werden. Diese Paradoxie macht Geschichtssymbole zu transzendentalen Objekten. Sie vermitteln zwischen Sichtbarem und Unsichtbarem. Der Betrachter soll etwas verstehen, das nicht mehr da ist und dennoch Bedeutung hat. Geschichtssymbole transzendieren den arbiträren, kontingenten Alltag und stiften Struktur in der großen Unordnung, die in der Gegenwart wie auch in der Geschichte herrscht. Jeder Gedenktag wirft einen symbolischen Anker im unendlichen Strom der Geschichte. Geschichtssymbole sind immer eine soziale Sinnsuche im Historischen, da zu jedem Symbol ein historisch passendes Gegenstück erträumt und erhofft wird. Das Geschichtssymbol ist demnach Frage und Antwort zugleich.

---

1 Alfred North Whitehead: Verstehen, in: Hans-Georg Gadamer/Gottfried Boehm (Hrsg.): Seminar: Die Hermeneutik und die Wissenschaften, Frankfurt am Main 1978, S. 63–82, hier S. 71. **2** Walter Benjamin: Einbahnstraße, in: Rolf Tiedemann/Hermann Schweppenhäuser (Hrsg.): Walter Benjamin. Gesammelte Schriften, Bd. 10, Frankfurt am Main 1980, S. 83–148, hier S. 138. **3** Platon, Symposium, 191d, in: Gunther Eigler (Hrsg.): Platon Werke, Bd. 3, 2. Aufl., Darmstadt 1990. **4** Dies ist die Definition von Clifford Geertz von symbolischem Handeln: Clifford Geertz: Dichte Beschreibung: Beiträge zum Verstehen kultureller Systeme, hrsg. von Brigitte Luchesi/Rolf Bindemann, Frankfurt am Main 1983, S. 16, zit. nach Margarete Meggle: In der Tiefe der Tasche. Zeichenhaftigkeit im alltäglichen Umgang mit den Dingen, in: Rolf Wilhelm Brednich/Heinz Schmitt (Hrsg.): Symbole: Zur Bedeutung der Zeichen in der Kultur: 30. Deutscher Volkskundekongreß in Karlsruhe vom 25. bis 29. September 1995, Münster/New York/München/Berlin 1997, S. 186–194, hier S. 186. **5** Frauke Berndt/Heinz J. Drügh: Kultur. Einleitung, in: Dies. (Hrsg): Symbol: Grundlagentexte aus Ästhetik, Poetik und Kulturwissenschaft, Frankfurt am Main 2009, S. 339–356, hier S. 349; vgl. Niklas Luhmann: Die Gesellschaft der Gesellschaft, in: Ebd., S. 395–409. **6** Vgl. Hans-Georg Soeffner: Protosoziologische Überlegungen zur Soziologie des Symbols und des Rituals, in: Rudolf Schlögl/Bernhard Giesen/Jürgen Osterhammel (Hrsg.): Die Wirklichkeit der Symbole: Grundlagen der Kommunikation in historischen und gegenwärtigen Gesellschaften, Konstanz 2004, S. 41–72, hier S. 42. **7** Roger Fayet: Das Vokabular der Dinge, in: Österreichische Zeitschrift für Geschichtswissenschaften 18 (2007), S. 7–31, hier S. 7f. **8** Der Bürgerrechtler wurde von Propst Heinrich Grüber in den Osten eingeladen. Grüber hatte sich beim Kampf Kings gegen die Rassentrennung an sein eigenes Leiden im KZ erinnert gefühlt. Geheimes Staatsarchiv Preußischer Kulturbesitz (GStA PK), VI. HA, Nl Grüber, H., Nr. 992, Entwurf zu einem Nachwort von Heinrich Grüber zu einem Buch von Martin Luther King; Geheimes Staats-

Sowohl Dr. Martin Luther King jr. als auch der Reformator Martin Luther sind für uns zu Geschichtssymbolen geworden. Interessanterweise gibt es sowohl in den USA als auch in Deutschland eine lebhafte Rezeption beider: Martin Luther King wird in Deutschland für seinen unerschrockenen Kampf für Gerechtigkeit verehrt und sein Namensvetter Martin Luther findet in den USA als Reformator Widerhall. Aber welche Vorstellungen von Identität verbergen sich hinter der jeweiligen Rezeption dieser grenzüberschreitenden Symbole?

Dr. Martin Luther King jr. im Gedächtnis der DDR

Am 13. September 1964 besuchte Martin Luther King Berlin (Abb. 1). Nachdem er zuvor in West-Berlin offiziell empfangen worden war, predigte er auch, aufgrund der großen Publikumsresonanz, zweimal in Ost-Berlin (Abb. 2).[8] Dieser Besuch hinterließ Spuren in der Deutschen Demokratischen Republik (DDR). In den darauffolgenden Jahren war Martin Luther King in der DDR-Rezeption vielseitig »einsetzbar«, obwohl sein Besuch 1964 kein Erfolg für die DDR gewesen war. Kein DDR-Offizieller hatte King in Ost-Berlin begrüßt, und der Baptist verglich in seiner Predigt die US-amerikanische Segregation mit der geteilten Stadt. All dies blendete die offizielle DDR-Erinnerung aus. 1989 hatte das Sekretariat des Zentralkommitees der Sozialistischen Einheitspartei Deutschlands (ZK der SED) eine Gedenkveranstaltung für King ins Leben gerufen.[9] Man benannte unter anderem eine Ost-Berliner Schule um in »Martin-Luther-King-Schule«. Der Generalsekretär des Friedensrates der DDR, Werner Rümpel, erklärte beim Festakt, Kings Träume seien damals bei seinem Besuch in der »humanistischen sozialistischen Gesellschaft der DDR […] Wirklichkeit«[10] geworden. Ähnlich hatte es schon Gerald Götting, der Vorsitzende der CDU in der DDR, beim offiziellen Gedenktag zum 20. Todestag von Martin Luther King ein Jahr zuvor formuliert. Die Abrüstungsverhandlungen zwischen der UdSSR und den USA seien die Umsetzung des Vermächtnisses von Martin Luther King. Dies jedoch nur, weil die sozialistischen Staaten darauf drängen würden: »Wenn die sozialistischen Staaten in ihrer Militärdoktrin erklären, daß sie keinen Staat und kein Volk als ihren Feind erklären […] dann können sie damit gleichzeitig für sich in Anspruch nehmen, das Vermächtnis Martin Luther Kings unter unseren Bedingungen zu erfüllen.«[11] Wie wenig die Ideen Kings reale Auswirkungen auf die DDR-Außenpolitik hatten, zeigt jedoch die Missachtung der Einladung zum Festakt zum King Holiday in den USA 1989.[12]

Abb. 1 Einladung zum Tag der Kirche in der Berliner Waldbühne mit der Ankündigung einer Rede von Martin Luther King am 13. September 1964

Der »Trommelmajor der Gerechtigkeit«[13] (Götting) war keine Zentralfigur im offiziellen DDR-Geschichtsbild, Angela Davis war hier wichtiger. Anfang der 1970er Jahre wurde die wegen einer Schießerei angeklagte Bürgerrechtlerin »zu einem festen Bestandteil der politisch-ideologischen Ikonographie des SED-Regimes«,[14] zu einer Heldin des »anderen Amerikas«. Eine Postkartenaktion unter dem Motto »Eine Million Rosen für Angela Davis« betrieb die Forderung nach Davis' Freilassung aus dem US-Gefängnis. Nach ihrer Freilassung besuchte sie 1972 die DDR. Die Parteispitze begrüßte sie mit einem Strauß roter Rosen und wurde von der Reaktion der jungen DDR-Bevölkerung überrascht, die über »den Rahmen der ›verordneten Solidarität‹« hinausging. Anstatt der geplanten 2 000 bis 3 000 Menschen waren knapp 50 000 Menschen zur Begrüßung gekommen.[15]

Vergleicht man dieses Bild mit der Missachtung, die dem Besuch Martin Luther Kings 1964 von Seiten der Offiziellen zuteil wurde, ergibt sich ein schizophrenes Bild des Bürgerrechtlers in der DDR. Kings Gewaltlosigkeit passte nicht mit der offiziellen Doktrin des »bewaffneten Kampfes für den Frieden« zusammen. Seine Techniken des gewaltlosen Widerstandes bewirkten auch

---

archiv Preußischer Kulturbesitz (GStA PK), VI. HA, Nl Grüber, H., Nr. 485, Brief von Heinrich Grüber an Martin Luther King, 15.7.1963; Geheimes Staatsarchiv Preußischer Kulturbesitz (GStA PK), VI. HA, Nl Grüber, H., Nr. 485, Einladung von Heinrich Grüber an Martin Luther King, 12 1963; Die Geschichte des Besuchs ausführlich bei: Maria Hohn / Martin A. Klimke: A Breath of Freedom: The Civil Rights Struggle, African American GIs, and Germany, New York 2010, S. 89–105. **9** Bundesarchiv, BArch DY 30/J IV 2/3/4337, Protokoll Nr. 135/88 des Sekretariats des ZK der SED, 5.12.1988. **10** Bundesarchiv, BArch DZ 9/2652, Redemanuskript von Werner Rümpel, 1. Vizepräsident und Generalsekretär des Friedensrates der DDR in der 16. POS Berlin-Marzahn anlässlich der Benennung der Oberschule in Martin-Luther-King-Schule, 9.1.1989. **11** Bundesarchiv, BArch DZ 9/2652, Redemanuskript von Gerald Götting, Vorsitzender der CDU in der DDR anlässlich einer Gedenkveranstaltung zum 20. Todestag von Martin Luther King, 4.4.1988 [Hervorhebung im Original; der Verf.]; Ähnliches verkündete 1989 der Präsident des Friedensrates der DDR, Günter Drefahl. King sei der Vordenker von Gorbatschows neuer Politik gewesen. Er habe die Konsequenzen des Wettrüstens früh erkannt und gefordert »jegliche Form von Gewalt in den internationalen Beziehungen ein für allemal zu beseitigen«. Bundesarchiv, BArch DZ 9/2652, Redemanuskript von Prof. Dr. Dr. h. c. Günther Drefahl, Präsident des Friedensrates der DDR, 10.1.1989. **12** Bundesarchiv, BArch DZ 9/2652, Brief von Willi Stoph, Vorsitzender des Ministerrates der DDR, an Coretta Scott King bezüglich der Einladung zum King-Holiday-Tag 1987, 14.1.1988. **13** Stadtarchiv Halle, S15 Gött, N 126 Nr. 10 Bd. 3, Entwurf einer Rede für den »International Salute to the Life and Legacy of Dr. Martin Luther King jr.«. **14** Sophie Lorenz: »Heldin des anderen Amerikas«. Die DDR-Solidaritätsbewegung für Angela Davis, 1970–1973, in: Zeithistorische Forschungen/Studies in Contemporary History 10 (2013), H. 1, URL: www.zeithistorische-forschungen.de/1-2013/id=4590 [7.4.2016], S. 2. **15** Zitat in: ebd., S. 12.

Abb. 2 Martin Luther King predigt in der Ost-Berliner Marienkirche am 13. September 1964.

gegenteilige Effekte. Sie führten zu Protestformen gegen die offizielle Staatsdoktrin. In den 1960er Jahren wurde in der DDR ein Radiointerview mit dem Baptistenprediger übertragen. Der Bürgerrechtler forderte darin seine Anhänger dazu auf, ihre Zahnbürsten mit auf die Demonstration zu nehmen, da sie wahrscheinlich in Gefangenschaft geraten würden. Fritz Müller, ein Brandenburger Jugendpfarrer, war durch das Interview tief beeindruckt und dichtete das Lied *Der kleine Jonny*.[16] Der Kehrvers enthält die Zeilen »Eines Tages sind wir frei./King hat es gesagt.« Das Widerstandslied wurde in Kirchenkreisen populär. Der heutige Bundespräsident Joachim Gauck berichtet in seiner Autobiografie, dass das Lied für eine seiner Katechetinnen zum wichtigen Trostsymbol geworden sei: Sie habe immer eine Zahnbürste mit in die Schule genommen. Diese habe ihr geholfen, sich als Christin gegenüber der offiziellen SED-Doktrin zu behaupten.[17]

Eine Umfrage unter 350 DDR-Oppositionellen, die in den 1980er Jahren in Erscheinung getreten waren, ergab, dass Martin Luther King eine zentrale »Orientierungs- oder Vorbildfunktion« hatte. Im direkten Vergleich liegt King im Ranking, nach Mahatma Gandhi, auf Platz 2.[18] Der Baptistenprediger schlägt mit dieser Bewertung sogar Jesus Christus (Platz 3) und Dietrich Bonhoeffer (Platz 4). Ob aus diesen Geschichtssplittern eine direkte Linie zur friedlichen Revolution in der DDR gezogen werden kann, wäre noch zu klären.[19] Atmosphärisch jedoch hat das Gedenken an Martin Luther King in der DDR etwas angestoßen. Deutlich wird dies zum Beispiel am Transfer der Protesttechnik des zivilen Ungehorsams, die von der US-Bürgerrechtsbewegung über die westdeutsche Friedensbewegung in die DDR einzog und dort in den Montagsdemonstrationen zum Ausdruck kam.

Als der Baptist Martin Luther King 1964 in der Berliner Marienkirche predigte, konnte der Bürgerrechtler an eine große Gedächtnistradition anknüpfen: Das Gedenken an Martin Luther, den »great reformer«, wie King ihn mit Bezug auf seinen eigenen Namen nannte. Martin Luther King hatte über seinen Namen hinaus keinerlei Bezüge zur lutherischen Theologie.[20] Jedoch war Kings Name für die deutsche Gesellschaft ein starkes Symbol. Wenn ein rassistisch Verfolgter den Namen des großen Reformators trug, ermöglichte dies, mit dem Nationalsozialismus unmöglich gewordene Geschichtserzählungen aus dem 19. Jahrhundert wieder positiv aufzuladen, aus einer unmöglich gewordenen deutsch-nationalen Identifikationsfigur wieder eine positiv-christliche Widerstandsfigur zu machen. Dies hatten auch die DDR-Oberen erkannt, auch wenn sie sich mit ihrer Rezeptionslinie, die in Martin Luther King »das andere Amerika« sehen wollte, letztendlich nicht durchsetzen konnten. Im November 1989 wurden die gewaltfreien Proteste aus den Kirchen so mächtig, dass die Mauer fiel. Dabei war auch das Symbol »Martin Luther King« zum Katalysator gesellschaftlicher Prozesse geworden.

---

16 Bestände Deutsches Historisches Museum, Interview mit Fritz Müller von Agnes Fuchsloch, 26.11.2014. **17** Joachim Gauck, Winter im Sommer – Frühling im Herbst: Erinnerungen, München 2010, S. 284–286. **18** Christof Geisel: Auf der Suche nach einem dritten Weg: Das politische Selbstverständnis der DDR-Opposition in den achtziger Jahren, Berlin 2005, S. 353–357. 47,8 Prozent stimmten der Aussage zu »war sehr wichtig«, nur 5,1 Prozent kreuzten »Ohne jeden Belang an«. **19** Höhn/Klimke, Breath (wie Anm. 9), S. 102–104. **20** Deutsches Rundfunkarchiv Babelsberg, DRA K2001005, Martin Luther King begrüßt die Ost-Berliner und überbringt Grüße aus West-Berlin, 13.9.1964; mit Überblick über die Forschung zur Namensgebung: Taylor Branch, America in the King Years, New York 1988, S. 47. **21** Kenneth A. Briggs: Luther's Role in Christianity Evaluated on His 500th Birthday, in: New York Times vom 8.11.1983, S. A22. **22** Ebd. **23** Heinz Schilling: Martin Luther: Rebell in einer Zeit des Umbruchs, München 2012, S. 26. **24** Hartmut Lehmann: Martin Luther in the American Imagination, München 1988; Esther Pia Wipfler: Martin Luther in Motion Pictures: History of a Metamorphosis, Göttingen u. a. 2011, S. 188; Paul A. Baglyos: American Lutherans at the Dawn of the Republic, in: Lutheran Quarterly 13 (1999), S. 51–74, hier S. 56. **25** Lehmann, Martin Luther (wie Anm. 25), S. 48. **26** William Montgomery McGovern: From Luther to Hitler. History of Fascist-Nazi Political Philosophy, Boston 1941. **27** Russel Chandler: Roman Catholics Participate in Quincentennial of His Birth: At Age of 500, Martin Luther Is Becoming a Man for All Christians, in: Los Angeles Times vom 10.11.1983, S. d1. **28** Grundlage des Textes scheint eine Konferenz am *Concordia Theological Seminary* gewesen zu sein, bereits im Juni erschien in der New York Times ein Artikel mit sehr ähnlichem Argumentationsmuster: Kenneth A. Briggs: Scholars Call Luther a Man for All Christians, in: New York Times vom 5.6.1983, S. 1. **29** Jaroslav

Martin Luther im Gedächtnis der USA

Am 6. November 1983 versammeln sich 2 500 Menschen in der Basilica of the National Shrine of the Immaculate Conception in Washington, D.C. und feiern den 500. Geburtstag Martin Luthers. Die Veranstaltung, die live im Fernsehen übertragen wird, ist Auftakt zum Lutherjubiläum in den USA. Ihr Höhepunkt war die Aufführung eines Theaterstücks auf der Grundlage von Äußerungen Luthers, seiner Zeitgenossen, etwa Johannes Calvin, sowie von Persönlichkeiten, die sich auf ihn bezogen, wie beispielsweise Martin Luther King.[21] Der Austragungsort, die größte katholische Kirche Amerikas, diente den amerikanischen Lutheranern als Zeichen der Versöhnung. Die New York Times stellte den Festakt in Zusammenhang mit der Würdigung von Luthers Religiosität durch Papst Johannes Paul II.[22] Der Festakt war Symbol und Wunsch zugleich, er sollte Luthers Einfluss auf die amerikanische Geschichte darstellen und gegenwärtige Differenzen überbrücken helfen.

Martin Luther hat die Neue Welt nur zweimal erwähnt.[23] Das 19. Jahrhundert kannte ihn dennoch als Held, dessen protestantischer Freiheitskampf in den USA endlich zur Umsetzung gelangen konnte.[24] Zugleich war er ein Symbol des amerikanischen Antikatholizismus,[25] bevor er im 20. Jahrhundert als geistiger Vorgänger des deutschen Hitlerismus gedeutet wurde.[26] Das amerikanische Luthergedächtnis von 1983 hatte schließlich eine andere, neue Dimension: Das Lutheran Council of America setzte nun auf Versöhnung zwischen den Konfessionen und Religionen.

Luther erschien in der Feier als außergewöhnliche historische Figur, dessen Wirken auch Einfluss auf die USA hatte. Die Los Angeles Times titelte mit der Schlagzeile »At Age of 500, Martin Luther Is Becoming ›a Man for all Christians‹«.[27] Der Reformator sei nun als Mann der Verständigung zu verstehen. Dies machte der Autor daran fest, dass »Roman Catholic bishops, East German Commuist leaders, Jewish scholars and local councils of churches« sich mit dem Erbe Luthers auseinandersetzen würden. Der Text schließt mit der Aussage, dass »if the jews can forgive Luther for his verbal excesses« auch die katholische Kirche eventuell die Exkommunikation aufheben und ihn sogar zum Heiligen machen könnte.[28]

Viel beachtet war ein langer Aufsatz des Kirchenhistorikers und Herausgebers der englischen Übersetzung von Luthers Schriften Jaroslav Pelikan in der New York Times. Er sah Luther unter anderem als Begründer des modernen Familienkonzepts und damit als Begründer der modernen Staatlichkeit an.[29] In ähnlicher Argumentation machte die Chicago Tribune Luther als einen Quell der Moderne aus: »[I]t is impossible to imagine the modern world without him. More than anyone else, Luther was responsible for unleashing the forces that have shaped the world as we know it.«[30] Die Washington Post sah in Luther sogar einen Gründungsvater der USA. Er sei für die Freiheit, den Staat, die Moderne, die Familie und die Individualität verantwortlich zu machen. Der Artikel wies die Leser darauf hin, dass die Theologie Luthers weitreichende Konsequenzen gehabt habe: »You, reader, are living in a country that is, in no small measure, consequence«. Der Schreiber schlussfolgerte »So this Republic, 207 years old, should honor a Founding father born 500 years ago.«[31]

Auch die Jubiläumswoche des Lutheran Council of America hatte eine ähnliche Stoßrichtung.[32] Ein Musical mit dem Titel Martin Luther, Rebel, Priest stellte Luthers »menschliche Qualitäten«[33] dar, indem es einen Bier trinkenden und singenden Reformator zeigte, welcher ein Lied über seine Frau Katharina von Bora zum Besten gab: »Katie, Katie, funny lady, will you be my wife«. Seine »weniger menschlichen Eigenschaften«[34] wie Luthers Antisemitismus, der ebenfalls im Schauspiel thematisiert wurde, hielten den berühmten Musicalschreiber nicht davon ab, Luther am Ende in einem »heroic light« mit den Worten »Here I stand« darzustellen.

Insgesamt war in den USA 1983 die doppelte Luther-Rezeption im geteilten Deutschland, in der man augenscheinlich so unterschiedlicher Auffassung darüber sein konnte, was Luther nun eigentlich gewesen sei, das Thema. Die New York Times titelte »Each Germany Has Found Its Own Martin Luther«[35] und machte auf die paradoxe Situation zweier parallel laufender Geschichtsdeutungen im geteilten Deutschland aufmerksam. Der Christian Science Monitor[36] vermerkte ausführlich Luthers hasserfülltes Verhältnis zu den Juden und den Bauern, letztendlich wird ihm die Rolle des Beenders der mittelalterlichen Kircheneinheit zugewiesen. Auffällig ist, dass die DDR-Friedensbewegung innerhalb der Kirche ein immer wiederkehrendes Thema war. Oft deutete die Presse das Jubiläum als Kampf zwischen den DDR-Oberen und der Kirchenopposition um das Symbol Luther.[37] Die Chicago Tribune hingegen machte am Lutherjubiläum fest, dass »two artificial nations [that] are becoming increasingly aware how much they want to be one«.[38] Luther erscheint hier als deutsches Symbol und keineswegs als Versöhner wie in der Festwoche. Er ist vielmehr die Symbolfigur für den wiedererwachenden Nationalismus nach Hitler be-

---

Pelikan, The Enduring Relevance Of Martin Luther 500, in: New York Times vom 18.9.1983. **30** Stephen Chapman, Martin Luther, 500 years later, in: Chicago Tribune vom 6.11.1983, S. d2. **31** George F. Will, Luther's Quest, in: The Washington Post vom 6.11.1983. **32** Leider konnten die Archivbestände des Lutheran Council of America nicht eingesehen werden. Vor allem die Korrespondenz der Organisatoren mit »U.S. government officials and officials of the German Democratic Republic, Sweden, Denmark, Norway and Finland embassies« wären interessant für diese Untersuchung gewesen: Archives of the Evangelical Lutheran Church in America, LCU 24/1, LCU 24/2, LUTHERAN COUNCIL IN THE U.S.A. Martin Luther Jubilee, 1974, 1977, 1979-84 1967. **33** Lynne Ames: New Musical Offers A Different Luther, in: New York Times vom 6.11.1983. **34** Ebd. **35** James M. Markham: Each Germany Has Found Its Own Martin Luther, in: New York Times vom 1.7. 1983, S. A2. **36** Elizabeth Pond: Martin Luther: Two Germanys give accolades on his 500th anniversary, in: The Christian Science Monitor vom 20.4.1983, S. 12. **37** Anna Tomforde: Luther celebration with political tone, in: Boston Globe vom 9.11.1983; William Drozdiak: A German Party Finds New Hero In Martin Luther: Luther Is Extolled as »Bourgeois Revolutionary« East German Party, Church In Tug-of-War Over Luther, in: The Washington Post vom 10.11. 1983; Piero Benetazzo: East Germany rehabilitates old heroes: Churches see old symbols as new myth; the state preaches peace, arms for war East Germany rehabilitating Luther, Wagner, Frederick II, in: The Christian Science Monitor vom 14.3.1983, S. 1; James M. Markham: East Germany Finally Embraces Luther: East Germany Is Embracing Luther, in: New York Times vom 8.5.1983. **38** Michael Kilian: German nationalism growing, in: Chicago Tribune vom 10.9.1983, S. 9.

Abb. 3 Briefmarken des U.S. Postal Service mit Porträt Martin Luthers, 1983

ziehungsweise für eine gespaltene deutsche Nation, die innerhalb des Kalten Krieges eine geopolitische Rolle spielen könnte. Ihm werden kaum direkte Bezüge zu den heutigen USA zugeschrieben. Bezüge auf die eigene amerikanische Identität sind selten, die Artikel ähneln eher Feldforschungen aus einem fernen und auch irgendwie seltsam wirkendenden Land.

Die einzige Maßnahme des amerikanischen Staates zum Lutherjubiläum war eine Briefmarke mit Luther-Porträt (Abb. 3). Sie wurde herausgegeben vom U.S. Postal Service. Damit war sie das einzige Symbol zum Jubiläum, welches von einer staatlichen Behörde zu verantworten war und nicht aus kirchlichen Kreisen stammte. Die Erklärung der Behörde machte deutlich, dass der Staat auf keinen Fall eine religiöse Aussage treffen wollte. So sei Luther wichtig, weil er »eventually« am Anfang einer allgemeinen Schulpflicht stehe: »The approach taken by the Postal Service, however, has been acknowledged by all concerned: The U.S. goverment does not want to be accused of giving the ›stamp of approval‹ to religious groups commemorating their spiritual milestones.«[39] Hinter der Briefmarkeninitative stand der Republikaner William E. Dannemeyer, selbst Mitglied der *Lutheran Church-Missouri Synod*.

Da kurz zuvor die methodistische Kirche mit einem ähnlichen Ansinnen abgewiesen worden war, war die Entscheidung für die Luther-Briefmarke umstritten.[40] Dies sahen auch die jüdischen Amerikaner so, die mit Protesten auf die Briefmarke reagierten. So wurde Johannes Wallmann, unter anderem aufgrund der Verwirrung über diese Briefmarke,[41] zu einem Vortrag über die Rezeption der antijüdischen Schriften Luthers im *American Jewish Committe* eingeladen. Diese Konferenz wird in der *New York Times* als fruchtbares Gespräch geschildert, bei dem jedoch kein Konsens erreicht wurde. So widersprach Rabbi Manfred Vogel den Ausführungen Wallmanns mit den Worten: »With his ethnic-national anti-Semitism, Luther's figure invades the modern era.«[42] In dieser Sicht erscheint Luther als Symbol für Nazi-Deutschland, an das sich die Juden in den USA noch gut erinnerten.[43]

Wie schmerzhaft die Erinnerung an Luther für die jüdische Bevölkerung war, macht ein Text des deutsch-amerikanischen Rabbiners Albert Friedlander aus dem Jahr 1983 deutlich. Hier entwirft er das Bild einer Luther-Festung, die im Keller eine Folterkammer habe. Hier imaginiert er eine Begegnung mit Luther: »So sitzen wir uns gegenüber, da im dunklen Keller, und Bruder Martin kann mich gar

39 John Dart: Religion Notes: Postal Service to Issue Stamp Honoring »Secular« Luther, in: Los Angeles Times vom 8.10.1983, S. b7. **40** Frank T. Csongos: Martin Luther stamp approved, in: United Press International vom 29.10.1982. **41** Johannes Wallmann: Die Evangelische Kirche verleugnet ihre Geschichte. Zum Umgang mit Martin Luthers Judenschriften Teil II, in: Deutsches Pfarrerblatt 7 (2014). **42** Charles Austin: Scholars Debate the Influence of Luther on Anti-Semitism, in: New York Times vom 16.10.1983. **43** Dementsprechend war der einzige Artikel, der im The American Israelite im Jahr 1983 erschien, ein kurzer Artikel über die offizielle Zurückweisung der lutherischen Thesen über die Juden durch die Lutheran World Federation: Rabbi Marc H. Tanenbaum: Lutherans Reject Anti-Semitic Teachings, in: The American Israelite vom 25.8.1983. **44** Albert H. Friedlander: Aus der Sicht eines Juden, in: Hans Jürgen Schultz (Hrsg): Luther kontrovers, Stuttgart/Berlin 1983, S. 252–264, hier S. 263. **45** Ebd. **46** Der Anfang einer Reise auf der Suche nach Versöhnung oder: Auf der Suche nach Menschen der Versöhnung. Momente der Begegnung mit Albert H. Friedlander, in: www.imdialog.de; Arbeitskreis Kirche und Israel in der Evangelischen Kirche Hessen und Nassau (06 2004), URL: www.imdialog.org/md2004/06/01.html [23.6.2015]. **47** Dorothea Wendebourg: Vergangene Reformationsjubiläen. Ein Rückblick im Vorfeld von 2017, in: Heinz Schilling (Hrsg): Der Reformator Martin Luther 2017: Eine wissenschaftliche und gedenk-

nicht sehen. Was er sieht, ist ein Zerrfigur, eine höllische Maske. Und das tut mir weh. […] Ach Martin, so kann ich's nicht machen und will es nicht machen. Hier, im Dunkeln, will ich nicht Abschied nehmen. Wir müssen nach oben gehen, wo du mich wieder als einen des Volkes Gottes erkennen kannst.«[44]

Die Spannung, die in dieser Schilderung steckt, wird von Friedlander mit einer Episode in Atlanta, am Grab von Martin Luther King aufgelöst: »Es ist nicht lange her, da besuchte ich ein Grab in Atlanta. Der, der neben mir stand, lehnte sich auf meinen Arm. ›Endlich frei!‹ hieß es auf dem Grabstein, und der Vater weinte. ›Hier stehe ich, Martin Luther King‹, sagte er zu mir. ›Weißt du, wer ich bin? Ich bin Abraham. Und da liegt Isaak.‹ Und da dachte ich an die Schrift ›Daß Jesus Christus ein geborener Jude sei‹ und an den festen Boden der Hebräischen Bibel, auf welchem die Christenheit besteht. Bruder Martin von Eisleben, du hast diesen Boden für das Christentum gerettet, auch wenn ich mit dir kämpfen muß, um meinen eigenen Platz zu behalten.«[45]

Friedlander, der selbst am Marsch von Selma nach Montgomery teilgenommen hatte,[46] belegt Martin Luther King mit Symbolen aus der protestantischen und biblischen Tradition. Das »Here I stand« sowie die Gestalten Abrahams und Isaaks sollen helfen, die gestörte Beziehung zwischen Juden und Christen auf ihren gemeinsamen Grund zurückzuführen: die hebräische Bibel.

Martin Luthers Rezeption changierte in den USA zwischen dem amerikanischen Deutschlandbild und der Idee, den Reformator als versöhnende Symbolfigur auf dem amerikanischen Markt der Religionen einzusetzen. Es pendelt zwischen der universalen Sicht auf Luther als den »Father of Protestantism« und der partikularen Interpretation, die in ihm das geteilte Deutschland verortete.

Plurale Identitäten oder Identitätshuberei?

Da unsere alltägliche Sprache an der Fülle der Fakten und der Komplexität der Geschichte zerbricht, symbolisieren wir vergangenes Geschehen. Gerade bei Personen aus dem Christentum lebt hier eine ikonische Tradition wieder auf. So sieht es auch Dorothea Wendebourg: »Warum würde man Jubiläen abhalten, wenn man nicht meinte, das Erinnerte und Gefeierte habe etwas mit dem eigenen Leben zu tun!«[47] Anders ausgedrückt bedeutet dies, dass wir die Setzung des Symbols aus seiner Warte nicht einholen können.[48] Diese systemische Unverfügbarkeit innerhalb einer historischen Symbolik wurzelt in der Unverfügbarkeit des vergangenen Ereignisses. Die Unverfügbarkeit ist jedoch notwendig, damit uns das Symbol überhaupt »etwas« sagen kann.[49] Wir verfügen nicht über die Symbole, sondern die Symbole verfügen über uns, ganz wie eine Krankheit von uns Besitz ergreift.[50] Wir kleben an den Bildern und Zeichen aus der Vergangenheit, die auf unsere eigene Identität zurückweisen. Insofern ist die Legitimation für die Symbole unsere eigene Identität, obwohl diese Erinnerungen keine Entsprechung in Begriffen oder Logik finden.

Sich wiederholende Gedenktage schaffen identitäre Stabilität und hegen die Unverfügbarkeit ein. Zugleich wird damit das gefeierte Ereignis unhistorisch, da Geschichte per Definition nicht wiederholbar ist. An die Stelle des tatsächlich Geschehenen rückt die ästhetische Wahrnehmung, die Erinnerung an Vergangenes und Erwartung an Zukünftiges voraussetzt. Thomas Macho bringt das folgendermaßen auf den Punkt: Gedenktage sind »symbolische Konstruktionen«. Sie stehen für die »politische Herrschaft über die Zeit, die qualitativ der Herrschaft über Territorien entspricht«.[51] Die Symbolreihen der Gegenwart behaupten eine Herrschaft des Gegenwärtigen über die Vergangenheit. Da diese jedoch nur scheinbarer Natur ist, steckt in jedem Jubiläum auch ein großes Stück Selbsttäuschung. Wie die Geschichtssymbole Martin Luther und Martin Luther King zeigen, haben sie immer eine Eigendynamik und lassen sich nicht auf eine Bedeutung festlegen. In pluralistischen Gesellschaften sind sie, fernab der Geschichtspolitik, notwendigerweise umstritten. Ihr Bezug auf individuelle und gesellschaftliche Identität birgt immer auch emotionale Sprengkraft.

Somit kommen die Gedenktage heran wie Gewitter, den unvermeidlichen Symbolregen können wir nicht kontrollieren, aber kritisieren. Wenn der historische und grenzüberschreitende Blick die scheinbaren Sicherheiten der heutigen Symbolisierungen verflüssigt, verflüssigt sich auch die identitäre Bewegung der Gegenwart, die versucht, Geschichte einzureihen.

---

politische Bestandsaufnahme, Berlin 2014, S. 261–281, hier S. 279 f. **48** Dieter Mersch: Paradoxien der Verkörperung. Zu einer negativen Semiotik des Symbolischen, in: Frauke Berndt/Christoph Brecht (Hrsg): Aktualität des Symbols, Freiburg im Breisgau 2005, S. 33–52, hier S. 46. **49** Umberto Eco: Symbol, in: Frauke Berndt/Heinz J. Drügh (Hrsg): Symbol: Grundlagentexte aus Ästhetik, Poetik und Kulturwissenschaft, Frankfurt am Main 2009, S. 325–335, hier S. 331. **50** Dieser Gedanke stammt vom belgischen Philosophen Rudi Visker. Vgl. Rudi Visker: Vreemd gaan en vreemd blijven: filosofie van de multiculturaliteit, Amsterdam 2005, S. 25–29, 101–136. **51** Oliver Maria Schmitt: 2015? Können Sie vergessen!, in: Frankfurter Allgemeine Zeitung vom 31.12.2014, S. 9.

MARTIN LUTHER ✝ King

Der Bürgerrechtler Martin Luther King und der Reformator Martin Luther tragen denselben Namen. Wie ähnlich sind sich jedoch diese beiden herausragenden Gestalten der Weltgeschichte? Wir stellen die wichtigsten Lebensstationen beider Männer gegenüber.

King berichtet von einer Gotteserfahrung 1957 in Montgomery. Sie bestärkt ihn in seinem Kampf gegen den Rassismus.

ERWECKUNG

Luther berichtet von einem Erweckungserlebnis beim Lesen des Römerbriefes. Es geht als „Turmerlebnis" in die Geschichte ein.

King war Baptistenprediger. In seiner Theologie bezog er sich nicht auf den Reformator Martin Luther. Wichtige Impulse erhielt er durch die Philosophie Mahatma Gandhis und den Theologen Walter Rauschenbusch.

THEOLOGIE

Luthers Theologie basierte auf seinen Entdeckungen in der Bibel. Der Glaube an Christus ist ausreichend für die Erlangung des Seelenheils, gute Werke sind hierfür nicht notwendig. Luther lehnte die Gläubigentaufe, so wie sie die Täuferbewegung und die Baptisten praktizieren, ab.

Der junge Mike King Jr. wurde von seinem Vater in Martin Luther King Jr. umbenannt. Als er 1964 Ost-Berlin besuchte, erklärte er „Ich komme zu euch nicht wirklich als ein Fremder, denn ich trage einen Namen, der euch sehr vertraut ist, der Deutschland sehr vertraut ist, der der Welt sehr vertraut ist und bin glücklich, dass meine Eltern damals beschlossen haben, mir den Namen des großen Reformators zu geben."

DER NAME MARTIN LUTHER

1517 änderte der Reformator seinen Namen von Luder zu Luther. Er nannte sich Eleutherius, „der Freie". Das „th" übernahm er in seinen Namen.

Martin Luther

Einen Tag vor seinem Tod hatte King berichtet, dass er das gelobte Land gesehen habe.

„I have a Dream"
1963, Washington, D.C.

King wird 1968 von einem weißen Rassisten erschossen.

In Deutschland gibt es 71 Institutionen, die nach Martin Luther King benannt sind.

BEKANNTESTES ZITAT — **TOD** — **NACHLEBEN**

„Hier stehe ich, ich kann nicht anders"
1521, Worms

Luther stirbt 1546 in seiner Geburtsstadt Eisleben, vermutlich an einem Schlaganfall.

1883 feierte man den 400. Geburtstag Luthers. Eine Kopie der Luther-Statue in Worms wird angefertigt, in die USA verschifft und in Washington, D.C. aufgestellt.

Das Zitat wurde Luther nach seinem Verhör auf dem Reichstag zu Worms 1521 in den Mund gelegt.

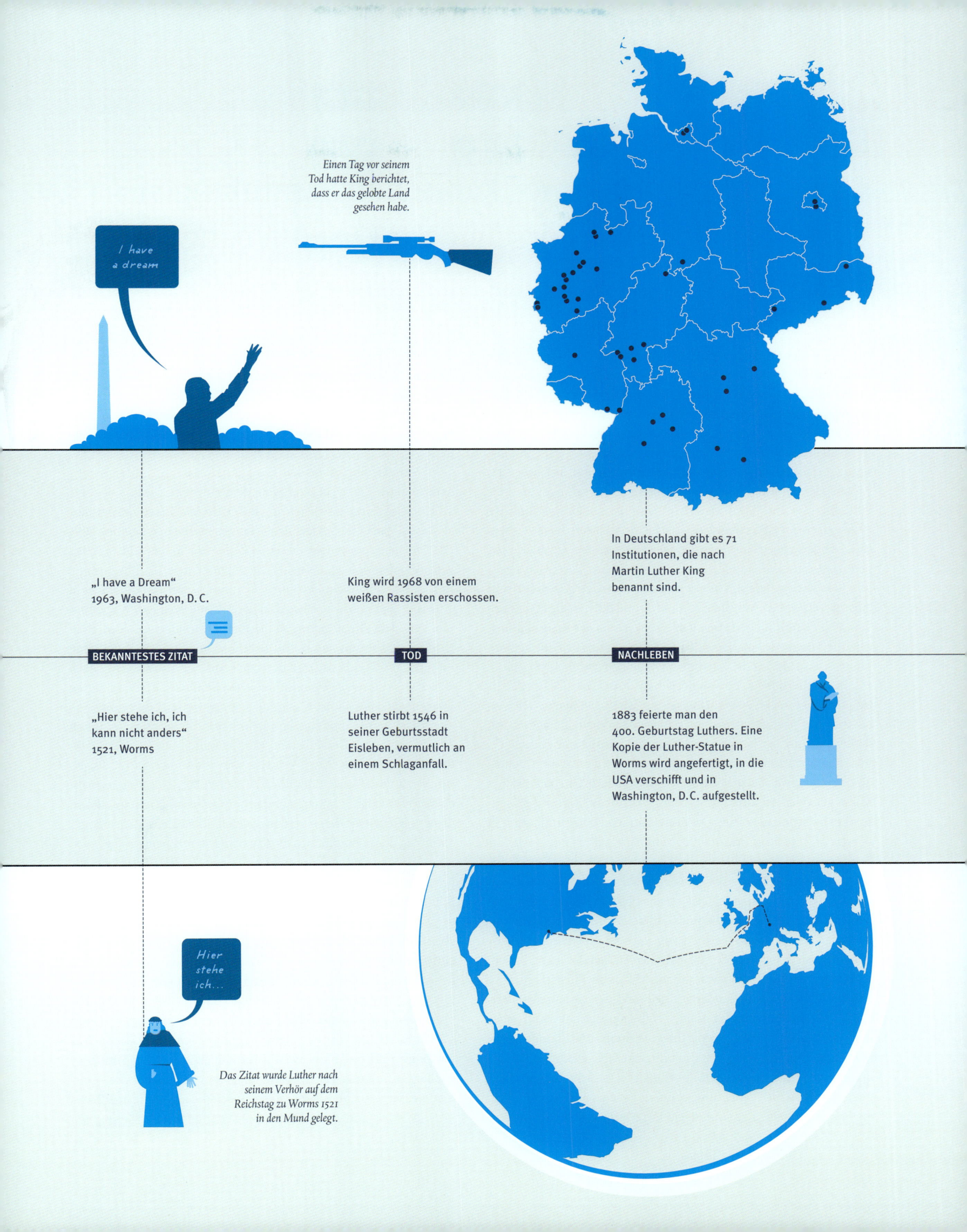

JOANNA REILING LINDELL

Druckwerke aus der Reformationszeit in US-amerikanischen Sammlungen. Ein Leitfaden für Forscher zur Orientierung

Historiker aller Couleur kennen die beglückende Erfahrung, für ihre Forschung originale Dokumente nutzen zu dürfen. So bequem und unersetzlich moderne Drucktechniken und die schnelle Verfügbarkeit von Material im Internet für Wissenschaftler sein mögen, sie ersetzen doch nicht das Studium von Originalquellen. Grund hierfür ist nicht allein die sinnliche Erfahrung im direkten Umgang mit historischen Dokumenten – etwa die Beschaffenheit und der Geruch des Papiers, der Anblick dickflüssiger Tinten, Druckvarianten und die Festigkeit des jeweiligen Materials –, sondern auch der konkrete Bezug zu einem Gegenstand, den die historische Person, die Gegenstand der jeweiligen Forschung ist, selbst hergestellt, verwendet oder verbreitet hat. Es verwundert also nicht, dass Historiker und Wissenschaftler die Bestände von Bibliotheken und Museen gemeinhin sehr zu schätzen wissen. Vor diesem Hintergrund dürften die US-amerikanischen Sammlungen von alten Drucken aus der Reformationszeit, die Thema des vorliegenden Aufsatzes sind, für Forscher von Interesse sein, die für die genannten Qualitäten empfänglich sind.

In der Geschichte der modernen Welt ist das 16. Jahrhundert fraglos eine Epoche der umfassendsten Veränderungen. Viele Aspekte dieses Wandels werden im vorliegenden Band betrachtet. Mit der Einführung der Druckerpresse in ganz Europa war es möglich, Informationen und Ideen zügig zu reproduzieren und zu verbreiten. So entstand etwa ab der Mitte des 15. Jahrhunderts ein dynamisches Klima geistiger Auseinandersetzung, das für die Kultur der Neuzeit kennzeichnend wurde. Die mittelalterliche Buchproduktion in Europa brachte zwar prachtvolle Exemplare hervor; infolge des arbeitsintensiven Herstellungsprozesses und der hohen Kosten für Pergament und Velin war die Zahl der Bücher, die pro Jahr an einem bestimmten Ort entstanden, jedoch eher gering. Mit der Erfindung der Druckerpresse durch Johannes Gutenberg im Jahr 1454 verbreitete sich das Druckwesen rasch in ganz Europa; am Ende des 15. Jahrhunderts gab es in über 200 europäischen Städten Druckerpressen, und es waren schätzungsweise sechs Millionen Bücher gedruckt worden – mehr als in Handarbeit während des gesamten Mittelalters.[1] Mit dieser neuen Erfindung eröffneten sich auf literarischer und visueller Ebene völlig eigenständige Wissens- und Bildungsmöglichkeiten. Der Übergang von der mittelalterlichen Handschriftenkultur zum Druckwesen des 16. Jahrhunderts ist nicht nur von allgemeiner historischer Bedeutung, sondern berührt auch unmittelbar die hier vorgestellten Sammlungen. Die Kultur des Sammelns von gedruckten Werken reicht bis ins 16. Jahrhundert zurück und verdankt sich nicht zuletzt der schlichten Tatsache, dass die betreffenden Werke allgemein zugänglich waren. Der Erfolg der Reformationsbewegung rührt natürlich nicht allein von der Druckerpresse, sondern vor allem daher, dass die Reformatoren sich die Produktionsleistung dieses vielseitigen neuen Mediums zunutze zu machen wussten.[2]

Weshalb gibt es in den Vereinigten Staaten umfangreiche Sammlungen alter Druckwerke aus der Reformationszeit? Die Frage scheint leicht zu beantworten, ist aber doch gleichzeitig zu komplex, als dass sie sich im vorliegenden Rahmen befriedigend klären ließe. Die Zahl der Protestanten, die im Laufe der Jahrhunderte in Amerika gelebt haben (und zwar vornehmlich konzentriert auf bestimmte Regionen), ist beträchtlich. Vor allem mit Blick auf die Lutheraner in Amerika lässt sich feststellen, dass deren zahlenmäßiges Wachstum und synodale Organisation ab dem 17. Jahrhundert den Bedarf an theologischen Seminaren und Lehranstalten für die Ausbildung lutherischer Geistlicher und deren anschließende Gründung nach sich zog.[3] Eines der ersten lutherischen Seminare der Vereinigten Staaten war das *Lutheran Theological Seminary* in Gettysburg, das 1826 gegründet wurde[4] und dessen Bibliothekssammlung weiter unten Thema sein wird. Der Umstand ist offenkundig und verdient dennoch bemerkt zu werden: Viele der hier erwähnten Sammlungen sind Bestandteil jener Bibliotheken, die Wissenschaftlern, Geistlichen und Laien in Seminaren und Lehranstalten als Bildungsquellen dienen. Einige von ihnen verdanken sich der Leidenschaft privater Sammler, deren Bestände inzwischen an öffentliche Einrichtungen übergegangen sind. Andere, wie die *Thrivent Financial Collection of Religious Art* in Minneapolis, Minnesota, stehen Wissenschaftlern als Bildungsquelle und kulturelles Erbe zur Verfügung.

Die Thrivent-Sammlung umfasst Objekte zur Geschichte des abendländischen Christentums aus dem 13. bis 21. Jahrhundert und enthält einige wichtige Drucke, Flugschriften und historische Briefe der Reformationszeit, darunter zeitgenössische Reformatorenporträts von Albrecht Dürer, Lucas Cranach dem Älteren, Hans Brosamer (Abb. 1) sowie von Sebald und Barthel Beham und ein Holzschnittporträt Luthers von Hans Baldung Grien. Das Letztere war vor einigen Jahren Anlass, nach Verbindungen zu anderen umfangreichen Sammlungen alter Bücher und Flugschriften aus der Reformationszeit zu suchen. Baldungs ebenso populäres wie umstrittenes *Bildnis Martin* Luthers *als Augustinermönch* (siehe Abb. 1 im Beitrag von

Christiane Andersson in diesem Band) von 1521 zierte ursprünglich die Titelseite der im gleichen Jahr in Straßburg von Johann Schott verlegten Erstauflage der *Acta et Res Gestae, Dr. Martini Lutheri*. Schott verwendete das Bildnis in der Folge für viele weitere Schriften.

Die Wirkung Luthers auf die Welt der Neuzeit reicht weit über seine revolutionäre Rolle als religiöser und kultureller Erneuerer hinaus. Für viele amerikanische Protestanten steht der Gedanke der Religionsfreiheit in einem unmittelbaren kulturellen Zusammenhang mit der Wirkung, die von den Reformatoren der Frühen Neuzeit ausging. Für die historische Erfahrung des amerikanischen Protestantismus ist es daher geradezu selbstverständlich, dass die Geschichte der Reformation von Sammlungen und Einrichtungen aufbewahrt und tradiert wird.

Beobachtungen und Parameter

Der vorliegende Aufsatz bietet wenig Raum für tiefgründige Überlegungen über reformatorische Schlüsselwerke und Flugschriften und konzentriert sich stattdessen auf öffentliche und private Bibliotheksbestände in den Vereinigten Staaten mit Büchern vornehmlich aus der ersten Hälfte des 16. Jahrhunderts. Einige allgemeine Bemerkungen können bei der Auflistung dieser Sammlungen hilfreich sein. Der Hintergrund oder die Geschichte der jeweiligen Institution beziehungsweise, bei Privatsammlungen, die persönlichen Überzeugungen und das kulturelle Erbe des Sammlers wirken sich auf den Leitgedanken aus, der bei der Gründung einer Sammlung Pate steht. Private Sammler von Werken und Gegenständen aus der Reformationszeit etwa waren und sind in der Regel Protestanten. Umfangreiche Bestände finden sich auch an Orten, an denen solches Material für den Kontext der jeweiligen Sammlung wichtig ist, weil es die gewaltigen Auswirkungen der Reformation verdeutlicht. Das ist etwa bei den *Reformation Collections* der *Folger Shakespeare Library* der Fall, die ein tieferes Verständnis der frühmodernen Welt in Bezug auf Shakespeare vermittelt.

Einige Bibliotheken und Institutionen scheinen ihre Sammlungen aus der Reformationszeit genau zu kennen, andere wiederum nicht. Das liegt in der Regel nicht daran, dass es an Interesse an diesen Sammlungen mangelt, sondern daran, dass ihr Umfang oder ihre Ausrichtung eine sorgfältige Katalogisierung der vorhandenen Bestände erschwert, zumal nicht überall die großzügigen Fördermittel und die für die genaue Katalogisierung erforderliche Zeit zur Verfügung stehen. Einige Einrichtungen etwa katalogisieren einzelne Werke aus der Reformationszeit in einer Teilsammlung innerhalb ihres Gesamtbestandes. Wissenschaftler haben durch genaue Suchsysteme vor Ort oft die Möglichkeit, die gesuchten Informationen zu finden, aber auch das freundschaftliche Verhältnis zu Bibliothekaren und Kollegen, deren Fachkenntnisse und Hinweise man in Anspruch nimmt, kann ein wertvoller Teil des Forschungsprozesses sein.

Der vorliegende Aufsatz soll ein erster Leitfaden für Wissenschaftler sein und ist schon deshalb nicht erschöpfend, weil es in den Vereinigten Staaten eine Vielzahl von Einrichtungen gibt, an denen Originalquellen und alte Ausgaben eingesehen werden können. Die vorliegende Darstellung konzentriert sich daher auf Sammlungen von besonders großen, umfangreichen oder seltenen Beständen mit Erstausgaben und alten Drucken. Die Webseiten dieser Sammlungen werden zur raschen Orientierung (und weil sie die aktuellsten Neuerungen enthalten) in den Anmerkungen ausgewiesen. Einige Sammlungen haben eine detailliertere Internetpräsenz als andere. Natürlich dient die hier unternommene Sondierung dieser Sammlungen nur als ein erster Ausgangspunkt.

Angesichts der Tatsache, dass Datenbanken durchsucht werden können, Sammlungskataloge frei zugänglich und gescannte Dokumente zunehmend online verfügbar sind, sind mehr Informationen

Abb. 1 Hans Brosamer (nach Lucas Cranach d. Ä.), Martin Luther, 1530

1 Ellen Sharp: Germany in the Age of Luther, in: Christiane Andersson/Charles Talbot: From a Mighty Fortress: Prints, Drawings, and Books in the Age of Luther 1483–1546, Detroit 1983, S. 28–39, hier S. 35. **2** Vgl. die umfassende Untersuchung zum damaligen Druckwesen von Mark U. Edwards Jr.: Printing, Propaganda, and Martin Luther, Minneapolis 2004. **3** Mark A. Granquist: Lutherans in America: A New History, Minneapolis 2015, S. 151. **4** Ebd.

als jemals zuvor für Wissenschaftler verfügbar – die Situation ähnelt ein wenig der plötzlichen Erweiterung des Wissens, die mit der Erfindung des Buchdrucks einsetzte. Die sogenannte Vorfeldforschung beginnt heute fast immer im Internet. Schon bei der ersten Auflistung ragen einige besonders breit angelegte Sammlungen hervor, weil sie ihre Bestände und ihre Programmgestaltung in den Mittelpunkt stellen. Aber auch wenn man in WorldCat nach wichtigen in Amerika verfügbaren Werken sucht, zeigt sich schnell, wo umfangreiche Materialsammlungen zu finden sind. Im thematischen Kontext des vorliegenden Aufsatzes wurden zwei herausragende Sammlungen besucht: die *Folger Shakespeare Library* und die *Kessler Reformation Collection*, deren Geschichte und Hintergrund im Folgenden dargestellt werden.

Sammlungen

Das *Lutheran Theological Seminary* in Gettysburg unterhält die *A. R. Wentz Library*, die umfangreiche Bestände seltener und bedeutender Bücher und Drucke aus der Reformationszeit ihr Eigen nennt.[5] Das *Gettysburg Seminary* ist eines der ältesten lutherischen Seminare in den Vereinigten Staaten und blickt auf eine lange Tradition religiöser Bildung zurück. Auch in der *Rare Book and Manuscript Library* der *University of Illinois* in Urbana-Champaign wird neben umfangreichen Inkunabelbeständen eine große Anzahl von Schriften aus der Reformationszeit aufbewahrt.[6] Die der *Perkins School of Theology* angehörende *Bridwell Library* an der *Southern Methodist University* in Dallas, Texas, verfügt in den Bereichen Reformation und Gegenreformation über umfassende Sonderbestände von etwa 5 000 Werken.[7] Das *Concordia Seminary* in St. Louis, Missouri, besitzt umfangreiche Bestände aus der Reformationszeit und der Frühen Neuzeit; es betreibt ein Zentrum für die Erforschung der Reformation und unterhält eine etwa 5 700 Bände zählende Sammlung seltener Bücher, die mehrere themenspezifische Gruppierungen umfasst und nach Signatur und Reihennummer durchsucht werden kann.[8]

Einige Sammlungen verdienen trotz ihres geringen Umfangs Beachtung. Die *Gruber Rare Books Collection*, die zum Bestand der *JKM Library*[9] der *Lutheran School of Theology* in Chicago gehört, umfasst rund 300 Bücher aus der Frühen Neuzeit. Zu ihren Beständen gehört ein Exemplar von Luthers 95 Thesen, die Erstausgabe seiner *Theologia Deutsch* von 1516, seine *September-* und *Dezembertestamente* von 1522, die zweite Auflage des griechischen Neuen Testaments von Erasmus, Luthers Bibelübersetzung von 1534 sowie Erstausgaben des *Großen Katechismus* von 1529, der *Confessio Augustana* von 1530 und des ersten lutherischen Gesangbuchs, des *Achtliederbuchs* von 1524.[10] Die Sammlung wurde im frühen 20. Jahrhundert von L. Franklin Gruber zusammengetragen. Ihr Schwerpunkt liegt auf der Reformationszeit, was insofern wenig überrascht, als Gruber Präsident des lutherischen *Maywood Seminary* war.

Die Pflege des eigenen institutionellen Erbes äußert sich mitunter in Sammlungen seltener Bücher. Die Spezialsammlungen des *Augustana University* in Sioux Falls, South Dakota, etwa enthalten eine Reihe von Luther- und Melanchthon-Schriften, darunter vier aus dem 16. Jahrhundert stammende Ausgaben der *Confessio Augustana*, von der die Hochschule ihren Namen ableitet.[11] Die zum *Union Theological Seminary* gehörende *Burke Library* an der New Yorker *Columbia University* besitzt in ihrer Abteilung seltener Bücher und Handschriften eine als *Reformation Tracts Collection* (Sammlung von Traktaten der Reformationszeit) bekannte Spezialsammlung. Die *Burke Library* gehört zu den größten theologischen Bibliotheken in Nordamerika. Ihre umfassende Sammlung reicht bis 1838 zurück, als das Seminar weite Teile der Bibliothek des deutschen Benediktinermönchs, Bibelforschers und -übersetzers Leander van Eß erwarb, die aus Manuskripten, Tausenden von Büchern aus der Frühzeit des Buchdrucks, Flugschriften und Inkunabeln bestand.[12]

Die *Princeton University* in New Jersey besitzt eine große Anzahl alter Drucke aus der Reformationszeit. In den *Book and Pamphlet Collections* ihres Theological Seminary finden sich zahlreiche alte Sammlungsstücke, darunter Bibeln und weiteres Material aus der deutschen und schweizerischen Reformation. Die Bestände in Princeton umfassen mehrere unabhängige Sammlungen, aber auch diverse Einzelstücke. Die in den 1870er Jahren erworbene *Trendelenburg Collection* enthält rund 100 reformatorische Streit- und Flugschriften sowie Predigten.[13] Besonders hervorzuheben ist in diesem Zusammenhang die *Scheide Library*,[14] die sich seit vielen Jahrzehnten auf dem Gelände der Princeton University befindet und nach dem Tod von William H. Scheide 2014 als Schenkung in den Bestand der Universität überging. Aber auch neben den Rare-Books- und *Scheide-Library*-Sammlungen kann Princeton erstaunliche Bestände an historischen und seltenen Bibelausgaben und Inkunabeln vorweisen.

Bernhard K. Schaefer, der in der ersten Hälfte des 20. Jahrhunderts in Princeton studiert hatte, übereignete der Universität 1956 rund 200 von Luther verfasste Flugschriften und Bücher.[15] 1967

---

5 Gettysburg Seminary, A. R. Wentz Library, URL: www.ltsg.edu/resources-services/library [26. 2. 2016]. Aufgrund ihres engen historischen Zusammenhangs werden auch die vor 1500 gedruckten Bücher, die man als Inkunabeln bezeichnet, zu den hier dargestellten Sammlungen gezählt. Diese werden nicht nur aufgrund ihres Inhalts gesammelt, sondern auch wegen ihrer Stellung in der Geschichte des Buchdrucks. **6** University of Illinois at Urbana-Champaign, Book Collections, Rare Book and Manuscript Library, URL: www.library.illinois.edu/rbx/collections_book_collections.html [10. 1. 2016]. **7** Vgl. Southern Methodist University, Bridwell Library Perkins School of Theology, Bestand »Reformation and Counter-Reformation«. **8** Concordia Seminary, Reformation Resources/Center for Reformation Research, URL: www.csl.edu/library/the-center-for-reformation-resources-collection [23. 2. 2016]. **9** JKM, aktuell der offizielle Name der Bibliothek, vereint die Initialen dreier zuvor unabhängiger Institutionen: Jesuit, Krauss, McCormick. **10** Ralph W. Klein: Rare Books Collections, Lutheran School of Theology at Chicago (2012), URL: http://collections.lstc.edu/ [23. 2. 2016]. **11** Augustana University, Books in Special Collections, URL: https://augustana.edu/x34666.xml [12. 10. 2015]. **12** Columbia University Libraries, The Burke Library Collection Development Policy, URL: http://library.columbia.edu/locations/burke/the-burke-library-collection-development-policy.html [10. 1. 2016]. **13** William W. Bishop: German Reformation Pamphlets in the Princeton University Library, in: The Princeton University Bulletin, 15 (1904), Nr. 3, S. 183–208, hier S. 183. **14** Princeton University Library, Scheide Library, Department of Rare Books and Special Collections 2015, URL: http://rbsc.princeton.edu/divisions/scheide-library [2. 2. 2016]. **15** E. Harris Harbison: Luther Pamphlets, in: The Princeton University Library Chronicle, 17 (1956), Nr. 4, S. 265–267, hier S. 266. **16** Paul Wagner: A Luther Exhibition. Selections

wurde die *Schaefer Collection* dann um 170 zusätzliche Sammlungsstücke erweitert – eine Schenkung, die im Mittelpunkt der Ausstellung zum 450. Jahrestag von Luthers Thesenanschlag stand[16] und als besondere Seltenheit ein Exemplar der Erstausgabe von Luthers 95 Thesen, die *Disputatio* (Basel: Adam Petri, 1517), enthielt. Gezeigt wurden in der Ausstellung Bestände der *Schaefer* und *Scheide Collections*, aber auch aus den Spezialsammlungen.[17] Die Bedeutung dieser Sammlung fasst eine noch heute auf der Webseite der Special Collections zu findende, 1967 verfasste Beschreibung prägnant zusammen. Sie unterstreicht Luthers »Wirkung als Unruhestifter, Streiter, Traktatschreiber und Theologe, seine Bedeutung als Bibelübersetzer und seinen über Mitteleuropa hinausreichenden Einfluss vor allem in Amerika.«[18]

Die *Beinecke Rare Book and Manuscripts Library* an der *Yale University* in New Haven, Connecticut, orientierte ihre Ankäufe alter Bücher und Handschriften lange an der Geschichte des Buchdrucks und den in den alten Drucken enthaltenen Informationen.[19] Die vorzügliche Zusammenstellung der Sammlungen wird seit Jahrzehnten durch bedeutende Schenkungen und eine aktive Erwerbspolitik erweitert, die sich von ihren Anfängen am Ende des 19. Jahrhunderts über einen Höhepunkt in den 1970er Jahren bis heute durch den gezielten Ankauf von Originalausgaben von Luthers Werken und reformatorischen Flugschriften auszeichnet.[20] Eine wichtige Quelle vieler vorzüglicher Reformationssammlungen in den Vereinigten Staaten sind Wissenschaftler und Gelehrte mit großer Sammelleidenschaft. Ein solcher Sammler war der in Ohio und Indiana tätige Pädagoge, Schriftsteller und Historiker Harold J. Grimm, der im Laufe seines Lebens eine Sammlung von Büchern und Flugschriften aus der Reformationszeit zusammengetragen hat. Sie bildet den Kernbestand der *Harold J. Grimm Reformation Collection* an der *Rare Book and Manuscript Library* der *Ohio State University Libraries*, die inzwischen über 550 seltene Bücher von Autoren der Reformationszeit umfasst.[21]

Die *Newberry Library in Chicago* verfügt über umfangreiche Bestände in den Bereichen Religion und Theologie, die Werke zur Kirchengeschichte, zum Kirchenrecht, zur Kirchenmusik mit Handschriften vereinen. Ein besonderer Schwerpunkt liegt auf Büchern zur religiösen Erneuerung, so etwa auf protestantischen oder katholischen politischen und religiösen Traktaten, Flugschriften und Werken zur religiösen Erziehung.[22] Das *Harry Ransom Center* an der *University of Texas* in Austin verfügt über besonders umfangreiche Bestände im Bereich Religion, darunter eine Vielzahl historischer Quellen jüdischen und christlichen Ursprungs. Das Kabinettstück der Sammlung ist eine von nur 48 erhaltenen Gutenberg-Bibeln[23] – eine unschätzbare Quelle für das Studium der Geschichte des Buchdrucks und seines Verhältnisses zur Reformation. Weitere bemerkenswerte Stücke dieser Sammlung sind Ausgaben des für die Gottesdienste der *Church of England* verwendeten *Book of Common Prayer* aus dem 16. Jahrhundert und ein Autograf von Luthers *De elevatione*.[24]

Die Spezialsammlungen der *Sheridan Libraries* an der *Johns Hopkins University* in Baltimore, Maryland, halten in ihren philosophischen und religionswissenschaftlichen Teilbibliotheken beträchtliche Bestände zur Reformation und Gegenreformation. Neben volkssprachlichen Bibelübersetzungen finden sich zahlreiche Flugschriften und Werke von Reformatoren der ersten und zweiten Generation.[25] Auch die *Rare Book and Special Collections* der *Library of Congress* in Washington, D. C. enthalten Sammlungen mit Titeln wie *Reformation Collection* und *Luther Collection*. Diese Bibliothek besitzt neben vielen Luther-Drucken ein ausgezeichnetes Sortiment einschlägiger Artefakte, das aus einer riesigen Inkunabelsammlung stammt. Dank ihres umfangreichen Materials aus dem 16. Jahrhundert, alter volkssprachlicher Bibeln und ihrer *Medieval and Renaissance Manuscript Collection* ist sie eine wahre Inspirationsquelle für Reformationsforscher.[26]

Die *Houghton Library* an der *Harvard University* in Cambridge, Massachusetts, besitzt in ihrer *Early Books and Manuscripts Collection* eine enorm reiche Sammlung frühen Materials. Sie dient der Förderung von Forschung und Lehre in allen historischen Bereichen, und ihre weitläufigen Bestände aus der Reformationszeit gehören zu einer breit gefächerten Sammlung, die vom dritten Jahrtausend vor Christus bis in die Frühe Neuzeit reicht (und die in anderen Sammlungen bis in die Gegenwart fortgeführt wird).[27] Harvard besitzt umfangreiche Bestände mittelalterlicher Handschriften sowie Inkunabeln, die das Forscherleben von Gastwissenschaftlern sehr bereichern. Das in der *Houghton Library* verfügbare Material wird durch weitere bedeutende Bestände der *Andover-Harvard Theological Library* an der *Harvard Divinity School* ergänzt.[28] Die Sammlungen in Harvard stellen eine der fruchtbarsten Ressourcen dar, die Reformationsforschern in den Vereinigten Staaten zur Verfügung stehen.

Eine weitere große US-amerikanische Sammlung ist die 1987 gegründete *Richard C. Kessler Reformation Collection*, die in der *Pitts*

---

from the Gift of Bernhard K. Schaefer, in: The Princeton University Library Chronicle, 29 (1967), Nr. 1, S. 103–106, hier S. 103. **17** Ebd. **18** Ebd,.; Princeton University Library, Scheide Library (wie Anm. 14). **19** Robert G. Babcock: Early Books and Manuscripts, Yale University Library, Beinecke Rare Book & Manuscript Library (2013), URL: http://beinecke.library.yale.edu/collections/curatorial-areas/early-books-and-manuscripts [8. 2. 2016]. **20** Ebd. **21** Ohio State University Libraries, The Harold J. Grimm Reformation Collection: Guide and Inventory, Rare Books and Manuscripts (2000), URL: https://library.osu.edu/finding-aids/rarebooks/reformhome.php [23. 2. 2016]. **22** The Newberry, Religion, URL: www.newberry.org/religion [10. 10. 2015]. Die Sammlungen seltener Bücher an der Newberry Library umfassen Ankäufe von zahlreichen religiösen Einrichtungen aus dem Raum Chicago. **23** Das Exemplar der Gutenberg-Bibel, das sich im Ransom Center findet, ist eines von fünf vollständig erhaltenen Exemplaren in den Vereinigten Staaten. Es stammt aus einem Ankauf von 1978 und wurde früher als »Pforzheimer Exemplar« bezeichnet. **24** Harry Ransom Center, Religion, The University of Texas at Austin, URL: https://www.hrc.utexas.edu/collections/guide/religion/ [6. 4. 2016]. **25** Johns Hopkins Sheridan Libraries & University Museums, Reformation (2015), Special Collections, URL: http://guides.library.jhu.edu/c.php?g=202543&p=1335415 [26. 2. 2016]. **26** Library of Congress, Europe, Rare Books and Special Collections, URL: www.loc.gov/rr/rarebook/guide/europe.html [26. 2. 2016]. **27** Houghton Library, Early Books & Manuscripts Collection, Harvard College Library, URL: http://hcl.harvard.edu/libraries/houghton/collections/early.html [10. 2. 2016]. **28** Andover-Harvard Theological Library, Historical Collections (including Rare Books), Harvard Divinity School, URL: http://library.hds.harvard.edu/collections/rarebooks [10. 2. 2016].

Abb. 2 Martin Luther, Das Newe Testament Deutzsch, Wittenberg 1522 (sog. Septembertestament)

Abb. 3 Lucas Cranach d. Ä., Darstellung aus der Offenbarung (Der gebundene Satan), aus: Martin Luther, Das Newe Testament Deutzsch, Wittenberg 1522 (sog. Septembertestament)

Theology Library an der *Emory University* in Atlanta, Georgia, beheimatet ist. Mit knapp 3 700 Büchern, Flugschriften, Drucken und Handschriften aus der Zeit zwischen 1500 und 1570 und über 1 040 Schriften allein aus der Feder Luthers ist diese Sammlung seltener und wertvoller Dokumente ein hervorragendes Beispiel für die engagierte Zusammenstellung von Material aus der Reformationszeit. Die Tatsache, dass Martin Luther zu seinen Lebzeiten mehr veröffentlicht hat als alle seine Mitstreiter, liegt den Grundsätzen zugrunde, nach denen die Kessler-Sammlung aufgebaut ist und ständig erweitert wird: Nach und nach sollen alle in Josef Benzings *Lutherbibliographie* genannten Werke erworben werden.[29] Im Besitz der *Kessler Collection* befinden sich daneben bereits viele, die verschiedensten Themen berührende Schriften von Zeitgenossen Luthers; die Sammlung tätigt daneben aber auch Ankäufe auf anderen Gebieten und ist nicht zuletzt dank ihres digitalen Bildarchivs ein wertvoller Fundus für Wissenschaftler und Studenten.

Programminhalte und Ankäufe der *Kessler Collection* orientieren sich an Wissenschaft und Gelehrsamkeit als obersten Interessen; ihr Entstehen verdankt die Sammlung dem leidenschaftlichen Engagement mehrerer Personen, an erster Stelle dem dynamischen Sammler Richard C. Kessler, der gemeinsam mit seiner Frau Martha als Hauptsponsor und -förderer fungiert. Die Pitts Library nennt inzwischen 1 000 Sammelstücke aus der Reformationszeit ihr Eigen; sie sind Teil der riesigen Menge von 220 000 Objekten, die Mitte der 1970er Jahre von der Bibliothek der *Hartford Seminary Foundation* angekauft wurden. Der Ankauf stand unter der Ägide des

29 Persönliches Interview mit Bibliotheksdirektor Dr. M. Patrick Graham vom 29. Oktober 2015. Einzelheiten über Entstehung und Wachstum der Kessler Collection verdanke ich diesem Interview. **30** Folgende Mitarbeiter der Folger Library standen am 24. Oktober 2015 für ein persönliches Interview zur Verfügung: Biblio-

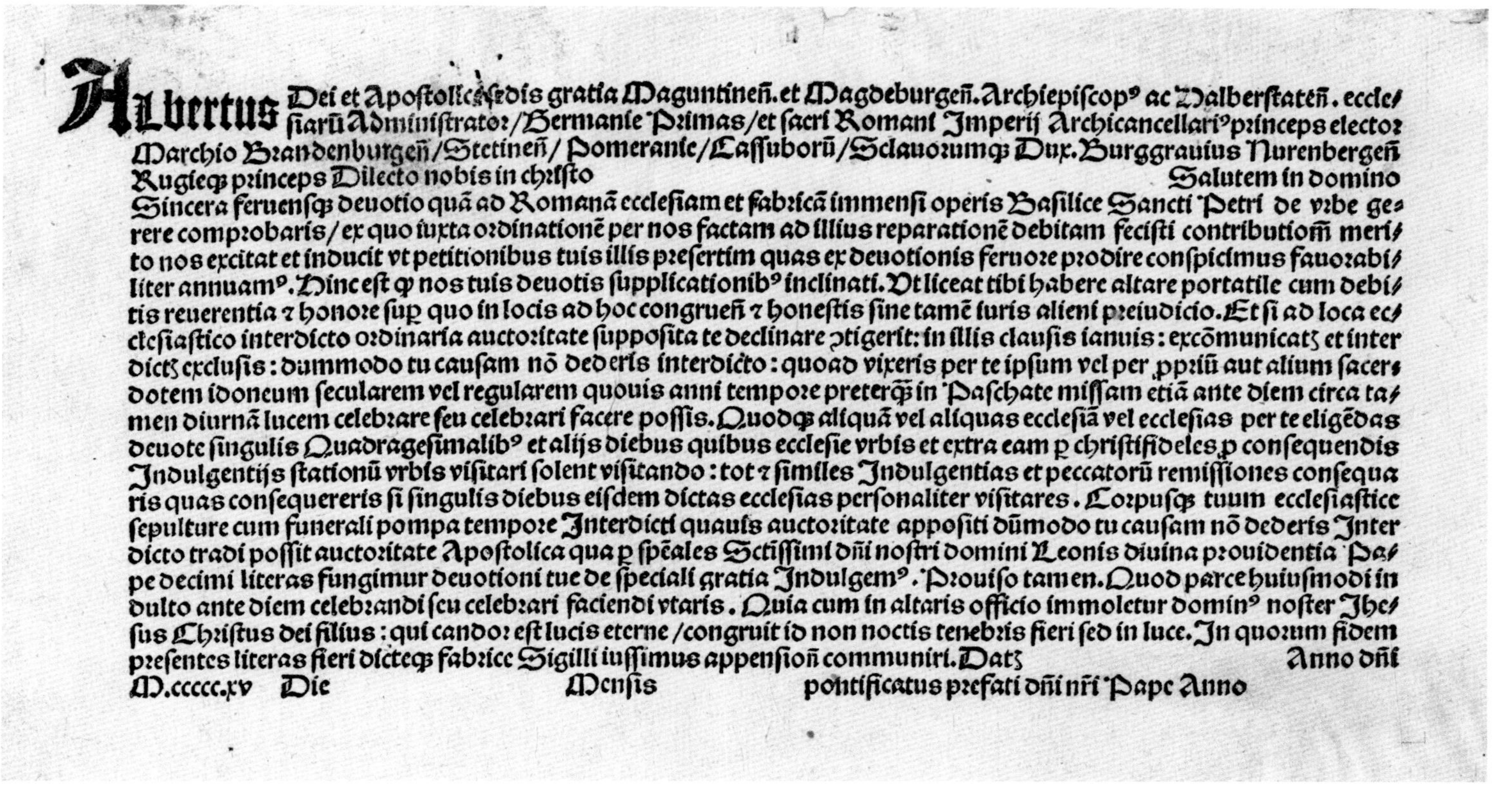

Albertus Dei et Apostolice sedis gratia Maguntineñ. et Magdeburgeñ. Archiepiscop⁹ ac Halberstateñ. eccle/
siarũ Administrator/Germanie Primas/et sacri Romani Imperij Archicancellari⁹ princeps elector
Marchio Brandenburgeñ/Stetineñ/ Pomeranie/Cassuborũ/Sclauorumqȝ Dux. Burggrauius Nurenbergeñ
Rugieqȝ princeps Dilecto nobis in christo Salutem in domino
Sincera feruensqȝ deuotio quã ad Romanã ecclesiam et fabricã immensi operis Basilice Sancti Petri de vrbe ge/
rere comprobaris/ex quo iuxta ordinationẽ per nos factam ad illius reparationẽ debitam fecisti contributionẽ meri/
to nos excitat et inducit vt petitionibus tuis illis presertim quas ex deuotionis feruore prodire conspicimus fauorabi/
liter annuam⁹. Hinc est ꝙ nos tuis deuotis supplicationib⁹ inclinati. Vt liceat tibi habere altare portatile cum debi/
tis reuerentia ⁊ honore sup quo in locis ad hoc congrueñ ⁊ honestis sine tamẽ iuris alieni preiudicio. Et si ad loca ec/
clesiastico interdicto ordinaria auctoritate supposita te declinare ꝯtigerit: in illis clausis ianuis: excõmunicatȝ et inter
dictȝ exclusis: dummodo tu causam nõ dederis interdicto: quoad vixeris per te ipsum vel per ꝓpriũ aut alium sacer/
dotem idoneum secularem vel regularem quouis anni tempore preterqȝ in Paschate missam etiã ante diem circa ta/
men diurnã lucem celebrare seu celebrari facere possis. Quodqȝ aliquã vel aliquas ecclesiã vel ecclesias per te eligẽdas
deuote singulis Quadragesimalib⁹ et alijs diebus quibus ecclesie vrbis et extra eam ꝑ christifideles ꝓ consequendis
Indulgentijs stationũ vrbis visitari solent visitando: tot ⁊ similes Indulgentias et peccatorũ remissiones consequa
ris quas consequereris si singulis diebus eisdem dictas ecclesias personaliter visitares. Corpusqȝ tuum ecclesiastice
sepulture cum funerali pompa tempore Interdicti quauis auctoritate appositi dũmodo tu causam nõ dederis Inter
dicto tradi possit auctoritate Apostolica qua ꝑ speales Sctissimi dñi nostri domini Leonis diuina prouidentia Pa/
pe decimi literas fungimur deuotioni tue de speciali gratia Indulgem⁹. Prouiso tamen. Quod parce huiusmodi in
dulto ante diem celebrandi seu celebrari faciendi vtaris. Quia cum in altaris officio immoletur domin⁹ noster Ihe/
sus Christus dei filius: qui candor est lucis eterne/congruit id non noctis tenebris fieri sed in luce. In quorum fidem
presentes literas fieri dicteqȝ fabrice Sigilli iussimus appensionẽ communiri. Datȝ Anno dñi
M.ccccc.xv Die Mensis pontificatus prefati dñi nři Pape Anno

Abb. 4 Unausgefüllter Ablassbrief des Erzbistums Mainz unter Erzbischof Albrecht von Brandenburg, 1515

Kirchenhistorikers Dr. Channing Renwick Jeschke und trug mit dazu bei, die *Candler School of Theology* als eine der führenden theologischen Bibliotheken in den Vereinigten Staaten zu etablieren. Jeschke und Kessler lernten einander in den 1980er Jahren durch die gemeinsame Tätigkeit für das Gremium eines theologischen Seminars kennen. Kessler, ein lutherischer Laie, bat Jeschke um Hilfestellung beim Aufbau einer Sammlung, die sich auf wichtige reformatorische Werke konzentrieren und in der *Pitts Library* untergebracht werden sollte. Unter Mitwirkung Kesslers und unter Leitung des derzeitigen Margaret-A.-Pitts-Professors für theologische Bibliografie und Direktors der Bibliothek, Dr. Patrick Graham, wird die Sammlung stetig erweitert.

Zu den besonderen Prunkstücken zählen eine Erstausgabe von Luthers Übersetzung des Neuen Testaments von 1522, das *Septembertestament* (Abb. 2 und 3) mit Holzschnitten Lucas Cranachs des Älteren und zahlreichen Illustrationen der Offenbarung nach Albrecht Dürers Serie *Die heimlich offenbarung iohannis* oder *Apocalipsis cum figuris* von 1498, ein katholischer Ablassbrief von 1515 aus dem Erzbistum Mainz (Abb. 4), 28 päpstliche Bullen, eine Erstausgabe von Philipp Melanchthons *Loci communes*, zahlreiche Katechismen und Gesangbücher und die fünf Erstausgaben des griechischen Neuen Testaments von Erasmus. Die *Pitts Library* empfängt regelmäßig Gastforscher und verfügt über einen einladenden Studienraum, der eigens dem Studium seltener Bücher dient. Die *Emory University* ist aber auch dafür bekannt, dass sie den Reformationstag alljährlich mit einer Feier und einem passenden Rahmenprogramm begeht. Was Umfang und Größe angeht, ist die *Kessler Collection* zweifellos eine der, wenn nicht die umfassendste Sammlung zur Reformationszeit in den Vereinigten Staaten (Abb. 5).

Eine andere große Sammlung zur europäischen Reformation befindet sich in den umfangreichen Frühneuzeitbeständen der renommierten *Folger Shakespeare Library* in Washington, D. C., die Werke von Luther und vielen anderen bedeutenden Reformatoren wie Martin Bucer, Johannes Calvin, Erasmus von Rotterdam, Philipp Melanchthon und Huldrych Zwingli beinhaltet. Wie in der *Kessler Collection* enthalten auch hier viele der Bücher und Flugblätter Holzschnitte von Hans Holbein und Lucas Cranach dem Älteren. Seit dem Bestehen der *Folger Library* haben deren Direktoren und Bibliothekare die zentrale Bedeutung der Reformation für die Geschichte der Frühen Neuzeit erkannt und stetig Ankäufe auf diesem Gebiet getätigt; Benzings *Lutherbibliographie* wird für die jährlichen Neuerwerbungen zu Rate gezogen.[30]

Die Bestände der *Folger Library* zur Reformation auf dem europäischen Kontinent gliedern sich in zwei Sammlungen unterschiedlichen Materials: Die erste stammt aus einer größeren Sammlung des Engländers Sir Thomas Phillips, aus dessen Bestand 1958 eine ansehnliche Anzahl an reformatorischen Flugschriften – immerhin 250 Neuzugänge – für die Bibliothek erworben wurden. Im Jahresbericht von 1978, der Einzelheiten zum Ankauf der Stickelberger-

theksdirektor Dr. Michael Witmore, Daniel De Simone (Eric Weinmann Librarian) und Dr. Georgianna Ziegler (Louis B. Thalheimer Associate Librarian und Leiterin der Auskunftsabteilung). Meinen persönlichen Forschungen und den Interviews verdanke ich viele historische Details über den Aufbau der Sammlung.

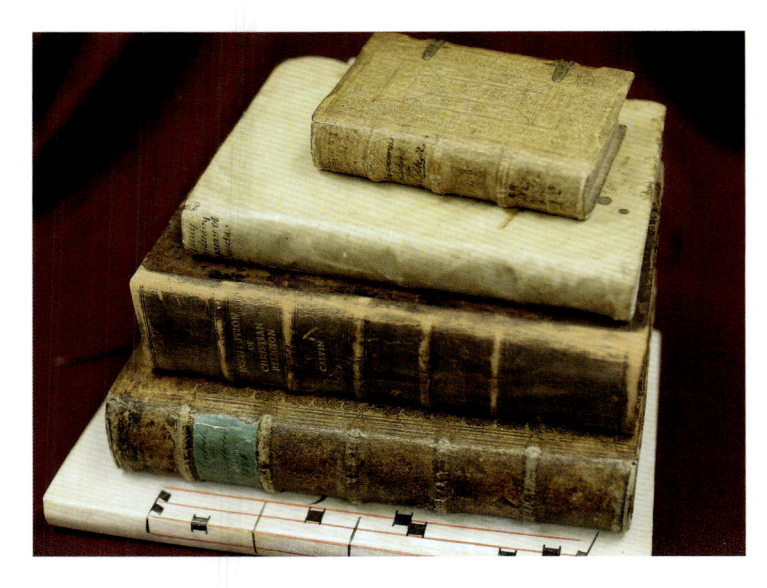

Abb. 5 Bücher aus dem Bestand der Kessler Collection der Pitts Theology Library, Atlanta

Sammlung enthält, bemerkt der damalige Direktor O. B. Hardison Jr., dass in den 1950er Jahren »das Studium religiösen Denkens im England des 16. und 17. Jahrhunderts an der *Folger Library* besonders intensiv betrieben wurde, wobei der Schwerpunkt vor allem auf den Nonkonformisten lag«.[31] Er führt weiter aus, dass Forscher, die damals mit der Bibliothek verbunden waren, zur Weiterentwicklung der Sammlung den Ankauf zusätzlichen Materials zur Reformation auf dem europäischen Kontinent empfohlen hätten.[32] Infolge der langfristigen Beziehungen zwischen Mitarbeitern der *Folger Library* und europäischen Kollegen am Basler Erasmushaus[33] erhielt die *Folger Library* 1976 als erste das Kaufangebot für die Stickelberger-Sammlung (die zweitgrößte Sammlung der *Folger Library* an Material aus der Reformationszeit), die sie 1977 auf einer Auktion in Basel ersteigerte.[34] Dr. Emanuel Stickelberger war ein Schweizer Sammler und Gelehrter, dessen Sammlung zum Zeitpunkt des Ankaufs durch die *Folger Library* 870 Gegenstände aus der Reformationszeit umfasste, darunter 180 Werke Luthers und eine Reihe weiterer Schriften von Erasmus, Melanchthon, Zwingli und Calvin.[35] Im Katalog, der aus Anlass des Ankaufs der Stickelberger-Sammlung erschien, heißt es, dass deren Aufnahme in die *Folger Library* – »eine der größten und schönsten Bibliotheken der ganzen Welt« – »für viele weitere Bücherfreunde und Gelehrte eine Freude und Hilfestellung« darstelle und auch insofern im Sinne des Sammlers sei, als Stickelberger selbst als Bücherfreund und seriöser Gelehrter die erworbenen Werke für die Arbeit an seinen Romanen, Theaterstücken und anderen Schriften studiert habe.[36] Viele Einzelstücke der Sammlung wurden von Stickelberger neu gebunden und mit Inkunabelblättern versehen.

Seit den früheren Ankäufen sind viele Hundert weitere einschlägige Werke erworben worden. Und obwohl die *Folger Library* einen exzellenten Ruf genießt und Forschern aus der ganzen Welt offensteht, sind ihre stattlichen Bestände aus der Reformationszeit wenig bekannt. Zu den Glanzstücken ihrer Sammlung gehören eine Basler Ausgabe von Luthers *Dezembertestament,* seine Übersetzung des Neuen Testaments sowie zahlreiche weitere Werke von Luther (einschließlich Lutherbibeln), Zwingli und Melanchthon, viele polemische Flugschriften, Bibelübersetzungen und ein seltenes, nicht verzeichnetes Gebetbuch mit dem Titel *Ein Betbüchlin*. Darüber hinaus bereichert eine Reihe wichtiger Inkunabeln die Forschung. Ein Großteil der Folger-Bestände steht natürlich in Zusammenhang mit der englischen und der schweizerischen Reformation. Aus Anlass von Luthers 500. Geburtstag 1983 veranstaltete die *Folger Library* gemeinsam mit dem *Lutheran Council of America*, der *University of Maryland* und der *Church of the Reformation* in Washington, D. C. eine Ausstellung, in deren Kontext mit Unterstützung der *Lutheran Brotherhood* ein kleiner Katalog veröffentlicht wurde.[37]

Es dürfte keine ernst zu nehmende Studie zu den Druckwerken der Reformation geben, die nicht betont, was für ein einflussreicher und großartiger Denker und Theologe Martin Luther war, und die nicht auf die Vielzahl hochrangiger Gelehrter, Autoren und Reformatoren neben ihm verweist. Die vorliegende Übersicht US-amerikanischer Sammlungen hat allenfalls vorläufigen Charakter, aber sie lässt doch erkennen, in was für einer dynamischen Epoche Luther lebte und wie wichtig sein Beitrag zur Geschichte des Abendlands ist. Die Reformation war ein für die Entwicklung und Ausbreitung der modernen Welt entscheidender Moment, indem sie zentrale Ideen hinterfragte und zu einem Geist der Freiheit führte, mit dem wir bis zum heutigen Tag ringen.

Die hier dargestellten Sammlungen spiegeln in ihrer Gesamtheit das gemeinsame Bekenntnis zur Geschichte, das leidenschaftliche Engagement einzelner Sammler für die Erhaltung von Kulturgut und dessen Erforschung und oft auch den achtbaren Wunsch, diese Kulturgüter allgemein zugänglich zu machen. Für einige Einrichtungen und Sammler ist darüber hinaus die Wertschätzung des historischen Erbes ein wichtiges Motiv. Alle Gelehrten aber, die sich mit dieser außergewöhnlichen Epoche befassen, möchten an der humanistischen Tradition teilhaben und *ad fontes*, »zu den Quellen« gehen – und sich so das Prinzip zu eigen machen, das auch Luthers Gelehrsamkeit und Autorschaft, ja der Reformation als Ganzes zugrunde lag. Erfreulicherweise gibt es in den Vereinigten Staaten eine große Anzahl von Orten, an denen dies möglich ist.

31 O. B. Hardison Jr.: The Folger Shakespeare Library: Annual Report of the Director, The Folger Shakespeare Library, Washington, D. C. 1977. **32** Ebd. **33** Das Erasmushaus ist ein Schweizer Antiquariat, das seit 1800 existiert. **34** Ebd. **35** Ebd. **36** Adolf Seebass/Tilman Seebass/Verena Tammann: Reformation: Catalogue of the Emanuel Stickelberger Collection purchased by the Folger Shakespeare Library, Washington, D. C./Basel 1977, S. 5. **37** Folger Shakespeare Library (Hrsg.): Martin Luther (1483–1546). A Jubilee Exhibition at the Folger Shakespeare Library, Washington, D. C. 1983.

ANNE-SIMONE ROUS

Reiseberichte und Briefe von Auswanderern

Im 18. und 19. Jahrhundert wandten viele Menschen Europa den Rücken. Allein aus Deutschland wanderten 5,4 Millionen in die USA aus. Gedruckte Reiseberichte, die reißenden Absatz fanden, zeichneten ein romantisches Bild Amerikas und motivierten zusätzlich zur Auswanderung. Mit dem Ziel Amerika hofften viele auf ein besseres Leben. Von etlichen Familien sind Briefkonvolute und Tagebücher überliefert, die ein eigenes Feld der Reiseliteraturforschung darstellen. Im Zeitraum von 1818 bis 1914 sind geschätzt 280 Millionen Briefe aus den USA nach Deutschland gesandt worden, davon 100 Millionen Privatbriefe. Die wenigsten sind erhalten. Die bisher größte Sammlung umfasst 13 000 Schriftstücke und ist im Zuge ihrer wissenschaftlichen Bearbeitung nun auch schon zum Teil digital verfügbar (www.auswandererbriefe.de).

Die meisten Auswanderer waren Handwerker, Arbeiter, Landwirte und Kleingewerbetreibende, die besonders von Missernten und Teuerungen betroffen waren. Einige begannen auf der abenteuerlichen Atlantiküberfahrt ein Tagebuch, das in der Familie weitervererbt wurde und in einigen Fällen überliefert ist. Auf dem Postweg hielten Auswanderer die Verbindung zu den Daheimgebliebenen aufrecht. In den Briefen betonten sie die Weltoffenheit, Freiheit und die technischen Möglichkeiten in der Neuen Welt. Immer wieder versuchten sie, Freunde und Verwandte von den Vorteilen einer Auswanderung zu überzeugen. Nur selten ist von enttäuschten Erwartungen die Rede. Mit Wehmut erinnert man sich an gemeinsame Erlebnisse. Beide Seiten hatten ein starkes Informationsbedürfnis und wollten an Freud und Leid auf der anderen Seite des Ozeans teilhaben. Regelmäßig wird die Spannung von Rückständigkeit und Fortschrittlichkeit thematisiert. Indem sie Unterschiede zwischen ihrem Herkunftsland und Amerika feststellten, machten die Autoren in Alltagsdingen die Erfahrung der Ungleichzeitigkeit.

Traditionen gaben in der Fremde Orientierung und Halt. Zugleich konnten sich durch das gemeinsame Feiern von (kirchlichen) Festen und Vereinsbildung unter Auswandererfamilien enge Beziehungen entwickeln. Auch der Zusammenhalt deutscher Lutheraner in den Gemeinden schien sehr stark zu sein. In den Berichten in die Heimat spiegeln sich oft auch interkulturelle Konflikte wider, wenn es um Themen wie Sklaverei, Eisenbahnbau, Umgang mit Geld oder Erziehungsmethoden, kurzum: um Aspekte der Zivilisation ging. Politische Denkmuster kamen in Disputen über Demokratie und Freiheit zur Sprache. Für die Mentalitätsforschung sind demnach Briefe ein Fundus, dem – vorbehaltlich der nötigen Quellenkritik hinsichtlich der Glaubwürdigkeit und Zuverlässigkeit – jenseits der individuellen Geschichte auch sozialhistorische Zusammenhänge entnommen werden können.

THOMAS E. RASSIEUR

Protestantische Gemälde in Amerika

Es gibt keine große theologisch-begründete Sammlung protestantischer Gemälde in Amerika. Selbst evangelische Institutionen wie das Museum und die Galerie der *Bob Jones University* haben keine nennenswerte Ausrichtung auf reformatorische Bilder aus dem 16. Jahrhundert. Obwohl sich viele Sammler und Museumsleiter, die Objekte erwarben, sehr für die Reformation interessierten, wurden wohl die meisten Gemälde aufgrund ihrer Verbindung zu Lucas Cranach dem Älteren oder dessen Sohn Lucas Cranach dem Jüngeren erworben. Sie waren bei Sammlern und Kuratoren wegen der meisterhaften Ausführung und ihrer Signaturen begehrt, und erst in zweiter Hinsicht aufgrund ihres religiösen Bezuges und historischer Interessen. Solche Sammlungen umfassen oftmals mehr Bilder, die katholisch konnotiert oder gänzlich ohne religiösen Bezug sind. Es überrascht nicht, dass sich die größte Sammlung protestantischer Gemälde im *Metropolitan Museum of Art* in New York befindet. Viele weitere sind in den Museen entlang der Ostküste sowie im Mittleren Westen der USA verstreut.

Eine vollständige Bestandsaufnahme würde den Rahmen dieses Aufsatzes sprengen, doch wird eine umfangreiche Auswahl protestantischer Porträts und religiöser Themen in amerikanischen Sammlungen vorgestellt. Noch niemand hat bisher eine solche Übersicht erstellt, daher soll hier der Grundstock für eine Befragung der Gemälde nach konfessionellen Aspekten zusammengestellt werden. Das *Cranach Digital Archive*[1] ermöglicht weltweit einen Überblick, in welchen Kunstsammlungen Gemälde der Cranachs und ihrer Werkstatt aufbewahrt werden. Hier sollen sie nach der religiösen Bedeutung ihrer Ikonografie untersucht werden. Einige Studien zur Provenienz der Kunstwerke sollen das Sammelinteresse beleuchten. So kann die These geprüft werden, dass die Gemälde vor allem aufgrund ihrer brillanten kunsthistorischen Bedeutung gesammelt wurden und weniger aufgrund von religiösen Interessen – wie es Joanne Reiling Lindell in diesem Band für Sammlungen von Druckwerken nachweisen konnte. In ihrer Gesamtheit betrachtet bieten die amerikanischen Bestände eine reichhaltige Auswahl. Die Porträts zeigen Luther, seine Frau und enge Verbündete, seine Schutzherren und Nachfolger. Die religiösen Bilder behandeln zentrale Themen wie das Opfer und die Lehre Christi, wie sie aus der Perspektive der Reformatoren gesehen wurden.

Porträts

Die offensichtlichsten Beispiele protestantischer Kunst sind Porträts von Martin Luther und seinen Weggefährten. Als Luther im Jahr 1525 Katharina von Bora heiratete, produzierte Cranachs Werkstatt eine Reihe von Porträts in diversen Versionen und Formaten. Es ist nicht bekannt, ob diese als Geschenk verteilt oder als Andenken gekauft wurden, doch für ihre Besitzer waren sie mit Sicherheit ein Symbol ihrer Unterstützung der Reformationsbewegung.[2] *The Morgan Library & Museum* in New York besitzt zwei kleine Tondos oder Rundbilder. Sie sind anderen Gemälden dieser Art sehr ähnlich. Luther-Tondos befinden sich im Lutherhaus in Wittenberg[3] und im Stadtmuseum Nördlingen.[4] Ein Exemplar, das Katharina zeigt, befindet sich in der Berliner Gemäldegalerie.[5] Das Kunstmuseum Basel[6] besitzt ein ähnliches Paar, das ein wenig mehr von den Körpern der Porträtierten zeigt. Pierpont Morgan, der Gründer der nach ihm benannten Bibliothek, erwarb sein Paar aus der Sammlung der Earls de Grey im Jahr 1919, als George Robinson, der Vater des letzten Earl de Grey, Frederick Robinson, verstarb.

Porträts von Luther und Katharina entstanden während ihres gesamten weiteren Lebens. Sie konnten auch frühere Stationen ihrer Biografie wiederholen. Ein Porträtpaar im *Muskegon Museum of Art* in Muskegon, Michigan, zeigt Luther als Junker Jörg während seines Wartburg-Aufenthalts im Jahr 1521 gemeinsam mit der jungen Katharina – doch datiert ist das Luther-Porträt auf das Jahr 1537 (Abb. 1).[7] Das Bildnis basiert auf den Prototypen Cranachs aus den frühen 1520er Jahren in Leipzig und Weimar. Ihre Wiederauflage wurde möglicherweise durch das Erscheinen von Luthers *Schmalkaldischen Artikeln* im Jahr 1537 angeregt. Durch die kürzlich erfolgte Restaurierung und weitere Nachforschungen konnte der Restaurator Barry Bauman die unkenntlichen Inschriften rekonstruieren, die in den oberen und unteren Bildhälften noch vorhanden waren.[8] Aufgrund von Fotografien eines ähnlichen Bildpaares, das sich in der kleinen Kirche Unserer Lieben Frauen Auf Dem Berge in Penig, Sachsen, befindet, sowie publizierter Inventareinträge aus dem 19. Jahrhundert, die ein solches Bildpaar in der Sammlung Maximilians von Schreibershofen belegen, das heute als verschollen gilt, entzifferte Baumann die Inschriften im Bild Luthers folgendermaßen: »DOCTOR MARTINUS LUTHER, PROPHETA GERMANUS ANNO 1521 IN PATHMO AETATIS SUAE 38. DEPINGEBATUR« [Doktor Martin Luther, Deutscher Prophet,

Abb. 1 Lucas Cranach d. Ä. (Werkstatt), Martin Luther als Junker Jörg und Katharina von Bora, 1537

dargestellt im Jahr 1521 in Patmos, im Alter von 38.] »PESTIS. ERAM. VIVENS. MORIĒS. PRO MORS. TUA. PAPA.« [Deine Pest war ich lebend, sterbend, werde ich dein Tod sein, Papst]. Die Erwähnung von Patmos bezieht sich auf eine griechische Insel, auf der der Apostel Johannes die Visionen der Offenbarung in Empfang nahm und aufzeichnete. Luther verglich seine Isolation auf der Wartburg und das inspirierte Schreiben dort mit Johannes' Erfahrung.

Katharinas Inschrift besagt: »KATHARINA A BOR VXOR ACERRIMI CHRISTI JESV SALVATORIS NOSTRI PER GERMANIĀ APOSTOLI DNI DOCTORIS MARTINI LVTHERI« [Katharina von Bora, Gattin des glühendsten Apostel unseres Herren Retter Jesu Christi in den deutschen Landen, Doktor Martin Luther.]

Noch unter dem Namen *Hackley Art Gallery* erwarb das Museum die Bilder im Jahr 1939 von den *E. and A. Silberman Galleries* in New York. Wilhelm Valentiner, Direktor des *Detroit Institute of Art* und ehemaliger Kurator für Gemälde am *Metropolitan Museum of Art*, war der Überzeugung, sie seien authentische Werke von Lucas Cranach dem Älteren. Heute werden sie als Werkstatt-Arbeiten angesehen, doch Bauman geht stark davon aus, dass es sich bei ihnen tatsächlich um die »verschollenen« Werke handelt, die im Schreibershofen-Inventar beschrieben sind.

Im *Metropolitan Museum of Art* befindet sich ein Luther-Porträt aus der Zeit um 1532.[9] Seine eher mechanische Ausführung lässt vermuten, dass es eine Kopie aus Cranachs Werkstatt ist. Mehrere ähnliche Varianten sind bekannt, auch solche, die Philipp Melanchthon darstellen. Es existieren auch halbfigurige Versionen der Komposition, die Luther mit Rumpf und Händen zeigen. Diese Art Porträt ist wohl um 1532 in Produktion gegangen, um das steigende protestantische Selbst-

---

1 Die Zitierung der Gemälde von Lucas Cranach dem Älteren, seiner Werkstatt und seinen Nachfolgern bezieht sich auf das Cranach Digital Archive (Cranach Digital Archive 2016, Stiftung Museum Kunstpalast Düsseldorf/Technische Hochschule Köln. URL: http://lucascranach.org/. [7. 4. 2016] [CDA]), das teilweise aktueller ist als das gedruckte Werkverzeichnis: Max J. Friedländer/Jakob Rosenberg: Die Gemälde von Lucas Cranach, Ithaca 1978. Für die Objekte, die im CDA nicht vorhanden sind, wird, wenn möglich, Friedländer und Rosenberg zitiert. CDA: US_MLMNY_B3-114-Fa,b. **2** Günter Schuchardt: Privileg und Monopol – Die Lutherportraits der Cranach-Werkstatt, in: Ders. (Hrsg.): Cranach, Luther und die Bildnisse, Regensburg 2015, S. 24–53. **3** CDA: DE_LHW_G11. **4** CDA: DE_SMN_25. **5** CDA: DE_smbGG_637. **6** CDA: CH_KMB_177; CDA: CH_KMB_177a. **7** CDA: US_MMA_39-5. **8** Siehe Barry Bauman Conservation, n. d. URL: www.baumanconservation.com/SolvingTheCranachMystery.html [7. 4. 2016]. **9** CDA: US_MMANY_55-220-2. Maryan W. Ainsworth/Joshua P. Waterman: German Paintings in the Metropolitan Museum of Art, 1350–1600, New York 2013, S. 85–87, Nr. 18.

Abb. 2 Lucas Cranach d. J., Martin Luther und Philipp Melanchthon, 1558

Abb. 3 Triptychon mit der Darstellung Christi als Salvator Mundi im Kreise einer Hamburger Familie, 1573–1582

bewusstsein nach dem Reichstag zu Augsburg zu bedienen. Luther ist in der schwarzen Robe eines protestantischen Predigers dargestellt. Die Version des *Metropolitan Museums* hat große Ähnlichkeit mit einer feingliedrigen Zeichnung aus der Sammlung der Dukes of Buccleuch,[10] aber ihr Bezug zueinander ist nicht bekannt. Die Zeichnung könnte der Vorläufer für eine ganze Reihe von Porträts gewesen sein, oder aber die erste Version des Gemäldes überliefern.

Ein 1546 datiertes Porträt, das wohl aus Anlass von Luthers Tod gemalt wurde, befindet sich im *Harvard Art Museum*.[11] Es geht auf Kompositionen zurück, die die Cranach-Werkstatt um 1540 produzierte und von denen sich eine in Wittenberg befindet.[12] Lucas Cranach der Jüngere führte das Geschäft seines Vaters mit Lutherbildern weiter. Ein Halbfigurenporträt von Luther im *Philadelphia Museum of Art* wurde von der Werkstatt des Sohnes im Jahr 1555 produziert und geht auf die gleichen Quellen zurück wie das frühere, größere Bild in Harvard.[13] Cranach der Jüngere stellte Luther und seine Mitstreiter oft gemeinsam in narrativen Altarbildern dar. Ein einmaliges Werk befindet sich im *North Carolina Museum of Art*: Es zeigt Luther zusammen mit Philipp Melanchthon in einem Doppelporträt zweier Akademiker (Abb. 2).[14] Das Gemälde entstand 1558, doch wurde das Datum auf 1550 geändert, ein Versuch, es als Werk von Lucas Cranach dem Älteren erscheinen zu lassen, der 1553 verstarb. Das postume Abbild Luthers stützt sich wieder auf Werke der Werkstatt des älteren Cranachs aus der Zeit um 1540.[15] Melanchthon lebte zu diesem Zeitpunkt noch und verstarb zwei Jahre später. Das Bild zeigt ihn als ergrauten Mann. Im Gegensatz zu Luther blieb er sein ganzes Leben lang recht hager. Sein Hemd ähnelt der Kleidung, in der ihn Albrecht Dürer in einem Kupferstichporträt aus dem Jahr 1526 darstellte. Es war längst aus der Mode. Seit vier Jahrzehnten ebenso unverändert blieben seine zerzausten Haare.

Im *Crocker Art Museum* in Sacramento befindet sich ein Porträt von Melanchthon aus dem Jahr 1580, das aus der Werkstatt Cranachs des Jüngeren stammt.[16] Das Bild gelangte 1621 in die Dresdner Sammlung Johann Georgs I., Kurfürst von Sachsen. Johann Georg war zwar evangelisch, doch stellte er sich oft auf die Seite der Habsburger und anderer römisch-katholischer Herrscher, da er der albertinischen Linie des Hauses Wettin angehörte. Diese stand in langjähriger Rivalität zur ernestinischen Linie des Hauses, zu der Luthers Schutzherren Friedrich der Weise, Johann I. der Beständige und Johann Friedrich I. der Großmütige gehörten. Im Jahr 1532, kurz nachdem Johann Friedrich I. der Großmütige die Kurfürstenwürde geerbt hatte, beauftragte er Cranach den Älteren mit 60 Paar postumer Porträts, die seinen Onkel Friedrich den Weisen und seinen Vater Johann I. den Beständigen zeigen. Zwei auf Papier gedruckte Texte wurden auf die Oberfläche eines jeden Bildes angebracht: Ein kleiner Zettel in der oberen Bildhälfte nennt den Porträtierten und ein größerer am unteren Rand beinhaltet ein Gedicht, in dem der Porträtierte seine eigenen Leistungen wiedergibt. Der Autor der unsignierten Verse könnte Luther selbst gewesen sein.

Kurz nach der Gründung des Schmalkaldischen Bundes der protestantischen Fürsten im Jahr 1531 war dieser Porträtauftrag politisch höchst brisant. Friedrichs Gedicht proklamiert dessen Gründung der Wittenberger Universität, die das Wort Gottes hervorbrachte. Es besagt außerdem, dass die Kurfürsten des Heiligen Römischen Reiches Friedrich zum Kaiser gewählt hätten, er jedoch aufgrund seines fortgeschrittenen Alters großmütig darauf verzichtet und stattdessen Karl V. vorgeschlagen hätte. Johanns Gedicht besagt, er habe dazu beigetragen, die Bauernaufstände niederzuschlagen, wäre mutig für seinen Glauben eingestanden und habe seinen Widerstand gegen die Wahl von Kaiser Ferdinand I. überwunden, um sich mit Karl V. auszusöhnen. Indem Johann Friedrich solche Aussagen verbreitete, bestärkte er seinen Anspruch als rechtmäßiger Erbe der Kurfürstenwürde und als Spross einer altehrwürdigen, angesehenen Familie, deren religiöse Ansichten nicht ihre Loyalität zum Reich infrage stellten. Diese Propaganda-Kampagne war dringend notwendig, denn die Sachsen hatten Karl V. sehr verärgert, indem sie Luther unterstützten und das *Augsburger Bekenntnis* unterschrieben hatten, womit sie gegen seinen Bruder Ferdinand stimmten und den Schmalkaldischen Bund gründeten. Karl weigerte sich, Johann Friedrichs Anspruch auf die Kurfürstenwürde anzuerkennen.[17]

Erhaltene Aufzeichnungen zeigen, dass die Werkstatt den Auftrag im Jahr 1533 abschloss. Viele der 120 Gemälde sind überliefert, sie sind von unterschiedlicher Qualität. Das *Metropolitan Museum of Art* besitzt ein ausgezeichnetes Porträtpaar von Friedrich und Johann sowie ein weiteres einzelnes Bildnis von Johann.[18] Obwohl sie aus ihren originalen Rahmungen entfernt wurden, blieb das Paar wohl zusammen, seit es die Werkstatt verlassen hat. Die Bilder sind von besonders hoher Qualität: Die Gesichter könnte Cranach selbst gemalt haben. Die Rückseite der Porträttafel Friedrichs zeigt das sächsische Wappen. Vermutlich waren die beiden Bilder durch ein Scharnier zu einem Diptychon verbunden, sodass die Wappen im geschlossenen Zustand sichtbar waren. Das einzelne Porträt Johanns scheint eher ein Massenprodukt der Werkstatt gewesen zu sein, dessen Aussehen noch durch den schlechten Zustand beeinträchtigt wird. Es ist möglich, dass der Entwurf der Porträtreihe von Albrecht Dürers Kupferstich des Kurfürsten von 1524 übernommen wurde. Mit Sicherheit war Cranach mit Dürers Stich vertraut, doch die Verkehrung, Vereinfachung und Stilisierung der Komposition geben dem Werk eine gänzlich andere Wirkung.

Ein kleinformatiges, ganzfiguriges Gruppenporträt im *Toledo Museum of Art* zeigt die verwobenen Beziehungen von Luther, seinen Mitstreitern, den sächsischen Kurfürsten und der Familie Cranach.[19] Gemalt wurde es um 1543 von Lucas Cranach dem Jüngeren, während er noch in der Werkstatt seines Vaters tätig war. Es zeigt Johann Friedrich im Vordergrund mit zehn sich hinter ihn drängenden Männern (siehe Abb. 7 im Aufsatz von Timo Trümper in diesem Band). Luther und Melanchthon sind problemlos zu erkennen. Bei dem jungen Mann neben Luther scheint es sich um Georg Spalatin zu handeln, Johann Friedrichs Lehrer und einer von Luthers engsten Verbündeten. Die Person links von Johann Friedrich ist wohl der

---

10 Aquarell auf Pergament, 21,9 × 19,1 cm. The Buccleuch Living Heritage Trust, Boughton House, Kettering, Northamptonshire, England. **11** Nicht im CDA. **12** DE_LHW_G72. **13** Nicht im CDA. **14** CDA: US_NCMAR_GL-60-17-65. **15** CDA: DE_LHW_G70. **16** CDA: US_CAMS_1872-59. **17** Ainsworth/Waterman: German Paintings (wie Anm. 9), S. 78–84. **18** Ebd. S. 78–84, Nr. 17a–c. CDA: US_MMANY_46-179-1, US_MMANY_46-179-2, US_MMANY_71-128. **19** CDA: US_TMA_1926-55.

Abb. 4 Lucas Cranach d. Ä.,
Lukas Spielhausen (?), 1532

sächsische Kanzler Gregor Brück, der eine große Rolle beim Austausch zwischen den Reformatoren und den Regierungsbehörden spielte. Brücks Sohn Christian heiratete die Schwester Cranachs des Jüngeren, Barbara; Cranach der Jüngere selbst heiratete Brücks Tochter Barbara und nach deren Tod Melanchthons Nichte. Manche Gesichter sind teilweise verdeckt, sodass schwer zu sagen ist, ob sie von damaligen Betrachtern identifiziert werden konnten. Auf der rechten Seite ist ein Stück eines Gesichtes zu sehen, das wohl ein Porträt ist, doch ist die Tafel an dieser Stelle beschnitten. Es könnte somit ein wenig beschnittener Altarflügel sein oder aber das Fragment einer viel größeren Komposition.

Ein Gruppenporträt des *Metropolitan Museum of Art* gehört zu den wenigen protestantischen Gemälden in den USA, das nicht aus dem Cranach-Umfeld stammt.[20] Das Triptychon zeigt eine unbekannte Familie: Ein Mann auf dem linken und eine Frau auf dem rechten Flügel flankieren den Mittelteil mit fünf Familienmitgliedern, die sich um Christus, dargestellt als *Salvator Mundi* – Erlöser der Welt – versammeln (Abb. 3). Goldene Ketten, üppige Pelze, Juwelen und vornehme Kleidung kennzeichnen sie als wohlhabende Familie. Wahrscheinlich sind drei Generationen dargestellt, denn laut Inschrift sind die Porträtierten zwischen sechs und 54 Jahre alt. Die Familie war wohl in Hamburg ansässig, denn die Himmelskugel, die von Christus gehalten wird, reflektiert den Horizont der Stadt mit ihren sechs Kirchturmspitzen. Die Frau auf dem rechten Flügel trägt die traditionelle Hamburger Tracht. Die Inschrift über Christus zitiert Johannes 14, 19: »Denn ich lebe, und ihr sollt auch leben«. Psalmverse sind in einer Inschrift neben den vier ältesten Familienmitgliedern zitiert. Alle Zitate stammen direkt aus Johannes Bugenhagens niederdeutscher Ausgabe der Lutherbibel, die erstmals im Jahr 1534 veröffentlicht wurde, kurz nach der Fertigstellung der hochdeutschen Version. Der ungewöhnliche Einfall, die Stifterfamilie in unmittelbarer Nähe zu Christus darzustellen – ohne etwa durch anbetende Gesten Distanz zu schaffen – zeigt ihre Loyalität zu den GnesioLutheranern (»Echten Lutheranern«), die glaubten, dass Christi Fleisch und Blut während der Eucharistie tatsächlich gegenwärtig sind. Das Triptychon wird manchmal auch als Gedenktafel für die Hochzeit des auf den äußeren Flügeln dargestellten Paares interpretiert, doch viel wahrscheinlicher ist es ein Epitaph, der ursprünglich in der Nähe einer Familiengruft gestanden haben könnte, wie Joshua Waterman vorschlägt.

In manchen Fällen ist nicht sicher, welche Haltung der Porträtierte zur Reformation einnahm. Das *Metropolitan Museum of Art* besitzt ein Porträt eines reich gekleideten Mannes, der Lukas Spielhausen darstellen könnte (Abb. 4).[21] Er trägt einen Siegelring mit den Initialen »LS«, die Rückseite der Tafel ist mit dem Spielhausener Familienwappen versehen. Spielhausen promovierte im Jahr 1524 in Jura und wurde 1531 zum Hofprokurator (ein höfischer Jurist) in der Torgauer Residenz von Johann dem Beständigen ernannt. Diesen Posten hatte er inne, als Lucas Cranach der Ältere sein Porträt anfertigte, das auf 1532 datiert. Spielhausen zog später nach Weimar, eine reformorientierte Stadt, wo er mehrere Ämter innehatte, auch das des Bürgermeisters. Die Reformation etablierte sich dort im Jahr 1525 und Luther hielt sich mehrfach in der Stadt auf. Als Johann Friedrich I. 1552 aus der Gefangenschaft entkam, nachdem er in der Schlacht bei Mühlberg 1547 gefangen genommen worden war, ernannte er Weimar zum neuen Herrschaftssitz des ernestinischen Zweiges des sächsischen Hauses. Wenn es sich bei dem Porträtierten tatsächlich um Spielhausen handelt, dann zeigt das Bild einen Mann, der dem Zentrum der säkularen Machtstruktur der Reformation nahe stand.

Die Porträts von Moritz Buchner und seiner Frau Anna Lindacker wurden nicht direkt als protestantische Kunstwerke gemalt, doch sie stellen ein Paar dar, dass sich wahrscheinlich im Kreis der oberen Mittelschicht bewegte, die Luther unterstützte.[22] Wie bei Luther, so lagen auch Buchners Wurzeln in Eisleben, seine Familie hatte Anteile am Bergbau in Mansfeld und war sehr erfolgreich. Er zog nach Leipzig, wo er den Posten eines Stadtbeamten antrat. Die Hochzeitsporträts datieren 1518 und befinden sich im Besitz des *Minneapolis Institute of Art*. Sie zeigen Buchner in einem üppigen Pelzmantel und seine Frau in Gold gehüllt. Nach der Leipziger Disputation 1519 akzeptierte die Stadt – und vor allem die wohlhabenden Bürger – die Reformbewegung. Die Tendenz der reichen Leipziger, Luther zu unterstützen, wird durch das Überwiegen begüterter Unterzeichner einer Petition an den Herzog Georg von Sachsen bestätigt, die 1524 die Übertragung einer leerstehenden katholischen Kirche an Andreas Bodenstein als Prediger forderte.[23]

Ein Porträt einer nicht identifizierten Person im *Nelson-Atkins Museum of Art* in Kansas City zeigt eine Gestalt in nüchternem Aufzug, wie es sich für einen Reformator gehörte.[24] Obwohl wenige Informationen über den Porträtierten verfügbar sind, gibt es eine Verbindung zu Luther, die durch wissenschaftliche Untersuchungen offengelegt wurde: Die Buchenholztafel, auf die es gemalt ist, stammt von demselben Baum wie die Tafeln, auf die Cranach und seine Werkstatt auch Porträts von Luther, Melanchthon, Friedrich dem Weisen, Johann Friedrich und Johann Ernst, dem Sohn Johanns des Beständigen, malten. Es ist somit fast sicher, dass wir es hier mit einem protestantischen Gemälde zu tun haben, doch um seine volle Bedeutung zu erfassen, müsste man den Porträtierten zunächst identifizieren.

Religiöse Themen

Der Opfertod Christi ist ein zentrales Element der evangelischen Theologie. In amerikanischen Sammlungen befinden sich mindestens drei Bilder – zwei Kreuzigungen und eine Beweinung Christi –, die direkt auf dieses Thema eingehen. In der Kreuzigungsszene im *Indianapolis Museum of Art* blickt Christus auf die Gläubigen zu seiner Rechten, die durch sein Opfer die Erlösung erhalten (Abb. 5). Die Jungfrau Maria fällt ohnmächtig in die Arme des Johannes. Maria Magdalena umarmt das Kreuz. Trotz ihrer Vergehen werden die gute Schächer und der Soldat Longinus, der Christus die Seitenwunde zufügte, errettet werden, da sie am Ende glaubten. Die Soldaten, die lieber das Los über Christi Kleider warfen, anstatt auf sein Versprechen zu vertrauen, und der böse Übeltäter wenden ihre Augen von Christus ab und werden somit nicht errettet. Cranach platzierte einen Kardinal, einen Mönch und einen Türken hinter dem Kreuz und deutete damit an, dass Christus ihnen vollständig den Rücken zugewandt hat.

In den 1530er Jahren entwickelte Cranach eine größere, dichtere und chaotischere Version der Kalvarienberg-Szene, von der sich ein Exemplar im *Art Institute of Chicago* erhalten hat.[25] Maria Magdalena kümmert sich hier um die Jungfrau Maria, und ein Soldat, vielleicht Longinus, umarmt nun das Kreuz. Der Vergleich des Chicagoer Bildes mit einer Tafel der gleichen Größe und ähnlicher Komposition in Dessau macht deutlich, dass die Werkstatt in der Lage war, Variationen eines Themas anzufertigen.[26] Ein solcher Vergleich zeigt, dass bei der zu engen Interpretation mancher Details Vorsicht vonnöten ist. In der Dessauer Version kniet Maria Magdalena beispielsweise in anbetender Haltung vor Christus, statt das Kreuz zu umarmen. Der Bedarf an Kreuzigungsszenen hielt über Jahrzehnte an. Eine kleine Tafel im *Minneapolis Institute of Art* zeigt eine vereinfachte Version der Komposition der Familienwerkstatt, die bis in die späten Jahre von Cranach dem Jüngeren produziert wurde.[27] Dargestellt sind nun nur noch Christus, die zwei Schächer, die Gruppe der ohnmächtig werdenden Frauen, Maria Magdalena, die das Kreuz umarmt, Longinus zu Fuß und einige wenige Ungläubige.

Eine ungewöhnliche und ganz klar didaktisch ausgerichtete, protestantische Version der Kreuzigung befindet sich in der *National Gallery*, Washington, D. C. (Abb. 6).[28] Die einzige Person neben Christus und den beiden Schächern ist der berittene Hauptmann. Obwohl er in der Bibel nicht namentlich genannt wird, wird er oft als Longinus identifiziert. Jeweils eine Inschrift steht neben Christus und dem Soldaten. Christus wird gleich sterben und ruft Gott an: »VATER IN DEIN HET BEFIL ICH MEIN GAIST« [Vater, in deine Hände befehle ich meinen Geist]. Der Vers stammt aus Luthers Bibelübersetzung, Lukas 23, 46. Als der Hauptmann diesen Akt der Aufopferung sieht, ruft er aus: »WARLICH DISER MENSCH IST GOTES SVN GEWEST« [Wahrlich, dieser Mensch ist Gottes Sohn gewesen], Markus 15, 39. Nach Luthers Theologie ist der Hauptmann allein durch seinen Glauben errettet und wird durch seine Bekehrung ein Knecht Christi und ein Soldat Gottes. Eine größere Version des Bildes, die zwei Jahre früher gemalt wurde, befindet sich in der *Yale University Art Gallery*.

Die Cranach-Werkstatt produzierte viele kleine Lehrbilder nach Bibeltexten. Manchmal sind die Inschriften in Latein gehalten, aber öfter noch in deutscher Sprache. Ein Gemälde der Taufe Christi befindet sich im *Cleveland Museum of Art* und trägt eine lateinische Inschrift, in der Gott im Himmel den Betrachter adressiert: »HIC EST FILIVS MEVS DILECTVS IN QVO MICHI BEN COMPLACITVM EST« [Dies ist mein lieber Sohn, an welchem ich Wohlgefallen habe, den sollt ihr hören] (Math. 17, 5).[29] Die Taube des Heiligen Geistes sinkt auf Jesus herab, während Johannes der Täufer mit einem großen Krug Wasser aus dem Jordan schöpft (Abb. 7). Diese schöne Tafel sticht in ungewöhnlicher Weise von der üblichen Cranach'schen Werkstattproduktion hervor, denn das verwendete Holz ist Eiche, und nicht, wie sonst bei Cranach üblich, Buche.

Um 1520 fing die Cranach-Werkstatt an, Gemälde von Christus und der Ehebrecherin zu produzieren, ein Jahrzehnt später wurde Christi Segnung der Kinder ins Programm aufgenommen. Das *Metropolitan Museum of Art* besitzt zwei kleine Gemälde dieser Themen, die einem Paar im Herzoglichen Museum Gotha sehr ähnlich sind. Diese Gemälde dienen als illustrierte Beispiele der Lektion, auf die Cranachs didaktisches Bildschema von *Gesetz und Gnade* zurückgreift. In beiden widerspricht Christus den Ansichten derer, die traditionelle Vorschriften vertreten und damit den Zugang zur Gnade Christi verweigern. *Christus segnet die Kinder* trägt den Vers Markus 10, 14: »LASSET DIE KINDLIN ZV MIR KOMEN.VND WERET INEN NICHT.DENN SOLCHER IST DAS REICH GOTTES. ~ MARCVS.X.« [Lasset die Kinder zu mir kommen und wehret ihnen nicht, denn solcher ist das Reich Gottes ~ Markus X]. Die Apostel wollten Kinder von Christus fernhalten, da sie sie für nicht würdig hielten, doch er belehrte sie eines Besseren. Gleichermaßen trägt *Christus und die Ehebrecherin* als Inschrift den Vers Johannes 8, 7: »WER VNTER EVCH ON SVNDE IST. DER WERFFE DEN ERSTEN STEIN AVFF SIE. ~IOH~VIII~« [Wer unter euch ohne Sünde ist, der werfe den ersten Stein auf sie. ~ Joh~8]. Jesus lehnt das Beharren der Pharisäer auf

---

20 Ainsworth/Waterman: German Paintings (wie Anm. 9), S. 235–242, Nr. 55. **21** CDA: US_MMANY_1981-57-1. Ainsworth/Waterman: German Paintings (wie Anm. 9), S. 66–69, Nr. 14. **22** CDA: US_MIA_57-10, US_MIA_57-11. **23** Robert W. Scribner: Popular Culture and Popular Movements in Reformation Germany, London 1988, S. 160–162. **24** CDA: US_NAMAKC_31-112. **25** Nicht im CDA. Friedländer/Rosenberg: Gemälde (wie Anm. 1), S. 144 f., Nr. 377. **26** CDA: DE_AGGD_16. **27** CDA: US_MIA_2007-62a-b. **28** CDA: US_NGA_1961-9-69. **29** Nicht im CDA.

Abb. 5 Lucas Cranach d. Ä., Kreuzigungsszene, 1532

Abb. 6 Lucas Cranach d. Ä., Kreuzigung mit dem bekehrten Hauptmann, 1536

Abb. 7 Lucas Cranach d. Ä. (zugeschr.), Taufe Christi im Jordan, um 1546

dem Gesetz Mose ab und schützt die Frau. Gleichzeitig nutzt er die Situation zur Belehrung aller Zuschauer.

Luther gebrauchte das Beispiel des Königs Herodes als Archetypus schlechter Staatsführung. Auf Grundlage eines Gedichts von Caelius Sedulius aus dem 15. Jahrhundert verfasste er ein Lied, das Herodes und Christus gegenüberstellt:

»Was fürcht'st du, Feind Herodes, sehr,
Daß uns gebor'n kommt Christ der Herr?
Er sucht kein sterblich Königreich,
Der zu uns bringt sein Himmelreich.«

Das *Wadsworth Atheneum* in Hartford, Connecticut, besitzt eine relativ große Tafel mit einer Darstellung vom Fest des Herodes, die Lucas Cranach dem Älteren zugeschrieben wird und 1531 datiert, ein Jahrzehnt vor der erstmaligen Veröffentlichung von Luthers Versen (Abb. 8).[30] Salome hält die Schale mit dem Kopf des enthaupteten Johannes des Täufers. Im Kontrast dazu und ihr gegenüber auf der rechten Seite steht eine andere Person, die eine Schale mit Früchten hält. Cranach wiederholte die Komposition zwei Jahre später in einem Gemälde, das sich heute im Städel Museum in Frankfurt am Main befindet. Hier richtet die Person mit den Früchten den Blick aus dem Bild hinaus und bezieht so den Betrachter ein.[31] In einer dritten Version von 1537, die sich in den Staatlichen Kunstsammlungen Dresden befindet und die Lucas Cranach dem Jüngeren zugeschrieben wird, finden sich weitere Veränderungen.[32] Die Person, die die Schale mit den Früchten trägt, ist anders dargestellt, und eine weitere Figur taucht auf, die auf die Früchte zeigt. Die zeigende Person trägt die gleiche Haartracht und Gesichtszüge wie der Früchteträger in der Hartforder Version. Hier stellt sich die Frage, ob Cranach auf eine historische Persönlichkeit anspielte, die Herodes überzeugen sollte, sich zu ändern. Interessanterweise weisen alle drei Versionen eine nicht identifizierte Hintergrundfigur auf, die den breitkrempigen Hut eines Kardinals trägt. Die Dresdner Version gehört zu einer Gruppe von Gemälden mit dem Thema der »Weibermacht«, das eher negativ besetzt war. Die Hartforder Version könnte auch zu solch einer Serie gehört haben.

Abb. 8 Lucas Cranach d. Ä., Das Gastmahl des Herodes, 1531

Fazit

Obwohl Gemälde während der Reformation komplexe und oft negative Reaktionen hervorriefen, bedienten die Cranachs und andere Künstler den Wunsch nach greifbaren Manifestationen des Glaubens. Dies konnten Porträts von religiösen Anführern und ihren Unterstützern sein oder Lehrbilder über den Glauben und moralische Richtlinien. Drei Jahrhunderte später gelangten viele dieser Bilder in die USA, um genau diesen Bedürfnissen zu entsprechen. Manche Bilder kamen wieder zurück nach Europa, doch ein wesentlicher Teil blieb. Heute sind sie so verstreut, dass sie kaum auffallen, doch die eben erfolgte Aufzählung zeigt, dass amerikanische Sammlungen eine reiche Auswahl von Porträts von Luther und weiteren Schlüsselfiguren der Reformation sowie eine Bandbreite von Bildern besitzen, die zentrale Punkte seiner Lehre illustrieren. Ich hoffe, dieser Überblick ist ein Schritt hin zu einer wachsenden Aufmerksamkeit für diese Schätze, die jedem Interessenten zugänglich sind.

Dennoch deckt die Aufzählung nur einen kleinen Teil auf, denn sie beschränkt sich auf Gemälde. Alle wichtigen amerikanischen Museen mit umfassenden Sammlungen besitzen einen reichen Bestand an Druckgrafiken, die wichtige Beispiele reformatorischer Kunst enthalten. In geringerem Umfang finden sich dort auch Zeichnungen. Joanna Reiling Lindells Einführung in den protestantischen Bibliotheksbestand zeigt dem Interessenten zahllose illustrierte Bücher. Des Weiteren befinden sich reiche Schätze an Medaillen im *Metropolitan Museum*, in der *American Numismatic Society* in New York und im *Walters Art Museum* in Baltimore. Der Großteil der protestantischen Kunst aus dem 16. Jahrhundert in Amerika befindet sich an Orten, die nicht vorwiegend evangelisch sind, und fällt nicht durch ihren Prunk auf. So befindet sie sich meist nicht im Zentrum des Interesses, doch mit Geduld und Ausdauer findet man die Vertreter dieser Kunst, die neue Denkweisen in Europa und den USA angestoßen hat und so deren Kultur weit über den Einfluss von Luthers Anhängern hinaus geprägt hat.

30 CDA: US_WAMA_1936-339. **31** CDA: DE_SMF_1193. **32** CDA: DE_SKD_GG1923.

VII

Mythos Luther

DOROTHEA WENDEBOURG

Reformationsjubiläen und Lutherbilder

Für Bürger der westlichen Welt scheint es keinen natürlicheren Umgang mit bedeutenden Ereignissen und wichtigen Gestalten der Geschichte zu geben als das Jubiläum, die gemeinschaftliche Feier an runden – ein ganzes, ein halbes, bisweilen auch ein Viertel Jahrhundert markierenden – Jahrestagen. So bringt der westliche Kulturbetrieb unaufhörlich Feiern zum Gedächtnis von Entdeckungen und Erfindungen, Schlachten und Revolutionen und so weiter, von Komponisten, Dichtern, Wissenschaftlern, Kirchenmännern, Politikern und anderen hervor. Damit hält er sie als Schlüsselereignisse und Schlüsselfiguren der eigenen Geschichte im kulturellen Gedächtnis der Gesellschaft – und hält sich selbst in Bewegung. Doch der Eindruck, diese Art des Umgangs mit bedeutender Vergangenheit sei selbstverständlich, geradezu naturgegeben, täuscht. Der Brauch, geschichtlicher Ereignisse und Gestalten regelmäßig feierlich zu gedenken, ist selbst eine Hervorbringung der Geschichte, und er ist keine 500 Jahre alt. Er verdankt sich der Reformation.

Erfunden wurde das historische Jubiläum von protestantischen Universitäten, die im 16. Jahrhundert begannen, das Gedächtnis ihrer eigenen Gründung an runden Daten festlich zu begehen. Im Jahr 1617 gelang der bis dahin akademischen und lokalen Praxis der Sprung auf die große gesellschaftliche, ja internationale Bühne: mit dem ersten *Zentenar* (Jahrhundertfeier) von Martin Luthers Thesenanschlag von 1517, dessen Bedeutung als Schlüsselereignis der Reformation, ja der von ihr geprägten Geschichte überhaupt damit fixiert war.[1] Im Wettstreit zweier evangelischer Fürsten, der Kurfürsten von Sachsen und der Pfalz, eines Lutheraners und eines Reformierten, die sich beide durch eine solche Feier als Anführer der Protestanten im Heiligen Römischen Reich profilieren wollten, wurde der 31. Oktober 1617 oder der Sonntag danach zur 100-Jahr-Feier des Anfangs der Reformation. Begangen wurde dieses Jubiläum von fast allen evangelischen Ständen des Reiches sowie von den lutherischen Königreichen Dänemark und Schweden. Es war so eindrücklich, dass das Gedächtnis des Thesenanschlags hinfort an vielen Orten alle 100, alle 50, ja schließlich alle 25 Jahre gefeiert wurde. Für andere reformationsgeschichtliche Ereignisse begründete man dieselbe Tradition, so 1630 für die Übergabe des *Augsburgischen Bekenntnisses*, 1655 für den Abschluss des Augsburgischen Religionsfriedens und so weiter.

Dem Erfolg dieser neuen Form des Feierns und Gedenkens konnte sich auch der konfessionelle Gegner nicht entziehen, ebenso wenig Gruppen, die nichtkirchlicher Ereignisse gedenken wollten. So wurde das Jubiläum schließlich zu dem allgegenwärtigen Element des kulturellen Lebens, als das wir es kennen. Insbesondere seit dem 19. Jahrhundert, der Zeit des Historismus, die das Jubiläum ebenso liebte wie das historische Denkmal, fand man überall in der westlichen Welt immer neue Anlässe für festliches historisches Gedenken, wobei man bevorzugt nun auch biografisches, an den Geburts- und Todestagen bedeutender Männer, gelegentlich auch Frauen, festgemachtes Gedenken pflegte. Freilich war solche Bereicherung und Befestigung des kulturellen Gedächtnisses keine bloße Beschäftigung mit der Vergangenheit. Vielmehr feierte im Spiegel des Vergangenen jede Epoche, was sie an Großem und Bedeutendem auf das gefeierte Vergangene zurückführte – und damit, was sie für groß und bedeutend hielt. So wurden die Jubiläen zu gesellschaftlichen Großereignissen, in denen die jeweiligen Zeiten sich selbst inszenierten und die gefeierten Gegenstände von dort aus immer neu in Szene setzten. Das heißt, wenn die Reformation zu diesen Gegenständen gehörte, dann deshalb, weil die feiernden Gesellschaften darin ein Schlüsselereignis der eigenen Geschichte sahen, in dessen Gedächtnis sie sich entscheidender Züge ihrer Gegenwart immer neu zu vergewissern suchten.

Für das kulturelle Gedächtnis von Gesellschaften gilt ebenso wie für das menschliche Gedächtnis im Allgemeinen, dass es mit besonderem Nachdruck an Personen und ihren Taten haftet. Das war bei den Jubiläumsfeiern zum Gedächtnis der Reformation nicht anders. Einen wesentlichen Bestandteil bildete von Beginn an die Erinnerung an die damals handelnden Reformatoren. Dabei gab es Unterschiede; denn die verschiedenen evangelischen Konfessionen sahen sich mit unterschiedlichen Reformatoren spezifisch verbunden, zudem gedachten einzelne Länder und Regionen der Männer, die die Reformation bei ihnen eingeführt hatten, als eigener Reformatoren. Keiner jedoch wurde so nachdrücklich, in so vielen konfessionellen Kontexten und so international gefeiert wie Martin Luther. Mit ihm hatte die Reformation begonnen, mit ihm war der als Symbol für das Ganze gefeierte Thesenanschlag verbunden, seine Lebensgeschichte bot besonders reiches Gedächtnismaterial, und so spielte er bei den

---

1 Zu Entstehung und Geschichte des Reformationsjubiläums vgl. Dorothea Wendebourg: Vergangene Reformationsjubiläen. Ein Rückblick im Vorfeld von 2017, in: Heinz Schilling (Hrsg.), Der Reformator Martin Luther 2017 (= Schriften des Historischen Kollegs. 92), Berlin 2014, S. 261–281. **2** »All Menschen Kinder groß und klein/Die zum Erkendnüß kommen seyn/Deß Evangeli Luthers Lehr/ die sagn Gott hertzlich Lob und Ehr/Daß sie erlebt deß Jubel Jahr/Vor hundert

Abb. 1 Wunderwerck D. Martin Luthers: Der Päpstliche Stuel will sincken. Das ist: Eine kurtze Abbildung auß der Weissagung deß heiligen Propheten Danielis, Freiberg 1618

Reformationsjubiläen von Anfang an eine hervorgehobene Rolle. Mit der Zuspitzung der allgemeinen Jubiläumskultur auf biografische Daten und ihrer damit einhergehenden Personalisierung, die das 19. Jahrhundert brachte, wurde die Zentrierung auf Martin Luther im Luthertum, zum Teil auch darüber hinaus, umfassend; nicht allein die nun aufkommenden biografischen Lutherjubiläen, sondern alle Reformationsjubiläen wurden zu großen »Luther-Events«. Indem die Feiernden das Gedächtnis des Wittenberger Reformators begingen, entwarfen sie im Sprung über die Jahrhunderte hinweg immer neu ihr Bild von sich selbst. Luther wurde zum Spiegel, in dem Epoche um Epoche ihre höchsten Werte und Ziele zelebrierte und beschwor. Kurz, aus einer Gestalt der Geschichte wurde ein Geschichtsbild – oder besser, eine lange Bilderreihe.

Am Anfang stand Luther, der rettende Kirchenlehrer. Die Jubiläen des 17. und 18. Jahrhunderts waren gesellschaftliche Großereignisse, in denen die Symbiose von Kirche, Kultur und politischem Gemeinwesen, die für das nachreformatorische Konfessionelle Zeitalter kennzeichnend war, in einer überbordenden Fülle von Gottesdiensten, akademischen Reden, Festschriften, sozialen Aktivitäten, Musikaufführungen, Theaterspielen, Feuerwerken, Böllerschüssen, Dekorationen von Kirchen und Häusern und vielem mehr zur Darstellung kam. Gefeiert wurde auf solche Art die evangeliumsgemäße Erneuerung der Kirche, die Befreiung von päpstlichem Irrtum und Joch. Und so war Martin Luther hier der neue Mose, der mit der wiederhergestellten wahren Lehre diese Erneuerung und Befreiung in die Wege geleitet hatte: »Alle Menschen groß und klein, die zur Erkenntnis gekommen sein des Evangeliums, Luthers Lehr', die sagen Gott herzlich Lob und Ehr, daß sie erlebt dies Jubeljahr. Vor hundert Jahr'n es elend war, als man dem höllischen Pharao in schwere Dienste mußt' ziehen da«.[2] Ja, mit seiner Lehre war Luther der Engel, der nach dem Propheten Daniel (Dan. 12) am Ende der Zeiten kommen oder nach der Apokalypse des Johannes (Apk 14,6f.) der Welt das ewige Evangelium verkündigen sollte; mit seiner das Papsttum ins Wanken bringenden Predigt erfüllte er die Vision des Propheten Daniel von einem weiteren Engel, der sein Volk von allen gottlosen Feinden erlösen würde (Abb. 1).[3] So jubelte man 1617. So wurde

Jahrn es elend war/Da man dem Höllischen Pharao/In schwere Dienst must ziehen da/.« Illustriertes Flugblatt »Wunderwerck D. Martin Luthers«, 1618, zit. in: Thomas Kaufmann: Reformationsgedenken in der Frühen Neuzeit, in: Zeitschrift für Theologie und Kirche 107 (2010), S. 285–324, hier S. 309. **3** Ebd., S. 307f.

Mythos Luther

Abb. 2
Medaille zum Lutherjubiläum 1717, Dänemark. Dargestellt ist Frederik IV. (1699–1730), 1717.

Luther, der Kirchenlehrer, aber auch bei dem Zentenar der *Confessio Augustana* 1630 gepriesen oder im folgenden Jahrhundert, als man die Reformation »im Jahr 1717 nach Christi Geburt, dem Jahr 200 nach dem Offenbarwerden des Antichristen« feierte,[4] und das nicht nur in Deutschland, sondern ausladender noch in Dänemark und Norwegen (Abb. 2).

Bei dem Jubiläum von 1817, das mit derselben Fülle kirchlicher, akademischer, musikalischer und volksfestlicher Aktivitäten begangen wurde, war es nicht mehr der Kirchenlehrer Luther, den man rühmte. Die Aufklärung hatte ein neues Bild der Reformation gezeichnet und festgestellt, dass das Entscheidende an diesem Ereignis nicht auf religiös-kirchlichem Gebiet liege, sondern in seinen Wirkungen – Wirkungen, die sich zunächst innerhalb der evangelischen Kirchen niedergeschlagen, aber längst von diesen gelöst und außerhalb ihrer weiter entfaltet, ja, die ganze Menschheit ergriffen hätten:[5] der Aufbruch aus Aberglauben und Intoleranz zu Gewissensfreiheit, Mündigkeit und selbstverantworteter Sittlichkeit. Und so war der Luther, den man nun feierte, kein Mann einer Konfession, sondern eine Schlüsselgestalt der Weltgeschichte: »Dein Licht ging auf, und aus dem Staube hub die zertret'ne Menschheit sich«,[6] sang man in einem Lied zum ersten Reformationsjubiläum des 19. Jahrhunderts, das Lutheraner und Reformierte als gemeinprotestantisches Fest begingen, ja, an dem sich nun auch römische Katholiken und Juden beteiligten. Mit seiner in den Ablassthesen erstmals öffentlich vorgebrachten Kritik an der oktroyierten kirchlichen Lehre habe Luther die Aufklärung angestoßen, mit seiner Ablehnung der klerikalen Hierarchie die Mündigkeit aller befördert, mit seiner Bibelübersetzung zur allgemeinen Bildung angespornt, mit seiner Berufung auf das Gewissen vor dem Kaiser zu Worms Gewissensfreiheit und Toleranz das

Tor geöffnet. Kurz, mit Luther »[brach] die Morgenröte eines freien Glaubens hervor.« Dieser als Kommentar zu dem Reformationsjubiläum von 1817 geschriebene Satz stammt von dem jüdischen Publizisten Saul Ascher.[7] Aschers Stimme, denen sich weitere jüdische Beispiele das ganze Jahrhundert hindurch bis zum Jubiläum von 1917 hinzufügen ließen,[8] zeigt, dass der »Aufklärer Luther« tatsächlich zu einem Bild von säkularer Reichweite geworden war. Das heißt nicht, es hätte keine anderen Stimmen gegeben. Konfessionell-lutherische Kreise wiesen jenes Bild als Verzeichnung zurück, forderten eine entschlossene Orientierung an dem Theologen und Kirchenmann. 1817 ist das erste Jubiläum, bei dem eine gewisse Pluralisierung des Bildes von Luther und der Reformation zum Ausdruck kommt.

Doch aufs Ganze gesehen beherrschte in Europa, zumal in Deutschland, jener Reformator das Feld, der, mutig gegen die Tyrannei von Papst und Kaiser aufgestanden, den Weg für Aufklärung, allgemeine Bildung, Gewissensfreiheit, Toleranz und Mündigkeit eröffnet hatte. Landauf, landab trat dieser Held in Statuen aus Erz und Stein den Menschen sichtbar vor Augen. Der Thesenanschlag vom 31. Oktober 1517, eigentlich nichts anderes als das reguläre Anbringen von Disputationsthesen am Schwarzen Brett der Wittenberger Universität, als welches die Tür der Schlosskirche diente, wurde zum expressiven Akt eines hammerschwingenden Revolutionärs stilisiert (Abb. 3). Zu Luthers 400. Geburtstag 1883, dem ersten ausdrücklich seiner Person geltenden Großjubiläum, wurde dieser Revolutionär in Kirchen und Auditorien, auf Straßen und Plätzen, in mündlicher und schriftlicher Rede und mit viel Musik gefeiert. Dabei verband sich mit dem Lobpreis für die Früchte seines aufklärerischen Wirkens in Deutschland ein neues Motiv, das bislang allenfalls am Rande eine Rolle gespielt hatte: der »deutsche Luther«, die Identifika-

4 Anno a Christo nato MDCCXVII. Antichristo manifestato CC. Vgl. Wendebourg, Vergangene Reformationsjubiläen (wie Anm. 1), S. 268 f. **5** Vgl. Heinrich Bornkamm: Luther im Spiegel der deutschen Geistesgeschichte, 2. Aufl., Göttingen 1970, S. 18 f. **6** Zit. in: Dorothea Wendebourg: Die Reformationsjubiläen des 19. Jahrhunderts, in: Zeitschrift für Theologie und Kirche 108 (2011), S. 270–335, hier S. 292. **7** Ebd., S. 327. **8** Vgl. Dorothea Wendebourg: Jews Commemorating Luther in the Nineteenth Century, in: Lutheran Quarterly New Series 26 (2012), S. 249–270, Deutsche Ausgabe: »Gesegnet sei das Andenken Luthers!« Die Juden und Martin Luther im 19. Jahrhundert, in: Zeitschrift für Religion und Geistesgeschichte 65 (2013), S. 235–251, 245. **9** Zit. in: Wende-

Abb. 3 Ferdinand Pauwels, Luther schlägt die 95 Thesen an die Tür der Wittenberger Schlosskirche, 1872

tionsfigur für das gerade zum Nationalstaat geeinte deutsche Volk. »Keine andere der neueren Nationen hat je einen Mann gesehen […], der so in Art und Unart das innerste Wesen seines Volkes verkörpert hätte. […] Wir Deutschen finden in alledem kein Räthsel [sic!], wir sagen einfach: das ist Blut von unserem Blute«, tönte der renommierte Berliner Historiker Heinrich von Treitschke in seinem Jubiläumsvortrag *Luther und die deutsche Nation*.[9] Dieses Motiv beherrschte 1883 noch nicht die Szene. Doch der »deutsche Luther« drang in den folgenden Jahrzehnten immer stärker in den Vordergrund, bis er im Ersten Weltkrieg, in dessen Entscheidungsjahr 1917 die 400-Jahr-Feier der Reformation fiel, allgegenwärtig war. Es mangelte nicht an kritischen Stimmen, die die primär religiöse Rolle des Reformators herausstellten – »Nicht das Deutsche an Luther war die Hauptsache.

Die Hauptsache war sein Evangelium«[10] – und die die übernationale Bedeutung seiner Botschaft betonten – »Luther gehört nicht nur uns, er gehört der Menschheit an«.[11] Doch die alles übertönende, in unzähligen Schriften verkündigte Botschaft war 1917 die von dem »deutschen Luther«, der als »Mann aus Erz« das nationale Selbstbewusstsein kräftigen und die Soldaten an der Front nicht weniger als die Bürger im Land zuversichtlich und stark erhalten sollte.

Anders entwickelte sich der Luther-Bilderreigen, der in den Vereinigten Staaten von Amerika zu betrachten war. Hier feierten die Lutheraner erstmals 1817 mit großem Aufwand ein Reformationsjubiläum und waren damit die ersten, die in dem noch jungen Staat die Geschichte der eigenen Konfession »zum Gegenstand der Erinnerungskultur machten«.[12] Mit dem Rückblick auf die Reformation

bourg, Reformationsjubiläen (wie Anm. 6), S. 304. **10** So Ernst Troeltsch: Ernste Gedanken zum Reformations-Jubiläum, zit. in: Wendebourg, Reformationsjubiläen (wie Anm. 6), S. 306. **11** So Karl Holl in seiner bahnbrechenden Jubiläumsrede »Was verstand Luther unter Religion?« bei der Festveranstaltung der Berliner Universität, zit. in: Wendebourg, Reformationsjubiläen (wie Anm. 6), S. 306. **12** Wolfgang Flügel: Deutsche Lutheraner? Amerikanische Protestanten? Die Selbstdarstellung deutscher Einwanderer im Reformationsjubiläum 1817, in: Klaus Thanner/Jörg Ulrich (Hrsg.): Spurenlese. Reformationsvergegenwärtigung als Standortbestimmung (1717–1983) (= Leucorea-Studien. 17), Leipzig 2012, S. 71–99, hier S. 81.

verband sich die Bestimmung des eigenen Standpunkts in dem Land, in dem man erst seit Kurzem lebte. So wurde die Wiederentdeckung des Evangeliums durch den Kirchenlehrer Martin Luther als Vorgeschichte der Verbreitung des Evangeliums verstanden, die unter ganz anderen Bedingungen durch die Ansiedlung des Luthertums auf dem neuen Kontinent geschah: »Das Licht, das Luther angesteckt, bestrahlt auch diese Lande [...]. Hier, wo die schwärzeste Finsternis das Land wie Nacht bedeckte; wo tödlich gift'ger Schlangenbiss der Wilden schreckend weckte, da stehen Tempel Gottes nun [...]«, sang man beim Jubiläum.[13]

Es war der der Jubiläumstradition des 17. und 18. Jahrhunderts entsprechende Kirchenlehrer Luther, der in solchen Tönen, überwiegend in deutscher Sprache und von Gemeinden, die am Zusammenhang mit Deutschland festhielten, gepriesen wurde. Doch bei der Feier von 1817 hatte auch der »Aufklärer Luther« seine Advokaten und das ebenfalls in charakteristischer, dem amerikanischen Kontext angepasster Manier. Der als »glorious revolution« gepriesenen Reformation verdanke man die »happy effects« von Glaubensfreiheit, Mündigkeit und allgemeiner Bildung, und da die Glaubensfreiheit der »parent of civil freedom« sei, verdanke man der Reformation indirekt auch die politische Freiheit – welche vor allem in den Vereinigten Staaten verwirklicht sei.[14] Die Pfarrer und Gemeinden, die in diesem Geist feierten, taten das in englischer Sprache. Wie die deutschen Lutheraner feierten sie gemeinsam mit anderen, in Amerika freilich weit vielfältigeren evangelischen Kirchen. Doch anders als in Deutschland folgte hier aus der Feier des Thesenanschlags als gesamtprotestantisches Schlüsselereignis, dass Luther weniger hervorgehoben, sondern in die Riege aller Reformatoren eingereiht erschien.

Das war bei dem Jubiläum von 1883 ganz anders (siehe Abb. 1 im Essay von Hartmut Lehmann). Der Grund lag nicht nur darin, dass es hier um die Feier von Martin Luthers Geburtszentenar ging, sondern auch in der Tatsache, dass die amerikanischen Lutheraner mittlerweile an Zahl und öffentlichem Gewicht zugenommen hatten. So wurde der Wittenberger Reformator nun in Schriften und Reden ohne Zahl gepriesen, und das von Lutheranern ebenso wie von Protestanten aus anderen Kirchen, ja auch, wenngleich nicht ohne Widerspruch, von amerikanischen Juden.[15] Und nun wurden nicht nur von der Reformation als ganzer, sondern besonders von Luther her die Linien der gesamtgesellschaftlichen Wirkungen gezogen: »Luther opened the Bible and revealed our inheritance, by the force of religious conviction we have gained our civil and religious liberty«, schrieb ein presbyterianischer Theologe.[16] Während die Deutschen begannen, »Luther den Deutschen« auf den Schild zu heben, stellte ein amerikanischer Historiker fest: »To Martin Luther, above all men, we Anglo-Americans are indebted for national independence and mental freedom.«[17] Und ein methodistischer Theologe schrieb mit deutlichem Brückenschlag zur amerikanischen Geschichte: »Find the birthplace of liberty – Wittenberg. There was the World's ›Declaration of Independence‹ written, and Martin Luther's Reform is the apostle and prophet of human freedom.«[18]

Dass man bei aller Betonung der internationalen, ja Amerika besonders betreffenden Bedeutung Luthers immer die deutsche Herkunft des Reformators mitgewürdigt hatte, machte es bei dem Jubiläum von 1917 schwieriger, in Amerika enthusiastisch von Luther zu sprechen. Denn seit einem halben Jahr standen Deutschland und die Vereinigten Staaten miteinander im Krieg. Das Jubiläum wurde durchaus begangen, doch der Überschwang von 1883 war dahin. Vielfach wurde nun der Akzent mehr auf die religiös-theologische Seite von Luthers Wirken als auf die gesellschaftlichen »happy effects« gesetzt. Diese konnten gleichwohl auch weiterhin herausgestellt werden – nun freilich als solche, die sich in Amerika und nicht in Deutschland durchgesetzt und die Amerika, nicht Deutschland, zum wahren Erben Luthers gemacht hätten. Das zu betonen, war ein besonderes Anliegen der amerikanischen Lutheraner skandinavischen Hintergrunds, die ihren Glauben nicht als spezifisch deutsche Konfession kompromittiert und sich selbst nicht dem Verdacht politischer Illoyalität ausgesetzt sehen wollten. So mahnten sie ihre Glaubensgenossen, sich den übernationalen Luther nicht durch »intellektuellen Raub« (*intellectual burglary*) nehmen zu lassen, und betonten, dass Luther und Thomas Jefferson »Verwandte« (*kinsmen*) seien, ja, dass »the religious liberty, which was won by the heroism of Martin Luther, was a precursor of the civil liberty which [...] 1776 has become our heritage.«[19] Was Deutschland betraf, ließ sich in dieser Perspektive ein gutes, an Luther orientiertes von dem schlechten, jetzt Krieg führenden Deutschland unterscheiden. So konnten die Amerikaner von einem methodistischen Landsmann aufgefordert werden, »this nobler German« zu folgen und nicht »the modern sceptical and superstitious Germany which would germanize mankind with the help of Krupp guns, poison gases, and liquid fire«; in Erinnerung an »Luther, Kant, Lessing, Goethe, Schiller, Bach, Mendelssohn and Beethoven, Steuben, Herkimer, De Kalb, Carl Schurz und Franz Sigel« sollten sie aufschreien »against Kaiserism and despotism«, wie Luther es mit seinen Worten »Hier stehe ich, ich kann nicht anders. Gott helfe mir [...]« in Worms getan habe.[20]

In Deutschland schritt indessen der »deutsche Luther« weiter fort. Bei den Jubiläen der Jahre nach dem Ersten Weltkrieg, insbesondere bei der großen 400-Jahr-Feier von Luthers Auftritt auf dem Wormser Reichstag 1921, sollte der »Held von Worms« dem militärisch geschlagenen, sich durch den Versailler Vertrag gedemütigt fühlenden, wirtschaftlich am Boden liegenden deutschen Volk Halt und Zuversicht geben.[21] 1933, in dem Jahr, das nicht nur die Machtergreifung der Nationalsozialisten, sondern zehn Monate später auch den 450. Geburtstag Martin Luthers brachte, schien vielen die ersehnte Wende zum Besseren gekommen. Luther wurde zum »Pro-

---

13 Zit. in: ebd., Anm. 64. **14** So der Präses der Evangelical Lutheran Synod des Staates New York Frederick Henry Quitman in seiner Jubiläumspredigt, zit. in: ebd., S. 96. **15** Wendebourg, Jews (wie Anm. 8), S. 245 f. **16** Zit. in: Hartmut Lehmann: Martin Luther in the American Imagination, München 1988, S. 182. **17** Frederic Henry Hedge in seiner Rede auf der Festsitzung der Massachusetts Historical Society, zit. in: ebd., S. 179. **18** Zit. in: ebd., S. 183. **19** Zit. in: ebd., S. 284. **20** So der populäre Theologe Frank Wakeley Gunsaulus in seiner Jubiläumsrede »Martin Luther and the Reformation« an der University of Chicago, zitiert in: ebd., S. 276. Interessant ist die Wahl der letzten fünf Männer in der Namensliste des Zitats, allesamt nach Amerika ausgewanderte Deutsche, die sich im Unabhängigkeitskrieg oder in der späteren Politik der Vereinigten Staaten verdient gemacht hatten. **21** Vgl. Dorothea Wendebourg: Das Reformations-

Abb. 4 Curt Mücke, Postkarte zum »Luthertag im 1000jährigen Nordhausen«, mit eingefügtem Zitat des damaligen Oberbürgermeisters Heinz Sting (NSDAP)

Abb. 5 Durch alliierte Luftangriffe auf Dresden zerstörtes Lutherdenkmal vor der ebenfalls zerstörten Dresdner Frauenkirche, 1945

pheten der Deutschen«, der sie verheißen hatte.[22] Die Gefolgsleute des neuen Regimes in der evangelischen Kirche, die Deutschen Christen, planten, das Jubiläum zu einer missionarischen Veranstaltung ihrer neu gegründeten Reichskirche zu machen: Aus dem »großen Lutherfest«, »dem Gedenktag, der nur rückwärts blickt, wird das Weihefest für ein neues Haus der deutschen Kirche Martin Luthers. […] Die Stunde der Volksmission ist da«, erklärte die neue Reichskirchenregierung.[23] Denn wenn die Protestanten sich geschlossen in den Dienst dieses Reiches stellten, würden umgekehrt die der Kirche entfremdeten, doch von Hitlers Regime begeisterten Massen sich der nun wahrhaft deutschen evangelischen Kirche wieder zuwenden. Dieses Jubiläumsprogramm ließ sich auf die kurze Formel bringen: »Luther und Deutschland!«[24] Und es konnte sich bei manchem Jubiläumsredner verdichten zu der Variante »Luther und Hitler« (Abb. 4).[25]

Eine nur marginale Rolle spielte bei dem Jubiläum die sogenannte Judenfrage, was das antisemitische Hetzblatt *Der Stürmer* beklagte und mit dem wiederholten Vorwurf an die evangelische Kirche verband, sie »schweige« Luthers antijüdische Schriften wie schon immer auch jetzt »tot«, statt sie unter das Volk zu bringen. Doch der Jubiläumsredner einer Großkundgebung der Berliner Deutschen Christen rühmte die »völkische Sendung Luthers«; sie ziele darauf, dass das Christentum »artgemäß« werde, wozu die Durchführung des Arierparagraphen in der Kirche und die Befreiung vom Alten Testament gehöre.[26] Das war freilich ein Programm, das zwar einen harten Kern befriedigte, aber die mit dem Jubiläum verbundenen Hoffnungen durchkreuzte, denn nach diesem Auftritt liefen den Deutschen Christen in Scharen die Anhänger davon. So verhallten jene Stimmen nicht ungehört, die den deutsch-völkischen Luther

jubiläum des Jahres 1921, in: Zeitschrift für Theologie und Kirche 110 (2013), S. 316–361. **22** Siehe etwa Hans Preuß: Martin Luther. Der Prophet. Gütersloh 1933; Ders.: Luther und Hitler, in: Allgemeine Evangelisch-Lutherische Kirchenzeitung 66 (1933), Sp. 970–979, 994–999. **23** Aufruf der Reichskirchenregierung zum Jubiläum, in: Gesetzesblatt der Deutschen Evangelischen Kirche 1933. **24** So der Göttinger Theologieprofessor Hermann Dörries in seiner akademischen Jubiläumsrede, gedruckt in: Ders.: Luther und Deutschland (= Sammlung gemeinverständlicher Vorträge. 169), Tübingen 1934, S. 19. **25** So der Titel einer Schrift des Erlanger Theologieprofessors Hans Preuß: Luther und Hitler, Erlangen 1933. **26** So der Berliner Gauobmann Reinhold Krause auf der sog. Sportpalast-Kundgebung. Vgl. Wendebourg, Vergangene Reformationsjubiläen (wie Anm. 1), S. 274.

Mythos Luther 437

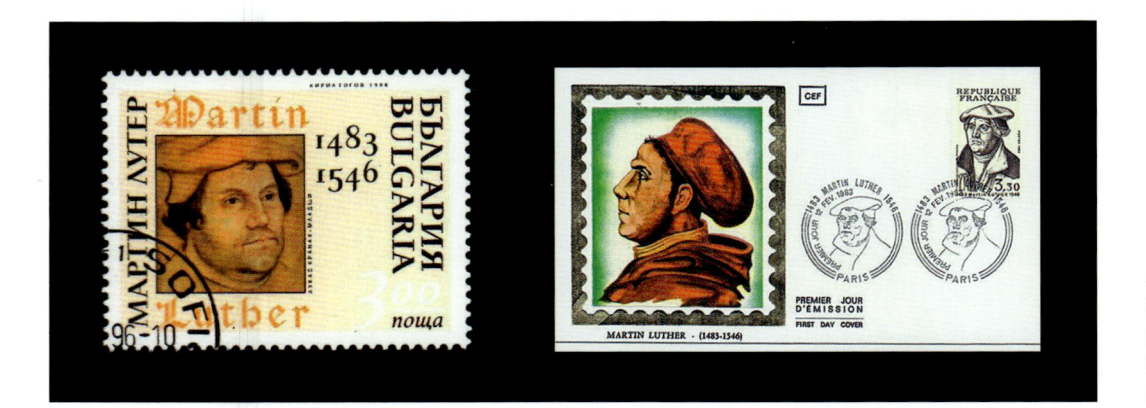

Abb. 6
Briefmarken mit dem Porträt des Reformators aus Bulgarien und Frankreich, herausgegeben 1983 anlässlich des 500. Geburtstags von Martin Luther

zurückwiesen, ja die ganze Tendenz, die Bedeutung Luthers an politisch-kulturellen Wirkungen zu bemessen, für unsachgemäß erklärten: Luther sei vielmehr, wie Dietrich Bonhoeffer mit anderen betonte, »ein treuer Zeuge der Gnade Jesu Christi«, und sein Dienst sei »nicht auf das deutsche Volk beschränkt«. Er sei nicht mehr und nicht weniger als ein die Heilige Schrift auslegender »Lehrer der christlichen Kirche«, wie der berühmte Schweizer Theologe Karl Barth schrieb.[27] Mit diesen Stimmen war eine Rückkehr zum Kern des Lutherbildes gegeben, das die Jubiläen des 17. und 18. Jahrhunderts bestimmt hatte.

Es verwundert nicht, dass das erste Lutherjubiläum nach dem Untergang des »Dritten Reiches«, der wenige Monate nach der Niederlage erstaunlich festlich begangene 400. Todestag des Reformators 1946, ganz von diesem kirchlich-theologischen Lutherbild bestimmt war. Der »deutsche Luther« hatte gründlich ausgespielt (Abb. 5), nun erwartete man von dem Ausleger der Heiligen Schrift Aufrichtung im allgemeinen Zusammenbruch. Doch im selben Jahr begann mit der Neuauflage von Friedrich Engels Buch *Der deutsche Bauernkrieg* in der entstehenden DDR eine andere Linie, die Verbreitung und Prägung sozialistischer Lutherbilder. Zunächst im Gefolge Engels' als feiger »Fürstenknecht« denunziert, dem Thomas Müntzer als plebejischer Revolutionär gegenüberstand, wurde der Wittenberger Reformator in dem Maße, in dem der sozialistische deutsche Staat zu seiner Legitimierung positiver historischer Anknüpfungspunkte bedurfte, neu bewertet. Der 450. Jahrestag der Reformation 1967 und vollends der 500. Geburtstag Martin Luthers 1983 wurden nicht nur von der Kirche begangen, sondern auch vom Staat mit großem Aufwand gefeiert. Beide Male kam eine Luther-Briefmarke heraus – 1983 übrigens auch in anderen Ländern des Ostblocks. Luther galt jetzt als »einer der größten Deutschen«, wie der Staatsratsvorsitzende der DDR feststellte. Als Träger der »frühbürgerlichen Revolution«, die eine notwendige Stufe auf dem Weg zur proletarischen Revolution darstelle, spielte der Reformator nun eine positive Rolle im Geschichtsbild der sozialistischen Volksrepublik.[28] Der »Aufklärer Luther« und der »deutsche Luther« waren in neuer Weise zusammengekommen. Die parallel zu den staatlichen veranstalteten kirchlichen Feiern hingegen bestanden darauf, dass die eigentliche Bedeutung des Reformators in seiner kirchlich-theologischen Rolle liege. Hier hatte man aus einer langen Reihe entgleister Jubiläen gelernt, sich an die theologische Sache zu halten.

Was sich gleichzeitig im Westen diesseits und jenseits des Atlantiks abspielte, kann weniger auf einen knappen Nenner gebracht werden. Das Jubiläum von 1983[29] wurde auf allen Ebenen und mit Veranstaltungen aller Art, mit Gottesdiensten, Festakten, Ausstellungen und anderem mehr gefeiert. Vielerorts gab es auch hier Luther-Briefmarken, nicht allein in Deutschland, sondern auch in anderen europäischen Ländern (Abb. 6), darunter solchen ohne lutherische Tradition, sowie in mehreren Staaten des amerikanischen Kontinents. Darin kam bildlich einmal mehr zum Ausdruck, dass man in dem Wittenberger Reformator eine Gestalt würdigte, die über den Raum der Kirche hinaus von weltweiter Bedeutung sei; welches Bild von Martin Luther hinter der Würdigung stand, konnte offen bleiben. Zugleich wurden kritische Töne laut: In Deutschland prangerten evangelische Pfarrer und Medien besonders Luthers antijüdische Schriften an, und in den USA wurden diese Schriften nun erstmals einer größeren Öffentlichkeit bekannt. Auffällig war die starke Beteiligung von Katholiken an diesem Jubiläum. Und sie prägten nochmals ein neues Lutherbild: Luther, der überkonfessionell gemeinsame »Vater im Glauben«.[30] Es ist das jüngste in der langen Reihe der Lutherbilder. In den Jahrzehnten seither ist es verblasst. Wie es scheint, wird das Jubiläum von 2017 kein eigenes prägen und auch keines aus der Vergangenheit in den Mittelpunkt stellen. Doch dann soll ja auch die Reformation und nicht ein einzelner Reformator gefeiert werden.

27 Beide Zitate mit Fundorten in: ebd., S. 275. **28** Belege und Zitatnachweise in: ebd., S. 276 f. **29** Vgl. hierzu ebd., S. 278 f. **30** S. Gottfried Maron: 1883 – 1917 – 1933 . 1983: Jubiläen eines Jahrhunderts, in: Ders.: Die ganze Christenheit auf Erden. Martin Luther und seine ökumenische Bedeutung, Göttingen 1993, S. 188 – 208, hier S. 198.

95 Thesen

Mit seinen 95 Thesen von 1517 kritisierte Martin Luther die Ablasspraxis. Er störte sich daran, dass den Gläubigen gegen Geldzahlungen Sündenstrafen erlassen wurden. Die 95 Thesen gelten als Startpunkt der Reformation. Lange galt es als sicher, dass Luther die Thesen am 31. Oktober 1517 an die Tür der Wittenberger Schlosskirche angeschlagen habe. Dies ist mittlerweile umstritten, bisher wurde kein einziger Augenzeugenbericht für das Ereignis gefunden. Erst Philipp Melanchthon erwähnte die Geschichte einige Jahrzehnte später.

Jahrhundertelang war der „Thesenanschlag" Luthers jedoch eine wichtige Erinnerungsfeier für die Protestanten. 100 Jahre nach den vermeintlichen Hammerschlägen begann sich ein phantasiereicher Bilderschatz zu entwickeln. Die Tür der Wittenberger Schlosskirche wurde zu einem Ort historischer Projektionen. Vergleicht man einige dieser Darstellungen miteinander, fällt der Variantenreichtum der Thesentüren und -drucke auf.

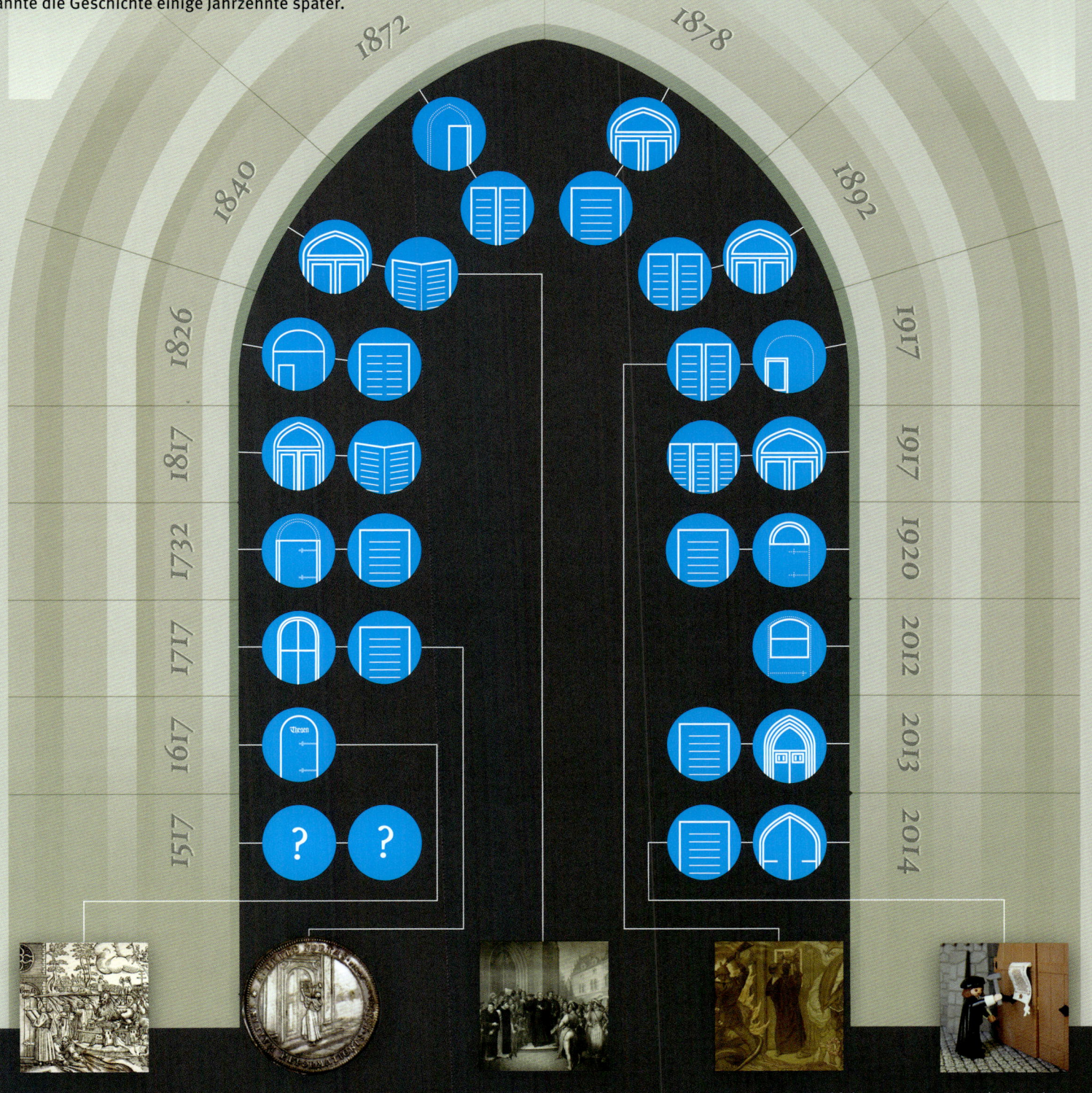

1617 schreibt Martin Luther mit einer überdimensionierten Gänsefeder an die

1717 hämmert ein einsamer Luther zum 200-jährigen Reformationsjubiläum einen Thesendruck an eine Tür mit

1840 greift Luther nicht selbst zum Hammer, sondern lässt die Thesen an einem gotischen Kirchen-

1917, mitten im Ersten Weltkrieg, hämmert Luther energisch einen dreispaltigen Thesendruck an das Portal und scheidet damit Krieg und

2014 schwingt ein Playmobil-Reformator den Hammer und bringt den Thesendruck mit

STEFAN LAUBE

Gemütliche Verwegenheit. Luther-Erinnerung zwischen Heldenverehrung und Idyllenzauber

»Wunderbare Gegensätze« auf Ansichtskarten

Nicht zuletzt Bäume polarisieren das Lutherbild, wie zwei Bildpostkarten aus dem Ersten Weltkrieg zeigen: Auf der einen Seite der Reformator unter einer Eiche gemeinsam mit Otto von Bismarck, einem herausragenden deutschen Politiker des 19. Jahrhunderts, auf der anderen Seite Martin Luther im Kreise seiner Familie neben einer Weihnachtstanne. Postkarten waren zu Beginn des 20. Jahrhunderts ein Renner. Säckeweise stellte die Post individuell ausgesuchte Bildmotive mit Kurznachrichten zu. Auch Luther-Bildthemen, ob nun mythisch-heroischen oder idyllisch-gemütlichen Charakters, wurden auf diese Weise massenwirksam verbreitet.[1] Luther ist eine Kontrastfigur par excellence, in antagonistischen Milieus ist sie in ihrem Element – in Weltgeschichte und hoher Politik ebenso wie in der Behaglichkeit der eigenen vier Wände. Andere Prägefiguren der deutschen Geschichte, wie Friedrich der Große, Goethe oder Bismarck, können diese beiden Seiten einer Medaille bei Weitem nicht so überzeugend bespielen.

Auf einer Feldpostkarte mit einer handschriftlichen Widmung zum Reformationsjubiläum 1917 sehen wir Luther und Bismarck gemeinsam unter einer »deutschen Eiche«, an deren Stamm die Lutherrose und ein Teil des Stammwappens der von Bismarck – das mit drei Eichenblättern bestecke Kleeblatt – befestigt sind. Das Bildmotiv wird von Schriftbändern mit geflügelten Worten umfasst, die Luthers *Ein feste Burg ist unser Gott* sowie Bismarcks »Wir Deutsche fürchten Gott, sonst nichts auf dieser Welt« zitieren (Abb. 1). In einen ahistorischen Kontext montiert, präsentieren sich Reformation und deutsche Politik als Naturgeschichte. Natürlich aus der Erde gewachsen, standhaft und mutig trotzen Luther und Bismarck kraftvoll den Widerständen der Zeitläufe. Schon Johann Gottfried Herder hatte in der Spätaufklärung den Reformator als »Eichbaum Deutschen Stamms!«, der dem Sturm entgegenstehe und grüne, bezeichnet; nun kommen zeittypische zu dieser Metapher martialische Komponenten hinzu.[2] Nicht nur Bismarck wird im Küraß gezeigt, sondern auch Luther ist mit Brustpanzer dargestellt, beide halten ein Schwert. Wer davon ausgeht, dieses Bildmotiv könne nur mitten im Krieg – anlässlich des Reformationsjubiläums 1917 – entstanden sein, der täuscht sich. Die Hauptgeschäftsstelle des Evangelischen Bundes, die in Kommission reproduzierte Bilder vertrieb, brachte 1909 diesen Holzschnitt *Deutsche Eichen* auf den Markt, preiswert »in einfachen glatten« Rahmen sowie hochwertiger »in feinem verziertem Eichenrahmen«.[3]

Diese Postkarte verdichtet Geschichte zu einem teleologischen Konzept. Luther und Bismarck waren namhafte protestantische Identifikationsfiguren. Die eine markierte den Beginn, die andere den Endpunkt einer heilsgeschichtlich aufgeladenen politischen Entwicklung. »Das heilige evangelische Reich deutscher Nation vollendet sich […] in dem Sinn erkennen wir die Spur Gottes von 1517 bis 1871«, so der spätere Hofprediger, Antisemit und Begründer der Christlich-Sozialen Partei Adolf Stoecker unmittelbar nach der Versailler Kaiserproklamation im Jahr 1871.[4] Durch Montage beziehungsweise durch die Gleichzeitigkeit des Ungleichzeitigen hat der anonyme Künstler der Postkarte ein leicht erkennbares Markenzeichen geschaffen, das die gesprochenen und geschriebenen Worte von Historikern, Journalisten, Pfarrern in ein Bild übertrug: Luther und Bismarck werden als exemplarische Vertreter des »Deutschtums« in Szene gesetzt, sozusagen schon im Stamm haben sich verinnerlichte und tatkräftige Frömmigkeit vereinigt.

»Luther ist ganz anders als wir« – Thomas Nipperdeys Diktum zum Lutherjubiläum 1983 hätten im 19. Jahrhundert große Teile der Bevölkerung nicht verstanden.[5] Ihnen kam es gerade darauf an, aus Luther einen Zeitgenossen ihres Zeitalters, einen Anwalt für ihre

---

1 Siegfried Rentzsch (Hrsg.): Martin Luther. Ein Postkartenalbum, Leipzig 1983. **2** Vgl. Alexander Demandt: Über allen Wipfeln. Der Baum in der Kulturgeschichte, Düsseldorf 2005, S. 234. **3** Heiner Grote: Der Evangelische Bund zur Wahrung der deutsch-protestantischen Interessen (1886–1914), in: Ders./Walter Fleischmann-Bisten (Hrsg.): Protestanten auf dem Wege. Geschichte des Evangelischen Bundes (= Bensheimer Hefte. 65), Göttingen 1986, S. 9–85, hier S. 60. **4** Vgl. Karl Kupisch: Zwischen Idealismus und Massendemokratie. Eine Geschichte der evangelischen Kirche in Deutschland 1815–1945, Berlin 1955, S. 85. **5** Thomas Nipperdey: Luther und die moderne Welt, in: Ders.: Nachdenken über Deutsche Geschichte. Essays, München 1986, S. 31–44, hier S. 31. **6** Johannes Burkhardt: Reformations- und Lutherfeiern. Die Verbürgerlichung der reformatorischen Jubiläumskultur, in: Dieter Düding/Peter Friedemann/Paul Münch (Hrsg.): Öffentliche Festkultur. Politische Feste in Deutschland von der Aufklärung bis zum Ersten Weltkrieg (= Rowohlts Enzyklopädie. 462, Kulturen

Abb. 1 Postkarte, Drei Deutsche Eichen, 1917. Kunstverlagsanstalt Gerhard Stelling

politischen Ziele zu machen. Besonders intensiv wurde diese »Luther-Heute-Rhetorik«[6] vom national gesinnten Bürgertum aufgesogen, während die Aneignung von Luther und Reformation für Arbeiter, ob nun auf dem Land oder in der Stadt, kaum Bedeutung hatte.[7] Im Zeitalter des Historismus schien im öffentlichen Diskurs alles legitim zu sein, was aus der Tiefe der Vergangenheit schöpfen konnte und geeignet war, Kontinuität zu stiften, Orientierung zu geben. Die Geschichte war die herausragende Deutungsmacht des 19. Jahrhunderts, an sie galt es, im Medium leicht einprägsamer Bilder und Figuren regelmäßig zu erinnern. Die Schulbücher des Kaiserreichs sollten derartige Geschichtsbilder in den jungen Köpfen zementieren. Dabei war die Nation alles andere als eine kollektive Substanz aus den Urtiefen einer »Volksseele«, wie diese Postkarte suggeriert. Sie wurde vielmehr von einer meinungsbildenden Elite konstruiert und erfunden, die eine ihnen passende Geschichte entwarf – vom Sieg Hermanns über die Römer im Teutoburger Wald über den barfuß im Schnee vor Canossa ausharrenden Salierkaiser Heinrich IV. bis zu Luther, der auf dem Wormser Reichstag vor Kaiser Karl V. sein reines Gewissen bekundete.

Szenenwechsel: Eine Wohnstube im ehemaligen Augustinerkloster zu Wittenberg, Luther sitzt mit seiner Familie um einen großen Kastentisch, auf dem ein mit brennenden Kerzen geschmückter Weihnachtsbaum steht (Abb. 2). Diese kolorierte Postkarte stammt aus dem Ersten Weltkrieg. Der Kriegsausbruch wurde von einer nationalen Begeisterung getragen, die breite Gesellschaftsschichten erfasste. Viele deutsche Soldaten werden Anfang August 1914 gerade dieses Bild imaginiert haben, als es hieß, spätestens zu Weihnachten seien sie wieder daheim, als glorreiche Sieger. Diese Postkarte nutzt das Weihnachtsbild des Weimarer Hofkupferstechers Carl August Schwerdgeburth aus dem Jahr 1843, ein Blatt aus seinem Stahlstichzyklus über Luthers Leben. Der Betrachter sieht hier ein »trautes Heim«, mit dem sich viele Protestanten identifizierten. Im *Deutschen Kunstblatt* von 1858 heißt es: »Dieß ist nun vollends das schönste der Bilder, so recht menschlich schön: *Luther im Kreise seiner Familie am Christabend 1536*. Da ist nur reines Familienglück, kein Haß, kein Hader, kein Streit, keine Arbeit; Feierabend, heiliger Abend. Des Weihnachtsbaumes Kerzen brennen hell, die beglückten Kinder sind freudevoll, das Jüngste sitzt der Mutter auf dem Schooße, Luther hält noch die Laute, auf der er vielleicht ein frommes Danklied oder Christnachtlied spielte, vielleicht sein unsterbliches ›Vom Himmel hoch, da komm ich her‹. Zwei Freunde nehmen Theil an dem heiter gemüthlichen Familienfest des großen Mannes, den hier nichts daran erinnert, daß er der große Mann ist. Muhme Lehne wärmt sich etwas fröstelnd am Ofen, der, wie die ganze Stube, treu nach der Lutherwohnstube zu Wittenberg abgebildet ist, und ein sich putzendes Kätzchen theilt ihre Liebe zu dem warmen Freund.«[8]

Eine Ikone des evangelischen Familienlebens war entstanden. Was bei genauerer Betrachtung ins Auge springt: Dinge gewinnen eine haptisch-konkrete Qualität. Details der Kleidung, des Musikinstruments, des gedeckten Tisches und des Kachelofens sind erkennbar herausgearbeitet. Mit dieser Darstellungsweise will man Luther besonders nahekommen, Freundschaft mit ihm bekunden und diese Nähe teilen, ihn geradezu anfassen.[9] Der Stich erfreute sich großer Beliebtheit. Kunstverlage wie die Kunstverlagshandlung Hanfstaengls Nachfolger in Berlin vertrieben Bildmotive aus Luthers Privatleben in hohen Auflagen. Das Weihnachtsbild wurde in drei verschiedenen Druckverfahren als Heliogravüre und als Fotografie auf Karton oder auf Glas in jeweils verschiedenen Größen angeboten. Luther wanderte in die eigenen vier Wände. Zudem erschien das Weihnachtsmotiv von Luther und seiner Familie in illustrierten Zeitschriften,

---

& Ideen), Reinbeck bei Hamburg 1988, S. 212–237, hier S. 228. **7** Wie gering das Wissen über Luther ausgeprägt war, zeigt eine Umfrage unter schlesischen Rekruten, die aus Luther einen Erfinder des Schießpulvers, einen Kriegsherrn und Reichskanzler machten. Vgl. Martin Scharfe: Nach-Luther. Zu Form und Bedeutung der Luther-Verehrung im 19. Jahrhundert, in: Hardy Eidam/Gerhard Seib (Hrsg.): »Er fühlt der Zeiten ungeheuren Bruch und fest umklammert er sein Bibelbuch …«. Zum Lutherkult im 19. Jahrhundert, Berlin 1996, S. 11–23, hier S. 11 f. **8** Carl August Schwerdgeburth's Lutherbilder-Cyklus, in: Deutsches Kunstblatt. Zeitschrift für bildende Kunst, Baukunst und Kunsthandwerk 9 (1858), S. 259–261, hier S. 260. **9** Joachim Kruse: Drei graphische Folgen von Lutherlebenbildern des 19. Jahrhunderts, in: Eidam/Seib, Lutherkult (wie Anm. 7), S. 40–54, hier S. 52.

Abb. 2 Postkarte (nach Carl August Schwerdgeburth), Luther im Kreis seiner Familie zu Wittenberg am Christabend 1536

Kalendern und Hauspostillen. Der Stich wirkt ebenso authentisch wie unpolitisch. Dabei saß Luther am Heiligabend nie unterm Tannenbaum.[10] Erste Zeugnisse für eine Feier mit geschmückter Tanne sind nicht vor dem Ende des 16. Jahrhundert in den Quellen greifbar. In Mode kam die geschmückte Tanne wohl erst um 1800, als protestantische Familien so ihr Wohnzimmer schmückten.[11]

Beide Postkarten zeigen Martin Luther in gegensätzlichen Milieus. Seit Luther-Darstellungen existieren, scheinen sie Gegensätze anzuziehen und zu integrieren. Im Zeitalter der Glaubenskämpfe im 16. Jahrhundert bewegte sich die Luther-Figur zwischen Heiligem und Teufel, zwischen asketischem Glaubensheld und Monster. Das änderte sich im 19. Jahrhundert: Luther wurde zunehmend zu einer nationalen Konsensfigur, deren Ausstrahlung sich auch Katholiken nicht mehr vollständig entziehen konnten. Dennoch schöpfte die Luther-Erinnerung ihre Potenz weiterhin aus Kontrasten – in unseren Beispielen aus dem zwischen nationaler Heldenverehrung und romantischem Idyllenzauber. Heinrich von Treitschke, der mit seiner Jubiläumsrede von 1883 das Lutherbild für die nächsten Jahrzehnte im nationalkonservativen Sinne kanonisieren sollte, brachte dieses ambivalente Lutherbild auf den Punkt: »Ein Ausländer mag wohl ratlos fragen: wie nur so wunderbare Gegensätze in einer Seele zusammen liegen mochten: diese Gewalt zermalmenden Zornes und diese Innigkeit frommen Glaubens, so hohe Weisheit und so kindliche Einfalt, so viel tiefsinnige Mystik und so viel Lebenslust, so ungeschlachte Grobheit und so zarte Herzensgüte […]. Wir Deutschen finden in alledem kein Rätsel, wir sagen einfach: das ist Blut von unserem Blute.«[12] Die Grundlagen für dieses Luther-Verständnis wurden im 18. Jahrhundert gelegt.

---

10 Sigrid Nagy: Es wuchs ein Baum im Paradies. Wie Luther im 19. Jahrhundert zum Weihnachtsbaum kam, Weimar 2003. **11** Wenngleich Luther somit dieser Brauch unbekannt sein musste, so hat er doch den Heiligen Abend am 24. Dezember gegenüber dem Nikolaustag deutlich aufgewertet. Das Christkind als Geschenk für die Menschheit war ihm der Anlass, die Sitte des gegenseitigen Beschenkens von einem römisch-katholischen Heiligentag auf den 25. Dezember zu verlegen. **12** Heinrich von Treitschke: Luther und die deutsche Nation. Vortrag, gehalten in Darmstadt am 7. November 1883, in: Ders.: Ausgewählte Schriften, Bd. 1, 4. Auflage, Leipzig 1908, S. 136–158, hier S. 138 und S. 155. **13** Heinrich Bornkamm: Luther im Spiegel der deutschen Geistesgeschichte,

Persönlichkeitsmodelle im 18. Jahrhundert

Pietismus und Aufklärung hatten das Lutherbild mit zukunftsweisenden neuen Facetten versehen. Luther wurde hier zum einen ein glaubwürdiger, um Rechtfertigung kämpfender Seelsorger, zum anderen ein integrer Staatsbürger, Gelehrter und solider Familienvater.[13] Während die Orthodoxie in Luther allenfalls den autoritären Ausdruck einer göttlichen Lehre gesehen hatte, gingen Vertreter des Pietismus und der Aufklärung davon aus, dass die Reformation fortentwickelt werden müsste. Luthers Werk enthalte per se das Potenzial zur Veränderung des Status quo, sowohl im persönlichen als auch im gesellschaftlichen Bereich. Im Spiegel der subjektiven Glaubenseinstellung des Pietismus wurde Luther vor allem als Mensch gesehen. Diese Vorlage nahmen Vertreter der eher religionskritischen Aufklärung auf. Sie schätzten Luther als Individuum, das sich von den Fesseln der Autorität befreit hatte. Jener Stich, der eine Ode des lutherischen Pfarrers und Dichters Johann Andreas Cramer illustriert, zeigt einen Luther ohne Gewissensqual und Glaubenskampf, ohne allegorische Verklärung (Abb. 3). Wir sehen einen tugendhaften Bürger, der nun stärker den irdischen Gefilden als dem Heilskontext verbunden ist.

Diese Akzentverschiebung im Lutherbild vom Propheten und Kirchenvater der Orthodoxie zum Kämpfer für Gewissensfreiheit und Toleranz der Aufklärung kann gut bei Gotthold Ephraim Lessing nachvollzogen werden. Lessing veröffentlichte 1774 die religionskritischen *Fragmente eines Unbekannten* – eine Schrift des 1768 verstorbenen Hamburger Gymnasialprofessors und Altphilologen Hermann Samuel Reimarus – und setzte sich mit den *Fragmenten* kritisch auseinander. Darüber geriet er in Streit mit dem orthodoxen Pastor Johann Melchior Goeze. In seiner ersten Antwort auf Goeze, der elf *Anti-Goeze* folgten, berief sich Lessing immer wieder auf Luthers befreienden Geist: »Luther, du! – Großer, verkannter Mann! Und von niemandem mehr verkannt als von den kurzsichtigen Starrköpfen, die, deine Pantoffeln in der Hand, den von dir gebahnten Weg schreiend, aber gleichgültig daher schlendern! Du hast uns von dem Joche der Tradition erlöset. Wer erlöst uns vom unerträglicheren Joche des Buchstabens! Wer bringt uns endlich ein Christentum, wie du es itzt lehren würdest, wie es Christus selbst lehren würde? Wer –«.[14]

In der Spätaufklärung wurde die Luther-Erinnerung um einen wichtigen Gesichtspunkt erweitert: Nicht ohne prophetisches Gespür habe Luther nationale Identität stiften wollen. Herder erkannte im deutschen Volk einen organischen Körper mit einer einheitlichen »Denkart«,[15] der nicht zuletzt von Luther geprägt worden sei. Wie das spätere 19. Jahrhundert verehrte er an Luther deutsche Manneskraft und Mut. Doch das noch bei Herder anklingende Weltbürgertum der Bildung wandelte sich im Kontext der napoleonischen Fremdherrschaft in eine Kultur, die etwas spezifisch Nationales zu definieren versuchte. Mit großer öffentlicher Wirkung erklärten Johann Gottlieb Fichte, Ernst Moritz Arndt und Friedrich Ludwig Jahn Luther zur nationalen Identitätsfigur, in ihm verkörpere sich das deutsche Wesen. Der Mut und die Entschlossenheit, mit der Luther dabei vorging, »ist natürlich, und durchaus kein Wunder. Dies ist nun ein Beleg von deutschem Ernst und Gemüt«.[16]

Doch nicht nur im Medium der öffentlichen Rede, wie die hier zitierten *Reden an die deutsche Nation*, die Fichte in Form von Vorlesungen in Berlin hielt, auch in bildender Kunst und Schauspiel wurde Luther erstmals zu einem Nationalhelden stilisiert. Seit Anfang des 19. Jahrhunderts sammelten deutsche Bürger für ein Lutherdenkmal in Wittenberg. Und Zacharias Werners Schauspiel *Martin Luther oder Die Weihe der Kraft* hatte am 11. Juni 1806 in Berlin Premiere. In einer gesellschaftspolitisch unsicheren Zeit von europäischem Ausmaß – zwischen den verheerenden Niederlagen der Gegner Napoleons in den Schlachten von Austerlitz sowie bei Jena und Auerstedt – wurde das Stück zu einem grandiosen Theatererfolg.[17] Nur eine Szene sei hier aus dem Stück herausgehoben: Auf dem Reichstag zu Worms fällt dem Kaiser beim Anblick Luthers das Zepter aus der Hand, das dann der Kurfürst von Brandenburg als Reichskämmerer weiterträgt. In dieser »Übergabe« der kaiserlichen Macht von den Habsburgern an die Hohenzollern wird antizipiert, was 65 Jahre später mit der Gründung des Deutschen Kaiserreichs Realität werden sollte.

Abb. 3 Johann Martin Preisler, Martin Luther, um 1770

Heidelberg 1955, S. 11–16. **14** Gotthold Ephraim Lessing: Absagungsschreiben an Goeze, Anhang der »Parabel«, 1778, in: Ders.: Werke, Bd. 8: Theologiekritische Schriften III, hrsg. von Herbert G. Göpfert, München 1973, S. 125 f. **15** Johann Gottfried Herder: Über die ersten Urkunden des menschlichen Geschlechts [1769], in: Herder, Sämtliche Werke, Bd. 5, Hildesheim 1993, S. 15 f.

16 Johann Gottlieb Fichte: Reden an die deutsche Nation, Berlin 1808, S. 184 (Sechste Rede). **17** Michael Karnick: Martin Luther als Bühnenfigur. Historische Wertung und Dramaturgie, in: Günter Schnitzler (Hrsg.): Bild und Gedanke. Festschrift für Gerhard Baumann zum 60. Geburtstag, München 1991, S. 258–270, hier S. 260 f.

Populäre Medien des 19. Jahrhunderts: Bild – Szene – Ding

Mythen können sich in der Moderne nur dann herausbilden, wenn sie im kollektiven Gedächtnis verankert werden – durch Lieder, Gedichte und Gedenkfeiern, durch einprägsame Bilder, Orte und Gegenstände. Diese Medien der Luther-Erinnerung zeichnen sich dadurch aus, dass sie bewusst Komplexitäten reduzieren. Nur so können sie ständig abrufbar gespeichert werden. Dieser Mechanismus spiegelt sich bei Historienbild, Theaterstück und Erinnerungsort am Beispiel Luthers in besonderem Maße.

Das eher statische Medium Historienbild spannt Pathetik und Monumentalität auf die zweidimensionale Leinwand. Ob als imposantes Panorama in Öl oder als massenhaft verbreiteter Druck: Mit dem Bild wird für ein Ereignis und den Protagonisten ein sogleich wiedererkennbares Image geschaffen. Obwohl komplexe Handlungsstränge in einem Gemälde systematisch vereinfacht werden müssen, ging im geschichtsgläubigen 19. Jahrhundert von diesen Historienbildern der Anspruch aus, die historische Wahrheit darzustellen. Die detailrealistische Malweise verbarg ihre Fiktionalität und steigerte auf diese Weise das Vertrauen in den Wirklichkeitsgehalt der Bilder. Gerade in einer Zeit, als Fotografien noch keine ernstzunehmende Konkurrenz darstellten, vermochten diese Bildkonzepte an die Stelle der Vorgänge zu treten, die abzubilden sie vorgaben. Für die populäre Fantasie wurden die Ereignisse mit den sie zeigenden Bildern identisch, das Gemälde zum historischen Dokument.

Das Theater veränderte im 19. Jahrhundert die Wahrnehmungen und Gewohnheiten weiter Bevölkerungskreise ebenso wie der Fernsehapparat im 20. Jahrhundert. Alle – ob jung oder alt, ob reich oder arm, ob männlich oder weiblich – wollten auf der Bühne Menschen handeln sehen, mit denen sie sich identifizieren konnten. Das Theater in seiner Spannung von Realität und Illusion, Sein und Schein war so etwas wie ein Laboratorium, in dem man mit dem Menschsein in all seinen Verstrickungen experimentierte. Ob es nun Augen, Ohren oder überhaupt das Gemüt anregt: Als Kunstform nahm das Theater den Menschen mit allen seinen Sinnen in Anspruch und bewirkte eine totale Hingabe an den Stoff.

Der mit der Reformation einhergehende Traditionsbruch war mit der Konstruktion neuer Herkunftsgeschichten verknüpft, zu deren Beglaubigung es authentischer Räume und Objekte bedurfte. So regen bis heute »Lutherorte« die kollektive Fantasie der Nachlebenden an. Seit Jahrhunderten versammeln sich Luther-Pilger im »Heiligtum« der Lutherstuben – ob in Wittenberg oder auf der Wartburg – und bewundern protestantische »Reliquien«. Physische Erinnerungsorte wurden geschaffen, die immer auch ein Maß der Entfremdung gegenüber dem Erinnerten freilegen, das man mithilfe der Erinnerungsleistung zu reduzieren hofft. Insbesondere bei der Privatheit einer Wohnstube sind Möglichkeiten der Identifizierung gegeben, denn jeder wohnt irgendwo und irgendwie.

Held auf einem Gemälde

Der Mönch steht dem Kaiser gegenüber, der über das halbe Abendland herrscht, und verweigert den geforderten Widerruf. Kaum ein anderes Ereignis aus Luthers Leben lud so sehr zur Mythenbildung ein. Dementsprechend oft wurde das Thema durch bildende Künstler aufgegriffen. In der Historienmalerei des 19. Jahrhunderts sind mindestens 16 Darstellungen dieses Zusammentreffens auf dem Reichstag in Worms im Jahr 1521 bekannt.[18] 1864 hatte Hermann Freihold Plüddemann sein Gemälde *Luther vor dem Reichstag zu Worms* fertiggestellt, in einer Zeit, als liberale und nationale Tendenzen noch nicht divergierten, vielmehr sich gegenseitig verstärkten (Abb. 4). Plüddemann, unter anderem Schüler von Carl Joseph Begas in Berlin und Absolvent der Kunstakademie in Düsseldorf, begeisterte sich nicht nur für Luther, sondern auch für Kolumbus. Luther und Kolumbus bildeten für ihn Galionsfiguren des frühneuzeitlichen Fortschritts. Beide brachen mit den ihnen zur Verfügung stehenden Mitteln – Kolumbus mit dem Schiff, Luther mit der Bibel – zu neuen Ufern auf.

Plüddemann bemühte sich auf seinem Gemälde um historische Rekonstruktion. Die Bildkomposition zeigt sogleich, wer die Hauptperson ist. In einem fast überfüllten Raum drängen sich sitzend und stehend zahlreiche Personen. Links thront der Kaiser erhöht auf einem Podest unter einem Baldachin. Aber frei in der Bildmitte steht ein Mönch. Luther wird von einer Lichtquelle, die links oben außerhalb des Bildfeldes liegt, angestrahlt. Seine Pose gleicht der einer Bühnenfigur: Den Blick nach oben gerichtet, die rechte Hand emporgehoben zum Himmel und zugleich auf ein Kruzifix zeigend, ruht die linke auf der Bibel. Hier ist der standhafte Reformator in Szene gesetzt, der mutig seinen Glauben beziehungsweise das Evangelium verteidigt. Wahrscheinlich hält Plüddemann hier den Moment fest, als Luther sein nicht verbürgtes »Hier stehe ich, ich kann nicht anders« gesprochen hat. Diese Worte charakterisieren Luther als Einzelkämpfer, der die etablierte Macht herausfordert. Seine Miene bringt ein reines Gewissen und Gottvertrauen zum Ausdruck. Luther wirkt keineswegs 17 Jahre älter als sein Kontrahent Kaiser Karl V. Während der eigentlich jugendliche Kaiser unter der Last seines kaiserlichen Amtes einen Alterungsschub erleidet, strotzt Luther vor Vitalität. An Luthers Pose fällt auf, dass sie den irdischen Rahmen zu sprengen scheint, denn der Reformator wirkt wie von oben geleitet. Während die weltgeschichtliche Persönlichkeit als Individuum vertikal komponiert ist und in Bezug zu Gott gesetzt wird, verwandelt sich die Versammlung in ein passives Theaterpublikum. Mehr oder minder fasziniert, betrachtet es ein Schauspiel, in dem die innige Verständigung zwischen Mensch und dem unsichtbaren Gott gefeiert wird. Luthers Tatendrang und Individualität stellen somit nur die eine Seite der Medaille dar, auf der anderen Seite erscheint Luther zugleich als ausführendes Organ eines göttlichen Willens.

---

18 Henrike Holsing: Luther – Gottesmann und Nationalheld. Sein Image in der Historienmalerei des 19. Jahrhunderts, Online-Publikation URL: http://kups.ub.uni-koeln.de/2132/ [30. 11. 2015], zugl. Diss. Universität Köln 2004, S. 479 f. **19** Armin Kohnle: Luther vor Karl V. Die Wormser Szene in Text und Bild des 19. Jahrhunderts, in: Stefan Laube/Karl-Heinz Fix (Hrsg.): Lutherinszenierung und Reformationserinnerung, Leipzig 2002, S. 35–62, hier S. 53 f. **20** Silvio Reichelt: Der Erlebnisraum Lutherstadt Wittenberg. Genese, Entwicklung und Bestand eines protestantischen Erinnerungsortes, Göttingen 2013, S. 97–103. **21** Otto Devrient: Luther. Historisches Charakterbild in sieben Abteilungen. Ein Festspiel zur vierhundertjährigen Geburtstagsfeier Luthers, dargestellt von den

Abb. 4 Hermann Freihold Plüddemann, Luther vor dem Reichstag zu Worms, 1864

Plüddemanns Gemälde muss vielen Schülern Preußens vertraut gewesen sein. Auf Initiative Kaiser Wilhelms I. wurde es in den 1880er Jahren als Öldruck reproduziert und in allen Schulen aufgehängt. In dieser Zeit sollten zunehmend nationale Stereotype auf das Bild projiziert werden, die ihm darstellerisch kaum innewohnen. Neue Imaginationen der Rezipienten kamen hinzu, hervorgerufen durch ein Luther-Verständnis, wie es allen voran Treitschke in seiner *Luther-Rede* von 1883 bezweckte: Luther habe in Worms »als der Führer der Nation, heldenhaft wie ihr Volksheiliger« vor dem Kaiser gestanden, der als »Fremdling« die Krone trug und sich »dem Ruf der Nation« versagte. Luthers Gewissenschristentum hätte man auch anthropologisch deuten können. Treitschke verengte es aber auf das »deutsche Wesen«, und zahlreiche Lehrer und Pfarrer folgten in den nächsten Jahrzehnten seiner Deutung.[19]

Charakterdarstellung auf der Bühne

Im Theater wurde Luther lebendig.[20] Das erfolgreichste Luther-Festspiel sollte Otto Devrient verfassen.[21] Von 1883 bis 1914 wurde sein Stück 440 Mal in 36 größeren Städten gespielt.[22] Die Luther-Bühnenstücke lehnten sich an geistliche Schauspiele des 16. Jahrhunderts an, in denen zahlreiche Laiendarsteller des Aufführungsorts mitwirkten.[23] Der moderne Festspielgedanke erfuhr darüber hinaus entscheidende Anstöße durch das im 17. Jahrhundert begründete Oberammergauer Passionsspiel. Inspiriert von der Spielleidenschaft der kleinen bayrischen Dorfgemeinschaft, plädierte Eduard Devrient, der Vater von Otto, für die Einführung von Theaterfesten, die in allen Teilen des Vaterlandes gefeiert werden könnten, um so das nationale Bewusstsein zu fördern.[24] Nicht nur sein Sohn, sondern auch Hans Herrig und Friedrich Lienhard inszenierten populäre Luther-Bühnenstücke. Otto Devrients Schauspiel über Luther wurde 1883 in Jena uraufgeführt. Für dessen jährliche Aufführung schloss sich eine

Bewohnern Jena's, Jena 1883. **22** Brief von Klara Devrient, an das bayerische Kultusministerium, 13.10.1933, vgl. Stefan Laube: Fest, Religion und Erinnerung. Konfessionelles Gedächtnis im Königreich Bayern, München 1999, S. 369, Anm. 193. **23** Detlev Metz: Das protestantische Drama. Evangelisches geistliches Theater in der Reformationszeit und im konfessionellen Zeitalter, Köln/Weimar/Wien 2013. **24** Etienne François: Oberammergau, in: Ders./Hagen Schulze (Hrsg.): Deutsche Erinnerungsorte, Bd. 3, München 2001, S. 274–291, hier S. 283.

Abb. 5 Fotoreproduktion der Luther-Festspiele von 1907: Szene aus Otto Devrients Luther-Festspiel in Weimar. Kirchgänger vor der Schlosskirche diskutieren Luthers Thesenanschlag, 1883

lokale Gesellschaft unter Federführung des Gymnasialdirektors Gustav Richter zusammen. Die Teilnahme daran galt als Ehre und Auszeichnung, erforderte aber auch großen persönlichen Einsatz.

Devrient, seit 1873 am Hoftheater zu Weimar – zunächst als Schauspieler, später auch als Regisseur – war für diese Aufgabe prädestiniert wie kaum ein anderer. Seinen größten Erfolg feierte er dort mit der Inszenierung der beiden Teile von Goethes *Faust* als mittelalterliches, dreiteiliges Mysterienspiel. Anlass für das Festspiel war Luthers 400. Geburtstag. Martin Luther und Katharina von Bora wurden von Berufsschauspielern dargestellt. Devrient selbst schlüpfte in die Rolle Luthers, er war also Hauptdarsteller, Dichter und Regisseur in Personalunion. Alle anderen fast 100 Darsteller waren Laien. In der *Gartenlaube* konnte man lesen: »Man darf behaupten, daß ein Ensemble von Berufsschauspielern Devrient's Festspiel vielleicht künstlerisch vollendeter, aber schwerlich mit der gleichen Kraft der Begeisterung und mit so volksthümlicher Wirkung dargestellt haben würde.«[25] Die Laiendarsteller versetzten sich mithilfe historischer Kostüme in die Lutherzeit zur »Stärkung des evangelischen Bewusstseins«, wie es damals hieß.[26] Die meisten agierten eher als Staffage, aufregender war es für diejenigen, die kleinere Texte zu sprechen hatten. Man kann davon ausgehen, dass sich die aktive Beteiligung an diesem Theaterstück in den jeweiligen Lebensläufen einbrannte (Abb. 5). Hinzu kamen die zahlreichen Zuschauer, die sich mit dem Reformator, der als individuell handelnde Persönlichkeit auftrat, problemlos identifizieren konnten. Durch das Festspiel also war es möglich, sich die mythische Vergangenheit unter dem Eindruck der Gegenwart anzueignen. Zwischen 1884 und 1905 erschien Devrients Stück in 38 Auflagen. Mit großem Erfolg wurde es 1901 in der Berliner Krolloper 16 Mal zwischen dem 31. Oktober und dem 1. Dezember gespielt.[27] Dort hatte sich kurz zuvor ein Verein zur Förderung deutsch-evangelischer Volksschauspiele gebildet, der 1901 bereits 1 000 Mitglieder zählte. Devrient betrachtete es als seine besondere soziale Aufgabe, allen Bevölkerungsgruppen den Protestantismus nahezubringen.

---

25 Otto Devrient und sein Luther-Festspiel, in: Gartenlaube 42 (1883), S. 691. **26** Richard Erfurth: Geschichte der Stadt Wittenberg, Teil 1, Wittenberg 1910, S. 151. **27** Otto Devrient: Luther. Historisches Charakterbild in 7 Abtheilungen. Unter dem Protektorat Sr. Kgl. Hoheit des Prinzen Friedrich Heinrich von Preußen, aufgeführt und dargestellt von Mitgliedern evangelischer Gemeinden vom Verein zur Förderung deutsch-evangelischer Volksschauspiele im Neuen Kgl. Operntheater (Kroll), Berlin 1901 [Broschüre]. **28** Devrient, Luther (wie Anm. 21), S. 110. **29** Ebd., S. 28. **30** Volker Leppin: Die Monumentalisierung Luthers. Warum vom Thesenanschlag erzählt wurde – und was davon zu erzählen ist, in: Joachim Ott/Martin Treu (Hrsg.): Luthers Thesenanschlag – Faktum oder Fiktion, Leipzig 2008, S. 69–93. **31** Gustav Adolf Erdmann: Die Lutherfestspiele. Geschichtliche Entwicklung, Zweck und Bedeutung derselben für die

In Devrients Stück war die eingangs beschriebene Ambivalenz der Luther-Figur mustergültig umgesetzt: Luther als heroischer Tatenmensch sowie Luther als liebender Familienvater. In sieben Bühnenbildern inszeniert er Luthers Leben: 1) Luther ringt als Mönch im Augustinerkloster zu Erfurt um den rechten Glauben, 2) Luther schlägt am Portal der Wittenberger Schlosskirche seine 95 Thesen an, 3) Luther steht vor Kaiser Karl V. auf dem Wormser Reichstag, 4) Luther übersetzt als Junker Jörg auf der Wartburg das Neue Testament, 5) Katharina von Bora als Nonne im Kloster Nimbschen und ihre Flucht mit der Hilfe Luthers, 6) Luthers Gefühle gegenüber Katharina und Heirat beider 1525, 7) Luther wenige Monate vor seinem Tod zu Weihnachten im Kreis seiner Familie. Was sogleich auffällt: Der gemütliche Luther steht gleichwertig neben dem heroischen Luther. Die letzten beiden Szenen spielen in der Wittenberger Lutherstube, die aber bezeichnenderweise erst im Jahr 1545 – nach zwei Jahrzehnten Familienleben – »großes Behagen athmet«, wie es in der Regiebeschreibung heißt.[28] Katharina von Boras Rolle ist besonders herausgehoben, deutlich mehr als in Historienbildern oder Luther-Lebensfolgen. Ereignissequenzen, die Luther in ein negatives Licht hätten rücken können, wie etwa der Bauernkrieg, fallen hingegen – wie damals so oft – unter den Tisch. Ausführlich wird auf Ablass und Thesenanschlag eingegangen. Devrient setzt den sogenannten Thesenanschlag mit einer gehörigen Portion Pathos in Szene: Mit kräftigen Hammerschlägen nagelt Luther selbst die Thesen an das Portal der Schlosskirche. Als er den ersten Nagel einschlägt, ruft er aus: »Gekreuzigter! In Deinem Namen streit' ich«, beim zweiten Nagel: »Gekreuzigter! Dein Lösungswerk bereit' ich«, beim dritten: »Gekreuzigter! Dein' Nägelmale schlag' ich«, beim vierten: »Gekreuzigter! Vergönn's! Dein Leiden trag' ich!«[29] An der historischen Faktizität des Thesenanschlags zweifelte im 19. Jahrhundert niemand; sie sollte erst 1961 von Erwin Iserloh infrage gestellt werden.[30] Über nicht weniger als sechs Stunden erstreckte sich Devrients Historienstück inklusive Pausen, »bei aller Schönheit seiner Dichtung gewiß eine starke Anforderung an die Begeisterung und Widerstandsfähigkeit der Zuschauer«.[31]

Aura am authentischen Ort

Relikte aus der Lutherzeit, mit der Emphase der Aura von Echtheit in Szene gesetzt, scheinen das Theatererlebnis noch zu übertreffen. Gerade in der Lutherstube zu Wittenberg bündelten sich suggestive Emotionen (Abb. 6). Der amtierende Direktor der Lutherhalle fasste es im Vorfeld des Ersten Weltkriegs in folgende Worte: »O welch ein unermeßliches Kapital echtester, weihevollster Stimmung, wie sie kein Theater erzeugen kann, wird hier geprägt.«[32] Schon der Berliner Bildhauer Johann Gottfried Schadow hatte hervorgehoben, dass wohl kein Ort geeigneter ist, »den Geist Luthers in seiner persönlichen Erscheinung so zu vergegenwärtigen, als dieses Zimmer, vorausgesetzt, daß wir uns mit der Lebensweise und den Lebensverhältnissen Luthers bekannt gemacht haben. Dann fühlen wir seine Nähe hier noch unmittelbarer, als wenn wir vor seinem Bilde stehen.«[33] Gerade weil die Reformation damals, im Zuge von Urbanisierung und Industrialisierung, immer fremder wurde, faszinierte das sinnliche Raumerlebnis des Authentischen. Schaulustige in der Lutherstube und den benachbarten Kammern sprachen in ihren Gästebuchnotizen oft von »heiligen Hallen«, was den Größenverhältnissen vor Ort keineswegs entspricht. Tatsächlich schöpfte die Faszination der Lutherstube aus dem Spannungsfeld, dass sich hier die weltgeschichtliche Bedeutsamkeit Luthers in seiner alltäglichen Anschaulichkeit spiegelt. Von zwei Lutherstuben-Besuchern ist aus dem Jahr 1833 der Eintrag überliefert: »Das schlichte und anspruchslose Wesen der verehrten Männer beweißt am cräftigsten unsre Unsterblichkeit.«[34] Die Gleichzeitigkeit von sinnlicher Nähe und geistiger Ferne entwickelte eine auratische Atmosphäre, der sich kaum jemand entziehen konnte.

Das memoriale Interesse der Luther-Verehrung hat sich bereits in der zweiten Hälfte des 16. Jahrhunderts auf die durch die Tischgespräche berühmt gewordene Wohnstube des Familienvaters und gefeierten Professors konzentriert. Bis heute ist es den Museumsbesuchern möglich, mitten durch die Stube zu gehen. Die Bauforschung hat herausgefunden, dass die Stube zwischen 1535 und 1538 durch Einziehen hölzerner Zwischenwände in einen größeren Raum entstanden sein muss. Außer der Kubatur des Raumes, vielleicht auch der Wandbänke und der Holzvertäfelung, kann nichts mehr in die Lutherzeit zurückdatiert werden. Der fünfgeschossige, mit 27 Bildkacheln versehene Ofen aus dem Jahr 1602 – das Bildprogramm besteht aus Evangelisten, Personifikationen Freier Künste und christologischen Darstellungen – und die Ausmalung, die aus dem Jahr 1629 stammt und zum Reformationsjubiläum von 1967 wieder freigelegt wurde, sind noch heute sichtbar. Die übrige bewegliche Ausstattung ist sparsam. Ins Auge fallen der robuste Kastentisch und die zweisitzigen Fensterbänke. Zumindest der Tisch darf als lutherzeitliches Möbelstück angesehen werden.[35]

Wichtig an der Ausstattung der Lutherstube war nicht, dass sie echt war, sondern dass sie die Besucher für echt hielten. Zu diesen unechten Reliquien gehörte auch der Luther'sche Tintenfleck.[36] Der Fleck selbst stellte eine naive Veranschaulichung der Luther in den Mund gelegten Worte dar, dass er den Teufel mit Tinte bekämpft habe. Auch auf der Wartburg und auf der Veste Coburg wurden an den Wänden solche Flecken angebracht. Der Tintenklecks wurde in den darauffolgenden Jahrhunderten immer wieder erneuert. Es kam darauf an, eine Luther-Metapher zu materialisieren. Dennoch bleibt es paradox, dass ein so nicht stattgefundenes Ereignis die Authentizität des Ortes verbürgen sollte.

Bühne, Wittenberg 1888, S. 4. **32** Karl Dunkmann: Das Lutherhaus in Wittenberg. Zum Reformationsfest am 31. Oktober 1911, in: Daheim. Ein deutsches Familienblatt, 48/4, 28.10.1911. **33** Johann Gottfried Schadow (Hrsg.): Wittenbergs Denkmäler der Bildnerei, Baukunst und Malerei mit historischen und artistischen Erläuterungen, Wittenberg 1825, S. 93. **34** Adolph und Moritz Kemy, 31. Mai 1833, aus: Stiftung Luthergedenkstätten in Sachsen-Anhalt (Lutherhaus Wittenberg): Einschreibe Buch für die Lutherstube vom Juli 1825 bis 9. Mai 1834, Bd. 4. **35** Stefan Laube: Das Lutherhaus Wittenberg. Eine Museumsgeschichte, Leipzig 2003, S. 93–99. **36** Volkmar Joestel: Der Wurf mit dem Tintenfaß, in: Ders.: Legenden um Martin Luther und andere Geschichten aus Wittenberg, Berlin 1992, S. 52–57.

Abb. 6 Wittenberg, Lutherhaus. Blick in die Lutherstube

In der Lutherstube konnte sich die Variante des scheinbar entpolitisierten Luther, der Topos vom Reformator als verinnerlichter Hausvater, entfalten. Das Luther zugeschriebene idyllische Familienleben hatte die Funktion, die auseinandergebrochenen traditionellen Lebenswelten im Zuge der industriellen Entwicklung zu kitten. Dass die Lutherstube Ort der Tischgespräche gewesen ist, ist hinreichend beglaubigt, wenn auch weiterhin die Auffassung vertreten wird, Luther habe viele seiner Tischreden im Speisesaal, das heißt im Refektorium gehalten. Luthers Heirat im Jahr 1525 sollte das inzwischen verwaiste Mönchskloster in ein Familienwohnhaus verwandeln. In der Lutherstube habe er dann die Saiten der Laute gezupft und gemeinsam mit der Familie selbst komponierte Lieder gesungen. Insbesondere die Metamorphose vom Mönchskloster ins evangelische Pfarrhaus machte die Lutherstube im 19. Jahrhundert zu einem mythenbesetzten Erinnerungsort deutscher Geschichte: »Dieselben Räume, die einst Pflegestätte des echtesten katholischen Geistes gewesen und einem Leben der Weltflucht und asketischer Selbstgerechtigkeit gedient, sind jetzt durchwaltet von dem reinsten evangelischen Geiste eines freien, fröhlichen Glaubenslebens, und der Ort, wo früher der Ehelosigkeit geweihte Mönche ihr Wesen trieben, ist zu einem Herde ehelichen Glückes und dem traulichen Heim echt deutschen Familienlebens geworden; dasselbe Haus, und doch ein anderes durch und durch.«[37]

Vertrautheitsbeschleuniger

Für Schulen reproduzierte Historiengemälde, mit massiver Laienbeteiligung aufgeführte Luther-Dramen sowie der Pilgertourismus an die Wirkungsstätten von Martin Luther verfolgten vornehmlich ein Ziel: Es galt, den im 19. Jahrhundert immer fremder wirkenden Reformator populär zu machen, ihn den Menschen näherzubringen, die mit seinem Wirken immer weniger verbanden. Die Wirkungsgeschichte Luthers scheint im 19. Jahrhundert eigentümlich heterogen: Weitgehend im Unsichtbaren spielten sich die theologischen Dramen ab. Die Fragen »Wie bekomme ich einen gnädigen Gott?«, »Wie werde ich vor Gott gerecht?« waren für Luther konkrete Wirklichkeit. Diese theologisch-existenzielle Annäherung an die Welt musste in einer zunehmend säkularisierten Gesellschaft befremden.

Viele nahmen Luther nur noch als den schlechthin Anderen wahr, ohne sich auf seine komplexe Gottesbeziehung einzulassen. Die Rechtfertigungslehre als Zentrum protestantischen Glaubens ist ein nur mit großer Mühe zu durchschauendes Gedankengebäude, das sich kaum veranschaulichen lässt. Daher spielte es in der öffentlichen Erinnerung so gut wie keine Rolle. Den Initiatoren der populären Erinnerung kam zugute, dass es nicht nur den »theologischen Luther« gab. Vielmehr existierten daneben immer auch »der politische« und »der volkstümliche Luther«, ein Held beziehungsweise ein Mensch aus Fleisch und Blut, der in visuellen und materiellen Kulturen geradezu aufblüht. So unnahbar sein theologisches Anliegen blieb, so anziehend war der Mensch. Der Luther der bildenden Künste prägte sich ebenso im kollektiven Gedächtnis ein wie jener der darstellenden Kunst oder der exponierten Relikte am authentischen Ort. Diese medialen Inszenierungen umgaben Luther mit der Aura des Numinosen und Wesenhaften, verdeckten aber weitgehend die Tatsache, dass er nicht das naturwüchsige Produkt seiner Geschichte darstellt, sondern erst im Denken und in der Fantasie von Professoren, Historikern, Philologen, Juristen, Journalisten, Künstlern und Komponisten konstruiert wurde.

Ob nun gemütlich oder heldenhaft – die Luther-Erinnerung ist von virtuellen Geschichtsbildern geprägt, die zwischen historischer Realität und Mythos oszillieren. Geschichte als Erinnerung bedient sich mit Vorliebe gut erfundener Bilder, die umso glaubwürdiger sind, je früher sie die Luther-Verehrung geprägt haben. Selbst wenn sie von der modernen Quellenkritik als falsch entlarvt werden, gehen sie nicht verloren oder werden ausgetauscht beziehungsweise korrigiert. Gewiss entsteht bei folgenden Szenen ein Spannungsfeld zwischen der Geschichte als Erinnerung und der Geschichte als Wissenschaft: Luther, der dem Kaiser »Hier stehe ich, ich kann nicht anders« entgegenschleudert; Luther, der mit dem Hammer in der Hand die Thesen anschlägt; Luther, der mit seinen Lieben um den Weihnachtsbaum sitzt; vom Tintenfleck in der Lutherstube ganz zu schweigen. Der Mensch wäre nicht Mensch, wenn er nicht geneigt wäre, komplexe, differenzierte Tradierungszusammenhänge, die den eigenen Projektionen zuwiderlaufen, zu verdrängen – oder positiver in die Worte des Dresdner Architekten und Kunsthistorikers Cornelius Gurlitt gekleidet: »Ich glaube an die Wittenberger Sagen wie an die Wahrheit von Märchen und Dichtungen, und zwar um ihres geistigen Inhalts willen […].«[38]

37 Hermann Stein: Geschichte des Lutherhauses, Wittenberg 1883, S. 20, zur Spiegelung der privaten Biografie Luthers im Lutherhaus vgl. auch Georg Rietschel: Luther und sein Haus, Halle 1888, S. 11. **38** Cornelius Gurlitt: Lutherstadt Wittenberg. Mit acht Abbildungen nach Originalen (= Westermanns Monatshefte. 903), o. O. 1931, S. 257–264, hier S. 261.

Ein lebendes Denkmal

Luther-Denkmal in Wittenberg

ℒ 8 Lutherwege mit fast 2000 km Gesamtlänge

900 km Thüringen, 550 km Sachsen,
410 km Sachsen-Anhalt, 96 km Bayern.

57 Luther-Denkmale weltweit

Seit dem Ende des 19. Jahrhunderts entsteht eine bemerkenswerte Anzahl von Denkmälern. In Mitteleuropa zählt man heute 40 Luther-Denkmäler.

197 Luther-Kirchen weltweit

179 Luther-Kirchen stehen
in Deutschland,
weitere 18 im Ausland.

Luther-Bäume

Im Gedenken an Martin Luther wurden zu Reformationsjubiläen oder Jahrestagen oft Bäume gepflanzt. Am meisten verbreitet ist die Luther-Eiche. Häufig handelt es sich hierbei um Stieleichen. An einigen Orten finden sich aber auch Luther-Buchen und Luther-Linden. Berühmt ist die Eiche in der Lutherstadt Wittenberg, an deren Standort der Reformator 1520 sein Exemplar der päpstlichen Bannandrohungsbulle verbrannt hat.

97 LUTHER-EICHEN Die meisten stehen in Sachsen (20) und in Niedersachsen (17)

6 LUTHER-BUCHEN   **8 LUTHER-LINDEN**   **1 LUTHER-ULME**

Luther als Filmstar

Um des großen Reformators zu gedenken, wurde seine Geschichte wiederholt verfilmt. In Kinofilmen und Dokumentationen erscheint Luther von Australien bis Hollywood auf der Leinwand, am häufigsten aber in Deutschland.

Jahr	Land	Titel
1911	D	Doktor Martinus Luther
1913	D	Die Wittenberger Nachtigall
1923	D	Martin Luther: His Life and time
1927	D	Luther – Ein Film der deutschen Reformation
1939	D	Das unsterbliche Herz
1952	BRD	Der gehorsame Rebell
1953	USA/BRD	Martin Luther
1964	AUS	Luther
	BRD	Der arme Mann Luther
1965	GB	Luther
1967	DDR	Credo: Martin Luther – Wittenberg 1517
1968	BRD	Der Reformator
	USA	Luther
1974	USA/UK/Kanada	Luther
1976	YUG	Disput u noći
1981	F	Frère Martin
1983	GB	The Meaning of Life: The Adventures of Martin Luther
	BRD	Martin Luther
	DDR	Martin Luther
	GB/USA	Martin Luther, Heretic
	DDR	Ein Schüler aus Mansfeld – Die Jugendjahre Martin Luthers
	DDR	Bürger Luther – Wittenberg 1508-46
	DDR	Der die Zeit beim Worte nahm – Martin Luther auf der Wartburg
1984	DDR	Martin Luther & Thomas Müntzer oder Die Einführung der Buchhaltung
1990	D	Mitten in Europa – Deutsche Geschichte
1992	D	Wir Deutschen
1996	D/F	Lutherbilder
1999	D	2000 Jahre Christentum
2000		Luther (Oper)
2003	D/USA	Luther
	D	Martin Luther – Ein Leben zwischen Gott und Teufel
	D	Filmstar Martin Luther
2004	F	Luther gegen den Papst
2005	D	Luther – Sein Leben, Werk und Erbe
2007	D	Martin Luther – Kampf mit dem Teufel
2008	D	Luther und die Nation
	D	Die Deutschen

JAN SCHEUNEMANN

Luther in den deutschen Diktaturen des 20. Jahrhunderts

»So vollendet Hitler das Werk, das Luther begonnen hat …« (1933)[1]

Im April 2014 sorgte das Hamburger Politmagazin *Cicero* für Aufsehen. Das Cover zeigte ein Porträt Martin Luthers mit brennenden Synagogen im Hintergrund. Das Titelthema »Judenfeind Luther« stellte so schon visuell eine direkte Verbindung zwischen dem Wittenberger Reformator und dem millionenfachen Mord des nationalsozialistischen Deutschlands an den europäischen Juden her. Ohne Zweifel: Luther hatte in seiner polemischen Spätschrift *Von den Juden und ihren Lügen* (1543) von der Obrigkeit verlangt, eine »scharfe Barmherzigkeit« gegen die Juden walten zu lassen, sie zu vertreiben, ihre Häuser zu zerstören und ihre Gotteshäuser und Schulen mit Feuer anzustecken. Der Autor des *Cicero*-Artikels schlussfolgerte deshalb: »Im Grunde hatte Luther damit das gefordert, was knapp 400 Jahre später in der Reichspogromnacht realisiert wurde.«[2]

Dieses Urteil griff eine im Zweiten Weltkrieg entwickelte Deutungslinie auf, die in Luther einen Wegbereiter des Nationalsozialismus und Kronzeugen des rassistischen Antisemitismus sah und in der Formel »Von Luther zu Hitler« sinnfälligen Ausdruck fand. Zur Unterstützung dieses Arguments wird stets auf Julius Streicher, den Herausgeber der NS-Zeitung *Der Stürmer*, Bezug genommen, der seine antisemitischen Hetzartikel am 29. April 1946 vor dem Nürnberger Kriegsverbrechertribunal mit der Aussage verteidigte: »Antisemitische Presseerzeugnisse gab es in Deutschland durch Jahrhunderte. Es wurde bei mir zum Beispiel ein Buch beschlagnahmt von Dr. Martin Luther. Dr. Martin Luther säße heute sicher an meiner Stelle auf der Anklagebank, wenn dieses Buch von der Anklagevertretung in Betracht gezogen würde. In dem Buch ›Die Juden und ihre Lügen‹ schreibt Dr. Martin Luther, die Juden seien ein Schlangengezücht, man solle ihre Synagogen niederbrennen, man soll sie ver-

nichten …«[3] Angesichts solcher Äußerungen erstaunt es nicht, dass man auf der Suche nach einer schlüssigen Erklärung für den von Deutschland verursachten Zivilisationsbruch zu Bewertungen gelangte, die den Ursprung des Nationalsozialismus in der Zeit der Reformation vororteten und Luther einen »frühen Vorläufer des Faschismus« beziehungsweise einen »geistigen Ahnherrn« Hitlers nannten (Abb. 1).[4]

Solche Interpretationen erklären sich aus der fatalen Rezeption des Reformators im »Dritten Reich«. Denn nicht wenige Deutsche hatten im Nationalsozialismus die Vollendung der Reformation und in Hitler einen neuen Luther erblickt: »Hitler ist der Größte der Deutschen, der nur mit Luther verglichen werden kann.«[5] Zu dieser Analogisierung hatten die Nationalsozialistische Deutsche Arbeiterpartei (NSDAP) und Hitler ganz persönlich beigetragen. Schon die Verkündung des Programms der NSDAP am 24. Februar 1920 im Münchner Hofbräuhaus rangierte in der retrospektiven Selbststilisierung der Nationalsozialisten auf der Höhe des Thesenanschlags am 31. Oktober 1517.[6] Auf einer Parteiversammlung der NSDAP im Oktober 1923 in Nürnberg benannte Hitler mit Martin Luther, Friedrich dem Großen und Richard Wagner »drei unserer größten deutschen Männer«, die durch ihren Willen, ihre Zielstrebigkeit und ihre unbedingte Kampfbereitschaft zu »Helden ihres Volkes« geworden seien. Sie waren ihm Vorbilder, denen er in seinem Verständnis als wahrer Staatsmann und nationaler Führer folgen wollte.[7] Und in seinem 1925/26 veröffentlichten Buch *Mein Kampf* schrieb Hitler schließlich mit Verweis auf die drei »großen Kämpfer«, es gebe in der Menschheitsgeschichte nur selten Persönlichkeiten, in denen sich der Politiker mit dem Programmatiker verbinde – und meinte damit vor allem sich selbst.[8]

Dass Hitler auch in der breiten Öffentlichkeit bald als übernatürliche Erscheinung wahrgenommen wurde, steht außer Frage. Viele sahen in ihm einen Wundermann und Heiland zugleich. Kurt Lue-

---

1 Friedrich Coch: Luther und Hitler, in: Christenkreuz und Hakenkreuz, Nr. 4 (Oktober) 1933, S. 2. **2** Christian Pfeiffer: Die dunkle Seite des Reformators, in: Cicero. Magazin für politische Kultur, Nr. 4 (April) 2014, S. 16 – 23, hier S. 18. **3** Der Prozess gegen die Hauptkriegsverbrecher vor dem Internationalen Militärgerichtshof. Nürnberg 14. November 1945 – 1. Oktober 1946, Bd. 12: Verhandlungsniederschriften 18. April 1946 – 2. Mai 1946, Nürnberg 1947, S. 346. **4** Vgl. William Montgomery McGovern: From Luther to Hitler: The History of Fascist-Nazi Political Philosophy. Boston 1941; Peter F. Wiener: Martin Luther. Hitler's Spiritual Ancestor, London 1945; Barbro Eberan: Luther? Friedrich »der Große«? Wagner? Nietzsche? …? …? Wer war an Hitler schuld? Die Debatte um die Schuldfrage 1945 – 1949, München 1985, S. 110 – 115. **5** Hermann Werdermann: Martin Luther und Adolf Hitler. Ein geschichtlicher Vergleich. Gnadenfei 1936, S. 3. **6** Vgl. Gottfried Griesmayr: Das völkische Ideal, Berlin 1944, S. 77. **7** Vgl. Eberhard Jäckel/Axel Kuhn (Hrsg.): Hitler. Sämtliche Aufzeichnungen 1905 – 1924 (= Quellen und Darstellungen zur Zeitgeschichte. 21), Stuttgart 1980, S. 1031 – 1034, hier S. 1032. **8** Adolf Hitler: Mein Kampf, München 1938, S. 231 f.; vgl. Peter Longerich: Hitler. Biografie, München 2015, S. 127, 140.

Abb. 1 »Hitlers Kampf und Luthers Lehr / Des deutschen Volkes gute Wehr«, Postkarte zum 450. Geburtstag Martin Luthers im November 1933

Die als Schmach wahrgenommene Niederlage Deutschlands im Ersten Weltkrieg, die Novemberrevolution 1918 und die Gründung der Weimarer Republik waren für die Mehrzahl der national orientierten deutschen Protestanten eine traumatische Erfahrung. Die Machtübernahme der NSDAP im Januar 1933 wurde von ihnen deshalb euphorisch begrüßt. Dabei half durchaus, dass der neue Reichskanzler Adolf Hitler sich als gottesfürchtigen Menschen inszenierte, für dessen Handeln das Christentum und christliche Werte die Grundlagen darstellten. Immer wieder betonte er anfangs die wichtige Rolle, die den beiden großen christlichen Konfessionen beim Aufbau des nationalsozialistischen Deutschlands zukomme.[10] Die Reichsregierung erließ Verordnungen, die es verboten, Religionsgemeinschaften zu kritisieren, was die Kirchen angesichts des um sich greifenden Atheismus mit Dankbarkeit begrüßten. Darüber hinaus bildeten Antiliberalismus, Antikommunismus sowie der Hass auf die demokratische Ordnung der Weimarer Republik Schnittmengen zwischen Nationalsozialismus und Nationalprotestantismus. Vor allem die 1932 gegründete nationalsozialistische Glaubensbewegung Deutsche Christen feierte Hitler als »Organ und Werkzeug Gottes«, als den »von Gott bevollmächtigte[n] Führer, der das deutsche Volk vor dem Untergang rettet und seinen Bestand neu begründen soll«, wie der protestantische Theologe und Publizist Johannes Müller schrieb.[11]

Das zufällige Zusammenfallen der Machtübernahme der NSDAP und des 450. Geburtstags Martin Luthers im Jahr 1933 gab der protestantischen Kirche die Möglichkeit, den Reformator als völkischen Nationalhelden zu inszenieren, dadurch ihre Anschlussfähigkeit an den Nationalsozialismus zu unterstreichen und ihren Willen zu einer aktiven Mitarbeit beim Aufbau einer »Volksgemeinschaft« zu bekunden.[12] Der gerade ins Amt gehobene Reichsbischof Ludwig Müller verkündete: »Es ist ein Gottesgeschenk, daß dieser 450. Geburtstag Martin Luthers in einer Zeit gefeiert wird, da das deutsche Volk aufsteht und ein neues Reich baut. […] Gott hat unserem Land einen Führer geschenkt, wie ihn ein Volk nur selten hat. […] Wir wollen den Lutherischen Kampfgeist, der zur Entscheidung drängt und bis zur Entscheidung durchdringt, hinaustragen in unser Volk; der durch die deutsche Revolution aufgeweckte und aufgerüttelte deutsche Mensch soll tief innerlich gepackt und ergriffen werden von der befreienden Botschaft Christi, wie Luther der ›Deutscheste aller Deutschen‹ sie für die deutsche Seele neu hat erstehen lassen.«[13]

Luther bot als zentrale Identifikationsfigur der Deutschen eine ideale Projektionsfläche (Abb. 2). Sein Kampf gegen Rom konnte aktualisiert und gegen die vermeintliche Bedrohung der deutschen Nation durch innere und äußere Feinde in Stellung gebracht werden. Vorgeformt worden war diese säkulare Sicht auf den »deutschen

decke etwa, der zunächst zu den engsten Gefolgsmännern und Finanziers Hitlers gehörte, dann aber in Ungnade fiel, stellte seine erste Begegnung mit dem Diktator geradezu als Erweckungserlebnis dar. »Ich weiß nicht, wie ich die Gefühle beschreiben soll, die mich überkamen, als ich diesen Mann hörte. Seine Worte waren wie Peitschenhiebe. Wenn er von der Schande Deutschlands sprach, fühlte ich mich imstande, jeden Gegner anzuspringen. Sein Appell an die deutsche Mannesehre war wie ein Ruf zu den Waffen, die Lehre, die er predigte, eine Offenbarung. Er schien mir wie ein zweiter Luther. […] Ich hatte ein Erlebnis, das sich nur mit einer religiösen Bekehrung vergleichen ließ.«[9]

---

9 Kurt G. W. Luedecke: I Knew Hitler. The Story of a Nazi Who Escaped the Blood Purge, New York 1937, S. 13 f.; deutsch zit. bei Joachim Fest: Hitler. Eine Biografie, Frankfurt am Main/Berlin 1973, S. 251 f. **10** Vgl. Frank Becker: Protestantische Euphorien. 1870/71, 1914 und 1933, in: Manfred Gailus/Hartmut Lehmann (Hrsg.): Nationalprotestantische Mentalitäten. Konturen, Entwicklungslinien und Umbrüche eines Weltbildes (= Veröffentlichungen des Max-Planck-Institutes für Geschichte. 214), Göttingen 2005, S. 19–44, hier S. 37 f. **11** Johannes Müller: Adolf Hitler und seine Gegner, in: Grüne Blätter. Zeitschrift für persönliche und allgemeine Lebensfragen 35 (1933), S. 148–157, hier S. 152. **12** Vgl. Björn Küllmer: Die Inszenierung der Protestantischen Volksgemeinschaft. Lutherbilder im Lutherjahr 1933, Berlin 2012, S. 10. **13** Luther-Tag 1933. Flugblatt zur 450jährigen Wiederkehr des Geburtstages Martin Luthers 10. November 1933 [Privatbesitz Jan Scheunemann]. **14** Heinrich von Treitschke: Luther und die deutsche Nation. Vortrag, gehalten in Darmstadt am 7. November 1883, Berlin 1883, S. 25. **15** Vgl. Hartmut Lehmann: »Er ist wir selber: der ewige Deutsche«. Zur langanhaltenden Wirkung der Lutherdeutung von Heinrich von Treitschke, in: Ders.: Luthergedächtnis 1817 bis 2017, Göttingen 2012, S. 126–137. **16** Vgl. Siegfried Bräuer: Der »Deutsche Luthertag 1933 und sein Schicksal«, in: Horst Bartel u. a.

Bildbericht für das deutsche Christenvolk
Jahrgang 1 / Nummer 12
1. November-Woche 1933
Zum 450. Geburtstag
Dr. Martin Luthers

S. A. wacht am Denkmal Martin Luthers zu Berlin

Abb. 2 Anlässlich Martin Luthers 450. Geburtstags 1933 wachen Mitglieder der Sturmabteilung der NSDAP vor dem Lutherdenkmal in Berlin.

Luther« freilich schon im 19. Jahrhundert. Anlässlich seines 400. Geburtstags 1883 war Luther als Reformator, als Theologe sowie Verkünder und Ausleger des Evangeliums zurückgetreten und hatte dem weltlichen, dem politischen Luther Platz gemacht. Für den prominenten Berliner Historiker Heinrich von Treitschke verkörperte Luther nicht weniger als das »innerste Wesen seines Volkes«[14] – eine Lutherdeutung, die in den nächsten Jahrzehnten zum bestimmenden Bild wurde und eine lang anhaltende Wirkung entfaltete.[15] Der für den November 1933 reichsweit geplante »Deutsche Luthertag« sollte einen einheitlichen und starken deutschen Protestantismus repräsentieren und Luther als »Bannerträger des deutschen Volkstums« würdigen.[16] An insgesamt zehn deutschen Universitäten fanden akademische Lutherfeiern statt, wie etwa in Jena, wo der Kirchenhistoriker Karl Heussi unter dem Motto »Heil Luther« über »Luthers deutsche Sendung« sprach. Die Anzahl der Festreden und Schriften von Historikern und Theologen, die 1933 zum Lutherjubiläum gehalten wurden und im Druck erschienen, ist fast unüberschaubar, und schon ihre Titel lassen keinen Zweifel am Inhalt: *Volk und Rasse bei Martin Luther* (Heinrich Bornkamm), *Luther und Hitler* (Hans Preuß), *Luther als Deutscher* (Hanns Rückert). In den Lutherstädten Wittenberg, Eisleben und Coburg fanden Festveranstaltungen statt, in Kirchen sammelten sich Gemeindemitglieder zu Festgottesdiensten.

Allerdings trat auch ein starker Gegensatz hervor. Das Interesse der neuen Machthaber am Lutherjubiläum war gering, die für den 10. November 1933 angesetzte zentrale Feier zum »Luthertag« musste gar verschoben werden, da eine von der Reichsregierung auf den 12. November festgelegte Volksabstimmung über den Austritt Deutschlands aus dem Völkerbund und die ihr vorausgehenden Propagandaveranstaltungen die Lutherfeierlichkeiten unmöglich machten. Auf der dann am 13. November 1933 im Berliner Sportpalast abgehaltenen Kundgebung der Deutschen Christen sprach Gauobmann Reinhold Krause über »Die völkische Sendung Luthers«.[17] Er hatte eine »deutsche Volkskirche« vor Augen, die sich dem Totalitätsanspruch des neuen Staates zu unterwerfen habe. Insbesondere seine Forderung nach einem »artgemäßen Christentum« und nach Durchsetzung des Arierparagrafen in der evangelischen Kirche wurde von den 20 000 Zuhörern zwar begeistert aufgenommen, doch markierte Krauses Rede den Anfang vom Ende der Glaubensbewegung Deutsche Christen, die danach Tausende Mitglieder verlor. Dass neben dem »völkischen« Luther auch noch ein ganz anderer Luther existierte, zeigte der in Bonn lehrende Schweizer Theologe Karl Barth, der sich gegen eine politische Vereinnahmung des Reformators als »große[r] Deutschen« wandte und in Luther nichts anderes als einen »Lehrer der christlichen Kirche« erkennen wollte.[18]

Barth gehörte als Mitbegründer der Bekennenden Kirche auch zu jener Minderheit in der evangelischen Kirche, die die Judenverfolgung anprangerte. Antisemitismus war während der NS-Zeit im Protestantismus weit verbreitet, und auch Luther wurde, wenn es um die »Judenfrage« ging, herangezogen. Der Hallenser Historiker Theo Sommerlad beispielsweise verstand Luthers Reformation als »nationale Revolution«, als einen »Daseinskampf des deutschen Menschen gegen die Überfremdung germanischer Denk- und Empfindungsart durch die vom Semitismus angesteckte römische Kirche«.[19] Die NS-Presse machte während des Lutherjubiläums 1933 nicht nur auf die Judenfeindschaft des Reformators aufmerksam, sondern sie warf der evangelischen Kirche und der Luther-Forschung vor, Luthers »geradezu fanatischen Kampf gegen das Judentum« zu verschweigen.[20] Dieser Vorwurf war freilich unbegründet, denn Luthers antijüdische Schriften lagen in verschiedenen Editionen – nicht zuletzt

(Hrsg.): Martin Luther. Leistung und Erbe, Berlin (Ost) 1986, S. 423–434; Hansjörg Buss: Der Deutsche Luthertag 1933 und die Deutschen Christen, in: Kirchliche Zeitgeschichte 26 (2013), 2, S. 272–288; Nicola Willenberg: »Mit Luther und Hitler für Glauben und Volkstum«. Der Luthertag 1933 in Dresden, in: Klaus Tanner/Jörg Ulrich (Hrsg.): Spurenlese. Reformationsvergegenwärtigung als Standortbestimmung (1717–1983) (= Leucorea-Studien zur Geschichte der Reformation und der Lutherischen Orthodoxie. 17), Leipzig 2012, S. 195–237. **17** Rede des Gauobmannes der Glaubensbewegung Deutsche Christen in Groß-Berlin Dr. Krause, gehalten im Sportpalast am 13. November 1933 (nach doppeltem stenografischem Bericht), Berlin 1933. **18** Karl Barth: Luther, in: Ders.: Lutherfeier 1933, zugl. Theologische Existenz heute 4 (1933), S. 8–12, hier S. 11. **19** Theo Somerlad: Martin Luther und der deutsche Sozialismus, in: Thüringisch-Sächsische Zeitschrift für Geschichte und Kunst 12 (1933), S. 1–38, hier S. 1f. **20** Der Stürmer vom November 1933, zit. bei Johannes Brosseder: Luthers Stellung zu den Juden im Spiegel seine Interpreten. Interpretation und Rezeption von Luthers Schriften und Äußerungen zum, Judentum im 19. und 20. Jahrhundert vor allem im deutschsprachigen Raum (= Beiträge zur Ökumenischen Theologie. 8), München 1972, S. 184f.

Abb. 3 Titelblatt der 1938 erschienen Schrift »Martin Luther über die Juden. Weg mit ihnen!«, verfasst vom Landesbischof der Evangelischen Kirche Thüringens, Martin Sasse

in der kritischen *Weimarer Ausgabe*, Bd. 53 (1920) – im Druck vor und waren jedermann zugänglich.[21] Außerdem hatte es seit dem 19. Jahrhundert, als die rassenantisemitische Inanspruchnahme Luthers zunahm, und vermehrt seit den 1920er Jahren *Florilegien* gegeben: Kurzpublikationen, die Luthers »Judenschriften« in Auszügen abdruckten und dabei seine schärfsten Äußerungen durch Kommentare, Erläuterungen sowie typografische Veränderungen hervorhoben.[22] Einen Tiefpunkt stellte hier ohne Zweifel das Pamphlet *Martin Luther über die Juden. Weg mit ihnen!* des Thüringer Landesbischofs Martin Sasse dar, das wenige Wochen nach der Reichspogromnacht in einer Auflage von 100 000 Stück erschien (Abb. 3). Im Vorwort hieß es: »Am 10. November 1938, an Luthers Geburtstag, brennen in Deutschland die Synagogen. […] In dieser Stunde muß die Stimme des Mannes gehört werden, der als der Deutschen Prophet im 16. Jahrhundert aus Unkenntnis einst als Freund der Juden begann, der, getrieben von seinem Gewissen, getrieben von den Erfahrungen und der Wirklichkeit, der größte Antisemit seiner Zeit geworden ist, der Warner seines Volkes wider die Juden.«[23]

»Martin Luther, der Totengräber der deutschen Freiheit« (1946)[24]

Im Mai 1945 lag Deutschland in Trümmern (Abb. 4). Angesichts der totalen Niederlage war eine Berufung auf den »deutschen Luther« nicht mehr denkbar. Ganz im Gegenteil: Was nach dem Ende des Zweiten Weltkriegs folgte, war eine radikale Abrechnung mit dem Wittenberger Reformator. Vorgetragen wurde sie zumeist von Männern, die das nationalsozialistische Deutschland verlassen hatten. Die prominenteste unter den Exilantenstimmen gehörte sicherlich Thomas Mann. Zunächst selbst ein Bewunderer Luthers (inklusive Luther-Büste im Arbeitszimmer!), wuchsen in den frühen 1930er Jahren aufgrund der Parallelisierung von Luther und Hitler seine Vorbehalte gegenüber dem »gemütsstarke[n] und bildgewaltige[n] Grobian zu Wittenberg«. Mann begann, die deutsche Geschichte als eine Unheilsgeschichte zu lesen, die auf Hitler zulief.[25] Den vollständigen Bruch mit Luther vollzog der seit 1939 in Amerika lebende Schriftsteller dann in seiner Ende Mai 1945 in der *Library of Congress* in Washington gehaltenen Rede »Deutschland und die Deutschen«. Luther tritt hier als »eine riesenhafte Inkarnation deutschen Wesens« auf, und Mann gestand: »Ich liebe ihn nicht …«. Insbesondere das »Anti-Europäische« an Luther befremdete Mann, der die Reformation zwar als einen Befreiungsakt gelten ließ, in der von ihr ausgelösten Glaubensspaltung aber verheerende Folgen sah. Luthers Obrigkeitsverständnis habe, so Mann, die Unterwürfigkeit der Deutschen begründet und dadurch den Weg in die nationalsozialistische Barbarei ermöglicht. Vier Jahre später nannte Mann den Reformator einen »stiernackige[n] Gottesbarbar[en]«, der zum Blutvergießen bereit gewesen wäre und dazu aufgerufen habe, die aufständischen Bauern zu erschlagen – Luther sei »ein Fels und ein Schicksal von einem Menschen«, »furios nationalistisch und antisemitisch« zugleich.[26]

Luthers Judenfeindschaft, die Thomas Mann hier eher beiläufig streifte, spielte in der Nachkriegsrezeption zunächst keine Rolle. Zu einem Gradmesser für Luthers Stellenwert in der deutschen Geschichte wurden vielmehr seine Schriften gegen die aufständischen Bauern im Jahr 1525. Dass Luther die Bauern verraten hatte, galt vor allem den im Osten Deutschlands an die Macht strebenden Kommunisten als ausgemachte Sache. Für das historische Selbstverständnis der Kommunistischen Partei Deutschlands (KPD) und später der Sozialistischen Einheitspartei Deutschlands (SED) besaß die Reformationszeit eine zentrale Bedeutung. Sie leiteten ihre klassenkämpferischen Traditionen zu einem großen Teil aus den Bauernerhebungen ab. Luther galt ihnen hingegen als reaktionär. Diese Ansicht war jedoch nicht singulär. Es entsprach der in der Forschung diagnostizierten »Janusköpfigkeit des Anfangs«, dass auch in der marxistischen Presse unterschiedliche Lutherbilder nebeneinander standen. So beschrieb beispielsweise die *Volkszeitung*, das Presseorgan der KPD in der Provinz Sachsen, Luther anlässlich seines 400. Todestags 1946 als einen »glaubensstarken Mann« und als »Urbild von Kraft und Stärke«.

21 Vgl. Volker Leppin: Luthers »Judenschriften« im Spiegel der Editionen bis 1933, in: Harry Oelke u. a. (Hrsg.): Martin Luthers »Judenschriften«. Die Rezeption im 19. und 20. Jahrhundert, Göttingen 2016, S. 19–43. **22** Vgl. Thomas Kaufmann: Luthers Juden, Stuttgart 2014, S. 154–170; Ders.: Antisemitische Lutherflorilegien. Hinweise und Materialien zu einer fatalen Rezeptionsgeschichte, in: Zeitschrift für Theologie und Kirche 112 (2015), S. 192–228. **23** Martin Sasse: Martin Luther über die Juden. Weg mit ihnen!, Freiburg im Breisgau 1938, S. 2. **24** Alexander Abusch: Der Irrweg einer Nation. Ein Beitrag

Abb. 4
Das 1885 von Ernst Rietschel geschaffene und vor der Dresdener Frauenkirche errichtete Lutherdenkmal wurde beim Bombenangriff auf die Stadt am 13. Februar 1945 vom Sockel gerissen und beschädigt. Nach seiner Restaurierung wurde die Bronzefigur am 12. Februar 1955 wieder auf ihrem alten Platz aufgestellt.

In diesen Tenor stimmte auch die von der Sowjetischen Militäradministration herausgegebene *Tägliche Rundschau* ein. Luther wurde hier als »lebendiger Kämpfer und Typus deutscher Charakter- und Geisteshaltung« sowie als ein »dem Leben zugewandter und in seiner großen Zeit nie erlahmender Kämpfer für Deutschland und seine Einheit« dargestellt.[27] Eisleben, die Stadt, in der Luther 1483 geboren wurde und in der er 1546 starb, erhielt 1946 den Ehrennahmen »Lutherstadt«. Und dennoch: Im kommunistischen Teil Deutschlands dominierte fortan ein negatives Lutherbild. Dabei stand der vernichtenden Beurteilung Luthers der zum revolutionären Bauernkriegsführer stilisierte, 1525 hingerichtete Thomas Müntzer gegenüber. Der Kontrast zwischen beiden hätte nicht deutlicher ausfallen können: »Luther ist

zum Verständnis deutscher Geschichte, Berlin 1946, S. 20. **25** Vgl. Bernd Hamacher: Thomas Manns letzter Werkplan »Luthers Hochzeit. Edition, Vorgeschichte und Kontexte« (= Thomas-Mann-Studien. 15), Frankfurt am Main 1996, S. 28, 44, 47. **26** Thomas Mann: Deutschland und die Deutschen, in: Ders.: Gesammelte Werke in dreizehn Bänden, Bd. 11, Frankfurt am Main 1990, S. 1126–1148, hier S. 1133; Ders.: Die drei Gewaltigen, in: Ders.: Gesammelte Werke in dreizehn Bänden, Bd. 10, Frankfurt am Main 1990, S. 374–383, hier S. 376. **27** Volks-Zeitung vom 18.2.1946; Tägliche Rundschau vom 19.2.1946.

Abb. 5 Historischer Festumzug am 29. Oktober 1967 in Wittenberg. Als eines von zahlreichen Ereignissen der deutschen Geschichte wurde Luthers Thesenanschlag von 1517 nachgestellt.

der Aufklärer und Reformist, Münzer der Gläubige und Revolutionär. Luther ist ›helle‹, Münzer ist erleuchtet. […] Der eine führt als staatstreuer Untertan und gefügiger Unteroffizier seines Fürsten ein behäbiges Leben und stirbt hochbetagt und hochbewürdet im weichen Bett, der andere heizt hungrig und frierend als Meuterer von Ort zu Ort und fällt zerschunden und verhöhnt unterm Beil.«[28]

Am nachhaltigsten wurde die negative Sicht auf Luther wohl von Alexander Abusch geprägt, dessen im mexikanischen Exil entstandene Schrift *Der Irrweg einer Nation* 1946 erschien. Das Buch fand eine breite Leserschaft und übte einen großen Einfluss auf das Geschichtsdenken in der jungen DDR aus. Der später zum Kulturminister der DDR ernannte Abusch interpretierte die deutsche Geschichte als Abfolge gescheiterter Revolutionsversuche, ja mithin als eine Misere. Die nationale Katastrophe begann mit Luther, lief über den preußischen Militarismus, Bismarck und Kaiser Wilhelm II. auf Hitler zu und fand im Zusammenbruch des »Dritten Reiches« ihr Ende. Folgt man Abusch, so vollzog Luther eine fatale historische Weichenstellung, die zu Reaktion und Stagnation führte: »Luther wurde zur größten geistigen Kraft der deutschen Gegenrevolution für Jahrhunderte.«[29] Abusch stützte sich maßgeblich auf Friedrich Engels, der gut 100 Jahre zuvor unter dem Eindruck der gescheiterten Revolution von 1848 mit der Schrift *Der deutsche Bauernkrieg* (1850) das Fundament für eine historisch-materialistische Geschichtsbetrachtung gelegt hatte.

»Martin Luther, einer der größten Söhne des deutschen Volkes« (1983)[30]

Abuschs negative Lutherdeutung blieb zwar bis in die 1960er Jahre hinein maßgebend. Der von der SED verfolgte Plan, in der 1949 gegründeten DDR planmäßig den Sozialismus aufzubauen, verlangte jedoch danach, das Verhältnis zur deutschen Geschichte neu zu bestimmen. Wollte man sich als sozialistische Staatsnation präsentieren, bedurfte es dazu positiver historischer Anknüpfungspunkte. Diese Neuorientierung bedeutete in letzter Konsequenz auch eine Absage an jene Stimmen, die die deutsche Geschichte als Misere beschrieben. Im Mai 1953 verkündete das SED-Zentralorgan *Neues Deutschland* unmissverständlich: »Die Leugnung des Fortschritts und die Darstellung der deutschen Geschichte als einer ununterbrochenen Misere ist eine reaktionäre und antinationale Konzeption, die objektiv dazu dient, die nationale Würde und das Nationalbewusstsein des deutschen Volkes zu zerstören.«[31] Fortan standen also die »progressiven« Momente der deutschen Geschichte im Blickpunkt. Dass dazu auch Luther und die Reformation gehörten, hatte zunächst ganz praktische Gründe: Mit Eisleben, Mansfeld, Wittenberg, Eisenach und Erfurt befanden sich die wichtigsten Luther-Erinnerungsstätten auf ostdeutschem Territorium. Ganze Landstriche des »Arbeiter-und-Bauern-Staates« waren geradezu reformationsgeschichtlich grundiert, die DDR war im besten Sinne »Luther-Land«.

Darüber hinaus enthielt die Beschäftigung mit der Reformationsgeschichte stets eine kirchlich-theologische Dimension und barg deshalb für den atheistischen SED-Staat politische Brisanz. Anders als im Nationalsozialismus standen die Kirchen in der DDR mehrheitlich in Opposition zur gesellschaftlichen und politischen Führungselite. Und so wie die von der SED mit Luther getriebene Geschichtspolitik nichts anderes darstellte als eine Fortsetzung ihrer Kirchenpolitik mit anderen Mitteln, so lassen sich die von Kirchenhistorikern unternommenen Forschungen zur Reformationsepoche sowie die von der Evangelischen Kirche in der DDR unter Betonung ihrer Eigenständigkeit organisierten Jubiläumsfeierlichkeiten als eine Bestreitung des einheitssozialistischen Herrschaftsanspruchs interpretieren.[32]

Der um 1960 einsetzende Wandel des marxistischen Lutherbildes ist eng mit dem Namen Max Steinmetz verbunden. Mit der »frühbürgerlichen Revolution« hatte der an der Leipziger Universität lehrende Historiker ein Erklärungsmodell begründet, das Reformation und Bauernkrieg als Teile einer einheitlichen nationalen Revolutionsbewegung zusammenfasste. Dieses Konzept überwölbte fortan paradigmatisch die gesamte Frühneuzeit-Forschung in der DDR und bot die Voraussetzung für eine nichttheologische und nichtkirchliche Reformations- und Luther-Forschung auf marxistischer Grundlage. Wurde Luther zunächst als »Fürstenknecht« gescholten, so sorgte die »frühbürgerliche Revolution« nun für eine Aufnahme des Reformators in den sozialistischen Erbe-Kanon.[33]

28 Neues Deutschland vom 14. 5. 1946. **29** Alexander Abusch: Der Irrweg einer Nation. Ein Beitrag zum Verständnis deutscher Geschichte, Berlin 1946, S. 23. **30** Erich Honecker: Unsere Zeit verlangt Parteinahme für Fortschritt, Vernunft und Menschlichkeit, in: Martin Luther und unsere Zeit. Konstituierung des Martin-Luther-Komitees der DDR am 13. Juni 1980 in Berlin, Berlin (Ost) 1980, S. 9–18, hier S. 11. **31** Neues Deutschland vom 14. 5. 1953. **32** Vgl. Friedemann Stengel: Die SED und das christliche nationale Erbe, in: Händel-Jahrbuch 59 (2013), S. 351–359, hier S. 356. **33** Vgl. Siegfried Bräuer: Martin Luther in mar-

Abb. 6 Bei der Konstituierung des Martin-Luther-Komitees der DDR am 13. Juni 1980 in Ost-Berlin empfing der Generalsekretär des ZK der SED und Vorsitzenden des Staatsrates der DDR, Erich Honecker (3. v. l.), die Landesbischöfe der Evangelischen Kirche in Thüringen und der Kirchenprovinz Sachsen, Werner Leich (3. v. r.) und Werner Krusche (1. v. r.).

Öffentlich sichtbar wurde die gestiegene historische Bedeutung Luthers zuerst anlässlich des 450. Jahrestags der Reformation, die man 1967 in der DDR als eine »der gewaltigsten Massenbewegungen unserer älteren Nationalgeschichte« feierte (Abb. 5).[34] Die Reformation sei »Ausdruck der revolutionären Bereitschaft der unterdrückten und ausgebeuteten Volksmassen und vor allem der Bauern, sich aus den ökonomischen, sozialen und geistigen Fesseln zu befreien«, hieß es beispielsweise in einem Papier des Staatssekretariats für Kirchenfragen, das aus diesen »progressiven Traditionen« einen »legitimen Anspruch« der Regierung ableitete, als Veranstalter der Feierlichkeiten aufzutreten.[35] Das Zentralkomitee der SED setzte ein Komitee zur Vorbereitung des Reformationsjubiläums ein, das in Konkurrenz zu den kirchlichen Planungen das »Primat des Staates« zu wahren und die Feierlichkeiten als ein »säkulares Ereignis« zu inszenieren hatte. Die kirchlichen Mitglieder des staatlichen Vorbereitungskomitees traten nach Auseinandersetzungen um die Deutung der Reformation aus diesem Gremium aus, um damit ihren Protest gegen die staatlichen Vereinnahmungsversuche und die seitens der DDR erlassenen restriktiven Einreisebestimmungen für westdeutsche Besucher deutlich zu machen. Am Ende feierten Staat und Kirche getrennt voneinander.

Ein ganz anderes Bild zeigte sich dann 1983, als man den 500. Geburtstag Martin Luthers zu feiern gedachte.[36] Um internationale Aufmerksamkeit bemüht, das touristische Potenzial des Wittenberger Reformators im Auge, war die Staatsführung um ein harmonisches Verhältnis zu den Kirchen bemüht. Schon im März 1978 hatte es ein Spitzengespräch zwischen staatlichen und kirchlichen Vertretern gegeben, um die Jubiläumsvorbereitungen zu koordinieren. Staats- und Parteichef Erich Honecker übernahm im Juni 1980 höchstselbst den Vorsitz im Martin-Luther-Komitee der DDR, und er lud die Bischöfe aus den evangelischen Kirchen Thüringens und aus der Kirchenprovinz Sachsen dazu ein, an den Beratungen des staatlichen Komitees teilzunehmen (Abb. 6). Ein kirchliches Vorbereitungskomitee war bereits im Dezember 1978 unter Leitung des

xistischer Sicht von 1945 bis zum Beginn der achtziger Jahre, Berlin (Ost) 1983; Martin Roy: Luther in der DDR. Zum Wandel des Lutherbildes in der DDR-Geschichtswissenschaft, Bochum 2000. **34** Max Steinmetz: Die nationale Bedeutung der Reformation, in: Ders./Leo Stern (Hrsg.): 450 Jahre Reformation, Berlin (Ost) 1967, S. 44–57, hier S. 48. **35** Begründung des Beschlusses des Ministerrates über den 450. Jahrestag der Reformation vom 18.1.1966. Bundesarchiv Berlin, DO 4/2417. **36** Vgl. Peter Maser: »Mit Luther alles in Butter?« Das Lutherjahr 1983 im Spiegel ausgewählter Akten, Berlin 2013.

Mythos Luther   457

Abb. 7 Zum 500. Geburtstag Martin Luthers am 10. November 1983 wurde am Denkmal des Reformators in Wittenberg ein Kranz von Staats- und Parteichef Erich Honecker niedergelegt.

Landesbischofs der Evangelisch-Lutherischen Kirche in Thüringen, Werner Leich, zusammengetreten. Rückte die Kirche unter dem Motto »Gott über alle Dinge fürchten, lieben und vertrauen« auf ihren zentralen Veranstaltungen und sieben regionalen Kirchentagen die theologische Botschaft der Reformation ins Zentrum, so war die staatliche Seite darum bemüht, mit dem Lutherjubiläum eine gesamtgesellschaftliche Mobilisierung zu erreichen. Die Lutherstätten wurden aufwändig saniert, Ausstellungen vorbereitet, Kunstwerke in Auftrag gegeben, Fernsehfilme und Dokumentationen gedreht, Briefmarken emittiert. In 15 *Thesen über Martin Luther* präsentierte die DDR-Geschichtswissenschaft ihre allgemeinverbindliche Sicht auf einen heldischen Reformator mit dem Fazit: »Luthers progressives Erbe ist aufgehoben in der sozialistischen deutschen Nationalkultur«,[37] und Gerhard Brendler, einer der bekanntesten marxistischen Luther-Forscher, legte eine Luther-Biografie vor, die erstmals dessen Theologie berücksichtigte.[38]

Mit Erstaunen registrierte man in der Bundesrepublik den im östlichen Nachbarland ausgebrochenen »Luther-Rummel«. Der Plan der SED-Führung, mit dem Lutherjubiläum das Ansehen der DDR im Ausland zu erhöhen, ging allerdings nicht auf. Hochrangige Politiker und Staatsgrößen aus westlichen Ländern reisten nicht in die DDR, und wenn, dann eher auf Einladung der Kirchen, wie das beim damaligen Bürgermeister von West-Berlin und designierten Bundespräsidenten Richard von Weizsäcker der Fall war, der im September 1983 am Evangelischen Kirchentag in Wittenberg teilnahm. Insbesondere die von der zentralen Parteiführung gegenüber den Kirchen praktizierte wohlwollende Politik stieß bei nicht wenigen SED-Funktionären auf Widerspruch, und viele waren froh, als nach der Luther-Ehrung eine »Normalisierung« im Umgang mit den Kirchen eintrat (Abb. 7). Es hatte sich »ausgeluthert«.

37 Vgl. Hartmut Lehmann: Die 15 Thesen der SED über Martin Luther sowie Ders.: Zur Entstehung der 15 Thesen über Martin Luther für die Luther-Ehrung der DDR im Jahre 1983, in: Ders., Luthergedächtnis (wie Anm. 15), S. 213–231 bzw. S. 232–256. **38** Vgl. Gerhard Brendler: Martin Luther. Theologie und Revolution, Berlin (Ost) 1983.

BRAD S. GREGORY

Wo soll man stehen?
Die ungewollte Reformation Martin Luthers

»Hier stehe ich.« Es gibt wahrscheinlich keinen deutschen Satz, der bekannter ist als dieser. Obwohl nicht belegt ist, dass Luther diese drei Worte wirklich sagte, erfassen sie die Bedeutung der vielzitierten Rede, die er im April 1521 auf dem Reichstag zu Worms hielt, zutreffend. Als er in Gegenwart des gerade gekrönten Kaisers Karl V. dazu aufgefordert wurde, seine Ansichten zu widerrufen, antwortete Luther: »Ich bin überwunden durch die Schriftstellen, die ich angeführt habe, und gefangen in meinem Gewissen durch das Wort Gottes. Daher kann und will ich nichts widerrufen, weil gegen das Gewissen zu handeln unheilsam, beschwerlich und gefährlich ist. Gott helfe mir! Amen.«[1] Luther wusste genau, wo er stand.

Die 500-Jahr-Feier von Luthers Thesenanschlag bietet eine willkommene Gelegenheit, um über die facettenreichen Langzeitfolgen der Reformation nachzudenken. In diesem Essay werden wir uns auf eine entscheidende Folge der Reformation konzentrieren – auf den protestantischen Pluralismus, der im Laufe der Geschichte aus der grundlegenden Autorität resultierte, die die Reformatoren der Schrift zuerkannten. Seit den Anfängen der Reformation in den 1520er Jahren war die Bindung an die Schrift charakteristisch für den Protestantismus. Sie prägt ihn bis heute. Um das zu verstehen, muss man jedoch über Luthers Schriften hinausgehen. Man muss auch jene Reformatoren lesen, die zwar wie Luther die päpstliche Autorität Roms ablehnten, seiner Auslegung und Anwendung der Bibel aber dennoch nicht zustimmten. Dieser Essay wird versuchen, der Neigung vieler Gelehrter entgegenzuwirken, sich ausschließlich mit Luthers Theologie zu beschäftigen – eine Neigung, die sich heute besonders dort findet, wo das Luthertum zur staatlich gestützten Ausprägung des Christentums wurde. Denn durch eine Eingrenzung auf Luther würde man die ungewollten Konsequenzen der Reformation aus dem Blick verlieren. Luther konnte nicht vorausahnen, welche Folgen seine Grundgedanken weit über Deutschland und Skandinavien hinaus haben würden. Er hätte viele von ihnen vehement zurückgewiesen. Dennoch trat er einen Prozess los, den er schon in den 1520er Jahren nicht mehr kontrollieren konnte. Freilich ist es legitim, bei einer Untersuchung der Reformation mit den Grundgedanken Luthers einzusetzen, wie er sie auf dem Reichstag zu Worms in so eindringlicher Weise formuliert hat. Aber wenn wir nachverfolgen wollen, wohin uns diese Gedanken im Laufe der Geschichte geführt haben, dann werden wir der Versuchung widerstehen müssen, sie mit der Reformation gleichzusetzen – vielleicht gerade dann, wenn wir über ihre Anfänge vor 500 Jahren nachdenken.

Als Luther vor dem jungen Kaiser des Heiligen Römischen Reiches stand, weigerte er sich, seine Einsichten zu widerrufen, wobei er sich auf die Bedeutung des Wortes Gottes berief: »Ich bin überwunden durch die Schriftstellen, die ich angeführt habe, und gefangen in meinem Gewissen durch das Wort Gottes.«[2] Luthers Berufung auf das Wort Gottes hatte ihren Ursprung in den Jahren, in denen er sich in Gebet und Gedanken in die Schrift versenkt hatte. Es waren Jahre des Studiums und des Ringens sowie des Lehrens von Kanzel und Katheder – er hielt Vorlesungen zu den Psalmen sowie zu Römer-, Galater- und Hebräerbrief –, die sein Leben als Wittenberger Universitätsprofessor, der gleichzeitig dem Erfurter Augustinerkloster angehörte, prägten. Auf Luthers Einwände gegen den Ablass folgte eine Reihe aufreibender Auseinandersetzungen mit anerkannten Theologen seiner Zeit, die ihn in seiner Entschlossenheit bestärkten. Diese Auseinandersetzungen, die 1518 begannen, dehnten sich auf die umfassende und umstrittene Frage nach dem Wesen und Ort von Autorität in der Kirche aus.[3] Auch durch den Streit mit Johannes Eck, einem seiner ersten und entschlossensten Gegner, bei der Leipziger Disputation im Juli 1519 gelangte Luther zu der Einsicht, dass die Bibel nicht nur die erste, sondern auch die einzige Autorität für christlichen Glauben und christliches Leben war. Denn ob man den Aussagen patristischer, päpstlicher, konziliarer oder anderer vorgeblicher Autoritäten Glauben schenken konnte, hing davon ab, ob sie mit der Schrift übereinstimmten.[4] Die reformatorischen Hauptschriften, die Luther in seinem »Wunderjahr« 1520 verfasste, gingen alle von der

---

1 Kurzer Bericht über die Verhandlungen mit Luther in Worms mit Einschiebung einer Übersetzung der Rede und Gegenrede Luthers vom 18. April [1521], in: Historische Kommission bei der Bayerischen Akademie der Wissenschaften (Hrsg.): Deutsche Reichstagsakten unter Kaiser Karl V., Bd. 2, bearb. von Adolf Frede, Göttingen 1962, S. 569–586, 581.27–582.2 (Übertragung ins moderne Deutsch durch den Übersetzer). **2** Ebd. **3** Vgl. Scott H. Hendrix: Luther and the Papacy: Stages in a Reformation Conflict, Philadelphia 1981; David V. N. Bagchi, Luther's Earliest Opponents: Catholic Controversialists, 1518–1525, Minneapo-lis 1991. **4** Vgl. Martin Luther: Disputatio excellentium [...] Ioannis Eccii et D. Martini Lutheri Augustiniani [1519], in: WA 2, 279, 23–28: »Nec potest fidelis Christianus cogi ultra sacram scripturam, que est proprie ius divinum, nisi accesserit nova et probata revelatio: immo ex iure divino prohibemur credere nisi quod sit probatum vel per scripturam divinam vel per manifestam revelationem, ut Gerson etiam etsi recentior in multis locis asserit et divus Augustinus antiquior pro singulari canone observant [...]«

maßgeblichen Bedeutung des Wortes Gottes in der Bibel aus. Von seinem Angriff auf verschiedene kirchliche Institutionen und Praktiken in seinem berühmt-berüchtigten Aufruf *An den christlichen Adel deutscher Nation* über seine Kritik am traditionellen Sakramentssystem in *Von der babylonischen Gefangenschaft der Kirche* bis zu seiner Beschreibung des Verhältnisses von Glauben und Werken in *Von der Freiheit eines Christenmenschen* beharrte Luther in seinen Hauptschriften auf der prinzipiellen Bedeutung der Schrift für das Christentum. Mit dem lateinischen »Slogan« *sola scriptura* wurde das auf den Punkt gebracht. »Una re eaque sola opus est ad vitam, iustitiam et libertatem Christianam. Ea est sacrosanctum verbum dei, Euangelium Christi.«[5]

Die Überzeugung, dass Gottes Wort, so wie es die Bibel offenbart, die grundlegende Autorität des Christentums ist – eine Autorität, die unabhängig von Konzilsdekreten, päpstlichen Verlautbarungen, kirchenrechtlichen Bestimmungen und den Aussagen der Kirchenväter Geltung hat – legitimierte die Bewegung, die später als Reformation in die Geschichte einging. Sie zwang Luther dazu, sich in Worms gegen den Widerruf seiner Ansichten zu entscheiden. Er konnte dem Wort Gottes in der Schrift nicht *nicht* gehorchen. Die meisten seiner Zeitgenossen, die in den 1520er Jahren die Autorität Roms zurückwiesen, teilten Luthers Überzeugung vom *sola-scriptura*-Prinzip. Als Maßstab, mit dem die Tradition kritisiert und die Autorität des Papsttums destruiert werden konnte, befreite die Schrift die Reformatoren von überkommenen religiösen Institutionen und Praktiken. Mithilfe der Schrift konnten sie sich außerdem gegen kirchliche Forderungen richten, die sie nun als unberechtigte Zumutungen und beschwerliche Last empfanden, die die Suche christlicher Seelen nach Erlösung eher verhinderten statt vereinfachten. Das Prinzip des *sola scriptura* brach die Lähmung auf, die trotz der Erneuerungsbewegungen, die im Christentum vor 1520 Fuß gefasst hatten (etwa die Laienbruderschaften, die *Devotio moderna* und der Humanismus), alle Bemühungen um kirchliche Reformen im Heiligen Römischen Reich im Keim erstickt hatte.[6]

In seinem Aufruf an den christlichen Adel, den er von Notmaßnahmen zur Reform des Christentums überzeugen wollte, attackierte Luther die Ansicht einiger Theologen, dass nur der Papst die Schrift auslegen könne, als »frevel ertichte fabel«.[7] Mit dieser Ansicht würden die Aussagen der Schrift (etwa die Übergabe der Schlüsselgewalt an Petrus in Mt 16,18–19) absichtlich verzerrt, nur um den eigenen Standpunkt abzusichern. Nachdem Luther die traditionelle Trennung von geistlichem und weltlichem Stand aufgehoben hatte, indem er darlegte, dass auch die Laien zum geistlichen Stand gehörten, fragte er: »Wie solten wir den nit auch haben macht, zu schmecken und urteylen, was do recht odder unrecht ym glaubenn were?«[8] Passagen aus den Korintherbriefen des Paulus aufgreifend, stellte er schließlich fest: »Auss diessem allen und vielen andern spruchen sollen wir mutig und frey werden […] frisch hyndurch allis, was sie [die Verteidiger des Papstes] thun odder lassen, nach unserm gleubigen vorstand der schrift richten, und sie zwingen zufolgen dem bessern unnd nit yhrem eygen vorstand.«[9]

Wenn er sein Verständnis des Wortes Gottes dem der Verteidiger des Papstes gegenüberstellte, war Luther sich offensichtlich darüber im Klaren, dass es verschiedene, miteinander in Konflikt stehende Auslegungen der Schrift gab. Er scheint auch eingesehen zu haben, dass sich die Klarheit der Schrift, auf der die Erkenntnis des Wortes Gottes ja beruhte, für die meisten Christen nicht von selbst verstand. So schrieb er zum Beispiel in *Von der Freiheit eines Christenmenschen*: »Fragistu aber ›wilchs ist denn das wort, das solch grosse gnad gibt, Und wie sol ichs gebrauchen?‹«[10] Keine Frage war von fundamentalerer Bedeutung für die Reformation als diese. Denn die Schrift sollte doch als *die* Grundlage christlichen Glaubens und Lebens dienen, mit der die Ablehnung Roms, die Kritik an der Tradition und die Verdammung der päpstlichen Autorität gerechtfertigt werden konnte. Aber wenn das Prinzip des *sola scriptura* so funktionieren sollte, wie man es sich vorstellte, dann musste die Bibel eindeutige Aussagen über alles treffen, was wichtig war. Wenn die Schrift hingegen in irgendeiner wichtigen Sache nicht eindeutig wäre, sodass ihre Interpretation Kontroversen und Konflikte hervorrief, dann würde die Frage nach der Auslegungsautorität wieder auftreten, die durch das *sola scriptura* ja gerade überwunden werden sollte. Das würde den römischen Kritikern Luthers in die Hände spielen. Luther wusste das genau. Deshalb attackierte er das päpstliche Monopol über die Schriftauslegung schon zu Beginn von *An den christlichen Adel deutscher Nation*.[11] 1525 sprach er es in seiner stürmischen Antwort auf Erasmus' Ausführungen zur (Un-)Wichtigkeit des freien Willens für die Erlösung ausdrücklich an. Laut Luther wiederholte Erasmus' Aussage, dass die Bibel in vielerlei Hinsicht nicht eindeutig sei, eine besonders widerwärtige Taktik der päpstlichen Theologen – »jenes unheilbringende Wort der Sophisten«,[12] das »ein mit unglaublicher Bosheit des Fürsten aller Dämonen selbst in den Erdkreis gesandtes Gift« ist.[13] Mit dieser Taktik wollten sie – so Luther – die Auslegung des Evangeliums in ihrem Würgegriff halten, anstatt es allen als die frohe Botschaft zu verkünden, die es war.[14] Mit

---

5 WA 7, 50, 33–35; Martin Luther: Von der Freiheit eines Christenmenschen [1520], in WA 7 22, 3–5. Zwar unterscheiden sich der deutsche und der lateinische Text voneinander, die Grundaussage bleibt aber gleich: »Hat die Seele kein anderes Ding, weder im Himmel noch auf Erden, darin sie fromm und frei lebe und Christ sei, als das heilige Evangelium, das Wort Gottes durch Christus gepredigt« (Übertragung ins moderne Deutsch durch den Übersetzer). **6** Zu Luthers Aufbruch aus diesem Stillstand vgl. Thomas A. Brady, Jr.: German Histories in the Age of Reformations, 1400–1650, Cambridge 2009, S. 146–156. Zu den Erneuerungsbewegungen vor der Reformation vgl. Brad S. Gregory: The Unintended Reformation: How a Religious Revolution Secularized Society, Cambridge 2012, S. 84f., sowie die ebd., S. 422 (Anm. 25f.) angeführte Literatur. **7** Martin Luther: An den christlichen Adel deutscher Nation von des christlichen Standes Besserung [1520], in: WA 6, 411, 33 (Übertragung ins moderne Deutsch durch den Übersetzer: »frevelhafte, erdichtete Fabel«). **8** WA 6, 412, 21–23 (Übertragung ins moderne Deutsch durch den Übersetzer: »Warum sollten dann nicht auch wir die Fähigkeit haben, zu schmecken und zu urteilen, was da recht oder unrecht am Glauben wäre?«). **9** WA 6, 412, 26–31 (Übertragung ins moderne Deutsch durch Übersetzer: »Aus allen diesen und anderen Sprüchen sollten wir mutig und frei werden […] und sie [die Verteidiger des Papstes] zwingen, dem besseren und nicht ihrem eigenen Verständnis zu folgen«). **10** Martin Luther: Von der Freiheit eines Christenmenschen, in: WA 7, 22, 23f. (Übertragung ins moderne Deutsch durch den Übersetzer: »Fragst Du aber, ›welches ist denn das Wort, das solche große Gnade gibt, und wie soll ich es gebrauchen‹«). Im Deutschen vermeidet Luther den Bezug auf »so viele Worte Gottes«, der sich im Lateinischen findet: »Quaeres autem Quod nam est verbum hoc, aut qua arte utendum est eo, cum tam multa sint verba dei?« Luther, De libertate, in: WA 7,

der Klarheit der Schrift stand für die Protagonisten des *sola scriptura* also der radikale Unterschied zwischen rettender Befreiung und skeptischer Verzweiflung auf dem Spiel: »Daher lassen uns diejenigen nichts außer Dunkelheit übrig, die verneinen, die Schriften seien völlig klar und einleuchtend [*lucidissimas et evidentissimas*].«[15] Nach Luther war die Schrift eindeutig, weshalb man auf Gottes Versprechen der Erlösung auch vertrauen konnte. Wo soll man stehen? Für Luther war die Antwort auf diese Frage klar.

In *Vom unfreien Willensvermögen* beharrte Luther unnachgiebig auf der Klarheit der Bibel als ganzer, wobei er zwischen nicht eindeutigen Passagen einerseits und eindeutigen Passagen andererseits differenzierte.[16] Hier legte er dar, dass die schwierigen Wörter, die ab und an in der Bibel auftauchen, in anderen Passagen erklärt werden, sodass sogar sie die eindeutige und entscheidende Botschaft der Bibel bekräftigten.[17] »Was kann denn in der Schrift noch Erhabenes verborgen sein, nachdem die Siegel gebrochen sind und der Stein von der Tür des Grabes weggewälzt worden ist? Womit das höchste Geheimnis an den Tag getreten ist, dass nämlich Christus, der Sohn Gottes, Mensch geworden ist, dass Gott dreifaltig ist und ein einziger, dass Christus für uns gelitten hat und herrschen wird in Ewigkeit. […] Was in den Schriften enthalten ist, liegt aber alles offen zu Tage, auch wenn manche Stellen bis jetzt wegen unbekannter Worte undeutlich sind.«[18] Luther scheint geglaubt zu haben, dass die Klarheit der Bibel alle Kontroversen über ihre Interpretation auflösen würde, bevor sie überhaupt aufkamen: »Es müssen nämlich alle Artikel der Christen so beschaffen sein, dass sie nicht nur ihnen selbst völlig gewiss sind, sondern auch anderen gegenüber müssen sie durch so öffentliche und klare Schriften befestigt sein, dass sie allen das Maul stopfen, so dass niemand Gegenrede erheben kann.«[19] In der gleichen Abhandlung unterschied Luther im Stil scholastischer Dichotomien zwischen dem, was er die »innere Klarheit« und dem, was er die »äußere Klarheit« der Schrift nannte. Letztere war von besonderer Bedeutung für den Sinn der Schrift, der unter allen Christen anerkannt wurde, die sich nach der Gewissheit von Gottes rettendem Wort sehnten. Wie sonst sollte man das Vertrauen auf eine gemeinsame, von allen Christen akzeptierte Wahrheit als Grundlage der christlichen Gemeinschaft aufrechterhalten? Für Luther käme als Alternative nur der alles zersetzende Zweifel infrage.

»Wenn Du von der äußeren [Klarheit] sprichst, ist ganz und gar nichts Dunkles oder Zweideutiges übrig. Vielmehr ist alles durch das Wort ans ganz und gar sichere Licht gebracht, und der ganzen Welt ist erklärt, was immer in der Schrift ist.«[20] Diese äußere Klarheit ist entscheidend für das Urteil, das »sich besonders auf die Führer [der Gemeinde] und die Prediger des Wortes [bezieht]. Dieses Urteil gebrauchen wir, wenn wir die Schwachen im Glauben stärken und die Gegner widerlegen. […] So sagen wir, dass mit der Schrift als Richterin alle Geister im Angesicht der Kirche zu prüfen sind. Denn bei den Christen muss das besonders fest und ganz sicher sein, dass die Heilige Schrift ein geistliches Licht ist, bei weitem klarer als die Sonne selbst, besonders in den Dingen, die sich auf das Heil […] beziehen.«[21] Für alles, was zählte, hielt die richtige Auslegung der Bibel also einen Maßstab bereit, der ihre grundlegende Klarheit bestätigen und alle anderen Auslegungen widerlegen konnte. Um die Urteile zu fällen, die im Prozess des Lehrens, Predigens, Korrigierens und Widerlegens zu treffen sind, war aber auch das wichtig, was Luther die »innere Klarheit« der Schrift nannte. Diese innere Klarheit, die in der Erfahrung des Auslegens ja immer schon vorausgesetzt wurde, bezog sich auf »ein Inneres, wonach durch den Heiligen Geist oder durch die Gabe Gottes jeder, einzigartig für sich und für sein persönliches Heil erleuchtet« werden konnte.[22] Das heißt, dass sich die innere Klarheit der Schrift in von Gott gestifteten und geleiteten spirituellen Erfahrungen manifestiert.

Die Bibel zu kennen, reichte nicht aus. Im Gegenteil: Luther bestand darauf, dass selbst umfassende Bibelkenntnisse nicht bedeuten mussten, dass man die Schrift wirklich verstand: »Wenn du von der inneren Klarheit sprichst, sieht kein Mensch auch nur ein Jota in den Schriften, es sei denn, er hätte den Geist Gottes. Alle haben ein verdunkeltes Herz, so dass sie auch dann, wenn sie alles von der Schrift vorzubringen behaupten und verstehen, dennoch für nichts davon Gespür haben oder wahrhaft erkennen.«[23] Der verheerende Schaden, den die Erbsünde an allen menschlichen Fähigkeiten angerichtet hatte, bedeutete, dass weder das Lesen der Schrift an sich noch grammatische oder linguistische Kompetenzen – noch deren Kombination – ausreichten, um das Wort Gottes richtig zu verstehen. Ohne Inspiration des Heiligen Geistes bei der Auslegung der Bibel könne man ihre klare Bedeutung und damit ihre rettende Wahrheit nicht erkennen: die Dynamik zwischen dem anklagenden Gesetz des Alten Testaments, das einem die eigene sündige Ohnmacht vor Gott bewusst macht, und somit dem verzweifelten Bedürfnis nach den frohen Verheißungen seines rettenden Evangeliums im Neuen Testament. Luther erklärte eindeutig: »Denn der Geist wird erfordert zum Verständnis der ganzen Schrift und jedes ihrer Teile.«[24]

51, 12f. **11** Martin Luther: An den christlichen Adel deutscher Nation von des christlichen Standes Besserung, in: WA 6, 411f. **12** Martin Luther, De servo arbitrio/Vom unfreien Willensvermögen (1525), übersetzt von Athina Lexutt, in: Wilfried Härle/Johannes Schilling/Günther Wartenberg (Hrsg.): Martin Luther: Lateinisch-Deutsche Studienausgabe, Bd. 1: »Der Mensch vor Gott«, Leipzig 2006, S. 219–661, hier S. 324. **13** Ebd., S. 327. **14** Hier geht Luther auch auf die doppelte Frontstellung ein, mit der die rechte Auslegung der Schrift konfrontiert ist: »Denn ich billige jene nicht, die ihre Zuflucht darin nehmen, sich des Geistes zu rühmen. Denn einen ausreichend harten Kampf habe ich in diesem Jahr gehabt und habe ihn noch mit diesen Fanatikern, welche die Auslegung der Schriften ihrem eigenen Geist unterwerfen. Das war bis jetzt der Grund, warum ich auch den Papst angegriffen habe, in dessen Reich nichts verbreiteter und mehr angenommen ist als diese Aussage, die Schrift sei dunkel und zweideutig; man müsse den Geist als Ausleger vom Apostolischen Stuhl in Rom erbitten. Dabei kann doch nichts Verderblicheres gesagt werden, weil sich daraufhin gottlose Menschen über die Schrift erhoben haben und aus ihr gemacht haben, was immer ihnen gerade gefallen hat, bis die Schrift geradezu mit Füßen getreten wurde und wir nichts glaubten und lehrten außer den Traumgespinsten wild gewordener Menschen.« Ebd., S. 325. **15** Ebd., S. 333. **16** Ebd., S. 234–240, 324–330. **17** »Wenn die Worte an einer Stelle undeutlich sind, sind sie doch an einer anderen Stelle klar. Ein und dieselbe Sache aber, ganz deutlich der ganzen Welt erklärt, wird in der Schrift mal mit klaren Worten ausgesagt, mal verbirgt sie sich bisher hinter undeutlichen Worten.« Ebd., S. 327. **18** Ebd., S. 236f. **19** Ebd., S. 333. **20** Ebd., S. 239. **21** Ebd., S. 327. **22** Ebd., S. 325. **23** Ebd., S. 239 **24** Ebd.

Wir haben mit Luther und seinem Standpunkt begonnen: Gottes Wort verpflichtet und auf der Klarheit der Schrift bestehend. Aber was passiert, wenn wir Luthers Schriften beiseite legen und den Blickwinkel erweitern, in Anerkennung der Tatsache, dass die protestantische Reformation größer war als Luthers Theologie oder Erfahrungen? Was an der Geschichte des Protestantismus von der Reformation über den Dreißigjährigen Krieg und die Englische Revolution bis in die Gegenwart auffällt, ist der gravierende Mangel an Beweisen für die Klarheit der Schrift. Die tatsächliche, ungewollte Reformation legt geradezu das Gegenteil von Luthers unnachgiebigen Ansichten über die Bibel nahe. Fünf Jahrhunderte exegetischer Kontroversen zwischen jenen, die Rom bewiesen, dass es der Schrift an Luthers »äußerer Klarheit« fehlt. Luthers »innere Klarheit« wurde in diesen Kontroversen von ausnahmslos allen Konfliktparteien beansprucht, womit sie sich in der Praxis in einer Weise erwies, die bis heute unverwendbar ist. Im weiteren Verlauf dieses Essays werden wir nacheinander auf diese Punkte eingehen.

Jeder, der auch nur über Grundwissen der Reformationsgeschichte verfügt, weiß, dass es einfacher war, die päpstliche Autorität Roms zurückzuweisen, als sich über Auslegung und Anwendung der Bibel als grundlegende, alternative Autorität für christliche Lehre und christliches Leben einig zu werden. Um sich dieses Grundwissen zu erarbeiten, muss man allerdings über den Tellerrand der *Weimarer Ausgabe* von Luthers Werken hinausschauen. Karlstadt, Zwingli, Hubmaier, Grebel, Sattler und andere Zeitgenossen Luthers zeigen, dass in der Reformation ohne Unterlass über die Schriftauslegung gestritten wurde (selbst wenn man sich auf das Heilige Römische Reich und die Schweiz in den 1520er Jahren begrenzt). Holt man in geografischer und chronologischer Hinsicht weiter unter jenen aus, die sich das *sola scriptura* zu eigen machten – beispielsweise unter Einbeziehung des Protestantismus in Großbritannien und später den Vereinigten Staaten von Amerika –, dann findet man weitere eindrückliche Belege für diesen Streit.[25] Das legt allerdings eine Schlussfolgerung nahe, die nur selten gezogen wird: Der Streit um die Schriftauslegung, der die Geschichte des Protestantismus durchzieht, untergräbt den grundlegenden Anspruch auf Klarheit der Schrift, die beabsichtigt und notwendig war, damit die Bibel so wirken konnte, wie Luther und andere es anstrebten. Anders ausgedrückt: Luthers »Hier stehe ich« zog genau die skeptische Frage nach sich, die er vermeiden wollte: *Wo soll man stehen?*

Die Protagonisten des Protestantismus standen überall, und damit wurden sie zu Antagonisten. Von Beginn der Reformation an standen sie bei verschiedenen Fragen, von denen sich viele als schwer polarisierend erwiesen, auf entgegengesetzten Seiten. Man muss die Konflikte über die Sakramente Abendmahl und Taufe, über die (Nicht-)Zulässigkeit religiöser Bilder, über die (Nicht-)Anwendbarkeit des Evangeliums in sozialen, ökonomischen oder politischen Reformen, über den (un-)freien Willen oder über das Wesen der Kirche und der kirchlichen Ämter, die die Reformatoren in Deutschland und der Schweiz während der 1520er Jahre in Atem hielten, nicht im Detail diskutieren.[26] Um einige dieser Diskrepanzen in den Blick zu bekommen, müssen wir die richtungsweisenden Reformatoren wie Luther, Zwingli, Melanchthon und Bucer mit den sogenannten radikalen Reformatoren wie Karlstadt, Hubmaier, Grebel und Müntzer historisch resozialisieren. Aber dieser Vergleich ist zulässig, weil alle diese Protagonisten und viele weitere Vertreter der Reformation Rom ablehnten und sich an das hielten, was Luther die innere und die äußere Klarheit der Schrift nannte. Dass die Schrift eine klare Botschaft hat, wurde nicht bestritten. Was diese Botschaft aber besagte, das barg wieder und wieder Zündstoff für Konflikte. Nimmt man diese beiden Prämissen – die Einigkeit beim »Dass« der Botschaft und die Uneinigkeit beim »Was« der Botschaft – zusammen, dann unterlaufen sie die Klarheit der Schrift, auf die die Reformatoren bestanden. Die Folgen lassen sich seitdem an der Geschichte des Protestantismus ablesen: In empirischer und in historischer Hinsicht zeigte und zeigt der Protestantismus eine unüberschaubare Bandbreite an verschiedenen, oft miteinander in Konflikt stehenden Ansichten über die Auslegung und die Anwendung des Wortes Gottes. Daraus folgte und folgt, dass die Protestanten sich in verschiedene Gemeinschaften aufteilen, die in verschiedenen kirchlichen Institutionen organisiert sind.

In diesem Zusammenhang wird manchmal behauptet, dass die Christen, die seit der Reformation auf das Prinzip des *sola scriptura* setzten, im Großen und Ganzen miteinander übereinstimmen: Einigkeit herrsche in zentralen Prinzipien der Reformation, Uneinigkeit in sekundären Fragen. So soll Luthers Annahme bewahrt werden, dass die Bibel in allem, was das Heil betrifft, eindeutig ist, auch wenn über einige Fragen leider ab und an gestritten werden müsse.[27] Aber diese hierarchische Gliederung in primäre und sekundäre Sachfragen lässt sich nicht durchhalten. Betrachtet man beispielsweise Luthers Verdammung von Zwingli und Zwinglianern vor, während und nach dem Marburger Religionsgespräch von 1529, dann kann man den Streit um das Abendmahl mit seinen kirchentrennenden Konsequenzen nicht als zweitrangige Frage auffassen. Hätten Luther oder Zwingli (oder andere) dieses Thema als eines von weniger zentraler Bedeutung angesehen, so hätten sie sicher um der

---

25 Zur Geschichte des Protestantismus seit der Reformation in Deutschland vgl. Gregory, Reformation (wie Anm. 6), S. 86–96, 109–112. Beispiele, die zeigen, wie heterogen der Protestantismus in den Vereinigten Staaten seit ihren Anfängen als britische Kolonie war, finden sich bei David D. Hall: Worlds of Wonder, Days of Judgment: Popular Religious Belief in Early New England, New York 1989; Mark Valeri: Heavenly Merchandize: How Religion Shaped Commerce in Puritan America, Princeton 2010; Jon Butler: Awash in a Sea of Faith: Christianizing the American People, Cambridge/London 1990; Erik R. Seeman: Pious Persuasions: Laity and Clergy in Eighteenth-Century New England, Baltimore 1999; Mark A. Noll: In the Beginning was the Word: The Bible in American Public Life, 1492–1783, Oxford/New York 2015; Nathan O. Hatch: The Democratization of American Christianity, New Haven/London 1989; Peter J. Thuesen: In Discordance with the Scriptures: American Protestant Battles Over Translating the Bible, Oxford/New York 1999; und Mark A. Noll: The Work We Have to Do: A History of Protestants in America, Oxford 2000. **26** Um nur eine Auswahl von Beispielen aus der umfassenden Literatur zu nennen: Mark U. Edwards: Luther and the False Brethren, Stanford 1975; Lee Palmer Wandel: The Eucharist in the Reformation, Cambridge 2005; Amy Nelson Burnett: Karlstadt and the Origins of the Eucharistic Controversy: A Study in the Circulation of Ideas, Oxford/New York 2011; Joseph Leo Koerner: The Reformation of the Image, Chicago/London 2004; John D. Roth/James M. Stayer (Hrsg.): A Companion to Anabaptism and Spiritualism, 1521–1700, Leiden 2007. **27** Diese Ansicht vertreten unter ande-

Einheit der Kirche willen einen Kompromiss geschlossen (wie sie es in zahlreichen anderen Angelegenheiten taten).

Eine ähnliche Auseinandersetzung findet sich in der Debatte darüber, ob Kinder getauft werden dürfen. Für die Täuferbewegung des 16. Jahrhunderts wie etwa die Schweizer Brüder, die Hutterer oder die Mennoniten war es fundamental wichtig, dass nur gläubige Erwachsene getauft wurden. Für diese Überzeugung nahmen viele den Tod in Kauf.[28] Denn für sie markierte die Art der Taufe den entscheidenden ekklesiologischen Unterschied zwischen der »wahren Kirche« einerseits und den »falschen Kirchen« andererseits, zu denen sie die Lutheraner und die Reformierten genauso rechneten wie die Kirche in Rom. Ihrer Ansicht nach war die Ablehnung der Kindertaufe in der Schrift eindeutig bezeugt, wie etwa Balthasar Hubmaier eindringlich erläuterte: Seiner Ansicht nach war in der Bibel nichts offensichtlicher, als dass Gläubige und nicht Kinder getauft werden sollten.[29] Die Reihe von Beispielen aus Geschichte und Gegenwart der Reformation ließe sich endlos fortsetzen. Sie untergräbt die Auffassung Luthers und anderer antirömischer Reformatoren von der äußeren Klarheit der Schrift hinsichtlich der Sakramente und anderer Themen, die Gegenstand von Meinungsverschiedenheiten unter Protestanten waren. Es gehört zur Ironie der Geschichte, dass gerade die, die auf der Klarheit der Schrift bestanden, bewiesen, dass es diese Klarheit nicht gibt. Viele der Streitigkeiten verdeutlichen auch, dass für die Reformatoren dabei primäre statt sekundäre Themen auf dem Spiel standen – unabhängig davon, wie andere diese Themen im Rückblick bewerten.

Auch findet sich in der Geschichte des Protestantismus kein Beleg für das, was Luther die innere Klarheit der Schrift nannte. Stattdessen gibt es eine Fülle von Fällen, in denen die einzelnen Kontrahenten innerlich und individuell davon überzeugt waren, dass sie in ihrer Auslegung der Schrift von Gott geleitet wurden. Sie konnten sich aber nicht einigen, wohin Gott sie leitete, sodass sie sich schließlich gegenseitig verdammten. Damit unterminierten sie kollektiv die Realisierbarkeit des verkündeten, gemeinsamen Prinzips. So hält die frühe Reformation in Deutschland zahlreiche Beispiele von Reformatoren bereit, die Luthers Ansicht zustimmen, dass man von Gott erleuchtet werden müsse, um die Schrift richtig zu verstehen. Zwingli drückte das folgendermaßen aus: »Gott öffnet sich durch seinen Geist selbst, und ohne seinen Geist können wir nichts von ihm lernen«, denn »nachdem uns Gott mit seiner Salbung, das heißt: mit seinem Geist, gelehrt hat, benötigen wir keinen, der uns lehrt, denn es gibt keine Falschheit mehr, sondern die lautere Wahrheit, in der wir verharren sollen.«[30] Müntzer ging sogar noch weiter, aber sein Beharren auf der Notwendigkeit des Geistes für das Verständnis von Gottes lebendigem Wort liegt trotzdem auf einer Linie mit Zwingli und Luther (sodass er Luther genau damit gegen sich aufbrachte): »Wenn einer den Geist Christi nicht in sich spürt, er ihn nicht gewisslich hat, dann ist er kein Glied Christi, sondern er ist des Teufels.«[31]

Auch ist allgemein bekannt, dass Luther Meinungen, die von seiner eigenen abwichen, gern auf den Einfluss des Teufels zurückführte.[32] Schon in den 1520er Jahren gab es keine Übereinstimmung unter den Reformatoren, die sich alle auf Luthers innere Klarheit der Schrift beriefen. Das hatte einschneidende dogmatische, politische und soziale Konsequenzen. Freilich war die Berufung auf den Heiligen Geist immer dann schnell zur Hand, wenn man mit Gegnern konfrontiert wurde, die zu anderen Ansichten über die Taufe, das Abendmahl oder die Reform des Feudalsystems gelangt waren. Auch wenn sie das Gegenteil behaupteten, konnten sie nicht von Gott geleitet sein. Leider ließ sich dieses Argument auch herumdrehen. Und genau das taten die Gegner dann auch. Insofern evozierte die Berufung auf die innere Klarheit der Schrift, auf der alle Reformatoren beharrten, Gegenpositionen, deren Vertreter jeweils davon überzeugt waren, dass sie selbst vom Geist gelenkte Interpreten von Gottes Wort seien, ihre Gegner jedoch nicht. Die Kontroversen, die daraus entstanden, ließen sich in der Praxis nur selten klären. In seiner Schrift *Gespräch über den freien Willen* brachte Erasmus das Problem auf den Punkt: »Was soll ich tun, wo viele Leute verschiedene Deutungen vorbringen, und jeder von ihnen schwört, den Geist zu besitzen?«[33] Anders ausgedrückt: Wo soll man stehen? Es ist zwar nicht der Fall, dass keiner der Antagonisten Recht haben konnte und tatsächlich von Gott geleitet war. Nur gab es eben kein Kriterium, um überzeugend und unparteiisch zwischen den Konfliktparteien ein Urteil zu fällen. In der Praxis war Luthers Behauptung einer inneren Klarheit der Heiligen Schrift eine Totgeburt, genauso wie seine Verkündigung der äußeren Klarheit der Schrift gerade von denjenigen Reformatoren untergraben wurde, die sich auf sie beriefen.

Das entscheidende Problem, das der protestantischen Reformation innewohnte, folgte gewissermaßen ungewollt aus dem reformatorischen Schriftprinzip – genau das Prinzip, auf das Luther beharrt hatte, als er Karl V. die Stirn bot, indem er den Anspruch Roms zurückwies. Allen Behauptungen des Gegenteils zum Trotz gibt es keinen Beleg dafür, dass die Schrift in dem Sinne eindeutig ist, in dem es von den Protestanten in Geschichte und Gegenwart behauptet wurde. »Die Bibel und nichts als die Bibel, sage ich, ist die Religion der Protestanten«, donnerte William Chillingworth in England 1638, als ob dies eine brauchbare Grundlage für dogmatische Übereinkünfte

---

rem Edwards, Luther (wie Anm. 26), S. 197 und Elsie Anne McKee: Katharina Schütz Zell, Bd. 1, Leiden 1999, S. 265, 273. **28** Zum Martyrium der Täufer im Zeitalter der Reformation vgl. Brad S. Gregory: Salvation at Stake: Christian Martyrdom in Early Modern Europe, Cambridge/London 1999, S. 114–116, 197–249; sowie Ders.: Anabaptist Martyrdom: Imperatives, Experience, and Memoralization, in: Roth/Stayer (Hrsg.), Companion (wie Anm. 26), S. 467–506. **29** Vgl. Balthasar Hubmaier: Uber Doctor Balthazars Touffbüchlin, Waarhaffte, gründte antwurt, durch Huldrychen Zuiglin [1526], in: Gunnar Westin/Torsten Bergsten (Hrsg.): Schriften, Gütersloh 1962, S. 173. Vgl. dazu auch Graeme Chatfield: Balthasar Hubmaier and the Clarity of Scripture: A Critical Reformation Issue, Eugene 2013. **30** Huldrych Zwingli: Von Klarheit und Gewissheit des Wortes Gottes [1522], in: Emil Egli/Georg Finsler (Hrsg.): Huldreich Zwinglis Sämtliche Werke, Bd. 1, Berlin 1905, S. 328–384, 369.25–27, 370.12–15 (Übertragung ins moderne Deutsch durch den Übersetzer). **31** Thomas Müntzer: Das Prager Manifest [Kürzere deutsche Fassung, 1. November 1521], in: Günther Franz (Hrsg.): Schriften und Briefe (= Quellen und Forschungen zur Reformationsgeschichte. 33), Gütersloh 1968, S. 491–512, 492.15–17 (Übertragung ins moderne Deutsch durch Übersetzer). Müntzer bezieht sich auf Röm 8.9: »Wer den Geist Christi nicht hat, der gehört nicht zu ihm« (Einheitsübersetzung). **32** Vgl. Edwards, Luther (wie Anm. 26). **33** Desiderius Erasmus: Gespräch über den freien Willen, in: Werner Welzig (Hrsg.): Ausgewählte Schriften, Bd. 4, Darmstadt 1969, S. 33 (1b 8).

zwischen den Protestanten auf den Punkt gebracht hätte.[34] Dabei benennt seine These doch gerade die Ursache des protestantischen Problems, das zu seiner Zeit schon seit einem Jahrhundert virulent war. Der amerikanische Theologe Charles Hodge drückte sich schon vorsichtiger aus, als er mehr als zwei Jahrhunderte später, in einer von wissenschaftlichem Fortschritt geprägten Kultur, die sich auf »Tatsachen« zu berufen meinte, die Worte Chillingworths aufgriff: »Es ist die Pflicht des christlichen Theologen, alle Tatsachen, die Gott über sich und sein Verhältnis zu uns geoffenbart hat, zu ermitteln, zu erfassen und zu ergründen. Alle diese Tatsachen stehen in der Bibel. Das ist wahr, weil die Bibel alles beinhaltet und bestätigt, was von der Welt und der Natur des Menschen über Gott und sein Verhältnis zu uns geoffenbart wird. In diesem Sinne ist ›die Bibel und nichts als die Bibel die Religion der Protestanten‹«.[35] Tatsache ist, dass die kulturgeschichtlichen Konsequenzen, die die Streitigkeiten um die Schriftauslegung nach sich zogen, allmählich alle Annahmen der Klarheit der Schrift aushöhlten. Dadurch begann der Zweifel an der Autorität der Schrift zu nagen. Die Auseinandersetzung um die Auslegung der Bibel findet sich auch heute noch unter selbsternannten Evangelikalen, die nicht zu sehen scheinen, dass ihre Antwort auf die Frage, was die Bibel im frühen 21. Jahrhundert bedeutet, nicht besser begründet ist als die anderer Protestanten. Wo soll man stehen?

Die Antwort auf die Frage, wo man stehen soll, ist heute zwar noch von persönlicher Bedeutung für Einzelne, hat aber kaum noch soziale oder kulturelle Relevanz. Das, was Luther 1517 angefangen hat, prägt den weiteren Verlauf der abendländischen Geschichte ohne jeden Zweifel. Durch den Kolonialismus und den Imperialismus Europas hindurch hat die protestantische Reformation und das gespaltene westeuropäische Christentum die Weltgeschichte beeinflusst. Aber der Modus, in dem die westliche Moderne schließlich in politischer Hinsicht auf das Problem des ungewollten christlichen Pluralismus reagiert – ein Problem, das nicht nur das Verhältnis zwischen Protestanten, sondern natürlich auch das zwischen Protestantismus und Katholizismus betrifft –, unterscheidet sich deutlich vom frühneuzeitlichen Europa. Die ungewollten Folgen von Luthers »Hier stehe ich« werden heute ganz anders angegangen als im 16. und im 17. Jahrhundert.

Im frühneuzeitlichen Europa konnten die Obrigkeiten ihre Untertanen dazu zwingen, sich für ihren Standpunkt zu entscheiden. Wer anderswo stand als die Obrigkeit, wurde in katholischen wie in protestantischen Staaten verfolgt, Abweichler wurden bestraft. In modernen liberalen Gesellschaften, wo das staatlich geschützte Recht auf Religionsfreiheit das institutionelle Mittel ist, um mit den Konsequenzen des ungewollten Pluralismus als Erbe der Reformationszeit umzugehen, ist dieser Zwang aufgehoben. Die Langzeitfolgen der Reformation werden heute deutlicher erfahren, weil konfessioneller Druck sie nicht mehr aufhält: Man kann alles glauben, solange man sich an die staatlichen Gesetze (einschließlich der Religionsgesetze) hält. Anders ausgedrückt: Man kann stehen, wo man will; von der entschiedenen Ablehnung über die indifferente Gleichgültigkeit bis zur zufälligen Annahme einer Religion ist alles möglich. Insofern lassen sich die Folgen von Luthers ungewollter Reformation genau dort aufzeigen, wo die Säkularisierung am weitesten fortgeschritten ist. Das Scheitern der modernen Philosophie, unser Denken auf allgemein anerkannte Prinzipien zurückzuführen – ein Scheitern, das schon im 17. Jahrhundert seinen Anfang nahm, auch wenn es erst in den vergangenen Jahrzehnten anerkannt wurde –, hat das Bewusstsein für die Willkürlichkeit der Kultur bestärkt. Unsere Kultur wird heute nicht mehr von dogmatischen Disputen innerhalb verschiedener Richtungen des Christentums bestimmt wie vor 500 Jahren. Wo soll man stehen? Wo man will.

34 William Chillingworth: The Religion of Protestants. A Safe Way to Salvation, Oxford 1638, S. 375. **35** Charles Hodge: Systematic Theology, Bd. 1, New York 1873, S. 11.

Anhang

Glossar

Abendmahl/Eucharistie/Heilige Kommunion
regelmäßig im Gottesdienst wiederkehrendes Sakrament mit liturgischer Wiederholung des letzten Abendmahls Jesu Christi, seit der Reformation Betonung der Stärkung der Gemeinde als Gemeinschaft

Abendmahlsstreit
Kontroverse zwischen Lutheranern und Reformierten um die Frage, ob bei der Eucharistie Christus symbolisch oder leibhaftig zugegen ist

Abgott
auch Götze, von Menschen erdachter Gegenstand der Verehrung, bei Luther oft im Zusammenhang mit Reichtum

Ablass, Indulgenz
Sündenstraferlass für Lebende und Verstorbene gegen fromme Werke oder eine Geldzahlung

Ablassbrief
Bescheinigung über den Erwerb eines Ablasses

Absolution
Teil des Bußsakraments, Vergebung der Sünden

Albertiner
durch Teilung 1485 entstandene Linie der sächsischen Dynastie der Wettiner, ab 1547 in Besitz der Kurwürde

Allgemeines Priestertum
Konzept einer vom Gemeindeprinzip gedachten Kirche, die auf gegenseitigem Dienst der Verkündigung und Seelsorge beruht

Altarlehen
Güter, die im Zusammenhang mit einem Altar gestiftet werden, um den Prediger zu versorgen, der am Altar (vorgeschriebene) gottesdienstliche Handlungen vollzieht

Altes Testament
s. Hebräische Bibel

Andacht
Meditative Gebetspraxis

Andachtsbild
Bild, das zur Förderung der Andacht dient, in der vorreformatorischen Kirche oft als wundertätig verehrt und Ziel von Wallfahrten

Anglikanische Kirche
seit 1529 christliche Kirchengemeinschaft in England, die evangelische Theologie und katholische Liturgie vereint

Anstand
zeitlich befristete Vereinbarung mit dem Ziel der Friedenswahrung und des Konfliktausgleichs

Antichrist
im Neuen Testament nur in den Johannesbriefen und im 2. Thessaloniker-Brief vorkommende Vorstellung von einem Widersacher Christi als Herrscher der Endzeit, von Luther seit 1520 mit dem Papsttum identifiziert

Antijudaismus/Antisemitismus
im Johannesevangelium begründete Vorstellung, dass das jüdische Volk der Mörder Christi ist, im 19. Jh. eine der Wurzeln einer rassisch begründeten Feindschaft gegen das Judentum

Antiklerikalismus
seit dem Mittelalter generelle Kritik am geistlichen Stand, oft mit mangelnden ethischen Standards der Priester und Mönche begründet

Antinomistischer Streit
theologische Kontroverse zwischen »echten« Lutheranern (*Gnesiolutheranern*) und Melanchthon-Anhängern um die Bedeutung des Gesetzes im Leben der Gläubigen

Apokalyptik
Deutung von Ereignissen in Hinblick auf ein nahe geglaubtes, mit Unheilserwartung verbundenes Weltende

Arma Christi
Leidenswerkzeuge Christi, die in Passionsgeschichten überliefert sind

Artes liberales
die *Sieben freien Künste*, die seit der Antike für gebildete Männer das Basiswissen bildeten: Arithmetik, Geometrie, Astronomie, Musik, Grammatik, Rhetorik und Dialektik

Aufklärung
von Frankreich im 18. Jh. ausgehende intellektuelle Bewegung, bestehende Ordnungen und Überzeugungen auf ihre Rationalität zu prüfen

Augsburger Bekenntnis, Confessio Augustana
1530 von den protestantischen Ständen vorgelegtes Bekenntnis, das in 28 Artikeln ihr Glaubensverständnis aus der Heiligen Schrift darlegt; ist in allen lutherischen Kirchen noch heute gültig

Augsburger Interim
auf dem Augsburger Reichstag Ende Juni 1548 verkündetes kaiserliches Religionsgesetz für evangelische Reichsstände als Zwischenlösung (Interim) bis zur Regelung der Religionskontroverse durch ein Konzil; einzige Zugeständnisse waren das Abendmahl mit Brot und Wein sowie die Heirat der Geistlichen

Augsburger Religionsfrieden
auf dem Reichstag zu Augsburg 1555 verabschiedetes Reichsgesetz mit dem Zugeständnis freier Religionsausübung und Besitzstände für die lutherischen Territorien

Augustiner-Eremiten
Bettelorden, in den Martin Luther 1505 in Erfurt eintrat

Bannandrohungsbulle »Exsurge domine«
päpstliche Urkunde zur Androhung des Kirchenbanns, von Papst Leo X. 1520 ausgestellt; von Martin Luther öffentlich verbrannt

Bannbulle »Decet Romanum Pontificem«
päpstliche Urkunde zur Exkommunikation Martin Luthers 1521

Bauernkrieg
gewaltsame und durch die Fürsten blutig niedergeschlagene Erhebung der unteren Schichten 1525; vor allem in Süddeutschland und Thüringen

Bekennende Kirche
kirchliche Vereinigung deutscher Protestanten im Nationalsozialismus (1933-1945), die die innerkirchliche Opposition zu den *Deutschen Christen* darstellte

Bergregalrecht
Verfügungsrecht über ungehobene Bodenschätze, gehört zu den Regalien (landesherrliche Privilegien)

Bildersturm
Organisierte oder seltener spontane Entfernung bzw. Zerstörung von Andachtsbildern und anderen Ausstattungen aus Kirchen; mehrfach in reformierten Gegenden

Bistum
Herrschaftsgebiet eines Bischofs

Böhmische Brüder
Zusammenschluss unterschiedlicher religiöser Gruppen (Waldenser, Taboriten, Utraquisten) in Böhmen Ende des 15. Jhs. zu einer eigenen kirchlichen Gemeinschaft (Brüderunität)

Breve
päpstlicher Erlass, weniger formell als die Bulle

Bruderschaft
Zusammenschluss von Männern zur Verrichtung von guten Werken (gemeinsame Gebete, Gottesdienste, Hilfe für Kranke, Schutzlose und Reisende) durch die Mitglieder

Bundeshauptleute
Gründer und Anführer des *Schmalkaldischen Bundes* (1531-1547) (Landgraf Philipp I. von Hessen, Kurfürst Johann Friedrich I. von Sachsen)

Buße
altkirchlicher Gesamtbegriff für Beichte, Lossprechung und Genugtuung; Luther verlangt stattdessen von den Gläubigen die Änderung des Lebensstils

Calvinismus
gegnerische Bezeichnung für die Lehre Calvins; von ihm selbst abgelehnt

Christliche Freiheit
Im Anschluss an den Galaterbrief von Luther entwickelte Überzeugung, dass es keinen Glaubenszwang geben dürfe; die christliche Freiheit hat für Luther keine Auswirkungen auf die Politik

Confessio Augustana
s. *Augsburger Bekenntnis*

cuius regio, ejus religio
»wessen Gebiet, dessen Religion« – Rechts-prinzip seit dem *Augsburger Religionsfrieden* 1555 zur Festlegung einer Konfession durch den Landesherrn

Deutsche Christen
kirchliche Vereinigung deutscher Protestanten im Nationalsozialismus (1933-1945), die die offizielle Kirchenpolitik im Dritten Reich vertrat; in Opposition dazu die *Bekennende Kirche*

Devotio moderna
religiöse Erneuerungsbewegung des 14./15. Jhs. zur Verinnerlichung und in der Welt praktizierten Frömmigkeit (Krankenpflege, Armenfürsorge, Schulen)

Dispens
Erlaubnis, von allgemein geltenden Bestimmungen des kirchlichen Rechts in bestimmten Einzelfällen abzuweichen; teilweise dem Papst vorbehalten

Disputation
regelgeleitetes wissenschaftliches Streitgespräch

Dogma/Dogmen
Lehre, Festlegungen des Papstes, was in der Kirche zu gelten hat

Dreipass/Vierpass
Ornamente der Spätromanik und Gotik zur Gestaltung von Bögen und Fenstern mittels mehrerer Kreisbögen

Drei-Stände-Lehre
Rangordnung der frühneuzeitlichen Gesellschaft in Geistlichkeit, Adel und Bürgertum/Bauernschaft; gemäß ihrer Aufgaben auch Lehrstand, Wehrstand und Nährstand genannt

Drittes Reich
Zeit des Nationalsozialismus in Deutschland (1933–1945)

Edikt
vom Kaiser unter Zustimmung der Stände erlassenes Gesetz oder Verordnung

Ekklesiologie
Lehre von der Kirche

Eleutherius
griech.: der Freie oder der Befreite, so nannte sich Luther in Abwandlung seines Geburtsnamens »Luder« ab 1517/18

Epitaph
Erinnerungstafel für einen Verstorbenen, gewöhnlich mit Inschrift und einer Bildkomponente

Ernestiner
durch Teilung 1485 entstandene thüringische Linie der sächsischen Dynastie der Wettiner, bis 1547 in Besitz der Kurwürde

Eschatologie Luthers
Lehre von den letzten Dingen; nach lutherischem Verständnis die Wiederkunft Christi und das Ende der Welt kurz nach seinem Tod

Eucharistie
s. Abendmahl/Eucharistie/Heilige Kommunion

evangelisch
Selbstbezeichnung der Anhänger Luthers und Calvins als Bekenner einer dem Evangelium gemäßen Lehre

Evangelium
griech.: Gute Nachricht; für Luther die gnadenbringende Heilsverheißung Gottes in Christus im Gegensatz zum Gesetz

Exkommunikation, Kirchenbann
rechtswirksamer, strafweiser Ausschluss aus der Kirche durch den Papst mit Entzug der mit der Mitgliedschaft verbundenen Rechte und Heilsangebote

Famulus
Student, Gehilfe

Fegefeuer
Zwischenzustand zwischen Paradies und Hölle als Läuterungsort der Verstorbenen; von Luther wegen fehlender Grundlage in der Bibel abgelehnt

Anhang 467

Fiale
spitz auslaufende Türmchen der gotischen Architektur

Fiskal
Exekutivbeamter eines Herrschers bzw. Bischofs

Fleuronnée-Initiale
geblümte Ornamentik beim Anfangsbuchstaben in der gotischen Buchmalerei

Flugblatt
seit 1488 nachweisbarer, oft illustrierter Einblattdruck mit neuen Nachrichten; einflussreich bei der Meinungsbildung in der Öffentlichkeit

Flugschriften
zwischen zwei und 16 Seiten umfassendes und daher preiswertes Druckwerk zu aktuellen Themen; Verkauf durch umherziehende Händler; bevorzugtes Medium in der frühen Reformation

Freikirchen
im Gegensatz zur Staatskirche aus dem Erbe der Reformation hervorgegangene Kirchen

Gemeiner Kasten
gemeinsame Kasse einer Kirchengemeinde, aus der alle Ausgaben flossen; wichtig für die geregelte Armenfürsorge

Gemeiner Mann
zeitgenössische Bezeichnung des nichtadligen und nichtgeistlichen Teils der Bevölkerung, umfasst unterbäuerliche Schichten ebenso wie Stadtbürger

Glaubensbekenntnis
Zusammenfassung der Grundüberzeugungen der christlichen Lehre; altchristliche Bekenntnisse des 3. und 4. Jhs. sind Grundlage des Augsburger Bekenntnisses

Gnade
Gottes voraussetzungslose Liebe zu dem Menschen als Sünder

Gnadenstuhl
in Plastik und Malerei Darstellung der Trinität; Gottvater hält das Kruzifix, über dem die Taube des Heiligen Geistes schwebt

Gnesiolutheraner
Spottname auf die Gegenspieler der Schüler Melanchthons; Selbstbild als »echte« Lutheraner

Gothaer Bund/Torgauer Bund
1526 als Reaktion auf den Zusammenschluss altgläubiger Fürsten in Dessau verabschiedete Übereinkunft zum politischen Schutz des neuen Glaubens; wichtigste Führer sind Kurfürst Johann von Sachsen und Landgraf Philipp von Hessen

Gravamina
Beschwerden, insbesondere diejenigen des Reiches gegenüber der päpstlichen Kurie im 15. und 16. Jh. von Luther in seiner Adelsschrift 1520 zusammengefasst

Habit
Ordenstracht der Geistlichen

Häresie
Ketzerei; Lehre im Widerspruch zur kirchlichen, obrigkeitlichen Auffassung

Hebräische Bibel
Bezeichnung für den ersten Teil der Bibel (Altes Testament)

Heilige Kommunion
s. Abendmahl/Eucharistie/Heilige Kommunion

Heilige Messe
Bezeichnung des katholischen Abendmahls; nach den lateinischen Schlussworten der Liturgie: »Ite, missa est«

Heiliger Stuhl, Apostolische Kirche
bischöflicher Stuhl des Bistums Rom und Synonym für den Papst als Herrscher

Heiltum
Reliquiensammlung; Schatz einer Kirche

Hermeneutik
Theorie über Interpretation von Texten; in der Theologie Luthers Auslegung der Heiligen Schrift im Wortsinn

Hostie
in der Heiligen Messe geweihte Oblate bzw. Brot; nach katholischem Verständnis Wandlung zum Leib Christi

Hugenotten
Begriff für französische Protestanten; im katholischen Frankreich verfolgt

Humanismus
von Italien ausgehende Bildungsbewegung mit Rückbesinnung auf die antike Kultur, wichtiger Vertreter: Erasmus von Rotterdam.

Hussiten
Anhänger des Jan Hus

Interdikt
Strafweise Versagung geistlicher Güter mittels der Einstellung kirchlicher Handlungen

Interim
konfessioneller Kompromiss bis zur Klärung auf einem Konzil

Invokavitpredigten
Predigten Luthers im März 1522 nach seiner Rückkehr von der Wartburg zur Befriedung der aufgebrachten Bevölkerung in Wittenberg

Kaiser
von den Kurfürsten gewähltes, im Mittelalter vom Papst gekröntes Oberhaupt des Heiligen Römischen Reiches

Kanon
Maßstab; normative Liste von Verbindlichkeiten

Kanoniker
Chor- oder Domherr; Geistlicher eines Stifts, der sich nach einer geregelten (kanonischen) Ordnung zu leben verpflichtet hat

Kanonisten
Lehrer des römisch-katholischen Kirchenrechts

Kardinal
höchste Würde in der römischen Kirche nach dem Papst; teilweise verknüpft mit dem Bischofsamt

Kasel
liturgisches Gewand; Messgewand

Katechismus
Handbuch zur Unterweisung im christlichen Glauben; für die Reformierten allgemeingültig ist der *Heidelberger K.* von 1563

Katholizismus
Selbstverständnis der Papstkirche als allgemein und überall gültige Form der Kirche; nach lutherischem Verständnis Anmaßung der Papstkirche

Ketzer
»Irrlehrer«, der vom etablierten Dogma abweicht und abweichende theologische Ansichten vertritt

Kirchenordnung
»Leitfaden« zur Ordnung der kirchlicher Angelegenheiten in Gemeinden

Konfession
lat.: Bekenntnis; abgeleitet die Entstehung von drei unterschiedlichen Kirchen im Reich (Katholiken, Lutheraner, Reformierte)

Konfessionalisierung/Konfessionelles Zeitalter
frühneuzeitliche Epoche (1540-1648), in der sich innerkirchliche Wandlungsprozesse vollzogen, die politische, gesellschaftliche und kulturelle Auswirkungen hatten

Konfirmation (ev.), Firmung (kath.)
Ritual zur Vollendung der christlichen Initiation; in der katholischen Kirche ein Sakrament

Konsekration
Weihung und Wandlung der Hostie nach katholischem Verständnis

Konzil
Zusammenkunft kirchlicher Würdenträger mit dem Papst zur Entscheidung wichtiger kirchlicher Angelegenheiten

Korporale
Altartuch

Kuppa
obere Schale eines Trinkgefäßes

Kurfürst
Adelsrang mit Berechtigung zur Wahl des Königs im Heiligen Römischen Reich, der sich später vom Papst zum Kaiser krönen lassen konnte

Kurie
Leitungs- und Verwaltungsbehörden des Heiligen Stuhls

Laienkelch
seit 1215 den Laien von der Römischen Kirche verwehrter Trank beim Abendmahl; Widerstand durch die Hussiten und Reformatoren

Landsknechte, Söldner
im 15./16. Jh. verbreitete Form des Soldatentums, zu Fuß kämpfende und mit einer Pike bewaffnete Kämpfer, die bei einem Geldgeber angestellt waren

Leib Christi
hier: Begriff aus der Abendmahlskontroverse zum Verhältnis zwischen dem Körper Christi und der im Abendmahl gebotenen Hostie

Leipziger Disputation
theologisches Streitgespräch zwischen Johannes Eck, Martin Luther und Andreas Karlstadt vom 27.6. bis 16.7. 1519

Linker Flügel der Reformation
moderner Begriff für reformatorische Strömungen, die radikaler dachten als Luther und Calvin; zumeist auf Täufer bezogen

Liturgie
Ordnung für den Ablauf des Gottesdienstes

Liturgisches Gewand
Kleidung der Geistlichen beim Gottesdienst bzw. bei der Heiligen Messe

Lutheraner
ursprünglich Spottname der Gegner der Reformation für Luther-Anhänger; seit etwa 1530 Selbstbezeichnung

Lutherische Kirche
Kirchen, die die Augsburger Konfession als Lehrgrundlage anerkennen

Lutherrose
Luthers Wappen: eine Rose, umschlossen von einem goldenen Ring, in der Mitte ein Herz, darauf ein schwarzes Kreuz; 1523 erstmals als Markenzeichen in einer gedruckten Lutherschrift

Luthers Großer/Kleiner Katechismus
Handbuch für Kinder und Prediger mit den fünf Hauptstücken (Zehn Gebote, Glaubensbekenntnis, Vaterunser, Taufe und Abendmahl)

Marburger Religionsgespräch, Marburger Disputation
erfolgloses theologisches Streitgespräch zwischen den *Lutheranern* (Martin Luther, Philipp Melanchthon) und *Refomierten* (Huldrych Zwingli) vom 1.–4. Oktober 1529 zur Beilegung des Abendmahlsstreits

Monarchia universalis, Universalmonarchie
Leitbegriff habsburgischer Propaganda, um die besondere Herrschaftsposition Karls V. als oberster Herrscher der Welt, Verteidiger der Christenheit sowie Quelle des Rechts und der Gerechtigkeit

Mönch
Mitglied einer spirituellen Glaubensgemeinschaft mit einer in Armut, Askese, Keuschheit und Gottgehorsamkeit versprochenen Lebensweise; Unauflösbarkeit des Gelübdes

Monstranz
kostbares Schaugefäß, in dem eine Hostie gezeigt wird; Abschaffung durch die Reformatoren

Mystik
Erfahrung der unmittelbaren Gegenwart Gottes; dazugehöriges Schrifttum

Neues Testament
zweiter Teil der Bibel; bestehend aus den vier Evangelien, der Apostelgeschichte, Briefen der Apostel und der Offenbarung

Nodus
knaufartige Verdickung

Nonne
weibliches Mitglied einer christlichen Ordensgemeinschaft

Noviziat
einjährige Ausbildung für Neulinge in einer Ordensgemeinschaft zur Vorbereitung auf das Gelübde

Offenbarung
Selbstkundgebung Gottes in Jesus Christus; für Luther zwingend an die Heilige Schrift gebunden

Ökumene
ursprünglich: der ganze bewohnte Erdkreis, seit dem 20. Jh. die Gemeinschaft aller christlicher Kirchen

Orden
aus historischen Gründen entstanden verschiedene Zweige des Mönchstums, meist nach ihren Gründern benannt

Ordination
anstelle der Priesterweihe tretende Abordnung eines Geistlichen zum Predigeramt in einer bestimmten Gemeinde

Priesterweihe
nach römischer Tradition ein Sakrament, das nur der Bischof spenden kann und dem Kandidaten eine neue Qualität als Kleriker verleiht, bei allen Reformatoren abgeschafft und durch die Ordination ersetzt

Osmanisches Reich
Territorium der Dynastie der Osmanen in Kleinasien, auf dem Balkan, in Nordafrika und auf der Krim; Hauptstadt: Konstantinopel

Palla
Leinentuch, das den Kelch beim Abendmahl abdeckt

Papstkirche
Institution der mittelalterlichen Kirche Roms; bei Luther Kampfbegriff gegen seine altgläubigen Gegner

Patene
Schale für die Ausgabe der Hostie beim Abendmahl

Patriarch
höchstrangiger Bischof in orthodoxen und altorientalischen Kirchen

Patrimonium Petri
wörtlich: Vermögen des Petrus; Grundbesitz der römischen Kirche in Mittelitalien, angeblich auf eine Schenkung Kaiser Konstantins zurückgehend

Perikope
an einen bestimmten Termin zur Verlesung gebundener Abschnitt eines Bibeltextes zum liturgischen Gebrauch als Basis für die Predigt

Philippisten
Anhänger Philipp Melanchthons; Gegner der *Gnesiolutheraner*

Pietismus
Erneuerungsbewegung; vor allem im Luthertum im 17. Jh. gegen eine angeblich in Formalien erstickende Orthodoxie

Prädestination
Lehre von der Vorherbestimmung Gottes über jeden einzelnen Menschen; im Gegensatz zu Calvin kennt Luther eine Vorherbestimmung zur Verdammnis durch Gott nicht

Prädikatur
kirchliches Amt des Predigers, das seit dem 15. Jh. der Predigt höhere Bedeutung verlieh

Prager Vertrag
Abkommen zwischen dem albertinischen Herzog Moritz und Kaiser Karl V. vom 14.10.1546; Moritz sicherte dem Kaiser militärische Hilfe
gegen den *Schmalkaldischen Bund* zu und erlangte dafür das Versprechen der sächsischen Kurwürde und die Überlassung großer Teile des ernestinischen Territoriums

Prälat
Inhaber einer kirchlichen Führungsposition (Bischof, Abt, Kardinal)

Predigt
populäre und volkssprachliche Auslegung eines Bibeltexts; Mittelpunkt jedes reformatorischen Gottesdiensts

Priestertum aller Gläubigen
s. Allgemeines Priestertum

Prophet
im Alten Testament Träger einer besonderen Offenbarung Gottes; nach christlicher Tradition ist Johannes der Täufer der letzte Prophet; Luthers Anhänger sahen in ihm einen Propheten

Protestanten
seit dem Reichstag zu Speyer 1529 Synonym für die Gesamtheit der evangelischen Gläubigen

Protestation zu Speyer
1529 protestierte eine Minderheit von evangelischen Reichsständen gegen die Mehrheit; Streitpunkt war, ob in Glaubensfragen Mehrheitsabstimmungen zulässig seien

Räte
hier: leitende Beamte eines Territoriums mit zunehmendem Einfluss im 16. Jh.

Realpräsenz
Lehre Luthers von der wirklichen Gegenwart des Leibes und Blutes Christi in, mit und unter den Elementen des Abendmahls

Rechtfertigungslehre
aus den Paulusbriefen zuerst von Luther gewonnene Erkenntnis, dass nur der Glaube an die verheißene Gnade vor Gott gerecht macht

Reformatio
lat.: Zurückführung, Verbesserung; im Mittelalter vor allem auf kirchliche Institutionen bezogen

Reformierte Kirche
Selbstbezeichnung der Anhänger Zwinglis und Calvins

Regimentenlehre
s. Zwei-Reiche-Lehre

Reichsacht (= Acht)
eine wegen Ungehorsams vom König oder vom Kaiser unter Mitwirkung der Reichsgerichte und der Kurfürsten verhängte Ächtung (Fried- und Rechtloserklärung), die sich auf das ganze Gebiet des Heiligen Römischen Reiches Deutscher Nation erstreckte

Reichskammergericht
oberstes Gericht des Heiligen Römischen Reiches

Reichsstadt
dem Kaiser unmittelbar unterstehende Stadt, deren Vertreter im Reichstag auf der Städtebank saß

Reichsstände
mehr als 300 geistliche und weltliche Fürsten, Prälaten, Vertreter von Ritterorden, Grafen und Herren sowie (Reichs-)Städte mit Sitz und Stimme im Reichstag

Reichstag
Versammlung der Reichsstände im Heiligen Römischen Reich, die in unregelmäßiger Folge einberufen wurde

Religionsgespräch
s. Disputation

Reliquien
materielle Überreste von Heiligen oder Gegenstände, die zu Objekten religiöser Verehrung werden

Retabel
Altaraufsatz; wenn mit zwei oder mehreren aufklappbaren Seitenflügeln versehen, »Flügelretabel« genannt

Rotulus
Schriftrolle

Saigerverfahren
Entmischung einer Schmelze bei der Metallherstellung

Sakrament
Ritus im Christentum zur Vergegenwärtigung der Wirklichkeit Gottes; für Luther die Kombination aus göttlichem Gebot und konkretem Element, weswegen letztlich die Buße nicht mehr als Sakrament galt; die Reformation verringert die traditionelle Zahl der Sakramente von sieben auf zwei: Abendmahl und Taufe

Salbung, letzte Ölung
Sterbesakrament der Barmherzigkeit in Verbindung mit dem Leiden Jesu Christi; als unbiblisch von der Reformation abgeschafft

Schisma
Abspaltung einer Gruppierung von der Kirche, ohne dass grundsätzliche Lehrunterschiede bestehen

Schlacht bei Mühlberg
Gefecht am 24. April 1547 zwischen kaiserlichen und kursächsischen Truppen bei Mühlberg, das zur Niederlage Kurfürst Johann Friedrichs, seiner Gefangennahme und zur Wittenberger Kapitulation führte

Schmalkaldische Artikel
von Luther 1537 verfasstes Bekenntnis als theologische Grundlage für den *Schmalkaldischen Bund*

Schmalkaldischer Bund
Verteidigungsbündnis von evangelischen Fürsten und Städten; 1531 in Schmalkalden geschlossen; 1546/47 Zerschlagung durch den Kaiser im Schmalkaldischen Krieg

Schmalkaldischer Krieg
1546/47 zwischen Kaiser Karl V. und dem Schmalkaldischen Bund geführter Krieg; Sieg und Sicherung der kaiserlichen Macht gegen die protestantischen Landesfürsten und Städte

Scholar
Schüler oder Student einer mittelalterlichen Bildungseinrichtung

Scholastik
an textlichen oder personalen Autoritäten orientierte, an strenge Regeln gebundene mittelalterliche Schulwissenschaft

Schwärmer
s. Linker Flügel der Reformation

Sedisvakanz
Leerstehen eines Bischofs-, Papst- oder Herrscherthrones

Sermon
Predigt, schriftliche Auslegung biblischer Texte; Abhandlung

Sola fide/sola gratia/sola scriptura/ solus Christus
Grundlage der evangelischen Lehre in Schlagwörtern zusammengefasst: allein durch den Glauben, allein durch die Gnade, allein die Schrift, Christus allein

Stände
s. Drei-Stände-Ordnung

Stapelrecht
Pflicht durchreisender Kaufleute, an bestimmten Orten ihre Ware zum Verkauf anzubieten

Stift
kirchliche Gemeinschaft ohne die strengeren Mönchsgelübde, aber mit gemeinsamem Chorgebet

Superintendent
im Luthertum kirchenleitendes Amt anstelle der ehemaligen Bischöfe; da dort der Landesfürst auch die Kirche leitete, waren die Superintendenten fürstliche Beamte

Taboriten
radikale Hussiten, benannt nach der böhmischen Stadt Tabor

Taufe
Sakrament zur Aufnahme in die christliche Gemeinschaft

Täufer
Gemeinschaft von Christen, die nur die Erwachsenentaufe anerkennen; praktizierten eine zweite Taufe (daher Wiedertäufer)

Thesenanschlag
Veröffentlichung von 95 Thesen gegen den Missbrauch des Ablasses vom 31.10.1517 durch Martin Luther; das Annageln der Thesen an die Schlosskirche zu Wittenberg ist historisch umstritten

Tischreden
posthume Gesprächsaufzeichnungen von Luthers Tischgenossen, erstmals von Anton Lauterbach 1566 in gedruckter Form veröffentlicht

Transsubstantiation
auf dem IV. Laterankonzil (1215) verabschiedete römisch-katholische Lehre über den Substanzwandel des Altarsakraments zu Leib und Blut Christi bei unverändert bleibenden äußeren Eigenschaften; wurde von den Reformatoren abgelehnt

Tridentinum
Synonym für das Konzil von Trient; oft auf die dort gefassten Beschlüsse bezogen

Trienter Konzil
in drei Sitzungsperioden von 1545 bis 1563 in Trient abgehaltenes Konzil, dass die Grundlagen der römischen Kirche in ihrer modernen Form festlegte

Trinität
der dreieinige Gott: Gottvater, Sohn und Heiliger Geist

Türkensteuer
zur Abwehr der Türkengefahr erhobene Sondersteuer, im Heiligen Römischen Reich erhoben von 1453-ca. 1700

Universalmonarchie
s. *monarchia universalis*

Utraquisten
gemäßigte Hussiten, die den Laienkelch (communio sub utraque) als Erkennungszeichen hatten; im Gegensatz zu den böhmischen Brüdern offiziell keine »Häretiker«, sondern nur »Schismatiker«

Vatikan
Kirchenstaat des Papstes in Rom; Herrschaftsgebiet aber inklusive italienischer Territorien in Italien (Patrimonium Petri)

Verheißung, Promissio
nach Luthers Verständnis liefert Gottes Verheißung des Heils in Christus die Voraussetzung für den Glauben der Christen

Vierung
Raum, der sich an der Kreuzung von Haupt- und Querschiff einer Kirche bildet

Vikar
Stellvertreter des Priesters mit verschiedenen Ämtern

Visitation
lat.: Besuch; formalisierte Untersuchung der Verhältnisse in den Gemeinden vor Ort; intensiviert durch die Reformatoren ab 1528

Vulgata
lat.: Die allgemein Verbreitete; lateinische Fassung der Bibel nach den originalen Sprachen Hebräisch und Griechisch; Grundlage der römischen Kirchenlehre

Waldenser
auf den Kaufmann Petrus Valdes aus Lyon (12. Jh.) zurückgehende »Ketzergemeinschaft«, die sich mit den Hussiten und *Böhmischen Brüdern* verband und Anschluss an die Reformatoren suchte

Wallfahrt
religiöse Sitte, in geordneter Weise ein meist mit Reliquien oder Heiligengräbern ausgestattetes kirchliches Zentrum zu besuchen; von den Reformatoren abgelehnt

Werkgerechtigkeit
Von Luther abgelehntes Konzept aus der Rechtfertigungslehre, wonach man durch fromme Werke vor Gott gerechtfertigt ist

Wettiner
Herrschergeschlecht in Sachsen

Widerstandsrecht
in der Frühneuzeit umstritten, da nach Röm 13,1f. Verbot jeglichen Widerstands gegen die Obrigkeit, aber Berufung von Philosophen auf ein Naturrecht des zivilen Ungehorsams; 1530 gelingt es sächsischen Juristen, Luther zu überzeugen, dass militärischer Widerstand der protestantischen Fürsten gegen den Kaiser erlaubt sei

Wiedertäufer
s. Täufer

Wormser Edikt
Erlass Kaiser Karls V. am Ende des Reichstags von 1521, mit dem über Luther die Reichsacht verhängt wird; in Kursachsen nie in Kraft gesetzt

Wormser Religionsgespräch, Wormser Disputation
1557 in Worms unternommener Versuch, zur religiösen Einheit zurückzukehren; scheitert vor allem wegen der Uneinigkeit der evangelischen Theologen untereinander

Zölibat
in der katholischen Kirche verbreitete Verpflichtung kirchlicher Amtsinhaber zur Ehelosigkeit

Zwei-Reiche-Lehre
im Anschluss an Augustin von Luther verwendete Unterscheidung zwischen einer geistlichen Sphäre, in der die Christen leben, und einer weltlichen, in der mit Recht und Gewalt geherrscht wird

Zwickauer Propheten
drei in Luthers Abwesenheit 1521 in Wittenberg erscheinende Handwerker, die sich als Träger einer besonderen Offenbarung ausgaben

Personenregister

A

Adalbert von Laon S. 25
Agnes, geb. Prinzessin von Hessen, Kurfürstin von Sachsen S. 85
Agricola, Georgius (auch Georg Pawer) S. 49–51, 291
Agricola, Johannes (auch Johann Bauer) S. 78, 122, 353
Aitken, Robert S. 370
Albinus, Petrus (auch Peter von Weiße) S. 150, 291
Albrecht von Brandenburg, Kardinal und Kurfürst S. 33, 38, 92, 95, 172, 191, 223–229, 271, 278, 298, 314, 317, 417
Albrecht von Arnstein S. 48
Albrecht (der Beherzte), Herzog von Sachsen S. 83, 85
Aleander, Hieronymus (auch Girolamo Aleandro) S. 99, 115, 270, 276, 365
Alexander III. (der Große), König von Makedonien S. 292
Alsted, Johann Heinrich S. 21
Althammer, Andreas S. 301
Álvarez de Toledo, Fernando, 3. Herzog von Alba S. 294
Amsdorf, Nikolaus von S. 92, 95, 118, 122, 137, 140 f., 178, 192, 353
Andreae, Jakob S. 357 f.
Andreae, Johann Conrad S. 397
Anna, geb. Prinzessin von Mecklenburg, Landgräfin von Hessen S. 84
Anna, geb. Prinzessin von Dänemark, Kurfürstin von Sachsen S. 295 f.
Anshelm, Valerius S. 215
Argula von Grumbach, s. Grumbach, Argula von
Aristoteles S. 90, 135, 137, 200
Ascher, Saul S. 434
August, Kurfürst von Sachsen S. 176, 298, 357
Augustinus von Hippo S. 86 f., 105, 184, 319, 459
Aurogallus, Matthäus (auch Matthäus Goldhahn) S. 129, 193
Arndt, Ernst Moritz S. 443

B

Bager, Johann Georg S. 397
Baldung, Hans, s. Grien, Hans Baldung
Bancroft, George S. 371–373
Bapst, Valentin S. 245
Barbari, Jacopo de' S. 231
Barth, Karl S. 322, 453
Bauman, Barry S. 420 f.
Bavarus, Valentinus S. 68
Begas, Carl Joseph S. 444
Beham, Hans Sebald S. 210, 216, 220, 225, 229, 271, 362, 364 f., 412
Beham, Barthel S. 229, 412
Berlepsch, Hans von S. 122
Bernhardi, Bartholomäus S. 136 f.
Beskendorf, Peter S. 198
Bethem, Facius S. 55
Beyer, Christian S. 350–352
Beza, Theodor S. 375
Bibliander Theodor (auch Buchmann) S. 345
Biel, Gabriel S. 90
Biering, Johann Albert S. 41
Bodenstein, Andreas Rudolf (von Karlstadt) S. 80–82, 91, 118, 137 f., 140 f., 158–161, 194, 212–214, 216, 235, 251, 314, 424, 462
Boltzius, Johann Martin S. 397
Bonhoeffer, Dietrich S. 406, 438
Bora, Katharina von, Ehefrau Martin Luthers S. 164, 171–174, 178, 182–185, 188, 198, 236, 362, 407, 420 f., 446 f., 476
Bora, Magdalena von (auch Muhme Lena, Muhme Lehne) S. 174, 441
Böschenstein, Johann S. 135
Brendler, Gerhard S. 458
Brenz, Johannes S. 354
Breu, Jörg, d. Ä. S. 229
Brownson, Orestes Augustus S. 371
Brosamer, Hans S. 305, 367, 412 f.
Brück, Barbara S. 424
Brück, Christian S. 424
Brück, Gregor S. 80, 424
Brueghel, Pieter d.Ä. S. 66, 68
Bryzelius, Paul Daniel S. 397
Buchner, Moritz S. 424
Buchner, Wolf S. 280 f.
Bucer, Martin (auch Martin Butzer oder Butscher) S. 214, 328, 332, 339, 353, 417
Bugenhagen, Johannes S. 118, 142, 163, 172, 177, 190, 193–197, 253, 257, 306, 424, 476
Bullinger, Heinrich S. 201, 204, 332
Bülow, Heinrich von S. 62
Burchard, Peter S. 137
Bush, George Walker S. 392
Buxtehude, Dietrich S. 249

C

Cajetan, Thomas (auch Tomaso de Vio) S. 97, 106, 140
Calvin, Johannes S. 20, 105, 179, 199, 204 f., 213, 215, 219, 283, 353, 372, 375, 394, 407, 417 f., 467, 469 f.
Capestrano, Johannes von (auch Johannes von Capistrano) S. 340
Capito, Wolfgang (auch Wolfgang Köpfel oder Köpfle) S. 214
Carion, Johannes (auch Johannes Nägelin) S. 299
Carranza, Bartolomé, Erzbischof von Toledo S. 105
Castenbaur, Steffan S. 286 f.
Celtis, Konrad (auch Konrad Bickel oder Pyckell) S. 231, 299
Chemnitz, Martin S. 357
Chillingworth, William S. 463 f.
Christian I., Kurfürst von Sachsen S. 152
Christina, geb. Prinzessin von Sachsen, Landgräfin von Hessen S. 85
Christoph, Herzog von Württemberg S. 357
Chytraeus, David (David Kochhafe) S. 357

Clausen Dahl, Johan Christian S. 262
Clemens VII., Papst S. 204, 476
Cochlaeus, Johannes S. 119 f., 227, 366 f.
Columbus, Christoph s. Kolumbus, Christoph
Cortés, Hernán S. 27
Corwin, Edward Tanjore S. 374
Cotta, Ursula S. 174
Cramer, Johann Andreas S. 443
Cranach, Anna S. 198, 476
Cranach, Hans S. 198, 231
Cranach, Lucas d. Ä. S. 32, 83, 89, 118 f., 123, 127, 137, 139 f., 141–146, 149, 153, 170, 177, 180, 186–191, 198, 222–229, 231–237, 239 f., 257, 259, 262, 270 f., 329 f., 332, 360–362, 365, 412 f., 416 f., 420 f., 423–429
Cranach, Lucas d. J. S. 44 f., 175, 181, 193, 195, 218 f., 231, 234 f., 237–239, 273–275, 289, 296, 420, 422–425, 428
Cranmer, Thomas S. 375
Cruciger, Caspar (auch Caspar Kreutziger oder Kreutzer) S. 174, 193–196, 198
Cruciger, Elisabeth S. 174
Curtis, Edward S. 114

D

Dannemeyer, William E. S. 408
Davis, Angela S. 405
Denifle, Heinrich S. 377
Devrient, Eduard S. 445
Devrient, Otto S. 445–447
Dietenberger, Johannes S. 227
Dietrich, Sixtus S. 247
Dolzig, Johann S. 245
Dorothea Susanna, geb. Prinzessin von Pfalz-Simmern, Herzogin von Sachsen-Weimar S. 275
Drachstedt, Philipp S. 50, 62
Drefahl, Günter S. 405
Dürer, Albrecht S. 17, 68, 108, 191, 225, 231, 265, 270, 278, 356, 412, 417, 423

E

Eber, Paul S. 44 f., 193, 289
Eck, Johannes S. 91, 235, 272, 307, 314, 328, 333, 350 f., 459, 469
Edward VI., König von England (Edward Tudor) S. 216,
Edward VII., König des Vereinigten Königreichs von Großbritannien und Irland und Kaiser von Indien S. 113
Edwards, Mark U. S. 377
Elcano, Juan Sebastián de S. 27
Elisabeth von Rochlitz, geb. Prinzessin von Hessen, Herzogin von Sachsen S. 84, 191, 306 f., 310 f.
Elmquist, Adolph Frederick S. 383
Emerson, Ralph Waldo S. 370 f.
Emerton, Ephraim S. 375
Emser, Hieronymus S. 119 f., 224, 227, 294

Erasmus von Rotterdam s. Rotterdam, Desiderius Erasmus von
Erhard von der Mark, Fürstbischof von Lüttich S. 229
Ernst I. (der Fromme), Herzog von Sachsen-Gotha-Altenburg S. 275
Ernst, Kurfürst von Sachsen S. 83, 135
van Eß, Leander S. 414
van Eyck, Hubert S. 215
van Eyck, Jan S. 215
von Eyb, Albrecht S. 184

F

Faber, Johann S. 307
Faulkner, John Alfred S. 375
von Feilitzsch, Philipp S. 140
Ferdinand I., Erzherzog von Österreich, König von Böhmen, Kroatien und Ungarn, und Kaiser des Heiligen Römischen Reiches S. 103, 286, 306, 311, 367, 423
Ferdinand II., Erzherzog von Österreich und Kaiser des Heiligen Römischen Reiches S. 311
Fichte, Johann Gottlieb S. 443
Finck, Heinrich S. 242
Fiore, Joachim von S. 362
Fisher, George Park S. 371
Florus, Lucius Annaeus S. 299
Flötner, Peter S. 217
Forster, Johannes S. 193
Fox, Thomas Bayley S. 370
Franck, Sebastian S. 344
Francke, Gotthilf August S. 394, 396 f., 399–401
Franke, Georg S. 60
Franklin, Benjamin S. 370, 392
Friedlander, Albert S. 408 f.
Friedrich I. (Friedrich Barbarossa), Kaiser des römisch-deutschen Reiches S. 48
Friedrich II. (der Große), König von Preußen S. 440
Friedrich III., Kaiser des römisch-deutschen Reiches S. 297
Friedrich III. (der Weise), Kurfürst von Sachsen S. 32, 34, 75–77, 83, 85, 97, 99, 106, 115, 122, 136, 139, 141 f., 231–233, 305, 423, 425, 476 f.
Froben, Johann S. 116
Fröschel, Sebastian S. 193
Furtenagel, Lukas S. 222 f.
Furttenbach, Joseph S. 255 f.

G

Gama, Vasco da S. 26
Gandhi, Mahatma S. 406, 410
Gauck, Joachim S. 406
Geibel, Carl S. 108
George III., König des Vereinigten Königreichs Großbritannien und Irland S. 401
Georg (der Bärtige), Herzog von Sachsen S. 85, 225, 227 f., 305

Georgius von Ungarn S. 343 f., 347
Gerock, Johann Siegfried S. 397
Goethe, Johann Wolfgang von S. 371, 374, 436, 446
Goeze, Johann Melchior S. 443
Goldwurm, Caspar S. 269
Götting, Gerald S. 405
Graham, Billy S. 392
Graham, Patrick S. 417
Grebel, Konrad S. 462
Grey, Earl de S. 420
Grien, Hans Baldung S. 210, 225, 270 f., 360, 365, 412
Grimm, Harold J. S. 415
Grimm, Jacob S. 131
Grisar, Hartmann S. 377
Gronau, Israel Christian S. 397
Grosser, Emanuel S. 222
Gruber, L. Franklin S. 414
Grumbach, Argula von S. 181
Grünewald, Matthias S. 225
Guldenmund, Hans S. 343, 362, 364
Gunsaulus, Frank Wakely S. 375, 377
Gurlitt, Cornelius S. 449
Gutenberg, Johannes S. 184, 372

H

Habermas, Jürgen S. 321
Hadrian VI., Papst S. 103, 293
Hagenauer, Friedrich S. 229
Hamilton, Alexander S. 390
Händel, Georg Friedrich S. 382
Handschuch, Johann Friedrich S. 397, 400
Haydn, Joseph S. 382
Hebraeus, Bernardus S. 331
Hedge, Frederic Henry S. 371, 373
Hedio, Caspar S. 214
Heinrich (der Fromme), Herzog von Sachsen S. 85, 225
Heinrich (der Löwe), Herzog von Sachsen und Bayern S. 48
Heinrich IV., Kaiser des römisch-deutschen Reiches S. 441
Heinrich V., Herzog von Mecklenburg S. 292
Heinrich VIII., König von England und Irland S. 108 f., 215, 217, 229
Helmuth, Justus Heinrich Christian S. 397, 401
Henlein, Peter S. 20
Henrietta Sophie von Gersdorff S. 394
Herder, Johann Gottfried S. 442
Hergot, Hans S. 271
Herrig, Hans S. 445
Herzheimer, Hans S. 77
Hesse, Hans S. 262, 268
Heussi, Karl S. 453
Hilten, Johannes S. 347
Hirsch, Emanuel S. 322
Hitler, Adolf S. 321 f., 337 f., 377, 407, 437, 451–454
Hodge, Charles S. 371
Höltzel, Hieronymus S. 95, 211
Holbein, Hans d. J. S. 45, 217, 219, 417

Hondorff, Andreas S. 269
Honecker, Erich S. 457 f.
Hopfer, Daniel S. 365
Hopfer, Hieronymus S. 365
Hornung, Katharina S. 181
Hornung, Wolf S. 181
Hubmair, Balthasar S. 375
Hund von Wenckheim, Burkhard S. 122
Hus, Jan S. 37, 111, 178, 304, 306, 468
Hutten, Ulrich von S. 299

I

Isabella, geb. Prinzessin von Portugal, Kaiserin des Heiligen Römischen Reiches, Ehefrau Kaiser Karls V. S. 103 – 105
Iserloh, Erwin S. 92

J

Jacobs, Henry Eyster S. 374 f.
Jahn, Friedrich Ludwig S. 443
Janssen, Johannes S. 375
Jefferson, Thomas S. 370, 373, 390, 436
Jeschke, Channing Renwick S. 417
Jessen, Sebastian von S. 286
Joachim Ernst, Prinz von Anhalt S. 297
Joachim, Kurfürst von Brandenburg S. 181
Johannes Paul II., Papst S. 407
Johann I. (der Beständige), Kurfürst von Sachsen S. 83, 141, 231, 233, 423 f., 476, 479
Johann Ernst, Herzog von Sachsen-Coburg S. 425
Johann Friedrich I. (der Großmütige), Kurfürst von Sachsen S. 83 f., 93, 103, 108, 140, 190 f., 194, 226, 231, 234 f., 237, 239, 272, 308 – 312, 324, 353, 355, 366, 397, 423 f., 467
Johann Friedrich II. (der Mittlere), Herzog zu Sachsen S. 84, 476
Johann Georg I., Kurfürst von Sachsen S. 311, 423
Johann Wilhelm, Herzog von Sachsen-Weimar S. 275
Jonas, Justus S. 82, 159, 190, 193 – 197, 328, 476
Joseph II., Kaiser des Heiligen Römischen Reiches S. 283
Julius, Herzog von Braunschweig-Wolfenbüttel S. 357
Julius II., Papst S. 277

K

Kanitz, Else von S. 179
Kantz, Kaspar S. 159 f.
Karl der Große, Kaiser des römisch-deutschen Reiches S. 104, 301
Karl V., Kaiser des Heiligen Römischen Reiches S. 16, 20, 26, 81, 99 – 101, 103, 105 f., 108 – 111, 113, 191, 203, 206 f., 231, 234, 294, 305 – 308, 311, 327, 350 – 352, 355, 359, 365, 367, 423, 441, 447, 463, 470, 476, 485 f.
Karlstadt (s. auch Bodenstein, Andreas) S. 80, 82, 117 f., 137 f., 140 f., 158 – 161, 194, 212 – 214, 251, 314, 462, 469
Katharina, geb. Prinzessin von Mecklenburg, Herzogin von Sachsen S. 84
Kelner, Andreas S. 58
Kessler, Richard C. und Martha S. 415 – 417
Ketton, Robert von S. 345
Keynes, John Maynard S. 37
King, Martin Luther (jr.) S. 404 – 407, 409 – 411
Kleinschmied, Anna Marie S. 394
Knox, John S. 375
Klug, Georg Samuel S. 397
Klug, Joseph S. 121, 131, 243, 246
Köbel, Jakob S. 364
Kolumbus, Christoph (Christoph Columbus) S. 26 f., 29, 372 f., 444
Konrad Dietrich von Ulm S. 67
Körner, Christoph (auch Christoph Conerus) S. 358
Krafft, Johann Valentin S. 397
Krause, Reinhold S. 453
Krell, Paul S. 193
Küssow, Christian S. 168

L

Lang, Johann S. 82, 141, 159
Laubler, Franz S. 311
Lenbach, Franz von S. 222
Lee, Hannah Farnham Sawyer S. 370
Leich, Werner S. 457 f.
Leo XIII., Papst S. 392
Lessing, Gotthold Ephraim S. 375, 436, 443
Levita, Elias S. 332
Lewin, Reinhold S. 326, 332
Lienhard, Friedrich S. 445
Linck, Wenzeslaus S. 364
Lincoln, Abraham S. 384
Lindemann, Antonius S. 51
Lißkirchen, Barbara S. 181
Lotter, Melchior d. Ä. S. 75, 110, 117 f., 121, 123
Lucius d. Ä., Jakob S. 272, 366
Luder, Fabian S. 55
Luder (Luther), Hans S. 50 – 52, 55, 57 f., 60, 62, 65, 69, 71, 156
Luder (Luther), Dorothea S. 68
Luder (Luther), Jacob S. 55, 58, 60, 62, 68
Luder (Luther), Margarethe S. 43, 51, 60, 68, 173
Luder (Luther), Veit S. 58
Ludwig II., König von Böhmen, Ungarn und Kroatien S. 340
Ludwig VI., Kurfürst von der Pfalz S. 358
Ludwig XIV., König von Frankreich S. 219
Lufft, Hans S. 93, 121, 126, 194, 271
Luther, Elisabeth S. 174, 179
Luther, Hans S. 174
Luther, Magdalena S. 174, 179 – 181
Luther, Margarethe S. 174, 179
Luther, Martin (Sohn) S. 174
Luther, Paul S. 174
Lüttich, Hans S. 52

M

Machiavelli, Niccoló S. 24
Mackenrodt, Hans S. 52
Magellan, Fernando S. 27
Magnus II., Herzog von Mecklenburg S. 84
Major, Georg (auch Georg Meier) S. 193
Majunke, Paul S. 222
Mann, Thomas S. 377, 454
Marfels, Carl S. 113
Margarete von der Saale S. 183
Margarete von Österreich Fürstin von Asturien, Herzogin von Savoyen, Statthalterin der habsburgischen Niederlande S. 103, 105
Margaritha, Anthonius S. 323, 328 f., 335
Marinis, Tammaro de S. 113
Marschalk, Nicolaus S. 140, 291 f.
Marsico, Anselmus von, Bischof S. 362
Matthäus, Blasius S. 198
Matthesius, Johannes S. 192
Mauch, Daniel S. 229
Maxen, Haug von S. 298
Maximilian I., Kaiser des Heiligen Römischen Reiches S. 106, 136, 231 – 233, 277 f., 292, 297, 420, 476
McGovern, William Montgomery S. 377
McGiffert, Arthur Cushman S. 381
Medici, Giulio de', Kardinal S. 270
Mehmed II. (der Eroberer), Sultan des Osmanischen Reiches S. 340
Melanchthon, Philipp (auch Philipp Schwartzerdt) S. 91 – 94, 97, 118, 122 f., 135 – 137, 140 f., 143, 177, 179, 190, 192 – 197, 202 f., 226, 239, 246, 274 f., 289, 291 – 293, 299, 301, 306 f., 321, 328, 332, 345, 350 f., 353 – 356, 361, 375, 414, 417 f., 421 – 425, 439, 466, 469 f., 476, 486
Melzer, Christian S. 263
Meyenburg, Michael S. 194
Monluc, Jean de S. 215
Montanus, Ferrarius S. 136
Montecrucis, Ricoldus de S. 345
More, Thomas (auch Thomas Morus) S. 217, 359
Morgan, J. Pierpont S. 108, 112 f., 420
Moritz, Herzog von Sachsen, später Kurfürst von Sachsen S. 83, 85, 103, 191, 206 f., 295, 310 f., 355, 357, 470, 477
Morus, Thomas s. More, Thomas
Motley, John Lothrop S. 373
Mozart, Wolfgang Amadeus S. 382
Mühlenberg, Friedrich August Konrad S. 380, 400
Mühlenberg, Heinrich Melchior S. 378, 394 – 397, 399 – 402
Mühlpfort, Herrmann S. 80
Multscher, Hans S. 215
Müller, Fritz S. 406
Müller, Johannes S. 452
Müller, Ludwig S. 452
Müller, Titzel S. 55
Münster, Sebastian S. 22 f., 335

Müntzer, Thomas S. 71, 160, 190, 202, 216, 428, 450, 455, 462 f., 486
Murner, Thomas S. 110, 314
Musculus, Andreas S. 357
Myconius, Friedrich S. 294

N

Nelson, Frank S. 383 f.
Newman, Albert Henry S. 374
Niebuhr, Reinhold S. 392
Niemegk, Anton S. 95
Nipperdey, Thomas S. 440

O

Oberman, Heiko Augustinus S. 86 f., 332, 334
Ockham, William of S. 350, 357
Odenbach, Johannes S. 287 f.
Oemler, Nikolaus S. 57, 62
O´Gorman, Thomas S. 374
Oporin, Joachim S. 394
Oporin, Johannes S. 345
Osiander, Andreas S. 264, 332, 356, 362–365

P

Pack, Otto von S. 306
Paine, Thomas S. 390
Paracelsus (eigentlich Theophrastus Bombastus von Hohenheim) S. 194, 365
Parker, Theodore S. 371
Paul III., Papst S. 353
Paulus von Tarsus S. 86–90, 128, 184, 203, 319, 321, 326, 372, 401, 460, 470
Pelikan, Jaroslav S. 407
Pencz, Georg S. 216, 271
Peters, Richard S. 397
Petri, Adam S. 95, 130, 414
Pfreundt, Caspar S. 144
Philipp I., Landgraf von Hessen S. 183, 191, 306 f., 328, 375, 468, 476 f.
Phillips, Thomas S. 417
Philipp von der Pfalz, Bischof von Freising S. 139
Pius II., Papst S. 340
Pizarro, Francisco S. 27
Plüddemann, Hermann Freihold S. 444 f.
Pollich von Mellerstedt, Martin (auch Mellerstadt) S. 95
Praetorius, Stephan S. 153
Prez, Josquin des S. 242, 245
Prierias, Silvester S. 90
Priestley, Joseph S. 370
Pulitzer, Joseph S. 114

R

Rabbi Jechiel ben Rabbi Schmuel S. 328
Rabenhorst, Christian S. 401
Rabus, Ludwig S. 97, 316
Ramminger, Melchior S. 270
Ranke, Leopold von S. 375
Rantzau, Heinrich von S. 293
Ratzeberger, Matthäus S. 247
Reagan, Ronald S. 392
Reimarus, Hermann Samuel S. 443
Reinhart, Martin S. 158
Reinicke, Hans S. 50, 58, 62
Reißenbusch, Wolfgang S. 80
Reuchlin, Johannes S. 140, 332, 476
Rhau, Georg S. 121, 248
Rhau-Grunenberg, Johann S. 95, 116 f., 121, 361
Rhegius, Urbanus (auch Urban Rieger) S. 328, 332
Richter, Gustav S. 446
Rinck, Thile S. 62
Ristad, D. G. Dr. S. 383
Robinson, Frederick S. 420
Robinson, George S. 420
Robinson, James Harvey S. 375
Rockwell, William Walker S. 375, 381
Rosentreter, Willy S. 60
Rö(h)rer, Georg S. 68, 86 f., 92–95, 97, 126, 193, 301
Rosheim, Josel von S. 324, 326–328, 339
Rotterdam, Desiderius Erasmus von S. 116, 190, 196, 199, 203, 210, 217, 299, 304 f., 375, 414, 417 f., 460, 463, 468
Rousseau, Jean-Jacques S. 204
Rubeanus, Crotus S. 242
Rudelauf, Hieronymus S. 226
Rümpel, Werner S. 405
Rudolf II., Kaiser des Heiligen Römischen Reiches S. 297
Rufus, Mutianus S. 140

S

Sachs, Hans S. 22, 189, 210 f., 216, 220, 362
Sasse, Martin S. 454
Sattler, Friedrich Christian S. 462
Saur, Christoph S. 397
Schadewald, Bartholomäus S. 198
Schadow, Johann Gottfried S. 447
Schaefer, Bernhard K. S. 414 f.
Schaff, Philipp S. 372 f.
Schappeler, Christoph S. 199, 201–204
Schart, Markus S. 285
Scheide, William H. S. 414
Schirlentz, Nickel S. 121
Schlaginhaufen, Johann S. 86
Schmucker, Samuel Simon S. 379
Schneidewein, Johannes S. 181
Schneidewein, Ursula S. 181
Schön, Erhard S. 170, 362–365
Schönberg, Johann III. von, Bischof von Naumburg S. 139
Schönefeld, Ave von S. 178
Schreibershofen, Maximilian S. 420 f.
Schulenburg, Matthias von S. 289
Schwerdgeburth, Carl August S. 441 f.
Schwertfeger, Johann S. 361
Scott King, Coretta S. 405
Scultetus, Hieronymus (auch Hieronymus Schultz) S. 95
Seehofer, Arsacius S. 181
Selim I., Sultan des Osmanischen Reiches S. 340
Selnecker, Nikolaus S. 357
Senfl, Ludwig S. 242, 246 f.
Servet, Michael S. 347
Sibylle, geb. Prinzessin von Cleve, Kurfürstin von Sachsen S. 181, 366
Sieberger, Wolfgang S. 171
Smith, Henry Boynton S. 371
Smith, Joseph Henry S. 374
Smith, Preserved S. 375
Smith, William S. 397
Sommerlad, Theo S. 453
Sophie, geb. Prinzessin von Brandenburg, Kurfürstin von Sachsen S. 152
Spangenberg, Cyriacus S. 48, 58, 67
Spengler, Lazarus S. 329, 363
Speratus, Paul (auch Paul Spret oder Hoffer) S. 245
Spielhausen, Lukas S. 424
Staupitz, Johann von S. 87–89, 137
Stearns Davis, William S. 383
Stickelberger, Emanuel S. 418
Stoecker, Adolf S. 440
Stoever, Caspar S. 397
Stoph, Willi S. 405
Stoß, Veit S. 215, 264
Stoßnack, Tobias S. 62
Streicher, Julius S. 451
Sturm, Caspar S. 111
Süleyman I. (der Prächtige), Sultan des Osmanischen Reiches S. 207, 340–342, 345

T

Tauler, Johannes S. 88, 90, 137
Tetzel, Johannes S. 31, 33, 106
Thanner, Jacob S. 95 f.
Thiem, Veit S. 274, 276
Thompson, Robert Ellis S. 374
Tillich, Paul S. 377
Tralles, Kaspar S. 263
Treitschke, Heinrich von S. 337, 435, 445, 453
Triebner, Christian Friedrich S. 401
Tucher, Anton S. 264
Tuta, Friedrich S. 295

U

Utrecht, Adriaan von (später Papst Hadrian VI.) S. 103, 105

V

Valentiner, Wilhelm S. 421
Villers, Charles François Dominique de S. 370
Vedder, Henry Clay S. 375
Vogel, Manfred S. 408
Vogtherr d. Ä., Heinrich S. 217, 225

W

Wackerbarth, August Christoph
  Reichsgraf von S. 311
Wagner, Tobias S. 397
Waldburg, Georg Truchsess von S. 203
Wallmann, Johannes S. 408
Walker, Williston S. 374
Walter, Johann S. 245, 249
Walther, Karl Ferdinand Wilhelm S. 379
Washington, George S. 370, 384
Watt, Joachim von S. 201
Watzdorf, Margarethe Gräfin von S. 295, 298
Weiser, Anna Maria S. 397
Weiser, Conrad S. 397
Weiss, Hans S. 363
Weizsäcker, Richard von S. 458
Werner, Zacharias S. 443
Weygand, Johann Albert S. 397, 399
Wiener, Peter F. S. 377
Wilhelm I., Deutscher Kaiser S. 445
Wilhelm II., Deutscher Kaiser S. 108, 113 f., 456
Wilhelm IV. (der Standhafte),
  Herzog von Bayern S. 229
Williams, Roger S. 388
Wilson, Woodrow S. 384
Witzel, Georg S. 278, 282
Wolf, Johann Augustus S. 397
Wyclif, John S. 304

Z

Ziegenhagen, Friedrich Michael
  S. 394, 396 f., 399–401
Ziegler, Bernhard S. 193
Zwilling, Gabriel S. 158 f., 212
Zwingli, Huldrych S. 20, 141, 154, 163, 179,
  199–205, 213, 219, 283, 332, 351, 353,
  359, 375, 417 f., 426 f., 469 f.

Kurzbiografien

Albrecht von Brandenburg (1490–1545)
1514 Erzbischof von Mainz und Magdeburg, ab 1518 Kardinal, als Förderer des Ablasshandels und ranghöchster geistlicher Würdenträger des römisch-deutschen Reiches einer der wichtigsten Gegenspieler Martin Luthers

Bora, Katharina von (1499–1552)
entstammt dem sächsischen Landadel, Ordensschwester. Nach ihrer Flucht aus dem Zisterzienserinnenkloster Marienthron in Nimbschen (1523) heiratete sie Martin Luther (1525) und bewohnte mit ihm das ehemalige Augustinerkloster in Wittenberg. Sie gebar Luther sechs Kinder (Johannes [1526–1575], Elisabeth [1527–1528], Magdalena [1529–1542], Martin [1531–1565], Paul [1533–1593], Margarethe [1534–1570]). Durch ihr erfolgreiches Wirtschaften hatte sie erheblichen Anteil am Auskommen der Familie. Katharina von Bora starb auf der Flucht vor der Pest an den Folgen eines Unfalls mit ihrer Kutsche vor Torgau. Ihr Grab befindet sich in der Torgauer Marienkirche.

Bugenhagen, Johannes (1485–1558)
(auch Pomeranus genannt), Reformator, Pfarrer an der Stadtkirche Wittenberg (ab 1523), Generalsuperintendent des sächsischen Kurkreises, Begründer des lutherischen Kirchenwesens im Norden Deutschlands und in Dänemark, Weggefährte, Freund und Beichtvater Martin Luthers. Bugenhagen schloss dessen Ehe mit Katharina von Bora, taufte deren Kinder und hielt die Grabrede für Luther.

Calvin, Johannes (1509–1564)
Schweizer Reformator französischer Abstammung, theologisch von Luther, Melanchthon, Zwingli und Bucer beeinflusst. Calvin vertrat eine »doppelte Prädestinationslehre«, nach der Gott erwählten Menschen Gnade im Glauben zuteil werden lasse, anderen aber Verdammnis vorherbestimmt sei. Als Sakramente ließ Calvin nur die Taufe und das Abendmahl gelten. Dieses sei ein wirksames Zeichen, in dem Christus durch den Heiligen Geist gegenwärtig und wirksam sei (Spiritualpräsenz). Für die Stadt Genf verfasste Calvin eine strenge Kirchenordnung.

Cranach, Lucas der Ältere (1472–1553)
deutscher Maler und Grafiker, ab 1505 Hofmaler am kursächsischen Hof, Ratsmitglied (1519–1549) und Bürgermeister von Wittenberg (gewählt 1537, 1540, 1543). Dort führte er eine große Malerwerkstatt, besaß mehrere Immobilien, eine Apotheke und eine Druckerei. Cranach war Trauzeuge bei der Eheschließung Martin Luthers mit Katharina von Bora. Luther war Pate von Cranachs jüngster Tochter Anna. Cranachs zahlreiche Reformatorenporträts und Bildnisse seiner Dienstherren prägen die Vorstellungen von den Protagonisten der Reformation bis heute.

Cranach, Lucas der Jüngere (1515–1586)
Maler, zweiter Sohn Lucas Cranachs des Älteren. Nach dem Tod des älteren Bruders Hans (1537) nahm er eine führende Rolle in der Werkstatt seines Vaters ein, die er ab 1550 führte.

Friedrich III. von Sachsen, der Weise (1463–1525)
Kurfürst von Sachsen (ab 1486), Erzmarschall und Generalstatthalter des Heiligen Römischen Reiches, Schutzherr Martin Luthers. Friedrich der Weise regierte gemeinsam mit seinem jüngeren Bruder Johann dem Beständigen. 1502 gründete er die Universität Wittenberg. Nach dem Tod Kaiser Maximilians I. 1519 verzichtete er auf die Kandidatur für die Wahl zum römisch-deutschen König und unterstützte stattdessen Karl I. von Spanien, der als Karl V. die Kaiserkrone erhielt. Vermittelte Luther 1521 freies Geleit zum Reichstag in Worms und gewährte ihm nach der Ächtung durch das Wormser Edikt Schutz auf der Wartburg.

Johann I., der Beständige (1468–1532)
Kurfürst von Sachsen (ab 1525). Er konsolidierte die Reformation im Kurfürstentum Sachsen und gehörte 1529 zu den fürstlichen Vertretern der protestantischen Minderheit auf dem Reichstag zu Speyer (Protestation) und beauftragte die Wittenberger Theologen Martin Luther, Johannes Bugenhagen, Justus Jonas und Philipp Melanchthon mit der Erarbeitung der *Torgauer Artikel*, die dann als Grundlage der *Confessio Augustana* dienten. Zusammen mit Landgraf Philipp von Hessen führte er den 1531 gegründeten *Schmalkaldischen Bund* an.

Johann Friedrich I., der Großmütige (1503–1554)
letzter ernestinischer Kurfürst von Sachsen (1532–1547). Setzte sich entschieden für die Reformation ein. 1547 führte Johann Friedrich I. mit Landgraf Philipp von Hessen das Heer des *Schmalkaldischen Bundes* gegen die kaiserlichen Truppen in die Schlacht bei Mühlberg. Die militärische Niederlage hatte seine Gefangenschaft, den Verlust großer Teile seines Herrschaftsgebietes und die Aberkennung der Kurwürde zur Folge. Nachdem der nun ehemalige Herzog 1552 aus der Gefangenschaft entlassen wurde, bezog er seine Residenz in Weimar.

Johann Friedrich II. der Mittlere (1529–1595)
war ein Fürst aus der ernestinischen Linie der Wettiner. Er führte den Titel eines Herzogs zu Sachsen.

Karl V. (1500–1558)
aus dem Hause Habsburg, war von 1516 an König Karl I. von Spanien. 1519 als Karl V. zum römisch-deutschen König gewählt, wurde er 1530 durch Papst Clemens VII. in Bologna zum Kaiser gekrönt. 1556 verzichtete er zugunsten seines Sohnes Philipp II. auf die spanische Krone und zugunsten seines Bruders Ferdinand I. auf die Kaiserwürde. Er verstand sich als Schützer des Abendlandes vor den Osmanen und Verteidiger des römisch-katholischen Glaubens. Karl V. erließ am 8. Mai 1521 das *Wormser Edikt*, das die Reichsacht über Luther verhängte und seine Schriften verbot. In der Schlacht bei Mühlberg (1547) besiegte sein Heer den *Schmalkaldischen Bund*. Um seine religionspolitischen Ziele zu erreichen, setzte Karl V. 1548 das *Augsburger Interim* durch, das aber in der Praxis scheiterte. Gegen seine Bedenken wurde am 25. September 1555 der *Augsburger Religionsfriede* geschlossen, der die lutherische Konfession anerkannte.

Leo X. (1475–1521), Papst (1513–1521)
Geb. als Giovanni de Medici, Sohn Lorenzos »des Prächtigen« und Clarice Orsinis. 1483 Ernennung zum päpstlichen Protonotar, 1489 Erhebung in den Kardinalsstand. Für den Neubau des Petersdoms förderte er den Ablasshandel, was Martin Luther zur Veröffentlichung seiner 95 Thesen gegen diese Praxis veranlasste und die Reformation zur Folge hatte. Er erließ am 15. Juni 1520 die Bannandrohungsbulle *Exsurge Domine* gegen Luther und exkommunizierte ihn am 3. Januar 1521 mit der Bulle *Decet Romanum Pontificem*.

Melanchthon (eigentlich Schwartzerdt), Philipp (1497–1560)
Reformator, Humanist, Philologe, Theologe, Lehrbuchautor und neulateinischer Dichter, neben Martin Luther treibende Kraft der Reformation, maßgeblicher Verfasser der *Confessio Augustana*. In Bretten als Sohn des kurfürstlichen Rüstmeisters und Waffenschmieds geboren, fiel seine intellektuelle Begabung früh auf. Nach seinem Studium an den Universitäten Heidelberg und Tübingen wurde er 1518 auf Empfehlung Johannes Reuchlins an den neu gegründeten Lehrstuhl für griechische Sprache der Universität Wittenberg berufen. Von seinen Zeitgenossen als *Praeceptor Germaniae* (Lehrer Deutschlands) bezeichnet, reformierte Melanchthon das Bildungswesen nach humanistischen Prinzipien und führte das dreigliedrige Schulsystem ein. Mit den *Loci communes* formulierte er 1521 die erste evangelische Dogmatik.

Moritz von Sachsen (1521–1553)
ab 1541 Herzog des albertinischen Sachsens sowie 1541–1549 Herzog von Sagan und ab 1547 auch Kurfürst des Heiligen Römischen Reiches. Im Alter von elf Jahren kam er im Dezember 1532 an den Hof seines Taufpaten Kardinal Albrecht von Brandenburg. Er nahm an Feldzügen Karls V. gegen die Türken und Franzosen teil. Obgleich Lutheraner, stellte er sich in der Schlacht bei Mühlberg 1547 auf die Seite des Kaisers gegen seinen Schwiegervater Philipp von Hessen und seinen ernestinischen Vetter Johann Friedrich I. von Sachsen, dessen Kurwürde ihm dafür übertragen wurde. Aufgrund dieses Verrats erhielt er den Beinamen »Judas von Meißen«.

Spalatin, Georg (1484–1545)
deutscher Humanist, Theologe, Reformator und Historiker. Nach seiner Priesterweihe wurde Spalatin 1508 Erzieher des späteren Kurfürsten Johann Friedrich I., 1512 übertrug ihm Kurfürst Friedrich der Weise die Verwaltung der Universitätsbibliothek im Wittenberger Schloss. 1514 wurde er Hofkaplan und Geheimschreiber der Universität, 1515 Chorherr des Altenburger St. Georgenstifts, 1528 Superintendent von Altenburg. Spalatin verfasste eine *Chronik der Sachsen und Thüringer* (1510) und die Biographien Friedrichs des Weisen und Johanns des Beständigen.

Tetzel, Johannes (1465–1519)
Ablassprediger. Studierte Theologie in Leipzig und trat 1489 in das dortige Dominikanerkloster St. Pauli ein. 1504 begann Tetzel seine Tätigkeit im Ablasshandel zunächst für den Deutschen Ritterorden. 1516 ernannte ihn das Bistum Meißen zum Subkommissar des Ablasshandels für den Bau des Petersdoms in Rom. Ab 1517 war Tetzel im Auftrag des Erzbischofs von Mainz, Albrecht von Brandenburg, in den Bistümern Halberstadt und Magdeburg als Ablassprediger tätig. Seine unlauteren Methoden veranlassten Luther zur Veröffentlichung seiner 95 Thesen gegen den Ablasshandel. 1519 starb Tetzel in Leipzig an der Pest.

Zwingli, Huldrych (1484–1531)
Züricher Reformator. 1506 zum Priester geweiht, war Zwingli ab 1519 Leutpriester am Großmünster in Zürich. 1522 veröffentlichte er seine erste reformatorische Schrift gegen das Fasten. Nach Zwinglis Forderungen ordnete der Rat der Stadt Zürich das Schul-, Kirchen- und Ehewesen neu und erließ Sittengesetze. Bilder in Kirchen, Messen und der Zölibat wurden abgeschafft. 1525 gab Zwingli sein Glaubensbekenntnis *Von der wahren und falschen Religion* heraus. In Zusammenarbeit mit Leo Jud übersetzte er zwischen 1524 und 1529 die Bibel neu in die eidgenössische Kanzleisprache (*Züricher Bibel*). Vom 1. bis 4. Oktober 1529 fand auf Einladung des Landgrafen Philipp von Hessen das Marburger Religionsgespräch statt, an dem Zwingli und Luther teilnahmen. Es wurde jedoch keine Einigung über die biblischen Grundlagen der Abendmahlslehre erreicht. 1531 wurde Zwingli im Zweiten Kappelerkrieg gefangen genommen und getötet.

Autoren

Prof. Dr. Christiane Andersson
Professor of Art History
Department of Art and Art History
301, Art Building
Bucknell University of Pennsylvania
Lewisburg, PA 17837
USA
cander@bucknell.edu

Dean Phillip Bell, PhD
Provost and Vice President
Spertus Institute for Jewish Learning
and Leadership
610 S. Michigan Avenue
Chicago, IL 60605
USA
dbell@spertus.edu

Prof. Dr. Peter Blickle
Scheidter Str. 48
D-66123 Saarbrücken
blickle.peter@t-online.de

Dr. Michael Fessner
Girondelle 90
D-44799 Bochum
michaelfessner@hotmail.com

Prof. Dr. Brad S. Gregory
Professor of History and Dorothy G.
Griffin Collegiate Chair; Director,
Notre Dame Institute for Advanced Study
Department of History
219 O'Shaughnessy Hall
University of Notre Dame
Notre Dame, IN 46556
USA
bgregor3@nd.edu

Prof. Dr. Mary Jane Haemig
Luther Seminary
2481 Como Ave
St. Paul, MN 55108
USA
mhaemig@luthersem.edu

Prof. Dr. Michael Hochgeschwender
Lehrstuhl für Nordamerikanische
Kulturgeschichte, Kulturanthropologie
und Empirische Kulturforschung
Amerika Institut der Ludwig-Maximilians-
Universität München
Schellingstr. 3
D-80799 München
michael.hochgeschwender@
lrz.uni-muenchen.de

Prof. Dr. Susan C. Karant-Nunn
Director, Division for Late Medieval
and Reformation Studies
Regents' Professor of History
The University of Arizona
Tucson, AZ 85721
USA
karantnu@email.arizona.edu

Prof. Dr. Thomas Kaufmann
Lehrstuhl für Kirchengeschichte
Georg-August-Universität Göttingen
Theologische Fakultät
Rohnsweg 13
D-37085 Göttingen

Prof. Dr. Robert Kolb
Concordia Seminary
St. Louis, MO 63105
USA
kolbr@csl.edu

Dr. Natalie Krentz
Friedrich-Alexander-Universität Erlangen-
Nürnberg
Lehrstuhl für Geschichte der Frühen Neuzeit
Kochstr. 4
D-91054 Erlangen
natalie.krentz@fau.de

Prof. Dr. Hansjörg Küster
Lehrstuhl für Pflanzenökologie am
Institut für Geobotanik der Leibniz Universität
Hannover
Leibniz Universität Hannover
Institut für Geobotanik
Nienburger Straße 17
D-30167 Hannover
kuester@geobotanik.uni-hannover.de

PD Dr. Stefan Laube
Institut für Kulturwissenschaft
Humboldt-Universität zu Berlin
Unter den Linden 6
D-10099 Berlin
stefan.laube@culture.hu-berlin.de

Prof. Dr. Dr. h.c. Hartmut Lehmann
Honorarprofessor im Fach Kirchengeschichte
Theologische Fakultät
Christian-Albrechts-Universität Kiel
Caprivistrasse 6
D-24105 Kiel
hrw.lehmann@t-online.de

Prof. Dr. Volker Leppin
Evangelisch-Theologische Fakultät
Institut für Spätmittelalter und Reformation
Liebermeisterstr. 12
D-72076 Tübingen
volker.leppin@uni-tuebingen.de

Joanna Reiling Lindell
Director and Curator
Collection of Religious Art
Thrivent Financial
625 Fourth Ave. S.
Minneapolis, MN 55415
USA
joanna.lindell@thrivent.com

John T. McQuillen, Ph.D.
Assistant Curator of Printed Books & Bindings
The Morgan Library & Museum
225 Madison Avenue
New York, NY 10016
USA
jmcquillen@themorgan.org

PD Dr. Stefan Michel
Arbeitsstellenleiter des Akademie-Vorhabens
»Briefe und Akten zur Kirchenpolitik Friedrichs
des Weisen und Johanns des Beständigen 1513
bis 1532. Reformation im Kontext frühneuzeitlicher Staatswerdung«
Sächsische Akademie der Wissenschaften
Karl-Tauchnitz-Str. 1
D-04107 Leipzig
michel@saw-leipzig.de

Prof. Dr. Dres. h.c.
Peter von der Osten-Sacken
Kiesstr. 5
D-12209 Berlin
p.vdos@t-online.de

Professor Andrew Pettegree
School of History
University of St Andrews
71 South Street
St Andrews
Fife
KY16 9QW
Scotland, UK
admp@st-andrews.ac.uk

Thomas E. Rassieur
John E. Andrus III Curator of
Prints and Drawings
Minneapolis Institute of Art
2400 Third Avenue South
Minneapolis, MN 55404
USA
trassieur@artsmia.org

Johanna Reetz, M.A.
Weickelsdorfer Hauptstr. 29
D-06721 Osterfeld
jreetz@archlsa.de

Dr. Austra Reinis
Missouri State University
Department of Religious Studies
901 S. National Ave.
Springfield, MO 65897
USA
Austra.Reinis@MissouriState.edu

Holger Rode, M.A.
Weickelsdorfer Hauptstr. 29
D-06721 Osterfeld
hrode@archlsa.de

PD Dr. Philipp Robinson Rössner
Lecturer in Early Modern History
Heisenbergstipendiat der DFG
University of Manchester
Oxford Road
Manchester
M13 9PL
England, UK
philipp.roessner@manchester.ac.uk

Dr. phil. habil. Anne-Simone Rous
Ostrauer Str. 4
D-01277 Dresden
asrous@gmail.com

Prof. Dr. Dr. h. c. mult. Heinz Schilling
Berlin

Prof. Dr. Dr. Johannes Schilling
Esmarchstr. 64
D-24105 Kiel
jschilling@kg.uni-kiel.de

Prof. Dr. Luise Schorn-Schütte
Lehrstuhl für Neuere Allgemeine Geschichte unter
besonderer Berücksichtigung der Frühen Neuzeit
Johann Wolfgang Goethe-Universität Frankfurt
am Main
Historisches Seminar
Norbert-Wollheim-Platz 1
D-60323 Frankfurt am Main
schorn-schuette@em.uni-frankfurt.de

Günter Schuchardt
Burghauptmann
Wartburg-Stiftung
Auf der Wartburg 1
D-99817 Eisenach

Prof. Dr. Dr. h.c. Hans-Joachim Solms
Lehrstuhl für Altgermanistik
Germanistisches Institut
Martin-Luther-Universität Halle-Wittenberg
Ludwig-Wucherer-Straße 2
D-06108 Halle (Saale)
solms@germanistik.uni-halle.de

Prof. Dr. Christopher Spehr
Lehrstuhl für Kirchengeschichte
Theologische Fakultät der
Friedrich-Schiller-Universität Jena
Fürstengraben 6
D-07743 Jena
christopher.spehr@uni-jena.de

Professor Andrew Spicer
Professor of Early Modern European History
Department of History, Philosophy
and Religion
Faculty of Humanities and Social Sciences
Tonge Building
Gipsy Lane Campus
Oxford
OX3 0BP
England, UK
p0073869@brookes.ac.uk

Prof. Dr. Dr. Andreas Tacke
Lehrstuhl für Kunstgeschichte
Universität Trier, FB III
D-54296 Trier

Dr. Martin Treu
Kupferstr. 10
D-06886 Lutherstadt Wittenberg
karl.thust@arcor.de

Prof. Dr. Hermann Wellenreuther
Em. Professor für deutsche, britische,
amerikanische und atlantische Geschichte
der Frühen Neuzeit
Merkelstr. 33
D-37085 Göttingen
hwellen@gwdg.de

Prof. Dr. Dorothea Wendebourg
Humboldt-Universität zu Berlin
Lehrstuhl für Kirchengeschichte
Burgstr. 26
D-10178 Berlin
dorothea.wendebourg@
theologie.hu-berlin.de

Landesamt für Denkmalpflege
und Archäologie Sachsen-Anhalt
Landesmuseum für Vorgeschichte
Richard-Wagner-Str. 9
D-06114 Halle (Saale)

Dr. Ingrid Dettmann
Dr. Tomoko Elisabeth Emmerling
Dr. Katrin Herbst
Susanne Kimmig-Völkner M.A.
Robert Kluth M.A.
Franziska Kuschel M.A.
Prof. Dr. Harald Meller
Prof. Dr. Louis D. Nebelsick
Dr. Jan Scheunemann
Dr. Björn Schlenker
Dipl.-Hist. Andreas Stahl
Dr. Anja Tietz

Stiftung Luthergedenkstätten
in Sachsen-Anhalt
Collegienstr. 54
D-06886 Lutherstadt Wittenberg

Mirko Gutjahr M.A.
Dr. Dr. Benjamin Hasselhorn
Dr. Stefan Rhein

Stiftung Schloss Friedenstein Gotha
Schloss Friedenstein
D-99867 Gotha

Prof. Dr. Martin Eberle
Dr. Timo Trümper

Abkürzungen

LW   Luther's Works, American Edition, hrsg. von Jaroslav Pelikan u. a., 59 Bd., Philadelphia, PA 1955–2009

WA   Martin Luther: D. Martin Luthers Werke. Kritische Gesamtausgabe (Weimarer Ausgabe), 120 Bände Weimar, 1883–2009

WA.B   Weimarer Ausgabe, Abteilung Briefwechsel

WA.DB   Weimarer Ausgabe, Abteilung Deutsche Bibel

WA.TR   Weimarer Ausgabe, Abteilung Tischreden

Abbildungsnachweis

akg-images
Andersson Abb. 4
Kaufmann Abb. 1

Amsterdam, Rijksmuseum
Herbst Abb. 6, Liszt Collection,
© akg-images/Quint & Lox

Andersson, Prof. Dr. Christiane
Andersson Abb. 3

Arnsberg, Westfälische Auktionsgesellschaft für Münzen und Medaillen
Wendebourg Abb. 2, Lot 2716

Atlanta, GA, Pitts Theology Library, Emory University
Lindell Abb. 4, Inv. Nr. Ms. 85
Lindell Abb. 5, (Foto: Joanna Reiling Lindell)

Augsburg, Staats- und Stadtbibliothek
Kolb Abb. 3, Inv.-Nr. Graph 22/4b

Bad Windsheim, Stadt
Kolb Abb. 2, (Foto: Foto & Studio Heckel)

Baltimore, MD, Luther Monument
Lehmann Abb. 5, © Edwin Remsberg/Alamy Stock Foto

Basel, Universitätsbibliothek
Schorn-Schütte Abb. 1, Inv.-Nr. Ew 494 Folio, XLI
Krentz Abb. 3, ©akg-images
Neblsick Abb. 6, FG V 42-42a
Schorn-Schütte Abb. 2, Ew 494 Folio, XLI

Berlin, Catawiki BV
Wendebourg Abb. 6
http://www.catawiki.de/catalog/briefmarken/lander-gebiete/bulgarien-bgr/5756285-martin-luther-1483-1546
http://www.catawiki.de/catalog/briefmarken/lander-gebiete/frankreich-fra/5346581-martin-luther?area=8d3d3dc217afd5e751560fce56f07b6651d22035

Berlin, Stiftung Deutsches Historisches Museum
(Fotos: Sebastian Ahlers, Indra Desnica, Arne Psille)
Andersson Abb. 6, Inv.-Nr. R 98/1813
Kluth Abb. 1, Inv.-Nr. D02 2015/228, (Foto: Berlin/I. Desnica)
Kluth Abb. 3, Inv.-Nr. D02 2015/687
Kuschel Abb. 3, Inv.-Nr. 1989/1547.1
Kuschel Abb. 4, Inv.-Nr. 1989/1547.2
Michel Abb. 5, Inv.-Nr. 1988/705
Michel Abb. 7, Inv.-Nr. Gm 95/56
Michel Abb. 10, Inv.-Nr. KG 2005/43
Rous Abb. 5, Inv.-Nr: Kg 58/16

Berlin, Geheimes Staatsarchiv – Preußischer Kulturbesitz
Treu Abb. 3, Geheimes Staatsarchiv Preußischer Kulturbesitz (abgekürzt GStA PK), I. HA Geheimer Rat, Rep. 13 Religionsstreitigkeiten im Reich zwischen Katholiken, Lutheranern und Reformierten; Religionsgespräche, Kalendersachen, Unionsverhandlungen, Restitutionsedikt, Nr. 4-5a, Fasz. 1

Berlin, Landesarchiv, Fotosammlung
Kluth Abb. 2, F Rep. 290 Nr. 0100183/Fotograf: J. Jung

Berlin, Sammlung Archiv für Kunst und Geschichte
Krentz Abb. 3, © akg-images
Laube Abb. 5, © akg-images, aus: Erinnerung an die Aufführung (…) Leipzig 1907, Leipzig-Stötteritz (Dr. Trenkler & Co.) 1907, © akg-images
Neblsick Abb. 6, FG V 42-42a
Schorn-Schütte Abb. 2, Ew 494 Folio, XLI

Berlin, Staatliche Museen zu Berlin, Preußischer Kulturbesitz – Kupferstichkabinett
Andersson Abb. 1, © bpk/Kupferstichkabinett, Staatliche Museen zu Berlin
Kuschel Abb. 5, Inv. Nr. KdZ 4794 (Foto: Volker H. Schneider)
Tacke Abb. 1, Inv.-Nr. KdZ 4545, © bpk/Kupferstichkabinett, SMB
Tietz Abb. 1, Inv. Nr. 500–1965 © akg-images

Braunschweig, Herzog Anton Ulrich-Museum, Kunstmuseum des Landes Niedersachsen
Karant-Nunn Abb. 1, Inv.-Nr. 3329 (Fotonachweis: Museumsfotograf)

Stadt Braunschweig, Städtisches Museum
Rössner Abb. 1, B 31

Brüssel, Kathedrale St. Michel und St. Gudula
H. Schilling Abb. 4, Von Mylius – Eigenes Werk, GFDL, https://commons.wikimedia.org/w/index.php?curid=7734624

Charleston, SC, St. Matthew's Lutheran Church
Lehmann Abb. 7, By Cadetgray – Own work, CC BY-SA 3.0, https://commons.wikimedia.org/w/index.php?curid=13334659

Cleveland, OH, The Cleveland Museum of Art
Rassieur Abb. 7, Gift of Mrs. Charles E. Roseman in memory of Charles E. Roseman, Jr. 1953.143

Dresden, Ev.-Luth. Kreuzkirchgemeinde
Rous Abb. 3, (Foto: Denise Kühne, 2012)

Dresden, Sächsische Landesbibliothek – Staats- und Universitätsbibliothek Dresden (SLUB)
Hasselhorn Abb. 2, Inv.-Nr.: Hist. Germ. B 178, 48 (Foto: Bernd Walther)
Nebelsick Abb. 3, Sammlung Saxonica, Hist.Sax.A.429.m-3.1836/37,1/3
Schorn-Schütte Abb. 3, Lit.Germ.rec.B.2039
Wendebourg Abb. 5, © SLUB Dresden/Deutsche Fotothek/Peter, Richard sen.

Dresden, Staatliche Kunstsammlungen Dresden – Kupferstich-Kabinett
Kimmig-Völkner Abb. 9, Inv.-Nr. A 1015 in A 140 e, 1 (D XVI, Beham, H. S., Pauli (886-1237 V). Pauli 12; Bartsch 1, © Deutsche Fotothek / Richter, Regine

Dubuque, IA, Wartburg Theological Seminary
Haemig Abb. 1, By Dirk Hansen – Own work, CC BY-SA 3.0, https://commons.wikimedia.org/w/index.php?curid=23910689

Düsseldorf, Hetjensmuseum Düsseldorf, Deutsches Keramikmuseum
Gutjahr Abb. 4b

Eisenach, Wartburg-Stiftung
Krentz Abb. 2, © akg-images
Spehr Abb. 3, Wartburg-Stiftung Th 837 a (Scan: ThULB Jena)
Wendebourg Abb. 3, © akg-images

Lutherstadt Eisleben, Evangelische Kirchengemeinde St. Andreas-Nicolai-Petri, St. Andreas
Kimmig-Völkner Abb. 1, © Bildarchiv Foto Marburg (Foto: Uwe Gaasch)

Lutherstadt Eisleben, Stiftung Luthergedenkstätten Sachsen-Anhalt, Martin Luthers Geburtshaus
Tietz Abb. 5, © Stiftung Luthergedenkstätten Sachsen-Anhalt

Florenz, Galleria degli Uffizi
Rous Abb. 2, Inv.-Nr. 146, © bpk/Alfredo Dagli Orti

Frankfurt a. M., Museum Angewandte Kunst
Nebelsick Abb. 5, Inventarnummer 6184

Frankfurt a. M., Städelmuseum
Tacke Abb. 3, Bildnummer: 46038, © Städel Museum – ARTOTHEK
Trümper Abb. 2, © akg-images

Frankfurt a. M., Universitätsbibliothek
Von der Osten-Sacken Abb. 3, Digitale Sammlungen Judaica (2008) / PPN: 20362937X

Freiburg i. B., Präsentation Link
Stahl/Schlenker Abb. 6, 2007

Freiburg i. B., Universitätsbibliothek
J. Schilling Abb. 2, Ink. A 7315,d

Freudenstadt, Evangelische Stadtkirche
Spicer Abb. 3, © Bildarchiv Foto Marburg
Spicer Abb. 4, © Bildarchiv Foto Marburg

Genf, Bibliothèque publique et universitaire
Blickle Abb. 4c, © akg-images/Erich Lessing

Gotha, Stiftung Schloss Friedenstein
Kimmig-Völkner Abb. 7, Inv.-Nr. 48,18
Kolb Abb. 6, Inv.-Nr. 8,29

Rous Abb. 1, Inv.-Nr. 38,78
Rous Abb. 4, Inv.-Nr. G 15,56
Rous Abb. 6, Inv.-Nr. G35,30a/b
Trümper Abb. 5, Inv.-Nr. SG 18
Trümper Abb. 6, Inv.-Nr. SG 17

Görlitz, Dreifaltigkeitskirche
Kimmig-Völkner Abb. 4, © Verlag Janos Stekovics

Halberstadt, Gleimhaus – Museum der deutschen Aufklärung
Kolb Abb. 5, Inventar-Nr. P2 Luther 2

Halle (Saale), Franckesche Stiftungen zu Halle
Fessner Abb. 1–3, BFSt: S/KEF: Vol 064
Wellenreuther Abb. 3, BFSt: S/Kt 0242

Halle (Saale), Institut für Diagnostik und Konservierung an Denkmalen in Sachsen-Anhalt e.V.
Leppin Abb. 1, (Foto: J. Meinhardt-Degen)
Gutjahr Abb. 2, (Foto: J. Meinhardt-Degen)

Halle (Saale), Landesamt für Denkmalpflege und Archäologie Sachsen-Anhalt, Landesmuseum für Vorgeschichte
Gutjahr Abb. 1, (Foto: M. Ritchie)
Gutjahr Abb. 4a, HK-Nr. 667:106:63k (Foto: J. Lipták)
Gutjahr Abb. 5, HK-Nr. 667:106:63f (Foto: J. Lipták)
Gutjahr Abb. 6, HK-Nr. 667:207:197p (Foto: J. Lipták)
Gutjahr Abb. 7, HK-Nr. 667:106:57a (Foto: J. Lipták)
Gutjahr Abb. 8, HK-Nr. 667:130:1 (Foto: J. Lipták)
Gutjahr Abb. 9, Inv.-Nr. 207/206 (Foto: J. Lipták)
Küster Abb. 1 (Foto: M. Ritchie)
Küster Abb. 2, (Foto: J. Lipták)
Küster Abb. 3–4, (Foto: V. Dresely, J. Dietzsch)
Nebelsick Abb. 1
Rode/Reetz Abb. 1, HK-Nr. 3500:133:3 n, HK-Nr.3500:294:115 d, HK-Nr. 9408:28:10 r, p, q, HK-Nr. 4100:2751:13 j, HK-Nr. 738:64:116 (Foto: Abb. 1: J. Reetz, R. Kluttig-Altmann)
Rode/Reetz Abb. 2, Abb. 2: (Rekonstruktion: J. Reetz)
Rode/Reetz Abb. 3, Schematische Umzeichnung von J. Reetz
Rode/Reetz Abb. 4, HK-Nr. 4100:1971:728 m, 4100:2799:1020 q (Foto: J. Reetz)
Rode/Reetz Abb. 5, HK-Nr. 3500:339:134 d (Foto: J. Reetz)
Rode/Reetz Abb. 6, HK-Nr. 738:22:19 (Foto: A. Hörentrup)
Rode/Reetz Abb. 7, HK-Nr. 4100:2799:1020 h, 4100:2016:30 au, 4100:1618:588 g (Foto: J. Lipták)
Rode/Reetz Abb. 8, HK-Nr. 4100:2751:1044 a (Foto: J. Reetz)
Rode/Reetz Abb. 9, HK-Nr. 4100:2751:1044 b, 802:23:748, 667:106, 60 a;b (Foto: J. Reetz, J. Lipták, R. Kluttig-Altmann)
Rössner Abb. 5, HK-Nummer 2006:12311

(Gefäß) und 12312 (Münzen); (Foto: J. Lipták)
Stahl/Schlenker Abb. 4, © Stiftung Luthergedenkstätten Sachsen-Anhalt
Stahl/Schlenker Abb. 7, HK-Nr. 2004:9232 r (Foto: J. Lipták)
Stahl/Schlenker Abb. 8, HK-Nr. 2004:9232 i (Foto: J. Lipták)
Stahl/Schlenker Abb. 9, HK-Nr. 2004:9232 g (Foto: J. Lipták)
Stahl/Schlenker Abb. 10, HK-Nr. 2004:9232 g (Foto: J. Lipták)
Stahl/Schlenker Abb. 11, HK-Nr. 2004:9232 l/300 (Foto: J. Lipták)
Stahl/Schlenker Abb. 12, HK-Nr. 2004:9232 s (Foto: J. Lipták)
Tietz Abb. 6, (Foto: LDASA Archiv)

Halle (Saale), Stiftung Dome und Schlösser in Sachsen-Anhalt, Stiftung Moritzburg – Kunstmuseum des Landes Sachsen-Anhalt
Schorn-Schütte Abb. 1, Inv.-Nr. Mo. KHW.M. 366/2u
Münzkabinett: Rössner Abb. 4, MOMK 25806

Halle (Saale), Universitätsarchiv der Martin-Luther-Universität Halle-Wittenberg
Michel Abb. 2, Rep. 1, U 95

Halle (Saale), Universitäts- und Landesbibliothek Sachsen-Anhalt
Pettegree Abb. 1, VD16 B 2127, Digitalisat der Universitäts- und Landesbibliothek Halle
Tietz Abb. 3, AB 38 9/h, 11 (3)

Hannover, Niedersächsisches Landesmuseum
Tacke Abb. 2, Bildnummer: 35292, © Landesmuseum Hannover – ARTOTHEK

Hartford, CT, Wadsworth Atheneum Museum of Art
Rassieur Abb. 8, The Ella Gallup Sumner and Mary Catlin Sumner Collection Fund, 1936.339 (Foto: Allen Phillips/Wadsworth Atheneum)

Heidelberg, Universitätsbibliothek
Bell Abb. 3, Biblia, Sign.: Q 325-8 Folio INC, Seite: Vr

Indianapolis, IN, Indianapolis Museum of Art
Rassieur Abb. 5, Public Domain

Jena, Friedrich-Schiller-Universität Jena, Thüringer Landes- und Universitätsbibliothek
Treu Abb. 1–2, Ms.App.25
Spehr Abb. 4, Sign. 4 Op.theol. V,7(1) 1r
Spehr Abb. 5 und 6, 4 Bud Var. 635 (8)

Kassel, Bärenreiter-Verlag
J. Schilling Abb. 6, © Im Bärenreiter-Verlag zu Kassel 1938
J. Schilling Abb. 7, (BA 6346), S. 23, © Im Bärenreiter-Verlag zu Kassel 1983

Kimmig-Völkner, Susanne
Kimmig-Völkner Abb. 2 und 10

Koblenz, Bundesarchiv
Scheunemann Abb. 4, Bild 183-28752-0002,
© Bundesarchiv (Foto: Braun)
Scheunemann Abb. 5, Bild 183-F1031-0209-003,
© Bundesarchiv (Foto: Helmut Scharr)
Scheunemann Abb. 6, Bild 183-W0613-040,
© Bundesarchiv (Foto: Schneider)
Scheunemann Abb. 7, Bild 183-1983-1110-026,
© Bundesarchiv (Foto: Heinz Himdorf)

Leipzig, Kustodie der Universität Leipzig
Kuschel Abb. 6, Inv. Nr. 0037/90
(Foto: M. Wenzel)

Leipzig, Museum der bildenden Künste
Michel Abb. 6, © bpk, Foto: Bertram Kober
(Punctum Leipzig)
Spicer Abb. 7, © bpk / Museum der bildenden
Künste, Leipzig (Foto: Michael Ehritt)

Leipzig, Stadtarchiv
Fessner Abb. 4, RRA (F) 85

Leipzig, Universitätsbibliothek
Tietz Abb. 5, Off.Lips.:Stö.146

**London, British Museum London,
Department of Prints and Drawings**
Von der Osten-Sacken Abb. 4, Inv.-Nr. 1895-1-22-285

Madrid, Museo del Prado
H. Schilling Abb. 3, © Museo Nacional del Prado

Marburg, Hessisches Staatsarchiv Marburg
Hasselhorn Abb. 3, StA MR, Best. 3, Nr. 616,
Bl. 73r

Memmingen, Wissenschaftliche Stadtbibliothek
Blickle Abb. 3, Sign. 8°13.252 k

Merseburg, Vereinigte Domstifter zu Merseburg und Naumburg und des Kollegiatstiftes Zeitz, Dom Merseburg
Kimmig-Völkner Abb. 3, © Landesamt für Denkmalpflege und Archäologie Sachsen-Anhalt
(Foto: J. Lipták)

Minneapolis, MN, Thrivent Financial Collection of Religious Art
Andersson Abb. 1, Inv.-Nr. 90-03
Lindell Abb. 1, Inv.-Nr. 01-02

Mühlhausen, Marienkirche
Kimmig-Völkner Abb. 8, (Foto: Tino Sieland,
© Mühlhäuser Museen)

München, Bayerische Staatsbibliothek
Hasselhorn Abb. 4, Rar. 1544, Titelblatt
J. Schilling Abb. 3, 11804452 Res/2 Chron. 57-1
11804452 Res/2 Chron. 57-1
Karant-Nunn Abb. 4, Res/2 P. lat. 848#Beibd.1
Kolb Abb. 1, H.ref. 729 p, Titelblatt
Kuschel Abb. 2, Sign. 4 H.mon.23m
Pettegree Abb. 2, Res/4 Polem. 3340,17, Titelblatt
Pettegree Abb. 4b, Res/4 Th.u. 103,IV,23,
Titelblatt
Reinis Abb. 1, 4 Inc.c.a. 1082, fol. A5v
Reinis Abb. 2, Res/4 Th.u. 103,XXV,21, Titelblatt
Reinis Abb. 3, Res/Asc. 2455#Beibd.2, fol. E1ʳ
Reinis Abb. 4, Res/Asc. 2455#Beibd.2
Spehr Abb. 2, Rar. 1646#Beibd.4, Titelblatt

München, Staatliche Graphische Sammlung München
Bell Abb. 4, Inv.-Nr. 118307

Muskegon, MI, Muskegon Museum of Art
Rassieur Abb. 1, Hackley Picture Fund
Purchase, 1939.5
Rassieur Abb. 2, Hackley Picture Fund
Purchase, 1939.6

New Ulm, MN
Nebelsick Abb. 7, wikipedia: Author jonathunder; Link: https://commons.wikimedia.org/wiki/File:HermannHeightsMonument.jpg?uselang=de
Stahl/Schlenker Abb. 2, Spangenberg 1925,
503 numb. l. 32 cm.

New York, NY, Granger – Historical Picture Archive
Hochgeschwender Abb. 6, © Granger, NYC. /
Alamy

New York, NY, Metropolitan Museum of Art
Tacke Abb. 4, © bpk / The Metropolitan
Museum of Art

New York, NY, The Morgan Library & Museum
McQuillen Abb. 2, PML 49060, f. a2r.
(Foto: Graham Haber)
McQuillen Abb. 3, ARC 1157.042
(Foto: Graham Haber)
McQuillen Abb. 4, ARC 558 (Foto: Graham Haber)

Nordhausen, Stadtarchiv
Wendebourg Abb. 4, StadtA NDH, Best. 9.1.1./
C 05-0, Postkarte

Nürnberg, Germanisches Nationalmuseum
Dettmann Abb. 2, Inv.-Nr. H 7499
Herbst Abb. 1, Inv.-Nr. HB 26
Herbst Abb. 4, Inv.-Nr. H 7495
Kolb Abb. 8, Inv.-Nr. MP 635a, Kapsel-Nr. 9

Nürnberg, Scheurl-Bibliothek
Herbst Abb. 2, Flugschrift Nr. 160c
(Foto: Harald Fischer Verlag GmbH)

Nürnberg, Staatsarchiv
Fessner Abb. 5, Karten und Pläne 230, Seite 45

Nürnberg, St. Lorenz
Kimmig-Völkner Abb. 6, © Wolfgang Gülcker

Paris, Musée du Louvre
Karant-Nunn Abb. 3, © akg-images

Paul, Maurizio
Stahl/Schlenker Abb. 3 und 5, 2007

Philadelphia, PA, Library Company of Philadelphia
Herbst Abb. 3, *Wing F2035 [1053.F
(Vol. 2 only)] p. 651

Philadelphia, PA, Museum of American Art
Hochgeschwender Abb. 1, © bpk/Lutz Braun

Philadelphia, PA, University of Pennsylvania
Hochgeschwender Abb. 4, By Church of England – Public Domain, https://commons.wikimedia.org/w/index.php?curid=1528052

Princeton, NJ, Princeton University
Stahl/Schlenker Abb. 2, Spangenberg 1925,
503 numb. l. 32 cm.

Providence, Rhode Island, John Carter Brown Library, Brown University
Hochgeschwender Abb. 2, © Box 1894,
Providence, R.I. 02912, Courtesy of the John
Carter Brown Library at Brown University

Raleigh, NC, North Carolina Museum of Art
Rassieur Abb. 3, Gift of the Samuel H. Kress
Foundation, GL.60.17.65

Regensburg, Fürst Thurn und Taxis, Zentralarchiv – Hofbibliothek – Museen
Tietz Abb. 2, DeS KF 3509, Fürst Thurn und
Taxis Zentralarchiv, Portraitsammlung

Roch-Lemmer, Irene
Tietz Abb. 4, I. Roch-Lemmer

Rotterdam, Museum Boijmans van Beuningen
Kaufmann Abb. 3, MB 2010/2 H (PK),
(Foto: Tom Haartsen, Ouderkerk a/d Amstel)

Salzburg, Kunstsammlungen der Erzabtei St. Peter
Leppin Abb. 2

Salzwedel, Johann-Friedrich-Danneil-Museum Salzwedel
Dettmann Abb. 4, © Jürgen M. Pietsch, Spröda

Sarasota, FL, Bequest of John Ringling, Collection of the John and Mable Ringling Museum of Art, State Art Museum of Florida
Tacke Abb. 5, SN308

Scheunemann, Jan (Privatbesitz)
Scheunemann Abb. 2, aus: Bildbericht für das
deutsche Christenvolk, Jahrgang 1 / Nummer 12,
1. November-Woche 1933
Scheunemann Abb. 3

Schmalkalden, Schloss Wilhelmsburg, Schlosskapelle
Spicer Abb. 4, © Constantin Beyer

Stahl, Andreas
Stahl/Schlenker Abb. 1

St. Gallen, Kantonsbibliothek Vadiana
Blickle Abb. 4b

Stiftung Dome und Schlösser in Sachsen-Anhalt, Dom zu Halberstadt
Rössner Abb. 3, Inv.-Nr. 006, © Landesamt für Denkmalpflege und Archäologie Sachsen-Anhalt (Foto: J. Lipták)

Stockholm, Kungl. Myntkabinettet
J. Schilling, Abb. 5

St. Paul, MN, Bockman Hall, Luther Seminary
Haemig Abb. 2
Lehmann Abb. 2, © wikimedia by McGhiever

Stuttgart, Württembergische Landesbibliothek
Hasselhorn Abb. 5, Ba deutsch 1546 01
Solms Abb. 3, Bb deutsch 1523 05

Tacoma, WA, Pacific Lutheran University in Tacoma
Lehmann Abb. 3, (Foto: John Froschauer)

Thousand Oaks, CA, California Lutheran University
Lehmann Abb. 4, (Foto: Brian Stethem)

Toldeo, OH, Toledo Museum of Art, Gift of Edward Drummond Libbey
Trümper Abb. 7, 1926.55. (Foto: Photography Incorporated, Toledo)

Torgau, Evangelische Schlosskirche
Spicer Abb. 1, Wikipedia, © Andreas Praefcke
Spicer Abb. 6, © www.architektur-blicklicht.de

Washington, D.C., Library of Congress
Hochgeschwender Abb. 5, By Baker, Joseph E., ca. 1837–1914, artist. [Public domain], via Wikimedia Commons https://commons.wikimedia.org/wiki/File%3A-Salem_witch2.jpg
Schorn-Schütte Abb. 4, Washington D.C., Library of Congress; http://hdl.loc.gov/loc.gmd/g3200.ct000725C, Gemeinfrei, https://commons.wikimedia.org/w/index.php?curid=5079907
Wellenreuther Abb. 2, (Foto: Library of Congress), Public domain

Washington, D.C., Luther Monument
Lehmann Abb. 1, © wikimedia by Slowking4

Washingthon, D.C., National Gallery of Art
Rassieur Abb. 6, Samuel H. Kress Collection, 1961.9.69, Public Domain

Weimar, Klassik Stiftung Weimar
Kaufmann Abb. 2, Signatur: Cl I: 58 (b) und (c)

Weimar, Stadtkirche St. Peter und Paul (Herderkirche)
Trümper Abb. 1 und Dettmann Abb. 3, © Evang.-Luth. Kirchengemeinde Weimar, (Foto: Constantin Beyer)
Dettmann Abb. 5, © akg-images

Weimar, Thüringisches Hauptstaatsarchiv Weimar, Ernestinisches Gesamtarchiv
H. Schilling Abb. 1, Nr. ThHStAW, EGA, Reg. E 82

Wien, Kunsthistorisches Museum
Nebelsick Abb. 4, Inv. Nr. 3141 © akg-images
Trümper Abb. 3, Inv. Nr. 856 © akg-images / Erich Lessing

Wien, Österreichische Nationalbibliothek
H. Schilling Abb. 2, Cod. Vind. 1859

Wikimedia
Hochgeschwender Abb. 3, https://commons.wikimedia.org/w/index.php?curid=11778523 By Church of England – http://dewey.library.upenn.edu/sceti/printedbooksNew/index.cfm?TextID=kjbible&PagePosition=1 Color level (pick white point), cropped, and converted to JPEG (quality level 88) with the GIMP 2.6.6., Public Domain, https://commons.wikimedia.org/w/index.php?curid=1528052

Wellenreuther, Herrmann (Privatbesitz)
Wellenreuther Abb. 1

Lutherstadt Wittenberg, Evangelische Stadtkirchengemeinde, Stadt- und Pfarrkirche St. Marien
Küster Abb. 5 und Rhein Abb. 1, © Fokus GmbH Leipzig
Von der Osten-Sacken Abb. 1, © onnola, CC BY-SA 2.1
Von der Osten-Sacken Abb. 2, © Jürgen M. Pietsch, Spröda
Spicer Abb. 8, © Jürgen M. Pietsch, Spröda

Lutherstadt Wittenberg, Evangelisches Predigerseminar
Herbst Abb. 5, Inv.-Nr. 5
Rössner Abb. 2, Inv.-Nr. A VII.33, © Landesamt für Denkmalpflege und Archäologie Sachsen-Anhalt (Foto: J. Lipták)

Lutherstadt Wittenberg, Stiftung Luthergedenkstätten in Sachsen-Anhalt
Andersson Abb. 2, Inv.-Nr. ss 40
Andersson Abb. 5, Inv.-Nr. grfl. XI 1127
Bell Abb. 1, Inv.-Nr. CGH 89
Bell Abb. 2, Ag 4° 227c
Gutjahr Abb. 3, P1
Hasselhorn Abb. 1, Inv.-Nr. Ag 4° XIIa 1581e
J. Schilling Abb. 1 und 4, Inv.-Nr. ss 1009, © Landesamt für Denkmalpflege und Archäologie Sachsen-Anhalt (Foto: J. Lipták)
Kaufmann Abb. 4, Signatur: 10997
Kolb Abb. 4, Ag° 4 210 b, Titelblatt
Kuschel Abb. 1, Sign. Ag 4° 242 d
Laube Abb. 1, Inv.-Nr. 4 C 11321
Laube Abb. 2
Laube Abb. 3, Inv.-Nr. 4 IV 9270
Laube Abb. 4, Inv.-Nr. G 58
Laube Abb. 6, © Landesamt für Denkmalpflege und Archäologie Sachsen-Anhalt (Foto: J. Lipták)
Leppin Abb. 3, Inv.-Nr. fl IIIa 208
Leppin Abb. 6, Sign. Ag 4° 1850
Leppin Abb. 7, Inv.-Nr. Ag 4° 189f, Inv.-Nr. Kn D 69 und Inv.-Nr. Ag 4° 191f, © Landesamt für Denkmalpflege und Archäologie Sachsen-Anhalt (Foto: J. Lipták)
McQuillen Abb. 1, Inv.-Nr. I5/1387, © Landesamt für Denkmalpflege und Archäologie Sachsen-Anhalt (Foto: J. Lipták)
Michel Abb. 1, Inv.-Nr. CGH 497
Michel Abb. 3, Inv.-Nr. SG 10
Michel Abb. 4, Inv.-Nr. K 17
Pettegree Abb. 2, Ag 4 197p
Pettegree Abb. 4a, Ag 4 202 m
Rössner Abb. 2, Inv.-Nr. ss 3579, © Landesamt für Denkmalpflege und Archäologie Sachsen-Anhalt (Foto: J. Lipták)
Solms Abb. 1, Inv.-Nr. Kn K 1, © Landesamt für Denkmalpflege und Archäologie Sachsen-Anhalt (Foto: J. Lipták)
Solms Abb. 2, Ag 4 212 h
Solms Abb. 4, Inv.-Nr. ss 1009, © Landesamt für Denkmalpflege und Archäologie Sachsen-Anhalt (Foto: J. Lipták)
Spehr Abb. 1, Inv.-Nr. Ag° 4 191 u
Trümper Abb. 4, Inv.-Nr. ss 40

Wolfenbüttel, Marienkirche (Hauptkirche)
Spicer Abb. 2, Wikipedia: © Misburg 3014

Wolfenbüttel, Herzog August Bibliothek
Dettmann Abb. 1, Inv.Nr. Bibel-S. 792
Karant-Nunn, Abb. 2, Inv.-Nr. I 8257
Kolb Abb. 7, Inv.-Nr. A 25670
Kaufmann Abb. 5, Blatt ist fol. 32 der Handschrift: Cod. Guelf. 31.8 Aug. 2°
Wendebourg Abb. 1, Signatur: 38.25 Aug. 2°, fol. 310

World History Archive
Scheunemann Abb. 1, © World History Archive/ Alamy Stock Foto

Wörlitz, Evangelische Kirchengemeinde St. Petri Wörlitz der Evangelischen Landeskirche Anhalts in Deutschland
Leppin Abb. 4; © KsDW, Bildarchiv, Heinz Fräßdorf

Würzburg, Universitätsbibliothek
Krentz Abb. 1, Delin.VI,8,14

Zürich, Zentralbibliothek Zürich
Blickle Abb. 1, Zwingli 106: a.1
Blickle Abb. 2, Zürich MS B 316
Küster Abb. 5, Ms. A 2, S. 150

Zentralbibliothek Zürich, Graphische Sammlung und Fotoarchiv
Blickle Abb. 4a, Inv. 500 000 051, Sys. 005 203 666

Zittau, Frauenkirche
Kimmig-Völkner Abb. 5, © Jürgen Matschie

Zwickau, Ratsschulbibliothek
Nebelsick Abb. 2, Sign. 24.3.13 (12)

Quellennachweis zu Grafiken und Karten

Die in diesem Buch abgebildeten sowie weitere Infografiken können auf der Internetseite www.here-i-stand.com kostenlos als Poster heruntergeladen werden.
Inhaltliche Leitung: Robert Kluth, Anne-Simone Rous
Kreativdirektion: Jakub Chrobok (Golden Section Graphics GmbH)
Karten und Geovisualisierungen: Jonas Parnow
Projektmanagement: Annemarie Kurz
Lektorat (deutsch): Anni Peller
Wissenschaftliche Beratung: Dr. Martin Treu

Vorsatz
Zeitstrahl
Recherche: Anne-Simone Rous
Grafik: Jakub Chrobok, Daniela Scharffenberg
Quellen und Literatur:
Immanuel Geiss: Geschichte im Überblick. Daten und Zusammenhänge der Weltgeschichte, Reinbek bei Hamburg 1989
Heinz Schilling: Martin Luther: Rebell in einer Zeit des Umbruchs. Eine Biographie, München 2012
Alfred Kohler: Expansion und Hegemonie 1450–1558, Paderborn 2008

Seite 28/29
Die Welt um 1500
Recherche: Anne-Simone Rous, Robert Kluth
Grafik: Barbara Mayer
Quellen und Literatur:
Grundlage der Weltkarte ist John Haywood: Der neue Atlas der Weltgeschichte: von der Antike bis zur Gegenwart, Gütersloh/München 20022, Karte 3.04
Paul Kennedy: Aufstieg und Fall der großen Mächte: ökonomischer Wandel und militärischer Konflikt von 1500 bis 2000, Frankfurt am Main 1989
Margaret Oliphant: Atlas der Alten Welt. Eine atemberaubende Reise zu den Hochkulturen der Menschheit, München 1993

Seite 38
Geldgeschichten
Recherche: Anne-Simone Rous, Robert Kluth
Grafik: Jaroslaw Kaschtalinski, Christophorus Halsch
Quellen und Literatur:
Joos Clemens: »Beichtbrief aus der Ablasskampagne des Erzbischofs Albrecht von Mainz, ausgestellt auf den Fritzlarer Schöffen Cyriak Iring und seine Ehefrau Eila«, in: Digitales Archiv der Reformation, www.reformationsportal.de/visitationsakten/detailviews-und-pdf-export/detail/stat_showcase_00000053.html, Stand: 21.6.2016
Mark Häberlein: Die Fugger. Geschichte einer Augsburger Familie (1367–1650), Stuttgart 2006
Felix Gilbert: Venedig, der Papst und sein Bankier, Frankfurt am Main/New York 1996
Gustav Adolf Benrath: Ablaß, in: Theologische Realenzyklopädie (TRE). Band 1, Berlin/New York 1977, S. 347–364
Berndt Hamm: Ablass und Reformation – erstaunliche Kohärenzen, Tübingen 2016

Seite 46/47
Bekannte und unbekannte Lutherorte
Recherche: Anne-Simone Rous, Jan Scheunemann
Grafik: Anton Delchmann
Quellen und Literatur:
Jan Scheunemann und Judith König: Luther war hier, www.luther-erleben.de/luther-war-hier/start, Stand 22.6.2016

Seite 84/85
Heiratspolitik während der Reformationszeit
Recherche: Anne-Simone Rous
Grafik: Jakub Chrobok, Verena Muckel
Quellen und Literatur:
Anne-Simone Rous: Dynastie und Prestige. Die Heiratspolitik der Wettiner, Köln/Weimar 2009
Detlev Schwennicke: Europäische Stammtafeln, N.F. 1,1 und 1,2. Frankfurt am Main 1998

Seite 106/107
Mönch gegen Kaiser
Recherche: Robert Kluth
Grafik: Barbara Mayer, Jaroslaw Kaschtalinski, Verena Muckel
Quellen und Literatur:
Der Redetext Luthers folgt Georg Spalatin: »Kurzer Bericht über die Verhandlung mit Luther in Worms mit Einschiebung einer Übersetzung der Rede und Gegenrede Luthers vom 18. April«, in: Deutsche Reichstagsakten: jüngere Reihe, Bd. 2, Gotha 1883, hrsg. von Adolf Wrede, S. 581–582. Die Gegenrede von Kaiser Karl V. ist bei Der Reichstag zu Worms von 1521: Reichspolitik und Luthersache, Worms 1971, hrsg. von Fritz Reuter, S. 225–235 aus dem Französischen übersetzt.
Angelika Marsch: Bilder zur Augsburger Konfession und ihren Jubiläen, Weißenhorn 1980
Heiko A. Oberman: Luther: Mensch zwischen Gott und Teufel, München 1986
Heinz Schilling: Martin Luther: Rebell in einer Zeit des Umbruchs, München 2012

Seite 123
Luthers Bibelübersetzung
Recherche: Anne-Simone Rous, Robert Kluth
Grafik: Barbara Mayer
Quellen und Literatur:
Heimo Reinitzer: Biblia deutsch: Luthers Bibelübersetzung und ihre Tradition, Wolfenbüttel 1983
Ursula Rautenberg: »Buchhändlerische Organisationsformen in der Inkunabel- und Frühdruckzeit«, in: Die Buchkultur im 15. und 16. Jahrhundert, Bd. 2, hrsg. von Barbara Tiemann, Hamburg 1999, S. 339–376
Hans Volz: »Einleitung«, in: Martin Luther: Die gantze Heilige Schrifft deudsch: Wittenberg 1545; letzte zu Luthers Lebzeiten erschienene Ausgabe, hrsg. von Hans Volz, Herrsching 1972, S. 33*–144*
Hans Volz: Martin Luthers deutsche Bibel: Entstehung und Geschichte der Lutherbibel, Hamburg 1978

Seite 142/143
Wittenberg
Recherche: Robert Noack
Grafik: Jakub Chrobok, Nick Oelschlägel
Quellen und Literatur:
Das ernestinische Wittenberg (= Wittenberg-Forschungen), hrsg. von Heiner Lück, Enno Bünz, Leonhard Helten u. a., Petersberg 2015, Bd. 1: S. 30–48, S. 82–92, S. 93–116, S. 117–120, S. 121–134, S. 135–145, S. 164–169; Bd. 2.1 und 2.2: 9–24, S. 33–76, S. 127–150, S. 239–254, S. 265–292, S. 315–334, S. 335–344; Bd. 3: S. 313–422

Seite 154
Reformatorische Bewegung
Recherche: Robert Kluth, Niels Reidel
Grafik: Barbara Mayer, Fabian Dinklage
Quellen und Literatur:
Die Datengrundlage für die Einführung der Reformation ist: Die Territorien des Reichs im Zeitalter der Reformation und Konfessionalisierung: Land und Konfession 1500–1650 Bde. 1–7, hrsg. von Anton Schindling, Münster 1990 sowie Herbert Achterberg: »Luthers Reformation: Länder und Städte«, in: Deutscher Kulturatlas; 3: Vom Humanismus zum Rokoko, Bd. 3, hrsg. von Gerhard Luedtke und Lutz Mackensen, Berlin 1928, S. 215
Bernd Moeller: Reichsstadt und Reformation, Berlin 1987
Vera Isaiasz, Ute Lotz-Heumann, Monika Mommertz: Stadt und Religion in der frühen Neuzeit: soziale Ordnungen und ihre Repräsentationen, 2007

Seite 190/191
Netzwerke der Reformation
Recherche: Anne-Simone Rous, Mareile Alferi, Ingrid Dettmann, Johanna Furgber, Annemarie Knöfel, Mike Leske, Monika und Dietrich Lücke (Cranach), Christine Mundhenk (Melanchthon), Brigitte Parsche, Niels Reidel, Julius Roch, Stefanie Wachsmann
Die Datengrundlage zu den Briefwechseln Melanchthons wurde freundlicherweise von der Melanchthon-Forschungsstelle der Heidelberger Akademie der Wissenschaften unter der Leitung von Dr. Christine Mundhenk zur Verfügung gestellt, diejenige zu Cranachs Korrespondenz von Dr. Monika Lücke und Dietrich Lücke (nähere Informationen unter www.haw.uni-heidelberg.de und http://lucascranach.org/archival-documents).
Grafik: Fabian Dinklage
Quellen und Literatur:
Die Datengrundlage bildet die jeweils zugängliche Briefedition.
Dr. Johannes Bugenhagens Briefwechsel, Stettin 1888.
Ulrich von Hutten: Vlrichi Hvtteni Eqvitis Germani Opera Qvæ Reperiri Potvervnt Omnia: Briefe von 1521 bis 1525 Bd. 1,2/2, hrsg. von Eduard Böcking, Leipzig 1859
D. Martin Luthers Werke, Weimar 1883–2009 (Weimarer Ausgabe), Bde.: WA.BR 1–18
Melanchthons Briefwechsel. Kritische und kommentierte Gesamtausgabe, im Auftrag der Heidelberger Akademie der Wissenschaften, hrsg. von Heinz Scheible, seit Band T 11 von Christine Mundhenk. Stuttgart-Bad Cannstatt 1977 ff.
Thomas Müntzers Briefwechsel, hrsg. von Heinrich Böhmer, Leipzig 1931
Korrespondenz des Kaisers Karl V. Aus dem königlichen Archiv und der Bibliothèque de Bourgogne zu Brüssel, 3 Bde., hrsg. von Karl Lanz, Leipzig 1844–1846
Politische Korrespondenz des Herzogs und Kurfürsten Moritz von Sachsen, hrsg. von Erich Brandenburg, ab Bd. 3 von Johannes Hermann, Günther Wartenberg und Christian Winter, 5 Bde., 1900–1904/1992–2006
Cranach Digital Archive, hrsg. von der Stiftung Museum Kunstpalast, Düsseldorf und der Technischen Hochschule Köln, http://lucascranach.org/archival-documents, Stand: 22.6.2016
Albrecht Dürer: Schriften und Briefe, hrsg. von Ernst Ullmann, Leipzig 1993
Dürers Briefe, Tagebücher und Reime. Nebst einem Anhange von Zuschriften an und für Dürer, hrsg. von Moritz Thausing, Wien 1872

Seite 206/207
Im Strudel der Konflikte
Recherche: Robert Kluth
Grafik: Katharina Schwochow
Literatur:
Peter Blickle: Die Revolution von 1525, München 2004[4]
Birgit Emich: Frühe Neuzeit (1500–1800): Internationale Beziehungen, in: Der grosse Ploetz: die Chronik zur Weltgeschichte, Göttingen 2010, S. 212–213
Birgit Emich: Deutschland 1493–1790/92: Heiliges Römisches Reich, in: Der grosse Ploetz: die Chronik zur Weltgeschichte, Göttingen 2010, S. 265–274
Alfred Kohler: Karl V. 1500–1558. Eine Biographie, München 1999

Seite 221
Bildersturm
Recherche: Robert Kluth, Stefanie Wachsmann
Grafik: Anton Delchmann, Katharina Schwochow
Quellen und Literatur:
Bei den Abbildungen handelt es sich um:
Seewald: Gregorsmesse, 1491, Öl auf Holz, 101 cm × 76 cm, Stadtmuseum Münster, Signatur: GE-0181-2, Foto: Tomasz Samek
Arnt van Tricht: Relief mit der heiligen Dreifaltigkeit, 1548, Sandstein, Polychromie, 88,5 × 84,5 × 9,5 cm, Rijksmuseum Amsterdam, Signatur: BK-NM-3099-A. Online: http://hdl.handle.net/10934/RM0001.COLLECT.486432, Stand: 22.6.2016
Een hogere werkelijkheid: Duitse en Franse beeldhouwkunst 1200–1600 uit het Rijksmuseum Amsterdam, hrsg. von Frits Scholten und Guido de Werd Amsterdam 2004, S. 54
Die Datengrundlage für die Karte findet sich bei Sergieusz Michalski: Die Ausbreitung des reformatorischen Bildersturms 1521–1537, in: Bildersturm: Wahnsinn oder Gottes Wille? Hrsg. von Cécile Dupeux, Zürich 2000, S. 46–51
Olivier Christin: Frankreich und die Niederlande – Der zweite Bildersturm, in: Bildersturm: Wahnsinn oder Gottes Wille, Hrsg. von Cécile Dupeux, Zürich 2000, S. 57–66
Die theologischen Theorien zum Bild bei Jean Wirth: Soll man Bilder anbeten? Theorien zum Bilderkult bis zum Konzil von Trient, in: Bildersturm: Wahnsinn oder Gottes Wille? Hrsg. von Cécile Dupeux, Zürich 2000, S. 28–37

Seite 240/241
Gesetz und Gnade
Recherche: Ingrid Dettmann
Grafik: Verena Muckel
Quellen und Literatur:
Bild und Botschaft: Cranach im Dienst von Hof und Reformation, hrsg. von Stiftung Schloss Friedenstein Gotha und Museumslandschaft Hessen Kassel, Heidelberg 2015, S. 170–171, Kat.-Nr. 42
Heimo Reinitzer: Gesetz und Evangelium: über ein reformatorisches Bildthema, seine Tradition, Funktion und Wirkungsgeschichte, Hamburg 2006, Bd. 1, S. 46–51, 244, Kat.-Nr. 260, Bd. 2, S. 250
Gotteswort und Menschenbild: Werke von Cranach und seinen Zeitgenossen; T. 1: Malerei, Plastik, Graphik, Buchgraphik, Dokumente, hrsg. von Stiftung Schloss Friedenstein Gotha, 1994, S. 20–21, Kat.-Nr. 1.3

Seite 348/349
Christentum und Protestanten
Recherche: Robert Kluth
Grafik: Jakub Chrobok
Quellen und Literatur:
Katharina Kunter: 500 Jahre Protestantismus: eine Reise von den Anfängen bis in die Gegenwart, Bonn 2012
Michael Hochgeschwender: Amerikanische Religion: Evangelikalismus, Pfingstlertum und Fundamentalismus, Frankfurt am Main 2007
Hilfreich zu den verschiedenen Denominationen ist die englische Wikipedia:
Protestantism, in: Wikipedia, the free encyclopedia, 16.6.2016. Online: Wikipedia, https://en.wikipedia.org/w/index.php?title=Protestantism&oldid=725607265, Stand: 22.6.2016, sowie die Website des World Council of Churches, World Council of Churches – member churches, https://www.oikoumene.org/en/member-churches/list?set_language=en, Stand: 22.6.2016.

Seite 385
Protestanten in Übersee
Recherche: Robert Kluth
Grafik: Katharina Schwochow
Quellen und Literatur:
Die Daten zu den Denominationsmehrheiten stammen aus:
Clifford Grammich, Kirk Hadaway, Richard Houseal, u.a.: 2010 U.S. Religion Census: Religious Congregations & Membership Study. Association of Statisticians of American Religious Bodies, Association of Religion Data Archives, www.TheARDA.com, 2012, www.rcms2010.org, Stand: 1.4.2016.

Die Daten zur Zitierhäufigkeit Luthers in den Zeitungen wurden mit ProQuest Historical Newspapers™, ProQuest (Ann Arbor, Michigan), www.proquest.com/products-services/pq-hist-news.html, Stand: 22.6.2016 erhoben.
Die Daten zur Religionszugehörigkeit in den USA stammen aus der Religious Landscape Study, Pew Research Center's Religion & Public Life Project (Washington D.C.), 25.2.2008, www.pewforum.org/religious-landscape-study, Stand: 22.6.2016.
Zur Einwanderungsgeschichte siehe Richard Brandon Morris und Jeffrey Brandon Morris: Encyclopedia of American History, New York 1996[7]

Seite 410/411
Martin Luther + King
Recherche: Robert Kluth
Grafik: Anton Delchmann
Quellen und Literatur:
Das King-Zitat stammt aus der Rede von Martin Luther King in Ost-Berlin: Martin Luther King begrüßt die Ost-Berliner und überbringt Grüße aus West-Berlin, Berlin 13.9.1964, Deutsches Rundfunkarchiv Babelsberg, Signatur: DRA K2001005.
Zur Namensnennung von Martin Luther King siehe: Taylor Branch: America in the King years. Parting the Waters Bd. 1, New York 1988, S. 44–49
A guide to research on Martin Luther King, Jr., and the modern black freedom struggle, hrsg. von Clayborne Carson, Stanford, Calif. 1989
Clayborne Carson: The Martin Luther King, Jr., encyclopedia, Westport, Conn. 2008

Seite 439
95 Thesen
Recherche: Robert Kluth
Grafik: Jaroslaw Kaschtalinski, Christophorus Halsch
Quellen und Literatur:
Die Abbildungen unten sind (v.l.n.r.):
unbekannter Künstler: Flugblatt: Der Traum Friedrich des Weisen, nach 1617, Kupferstich, 56,7 × 35,4 cm, Deutsches Historisches Museum Berlin, Signatur: Gr 55/824
Medaille auf die 200-Jahr-Feier der Reformation, 1717, Silber, Stiftung Schloss Friedenstein Gotha, Signatur: 4.1/3998
Georg Emanuel Opiz: Der Beginn der Reformation – Luther schlägt an die Kirche zu Wittenberg seine 95 Sätze am 31. Oktober 1517, um 1840, Kreide-, Federlithographie, 57,5 × 67,5 cm, Deutsches Historisches Museum Berlin, Signatur: Gr 90/73
Osmar Schindler: Krieg – Luther die Thesen anschlagend – Frieden, Konfirmationsurkunde, 1917, Farbdruck, 33,5 × 24,7 cm, Stiftung Luthergedenkstätten Wittenberg, Signatur: fl V 8104

Tobias Schneider: Luther Playmobil Thesenanschlag, 2015, Digitalfoto, www.theglade.com, www.theglade.com/toleblog/wp-content/uploads/2015/05/Luther-Thesenanschlag.jpg, Stand: 17.3.2016
Henrike Holsing: Luther-Gottesmann und Nationalheld. Sein Image in der deutschen Historienmalerei des 19. Jahrhunderts, Köln 2004, http://kups.ub.uni-koeln.de/volltexte/2007/2132/, Stand: 28.5.2013
Luthers Thesenanschlag – Faktum oder Fiktion, hrsg. von Joachim Ott, Martin Treu und Martin Luther, Leipzig 2008

Seite 450
Ein lebendes Denkmal
Recherche: Anne-Simone Rous, Robert Kluth
Grafik: Jaroslaw Kaschtalinski
Quellen und Literatur:
Das große Bild vorn ist das Lutherdenkmal in der Lutherstadt Wittenberg von Johann Gottfried Schadow. Das Foto stammt von http://reiseland.sachsen-anhalt-bilder.de. Hinten ist das Lutherdenkmal in Worms von Ernst Rietschel, 1868, Bronze zu sehen.
»Er fühlt der Zeiten ungeheuren Bruch und fest umklammert er sein Bibelbuch…«: zum Lutherkult im 19. Jahrhundert, hrsg. von Hardy Eidam und Gerhard Seib, Berlin 1996.
Otto Kammer: Reformationsdenkmäler des 19. und 20. Jahrhunderts: eine Bestandsaufnahme, Berlin 2004
Esther Pia Wipfler: Martin Luther in motion pictures: history of a metamorphosis, Göttingen 2011
Barbara Cornelissen: Luther-Eiche, Lutherin-Baum, Luther-Rose – Die Umweltgruppe der Lünerner Kirche hält Traditionen wach, in: Naturreport. Jahrbuch der Naturförderungsgesellschaft für den Kreis Unna e.V. Bd. 7, 2003, S. 89–93.

Nachsatz
Die größten Religionen der Welt
Recherche und *Grafik:* Jakub Chrobok
Quelle:
Zeev Maoz and Errol A. Henderson: The World Religion Dataset, 1945–2010: Logic, Estimates, and Trends, in: International Interactions, 2013, www.thearda.com/Archive/Files/Descriptions/WRDNATL.asp, Stand: 22.6.2016

Übersetzungen

Tomoko Emmerling (Landesamt für Denkmalpflege und Archäologie Sachsen-Anhalt – Landesmuseum für Vorgeschichte)

Thomas E. Rassieur, Protestantische Gemälde in Amerika (S. 420–429).

Debora Hübler (Dresden)

Andrew Spicer, Martin Luther und die materielle Kultur des Gottesdienstes (S. 250–260);
Mary Jane Haemig, Luther und Reformationsgedenken in Nordamerika. Minnesota 1917 als Fallbeispiel (S. 378–384).

Susanne Kimmig-Völkner (Landesamt für Denkmalpflege und Archäologie Sachsen-Anhalt – Landesmuseum für Vorgeschichte)

Andrew Spicer, Martin Luther und die materielle Kultur des Gottesdienstes (S. 250–260).

Gloria Kraft-Sullivan (Burgdorf)

John T. McQuillen, Pierpont Morgan und Martin Luthers Brief von 1521 an Kaiser Karl V (S. 108–114);
Robert Kolb, Die lutherischen Bekenntnisschriften. Ein neues Genre definiert die Kirche (S. 350–358).

Lea McLaughlin (Landesamt für Denkmalpflege und Archäologie Sachsen-Anhalt – Landesmuseum für Vorgeschichte)

Louis D. Nebelsick, »es sey hieuor etwo ein sepulcrum gewesen«. Martin Luther und die Anfänge archäologischer Forschung in Mitteleuropa und Skandinavien im 16. Jahrhundert (S. 290–301).

Christoph Nöthlings (Leipzig)

Susan C. Karant-Nunn, Martin Luther und die Frauen (S. 174–182);
Joanna Reiling Lindell, Druckwerke aus der Reformationszeit in US-amerikanischen Sammlungen. Ein Leitfaden für Forscher zur Orientierung (S. 412–418).

Alexandra Panzert (Berlin)

Andrew Pettegree, Die Reformation als Medienereignis (S. 115–121);
Austra Reinis, Martin Luther und die Kunst des Sterbens (S. 284–289);
Christiane Andersson, Polemische Druckgrafik und die Bildzensur in der Reformationszeit (S. 359–367);
Thomas E. Rassieur, Protestantische Gemälde in Amerika (S. 420–429).

Ulrich Schmiedel (München)

Dean Phillip Bell, Martin Luther, die Juden und das Judentum. Theologie und Politik im Kontext (S. 331–339);
Brad S. Gregory, Wo soll man stehen? Die ungewollte Reformation Martin Luthers (S. 459–464).

Leihgeber der Lutherausstellungen in den USA 2016

Deutschland

Stiftung Deutsches Historisches Museum, Berlin

Stadt Braunschweig, Städtisches Museum Braunschweig

Kunstsammlungen der Veste Coburg

Wartburg-Stiftung Eisenach

Evangelische Andreasgemeinde Erfurt

Forschungsbibliothek Gotha der Universität Erfurt

Stiftung Schloss Friedenstein Gotha

Thüringisches Staatsarchiv Gotha

Evangelische Marktkirchengemeinde Halle, Marienbibliothek

Landesamt für Denkmalpflege und Archäologie Sachsen-Anhalt – Landesmuseum für Vorgeschichte Halle (Saale)

Stadtarchiv Halle (Saale)

Universitäts- und Landesbibliothek Sachsen-Anhalt, Halle (Saale)

Zentrale Kustodie der Martin-Luther-Universität Halle-Wittenberg

Universitätsarchiv der Martin-Luther-Universität Halle-Wittenberg

Evangelische Kirchengemeinde St. Andreas-Nicolai-Petri, Lutherstadt Eisleben

Lutherstadt Eisleben

Evangelisches Predigerseminar, Lutherstadt Wittenberg

Städtische Sammlungen, Lutherstadt Wittenberg

Kulturhistorisches Museum Magdeburg

Landesarchiv Sachsen-Anhalt

Stadtarchiv Mühlhausen/Thüringen

Bayerisches Nationalmuseum, München

Stiftung Dome und Schlösser in Sachsen-Anhalt, Domschatz Halberstadt

Stiftung Dome und Schlösser in Sachsen-Anhalt, Kunstmuseum Moritzburg Halle (Saale)

Stiftung Luthergedenkstätten in Sachsen-Anhalt

Thüringisches Hauptstaatsarchiv Weimar

Vereinigte Domstifter zu Merseburg und Naumburg und des Kollegiatstifts Zeitz

Klassik Stiftung Weimar

Evangelische Kirchengemeinde St. Petri Wörlitz der Evangelischen Landeskirche Anhalts in Deutschland

Evangelische Kirchengemeinde Zeitz

Stadt Zerbst/Anhalt

Schweiz

HMB – Historisches Museum Basel

Vereinigte Staaten von Amerika

Thrivent Financial Collection of Religious Art, Minneapolis

The Metropolitan Museum of Art, New York

Scheide Library, Princeton University Library

Luther Seminary Library, St. Paul

Ausstellungsprojekt »Here I stand…«

Lutherausstellungen USA 2016

Eine Kooperation des Landesmuseums für Vorgeschichte Halle (federführend), der Stiftung Luthergedenkstätten in Sachsen-Anhalt, des Deutschen Historischen Museums und der Stiftung Schloss Friedenstein Gotha

mit dem Minneapolis Institute of Art, The Morgan Library & Museum, New York, und der Pitts Theology Library der Candler School of Theology an der Emory University, Atlanta

mit Unterstützung des Auswärtigen Amts der Bundesrepublik Deutschland

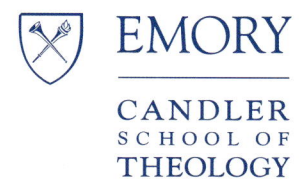

Gesamtleitung
Harald Meller
(Landesamt für Denkmalpflege und Archäologie Sachsen-Anhalt – Landesmuseum für Vorgeschichte)

Projektlenkungsgruppe
Martin Eberle
(Stiftung Schloss Friedenstein Gotha),
Ulrike Kretzschmar
(Siftung Deutsches Historisches Museum),
Stefan Rhein
(Stiftung Luthergedenkstätten in Sachsen-Anhalt)

Projektleitung
Tomoko Elisabeth Emmerling
(Landesamt für Denkmalpflege und Archäologie Sachsen-Anhalt – Landesmuseum für Vorgeschichte)

Projektteam
Ingrid Dettmann, Johanna Furgber, Konstanze Geppert, Katrin Herbst, Susanne Kimmig-Völkner, Robert Kluth, Ralf Kluttig-Altmann, Franziska Kuschel, Lea McLaughlin, Louis D. Nebelsick, Robert Noack, Anne-Simone Rous, Julius Roch, Stefanie Wachsmann
(Landesamt für Denkmalpflege und Archäologie Sachsen-Anhalt – Landesmuseum für Vorgeschichte)

Wissenschaftliche Beratung
Mirko Gutjahr
(Stiftung Luthergedenkstätten in Sachsen-Anhalt),
Louis D. Nebelsick (Landesamt für Denkmalpflege und Archäologie Sachsen-Anhalt – Landesmuseum für Vorgeschichte),
Martin Treu
(Lutherstadt Wittenberg),
Timo Trümper
(Stiftung Schloss Friedenstein Gotha)

Öffentlichkeitsarbeit
Tomoko Emmerling, Julia Kruse, Norma Literski-Henkel, Alfred Reichenberger
(Landesamt für Denkmalpflege und Archäologie Sachsen-Anhalt – Landesmuseum für Vorgeschichte),
Marco Karthe, Carola Schüren
(Stiftung Schloss Friedenstein Gotha),
Florian Trott (Stiftung Luthergedenkstätten in Sachsen-Anhalt),
Boris Nitzsche, Barbara Wolf
(Stiftung Deutsches Historisches Museum)

Gestaltung Werbemittel
Klaus Pockrandt (Halle [Saale]), Brigitte Parsche
(Landesamt für Denkmalpflege und Archäologie Sachsen-Anhalt – Landesmuseum für Vorgeschichte)

Ausstellungen

»Martin Luther: Art and the Reformation«,
Minneapolis Institute of Art,
30. Oktober 2016 bis 15. Januar 2017

Ausstellungsteam Minneapolis
Kaywin Feldman, Duncan and Nivin MacMillan
Director and President

Matthew Welch,
Deputy Director and Chief Curator

Thomas E. Rassieur, John E. Andrus III
Curator of Prints and Drawings and Curator
of the exhibition *Martin Luther: Art and the Reformation*

Jennifer Starbright,
Associate Registrar for Exhibitions

Rayna Fox, Executive Assistant to
the Deputy Director and Chief Curator

Jennifer Komar Olivarez,
Head of Exhibition Planning and Strategy,
Interim Department Head, Decorative Arts,
Textiles, and Sculpture

Michael Lapthorn, Exhibition Designer

Karleen Gardner, Director of
Learning Innovation

Kristin Prestegaard, Chief Engagement Officer

Alex Bortolot, Content Strategist

Aubrey Mozer, Corporate Relations Manager

Eric Bruce, Head of Visitor Experience

Juline Chevalier, Head of Interpretation and
Participatory Experiences

Michael Dust, Head of Interactive Media
and Senior Producer

Mary Mortensen, Senior Advancement
Executive

Eric Helmin, Graphic Designer/
Digital Brand Integration

Tammy Pleshek, Press & Public Relations
Specialist

»Word and Image:
Martin Luther's Reformation«,
The Morgan Library & Museum, New York,
7. Oktober 2016 bis 22. Januar 2017

Ausstellungsteam New York
Colin B. Bailey, Director;
das Projekt wurde 2013 unter Director William
Griswold begonnen und unter Peggy Fogelman,
Acting Director, fortgeführt

John Bidwell, Astor Curator of Printed Books
and Bindings and Curatorial Chair

John T. McQuillen,
Assistant Curator of Printed Books and
Bindings and curator of *Word and Image:
Martin Luther's Reformation*

John D. Alexander, Senior Manager of Exhibition
and Collection Administration, und Kollegen:
Alex Confer, Paula Pineda, Lindsey Stavros,
und Sophie Worley

Frank Trujillo, Associate Book Conservator,
Lindsay Tyne, Assistant Paper Conservator, und
James Donchez, Art Preparator

Marilyn Palmeri, Imaging and Rights Manager,
mit Eva Soos und Graham Haber, Photographer

Patricia Emerson, Senior Editor

John Marciari, Charles W. Engelhard
Curator of Drawings and Prints,
und Jennifer Tonkovich, Eugene and Claire
Thaw Curator of Drawings and Prints

Patrick Milliman, Director of Communications
and Marketing, mit
Michelle Perlin und Moriah Shtull

Linden Chubin, Director of Education,
und Kollegen:
Anthony Del Aversano, Mary Hogan Camp,
Alicia Ryan, Jacqueline Smith, und Paula
Zadigian

Susan Eddy, ehem. Director of Institutional
Advancement, und
Anita Masi, Associate Director of Development

Tom Shannon, Director of Facilities,
und Jack Quigley, Chief of Security

Ausstellungsgestaltung:
Stephen Saitas

Lighting:
Anita Jorgensen

Gestaltung der Ausstellungsgrafiken:
Miko McGinty und Team:
Paula Welling und Anjali Pala

»Law and Grace: Martin Luther,
Lucas Cranach, and the Promise of Salvation«,
Pitts Theology Library der Candler School of
Theology an der Emory University, Atlanta,
11. Oktober 2016 bis 16. Januar 2017

Konzept:
Louis D. Nebelsick, unter Mitarbeit von:
Ingrid Dettmann, Susanne Kimmig-Völkner,
Franziska Kuschel (Landesamt für Denkmal-
pflege und Archäologie Sachsen-Anhalt –
Landesmuseum für Vorgeschichte)

Berater:
Eike Jordan

Ausstellungsteam Atlanta
Richard Adams,
Head of Public Services

Rebekah Bedard, Reference Librarian
and Outreach Coordinator

Patrick Graham, Director

Armin Siedlecki, Head of Cataloging

Anhang 491

Ausstellungsteam Deutschland

Organisation und Konzepte
Ingrid Dettmann, Tomoko Emmerling, Susanne Kimmig-Völkner, Robert Kluth, Franziska Kuschel, Louis D. Nebelsick (Landesamt für Denkmalpflege und Archäologie Sachsen-Anhalt – Landesmuseum für Vorgeschichte)

Projektassistenz
Susanne Kimmig-Völkner, Franziska Kuschel, Louis D. Nebelsick (Landesamt für Denkmalpflege und Archäologie Sachsen-Anhalt – Landesmuseum für Vorgeschichte)

Fachberatung
Kerstin Bullerjahn, Andreas Hille, Ralf Kluttig-Altmann, Jan Scheunemann, Björn Schlenker (Landesamt für Denkmalpflege und Archäologie Sachsen-Anhalt – Landesmuseum für Vorgeschichte);
Mirko Gutjahr (Stiftung Luthergedenkstätten in Sachsen-Anhalt);
Ute Däberitz, Bernd Schäfer, Timo Trümper, Jekaterina Vogel, Uta Wallenstein (Stiftung Schloss Friedenstein Gotha);
Rosmarie Beier-de Haan, Sabine Beneke, Leonore Koschnick, Sven Lüken, Matthias Miller, Brigitte Reineke (Stiftung Deutsches Historisches Museum);
Christian Philipsen (Stiftung Dome und Schlösser in Sachsen-Anhalt);
Johanna Reetz, Holger Rode (Osterfeld)

Exponatbereitstellung/Exponatverwaltung
Andrea Lange, Roman Mischker, Irina Widany (Landesamt für Denkmalpflege und Archäologie Sachsen-Anhalt – Landesmuseum für Vorgeschichte);
Christine Doleschal, Petra Gröschl, Karin Lubitzsch, Jutta Strehle (Stiftung Luthergedenkstätten in Sachsen-Anhalt);
Thomas Huck, Jürgen Weis (Stiftung Schloss Friedenstein Gotha)

Restauratorische Maßnahmen, Beratung und Betreuung
Karsten Böhm, Heiko Breuer, Karoline Danz, Friederike Hertel, Vera Keil, Katrin Steller, Christian-Heinrich Wunderlich (Landesamt für Denkmalpflege und Archäologie Sachsen-Anhalt – Landesmuseum für Vorgeschichte);
Karin Lubitzsch, Andreas Schwabe (Stiftung Luthergedenkstätten in Sachsen-Anhalt);
Michaela Brand, Kay Draber, Sophie Hoffmann, Martina Homolka, Ulrike Hügle, Matthias Lang, Elke Kiffe, Barbara Korbel, Antje Liebers, Jutta Peschke (Stiftung Deutsches Historisches Museum);
Helmut Biebler, Marie-Luise Gothe, Brigitte Pohl, Gunter Rothe (Stiftung Schloss Friedenstein Gotha);
Sebastian Anastasow (Hundisburg),
Katrin Brinz (Halle [Saale]),
Eva Düllo (Berlin),
Thomas Groll (Magdeburg),
Angela Günther (Dessau-Roßlau),
Kerstin Klein (Halle [Saale]),
Andrea Knüpfer (Halle [Saale]),
Albrecht Körber (Dresden),
Andreas Mieth (Berlin),
Sybille Reschke (Leipzig),
Johannes Schaefer (Altenburg),
Peter Schöne (Halle [Saale]),
Ulrich Sieblist (Questenberg),
Christine Supianek-Chassay (Erfurt),
Hartmut von Wieckowski (Petersberg),
Beatrix Kästner (Meusebach)

Leihorganisation
Urte Dally, Susanne Kimmig-Völkner, Franziska Kuschel (Landesamt für Denkmalpflege und Archäologie Sachsen-Anhalt – Landesmuseum für Vorgeschichte)

Transporte
hasenkamp Internationale Transporte GmbH, Masterpiece International

Das Ausstellungsteam dankt den zahlreichen Mitarbeitern aller Kooperationspartner und der leihgebenden Institutionen, die zum Gelingen der Ausstellungen in New York, Minneapolis und Atlanta beigetragen haben, auch den nicht namentlich genannten.

Begleitpublikationen

Herausgeber
Harald Meller
(Landesamt für Denkmalpflege und
Archäologie Sachsen-Anhalt –
Landesmuseum für Vorgeschichte),
Colin B. Bailey
(The Morgan Library & Museum),
Martin Eberle
(Stiftung Schloss Friedenstein Gotha),
Kaywin Feldman
(Minneapolis Institute of Art),
Ulrike Kretzschmar
(Stiftung Deutsches Historisches Museum),
Stefan Rhein
(Stiftung Luthergedenkstätten
in Sachsen-Anhalt)

Konzeption
Ingrid Dettmann, Tomoko Emmerling,
Katrin Herbst, Susanne Kimmig-Völkner,
Robert Kluth, Franziska Kuschel,
Louis D. Nebelsick, Robert Noack
Anne-Simone Rous
(Landesamt für Denkmalpflege und
Archäologie Sachsen-Anhalt –
Landesmuseum für Vorgeschichte)

Recherche Bildrechte, Bildredaktion
Robert Noack
(Landesamt für Denkmalpflege und
Archäologie Sachsen-Anhalt –
Landesmuseum für Vorgeschichte)

Projektbetreuung Sandstein Verlag
Christine Jäger-Ulbricht, Sina Volk,
Norbert du Vinage (Sandstein Verlag)

Konzeption Gestaltung
Norbert du Vinage (Sandstein Verlag)

Herstellung
Sandstein Verlag

Druck und Verarbeitung
Westermann Druck Zwickau GmbH

Begleitband »Martin Luther. Aufbruch in eine neue Welt«

Koordination
Anne-Simone Rous, Katrin Herbst,
Susanne Kimmig-Völkner,
Robert Kluth, Louis D. Nebelsick
(Landesamt für Denkmalpflege und
Archäologie Sachsen-Anhalt –
Landesmuseum für Vorgeschichte)

Redaktion
Anne-Simone Rous
(Landesamt für Denkmalpflege und
Archäologie Sachsen-Anhalt –
Landesmuseum für Vorgeschichte)

Fachlektorat
Martin Treu (Lutherstadt Wittenberg),
Eva Bambach-Horst (Bensheim),
Susanne Baudisch (Dresden),
Kathleen Dittrich (Hinterhermsdorf),
Mareike Greb (Leipzig),
Barbara Fitton Hauß (Lörrach),
Carola Hoécker (Heidelberg),
James Matarazzo (Oxford, Großbritannien),
Katrin Ott (Jena),
Marion Page (Cirencester, Großbritannien),
Emanuel Priebst (Dresden),
Georg D. Schaaf (Münster),
Ulrich Schmiedel (München),
Karen Schmitt (Stuttgart),
Lutz Stirl (Berlin),
Timo Trümper (Stiftung Schloss
Friedenstein Gotha),
Susann Wendt (Leipzig);
Kerstin Bullerjahn, Ingrid Dettmann,
Katrin Herbst, Susanne Kimmig-Völkner,
Robert Kluth, Ralf Kluttig-Altmann,
Franziska Kuschel, Anne-Simone Rous, Jan
Scheunemann (Landesamt für Denkmalpflege
und Archäologie Sachsen-Anhalt –
Landesmuseum für Vorgeschichte)

Lektorat und Korrektorat

deutsch:
Anne-Simone Rous, Tomoko Emmerling,
Ingrid Dettmann, Katrin Herbst, Susanne
Kimmig-Völkner, Franziska Kuschel (Landesamt
für Denkmalpflege und Archäologie Sachsen-
Anhalt – Landesmuseum für Vorgeschichte)

englisch:
Jim Bindas und Team: Laura Silver,
Stephanie Martin, Heidi Mann
(Books & Projects, Minneapolis);
Louis D. Nebelsick, Tomoko Emmerling, Ingrid
Dettmann, Susanne Kimmig-Völkner,
Lea McLaughlin, Robert Noack, Anne-Simone
Rous (Landesamt für Denkmalpflege und
Archäologie Sachsen-Anhalt – Landesmuseum
für Vorgeschichte)

Recherchen und Konzepte Infografiken
Ingrid Dettmann, Susanne Kimmig-Völkner,
Robert Kluth, Franziska Kuschel, Robert Noack,
Anne-Simone Rous (Landesamt für Denkmal-
pflege und Archäologie Sachsen-Anhalt –
Landesmuseum für Vorgeschichte); Jakub
Chrobok, Barbara Mayer, Jan Schwochow
(Golden Section Graphics)

Umsetzung Infografiken
Golden Section Graphics: Jan Schwochow
(Geschäftsführung), Jakub Chrobok, Barbara
Mayer, Anton Delchmann, Verena Muckel,
Jaroslaw Kaschtalinski, Katharina Schwochow,
Nick Oelschlägel, Daniela Scharffenberg,
Fabian Dinklage, Christophorus Halsch,
Annemarie Kurz (Projektmanagement),
Anni Peller (Lektorat)

Gestaltung
Simone Antonia Deutsch (Sandstein Verlag)

Bildbearbeitung
Jana Neumann (Sandstein Verlag)

Satz
Gudrun Diesel (Sandstein Verlag)

Katalogband
»Martin Luther. Schätze der Reformation«

Redaktion

deutsch:
Ralf Kluttig-Altmann (Landesamt für Denkmalpflege und Archäologie Sachsen-Anhalt – Landesmuseum für Vorgeschichte)

englisch:
Katrin Herbst (Landesamt für Denkmalpflege und Archäologie Sachsen-Anhalt – Landesmuseum für Vorgeschichte)

Lektorat und Korrektorat

deutsch:
Ralf Kluttig-Altmann, Ingrid Dettmann, Tomoko Emmerling, Johanna Furgber, Dirk Höhne, Susanne Kimmig-Völkner, Lea McLaughlin, Anne-Simone Rous (Landesamt für Denkmalpflege und Archäologie Sachsen-Anhalt – Landesmuseum für Vorgeschichte); Saskia Gresse (Nürnberg)

englisch:
Katrin Herbst (Landesamt für Denkmalpflege und Archäologie Sachsen-Anhalt – Landesmuseum für Vorgeschichte), John McQuillen (The Morgan Library & Museum), Schneiders-Sprach-Service (Berlin)

Übersetzungen

Übersetzungen ins Deutsche:
Martin Baumeister (Nürnberg); Michael Ebmeyer (Berlin); Lea McLaughlin, Louis Nebelsick (Landesamt für Denkmalpflege und Archäologie Sachsen-Anhalt – Landesmuseum für Vorgeschichte); Christiane Rietz (Leipzig); Sigrid Weber-Krafft (Siegen)

Übersetzungen ins Englische
Martin Baumeister (Nürnberg), Krister Johnson (Magdeburg), Schneiders-Sprach-Service (Berlin), Samuel Shearn (Oxford, Großbritannien), George Wolter (Halle [Saale])

Gestaltung
Norbert du Vinage (Sandstein Verlag)

Bildbearbeitung
Jana Neumann (Sandstein Verlag)

Satz
Katharina Stark, Christian Werner, (Sandstein Verlag); Kathrin Jäger

Karten
Birte Janzen (Landesamt für Denkmalpflege und Archäologie Sachsen-Anhalt – Landesmuseum für Vorgeschichte)

Kartengrundlage
Golden Section Graphics GmbH, Berlin

Abbildungen Einband

Katalogband:
Lucas Cranach d. Ä., Werkstatt
»Martin Luther«, 1528
Stiftung Luthergedenkstätten
in Sachsen-Anhalt, Inv.-Nr. G 16

Begleitband:
Lucas Cranach d. Ä.
»Martin Luther als Augustinermönch«, 1520
Stiftung Luthergedenkstätten
in Sachsen-Anhalt, Inv.-Nr. fl IIIa 208

Abbildungen Frontispiz

Katalog- und Begleitband:
Lucas Cranach d. Ä.
»Gesetz und Gnade«, 1529 (Ausschnitt)
Stiftung Schloss Friedenstein Gotha,
Inv.-Nr. SG 676

Abbildungen Vorwort

© Thomas Köhler/photothek

Bibliografische Informationen
Katalog- und Begleitband

Die Deutsche Nationalbibliothek verzeichnet diese Publikation in der Deutschen Nationalbibliografie; detaillierte bibliografische Daten sind im Internet über http://dnb.ddb.de abrufbar.

Dieses Werk einschließlich seiner Teile ist urheberrechtlich geschützt. Jede Verwertung außerhalb der engen Grenzen des Urheberrechtsgesetzes ist ohne Zustimmung des Verlages unzulässig und strafbar. Das gilt insbesondere für die Vervielfältigung, Übersetzungen, Mikroverfilmungen und die Einspeicherung und Verarbeitung in elektronischen Systemen.

Katalogband
ISBN 978-3-95498-221-9 (deutsch)
ISBN 978-3-95498-223-3 (englisch)

Begleitband
ISBN 978-3-95498-222-6 (deutsch)
ISBN 978-3-95498-224-0 (englisch)

Beide Bände im Schuber
ISBN 978-3-95498-231-8 (deutsch)
ISBN 978-3-95498-232-5 (englisch)

© 2016
Landesamt für Denkmalpflege und Archäologie Sachsen-Anhalt, Sandstein Verlag

Made in Germany

Website und Digital- sowie Posterausstellung

»#HereIstand. Martin Luther, die Reformation und die Folgen«

Gesamtleitung
Harald Meller
(Landesamt für Denkmalpflege und Archäologie Sachsen-Anhalt – Landesmuseum für Vorgeschichte)

Projektlenkungsgruppe
Martin Eberle (Stiftung Schloss Friedenstein Gotha), Ulrike Kretzschmar (Stiftung Deutsches Historisches Museum), Stefan Rhein (Stiftung Luthergedenkstätten in Sachsen-Anhalt)

Projektleitung
Tomoko Emmerling (Landesamt für Denkmalpflege und Archäologie Sachsen-Anhalt – Landesmuseum für Vorgeschichte)

Wissenschaftliche Beratung
Mirko Gutjahr (Stiftung Luthergedenkstätten in Sachsen-Anhalt), Martin Treu (Lutherstadt Wittenberg), Timo Trümper (Stiftung Schloss Friedenstein Gotha)

Koordination
Robert Kluth (Landesamt für Denkmalpflege und Archäologie Sachsen-Anhalt – Landesmuseum für Vorgeschichte)

Konzept
Robert Kluth, Katrin Herbst (Landesamt für Denkmalpflege und Archäologie Sachsen-Anhalt – Landesmuseum für Vorgeschichte)

Kuratoren
Robert Kluth, Anne-Simone Rous (Landesamt für Denkmalpflege und Archäologie Sachsen-Anhalt – Landesmuseum für Vorgeschichte)

Wissenschaftliche Mitarbeit
Ingrid Dettmann, Katrin Herbst, Susanne Kimmig-Völkner, Franziska Kuschel, Robert Noack (Landesamt für Denkmalpflege und Archäologie Sachsen-Anhalt – Landesmuseum für Vorgeschichte)

Konzeption und Umsetzung Internetseite und Infografiken
Golden Section Graphics: Jan Schwochow (Geschäftsführung), Jakub Chrobok, Barbara Mayer, Anton Delchmann, Verena Muckel, Jaroslaw Kaschtalinski, Katharina Schwochow, Nick Oelschlägel, Daniela Scharffenberg, Fabian Dinklage, Christophorus Halsch, Annemarie Kurz (Projektmanagement), Anni Peller (Lektorat)

Mitarbeit
Mareile Alferi, Johanna Furgber, Annemarie Knöfel, Mike Leske, Lea McLaughlin, Brigitte Parsche, Julius Roch, Stefanie Wachsmann (Landesamt für Denkmalpflege und Archäologie Sachsen-Anhalt – Landesmuseum für Vorgeschichte), Niels Reidel (Stiftung Schloss Friedenstein Gotha)

3D-Scans
Lukas Fischer, Mitarbeit: Robert Noack (Landesamt für Denkmalpflege und Archäologie Sachsen-Anhalt – Landesmuseum für Vorgeschichte)

Gestaltung Werbemittel
Alexander Schmidt (Halle [Saale]), Birte Janzen (Landesamt für Denkmalpflege und Archäologie Sachsen-Anhalt – Landesmuseum für Vorgeschichte)

Übersetzungen
Christoph Nöthlings (Leipzig), Gloria Kraft-Sullivan (Burgdorf)

Dank an

Markus Lahr, Vinn:Lab, Forschungsgruppe Innovations- und Regionalforschung, Technische Hochschule Wildau

Paul Daniels, Head of Arts and Archives, Luther Seminary, St. Paul

Google Docs

Stefan Hagemann

Henning Kiene, EKD

Martin Klimke

Paul Klimpel

Konrad Kühne (Archiv für Christlich-Demokratische Politik, Konrad Adenauer Stiftung)

Monika Lücke und Dietrich Lücke

Ulrich Mählert (Bundesstiftung zur Aufarbeitung der SED Diktatur)

Christine Mundhenk (Melanchthon-Forschungsstelle der Heidelberger Akademie der Wissenschaften)

Stefan Rohde-Enslin (museum-digital)

Christian Staffa, Evangelische Akademie zu Berlin

Michael Weyer-Menkhoff, Archiv der Berliner Stadtmission

Agnes Fuchsloch, Andrea Fußstetter, Ann-Kathrin Heinzelmann, Angelika Kaminska, Jan-Dirk Kluge, Ilka Linz, Wolfgang Röhrig, Nicola Schnell, Werner Schulte, Magnus Wagner (Stiftung Deutsches Historisches Museum)

Birte Janzen, Julia Kruse, Katrin Legler, Janine Näthe, Brigitte Parsche, Alfred Reichenberger, Anne Reinholdt, Monika Schlenker, Manuela Schwarz, Andreas Stahl, Bettina Stoll-Tucker, Anna Swieder (Landesamt für Denkmalpflege und Archäologie Sachsen-Anhalt – Landesmuseum für Vorgeschichte)

Katholiken in der Welt

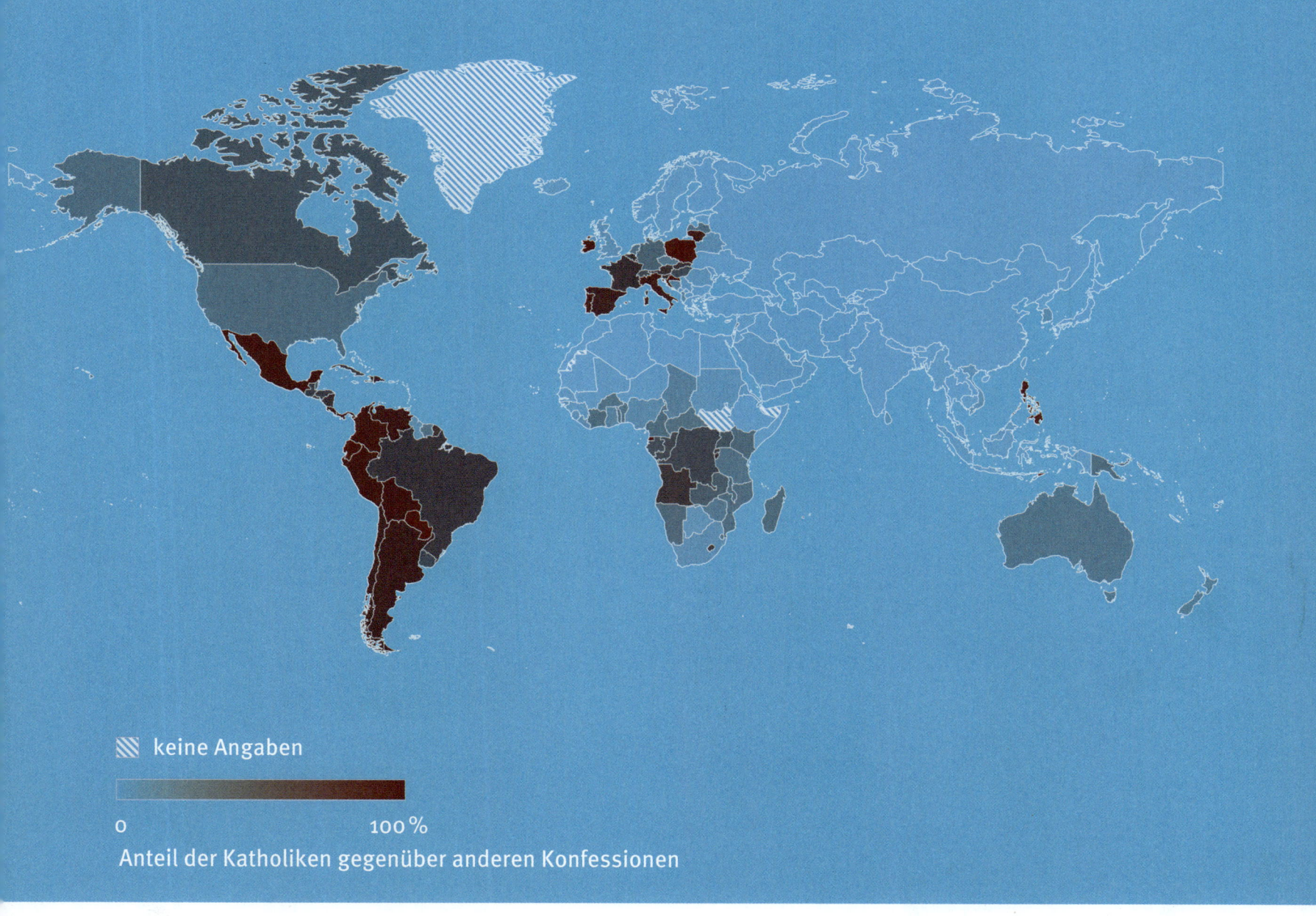

keine Angaben

0 — 100%
Anteil der Katholiken gegenüber anderen Konfessionen

Die größten Religionen der Welt
Angabe in Millionen, Stand 2010

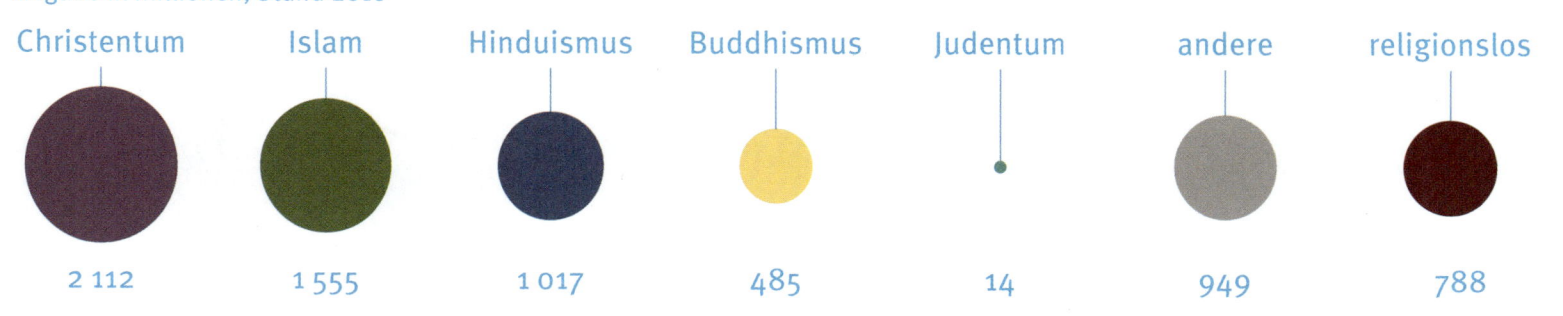

Christentum	Islam	Hinduismus	Buddhismus	Judentum	andere	religionslos
2 112	1 555	1 017	485	14	949	788